Wider alle Hexerei und Teufelswerk

Wider alle Hexerei und Teufelswerk

Die europäische Hexenverfolgung und ihre Auswirkungen auf Südwestdeutschland

Herausgegeben von
Sönke Lorenz und Jürgen Michael Schmidt
und dem
Institut für Geschichtliche Landeskunde
und Historische Hilfswissenschaften
der Universität Tübingen

Redaktion Stefan Kötz

Jan Thorbecke Verlag

Für die freundliche Unterstützung bei der Drucklegung danken wir:

Vereinigung der Freunde und Förderer der Universität Tübingen (Unibund)

Verein der Freunde und Förderer des Instituts für Geschichtliche Landeskunde und Historische Hilfswissenschaften an der Universität Tübingen e.V.

Bibliografische Information Der Deutschen Bibliothek
Die Deutsche Bibliothek verzeichnet diese Publikation in der Deutschen Nationalbibliografie; detaillierte bibliografische Daten sind im Internet über http://dnb.ddb.de abrufbar.

www.thorbecke.de · info@thorbecke.de

Dieses Buch ist aus alterungsbeständigem Papier nach DIN-ISO 9706 hergestellt.
Covergestaltung: Finken & Bumiller, Stuttgart
Satz: Dr. Jürgen Michael Schmidt, Tübingen
Gesamtherstellung: Jan Thorbecke Verlag, Ostfildern
Printed in Germany · ISBN 3-7995-0137-1

Für

H. C. Erik Midelfort

vom

Arbeitskreis interdisziplinäre Hexenforschung

(AKIH)

Inhalt

Vorwort

Das Institut für Geschichtliche Landeskunde und Historische Hilfswissenschaften der Universität Tübingen war 1994 maßgeblich an der vom Badischen Landesmuseum ausgerichteten Landesausstellung *Hexen und Hexenverfolgung im deutschen Südwesten* im Karlsruher Schloß beteiligt – nicht zuletzt sichtbar in einem großformatigen Aufsatzband, an dem rund 30 Autoren mitgewirkt hatten. Der Band war rasch vergriffen, und seither erreichten uns immer wieder Anfragen nach einer Neuauflage. Als wir uns entschlossen, diese Idee aufzugreifen, waren wir uns gleichwohl besonders einer Schwierigkeit bewußt: Die sich immer lebendiger entwickelnde »Hexenforschung«, wie auch und gerade auf den jährlichen Tagungen des *Arbeitskreises Interdisziplinäre Hexenforschung (AKIH)* zu erfahren ist, wartet laufend mit neuen Ergebnissen auf, denen unbedingt Rechnung zu tragen war. So mußten etliche Beiträge stark überarbeitet oder sogar völlig neu geschrieben werden. Schließlich entstand in einem längeren Prozeß, dessen Einzelheiten hier unerwähnt bleiben sollen, weniger eine zweite, überarbeitete und erweiterte Auflage, sondern ein mehr oder weniger neuer Band von stark verändertem Umfang und völlig neuem Aussehen. Für die Realisation danken wir beim Jan Thorbecke Verlag Herrn Dr. Jörn Laakmann und Herrn Wolfgang Sailer. Im Institut danken wir allen beteiligten Mitarbeitern, zuvorderst aber Herrn Stefan Kötz, ohne dessen großes Engagement bei der Redaktion die Termine niemals hätten eingehalten werden können. Als Redakteur hat er die Nachfolge von Regina Keyler angetreten, die mit ebensolcher Kompetenz die erste Überarbeitungsphase übernommen hatte. Andreas Heusel, Christoph Eberlein und wiederum Regina Keyler haben sich um die Karten verdient gemacht. In der Endphase wurde die Redaktion vor allem von Tanja Granzow und Harman Thukral unterstützt.

Allen Institutionen, die dieses Buchprojekt finanziell gefördert haben, gilt unser besonderer Dank – ebenso den vielen Bildgebern, die uns freundlicherweise bei der Illustration geholfen haben. Wir haben sie am Anfang beziehungsweise am Ende des Bandes aufgeführt.

Die Autoren, denen wir für ihre Mithilfe und ihr Verständnis sehr zu danken haben, sind zumeist über den AKIH schon seit langem miteinander verbunden. Ihnen und den Herausgebern war es ein ausgesprochenes Anliegen, den Band H.C. Erik Midelfort zu widmen. Von seinen bahnbrechenden Arbeiten zur Hexenverfolgung haben wir alle wesentliche Impulse erfahren. Durch seine stete und aktive Mitarbeit in unserem Arbeitskreis hat er nicht nur Akzente gesetzt, sondern oft auch die Richtung vorgegeben. Sein wissenschaftlich unprätentiöses Auftreten und seine Freundlichkeit und Hilfsbereitschaft sind sprichwörtlich. Vielen ist er Freund geworden. Für all das sind wir dankbar.

Mit seinem Namen ist für immer der Paradigmenwechsel in der Hexenforschung verbunden, der sich auf dem »Alten Kontinent« und besonders in den Nachfolgestaaten des Alten Reiches schlagartig Bahn brach, als er 1972 seine Untersuchung *Witch Hunting in Southwestern Germany 1562–1684* in den Druck gehen ließ. Erik Midelfort bot zum ersten Mal überhaupt eine territorial übergreifende sozialgeschichtliche Untersuchung auf quantifizierender Grundlage; er konnte nicht nur präzise Angaben über die Zahl der Opfer, sondern auch prägnante Muster chronologischer, territorialer und konfessioneller Verteilung ermitteln. Zudem tat er den Hexenglauben nicht einfach als bloßen Aberglauben ab, sondern erkannte ihn als Instrumentarium zur Deutung und Bewältigung zeittypischer Erfahrungen. Seine Studie ist bis heute ein Musterbeispiel, wie man die Hexenprozesse erfolgreich im Rahmen des frühneuzeitlichen Gesellschaftssystems und im Kontext der größeren Geschichte betrachten kann.

Nun hat Erik Midelfort aber nicht allein durch seine Publikationen auf die europäische Forschung Einfluß genommen, sondern hat sich auch persönlich eingebracht und auf zahlreichen Tagungen seine Vorstellungen und Ideen entwickelt, den jüngeren Kollegen mit Rat und Tat zur Seite gestanden und gemeinsam weiterführende Fragestellungen erarbeitet. Diese kaum zu unterschätzende Seite seiner Tätigkeit steht in direktem Zusammenhang mit dem 1985 gegründeten AKIH. Erik Midelfort gehörte zu den Gründungsmitgliedern und hat den Arbeitskreis von Anfang an durch seine außerordentliche Kompetenz und seine stets hilfsbereite Kollegialität geprägt. Auf der ersten großen Tagung des AKIH im Herbst 1986 in Weingarten zum Thema *Hexenverfolgung. Neuere Forschungen zu südwestdeutschen Hexenprozessen* steckte er im Eröffnungsreferat den Tagungsrahmen ab, indem er einen Überblick über die Ergebnisse aber auch über die Lücken in der Erforschung der Hexenverfolgung gab. Als Desiderate bezeichnete er vor allem Untersuchungen zu regionalen Unterschieden in Intensität, Umfang und Dauer der Verfolgung. Dabei müßten auch die Unterschiede zwischen kleineren und größeren Staaten, die verschiedenen Vorstellungen von Hexen in der Volkskultur und bei der Obrigkeit sowie die unterschiedlichen Ängste der Verfolger ins Blickfeld rücken. Nicht genügend erforscht seien zudem die Lebensbedingungen der verfolgten Frauen. Aber auch bei der Verfolgung von Männern und Kindern stünden noch viele Fragen offen. Auf die zentrale Frage nach den Ursachen gab er einen Überblick über die unterschiedlichsten Erklärungsversuche, wies aber darauf hin, daß dieses Problem noch nicht geklärt sei. Weitere sozial-, rechts- und geistesgeschichtliche Forschungen seien notwendig, eine Untersuchung von seiten der Kunstgeschichte fehle überhaupt. Von diesen alten und neuen Fragen geleitet, müsse man erneut an ein genaues Quellenstudium gehen. Mit diesen programmatischen Überlegungen hatte Erik Midelfort das Forschungsprogramm des AKIH umrissen und nunmehr für bald zwei Dezennien die Richtung gewiesen, wie man Schritt für Schritt die Desiderate und offenen Forschungsfelder angehen kann. Er hat es aber dabei nicht belassen, sondern nahezu jedes größere Meeting des AKIH besucht und mit profunden Vorträgen bereichert. So verwies er uns auch erstmals auf die Möglichkeiten von »Mikrostudien«, wie sie beispielsweise bei der Aufhellung der Verfolgungen in Salem in Massachusetts mit Erfolg praktiziert wurden. Sowohl die Regional- als auch die Mikrostudie zeichnet heute aus, daß endlich die Akten gelesen und ernstgenommen und die Theorieangebote kompetent eingebracht, aber nicht als Prokrustesbett verwendet werden. Im Gegenteil – die Theorien werden auf den Prüfstand gestellt und ihre Möglichkeiten kritisch beleuchtet. Die Vielzahl konkurrierender Ansätze mit je eigenen Methoden und Erkenntniszielen macht die neuere historische Hexenforschung interessant. Geschichte »von außen« und »von oben« wird nicht ersetzt, sondern ergänzt durch die Geschichte »von unten« und »von innen«. Was die neuere Hexenforschung durch und seit Erik Midelfort auszeichnet, ist das Gespür für eine größere Komplexität der historischen Wirklichkeit, das Stellen neuer Fragen sowie die Bereitschaft zu Diskussion, Methodenbewußtsein und methodischer Offenheit.

Um es zusammenzufassen: Erik Midelfort war und ist für die Hexenforschung ein Glücksfall. Er ist nicht bloß selbst ein großer Gelehrter, sondern er hat die Hexenforschung in Europa entscheidend geprägt. Er hat eine Schule gebildet, deren Repräsentanten zur Zeit das Erscheinungsbild der neueren Hexenforschung bestimmen.

Tübingen, den 16. April 2004 — Sönke Lorenz und Jürgen Michael Schmidt

Wolfgang Schild

Die Dimensionen der Hexerei

Vorstellung – Begriff – Verbrechen – Phantasie

Wer kennt nicht die Hexe?! Zumindest aus *Hänsel und Gretel* oder *Brüderchen und Schwesterchen* ist sie doch jedem bekannt: die alte, häßliche Menschenfresserin draußen im finsteren, unbewohnbaren Wald, die die Kinder durch ihr Knusperhäuschen anlockt oder durch das verzauberte Quellwasser in Tiere verwandelt. Manche denken vielleicht an die – von Goethe für die Veröffentlichung entschärfte – nordische Walpurgisnacht im ersten Teil des *Faust*, geschildert als wildes und obszönes Treiben um Faust und Mephistopheles, vorbereitet durch die Szene in der Hexenküche. Oder sie kennen die drei Hexen in Shakespeares *Macbeth*, die der Titelfigur weissagend (und deren Inneres enthüllend) begegnen, oder die beiden unterschiedlichen Hexengestalten Grethe Jordan und Johanna von Orleans in seinem *Heinrich VI*. Einige haben vielleicht *Der Kaiser und die Hexe* von Hugo von Hofmannsthal gelesen und dadurch eine junge, schöne und sympathische Hexe – damit wieder eine neue Gestalt – kennengelernt. Die unterschiedlichen Hexenbilder stellt die »Schöne Kunst« vor Augen, von den antiken Darstellungen über Albrecht Dürer und Hans Baldung Grien zu den Holländern um 1600 bis in das deutsche 19. Jahrhundert, heute fortgeführt in Filmen und Comics. Allgemein bekannt sind aber auch die Hexenverfolgungen unserer Vergangenheit, in denen Frauen (und auch Männer) als todeswürdige MissetäterInnen wegen eines Verbrechens im Namen des Rechts hingerichtet wurden. Und medienwirksam treten heute »neue« Hexen auf! Insgesamt gibt es somit höchst unterschiedliche Vorstellungen von der Hexe, die es zu klären, zu entwirren und eben zu differenzieren gilt. Denn vorweg kann festgehalten werden: Es gibt nicht »die« Hexe. Im folgenden wird die notwendige Differenzierung in der Unterscheidung von Hexen»vorstellung« (oder -glaube), Hexerei»begriff«, Hexerei»verbrechen« und Hexen»phantasie« versucht. Einige Vorbemerkungen sollen diesen Versuch charakterisieren und verständlich machen.

Zunächst wird im folgenden meist (nur) von »Hexen« gesprochen, also in der weiblichen Form, wie es wohl auch dem alltäglichen Sprachgebrauch entspricht. Mit diesem Wort erfaßten aber bereits die Zeitgenossen auch Männer und Knaben. Alle zusammen wurden manchmal auch als »Hexenleut'« bezeichnet, was daher eigentlich der geeignetste Terminus wäre, wenn dadurch nicht die einzelne Person nicht erfaßt werden könnte. Deshalb wird hier – mit Ausnahme der Dimension der systematisierenden Theologie und Jurisprudenz (»Hexerei«begriff bzw. »Hexerei«verbrechen) – das Wort »Hexe« verwendet. Anzumerken ist, daß das Wort »Hexerey« Ende des 13. Jahrhunderts in dem Gedicht *Martina* Hugos von Langenstein als »hegxe« und »hexse« (für Zauberin) erscheint und in einem Strafverfahren erstmals 1419 (vor dem weltlichen Gericht der Stadt Luzern) verwendet wurde. Sprachlich wird ein Zusammenhang mit der süddeutsch-alemannischen »hagazussa« (oder »hagsuzza«, »Hagsissa«) – erstmals im 10. Jahrhundert verwendet – angenommen, womit ein nicht-menschliches Geschöpf gemeint war, das zunächst einem göttlichen Beschützer der Grenzen von Grundbesitz zugeordnet war. Sprachlich entsprachen dieser »hagazussa« die niederdeutsche »walriderske« (»Stabreiterin«) und die nordische »túnridr« (»Zaunreiterin«), die nach der *Edda*-Dichtung des 13. Jahrhunderts auf einem Pfahl aus dem Zaun (als einem magischen Ort) durch die Luft fuhr bzw. ritt, dabei ihren Körper auf dem Boden zurückließ und in diesen wieder zurückfinden mußte, da sie ansonsten ihre Existenz verlor. Andere Namen waren ursprünglich »strigae« oder »striae« (vom lateinischen »strega«), »mascae« (von »Netz«, also ein »Binden« nach Art des »Fascinosum«, nämlich Lebende und Dahingeschiedene zu binden), »lamiae«, sodann »zaubersche«, »toversche«, »schwartzkunstfruhen«, »wickersche« (zusammenhängend mit der altenglischen »wicca/e«, WahrsagerIn), »teufelshuren« (erfunden von Luther), »ketzerische huren«, »feindinnen Gottes«, »unholde« oder »unholdinnen«, »weiczenfarerinnen« (von »weicz«, der Strafe der abgeschiedenen Seelen), »trutten«, »weidlerinnen«, für Männer schließlich auch »rottmeister« (also Anführer einer »Hexenrotte«), seltener »Hexenmeister«. Sogar Verbindungen von »Hexe« zu »Hure« sind sprachlich festzustellen, wobei das Verbindende wohl in der Empfängnisverhütung und Abtreibung zu sehen ist. Im Lateinischen wurden – neben den bereits genannten Wörtern – meist die Bezeichnungen »malefici« bzw. »maleficae« (von »maleficium«, Schadenszauberei), seltener auch »phitonici/ae« (WahrsagerInnen) verwendet.

Sodann bedeutet die Unterscheidung von »Vorstellung«, »Begriff«, »Verbrechen« und »Phantasie« keine Trennung – die jede Verbindung zu einer Einheit analytisch ausschließt –, sondern verweist auf die (vorausgesetzte) Einheitlichkeit des Phänomens, das sprachlich als »Hexerei« bezeichnet, aber in unterschiedlicher Weise erfaßt, aus unterschiedlichen Blickwinkeln betrachtet und diskutiert wurde und werden kann.

Mit »Vorstellung« wird hier die Fülle der Inhalte im alltäglichen Leben (und Sprachgebrauch) der Menschen gemeint, wie sie in der Zuschreibung der Hexeneigenschaft an bestimmte Mitmenschen zugrunde gelegt wurde, die nämlich über Eigenschaften, Kräfte und Fertigkeiten verfügten, die aus dem Rahmen des für »natürlich« und »selbstverständlich« aufgefaßten und gelebten Welthabens herausfielen: als männliche oder weibliche Zauberer. Diese Vorstellungen – die man auch als »Glaube« bezeichnen kann, weil sie sich auf übernatürliche (und übersinnliche) Phänomene bezogen – wurden nicht nur unmittelbar durch Erzählungen usw. gelernt und für den eigenen Lebensvollzug angewendet (z.B. durch Heranziehung einer solchen »Hexe« zur Bewältigung der eigenen Probleme), sondern auch durch Erfindung von Theorien verständlich zu machen versucht. Man kann von »Alltagstheorien« sprechen, die durchaus differenzierte Formen annehmen und zu einem ganzheitlichen Weltbild entfaltet werden konnten, was die Nähe zum »Hexenbegriff« begründet, der hier auf die spezifische Diskursdimension der christlichen Theologie (als systematische Wissenschaft) bezogen wird.

Die Grenze von »Vorstellung« zu »Begriff« ist nicht nur von daher fließend. Es gab auch gegenseitige Beeinflussung, da die Theologie mit den Glaubensvorstellungen über Zauberei konfrontiert war und diese im Rahmen ihres Systems einzuordnen und zu verstehen suchte. Die so gefundenen Thesen – die in der Konzeption des Teufelspaktes gipfelten – gingen in die praktische Tätigkeit der Gelehrten als Prediger, Beichtväter, Visitatoren und Lehrer ein und wurden auf diese Weise den Nicht-Theologen – oft als »Volk« bezeichnet – bekannt. Die Alltagstheorien füllten sich mit theologisch-begrifflichen Inhalten, die meist nicht mehr in ihrer Differenziertheit verstanden, sondern umgewandelt und allgemein verstehbar gemacht wurden, wodurch sie sich inhaltlich bis hin zu Abstrusitäten umform(ulier)ten. Dabei muß zusätzlich berücksichtigt werden, daß nicht alle Prediger, Beichtväter usw. im eigentlichen Sinne Theologen waren und die Themen auf einem wissenschaftlich-systematischen Niveau behandeln konnten, sondern oft nur sehr mager ausgebildete Kleriker, die daher durchaus als dieses »Volk« zu charakterisieren sind, wodurch sich die Gegenüberstellung von »Elite« und »Volk« aufhebt bzw. sich als neuzeitliche Konstruktion (vor allem der Aufklärung, die überdies dieses »Volk« gerne mit der nichtbürgerlich lebenden »Landbevölkerung« der ungebildeten Bauern gleichsetzte) erweist. Von daher ist auch die Kennzeichnung dieser Hexenvorstellungen als »Aberglaube« abzulehnen, weil damit ein Gegensatz zum eigentlichen (d.h. theologisch als wahr/richtig/maßgebend verstandenen) Glauben in der christlichen Kirche behauptet wird, der in dieser Weise historisch nicht zu finden ist. Die kirchliche Praxis (auch die vieler Kleriker) war nach dem Maßstab der Theologie häufig ein solcher Aberglaube, der auch literarisch bekämpft wurde, aber trotzdem von dem mit dem Heidentum verglichenen, nicht mehr als christlich anerkannten »Aberglauben« der Ketzer und/oder anderer Teufelsbündner unterschieden wurde, die nicht mehr Gott, sondern Götzen bzw. den Teufel anbeteten. In der Lebenswirklichkeit gingen diese theologisch unterschiedenen Formen von Aberglauben durcheinander, was aber nicht ausschließt, sondern ganz im Gegenteil erforderlich macht, die eigentliche theologische Dimension gesondert darzustellen, was denn mit dem »Hexenbegriff« – oft auch als »elaborierter« Hexenbegriff bezeichnet – gemeint ist. Für die Aufklärung in ihrem Glauben allein an die Ratio war selbstverständlich auch dieser Hexenbegriff »Aberglaube«, gerne als »Hexenwahn« bezeichnet und dem finsteren (d.h. nicht durch das Licht der Ratio aufgeklärten) Mittelalter zugeordnet, wie alle religiös und theologisch verarbeiteten Inhalte, die nicht den Kriterien einer Vernunftreligion entsprachen. Dies hatte bereits die Reformation eingeleitet, die die über die streng auszulegende Heilige Schrift hinausgehenden katholischen Praktiken als solchen Aberglauben bezeichnete und bekämpfte (bis hin zur Gleichsetzung des römischen und daher un-deutschen Papstes mit dem Antichristen). Aus all diesen Gründen jedenfalls führt es nicht weiter, allgemein von »Aberglauben« zu sprechen, sondern eben die historisch aufzeigbaren unterschiedlichen Dimensionen des Hexereiphänomens bzw. die im rhetorisch-logisch-systematischen Niveau unterschiedlichen und unterscheidbaren Diskurse über dieses Phänomen gesondert darzustellen, wie es hier als »Vorstellung« und »Begriff« versucht wird. Als bedeutsamer Unterschied erweist sich dabei die Ein- bzw. Verarbeitung des Ketzerbegriffs in den »elaborierten« Hexenbegriff bezüglich der Merkmale Teufelspakt und -buhlschaft, Sabbat und Luftfahrt der »Hexenleut'« – woraus dann die Konzeption des Hexereiverbrechens als eines Bandendelikts abgeleitet wurde –, während die Hexe in der Vorstellung meist nur als einzeln Handelnde auftrat (was aber die spätere Auffüllung durch die gelehrten Inhalte nicht ausschloß). Nach dem Gesagten ist auch die romantische Theorie (z.B. Jacob Grimms) unhaltbar, die in den Volks(glaubens)vorstellungen die Überreste eines ursprünglichen (germanischen, ur-deutschen, daher auch noch »echten«) Glaubens der von den fremden Einflüssen der römischen Kirche und des römischen Rechts freien, noch unmittelbar-substantiell lebenden (Land-)Bevölkerung sehen wollte, der zwar nicht mehr für die moderne bürgerliche Gesellschaft wiederzubeleben war, aber doch poetisch als »deutsche Mythologie« neu zu erzählen und so zu erinnern war. Diese Theorie verkennt nicht nur den skizzierten Zusammenhang von »Vorstellung« und »Begriff«, sondern auch die Eigenart einer oralen Überlieferung, die immer ihren Stoff umgestaltet und dadurch neu erfindet (was für die »Volksmärchen« der Brüder Grimm leicht zu zeigen ist, die durchgängig als »Kunstmärchen«, sogar oft des 19. Jahrhunderts selbst, nachgewiesen werden können). Überdies kann aus dem Grad von Irrationalität und Unverständlichkeit einer bestimmten Vorstellung nicht auf deren Alter rückgeschlossen werden (in dem Sinne: je abstruser, desto älter). Oft nämlich füllt eine solche Vorstellung eine lebenspraktische Lücke, die durch eine moderne(re) rationale Entwicklung – die tradierte Formen abschaffte oder gar kriminalisierte – entstanden war, wie z.B. die Negation des Glaubens an die Gottesmutter und die (anderen) Heiligen durch die Reformation, die zu verzweifelten »Erfindungen« von neuen Ersatzinhalten führte. Anzumerken ist noch, daß die Hexereiverfolgungen zeitlich nicht dem Mittelalter angehörten, sondern Ende des 15. Jahrhunderts begannen und ihren Höhepunkt im 16. und 17. Jahrhundert hatten, und daß diese romantische Vorstellung vom Nationalsozialismus übernommen und ideologisch weiter ausgebaut wurde. So rief Heinrich Himmler 1935 den *H(exen)-Sonderauftrag des Reichsführers SS* ins Leben und ließ bis 1944 von 13, später 14 SS-Männern ca. 270 Archive und Bibliotheken durchforsten und eine »Hexenkartei« anlegen, die schließlich ca. 33.000 Blätter umfasste. Ziel war es, aus den ausgewerteten Akten der Hexenprozesse einen Vorwurf gegen die christliche Kirche konstruieren zu können.

Der Hexenbegriff mit der Konzeption des Teufelspaktes lag auch den strafrechtlichen Normen zugrunde, mit denen Hexerei zu einem »Verbrechen« – d.h. einem strafgesetzlichen Verbrechenstatbestand – ausgestaltet und damit zur Grundlage der Verfolgung, Verurteilung und Hinrichtung gemacht wurde. Doch ist damit nur die schwerste Form der rechtlichen Erfassung des Hexereiphänomens erfaßt, die wegen der tödlichen Sanktionierung meist im Mittelpunkt des Interesses an der Vergangenheit steht. Diese Verfolgung – die nicht kontinuierlich dauerte, sondern in Wellen von unterschiedlicher Dauer und Intensität ablief – begann um 1430 und endete um 1780, wobei der Höhepunkt in den Jahrzehnten zwischen 1560 und 1630, mit absoluten Spitzen in den 80er Jahren des 16. Jahrhunderts und zwischen 1626 und 1630, lag. In Deutschland (genauer in Landshut) wurde die letzte Hexe (ein junges Mädchen) im Jahre 1756 verbrannt; 1775 wurde Anna Schwaegelin im Fürststift Kempten zum Tode verurteilt, aber dann zur Haft begnadigt, in der sie 1781 verstarb; 1782 schließlich wurde in dem deutschsprachigen und protestantischen Schweizer Kanton Glarus Anna Göldin hingerichtet. Einen Überblick über die zahlreichen Verfolgungswellen in den verschiedenen politischen Regionen Deutschlands (und Europas) gibt das Buch von Wolfgang Behringer. Doch muß gesehen werden, daß auch die Hexenvorstellung (d.h. der Glaube an Zauberei) rechtlich geregelt wurde, wodurch sich ein differenziertes rechtliches System mit unterschiedlichen Tatbeständen und Sanktionen ergab; überdies muß auch die grundlegende Differenz von Kirchenrecht und weltlichem Recht berücksichtigt werden. Insgesamt ist diese rechtliche Dimension trotzdem von den beiden anderen Dimensionen (»Vorstellung« und »Begriff«) unabhängig zu sehen, weil es hier um die praktische Anwendung der rechtlichen Tatbestände auf in den Verfahren zu untersuchende Einzelfälle ging, weshalb der juristische Diskurs immer die Voraussetzungen und Grenzen des Beweisverfahrens einbezog. Zudem mußte juristisches als systematisches Denken die Hexerei mit den anderen Verbrechen (wie z.B. Mord und Totschlag, Diebstahl, Verrat, Ehrbeleidigung) vergleichen und vereinheitlichen, was zu einer Loslösung von der theologischen Dimension führte. Daran änderte die Kennzeichnung der Hexerei als ein »crimen exceptum« (also ein Sonderverbrechen) nichts, denn auch diese Heraushebung selbst ist nur von der zugrundeliegenden allgemeinen Verbrechenslehre her verständlich. Zudem wurde diese Eigenschaft auch anderen Verbrechen zugeordnet, die – wie z.B. Ehebruch – im Geheimen begangen wurden, daher nur schwer zu beweisen waren und keine Spuren hinterließen (»in criminibus occultis & facti transeuntis« [Carpzov]). Es ist nicht verwunderlich, daß dieses Problem der Beweisführung von Beginn an im Mittelpunkt der juristischen Diskussion stand, auch frühzeitig zur Kritik an dem Verfahren (vor allem an der Folter, aber auch der weitgehenden Denunziationsmöglichkeiten) führte, während das Hexereiverbrechen selbst – in seinen beiden Tatbeständen (Schadenszauber, Umgang mit dem Teufel) – lange Zeit unangefochten blieb, weil es in der Begründung von der Theologie übernommen wurde und auch werden konnte, hing doch die tatsächliche Verfolgung von dem konkreten Beweis- und Verfahrensrecht ab. Über die Verfahrenseinleitung durch Anzeige (Denunziation) war immer auch die Hexenvorstellung für die rechtliche Verfolgung von Bedeutung; sie wurde durch die »erfolgreiche« Durchführung des Verfahrens bis zur Bestrafung und öffentlichen Verlesung des meist erfolterten Geständnisses (der »Urgicht«) – weshalb diese Geständnisse nicht als Beweis für tatsächlich ausgeübte Zauberei betrachtet werden dürfen – immer wieder bestärkt, zum Teil auch in Richtung auf den zugrundeliegenden Hexenbegriff verwandelt. In eben diesem Sinne konnten die Geständnisse als Verifizierung des Hexenbegriffs selbst verstanden werden. Doch wirkte die sich in den weltlichen Juristenfakultäten ausbildende Rechts- und Verbrechenslehre, für die schließlich nicht mehr primär die Sündhaftigkeit des Willens, sondern die Gefährlichkeit eines Täters für das gesellschaftliche Zusammenleben wichtig wurde, auch auf den Hexereitatbestand aus und führte zu seiner Aufhebung.

Schließlich ist eine vierte Dimension der Hexerei zu unterscheiden, die hier als »Phantasie« bezeichnet wird. Selbstverständlich sind für uns heute (seit der Aufklärung) alle Dimensionen der Hexerei nur Phantasie, Einbildung, (Wunsch-)Projektionen, Ausgeburten eines Aberglaubens (und Wahns). Trotzdem gab es den Bereich der Kunst, in dem Hexengestalten geschaffen wurden, die zwar oft an Vorstellungen im Hexenglauben ansetzten, diese aber dramatisierten, stilisierten und auch über das Menschenmaß hinaus steigerten. Im entgegengesetzten Sinne beeinflußten die Kunstprodukte die Vorstellungen, verstärkten deren Bildhaftigkeit und damit deren Überzeugungskraft und den Grad des angenommenen Realitätsgehalts dieses Glaubens. Vor allem erhielt die Hexengestalt in dieser Dimension ästhetische Merkmale: die abstoßende Häßlichkeit der alten bösen Frau oder die Begehren weckende Schönheit der jungen verführerischen Frau – die beiden Männerphantasien (und Frauenphantasien?) also, die unser Hexenbild bis heute aus Märchen, Sagen, Theater- und Opernwerken, Holz- und Kupferstichen, Zeichnungen, Gemälden, Filmen usw. derart bestimmen und prägen, daß manche nur mehr diese Kunstgestalten suchen und sie in »Vorstellung«, »Begriff« oder »Verbrechens«tatbestand der Vergangenheit zu finden trachten, was die historische Realität verfälscht, da jede(r) begrifflich und juristisch in gleicher Weise betroffen war. Gerade deshalb ist es erforderlich, diese vier Dimensionen zu unterscheiden.

Nur angemerkt sei, daß es noch weitere Blickwinkel gibt, aus dem heraus die Hexerei betrachtet werden kann: vor allem den medizinischen, der z.B. in den Selbstbezichtigungen der Betreffenden nur die Auswirkungen einer Geisteskrankheit sehen kann. Diese Auffassung wurde im übrigen auch in der Theologie vertreten, die darin allerdings Vortäuschungen der bösen Dämonen bzw. des Teufels für diejenigen sah, die sich dafür geöffnet hatten, weshalb die Sündhaftigkeit und auch die Strafwürdigkeit des bösen Willens weiterhin angenommen werden konnten. Auch die Melancholie wurde gern als Grund solcher Vorstellungen angesehen, aber auch diese mit dem teuflischen Einfluß in Verbindung gebracht. Die moderne aufgeklärte Medizin abstrahierte von diesem religiösen Zusammenhang, erklärte die sich selbst der Hexerei bezichtigenden Menschen strafrechtlich für unzurechnungsfähig und sperrte sie als Irre in die psychiatrischen Anstalten. Deshalb gehört die medizinische Betrachtung nicht wirklich zu den Dimensionen der Hexerei, weil sie diese als Krankheit erfaßt und somit auflöst.

Als letzte Vorbemerkung sei der Hinweis auf zwei Bücher erlaubt, die die folgenden Ausführungen – die sich im wesentlichen auf die Hexerei in Deutschland beschränken – in vielem ergänzen und inhaltlich über den europäischen Raum hinaus wie auch durch Originaldokumente und aktuelle Literaturangaben weiterführen: einmal die gedrängte Überblicksdarstellung für eilige LeserInnen *Hexen* von Wolfgang Behringer; sodann die umfangreiche und sehr informative und umfassende Zusammenstellung von Materialien zu *Hexen und Hexenprozesse in Deutschland* von demselben Autor für an dem Thema sehr interessierte LeserInnen.

1. Hexenvorstellung

Am bekanntesten ist die inhaltliche Umschreibung der Hexerei als Zauberei (Magie), vor allem als Heil- oder Schadenszauberei, aber auch als Wahrsagerei, Geisterbeschwörung usw. Heute noch – nimmt man aktuelle Umfrageergebnisse ernst! – gehen viele Menschen von der Realität einer solchen Zauberei aus und kennen bestimmte männliche und weibliche Zauberer (eben die »Hexen«), mit denen sie sogar in unmittelbaren Kontakt treten. Es ist nicht nur das »einfache« Volk, sondern es sind durchaus Menschen der höheren, selbst der höchsten Bildungsschichten, die in Notsituationen (Krankheit, Unglücksfall) ihrer Hilflosigkeit und der der modernen Wissenschaft durch Heranziehung einer solchen zauberkundigen Person zu entgehen suchen. Sie greifen nach dieser letzten Chance, obwohl sie in ihrem sonstigen »normalen« Leben moderne Menschen sind, die in anderen Zusammenhängen vielleicht sogar über solche Magie als bloße Phantasievorstellungen – passend in ein Theaterstück, ein Märchen oder einen Film – lächeln. Die vielfach erkannte Widersprüchlichkeit des menschlichen Wesens zeigt sich in dieser Haltung deutlich. Offensichtlich ist ein solcher Glaube an Zauberei und/oder zaubermächtige Menschen universal; und es spricht viel dafür, daß auch diese widersprüchliche Zwischenstellung – einmal Glaube an Realität, dann wieder Einschätzung als bloße Phantasie (also als »Theater«zauber) – geschichtlich zumindest oft zu finden ist. Zudem ist unbestreitbar, daß in den Prozeßakten (sowohl der rechtlichen Verfahren als auch der Kirchenzucht) zauberische Praktiken als Realität angeführt sind.

Abb. 1: Aufbruch zum Hexensabbat von Jaques Aliamet nach David Teniers (1746/1755)

1.1 Realität oder Phantasie der Zauberei

Meist wird »Magie« definiert als »eine Technik, die auf dem Glauben an geheime Kräfte im Menschen und im Weltall beruht, Kräfte, die unter besonderen Voraussetzungen vom Menschen geweckt und gelenkt werden«. Doch darf diese Definition nicht darüber hinwegtäuschen, daß darunter nicht eine bloß technische Anwendung dieser Kräfte zu verstehen ist, sondern stellte dramatisches Geschehen mit in der Regel wunderlichen (oder wunderbaren) Sprüchen und Gesängen, Tänzen und Gesten, die die Beteiligten faszinieren, sie dem Alltag und seinen Schwierigkeiten entreißen und allgemein in Bann schlagen sollten. Selbst die Grenze zum Humor war – zumindest für uns Heutige, die wir die alten Quellen lesen – fließend.

Gern unterscheidet man heute zwischen imitativer und kontagiöser Magietechnik. Erstere beruht auf dem Analogieprinzip, wonach Gleichartiges Gleiches und Gegensätzliches Gegensätze hervorrufen kann. Dabei steht äußerliche Ähnlichkeit (z.B. in der Gestalt oder der Farbe) für innere (und damit Wesens-) Ähnlichkeit, worin schon deutlich wird, daß es sich hier um ein theoretisches Konzept – sozusagen der Wissenschaft – handelt, dessen Inhalte in die ohnehin primär an sinnlicher Erfahrung ausgerichtete Alltagsmeinung übergegangen sind. Die zweite Auffassung ist von vornherein sinnlich-körperlich orientiert. Sie beruht auf der These, daß Dinge, die einmal in Berührung waren, dauernd in Zusammenhang bleiben, weshalb z.B. ein Haar, Fingernagel oder Glied, aber auch körperliche Ausscheidungen stellvertretend für den Menschen, von dem sie genommen sind oder herstammen, »behandelt« werden können, was dann zu den entsprechenden Auswirkungen auf ihn selbst führt. In beiden Fällen tritt nach dieser Magiekonzeption ein bestimmter Erfolg ein, ohne daß man einen unmittelbaren Wirkzusammenhang sinnlich wahrnehmen kann (wie z.B. bei einem tödlichen Schwerthieb). Deshalb wurde meist auch die Vergiftung in diese fernwirkenden Mittel eingeordnet und meist im Zusammenhang mit der Magie gesehen.

Die Antike kannte zauberische Praktiken in der Alltagsrealität (und in der Dichtung). Ihre künstlerische Darstellung lebte auch nach dem Untergang des römischen Reiches weiter, beeindruckte die Gebildeten – selbst die christlichen Kirchenväter – bereits im Mittelalter, dann in der Renaissance und im Humanismus. Noch die deutsche Klassik (der Hexereidichtung) mit dem Höhepunkt der beiden Walpurgisnachtszenen in Goethes *Faust* kann ohne die antiken Quellen nicht verstanden werden. Dabei unterschied man anfangs nicht zwischen ernstgemeinten Berichten über reale Sitten und Gebräuche und phantasievollen (Er-)Dichtungen, sondern diskutierte beide ungetrennt nebeneinander. Jedenfalls kannte wenigstens die geistige Elite die vielen antiken männlichen und weiblichen Magier, die danach trachteten, die Zukunft weiszusagen, indem sie die Eingeweide geopferter Tiere untersuchten, den Vogelflug beobachteten oder – wie die griechische Kirke – Tote zu beschwören wagten. Auch Wahrsagungen aus Kenntnis des Einflusses der Gestirne auf das menschliche Leben wurden überliefert. Verschmähte griffen wie in der Geschichte der Dido zum Liebeszauber, der das begehrte Objekt vor Sehnsucht krank machen sollte, oder erzählten wenigstens von solchen Praktiken. Mit einer Mischung von Amuletten und wunderlichen Beschwörungsformeln einerseits, von tradierten und bewährten Naturmitteln andererseits suchten Kranke bzw. ihre Heiler nach Besserung, sowohl unterstützt durch spekulative Gelehrte als auch belächelt durch aufgeklärte Kritiker. Schon in der Antike war die Zauberei ein viel und kontrovers diskutiertes Thema! Was heilen konnte, war auch – oft bei genau der gegenteiligen Anwendung – zur Schadenszauberei verwendbar. Berühmte Dichter ließen solche böse Menschen in grauenerregender Gestalt entstehen: wie Lukan (39–65) die Erictho oder Horaz (65–8 v.Chr.) die Canidia und die Sagana. Sie fraßen Kinder und stahlen Leichen, um daraus Zaubersalben zu fertigen. Bekannt waren die Taten der griechischen Medea. Diese Wesen, wie Kirke oder die Zauberin in dem »goldenen Esel« des Apuleius (2. Jahrhundert), vermochten auch Menschen in Tiere zu verwandeln. Noch gräßlicher dachte man sich die Geisterwesen (»strigae«, »lamiae«), die des Nachts durch die Luft heranflogen und Kinder raubten oder junge Männer im Schlaf verführten und dadurch in ihrer Potenz schädigten. In vergleichbarer Weise kannte die jüdische Tradition die gefährliche Lilith, die böse (weil an einem die Kinderzeugung ausschließenden Geschlechtsverkehr interessierte) erste Frau Adams, die wegen dieses Ungehorsams gegenüber dem Schöpfergott (und auch ihrem Mann) verbannt und zu einem dämonischen Wesen (gemacht) wurde. Sie gehört im übrigen – wie die griechische Baubo – zu den Teilnehmern an dem Sabbat, den Goethe in der (nordischen) Walpurgisnacht im ersten Teil des *Faust* darstellte, in Mephistopheles' Worten als Warnung an Faust: »Nimm dich in acht vor ihren schönen Haaren, / Vor diesem Schmuck, mit dem sie einzig prangt. / Wenn sie damit den jungen Mann erlangt, / So läßt sie ihn so bald nicht wieder fahren.« Daß die jüdischen Gelehrten höchst differenzierte magische Systeme ausarbeiteten, die auch ihre christlichen Mitmenschen (vor allem die Alchemisten und Astrologen der Renaissancezeit) prägten, sei nur angemerkt. Zumindest als Hinweis muß auch die islamische Theorie erwähnt werden, die durch die Wiederentdeckung der dann ins Lateinische übersetzten antiken Zauberbücher von großer Bedeutung war.

Das Christentum kannte in den Augen der Kritiker eigentlich eben solche zauberische Praktiken; genannt wurden etwa die Heilungen Jesu oder die Magie des Kreuzes (bzw. des gekreuzigten Toten). Vor allem war das jüdische, aber als christlich übernommene Alte Testament voll von Zaubergeschichten (z.B. die Verwandlung des Aaronstabes in eine Schlange) oder Zauberergeschichten (wie die von den Magiern in Ägypten). Allgemein bekannt war die Frau (»Hexe«) von En-Dor, die dem König Saul den toten Samuel (bzw. dessen Totengeist) erscheinen ließ, um von ihm die Zukunft zu erfahren. Darüber hinaus lebten die ersten Christen in einer Zeit voller Magie. So berichtet die Apostelgeschichte über Simon Magus, der ebenso Wunder tat wie die Apostel und sich deshalb ihrem Kreis anschließen wollte, ja der sogar durch die Luft zu fliegen verstand, bis ihn das Gebet des Petrus zum Herabfallen brachte. Wegen dieses fortwährenden Magieverdachts lehnten die christlichen Theoretiker bereits der Frühzeit zauberische Handlungen auf das Schärfste ab (und unterschieden sie von den göttlichen oder mit Gottes Hilfe gelingenden »Wundern«). Doch mußten die Kirchenmänner in der Praxis so sehr mit dem Bedürfnis der Menschen nach magischer Hilfe rechnen, daß sie entgegen ihrer eigenen Theorie Formen kirchlichen Zaubers – Segenssprüche, sakramentale Handlungen – zulassen mußten, wodurch sie in ein Konkurrenzverhältnis zu den nicht-kirchlichen männlichen und weiblichen Magiern traten, das sie schließlich mit der Verteufelung aller anderen, also nicht-kirchlichen Magie zu ihren Gunsten entscheiden konnten.

Material zur Kritik glaubten die christlichen Missionare und Kleriker auch im »germanischen« Deutschland in ausreichendem Maße zu finden. Wenn wir ihren frustrierten Berichten oder den erschreckten Fragen in den Bußkatalogen folgen, dann stoßen wir an eine voll entwickelte heidnische Magiewelt, die nur schwer aufzulösen war. Doch wie weit hier reale Handlungen angesprochen oder nur Motive der antiken Schriftsteller aktualisiert und systematisiert wurden, kann nicht mehr geklärt werden. Sicher ist, daß wegen des Zieles der Missionierung nicht die genaue Schilderung von existierenden Bräuchen im Vordergrund stand, sondern unchristlich-sündhaftes Treiben verhindert werden sollte; ebenso steht fest, daß auch die »Germanen«, später die Deutschen, wie fast alle anderen Völker an magischen Zeremonien orientiert waren. Doch welche Magie in welchen Formen praktiziert wurde, ist fraglich. So waren die Bußkataloge als ein nach Vollständigkeit strebendes System aller möglichen (d.h. denkbaren oder in einem antiken oder sonstigen Bericht genannten oder phantasierten) heidnischen Taten konzipiert, nach denen der Visitator (also meist der Bischof) die Gläubigen zu befragen hatte, um sie von eben diesen Sünden abzuhalten. Es kann aber auch sein, daß durch diese Fragen gerade das reizvoll wurde, was durch sie als verboten charakterisiert war, weshalb manche an Magie interessierte Menschen zu diesen Zeremonien griffen. Darüber hinaus war sicherlich die sakramentale Praxis der Kirche vorbildlich, wenn nicht sogar die (niederen) Kleriker – die die ab dem 12. Jahrhundert ins Lateinische übersetzten Zauberbücher der Antike lesen konnten – vorwiegend als Magier in Erscheinung traten und z.B. Wetter- oder Heilsegen anboten (nicht als von der Kirche anerkannte und abgezählte »Sakramente«, aber als »Sakramentalien«). Bezeichnend ist, daß die meisten überlieferten Zaubersprüche verballhornte christliche Segenssprüche sind: Bekanntlich stammt »Hokuspokus« von »hoc est corpus meum« (»Dies ist mein Leib«).

1.2 Inhalte der überlieferten Zauberei

In ihren Texten erwähnten bzw. sprachen die christlichen Schriftsteller von Heil- und Schadens-, Wetter- und Liebeszaubern, Totenkulten (mit rituellen Speisungen und Gesängen) und Wahr- bzw. Weissagungen – alles Inhalte, die wir auch aus den antiken Quellen kennen und die schon von den Kirchenvätern diskutiert worden waren. Der christliche König Karl der Große sah für die heidnischen Sachsen die Todesstrafe vor, die einen Menschen verbrennen oder dessen Fleisch verzehren würden, weil sie diesen für eine menschenfressende »striga« hielten – auch dies ein antikes Motiv. Die frühere Bestimmung der »germanischen« *Lex Salica* (6. Jahrhundert) erwähnt ebenfalls diesen zauberischen Kannibalismus einer »(e)stria« genannten Frau (sogar mit dem dazugehörenden Kessel, den ein Mann zu tragen habe). Das Edikt des Langobardenkönigs Rothari (643) verbot das Töten einer »striga«, die »masca« genannt werde, und unter der offensichtlich eine Frau (bzw. ein weibliches Wesen) verstanden wurde, die einen lebendigen Menschen von innen her aufessen könne. Die nordischen (»germanischen«, freilich erst unter christlichem Einfluß geschriebenen) Quellen berichten von Zauberkundigen, die vor allem durch gesprochene oder geschriebene Worte die Kampfhandlungen in Krieg und Fehde beeinflußten, oft unterstützt durch Tiergeister. Einen Bezug zu den Toten haben die durch die Luft reitenden Walküren, die Töchter des Totengottes Wodan (Odinn). Die *Edda*-Dichtung des 13. Jahrhunderts erwähnt auch Stabreiterinnen, die den Körper auf dem Boden zurückließen und durch die Luft führen. In Island sprach man den schamanistischen Priestern offenbar ebenso die Fähigkeit zum Flug und zur Tierverwandlung zu. Aus Irland kamen Berichte von Verbindungen verführerischer, in Hügeln (Gräbern?) lebender Feen oder Nymphen mit Männern, die sie in ihr nicht-irdisches (Toten?-)Reich zogen. Darauf wird unter dem Stichwort »gute Gesellschaft« noch näher eingegangen.

Die Haltung der christlichen Theoretiker zu all diesen (realen oder aus Dichtung und Erzählung bekannten) Phänomenen war – wie bereits erwähnt – stets eine ablehnende, wodurch alle Formen von Zauberei in dem dargestellten Sinne außerhalb der kirchlichen Formen des Segens oder der Sakrament(ali)e(n) dämonisiert bzw. verteufelt wurden. Aus der Zauberei wurde – wie in Abschnitt II. ausführlicher gezeigt wird – die stets böse Hexerei.

1.3 Schadenszauberei

Die negative Bewertung betraf zunächst und selbstverständlich die Schadenszauberei, mit der die »Hexenleut'« (oft bezeichnet als »zaubersche« oder »toversche«) die Schöpfung Gottes – die Menschen in ihrem Leben und ihrer Gesundheit, in ihrem Eigentum und Vermögen, das Vieh, die natürliche Welt selbst (etwa Ackerland oder Weinberge) – zu vernichten trachteten. Dabei sprach man diesen Menschen magische Kräfte zu, die angeboren (also »von Natur aus« den Betroffenen zukam) und auch vererbbar waren; oder man ging – schon mehr auf die Freiheit des Menschen abstellend – von einem möglichen Erlernen dieser Praktiken aus. Stets mußten auch Zaubermittel und -rituale (Tänze, Gesänge, Gesten) verwendet werden. Ebenso war ein Kontakt mit dem Opfer – und sei es auch nur durch Blicke – erforderlich. Später nahm man – meist unter Einfluß des christlichen Hexereibegriffs (siehe Abschnitt II.), der dadurch auch zu einer Veränderung der Vorstellung führte – eine Mitwirkung des Teufels an.

Heute noch sprechen wir von der Krankheit des »Hexenschusses«. Früher schrieb man den Hexenleuten die Fähigkeit zu, diese schmerzhafte Bewegungsunfähigkeit (Lähmung) in die Glieder zu schießen. Dazu waren nicht unbedingt Pfeil und Bogen erforderlich; auch mit dem bösen Blick oder durch Handauflegen oder Zischen von Worten konnte »geschossen« werden, wie auch der Kontakt durch Auftragen von verderblichen Salben oder durch Erzeugung einer

»bösen Luft« (z.B. durch Öffnen einer Giftdose) hergestellt werden konnte. Nicht nur Krankheiten, sondern auch Würmer, Ungeziefer und Eidechsen konnten in den Leib des Opfers geschossen werden. Zur Herstellung dieser schädigenden Salben sollten vor allem die Leichen ungetauft gestorbener Kinder dienen. Auch aus diesem Grund, aber sicherlich wegen der allgemein sehr hohen Kindersterblichkeit, sah man oft Kleinkinder als Opfer dieser Behexungen.

Im Bußbuch des Bischofs Burchard von Worms (um 1000) wurde folgende Frage nach Schadenszauberei aufgenommen: »Tatest du, was gewisse Frauen zu tun pflegen? Sie legen ihre Kleider ab und bestreichen den nackten Leib ganz mit Honig. So mit Honig bestrichen, wälzen sie sich am Boden auf einem Leintuch, das mit Weizenkörnern bestreut ist, des öfteren hin und her. Alle Weizenkörner, die am klebrigen Leib haften bleiben, lesen sie sorgfältig ab und geben sie in die Mühle und mahlen sie so zu Mehl, daß sie die Mühle rückwärts gegen den Lauf der Sonne kreisen lassen. Von diesem Mehl machen sie Brot und geben es ihren Männern zu essen, damit sie, wenn sie es gegessen haben, dahinwelken und dahinsterben.« Noch Schlimmeres spricht eine weitere Frage an: »Glaubst du ..., daß du in der Stille unruhiger Nächte, obwohl du im Bette liegst und der Mann dir am Busen schläft, während du körperlich hinter verschlossenen Türen bist, imstande seist, dich zu entfernen ... und getaufte Menschen, die durch Christi Blut erlöst sind, ohne sichtbare Waffen zu töten, ihr Fleisch zu kochen und zu verzehren und anstelle ihres Herzens Stroh oder Holz oder anderes zu stopfen und die Gegessenen wieder zu beleben und ihnen Lebensfrist zu verleihen?« Wer das glauben sollte, sei – so Burchard – aus der Gemeinde auszuweisen. Der erste zu erfragende Fall erinnert an Vergiftung, die ebenso lange als zauberische Handlung galt, da man sich die Fernwirkung des Giftes anders nicht vorstellen konnte. Zudem zeigte sich in diesem Mißbrauch der sozial wertvollen Darreichung von Speise – als Geschenk (englisch »gift«) – die Bosheit der »Hexenleut'«, wie das Märchen von Schneewittchen bezüglich des Apfels zeigt. Zur Herstellung dieser Gifte diente selbstverständlich der bis heute berühmte »Hexenkessel« (in der »Hexenküche«).

Auch mittelbar konnte dieser Schadenszauber geübt werden, indem z.B. die Türschwelle mit der bösen Salbe bestrichen oder unter ihr ein magisches Mittel (ein Zaubertopf voll mit Haaren, Finger- und Fußnägeln, Fett, Knochen, Exkrementen) vergraben wurde: Jeder Eintretende wurde dann gelähmt. Mancherorts sprach man auch von dem »zauberischen Guß«, worunter man das Zubereiten eines Gebräus aus bestimmten Kräutern bis hin zu Schlangen und Kröten verstand, das vor das Haus, in die Hofeinfahrt, auf den Hof oder Misthaufen des zu Schädigenden gegossen wurde. Ging nun der Betroffene oder vielleicht auch dessen Vieh aus Unkenntnis darüber, so würden – wie man meinte – er oder das Vieh einen gesundheitlichen Schaden erleiden. Denn auf diese Weise würden bestimmte kleine Wesen in den Körper gelangen, die diese Krankheiten bewirkten; man bezeichnete sie als »Bilsen« (»Bilwiz«), »böse Dinger oder Elben«, »Dinger, Holden oder Holdichen«, auch »Unholden«, sogar als »gute Kinder« oder »gute Holden« und führte sie – worin sich der Zusammenhang zum »elaborierten« Hexereibegriff (dazu Abschnitt II.) zeigt – auf den geschlechtlichen Verkehr der Hexe mit dem Teufel zurück.

Als häufiger Fall einer Gesundheitsschädigung wurde auch das Anhexen von Impotenz (oder Unfruchtbarkeit), manchmal gedacht als Weghexen des männlichen Gliedes – das dann in einem Vogelnest »abgelagert« wurde, weshalb manche Darstellungen einen Mann zeigen, der auf diesen Baum klettert –, befürchtet oder jedenfalls behauptet. Dabei dürfte ausschlaggebend gewesen sein, daß diese Krankheit nach kirchlichem Recht – dem *Liber sententiarum* des Petrus Lombardus (um 1100–1160) und der *Summa super tituli decretalium* des Bischofs Hostiensius (vor 1200–1270) – zur Aufhebung der Ehe führen durfte.

Auch der Liebeszauber kann in gewissem Maße als Schädigung des Betroffenen gesehen werden. Man betrachte nur den frühen antiken Text einer Beschwörungsformel: »Ich beschwöre dich, Dämon des Todes, laß [den gemeinten X] sich winden, laß ihn vergehen vor Sehnsucht nach [dem zu Liebenden] ... Entflamme sein Herz, laß es dahinschmelzen, sauge ihm das Blut aus den Adern, damit er nichts mehr fühlt als Liebe und Leidenschaft und Sehnsucht.« Der Fragenkatalog des Bischofs Burchard von Worms für die Gewissenserforschung enthielt einige »Interrogationes« für diesen Zauber: »Hast du von dem Samen deines Mannes gekostet, damit er wegen deines teuflischen Tuns stärker in Liebe zu dir erglühe?« »Hast du getan, was gewisse Frauen zu tun pflegen? Sie nehmen einen lebendigen Fisch, stecken ihn in ihre Scheide und halten ihn da so lange, bis er tot ist. Nachdem sie den Fisch gekocht und gebraten haben, geben sie ihn ihren Gatten zu essen. Sie tun es, damit sie umso stärker in Liebe zu ihnen erglühen.« »Hast du getan, was gewisse Frauen zu tun pflegen? Sie beugen sich nach vorn und befehlen, wenn sie den Hintern entblößt haben, daß auf dem nackten Gesäß Brot zubereitet werde. Gebacken geben sie es ihren Gatten zu essen. Dies tun sie, damit sie umso stärker in Liebe zu ihnen erglühen.« »Hast du getan, was gewisse Frauen zu tun pflegen? Sie nehmen ihr Menstrualblut, mischen es unter Speise oder Trank und geben es ihren Männern zu essen oder zu trinken, damit sie mehr von ihnen geliebt werden.« Für jeden dieser Fälle sah Burchard eine Kirchenbuße vor. Der symbolische Charakter dieses Zaubers liegt auf der Hand.

Auch der »Wachsbildzauber« wurde manchmal erwähnt als »cereas imagines facere«, also als Herstellung eines Abbildes des zu Verletzenden (oder gar zu Tötenden), das dann beschädigt oder mit einer Nadel durchstochen wurde.

Einer der häufigsten Vorwürfe vor allem im niederdeutschen und niederländischen Raum gegen die (in der Regel weiblichen) »molkentoverschen« betraf den Milchzauber, den man sich in zwei Formen vorstellte. Einmal wurde zauberisch für das Versiegenlassen der Euter der fremden Kühe gesorgt, wodurch diese also keine Milch mehr abgaben. Zweitens – und theoretisch mit der Vorstellung eines statischen Gleichgewichts in einer Gesellschaft, wonach das, was einem genommen wurde, einem anderen zufließen mußte, begründet) – wurde Diebstahl dieser bei den Kühen des Opfers nun nicht mehr fließenden Milch angenommen. Dies geschah durch heimlich-nächtliches Melken der fremden Kühe (in Tiergestalt oder unsichtbar oder durch den Teufel) und Wegbringen der so gewonnenen Milch oder durch symbolisches Melken eines in die Stallwand eingeschlagenen Axtstiehls, aus dem dann die Milch floß, wodurch die Täterin bereichert wurde und im Wettbewerb um Milch und Butter bevorzugt war. Doch führte der Milchverlust nicht nur zu einem finanziellen Umsatzverlust des bäuerlichen Betriebes (bzw. der dafür zuständigen Bäuerin), sondern bedeutete oft eine existentielle Bedrohung der Familie und insbesondere der Kleinkinder. Vergleichbares galt für jede andere Schädigung der Tiere, die den Hexenleuten zugeschrieben wurde. Selbstverständlich wurde ein solcher Zauber nur dann vermutet, wenn der Schaden oder die Krankheit des Tieres das übliche Maß überstieg und keine überzeugende sonstige Erklärung gefunden wurde. Oft wurde ein »Sachverständiger« eingeschaltet – übrigens auch bei den obengenannten Schädigungen an Leib oder Leben –, der das Vorliegen von Zauberei bestätigte und zugleich versuchte, durch Zauber den Schädiger herauszufinden. Herangezogen wurden dafür vor allem Hirten oder Schäfer, aber auch Scharfrichter (und selbst Kleriker); man konnte sich aber durchaus auch an eine als Hexe angesehene Frau – »die vil zu den dingen wissdte« – wenden.

Mit dem Milchzauber stand der Butterzauber in enger Verbindung: Die Zauberin konnte aus der gestohlenen Milch Butter herstellen. Oft gelang es dabei auch durch magische Kunst (und später durch teuflische Hilfe), ungewöhnlich viel Butter (aus der Milch der eigenen Kühe) zu erzeugen. Vergleichbar wurde der übersteigerte Erfolg beim Bierbrauen oder Spinnen auf Zauberei zurückgeführt. Freilich kannte man gegen den drohenden Butterzauber auch einen Gegenzauber: nämlich das Herzeigen des nackten Gesäßes, das die Kraft haben sollte, die schädigenden Zauberkräfte abzuwehren.

In ähnlicher Weise stellte man sich den Weinzauber vor, durch den die Betreffenden – manchmal in Tiergestalt (Katzen) – in die Keller eindrangen, die Fässer austranken und den verbrauchten Wein durch Wasser (oder Urin) ersetzten. Dabei wurde oft von einer nächtlichen Fahrt zu üppigem Mahl ausgegangen (das noch im Zusammenhang mit der »guten Gesellschaft« näher zu erörtern ist).

Am gefährlichsten war der Wetterzauber, mit dem Hagelstürme oder andere Unwetter »gemacht«, mehrere Landstriche verwüstet und die Ernte vernichtet wurden. Dabei stellte man sich oft einen direkten Zauber vor, mit dem die schlechten Wolken durch Kochen von für schädlich gehaltenen Utensilien (Hahn, Schlange, Giftpulver) in dem Kessel unmittelbar erzeugt wurden (und dann nach oben in die Luft entwichen). Es war auch ein symbolischer Zauber möglich. Dazu wieder aus dem Fragekatalog Burchards von Worms: »Hast du getan, was gewisse Frauen zu tun pflegen? Wenn sie keinen Regen haben und ihn brauchen, versammeln sie mehrere Mädchen. Eine kleine Jungfrau stellen sie gleichsam als Führerin voran. Sie entkleiden sie und führen sie so entblößt aus dem Dorf hinaus an einen Ort, wo sie die Pflanze ›jusquiamus‹, die auf deutsch Bilsenkraut heißt, finden. Sie veranlassen die nackte Jungfrau, das Kraut mit dem kleinen Finger der rechten Hand auszurupfen. Nachdem es mit der Wurzel ausgerupft ist, lassen sie es mit einem Band an den kleinsten Zehen des rechten Fußes binden. Die Mädchen, von denen jedes eine Rute in den Händen hält, führen die Jungfrau, die das Kraut nachzieht, mit sich in den nächsten Fluß hinein. Mit ihren Ruten besprengen sie die Jungfrau mit Wasser. So hoffen sie, durch ihre Beschwörungen Regen zu bekommen. Danach führen sie die nackte Jungfrau, die ihre Schritte in der Art eines Krebses versetzt, sie an den Händen haltend, vom Fluß in das Dorf zurück.« Die symbolische Wirkung dieses (positiven) Regenzaubers liegt wiederum auf der Hand. Und umgekehrt konnte das »Heißmachen« durch das Feuer unter dem Kessel als eine Verkehrung eines Fruchtbarkeitszaubers verstanden werden. In ähnlicher Weise waren es mehrere Frauen oder Mädchen, die durch Tanzen und Singen und sexuell eindeutige Gesten den Himmel erregten und so Regen oder Winde erzeugten. Anzumerken ist, daß dieser (Un-)Wetterzauber meist der Auslöser der großen Verfolgungswellen war, waren doch von ihm zahlreiche Menschen betroffen. Zudem erinnerten manche Hagelstürme oder langandauernde schwere Regenfälle an Bilder der göttlichen Strafen im Alten Testament oder in der Offenbarung des Johannes, nach der das apokalyptische Zeitalter mit zahlreichen Naturkatastrophen und auch Teuerungen – die zu Hungersnöten führten – beginnen soll. Interessant ist allerdings, daß das Auftreten der Pestkrankheit nicht auf Hexereiwerk zurückgeführt, sondern den Juden und manchmal auch den Aussätzigen vorgeworfen wurde. Auf die Ersetz- bzw. Austauschbarkeit dieser drei Gruppen von »Sündenböcken« kann hier nicht näher eingegangen werden.

Als eine weitere Form von Schadenszauberei kann auch die Tierverwandlung angesehen werden, wenn bzw. weil die Betreffenden die Tiergestalt zu bösen Handlungen nutzten, so z.B. die Verwandlung in einen menschen-, vor allem kinderfressenden Wolf (»Werwolf«) oder Bären. Antike Quellen erzählen von diesem Zauber, so z.B. der Grieche Lykaon, der durch Zeus in einen Wolf verwandelt wurde (zur Strafe dafür, daß er den ihn besuchenden Göttern Menschenfleisch als Speise vorgesetzt hatte), oder an den Soldaten, der in der römischen Erzählung des Niceros in dem Schelmenroman *Satyricon* des Petronius (wohl aus der Zeit um das Jahr 61) vor den Augen des Erzählers in einen Wolf verwandelt wurde, der in einen Gutshof einbrach, alles Vieh riß und von dem Knecht mit einem Spieß durch den Hals gestochen wurde, welche Wunde der in den Menschen Zurückverwandelte noch aufwies. Oder man denke an den wohl berühmtesten Helden in dem Roman *Der goldene Esel* des Lucius Apuleis (124–180), der von einer Zauberin in einen Esel verwandelt wurde. Diese Verwandlungen in aggressive Tiere (vor allem in Werwölfe) wurden meist Männern zugeordnet und seit dem 12. Jahrhundert in der englischen und französischen Dichtung (vor allem in dem 1180 entstandenen *Bisclavret* der Marie de France) verbreitet. Bekannt ist auch die um 1260 niedergeschriebene nordische *Völsunga Saga* von Sigmund, dem Sohn des Königs Wölsung, und seinem mit der eigenen Schwester gezeugten (ihm aber unbekannt gebliebenen) Sohn Sinfjötli, die als Ausgestoßene im Wald leben mußten und sich dabei durch das Umwerfen von »Wolfshemden« für neun Tage zu Wölfen verwandelten, bis sie nach zahlreichen blutigen Abenteuern – bei denen der wölfische Sigmund sogar den anderen in die Kehle biß – am zehnten Tag aus den Hemden herausfahren konnten, die sie danach verbrannten. Diese Geschichte ist bis heute aus der *Walküre* von Richard Wagner bekannt, der den Vater zu Wotan (als »Wälse«) und den Sohn zu Siegmund machte und beide im »Wolfsnest« leben ließ. Tiere, in die Frauen sich zu verwandeln pflegten, waren vor allem Katzen, Hasen und Eulen (wie bereits in der lateinischen »strix« angedeutet). Zu erwähnen ist noch, daß oft die Maus als die in ein Tier verwandelte Seele des Menschen angesehen wurde, die aus dem Mund des bewegungslos am Boden liegenden Körpers herauskommen und ihre Reise unternehmen konnte, nach der sie wieder zurück in den Körper gehen mußte, da ansonsten der Betreffende nicht mehr zum Leben erwachte. An diese Vorstellung knüpfte im übrigen noch Goethe an, wenn er in der Walpurgisnacht Faust berichten läßt, daß aus dem Mund der mit ihm lasziv tanzenden jungen Hexe eine Maus gesprungen sei, was seine sexuelle Erregung merklich abgekühlt habe. Die zuletzt genannten Tierverwandlungen sprengen allerdings bereits den Rahmen der Schadenszauberei.

1.4 Andere Formen von Zauberei

Hinzuweisen ist darauf, daß offensichtlich zunächst Zauberei allgemein den Sinn hatte, negative Wirkungen abzuwehren, und nicht, solche herbeizuführen. So war der Regenzauber wichtiger als der Unwetterzauber, wie die zuvor zitierte Frage bei Burchard von Worms verdeutlicht. Häufig wurde »Segenssprechen« genannt, mit dem Zaubersprüche oder Beschwörungsformeln zum Heil des so besprochenen Menschen oder seines Viehs ritualisiert gesungen wurden. Ein Bußbuch aus dem Jahre 668 sah für die, »qui immolant daemonibus«, Bußen vor, nämlich z.B. für die Frau, »die ihre Tochter aufs Dach oder in den Backofen legt zur Heilung des Fiebers«, oder für den, der »da, wo jemand gestorben ist, zur Gesundheit der Lebenden und des Hauses Getreidekörner verbrennt«. Auch der Schadenszauber an Leib und Leben war zunächst Anlaß für einen heilenden Abwehrzauber: Der magiekundige Mensch, den der Verletzte aufsuchte, sollte nämlich zunächst feststellen, von welcher bösen Quelle die Krankheit ihren Ausgang genommen habe; danach hatte er diese Krankheit »zurückzugeben«, sie also an den Verhexer »zurückzuhexen«. Der so geübte Heilzauber war zugleich Schadenszauber, freilich nur gegen den ursprünglich Schädigenden gerichtet, also als eine Art Vergeltung. Dieser enge Zusammenhang von Heil- und Schadenszauber zeigt sich z.B. in dem Lübecker Beichtspiegel von 1484, der u.a. folgende Fragen an den Beichtwilligen stellte: »Hast du Schaden getan mit teuflischer Kunst? Hast du Zauberei und Wickerei getrieben mit dem heiligen Sakrament? Hast du Leute oder Vieh gesegnet? Hast du Briefe oder Schriften gehängt als Schutz vor Krankheit? Hast du Schlangen und Ratten beschworen?«

Ähnlich dachte man sich den »Diebszauber«, mit dem der Aufbewahrungsort von gestohlenen Sachen und damit auch der Täter des Diebstahls (der oft mit Zauberei verglichen wurde, vor allem wenn er nächtlich geschah, und häufig mit Magiemitteln – etwa der Diebskerze, aus den Fingern von Föten hergestellt – begangen wurde) herausgebracht werden sollten.

Die negative Bewertung von Magie überhaupt wurde von den kirchlichen Theoretikern auf alle anderen Formen von Zauberei (im Sinne von übernatürlichen nicht-kirchlichen Praktiken, also auch z.B. im Zusammenhang mit Schatzgräberei) ausgedehnt, letztlich auch auf den Heil- und Segenszauber. Überhaupt ist allgemein anzumerken, daß für die frühmittelalterlichen Theoretiker nicht der Schadenszauber im Vordergrund des Interesses stand, sondern all die Mittel, mit denen die männlichen und weiblichen Zauberer Erkenntnisse über das gewöhnliche Maß hinaus erwerben wollten, also Wahrsagen, Mantik, Kartenlesen, Erstellen von Horoskopen (Astrologie) und Werfen von Losen. Denn dieses Wissen bedeutete Macht, weil dadurch Vorkehrungen getroffen, Zukünftiges vorhergesagt und das Schicksal in die eigene Hand genommen werden oder es dazu führen konnte, einen verborgenen Schatz zu finden (Schatzgräberei). Darin sahen die christlichen Denker den verwerflichen, weil anmaßenden Versuch, die Geheimnisse der göttlichen Schöpfung erkennen zu wollen. Die Ablehnung und Dämonisierung bzw. Verteufelung war dann nur konsequent. Dies galt schließlich selbst für den Heilzauber. Darauf (und auf die Diskussion um die »magia naturalis«) ist in Abschnitt II. einzugehen. Doch sollen bereits hier einige Fragen an Zauberer, Wahrsager und Geisterbeschwörer genannt werden, die in dem Inquisitionshandbuch des Bernardo Gui (gest. 1331) angeführt sind und die an die dieser »Hirngespinste und Wahnvorstellungen abergläubischer Menschen« verdächtig(t)en Mitglieder der christlichen Gemeinde – die von dem Inquisitor besucht wurden, der auch nach dieser »unheilvollen Ketzerei der schwarzen Künste« forschen sollte – zu stellen waren: »welche und wie viele Zauberkunststücke, Wahrsagungen oder Beschwörungen [sie] persönlich kenn[en] und von [wem sie] sie gelernt ha[ben] ...; was sie über Kinder oder Kleinkinder, die verzaubert oder entzaubert werden sollten, wissen oder wußten oder was sie mit ihnen machten; ferner [was sie wissen] über die verlorenen oder verdammten Seelen; ferner über das Einsperren [d.h. Bannen] von Räubern; ferner über die Eintracht oder Zwietracht von Eheleuten; ferner über die Schwängerung von Unfruchtbaren; ferner über das, was sie zu essen geben, Haare und Krallen und bestimmte andere Dinge; ferner über die Situation der Seelen von Verstorbenen; ferner über die Vorhersagen künftiger Ereignisse; ferner über die ›vatis mulieribus‹, die sie ›bonas res‹ nennen und die nach ihren Worten nachts umgehen [worauf noch als Problem der »guten Gesellschaft« einzugehen ist]; ferner über das Besingen oder Beschwören mittels Zaubersprüchen von Obst, Kräutern, Gürteln und anderem; ferner, wen [sie] lehrte[n] zu zaubern oder mittels Zaubersprüchen zu beschwören, und von wem [sie] solche Zaubersprüche oder Beschwörungen lernte[n] oder hörte[n]; ferner über die Heilung von Krankheiten mittels Beschwörungen oder Zaubersprüchen; ferner über das Sammeln von Kräutern auf den Knien mit dem Gesicht nach Osten und mit dem Herrengebet auf den Lippen; ferner über das Auferlegen von Pilgerfahrten, Messen, Kerzenopfern und der Spende von Almosen; ferner über das Aufdecken verübter Diebstähle oder die Enthüllung verborgener Dinge; ... was sie von jeder abergläubischen, ehrfurchtslosen oder entehrenden Behandlung der Sakramente der Kirche und besonders des Sakraments des Leibes Christi wissen, auch was den Gottesdienst und heilige Stätten betrifft; ferner über das Behalten der Hostie oder den Diebstahl von Salböl oder heiligem Öl aus der Kirche; ferner über Bilder aus Wachs oder andere, die in Weihwasser getaucht wurden, wie diese eingetaucht wurden und zu welchem Zweck oder mit welcher Wirkung; ferner über das Bleigießen, die Methode dieses Verfahrens und den Zweck.« Wiederum bleibt zu fragen, wie weit diese Fragen literarische Topoi aus früheren Schriften wiederholten oder sich auf tatsächlich geübte Praktiken bezogen, was selbst bei Geständnissen der Betreffenden nicht bedenkenlos bejaht werden kann, da der Druck der Befragung – verstärkt durch Folter(-androhung oder -anwendung) – diese Antworten erzwungen haben könnten. Die gleiche methodische Schwierigkeit besteht für das 1456 veröffentlichte *Puch aller verpoten Kunst, ungelaubens und der zaubrey* des Johannes Hartlieb (gest. 1468), in dem sieben verbotene Künste als von Gott zugelassene, die Einwilligung des Betreffenden voraussetzende »teuflische Trugbilder« zur Ermahnung und Erziehung der rechtgläubigen Christen geschildert werden: »Nigromantia« (»Schwarze Kunst«, nämlich Zaubersprüche und Beschwörungen, Opferhandlungen, Sternglaube, Talismanverwendung, Wort- und Zeichenmagie, Ausfahrten, Tierverwandlung), »Geomantia« (»Zauberei, die mit der Erde zugeht«), »Hydromantia« (»Zauberei, die mit dem Wasser zugeht«), »Aeromantia« (»Zauberei, die mit der Luft zugeht«),

»Pyromantia« (»Zauberei, die mit dem Feuer zugeht«), »Chiromantia« (»Zauberei, die mit der Hand zugeht«) und »Spatulamantia« (»Zauberei, die mit den Tierknochen zugeht«). Beide zuletzt genannten Werke können in neuhochdeutscher Übersetzung leicht gelesen werden.

Deutlich wird hier die Verbindung und der Zusammenhang von Hexen»vorstellung« und Hexerei»begriff«. Man nehme nur das Beispiel des Wahr- oder Weissagens, eines Phänomens, das wohl ebenfalls universal zu finden ist. Diese männlichen und weiblichen »phitonici/ae« traten oft als Beschwörer der Toten bzw. deren Geister (Seelen) – die jenseits der Zeit stehend Vergangenheit und Zukunft wissen konnten – auf. Herkömmlich nannte man diese Kunst, die ursprünglich (etwa im alten Rom) eine geachtete Praxis des »pater familias« gewesen war, »Nekromantie« (von griechisch »nekros«, Leichnam). Durch einen Übersetzungsfehler wurde dieses Wort umgestaltet zum lateinischen »niger« (schwarz) und so als »schwarze« Magie (»Nigromantie«) bezeichnet. Der englische Name »witches« erinnert an die »wicca/e«, die weissagenden Männer und Frauen, ebenso das Wort »wizard«, das aus dem französischen »wischard« (der »Scharfsinnige«) abgeleitet ist. Den meisten LeserInnen sind sicherlich die weissagenden Hexen in Shakespeares *Macbeth* oder Grethe Jordan in seinem *Heinrich VI.* bekannt. Sie sind – zumindest in der heute anerkannten Fassung (bei der fraglich ist, wieweit sie von Shakespeare selbst stammt) – aber auch als Schadenszauberinnen konzipiert (weshalb die Anknüpfung in der Ballade *Die Brück' am Tay*« von Theodor Fontane konsequent ist). Auch die Beschwörung von Dämonen überhaupt wurde als diese »Nigromantie« beurteilt, selbst wenn sie nicht zu Schädigungszwecken eingesetzt wurde. Der Kampf gegen diese Praktiken verschärfte sich ab dem 12. Jahrhundert, als nämlich arabische und griechische Zauberbücher in das Lateinische übersetzt wurden, was vor allem bei dem niedrigen Klerus zu einer Hochkonjunktur dieser Zauberei führte.

1.5 Zauberei und Totenkult

Eine ähnlich negative Bewertung erfuhren die nicht kirchlich abgesegneten Totenkulte, weshalb sich auch für sie dieser Zusammenhang von »Vorstellung« und »Begriff« ergibt. Ihre Beziehung der Hexerei läßt sich jedenfalls nicht leugnen, was nicht bedeutet, daß – wie manche in Nachfolge der romantischen Schule (vor allem Jacob Grimms) behaupten – es eine lange reale kultische Tradition von den alten Germanen durch das Mittelalter hindurch bis in die Neuzeit gegeben hat, deren Anhänger durch die christlichen Missionare in die tiefen Wälder vertrieben wurden.

Auf die ehemals geachtete Nekromantie im alten Rom wurde oben bereits hingewiesen. Der »pater familias« – also der Vorsteher der Sippe – brachte den Totengeistern in den Nächten der Lemuria Opfer dar; auch die Priester riefen die im »lapis manalis« (»Seelenstein«) am Forum hausenden Toten, um sie nach Omen zu befragen. Die nordeuropäischen Völker kannten ähnliche Bräuche. Sie befragten die Ahnengeister beim Fest der Toten (»Samhain«), aus dem dann das christliche Allerheiligen oder Halloween wurde. Die Wörter »Geist« und »Gast« sind möglicherweise miteinander verwandt, denn bei den feierlichen Festen waren die Schädel der Toten ganz real als Ehrengäste dabei. Später wurden die Verstorbenen offensichtlich von Maskierten repräsentiert. Diese Feiern dienten nicht nur der erinnernden Vergegenwärtigung der Verstorbenen, sondern auch der Anmahnung der Verantwortung der Toten für die Lebenden. Toten- und Fruchtbarkeitskult waren in diesem Inhalt miteinander verbunden. Wenn die Lebenden zu bestimmten Zeiten die Toten bewirteten, erwarteten sie, daß die Toten für die Ernährung der Lebenden durch Fruchtbarkeit des Bodens usw. sorgen würden. Zumindest hatten zahlreiche Bestattungsriten den Sinn, die Toten am Wiedergehen zu hindern, sie jedenfalls durch üppige Mahlzeiten und Gesänge so günstig zu stimmen, daß sie im Guten schieden.

Das Christentum versuchte, diese Vorstellungen – entweder eines realen Glaubens oder als Thema von literarischer Überlieferung – zurückzudrängen, freilich nicht ohne mit dem Heiligenkult einen Ersatz anzubieten. Die Legenden ließen diese von Gott angenommenen Verstorbenen in der Art der Wiedergänger auf Erden (wieder) erscheinen und Wunder tun. Darüber hinaus strebte die Kirche mit strengen Vorschriften danach, die nicht-heiligen Toten am Friedhof und damit im Frieden Gottes bis zum Tage ihrer Auferstehung zu lassen. Auch das Begräbnis wurde zu einer kirchlichen Zeremonie ausgestaltet und vorgeschrieben.

Die nicht-christlichen Formen des Umgangs mit den Toten wurden konsequent negativ bewertet und dämonisiert bzw. verteufelt. In dem *Sendhandbuch* Reginos von Prüm, das dieser um 906 für das Bistum Trier verfaßte, finden sich zahlreiche Fragen, die um diesen Totenkult kreisen, wie etwa: »Singt jemand [bei der Leichenwache] zu nächtlicher Stunde über einem Toten ›carmina diabolica‹ [teuflische Gesänge] und freut sich bei Essen und Trinken gewissermaßen über dessen Tod, und werden die Toten bei diesen nächtlichen Wachen an einem anderen Ort als in der Kirche aufbewahrt?« Gemeint war offensichtlich ein »Leichenschmaus«. Ob diese Sitte bereits vor dem Verfassen dieses Buches bestand oder durch diese Anregung erst entstehen konnte, kann nicht mehr gesagt werden. Die Tendenz der Frage war jedenfalls eindeutig negativ: Die Totenfeier wurde mit einer Lustbarkeit gleichgesetzt. Der Bezug zu Kannibalismus wurde in einer anderen Frage überdies offen hergestellt: »Es ist zu fragen, ob sich jemand von Blut, von Leichen oder von Körpern, die von wilden Tieren zerrissen wurden, ernährt.« Diesen Vorwurf kennen wir bereits aus den obengenannten Bestimmungen der Volksrechte und dem Gesetz Karls des Großen gegen die Sachsen; er war im übrigen auch sonst ein beliebtes Argument für die sittliche Abwertung des jeweiligen Gegners. In der Antike waren es sogar nicht-menschliche Lamien, Strigen usw., die Menschenfleisch zu essen pflegten.

Daher ist erneut mehr als fraglich, ob in Trier zur Zeit Reginos (also um 906) kannibalistische Sitten herrschten oder ob der Theoretiker nicht einfach ein allgemein bekanntes Motiv für heidnische (d.h. nicht kirchlich anerkannte) Gebräuche in diese Frageform kleidete, um Kannibalismus als schändlichen und verabscheuungswürdigen Unglauben und Götzendienst zu entlarven (und zugleich die christlichen Formen des Begräbnisses zu monopolisieren). Dabei wandelte dieses Verständnis sogar das Phänomen des Kannibalismus – religionsgeschichtlich zu begreifen als Versuch, eine Identität des Lebenden mit dem Verstorbenen herzustellen, indem wichtige (nämlich als Sitz der Lebenskräfte aufgefaßte) Teile des Leibes rituell verspeist werden – zu einem Menschenopfer um, also zu einer feierlichen Tötung eines Menschen (vorwiegend eines Kindes), um dann dessen Fleisch zu verspeisen. Ob hinter dieser Vorstellung die christliche Messe – mit Wandlung, Opferung und Kommunion von Leib und Blut Christi – Pate gestanden hat, ist hier nicht zu untersuchen; jedenfalls pflegten Kritiker des Christentums diesem gern solche Praktiken nachzusagen. Noch weniger kann auf die Frage eingegangen werden, ob hinter solchen Vorstellungen von Tötung, Verspeisung und (dadurch) Neubelebung – zumindest als Weiterwirken der Lebenskraft – antike Kultformen (Zagreus, Orpheus, Mithras, Dionysos, Attis, Adonis, Marduk, Herakles, Osiris, aber auch Persephone) als Realität oder motivlich-literarische Erinnerung standen.

1.6 »Gute Gesellschaft«

Am deutlichsten wird der Zusammenhang von »Vorstellung« und »Begriff« in der »guten Gesellschaft« –ein Phänomen, das bis heute unterschiedlich verstanden und diskutiert wird.

Ausgang der Diskussion ist das bereits genannte *Sendhandbuch* Reginos von Prüm von 906 für das Bistum Trier, das in Buch II/5/45 auch folgende Frage enthält (die auf ein Konzil von Ankara zurückgeführt wird): »ob es eine Frau gibt, die von sich behauptet, daß sie mit einer Schar von

Dämonen, die in Frauen verwandelt sind, in bestimmten Nächten auf Tieren ausreite und daß sie in die Schar dieser Dämonen aufgenommen sei«. Darüber hinaus nahm es in Buch II/371 einen speziellen, deutlich vom übrigen abgehobenen Kanon auf, der mit dem Wort »episcopi« (also »die Bischöfe«) begann und deshalb als *Canon Episcopi* bekannt wurde. Darin wurde als vom Teufel vorgegaukelte Wahnvorstellung die Behauptung von Frauen qualifiziert, »daß sie in der Nacht mit der heidnischen Göttin Diana und einer unzähligen Menge von Frauen auf irgendwelchen Tieren reiten und viele Länder der Erde in stiller, tiefer, unheimlicher Nacht durchqueren und daß sie ihren Befehlen wie ihrer Herrin gehorchen und in bestimmten Nächten zu ihrem Dienst aufgeboten werden«. Burchard von Worms übernahm um 1000 beide Texte in sein *Decretum* – den ersten in Buch X/29 und in dem als *Corrector* (weil als Bußhandbuch gedacht) genannten Buch XIX/5, den zweiten nur in Buch XIX/5 –, fügte aber dem ersten Text in Buch XIX/5 einen Nebensatz hinzu, der in den Handschriften in mehreren Fassungen überliefert ist, von denen folgende als die am ehesten angemessene angesehen werden kann: »quam vulgaris stultitia holdam vocat« (andere Fassungen haben statt »holdam« auch »strigam holdam«, »frigaholdam«, »unholdam«, »unhöldin alias weyczenvarerin«), womit folgender Wortlaut zu lesen war: »hast du geglaubt, daß es irgendeine Frau gibt, die das tun kann, was gewisse Frauen ihrer Behauptung nach, vom Teufel getäuscht, notgedrungen und nach Vorschrift tun müssen, nämlich mit einer in die Gestalt von Frauen verwandelten Dämonenschar, die die Torheit des Volkes als ›holda‹ bezeichnet, in bestimmten Nächten auf bestimmten Tieren reiten zu müssen und ihrer Gemeinschaft zugerechnet zu sein?« Die maßgebende Kirchenrechtssammlung Gratians (1142) übernahm die Texte des *Corrector* – da es sich nur um ein Bußhandbuch handelte – nicht, sondern griff in Teil II/26/5/12 auf den *Canon Episcopi* im Werk Reginos zurück, weil sie ihn als Beschluß »ex Concilio Anquirensi« ansah, ergänzte ihn aber durch die Nennung der »Herodias« (neben der Göttin Diana). Diese biblische Gestalt war bereits in einem Bericht des Ratherius von Lüttich, Bischof von Verona (890–974), erwähnt worden: Es gebe Frauen, die »Herodias, die Mörderin Johannes' des Täufers, wie eine Herrscherin, vielmehr Göttin, verehren«, wobei sie in der Tradition oft mit ihrer Tochter Salome gleichgesetzt wurde – freilich vorwiegend nur in Frankreich, bis sie im 19. Jahrhundert in Heines *Atta Troll* und in der Gestalt der Kundry in Wagners *Parsifal* Eingang in die deutsche Kultur fand. Doch blieb die Formulierung des *Corrector* von der »holda« weiterhin bekannt. Denn in einer Fastenpredigt des Jahres 1457 kam Bischof Nikolaus von Cues auf einen Prozeß über Frauen zu sprechen, die eine gute Herrin (»bona domina«) mit dem Namen »Richella« (oder »Fortuna«) verehrt hätten; dabei verwendete der Prediger auch zur Bezeichnung dieser Frauen das Wort »Hulden«, das wohl auf das von Burchard eingeführte »holda« verweist: Diese Hulden wären ihrer Herrin »an einen Ort voller tanzender und feiernder Menschen« gefolgt. In diesem Sinne enthielt auch der *Lübecker Beichtspiegel* (um 1480) folgende Fragen, die zur Gewissenserforschung an den Beichtenden zu stellen waren: »Hast du geglaubt an die guten Hulden und an die Wichtelmännchen? ... Hast du geglaubt, daß die Leute fahren mit Leib und Seele bei Nachtzeit in ferne Land und werden da unter einander wohl bekannt?« Den von Nikolaus von Cues angesprochenen Ort wiederum nannte der Straßburger Domprediger Johann Geiler von Keiserperg (1445–1510) in einer seiner Fastenpredigten: Es sei der »fraw Venusberck«, wie er bis heute aus der Geschichte von Tannhäuser bekannt ist. Auch Martin Luther stand in dieser Tradition, wenn er als »Gespenster des Teufels« die Vorstellung anführte: »[es] sagen etliche, es ritte jährlich umher, ihre Untertanen zu besichtigen, eine Frau mit dem Namen Herodias, etliche nennen sie Frau Hulde, etliche Frau Venus.« Richard Wagner hat diesen Zusammenhang von Venus und »Frau Holda« – die bekanntlich in dem Märchen von der »Frau Holle« bis heute bekannt ist – in seinem *Tannhäuser* zum Ausdruck gebracht.

Dabei folgte Wagner – wie sehr viele Autoren bis heute – der Fehlinterpretation (und -übersetzung) der Burchard-Stelle durch Jacob Grimm, der nämlich in seiner *Deutschen Mythologie*

(1835) diesen Hinweis »holda« zwar eindeutig als Adjektiv erkannte, ihn aber dennoch als Eigenschaft einer Göttin auffaßte, die damit als »hold« (d.h. »gnädig«, »hilfegebend«, »helfend«) gekennzeichnet gewesen sei. Grimm nahm weiterhin an, daß bereits die Germanen (als die altvorderen Ur-Deutschen) eine Göttin verehrt hätten, die als solche – also in ihrer Göttlichkeit als helfende (und mütterliche) Macht – auch als »Fricka« (daher auch die Berufung auf die eine handschriftliche Überlieferung »frigaholdam«) oder »Freia«, von anderen Völkern als »Diana«, »Artemis«, »Isis« usw. bezeichnet worden sei, womit er den Bogen von einer Göttin »Holda« (bei Burchard) zu »Diana« (bei Regino und dessen *Canon Episcopi*) zog und beide identifizierte. Bestärkt sah Grimm diese Interpretation durch die im Volksglauben (Märchen, Sagen) noch lebenden Erzählungen von der »Frau Holle«, in denen er die Überreste des uralten germanisch-deutschen Glaubens sehen wollte, die den christlich-römischen und rationalen Verdrängungsprozessen widerstanden hätten (im Gegensatz zur sich volksentfremdenden Elite, die sich diesen Einflüssen geöffnet hätte). Zwar sei dieser alte Glaube nicht mehr wieder lebendig zu machen, könne aber und müsse auch um der nationalen Erinnerung willen durch Poesie als »Mythologie« nacherzählt werden. So entstand die Gestalt der Göttin »Holda«, wie sie bei Wagner (vermittelt auch durch Heinrich Heine) aufgenommen und mit der Göttin Venus – ebenfalls eine »holde« Gestalt, die durch das Christentum zu einem Dämon (handschriftlich daher »strigam holdam« oder »unholdam«) und schließlich zu einer Teufelin gemacht worden sei – gleichgesetzt wurde. Zugleich führte diese Gleichsetzung von »Holda« und »Diana« zu einer einheitlichen Theorie, daß nämlich Regino und Burchard mit ihren Fragen jeweils auf einen tatsächlich praktizierten Kult dieser Göttin(nen) hätten hinweisen wollen.

Nun ist dies eindeutig ein Mißverständnis des Wortes »holda«, das sich bei Burchard auf die Dämonen in Frauengestalt bezog, die damit als »holde Schar« bezeichnet wurden und deshalb – wegen der Ambivalenz und daher Gefährlichkeit dieser Dämonen, die »richtig« behandelt und angerufen werden mußten – zugleich als »unholde Schar« gemeint war (weshalb die auch vorhandenen handschriftlichen Fassungen mit »unholdam« inhaltlich gleichbedeutend sind), vor allem in den Augen des Klerikers Burchard, der deshalb diese Kennzeichnung als »hold« der Dummheit des Volkes, d.h. dem Aberglauben, zuschrieb und darin vom Teufel vorgegaukelte Wahnvorstellungen vor allem in Träumen und somit keinen realen Ausritt oder keine reale Kulthandlung sah. Für eine Göttin Holda fehlt jeder Beleg. Gemeint war nur eine Dämonenschar, die – wie es in Abschnitt II. für die Theologie noch gezeigt werden wird – den sich auf sie einlassenden, abergläubisch-dummen, oft alten und hilflosen Frauen (»mulierculae«) diesen Ausritt vorspiegelte. Ob es tatsächlich zur Zeit Burchards solche Frauen gab, die dieses Geschehen behaupteten, läßt sich nicht belegen. Es könnte sich dabei durchaus um einen bloß literarischen Topos handeln, der aus früheren Quellen (z.B. Predigten, Traktaten und Sammlungen, aber auch antiken Dichtungen) übernommen worden war. Vergleichbares gilt bezüglich des Hinweises auf die heidnische Göttin Diana. Regino folgte hier offensichtlich dem Predigttext *De correctione rusticorum* des Bischofs Martin von Braga (Bracara) (gest. 580), der die Schriften des Caesarius von Arles (gest. 542) – des für die Christianisierung Galliens maßgebenden päpstlichen Vikars – ausgeschrieben hatte. In diesem Text wurden »ignorantes homines« in der Landbevölkerung genannt, von denen »malign[os] daemones« als falsche Götter (und somit als Götzen) verehrt würden, je nach angenommener Wirkungssphäre unter folgenden Namen: »in Mari [im Meer] Neptunum, in fluminibus [in den Flüssen] Lamias, in fontibus [in den Quellen] Nymphas, in silvis [in den Wäldern] Dianas.« Regino ließ also die Landbevölkerung in den Wäldern um Trier fragen, ob sie von Frauen gehört hätten, die einen solchen Dämon unter dem Namen »Diana« verehren würden, was als heidnischer Aberglaube anzusehen sei, weshalb alle, die so etwas glauben würden, aus der christlichen Gemeinde auszuschließen seien. Auf einen tatsächlichen Diana-Kult kann daraus (allein) nicht geschlossen werden. Doch läßt sich andererseits sicherlich fragen, ob Regino nicht aktuelle zeitgenössische Anhaltspunkte sah, die diese seine Frage für die zu visitierenden Christen verständlich erscheinen ließ.

Wie dem auch sei: Diese Fragen mit ihren literarischen Topoi drangen durch die Visitationen, Beichtgespräche und Predigten in die Vorstellungen der Christen ein und erweckten diese Phantasien, die von den christlichen Theoretikern und dann in der Umsetzung von den Inquisitoren dämonisiert wurden. Die Frage in dem Inquisitionshandbuch des Bernardo Gui (gest. 1331) wurde bereits oben genannt: »über die ›fatis mulieribus‹, die sie ›bonas res‹ nennen und die nach ihren Worten nachts umgehen«, was wohl zu übersetzen ist als »über die ›weissagenden Frauen‹, die sie ›gute Wesen‹ nennen«. Dabei kam es zu einer Verschiebung des Wortgebrauchs, die bereits in dem Text Reginos angelegt war. Denn die beiden obengenannten Stellen sind zwar ähnlich, aber nicht gleichbedeutend. In II/5/45 ist die Rede von der Frau, die angeben würde, mit einer in Frauengestalten verwandelten Dämonenschar zu reiten; in II/371 (dem *Canon Episcopi*) ging es um die Frauen, die in einer Schar unter der Führung der Diana reiten würden. Im ersteren Fall war die Schar selbst dämonisch, im zweiten Fall war Diana dämonisch und die Frauenschar (normal-)menschlich. Die Kennzeichnung als »hold« wurde (auch) auf diese Frauen selbst (und auf mitfeiernde Männer) bezogen, die in den Verhören angaben, mit anderen an gemeinschaftlichen Festen teilzunehmen, die die Inquisitoren in Norditalien in der Tradition von Regino bis Gratian als »ludi Dianae ac Herodias« bezeichneten, während die Verhörten selbst von Festen unter Vorsitz der »Abundia«, »Satia«, »Bensonia« oder »Madonna (H)oriente« sprachen. Sie bezeichneten ihre Festgesellschaft als »boni homines« (»gute Menschen«) oder »bona societas/gens« (»gute Gesellschaft«). Zwei Frauen – Sibillia Zanni und Pierina de Bugatis aus Bripio – erzählten 1384 in Mailand dem Inquisitor Ruggero da Casate von ihrer »bona gens« bis in einzelne Details. Sie hätten seit dem 16. Lebensjahr an dem »ludus Dianae« teilgenommen; nun würden sie sich regelmäßig in der Nacht auf den Freitag mit »(H)oriente«, auch »(H)erodias« genannt, und ihrer Gesellschaft treffen; darunter seien auch bereits verstorbene Frauen, wobei sich diejenigen, die geköpft oder gehängt worden seien, sehr schämen und es nicht wagen würden, den Kopf zu erheben; auch Tiere aller Art kämen hinzu, mit Ausnahme von Eseln, da diese das Kreuz trügen; dort werde gut gegessen und getrunken, wobei die Knochen der geschlachteten Tiere zusammengelegt würden, was deren Wiederbelebung durch »(H)oriente« (durch Berührung mit dem Knauf ihres Stocks) ermögliche (doch seien die Tiere danach nicht mehr zur Arbeit zu gebrauchen); sie würden auch nachts fremde Häuser und Weinkeller aufsuchen und dort ihre Feste feiern, wofür dann »(H)oriente« diese Häuser segnen würde; sie würden auch tanzen, dabei sich durch Maskierung in Tiere verwandeln; zudem würden sie bei diesen Zusammenkünften über Heilmethoden belehrt und einen Blick in die Zukunft werfen dürfen; »(H)oriente« würde auf alle Fragen antworten. Der Name Gottes sei nie gefallen. Die beiden Frauen gaben an, sie hätten nur geglaubt, »(H)oriente« sei die Herrin der Gesellschaft, so wie Christus der Herr der Welt sei. Sie wurden im Rahmen des kirchlichen Bußverfahrens (dazu Abschnitt III.) zum Tragen von zwei gelben Kreuzen auf dem Kleid und zu einer Geldbuße bestraft. 1390 wurden sie wegen Rückfalls erneut in ein Inquisitionsverfahren gezogen, in dem Pierina nun von einem Geist namens »Lucifello« (»kleiner Luzifer«) sprach, der in Gestalt eines Menschen sie zu den Treffen geführt habe, und mit dem sie einen Bund geschlossen und diesen mit einem Blutstropfen besiegelt habe. Nun wurden sie von dem Inquisitor Beltramino da Cernuscullo wegen Ketzerei verurteilt und nach der Exkommunikation den weltlichen Behörden zur gebührenden Strafe – nämlich der vorgesehenen Strafe des Feuertodes – überlassen (dazu Abschnitt III.). Dabei ging der Inquisitor offensichtlich von der Realität dieser Feste aus, weil er nicht mehr – wie in dem Verfahren von 1384 – das Geständnis mit dem einleitenden Satz »Du hast geglaubt, daß ...« protokollierte, sondern mit »Du bist gewesen ...«. Er betrachtete also diese Feste als reale Ketzerversammlung (weshalb auch »der kleine Luzifer« beteiligt wurde). 1485 erfuhr der Dominikanerinquisitor Bernhard von Como in Bormio bei seinen Verhören von wegen Ketzerei verdächtig(t)en Frauen von ihrem »ludus bonae societatis« (»Spiel der guten Gesellschaft«). Selbst der berühmte Dämonologe Martin Delrio SJ verwandte in seinem 1599 erschienenen System für den Sabbat diese Bezeichnung.

Anzumerken ist, daß dieser Weg der Dämonisierung nicht nur von den kirchlichen Inquisitoren (und damit von dem geistlichen Gericht), sondern auch – wie Niklaus Schatzmann für das Gebiet südlich des St. Gotthard-Passes für die Jahre zwischen 1431 und 1459 gezeigt hat – in Verfahren vor dem weltlichen Gericht beschritten wurde, das – wie in Abschnitt III. gezeigt – nicht nur für Schadenszauber zuständig war, sondern auch die Kompetenz in Ketzereisachen beanspruchte (seit Ketzerei durch die Gesetzgebung Friedrichs II. ab 1224 ein weltliches und mit der Todesstrafe des Verbrennens zu bestrafendes Verbrechen geworden war). Im übrigen war diese Dämonisierung schon im *Decretum* Burchards angelegt, in dem nämlich nicht nur dieser Ausritt der Frauen durch die Welt erwähnt wird, sondern in demselben Buch XIX auch die Frage gestellt wird: »Hast du geglaubt, was viele Frauen, sich wiederum Satan zuwendend, glauben und als wahr versichern ..., daß in der Stille der Nacht, wenn du dich ins Bett gelegt hast und dein Mann an deiner Brust liegt, du, während du in deinem Körper bist, durch geschlossene Türen aus dem Haus gehen und durch die Luft große Strecken zurücklegen kannst, zusammen mit anderen, die in gleicher Weise getäuscht sind; und daß du ohne sichtbare Waffen Menschen, die getauft und durch das Blut Christi erlöst sind, tötest und gemeinsam ihr Fleisch kochst und verzehrst; und daß du ihr Herz durch Stroh, Holz oder derartiges ersetzt; und daß du, nachdem du diese Leute gegessen hast, sie wieder lebendig machst und ihnen eine kurze Lebenszeit schenkst?«, und »daß du mit anderen Gliedern des Teufels in der Stille einer ruhigen Nacht Türen öffnest, um dich bis zum Himmel zu erheben, wo du dir mit anderen [Frauen] Kämpfe lieferst, ihnen Wunden beibringst und von ihnen Wunden empfängst?« Die fortgeschrittene Dämonisierung der »klassischen« Regino- bzw. Burchard-Stelle vom Ausritt der Frauen zeigte sich bei Johannes von Salisbury in seinem *Policraticus* (1159), in dem es hieß: »Manch einer behauptet, daß eine Herrin der Nacht oder Herodias oder die, die über die Finsternis herrscht, nächtens Versammlungen und Zusammenkünfte einberuft und daß dort Bankette verschiedener Art veranstaltet und allerlei Handlungen vollzogen werden, die mit der Funktion eines jeden von ihnen zu tun haben, und daß, je nach ihrem Verdienst, den einen eine Strafe auferlegt wird und die anderen zum Ruhm erhoben werden. Außerdem heißt es von den Hexen, daß ihnen Kinder dargebracht werden, die sie grausam in Stücke schneiden und gierig verschlingen.« Damit war zugleich der Bogen von der Ketzerei zur Schadenszauberei geschlagen, der die Zuständigkeit der weltlichen Gerichte in gesteigertem Maße begründete.

Die »fatae mulieres« – von denen in dem obigen Zitat Bernardo Gui sprach – sind schwer zu übersetzen. Gemeint sein dürften aber wegen des Zusammenhangs mit »fatum« (»Schicksal«) und »fatae« (»Schicksalsgötter«, »Parzen«) »weissagende Frauen«, wobei unklar ist, ob damit menschliche oder übermenschliche Wesen oder bereits Verstorbene (»Seelen«, »Geister«, vgl. auch die handschriftliche Überlieferung des Burchardschen Textes »unhöldin alias weyczenvarerin«) erfaßt werden sollten. Der Bezug dieser Vorstellung zur Wahrsagerei trat jedenfalls in wieteren Protokollen aus gerichtlichen Verfahren eindeutig hervor. So gestand 1499 Hans Tscholi in Luzern, daß er zu bestimmten Zeiten wider seinen Willen verzückt werde und dann zu den Toten fahren müsse, die ihn beauftragen würden, für die Nachkommen zu sorgen, und ihm als Gegenleistung Auskunft geben würden, wann seinem Land von Zauberern Schaden drohe; diese Fähigkeit sei in seiner Familie seit Generationen vererbt. 1525 berichtete die Wahrsagerin Wyprat (Wiborada) Wustin von ihrer Fahrt in den Berg der »Frau Selga« und der »Frau Venus«, einer Fahrt, die während der Quatemberzeiten stattfinde (also in der dritten Woche im September, im Advent, in der ersten Woche der Fastenzeit und in der Pfingstwoche, somit zu den Zeiten, die mit dem Beginn der vier Jahreszeiten in Zusammenhang stehen) und auf der sie z.B. die Menschen erkenne, die im nächsten Jahr sterben würden. 1578 erzählte der 28jährige Roßhirt Chonrad Stoeckhlin aus Oberstdorf – ebenfalls als Wahrsager auftretend –, daß ihn während der Quatemberzeiten ein Engel ins Fegefeuer und in das Paradies führe, während er selbst ohnmächtig körperlich zurückbleibe, und zwar nicht allein, sondern mit anderen, die er als »Nachtschar« bezeichnete (und ausdrücklich von der »Hexenfahrt« einerseits, von der »rechten Schar« der Toten andererseits unterschied). 1630 gab der hessische Wahrsager Diel Breull an, während der Quatemberzeiten im Geist in den Venusberg zu fahren, wo ihm die »frau holt« die Toten und ihre Pein – gespiegelt in einem Wasserbecken – zeige; dabei würden diese Toten an einer prächtigen Tafel inmitten von Flammen sitzen. Deutlich wird hier die Beeinflussung durch kirchliche Lehren (vom Fegefeuer der toten Seelen) – wobei freilich auch darauf hinzuweisen ist, daß dieses Fegefeuer auch durch literarische Quellen (vor allem der *Göttlichen Komödie* des Dante Alighieri, der im übrigen wie sein Führer Vergil als großer Magus und Zauberer galt und z.B. auch im Zusammenhang mit dem Zauberattentat auf Papst Johannes XXII. 1320 genannt wurde) und durch die verbreiteten »Jenseitsvisionen« allgemein bekannt war –, aber auch durch andere Motive wie z.B. der »Frau Welt«, die – wie »Frau Holt« bei Diel Breull – vorn eine schöne Frau, hinten aber unmenschlich-häßlich (wie ein »Baum mit rauer Rinde«) anzusehen sei.

Anzunehmen ist daher, daß es diese Vorstellung einer solchen »guten Gesellschaft« gegeben hat, die zur Vorstellung der »holden Schar« paßte und vielleicht erst durch Predigten usw. erzeugt worden war, die aber ungefähr auch zu der Selbstkennzeichnung der Katharer und Albigenser als der »Reinen« paßte. Daß es solche tatsächlichen Ausritte von Frauen (oder auch Männern) durch die Welt nicht gab, braucht sicherlich nicht erst festgestellt werden. Gefragt werden kann – wenn überhaupt – nur, ob es Veranstaltungen gab, in denen diese Vorstellung kultisch gepflegt wurde – unter Umständen verbunden auch der mit Verehrung einer solchen Göttin – und diese heiligen Inhalte weitergegeben wurden. Die Quellen selbst legen eine Verneinung dieser Möglichkeit nahe, weil sie den Ausritt selbst in eine nächtliche Vision oder als Trauminhalt darstellen, und zwar nicht nur theoretisch (wie im *Canon Episcopi*), sondern auch in den eigenen Aussagen der Betreffenden (die zumindest zum Teil nicht erfoltert worden zu sein scheinen). Es ist daher anzunehmen, daß es sich dabei – wie bei den Berichten über »Jenseitsvisionen« – um ekstatische Erfahrungen eines Fliegens oder Reitens durch nicht bestimmbare Räume gehandelt hat, die jede(r) Betreffende vereinzelt und isoliert hatte, sie aber inhaltlich auf kulturell überlieferte Vorstellungen bezog. Bereits Inquisitoren erkannten durch eigene Untersuchungen, daß die betreffenden Personen – die sie in ihrer Zelle die ganze Nacht über beobachteten – steif am Boden liegen blieben, am nächsten Morgen aber von ihren Erlebnissen in der Nacht erzählten. Vor allem die Gegner des Hexereibegriffs griffen auf diese »Experimente« – im übrigen auch mit Werwölfen (also Menschen, die behaupteten, sich in Wölfe verwandeln zu können) – zurück, um nachzuweisen, daß es sich hier um bloß seelische Erlebnisse handelte. Auch die friaulischen »Benandanti« (»Wohlfahrende«) erzählten um 1600 den Inquisitoren, daß sie zu bestimmten Nächten ihren Leib auf dem Boden zurückließen und als bloße Seelengestalt (oder in Gestalt von Tieren) zu bestimmten Orten flögen, an denen sie mit den bösen Hexenleuten um die Rettung der Ernte kämpfen würden; würde man den Leib umdrehen, könnten sie nicht mehr in ihn zurückkehren und würden so in ihrer Existenz vernichtet. Bereits 1550 hatte es im Bregenzerwald eine Gruppe von Personen gegeben, die sich die »Gesellschaft« nannten und erzählten, daß sie auf Wölfen zu einem gewissen Treffpunkt reiten würden, um Feste zu feiern. Dabei würden die Frauen einen rituellen Kampf aufführen, in dem sie mit Hirsestengeln aufeinander einschlügen, wobei die Wunden sogleich verheilten. Vergleichbare Berichte kennen wir aus Livland –als »Werwölfe« –, aus Dalmatien –als »Kr(e)sniki« – oder aus Ungarn – als »Táltos«. In vergleichbarer Weise gab der bereits genannte Chonrad Stoeckhlin um 1580 an, daß er als

Seele unter Führung eines Engels durch die Nacht reise und Weissagungen erhalte, während sein Leib regungslos am Boden zurück- und liegenbleibe. Aber selbst die nordischen Quellen ergeben ein ähnliches Bild: Die *Edda*-Dichtung des 13. Jahrhunderts kannte »túnridor« – also »Zaunreiterinnen«, vergleichbar der »hagazussa« (von der das Wort »Hexe« kommt) –, von denen Odin sagte: »Wenn ich túnridor durch die Lüfte fahren sehe, bewirke ich, daß sie sich verirren und ihren Körper [hama] nicht wiederfinden, ihren Geist [huga] nicht wieder finden.« Wieweit dieses Verständnis auch für die durch die Luft fliegenden und den Helden den Tod verkündenden Walküren – wozu Richard Wagner eine entsprechende Musik geschrieben hat – galt, bleibt fraglich.

Für Spekulationen über die historische Realität bleibt da nicht viel Spielraum. Dies gilt auch und vor allem für die Theorie, daß die Betreffenden diese Visionen aufgrund von Drogen oder gar von »Hexensalben« erlebt hätten. Diesbezüglich kennen wir sogar »Geständnisse«, mit Hilfe von Salben – deren Rezepte (von Nachtschattengewächsen bis hin zur Verwendung von Fett aus getöteten und gegessenen Kindern) angegeben waren – diesen Zustand herbeigeführt zu haben, wobei damit der eigene Körper eingerieben worden sei. Dies ist wegen der Erzeugung dieser Angaben durch die Folter mit höchster Vorsicht zu genießen. Moderne Experimente mit solchen Mitteln ergeben widersprüchliche Ergebnisse, die offensichtlich von den Erwartungen (und Wünschen) der Versuchspersonen abhängen. Bezüglich der Salben ist darauf hinzuweisen, daß die meisten »Geständnisse« sich auf das Einreiben des Fluginstruments (also vor allem des Besens) bezogen, woraus einige Theologen die Theorie eines mit Hilfe dieses vom Teufel gegebenen Mittels ermöglichten wirklichen Ritts oder Fluges machten, wodurch zugleich die Salbe zu einer teuflischen Gegengabe für den Paktabschluß uminterpretiert wurde. Auszugehen ist somit von einer nächtlichen Vision, für deren Zustandekommen unterschiedliche Theorien möglich sind: Es kann sich um angeborene und/oder anerzogene seelische Sensibilität handeln. Vielleicht lag auch ein Zusammenhang mit der Melancholie vor, die als Erkrankung des Uterus angesehen wurde und dazu führen sollte, daß die davon Betroffene schwer und unbeweglich am Boden lag, während die Seele in ihren Vorstellungen durch die Lüfte jagte. Möglich ist auch das Abstellen auf ein anderes Verständnis von Leib und Seele, nämlich auf eine unmittelbare Einheit in einer Leiblichkeit, die auch das (seelische) Spüren von Weitung – und damit von Sich-Erheben – umfaßte, wie es auch in Berichten der MystikerInnen überliefert ist, wonach deren »Seele« sich zu Gott erheben würde (weil ihnen aus Gottesliebe »das Herz aufgehen« würde). Unbestritten ist, daß früher der Unterschied von Traum und Realität nicht in der Schärfe gesehen wurde, wie wir es heute – bis hinein in die Theorie der Psychoanalyse (»Es« und »Ich«) – zu tun pflegen. Daraus könnte gefolgert werden, daß die damals Träumenden in weit größerem Maße für geistige Inhalte einer erzählten Tradition zugänglich waren, vergleichbar mit Tagträumen oder Visionen, wie wir sie heute noch manchmal erleben. Dies würde verständlich machen, warum dieselbe Erfahrung des den Leib Verlassens in unterschiedlichen Bildern berichtet und vorgestellt wurde, je nach dem Kulturkreis, in dem die Betreffenden lebten: Die Benandanti flogen nicht mit einem Besen (Stab) durch die Luft, während die livländischen Bauern in Wolfsgestalt gegen die bösen Zauberer in der Hölle kämpften; andere sahen sich in Vogel- oder Bärengestalt; die Menschen um Trier lebten um ein berühmtes römisches Diana-Heiligtum usw. Denn erzählt werden kann niemals das, was man »tatsächlich« geträumt hat, sondern nur die Erinnerung an einen Traum, der dadurch inhaltlich geformt und notwendig verändert wird.

Doch bleibt ein großer Raum für Spekulationen, nicht über die Realität, sondern über den näheren Charakter und den Inhalt der jeweiligen Vision, was nur möglich ist durch Eingehen auf die Tradition, in der die Betreffenden lebten und erzogen wurden. Selbstverständlich waren dafür die literarischen Topoi mitbestimmend, entweder als solche durch die Lektüre oder zumindest durch Erzählungen oder Predigten, aber auch durch Fragen in Beichtgesprächen. Die Geistesgeschichte kann dann durchaus Ähnlichkeiten herausstellen: in den Inhalten dieser Topoi (und nicht als Gegenstand realer Kulthandlungen), wie sie vor allem in der Dichtung vorlagen und überliefert sind (womit die Verbindung von »Vorstellung« und »Phantasie« – dazu Abschnitt IV. – in Sicht kommt). Die Attribute der römischen Diana entsprechen denen der griechischen Artemis, da sie beide als Wald-, Tier- und Naturgöttinnen vorgestellt und verehrt wurden und damit auch als Gottheiten der Fruchtbarkeit (als des Kreislaufs von Geborenwerden und sterbendem Vergehen, deshalb auch als Todesgöttinnen). Ähnlichkeit besteht zu Hekate – in Shakespeares *Macbeth* die Herrin der Hexen, auch berühmt als Führerin der »wilden Jagd« –, zu Demeter/Ceres – ebenfalls Fruchtbarkeits- und Todesgöttin, Mutter der Kore (des Kornmädchens) –, zur Mondgöttin Selene (Luna) usw. Für uns heute, die wir doch durch eine christliche Kultur geprägt sind, fallen diese alten (und für die Alten streng zu unterscheidenden) Inhalte im wesentlichen zusammen, weshalb die Auffassung der Romantik (vor allem Jacob Grimms) von einheitlichen Inhalten – die durch das Christentum bis auf die Reste in Märchen und Sagen (und der deutschen Volkssprache) beseitigt worden seien – verständlich, aber trotzdem unhaltbar ist, weil sie diese Einheit selbst vom christlichen Kulturstandpunkt her (und damit nur als negative) konstituiert, weshalb diese Theorie den Glauben(swunsch) des 19. Jahrhunderts wiedergibt. Maßgebend dafür war sicherlich auch die Dichtung, etwa der Roman *Der goldene Esel* des Lucius Apuleius (gest. 180), der in dieser Vereinheitlichung vorangegangen war, wenn in ihm die »Hohe Göttin« dem in einen Esel verwandelten Helden erscheint und sich ihm vorstellt: »Ich, Allmutter Natur, Beherrscherin der Elemente, erstgeborenes Kind der Zeit, Höchste der Gottheiten, Königin der Geister, Erste der Himmlischen; ich, die ich in mir allein die Gestalt aller Götter und Göttinnen vereine, mit einem Wink über des Himmels lichte Gewölbe, die heilsamen Lüfte des Meeres und der Unterwelt vielbeklagtes Schweigen gebiete. Die alleinige Gottheit, welche unter so mancherlei Gestalt, so verschiedenen Bräuchen und vielerlei Namen der ganze Erdkreis verehrt: mich nennen die Erstgeborenen aller Menschen, die Phrygier, pessinuntische Göttermutter; ich heiße den Athenern, den Ureinwohnern Attikas, kekropische Minerva, den eiländischen Kypriern paphische Venus, den pfeilführenden Kretern dictynnische Diana, den dreizüngigen Siziliern stygische Proserpina, den Eleusiniern Altgöttin Ceres. Andere nennen mich Juno, andere Bellona, andere Hekate, Rhamnusia andere. Sie aber, welche die aufgehende Sonne mit ihren ersten Strahlen beleuchtet, die Äthiopier beider Länder, und die Besitzer der ältesten Weisheit, die Ägypter, mit den angemessensten Namen mir: Königin Isis«. Im übrigen ist sie damit auch die Göttin, die für Sterben und Auferstehen ihres Gatten (und Sohnes) Osiris, der zerstückelt (und verspeist?) wurde, verantwortlich war. Noch Goethe ließ in der »klassischen« Walpurgisnacht (im Zweiten Teil des *Faust*) den Anaxagoras feierlich verkünden: »Du! droben ewig Unveraltete, Dreinamig-Dreigestaltete, dich ruf' ich an bei meines Volkes Weh, Diana, Luna, Hekate! Du, Brust Erweiternde, im Tiefsten Sinnige, du, ruhig Scheinende, gewaltsam Innige, eröffne deiner Schatten grausen Schlund, die alte Macht sei ohne Zauber kund!« Diese Vielseitigkeit kommt auch im Märchen der »Frau Holle« zu.

Unabhängig von diesen Spekulationen auf dem Gebiet der Geistesgeschichte, die altes und modernes Bildungsgut zusammenstellen, bleibt unter Vorgriff auf die Ausführungen in Abschnitt II. festzuhalten, daß jedenfalls diese Vorstellung der guten Gesellschaft der holden Frauen (und vielleicht – im Hinblick z.B. auf die »Benandanti« – auch Männer) von den christlichen Theoretikern dämonisiert und verteufelt wurde: nämlich zu dem »Sabbat« gemacht wurden, der im Rahmen des Hexereibegriffs noch näher behandelt wird. Es wurden aus den die Hexen bekämpfenden »Benandanti« selbst böse »Hexenleut'« (und Ketzer), wie es auch den anderen »boni homines« in den Verfahren vor geistlichen und weltlichen Richtern erging. Allgemein wurden aus den Holden die »Unholdinnen«, die dem Teufel dienten und ein Fest feierten, das genau das Gegenteil eines guten Spiels war. Dieser Teufel übernahm in den Augen der an der Antike gebildeten und belesenen Theoretiker die Brüste der Artemis (Diana), wie auch z.B. Frau

Venus als einer der schlimmsten Dämonen entlarvt wurde. So bezeichnete die aus der *Legenda aurea* (um 1264) bekannte Geschichte des Heiligen Germanus, der eines Nachts in der Herberge gemeinsam mit »nachtfahrenden guten Frauen« bewirtet wird, diesen Wesen als »túfel in menschen personen«. Aus der »guten Gesellschaft« wurden die bösen Zauberer und schließlich die Hexensekte (gemacht), wie es in dem 1458 gedruckten »Buch der zehen gebot« heißt: »einen zauberer oder zauberin erkennet man alzo ... die am ersten jar monden des abentz ein tisch mit guter speiß seczen die nacht den schretelen [Schrätteln].« Man betrachte auch die Fragen in dem *Lübecker Beichtspiegel* von 1484: »Hast du geglaubt an die guten Hulden? Hast du geglaubt an die Zwerge, daß sie Kinder wegtragen? Hast du ihrer halber Speisen und Tränke bereitgestellt? Hast du geglaubt, daß die Leute mit Leib und Seele in ferne Länder fahren und werden einander wohlbekannt? Hast du geglaubt, daß die Leute nachts kommen und drücken andere Leute im Schlaf?«

Und trotzdem: Manche Darstellung eines Sabbats erinnert (noch) an fröhliche Feste mit Essen, Trinken und Tanzen; selbst der Flug geschieht auf blühenden Bäumen sitzend, der Ritt auf dem Dämon gleicht einem lustigen Fest. Aber dies mag bereits auf die in Abschnitt IV. angesprochene Dimension der Kunst hindeuten! Spekulativ verweisen manche Theoretiker auf die Vorstellung von holden weiblichen Wesen, die in Irland als »Feen« verehrt worden seien – ein Motiv, das die irischen Missionare auch auf das Festland (und hier vor allem in das keltische Gallien, aber auch z.B. in das Gebiet um Nürnberg, in dem die Sage von Tannhäuser im Venusberg entstanden sei) gebracht hätten, als Beispiel von heidnischem Aberglauben in dem obengenannten Sinne. Bezeichnend ist, daß die »fati mulieres« bei Bernardo Gui in der französischen und (von daher übernommenen) deutschen Übersetzung als »Feen« bezeichnet werden, was insofern gut zu begründen ist, da nach den Wörterbüchern »Fee« ein Lehnwort aus »fatum« sein soll. Auch sonst kann auf Sagen über wunderschöne Frauen verwiesen werden, die in Bergen oder Höhlen (oder auf Inseln) lebten und sehnsüchtig die Eheschließung mit menschlichen Männern ersehnten, um – wie selbst die Theorie z.B. von Paracelsus systematisch entfaltete – durch das kirchliche Sakrament und mit Hilfe der göttlichen Gnade die ihnen fehlende Seele zu erhalten. In den Sagengestalten der Nymphen und Nixen lebt dieses Motiv bis hin zur kleinen Seejungfrau Andersens fort. Zu erinnern ist aber auch an Martin von Braga, der im 6. Jahrhundert die Nymphen als die Dämonen bezeichnete, die von den Götzendienern »in fontibus« verehrt würden.

Schließlich sei noch – als letzte Spekulation – auf die in Märchen und Sagen verbreitete Vorstellung der »wilden Jagd« oder des »wütenden Heeres« hingewiesen, die ebenfalls mit dieser »guten Gesellschaft« in Verbindung gebracht wird: unter der Führung einer weiblichen Gottheit (wie »Diana«, dann aber auch »Holda«, »Perchta« usw.), aber auch des germanischen Kriegsgottes Wodan (des wütenden Gottes), wodurch das Heer zu einem Zug der kriegerischen Toten wurde (und den SS-Männerbünden als Vorbild diente, was in dem Buch von Wolfgang Behringer über Chonrad Stoeckhlin nachgelesen werden kann). Offensichtlich meinte diese Charakterisierung – die erstmals 1091 in einem Bericht des Ordericus Vitalis für einen Ansturm der »familia Herlechini« vor der nordfranzösischen Stadt St. Aubin-de-Bonneval verwendet und dann 1170 im *Rolandslied* als »geswarme« (»Schwarm«) übernommen wurde – den Zug der abgeschiedenen Seelen als der Gefolgschaft des Teufels. Die Verbindung zur christlichen Vorstellung des Fegefeuers und/oder der »armen Seelen« liegt nahe, jedenfalls zu Verstorbenen, was es leicht verständlich macht, daß Bezüge auch zu Totenkult und Todesgottheiten (zu denen auch Diana, Artemis, Hekate usw. gehörten, auch im Zusammenhang von Toten- und Fruchtbarkeitskult) hergestellt werden konnten (und von den Mythologen des 19. Jahrhunderts in Nachfolge von Jacob Grimm auch hergestellt wurden). Zu erinnern ist an die Unterscheidung, die der Wahrsager Stoeckhlin 1580 angegeben hatte: Nachtfahrt (der wahrsagenden Seelen unter Führung eines Engels in das Totenreich), Fahrt der rechten Schar der Toten und Hexenfahrt. Für die christlichen Dämonologen waren alle drei in gleicher Weise der »wütende Schwarm« eines teuflischen Heeres. Einige Handschriften des Burchardschen *Decretum* veränderten bereits im 15. Jahrhundert das »holdam« zu »unholdin alias weiczenfarerin« (oder »weyczenvarerin«), wobei das letztgenannte Wort von »weiz[e]« abgeleitet wird, was die Strafe der abgeschiedenen Seelen bedeutete und deshalb die armen Seelen/Geister, die umgehen müssen, meinte.

Anzumerken ist, daß der Name »Holde oder Holdiche«, »gute Holde« oder auch »Unholde« in sächsischen Prozeßakten für die auch als »Elben« bezeichneten kleinen Schadenwesen gebraucht wurde, die in den Körper des zu Schädigenden eindringen und Krankheiten erzeugen würden und die – unter dem Einfluß des »elaborierten« Hexereibegriffs – für aus dem geschlechtlichen Umgang der Hexe mit dem Teufel stammend erklärt wurden.

1.7 Hexenvorstellung und Alltag

Bereits der Alltagsglaube entwickelte Theorien, die die Tätigkeit der ZauberInnen verständlich machen sollten: oft nur eine wirre, auch durchaus widersprüchliche Annahme einer besonderen (eben un-natürlichen) Kraft der Hexe (als Zauberin), die angeboren oder vererbt, manchmal auch erlernbar gedacht wurde, wobei gern besondere Mittel (z.B. die bereits genannte Salbe), Zeremonien oder Sprüche (Gesänge) – also insgesamt ein »Hexentheater« – eingesetzt werden mußten. Aber obwohl diese Vorstellung keine (wissenschaftliche) Theorie war, so war sie doch auch nicht nur bloße Phantasie. Sie wurde vielmehr geglaubt und (deshalb) im praktischen Leben unmittelbar erlebt und gelebt. Man lebte eben in einer Welt, in der es Hexen geben konnte und gab. Was freilich nur deshalb durchzustehen war, weil man in derselben Weise auch Gegenzauber kannte und verwirklichte. Denn in derselben Weise angeboren, vererbt oder erlernbar war auch die magische Kraft, mit der die schädliche Macht der Hexe abgewehrt und vernichtet, ja sogar gegen sie zu deren Vernichtung gewendet werden konnte. Dabei wurde diese Kraft nicht nur Frauen, sondern häufig (und desto häufiger, je zeitlich später) auch Männern zuerkannt – vor allem Hirten (Schäfern), Wasenmeistern und auch Scharfrichtern –, denen überhaupt eine andere Art der Magie (jedenfalls in der Regel keine Schadensmagie) zugesprochen wurde. Und selbstverständlich stellte auch die christliche Kirche ihr Personal und ihre Wundermittel (Reliquien, Amulette, Segenssprüche usw.) zur Verfügung, wodurch sie sich freilich in unseren modernen Augen selbst als dem Aberglauben verhaftet erwies. Doch reichte es auch und vor allem (da jedem zugänglich und billig) – wie im Märchen – aus, die reinigende Urkraft des Feuers auszunutzen und die Hexe zu verbrennen. Jedenfalls kannte man positive Gegenspieler der negativen Hexen, die selbst in vergleichbarer Weise über besondere Kräfte verfügten, diese aber zum Schutz der Menschen als »Hexenbanner« (»witch doctors«) einsetzten, was freilich auch ihnen durchaus einen unheimlichen Charakter als Magier (und die Stellung als – unter Umständen positiven, in der Regel aber ambivalent eingeschätzten – Außenseiter) verlieh. Aber so gab es Möglichkeiten, sich gegen Hexen zu wehren, was die Angst vor ihnen zwar wach hielt, aber doch im Endergebnis begrenzte. Man konnte – im Besitz der Gegenmittel – durchaus mit der Existenz von Hexen leben, weshalb es nicht erforderlich war, sie zu dämonisieren. Die Hexe war in gewisser Weise trotz ihrer Unnatürlichkeit und Unheimlichkeit als Außenseiter noch in die Welt der Menschen eingeordnet, die sie und ihre Rolle (und ihre Gefährlichkeit) kannten. Wie dies durchzustehen und eben zu leben ist, hat der Ethnologe Edward Evans-Pritchard bezüglich des afrikanischen Stammes der Zande in überzeugender (und »klassischer«) Weise dargestellt und geschildert.

Die Hexe war so lange Zeit vor allem (aber nicht nur) in dörflichen Strukturen (getragen also von bäuerlicher Mentalität) nicht so sehr die furchtbare, mit dem Teufel verbündete Feindin des Menschengeschlechtes – als die sie dann (wie noch in Abschnitt II. gezeigt werden wird) von den gelehrten Autoren der Hexenbücher gern beschrieben wurde –, sondern galt als die mißgünstige (neidische und geizige) bzw. feindliche Nachbarin, mit der man sich auch bezüglich des Vorwurfs von Schädigung durch Zauber arrangieren konnte, sofern man sie nicht mit Gegenzauber – vergleichbar der Fehde – bekämpfte. Schon die »Bezichtigung ins Angesicht«, eine Hexe zu sein, gehörte zu dieser Strategie, dann zunehmend verschärft zum öffentlichen Ausrufen als Hexe vor ihrem Haus, verbunden schließlich mit der Aufforderung zur Verteidigung bis hin zur Erhebung der Klage vor Gericht. Die Parallelität dieses Umgangs mit Hexen zu Konfliktabläufen außerhalb des Hexereiverdachts ist offenkundig, auch das damit eingegangene Risiko, selbst wegen Beleidigung (»Injurie«) verurteilt zu werden, was in wohl mehr Fällen geschehen konnte bzw. geschehen ist, als es die erhaltenen Akten (die in der Regel die hochgerichtlichen Verurteilungen dokumentieren) aussagen. Nicht jeder Hexereiverdacht oder -vorwurf führte jedenfalls zu einer gerichtlichen Verurteilung des/der Betroffenen. In vielen Fällen wird im übrigen ein solcher Vorwurf (von Schadenszauber) nicht unberechtigt gewesen sein, d.h. wohl wirklich einen Menschen (vor allem eine alte Frau) betroffen haben, die sich eine solche magische Kraft zutraute und auch praktizierte, was zumindest in eingeweihten Kreisen auch bekannt war. In diesem Sinne kann man durchaus festhalten, daß für manche Personen ihr alltägliches Leben im Rahmen dieses Weltbildes überhaupt oder zumindest in existentiellen Konfliktsituationen nur mit Hilfe dieser zauberkundigen Frauen durchzustehen war, Magie also eine Strategie der Lebensbewältigung darstellte.

Im übrigen läßt sich zeigen, daß eine ähnliche Strategie der Lebens- bzw. (vor allem) Konfliktbewältigung darin bestehen konnte, den modernen und wissenschaftlich begründeten Hexereibegriff – auf den in Abschnitt II. eingegangen werden wird – auszunutzen und sich dafür auch des staatlichen Verfahrens (bis hin zur Verurteilung und Hinrichtung) zu bedienen. Von daher läßt sich sogar für das Zeitalter der großen Hexenverfolgungen der Neuzeit der Anteil von weiblichen Hexen(an)klägern oder zumindest Denunziantinnen gar nicht überschätzen – in den Worten von Heide Wunder: »Für [die Menschen damals] stellte eine Zaubereianklage offensichtlich die endgültige Lösung schwerwiegender Konflikte dar. [Mancher Fall] belegt zudem Feindschaft zwischen Frauen. Dieser Sachverhalt erscheint wichtig, weil die Hexenverfolgungen fälschlicherweise nur als eine Verfolgung von zölibatären und frauenverachtenden Männern dargestellt werden. Für den besonderen Frauenbezug der Hexerei gibt es neben [...] ›ideologischen‹ Argumenten einen ebenso wirksamen Sachverhalt: Der größere Teil des Schadens, um den es in den Anklagen ging, betraf unmittelbar die Arbeitsbereiche und Tätigkeiten von Frauen: Versorgung von Menschen und Tieren, Pflege von Kranken, Herstellung von Lebensmitteln, wie Bier und Butter, die marktgängige Waren waren. Wenn eine Überzahl von Zaubereianklagen über Schädigung in diesem Bereich berichteten, so erscheint es nur allzu verständlich, daß Frauen diese Schädigungen ›aus Haß und Neid‹ oder aus ›Bosheit‹ unterstellt wurden. So erklärt sich, daß Frauen andere Frauen verdächtigten [...] Zur Erklärung von ›Haß und Neid‹ zwischen Frauen reichen jedoch die wirtschaftlichen Motive nicht aus. Vielmehr scheint die bezeichnende Art von Kommunikation zwischen Frauen, die gern als ›Tratsch‹ oder ›Klatsch‹ bezeichnet wird, eine Rolle zu spielen: Frauen unterhalten sich weniger über Dinge und Sachen als über zwischenmenschliche Beziehungen. Ihre Kommunikation verläuft daher weniger objektvermittelt und distanziert als bei Männern, ist in sich konfliktgeladener und führt schneller zu Feindschaft und ›Unfriede‹.« In diesem Zusammenhang ist freilich auch darauf hinzuweisen, daß diese mehr oder minder alltäglichen Vorwürfe von Hexerei sich seit der Reformation nicht mehr (nur) auf Schadenszauberei bezogen, sondern zunehmend Auffälligkeiten und Verstöße gegen sittlich-religiöse Normen betrafen; zum Teil fanden sich auch diesbezüglich freiwillige Sündenbekenntnisse. Darin ist sicherlich eine Folge der immer stärker werdenden Lebensreglementierung und Disziplinierung zu sehen, wie sie die Kirchenzucht und das staatliche Kirchenregiment seit Luther durchzuführen bestrebt und damit offensichtlich im Sinne einer (Selbst-)Disziplinierung und Zivilisierung erfolgreich war. Der Eifer der frommen Christen führte in manchen Territorien sogar zur Bildung von eigenen »Hexenausschüssen«, die außerhalb der rechtlichen Instanzen auf Hexenjagd gingen und/oder die Behörden zum gerichtlichen Eingreifen aufforderten oder zwangen.

Darüber hinaus können neuere Untersuchungen zeigen, daß in diesem Zusammenhang auch die Bedeutung der Kinder nicht unterschätzt werden darf. Seit der zweiten Hälfte des 16. Jahrhunderts nämlich traten – wohl angeregt durch die ständigen Hexenverbrennungen – in zunehmendem Maße zahlreiche Kinder (oft Mitglieder richtiger Banden, die ohne festen Wohnsitz sich durch kleine Diebereien und Betrügereien ernährten) auf, die sich selbst als Hexer/Hexen bezeichneten und Aussagen über andere Hexen (und in immer größerem Maße auch über Hexer) machen wollten. Dadurch wuchs ihnen, die sonst nur am Rande der Gesellschaft lebten und leben mussten, tödliche Macht zu. Wenn sie als Zeugen akzeptiert wurden, konnten sie zum Mittelpunkt der Aufmerksamkeit eines ganzen Gemeinwesens werden. Sie, die immer den Erwachsenen ausgeliefert waren, hatten es plötzlich in der Hand, über das Schicksal Erwachsener zu bestimmen. Allerdings erfanden diese Kinder im Regelfall nicht willkürlich solche Beschuldigungen, sondern griffen nur umlaufende Gerüchte auf und artikulierten sie: Wo Erwachsene etwa unter Umständen Hemmungen hatten, vor Gericht zu klagen, weil sie nachteilige Folgen für sich fürchteten (z.B. eine Beleidigungsklage) oder sich ihrer Sache nicht sicher waren, kannten die Kinder solche Barrieren nicht. Dabei waren sie vor allem von bestimmten Inhalten des neuen wissenschaftlichen Hexenbegriffs fasziniert, nämlich vom Hexentanz und – in höherem Alter – von den sexuellen Szenen am Sabbat. So betrafen die Beschuldigungen in der Regel nicht den eigentlichen Schadenszauber, sondern die in der Lebenswelt dieser Kinder als SchadenszauberInnen angesehenen Personen wurden der Teilnahme am Hexensabbat bezichtigt, wobei die soziale Rangordnung der Beschuldigten sich in der Position im Tanzreigen usw. widerspiegelte. Freilich bereitete diese Praxis in späterer Zeit vielen Kindern selbst ihr Grab, worauf in Abschnitt III. eingegangen wird.

Von diesen Ausführungen her ist jedenfalls festzuhalten: Viele Theorien zur Hexenverfolgung sind – sofern sie sich (zumindest auch) auf diese im Volksglauben verbreitete Schadensmagie beziehen – bereits im Ansatz unhaltbar, wenn sie von einer herausragenden und eindeutigen Stellung einer Hexe als Schadenszauberin ausgehen. Sie wurde als Inhalt des alltäglichen Weltbildes auch dann gelebt, wenn auf den wissenschaftlichen Hexenbegriff rekurriert wurde, der in der Tat der Hexe eine solch über-menschliche (weil teuflische) Stellung zugestand. Wissenschaft und der sie anwendende Staatsapparat konnten vom Volk durchaus als Mittel der eigenen Lebensbewältigung eingesetzt und benutzt werden. Man darf die »Schlauheit« und Lebenskunst selbst einer Dorfbevölkerung nicht unterschätzen! Freilich mußte dies über kurz oder lang zu einer Vermischung und Durchdringung von Hexenvorstellung und Hexereibegriff in Volk und Wissenschaft führen, oft personifiziert in den Eliten des Dorfes selbst, die auf diese Weise ihre Spitzenstellung in der sozialen Hierarchie untermauern, vielleicht sogar durch Beseitigung von Konkurrenten erhöhen konnten (was den in der Spätphase der Verfolgungen immer höher werdenden Anteil von männlichen Hingerichteten verständlich machen könnte). Jedenfalls ist die These, daß streng zwischen dem wissenschaftlichen Hexenbegriff und der Hexenvorstellung des Volkes zu trennen sei und ersterer von oben her letzteren verdrängt habe, in dieser Schärfe nicht haltbar. Vergleichbares gilt für all die anderen Theorien, die in den Hexenverfolgungen eine rationale Strategie bestimmter Interessensgruppen sehen wollen, vor allem für die durch die Medien bekannt gemachte Spekulation von Gunnar Heinsohn und Otto Steiger, wonach auf diese Weise die geburtenverhütende Praxis der weisen Hebammen durch an Bevölkerungswachstum interessierte Kreise in Kirche und Staat ausgeschaltet werden sollte. Es handelt sich bei diesen Theorien um einseitige Überinterpretationen von in den (oder in bestimmten) Quellen angeführten Fakten. So finden sich – um auf die zuletzt erwähnte Theorie einzugehen – in der Tat unter den hingerichteten Hexen zahlreiche Hebammen, dies aber offensichtlich deshalb, weil die Handlungen im Umkreis von Lebensbeginn (wie übrigens auch von Lebensende, also Tod) seit alters im Geruche von Magie standen und sich häufig die Hebammen auch einer besonderen Zauberkraft rühmten. Andere Quellen dagegen zeigen oft das Bild der Hebamme als einer hochangesehenen Frau, die sogar in der Hierarchie der staatlichen (d.h. zunächst städtischen) Behörden weit oben stehen konnte. Außerdem war das Wissen um die Verhütungstechniken lange vor den Hexenprozessen Allgemeinwissen der Frauen und auch vieler Männer geworden, zumindest in weit verbreiteten Büchern jederzeit zu lesen, weshalb eine solche Strategie – wie von den beiden Autoren behauptet – bereits im Ansatz sinnlos gewesen wäre.

Wegen dieser in gewissem Maße geltenden »Selbstverständlichkeit« der Hexe war es nach dem Gesagten jedenfalls möglich, ihre Kraft für eigene Zwecke einzusetzen, sei es im Sinne der Schädigung seiner Feinde, sei es in ihrer Heranziehung für Liebeszauber oder Heilzauber oder sogar für Bannzauber gegen andere Hexen. Die Hexe konnte somit auch helfen, wie auch die Märchen von guten Hexen erzählen, die treue Dienste reichlich belohnen oder sonst unterstützend eingreifen – darin vergleichbar mit den obengenannten »holden Frauen«. Oft blieb die Hexe auch in einer merkwürdigen Ambivalenz, die eine Festlegung auf gut oder böse verhindert.

Gerne wird diese Ambivalenz als »Grenzgängertum« bezeichnet und phantasievoll ausgemalt, wobei immer mehr als fraglich bleibt, wie weit hier tatsächlich geglaubte und gar kultisch praktizierte Vorstellungen der damals Lebenden erfaßt werden. Sicher ist, daß literarische Topoi aus antiken Quellen (vor allem der Dichtung, die von übermenschlichen Wesen erzählen) übernommen und schließlich auf Menschen übertragen wurden, die dann als »Strigen«, »Lamien« oder »Unholde« u.ä. bezeichnet und als Hexen angesehen und verfolgt wurden. Daneben wurde Hexerei weiter als Thema von Literatur (also als »Phantasie« im Sinne von Abschnitt IV.) verbreitet und entfaltet, wodurch es noch schwieriger wird, zwischen Realität und Topoi zu unterscheiden, weshalb der Spekulation weite Möglichkeiten eingeräumt sind. So ist daran zu erinnern, daß das Wort »hagazussa« auch mit »Zaunweib«, »Zaunreiterin« oder »Grenzgängerin« übersetzt wird. Nach manchen Theorien könnte mit dieser Bezeichnung – die in den Quellen ab dem 13. Jahrhundert aufschien und vor allem seit dem 15. Jahrhundert (als »Hexe«) vom schweizerisch-alemannischen Gebiet nach Norden vordrang – ein Wesen erfaßt werden, das die Grenze von Menschlichem und Übermenschlichem, auch von Leben und Tod, von bewohnter Siedlung und unbewohnbarem (Ur-)Wald, von Menschenwelt und dämonischer Natur zu überschreiten vermochte und daher auch Handlungen verüben konnte, die über die Kräfte des »Normalen« gingen, auch äußerst gefährlich waren und daher eben die besondere Kraft des Betreffenden sowie ein diese Gefahren bindendes, magisches Ritual voraussetzten, z.B. das Lösen der Haarspangen und des Gürtels, also aller Bindungen, denn wer andere binden will, darf selbst nicht gebunden sein. Verbindungen können spekulativ zu der in der Literatur überlieferten Macht der Nekromantie, d.h. der Totenbeschwörung zu Weissagungszwecken, hergestellt werden; wie sie Homer von Odysseus berichtet, der mit Hilfe von Schafsblut die Toten aus dem Hades herbeirief, um mit ihnen zu sprechen (wobei den – in griechischem Glauben und auch sonst – blutleeren »Schatten« ein Geschenk von Blut immer höchst willkommen war, was im übrigen zu den bis heute phantasierten Schreckgestalten wie den Lamien, Vampiren oder Wiedergängern führte, die auf der Suche nach Blut aus dem Grab zurückkehren). Oder wie sie auch William Shakespeare z.B. im *Heinrich VI.* für die Hexe Grethe Jordan (und den Beschwörer Bolingbroke) geschildert hat oder wir sie in der Gestalt der »Hexe von En-Dor« (nach 1. Sam. 28,3–25 der Frau, die über einen toten Geist Gewalt hatte und daher wahrsagen, d.h. den Toten – hier Samuel – zur Sprache bringen konnte) kennen. Als »Grenzgänger« konnte die Hexe darüber hinaus auch in anderer Weise gesehen werden. An die Grenze von Mensch und Tier erinnert wohl der Glaube an die Fähigkeit von Hexen, sich in Katzen, Hasen, Eulen – so vor allem in der römischen Vorstellung der »striges« oder »strigae«, also der Frauen, die die Gestalt einer »strix« (eines käuzchenähnlichen Vogels) annehmen können – zu verwandeln: An die Grenze von Mensch und Natur überhaupt verweist die Vorstellung von der Kraft der Hexen, Unwetter zu erzeugen, wobei auch bei diesem Phänomen darauf hinzuweisen ist, daß der Volksglaube (bis hinein in eine bereits an sich christlich lebende Zeit) auch Menschen kannte, die als positive Magier (oder Propheten oder Heilige) freundliches Wetter herbeizaubern, vor allem aber Regenzauber ausüben konnten. Diese Rück- und Einbindung der Hexe (und ihres Gegenspielers) in die Natur lag für eine Zeit, in der überhaupt Sensibilität für Naturabläufe in weit größerem Maße als heute gegeben war, nahe, vor allem in den ländlichen Gebieten, in denen die Abhängigkeit vom Wetter existentiell war. Aber die Vorstellung von solch schädigendem und vernichtendem Wetterzauber erschütterte die Menschen auch außerhalb der Landbevölkerung – zumindest in der literarischen Phantasie. Man denke doch nur an die 1879 entstandene Ballade Theodor Fontanes *Die Brück' am Tay* mit dem Hexenspuk: »›Wann treffen wir drei wieder zusamm?‹ ›Um die siebente Stund, am Brückendamm.‹ ›Am Mittelpfeiler.‹ ›Ich lösche die Flamm.‹ ›Ich mit.‹ ›Ich komme vom Norden her.‹ ›Und ich vom Süden.‹ ›Und ich vom Meer.‹ ›Hei, das gibt einen Ringelreihn, und die Brücke muß in den Grund hinein.‹ ›Und der Zug, der in die Brücke tritt um die siebente Stund?‹ ›Ei, der muß mit.‹ ›Muß mit.‹ ›Tand, Tand, ist das Gebilde von Menschenhand.‹«

Menschen waren bereit, im Alltag für diesen Zauber – in beiderlei Richtung, entweder zur Schädigung des Feindes oder zur Förderung der eigenen Tätigkeit – zu zahlen. Dies führte offensichtlich zu einer Konkurrenz von christlichem und – von daher – »heidnischem« Zauber, die schließlich in der Zurückdrängung des letzteren und in seiner Kriminalisierung (und Verteufelung) endete. Zumindest ist anzunehmen, daß ein Grund für die zunehmende Bekämpfung der altüberlieferten magischen Praktiken die ab dem 12. Jahrhundert einsetzende Selbstbestimmung und -vergewisserung der christlich Glaubenden auch in der Praxis z.B. der kirchlich anerkannten Sakramente (in ihrer allmählichen Abgrenzung zu bloßen Sakramentalien) lag, wobei dann der Zusammenhang mit der in Abschnitt II. dargestellten Ketzerproblematik selbstverständlich ist, die zunächst noch auf unmittelbare und praktische Weise zu lösen versucht wurde. Bestimmte Handlungen im christlichen Geiste mit Zitaten aus der Heiligen Schrift und durchgeführt von Klerikern wurden so als heilbringend angesehen (und bestimmt), davon abweichende Praktiken als schädigend (auf bösen Geist, böse Schriften und böse Menschen bezogen). Daraus sollte dann später die Unterscheidung von »weißer« und »schwarzer« Magie werden, die das wissenschaftliche Denken schließlich – und dies bis heute – in beiderlei Formen ablehnen mußte. Wie die Grenze von Rechtgläubigkeit und Ketzerei (Häresie) erst allmählich bestimmt werden mußte – wozu eine für kompetent gehaltene Instanz als diese Grenze setzende (positivierende) Autorität sich herausbilden mußte (Papst, Staat, Wissenschaft) –, so auch die Grenze von Magie und Ratio. Lange Zeit vermischten sich beide Sphären zu undurchschaubaren Phänomenen. Peter Dinzelbacher verweist in diesem Zusammenhang (sogar) auf die strukturelle Ähnlichkeit von weiblichen Heiligen und Hexen, wie sie (vor allem) die Quellen im 13. und 14. Jahrhundert in oft wunderlicher Weise schildern. Auf der einen Seite eine Beziehung zur Gottheit, die in menschlicher Gestalt erscheint, auf der anderen Seite eine Beziehung zum menschlich-leibhaftigen Teufel. Die Frauen durchleben diese Beziehung jeweils in ausgesprochen erotischer Form, schließen einen Pakt (Verlöbnis der Heiligen, Teufelsbund der Hexe) und erhalten durch den über- bzw. unterirdischen Liebhaber ein auch körperlich manifestes »Stigma« (die Wunden Christi bzw. das Hexen- oder Blutmal), erleiden in der Beziehung körperliches (und seelisches) Leid (Verletzung durch Christus mit Liebesdornen, Pfeilen, Lanzen und Speeren ins Herz bzw. Schlagen und Prügeln der Hexe am Sabbat durch den Teufel) und haben eine besondere magische Kraft (einerseits Krankenheilung, andererseits Schadenszauber). Vergleichbar sind schließlich die Vorstellungen der Gottes- bzw. Teufelsbegegnung als eines Festes mit Tanz und Gesang (verbunden mit Ehrerbietung) und das Phänomen des Fluges, das einerseits in den ekstatischen Visionen der Heiligen (vor allem als Levitation, die auch von Zeugen bestätigt wurde), anderseits in den (vielleicht durch Drogen herbeigeführten) Phantasien der Ausfahrten der Hexen vorliegt. Dinzelbacher sieht den gemeinsamen mentalitätsgeschichtlichen Grund in der mit dieser Selbstbestimmung des Christentums verbundenen Verinnerlichung des Glaubens, die auch zu einer Subjektivierung der Glaubenserfahrung bis hin zur Mystik führte. Auch hier wäre dann die (Selbst-)Reflexion am Werke – also der denkende Rückbezug des Subjekts auf sich selbst –, die auf der anderen Seite die Ausbildung der modernen Wissenschaft (und ihres Hexenbegriffs) einleitete, was in Abschnitt II. dargestellt wird. Von daher läßt sich auch die Reformation als Schritt in diesem Verinnerlichungsprozeß verstehen, die deshalb auch den Bereich des Aberglaubens (und damit zusammenhängend auch der Zauberei und Hexerei) weiter ausdehnte: nicht nur auf die Praktiken des »päpstlichen Unglaubens« der Katholiken, sondern auf jeden Willen, der statt Gehorsam gegenüber Gott und Leidensbereitschaft für die eigene Sündhaftigkeit ungehorsam und ungeduldig das Eigene des Menschen anstrebt. Für Luther galt, daß – in der Zusammenfassung von Jörg Haustein – »bewußtes Handeln gegen Gottes Willen Zauberei ist«, und für Johannes Brenz war jeder Mensch »würdig«, als Hexe(r) verbrannt zu werden, der ein »unmessiges und rüdes freches Leben führt«.

Freilich ist bei solchen spekulativen Rückschlüssen auf eine ursprüngliche(re) Vergangenheit immer zu berücksichtigen, daß selbst ehemals tatsächlich gelebte Vorstellungen – wenn es sie denn überhaupt gab – durch die spätere Abdrängung in den Aberglauben verfälscht, verzerrt oder fragmentarisiert wurden, weshalb diese Ableitungen mit Vorsicht zu betrachten sind (eben als mehr oder minder begründete Spekulationen). Manche Fragen sind nicht zu beantworten, wie z.B. die nach dem berühmten Hexenbesen. Er erinnert sicherlich von außen an den Stab des Schamanen, der für die Vorstellung der Himmelsreise seiner Seele maßgebend ist, sei es überhaupt als Sinnbild der Seele, sei es himmelwärts aufgerichtet als Verbindung von der Erde zum Himmel. Dies schließt selbstverständlich nicht aus, daß Besen (oder auch die ebenfalls häufig genannte Ofengabel) in späteren Zeiten und in anderen Zusammenhängen auch andere Bedeutungen erlangen konnten, etwa als Phallus-Symbol und damit als Zeichen der ungezügelten Sexualität dieser Frauen, die überdies auf ihm reiten und so die sündhafte Position beim Geschlechtsverkehr – vergleichbar darin der dämonischen alttestamentlichen Lilith – einnehmen. Vielleicht war der Besen auch nur das der Frau im häuslichen Alltag und im Verständnis des Volkes am nächsten stehende Flugobjekt oder genauer ein Objekt zum Reiten durch die Luft; und auf welchem Gegenstand sollte sie denn sonst sitzen als auf dem Stecken(pferd)?! Dabei ist darauf hinzuweisen, daß durchaus auch Tiere wie Wölfe als Reittiere vorgestellt wurden, auch Dämonen, sofern die Hexe nicht ohnehin durch die Verwandlung als Vogel selbst die Fähigkeit zum Fliegen erlangte; selbst das Messer sollte nach dem Volksmund als Reitmittel dienen. Oder war der Besen gar nur mehr eine Verniedlichung bis Verspottung der Frau durch den Mann (bis hin zum karikierenden Hinweis auf den »Penisneid«)? Hinzuweisen ist aber auch z.B. auf eine Darstellung der altmexikanischen Erdgöttin Tlazolteotl, wie sie nackt, auf einem Besenstiel sitzend, durch die Luft reitet und sich an einer Schlange festhält – denn sie galt als Göttin des Mondes, der Fruchtbarkeit und der sexuellen Ausschweifungen, aber auch als die Göttin, der man einmal im Leben die Sünden beichten und übergeben konnte, worauf das Symbol des Besens (als des Werkzeugs, mit dem diese Sünden weggefegt wurden) hinzudeuten scheint. Wie im übrigen auch im alten Rom die Priesterin-Hebamme der Hekate nach jeder Geburt die Schwelle des Hauses mit einem Besen fegte, um die bösen Geister zu entfernen, die dem Kind schaden konnten. Man sieht: Für Spekulationen ist hier reichlich Platz.

2. Hexereibegriff

Die christlichen Theoretiker beschäftigten sich seit der Frühzeit mit dem Phänomen der Zauberei in dem weiten dargestellten Sinne. Der afrikanische Kirchenvater Aurelius Augustinus (354–430) entwickelte eine Theorie des Zusammenspiels mit den Dämonen, die noch bis nach der Jahrtausendwende herrschende Auffassung blieb und in der Scholastik – vor allem durch den Dominikaner Thomas von Aquin (1225–1274) zu einer systematischen Dämonologie und Teufelslehre ausgeweitet wurde. Theoretiker und Praktiker der Ketzer-, dann der Hexeninquisition – meist Dominikaner – formten daraus den wissenschaftlichen, »elaborierten« Hexereibegriff, in den die Ketzervorstellung der Gemeinschaft (Sekte, Gegenkirche) eingearbeitet und dadurch um das Begriffsmerkmal »Sabbat« (und daraus folgend des Fluges zum Sabbat) zum »kumulativen« Begriff erweitert wurde. Die Reformation knüpfte trotz aller sonstigen Ablehnung an diese (katholische) Lehre an, baute sogar die Teufelstheologie aus und brachte zunächst wegen ihrer neuzeitlichen Willenstheorie eine Erweiterung im Sinne einer Verinnerlichung des Hexereibegriffs. Nun war es die Freiheit des Geistes – der von der Seele (als der Gemütsverfassung des Menschen, die immer noch in gewisser Weise vom Leib abhängig vorgestellt wurde) als das innerste und vollkommen leibunabhängige Zentrum des Menschen unterschieden wurde –, der sich dem Teufel willentlich zuwandte, um mit diesem einen Pakt zu schließen, der alles Böse zum Inhalt hatte. Zudem erhöhte diese »Entdeckung des Gewissens« – in Verbindung mit der sich ausbreitenden Sittenkontrolle durch die Obrigkeit – das Sünden- und Schuldbewußtsein der Menschen einerseits, die Angst vor dem Teufel als solchen oder als Werkzeug des erzürnt strafenden Gottes andererseits. Langfristig bedeutete allerdings die theologisch fundierte Hoffnung auf die göttliche Gnade, die dem auch sündhaften Gläubigen Rettung schenken werde, die Zurückdrängung dieser Angst vor der Teufelsmacht und vor den mit ihr verbundenen Hexenleuten.

2.1 Theologie des Teufelspaktes

Entscheidende Bedeutung für den Hexereibegriff kam der Entwicklung der Lehre vom Dämonen- bzw. Teufelspakt zu. Dabei ist wichtig, mehrere Ausprägungen dieser Theorie zu unterscheiden.

Die christliche Theologie knüpfte historisch an die Theorie an, die ihr heidnisches Umfeld (vor allem in Griechenland) entwickelt hatte. Für unseren Zusammenhang wichtig war vor allem Lucius Apuleius (124–180), mit dessen platonischer Theorie – niedergeschrieben in *De deo Socratis* – sich Augustinus auseinandersetzte. Nach der Lehre des Apuleius war der Kosmos hierarchisch in drei Bereiche geordnet: Oben im feurigen Äther genossen die unsterblichen Götter in völliger Abgeschlossenheit ihre Vollkommenheit, unten lebten die von ihnen allein gelassenen Menschen; dazwischen existierten »Dämonen« als unsterbliche Wesen, die zunächst als Übersetzer und Mittler auftraten und vor allem die weisen Magier betreuten, weshalb sie als »Wohltäter«, »Wächter« oder »Hüter«, die ihre Schützlinge als »Schutzgeister« begleiteten, bezeichnet wurden. Für diese Hilfe verdienten sie auch Verehrung, die sie durch weitere Begleitung erwiderten: Wer sie verehrte, bekam ihre geistige Unterstützung. Daneben kannte Apuleius auch niedere Dämonen, die die psychische Natur des Menschen hatten und in dessen Leib steckten, wodurch sie die Bedeutung der menschlichen Seele einnahmen: als die Leidenschaften, Triebe und Wünsche. Sie konnten die Menschen seelisch und körperlich quälen, sogar in den Wahnsinn treiben (sofern nicht die höheren Dämonen Schutz boten). Nach dem Tod des Menschen verließen sie den Körper und fanden keine Ruhe, irrten ziellos umher und schreckten oder quälten die Menschen, waren also gefährlich. Zu diesen Dämonen zählte Apuleius die alten Gottheiten (wegen ihrer Leidenschaften), aber auch die Totengeister (weshalb er die ehemaligen »Manes« als »Larvae« oder »Lemuren« bezeichnete).

Augustinus ging von dieser Theorie aus, konzentrierte den Terminus »Daemones« aber auf diese niederen Wesen, die er als ehemalige Engel erkannte, die wegen Ungehorsams unter der Führung des »Lucifer« (Lichtträgers) vom Himmel herabgestürzt worden seien und nun mit Gottes Zulassung tätig werden könnten, indem sie die Bösen zur Strafe quälten und die Guten durch ihre Bewährung im Glauben (als Absage an sie) offenbar machten. Diese Dämonen hätten – obwohl an sich Geistwesen – einen Luftkörper, weshalb sie in den Menschen eindringen und ihm Trugbilder vorgaukeln (indem sie die Sinnesorgane nach außen versperren und sich selbst als Bild »einschieben«), aber auch Krankheiten erregen könnten. Zudem hätten sie aufgrund ihrer Flugfertigkeit, die es z.B. ermöglichte, heranziehende feindliche Heere frühzeitig wahrzunehmen, ihres hohen Alters und ihrer ehemaligen Engelsqualität Fähigkeiten, die sie als Wahrsager und Magier (etwa durch Zusammenballen von Luftmassen zu Unwettern) erscheinen ließen, weshalb sie von den an sie glaubenden und durch sie getäuschten Menschen verehrt würden. Damit setzte Augustinus diese Dämonen mit den alten (antiken) Gottheiten gleich und brandmarkte ihre Verehrung als Götzendienst (Idolatrie). Den Dämonen standen in diesem System die Engel gegenüber, die als Boten des einen Gottes – der sich nicht mehr von der Welt der Menschen abschließen würde – zum Schutz der rechtgläubigen Christen tätig würden. Wer diesem wahren Glauben absage, sich den Dämonen zuwende und sich ihrem Einfluß öffne, sei ihnen (dann) schutzlos ausgeliefert: nicht nur in ihrem Lebensvollzug selbst (was sich z.B. darin zeigen könne, daß sie bei Ungehorsam krankgemacht oder gequält würden), sondern in ihren Wahnvorstellungen und trügerischen Visionen, vor allem aber in Träumen. Dabei verneinte Augustinus also nicht die reale Macht der Dämonen, die sie mit ihren übermenschlichen Fähigkeiten bewirken konnten (unter Zulassung Gottes), doch seien diese Fähigkeiten nicht übernatürlich – da sie keine Wunder tun könnten (was alleine Gott möglich sei) –, weshalb ihre Selbstanpreisung als göttlich unwahr und insofern bloßer Schein (und Täuschung) sei, wie auch die Vorstellungen ihrer Anbeter.

Augustinus dachte dabei an die Verehrung der antiken Götter durch die Heiden, und es ging ihm in seiner Zeit primär um die Entlarvung dieses heidnischen Glaubens als Dämonen- und damit Götzenverehrung, indem er die Existenz dieser Götter nicht leugnete, sie aber eben als gefallene Dämonen definierte. Er konzentrierte sich deshalb auf die Praktiken dieses »Aberglaubens«, die er – wenn sie von einem Christen ausgehen würden – als Verstoß gegen das erste Gebot des alttestamentlichen Dekalogs ansah: vor allem Zauberei, Astrologie und divinatorische Künste, die er auf die »Erfindung« dieser Dämonen zurückführte, die erkannt hätten, daß die Menschen aufgrund des Sündenfalls »ignorantes« (geworden) seien und sich mit ihren unterschiedlichen Wünschen, Hoffnungen und Ängsten an sie um Hilfe wenden würden (vor allem die hilflosen alten und schwachen Frauen), welche die Dämonen entweder durch ihre übermenschlichen Fähigkeiten tatsächlich erfüllen könnten oder deren (tatsächlich nicht auf natürlichem Wege mögliche) Erfüllung sie ihnen vorgaukeln würden. Jedenfalls seien die zur Anrufung der Dämonen eingesetzten Mittel und Verrichtungen als solche (d.h. als »res«) ohne Wirkung, hätten aber die Bedeutung von »signa« (Zeichen), um Verbindung aufzunehmen, immer vorausgesetzt, daß diese Zeichen auch von den Dämonen verstanden würden, was Augustinus auf »pacta significationum cum daemonibus placita atque foederata«, also auf mit den Dämonen abgeschlossene und eine Gemeinschaft begründende »Kommunikations«- oder »Sprachverträge« (wie sie Dieter Harmening umschreibt), zurückführte.

Diese theoretische Konstruktion wurde von den christlichen Theologen nach Augustinus übernommen, vor allem von dem Bischof Isidor von Sevilla (gest. 636), der in seinen *Etymologiae* festschrieb, daß in den magischen Praktiken die Kunst der Dämonen wirke, die aus der verderblichen Gemeinschaft zwischen Menschen und bösen Engeln herrühre und daher von einem Christen zu meiden sei. Ebenso dachte der Fuldaer Abt Hrabanus Maurus (gest. 856). Doch veränderte sich die Situation der christlichen Kirche in den späteren Jahrhunderten. Nicht mehr ging es nun primär um die Abwehr von heidnischen Kulten, sondern nach der erfolgreichen Missionierung um die Integration der Christen selbst, die von »alten« Praktiken abgehalten werden sollten. Für sie war der Abschluß eines solchen Dämonenpaktes zugleich ein sündhafter Verstoß gegen das erste Gebot des alttestamentlichen Dekalogs – »Du sollst neben mir keine anderen Götter haben ... Du sollst dich nicht vor anderen Göttern niederwerfen und dich nicht verpflichten, ihnen zu dienen!« – und ein Verrat an dem Christengott. Deshalb waren diese Menschen aus der kirchlichen Gemeinde auszuschließen – eine Konsequenz, die der in Abschnitt I. genannte *Canon Episcopi* Reginos von Prüm (um 906) für die Frauen vorschrieb, die entweder selbst von sich behaupteten, als Gefolge der heidnischen Göttin Diana durch die Nacht zu fahren, oder die solchen Behauptungen glauben würden. Denn diese Frauen würden vom rechten Glauben abweichen und in den Irrtum der Heiden zurückfallen, »daß es einen Gott oder ein gottähnliches Wesen außer dem einen Gott gibt. Daher haben die Priester in den ihnen anvertrauten Kirchen dem Volk mit aller Eindringlichkeit zu predigen, damit die Leute wissen, daß das in jeder Hinsicht falsch ist und daß solche Wahnvorstellungen den Menschen nicht vom Geist Gottes, sondern vom bösen Geist eingegeben werden.« Regino verglich diese Täuschung mit dem Träumen und nächtlichen Visionen: »Es ist also öffentlich kundzutun, daß jeder, der solches und ähnliches glaubt, den Glauben verloren hat, und daß der, der den rechten Glauben an Gott nicht hat, nicht zu ihm gehört, sondern zu dem, an den er glaubt, das heißt zum Teufel.« Gleiches wurde für die (anderen) magischen Praktiken vorgesehen. Dies alles paßte mit der Konzeption des Dämonen-, nun Teufelspaktes als eines »Kommunikationsvertrages« zusammen. Diese irrgläubigen Frauen würden ein solches »pactum« mit dem als »Diana« bezeichneten Dämon eingehen, weshalb sie nächtens für diese Visionen offen wären, weil sie ihren eigenen Wünschen entsprechen würden.

Die Vorstellung eines solchen Teufelspaktes wurde von der beliebten und weitverbreiteten Legende des Theophilus popularisiert, die im 6. Jahrhundert von dem Griechen Eutychianos geschaffen, im 9. Jahrhundert ins Lateinische und von daher in volkssprachliche Versionen übertragen wurde: als Geschichte des frommen Mannes, der einen Teufelspakt abgeschlossen, darin Jesus und Maria abgeschworen hatte, aber nach Umkehr unter Fasten und Buße mit Hilfe der Gottesmutter von dem Pakt wieder frei kam. Vor allem wurde diese Theorie für die Ketzerei herangezogen, wobei im Grunde auch hier Augustinus die Grundlagen geschaffen hatte. Denn für ihn könne eine Kirche nur entstehen, wenn sie Menschen an gemeinsame sichtbare Zeichen binden würde, die er in den kirchlichen Sakramenten angelegt sah. Die Parallele von kirchlichen und dämonischen Zeichen lag von daher auf der Hand, wie auch die Annahme einer Gegenkirche, die dem Teufel – der als ein Gegenspieler zunehmend (und endgültig im IV. Laterankonzil 1215) an die Stelle der vielen Dämonen getreten war – huldigen würde. Der Ketzer war damit ein seinen alten Glauben verratender (ehemaliger) Christ, der einen Pakt mit dem Teufel abschließen und darin sich zum Mitglied einer teuflischen Kirche machen würde.

Überdies setzte eine Verrechtlichung dieser Theorie ein, indem das »pactum« bei Augustinus zunehmend zu einem nach rechtlichen Kriterien zu beurteilenden »Vertrag« umgestaltet wurde. Der Dominikaner Albertus Magnus (gest. 1280) entwickelte die Konzeption des ausdrücklich abgeschlossenen Teufelspaktes. Sein Schüler Thomas von Aquin (gest. 1274) stellte – juristisch konsequent – den »pacta expressa« die stillschweigend abgeschlossenen Verträge (»pacta tacita«) zur Seite, die in jeder magischen Handlung – die ja ein Signifikations- und Kommunikationsverhältnis enthalte – anzunehmen sei, auch wenn der Betreffende sich dessen nicht wirklich (ausdrücklich) bewußt sei und dies auch nicht tatsächlich wolle. Selbst wenn jemand als Magier meine, durch seine Beschwörungskunst die Herrschaft über den Teufel zu behalten oder vielleicht gar ohne die teuflische Mitwirkung zaubern zu können, dann sei dies ein Irrtum; eigentlich liege auch diesem Verhalten ein stillschweigend abgeschlossener Pakt mit dem Teufel zugrunde. Denn letztlich täusche der Teufel sein Beherrschtwerden nur vor; in Wahrheit sei er der Herr in diesem Verhältnis, dem der Betreffende sich eigentlich unterworfen habe. Nach dieser Theorie war die Konzeption einer »magia naturalis« nicht mehr denkbar, was allerdings nicht unbestritten blieb (weshalb auf dieses Problem noch einzugehen ist).

Maßgebend war – wie im Recht – der Wille des Betreffenden. Dieser war eindeutig in der ausdrücklichen Willenserklärung, aber auch in der stillschweigenden Übereinkunft anzunehmen, die in der willentlichen Vornahme des zauberischen Aktes lag. Es war damit ohne Theoriebruch möglich, die Qualifizierung von Zauberei (bzw. Hexerei) durch den *Canon Episcopi* zu übernehmen, wie z.B. der berühmte Prediger am Straßburger Münster, Johann Geiler von Keisersperg, in einer seiner 1508 gehaltenen Fastenpredigten: Nachtfahrt, Tierverwandlung, Milchzauber, Wetterzauber seien »ein gespenst und ein schein vor den augen oder in dem kopf [vom Teufel] gemacht« »und also ein fantasey«. Dann heißt es weiter: »Die wirckung der hexen oder des zaubrers ist nit wirklich ursach des werkes, das da geschicht. Du sist, das sie einem menschen suwbürsten ... oder ein strowisch in ein schenkel stossen und hagel und wetter machen. Da sprich ich: Daz, das die hexen oder unholden thuon, dasselbig ist nit ein anfenklich wirklich ursach desselben, daz da geschicht; es ist nit me denn ein zeichen; wen der teufel das zeichen sicht und die wort hört, so weisz er, was sie gern hetten; der thut denn dazselbig, und der teuffel thut es, und nit sie ... Da hat der teuffel ein pact gemacht mit etlichen menschen und inen wort geben und zeichen; wen sie die zeichen thunt und die wort brauchen, so wil er tun, das sie begeren, und also thut es der tüffel durch irentwillen. Aber daz daz die hexen thunt, ist numen ein zeichen und nit die wirklich ursach.«

Das Bündnis mit dem Teufel wurde auf diese Weise vom Willen her gedacht, also verinnerlicht, und erhielt quasi-sakramentale Weihe, indem das Versprechen – entsprechend der christlichen Ehe – auch durch leibliche Vereinigung gefestigt werden mußte: durch den geschlechtlichen Verkehr mit dem Teufel (Buhlschaft), im übrigen ein alter Topos von der Vereinigung von Geistwesen und Menschen (auf den noch im Zusammenhang mit den Kinderhexen eingegangen wird). Dadurch wurden Teufel und Mensch (wie Geschlechtspartner sonst) ein Leib – und sogar eine Seele. Denn zwar war nur das Materielle – also der Leib – dem Teufel zugänglich, während die Seele ihm verschlossen war; doch gab der Mensch durch das Bündnis auch seine Seele frei, gab dadurch die an sich von Gott geschaffene Sperre der Seele gegen das Böse auf. Der Teufel konnte so in den Menschen eindringen und ihn wie ein Werkzeug lenken. Zugleich legte er seine Gestalt als Ungeheuer oder Drache ab und trat als Geschlechtspartner (fast) in Menschengestalt auf.

Der *Malleus Maleficarum* (*Hexenhammer*) des Dominikaners Heinrich Kramer (1486) knüpfte an diese Theorien an und entwickelte ein umfassendes Modell dieses Verhältnisses zwischen (dämonischem) Teufel und Menschen, das er in Leib, Seele und Geist gliederte. Der Teufelspakt bestehe in der Übergabe von Leib und Seele an den Teufel, wodurch die Verbindung des Geistes – der als Vernunft und freier Wille an sich zum göttlichen Geist hin orientiert sei – zu Gott abgeblockt werde; dadurch könne der Teufel nicht nur in den materiellen Leib eindringen und ihn erfüllen, sondern auch statt des Geistes dessen Position im Hinterkopf besetzen, von der aus er dann den Menschen als sein Werkzeug lenken könne. Kramer meinte deshalb, »daß es beseelte, aus freiem Entschlusse handelnde Werkzeuge sind, mögen sie auch nach dem ausdrücklich mit den Dämonen abgeschlossenen Pakte nicht mehr Macht über sich haben, weil ... sie doch durch die erste Versprechung, durch die sie sich den Dämonen anheimgeben, gebunden bleiben«, wobei sie sich »freiwillig und zum Vergnügen in einer so scheußlichen Sache elender Knechtschaft unterwerfen«. Des weiteren unterschied der Verfasser zwischen zwei Arten von Bündnissen mit den Dämonen (bzw. dem Teufel): einmal feierlich mit ebenso feierlichem Gelübde, ein andermal privatim. »Die erste, feierliche Art geschieht, wenn die Hexen an einem festgesetzten Tage nach einem bestimmten Sammelplatze kommen, wo sie den Teufel in angenommener Menschengestalt sehen; und während er sie zur Treue gegen sich ermahnt, gegen zeitliches Glück und langes Leben, empfehlen ihm die Anwesenden die aufzunehmende Novize. Findet der Dämon, daß die Novize oder der Schüler geneigt ist, den Glauben und den allerchristlichsten Kult zu verleugnen und die dicke Frau (so nennen sie die allerheiligste Jungfrau Maria) und die Sakramente nie mehr zu verehren, dann streckt der Dämon die Hand aus; und ebenso die Novize oder der Schüler; und diese versprechen mit Handschlag, dies zu halten. Nachdem der Dämon diese Versprechungen empfangen hat, fügt er sofort hinzu: ›Das genügt noch nicht‹; und wenn der Schüler fragt, was denn noch weiter zu tun sei, fordert der Dämon noch die Huldigung, die darin besteht, daß [die Novize oder der Schüler] mit Leib und Seele für alle Zeit ihm angehöre und nach Kräften auch andere, beiderlei Geschlechts, zu gewinnen suchen wolle. Endlich fügt er noch hinzu, sie sollten sich Salben aus den Knochen und Gliedern von Kindern, und zwar besonders von solchen, die durch das Bad der Taufe wiedergeboren sind, bereiten, wodurch sie alle ihre Wünsche mit seinem Beistande erfüllt sehen würden.« Zusätzlich stellte Kramer fest, »daß sie ... Unflätereien betreiben [müßten] zur Mehrung dieser Schandrotte«, d.h. sich mit den teuflischen Dämonen fleischlich vermischen, wobei diese mit den Männern als »Succubi« – also »Darunterliegende« – und mit den Frauen als »Incubi« – also »Einliegende« – verkehren würden. Die zweite Art des Bündnisses sei das private: »Bisweilen tritt der Dämon zu solchen Männern oder Frauen, die in eine körperliche oder zeitliche Bedrängnis geraten sind; manchmal tut er das sichtbar, manchmal redet er durch Mittelspersonen: und wenn sie nach seinem Rate handeln wollten, verspricht er, würde alles nach Wunsch und Lust gehen. Von kleinen Anfängen geht er jedoch aus, ... daß er sie allmählich zu Größerem führe.«

Am ausführlichsten beschrieb Francesco-Maria Guazzo in seinem *Compendium maleficarum* (1608) das Ritual in elf Schritten, das am Sabbat zu diesem Pakt führte. Zum ersten schwören die »Bewerber« dem christlichen Glauben ab, leugnen die Allmacht Gottes und schmähen die Sakramente; dem Teufel schwören sie den Gehorsamseid; dieser berührt sie mit dem Nagel an der Stirn, um so die Wirkung der Taufe zu zerstören. Zum zweiten führt der Teufel seine eigene Taufe durch. Zum dritten wird der frühere Name abgelegt und vom Teufel ein neuer empfangen. Zum vierten zwingt sie der Teufel, die bisherigen Verwandten und andere getaufte Bekannte zu verleugnen, und nennt ihnen neue, gleichgesinnte. Zum fünften muß jeder dem Teufel ein Stück seiner Kleidung als formelles Zeichen übergeben. Zum sechsten leisten sie dem Teufel das Gelübde in einem Kreis. Zum siebenten bitten sie den Teufel, ihren Namen aus dem Buch des Lebens zu löschen und ihn in das Buch des Todes (das schwarze Buch der Zauberer) einzutragen. Zum achten versprechen sie dem Satan Opfer, insbesondere versprechen die Hexen, monatlich oder 14tägig ein Kleinkind zu verletzen oder zu töten. Zum neunten verpflichten sie sich, dem Teufel gegenüber die im Pakt vereinbarten Leistungen einzuhalten. Zum zehnten kennzeichnet sie der Teufel an irgendeiner Stelle des Körpers mit einem Hexenzeichen, das bisweilen dem Tritt eines Hasen, dem Fuß einer Kröte, einer Spinne oder einer Haselmaus ähnelt. Zum elften schwören sie, den Teufel in allen Dingen zu unterstützen und an den Zusammenkünften teilzunehmen. Der Teufel seinerseits verspricht, ihnen beizustehen, ihren Wünschen nachzukommen und ihr Heil nach dem Tod zu übernehmen.

Anzumerken ist, daß hinter diesen Theorien (vor allem der Heinrich Kramers) noch ein Freiheitsverständnis stand, das zwar bereits das Wesentliche in der Handlung des Menschen sah, aber nur als Sich-Öffnen dem Einfluß des guten oder bösen Geistes, der dann in den Leib des Betreffenden eindringen konnte. Dies erinnert an die Vorstellung der Besessenheit, konkreter an die neutestamentliche Erzählung (Lk 22,3), nach der beim letzten Abendmahl der Teufel in Judas eingefahren sei. Genauer war damit ein Unterschied zu dem in sich (entelechial) lebendigen und noch in einem Zusammenhang mit der von ihm (nur) unterschiedenen (nicht aber getrennten) Seele vorgestellten Leib gegeben: Der gute oder böse Geist drang in einen »Körper« ein, der nur in der Art eines Gefäßes mit äußeren Wänden, aber in sich selbst leer und tot gedacht war. Die Aktivität lag noch schwerpunktmäßig beim nicht-menschlichen Partner des Paktes. Im übrigen wird sicherlich manchen LeserInnen die sexuelle Konnotation (in der Sicht des Mannes) dieser Theorie vom Eindringen aufgefallen sein. Das zunehmende Bewußtsein der menschlichen Freiheit veränderte auch diese Vorstellung, und mit ihm begann die rechtliche Diskussion des Vertragscharakters des Teufelspaktes. War ursprünglich sicherlich das lehensrechtliche Verhältnis von Hingabe und Schutzversprechen das Vorbild gewesen, trat zunehmend das allgemeinrechtliche Vertragsmodell des römischen Rechts in den Vordergrund, wie es durch dessen Rezeption bekannt wurde. Theologen begannen juristisch zu argumentieren, wenn z.B. im Streit von Cornelius Loos und Peter Binsfeld Ende des 16. Jahrhunderts der eine die Meinung vertrat, daß der Vertrag wegen des unsittlichen Inhalts nichtig sei, der andere dagegen einwandte, daß auch ein Nicht-Vertrag der Form nach eben ein Vertrag sei. Mensch und Teufel wurden dadurch gleichwertig(er) und standen sich auf der gleichen Ebene als Vertragspartner gegenüber. Um 1600 bemühte sich der spanische Advokat Franciscus Torreblanca in seiner vierbändigen *Dämonologie* zu ergründen, welcher Art der Teufelspakt sei, und kam zu der Erkenntnis, daß es sich um einen Innominatkontrakt nach der juristischen Formel »do, ut facias« (ich gebe, damit du etwas tust) handle. Schließlich war es der Mensch selbst, der die Verbindung zu dem Teufel suchte, weil er böse sein wollte. Das Wesentliche des Paktes wurde deshalb im Willen des Menschen gesehen, weshalb es gleichgültig wurde, ob in der Realität das vom Teufel Versprochene wirklich herbeigeführt werden konnte oder nicht. Die Todsünde lag im bösen Willen, weshalb es in letzter Konsequenz sogar eines wirklichen Teufelspaktes nicht mehr bedurfte, wodurch sich diese Vorstellung aufhob.

Anzumerken ist, daß solche Teufelspakte offensichtlich manchmal als Beweisstücke vorgelegt wurden; doch wurden sie – wie sich z.B. aus dem in den Akten über das Verfahren gegen den Priester Urbain Grandier (Beichtvater eines Ursulinerinnen-Klosters in Loudon) enthaltenen Urteilsspruch ausdrücklich ergibt – mit verbrannt. Erst im 18. Jahrhundert veröffentlichte Abbé Jean-Baptiste de La Ménardaye eine »Abschrift« der angeblichen Urkunde, mit der sich Grandier dem Teufel verschrieben hatte. Der Plakatgraphiker und Illustrator Manuel Orazi gestaltete dieses Schriftstück in Spiegelschrift weiter aus und fügte auch einige weitere Unterschriften von teuflischen Dämonen hinzu. Seiher kann das interessierte und erstaunte Publikum folgenden Pakt lesen: »Mein Herr und Meister Luzifer, ich erkenne dich an als meinen Gott und Fürsten und verspreche dir zu dienen und zu gehorchen, solange ich lebe. Und ich sage mich los von dem anderen Gott wie auch von Jesus Christus, von allen Heiligen, von der apostolischen und römischen Kirche, von allen Sakramenten und allen Gebeten und Fürbitten, mit denen die Gläubigen vielleicht für mich eintreten. Und ich verspreche dir, so viel Böses zu tun, wie ich kann, und auch sonst jedermann fürs Böse zu gewinnen. Ich sage mich los von der Salbung, der Taufe und allen Verdiensten Jesu Christi und seiner Heiligen. Wenn ich aber versäume, dir zu dienen und dich anzubeten, und wenn ich dir nicht dreimal am Tage Ehrerbietung erweise, so übergebe ich dir mein Leben zu Eigentum. Ausgefertigt in diesem Jahr und an diesem Tag. Urbain Grandier. Heraufgekommen von der Hölle.« Luzifer hielt dann seine versprochenen Gegenleistungen ebenfalls schriftlich fest und unterschrieb: »Wir, der mächtige Luzifer, bestärkt durch Satan, Beelzebub, Leviathan, Elimi, Astaroth und andere, haben heute den Pakt mit Urbain Grandier geschlossen, der nun auf unserer Seite steht. Und wir versprechen ihm die Liebe der Frauen, die Reinheit der Jungfrauen, die Keuschheit der Nonnen, weltliche Ehre, Lust und Reichtum. Huren soll er alle drei Tage; der Rausch soll ihm gut Freund sein. Einmal im Jahr soll er uns Tribut erstatten, der mit seinem Blut gezeichnet ist; er soll die Sakramente der Kirche mit Füßen treten, und er soll seine Gebete zu uns verrichten. Kraft dieses Paktes soll er zwanzig Jahre lang glücklich unter den Menschen auf Erden leben und am Ende zu uns kommen und Gott verfluchen. Ausgefertigt in der Hölle, im Rat der Teufel.« Soweit das 19. Jahrhundert! Aber bereits das Volksbuch über das Leben des Dr. Johann Faust, das 1587 in Frankfurt gedruckt wurde, enthielt die Inhaltsangabe des von ihm abgeschlossenen Paktes, den der anonyme Verfasser – sicherlich ein orthodox-lutherisch gesinnter Mann – in den Unterlagen des vom Teufel zerrissenen Magiers, der in der ersten Hälfte des 16. Jahrhunderts tatsächlich gelebt hat, gefunden haben will: »Ich, Johannes Faustus D., bekenne mit meiner eigen Hand öffentlich zu einer Bestätigung und in Kraft dies Briefs: Nachdem ich mir vorgenommen, die Elementa zu spekulieren und aber aus den Gaben, so mir von oben herab beschert und gnädig mitgeteilt worden, solche Geschicklichkeit in meinem Kopf nicht befinde und solches von den Menschen nicht erlernen mag, so hab ich gegenwärtigem gesandten Geist, der sich Mephostophiles nennet, ein Diener des höllischen Prinzen im Orient, mich untergeben, auch denselbigen, mich solches zu berichten und zu lehren, mir erwählet, der sich auch gegen mir versprochen, in allem untertänig und gehorsam zu sein. Dagegen aber ich mich hinwieder gegen ihme verspreche und verlobe, daß, so 24 Jahr, von Dato dies Briefs an, herum und vorübergelaufen, er mit mir nach seiner Art und Weis, seines Gefallens zu schalten, walten, regieren, führen gut Macht haben solle, mit allem, es sei Leib, Seel, Fleisch, Blut und Gut, und das in sein Ewigkeit. Hierauf absage ich allen denen, so da leben, allem himmlischen Heer und allen Menschen, und das muß sein. Zu fester Urkund und mehrer Bekräftigung hab ich diesen Rezeß eigner Hand geschrieben, unterschrieben und mit meinem hiefür gedrücktem eigen Blut meines Sinns, Kopfs, Gedanken und Willen verknüpft, versiegelt und bezeuget, etc. Subscriptio Johann Faustus, der Erfahrne der Elementen und der Geistlichen Doctor.«

Schließlich sei noch auf eine wichtige Konsequenz der Verrechtlichung des Paktes hingewiesen. Ursprünglich lag die These nahe, daß das Bündnis mit dem Teufel – wie die Taufe – unaufhebbar sei, der Betreffende dem Teufel auf ewig verfallen und verdammt sei (wobei sicherlich auch die Parallele zum Lehensvertrag und -verhältnis von Bedeutung war). In diesem Sinne führte selbst die Theophilus-Legende das Freikommen des Helden auf einen übernatürlichen Gnadenakt der Gottesmutter – als Fürsprecherin bei Christus selbst – zurück. Aus der Gleichsetzung des Paktes mit einem Vertrag dagegen folgte konsequent die Möglichkeit, auch von dem Teufelspakt zurückzutreten und so die Chance der ewigen Errettung zu erlangen. Dadurch konnte freilich wiederum der Eifer der Kirchenmänner, aber auch der Christenmenschen allgemein, nach Hexenleuten zu suchen und sie zu diesem Rücktritt zu bringen, gefördert werden, was die Verfolgungen intensivierte. Allerdings wurde die Begründung für die dann trotz des Rücktritts vom Teufelspakt verhängte Todesstrafe immer schwieriger. Durch die Reue des Sünders und – in katholischen Gebieten – durch die Absolution war Gott besänftigt. Darauf ist in Abschnitt III. einzugehen.

2.2 Hexerei ohne eigentlichen Teufelspakt

Langfristig trat gegenüber der nun erkannten Bosheit des menschlichen Willens selbst die Notwendigkeit eines Teufels(paktes) in den Hintergrund. Zwar übernahm die Reformation grundsätzlich diese Theorie (selbst des katholischen Thomas, der allerdings dabei auf den – noch unverdächtigen – Augustinus rekurrierte). Doch für Luther galt – wie Jörg Haustein herausgestellt hat – darüber hinausgehend, »daß bewußtes Handeln gegen Gottes Willen Zauberei ist«. Dadurch wurden männliche und weibliche Zauberer zu Menschen, die ihren Eigenwillen gegen Gehorsam und Ungeduld gegen Leidensbereitschaft setzten und nicht bereit sein würden,

Gottes Handeln anzuerkennen. Für Johannes Brenz war sogar jede(r) »würdig«, als Hexe(r) verbrannt zu werden, die/er ein »unmessiges und rüdes freches Leben führt«.

Freilich wurde damit im Ergebnis der Hexereibegriff selbst inhaltlich aufgelöst. Konsequent wurden dann als »Hexenleut'« (einfach) böse Menschen bezeichnet, die sich nicht in das zivilisiert-christliche Leben der anderen einordnen wollten oder es – wie die Bettler – nicht konnten, sondern durch ihr auffälliges Gehabe oder wildes Treiben (vor allem in sexueller Hinsicht) die Ordnung störten.

Aber auch die vorreformatorische Zeit stand nicht uneingeschränkt hinter der Thomasischen Theorie des stillschweigenden Teufelspaktes, sondern anerkannte durchaus magische Praktiken, die auch ohne einen solchen Pakt zu begreifen wären. Gedacht war vor allem an »weiße« Magie, also Praktiken des Heilzaubers, aber oft auch an die einfachen Formen der »Volksmagie«, wie sie als üblich und seit Generationen tradiert eingeschätzt wurden. Sie wurden zwar abgelehnt und als mit dem christlichen Glauben unvereinbar beurteilt, aber nicht notwendig mit einer Beleidigung Gottes oder Verrat ihm gegenüber gleichgesetzt; sie waren – wenn man den Vergleich ziehen will – eher läßliche Sünden, denen man Verständnis entgegenbringen konnte, wenn man die Nöte der einfachen Leute bedachte. Manche moderne Theoretiker wollen zwischen »Magie« und »Zauberei« unterscheiden: Erstere sei von jedermann ohne besondere Fähigkeiten zu praktizieren gewesen, weil sie nur aus Schutzmaßnahmen durch Amulette oder Beschwörungsformeln und aus mit magischen Formeln versetzter Natur- und Kräuterkunde bestanden habe, sei daher also letztlich als Verhaltensweisen eines Individuums zu verstehen, Ängste und Spannungen auf ein erträgliches Maß zu reduzieren; letztere sei der Versuch, außerweltliche Kräfte heranzuziehen, was eine bestimmte Qualifikation oder Begabung – also einen weiblichen oder männlichen Zauberer – vorausgesetzt habe, weshalb im Ansatz bereits eine Konkurrenz zu kirchlichen Sakramentalien bestanden habe (was die Dämonisierung der Zauberei zur Hexerei nach sich gezogen habe). Theoretisch freilich war diese Haltung gegenüber der argumentativen Kraft der Teufelspakttheorie des Thomas von Aquin nur schwer aufrechtzuerhalten oder gar zu begründen. Auf das Problem einer »magia naturalis« ist noch näher einzugehen.

2.3 Hexerei als neue Ketzersekte

Die Vorstellung von Hexerei als Eingehen eines Teufelspaktes allein hätte nicht zu den Massenverfolgungen geführt, sondern wäre mit der Annahme von weiblichen und männlichen Einzeltätern durchaus vereinbar gewesen. Der »elaborierte« Hexenbegriff arbeitete aber die Ketzereivorstellung ein, wodurch die Hexerei zu einem Gruppen- oder Bandengeschehen wurde, bei manchen Theoretikern sogar zu einem Heeresverband (mit bis zu 500, ja im Höchstfall sogar bis zu 100.000 phantastischen Teilnehmern am »Reichstag der Hexen«). Es liegt auf der Hand, daß diese ungeheure Zahl von Hexenleuten Angst und Haß vergrößerte. Dafür ist es erforderlich, wenigstens kurz den Begriff des Ketzers zu umreißen.

Die christliche Kirche kannte in dem geschichtlichen Prozeß der Bestimmung der maßgeblichen Glaubensinhalte durch die Konzile immer Häretiker, also Theoretiker, die andere Thesen vertraten und daher Irrtümern unterlagen. Sie wurden – wenn der Versuch ihrer Bekehrung zur Wahrheit scheiterte – aus der Kirchengemeinschaft ausgeschlossen (exkommuniziert), worunter in Abschnitt III. eingegangen wird. Die Situation verschärfte sich um die Jahrtausendwende, als die christliche Kirche begann, sich vom Weltlichen zu unterscheiden und sich eine neue Innerlichkeit zu geben – der Name des Klosters Cluny bzw. der von hier ausgehenden Reform ist das »Markenzeichen« für diese Entwicklung. Man kann darin einen Entwicklungssprung im Bewußtwerden der Freiheit des Menschen sehen, nämlich als Erfassen der fundamentalen Differenz von Leib und Seele. Die »germanischen« Völker hatten noch in einer unmittelbaren, leibverbundenen Weise gelebt. Maßgebend war die leibliche Kraft, die die Rechtsposition in einer Welt der Gewalt durchsetzen und halten konnte, wie auch die christlichen Missionare dadurch überzeugen konnten, daß sie die heidnischen Tempel einfach niederrissen und zum Erstaunen der Umstehenden nicht leiblich getroffen wurden. Die Heiligkeit dieser Männer bestand in ihrer leiblichen Kraft. Auch die Herrschaft wurde in diesem Sinne verstanden: die Kirche als »corpus Christi«, aber auch der weltliche Staat als Leib des Königs (oder seiner Sippe). Nur was leiblich-sinnlich wahrnehmbar und spürbar war, war als wirklich anzuerkennen. Daher war auch das religiös Maßgebende – das Geistige – verleiblicht, mußte sinnlich wirken und wirksam sein in der Welt und darin unmittelbar erfahren werden können. Das Richtige, Vernünftige, von Gott Gewollte, das Heilige war unmittelbar das Wirkliche und Wirkkräftige im Leben. Die christlichen Könige – vor allem Karl der Große – trachteten nach der Verwirklichung des Gottesreiches auf Erden und in ihrem Reich, weshalb sie einen Unterschied von Staat und Kirche nicht (an)erkennen konnten; sie saßen deshalb den Konzilen vor und setzten die Beschlüsse der Bischöfe aus eigener Macht (leiblichen Kraft) in Geltung. Im übrigen paßt auch eine bestimmte Vorstellung von Magie in dieses Weltbild: der Magier als Individuum mit besonderer Kraft, die daher auch – leiblich – vererbbar war. Diese Einheit von (geistigem) Sinn und Sinnlichkeit begann allgemein im 10. Jahrhundert zu zerbrechen bzw. aufzubrechen in die Differenz von Leib und Seele. Das sinnlich Wahrnehmbare war nun nicht mehr Garant für die Wirklichkeit als Sinnlich-Sinnhaftes und damit Vernünftig-Heiliges. Einzig wirklich war nun das Nicht-Sichtbare, das Innere, das das Leibliche bestimmte und lenkte: die Seele als das innere Formprinzip alles Erfahrbaren, so wie die Kirche als Seele begann, sich über die weltliche Instanz der sich herausbildenden »Staaten« als der äußere Gewalt ausübenden Leiber zu stellen. Deshalb begann die Entwicklung selbstverständlich in der Kirche – nämlich in ihrer überkommenen Form als auch weltliche Macht –, mit dem Ziel, die Weltlichkeit der leiblich-äußeren Position zugunsten der spezifischen Innerlichkeit des wahren Glaubens an Jesus Christus abzustreifen. Aus dem »corpus Christi« als Leib der Kirche selbst wurde die Hostie des sich in der Messe stets von neuem opfernden, d.h. sein Leben (und seinen Leib) hingebenden Christus aus einer seelisch-inneren Liebe zu den an ihn innerlich Glaubenden. Der Leib war dazu da, aufgeopfert zu werden, denn nun war er gegenüber der Wahrheit der unsichtbaren Seele stets verdächtig, die Sinne zu täuschen und die Seele zur Unwahrheit zu verführen. Das Sinnliche war nicht mehr verläßlich, sondern mußte in Frage gestellt, vielleicht sogar bekämpft werden zugunsten der innerlich-seelischen Wahrheitserkenntnis. Nun verstand man erst die Schriften der antiken Kirchenväter (wie des Augustinus), die unter der Herrschaft der römisch-christlichen Kaiser bereits zu ähnlichen Theorien gekommen waren. Nun erst begann die Leibdistanzierung der Kirche zugunsten der inneren Seele als dem Formprinzip des äußeren Seins. Zugleich bedeutete dies die zunehmende Zentralisierung des Papstes als des Mittelpunktes, von dem die neue seelische Energie auszugehen hatte. Seele als Formprinzip verlangte auch nach Einheit: nicht mehr im Äußeren, sondern zunächst in der Innerlichkeit des Glaubens. Häresien wurden bedrohlich(er), weil sie in das innere Zentrum des Glaubens zielten. Gefragt war Rechtgläubigkeit, deren Inhalt die Zentralseele in Rom bestimmte.

Wie gesagt: Die Situation verschärfte sich, als nun Häresien auftraten, die die Reform- und Vereinheitlichungsversuche in der Kirche selbst radikalisierten und eine wirklich neue innerliche Kirche – losgelöst von Rom – begründen wollten. Sie beriefen sich meist unmittelbar auf das Neue Testament, das sie ohne Rücksicht auf die kirchliche Tradition in neuer Frische interpretierten, auch in Übersetzungen in die deutsche Volkssprache verbreiteten, und traten für eine direkte Nachfolge Jesu in Armut, Keuschheit und Askese ein. Zum Teil sahen sie in Jesus einen Engel, der den Menschen das Ziel vor Augen gestellt habe, dem irdischen (materiellen) Sein als Leib zu entfliehen und das eigentliche Wesen – die engelsgleiche immaterielle Seele – aus dem

Kerker dieses Leibes in den Himmel zu führen. Sie lehnten also die Menschwerdung des Gottes(sohnes) und damit die Trinität ab, weshalb ihr Christentum zentral dem Glaubensbekenntnis der Kirche widersprach. Darüber hinaus traten sie gegen die kirchlichen Instanzen auf, sahen in den Sakramenten unchristliche leibliche Handlungen, lehnten den Eid ab usw.

Diese bewußt gewordene Differenz von Leib und Seele wurde von manchen Richtungen im Sinne eines Dualismus – vielleicht beeinflußt von dem östlichen Manichäismus – theologisch untermauert: Das Materielle (Leibliche) sei eine Schöpfung des Teufels – nämlich Luzifers, des ehemaligen Erzengels, der sich gegen Gott aufgelehnt habe und daher mit seinen Verbündeten vom Himmel in die tiefste Erde (Hölle) herabgestürzt worden sei – und daher abzulehnen. Die Seelen der Menschen seien von dem guten Gott geschaffen und ursprünglich als Engel im Himmel gewesen, doch wegen ihrer neutralen Haltung im Luzifer-Krieg in die Leiber auf die Erdoberfläche gebannt worden; doch könnten sie durch ein Leben als »gute (reine) Menschen« (»boni homines«, »Katharer«) das Materielle besiegen und zum himmlischen Gott zurückkehren. Es muß betont werden, daß die radikale Leibfeindlichkeit nicht von der christlichen Kirche dieser Zeit, sondern von den radikalen neuen Glaubensgemeinden ausging. Ihre Ablehnung des Leiblichen gipfelte in dem Streben, letztlich ihren Tod durch freiwilliges Fasten, also als Hungertod, herbeizuführen. Selbstverständlich lehnten diese »Reinen« die geschlechtliche Zeugung als Weiterführung des teuflischen Schöpfungswerkes – und damit selbst als teuflisch – ab, was das Sakrament der Ehe im innersten treffen mußte (und auch sollte). Ihre Führer lebten wohl tatsächlich asketisch, die Mehrzahl ihrer Anhänger aber praktizierte zumindest einen Sexualverkehr, bei dem Empfängnisverhütung gefordert war. Ob dadurch auch Abtreibung positiv gesehen, ob vielleicht überhaupt Homosexualität eine neue Bewertung erfuhr, ist nicht mehr festzustellen. Jedenfalls behaupteten dies die christlich-kirchlichen Gegner.

Wegen des Anwachsens der neuen Glaubensgemeinschaften geriet die Kirche zunehmend in Panik und sah die Gefahr der Entstehung einer »civitas diaboli« (einer Teufels- als Gegenkirche) auf Erden, wodurch auch sie – darin eigentlich den Lehren mancher Ketzer folgend – die Macht des Teufels vergrößerte und selbst an die Grenze des Dualismus kam. Denn auch diese kirchliche Vorstellung von den Ketzern als Mitgliedern einer Gegenkirche bedeutete im Grunde die Aufwertung des Teufels, wie es in manchen Theorien der neuen Glaubensgemeinschaften vorgedacht worden war, wobei vor allem – wie bereits erwähnt – dem ehemaligen Erzengel »Lucifer« (»Lichtträger«) oder dem alttestamentlichen Satan diese bedeutende Rolle zuerkannt wurde. Für manche fiel Satan mit dem alttestamentlichen Schöpfergott der Juden zusammen, weshalb nur das Neue Testament als verbindlich anerkannt war. Jedenfalls wurde aus dem frühmittelalterlichen Heer der (bösen) Dämonen – als den Luftgeistern, die in vielen Eigenschaften den guten Dämonen (Engeln) entsprachen – der als Individuum gedachte Teufel, der entweder allein auftrat oder als uneingeschränkter Herr die Teufelsdämonen befehligte (was im übrigen 1215 das IV. Laterankonzil festsetzte). In den zunehmend von apokalyptischer Angst diktierten Theorien der christlich-kirchlichen Theoretiker wurde der Teufel fast zu einem Gegengott gemacht, der nicht nur als der große Gaukler und Lügner die an Sinnlichkeit (und Leiblichkeit) orientierten Menschen zu Sinnestäuschungen und Irrtümern führen konnte, sondern nun als der Leibhaftige reale Wirkungen herbeizuführen und sogar den materiellen Leib der Menschen in Besitz zu nehmen in der Lage war. Die von Gott geschaffene Seele war ihm zwar verschlossen, doch gestand man dem Teufel einen zumindest mittelbaren Einfluß auf die seelische Gemütsverfassung zu. Die traditionelle Lehre von der bloßen Zulassung des Bösen durch den alleine herrschenden Gott trat dabei stark in den Hintergrund zugunsten der zunehmenden Angst vor dem Endsieg des Teufels auf Erden (als dem Materiellen).

Die Ketzergemeinschaft wurde durch diese Gegenüberstellung von Teufel und Gott zu einer Gegenkirche bis hin zum Bild der »verkehrten Welt« selbst. Statt der christlichen und für alle offenen Messe wurde – als Hinweis auf die ebenso ungläubige Judengemeinde – der an heimlichen Orten durchgeführte »Sabbat« oder »Synagoge« (als »synagoga Satanae«, abgeleitet aus der Offenbarung des Johannes, in der dieser Begriff die Leute meint, die sich zu Unrecht als fromme Juden ausgaben) gefeiert. Statt des Liebesmahls im Sinne der geistig-tugendhaften Agape wurde eine wilde Orgie mit sexuellen Ausschweifungen durchgeführt; statt des Leibes des Herrn wurden Kinder geopfert und rituell verzehrt, wobei der leibhaftige Teufel in Tiergestalt – beliebt waren Kröte, Kater und Bock (nach dem griechischen Pan oder dem keltischen Cernunnos) – anwesend war, ja oft selbst als Sexualpartner in Erscheinung trat. Statt des Friedenskusses auf den Mund wurde schließlich dem tierischen Satan der Hintern geküßt. Manchmal trat der Teufel auch als halb menschen-, halb tiergestaltig auf, trug – nach der griechischen Göttin Diana (Artemis) – Brüste, die zum Zeichen des Todes herabhingen, oder war, in sich selbst verkehrt, ein bleichgesichtiger schwarzer Mann. Der kirchlichen Taufe wurde schließlich der Pakt mit dem Teufel gegenübergestellt, auf den bereits oben eingegangen wurde. Von daher wurde der Ketzer nicht nur als Häretiker und Apostat, sondern auch als Teufelsbündner (und Mitglied einer teuflischen, d.h. den Teufel verehrenden Gegenkirche) verstanden.

Vorgeworfen wurde den Ketzergemeinschaften also nicht nur Häresie (Glaubensirrtum), sondern die Errichtung einer Gegenkirche, in der der Teufel angebetet wurde und in der all das, was sündhaft war, in einer feierlichen Gegenmesse zelebriert wurde. Wegen ihrer Ablehnung des Leibes (und damit der geschlechtlichen Zeugung) unterschoben die Inquisitoren diesen Ketzern »widernatürliche« Sexualpraktiken – oft auch Homosexualität –, wüste Orgien und auch kannibalistische Riten. Es ist für uns heute unglaublich, daß das im folgenden Darzustellende wirklich geglaubt wurde, aber selbst Unsinn erhielt durch den Bezug auf den Teufel als (fast) den Gegengott und auf die Gegenkirche Sinn. Es war diesen Teufelsverehrern eben alles zuzutrauen, je unglaublicher, desto mehr! Nur erinnert werden soll an die Ausführungen in Abschnitt II. zur »guten Gesellschaft«. Es ist deshalb fraglich, inwieweit die Ausarbeitung dieser Ketzereivorstellung auch in Konfrontation der Inquisitoren mit diesbezüglichen Vorstellungen erfolgte. Jedenfalls verwendeten die Handbücher der Ketzerinquisition häufig die Bezeichnungen »bonae res« oder »bona gens«.

Die Geschichte der Vorwürfe gegen die Ketzer beginnt bereits 1022, als die Synode von Orléans ein Treffen der als Katharer bezeichneten Gemeinde als kannibalistische Orgie beschrieb. Die Kinder, die vor allem aus Inzest stammten, würden »am achten Tag in [der] zahlreich versammelten Mitte bei angezündetem Feuer verbrannt. [Ihre] Asche wurde mit so großer Verehrung gesammelt und aufbewahrt, wie die christliche Frömmigkeit den Leib Christi aufzubewahren pflegte.« Es wurde auch berichtet, daß aus dieser Asche Brot zubereitet würde, das entsprechend der Eucharistie an die Ungläubigen verteilt würde, wodurch die davon Essenden unentrinnbar der Ketzerei verbunden bleiben müßten. Der deutsche Dominikaner Johannes Nider verfaßte um 1435/37 unter Aufarbeitung der Diskussionen am Konzil von Basel sein Werk *Formicarius*, in dem die Zusammenkünfte der Sekte dargestellt wurden: Die Betreffenden würden Kinder rauben, töten, kochen und verspeisen.

Freilich mußte auch der Teufel eingearbeitet werden. In Orléans erschien er – wie festgehalten wurde – als Mohr oder als lichter Engel (»Lucifer«). Dies wurde in späteren Berichten ausgeschmückt: Nun sei – so erzählte man um 1100 – der Teufel in Tiergestalt erschienen. Um 1190 schrieb der in Frankreich lebende Engländer Walter Map nieder, was er aus Geständnissen erfahren habe: Die Ketzer würden sich bei Einbruch der Nacht in ihren »Synagogen« treffen; an einem an der Decke befestigten Seil steige ein großer schwarzer Kater herab, den jede(r) an ekelhafter Stelle zu küssen trachte; dann werde das Licht gelöscht und allgemeine Unzucht betrieben. Alanus de Insulis (1125/30–1203) knüpfte in seinem Werk *De fide catholica* daran an, in dem er die Selbstbezeichnung der Katharer – wohl zu übersetzen mit »Die Reinen« – auch mit »cattus«

(Kater) in Verbindung brachte, den sie verehren würden, weil in dieser Gestalt Luzifer erscheine. Die Zeit um 1230 war es dann, die den ersten diesbezüglichen Höhepunkt brachte. Seit 1227 lagen die »Stedinger« genannten Bauern der Wesermarsch mit dem Bremer Erzbischof Gerhard II. von Lippe in Streit: Sie weigerten sich schlicht, die Legitimation der Zehntabgabe anzuerkennen. Der geistliche Herr verbündete sich mit anderen Bischöfen und weltlichen Großen, erklärte die Bauern zu Ketzern und unternahm einen regelrechten Kreuzzug gegen sie. Die Bremer Synode vom 21. März 1231 warf den Stedingern unter anderem vor, Dämonenbilder zu beschwören, Wachsbildzauber (also Schadenszauber) zu betreiben, Wahrsagerinnen um Rat zu fragen und »sonstige Schandwerke der Dunkelheit« zu betreiben. Bekannt ist die Schilderung dieses wilden Treibens der Verketzerten in der französischen Reimchronik des Philippe Mousket (jedenfalls nach 1235), in der die Stedinger mit der Sekte der »Luciferianer« gleichgesetzt und als »Katharer« bezeichnet werden: »Die Falschgläubigen werden genannt ›Katerer‹ – nach dem besagten Ort [nämlich dem Kuß auf das Hinterteil des Katers], und sie wurden groß und überheblich, nahmen zu an Feindschaft und Stärke.« Im einzelnen konnten die Interessierten folgendes lesen: »Ferner kamen groß und klein des Nachts zusammen in einem Keller, um dort zu Diensten zu sein dem Feind in Gestalt eines Katers, der ihnen in voller Bosheit und Unsittlichkeit erschien und den sie dann küßten in den Arsch, und dann kamen sie alle gemeinsam zusammen, Männer wie Frauen, in schamloser Weise, dort kannten sie weder Schwester noch Cousine, die sie bei ihren Treffen verschont hätten.« Diese Schilderung übernahm Mousket offensichtlich aus einem 1233 veröffentlichten Brief des Papstes Gregor IX. über die Ketzer«pest« in Deutschland, gegen die nicht nur Konrad von Marburg als Inquisitor einzuschreiten beauftragt wurde – der allerdings noch in demselben Jahre ermordet wurde –, sondern auch Kaiser Friedrich II. und sein Sohn, der deutsche König Heinrich (VII.), zum Kampf aufgefordert wurden. Genauer sind es mehrere Briefe, die jeweils mit »Vox in Rama« beginnen (und unter diesem Titel bekannt sind). Darin wurde eine neue Ketzersekte auf deutschem Boden behauptet, wobei die »Informationen« offensichtlich von Konrad von Marburg – der seit 1227 als Inquisitor tätig war – selbst stammten, und so beschrieben: »Die Aufnahmeriten dieser Seuche werden in folgender Weise begangen: Stets, wenn ein Neuling in diese Aufnahme findet, und wenn er erstmals der Verworfenen Schule betritt, erscheint ihm eine bestimmte Art Frosch, den einige ›Kröte‹ zu nennen gewohnt sind. Dieser wird auf verdammte Weise geküßt, von den einen auf das Hinterteil, von den andern aufs Maul, wobei sie die Zunge und den Speichel des Untiers in ihren Mund aufnehmen. Gelegentlich erscheint dieses in ungewöhnlicher Größe, manchmal in Form einer Gans oder Ente, bisweilen nimmt es auch die Größe eines Backofens an. Der Neuling schreitet voran, und dann begegnet ihm ein Mann von erstaunlicher Blässe, dieser hat pechschwarze Augen, und er ist so abgemagert und dürr, daß jegliches Fleisch verschwunden ist und er nur noch aus Haut und Knochen besteht; auch diesen küßt der Neuling und spürt eine Kälte wie Eis; und nach diesem Kuß verschwindet die Erinnerung an den katholischen Glauben vollständig aus seinem Herzen. Im Anschluß daran legen sie sich nieder zum Gastmahl, und ist dies beendet und haben sie sich wieder erhoben, steigt von einer Säule – die sich im allgemeinen in diesen Schulen befindet – rückwärts ein schwarzer Kater herab – mit erhobenem Schweif, groß wie ein mittlerer Hund; dieser wird zuerst vom Neuling, sodann vom Meister, danach, je nach Rang, von den anderen auf die Hinterbacken geküßt, sofern sie würdig sind und vollkommen. Die Unvollkommenen aber, die sich nicht für würdig erachten, erhalten vom Meister ›den Frieden‹. Danach kehren alle auf ihre Plätze zurück und singen bestimmte Gebete und neigen dabei ihr Haupt in Richtung des Katers, ›Verschone uns‹, spricht der Meister, und der nächste antwortet: ›Wer hat dies befohlen?‹ ›Der höchste Meister‹, spricht der dritte sodann, und der vierte sagt: ›So müssen wir gehorchen‹. Und ist dies alles beendet, werden die Kerzen gelöscht, und es wird das schmutzigste Werk der Unzucht eröffnet, bei dem sie keinen Unterschied kennen zwischen Fremden und Angehörigen. Sind aber einmal mehr Vertreter des männlichen Geschlechts vorhanden, als es der Zahl der anwesenden Frauen entspricht, ergeben sie sich den Leidenschaften der Schande, entbrennen in wechselseitiger Lust, Männer verüben die Schande an den Männern, ebenso vertauschen die Frauen den Lauf der Natur mit dem, was der Natur widerspricht; Das ist's, was sie verdammterweise miteinander treiben. Ist dies abscheulichste aller Verbrechen beendet, werden die Kerzen wieder entzündet, und ein jeder nimmt, entsprechend der Ordnung, seinen Platz wieder ein. Da tritt aus dem düsteren Winkel der Schulen – der diesen Verworfensten aller Menschen nicht fehlt – ein bestimmter Mann hervor, der strahlt, wie sie sagen, oberhalb der Lenden heller als die Sonne, ist untenherum aber so struppig wie der Kater, und sein Glanz erleuchtet den ganzen Raum. Dann reißt der Meister ein Stück vom Gewand des Neulings ab und spricht zu dem Leuchtenden: ›Meister, was mir gegeben ward, übergebe ich dir‹. Und der Leuchtende gibt zur Antwort: ›Gut hast du mir gedient manches Mal, und besser wirst du mir dienen; deiner Obhut vertraue ich an, was du mir gegeben‹. Und direkt nach diesen Worten verschwindet er wieder. Auch empfangen sie den Leib des Herrn alle Jahre zu Ostern aus den Händen des Priesters, um ihn im Munde nach Hause zu tragen und ihn dort in den Abtritt zu spucken, zur Verächtlichmachung des Schöpfers.« Deutlich wurde in dieser Schilderung die Verbindung von Glaubensabfall (Ketzerei) mit Idolatrie (Götzendienst, Verstoß gegen das erste Gebot des Dekalogs durch Verehrung des Katers und des leuchtenden Luzifer) und darüber hinaus mit widernatürlichem Geschlechtsverkehr (meist als »Sodomie« bezeichnet), nämlich in der Weise, daß eine Kinderzeugung ausgeschlossen wird (vor allem daher Homosexualität). Dieses Muster wurde auch in dem berühmten Prozeß gegen die Mitglieder des Templerordens (1307–1314) angewendet. Anzumerken ist, daß sich später der geschlechtsbezogene Vorwurf veränderte. Aus dem sodomitischen Ketzer wurde zunehmend der blutschänderische Ketzer.

Zusätzlich bezog die theologische Diskussion dieser Schilderung in *Vox in Rama* – wie bereits die obengenannte Darstellung der Stedinger zeigt – auch Wahrsagerei und Schadenszauber ein, die ebenfalls als Götzendienst betrachtet wurden. Maßgeblichen Anteil an dieser Entwicklung hatte Papst Johannes XII., auf den selbst 1317 ein zauberischer Anschlag (mit Gift und Bilderzauber) durch einen Bischof verübt wurde und der sich (daher) stets von weiteren solchen zauberischen Angriffen bedroht sah. 1326/27 veröffentlichte er die Bulla *Super illius specula*, in der er seiner Befürchtung Ausdruck verlieh, daß zahllose Menschen nur mehr dem Namen nach Christen seien, einen Pakt mit der Hölle eingingen, den Dämonen opferten, Zauberbilder herstellten und andere Requisiten benutzten, um die Dämonen um sich zu scharen und von ihnen Auskunft zu erhalten. Diese Pestilenz habe ein derartiges Ausmaß erreicht, daß sie zur Bedrohung für das Christentum geworden sei. Ketzerei war damit mit Schadenszauberei verbunden – oder umgekehrt: Schadenszauberei begann nun, »nach Ketzerei zu schmecken« (und damit Gegenstand der kirchlichen Inquisition nach Ketzern zu werden). Das Handbuch des Dominikanerinquisitors Nicolaus Eymericus, *Directorium inquisitorum* (1376), nahm diesen Gedanken auf. 1398 bestätigte ein Gutachten der Pariser theologischen Fakultät – unter der Federführung des Kanzlers Johann Gerson – die Verwandtschaft von Ketzerei und Zauberei. So näherte sich das Bild der Ketzerei dem der (Schadens-)Zauberei an, was von der einheitlichen Idee des Teufelspaktes auch der Sache nach durchaus nahe lag, allerdings angereichert durch die Einbindung in eine Gemeinschaft (Sekte).

Kurz sei noch auf das Ende dieses Ketzereibegriffs hingewiesen. Es liegt auf der Hand, daß er nach der Ausbildung des Hexereibegriffs seinen Inhalt veränderte: Er wurde wiederum auf die Häresie eingeschränkt, bis er in der Reformation bzw. den Religionskriegen seinen Anwendungsbereich verlor. Zugleich veränderte sich die Vorstellung des Verhältnisses von Leib und Seele, wie es um die Jahrtausendwende als Differenz aufgebrochen war. In den neuen Glaubensgemeinschaften und dann auch wenigstens zum Teil in der auf sie reagierenden (katholischen)

Kirche war es zu einer Aufwertung der Seele gekommen, die als himmlischer Engel in immaterieller Reinheit gedacht wurde, weshalb unter Aufnahme neuplatonischer Gedanken der Leib als äußeres materielles Gefängnis betrachtet wurde. Vom Leib (bzw. diesem äußeren Körper) befreit konnte – so hatte man geglaubt – die Seele in ihren himmlischen Herkunftsort zurückkehren. Eine solche Reinigung der Seele anerkannte auch die (katholische) Kirche als Wirkung der sakramentalen Taufe, die die Erbsünde zu tilgen die Kraft hatte. Auch anerkannte sie Menschen, die sogar in ihrem irdischen (und damit leibbehafteten) Leben diese Vollkommenheit erreichen konnten, weshalb sie als »Heilige« bereits zu ihren Lebzeiten verehrt wurden. So versuchte die Kirche entgegen den (daher von ihr) verketzerten Auffassungen, diese hohe Wertung der Seele in einer theoretischen (und praktischen) Verbindung zum Leib – wie es in dem Dogma der leiblichen Auferstehung am Jüngsten Tag auch bestimmt war – zu halten, was zugleich zur Differenzierung dieser trotz allem leibverbundenen Seele und dem völlig immateriell gedachten »Geist« führte. Die Heiligen waren demnach heilig in ihrem Geiste, weil erfüllt vom heiligen göttlichen Geist (der dritten Person der Trinität, die auch in der Kirche, die eigentlich ihre Bestimmung als »corpus Christi« verloren hatte, als lebendig wirkend geglaubt wurde). Das Bewußtwerden der auf Erden nicht aufhebbaren, weil mit der menschlichen Freiheit notwendig verbundenen Sündhaftigkeit führte zur Ernüchterung in der Reformation, die Heilige nicht mehr (an)erkannte. Dadurch veränderte sich auch der Stellenwert der Kirche und ihr Verhältnis zur weltlichen Macht – in unterschiedlichen Formen: Man konnte auf die unverdiente Gnade Gottes vertrauen und voller Hoffnung ein freudiges, auch leibbejahendes Leben führen; man konnte wegen der eigenen Sündigkeit ein Leben in Buß- und Sühnegesinnung führen und asketische Ziele verfolgen; man konnte in existentieller Angst vor der ewigen Verdammung alles tun wollen, um Gott so gnädig als möglich zu stimmen (und jedenfalls das als böse Betrachtete in sich selbst zu meiden und bei anderen auszurotten). Freilich konnte man sich auch mit der als notwendig erkannten Sündhaftigkeit abfinden und die religiöse Frage nach Errettung und Verdammung einfach verdrängen; oder man konnte diese Dimension letztlich schlicht negieren und sich der Beliebigkeit des Lebens hingeben. Die Neuzeit kennt bis heute alle diese Formen – und vielleicht noch mehr.

2.4 Die Verschmelzung von Ketzerei und Zauberei

Die begriffliche Verschmelzung von Ketzerei und (Schadens-)Zauberei zu dem (neuen) einheitlichen Begriff der Hexerei erfolgte offensichtlich anläßlich des Konzils von Basel (1431–1449), auf dem sicherlich am Rande – da dieses Problem nicht eigentlicher Gegenstand der Konzilsberatungen war (der in der Verhinderung bzw. Aufhebung des Schismas lag) – die Berichte und Handbücher der dort versammelten Inquisitoren über die vergangenen Verfolgungen lebhaft diskutiert wurden. Von Bedeutung waren aber auch die theoretischen Abhandlungen. Heute geht man von einem wesentlichen Einfluß von fünf, zwischen 1428 und 1458 verfaßten Traktaten aus: erstens das 1437 entstandene Predigerhandbuch *Formicarius* (»Ameisenhaufen«) des Dominikaners Johannes Nider, zweitens die anonymen *Errores Gazariorum* aus dem Aostatal, drittens die Schrift *Ut magorum et maleficiorum errores* (um 1440) des weltlichen Richters der Dauphiné, Claude Tholosan, viertens der Versroman *Champion des Dames* des Klerikers Martin Le Franc, fünftens schließlich der Traktat *Flagellum haereticorum fasciniariorum* (1458) des Franzosen Nicolas Jaquier OP, des späteren Papstes Benedikt XII. Le Franc war persönlicher Sekretär des Papstes Felix V., der – am Basler Konzil zum Gegenpapst (1439–1449) gewählt – vorher Herzog Amadeus I. von Savoyen gewesen war und eine aktive Ketzerpolitik betrieben hatte. Auch Nider war Teilnehmer an diesem Konzil, Tholosan – weltlicher Richter – schrieb über seine praktischen Erfahrungen aus über 200 Prozessen. Auch Martin le Franc nahm in seine Schrift einen Bericht über Verfolgungen im Vallouise auf; mit seiner Ernennung zum Propst des Lausanner Kapitels wanderte sozusagen die neue Theorie mit ihm in die Schweiz. Deutlich wird dies in der *Luzerner Stadtchronik* des Johannes Fründ (geschrieben zwischen 1437 und 1446), in der rückwirkend auf ein weltliches Verfahren von 1428 im deutschsprachigen Wallis gegen Waldenser der Verfahrensgegenstand als »ketzerey der hexssen und der zaubrer« bezeichnet wurde (wobei der Begriff »Hexerei« erstmals 1402/03 in Schaffhausen, dann 1419 in Luzern in Verfahren vor den weltlichen Gerichten verwendet worden war). In ähnlicher Weise setzten Johannes Tinctor in seinem *Tractatus contra sectam Valdensium* (Mitte des 15. Jahrhunderts) die neuen Unholden mit Waldensern und Mathias Widmann von Kemnath 1475/76 mit der »sect Gazariorum« – also mit Katharern, darin folgend dem erwähnten Traktat *Errores Gazariorum* – gleich. Bald stand der Sabbat der »Hexenleut'« im Mittelpunkt des Hexereibegriffs und wurde gegenüber dem Ketzersabbat noch mit weiteren Scheußlichkeiten und Obszönitäten angereichert und durch bildliche Darstellungen lebendig gemacht.

Die Ähnlichkeit von Ketzerei und Hexerei wird deutlich in der berühmten »Hexenbulle« des Papstes Innozenz VIII. aus dem Jahre 1484, mit der er Heinrich Kramer – den Autor des *Malleus Maleficarum* oder *Hexenhammer* (1486), weshalb diesem Buch das Schreiben vorangestellt wurde – und Jacob Sprenger zu Inquisitoren für Deutschland ernannte. Als Grund wird angegeben: »Gewiß es neulich nicht ohne große Beschwernis zu unseren Ohren gekommen, daß in einigen Teilen [Deutschlands] sehr viele Personen beiderlei Geschlechts unter Geringschätzung ihrer eigenen Seeligkeit, und von dem katholischen Glauben abfallend, mit Teufeln, die sich als Frauen mit ihnen verbinden, Mißbrauch treiben und mit ihren Bezauberungen, Liedern und anderen Verschwörungen sowie zauberischen Übertretungen, Lastern und Verbrechen bewirken, daß die Geburten der Frauen, die Jungen der Tiere, die Früchte des Feldes, die Weintrauben und die Früchte der Bäume sowie auch die Menschen, die Frauen, die Tiere, das Vieh und andere Tiere unterschiedlicher Art, auch die Weinberge, Obstgärten, Wiesen, Weiden, Korn und andere Erdfrüchte verderben, absterben und umkommen, und daß sie auch die Menschen, die Frauen, allerhand großes und kleines Vieh und Tiere mit grausamen inneren und äußeren Schmerzen und Plagen erfüllen und peinigen und zugleich verhindern, daß eben diese Menschen nicht zeugen, die Frauen nicht empfangen, die Männer den Frauen und die Frauen den Männern die ehelichen Pflichten nicht zu leisten vermögen, überdies dem Glauben selbst, welchen sie durch den Empfang der hl. Taufe angenommen haben, mit eidbrüchigem Mund ableugnen. Und daß sie sich weiter nicht fürchten ..., andere überaus viele Leichtfertigkeiten, Sünden und Laster zu begehen und zu vollbringen, zur Gefahr ihrer Seelen, zur Beleidigung der göttlichen Majestät und zum schädlichen Exempel und Ärgernis für viele.«

2.5 Der Sabbat der »Hexenleut'«

Die eigentliche Faszination des »elaborierten« Hexereibegriffs lag und liegt bis heute sicherlich in dem Merkmal dieses Sabbats (welche Bezeichnung sich gegenüber dem ursprünglich auch verwendeten Wort »Synagoge« durchgesetzt hat). Im Mittelpunkt stand nicht mehr das Fest mit Essen, Trinken und fröhlichem Tanzen – wie es im Zusammenhang mit der in Abschnitt I. vorgestellten »guten Gesellschaft« berichtet wurde –, sondern die Huldigung an den Satan, der meist in Tiergestalt zu verehren war. Ihm zu Ehren mußte das Geschehen zu einer sündhaften Messe – dem ketzerischen Gegenstück des kirchlichen Gottesdienstes – werden, in der alles zu tun war, was dem Teufel gefiel. Schadenszauber war daher an diesem Festtag (bzw. in dieser Festnacht) nicht vorgesehen, mit Ausnahme der Verspeisung von Kinderleichen. Doch mußte dem Satan zumindest die (weitere) Begehung von schädlichen Taten versprochen werden. Jedenfalls mußten die christlichen Sakramente mißachtet werden, vor allem die Hostie – die die »Hexenleut'« in der Messe heuchlerisch zu sich nahmen, im Mund behielten und dann ausspuckten – verunehrt werden.

Der Phantasie der christlichen Theoretiker (und Künstler) waren diesbezüglich keine Grenzen – auch nicht von der kirchlichen Zensur – gesetzt. Selbst Unsinn bekam durch den Hinweis auf die »verkehrte Welt« dieses Sabbats Sinn, wie z.B. das Tanzen Rücken an Rücken und mit verdrehtem Schrittwechsel; hatte doch auch der Teufel ein Gesicht am Hintern. Und wie überzeugend ist die Erklärung, die Johannes Praetorius in seinem Buch *Blockes-Berges-Verrichtung* (1668) über ein wunderliches Phänomen gibt, das der in Ich-Form schildernde Erzähler selbst gesehen hat, als ihn ein guter Familiengeist zu einem Sabbat mitnahm: »Hierauf wendet der Bock sich herum und zeigte der ganzen Versammlung den Hintern, daran er einen mächtigen Schwanz hängen hatte. Den mußten sie zur Bestätigung ihres Homagiums [des lehensrechtlich ausgestalteten Paktes] küssen. Ich konnte bei diesem Anblick nicht stillschweigen, sondern fragte meinen Geist, wie dieses zu verstehen sei (denn es kam mir verwunderlich vor, daß so vornehme Manns- und Weibspersonen solch einen scheußlichen Bock küssen und so hoch verehren). Da sprach der Geist zu mir: Den du als Bock siehst, den sehen nicht alle in solch einer scheußlichen Gestalt, sondern nur die, welche schon lange bei der Zauberei gewesen und damit bestätigt haben, daß kein Abfall von ihnen zu Gott mehr zu fürchten ist. Die Ankömmlinge aber, die du hier in großer Menge siehst und an welchen noch zu zweifeln, ob sie beständig bleiben, die werden und sind verblendet und sehen ihn da nicht in eines Bocks Gestalt sitzen, sondern sie vermeinen, sie sähen ihn als großen Fürsten; und wenn sie seinen Hintern küssen, vermeinen sie, sie küssen ihm die Hände, und etliche, besonders die Weibspersonen, das männliche Glied.«

Über Traktate, Predigten und bebilderte Flugblätter wurden diese Schilderungen allgemein bekannt, auch bei Kindern und Jugendlichen, deren geistige (und sexuelle) Entwicklung dadurch nicht immer gefördert wurde. Es fällt heute schwer, an die Ernsthaftigkeit dieses damaligen Glaubens an solche Sabbatorgien zu glauben. Aber je unglaublicher manches war, desto glaubwürdiger war es eben auf den Teufel zurückzuführen. Und solcherlei wurde auch immer wieder von verurteilten Hexenleuten gestanden und als deren »Urgicht« (Geständnis) öffentlich verlesen. Fünf Beispiele sollen im folgenden näher vorgestellt werden.

Das erste ist die Erklärung der mit einzelnen Buchstaben gekennzeichneten Bilder auf dem Flugblatt über die Hexereiprozesse in Trier aus dem Jahr 1594 von Thomas Sigfridus: »Hört an new schrecklich abenthewr von den unholden ungehewr: Im Bisthumb Trier der werden stat man jhrer vil gefangen hat, welche man auch nach Gottes gebot vom leben hat gericht zum dot. Was jhr nun hie thut sehn und lesen ihr eigen bekentnus ist gewesen. A: Etlich auf beßemen in der lufft fahrn uber hoghe berg und klufft. B: Das ist jhr König gros und werth, und uf eim gulden wagen fehrt. C: Dis ist jhr dantz: ein krot vergifft hogst oben auf der sewlen ligt. D: Weil diese nit uf den dantzplatz wil, koment der andern hexen vil und schwipen sie mit ruten fort, ein dot pferd reit sie an das ort. E: Dis sindt character mancherley gehorig zu den zawberei. Zwischen den katzen ein dote handt, druff ettlich kertzen stehn im brandt. F: Ein ungewitter machents geschwin, das haws brent, und es hagelt drin. G: Der zechplatz wnd jhr spilman gut uff eim baum oben sitzen thut: Die reichen sauffen aus gulden kopffen, aus kuhklawen die armen tropfen. H: Die lernts, wirde unden beschoren hie, und steht der Bock und wart uff sie. J: Die hexen, so naturlich sindt gestorben, werden hie verbrendt. In diesem brenkeßel steht ein becken, drin allerlej materj stecken, gehörig zu der zawberey. K: Der Schreiber so uffzeichnet frej, wie vil zum schornstein fliegen aus. L: Ein versamlung is vor diesem haws der verstorbenen zawberin, so mit wolln uff den dantzplatz hin, und ist jhr König mit bej inn. M: Ein Doctor in der schwartzen kunst studirendt. N: Diese nit umb sunst sitzendt uff diesen doten roßen, lernent auch die zawbrisch boßen. Die ein hie stehendt sehr gekrenckt, under den armen wirdt gesengkt. O: Rentmeister und secretarius die krot und katz findt ohn verdrus. P: Der bock im buch nachsucht geschwin, wo das er werd gewisen hin zu fahren mit dieser person. Q: Und sitzt in diesem circkel schon ein warsager und zeichendewter und nachforscher der zawbrisch krewder. Vil gleichen Tewlisch boßen meer, die jch nit halb kan setzen hehr. Ein jder Gottes zorn bedenck und faren laß des Satans schwenck, das jn das ewig fewr nit krenck.«

Als zweites Beispiel sollen einige Passagen aus der Beschreibung eines Sabbats in dem dämonologischen Klassiker *Disquisitionum magicarum libri sex* des Jesuiten Martin Delrio von 1599 zitiert werden: »So pflegen also die Hexen, sobald sie sich mit ihren Salben eingerieben haben, auf Stöcken, Gabeln oder Holzscheiten zum Sabbat zu geben, indem sie entweder einen Fuß darauf stützen und auch auf Besen oder Schilfrohren reiten, oder indem sie von entsprechenden Tieren, männlichen Ziegenböcken oder Hunden, getragen werden ... Sie kommen zum Spiel der guten Gesellschaft (wie man es in Italien nennt), wo der Teufel, erleuchtet vom Feuer, schrecklich und ernst auf einem Thron präsidiert, meistens in Gestalt eines Ziegenbockes oder Hundes. Sie nähern sich ihm, um ihn anzubeten, aber immer auf verschiedene Weise ... Danach reichen sie ihm Kerzen, die aus Pech oder Nabelschnüren von Kindern gemacht sind, und küssen ihn zum Zeichen der Huldigung auf das Hinterteil. Und um das Verbrechen vollkommen zu machen, zelebrieren sie eine Scheinmesse, wobei sie geweihtes Wasser benützen und dem katholischen Ritus folgen ... Dem Teufel zu Ehren töten sie in grausamer und schändlicher Weise die eigenen und fremden Kinder und überreichen sie ihm ... Schließlich bewahren sie auch beim Kommunizieren die heilige Hostie im Mund; danach nehmen sie sie heraus und bringen sie dem Teufel, um sie schließlich mit Füßen zu treten ... Nachdem diese und andere Greuel und Abscheulichkeiten begangen sind, lassen sie sich an den Tischen nieder und bedienen sich der Speisen, die ihnen der Teufel beschafft oder die sie selbst mitbringen ... Es kommt oft vor, daß die Teufel ihre Schutzbefohlenen an die Hand nehmen und daß alle zusammen, die dazu fähig sind, einen absurden Ritus vollführen, indem sie Schulter an Schulter einen Kreis bilden, sich an den Händen fassen und tanzen, wobei sie den Kopf schütteln und wie besessen Drehungen machen ... Schließlich erzählt bei der Versammlung jeder die Missetaten, die er seit der letzten Versammlung begangen hat, und die schlimmsten und verabscheuungswürdigsten sind diejenigen, die von der Versammlung am meisten gefeiert und gelobt werden. Wenn ein Hexenmeister oder eine Hexe keine Missetat begangen hat oder wenn die begangene Missetat nicht schrecklich genug ist, wird er vom Teufel oder von einem der ältesten und angesehensten Hexenmeister lange und heftig gepeitscht ... Die verschleierte Idee, Böses zu tun, wird im Erlaß des Teufel-Pseudo-Gottes ausgesprochen: ›Laßt uns Rache nehmen, damit du das Gesetz kennenlernst, das im Gegensatz zum Gesetz der Liebe steht, denn wenn wir es nicht tun, werden wir sterben.‹«

Das dritte Beispiel sind die Erklärungen des Kupferstiches von Jan Ziarnko, der in dem *Tableau de L'inconstance de mauvais anges et démons*« des Pierre de Lancre von 1613 abgebildet ist: »A: Satan predigt in der Gestalt eines Bocks. Er sitzt auf einem goldenen Stuhl. Eines seiner fünf Hörner brennt, um alle Kerzen und Sabbatfeuer daran zu entzünden. B: Die Königin des Sabbats, gekrönt, zu seiner Rechten; eine weniger Begünstigte zu seiner Linken. C: Vor dem Thron eine Hexe, die ein von ihr entführtes Kind vorzeigt. D: Hier sieht man die Gäste des Sabbats, jeder mit einem Dämon zur Seite. Das Fleisch stammt ausschließlich von Leichen, Gehängten, Herzen ungetaufter Kinder und unreinen Tieren, welche die Christen niemals anrühren. Alles schmeckt schal und ist salzlos. E: Ganz rechts arme Hexen, die sich dem hohen Fest nicht zu nähern wagen und nur als Zuschauer, in eine Ecke gedrängt, zugelassen sind. F: Auf den Schmaus folgt der Tanz. G: Dies sind die Musikanten, die die Melodien spielen, zu deren Musik und Gesang die Hexen tanzen. H: Darunter sieht man eine Gruppe von Frauen und Mädchen, die im Kreise tanzen und sich dabei den Rücken zukehren. I: Hier sieht man einen Topf über einem Feuer, in dem Gifte gekocht werden, die Krankheit und Tod über die Menschen und Siechtum über das Vieh bringen. Eine der Hexen hält Schlangen und Kröten in der Hand, die andere schneidet ihnen die Köpfe ab, enthäutet sie und wirft sie in den Topf. K: Während des Sabbats kommen verschiedene Hexen auf Mistgabeln und Besenstielen an, andere auf Ziegen. Sie führen ihre Kinder, die sie in der Hexenkunst unterrichten, mit sich, um sie Satan vorzustellen. Andere entschwinden, in die Lüfte emporgetragen, um über dem Meer Stürme und Gewitter zu entfesseln. L: Zur Linken stehen edle Damen und Herren und andere reiche und mächtige Hexen, die verkleidet oder maskiert erscheinen, damit sie unerkannt bleiben. M: Kleine Kinder helfen den Hexen, die sie zum Sabbat gebracht haben, indem sie die Kröten mit Stöcken und weißen Gerten daran hindern, aus dem Buch zu entkommen.« Hinzuweisen ist auf die soziale Schichtung selbst unter den Hexenleuten: Es gibt Arme und Reiche, Nackte und sogar Verkleidete, und bei dem obengenannten Praetorius finden sich sogar »etliche arme Weiber, das Unterste nach oben gekehrt, um als Leuchter zu dienen«.

Das vierte Beispiel ist eine Hexenpredigt, die Praetorius in sein Buch aufgenommen und verbreitet hat: »Es bekennen die verblendeten Menschen alle selbst, daß sie erstens müssen der Hlg. Dreifaltigkeit, Christus, dem christlichen Glauben und der Hlg. Taufe absagen, dieselben verleugnen, abschwören und besonders in der Kirche, wenn der Pfarrherr den Text des Evangeliums liest, alle Worte bei sich selbst Lügen strafen und sich so zu Gottes und Christi Feinden erklären. Denn solange sie noch bei dem christlichen Glauben verharren, solange kann sie der Teufel nicht zu Werkzeugen, allen seinen Willen zu tun, gebrauchen; der christliche Glaube tut ihm alles Herzeleid an. Zum andern müssen sie auch zusagen, daß sie allen Heiligen Gottes wie auch allen Kreaturen, die den Kindern Gottes zugute kommen, feind seien und sie beschädigen und verderben wollen, soviel sie können. Drittens müssen sie zusagen, allein den Teufel als ihren Gott, Herrn und König anzuerkennen und zu verehren und ihm in allen Dingen gehorsam zu sein. Viertens werden sie anders, nämlich in des Teufels Namen, etliche in aller Teufels Namen, getauft. Dabei tragen die anderen Hexen Becken und siedendes Wasser herzu. Und es verrichtet eine solche Taufe entweder der Satan selbst oder eine Hexe. Sie geschieht auch nicht allezeit mittels besonderer Besprengung, sondern oft aus einer Fahrrinne oder Mistpfütze. Der neugetauften Hexe wird ein anderer Name gegeben. Fünftens wird einer solchen, dem Reich des Teufels einverleibten Person alsbald ein eigener und besonderer Huren- oder Buhlteufel gegeben; der hält mit ihr Hochzeit und Beilager, und es sind die anderen Hexen dabei fröhlich. Sechstens führt sie dieser ihr Teufel hernach hin zur Hexenversammlung und wieder zurück, treibt Unzucht mit ihr, befiehlt ihr auch, dies oder jenes Übel zu tun, samt anderen, die auch einen solchen Befehl haben. Siebentens macht er ihr die große Verheißung, sie nicht allein zu versorgen, sondern auch, sollte sie etwa des Hexenwerks halber eingesperrt werden, aus dem Gefängnis zu befreien, sofern sie nur fest bleibe, nichts bekenne oder, falls sie schon etwas bekannt, dieses bald wieder verleugne. Ist aber alles erlogen, und Gott selbst steht der Obrigkeit in ihrem Amt bei, so daß die Hexen, die gefangen werden, vom Teufel nicht wieder können freigemacht werden, ungeachtet dessen, der sie vertröstet, ein solches zu tun, bis man das Feuer unter ihnen anzündet.«

Nicht mehr als historisches Beispiel, sondern als bemerkenswerte Nachdichtung eines solchen Sabbats – des Sabbats, wie ihn der Kupferstich von Michael Heer (um 1645) darstellt und wie er von Johann Klaj mit acht erläuternden Versen versehen wurde – ist fünftens auf Goethes *Faust I* hinzuweisen, dessen ursprüngliche Fassung Albrecht Schöne rekonstruiert hat. Der Dichter läßt den Satan vier Reden halten, gerichtet an die versammelte Gemeinde, dann an die Hexenmeister, die Hexen und die Novizinnen: »Die Böcke zur Rechten, / Die Ziegen zur Linken! / Die Ziegen, sie riechen, / Die Böcke, sie stinken. / Und wenn auch die Böcke / Noch stinkger wären, / So kann doch die Ziege / Des Bocks nicht entbehren.« »Euch gibt es zwei Dinge, / So herrlich und groß: / Das glänzende Gold / Und der weibliche Schoß. / Das eine verschaffet, / Das andre verschlingt – / Drum glücklich, wer beide / Zusammen erringt!« »Für euch sind zwei Dinge /

Von köstlichem Glanz: / Das leuchtende Gold / Und ein glänzender Schwanz – / Drum wißt euch, ihr Weiber, / Am Gold zu ergötzen / Und mehr als das Gold / Noch die Schwänze zu schätzen!« »Ihr Mägdlein, ihr stehet / Hier grad' in der Mitten. / Ich seh', ihr kommt alle / Auf Besen geritten. / Seid reinlich bei Tage / Und säuisch bei Nacht! / So habt ihr's auf Erden / Am weit'sten gebracht.«

Abb. 2: Flugblatt »Zauberey«, Michael Heer und Matthäus Merian d.Ä. (1626)

Zu diesem Gesamtkomplex ist allerdings auch anzumerken, daß manche Theoretiker diese Schilderungen als Trauminhalt, Wunschphantasie oder Ausgeburt eines kranken Menschen oder als bloßes inneres Erlebnis der Seele – die den liegengebliebenen Körper wie in Ekstase oder Trance verlassen habe – ansahen. Darüber hinaus war für viele weiterhin die Lehre des *Canon Episcopi* verbindlich, wonach es sich hier um bloße Trugbilder des Teufels handle, die vor allem in Träumen vorgegaukelt würden. Zur Bestärkung dieser Auffassung pflegte man gerne auf »Experimente« hinzuweisen, in denen eine gefangene und fortwährend überwachte Frau – oder auch ein männlicher »Werwolf« – den Kerker in der Nacht nicht verlassen, aber am nächsten Tag von dem Besuch am nächtlichen Treiben erzählt habe. So erzählte 1508 der berühmte Prediger Johann Geiler von Keisersperg ein solches »Exempel«: »Ich lyß, das ein prediger kam in ein dorff, da was ein fraw, die sagt, wie sie zu nacht also umb für. Der prediger kam zu ir und strafft sye dorumb, sie sollt darvon ston, wan sie für nimmer, sie würd betrogen. Sie sprach: Wöllent ir es nit glouben, so wil ich es euch zeugen. Er sprach ja, er wolt es sehen. Da es nacht ward, da sie faren wolt, da rufft sie im; da sie faren wolt, da legt sie ein multen uff ein banck, da man deck in macht in den dörffern, und besunder in dem land bachet iederman selber. Da sie in der multen also sass und sich salbet mit öl und sprach die wort, die sie sprechen solt, da entschlief sie also sitzend. Da wont sie, sie führ und het semliche freud inwendig, das sie fechtet mit henden und mit füssen, und facht also fast, daz die mult über den bank ab fyel, und lag sie under der multen und schluog ir ein loch in den kopff.« Diese Einsicht schloß im übrigen nicht aus, trotzdem von dem Abschluß eines Teufelspaktes auszugehen, der eben der Grund für diese nächtliche Vision war.

2.6 Der Flug zum Sabbat

Wer an den Sabbat als Realität glaubte, mußte die Frage lösen, wie die Vielzahl der Hexenleute den Weg zu der an bestimmten Tagen stattfindenden teuflischen Feier nehmen konnte. Manche ließen sie mit Hilfe der Dämonen oder – seltener – selbst in Dämonengestalt reiten oder fliegen; manche ließen sie auf Tieren reiten. Beliebt war die Verwendung eines Fluggerätes – Besen, Ofengabel, Heugabel –, das mit Salbe eingerieben wurde; das Einreiben des eigenen Leibes dagegen wurde fast nicht berichtet, aber trotzdem manchmal bildlich dargestellt (was zu einer modernen Theorie geführt hat, daß die betroffenen Menschen wegen des Gebrauchs von Salben Fluggefühle bekommen hätten).

Noch mehr als der Sabbat war diese (an sich bis heute faszinierende und mit dem Hexenbild wohl untrennbar verbundene) Vorstellung des Hexenfluges in der Theorie höchst umstritten. War noch das Getragenwerden durch den Teufel – dem ja ein Luftkörper zugesprochen wurde und von dem die Bibel an mehreren Stellen solche Aktionen berichtete – halbwegs ableitbar. Die Fähigkeit der Betreffenden, selbst oder auf einem Besen zu fliegen, erschien vielen jedoch als bloße Phantasie und Illusion. Aber der Hinweis auf die Zulassung Gottes vermochte auch in diesem Streit so manches Argument ersetzen. Werner Tschacher hat 1999 den »Flug durch die Luft zwischen Illusionstheorie und Realitätsbeweis« dargestellt.

Am meisten stritten die Theologen über die reale Möglichkeit der Verwandlung eines Menschen in ein Tier, wobei das göttliche Wunder stets außen vor blieb: Der Teufel war eben nicht gleichmächtig wie Gott, sondern konnte nur Übermenschliches – und nicht Übernatürliches (eben ein Wunder) – tun, es sei denn – worauf andere wieder hinwiesen – mit Zulassung Gottes, wodurch der Streit nicht zu schlichten war. Historisch war eine solche Tierverwandlung nicht nur z.B. von C. Plinius d.Ä. in seinen *Naturalis Historiae Libri*, sondern auch und vor allem von Augustinus abgelehnt worden, dem lange Zeit die christlichen Theoretiker folgten. Hinzuweisen ist auf das aus Abschnitt I. bereits bekannte *Decretum* Burchards (um 1000), der im Buch XIX den

Glauben an die Verwandlung in einen Wolf – »quod vulgaris stultitia weruvolff vocat« – als verwerflichen Aberglauben kennzeichnete, der mit Ausweisung des dies Behauptenden zu ahnden sei. Selbst der 1486 veröffentlichte *Malleus Maleficarum* (*Hexenhammer*) des Dominikanerinquisitors Heinrich Kramer (Institoris) folgte hier der ablehnenden Ansicht des Augustinus: Es stehe nicht in der Macht der Dämonen bzw. des Teufels, einen Menschenleib in einen Tierleib zu verwandeln; doch könnten sie die Phantasie des Menschen täuschen, ihm also Bilder vorgaukeln, sofern dieser seelische Vorgang an körperlichen Organen angeheftet sei: »Die Gestalt des Tieres, das gesehen wird, ist nicht in der Luft, noch in der Wirklichkeit, ... sondern im [Gesichts-]Sinne selbst.« Noch mehr: zugleich könnten sie z.B. einen realen Wolf besessen machen, der dann – sozusagen als tatsächlicher Stellvertreter – die menschentötende Tat ausführte, deren Erfolg sich dann der Getäuschte zuschreiben würde. Doch war bereits Johannes von Salisbury (gest. 1180) in seinem *Policraticus* ohne kritische Hinterfragung für die Realität der Tierverwandlung eingetreten. Manch andere folgten, so vor allem der Bischof Olaus Magnus in seiner *Historia de Gentibus Septentrionalibus* (1555). Berühmt wurde die theoretische Begründung durch den Staatstheologen Jean Bodin, der 1587 in seinem Werk *De la Démonomanie des Sorciers* unter Berufung auf antike Dichter (wie Ovid und Lukian) und auf Thomas von Aquin zwischen der »essentialischen oder wesentlichen Form des Menschen, welches die Vernunft ist« und der äußeren »Figur oder Gestalt« des Körpers unterschied: Erstere sei unwandelbar, letztere könne der dämonische Teufel mit Gottes Zulassung transmutieren. Allerdings räumte Bodin auch die Möglichkeit ein, daß in manchen Fällen eine solche Gestaltverwandlung bloß vom Teufel vorgetäuscht oder sogar aufgrund einer Krankheit eingebildet werden könne. Eine medizinische Erklärung führte solche Einbildungen auf Melancholie zurück. Nähere Einzelheiten im Zusammenhang mit den Prozessen gegen (vorwiegend männliche) Werwölfe finden die interessierten LeserInnen in meiner 1997 erschienenen Arbeit.

Damit sind die wesentlichen Inhalte des Hexereibegriffs dargestellt, der als »elaborierter« oder »kumulativer« bezeichnet wird und der einfachen (Volks-)Vorstellung gegenübergestellt zu werden pflegt. Im Mittelpunkt stand 1.) der Abschluß des Teufelspaktes, der durch geschlechtliche Vereinigung in 2.) Teufelsbuhlschaft auch wirklich vollzogen wurde: meist an gemeinsamen Festen der Hexensekte, auf denen der teuflische Partner als Herr verehrt und angebetet (und der wahre Gott gelästert und in der leiblichen Gestalt der Hostie geschmäht) wurde und die man 3.) Sabbat nannte. Hinzu kamen meist 4.) der Flug oder Ritt (oft »Ausfahrt« genannt) durch die Luft und 5.) jedenfalls das Versprechen, andere durch Zauberei zu schädigen, häufig mit Hilfe von Salben, die aus Leichen Hingerichteter oder Kinder hergestellt wurden. In manchen Fällen wurde auch 6.) die Tierverwandlung angesprochen.

Dieser »elaborierte« Hexereibegriff blieb nicht nur Theorie, sondern ging in das Frageschema ein, das den Verdächtig(t)en vorgehalten wurde und dessen Antworten erfoltert wurden. Bekannt ist das *Fragstuckh auf alle Articul, in welchen die Hexen vnd vnholden auf das allerbequemist möge Examinirt werden*, das 1590 in Kelheim verwendet wurde. Es gab Fragen »circa Confessionem«, »circa punctum malefactorum«, »circa sacrilegia«, »circa punctum: Ausfahren«, »circa puncta: Keller, Cammer vnd stell fahren«, »circa punctum: Khinder ausgraben«, »circa puncta: wetter, reiffen, vnd Nebel machen«, »adoratio Diaboli«, »mixtura carnalis« (also über die Einzelheiten des geschlechtlichen Verkehrs mit dem Teufel), »morbi incurabiles« (Krankheitszauber), »discordia inter conjuges« (Erzeugen von Ehestreitigkeiten). Zusätzlich wurde immer auch »circa Complices« gefragt, was die Verfolgung erweiterte (auf die in Abschnitt III. eingegangen wird). Die erfolterten Antworten – bis hin zur Eiseskälte des teuflischen Penis – verifizierten den Begriff und machten ihn glaubwürdig(er).

2.7 Das Problem einer »magia naturalis«

Für die Tradition der Theologie des Dämonen- und Teufelspaktes seit Augustinus konnte es nur eine sündhafte »magia daemoniaca« geben. In diesem Sinne stellte z.B. Isidor von Sevilla (gest. 636) in seinem wirkmächtigen Werk *Etymologiae* die Magie im 8. Buch, *De ecclesia et sectis diversis*, zusammen mit den jüdischen und christlichen Häretikern sowie den Heiden und Göttern der Barbaren dar und faßte sie als »exsecrabilis« (verdammenswert) auf, weil die Magier sich mit heidnischen Göttern und Dämonen verbinden und damit den christlichen Glauben lästern würden. Auch Hugo von St. Viktor verurteilte in seinem 1137 geschriebenen *Didascalicon* die Magie, weil sie die Menschen von der wahren Religion entferne und sie dem Kultus der Dämonen zuführe. Er gab ein System von fünf »genera maleficiorum«: Mantik (die wieder Nekro-, Geo-, Hydro-, Aero- und Pyromantik umfaßte), Mathematik (mit »aruspicina«, »augurium« und »auspicium«), »sortilegium«, »maleficium« und »praestigium«. Wichtig war auch Thomas von Aquin (1225–1274), der in seiner *Summa theologiae* in Buch II,II,92–96 vier sündhafte, daher verbotene Formen der »Superstitio« herausstellte (falsche Verehrung Gottes, Idolatrie, Divination, Observation) und innerhalb der Divination – d.h. der »Vorhererkennung zukünftiger Ereignisse mit Rat oder Hilfe der Dämonen« – neun Formen unter Abschluß eines ausdrücklichen und sieben Formen unter Abschluß eines stillschweigenden Teufelspaktes unterschied, nämlich erstens »Praestigium«, Traumdeutung, Nekromantie, Wahrsagung durch Pythonen, Geo-, Hydro-, Aero-, Pyromantie und »Aruspicium«, sodann zweitens Astrologie, »Augurium« (»Auspicium«), Omen, Chiro-, Spatula- und Geomantie sowie »Sortium«. Damit war die Magietheorie in der Theologie festgelegt; sie wirkte auch in die für Laien geschriebene Werke hinein, wie für das bereits genannte *Puch aller verpoten Kunst, ungelaubens und der zauberey* (1456) des Johannes Hartlieb. Für eine »magia naturalis« war jedenfalls in diesem Konzept kein Platz, auch wenn Thomas anerkannt hatte, daß es an sich immer gut sei, Wissen zu erwerben (auch über die »scientiae magicae«), doch war er für die Sündhaftigkeit dieses Wissenserwerbs eingetreten, wenn dessen Ziel sei, dieses Wissen auch praktisch umzusetzen (was eben einem stillschweigenden Teufelspakt gleichkomme). Diese Einschätzung übernahm auch Luther, der für alle mantischen Künste und okkulten Wissenschaften den Teufel für verantwortlich hielt, und ihm folgend die meisten reformatorischen Theologen. Anzumerken ist, daß auch der bekannte Arzt Johannes Weyer in seiner Schrift *De praestigiis daemonum* (1563) zwar für die Straflosigkeit der als Hexen verfolgten alten Frauen eintrat, aber zugleich die Todesstrafe für die »magi infami« – zu denen er auch die »platonici« zählte – verlangte, da sie die Medizin verderben würden. In dieser Beurteilung der Magier stimmte ihm sein Kontrahent in der Hexereidebatte, Jean Bodin, in seinem Werk *De la Démonomanie des Sorciers* (1580) zu, da Magie immer Teufelswerk sei, bei dem sich der Magier von Gott abwende. Schließlich trat auch der gegenreformatorische Jesuitenpater Martin Delrio in seinen *Disquisitionum magicarum libri sex* (1599) für Strafbarkeit ein. Zwar unterschied er zwischen »magia naturalis«, »magia daemoniaca« und »magia artificiosa«, betrachtete letztlich aber alle als gefährliche Spielarten der »magia diabolica«, die von Dämonen beherrscht werde, welche als Gefährten des Teufels den Pakt mit dem Magier schlössen.

Doch zeigen die Hinweise auf »scientiae magicae«, »platonici« und vor allem »magia naturalis« bzw. »magia artificiosa«, daß dieses theologische Konzept nicht unbestritten (geblieben) war. Arabische Autoren hatten im 9. und 10. Jahrhundert magische Schriften (vor allem über Astrologie und Geomantik, wobei erstere auch den Einfluß der Sterne durch Amulette, Zeichen, Figuren und ähnliches einschloß) verfaßt und dabei ein natürliches (und naturgesetzliches) Sympathieverhältnis zwischen den Elementen des gesamten Kosmos zugrunde gelegt. Als verboten wurden nur die Handlungen angesehen, die darauf gerichtet waren, Unheil oder Schaden zu bewirken; alle anderen magischen Praktiken beruhten auf Theorien, die als »Naturwissenschaften« (»scientiae naturales«) auftraten und das Wissen um die erkannten Naturgesetzlichkeiten zur Erzielung sympathetischer Wirkungen (vor allem in der Medizin als Heilmagie) und zur Prognose kommender Ereignisse (also zur Divination) nutzten. Um die Mitte des 12. Jahrhunderts schrieb Dominicus Gundissalinus (gest. 1181) – der von dem Erzbischof von Toledao als Leiter eines Kollegiums berufen worden war, das die Schriften des arabischen Arztes und Philosophen Avicenna (Ibn Sina, gest. 1037) in das Lateinische übertragen sollte – das Buch *Divisio philosophiae*, das die Wissenschaften in Propädeutik (Grammatik, Poetik, Rhetorik), Logik und »scientiae sapientiae« sowie letztere in die theoretischen (Physik, Mathematik, Theologie) und die praktischen Wissenschaften (Politik, Ökonomie, Ethik) untergliederte. Zur Physik gehörten alle Disziplinen, die die materialen und auch nichts anders als material denkbaren Gegenstände behandelten, wozu unter Einbeziehung des grundlegenden Gedankens der sympathetischen Reihung – nach der die Objekte der Welt in Wirkverhältnissen stehen – neben Medizin, Seefahrt und Landwirtschaft auch die magischen Lehren gezählt wurden: »scientia de indiciis, de nigromantia secundum physicam, de ymaginibus, de speculis, de alquimia, que est sciencia de conuersione rerum in alias species«. Diese Anerkennung der »artes magicae« wurde von den Universitätsprofessoren der Artistenfakultäten (vor allem im damaligen Bildungszentrum Paris) in den Lehrplan aufgenommen, was den Protest der theologischen Fakultät in Paris hervorrief, der 1277 zu einem Erlaß des Pariser Bischofs Tempier führte, mit dem 219 Sätze – die von Mitgliedern der Pariser Artistenfakultät als »behandlungswürdige Probleme abgehandelt und disputiert« würden – als »offensichtliche und verabscheuungswürdige Irrlehren« verboten wurden. Das Buch *Divisio scientiae* (um 1280) des Johannes von Dänemark (Johannes Dacus) – der selbst an einer Artistenfakultät lehrte – übernahm diese Einschätzung und begründete diese Verwerfung im wesentlichen mit der Verwerflichkeit der Beweggründe der diese Magie betreibenden Männer, die lediglich ihren »fleischlichen Gelüsten« nach Macht und Herrschaft folgen würden; an der Wissenschaftlichkeit der Magie als »scientia« zweifelte Johannes im Grunde nicht. Von daher ist es verständlich, daß der Anspruch der »artes magicae« auf Wissenschaftlichkeit im Rahmen des Fakultätenstreits nicht beseitigt werden konnte. Vor allem nahmen die Artisten den Theologen viel Wind aus den Segeln, indem sie – so bereits die 1245 von einem anonym gebliebenen Magister der Pariser Artistenfakultät verfaßten *Philosophica disciplina* – innerhalb der »artes magicae« zwischen verbotenen und erlaubten Formen unterschieden: Das »maleficium« (also der Schadenszauber) wurde als gottlos verurteilt und als »niedere« Magie hauptsächlich den Frauen zugeordnet, was der traditionellen Aberglaubenstheorie der Theologie entsprach (worauf noch einzugehen ist). Astrologie, Alchemie und Geomantie, aber auch die »weiße« (heilende) Magie waren von diesem Verdikt ausgenommen und beanspruchten wissenschaftliche (philosophische) Geltung als »scientiae naturales« bzw. als »scientiae magicae«.

Dieser Anspruch verstärkte sich im Laufe des 15. Jahrhunderts. Durch die Übersetzung der griechischen Texte Platons und Plotins, aber auch des Proklos, des Jamblichos und des sagenhaften »Hermes Trismegistos« gab der Florentiner Marsilio Ficino (1433–1499) erste Impulse zu einer neuen Betrachtungsweise von Gott, Kosmos und Mensch sowie deren gegenseitigen Abhängigkeiten und Wechselwirkungen, die von den damaligen Gelehrten – bekannt vor allem Giovanni Pico della Mirandola (1463–1494) – begeistert aufgenommen wurden. Diese Betrachtung der »Hermetiker« genannten Theoretiker und auch praktischen Mediziner fußte auf den Lehren einer »prisca theologia« (d.h. einer »frühen Theologie«, die Platon mit Moses, den platonischen Dialog *Timaios* mit dem Genesisbericht des Alten Testaments zusammen dachte, also das Christentum mit der alten philosophischen und religiösen Tradition des Platonismus zu versöhnen suchte und überdies das Ideengut der »Kabbala« einbezog), die eine Allbeseelung ebenso lehrte wie die Einflußnahme des Menschen in das von Gott gelenkte Geschehen innerhalb der »machina mundi«. Zwar kannte Ficino auch die Mitwirkung von Dämonen am Schadenszauber, doch stellte er dieser dämonischen eine andere Magie entgegen, die nicht zum Schaden des Menschen diente, sondern der Weg war, die gesamte »machina mundi« zu erkennen. Wegen der steten Anwesenheit des »spiritus mundi« stünden alle Naturdinge in einer hierarchischen kosmischen Harmonie und in einem sympathetischen Zusammenhang – der letztlich in der primären Wirkweise der Weltseele, des »amor«, gründete –, weshalb sie durch Ausstrahlungen aufeinander wirken könnten: als vom Amor getragene gegenseitige Anziehung der Dinge aufgrund einer Verwandtschaft (Ähnlichkeit) in ihrem Sein. Maßgebend für natürliche Veränderungen sei deshalb – nicht wie in der traditionellen, von der Scholastik übernommenen Lehre des Aristoteles die Gegensätzlichkeit der irdischen Materie (als »agens« und als »patiens«), die zu einer Aktivierung der Kräfte und so nach dem Wirkprinzip »contraria contrariis« zu einer Bewegung führt, sondern – die Ähnlichkeit zwischen den Dingen (nach dem Wirkprinzip »similia similibus«). Solche »sympathetischen Reihen« würden alle Dinge des Mikrokosmos (wie Pflanzen, Tiere, Mineralien oder Steine, Gerüche und Charaktereigenschaften) in entsprechende Verbindungen zum Makrokosmos der Gestirne, Engel und Intelligenzen setzen, durch deren Einfluß auch die »virtutes occultae« der Worte und Zahlen – deshalb Rückgriff auf die »Kabbala« –, der Amulette und Gesänge geprägt würden. Als diese »Intelligenzen« sahen die Hermetiker die Dämonen an, die nicht als gefallene Engel, sondern wie bei den Griechen als ambivalente, sowohl mit gutem als auch bösem Potential ausgestattete Wesen anzusehen seien.

In seiner um 1485 verfaßten *Oratio de dignitate hominis* unterschied Pico della Mirandola zwischen der Magie, die auf dem Werk und Einfluß der Dämonen beruhe, und der »philosophia naturalis«, die die vollkommene Naturerkenntnis sei, welche »die in den Speichern Gottes verborgenen Wunder ans Licht hervorhole«, nämlich das Wissen im Erkennen und Nachvollzug der verborgenen Kräfte (»qualitates occultae«) der Natur. Der Begriff einer »magia naturalis« wurde gerade vermieden, der (dämonischen) »Magie« die »scientia« der Gelehrten entgegengesetzt.

Claudia Kauertz hat am Beispiel der Universität Helmstedt für die Jahre 1576 bis 1626 aufgezeigt, wie diese »scientia« in der medizinischen Fakultät in einen theoretischen Gegensatz zu den beiden anderen Fakultäten – der theologischen und der juristischen – geriet, wodurch auch das Zauberei- und Hexereiproblem in Interdisziplinarität diskutiert wurde. Dabei gab es aber auch innerhalb der Medizin den Streit zwischen den Aristotelikern und den Hermetikern. Die ersteren betrachteten als das Natürliche den normalen Lauf der Natur (»ordo naturae«), der auf der inneren Kraft der jedem Naturding zugrundeliegenden Materie beruhe, deren Aktivierung sich nach bestimmten Regeln vollziehe. Doch anerkannten sie auch außerordentliche Ereignisse, die singulär und merkwürdig erschienen und den normalen Lauf der Natur offensichtlich überschritten. Zu ihrer Erklärung anerkannten sie meist zwei unterschiedliche Wege: Erstens die Wirkweise »praeter naturam«, die den Menschen (noch) unerkannt sei, aber im Rahmen des innerweltlich Möglichen und daher Natürlichen verbleibe; zweitens die Wirkweise »supra« oder »trans naturam«, die die Grenzen der Körperwelt überschreite und auf das Eingreifen einer übernatürlicher Macht zurückzuführen sei. Die erstere konnte noch der Wissenschaft zugeordnet werden, die dann auch Unerklärliches (als okkulte Qualität) annehmen müsse, was die Berücksichtigung der hermetischen Disziplin ermöglichte; die letztere sei der Theologie zuzuordnen, die dann darüber diskutiere, ob – neben der unbestreitbaren göttlichen Macht – auch dem Teufel eine solche übernatürliche Gewalt einzuräumen sei. Manche sahen ihn als Teil der von Gott geschaffenen Natur und damit als ein in seinem Aktionsradius auf das Natürliche begrenztes Geschöpf, dem nur ein Wirken »praeter naturam« möglich sei, nämlich aufgrund seines die menschliche Intelligenz übersteigernden Wissens (als besseren »Naturgelehrten«). Andere wiederum betrachteten den Teufel selbst als eine metaphysische Macht, die – unter Zulassung Gottes – den natürlichen Gesetzen nicht unterworfen und daher auch »supra naturam« zu wirken imstande sei.

Allgemein ist darauf hinzuweisen, daß dieser Gelehrtenstreit zwischen den sich verselbständigenden Fakultäten und Disziplinen zum Teil heftig geführt wird. Bekannt sind die berühmten »Magier« wie Johannes Trithemius bzw. Hans Trittenheimer (1462–1516), Georg Faust (zwischen 1480 und 1540), Heinrich Cornelius Agrippa von Nettesheim (1486–1535) und Theophrastus Paracelsus von Hohenheim (1493–1541). Der Nettesheimer unterschied in seinem Werk *De occulta philosophia* (1533) zwischen drei Formen der Magie – »magia naturalis«, »magia coelestis«, »magia caeremonialis« –, die der Gliederung der Welt in elementare, himmlische und geistige entsprachen, und gab auch eine ausführliche Beschreibung der Dämonen und Intelligenzen, die leicht als Handbuch der Dämonenbeschwörung gelesen werden konnte. Manche Hermetiker vertraten denn auch die These, daß es den Gelehrten erlaubt sei, allein zum Zwecke der wissenschaftlichen Erkenntnis der sympathetischen Zusammenhänge auch den Kontakt zu diesen Intelligenzen zu suchen. Noch mehr: Paracelsus behauptete in seinem Bestreben, seine Wissenschaft von der dämonischen (weiblichen) Magie abzugrenzen, sogar, daß die wahre »ars magica« – nur von glaubensfesten Christen durchgeführt – die Herrschaft des Magiers über den Teufel begründe: »Es gebürt sich, daß einem Gläubigen der teufel gehorsam sei.« Deshalb schließe der Magier auch keinen Pakt mit dem Teufel, denn er strebe nach mehr Wissen, »weil der weniger vom meren lernen soll«: »Wann wir könnten lernen dem Teufel sein kunst ab, so sollens wirs tun. Die kunst brauchen und den teufel lassen liegen.« Diese Figur des »geprellten Teufels« war zwar auch in der Schwankliteratur sehr beliebt und wurde ebenso in der Volksliteratur zu einem gern zitierten Motiv, doch die Theologen des Teufelspaktes konnte dies nicht überzeugen. Gerade dieses als Hochmut aufgefaßte Selbstbewußtsein kam dem Konzept des stillschweigenden Teufelspaktes entgegen: Zwar sei dies unter Umständen die aufrichtige Meinung des Betreffenden, doch liege darin eine Täuschung, da letztlich der Teufel – mit Gottes Zulassung – der eigentliche Herrscher auch über dieses Verhältnis sei. Deshalb wurde der Abgrenzungsversuch zur dämonologischen Magie nicht akzeptiert, somit auch die »magia naturalis« verteufelt, vor allem als Kunst der Astrologen und Alchemisten, die sich freilich meist erfolgreich zur Wehr setzen konnten. Die Geschichte von Dr. Faust freilich zeigt diese Verwandlung von einem weisen Magier zu einem Hexenmeister – der schließlich den Teufelspakt schließt – deutlich.

Es ist noch darauf hinzuweisen, daß die bei Delrio bereits genannte »magia artificiosa« oder »artificialis« als Literaturgattung den Dämonisierungsversuchen entkam. Bekannt ist das 1558 erschienene Werk des Giovanni Battista della Porta, das noch den Titel *Magia naturalis* führte, aber jeden Bezug auf Dämonen vermied und klarstellte, daß dasjenige, was man gemeinhin »magisch« nenne, nichts anderes sei als das eigentliche Wirken der Natur. Deshalb bezogen sich seine Ausführungen zur magischen Praxis auch nicht mehr auf die Kraft von Amuletten oder Gesängen, sondern auf praktische Anleitungen zum Gartenbau, zur Viehzucht, zur Destillation oder zur Optik. Damit entstand ein weitgehend dämonenfreier »Magie«begriff, der auch unbedenklich in eine breite Öffentlichkeit getragen werden konnte, wie z.B. das Beispiel des Wolfgang Hildebrand zeigt, der 1644 seine *Magia Naturalis. Das ist Kunst und Wunderbuch* ohne Beanstandung veröffentlichen konnte. Der Unterschied dieser »Kunst« (»ars«) zur neu entstehenden universitären »Wissenschaft« (»scientia«) wurde hier anerkannt, was dann allmählich auch zum Niedergang der ersteren führte, der schließlich in der »Mechanisierung des wissenschaftlichen Weltbildes« besiegelt war.

2.8 Magie des Verfahrens

Auf die fließenden Übergänge von Volks- und Elitenkultur wurde bereits mehrmals hingewiesen, ebenso auf die Grauzone zwischen Magie und kirchlichen Sakramentalien. Ein diesbezüglich interessantes Beispiel hat Johannes Dillinger mit seiner Darstellung des »magischen Gerichts« vorgelegt. Gemeint sind damit die vor allem im *Hexenhammer* angesprochenen Praktiken, die dem Richter und seinem Personal (also auch dem folternden Scharfrichter) Schutz gegen den Schadenszauber der untersuchten und verhörten Personen bieten sollten. Vorgeschlagen wurde in diesem Buch, aber auch in anderen Werken, z.B. das Sprechen von Segensformeln, das Schlagen des Kreuzzeichens oder das Benutzen von Schutzmedaillons. Der Inquisitor sollte geweihtes Salz bzw. Wachs und gesegnete Kräuter als Amulett um den Hals tragen. Gewarnt wurde vor dem Blickkontakt mit den (weiblichen) Inquisiten (»böser Blick«) – die Verdächtig(t)en sollten stets rückwärts in den Gerichtsraum geführt werden – oder gar der körperlichen Berührung. Man sollte auch versuchen, die verurteilten Hexen auf dem Weg zur Hinrichtungsstätte nicht mehr in Kontakt mit dem Boden zu bringen, damit sie sich nicht unsichtbar machen und so entkommen könnten (»Hexentragen«).

Zu dieser »Magie der Rechtsprechung« zählt Dillinger auch die Versuche, magische Praktiken zum Zweck der Wahrheitsfindung einzusetzen. Dazu gehört die Verwendung von »Hexenbannern« (oft Wahrsagern), die als Sachverständige (»witch doctors«) für die Erkennung (das »Riechen«) der Hexen herangezogen wurden (was im übrigen für diese selbst nicht ungefährlich war). Die Speisen inhaftierter Personen sollten mit geweihtem Salz und Weihwasser versetzt werden. Ihnen wurden alle Haare abrasiert, um mögliche Beeinflussung durch dort versteckte dämonische Mittel auszuschalten. Sie wurden manchmal mit Weihwasser gewaschen, ihre Kleidung durch einen Hexenkittel ersetzt. Darin kann die moderne Wissenschaft zwar eine »Degradierungszeremonie« erkennen, doch dienten diese Handlungen offensichtlich als Mittel, einen vermuteten Schweigezauber zu brechen. Im übrigen scheint diese Vorsicht nicht unbegründet gewesen zu sein, zumindest wird immer wieder berichtet, daß bei den Betreffenden Zettelamulette an »geheimen Orten« gefunden worden seien.

Auch offensiv wurde nach Wahrheit gesucht. Hexen sollten am Freitag vor dem Vesperläuten leichter zum Gestehen gebracht werden können. Kramer, der Verfasser des *Hexenhammers*, schlug vor, den Betreffenden ein Zettelamulett mit den sieben Worten Jesu am Kreuz und »eine Länge Christi« umzuhängen, um so einen Geständniszauber auszuüben. Er erwähnte auch seine eigene Praxis, die Verhörten dazu zu zwingen, sich im Namen der Dreifaltigkeit dreimal umzudrehen.

Von diesem Gesichtspunkt aus werden auch die Hexenproben verständlich(er), die eingesetzt wurden, um Indizien für die Zulässigkeit der Folter zu erhalten. Man griff auf die alten, seit 1215 von der Kirche eigentlich verbotenen Gottesurteile zurück – des glühenden Eisens, vor allem aber der Wasserprobe –, gab ihnen aber zum Teil einen neuen, auf den Teufelspakt bezogenen Sinn. So sollte die geschlechtliche Vereinigung der Hexe mit dem Teufel als einem Luftdämon auch ihren eigenen Leib leichter machen, weshalb er auf dem Wasser oben schwimmen müßte. Die Nadelprobe suchte nach dem Teufelsmal, das der Teufel seinem Vertragspartner zum Zeichen auf die Haut aufdrücken würde, und stach hinein, um festzustellen, ob es »tot« sei oder Blut herausfließe: denn der Teufel könne nicht Leben schaffen, deshalb auch nur solche toten Male produzieren. Die Tränenprobe führte die Betreffende in Situationen, in denen ein »normaler« Christenmensch aus Mitleid oder aus Reue weinen müßte (etwa durch Vorlesen eines Gebetstextes), weshalb in dem Nichtvergießen von Tränen – die seit den mystischen Schriften des Bernhard von Clairvaux als unmittelbarer Ausdruck der Seele galten – ein Indiz für teuflische Verstocktheit gesehen werden konnte. Freilich waren diese Proben immer umstritten, weil die konsequenten Theoretiker darin das magische Potential erkannten, gegen das sie eigentlich vorgehen wollten. Doch darf andererseits nicht übersehen werden, daß diese Proben den Versuch darstellten, die schlechte Beweissituation bei einem heimlich begangenen Verbrechen wie dem der Hexerei doch noch mit einer Rechtsregel meistern zu können und nicht nur richterliche Willkür zulassen zu müssen.

2.9 Männliche und weibliche »Hexenleut'«

Nach dem Hexereibegriff selbst wurden sowohl Frauen als auch Männer in gleicher Weise erfaßt und auch an den Unzuchtsszenen des Ketzersabbats mußten beide Geschlechter beteiligt sein. Die »Hexenbulle« von Innozenz VIII. (1484) meinte sogar offensichtlich vorwiegend Männer, wenn sie »Teufeln, die sich als Frauen mit ihnen verbinden«, anführte. Überhaupt war das Verhältnis der männlichen zu den weiblichen Ketzern gerade umgekehrt: Die wichtigsten Ketzer waren Männer, im Regelfall sogar (ehemalige) Kleriker. Auch die großen Magier der Renaissance waren männlich; wie in dem Abschnitt zur »magia naturalis« gezeigt wurde, grenzten sich diese Männer (vor allem als Meister der Astrologie und Alchemie) gerade von dem gottlosen »maleficium« (dem Schadenszauber) der weiblichen Hexen ab, was ihnen dann – wie das Beispiel des Dr. Faust zeigt – nicht immer gelang. In den Hochzeiten der Hexenverfolgung traten noch männliche »Hexenbanner« (Hirten, Scharfrichter) als Sachverständige und »Hexenriecher« auf, manchmal gerieten sie aber dann selbst in den Strudel der Prozeßwelle.

Die Antike kannte auch große weibliche Zauberinnen, wie Kirke oder Medea; Tacitus berichtet von germanischen Wahrsagerinnen und Priesterinnen, die großen Einfluß hätten. Doch änderte sich – auch bereits in der Antike (vor allem bei Cicero) – die Einschätzung, wenn es um die Praktiken des Aberglaubens (»superstitio«) ging, d.h. um die Trugbilder und Wahnvorstellungen, die Augustinus in seiner Lehre vom Quasi-Paktum und der *Canon Episcopi* behandelt hatten. Dafür interessierten sich nach allgemeiner Ansicht vor allem die »mulierculae«, die alten Weiblein, die armselig und ängstlich aus Nichtbewältigung des Lebens nach dämonischer Unterstützung riefen. Zwar zielte Johannes von Salisbury (1120–1180) in seinem *Policraticus* neben den »armen Weibern« auch auf »einfältige, glaubensschwache Männer« ab, die den boshaften Täuschungen der Dämonen unterliegen würden. Doch es setzte sich die Fixierung auf die alten Frauen durch, wie sie um 1280 Jean de Meung in seiner Fortsetzung des *Roman de la Rose* höchst wirkungsvoll dargestellt hat: Für ihn ging es um Halluzinationen melancholischer oder liebessüchtiger Frauen. Ihre Senilität brachte sie auch sonst zum »Spinnen« über Geister und Gespenster, d.h. zum phantasievollen Schwatzen in den Spinnstuben. Noch die frühe Neuzeit kannte diese »(Spinn-)Rockenphilosophie«, und manche Darstellungen der alten Hexen enthalten auch dieses Gerät für das Spinnen. Es ist darauf hinzuweisen, daß dieses Bild der schwachen, auch im Sinne von geistesschwachen Frau oft ebenso bei den Gegnern des Hexereibegriffs zu finden war, die dann jede Strafbarkeit ablehnten und für medizinische oder geistliche Betreuung eintraten. Paradebeispiel dafür ist der calvinistische Leibarzt des Herzogs von Cleve, Johannes Weyer, mit seinem Buch *De praestigiis daemonum* (1563), in denen er die als Hexen verfolgten Frauen als harmlose und verwirrte alte Frauen darstellte, die in Wahrheit körperlich und geistig krank seien; dabei dachte er hauptsächlich an Melancholie, die als Erkrankung des Uterus verstanden wurde.

Doch wurde darüber hinaus »die« Frau als solche (als Wesen, d.h. nicht als jeweiliges Individuum) gegenüber dem Mann anders gesehen. Manche blieben dabei an der Oberfläche (auch der Argumentation): Das Fleisch der Frau sei weicher und leichter einzudrücken, ihr Gemüt entsprechend leichter beeindruckbar; deshalb sei sie auch nur der passive Teil bei der Zeugung, während die eigentliche form- und substanzgebende Macht beim männlichen Samen liege. Diese These wurde im Anschluß an Aristoteles vor allem von Thomas von Aquin theoretisch entfaltet: Die Frau sei »mas occasionatus«, d.h. eine »Zufallserscheinung« ohne Wesen; man kann daher sagen: im Gegensatz zum wesentlichen (männlichen) Menschen ein »verunglückter Mann«. Grundlage dafür waren erstens biologische Irrtümer: Da man die Eierstöcke noch nicht kannte, setzte man Hoden und Gebärmutter und – daraus folgend – Samenerguß und Menstruation gleich; da man den Samen als erhitztes Blut betrachtete, ordnete man dem Mann die höhere

Aktivität zu; noch mehr: Da bei Schwangerschaft die Menstruationsblutung aussetzte, führte man dies auf den Einfluß des Samens zurück und damit auf die das weibliche Blut zum Embryo formende Kraft des Mannes. Selbst als man eine Aktivität der Frau als Absonderung ebenfalls eines Samens zugrunde legte, blieb diese Einschätzung des männlichen Samens. Zweitens wurden diese »Tatsachen« ontologisch dahingehend interpretiert, daß die Natur – und damit auch der Zeugungsakt – in sich entelechial auf Vollendung gerichtet sei: wegen der höheren Kraft somit auf ein männliches Kind. Nur wenn etwas durch Zufall oder als Mißgeschick – »occasio« – dazwischenkomme, entstehe ein weibliches Kind, das deshalb ontologisch verunglückt sei. Thomas griff sogar zum Vergleich der Frau mit einer Mißgeburt (in der Natur). Trotzdem sei – so Thomas weiter – auch die Geburt von Frauen (wie der Zeugungsakt selbst) von Gott gewollt, weshalb sie auch – diesbezüglich dem Mann gleich – beseelte Wesen seien, denen auch die himmlische Seligkeit offenstehe.

Diese Differenzierung in (gleiche) Seele und (ungleicher) Leib war manchen christlichen, aber auch anderen männlichen Theoretikern offensichtlich zu schwer nachzuvollziehen. Sie machten aus der leiblichen Mißgeburt auch eine seelische Minderwertigkeit, indem sie der Frau die Fähigkeit absprachen, auf das seelische und damit auch geistige Niveau des Mannes zu kommen. Teilweise wurde die Frau mit einem unvernünftigen Tier oder jedenfalls mit der vernunftlosen Natur gleichgesetzt, weshalb sie nur den Trieben folgen könne, ohne sie durch Reflexion distanzieren, bewerten und abwägen zu können. Sie wurde für unfähig erklärt, sich selbst zu mäßigen oder ein sachliches (»rechtes«) Maß einzuhalten; sie schwanke zwischen Liebe und Haß, Aktivität und Passivität, Gewalttätigkeit und Sanftmut. Man verglich sie mit dem wogenden, keine Festigkeit aufweisenden Meer oder setzte sie mit dem Kreislauf des natürlichen Lebens – Geborenwerden, Heranwachsen, Blütezeit, Schwachwerden, Sterben (also die böse Fünfheit des Pentagramms) – gleich und ordnete ihr diese Bereiche (Geburtenbetreuung, Totenkult) zu. Zur Unterstützung zog man eine der beiden Schöpfungsberichte des Alten Testaments heran, wonach zuerst der vollkommene Mensch – Adam – als Gottes Ebenbild geschaffen und danach aus seiner Rippe Eva gemacht worden seien.

Die Zahl dieser Schriften ist Legion; sie wird nur durch die Gehäßigkeit und Dummheit der Argumentation übertroffen. Einige Verfasser sahen in ihren Theorien offensichtlich nicht einmal eine Abwertung der Frauen. Denn, wie der *Malleus Maleficarum* des Heinrich Kramer (Institoris) aus dem Jahre 1486 in Zusammenfassung der bis dahin bekannten Schriften meinte: »es gebe dreierlei in der Welt, was im Guten und Bösen kein Maß zu halten weiß: die Zunge, der Geistliche und die Frau, die vielmehr, wenn sie die Grenzen ihrer Beschaffenheit überschreiten, dann eine Art Gipfel und höchsten Grad im Guten und Bösen einnehmen; im Guten, wenn sie von einem guten Geiste geleitet werden ...; im Bösen aber, wenn sie von einem schlechten Geiste geleitet werden«. Kramer nannte denn auch eine Reihe von Frauen, die (mehr als die Männer) die Welt beglückt hätten: die alttestamentlichen Judith, Deborah, Esther, die Gottesmutter Maria und die christlichen weiblichen Heiligen. Freilich würden die Frauen auch im Negativen die Männer übertreffen. Kramer nannte auch die Voraussetzung für diese überragende Bosheit der Frauen (wie auch der Zunge, also Gotteslästerung, Meineid, Verleumdung, und der Geistlichen, also der Ketzerpriester), nämlich »wenn sie von einem schlechten Geist geleitet werden«. Dies war das Einfallstor für die Gleichsetzung von Hexerei mit Frauenwerk. Denn wegen der ontologischen und geistigen Schwäche seien die Frauen dem Einfluß des bösen Geistes – des Teufels und seiner Dämonen – hilflos ausgeliefert. Kramer führte das lateinische »femina« (Frau) sogar sprachlich – unhaltbar – auf »in fide minus« zurück: Sie sei eben im Glauben weniger stark, »und zwar aus ihrer natürlichen Anlage zur Leichtgläubigkeit«. Dies habe bereits die Schlange im Paradies gewußt, weshalb sie sich an Eva gewandt habe (und nicht an Adam, der als der Vollkommene der Versuchung widerstanden hätte). Freilich mußte der Verfasser sogleich hinzufügen, daß »infolge der Gnade zugleich und der Natur der Glaube in der hochgebenedeiten Jungfrau [Maria] niemals gewankt hat«.

Erneut wird deutlich, daß selbst diese frauenabwertende Theorie ein genaues Gegenbild aufwies, daß es neben der Menschheitsmutter Eva nämlich die Gottesmutter Maria (und die anderen heiligen Frauen, wobei Maria Magdalena – die meist mit der Sünderin in Lk 7,36–50 gleichgesetzt und so von der Dirne zur asketisch lebenden Dienerin Jesu umgewandelt wurde – manchmal eine Sonderrolle erhielt) zu begreifen und zu verherrlichen galt. Dies war aus dem Wesen »der« Frau nur schwer zu begründen, denn auch Maria konnte ihren höchsten Rang innerhalb der Heiligkeit nicht aus sich selbst ableiten. Sie wurde eben von dem guten (heiligen) Geist geleitet, dem sie sich geöffnet hatte. Da »die« Frau aber zwischen Gut und Böse wegen ihrer Geistesschwäche nicht unterscheiden könne, war dies Gnade, wie auch der gezeigte Gehorsam in der Natur »der« Frau lag, die dem Bösen ebenso wie dem Guten folgten mußte, weil sie aus sich selbst heraus keine geistige Widerstandskraft aufbringen konnte.

Es ist deshalb durchaus möglich, zahlreiche Parallelen zwischen weiblichen Heiligen (vor allem Mystikerinnen) und Hexen herauszuarbeiten. Auf der einen Seite eine Beziehung zur Gottheit, die in menschlicher Gestalt erscheint, auf der anderen Seite eine Beziehung zum menschlich-leibhaften Teufel. Jeweils durchleben die Frauen diese Beziehung in ausgesprochen erotischer Form, schließen einen Pakt – Verlöbnis der Heiligen, Teufelsbündnis der Hexe – und erhalten durch den über- bzw. unterirdischen Partner ein auch körperlich manifestes Stigma – die Wunden Christi bzw. das Hexenmal –, erleiden in der Beziehung körperliches (und seelisches) Leid – Verletzung durch Christus mit Liebesdornen, Pfeilen, Lanzen und Speeren ins Herz auf der einen, Prügeln der Hexe am Sabbat durch den Teufel, auch Schmerzen beim sexuellen Verkehr mit ihm auf der anderen Seite –, und sie haben besondere magische Kraft – Krankenheilung bzw. Schadenszauberei. Vergleichbar sind schließlich die Vorstellung der Gottes- und Teufelsbegegnung als eines Festes mit Tanz und Gesang (verbunden mit Ehrerbietung) und das Phänomen des Fluges, das einerseits in den ekstatischen Visionen der Heiligen (vor allem der Levitation, die auch von Zeugen bestätigt wurde), andererseits in den Phantasien der Ausfahrten zum Sabbat der Hexen vorliegt.

So hätte Kramer eigentlich bei der beanspruchten (männlichen) Konsequenz zumindest für eine milde Behandlung der Frauen, die von dem bösen Geist als dessen Werkzeug geleitet würden, eintreten müssen. Doch verhinderte sein nun offenbar werdender Frauenhaß das Ernstnehmen dieser Ambivalenz von Eva und Maria: Kramer konzentrierte sich nur mehr auf die böse Frau, die er mit »der« Frau gleichsetzte, was zugleich bedeuten mußte, daß Maria eigentlich ihre Wesensbestimmung als Frau verlor (und zu einer reinen »Jungfrau« wurde). »Also schlecht ist die Frau von Natur« – und es folgt das gesamte Arsenal der ekligen Sprüche aus den Schriften von antiken Schriftstellern und Kirchenvätern. Dabei trat der innerste Kern der Abwertung deutlich hervor: »Der Grund ist ein von der Natur entnommener: weil [die Frau] fleischlicher gesinnt ist als der Mann«, was sich schon in ihrer Erschaffung gezeigt habe, da sie aus einer krummen, d.h. gleichsam dem Manne entgegen geneigten Rippe geformt worden sei. Dieses Fleischliche, sich dem Manne entgegen Neigende war für den Dominikanerinquisitor die geschlechtliche Begierde, »die bei [den Frauen] unersättlich ist«, was mit einem Bibelzitat (Spr 30,15, wo von Unterwelt, Erde – die nicht satt wird an Wasser –, Feuer – das nie sagt: genug – und unfruchtbarem Mutterschoß geredet wird) abgesichert wurde: »›Dreierlei ist unersättlich (etc.), und das vierte, das niemals spricht: es ist genug, nämlich die Öffnung der Gebärmutter.‹ Darum haben sie auch mit den Dämonen zu schaffen, um ihre Begierden zu stillen.« An Maria dachte der Theoretiker nicht mehr, denn hatte sie nicht eine Gebärmutter? »Gepriesen sei der Höchste, der das männliche Geschlecht vor solcher Schändlichkeit bis heute so wohl bewahrte: da er in demselben für uns geboren werden und leiden wollte, hat er es deshalb auch so bevorzugt.« Arme schändliche

Gottesmutter! »Die« Frau war also für den Verfasser des *Malleus Maleficarum* – der im Titel bereits die Fixierung der »Hexenleut'« auf das weibliche Geschlecht (»maleficae«) zum Ausdruck brachte – fleischgewordene sexuelle Begierde. Dieses Unwerturteil traf die alten Frauen, die nicht mehr empfangen konnten und trotzdem Geschlechtsverkehr wollten: alte, gierige Vetteln, die nur Lust wollten, und sei es durch den Geschlechtsverkehr mit dem Teufel. Kramer machte den Unterschied der Hexen seiner Zeit – als der neuen Sekte – zu den früheren Zauberinnen deutlich: Damals hätte der Teufel oft gegen ihren Willen die Frauen besessen, nun würden sie sich freiwillig mit Leib und Seele dem Teufel hingeben, getrieben von ihrer abgrundtiefen Gier. Nun war kein Grund mehr für Nachsicht gegeben, weshalb alle Härte der Rechtsvorschriften sie treffen müßten! Betroffen waren aber auch die Frauen, deren Begehren den Inquisitor selbst erfaßte, dem in seinem Willen zur Keuschheit dadurch Zwang angetan wurde. Es liegt auf der Hand, daß hier die eigenen Sexualprobleme auf »die« Frau projiziert wurden. Von daher wird verständlich, warum die angebetete jungfräuliche Mutter Maria von diesem Frauenbild ausgenommen war.

Diese Gleichsetzung von Frau mit sexueller Begierde bedeutete zugleich die Identifizierung mit Sündhaftigkeit schlechthin, wie es in der Teufelsbuhlschaft – in der Hexenfrau und Teufelsmann in sündhafter Lust eins werden – mit dem Teufel selbst. Diese Vorstellung war bekannt aus den Geschichten der Einsiedler bzw. Mönche Benedikt, Antonius oder Pachomius, die in ihrer Einsamkeit und Askese von teuflisch holden Frauen (»Zauberfrauen«) versucht wurden. Pachomius näherte sich sogar der Teufel persönlich in Frauengestalt und mußte auf dessen Aufforderung gestehen: »Ich bin die Kraft des Teufels [›virtus diaboli‹] und hülle die Sterblichen in das Dunkel todbringenden Verlangens ein.« Schon im Alten Testament (Tob 3,7–10 und 6,14–22) war der Dämon Asmodeus Repräsentant der sexuellen Begierde. Manche Theologen erklärten deshalb die Erbsünde mit dem Zeugungsakt, der mit Begierde und damit mit Sündhaftigkeit verbunden sei. Jedenfalls zogen manche frauenfeindliche Theoretiker eine sehr enge Verbindung von Teufel und Frau, sofern sie beide nicht überhaupt zusammenfallen ließen – die Vorstellung einer »Herrin über die Dämonen« war durchaus verbreitet. Die Paradiesgeschichte war viel einfacher zu erzählen: Eva selbst war die vernichtende, todbringende Schlange, die Sünde selbst. Oder war sie Lilith, die erste, auf Sexualität ohne Kinderzeugung ausgerichtete Frau Adams? Oder »striga«, »lamia«, »masca«?

Zugleich wurde hier eine »Männerphantasie« zum Ausdruck gebracht. Wegen der fundamentalen Andersartigkeit der Frau war sie für den unter Keuschheitsgebot lebenden Mann ein unbekanntes Wesen, das es zu bezwingen galt. Daher wurden Fragenkataloge entwickelt, die unter Androhung der Folter Erkenntnisse bringen sollten. So sah das Landrecht von Baden-Baden 1588 folgende Fragen vor, die an die der Hexerei verdächtig(t)e Frauen zu stellen waren: »Ob der Teufel nach dem Pakt mit der Angeklagten geschlafen habe? Auf welche Weise der Teufel ihr die Jungfräulichkeit geraubt habe? Wie der Penis des Teufels sei und wie sein Samen? Ob der Koitus mit dem Teufel der Angeklagten bessere und größere Lust bereitet habe als der mit einem natürlichen Mann? Ob der Teufel mit der Angeklagten es mehrfach in der Nacht getrieben habe und ob immer mit Ausspritzen von Samen? Ob er den Koitus immer in der natürlichen Weise ausgeführt habe oder auch an anderen Teilen des Körpers?« Zugleich wird der Hintergrund dieser Fragen deutlich. Wie die Hexe eine Frau war, war ihr Buhle (der Teufel) ein Mann, so wie die Verfolger und Folterer, wie die Theoretiker, die die Grundlage für die Fragenkataloge erarbeiteten.

Im übrigen ist mehr als fraglich, ob die Männer, die die Verfolgungen ausführten, sogar als Hexenjäger einleiteten und die Folterungen durchführten, wirklich von dieser Frauenfeindschaft geprägt waren, ob also die Hexenverfolgungen zureichend von daher erklärt werden können. Denn Frauenfeindschaft gab es vor und auch nach diesen Prozessen. Heinrich Kramer z.B. übernahm seine Thesen fast wörtlich aus der *Summa theologica* (1477/80) des Antonin von Florenz, der sich selbst zur Hexerei nicht geäußert hat. Zudem wurden die Verfahren in Deutschland nicht von unter Sexualproblemen leidenden Klerikern geführt, sondern von weltlichen Behörden, also von verheirateten Bürgern, die auch nicht in einer »verkehrten Welt« leben mußten, in der die Frauen die »Weiberherrschaft« innehatten. Die primären Motive waren im Regelfall eigensüchtige: Karrierestreben, Sicherung von Positionen, finanzielle Vorteile oder Anerkennung in einer Männergesellschaft. Die Frauenfeindschaft der Theoretiker bereitete vielleicht den Boden, erleichterte das Vorgehen gerade gegen Frauen und beseitigte vielleicht emotionale Hemmungen (wie Mitleid oder Zuneigung), aber im eigentlichen Sinne ursächlich war sie wohl nicht. Auch manche männliche Gegner der Hexenverfolgung teilten die abwertenden Vorurteile.

Mit dem Sieg der männlichen (bürgerlichen) Gesellschaft verlor die Hexe diese sexuell extreme Position: »Die« Frau war – wie die Natur in der Theorie des Francis Bacon – zur Gattin gezähmt, die das Hexische nur mehr in sich hatte und für den Gatten in der Intimität der Schlafkammer ausleben durfte (in der sie auch die Haare zügellos fliegen lassen durfte, ja sollte). Schließlich wurde sie zur neckischen Tochter (einem »Hexchen«), die der Vater oder eine erfahrene Frau zum Weib erziehen und führen sollte. In Abschnitt IV. wird darauf aufmerksam gemacht, daß die Kunst auf diese Entwicklung großen Einfluß hatte.

Die verbleibenden Hexen waren die wilden, unzüchtigen, aufbegehrenden und insgesamt nicht zivilisierten Außenseiterinnen, nun auch Kinder und Jugendliche, auch männlichen Geschlechts. Sie wurden mit den »echten« Wilden verglichen, die in den Kolonien entdeckt worden waren und denen man nach bewährtem Muster Kannibalismus und (heidnischen) Götzendienst zuschrieb, und somit in gleicher Weise dem Planeten Saturn zugeordnet, benannt nach dem alten Gott, der seine Kinder verzehrte, der das Dunkle liebte und das Feuchte, der Gott der Fruchtbarkeit war und des Goldenen Zeitalters, an das die römischen Saturnalien erinnerten, indem sie für einen Tag die »verkehrte Welt« inszenierten (wo der Herr Sklave und dieser der Herr waren) – ebenso wie das Wilde nun das Verkehrte zur zivilisierten, sittlich geordneten und gezähmten bürgerlichen Welt geworden war.

2.10 Hexerei und Kinder

Während der Zeit der ersten Verfolgungen kamen Kinder nur als Opfer des Schadenszaubers in Betracht. In Nachfolge der gespenstischen Lamien und Strigen der Antike wurden den Ketzern und dann den Hexenleuten rituelle Opfertötung der Kinder und Kannibalismus vorgeworfen, galten doch vor allem ungetaufte Kinder als zaubermächtig, weshalb aus ihren gekochten Leichenresten Salben für den Flug, aber auch für krankmachende Schädigungen hergestellt werden konnten. Doch verschmähte auch der Teufel selbst nicht den Genuß von Kinderfleisch. Es wurde immer wieder berichtet, daß im Pakt die Verpflichtung der Hexen begründet werde, dem teuflischen Partner die eigenen Kinder zu überlassen oder zu diesem Zweck fremde Kinder zu rauben. Die Hebammen – an sich eine geachtete Berufsgruppe – standen manchmal im Verdacht, neugeborene (nicht getaufte und daher von Erbsünde beladene) Kinder zu töten und sich dann der begrabenen Leichen zu bemächtigen. Der *Hexenhammer* erwähnt sie sogar als bevorzugte Hexereisubjekte. In der Praxis wurden allerdings nur wenige Hebammen in die Verfolgung gezogen. Die These, daß die Kirche nach dem Bevölkerungsverlust im Dreißigjährigen Krieg gerade diese Frauen verfolgt und getötet habe, weil diese das geheime Verhütungswissen gehabt hätten, ist schlechthin unhaltbar. Abgesehen davon, daß in Deutschland weltliche Behörden verfolgt haben: Gerade zu der fraglichen Zeit wurden Bücher über die Methoden, die Zeugung zu verhindern, veröffentlicht.

Darüber hinaus kamen Kinder als Opfer spezifisch der Hexerei in Betracht, indem sie als Kinder der »Hexenleut'« ohne Eltern bei Pflegepersonen aufgezogen wurden und sogar mit schwerem Mißtrauen rechnen mußten (was manche zu der Gegenreaktion des Einschlagens einer Karriere als eines engagierten Hexenjägers brachte). Denn einige Theoretiker glaubten an eine Vererbung der schädlichen Kraft, andere wieder an die Übergabe an den Teufel durch die Eltern, verbunden mit dem Versprechen, sie zu bösen Menschen zu erziehen. Genau dieses Thema fand sich in manchen Geständnissen der »Hexenleut'«, daß sie eben die Hexerei von den Eltern gelernt hätten. Auch manche bildliche Darstellungen des Sabbats – wie etwa der Kupferstich von Jan Ziarnko im *Tableau de l'inconstance des mauvais anges et démons* des Pierre de Lancre (1613) – zeigen die Mitwirkung von Kindern in unterschiedlichen Rollen und Situationen.

Die Fähigkeit des Teufels, selbst Kinder zu zeugen, wurde wegen seiner todesgleichen Kälte – die bereits in den Berichten über die Ketzertreffen herausgehoben, dann von den befragten Frauen berichtet wurde, die den Penis des Teufels als eiseskalt schilderten (weshalb der geschlechtliche Verkehr mit ihm Schmerzen bereiten würde) – überwiegend verneint, obwohl es auch Geschichten von »Robert dem Teufel«, dem Magier Merlin und vor allem dem Antichristen gab, die als seine Kinder betrachtet wurden; doch kann es sich auch um eine Metapher gehandelt haben, mit der man die Teufelsverbündeten allgemein als »Kinder des Teufels« bezeichnet hat. Überwiegend nahm man an, daß dem Teufel nur möglich sei, wurmähnliche »Elben« zu zeugen bzw. entweder selbst in Kindesgestalt aufzutreten oder fremde Kinder zu »stehlen« und sie als »Wechselkinder« seiner (scheinschwangeren, durch ihn leiblich aufgeblasenen) Buhlerin nach einer vorgetäuschten Geburt zu unterschieben. Manche (wie auch z.B. Thomas von Aquin) nahmen an, daß er in weiblicher Gestalt beim Geschlechtsverkehr – also als »Succubus« (Darunterliegender) – den Samen eines Mannes aufnehmen und diesen in männlicher Gestalt – als »Incubus« (Einliegender) an die Hexe weitergeben und sie dadurch mit dem fremden Samen schwängern könne, was freilich häufig zu Mißgeburten führen müsse. Diese Auffassung war übrigens allgemeine Tradition, die bereits die »Gottessöhne«, die – nach Gen 6,2 – sahen, »wie schön die Menschentöchter waren«, und sich mit diesen zur Zeugung von Riesen vermischten, in dieser Weise interpretierten. Doch kannten auch die Germanen und Kelten Feen, Nymphen, Nixen und Walküren, also nicht-menschliche Wesen, die sich mit Männern geschlechtlich vereinigten; von den griechischen Göttern (vor allem Zeus) einmal ganz abgesehen, von deren Liebschaften die Renaissance wieder zu erzählen begann. Die Kreuzfahrer brachten zudem orientalische Geschichten von weiblichen Geistern mit, die den tapferen Kriegern geschlechtlich dienten.

Doch kamen Kinder auch als eigenständige Täter in Betracht. Sie erbrachen Nägel oder simulierten Krankheiten, um mißliebige Personen in den Verdacht der Schadenszauberei zu bringen, oder traten als Teufelsbesessene auf, aus deren Mund dann die Namen von Hexenleuten ertönten. Im 17. Jahrhundert kam es sogar zu zunehmenden Selbstbezichtigungen von Kindern und (pubertierenden) Jugendlichen, daß sie am Sabbat teilgenommen und dort getanzt, gegessen, getrunken und Zärtlichkeiten ausgetauscht hätten. Die an Sittenzucht und Unterdrückung der Sexualität orientierte (meist evangelische) Obrigkeit schenkte diesen Angaben zunehmend Glauben, weil sie der neuen Theorie der Kindheit und Jugend – einerseits (erb)sündig geboren, wild (weil noch Natur), noch unerzogen (und daher notwendig zu erziehen) und unsittlich, andererseits glaubwürdig, weil noch offen – entsprachen, und begann nach den erwachsenen Mittätern zu fragen (auch unter Anwendung der Folter). So setzten die Selbstbezichtigungen Verfolgungswellen – wie z.B. im schwedischen Mora 1670 – in Gang. Die Kinder»hexenleut'« gaben die Menschen an, mit denen sie offensichtlich Probleme (überhaupt, aber auch bezüglich der Sexualunterdrückung, die Sündenbewußtsein bzw. schlechtes Gewissen erzeugen mußte) hatten: Eltern, Großeltern, Pastoren, Lehrer, Bürgermeister, aber auch Gleichaltrige. Zum Teil genossen sie auch nur die ihnen zuteil werdende Aufmerksamkeit.

Allerdings führte dieses Ernstnehmen auch dazu, daß die Obrigkeit nicht nur zu Zuchtmitteln (Prügeln, Pflicht zum Predigthören, Beten und Arbeiten, aber auch Zuschauen bei der Hinrichtung der Denunzierten, Versetzen in Angst vor einer vorgetäuschten Hinrichtung) griff und die Eltern förmlich aufforderte, die Erziehung der Kinder zu gottgefälligen Menschen als religiöse Pflicht zu sehen und anzunehmen, sondern auch entgegen der *Carolina* (die das Mindestalter von 14 Jahren vorsah) selbst über kleine Kinder tatsächlich die Todesstrafe – meist Enthaupten mit Verbrennung der Leiche – verhängte. Wegen der offenbaren erhöhten Bosheit glaubte man, auf Altersgrenzen verzichten zu können.

Um einen Eindruck von dieser Verfolgung von Kinderhexenleuten zu bekommen, soll ein Ausschnitt aus dem in dieser Form überlieferten *Verzeichnis der Hexen-Leut, so zu Würzburg mit dem Schwert gerichtet und hernacher verbrannt worden* für die Jahre zwischen 1627 und 1629 gebracht werden. Die Liste nennt insgesamt 157 Personen, die in 20 Bränden hingerichtet wurden; eine Fortsetzung führt bis zum 42. Brand und nennt 219 Namen. Von 1623 bis 1631 wurden damit über 900 Menschen auf diese Weise getötet), darunter auch Kinder: »Im siebenten Brandt sieben Personen. Ein fremd Mägdlein von 12 Jahren.« »Im dreyzehnten Brandt vier Personen ... Ein klein Mägdlein von neun oder zehn Jahren. Ein geringeres, ihr Schwesterlein.« »Im fünfzehenden Brandt zwey Personen. Ein Knab von 12 Jahren in der ersten Schule.« »Im sechzehenden Brandt sechs Personen. Ein Edelknab von Ratzenstein, ist Morgens um 6 Uhr auf dem Cantzley-Hof gerichtet worden, und den gantzen Tag auf der [Bahre] stehen blieben, dann hernachher den andern Tag mit den hierbeygeschriebenen verbrant worden. Ein Knab von zehn Jahren.« »Im siebenzehenden Brandt vier Personen ... Ein Knab von eilf Jahren.« »Im achtzehenden Brandt sechs Personen ... Ein Knab von zwölf Jahren, noch Ein Knab von zwölf Jahren ... Ein Mägdlein von funfzehen Jahren.« »Im neunzehenden Brandt sechs Personen. Ein Edelknab von Rotenhan ... Ein Knab von zehn Jahren. Noch ein Knab von zwölf Jahren.« »Im zwanzigsten Brandt sechs Personen. Das Göbel Babelin, die schönste Jungfrau in Würtzburg. Ein Student in der fünften Schule, so viel Sprachen gekont, und ein vortreflicher Musikus vocaliter und instrumentaliter. Zwey Knaben aus dem neuen Münster von zwölf Jahren.« »Im einundzwanzigsten Brandt sechs Personen ... Ein Knab von vierzehn Jahren. Des Stoltzenbergers Rathsherrn Söhnlein.« »Im zweiundzwanzigsten Brandt sechs Personen ... Ein fremder Knab.« »Im dreiundzwanzigsten Brandt neun Personen. Des David Croten Knab von zwölf Jahren in der andern Schule. Des Fürsten Kochs zwey Söhnlein, einer von 14 Jahren, der ander von zehn Jahr aus der ersten Schule.« »Im vierundzwanzigsten Brandt sieben Personen. Zween Knaben im Spital.« »Im fünfundzwanzigsten Brandt sechs Personen ... Ein fremder Knab.« »Im sechsundzwanzigsten Brandt sieben Personen ... Des Raths-Vogts klein Söhnlein.« »Im siebenundzwanzigsten Brandt sieben Personen ... Ein fremder Knab.« »Im achtundzwanzigsten Brandt, nach Lichtmeß anno 1629 sechs Personen. Ein blind Mägdlein.« »Datum, den 16. Febr. 1629. Bisher aber noch viel unterschiedliche Brandte gethan worden.«

2.11 Die theologische Diskussion

Bei aller theoretischen Ausformulierung des »elaborierten« Hexereibegriffs in der Scholastik gab es stets auch Theologen, die auf den *Canon Episcopi* (um 906) – immerhin auch Bestandteil des verbindlichen Kirchenrechts – zurückgriffen und dessen These weiter vertraten, daß nämlich die Nachtfahrt mit Diana (Herodias), das Wahrsagen, Tierverwandeln, Wettermachen usw. vom Teufel erzeugte Trugbilder seien.

Die strengste Konsequenz daraus zog der Mediziner und Hofarzt des Herzogs von Jülich-Kleve, Johannes Weyer (1515–1588), in seiner Schrift *De praestigiis daemonum* (1563), auszugsweise auch als *De Lamiis* (1582) veröffentlicht. Frauen, die sich selbst der Hexerei bezichtigten, waren für ihn »Melancholische« – leidend an einer Erkrankung des Uterus –, die in ärztliche Behandlung gehörten, aber nicht vor die weltliche Gerichte (auch deshalb nicht, weil der Teufelspakt nach römischem Recht nichtig sei). Allerdings trat er für die Todesstrafe der (männlichen) Magier ein.

Manche Theologen folgten dieser Kennzeichnung der Hexerei als bloßer Einbildung (oder als Inhalt von Träumen oder seelischer Erlebnisse in Ekstase oder Trance), so der Konstanzer bischöfliche Prokurator Ulrich Molitor (1442–1507) in seinem Buch *De lamijs et phitonicis mulieribus* (1489) oder der Helmstedter Paulus Frisius (Friese) in seinem 1583 veröffentlichten Buch *Deß Teuffels Nebelkappen*, so auch der württembergische Reformator Johannes Brenz (1499–1570) in seinen Predigten und – ihm folgend – der Tübinger Theologe Theodor Thumm (1586–1630) in seinem *Tractatus theologicus de sagarum impietate* (1621). Doch – so meinten diese Theoretiker weiter – würden die Betreffenden an diese ihre bösen Untaten glauben und sich dem Teufel ergeben wollen, weshalb sie im Ergebnis gleichfalls schuldige »Hexenleut'« seien, die vielleicht nur milder zu bestrafen wären.

Heinrich Kramer (Institoris), der Verfasser des *Malleus Maleficarum* (1486), und mit ihm andere Theologen räumten durchaus ein, daß es Fälle solcher Einbildungen und ekstatischer Erlebnisse gebe. Aber daneben – so behaupteten sie – würden sich immer wieder reale Hexereitaten finden, begangen durch den Menschen als Werkzeug des Teufels, der durch die Zustimmung im Pakt die Herrschaft über seinen Verbündeten erlangt habe.

Überhaupt für die Realität von Hexerei traten – meist in ausdrücklicher Gegnerschaft zu Weyer – die theologischen Systematiker ein, die auch eine Dämonologie entwickelten und begründeten. Auf die Scholastik – vor allem den Dominikaner Thomas von Aquin (1225–1274) – ist diesbezüglich ebenso hinzuweisen wie auf Martin Luther (1483–1546), der von der Wirkkraft des Teufels und der Realität der »Hexenleut'« – für die er den Begriff »Teufelshuren« prägte – völlig überzeugt war. Lange waren sich die Theoretiker beider Konfessionen einig. Zu nennen sind berühmte Gelehrte wie der katholische Staatslehrer und Begründer der These von der staatlichen Souveränität, Jean Bodin (1530–1596), mit seinem Werk *De daemonomania magorum* (1580), das von dem bekannten Dichter Johann Fischart ins Deutsche übersetzt wurde, der calvinistische Theologe Lambertus Danaeus (1530–1596) mit seinem Werk *Les sorciers* (1572), der Trierer Weihbischof Peter Binsfeld (1545–1598) mit seinem *Tractatus de confessionibus maleficorum et sagarum* (1589), der Jesuit Martin Delrio (1551–1608) mit seinen sechs Büchern *Disquisitionum Magicarum* (1599/1600) und der Mailänder Mönch Francesco-Maria Guazzo mit seinem bebilderten *Compendium maleficarum* (1608).

Ihnen zur Seite traten »erfolgreiche« Inquisitoren, die von den Hinrichtungen prahlten, die unter ihrer Prozeßleitung durchgeführt worden waren, so Nicolaus Rémy (Remigius) (1530–1612) von 900 Opfern in 16 Jahren an Verfolgungen in Lothringen (*Daemonolatria*, 1595/97), Henri Bouget (1550–1619) von zahlreichen Opfern in Burgund (*Discours des Sorciers*, 1602, worin er für ganz Europa die Zahl der »Hexenleut'« mit 1.800.000 angab) oder Pierre de Lancre (gest. um 1630) von 600 Opfern im französischen Baskenland (*Tableau de l'inconstance des mauvais anges et démons*, 1613).

Viele andere Namen wären zu nennen, die zu Teilproblemen Stellung bezogen, wie etwa der Marburger Philosoph Wilhelm Adolph Scribonius, der 1583 Weyer einen Hexer nannte und für die Wasserprobe eintrat, oder der lutherische Theologe Theophil Spitzel (1639–1691), der im Geiste des Jesuiten Delrio schrieb. Auf die vielen eifrigen Prediger der Hexereiverfolgung kann nur hingewiesen werden, bekannt sind wegen des hohen Niveaus der Argumentation und der brillanten Rhetorik Johann Geiler von Keisersperg (1445–1510), der seine Fastenpredigten 1508 unter dem Titel *Die Emeis* (»Ameise«) veröffentlichte, und der Tübinger Pfarrer Martin Plantsch (gest. 1533) mit seiner Predigtsammlung *Opusculum de sagis maleficis* (1507).

Allerdings standen diese Dämonologen stets vor der Gefahr des (häretischen) Dualismus, indem sie dem Teufel eine (zu) große Macht einräumten. Dabei gestanden sie wörtlich immer Gott die alleinige Herrschaft über seine Schöpfung zu, weshalb auch das Böse (und somit der Teufel) nur von ihm zur Prüfung der Gläubigen zugelassen war, woraus folgte, daß Teufel und »Hexenleut'« letztlich in göttlichem Auftrag handelten. Konsequent waren deshalb die apokalyptischen Ängste vor der hexischen Gefahr und dem Sieg des Teufels theologisch unbegründet, auch wenn das Kirchenvolk bei Katastrophen, Hungersnöten oder Kriegen unbelehrbar blieb. Der Sache nach konnten diese Ängste leicht als Zweifel an der göttlichen Allmacht verstanden werden. Jeder Theologe, der dieses Problem begriff und im Sinne der christlichen Lehre lösen wollte, mußte den Hexereibegriff als hysterische Vorstellung ängstlicher Leute charakterisieren und als Aberglaube zurückweisen.

Schließlich brachte die Aufklärung in Philosophie und Theologie den Hexereibegriff zumindest in Begründungszwang, dann allmählich zur Auflösung. Aber selbst ein Vertreter der Reformuniversität Halle wie der bekannte Politiker (nachmals Kanzler von Sachsen-Zeitz) Veit Ludwig von Seckendorff (1626–1692) bemühte sich noch 1685, die sichere Existenz des Hexereidelikts nachzuweisen und den Nichtglauben an Hexerei mit Atheismus gleichzusetzen. Auf das Verdienst der ablehnenden Theorien des holländischen Theologen Balthasar Bekker (1634–1698) und von Christian Thomasius (1655–1728) ist deshalb eigens hinzuweisen. Die Dissertation des letzteren, *De crimine magiae* (1701), wurde von zahlreichen Juristen und Theologen begeistert aufgenommen. Als Beispiel sei das Buch *Deutliche Vorstellung der Nichtigkeit derer vermeynten Hexereyen und des ungegründeten Hexen-Processes* (1720) des Johann Christoph Franke (unter dem Pseudonym Gottfried Wahrlieb) genannt, der sich auch auf den Engländer John Webster berief. Freilich gaben die Vertreter der traditionellen Hexereilehre so leicht nicht auf. Dies zeigt die empörte Reaktion im sogenannten »Hexenkrieg« in Bayern auf die Akademierede *Von dem gemeinen Vorurtheile der wirkenden und taetigen Hexerey* des Münchner Theatinerpaters Ferdinand Sterzinger immerhin des Jahres 1766.

Der theologische Hexereibegriff wird heute ausdrücklich nicht mehr vertreten. Wieweit er der Sache nach die Konsequenz mancher moderner Teufelslehren sein müßte, bleibt offen.

3. Hexereiverbrechen

Auf den Zusammenhang und den Unterschied zwischen Hexen»vorstellung« und (vor allem) Hexerei»begriff« und der rechtlichen Dimension der Verfolgung und Bestrafung von Menschen wegen Hexerei (Zauberei) ist bereits mehrmals hingewiesen worden. Vergleichbares gilt auch bereits für die Ketzerei, die ebenfalls in Theologie und Recht(sdisziplin) und auch in der Praxis der Kirche, die auf Ketzerei mit einem eigenen rechtlichen Verfahren reagierte, Gegenstand war. Die rechtliche Dimension betrifft somit nicht nur das vom Staat (durch)gesetzte (weltliche) Recht, sondern auch das Kirchenrecht, wie es in dem *Corpus Iuris Canonici* kodifiziert und niedergelegt war, in vielem – neben dem seit dem 11. Jahrhundert wiederentdeckten römischen Rechts – das Vorbild für die weltliche Entwicklung von Staat und Recht. Dieser Terminus wurde erstmals 1580 durch Papst Gregor XIII. verwendet, der damit das *Decretum Gratiani* (aus dem 12. Jahrhundert) und die späteren Dekretalen Gregors IX., den *Liber Sextus*, die *Klementinen* und die *Extravaganten* zusammenfaßte. Für unsere säkularisierte Gesellschaft ist dieses Neben-, Mit-, aber auch Gegeneinander von unterschiedlichem Recht nur schwer verständlich, obwohl nicht nur die christlichen Kirchen auch rechtlich verfaßt sind, die katholische Kirche sogar ein neues *Corpus Iuris* in Geltung gesetzt hat, sondern es auch in unserer modernen Zeit fundamentalistische Auffassungen gibt, die von der Einheit von Religion und Recht ausgehen und Geistliche als Richter anerkennen. Jedenfalls kann sich die juristische Betrachtung der Hexerei nicht nur auf die schwersten, mit dem Feuertod endenden Verfolgungen wegen des Verbrechens beschränken, wie es meist zu geschehen pflegt und auch in dieser Arbeit – wie bereits die Überschrift zeigt – vorgenommen wird. Zumindest auch und am Rande ist auf die anderen rechtlichen Bestimmungen in Kirche und Staat hinzuweisen.

Dieser Unterschied und der Zusammenhang zwischen den drei Dimensionen des Hexereiphänomens – also »Vorstellung«, »Begriff« und »Verbrechen« – zeigt sich vor allem in dem Problem der Konzentration auf die Frau. In Abschnitt I. wurde gezeigt, daß die Zauberei von Männern und Frauen ausgeübt wurde. In Abschnitt II. wurde deutlich, daß einerseits vom Teufelspakt her in der Theorie ebenfalls Männer und Frauen in gleicher Weise betroffen waren, andererseits in der Praxis wegen der behaupteten größeren Beeinflußbarkeit »der« Frau (seit Eva) die eigentlichen Teufelsbündnerinnen die Frauen waren, die sich mit dem (männlichen) Teufel auch geschlechtlich verbanden. Diese Dämonisierung »der« Frau wirkte auf die Vorstellung zurück, indem die Schadenszauberei vornehmlich als Sache der Frauen angenommen wurde. Für das Hexereiverbrechen gilt die theoretische Gleichheit in noch größerem Maße. Die rechtlichen Tatbestände nehmen auf das Geschlecht in keinerlei Weise bezug, sie gelten in der gleichen Weise für Männer und Frauen. In der Rechtsanwendung freilich erhielten »Vorstellung« und »Begriff« ihre Bedeutung: erstere durch die Anzeigen und Denunziationen, aber auch durch die Zeugenaussagen der Betroffenen, letzterer durch die theoretische Fundierung des Verbrechenstatbestandes in der Theologie.

3.1 Hexerei und (katholisches) Kirchenrecht

Die christliche Kirche hatte (und hat bis heute) als Gemeinschaft von Menschen auf Erden trotz des religiösen Bezuges zum Selbstverständnis als »corpus Christi« seit den Frühzeiten Regeln (»canones«) hervorgebracht, die das Gemeindeleben ordneten, Funktionen und Zuständigkeiten (»Ämter«) angaben, Hierarchien auch in der Würdigkeit (»Weihen«) festlegten, Mißbrauch dieser Stellungen verhinderten und Maßnahmen gegen Störer und Abweichler vorsahen. Man kann in dieser Hinsicht die weltliche Seite der Kirche mit einer juristischen Person (einem Verein, einer Körperschaft, auch einer die Vermögensseite einbeziehenden Anstalt) vergleichen, die sich selbst ihre Organisation gab und beanspruchte, in dieser Macht auch vom Staat anerkannt zu werden. Auf die vielfältigen Auseinandersetzungen um diese rechtliche Zuständigkeit ist hier nicht näher einzugehen, jedenfalls war ein Kernbestand einer innerkirchlichen Rechtsorganisation nach dem Ende der Verfolgungen anerkannt. Zudem verband das religiöse Weltbild Kirche und weltliche Macht, was einerseits die Möglichkeit eines Miteinander begründete – vor allem dann, wenn ein gemeinsamer Gegner zu bewältigen war –, andererseits gerade wegen dieser Einheit den Kampf um den höheren Rang in der Hierarchie der »zwei Schwerter« verschärfte.

Die junge Kirche (bereits) setzte sich wegen des Anspruches auf einen einheitlichen Glaubensinhalt seit Beginn mit abweichenden religiösen Praktiken und theologischen Ansichten auseinander und bildete vor allem durch Konzilsentscheidungen ein verbindliches Glaubensbekenntnis aus, was nicht ohne Spaltungen im großen möglich war, aber auch einen Weg im Umgang mit den Abweichlern auf der kleineren Ebene der Gemeinden erforderte, der zugleich dem Anspruch auf geschwisterliche Liebe entsprechen und den diesbezüglichen Angaben in den heiligen Schriften (z.B. Mt 18,15ff.) folgen mußte. Im Zentrum stand die »communio«, die Zugehörigkeit eines jeden Christen zum »corpus Christi« als eines dessen Glieder, die sich nicht nur im Empfang der Eucharistie (daher »Kommunion« genannt) zeigte, sondern auch in dem friedlichen, von liebendem Geist geprägten Zusammenleben niederschlug bzw. niederschlagen sollte. Wie jede den Anspruch auf Wahrheit bzw. Richtigkeit erhebende Gemeinschaft bemühte sich die Kirche (als christliche Gemeinde unter einem Bischof, der im Westen sehr früh häufig Stadtherr wurde und damit richterliche Befugnisse erwarb und mit den Mitteln weltlicher

Herrschaftsausübung vertraut wurde) – im Unterschied zum Osten des römischen Reiches, der deshalb auch eine andere kirchenrechtliche Entwicklung nahm, auf die hier nicht eingegangen werden kann – um Einheit, um wechselseitige Zustimmung und Bestärkung und versuchte deshalb die Abweichler von ihrer Ansicht (als Irrglauben) abzubringen und sie zurückzugewinnen. Am Anfang standen daher das Gespräch und die Diskussion, verbunden mit dem Angebot, bei Bekehrung und Reue durch Leistung einer Buße Vergebung zu erhalten und wieder mit der Gemeinde und letztlich mit Gott – der die Vollmacht zur Sündenvergebung erteilt hatte – versöhnt zu sein. Diese Bußleistungen sollten den in der Sünde liegenden Hochmut des Betreffenden aufheben, weshalb sie körperliche Schwächung (etwa durch Fasten) und geistige Demütigung (etwa durch entehrende Unterwerfung) darstellten. Ihr Ziel war »medizinell«, d.h. sie sollten die Glaubenskraft (»virtus«) des Betroffenen wiederherstellen und stärken, und zwar auch für die Zukunft durch die in der Übelswirkung liegende Abschreckung (die auch bei öffentlichem Vollzug der Buße für die anderen erwartet wurde). Zugleich sollten sie die in der Sünde liegende Beleidigung der Gerechtigkeit Gottes aufheben, Genugtuung bieten und die Sündenschuld sühnen, hatten somit also auch einen »vindikativen« (Vergeltungs-)Charakter. Insofern kann man auch in dem Bußsystem trotz seines sakramentalen Charakters – der sich in dem Beichtgespräch zeigte – ein System von kirchenrechtlichen Strafen sehen, eine »Zwangsbuße«, deren Vollzug kontrolliert und durch die schlußendliche Wiederaufnahme (durch Handauflegen) für abgeschlossen erklärt wurde. Die Fragen, die in die Bußbücher und Beichtspiegel aufgenommen wurden, sollten nicht nur der eigenen Gewissenserforschung dienen, sondern stellten auch Normen (»canones«) dar, die von vornherein zu befolgen waren.

Jedenfalls waren die Grenzen dieses Bußsystems zu dem eigentlichen kirchlichen Rechtssystem fließend, was auch von dem jeweiligen Rechtsverständnis des heutigen Betrachters abhängt. Es spricht viel dafür, von eigentlichem »Recht« erst für die Fälle zu sprechen, in denen das geschwisterliche Gespräch und die Diskussion zu keinem zufriedenstellenden Ergebnis führten, sich die Fronten verhärteten und auch durch »intensive« Betreuung (z.B. durch Zwangsfasten und Schlafentzug als Mittel der Selbstbesinnung) nicht aufgelöst werden konnten. Vergleichbares galt für die Fälle, wo ein sündhaftes Verhalten offen zu Tage lag oder zumindest ein starker Verdacht oder ein »Gerücht« dafür sprachen, der Betreffende aber jede Schuld von sich wies und leugnete, aber dann durch ein Beweisverfahren – auf das noch einzugehen ist – überführt worden war. Man griff nun zu Zwangsmaßnahmen, die eindeutig als »Strafen« zu begreifen sind, auch wenn man sie als »Buße« bezeichnete. Angeordnet wurden z.B. neben dem Fasten auch Enthaltung von ehelichem Geschlechtsverkehr, Verbot des Waffentragens, Beten der Psalmen, Klosterhaft (»carcer«), Prügel (vor allem gegenüber Knaben), Entzug oder Verminderung der Einkünfte (vor allem für Kleriker), auch Geldbußen (die oft auch als Schadensersatz für das Opfer gedacht waren). Für schwere sündhafte Verfehlungen wurden auch entsprechend schwere(re) Strafen verhängt: Ausweisung aus dem Sprengel, Eintritt ins Kloster, bei Klerikern Degradation und Deposition, vor allem aber die »Exkommunikation«, die den Betroffenen aus der Gemeinschaft für gewisse Zeit oder bis ans Lebensende ausschloß, entweder aus dem gesamten Leben oder nur bezüglich bestimmter Handlungen (Empfang der Eucharistie, Teilnahme an öffentlichen Gebeten), häufig verbunden mit dem Verlust der Mitgliedschaftsrechte (wozu auch die Rechtsstellung in Verfahren gehörte). In feierlicher Form öffentlich verkündet, nannte man diesen sogar für alle Ewigkeit ausgesprochenen, also verdammenden Ausschluß »Anathem«. Doch lasse man sich von dieser Rhetorik nicht täuschen: Trotz allen vindikativen Charakters hatte auch die Exkommunikation (wie alle anderen kirchlichen Strafen auch) einen medizinellen Sinn, nämlich den Betroffenen zur innerlichen Umkehr zu bringen und letztlich zu einer Wiederaufnahme in die Gemeinde zu führen. Deshalb paßt die Todesstrafe nicht in dieses kirchenrechtliche System, auch wenn manche Quellentexte etwas anderes nahelegen könnten, was aber häufig darauf zurückzuführen ist, daß die Kirchenamtsträger zugleich auch weltliche Gerichtsherren waren, die – dann vertreten durch einen weltlichen Vogt, da die Kirche nicht nach Blut dürste (»ecclesia non sitit sanguinem«) – in weltlichen Verfahren zu Todesbestrafung verurteilten. Dies schloß allerdings nicht aus, daß die Kirche nach verfahrensmäßiger Feststellung von schwer sündhaften Taten, die auch von dem weltliche Recht mit Strafe bedroht waren, den Betroffenen aus ihrer Gemeinschaft ausschloß, was meist (nur) bei hartnäckigen oder rückfälligen Sündern – bei denen alle Rückgewinnungsversuche gescheitert waren – in Betracht kam, und ihn dann der staatlichen Macht (nicht »auslieferte«, sondern nur) zur Vollstreckung der angedrohten (Todes-)Strafe »übergab«. Zu Zeiten der Ketzerverfolgung war da oft manche Heuchelei im Spiel, wenn etwa bei dieser Übergabe ausdrücklich um Gnade gebeten wurde, zugleich aber die weltlichen Herren unter Androhung der Exkommunikation – wegen Unterstützung überführter Ketzer – zur Strafvollstreckung verpflichtet wurden. Aber es sollte doch terminologisch klargestellt werden, daß die Kirche selbst keinen Ketzer zum Tode verurteilt oder gar hingerichtet hat (auch wenn dies durch die weltliche Macht durchaus in ihrem Sinne, ja sogar auf ihren Druck hin geschah).

Damit ist bereits das in Abschnitt II. erörterte Problem der Ketzer angesprochen, genauer das der Häretiker, also der Christen, die von dem für verbindlich gehaltenen Glaubensbekenntnis in Theorie und/oder Praxis inhaltlich abwichen, und der Apostaten, die sogar einen anderen Glauben (z.B. den jüdischen) annahmen; auch der Rückfall in heidnische Götzenverehrung (»Idololatria«) wurde hier eingeordnet. Ein solcher Glaubensabfall wurde neben den Fleischessünden (Unzucht) und der Tötung als einer der drei Grundtypen schwerer Sünden betrachtet. Wie in Abschnitt II. im Rahmen der »guten Gesellschaft« dargestellt, sollten nach dem *Sendhandbuch* Reginos von Prüm (um 906) auch die Frauen, die von sich behaupteten, durch die Nacht zu reiten, aus der Gemeinde ausgewiesen werden, wie auch diejenigen, die an eine solche Erzählung als Realität glaubten. In Wahrheit handle es sich dabei vielmehr um eine Vorspiegelung von (Wahn-) Vorstellungen durch den Satan, dem sich die Betreffenden geöffnet und sich mit ihm verbunden hätten, wodurch sie eigentlich zu Heiden geworden wären. In gleicher Weise wurden die anderen Zaubereihandlungen bewertet, die auch mit leichteren Sanktionen geahndet wurden. Dafür hatte die Kirche ein eigenes Verfahren entwickelt, für das Regino auch sein Handbuch geschrieben hatte: das Synodal- oder Sendverfahren vor dem Bischof – aus dessen Visitationen es sich herausgebildet hatte – oder einem von ihm Delegierten, bei dem alle erwachsenen Christen erscheinen mußten. Aus ihrem Kreis, später dann als eigens bestellte Sendzeugen, hatte man/frau von sündhaften Taten zu berichten (nach dem Vorbild der karolingischen Rügeverfahren zu »rügen«), was dann als Klage gegen den so Verdächtig(t)en und dieser somit als Beklagter aufgefaßt wurde. Überführt werden konnte der Betroffene durch Geständnis oder durch beeidete Zeugenaussagen (wobei nach 5 Mose 17,4–7 und 19,15 das übereinstimmende Zeugnis zweier Zeugen ausreichend war), es war ihm aber auch die Möglichkeit eingeräumt, sich durch einen Reinigungseid – unterstützt durch mehrere Eideshelfer – freizuschwören (»purgatio«). Bei auf diese Weise nicht zu lösenden Fällen wurden auch Gottesurteile zugelassen, denen aber die Kirche wegen möglicher Gotteslästerung kritisch gegenüberstand.

Das Problem der Abweichler verschärfte sich ab dem 11. Jahrhundert, als Häretiker auftraten, die nicht nur bestimmte Inhalte des Glaubensbekenntnisses theoretisch ablehnten, sondern auch praktisch die Herrschaftsstrukturen in Kirche und Staat nicht anerkannten: Katharer – von denen dann das Wort »Ketzer« abgeleitet wurde –, in Frankreich Albingenser genannt, später auch Waldenser und andere Gruppierungen. Auch gegen sie ging die Kirche zunächst mit dem herkömmlichen Sendgerichtsverfahren vor – wo es noch bestand –, sonst mit vergleichbaren Mitteln durch ein Verfahren vor dem Bischof. Aber im Ansatz mußte sich dieses Vorgehen als wirkungslos erweisen, weil das schärfste Mittel der Exkommunikation nichts fruchten konnte gegen Menschen, die ohnehin diese von ihnen bekämpfte Kirche verlassen wollten (zugunsten der neuen, »ihrer«, besseren Kirche). Auch die Beweisführung war schwierig zu führen: Es gab wegen der Untergrundsituation nur wenige geeignete Zeugen, der Reinigungseid war nicht zielführend, weil zwar diese Ketzer oft die Eidesleistung wegen Mt 5,34 theoretisch ablehnten, aber in der Zwangssituation auf betrügerische (heuchlerische) Handlungen auswichen und zudem ein Mangel an Eideshelfern für sie innerhalb ihrer Gruppe nicht bestand. Gottesurteile wurden in einigen Fällen durchgeführt, stellten aber wegen der bereits genannten theoretischen Skepsis an ihrem Vollzug (wegen Gotteslästerung) gerade in diesen kirchenrechtlichen Verfahren keine anerkannte Problem-, weil Beweisbarkeitslösung dar. Das III. Laterankonzil (1179) drohte deshalb den Ketzern und ihren Verbündeten körperliche Mißhandlung an, in der Hoffnung, daß die Angst die seelische Umkehr bewirken könne. Zudem sollte das Vermögen des Betroffenen konfisziert werden, was mit dem Hinweis auf das römische Recht in Hochverratsprozessen legitimiert wurde: Ketzerei sei Abfall eines Christen von Gott und somit »crimen laesae majestatis divinae« (worauf noch einzugehen sein wird). Darüber hinaus bestimmte Papst Lucius III. 1184 in der Dekretale *Ad abolendam*, daß hartnäckige und rückfällige Ketzer dem weltlichen Arm zur geschuldeten Strafe überlassen werden sollten, nachdem sie zuvor exkommuniziert bzw. als Kleriker auch degradiert worden seien. Diese Strafe wurde endgültig seit 1194 und 1197 (Ketzeredikte Alfons' II. bzw. seines Sohnes Peters II. von Aragon) und dann seit 1224 bis 1232 (Ketzergesetzgebung Kaiser Friedrichs II., parallel dazu auch Gesetze des französischen Königs Ludwig IX.) die Todesstrafe des Verbrennens. Papst Innozenz III. anerkannte 1199 in der Bulle *Vergentis in senium* unter Hinweis auf den Charakter der Ketzerei als eines »crimen laesae majestatis (divinae)« die Strafbestimmungen Peters von Aragon, Papst Gregor IX. übernahm 1231 das Gesetz Friedrichs von 1224 in sein Register, allerdings nur gegen hartnäckige oder rückfällige Ketzer.

Zugleich veränderte sich das rechtliche Verfahren. Bereits Lucius III. verstärkte 1184 des Rügegedanken im Synodalgericht durch Einführung einer Anzeigepflicht. Alle Bischöfe sollten zwei- oder dreimal im Jahr verdächtige Pfarreien visitieren, mehrere Personen von gutem Leumund sollten Anzeigen erstatten. Die Angezeigten hatten sich in der Regel durch einen Reinigungseid (mit Eideshelfern) zu reinigen (was bei denjenigen, die die Ableistung eines Schwures wegen Mt. 5,34 ablehnten, zu einem Überführungsmittel werden konnte und auch sollte). Maßgebender Reformator wurde der seit 1198 regierende »Juristenpapst« Innozenz III., der das gesamte Verfahren neu regelte und so das Verfahren schuf, das als »Inquisitionsverfahren« Geschichte machen sollte, auch im weltlichen Bereich (für den sich vergleichbare Beweisprobleme ergaben). Ansatz dafür war das sogenannte »Infamationsverfahren«, das Disziplinarverfahren gegen Kleriker, in dem der Bischof aufgrund des schlechten Leumunds gegen die Verdächtig(t)en (z.B. wegen Amtsmißbrauchs, Ämterkaufs oder Sexualvergehen) vorzugehen hatte. Dabei sollte das Gerücht (»fama«) selbst als Kläger fingiert werden, der durch den kirchlichen Beamten (später oft »Promotor« genannt) vertreten wurde. Die verfahrensrechtlich gebliebene und reichlich ausgenützte Möglichkeit, sich dann durch Eid mit Eideshelfern zu reinigen, mißfiel dem Papst, weshalb er seine Legaten spätestens 1206 (in der Dekretale *Qualiter et quando*) anwies, nach der materiellen Wahrheit des Vorwurfs zu forschen und auf der Grundlage dieser Erkenntnisse zu entscheiden. Dafür sollte auf das alte römischrechtliche Beweisverfahren – vor allem durch Tatzeugen und Urkunden, aber auch durch außergerichtliches Geständnis – zurückgegriffen werden. Mit dem 8. Kanon des IV. Laterankonzils 1215 wurde dieses Verfahren »per inquisitionem« (d.h. durch Aufspüren) als verbindlich für alle innerkirchlichen Prozesse gegen Kleriker etabliert. Der Gedanke, dieses neue Verfahren auch für die Ketzersuche anzuwenden, lag nahe. 1229 sah das Konzil von Toulouse vor, daß in jedem Ort Suchtrupps – bestehend aus einem Priester und drei Laien – sorgfältig nach Ketzern forschen und diese den kirchlichen Behörden (d.h. den Bischöfen) anzeigen sollten. 1231 schließlich beauftragte Gregor IX. Konrad von Marburg, dann zwei Regensburger Predigerbrüder und schließlich eine Reihe von Dominikanern mit der Ketzerbekämpfung. Seit den 1240er Jahren bürgerte sich für diese päpstlichen Sonderbeauftragten die Bezeichnung »inquisitores heretice pravitatis« (»Verfolger der ketzerischen Verderbtheit«) ein. 1252 faßte Innozenz IV. in der Bulle *Ad extirpanda* die zerstreuten päpstlichen Bestimmungen zur Ketzerverfolgung zusammen und ließ unter ausdrücklicher Berufung auf die Ketzergesetzgebung Kaiser Friedrichs II. die dort vorgesehene Anwendung der »Tortura« (Folter) durch die weltlichen Behörden im Ketzerverfahren zu, wobei den geistlichen Inquisitoren – die in dieses Verfahren eingebunden seien – weiterhin die deswegen kirchenrechtlich angedrohte Irregularität (im Ergebnis damit die Amtsunwürdigkeit) drohte. 1256 ermächtigte Papst Alexander IV. die Inquisitoren, sich gegenseitig von dieser Irregularität zu dispensieren. Damit blieb zwar formell die Anwendung der Folter verboten, doch war die Wirkung der Verbotsverletzung dispensabel, weshalb in der Praxis des kirchlichen Inquisitionsverfahrens die Folter durchführbar war, auch wenn die Inquisitoren sie lieber von weltlichen Instanzen durchführen ließen. Juristisch wurde diese Zulassung mit dem Hinweis auf das römische Hochverratsverfahren abgesichert, das auch die Folterung von Freien erlaubt hatte. Allerdings wurde – gegen die römischrechtliche Tradition – die Zulässigkeit auf unblutige Maßnahmen (wie Schlaf- und Nahrungsentzug, Dunkelhaft, Einflößen von Weihwasser, Hochziehen auf einem Wippgalgen, leichte Prügel) beschränkt, ein Verhältnis von Verdachtsstärke und Maß des Folterzwanges bestimmt (das dann zur Ausarbeitung einer »Indizienlehre« als Grundlage der Folteranwendung führte) und die Folter grundsätzlich nicht nur als Beweismittel zur Erhärtung eines Verdachts (durch das Geständnis), sondern auch als ein – dem Reinigungseid vergleichbares – Beweismittel zur Widerlegung des Verdachts (also als Unschuldsbeweis bei Überstehen der Qualen) anerkannt. Überdies ist anzumerken, daß von der Zielsetzung des Ketzerverfahrens gerade der Kirche her immer die Wiedergewinnung der verlorenen Kinder im Zentrum stand, weshalb auch die Folter als Maßnahme der Umkehr verstanden wurde – was sich z.B. bereits in der etymologischen Erklärung des Wortes »tormentum« (für Folter) als »torquens mentem«, also »den Geist wendend« (nämlich durch die Schmerzen) durch Isidor von Sevilla (gest. 636) gezeigt hatte. Der inquirierende Geistliche (ob päpstlicher Inquisitor oder Bischof) war immer auch Beichtvater, dem es um das Seelenheil des Betreffenden gehen sollte, weshalb der Zweck der Geständniserzielung zugleich die Möglichkeit darstellte, die eingestandene Ketzerei zu widerrufen und ihr abzuschwören. Deshalb begann auch die eigentliche Inquisition mit einer Predigt, die einerseits alle Rechtgläubigen zur Anzeige verdächtig(t)er Personen aufforderte, andererseits aber allen Irrenden die Chance gab, sich innerhalb der »Gnadenfrist« dem Richter zu eröffnen und Umkehr zu üben. Die Widerrufung der Ketzerei war das primäre Ziel, das dann in einem feierlichen »actus fidei« (spanisch »Audodafé«) gemeinsam gefeiert wurde, bei dem über die Reuigen eine Bußleistung verhängt wurde (meist das Tragen eines Ketzerkleides oder zumindest eines -zeichens für eine bestimmte Zeit). Die dann rückfällig gewordenen oder die überführten, aber hartnäckig bleibenden Ketzer wurden exkommuniziert und der weltlichen Macht zur Strafe überlassen, die dann meist kurz nach dem Fest vollstreckt wurde (im übrigen auch bei bereits Verstorbenen). Die Theorie, die zunehmend auch die Ketzerei mit einem Teufelspakt in Verbindung brachte, was dann auch zu der in Abschnitt II. dargestellten Verschmelzung von Hexerei und Zauberei führte, brachte eine Verschärfung dieses Verfahrens mit sich, da die Möglichkeit des Abschwörens wegen der Unauflösbarkeit des Paktes nicht mehr anerkannt wurde, wodurch auch das Zeremoniell des »actus fidei« wegfallen mußte.

Dieses neue Verfahren wurde vor allem durch die vom Papst eingesetzten Inquisitoren – meist Angehörige des Dominikanerordens – propagiert und praktiziert, aber auch durch den kirchenrechtlich an sich zuständigen Bischof. Bei Ketzereiverdacht wurde die römischrechtliche

Regelung des Hochverratsverfahrens übernommen, nicht nur bezüglich der bereits genannten Zulässigkeit der Folter und der Konfiskation des Vermögens der Betroffenen, sondern auch bezüglich der lockeren Regeln über die Denunziation. Allgemein war die Aussage nur eines »guten« (d.h. gut beleumundeten) Zeugen maßgebend; nur gegen Verräter konnten auch schlechte Zeugen, sogar bereits überführte Mittäter auftreten, weshalb auch die Möglichkeit der Anonymität eingeräumt wurde, was selbstverständlich die Möglichkeit der Verteidigung einschränkte (die auch sonst eigentlich nicht vorgesehen war). Insgesamt entfiel eine weitere Reihe von ansonsten (im herkömmlichen Klagsverfahren) vorgeschriebenen Formalitäten, wie das Verfertigen bestimmter Schriftstücke (vor allem einer den Vorwurf genau auflistenden »artikulierten« Klage), zugunsten des nun »summarisch« vorgehenden Schnellverfahrens, in dem – wie Papst Bonifaz VIII. formulierte – »einfach, ohne Umstände und ohne Einreden der Advokaten und Richter« vorgegangen werden konnte.

In Deutschland war diese päpstliche Inquisition nicht von großer Bedeutung. 1231 wurde Konrad von Marburg – ein Weltkleriker (und kein Dominikaner) – von Gregor IX. eingesetzt und begann seine Tätigkeit der Ketzersuche mit unnachgiebigem Verfolgungseifer, der zum Tod von mehreren hundert Menschen führte. Bald sah er sich wachsender Kritik ausgesetzt, vor allem von seiten der Bischöfe. Als er mit einer gerichtlichen Klage gegen den einflußreichen Grafen von Sayn scheiterte und einem Verbot des Erzbischofs von Mainz zum Trotz mit einer Kreuzzugspredigt gegen die Ketzer begann, wurde er 1233 auf dem Weg nach Marburg erschlagen. Nach seinem Tod kam es nur zu einigen vereinzelten Aktivitäten päpstlicher Inquisitoren. Die Verfolgung der Ketzer lag in den Händen der Ortsbischöfe und ihrer Amtsträger. Seit 1364 wurden die Inquisitorenämter für die meisten deutschen Kirchenprovinzen nur mehr routinemäßig besetzt. Ihre Tätigkeit trat aber gegenüber den zunehmenden Verfahren vor weltlichen Gerichten (vor allem auch der Städte) weit zurück. Der letzte Inquisitor im Kerngebiet des Reiches, von dem ausführliche Tätigkeitsnachweise überliefert sind, war Jacob von Hochstraten (gest. 1527), Prior des Kölner Dominikanerklosters, zuständig für die Kirchenprovinzen Köln, Mainz und Trier. In Wort und Tat kämpfte er gegen die Vertreter der frühen Reformation, vor allem gegen den Humanisten Johannes Reuchlin. Der protestantischen Bewegung aber stellte sich kein Inquisitor mehr entgegen. Über die Aktivitäten der päpstlichen Inquisition in anderen Ländern informiert das 2004 erschienene Buch von Gerd Schwerhoff.

Der Zusammenhang von Hexerei und Ketzerei ist in Abschnitt II. dargestellt. Es darf daran erinnert werden, daß anfangs Zauberei nicht in die Zuständigkeit der (Ketzer-)Inquisition fiel, sondern allgemein der Gerichtsbarkeit des Bischofs im Rahmen des Sendgerichtsverfahrens bzw. dem kirchlichen Bußverfahren zugeordnet war und blieb. Dabei sei angemerkt, daß die Schädigung durch Zauberei von vornherein in die Zuständigkeit der weltlichen Gerichtsbarkeit fiel (wie noch zu zeigen sein wird), weshalb in der Praxis meist dieses »crimen mixtum« von den weltlichen Behörden abgeurteilt wurde. 1258/60 legte Papst Alexander VI. kirchenrechtlich verbindlich fest, daß die Inquisitoren sich mit »divinationes et sortilegii« (also Hellseherei und Wahrsagerei) beschäftigen sollten, wenn sie häretisch seien und nach Häresie (gemeint Ketzerei) schmecken, d.h. wenn sie einen Angriff auf die Lehren der Kirche beinhalten würden. Papst Johannes XXII. – auf den selbst 1317 ein zauberischer Anschlag (mit Gift und Bildzauber) durch einen Bischof verübt wurde – ließ 1320 die Inquisitoren für Toulouse und Carcassonne u.a. gegen diejenigen vorgehen, die Dämonen verehrten, mit ihnen einen Pakt schlössen, zu deren Beschwörung Bilder aus Wachs anfertigten oder eine konsekrierte Hostie oder ein anderes Sakrament zu Wahrsagerei oder Schadenszauber (»maleficiis«) mißbrauchten. In dem Edikt *Super illius specula* von 1326/27 wurde als alles umfassender Vorwurf der Abschluß des Teufelspaktes genannt. Doch blieb weiterhin die Richtlinie von 1258/60 bestehen, die auch z.B. in dem bedeutenden *Directorium Inquisitorum* des Dominikanerpaters Nikolaus Eymerich (1376) wiederholt wurde. Die Ausweitung der Inquisition auf die »gute Gesellschaft« – über die in Abschnitt I. berichtet wurde – geschah im Rahmen der Ketzerverfolgung. Man sprach – z.B. in einem Prozeß in der Nähe von Turin des Jahres 1387 – von der »synagoga valdensium«, meinte damit also die Zusammenkunft der Waldenser. So auch in den übrigen Verfahren im Westalpengebiet, wohin sich offensichtlich die letzten Ketzergruppen geflüchtet hatten: in Gebiete – unabhängig von den Sprachgrenzen (französisch, italienisch, deutsch) – von der Dauphiné im Süden über das Herzogtum Savoyen mit dem Aostatal und dem Genfer See bis zum Wallis und den Alpentälern nördlich von Mailand und Como. Zu den Scheußlichkeiten auf diesen Festen wurde auch der Schadenszauber (vor allem mit Salben aus dem Fett getöteter Kinder) gezählt. Auf die zwischen 1428 und 1443 erschienen fünf grundlegende Traktate, die den Charakter dieser »neuen« Sekte der Hexerei herausarbeiteten – die *Luzerner Stadtchronik* des Johannes Fründ, der *Formicarius* des Johannes Nider, die anonymen *Errores Gazariorum*, der Traktat *Ut magorum et maleficiorum errores* des Claude Tholosan sowie der *Champion des Dames* des Martin Le Franc – wurde in Abschnitt II. bereits hingewiesen, während hier ist die prozessuale Seite zu nennen ist. Von wesentlicher Bedeutung war dabei eine Vollmacht Eugens IV. für den Inquisitor von Carcassonne im Jahr 1437, in dem der Teufelspakt mit der Schadenszauberei in enge Verbindung gebracht wurde und beides im Mittelpunkt der Inquisition stehen sollte. Es ist anzunehmen, daß dieser Papst durch die radikalisierenden Hetzpredigten des Franziskaners Bernhard von Siena (gest. 1444, heiliggesprochen bereits 1450) beeindruckt war. Ähnliche Vollmachten für einzelne Inquisitoren stellten Nikolaus V. 1415 für Frankreich, Calixt III. 1457 für italienische Gebiete, selbst der Humanist Enea Silvio Piccolomini als Papst Pius II. 1459 für eine Diözese in der Bretagne aus. Den Höhepunkt bildete die berüchtigte Bulle *Summis desiderantes affectibus* (1484) von Innozenz VIII., mit der die Dominikaner Heinrich Kramer (Institoris) – der bereits 1478 für das gesamte Oberdeutschland zum Inquisitor bestellt worden war – und Jakob Sprenger zu Inquisitoren in Deutschland ermächtigt wurden. Hier stand nur mehr der breit umschriebene Schadenszauber aufgrund des Teufelspaktes im Mittelpunkt der neuen Ketzersekte (und damit auch im Zentrum der Inquisitionstätigkeit). Doch stieß Kramer auf Widerstände: Vor allem sein Versuch, im Bistum Brixen »erfolgreich« zu werden, wurde von dem kirchenrechtlich zuständigen Bischof Georg Golser vereitelt, der den damals etwa 54jährigen als »ganz kindisch gewordenen« und »verrückten« Frauenfeind bezeichnete und zahlreiche Verfahrensfehler im Vorgehen des Inquisitors bemängelte (der nach Kirchenrecht auf Zusammenarbeit mit dem Bischof – wie auch mit einem Vertreter des Landesherrn – angewiesen war). Kramer zog sich in ein Kloster zurück und schrieb den *Malleus Maleficarum* (1486), in dem er die Realität des Schadenszaubers aufgrund des Teufelspaktes darlegte und dafür – nach seinen »schlechten« Erfahrungen verständlich – die weltlichen Gerichte für (zumindest auch, wenn nicht sogar primär) zuständig erklärte. 1491 schrieb Kramer eine Kurzfassung für die Stadt Nürnberg, die sich höflich bedankte, aber zu keinen Verfolgungen schritt. 1500 erhielt er von Alexander VI. die Vollmacht, in Böhmen und Mähren zu inquirieren, jedoch auch hier ohne nennenswerten Erfolg. Kramer starb 1505 in Mähren. Danach hörte die Inquisition in Deutschland auf. Dies und das weitere Verhalten der Kirche in Sachen »Verfolgung« (außerhalb von Deutschland) können interessierte LeserInnen in dem Buch *Die Päpste und die Hexen* von Rainer Decker finden.

Die Richtung hatte der *Hexenhammer* für die Zukunft vorgegeben. Das neue Delikt der Hexerei konzentrierte sich auf den Schadenszauber, wie er seit jeher als Gegenstand der weltlichen Rechtsprechung angesehen worden war. Die Hexereiverfahren in Deutschland wurden von weltlichen Gerichten unter Anwendung weltlicher Gesetze durchgeführt (worauf sogleich einzugehen ist). Doch schließt dies nicht aus, daß an sich die Hexerei weiterhin Gegenstand der päpstlichen Inquisition in anderen Ländern war, freilich nur unter der Voraussetzung deren Einheit mit der Ketzerei. Gerade diese Voraussetzung stellte die römische *Hexenprozeßinstruktion* aus der Zeit um 1620 in Frage, indem anerkannt wurde, daß es auch Zauberei »ohne förmlichen Abfall von Gott« geben könne; zudem wurde die Position des *Canon Episcopi* bezüglich des Fluges und des Sabbats eingenommen. Auch die Zulassung der Folter wurde dermaßen eingeschränkt, daß diese in der Praxis wegfallen mußte (wobei anzumerken ist, daß eben zu dieser Zeit – nämlich 1630 – der Jesuit Friedrich von Spee seine in vielem parallel argumentierende prozeßkritische Schrift *Cautio Criminalis* anonym in Deutschland veröffentlichte). Materiellrechtlich allerdings galten für die ketzerische Hexerei die harten Bestimmungen weiter, wobei sich das Problem stellte, daß eigentlich nur für rückfällige oder hartnäckige Ketzer die Todesstrafe als legitim anerkannt war, was bedeutete, daß bei Reue ein Ersttäter nicht der weltlichen Macht überlassen werden konnte. Eine Vermittlung sah Papst Gregor XV. 1623 mit der Bulle *Omnipotentes Dei* vor: »Wenn jemand erwiesenermaßen einen Bund mit dem Teufel gemacht und unter solchem Abfall vom christlichen Glauben eine oder mehrere Personen durch Zauberkünste derart beschädigt hat, daß dadurch der Tod eingetreten ist, soll der Betreffende schon beim ersten Mal dem weltlichen Arm zur gebührenden Strafe [d.h. der Todesstrafe] überlassen werden; derjenige aber, der im Bunde mit dem Teufel nur Krankheiten oder eine erhebliche Beschädigung von Tieren und Saaten hervorgerufen hätte, soll zu Einmauerung oder zu lebenslänglichem Gefängnis verurteilt werden« (was eine Überlassung an die weltliche Macht ausschloß). Dies alles kann in dem zitierten Buch von Rainer Decker nachgelesen werden.

Es blieb aber weiterhin die Hexerei als Gegenstand des kirchlichen Bußverfahrens. Auch wenn – nach der genannten *Hexenprozeßinstruktion* – jemand (vor allem aus dem weiblichen Geschlecht), der/die Liebes- oder Heilzauber oder Beschwörungsformeln zur Erreichung eines bestimmten Zweckes einsetzte, mangels förmlichen Abfalls von Gott (im Teufelspakt) keine »förmliche Hexe« (»strix«) oder »Zauberin« (»sortilegia«) war, handelte sie doch abergläubisch und damit sündhaft.

3.2 Hexerei und evangelische Kirchenzucht

Hinzuweisen ist auch auf die Verhältnisse in den evangelischen Territorien. Die neue christliche Religion kannte selbstverständlich keine päpstliche Inquisition, deren Eingreifen Luther im eigenen Leben verspürt hatte. Die Reformation lehnte auch das (katholische) Kirchenrecht ab; darüber hinaus stand die neue Kirche – wenn man diesen Begriff überhaupt verwenden will (und nicht nur von den »Gemeinden« sprechen will – einer rechtlichen Verfaßtheit des christlichen Zusammenlebens überhaupt sehr kritisch gegenüber. Luther hatte mit der »Zwei-Reiche-Lehre« das Recht dem weltlichen Regiment zugeordnet, dem geistlichen Regiment das Wort. Aber so konsequent war dies schon bei Luther selbst nicht durchgehalten worden. Endgültig wurde diese Lehre in der Konzeption des landesherrlichen Kirchenregiments aufgegeben, die sich nach dem Vorbild von Kursachsen (vor allem in den Kirchen- und Schulvisitationen der Jahre von 1526 bis 1530) in den evangelischen Territorien herausbildete. Das weltliche Regiment beanspruchte das Recht auf Überwachung der kirchlichen Ordnung in ihrer äußeren Gestalt, mit dem Ziel, auch in der Kirche Frieden und Einigkeit unter den Gläubigen herzustellen und zu bewahren.

Deshalb finden sich in den Kirchenordnungen der Landesherrn (und der evangelischen Städte) auch Bestimmungen gegen Zauberei als »abergläubische Machenschaften« (ohne Abschluß des Teufelspaktes), worunter vor allem auch »papistische Zauberei« – also die Sakrament(ali)e(n) im Rahmen der katholischen Praxis – angeführt sind (was für die Selbstkonstituierung der neuen Gemeinden wichtig war). Gemeint waren Zauberer, Gotteslästerer, Segenssprecher und Wahrsager (die mit Hurern, Ehebrechern und geschiedenen Eheleuten auf die gleiche Stufe gestellt wurden). Dagegen war nicht nur geistlich-seelsorgerlich durch Predigten und Unterricht über den Katechismus (in dem die Zauberei als Verstoß gegen die ersten drei Gebote des alttestamentlichen Dekalogs angeführt wurde) vorzugehen, sondern auch im Rahmen der Kirchenzucht im Zusammenhang mit den Visitationen durch die Superintendenten in den Dekanaten. Sie hatten – wie etwa in der Kapitelsordnung von 1565 für das Markgraftum Ansbach – u.a. nach »gotteslesterung [und] zauberei« zu fragen und auf die Beschwerden der Pfarrer und anderer Kirchendiener, aber auch der Gemeindemitglieder selbst einzugehen.

Susanne Kleinöder-Strobel hat die noch vorhandenen Protokolle dieser Visitationen in den fränkischen Markgraftümern im 16. Jahrhundert auf die Verfolgung von Zauberei (und Hexerei) hin untersucht. Gefunden wurden Hinweise auf Wetterzauber und -läuten, Abgötterei mit Segnen, Zauberei mit Totenschädeln, Wahrsagen und Ratsuchen bei einem Wahrsager, Liebeszauber, Verwenden von Zauberbüchern (z.B. zur Schatzgräberei), Schadenszauberei, Verfertigen und Verwenden von Zaubersprüchen und immer wieder allgemeine (im Geheimen betriebene) Zauberpraktiken – anzumerken ist, daß häufig eine Abgrenzung zu den katholischen Sakramentalien versucht wurde, die ebenfalls als Zauberei betrachtet wurden. Jeder Hinweis auf Teufelspakt (oder auf sonstige Merkmale des »elaborierten« Hexereibegriffs) fehlte (was selbstverständlich ist, da diese Vorwürfe in die Zuständigkeit der Gerichte fielen). Davon waren zwei Drittel weiblichen Geschlechts, ausschließlich Erwachsene. Die Reaktionen der kirchlichen Leitung sahen den einheitlichen Grund dieser Handlungen in der abergläubischen Haltung der Betreffenden, die sich nicht auf Gott verlassen, sondern mit eigenen Mitteln ihr Leben in die Hand nehmen wollten. Dadurch würden sie nicht nur gegen Gott sündigen, sondern auch den Frieden in der Gemeinde stören, weil es zu Streitigkeiten kommen könne. Von daher ist die bereits zitierte Äußerung von Johannes Brenz zu verstehen, wonach jede(r) »würdig« sei, wegen Hexerei bestraft zu werden, die/der ein »unmessiges und rüdes freches Leben führt«. Als Strafen wurden im Rahmen dieser Kirchenzucht Ermahnungen und Bußen verhängt. In schweren Fällen oder dort, wo diese Strafen nicht angenommen wurden, übergab man die Betreffenden an die weltliche Gewalt.

Von dieser Praxis der Kirchenzucht her ist es verständlich, daß auch in den protestantischen Territorien Zauberei- und Hexereivorstellungen lebendig blieben und stets den Boden für Anzeigen und Denunziationen boten (was in gleicher Weise nach dem Gesagten auch für die katholischen Gebiete galt). Noch mehr: Es galt sogar als christliche Pflicht, diese sündhaften Menschen anzuzeigen, um ihr Seelenheil zu retten. Dazu kam die fortwährende Belehrung des Katechismus, der auch die Sünde der Zauberei erwähnte und die Macht des Teufels betonte. Auf den Einfluß gerade auf Kinder(hexen) wurde in Abschnitt II. hingewiesen.

3.3 Weltliche Bestrafung der Zauberei

In der Geschichte der strafrechtlichen Bestimmungen stand die Schadenszauberei im Zentrum. Im römischen Staat vor der Einführung des Christentums war Zauberei als solche nicht strafbar, sondern nur als zauberische Schädigung eines anderen Menschen. Bereits die älteste Gesetzgebung der Stadt Rom, die *Zwölftafelgesetze*, enthielt Bestimmungen gegen zauberischen Erntediebstahl und Schädigung durch Wettermachen. Auch Tötung durch Zauberei – vor allem als Vergiftung (»veneficium«) – hielten die Römer für möglich. Die *Lex Cornelia de sicariis et veneficiis* (geschaffen unter dem Diktator Sulla) dehnte in der Zeit des Kaisers Tiberius die Todesstrafe auf diese Zauberei aus. Auch die »germanischen« Volksrechte (*Leges Barbarorum*) enthielten im wesentlichen Bestimmungen (nur) über Schadenszauberei (»maleficium«). Der herbeigeführte Schaden sollte – wie bei anderen Taten – durch Bußzahlung, bei Tötung des Wergeldes, abgegolten werden.

Abb. 3: Folter (Ausschnitt), aus: Ulrich Tengler, Der neü Layenspiegel, Augsburg 1511

Doch gingen bereits die römischen Kaiser über die Pönalisierung der Schadenszauberei hinaus. Sie drohten den Formen von Zauberei schwere Strafen an, in denen sie eine Gefahr für ihre Herrschaftsstellung und die Einheit des Reiches sahen. Dies betraf vor allem die Praktiken, die geheim und (daher) unkontrolliert durchgeführt und als mögliches Nest von Verschwörungen angesehen wurden: Wahrsagen (»divinatio«) und Sterndeutung (durch »mathematici«), aber auch Zeichen- und Traumdeutung oder Toten- und Geisterbeschwörung. Manche Kaiser sahen sich durch diese Versuche, außergewöhnliches Wissen bzw. die Zukunft zu schauen, in ihrer politischen Macht bedroht, weshalb sie darin ein »crimen laesae majestatis« – also Hochverrat – sahen; insofern betrachteten sie diese Zauberei als schädlich, zumindest gefährlich. Aus denselben Gründen gingen sie gegen religiöse Sekten vor, wenn deren Lehren als staatsfeindlich angesehen wurden. Deutlich wird dies in dem Edikt des Diokletian aus dem Jahr 297, mit dem die Manichäer verfolgt werden sollten. Der Kaiser – der als Christenverfolger »berühmt« geworden ist – drohte den Urhebern und den führenden Köpfen dieser Religionsgemeinschaft den Tod auf dem Scheiterhaufen (und den Gefolgsleuten den Tod durch Enthauptung oder die Verdammung »ad metalla«, also zur Zwangsarbeit in den Bergwerken) an, weil diese Lehre – begründet von dem Perser Mani (gest. 277) – im Rahmen eines fundamentalen Dualismus zwischen dem Reich des Lichtes und dem der Finsternis, zwischen Geist und Materie also, die römische Gesellschaft letzterem zuordnete und dadurch den Charakter des Gesellschaftsfeindlichen erhielt; zudem sah man – da gerade wieder einmal ein Krieg mit Persien bevorstand – in den Manichäern Spione des Großkönigs und damit Staatsfeinde. 382 wiederholte Theodosius diese Strafandrohung und sah ein eigenes Verfahren (»forum«) vor: Zuträger und Denunzianten sollten zugelassen sein, eigene »inquisitores« sollten ex officio nach Anhängern forschen, keine Einrede dürfe den Prozeß verzögern. In der Folge ergingen immer neue Dekrete, etwa im Jahr 383, wo der »guten Gesellschaft« und den »loyalen Bürgern« das Recht eingeräumt wurde, Pogrome gegen die Manichäer zu veranstalten. Im Jahr 407 wurde der Manichäismus zum »crimen publicum« erklärt, die bürgerlichen Rechte wurden empfindlich (weiter) eingeschränkt. Hans-Georg Beck zeigt in seiner Arbeit über den »actus fidei«, wie sich der Begriff des Manichäismus zugleich mit deren Stellung in der spätantiken Gesellschaft allmählich veränderte: Sie gaben sich offensichtlich häufig als Christen aus, galten als »Katechumenen« – wie wahrscheinlich auch Augustinus, der in seinen frühen Jahren dieser Lehre anhing –, weshalb zunehmend das Wort auf christliche Häretiker angewendet wurde. So kam es zu weltlichen, auf Veranlassung der römischen Kaiser durchgeführten Verfahren gegen »Ketzer«, für die die Beurteilung als Häretiker und damit auch die Verurteilung durch die kirchlichen Sachverständigen erforderlich wurden. Damit wurde das Zusammenspiel zwischen Staat und Kirche eingeleitet, wie es dann in der Ketzerverfolgung ab 1100 bestimmend wurde (worauf bereits eingegangen wurde).

Im Jahre 529 wurde die gesamte römische Zaubereigesetzgebung von Kaiser Justinian (527–565) in seinem *Codex* in dem Kapitel *De maleficiis et mathematicis et ceteris similibus* zusammengefaßt und so Teil des *Corpus Iuris Civilis*. Aber auch die germanischen Volksrechte übernahmen diese Bestimmungen, wenigstens in manchen Gebieten. Interessierte LeserInnen können dazu in dem sehr informativen Buch von Nicole Zeddies, *Zur Inkriminierung von Magie, Häresie und Heidentum vom 4. bis zum 7. Jahrhundert*, nachlesen, wobei sie den Begriff des »Sacrilegium« in den Mittelpunkt stellt. Deutlich wird in dieser Arbeit auch das Weiterwirken der Theorie des Herrschers als des auch für die religiöse Einheit Zuständigen und Verantwortlichen. Bezeichnend ist, daß auch Karl der Große in seinem Streben, das Reich Gottes in seinem Frankenland zu verwirklichen, alle Formen von Zauberei für verboten erklärte. 789 sah die *Admonitio generalis* für Wahrsager, Loswerfer, Sterndeuter, Magier, Verehrer von Bäumen, Felsen und Quellen vor, daß sie »emendentur vel damnentur«, also aufgespürt und verurteilt werden sollten, wohl nicht, weil Karl an die Realität dieses Zaubers dachte – da in eben diesem Zusammenhang auch die »cauclearii«, also die Gaukler und Betrüger, genannt waren –, sondern weil sie als unchristlich angesehen wurden. Das *Capitulare missiorum generale* (von 802, also nach der Krönung Karls zum Kaiser der Römer) schrieb den Grafen und Zentenaren vor, gewissenhafte Dienstleute zu halten, die Diebe, Räuber, Mörder, Ehebrecher und all diese Zauberer und Gaukler der gerechten Strafe zuführen sollten. In einem zwischen 806 und 813 ergangenen Kapitular wurde das Verbot der Zauberei wiederholt. An welche Strafen dabei gedacht war, ist fraglich, doch stand hinter dem gesamten Heilsprogramm des Kaisers das Ziel der Besserung und Heiligung der Bevölkerung, weshalb anzunehmen ist, daß zunächst Prügelstrafen, Haarscheren (bis hin zum Skalpieren) und Ehrenstrafen, im Wiederholungsfall Verstümmelungsstrafen bis hin zur Todesstrafe drohten. Auch sprechen die zeitgenössischen Texte eindeutig von peinlichen Befragungen, sicherlich Vorformen der Folter – aber auch dies offensichtlich, um die »Zauberleut'« zur Umkehr zu bewegen.

Diese Vorschriften des christlichen Kaisers Karl wirken für uns scharf (am schlimmsten die Gesetze gegen die zwangsbekehrten Sachsen, die für zahlreiche heidnische Gebräuche die Todesstrafe androhten). Doch muß berücksichtigt werden, daß dadurch zugleich ein Schutz der männlichen und weiblichen Zauberer vor Lynchjustiz erstrebt wurde. Nach dem damaligen Klagsverfahren konnten die Verklagten sich durch Eid mit Eideshelfern von dem Klagevorwurf reinigen, sofern sie eidesfähig waren. Waren sie dies nicht – wie etwa Frauen und Unfreie –, mußten sie ein Gottesurteil bestehen, also z.B. die Eisenprobe, bei der die Wunde, die sie durch Tragen eines glühendes Stückes Eisen erlitten hatten, schnell heilen mußte, oder die Wasserprobe, bei der sie ihre Unschuld dadurch beweisen konnten, indem sie in das Wasser untersanken. Wurden die Betreffenden auf handhafter Tat ertappt – also etwa beim Vorbereiten von Zaubertränken oder am Kessel –, konnten sie durch Siebenereid des Klägers (also mit sechs Eideshelfern) überführt werden; später reichte für dieses sehr klägerfreundliche Verfahren bereits ein böser Leumund aus. Häufig half diesen im Geruch bzw. Gerücht von Zauberei stehenden Menschen nicht einmal das erfolgreiche Bestehen eines Gottesurteils. Manchmal wird berichtet, daß die aufgeregte Bevölkerung trotzdem zur Tötung (Ertränken, aber auch Verbrennen) schritt. Diese Lynchjustiz versuchte bereits das langobardische und alemannische Volksrecht zu bekämpfen, indem es das Verbrennen von Zauberern oder »strigae« ausdrücklich verbot. Karl der

Große zog mit diesen Bestimmungen das Verfahren an sich – als Vorform des Inquisitionsverfahrens – und sah für die überführten Zauberer ein Verfahren der Besserung vor, das im Normalfall keine Todesstrafe kannte. Unter den politisch schwachen Nachfolgern Karls freilich kehrten die früheren Zustände zurück, zum Teil traten halb anarchische Zustände ein.

Ab dem 12. Jahrhundert wurde das *Corpus Iuris Civilis* des Justinian in Italien rezipiert, von wo aus es in kirchliches und dann auch in weltliches Rechtsdenken Eingang fand. Dadurch verloren die traditionellen Rechtsvorstellungen, die die Laien als Gewohnheitsrecht kannten und deshalb in den Verfahren als Urteiler anwenden konnten, zugunsten des wissenschaftlich systematisierten, auch in Latein geschriebenen Rechts an Bedeutung, das vorwiegend die studierten Schriftführer, dann die juristischen Beisitzer an den Gerichten gelernt hatten. In der Praxis führte dies dazu, daß die eigentliche Rechtsprechung den Laien aus den Händen genommen und den jungen, aufstrebenden und meist an fremden Universitäten ausgebildeten Rechtsgelehrten überlassen wurde. Zumindest wurde von der *Constitutio Criminalis Carolina* (1532) vorgeschrieben, daß die schwierigen Rechtsfragen durch Gutachten der Fakultäten der Universitäten, der gebildeten Gelehrten an bedeutenden Schöffenstühlen oder der gelehrten Räte an den Fürstenhöfen zu lösen seien, was bedeutete, daß das Verfahren schriftlich wurde und die Akten verschickt werden sollten.

Die Ketzerverfolgung gab den äußeren Rahmen für die Wiederverkündung strenger Strafgesetze nach antik-römischem Vorbild ab, da die Katharer als »Manichäer« betrachtet wurden, für die die alten Vorschriften Anwendung finden konnten. So wurden 1022 in Orléans entdeckte Ketzer auf Anordnung König Roberts des Frommen von Frankreich von einer lokalen Kirchensynode abgesetzt und exkommuniziert und dann, da sie hartnäckig blieben, auf königlichen Befehl unter lauter Zustimmung des Volkes auf einem großen Scheiterhaufen verbrannt – vielleicht auch deshalb, weil die Betroffenen behauptet hatten, wie die (alttestamentlichen) Jünglinge im Feuerofen von den Flammen verschont zu werden, weshalb der Feuertod zugleich die Falschheit ihres Glaubens allen offenbar machte (und die Verbrennung fast wie ein Gottesurteil gegen die Verurteilten wirkte). Ebenfalls unter Zustimmung aller Versammelten ließ Kaiser Heinrich III. an Weihnachten 1051 in Goslar Ketzer aufhängen. Mehrere Fälle von Lynchjustiz werden berichtet, die Verdächtige verbrannten oder ertränkten, bevor noch ein gerichtliches Verfahren durchgeführt werden konnte. Diese Wut und/oder dieser Haß der Menschen war – wie Hans-Georg Beck in dem zitierten Buch meint – vielleicht auf die (behaupteten) sexuellen Freiheiten dieser Ketzer zurückzuführen. Die Mächte begannen jedenfalls, dem Ketzerprozeß eine juristisch verläßliche Grundlage zu geben, wobei Papst Lucius III. 1184 mit der Dekretale *Ad abolendam* den ersten Meilenstein setzte, indem er auf eine Zusammenarbeit von Kirche und Staat zielte. Die Fahndung wurde in die Hände der Bischöfe gelegt, ebenso das Gerichtsverfahren; Ketzer, die nicht widerriefen oder die rückfällig geworden waren, sollten der weltlichen Macht zur Vollstreckung der gebührenden Strafe, eben der von den antik-römischen Bestimmungen vorgesehenen Todesstrafe des Verbrennens, überlassen werden. Zudem konnte man sich auf die alttestamentliche Vorschrift Ex 22,18 berufen, wonach Zauberer nicht am Leben gelassen werden sollten. Die weitere kirchenrechtliche Entwicklung ist bereits dargestellt worden; erinnert werden darf an die Dekretale *Vergentis in senium* von Innozenz III., mit der der Vergleich der Ketzerei mit dem »crimen laesae majestatis« (zunächst in der vermögensrechtlichen Folge der zulässigen Beschlagnahme) wiederholt wurde. Kaiser Friedrich II. ging einen wesentlichen Schritt weiter und erklärte – gestützt auf »utriusque iuris auctoritas« und auf seine eigene »auctoritas« –, daß jeder kirchlich überführte Ketzer auf dem Scheiterhaufen zu enden habe. Damit drohte er den Feuertod den Ketzern 1224 für die Lombardei, 1231 für Sizilien und 1232 für Deutschland an. Schon 1224 hatte sein Sohn, der deutsche König Heinrich (VII.), in der »Treuga Henrici« – also dem Reichslandfrieden Heinrichs – vorgesehen, daß »heretici, incantatores, malefici« (also Ketzer, Beschwörer und Zauberer) nach Ermessen der Urteiler zu bestrafen seien. In ähnlichem Sinne stellte der *Sachsenspiegel* – eine Privatarbeit des Eike von Repgow, der um 1225 das ideale Recht der Sachsen »widerspiegeln« wollte – neben Ketzerei Vergiftung und (offensichtlich gemeint) Schadenszauberei und drohte für alle drei Verbrechen den Feuertod an.

Damit war die Nähe der Zauberei zur Ketzerei offensichtlich, doch wurden beide Tatbestände weiterhin unterschieden. Dem *Sachsenspiegel* folgten zahlreiche Landesordnungen und Stadtrechte, durchaus auch in geistlichen Herrschaften (wie etwa im Stadtrecht des Bischofs Ruprecht von Freising aus dem Jahr 1328).

Von einer solchen Rechtslage aus argumentierte auch der 1486 erschienene *Malleus Maleficarum (Hexenhammer)* des Heinrich Kramer, der die Realität des Schadenszaubers – entgegen der Theorie vom bloßen Trugbild des *Canon Episcopi* – deshalb betonte, um die weltlichen Behörden für diese Untaten der neuen (vorwiegend weiblichen) Hexensekte zuständig zu erklären (da er aus eigener Erfahrung den kirchlichen Instanzen zu wenig Verfolgungseifer bezüglich des Teufelspaktes zutraute).

In dieser Tradition stand noch die *Constitutio Criminalis Bambergensis* von 1507, die ausdrücklich Schadenszauber »gleich der ketzerei« mit Verbrennung zu bestrafen vorsah. Ihr folgte die *Constitutio Criminalis Carolina* (das Reichsstrafgesetz Karls V.) von 1532, die die Feuerstrafe nur für Schadenszauberei vorsah, aber ohne diesen Verweis auf die Ketzerei zu erhalten. Sonstige Zauberei (ohne Schädigung) sollte »nach gelegenheit der sache« (und unter Einholung von Gutachten einer Juristenfakultät) bestraft werden, was jedenfalls eine Todesstrafe ausschloß. Diese *Carolina*-Regelung galt zwar für das gesamte Reich nur subsidiär – freilich bis zum Jahr 1806 –, wurde aber von zahlreichen deutschen Landesherrschaften übernommen. Doch muß auch gesehen werden, daß es auch im 16. Jahrhundert noch manche Länder gab, die überhaupt auf jede Strafbestimmung gegen Zauberei verzichteten.

Doch hatte bereits der *Hexenhammer* ein neues Verständnis des »maleficium« nahegelegt (und deshalb die anderen Untaten dieser neuen Hexensekte in aller Breite dargestellt): Die Hexen würden »mala de fide sentire«, also aus schlechtem Glauben und mit bösem Willen handeln. Dies entsprach dem Ketzerbegriff, der zunehmend mit dem Zaubereibegriff verschmolz (worauf in Abschnitt II. näher hingewiesen wurde). Interessant ist, daß die ersten Verfahren, in denen diese Vereinheitlichung zu finden ist, vor einem weltlichen Gericht stattfanden, nämlich Verfahren, die der Richter Peter von Greyerz ab 1397 in der Stadt Bern durchführte und in denen die Betreffenden wegen Zauberei und Häresie verurteilt und hingerichtet wurden. Zugleich lag in dem Hinweis des *Hexenhammers* eine Verinnerlichung des Vorwurfs. Dies mußte – je mehr das Willensmoment betont wurde (in der Reformation), desto konsequenter – dazu führen, nicht mehr die Schädigung selbst, sondern den schädigenden Willen in den Vordergrund zu stellen, wie er – als Tat – im Abschluß des Teufelspaktes zum Ausdruck kam. Diese Tat stellte dann durchaus eine Schädigung dar, freilich in einem umfassenderen (»höheren«, geistigen) Sinne, weil sie Verrat an Gott bedeutete und damit Gott erzürnte, der – wie im Alten Testament – mit Katastrophen, Krankheiten oder Hungersnöten Rache üben könnte, es sei denn, die Gläubigen (und ihre Obrigkeit) würden – neben Bußpraktiken und Gebeten – durch Vernichtung der bösen »Hexenleut'« diese Schuld sühnen und Gott besänftigen. Auf diese Theorie der »Obrigkeit« wird noch einzugehen sein.

In diesem (neuzeitlichen) Sinne hatte bereits der um 1275 in Augsburg aufgezeichnete *Schwabenspiegel* – eine Privatarbeit eines Klerikers – bestimmt: »Ez si wip oder man, di mit zouber oder mit worten den tiuvel zu in ladent, die sol man brennen« – hier ist der Einfluß der kirchlichen Zauberei- als Ketzereitheorie deutlich. Es dauerte aber noch fast 300 Jahre, bis der Teufel auch in die weltliche Gesetzgebung Eingang fand, freilich von einem Gesetzgeber bestimmt, der sich als christliche Obrigkeit zu solchem Vorgehen verpflichtet sah. 1567 folgte die sechste Landesordnung für das lutherische Württemberg der Regelung der *Carolina*: Todesstrafe für Schadenszauberei, Bestrafung nach Gelegenheit der Sache, wenn ohne Schädigung gezaubert werde. Der letztere Fall wurde bereits mit der Theorie des Teufelspaktes umschrieben, nämlich: »Wa aber jemandt sich mit dem Teuffel, zu Nachtheil vnd Beschädigung der Menschen, in Bündnuß eingelassen, vnd damit noch niemandes Schaden gethon hette, der soll gestrafft werden: nach gelegenheit der Sach, darinn die Vrtheiler Raths gebrauchen sollen.« 1572 wurde in der – ebenfalls lutherisch geprägten – *Kursächsischen Kriminalordnung* die Regelung der *Carolina* aufgegeben und die Todesstrafe für den Abschluß des Teufelspaktes als solchen bestimmt: »Alldieweil die Zauberei hin und wieder heftig einreißt, und nicht allein in gemeinen beschriebenen kaiserlichen Rechten, sondern auch in göttlicher Schrift zum höchsten verboten ist, demnach ordnen wir, so jemand in Vergessung seines christlichen Glaubens mit dem Teufel Verbündnis aufrichtet, umgeht oder zu schaffen hat, daß dieselbige Person, ob sie gleich mit Zauberei niemand Schaden zugefügt, mit dem Feuer vom Leben zum Tode gerichtet und gestraft werden soll.« Diese neue Tatbestandsbestimmung war modern, zielte sie doch auf den freien Willen des Täters. Es war daher nur konsequent, daß sie von anderen deutschen (evangelischen und katholischen) Staaten übernommen wurde. Bekannt ist das umfangreiche (katholische) bayerische Hexenmandat von 1611. Zugleich führte diese Angleichung des Delikts an den theologischen Begriff zu einem weiteren (und gerade für die strafrechtliche Verfolgung entscheidenden) Tatbestandsmerkmal. Es wurde mit dem Teufelspakt auch der Gedanke der »Hexenleut'« als einer (ketzerischen) Sekte, die teuflische Gegenmessen feierte, übernommen. Damit verschärfte sich der Druck auf die Verfolger, die alle »Hexenleut'« aufspüren und vernichten sollten, aber keinen Unschuldigen töten durften, um Gott nicht erneut zu erzürnen. Es mußte der Abschluß des Teufelspaktes bewiesen werden.

Damit standen zwei unterschiedliche Verbrechenstatbestände nebeneinander, die jeweils mit der alten (antik-römischen) Zaubereistrafe des Verbrennens bestraft werden sollten: das Verbrechen der Schadenszauberei nach der *Carolina* und das Verbrechen des Umgehens mit dem Teufel nach den *Kursächsischen Konstitutionen*. Genauer war damit vor allem der Abschluß des Teufelspaktes gemeint. Die *Gothaische Landesordnung* von 1653 wurde diesbezüglich noch deutlicher: Verbrannt sollten die werden, die »mit dem Teufel Verbündnisse auffrichten / oder unmenschliche Unzucht treiben«. Angemerkt soll werden, daß für die zuletzt genannte Tat auch die *Carolina* die Todesstrafe vorsah: Nach Artikel 116 sollte die »unkeusch, so wider die natur beschicht« mit Verbrennen geahndet werden.

Aber es wäre zu kurz gegriffen, wenn man mit diesem (alternativen) Tatbestand die Strafbarkeit der Hexerei angeben würde. Denn einerseits sah die *Carolina* auch für die Zauberei, die niemand Schaden getan hatte, eine Strafe »nach gelegenheit der sach, darinnen die urteyhler radts gebrauchen sollen« vor, was zwar die Todesstrafe ausschloß, aber doch nach dem Gutachten der sachverständigen Rechtsgelehrten – die um Rat zu fragen waren – peinliche Strafen wie Prügeln (Stäupung), Ehrenstrafen (wie Prangerstehen) oder Stadtverweisung zuließ. Es ist daher nicht richtig, daß die *Carolina* nur die Schadenszauberei als Verbrechen ansah. Andererseits sahen auch die *Kursächsischen Konstitutionen* den Verbrechenstatbestand der Schadenszauberei vor: »Do aber außerhalb solcher Verbündnisse jemand mit Zauberei Schaden tut, derselbe sei groß oder gering, so soll der Zauberer, Mann- oder Weibsperson, mit dem Schwert gestraft werden.« Interessant ist, daß diese Todesstrafe des Enthauptens – die im damaligen Strafsystem als ehrlich und »leichter« bewertet wurde – nur dann vorgesehen war, wenn die Zauberei außerhalb eines Teufelspaktes geschah. Damit anerkannten die Konstitutionen die Möglichkeit einer solchen »paktlosen« Zauberei, wobei freilich offenbleibt, an welche Fälle von Schadenszauber dabei gedacht wurde. Es liegt nahe, das schwerere Verbrechen der Hexerei als Umgehen mit dem Teufel – bedroht mit Verbrennen – auf den ausdrücklichen Abschluß eines Teufelspaktes einzugrenzen. Dadurch wurde im übrigen die rechtliche Möglichkeit geschaffen, auch Nichtchristen wegen Zauberei bestrafen zu können (z.B. Juden), denn einen Verrat an Gott durch den Abschluß eines Teufelspaktes konnten diese ja nicht begehen. Die Strafandrohungen der *Kursächsischen Konstitutionen* gingen aber noch weiter: »Desgleichen ordnen, setzen und constituieren Wir: daß auch die, so sich unterstehen, aus des Teuffels Kunst, wahr zu sagen, oder, mit dem Teufel, durch Christallen oder in andre Wege Gespräch oder dergleichen Gemeinschafft zu halten, und sich von ihm beschehener oder zukünftiger Dinge Bericht und Erforschung zu erholen, mit dem Schwerdt vom Leben sollen gerichtet und gestraffet werden.« Damit wurde auch für Wahrsagen und Kristallsehen die Todesstrafe angedroht, freilich »nur« die des Enthauptens, weil offensichtlich auch hier ein Mitwirken des Teufels vorausgesetzt wurde. Unklar bleibt, wie diese »Gemeinschafft« mit dem Teufel bzw. die Mithilfe (»aus des Teuffels Kunst«) von dem schwereren (mit Verbrennen bedrohten) Verbrechen des Umgehens mit dem Teufel (als Abschluß des Teufelspaktes) abgegrenzt werden sollte. Vielleicht lag der Unterschied wiederum in dem ausdrücklichen oder stillschweigenden Teufelspakt.

Nicht strafbar waren nach den *Kursächsischen Konstitutionen* die sonstigen Zauberpraktiken, die ohne teuflische Hilfe zustande kamen und auch keinen Schadenszauber darstellten, also vor allem die vielfältigen Formen des Heilzaubers (der »weißen« Magie). Jürgen Michael Schmidt hat die Hintergründe des Gesetzgebungsprozesses herausgearbeitet und gezeigt, daß hier bewußt eine Regelungslücke akzeptiert wurde, die allerdings durch juristische Interpretationskunst geschlossen werden konnte. Denn es galten in Kursachsen weiterhin der *Sachsenspiegel* und die *Carolina*, die beide nur von »Zauberei« sprachen, unter den sprachlich durchaus auch ein nichtschädigender Zauber fallen konnte. In der Tat hatte die um 1520 entstandene Glosse zum *Sachsenspiegel* als »Zauberer« auch die »Wahrsager« angegeben, ebenso hatte Andreas Perneder in seinem Strafrechtskommentar des Jahres 1551 die Verbrennungsstrafe nicht nur für Schadenszauberei, sondern auch für Wahrsagerei vorgesehen. Doch hatte Perneder auch geschrieben, daß die heilende und helfende Magie – »wo jemandts durch sein kunst ainem krancken geholfen, oder seine Weingarten und Velder vor schaden, auch vor Schaur und hagel verhüt, und solche seine kunst gar niemandt zu übel oder nachttheil gebraucht hette« – »nach satzung weltlicher recht unstraffbar« sei. Klarheit schuf wiederum u.a. die *Gothaische Landesordnung* von 1653, die eine gegenüber den *Kursächsischen Konstitutionen* zusätzliche Regelung vorsah: »so sich etliche ausser Gespräche oder Gemeinschafft mit dem Teufel sonsten anmaßen würden / Crystallensehens / Wahrsagens / Segensprechens / oder büssens der Schäden zu pflegen / die sollen nach Unterschied und Umbständen der Fälle mit Gefängnis / Landesverweisung / oder wol gar Staupenschlagen beleget werden.« Die gleiche Strafe wurde denjenigen angedroht, die sich Rat von den Wahrsagern holen würden. Diese Entwicklung fand sich aber in gleicher Weise auch in den katholischen Territorien. Wolfgang Behringer hat die Hintergründe des stets umstrittenen, 1611 gedruckten, aber niemals veröffentlichten, jedoch von den Behörden anzuwendenden, 1665 und 1746 erneuerten »Hexenmandats« in Bayern – genauer des *Landtgebott wider die Aberglauben, Zauberey, Hexerey und andere sträffliche Teufelskünste* – dargelegt.

Interessant ist allerdings, daß die beiden zuletzt genannten Ordnungen für eine heutige rechtstheoretische Betrachtung nicht im eigentlichen Sinne als »Strafrecht« anzusprechen sind. Sie sollen nicht primär begangene Verbrechen zur Sühne und Vergeltung (und auch zur Besänftigung des durch die Sünde beleidigten und erzürnten Gottes) ahnden, sondern die von solchen an sich nicht strafwürdigen Verhaltensweisen ausgehende Gefahr für die öffentliche Ordnung bekämpfen und damit die Bevölkerung disziplinieren (worin sich Staat und Kirche – in der Kirchenzucht – treffen). Rechtstheoretisch gehören sie somit zu dem auf Gefahrenabwendung ausgerichteten »Policeyrecht«, wie es sich ab dem 17. Jahrhundert zunehmend in den immer stärker werdenden Staaten (als »Policeystaaten«) herauszubilden begann. Die Obrigkeit müsse –

so meinten die Gesetzgeber – gegen solche Praktiken vorgehen, damit sie nicht beim gemeinen Volk einreißen und überhand nehmen würden (wie auch z.B. das Fluchen und Gotteslästern). Dahinter stand häufig auch der Versuch, das Problem der vagabundierenden Bettler (und Dirnen, häufig auch Kinder) und Betrüger zu »lösen« (wobei dieser Zusammenhang von Zauberei und Betrug, aber auch von »Hexerei« und »Hurerei« schon früher, z.B. in den genannten Regelungen Karls des Großen, zu finden ist). So versteht sich wohl auch die Aussage des Johannes Brenz, wonach Hexe(r) jede(r) sei, der ein »unmessiges und rüdes freches Leben führt«. Von dieser Zielsetzung her finden sich Bestimmungen gegen Zauberei im weiten Sinne des Begriffs – also auch als »weiße« Magie – in zahlreichen »Policeyordnungen« und »Landesordnungen«, aber auch in Stadtrechten, die für die Übertreter dieser Vorschriften vor allem Landes- bzw. Stadtverweisung, aber auch Prügelstrafe (Staupenschlag) oder Geldbußen, später zunehmend auch Gefängnishaft und Arbeitsstrafen vorsahen.

Insgesamt ergibt sich somit ein höchst buntes und vielgestaltiges Bild des Verbrechens der Hexerei mit einer Reihe unterschiedlicher Tatbestände und Strafandrohungen, die für die zu untersuchenden Gebiete genau auseinandergehalten werden müssen. Als Beispiel für eine solche differenzierende Untersuchung kann auf die Arbeit von Manfred Wilde für Kursachsen hingewiesen werden. Anzumerken ist, daß diese unterschiedlichen Tatbestände auch prozessual in unterschiedlicher Weise verfolgt wurden. So war z.B. die Folter nur zugelassen, wenn die zu erforschende Tat mit einer Todesstrafe bestraft werden konnte. Vor allem mußte sich das Verfahren unterscheiden, wenn es um den Tatbestand der Schadenszauberei oder den des Umgehens mit dem Teufel (Teufelspakt) gehen sollte: Für ersteren mußte sowohl der Schaden als auch das Vorliegen von ihn herbeiführender Zauberei bewiesen werden (»corpus delicti«), was von vornherein starke Grenzen der Beweisführung (vor allem durch die Folter) begründete; für letzteren dagegen konnte es kein solches »corpus delicti« geben, da der Teufelspakt im geheimen abgeschlossen wurde und daher als solcher nicht bewiesen werden konnte. Deshalb verringerten sich die Anforderungen an die Zulässigkeit der Folter, die hier die letzte Möglichkeit einer Beweisführung – nämlich durch das Geständnis – eröffnete. Daß damit der richterlichen Willkür Tür und Tor geöffnet waren, liegt auf der Hand. Deutlich wird darin auch die Vorverlagerung des Strafrechts in den Bereich der Verbrechensvorbereitung, wie es für die Hochverratsprozesse typisch ist, in denen der gefährdete Staat ebenso bereits auf den bösen (und daher gefährlichen) Willen abstellt. Es ist von daher nur konsequent, wenn das Verbrechen der Hexerei von dem Tatbestandsmerkmal des Teufelspaktes her mit dem antik-römischen »crimen laesae majestatis (divinae)« gleichgesetzt wurde, was zu den Einschränkungen des »processus ordinarius« – wie ihn die *Carolina* für die Schadenszauberei geregelt hatte – durch den neuen »summarischen« Hexen- als Ketzerprozeß führte, wie es bereits die Kirche vorexerziert hatte. Das Strafrecht wurde in dieser Entwicklung zu einem Mittel im Gesinnungskrieg gegen Feinde, der sprachlich als »Ausrottung des Unkrauts« oder »Vernichtung des Ungeziefers« bezeichnet wurde.

Die Aufklärung brachte die Notwendigkeit eines Tatstrafrechts wieder ins Bewußtsein. Damit war auch das Ende des Hexereitatbestandes gekommen. England war der erste Staat, der den Hexereitatbestand im Jahre 1736 aufhob. Allmählich folgten die anderen, auch die deutschen Staaten nach (Bayern freilich erst 1813).

3.4 Verfolgung als Aufgabe der christlichen Obrigkeit

Nur kurz sei im Zusammenhang mit dem bereits erwähnten »Policeystaat« angemerkt, daß die Verfolgung des Hexereiverbrechens durch den Staat mit seinem theoretischen Selbstverständnis als weltlicher Gewalt und Obrigkeit beruhte. Nicole Zeddies hat für das Herrscherbild des 4. bis 7. Jahrhunderts gezeigt, daß sich der »Staat« – der selbstverständlich noch nicht mit dem organisierten Machtkörper gleichgesetzt werden kann, der heute so bezeichnet wird – für Zauberei dann interessierte, wenn es um die Grundlagen der durch ihn verkörperten Einheit des Zusammenlebens ging. Das Christentum sah den Herrscher überhaupt als verantwortlich an, daß die ihm untergebenen Menschen gottgefällig lebten, was immer auch ihre Verpflichtung beinhaltete, der Kirche in ihrem Kampf gegen Ketzer (und Heiden) unterstützend zur Seite zu treten.

Durch die Reformation wurde die Verpflichtung der Obrigkeit gegenüber dem christlichen Gott gesteigert, indem der alte (weil bereits alttestamentliche) Gedanke des erzürnten und zu Rachehandlungen greifenden Gottes in den Vordergrund gestellt wurde. Es war Aufgabe der weltlichen Obrigkeit, diese Sanktionen des zornigen Gottes – wie z.B. Unwetter, Seuchen, Kriege oder Geldentwertung – dadurch abzuwenden, daß sie zu seiner Besänftigung die Sünder erforschte und sie der von Gott vorgesehenen Strafe zuführte (im Falle der Zauberei Ex 22,18). In dieser Begründung mit einer Gefahrenabwehr wird das neue Konzept des »Policeystaates« deutlich. Wie bestimmend dieses neue Staatsmodell war, hat Karl Härter für die berüchtigte Theorie des sächsischen Protestanten Benedict Carpzov (1595–1666) gezeigt. Aber auch das katholische »Hexenmandat« von 1611 berief sich darauf, daß durch diese verdammenswerte Zauberei »Gott der Allmechtig zu billichem Zorn gegen uns Menschen bewegt, und unser Landt und Leuth mit thewrung Krieg und Pestilentz auch andern manigfaltigen Plagen straffen und angreiffen möchte«, weshalb »wir als ein christlicher Fürst« »nun zu versöhnung Gottes deß Allmechtigen, und abwendung von demselben antrohender straffen deß Unglaubens und solcher haimblicher Abgötterey« gegen diese Verbrecher vorgehen müßten, damit die »Ehr Gottes gerettet« werde.

So wird der Eifer der Obrigkeit verständlich, nach »Hexenleut'« zu suchen und sie der gebührenden Bestrafung zuzuführen, aber auch der Druck, der in vielen Fällen von unten aus der Bevölkerung an die Mächtigen herangetragen wurde, strenger gegen diese gefahrbringenden Unholde vorzugehen und sie schärfer zu bestrafen. Oft kam es auch zu Akten der Lynchjustiz durch die erregt-verängstigte Menge. Häufig wendete sich die Obrigkeit gegen diese Aktionen von unten, aber auch die Theologen riefen nach dem Vorbild Luthers meist zur Mäßigung auf, da nicht der Wille des Menschen, sondern derjenige Gottes maßgebend sein müsse.

Die Verpflichtung der Obrigkeit durfte selbstverständlich nur in christlichem Geist erfüllt werden, was vor allem bedeutete, den wirklichen Willen Gottes zu erkennen. Manche Theologen verwiesen darauf, daß die Hexen und/oder der mit ihnen verbündete Teufel nur überhaupt deshalb solche Schäden anrichten könnten, weil Gott dies zugelassen habe, und zwar zur Ermahnung und/oder Bestrafung der Sünden der Menschheit. Meist ging daher der Suche nach den Bösen der Aufruf zur Umkehr und Besinnung der Bevölkerung voraus. Diese Einsicht konnte die Bewertung der Schuld der Hexen mildern: Je mehr der Grund z.B. für ein Unwetter in der eigenen Sündhaftigkeit gesehen wurde, desto vergleichbarer war die Schuld der TäterInnen. Gesteigert konnte dann auch das Bemühen werden, diese Sünder für das ewige Leben zu retten, was die Energie und die Schärfe der Verfolgung (vor allem der Folterung) erhöhte. Allerdings war ebenso selbstverständlich der erzürnte Gott nur zu besänftigen, wenn die Obrigkeit die wirklich Schuldigen fand und bestrafte. Die Angst, durch die Verfolgung und Hinrichtung von Unschuldigen selbst Gott zu beleidigen und dafür am Jüngsten Tag zur Verantwortung gezogen zu werden, mahnte zu großer Vorsicht im Beweisverfahren. Die Gefahren des »summarischen« Prozesses, der die Denunziation von bereits überführten Mittätern zuließ und die Zulässigkeit der Folter von nur sehr geringen Indizien abhängig machte, wurden von den Juristen immer gesehen. Dies galt selbst, ja sogar vor allem für den berüchtigten Benedict Carpzov, wie interessierte LeserInnen in dem Internetbeitrag von Ulrich Falk nachlesen können. Die Erkenntnis dieser sehr ambivalenten Situation konnte freilich in unterschiedlicher Weise verarbeitet werden: durch besondere Vorsicht im Verfahren (mit der Gefahr, einen Schuldigen nicht zu »kriegen«), aber auch durch immer mehr gesteigerte Versuche, den Verdacht letztlich doch durch ein »freiwilliges« Geständnis verifiziert zu sehen (und damit zugleich das eigene Gewissen beruhigen zu können).

3.5 Die verfahrensrechtliche Konstruktion des Verbrechens

Die Hexereiverfolgung war der Struktur nach eine behördliche Untersuchung (»inquisitio«), auch wenn zur Einleitung noch die Klage eines Geschädigten erforderlich war. Dieses überkommene Klagsverfahren (»Akkusationsprozeß«) wurde noch 1532 von der reichsrechtlichen *Constitutio Criminalis Carolina* als Normalfall geregelt. Doch war der Unterschied zu dem alten »germanischen« Verfahren offensichtlich. Denn nun drohte dem Kläger nicht mehr die »lex talionis«, d.h. die Gefahr, bei Scheitern des Beweises zu der Sanktion verurteilt zu werden, die dem Verklagten gedroht hatte. Er mußte bloß Kaution hinterlegen, wie auch für den Fall, daß er zur Durchführung des Beweises die Folter beantragte. Dieses Zurverfügungstellen der »peinlichen Frage« an den Kläger zeigt eindeutig den Charakter des Verfahrens als einer in dem behördlichen Interesse der Wahrheitserforschung erfolgenden Inquisition. Es liegt auf der Hand, daß in der Praxis der von der *Carolina* sekundär geregelte eigentliche »Inquisitionsprozeß« in der Praxis (der Realität der Verfahren) der wichtigere wurde. Hier schritt die Obrigkeit bei Verdacht von selbst ein, ohne einen Akt eines Privaten abzuwarten.

Auf die Herausbildung dieses Inquisitionsverfahrens in dem kirchlichen Ketzerverfahren wurde oben bereits hingewiesen. Wegen seiner Schnelligkeit und »Modernität« wurde er auch von den weltlichen Instanzen übernommen und ausgebaut. Die *Carolina* versuchte, diesen Inquisitionsprozeß (mit oder ohne Klage als Einleitung) als »processus ordinarius« an feste Regeln zu binden. Verlangt wurde eine genaue Festlegung des Vorwurfs, zu dem der Betroffene ausführlich Stellung nehmen konnte, auch mit Hilfe eines Verteidigers, der ihm beizugeben war. Er hatte das Recht, gegen Belastungszeugen Einwände vorzubringen, welche »gute« Zeugen sein mußten, d.h. sie durften nicht übel beleumundet oder ihm feindlich gesinnt sein, und auch Kinder waren nicht zum Zeugnis zugelassen. Stets war ihm Akteneinsicht zu gewähren, und vor allem war die Zulassung der Folter an strenge Regeln gebunden. Insgesamt paßte diese Verfahrensordnung zu dem Tatstrafrecht, für das sie geschaffen war, wie eben auch für das Hexereidelikt, das die bewiesene Schadenszauberei umfaßte. Daneben stand die Auffassung des Hexereidelikts als einer (neuen) Ketzerei mit dem Schwerpunkt im Abschluß des Teufelspaktes. Dafür paßte der Prozeß besser, der in der Verfolgung der Ketzer nach dem Vorbild des römischen Schnellverfahrens gegen Hochverräter (wegen »crimen laesae majestatis«) vor den kirchlichen und weltlichen Behörden ab dem 12. Jahrhundert entwickelt worden war. Es war daher nur konsequent, daß der *Hexenhammer* eben dieses neue Verfahren den weltlichen Behörden vorschlug, obwohl er deren Zuständigkeit durch eine Theorie des realen Schadenszaubers begründete. Grundlage für diesen neuen Prozeßtypus war also die Gleichsetzung von Ketzerei mit dem »crimen laesae majestatis (divinae)«, für das das römische Recht ein schnelles »summarisches« Verfahren zugelassen hatte. Hier waren die Verteidigungsrechte eingeschränkt, auf die Bestellung eines Verteidigers wie auch auf eine schriftliche Festlegung des Vorwurfs in einzelnen Punkten (Artikeln) konnte überhaupt verzichtet werden – es wurde im Verhör »summarisch« auf die deliktische Schuld hin befragt (weshalb dieses Verfahren als »summarisches« bezeichnet wurde). Die Belastungszeugen durften anonym bleiben, zugelassen waren aber auch übel Beleumundete, auch Mitschuldige, und selbstverständlich Frauen und Kinder. Es reichte eine Anzeige durch Denunziation aus, die Folter war in großem Maße zulässig.

Die weltlichen Behörden waren im Kampf gegen die Ketzer (als rebellische Terroristen), dann auch gegen Friedensbrecher und landschädliche Leute überhaupt auf die Folter angewiesen, denn sie füllte die Lücke im Beweisverfahren, das durch das Verbot der Gottesurteile (1215) und das Unglaubwürdigwerden des Eides (mit Eideshelfern, vor allem als Reinigungsmittel) entstanden war. Zudem hatte die Verinnerlichung der Delikte die Notwendigkeit gebracht, auch den Täterwillen gerichtlich zu erfassen, was letztlich nur durch das eigene Geständnis zu erreichen war.

So standen sich nicht nur unterschiedliche Hexereitatbestände, sondern auch zwei dazu passende Verfahrenstypen gegenüber. Es war Angelegenheit der Gesetzgebung, sich für den »ordentlichen« oder den »summarischen« Prozeß zu entscheiden. Oft lag es bei den Gelehrten, vor allem den Fakultäten an den Universitäten, die um ein Gutachten gebeten wurden, welchem Verfahrenskonzept der Vorzug gewährt wurde. Auf den Gang des Verfahrens kann hier nicht näher eingegangen werden; es sei auf den Beitrag von Sönke Lorenz in diesem Band verwiesen. Die LeserInnen, die an dem Phänomen der Folter interessiert sind, können einiges dazu in meiner Schrift *Von peinlicher Frag* nachlesen.

Nur kurz sei auf die Vielfalt der Bestrafung des Hexereidelikts hingewiesen, die sich aus den unterschiedlichen Formen des jeweiligen Verbrechenstatbestandes ergeben. Nochmals sei die Untersuchung von Manfred Wilde über Kursachsen genannt, in der sowohl die Hinrichtungen (also der Vollzug der Todesstrafen) als auch die anderen peinlichen Strafen bis hin zu den Landes- und Stadtverweisungen angeführt werden. Die These, daß jedes Hexereiverbrechen mit dem Tod bestraft wurde, ist somit nicht haltbar. Im übrigen sei angemerkt, dass weder die Folter noch die bereits genannte »Wasserprobe« Strafen, sondern Verfahren der Beweisgewinnung waren. Letztere (auch »Hexenbad« genannt) sollte entweder die Unschuld der verdächtig(t)en Person erbringen (indem sie im reinen Wasser unterging) oder ein Indiz für die Zulässigkeit der Folter begründen (wenn sie »floß wie eine Gans«). Ging die Person unter, so bedeutete dies selbstverständlich nicht ein Ertrinken, sondern den Unschuldsbeweis, weshalb sie herausgehoben und freigelassen wurde (sofern keine anderen Verdachtsmomente bestanden). Deshalb wurde diese Probe häufig von den Verdächtig(t)en selbst als Reinigungsmittel verlangt.

Eindeutige Ergebnisse findet man nicht einmal für das schwerste Hexereiverbrechen, das gesetzlich mit der Todesstrafe des Verbrennens verbunden war. Diese Strafe folgte aus der Ketzergesetzgebung Friedrichs II. – der dabei letztlich auf das 297 gegen die Manichäer erlassene Edikt des römischen Kaisers Diokletian zurückgriff –, wobei zur Begründung auf eine neutestamentliche Stelle – Jo 15,6 – zurückgegriffen wurde: »Wer nicht in mir bleibt, wird wie die Rebe weggeworfen, und er verdorrt. Man sammelt die Reben, wirft sie ins Feuer, und sie verbrennen.« In als schwerwiegend angesehenen Fällen konnte der Vollzug der Strafe verschärft werden: durch Schleifen zum Hinrichtungsort oder gar durch Zwicken mit glühenden Zwangen, was sich bis zum Ausreißen der Brust steigern konnte.

Doch konnte die Obrigkeit auch – oft gegen Geldzahlung – Gnade gewähren, sei es, daß die Verurteilten vor der Verbrennung heimlich erdrosselt oder mit einem Besen erstickt wurden oder daß ihnen ein Pulversäckchen um den Hals gebunden wurde, das beim Erfaßtwerden durch das Feuer explodieren sollte, sei es, daß überhaupt der Tod durch Enthauptung herbeigeführt und nur der Leichnam verbrannt wurde. Auch im Kerker Verstorbene wurden dem Feuer übergeben, manchmal wurden selbst bereits Bestattete, aber nun der Hexerei Überführte ausgegraben und verbrannt.

Diese Vollstreckung stellte jedenfalls die Behörden vor erhebliche finanzielle und den Scharfrichter vor technische Probleme, vor allem deshalb, weil die Verfolgungen nicht kontinuierlich, sondern in Wellen erfolgten, die zur Hinrichtung von – 1589 in den Besitztümern des Klosters Quedlinburg – 133 Hexenleuten an einem Tag führen konnten (die zudem überwiegend aus der Unterschicht stammten, weshalb selbst eine angeordnete Einziehung ihres Vermögens keine finanzielle Entlastung bringen konnte). In der Bewältigung dieser Aufgabe zeigte sich nicht nur die Unmenschlichkeit des Verfolgungseifers, sondern auch die Rationalität der Neuzeit. Jedenfalls wurden mehrere unterschiedliche Formen des Feuertodes durchgeführt. Im Jahre 1639 errichtete die schlesische Stadt Neisse sogar einen großen »Hexenofen«, in dem die Leichen der Enthaupteten verbrannt wurden; gleiches wird aus Gerolzhofen und Zeil in Franken berichtet. Darüber hinaus wurde – falls vorhanden – das Vermögen der Hingerichteten eingezogen, sofern dadurch die Kinder nicht in Not gerieten.

Der Feuertod vernichtete auch den Leichnam der Verurteilten, die Asche wurde verstreut – um auch jede Erinnerung an diese schrecklich bösen Menschen auszulöschen. Zudem sollte das Feuer auf die Hölle hinweisen, in der nach einer weitverbreiteten Auffassung die Teufelsbündner auf ewig leben und leiden müssten. Als selbst teuflische Wesen wurden die Hingerichteten in ihrer ehemaligen Gestalt sogar am Sabbattanz gesichtet. Es wurde auch berichtet bzw. eine Geschichte des Caesarius von Heisterbach wiederholt, daß der Teufel seine Geliebte noch vom Scheiterhaufen weg- und zu sich geholt habe. Doch anerkannte die Mehrheit der christlichen Theoretiker die Möglichkeit der ewigen Errettung, da das Geständnis der Hexerei den Teufelspakt rückgängig machte und echte Reue in Verbindung mit dem Sühnetod die Sündenschuld aufheben konnte. Die Hinrichtung sollte nach dieser Auffassung den Betroffenen das ewige Leben in der Gemeinschaft aller Gläubigen eröffnen. Diese Auffassung konnte durchaus auch ein aus Gnade gewährtes Enthaupten und sogar das Begraben in geweihter Erde, also den Verzicht auf das Verbrennen, begründen.

Kinder(hexen) wurden zunächst nicht hingerichtet, da sie als nicht schuldfähig angesehen wurden (was freilich Zuchtmittel – wie Prügeln und Arbeiten – sowie Erziehungsmaßnahmen – wie Zuschauen bei der Hinrichtung der erwachsenen Mittäter oder Versetzen in Angst vor einer vorgetäuschten Hinrichtung – nicht ausschloß). Die *Carolina* setzte die Grenze von 14 Jahren, manche Kriminalordnungen sahen jedoch ein niedrigeres Alter vor. Doch meinte man in Rückgriff auf das antik-römische Recht, daß in Fällen einer offenbar erhöhten Bosheit auf irgendeine Altersgrenze verzichtet werden dürfe, was dann auch zur Hinrichtung von Kindern wegen des Hexereiverbrechens führte (allerdings meist in der Form der Enthauptung). In einigen Fällen wurde angeordnet – sogar den Eltern gegenüber –, das Kind in eine Badewanne zu setzen und es durch Öffnen der Venen ausbluten zu lassen. Man verzichtete also auf eine öffentliche Hinrichtung, meinte aber doch, nicht auf eine Tötung verzichten zu können – offensichtlich wegen der Theorie, daß es nicht durch Erziehung gerettet und vom Einfluß des Teufelspaktes befreit werden könne. Aber vielleicht wollte man diese dem Teufel zugehörigen Kinder – die von den Elternhexenleuten ihm übergeben worden waren – einfach als »Ungeziefer ausrotten«, wie die häufig gebrauchte Sprachregelung lautete.

3.6 Diskussion um den Verbrechenstatbestand

Bereits das Nebeneinander unterschiedlicher Tatbestände des Hexereidelikts deutet auf eine fortwährende Diskussion um die begriffliche Fassung des Delikts hin, in der es (auch) um das Verhältnis von Recht und Religion, Staat und Kirche, weltlicher Jurisprudenz und Theologie sowie rechtlichem Tatbestand und theologischem Begriff ging.

Dabei stand zunächst der Zusammenhang von Hexereidelikt und gerichtlichem Strafverfahren im Vordergrund, konkretisiert an dem Problem der Beweisbarkeit der Tat durch die Folter. Der von der *Carolina* 1532 geregelte »processus ordinarius« paßte nicht auf die Tatbestandsfassung des Teufelspaktes, für die auf eine Weiterbildung des »summarischen« Ketzerprozesses zurückgegriffen wurde. Diesen hatte bereits 1486 der Dominikanerinquisitor Heinrich Kramer in seinem *Malleus Maleficarum* vorgeschlagen; ihm waren Ulrich Tengler und sein Sohn Christoph in der zweiten Auflage des *Neu Layenspiegels* – eines Handbuches für die Laienurteiler – im Jahre 1511 gefolgt. Zahlreiche Rechtsgelehrte versuchten dagegen in ihren Gutachten (Konsilien), die Regelung der *Carolina* gegen die neuen Tendenzen durchzusetzen. Genannt seien der Frankfurter Syndikus Johannes Fichard (1512–1581), der Rostocker Jurist Lorenz Kirchhoff (1529–1580) und die Mitglieder der Tübingen Juristenfakultät. Auch der Rostocker Extraordinarius Johann Georg Go(e)delmann (1559–1611) folgte der *Carolina*, anerkannte aber in seinem Buch *De magis veneficis et lamiis* (1591) neben der Schadenszauberei die neuen »Hexenleut'«, die er aber als verblendete Irrende ansah und für die er (nur) geistliche Belehrung forderte.

Als sich das neue Hexereidelikt – unter Verzicht auf Schadenszauber – durchzusetzen begann, versuchten einige Juristen, wenigstens die Verfahrensordnung der *Carolina* aufrechtzuerhalten. Der Rostocker Universitätsprofessor Ernst Cothmann (1557–1624), der Wismarer Direktor des Oberappellationsgerichtes David Mevius (1609–1670) und der Tübinger Jurist Erich Mauritius (1631–1691) legten die Indizienlehre der *Carolina* ihren Gutachten zugrunde.

Freilich war bei allem Bemühen die Regelung der *Carolina* mit dem neuen Hexereitatbestand nicht vereinbar. Eine Reihe gerade der berühmtesten neuzeitlichen Juristen versuchte deshalb, den »summarischen« Prozeß in eine rechtliche Ordnung zu bringen, die ebenfalls Willkür ausschließen sollte, aber doch der Obrigkeit mehr Handlungsmöglichkeiten zuerkannte. Die größte Bedeutung kam Benedikt Carpzov (1595–1666) zu, der in seinem berühmten Werk *Practica nova Saxonia rerum criminalium* (1635) den in Kursachsen geltenden Inquisitionsprozeß systematisierte und wissenschaftlich aufbereitete. Die hier zulässige drastische Begrenzung der Verteidigungsrechte, vor allem im Interesse einer zügig betriebenen Justiz, machte Schule. Als negativer Höhepunkt in diesem Streben gilt dabei der *Processus juridicus contra sagas & veneficos* (1630) des Rintelner Juristen (und heimlichen Katholiken unter Protestanten) Hermann Goehausen (1593–1632), der in diesem Buch darlegte, *Wie man gegen Vnholdten vnd Zauberische Personen verfahren soll* (so der deutsche Titel).

Die Praxis der Gerichtsverfahren hielt sich freilich meist weder an die Regeln der *Carolina* noch an die (großzügigeren) Bestimmungen des kursächsischen Prozeßrechts, sondern folterte im wahren Sinne »auf Teufel komm raus«. Zahlreiche Juristen, aber auch Theologen wandten sich gegen diese willkürliche Gewalt, ohne das Hexereidelikt (oder den Hexereibegriff überhaupt) anzugreifen. Manche lehnten irrationale »Hexenproben« ab, wie etwa der Helmstedter Medizinprofessor Hermann Neuwaldt (gest. 1611) die in Westfalen übliche »Wasserprobe« (das »Hexenbad«). Als Globalkritiker der Folter sind zu nennen die Jesuiten Kaspar Hell (1588–1634), Adam Tanner (1572–1632) und – am bekanntesten – Friedrich von Spee (1591–1635), der in seiner anonym erschienenen *Cautio Criminalis* (1631) seine leidvollen Erfahrungen als Beichtvater verurteilter »Hexenleut'« zu einer scharfen und eindringlichen Kritik verarbeitete, dann der reformierte Arnheimer Prediger Johann Greve (1584–1624), der lutherische Geistliche Johann Matthäus Meyfart (1590–1642) und der calvinistische Prediger Anton Prätorius (um 1560–1625), die Juristen Johann Boye (bereits 1557 gegen die Folterung von Frauen), Samuel Stryk (1640–1710), Heinrich von Bode (1652–1720) und ganz besonders Christian Thomasius (1655–1728). Diese Kritik wurde von den obersten Justizbehörden der größeren Staaten (oft aus staatspolitischer Klugheit, zum Teil auch aus dem Streben nach einem souveränen Staat heraus) angenommen und an die aufgeklärten Herrscher weitergegeben, die – beginnend in Brandenburg-Preußen – die Folter in rechtliche Grenzen brachten und schließlich überhaupt aufhoben. Viele der von der *Carolina* vorgesehenen Indizien führten dann anfangs zu Verdachtsstrafen, später zu Verurteilungen aufgrund des neu eingeführten Grundsatzes der freien Beweiswürdigung.

Auch die Ausgestaltung der Hexerei zu einem rechtlich strafbaren Tatbestand wurde zunehmend in die Kritik gezogen. Dies betraf einmal die theoretische Begründung, wie sie Ulrich Molitor(is) (1442–1507), Paulus Frisius (Friese) (1583) oder der württembergische Reformator Johannes Brenz (1499–1570) vertreten hatten, wonach zwar alle bösen Untaten der »Hexenleut'«

bloße Phantasie und teuflisches Trugbild wären, dies aber doch auf einen dahinterstehenden bösen Willen hindeuten würde, der als solcher zu bestrafen sei. Dagegen meinte Michel de Montaigne bereits 1580, daß der Wille als solcher sich nicht vor Gerichten zu verantworten habe. In ähnlicher Richtung trat Herman Witekind (unter dem Pseudonym Augustin Lercheimer schreibend) (1524–1603) 1585 für die Beendigung der Hexereiprozesse ein. Sodann war es Christian Thomasius, der – gestützt auf die Schriften des holländischen Theologen Balthasar Bekker (1634–1698) – in seiner 1701 von Johannes Reiche verteidigten Dissertation *De crimine magiae* den Tatbestand des Hexereidelikts (bzw. genauer dessen Grundlegung in der Lehre vom Teufelspakt selbst) einer vernichtenden Kritik unterzog. Die Arbeit wurde 1702 und dann 1704 unter dem Titel *Kurtze Lehrsätze von dem Laster der Zauberey* veröffentlicht.

Grundlage der zunehmenden Kritik war (auch) die aufgeklärte Naturrechtslehre, die dem staatlichen Recht die Zuständigkeit für die Regelung solch irrational-religiöser Bereiche absprach. Selbst wer noch den Hexereibegriff theologisch vertreten wollte oder weiterhin an »Hexenleut'« glaubte, mußte eine strafrechtliche Verfolgung durch den Staat als illegitim ablehnen.

4. Hexenphantasie

Seit der Aufklärung ist ein wissenschaftlicher Hexereibegriff nicht mehr möglich, weil mit der menschlichen Vernunft nicht vereinbar. Wie die Hexenvorstellung ist auch er Inhalt nur eines unvernünftigen Aberglaubens, der als solcher freilich wissenschaftlich erklärt werden kann: als Projektion, als Krankheit (Wahn) oder als Instrument zur Durchsetzung irgendwelcher Interessen. Nur mehr als Inhalt der »Phantasie« im Sinne der Kunst kann Hexerei ernstgenommen werden, was aber nicht ausschließt, daß diese Phantasieprodukte der Kunst auf die Hexen»vorstellung« und auch auf den Hexerei»begriff« eingewirkt und beide verstärkt und verändert haben.

4.1 Einige Spekulationen zu Männerphantasien und Hexenfrau

Nicht ohne Grund wurde mehrmals auf die Schilderung der nordischen Walpurgisnacht in Goethes *Faust* zurückgegriffen – und damit auf ein Kunstwerk. Goethe hat nicht an Hexen geglaubt und eine Wissenschaftsauffassung vertreten, die einen Hexenbegriff nicht mehr verwenden konnte. Was Volksglaube und Hexereiwissenschaft entwickelt hatten, war für ihn nur mehr Kunst, nur Phantasie. Und dies war die Hexenvorstellung selbstverständlich immer schon (gewesen), auch für die Vergangenheit, die freilich darin auch eine phantasievoll ausgemalte Gestalt voller Realität und Wirksamkeit sah und deshalb an ihre Existenz wirklich glaubte oder zumindest in ihr ein wissenschaftsfähiges und rational zu begreifendes Objekt sah, was für den heutigen Hexenglauben in bäuerlichen Gebieten und sonst, wie er in Befragungen erfaßt und herausgestellt worden ist und werden kann, nicht mehr gilt: Denn wer lebt diese Vorstellung heute wirklich, also auch in der Öffentlichkeit und im politischen Leben? Und selbst die, die sich als neue Hexen verstehen (wollen), geben sich eine andere Gestalt und ein anderes Wesen als die früheren Schadenszauberinnen und Teufelsbuhlerinnen! Die Hexe ist für uns heute eben nur mehr Phantasie für jeden, der sie heute noch kennt. Und wer kennt sie nicht?!

In der männlichen Phantasie wurde die Hexe schon früh als verführerische Frau vorgestellt. Denn es muß berücksichtigt werden, daß der geistige Zusammenhang der christlichen Welt mit dem griechischen und römischen Altertum in Kult und Dichtung vornehmlich mit den Gebildeten niemals wirklich abriß, sondern in der Renaissance nur verstärkt ins allgemeine Bewußtsein eintrat. Für die geistige Elite war das dem Altertum entnommene Hexenbild stets auch satirisch gemeint, als Verspottung der in ihren Augen abergläubischen Kirche gedacht, ein ästhetisches Spiel des freiwerdenden Geistes. Unterstützt wurde diese Phantasie durch die »Schöne Kunst« – z.B. Salvator Rosa (1615–1637) oder Alessandro Magnasco (1663–1749) –, die man auch verfälscht und verfehlt, wenn man sie (allzu) ernst nimmt. Es waren oft (nur) Männerphantasien: Der männliche Gott (Zeus/Jupiter, aber auch z.B. Wotan/Odin) entflammte häufig in leidenschaftlichem Begehren zu einer menschlichen Schönheit und nahm sie, oft in Tiergestalt, manchmal auch mit Gewalt. Der Mann als so eine Gottheit! Welch ein Vorbild für die Wünsche der Männer, die sich zunehmend als freie Subjekte verstanden und aufsteigen wollten zum reinen, lichten und klaren Himmel, zur Auf-Klärung aller Verhältnisse, zu rationalen und bloß geistigen Beziehungen des Zusammenlebens, deren Endlichkeit und Mangelhaftigkeit – nämlich von einer Frau geboren zu sein und deren Triebhaftigkeit in sich selbst noch zu spüren und nachzuempfinden! – aufgehoben und durch eine gesetzmäßig konstruierte neue Welt (im Außen- und Innenverhältnis) abgelöst werden sollten, mit unendlicher Härte und ewiger Ordnung, die nur mehr der mathematisch-rechnenden und berechenbaren Logik folgen konnte. Diese Welt war zu (er)zeugen – und damit aufgegeben als das Werk des männlichen Verstandes und seiner denkerischen Kraft. Was war dagegen die gebärende Funktion der Frau: ein schmerzhafter, zu Passivität verurteilender (daher als Fluch zu interpretierender), in Blut und Schleim erstickender Naturprozeß, der aus dem männlichen Auge und Sinn zu treten hatte oder zum Inhalt seiner (medizinischen) Theorie gemacht werden mußte, wodurch er klar, rein und objektiv werden konnte. Die Frau als Mutter (und damit als Gebärende) interessierte nicht mehr, abgesehen von dogmatischem Interesse an der Mutter des Erlösers, der reinen Jungfrau Maria. Was sollte dann auch eine menschliche Mutter darstellen können neben dieser Mutter Gottes, die zudem nicht gesündigt und daher auch nicht durch geschlechtliche Vereinigung ihr Kind empfangen hatte?! Die Frau wurde nun – losgelöst von der Mütterlichkeit – interessant nur als Sexualität, nämlich für die Sexualität des Mannes, und trat als solche in den Vordergrund der Männerphantasien. Die lockende sexuelle Verführung einer Frau, die nicht mehr Leben schenken sollte, sondern Lust zu geben versprach, aggressiv war in ihrem überwältigenden Reiz – oft dargestellt in der Verführung des heiligen Antonius –, daher auch Aggressivität hervorrufend, eben aufreizend, den Drang erweckend, sie gewaltsam zu nehmen, zum Objekt der eigenen nicht mehr zu beherrschenden (und daher die Freiheit aufhebenden) Triebbefriedigung zu machen – diese Hexe (als im wahren Sinne des Wortes ›bezaubernde Frau‹) wurde vor allem von der männlichen Phantasie geformt, von Wünschen und Träumen, auch von der »Schönen Kunst« zum Ausdruck gebracht, wie etwa von Hans Baldung Grien (1484–1545), bei dem die Dämonie der Hexe sich nicht mehr in unheimlichen Zauberpraktiken, nicht mehr im Kessel oder im Flug durch die Luft – der im übrigen ebenfalls zunehmend sexualisiert wurde, sei es in dem Besen als Phallus-Symbol, sei es in dem Reiten der Hexe auf dem (männlichen) Bock – zeigt, sondern in dem lockenden nackten Körper der jungen Hexe selbst. Der weibliche Körper war nun das eigentlich Teuflische, ein Gefäß der verführerischen Sünde, insgesamt ein obszönes Ding, das mit Macht zugleich anzog und abstieß, das vernichtet werden mußte, weil es selbst zu vernichten drohte, nämlich den lichten, klaren, bewußten, reinen Geist des männlichen Wissenschaftlers, der nach dem Höheren des Wissens streben sollte und nach Aufklärung! Wie drohte nun die Vernichtung in der geschlechtlichen Verschmelzung, im Zerfließen, im Aufgehen im Geschlechtsakt (im Orgasmus als dem »kleinen Tod«)! Wie gewaltsam wurde diese Frau (als Frauenkörper) nun von der männlichen Sexualität her gedacht, wie gewaltsam mußten diese Männer die Angst verdrängen und vernichten, und mit ihr diese Sexualität selbst, ihr Begehren und das dieses hervorrufende Objekt. Wie gewaltsam war dieses Verhältnis von Mann und Frau, wie gewaltig mußten die Ideale sein und werden, deren Glanz und Reinheit und Heiligkeit das sexuelle Begehren zu geschlechtsloser Sehnsucht sublimieren konnten und zugleich zu einer totalen Aktivität aufreizten, diese neuen Ziele im Negativen wie im Positiven zu erreichen! Selbst der Teufelspakt innerhalb des theoretischen Hexereibegriffs trat in den Hintergrund, nicht nur für die alte Mutter, die ohnehin dem überragenden Einfluß des Teufels aufgrund ihrer Geistesschwäche widerstandslos ausgeliefert war, sondern nun auch für die junge Hexe, die der männliche Teufel am Sabbat gewaltsam nahm, mit seiner Kraft besaß und die ihm hörig wurde. Welche Männerphantasien waren hier am Werk!

Dem Reich des (männlichen) Geistes, der Wissenschaft und Bildung, auch der geschlechtsfreien (und nur zwischen Männern und mit Homosexualitätstabu gedachten) Verhältnisse (auch in den Wissenschaftsorden der Universitäten) wurde zunehmend das Reich der Weiblichkeit gegenübergestellt: hier Ratio, Licht, Öffentlichkeit, Klarheit, Sicherheit, Festigkeit, Verstand und Begriff, dort Irratio (oder A-Ratio), Dunkelheit, private Intimität, Verschwommenheit, Sumpf, Zerfließen, Gefühl und Auflösung; hier bei den Männern Vernunft und Leben des Geistes, dort bei den Weibern Krankheit (Melancholie) und Tötung des Geistes, Aufzehrung der Kraft des Denkens, Herabziehen des Bewußtseins in das Reich der Unterwelt – und damit: hier bei den Männern die gute Welt, dort bei den Frauen die böse Welt. Es darf der Einfluß der »Schönen Künste« für die Ausbildung dieses totalen Dualismus nicht unterschätzt werden. Denn was das Denken und die schriftliche Niederlegung immer noch argumentativ zusammenführen und trotz aller Unterschiede vermitteln können, vermag die Kunst mit den scharf gezeichneten Bildern nicht: Hier müssen Zusammenhänge getrennt und zerrissen werden, wie in den reißerischen Predigten, die aufpeitschen und gerade nicht zum Mit- und Nachdenken führen sollten. Das Auge bleibt an der Oberfläche – im Unterschied zum Ohr, das sich der Rede öffnen und so die Wahrheit ›vernehmen‹ (was mit ›Vernunft‹ zusammenhängt) kann, sofern es nicht durch Wortschwall oder Lautstärke überwältigt wird. Vieles spricht dafür, daß sich die Sinne des Menschen im Laufe der Zeit verändert haben: von dem Ohr, das etwa im Alten und noch im Neuen Testament im Vordergrund stand, hin zum Auge, das am Licht und der Klarheit (und damit an scharfen Grenzziehungen auf der Oberfläche) und am Fern-Sehen orientiert ist und in die Tiefe nur gehen kann, wenn es als forschender Blick gewaltsam diese Oberfläche zerbricht. Der Sieg des Auges zeigte sich auch darin, daß sich die »Schönen Künste« allmählich von den vorzulesenden Texten emanzipierten. Ging es früher darum, das Geschriebene zu illustrieren, nahm bald das Bild den Vorrang ein, war es doch auch unmittelbar viel überzeugender und prägender als der Text. Wie sehr hier ein Künstler neuen Vorstellungen den Weg bereiten konnte, sei an einem Beispiel verdeutlicht. In dem *Weiß Kunig* ließ Kaiser Maximilian I. – der »letzte Ritter« – 1514 nach eigenen Notizen sein Leben von Marx Treitzsaurwein niederschreiben, zu seinem Ruhme und zur Belehrung der Nachwelt, wozu auch Bilder dienen sollten, die u.a. Hans Burgmair schuf. Darin wurde auch der Bildungsweg des jungen Maximilian geschildert, wie er lesen und schreiben, dann die sieben freien Künste, schließlich die Wissenschaften von dem, was die Welt im Innersten zusammenhält, und auch die Kunst des Sternsehens erlernte. Danach – so heißt es – wollte der Junge die »schwarze« Kunst kennenlernen: Der Vater warnte ihn vor dieser Sünde gegen das erste Gebot des Dekalogs, schickte ihn dann aber zu »dem gelehrtesten Mann der Schwarzen Kunst«; bald erkannte der gelehrige Schüler, daß der Vater recht gehabt hatte und lehnte diese Kunst als gottlos ab. Der Holzschnitt Burgmairs geht über diesen Text hinaus, indem er unter offensichtlichem Aufgreifen des Motivs von »Herakles am Scheideweg« – der zwischen der Tugend und der Wollust, dargestellt als Jungfrau und als verführerische reife Frau, zu wählen hatte – den jungen Weißkönig zwischen der gottlosen und der gottgefälligen Sphäre zeigt, erstere dargestellt als eine alte Frau mit Stock und Kräutersack, auf ihrem Kopf ein teuflischer Dämon sitzend, letztere als ein junger Mönch mit einem Buch unter dem Arm, über ihm ein Engel. So zeigt das Bild mehr als der Text den absoluten Gegensatz zwischen Magie und Wissenschaft, Alt und Jung, Frau und Mann, teuflische und daher zu verabscheuende Welt und gottgewollte und daher aktiv zu gestaltende Welt. In vergleichbarem Sinne hat auch Albrecht Dürer 1501 seine Hexe als »Verkehrte Welt« dargestellt – selbst sein Monogramm ist verkehrt! Die Männlichkeit der bürgerlichen Gesellschaft (und ihrer Rationalität und Wissenschaftlichkeit, daher auch kalter Berechenbarkeit und Gesetzlichkeit) war das anzustrebende Weltprinzip, damit auch die Gleichheit aller als Personen und Vertragssubjekte – eine Gleichheit, die ausdrücklich von der Geschlechtlichkeit abstrahierte. Die verkehrte Frauenwelt – aus der die Mütterlichkeit schon lange verbannt war, wie auch die matriarchalischen Gottheiten in den Venusberg (Hörselberg) – war sekundär geworden, hatte Bedeutung nur mehr in bezug zur männlichen Sexualität und Triebhaftigkeit (wie sie sich noch im privaten und intimen Bereich auszuleben getraute, seit sie aus der Öffentlichkeit der bürgerlichen Gesellschaft verschwunden war), deswegen entweder den männlichen Geist begeisternd und zum aufgeklärten Himmel hinaufziehend als das Ideal der reinen Jungfrau (und Tochter), oder aber den männlichen Geist bedrohend und auf die Erde herabziehend wie die unwiderstehliche Verführerin (und Dirne), die mit Gewalt zu nehmen und abzulehnen war (wie die Mütterlichkeit auch, weshalb die Identität von alter und junger Geschlechtlichkeit erneut vorgestellt wurde). In der Theorie der Planetenkinder wurden die Hexen als Kinder des Saturn dargestellt, war doch dieser Gott der Unterwelt zugeordnet (daher Gott der Bergarbeiter), auch der Gott, der seine Kinder auffraß, andererseits aber auch der Gott der Landwirtschaft (und der feuchten, fließenden Fruchtbarkeit), in einer Verbindung zum (Sternzeichen des) Steinbock(es), dem Symbol der zügellosen wilden Sexualität (weshalb auch der Teufel am Sabbat oft als Bock gedacht wurde, wie umgekehrt Saturn manchmal mit Bocksfuß dargestellt wurde). Auf Saturn wiesen die römischen Saturnalien hin, das Fest der verkehrten Welt, wo die Herren die Sklaven bedienten, aber auch der Sabbat, der am Samstag (*Saturday*) gefeiert wurde. Schließlich bestand ein Zusammenhang von Saturn mit der Melancholie.

Das Bild der verführerischen jungen Hexe (allein oder zusammen mit der in Obszönität erfahrenen Alten) entstand erst spät und wurde vor allem von den Geschichtsschreibern des 19. Jahrhundert propagiert, die oft sogar die gesamte Verfolgung auf sexuelle Motive zurückführten, was – wie auch heute noch vertreten! – mehr über die Probleme ihrer Erfinder als über die vergangene Realität aussagt. Lange Zeit war nämlich in den durchgeführten Prozessen die Hexengestalt bestimmend, wie wir sie aus den Märchen (vor allem *Hänsel und Gretel*) kennen, wie sie mit dem Volksglauben an die Schadenszauberin vereinbar war. Junge Mädchen hingegen wurden anfangs nur als Kinder der Hexe mitverfolgt und manchmal auch verbrannt, weil man glaubte, sie wären am Sabbat dem Teufel geweiht worden. Erst in den großen Verfolgungswellen wurden auch junge Frauen einbezogen, aber eben als Ausnahme, wie auch die Verteufelung der mächtigen und machtgierigen Frau die Ausnahme war, wie sie z.B. Shakespeare in der Gestalt der Johanna von Orleans in seinem *Heinrich VI.* dargestellt hat. Die Vernichtung der jungen verführerischen Frau in der geschichtlichen Realität geschah nicht primär durch rechtliche Verfolgung und Hinrichtung; sie wurde aus dem öffentlichen Leben zunehmend ausgeschlossen und in die Privatheit des intimen Bereichs verbannt, wo sie »ihrem« Mann zunächst als Jungfrau begegnete und durch das Zusammenleben mit ihm ihre Gefährlichkeit verlor und als »Hexchen« sogar Sexualität als eheliche Pflicht ausleben durfte. Selbst Kinder durfte sie ihm gebären, war sie doch überhaupt und insgesamt selbst wie eine Tochter in seinem Haus eingeordnet, weshalb das klassische römische Recht – das die Ehefrau *in filiae statu* (also als Tochter) betrachtete! – auch diesbezüglich rezipiert werden konnte, zumindest im Bürgertum (für die bäuerliche Bevölkerung und später dann für die »Proletarier« galt wohl von vornherein etwas anderes). Je mehr die bürgerliche Gesellschaft sich zu dieser männlichen Welt herausbildete und diese Prinzipien verwirklichte (und in ihr auch die Frau ihren Ort – zunächst als Ehefrau in der bürgerlichen Familie, dann als gleichberechtigte Person in der öffentlichen Sphäre – fand), desto weniger bedurfte es irgendwelcher gewaltsamer Verfolgungen.

Die Verfolgung der Hexen endete also mit dem Sieg des neuen Denkens in Natur-Wissenschaft, rationalem Naturrecht (Vernunftrecht) und in dem Zusammenleben als bürgerliche Gesellschaft – das zugleich eine säkularisierte Staatsbestimmung mit sich brachte –, eines Denkens und Lebens also, das auch dieses Blendwerk des Teufels beiseite schob: Das öffentliche Leben der freien, gleichen und selbständigen Bürger (und Bürgerinnen) konnte und sollte weder auf Gott noch auf den Teufel hin bezogen werden. Die Hexen wurden entweder als wirkliche Verbrecherinnen (die Schaden angerichtet, z.B. Menschen vergiftet hatten) erkannt oder als Geisteskranke (oder zumindest hysterische Frauen) oder als von Drogen Berauschte (was durchaus auch schon – wie oben erwähnt – früher angenommen, aber selbst noch auf den Teufel zurückgeführt worden war). Die »Incubus-Succubus-Theorie« wurde durch die neuen Erkenntnisse über die Embryonalentwicklung beseitigt, die Medizin entlarvte Verhexungen als Krankheiten oder Wahneinbildungen usw. Eigentlich trat dieses Ende der Hexenverfolgungen um 1680 ein. Nur ab und zu glühte dann noch vereinzelt unter bestimmten besonderen Umständen ein Verfahren auf, im Grunde nur mehr – wie im Volksglauben – gegen eine einzelne Schadenszauberin, in der Regel initiiert durch kindliche Bezichtigung (oder Selbst-Bezichtigung). Nun wurden die »Hexenrichter« freilich belächelt und wegen primitiven Aberglaubens von der aufgeklärten Öffentlichkeit kritisiert und gescholten. Oder der Vorwurf der Hexerei diente nur mehr als Vorwand, um mißliebige Nebenbuhler (um Macht, Geld oder Frau) beseitigen zu können, weshalb ab dem Ende des 17. Jahrhunderts mehr Männer davon betroffen waren (und – wie erwähnt – zunehmend auch mehr Kinder, denen man wegen ihrer doch zugrunde gelegten »Unschuld« solche Selbst- und Fremdbezichtigungen glaubte, im übrigen bis heute, wenn man die Verfolgung wegen sexuellen Mißbrauchs betrachtet).

Aber man lasse sich nicht täuschen! Der Sieg des modernen Denkens in der bürgerlichen Welt bedeutete nicht (und bedeutet es bis heute nicht), daß damit der Mensch zur Vollendung gekommen wäre, sondern betraf (und betrifft) nur die Verwirklichung einer Konzeption des rechtlich geordneten, öffentlichen Zusammenlebens unter allgemeinen, die gleiche Freiheit aller Personen anerkennenden Gesetzen (also den Rechtsstaat). Das Individuum war damit Rechtsperson (und als solche anerkannt) und aufgerufen, in Freiheit, Gleichheit und Selbständigkeit sein Leben in einem Verhältnis zu den anderen (Personen) zu führen. Doch war (und ist) ein Individuum immer mehr als nur diese Rechtsperson: eben Individuum und damit – bei aller Gleichheit in den Rechtsverhältnissen (Gleichberechtigung) – unterschieden von den jeweils anderen, in Alter und Lebenserfahrung, in Reife und Kraft, auch als Mann oder Frau in der Geschlechtlichkeit (die nicht gleichzusetzen ist mit der sexuellen Triebverfassung, die wohl zumindest vergleichbar ist). Unterschieden damit in Umständen, die das Individuum nicht selbst erzeugt hat, die ihm daher seine Endlichkeit (und sein Fremdbestimmtsein als ihm widerfahrene Gewalt) vor Augen führen. Die Negativität (und hier als Gewalt) war und ist damit nicht aus der bürgerlichen Welt verschwunden. Selbst wo das öffentliche Rechtsleben gewaltfrei vor sich ging und geht, lebt(e) die Gewalt in jedem Einzelnen weiter, und sei es nur als neurotisches Verhältnis von Ich und Es in ihm selbst. Gegensätze, Konflikte und Probleme wurden und werden somit endgültig verinnerlicht und im Selbsthaß ausgetragen, in Freudlosigkeit und Unterwerfung unter lebensfeindliche Prinzipien – die Theorie des autoritären Charakters hat dazu viel Material zusammengetragen, oft selbst von einer Sucht an Entlarvung und einer klammheimlichen Freude an Zerstörung getragen. Dort, wo die Bewältigung im Inneren nicht mehr gelingen konnte und kann, sucht(e) sich das überforderte Individuum ein Objekt, an dem es diese Gewalt ausleben konnte und kann – zur eigenen Entlastung und Unterwerfung zugleich –, zunächst in seinem eigenen Inneren (also der Phantasie), dann auch in seiner äußeren Welt.

So lebt(e) die Hexe durchaus weiter. Freilich zunehmend nicht mehr für die Sphäre des Rechts und des Staates (und auch nicht der Kirchen), wohl aber in der privaten Sphäre der Angst und des individuellen Hasses, in der innerlichen Phantasie und der sich von der Realität absetzenden Kunst, die sie häufig als »femme fatale« oder als Elektra, Salome, Judith, Delila, als Sphinx oder Vampir, Loreley oder Lolita darstellte. Auch Kundry, die nur an dem Wagnerschen Parsifal – dem reinen Toren – scheitert, die Königin der Nacht in ihrem Kampf gegen den lichten Sarastro und ähnliche Frauen sind gleichfalls Hexengestalten – von manchen Frauen in den oft den Geist des 19. Jahrhunderts atmenden Märchen der Brüder Grimm ganz zu schweigen. Doch wurde das ästhetische Hexenbild zum Teil zunehmend karikaturistisch, verspottend überzeichnet, durchaus geistvoll, aber nicht mehr ernst (und als Wirklichkeit) zu nehmen. Aus der gefährlichen Schadenszauberin oder Verführerin wurde die wunderliche Alte oder das niedliche »Hexchen«. Auch hier ist Goethe mit seiner Schilderung der »Hexenküche« zu nennen, vor allem bezüglich des vielgedeuteten Hexen-Einmaleins: »Aus Eins mach Zehn, und Zwei laß geh'n, und Drei mach gleich, so bist Du reich. Verlier die Vier! Aus Fünf und Sechs – so sagt die Hex – mach Sieben und Acht, so ist's vollbracht: und Neun ist Eins, und Zehn ist keins.« Diesen Zauberspruch ergänzt die Hexe bei Adelheid Wette in ihrem Märchenstück *Hänsel und Gretel* (vertont durch Engelbert Humperdinck) mit den Versen: »und viel ist nichts, die Hexe spricht's«, wobei sie erst bei Fünf und Sechs anfängt.

Abb. 4: Franz Gaul, Kostümentwurf für die Hexe in »Hänsel und Gretel« von Adelheid Wette, geborene Humperdinck, 1894

Dadurch veränderte die Kunst und die allgemeine Phantasie allmählich auch das negative Bild der Hexe – man (und vor allem frau) wollte sich zunehmend an die helfende und heilende Kraft der weisen Frauen erinnern und in ihnen das Gegenbild zur modernen Rationalität (nicht mehr nur der Männer, sondern auch der heutigen emanzipierten Frauen) sehen; und frau bekannte sich deshalb als (neue) Hexe (in diesem positiven Verständnis), wie auch manche Märchen gute Hexen kennen. Oder man rühmte die Hexe als Rebellin gegen den Siegeszug der christlichen Kirche. Dann feiert(e) eine neue Irrationalität Triumphe – und schert sich nicht um Quellenkenntnis oder Religionsgeschichte, wenn dieses positive Hexenbild auch in die Vergangenheit projiziert und eine kontinuierliche Linie von diesen Schwestern von früher zu heute (und zu ihnen als ihren Nachfolgerinnen) gezogen wurde und wird. Übersehen wird dabei die diesen Ausführungen zugrundeliegende und hier auch dargestellte Differenzierung der Hexenvorstellung in lebendige Hexen»vorstellung«, theoretisch durch- und ausgedachten Hexerei»begriff«, juristischen Hexerei»verbrechen«(statbestand) und in das »Phantasieren« einer Gestalt, die Frustrationen beseitigen, Ängste verdrängen, Wünsche erfüllen und Träume befriedigen soll. Um an die Einleitung zu erinnern: Es gab und gibt »die« Hexe nicht! Aber man konnte und kann sie in vielfältiger Weise phantasieren. So kannte auch der Nationalsozialismus höchst unterschiedliche Bilder der Hexe: Einerseits versuchte Heinrich Himmler, aus den Hexenverfolgungen für seine antikirchlichen Bestrebungen Material zu gewinnen, weshalb er die Anlage einer »Hexenkartei« befahl, aus deren gesammelten Daten die Schuld des Christentums an der Hinrichtung unschuldiger deutscher Mädchen und Frauen abzuleiten wäre; andererseits war der Nationalsozialismus (bzw. waren viele nationalsozialistische Männer) selbst fasziniert von einer Hexengestalt, nämlich in der Vorstellung der erotischen Jüdin, die manchem biederen und braven deutschen Mann zu viele Probleme bereitete! Es ist ernüchternd und erschreckend, im 20. Jahrhundert dieselben Bilder und Vorstellungen wiederfinden zu müssen. Man/frau lese nur z.B. den Roman *Der Befehl des Gewissens* von Hans Zöberlein aus dem Jahre 1937, in dem eine junge jüdische Witwe wie folgt charakterisiert wird: »Die Hexe Mirjam ist bestrickend und verdirbt entsetzlich, was sie liebt. Und sie pflegt rasch zu lieben«. Sie verdirbt nämlich deswegen – unter anderem und vor allem den jungen deutschen Architekten Hans Krafft, den sie verführen will, obwohl er mit seiner Berta Schönwirt verlobt ist, doch kann er sie und ihre Art erkennen und so einen sie vernichtenden Widerstand leisten –, weil sie an der Judenpest (Syphilis) leidet und darin (und im Gebrauch des Opiums) als todbringende Verführerin Personifikation der ewigen Sünde ist. Deshalb geht es auch nicht um sie als Frau und Sexualität, sondern um den auf dem »Ewigen Juden« klebenden Fluch, der für die nationalsozialistische Ideologie darin bestand, gerade keine Rasse zu sein und sein zu können – denn die Juden waren und sind ein durch ein Religionsbekenntnis verbundenes Volk (weshalb es schon im Ansatz um keine Rassentheorie ging und gehen sollte) –, sondern das Prinzip der Zersetzung und der Negation (der wahren Rasse, nämlich des deutschen Blutes in seiner Beziehung zu Boden und Schicksal) schlechthin darzustellen und darstellen zu müssen. Deutlich wird die Identifizierung der Jüdin (und des Judentums als solchen) mit dem Negativen überhaupt, also mit dem Teufel, wie er schon in der wissenschaftlichen Hexentheorie seine Rolle – freilich als Verbündeter der immer noch menschlich bleibenden Frau – spielte. Doch nun ist selbst alles Menschliche der »Hexe Mirjam« genommen, weshalb sie nicht einmal mehr als Teufelsbündnerin zu begreifen ist, sondern das Teuflische selbst ist und von daher nur mehr dämonisch, also bestimmungslos und damit das Negative schlechthin. So gebar das 20. Jahrhundert selbst noch eine weitere Hexengestalt – in einer totalen, menschenverachtenden Phantasie, die sich sogar das Selbstbewußtsein anmaßte, diese an archaische (vor jeder bestimmten Hexenvorstellung vorhandene) Bilder erinnernde Gestalt mit modernsten Geräten wissenschaftlich exakt und technisch brillant in die Realität umzusetzen und sie zu vernichten. Hier tobte sich der autoritäre Charakter des modernen Menschen aus!

4.2 Hexenbilder

Zum Abschluß soll kurz auf einige bildliche Darstellungen der Hexe eingegangen werden, die gleichfalls in diesem ambivalenten Zusammenhang mit den anderen Dimensionen des Hexereiphänomens stehen und standen. Die interessierten LeserInnen können Genaueres in meiner gleichnamigen Arbeit finden.

Da gab es zunächst die bildlichen Illustrationen in Handschriften und – nach Erfindung des Buchdrucks, dessen Wirkung auf die Verbreitung des Hexereibegriffs gar nicht überschätzt werden kann – gedruckten Traktaten. Sie bebilderten den Inhalt dieser Schriften, machten also auch bildlich (und damit auf den ersten Blick) deutlich, worüber es in dem danebenstehenden Text ging – wobei sie sich durchaus wiederholen konnten oder aus anderen Werken übernommen wurden –, wollten aber nicht immer Realität abbilden. So lehnte z.B. Ulrich Molitor(is) in seinem Buch *De lamijs et phitonicis mulieribus* (1489) ausdrücklich reale Zauberei oder gar Flug durch die Luft der Unholdinnen ab: diese Vorstellungen seien bloße Trugbilder. Das Buch enthielt aber eine Reihe von Holzschnitten, die genau diese Bilder darstellen, weshalb sie also selbst Trugbilder, Erfindungen und Phantasie waren; und gerichtet an die Phantasie der Leser, die dadurch unterhalten, wohl aber auch zum Erwerb des Werkes angeregt werden sollten.

Manche Flugblätter, die ebenfalls in Wort und Bild Untaten, Verurteilung und Hinrichtung der »Hexenleut'« schilderten (und manchmal auch dazu gedacht waren, von einem Bänkelsänger mündlich vorgetragen zu werden, wobei dieser mit dem Stab auf die einzelnen Bilder hindeutete, weshalb die gesamte Geschichte auf demselben Blatt abgebildet war), und die ihnen nachfolgenden »Newen Zeitungen« waren schlicht erfunden. Sie erzählten im wahren Sinne des Wortes eine Geschichte, vergleichbar einem Roman oder einem Gedicht, aber nur auf der Dimension von »Sex and Crime« – damit durchaus heutigen »Bild-Boulevard-Blättern« vergleichbar. Sie wollten »Erschröckliches« bieten, gruseln, Distanzierung ermöglichen, dadurch aber auch unterhalten (und gekauft werden). Für einige Zeitgenossen führten sie vielleicht auch zur religiösen Erbauung. Freilich mußten sie glaubwürdig erscheinen, weshalb sie sich inhaltlich auf den Hexereibegriff der Theologen bzw. den Hexereitatbestand der Juristen bezogen und diese Produkte der Theorie abbildeten. Doch bezogen sie sich im Regelfall auf auswärtige und den BetrachterInnen unbekannte Ereignisse.

In vielen Fällen ist diesen Bildern ein weitergehender, auch rechtlich-politischer Zweck zuzuschreiben. Die Aufmachung und die Tendenz der gereimten Unterschriften – unterlegt mit populären Melodien – sollten offensichtlich eine Identifikation der BetrachterInnen mit dem Dargestellten erzeugen, eine Zustimmung zu dem Dargestellten herstellen, nämlich zur Verfolgung und Hinrichtung von Hexenleuten. Noch mehr: In manchen Fällen scheint ein »Moralunternehmer« hinter dem Druck dieser Schriften gestanden zu haben, der durch die Veröffentlichung ein geistiges Klima für Verfolgungen in seinem Land, vielleicht sogar einen Druck auf die Obrigkeit ausüben wollte. Dies zeigt sich auch in der Veränderung der abgebildeten Gestalten. Die Bilder der ersten Auflage des genannten Molitor(is)-Buches zeigten alltägliche Frauen, während in den späteren Auflagen diese Unholdinnen eindeutig dämonisiert dargestellt wurden. Diese Wirkung sollten eindeutig die »großen« Bilder des Sabbats in allen Einzelheiten – erklärt durch Bildunterschriften (sogar in Reimen) – erreichen. Sie sollten das Unglaubliche dieser Geschehnisse durch den sinnlichen Eindruck glaubwürdig machen, jeden möglichen Ansatz einer Kritik an den Verfolgungen im Keim ersticken und gerade wegen dieses Menschen nicht verständlichen Inhalts – daher also dieses Unmenschlichen – die »Ausrottung des Unkrauts« legitimieren.

Freilich zeigen diese Versuche von Bildpropaganda, daß die Öffentlichkeit nicht so eindeutig hinter den Hexenverfolgungen zu stehen schien, wie gerne angenommen, vor allem, wenn Frieden und Wohlstand im Land herrschten. Bei Katastrophen(stimmung) war man gern bereit, die dafür Verantwortlichen zu suchen und zu vernichten. Aber sonst mußte durch Propaganda von der Kanzel herab, durch öffentliche Verlesung der »Urgichten« (Geständnisse) der »Hexenleut'« unmittelbar vor der Hinrichtung und eben durch diese Bildwerke der Boden für den Verfolgungseifer bereitet werden.

Bilder waren deshalb auch notwendig, weil das Hexereiverbrechen selbst entsprechend dem wissenschaftlich-juristischen Denken rein theoretisch und damit bildlos war. Der Hexereitatbestand stellte in nüchternem Stil die Merkmale des Delikts nebeneinander, die im Verfahren zu beweisen waren. Recht arbeitete – im Gegensatz zum Mittelalter – in der Neuzeit nur mit Wortsprache. Im Unterschied zu der sinnlichen Bildsprache ermöglichte diese aber leichter ein Nachdenken, eine Reflexion über die Richtigkeit (Wahrheit) und eine Kritik. Die Bilder konnten die Ansätze zu Fragen an die Hexereitheorie durch die Wucht ihrer Einbildungskraft überdecken und durch den Appell an die eigene Phantasie niederhalten.

Vor allem wurden Bilder von Hexenleuten über die bloße Illustration gelehrter Traktate hinaus geschaffen. Die Künstler konnten damit die Inhalte der Hexerei insgesamt ausmalen, intensiver gestalten und zu Bildkompositionen steigern, wie sie die Gemälde mit Darstellungen des Treibens am Sabbat zeigen. Dadurch wurde der Sabbat selbst zu einem Kunstwerk, das ästhetischen Kriterien folgte. Freilich stellt(e) sich in diesem Zusammenhang die früher vieldiskutierte Frage nach einer möglichen »Ästhetik des Häßlichen«.

Oder die Künstler konzentrierten sich auf einen einzelnen Aspekt der Hexerei, auf ein Moment des Hexereibegriffs, und verselbständigten ihn zu einem eigenen Bildthema – wie weit hier die Vorliebe der Auftraggeber bestimmend war, läßt sich schwer sagen, der Grund für die Wahl eines spezifischen Themas konnte aber auch in der Person des Künstlers liegen. Dies konnte das Dämonische der Hexerei als solches sein: das Nächtliche, Geheimnisvolle (weil geheime Treffen), Tödliche (wie im Kannibalismus), Grauenerweckende oder Ungeheuerliche, auch das Sinnlose und Verkehrte, das nur durch den Bezug auf den Teufel als den Gegenspieler Gottes Sinn und Konsequenz erhielt. Oder die Konzentration galt dem Dämonischen in dem Bild der »Frau«, wobei vier Varianten gewählt wurden (und angemerkt werden soll, dass die Zuspitzung des Hexereibegriffs auf die Frau sicherlich durch die Kunst gefördert wurde): Zunächst konnte man die Hexenfrau als häßliche und abstoßende oder als Mitleid erregende arme Alte darstellen; zweitens war es möglich, sie als zur Sünde verführende gefährliche erotische Junge aufzufassen, genauer als ein die Begierde des Betrachters erregenden und diesen daher sinnlich zwingenden Körper (in welchem Zusammenhang die Hexenbilder von Hans Baldung Grien zu berücksichtigen sind); drittens konnte man beide Bilder zusammenfügen, als den inneren Zusammenhang von Alter und Junger, von Lehrerin und Schülerin in Sachen männervernichtender Sexualität; und schließlich konnte die Hexenfrau viertens auch als Gegensatz zum männlichen Geist als wilde und ungebändigte Natur dargestellt werden, wobei sich dieses (bloße) Natürliche als Lebenszusammenhang von Kind, Frau und Greisin oder als Zusammenhang von Leben und Tod selbst auffassen ließ.

Die Kunst, die diese Bilder als ihre, d.h. auch als künstliche, Werke begriffen hatte, vermochte dann auch zu entdämonisieren. Aus der gefährlichen Hexe konnte die brave, weil gezähmte Hausfrau, Gattin und Mutter werden, gehorsam dem Manne, auch dann, wenn er sie als die wilde Geliebte begehrte, die sie ebenfalls in sich hatte und in der Intimität des Schlafgemachs freisetzen konnte – wie sie auch nur dort die sonst züchtig hochgesteckten Haare zügellos fliegen ließ. So stellte z.B. der holländische Maler David Teniers d.J. (1581–1642) seine Hexenfrauen mit dem Antlitz seiner Gattin dar (vgl. Abb. 1). Sie konnte auch zu der unschuldigen Tochter werden, zum Kind, das nur dem reifen Erwachsenen die Bestimmung zur Frau erkennen ließ und ihn zu reizen verstand, dieses in ihr angelegte Ziel mit seiner Hilfe zu erreichen. Allerdings konnte auch eine solche Kindfrau ins Verderben führen, wie die nicht-menschlichen Feen oder Nymphen, von denen und deren natürlicher Unschuld alte Geschichten bis heute erzählen. Auch sonst kennen die Märchen höchst unterschiedliche Hexengestalten, gedacht für Kinder.

Diese Bilder konnten Männer-, vielleicht auch Frauenphantasien ernstnehmen, sie auch erst erzeugen wollen und damit unter Umständen Hemmungen abzubauen versuchen. Die Bilder konnten aber in ihrer Übersteigerung satirisch, selbst zynisch gemeint sein, dem Aberglauben der Zeitgenossen einen entlarvenden Spiegel vorhalten, die Dummen verspotten oder fundamentale Kritik am Zeit(un)geist üben wollen. Als Beispiele können Salvator Rosa (1615–1638) und Francesco Goya (1746–1828) genannt werden. Darin konnte auch Resignation, vielleicht Verzweiflung des Künstlers an seiner Gegenwart ihren Ausdruck finden. Auch eigene Ängste konnten in den Verzerrungen des Hexenbildes ihren Ausweg suchen.

Freilich ging durch diese freie Gestaltung (»Phantasie«) der eigenen Motive des Künstlers der feste Bezug zu »Verbrechen«statbestand, »Begriff« und »Vorstellung« von Hexerei verloren. Das Dargestellte konnte (auch) etwas anderes meinen, bediente sich nur einer Hexengestalt, um auf ein außerhalb der Hexerei liegendes, nur mehr oder minder mit ihr verwandtes Thema zu verweisen. Schon die berühmten Hexenbilder von Albrecht Dürer (1471–1528) oder die Melancholiebilder von Lucas Cranach d.Ä. aus den Jahren zwischen 1528 und 1533 sind in sich geschlossene und durchkomponierte Kunstwerke, deren Interpretation Bücher füllt. Man betrachte z.B. nur Dürers Kupferstich aus dem Jahr 1501, der meist als *Alte Hexe* bezeichnet wird, aber eigentlich eine bildliche Darstellung der »verkehrten Welt« ist – selbst sein Monogramm ist verkehrt.

Letztlich löste sich der Inhalt der Hexerei auf, gerade weil darin (also in der Auflösung als solcher) das Darzustellende gesehen wurde. Gemalt wurde eine erotisch-aggressive Frau – ob der Künstler das Bild nun *Hexe*, *Femme fatale* oder *Judith* nennt, ist gleichgültig. Oder es wird eine Explosion von Farben und Linien gemalt, um das Wilde und Ungeordnete des orgiastischen Sabbatfestes auszudrücken (wie z.B. 1988 von Markus Lüpertz). Freilich kann dieses Bild auch einen anderen Titel erhalten und nicht mehr etwas Hexisches, sondern überhaupt irgendetwas Wildes, vielleicht das Wilde überhaupt, meinen.

In diese Entwicklung reihte sich dann auch – wie abschließend angemerkt werden soll – die Musik ein. Sie kann als solche keinen Inhalt illustrieren, sie braucht dazu als festen Halt die Worte und/oder die Szene, zumindest einen sprachlichen Titel der Komposition, die sie mit Tönen auszufüllen sucht. Als musikalischer Ausdruck des Hexentanzes oder des Hexenfluges aber konnte sie unmittelbar die Wildheit dieses Treibens hör- und erlebbar machen – selbstverständlich auch darin stets über die Hexerei hinaus. Es konnte einfach eine Tanzmusik oder ein rhythmisch aufpeitschendes Musikstück sein.

Literaturhinweise

Allgemeine Literatur:

Ingrid AHRENDT-SCHULTE, Weise Frauen – böse Weiber, Freiburg i.Br. 1994.

Ingrid AHRENDT-SCHULTE u.a. (Hrsg.), Geschlecht, Magie und Hexenverfolgung, Bielefeld 2002.

Hexen und Hexenverfolgung im deutschen Südwesten, hrsg. vom Badischen Landesmuseum Karlsruhe, Karlsruhe 1994.

Gabriele BECKER u.a., Aus der Zeit der Verzweiflung. Zur Genese und Aktualität des Hexenbildes, Frankfurt a.M. 1977.

Wolfgang BEHRINGER (Hrsg.), Hexen und Hexenprozesse in Deutschland, München [4]2000.

Wolfgang BEHRINGER, Hexen. Glaube, Verfolgung, Vermarktung, München [2]2000.

Rosemarie BEIER-DE HAAN u.a. (Hrsg.), Hexenwahn. Ängste der Neuzeit, Berlin 2002.

Andreas BLAUERT (Hrsg.), Ketzer, Zauberer, Hexen, Frankfurt a.M. 1990.

Anita CHMIELEWSKI-HAGIUS (Hrsg.), »Wider Hexerey und Teufelswerk ...«. Von Hexen und ihrer Verfolgung (Ausstellungskatalog des Museums Prinzesshof), Itzehoe 2000.

Stuart CLARK (Hrsg.), Languages of witchcraft, New York 2000.

Rainer DECKER, Hexen. Magie, Mythen und die Wahrheit, Darmstadt 2004.

Gunther FRANZ/Franz IRSIGLER (Hrsg.), Methoden und Konzepte der historischen Hexenforschung, Trier 1998.

Bruno GLOGER/Walter ZÖLLNER, Teufelsglaube und Hexenwahn, Wien 1984.

Dieter HARMENING/Andrea RUDOLPH (Hrsg.), Hexenverfolgung in Mecklenburg, Dettelbach 1997.

Claudia HONEGGER (Hrsg.), Die Hexen der Neuzeit, Frankfurt a.M. 1978.

Alan Charles KORS/Edward PETERS (Hrsg.), Witchcraft in Europe, 400–1700, Philadelphia 2001.

Hartmut LEHMANN/Otto ULBRICHT (Hrsg.), Vom Unfug des Hexenprocesses, Wiesbaden 1992.

Brian P. LEVACK, Hexenjagd, München 1995.

Sönke LORENZ/Dieter R. BAUER (Hrsg.), Hexenverfolgung, Würzburg 1995.

Sönke LORENZ u.a. (Hrsg.), Himmlers Hexenkartothek, Bielefeld 1999.

Katrin MOELLER/Burghardt SCHMIDT (Hrsg.), Realität und Mythos. Hexenverfolgung und Rezeptionsgeschichte. Hamburg 2003.

Monika NEUGEBAUER-WÖLK, Wege aus dem Dschungel. Betrachtungen zur Hexenforschung, in: Geschichte und Gesellschaft 29 (2003), S. 316–347.

Wolfgang SCHILD, Alte Gerichtsbarkeit, München [2]1985.

Gerhard SCHORMANN, Hexenprozesse in Deutschland, Göttingen 1981.

Helfrid VALENTINITSCH (Hrsg.), Hexen und Zauberer, Graz/Wien 1987.

Richard VAN DÜLMEN (Hrsg.), Hexenwelten, Frankfurt a.M. 1987.

Rita VOLTMER/Günter GEHL (Hrsg.), Alltagsleben und Magie in Hexenprozessen, Weimar 2003.

I. Hexereivorstellung:

Ditte und Giovanni BANDINI, Das Buch der Elfen und Feen, München 2003.
Karin BAUMANN, Aberglauben für Laien, Würzburg 1989.
Wolfgang BEHRINGER, Chonrad Stoeckhlin und die Nachtschar, München 1994.
Wolfgang BEHRINGER/Constance OTT-KOPTSCHALIJSKI, Der Traum vom Fliegen, Frankfurt a.M. 1991.
Monika BLÖCKER, Wetterzauber, in: Francia 9 (1981), S. 117–131.
Monica BLÖCKER, Frauenzauber – Zauberfrauen, in: Zeitschrift für Schweizerische Kirchengeschichte 76 (1982), S. 1–39.
Monica BLÖCKER-WALTER, Imago fidelis – Incubus. Die Umdeutung eines Traumbildes im Mittelalter, in: Adolf REINLE (Hrsg.), Variorum munera florum. Latinität als prägende Kraft mittelalterlicher Literatur. Festschrift für Hans F. Haefele, Sigmaringen 1985, S. 205–209.
Jean Claude BOLOGNE, Von der Fackel zum Scheiterhaufen. Magie und Aberglaube im Mittelalter, Solothurn 1995.
Walter BRUCHHAUSEN (Hrsg.), Hexerei und Krankheit, Münster 2003.
Christoph DAXELMÜLLER, Aberglaube, Hexenzauber, Höllenängste, München 1996.
Christoph DAXELMÜLLER, Zauberpraktiken. Eine Ideengeschichte der Magie, Zürich 1993.
Paul DERKS, Wodan und das wuetende heer, in: Rüdiger BRANDT/Paul DERKS/Ursula STORP (Hrsg.), Etwas Schriftliches zum Fest. Horst Wenzel zum 50. Geburtstag, Essen 1991, S. 51–122.
Peter DINZELBACHER/Dieter R. BAUER (Hrsg.), Volksreligion im hohen und späten Mittelalter, Paderborn 1990.
Britta ECHLE, Magisches Denken in Krisensituationen, in: Hartmut LEHMANN/Anne-Charlott TREPP (Hrsg.), Im Zeichen der Krise. Religiosität im Europa des 17. Jahrhunderts, Göttingen 1999, S. 189–201.
Herbert EIDEN, Elitenkultur contra Volkskultur, in: Rita VOLTMER/Günter GEHL (Hrsg.), Alltagsleben und Magie in Hexenprozessen, Weimar 2003, S. 21–32.
Edward E. EVANS-PRITCHARD, Hexerei, Orakel und Magie bei den Zande, Frankfurt a.M. 1978.
Valerie I.J. FLINT, The Rise of Magic in Early Medieval Europe, Oxford 1991.
Carlo GINZBURG, Die Benandanti, Berlin 1980.
Carlo GINZBURG, Hexensabbat, Berlin 1990.
Karl-Heinz GÖTTERT, Magie, München 2001.
Silke GÖTTSCH, Schadenszauber. Zur Disziplinierung leibeigener Untertanen, in: Kieler Blätter für Volkskunde 23 (1991), S. 55–65.
Bernhard D. HAAGE, Alchemie im Mittelalter, Zürich 1996.
Christa HABIGER-TUCZAY, Magie im Mittelalter, München 1992.
Christa HABIGER-TUCZAY, Magie und Magier im Mittelalter, München 1992.
Dieter HARMENING, Himmlers Hexenkartei, in: Jahrbuch für Volkskunde NF 12 (1989), S. 99–112.
Dieter HARMENING, Zauberei im Abendland, Würzburg 1991.
Gustav HENNINGSEN, Die »Frauen von außerhalb«. Der Zusammenhang von Feenkult, Hexenwahn und Armut im 16. und 17. Jahrhundert auf Sizilien, in: Hans Peter DUERR (Hrsg.), Die Mitte der Welt, Frankfurt a.M. 1984, S. 164–183.
Beate KELLNER, Mythen in Jacob Grimms Deutscher Mythologie, Diss. München 1994.
Richard KIECKHEFER, Magie im Mittelalter, München 1992.
Gábor KLANICZAY, Heilige, Hexen, Vampire, Berlin 1991.
Heide KLINKHAMMER, Schatzgräber, Weisheitssucher und Dämonenbeschwörer, Berlin 1992.
Gottfried KORFF, Bemerkungen zur Dingbedeutsamkeit des Besens, in: Anzeiger des Germanischen Nationalmuseums Nürnberg (1995), S. 33–44.
Jörg KRAUS, Metamorphosen des Chaos. Hexen, Masken und verkehrte Welten, Würzburg 1998.
Nikolaus KYLL, Tod, Grab, Begräbnisplatz, Totenfeier, Bonn 1972.
Eva LABOUVIE, Verbotene Künste, St. Ingbert 1992.
Eva LABOUVIE, Zauberei und Hexenwerk, Frankfurt a.M. 1991.
Eva LABOUVIE, Wider Wahrsagerei, Segnerei und Zauberei. Kirchliche Versuche zur Ausgrenzung von Aberglaube und Volksmagie seit dem 16. Jahrhundert, in: Richard VAN DÜLMEN (Hrsg.), Verbrechen, Strafen und soziale Kontrolle, Frankfurt a.M. 1990, S. 15–55.
Claude LECOUTEUX, Geschichte der Gespenster und Wiedergänger im Mittelalter, Köln 1987.
Claude LECOUTEUX, Hagazussa – Striga – Hexe, in: Hessische Blätter für Volks- und Kulturforschung 18 (1985), S. 57–70.
Claude LECOUTEUX, Das Reich der Nachtdämonen, Düsseldorf 2001.
Claude LECOUTEUX, Romanisch-germanische Kulturbemühung am Beispiel des Mahles der Feen, in: Mediaevistik 1 (1988), S. 87–99.
Georg LUCK, Hexerei und Zauberei in der römischen Dichtung, Zürich 1962.
Ulf METZGER, Magie und Gesellschaft, Diss. Hamburg 1973.
Dietz-Rüdiger MOSER (Hrsg.), Glaube im Abseits. Beiträge zur Erforschung des Aberglaubens, Darmstadt 1992.
Eva POCS, Between the living and the dead, Budapest 1999.

Christina POHLMANN, Hexentanz und soziale Ordnung in der frühneuzeitlichen Gesellschaft, Diplomarbeit Bielefeld 2000.
Constance REIK, The Nature of the British Fairies of Medieval and Folk Literature, Diss. Western Michigan University 1981.
Hedwig RÖCKELEIN (Hrsg.), Kannibalismus und europäische Kultur, Tübingen 1996.
Bernd ROECK, Die Verzauberung des Fremden, in: Hartmut LEHMANN/Anne-Charlott TREPP (Hrsg.), Im Zeichen der Krise, Göttingen 1999, S. 319–336.
Walter RUMMEL, »Weise« Frauen und »weise« Männer im Kampf gegen Hexerei. Die Widerlegung einer modernen Fabel, in: Christof DIPPER (Hrsg.), Europäische Sozialgeschichte. Festschrift für Wolfgang Schieder, Berlin 2000, S. 353–376.
Kirsten SANDER, Aberglauben im Spiegel schleswig-holsteinischer Quellen des 16. bis 18. Jahrhunderts, Neumünster 1991.
Wolfgang SCHILD, Missetäter und Wolf, in: Gerhard KÖBLER (Hrsg.), Wirkungen europäischer Rechtskultur. Festschrift für Karl Kroeschell, München 1997, S. 999–1031.
Wolfgang SCHILD, Die zwei Schleswiger Hexlein, in: Helfried VALENTINITSCH/Markus STEPPAN (Hrsg.), Festschrift für Gernot Kocher, Graz 2002, S. 249–271.
Bernd SCHMELZ (Hrsg.), Hexerei, Magie & Volksmedizin, Bonn 1997.
Jean-Claude SCHMITT, Heidenspaß und Höllenangst. Aberglaube im Mittelalter, Frankfurt a.M. 1993.
Monika SCHULZ, Magie oder die Wiederherstellung der Ordnung, Frankfurt a.M. 2000.
Bob SCRIBNER/Trevor JOHNSON (Hrsg.), Popular Religion in Germany and Central Europe, 1400–1800, London 1996.
Manfred TSCHAIKNER, Magie und Hexerei im südlichen Vorarlberg zu Beginn der Neuzeit, Konstanz 1997.
Rainer WALZ, Hexenglaube und magische Kommunikation im Dorf der Frühen Neuzeit, Paderborn 1993.
Vera ZINGSEM, Lilith, Tübingen 1999.

II. Hexereibegriff

Madaurensis Lucius APULEIUS, De Magia, hrsg. von Jürgen HAMMERSTAEDT, Darmstadt 2002.
Madaurensis Lucius APULEIUS, De deo Socratis. Der Schutzgeist des Sokrates, hrsg. von Michael BINGENHEIMER, Frankfurt a.M. 1993.
Dieter R. BAUER/Elisabeth GÖSSMANN (Hrsg.), Eva – Verführerin oder Gottes Meisterwerk?, Stuttgart 1987.
Helen A. BERGER, Witchcraft and the domination of women, Diss. New York 1983.
Monica BLÖCKER, Frauenzauber – Zauberfrauen, in: Zeitschrift für Schweizerische Kirchengeschichte 76 (1982), S. 1–39.
Monica BLÖCKER, Zur Häresie im 11. Jahrhundert, in: Zeitschrift für Schweizerische Kirchengeschichte 73 (1979), S. 193–234.
Arno BORST, Die Katharer, Stuttgart 1953.
Hans Peter BROEDEL, The Malleus Maleficarum and the construction of witchcraft, Manchester 2003.
Julio Caro BAROJA, Witchcraft and Catholic Theology, in: Bengt ANKARLOO/Gustav HENNINGSEN (Hrsg.), Early Modern European Witchcraft, Oxford 1990, S. 19–44.
Paulette CHONÉ, Strafe und Erbarmen. Hexenprozesse gegen Kinder in Lothringen (1600–1630), in: Hartmut LEHMANN/Anne-Charlott TREPP (Hrsg.), Im Zeichen der Krise, Göttingen 1999, S. 359–386.
Stuart CLARK, Thinking with Demons, Oxford 1997.
Hjalmar CROHNS, Die Summa Theologica des Antonin von Florenz und die Schätzung des Weibes im Hexenhammer, Helsingfors 1903.
Christoph DAXELMÜLLER, Teufelspakt. Gestalt und Gestaltungen einer Idee, in: Frank MÖBUS u.a. (Hrsg.), Faust. Annäherung an einen Mythos, Göttingen 1996, S. 11–20.
Martina DETER, Ulrich Molitor(is) und Johannes Geiler von Kaisersberg und die Anfänge des Hexenwahns in Deutschland, Diplomarbeit Hamburg 1988.
Heide DIENST, Zur Rolle von Frauen in magischen Vorstellungen und Praktiken – nach ausgewählten mittelalterlichen Quellen, in: Werner AFFELDT (Hrsg.), Frauen in Spätantike und Frühmittelalter, Sigmaringen 1990, S. 173–194.
Johannes DILLINGER, Das magische Gericht. Religion, Magie und Ideologie, in: Herbert EIDEN/Rita VOLTMER (Hrsg.), Hexenprozesse und Gerichtspraxis, Trier 2002, S. 545–593.
Johannes DILLINGER, Friedrich Spee und Adam Tanner, in: Spee-Jahrbuch 7 (2000), S. 31–58.
Peter DINZELBACHER, Heilige oder Hexen?, München 1995.
Martin ERBSTÖSSER, Ketzer im Mittelalter, Leipzig 1984.
James FEARNS (Hrsg.), Ketzer und Ketzerbekämpfung im Hochmittelalter, Göttingen 1968.
Evelyn FOX KELLER, Liebe, Macht und Erkenntnis, München/Wien 1986.
Gunther FRANZ (Hrsg.), Friedrich Spee, Trier 1991.
Frank FÜRBETH, Zum Begriff und Gegenstand von Magie im Spätmittelalter, in: Jahrbuch der Oswald von Wolkenstein-Gesellschaft 12 (2000), S. 411–422.

Frank Fürbeth, »Weil ihre Bosheit maßlos ist«. Zur Einengung der thomistischen Superstitionentheorie auf das weibliche Geschlecht im Malleus Maleficarum, in: Silvia Bovenschen (Hrsg.), Der fremdgewordene Text. Festschrift für Helmut Brackert zum 65. Geburtstag, Berlin 1997, S. 218–232.
Frank Fürbeth, Die Stellung der artes magicae in den hochmittelalterlichen »Divisiones philosophiae«, in: Ursula Schaefer (Hrsg.), Artes im Mittelalter, Berlin 1999, S. 249–262.
Kurt Goldammer, Magie bei Paracelsus, in: Albert Heinekamp (Bearb.), Magia naturalis und die Entstehung der modernen Naturwissenschaften, Wiesbaden 1978, S. 30–50.
Elisabeth Gössmann/Dieter R. Bauer (Hrsg.), Maria – für alle Frauen oder über alle Frauen, Freiburg i.Br. 1989.
Roland Götz, Der Dämonenpakt bei Augustinus, in: Georg Schwaiger (Hrsg.), Teufelsglaube und Hexenprozesse, München 1987, S. 57–84.
Anne Granda, Auf der Suche nach größerer Gottesnähe. Die Lehren des deutschen Waldensertums im 13. und 14. Jahrhundert, in: Paul Imhof (Hrsg.), Gottes Nähe. Religiöse Erfahrung in Mystik und Offenbarung. Festschrift zum 65. Geburtstag von Josef Sudbrack, Würzburg 1990, S. 95–109.
Herbert Grundmann, Der Typus des Ketzers in mittelalterlicher Anschauung, in: Kultur- und Universalgeschichte. Walther Goetz zu seinem 60. Geburtstag, Leipzig/Berlin 1927, S. 91–100.
Bernard Gui, Das Buch der Inquisition. Das Originalhandbuch des Inquisitors Bernard Gui, hrsg. von Petra Seifert, Augsburg 1999.
Dieter Harmening, Superstitio, Berlin 1979.
Dieter Harmening, Teufel, Sündenfall und Zauberei. Dämonologische und theologische Anthropologie der christlichen Hexe, in: Winfried Herget (Hrsg.), Die Salemer Hexenverfolgungen, Trier 1994, S. 1–25.
Johannes Hartlieb, Das Buch der verbotenen Künste, München 1989.
Walter Haug, Der Teufelspakt vor Goethe oder: Wie der Umgang mit dem Bösen als »felix culpa« zu Beginn der Neuzeit in die Krise gerät, in: Deutsche Vierteljahresschrift für Literaturwissenschaft und Geistesgeschichte 75 (2001), S. 185–215.
Jörg Haustein, Luthers Stellung zum Zauber- und Hexenwesen, Stuttgart 1990.
Bernd-Ulrich Hergemöller, Krötenkuß und schwarzer Kater, Warendorf 1996.
Claudia Honegger, Hexenprozesse und »Heimlichkeiten der Frauenzimmer«, in: Alois Hahn/Volker Kapp (Hrsg.), Selbstthematisierung und Selbstzeugnis. Bekenntnis und Geständnis, Frankfurt a.M. 1987, S. 95–109.
Charles Edward Hopkin, The Share of Thomas Aquinas in the Growth of the Witchcraft Delusion, Diss. Philadelphia 1940.
Günter Jerouschek, Vom Schadenszauber zum Teufelspakt, in: Doris Brockmann/Peter Eicher (Hrsg.), Die politische Theologie Friedrich von Spees, München 1991, S. 13–154.
Günter Jerouschek, Friedrich von Spee als Justizkritiker, in: Zeitschrift für die gesamte Strafrechtswissenschaft 108 (1996), S. 243–265.
Claudia Kauertz, Wissenschaft und Hexenglaube. Die Diskussion des Zauber- und Hexenwesens an der Universität Helmstedt (1576–1626), Bielefeld 2001.
Mary E. Keenau, The Terminology of Witchcraft in the Works of Augustinus, in: Classical Philology 35 (1940), S. 294–297.
Walter Keller, Die »Cautio Criminalis« des Friedrich von Spee und ihre Wirkungsgeschichte in der Überwindung des Hexenwahns, in: Würzburger Diözesangeschichtsblätter 57 (1995), S. 327–334.
Heide Klinkhammer, Schatzgräber, Weisheitssucher und Dämonenbeschwörer, Berlin 1992.
Lothar Kolmer, Ad capiendas vulpes, Bonn 1982.
Barbara Könneker, Faust-Konzeption und Teufelspakt im Volksbuch von 1587, in: Heinz Otto Burger (Hrsg.), Festschrift Gottfried Weber zu seinem 70. Geburtstag, Bad Homburg 1967, S. 159–213.
Maren Kuhn-Rehfus, Mit dem greulichen Laster der Hexerei angesteckte Kinder, in: Wolfgang Schmierer (Hrsg.), Aus südwestdeutscher Geschichte. Festschrift für Hans-Martin Maurer zum 65. Geburtstag, Stuttgart 1994, S. 428–446.
Eva Labouvie, Männer im Hexenprozeß, in: Geschichte und Gesellschaft 16 (1990), S. 56–78.
Malcolm D. Lambert, Ketzerei im Mittelalter, München 1981.
Ernst Landsberg/Josef Kohler, Rechtsgutachten zum Pakt des Dr. Faust mit dem Teufel, in: Goethe Jahrbuch 24 (1903), S. 13–131.
Hartmut Lehmann/Otto Ulbricht (Hrsg.), Vom Unfug des Hexen-Processes, Wiesbaden 1992.
Thomas Linsenmann, Die Magie bei Thomas von Aquin, Berlin 2000.
Elmar M. Lorey, Henrich der Werwolf, Frankfurt a.M. 1998.
Willem Lourdaux/Daniel Verhelst (Hrsg.), The concept of Heresy in the Middle Ages, Leuven 1976.
Ludwig Mader, Zum Pakt in Goethes Faust, in: Zeitschrift für Deutschkunde 37 (1923), S. 188–191.
Marina Warner, Maria, München 1992.
Peter Maslowski, Das theologische Untier. Der sogenannte Teufel und seine Geschichte im Christentum, Berlin 1978.
Albert Mitterer, Mas occasionatus, in: Zeitschrift für katholische Theologie 72 (1950), S. 80–103.
Katharine S. Morris, Early medieval witchcraft. Characteristics of the feminine witch figure, Diss. Austin 1985.
Daniela Müller, Frauen vor der Inquisition, Mainz 1996.

Daniela MÜLLER, »Vir caput feminae«. Zur Stellung der Frau im Kirchenrecht unter besonderer Berücksichtigung des 12. und 13. Jahrhunderts, in: Norbert BRIESKORN (Hrsg.), Vom mittelalterlichen Recht zur neuzeitlichen Rechtswissenschaft. Bedingungen, Wege und Probleme der europäischen Rechtsgeschichte. Festschrift für Winfried Trusen, Paderborn u.a. 1994, S. 224–247.
Daniela MÜLLER, Die Kirche und die Hexen, in: Theodor SCHNEIDER (Hrsg.), Theologie zwischen Zeiten und Kontinenten. Festschrift für Elisabeth Gössmann, Freiburg i.Br. 1993, S. 244–266.
Daniela MÜLLER, Hexenprozeß und Frauenrepression, in: Heresis 12 (1989), S. 39–51.
Wolf-Dieter MÜLLER-JAHNCKE, Astrologisch-magische Theorie und Praxis in der Heilkunde der frühen Neuzeit, Stuttgart 1985.
Wolf-Dieter MÜLLER-JAHNCKE, Agrippa von Nettesheim – »De occulta philosophia«. Ein »Magisches System«, in: Albert HEINEKAMP (Hrsg.), Magia naturalis und die Entstehung der modernen Naturwissenschaften, Wiesbaden 1978, S. 19–26.
Almut NEUMANN, Verträge und Pakte mit dem Teufel, St. Ingbert 1997.
Alois NIEDERSTETTER/Wolfgang SCHEFFKNECHT (Hrsg.), Hexe oder Hausfrau, Sigmaringendorf 1991.
Alexander PATSCHOVSKY, Der Ketzer als Teufelsdiener, in: Hubert MORDEK (Hrsg.), Papsttum, Kirche und Recht im Mittelalter. Festschrift für Horst Fuhrmann, Tübingen 1991, S. 317–334.
Will-Erich PEUCKERT, Gabalia. Ein Versuch zur Geschichte der magia naturalis im 16. bis 18. Jahrhundert, Berlin 1967.
Martin POTT, Aufklärung und Hexenaberglaube. Philosophische Ansätze zur Überwindung der Teufelspakttheorie in der deutschen Frühaufklärung, in: Sönke LORENZ/Dieter R. BAUER (Hrsg.), Das Ende der Hexenverfolgung, Stuttgart 1995, S. 183–202.
Kurt RAU, Ausgburger Kinderhexenprozesse im Kontext der Hexenverfolgungen in Früher Neuzeit, Diss. Zürich 2003.
Sabine RICHTER, Werwölfe und Zaubertänze. Vorchristliche Glaubensvorstellungen in Hexenprozessen der frühen Neuzeit, Diss. Gießen 1998.
Lyndal ROPER, Evil Imaginings and Fantasies. Child witches and the End of the Witch, in: Past & Present 167 (2000), S. 107–139.
Georg Gustav ROSKOFF, Geschichte des Teufels, Leipzig 1869.
Martin SCHEUTZ, Bettler – Werwolf – Galeerensträfling, in: Salzburg Archiv 27 (2001), S. 221–268.
Wolfgang SCHILD, Missetäter und Wolf, in: Gerhard KÖBLER (Hrsg.), Wirkungen europäischer Rechtskultur. Festschrift für Karl Kroeschell zum 70. Geburtstag, München 1997, S. 999–1031.
André SCHNYDER, Der »Malleus Maleficarum«. Fragen und Beobachtungen zu seiner Druckgeschichte sowie zur Rezeption bei Bodin, Binsfeld und Delrio, in: Archiv für Kulturgeschichte 74 (1992), S. 323–364.
Gerhild SCHOLZ WILLIAMS, Hexen und Herrschaft. Die Diskurse der Magie und Hexerei im frühneuzeitlichen Frankreich und Deutschland, München 1998.
Gerd SCHWERHOFF, Hexerei, Geschlecht und Regionalgeschichte, in: Gisela WILBERTZ u.a. (Hrsg.), Hexenverfolgung und Regionalgeschichte, Bielefeld 1994, S. 326–353.
Gerd SCHWERHOFF, Rationalität im Wahn. Zum gelehrten Diskurs über die Hexen in der frühen Neuzeit, in: Saeculum 37 (1986), S. 45–82.
Hans SEBALD, Hexenkinder, Frankfurt a.M. 1996.
Peter SEGL (Hrsg.), Der Hexenhammer, Köln 1988.
Silvana SEIDEL MENCHI (Hrsg.), Ketzerverfolgung im 16. und frühen 17. Jahrhundert, Wolfenbüttel 1992.
Josef STEINRUCK, Zauberei, Hexen- und Dämonenglaube im Sendhandbuch des Regino von Prüm, in: Gunther FRANZ/Franz IRSIGLER (Hrsg.), Hexenglaube und Hexenprozesse im Raum Rhein-Mosel-Saar, Trier 1995, S. 3–18.
Gerburg TREUSCH-DIETER, Hexe – Seele – Dämon. Zur Transformationsproblematik der Seele zwischen 15. und 17. Jahrhundert, in: Gerd JÜTTEMANN u.a. (Hrsg.), Die Seele, Weinheim 1991, S. 145–164.
Werner TSCHACHER, Der Flug durch die Luft zwischen Illusionstheorie und Realitätsbeweis, in: Zeitschrift für Rechtsgeschichte. Kanonistische Abteilung 85 (1999), S. 225–276.
Werner TSCHACHER, Der Formicarius des Johannes Nider von 1437/38, Aachen 2000.
Christa TUCZAY, Der Dämonenpakt in mittelalterlichen Quellen, in: Carla DAUVEN-VAN KNIPPENBERG/Helmut BIRKHAN (Hrsg.), So wold ich in froiden singen. Festgabe für Antonius H. Touber zum 65. Geburtstag, Amsterdam 1995, S. 221–241.
P.C. VAN DER EERDEN, Der Teufelspakt bei Petrus Binsfeld und Cornelius Loos, in: Gunther FRANZ/Franz IRSIGLER (Hrsg.), Hexenglaube und Hexenprozesse im Raum Rhein-Mosel-Saar, Trier 1995, S. 51–72.
Theo G.M. VAN OORSCHOT (Hrsg.), Friedrich Spee (1591–1635), Bielefeld 1993.
Theo G.M. VAN OORSCHOT, Friedrich Spee von Langenfeld, Göttingen 1992.
Ilja M. VELDMAN, De macht van de planeten over het mensdom in prenten naar Maarten de Vos, in: Bulletin van het Rijksmuseum 31 (1983), S. 21–53.
Rainer WALZ, Kinder in Hexenprozessen. Die Grafschaft Lippe (1564–1663), in: Gisela WILBERTZ u.a. (Hrsg.), Hexenverfolgung und Regionalgeschichte, Bielefeld 1994, S. 211–231.

Hartwig WEBER, »Von der verführten Kinder Zauberei«. Hexenprozesse gegen Kinder im alten Württemberg, Sigmaringen 1996.
Hartwig WEBER, Kinderhexenprozesse, Frankfurt a.M. 1991.
Hartwig WEBER, Die besessenen Kinder, Stuttgart 1999.
Paola ZAMBELLI, Scholastiker und Humanisten. Agrippa und Trithemius zur Hexerei, in: Archiv für Kulturgeschichte 67 (1985), S. 41–80.
Renate ZELGER, Teufelsverträge, Frankfurt a.M. 1996.
Wolfgang ZIEGELER, Möglichkeiten der Kritik am Hexen- und Zauberwesen im ausgehenden Mittelalter, Köln/Wien 1973.
Charles ZIKA (Hrsg.), No Gods Except Me. Orthodoxy and Religious Practice in Europa 1200–1600, Melbourne 1991.
Charles ZIKA, Fashioning New Worlds from old fathers. Reflections on Saturn, Amerindians and witches in a sixteenth-century print, in: Donna MERWICK (Hrsg.), Dangerous Liasions, Parkville 1994, S. 249–281.

III. *Hexereiverbrechen*

Italo Michele BATTAFARANO, Hexen, Richter und Dämonologen im Urteil des Jesuiten Friedrich von Spee, in: Klaus GRUBMÜLLER/Günter HESS (Hrsg.), Bildungsexklusivität und volkssprachliche Literatur, Tübingen 1986, S. 176–184.
Italo Michele BATTAFARANO, Hexenwahn und Dämonopathie in der frühen Neuzeit am Beispiel von Spees Cautio Criminalis, in: Alois HAHN/Volker KAPP (Hrsg.), Selbstthematisierung und Selbstzeugnis. Bekenntnis und Geständnis, Frankfurt a.M. 1987, S. 110–123.
Hans-Georg BECK, Actus Fidei. Wege zum Autodafé, München 1987.
Wolfgang BEHRINGER, Mit dem Feuer vom Leben zum Tod, München 1988.
Wolfgang BEHRINGER, Neun Millionen Hexen. Entstehung, Tradition und Kritik eines populären Mythos, in: Geschichte in Wissenschaft und Unterricht 49 (1998), S. 664–685.
Andreas BLAUERT, Frühe Hexenverfolgungen, Hamburg 1989.
Brigitta BUCHNER, Aberglaube, Zauberei und Hexenwesen im kanonischen Recht, Diplomarbeit Salzburg 1998.
Arno BUSCHMANN, Inquisition und Prozeß. Inquisitionsgerichtsbarkeit und Inquisitionsverfahren bei der Ketzerverfolgung im Hoch- und Spätmittelalter, in: Franz DORN (Hrsg.), Festschrift für Gerd Kleinheyer zum 70. Geburtstag, Heidelberg 2001, S. 67–93.
Hans DE WAARDT, Oudewater. Eine Hexenwaage wird gewogen – oder: Die Zerstörung einer historischen Mythe, in: Westfälische Zeitschrift 144 (1994), S. 249–263.
Rainer DECKER, Die Päpste und die Hexen, Darmstadt 2003.
Johannes DILLINGER (Hrsg.), Zauberer – Selbstmörder – Schatzsucher. Magische Kultur und behördliche Kontrolle im frühneuzeitlichen Württemberg, Trier 2003.
Andreas DINKEL, Folter und Kirche, eine ambivalente Beziehung, Diss. Salzburg 1998.
Ulrich FALK, »Der Endzweck der Justiz«. Zur Entwicklung des gemeinrechtlichen Strafverfahrens in der Spätfolge der Hexenverfolgung, in: Paul NÈVE/Chris COPPENS (Hrsg.), Vorträge gehalten auf dem 28. Deutschen Rechtshistorikertag Nimwegen 1990, Nimwegen 1992, S. 127–144.
Ulrich FALK, Zur Folter im deutschen Strafprozeß. Das Regelungsmodell von Benedict Carpzov (1595–1666), in: forum historiae iuris (www.rewi.hu-berlin.de/online/fhi/articles/0106falk-folter.htm).
Richard M. FRAHER, IV Lateran's Revolution in Criminal Procedure. The Birth of »Inquisitio«, the End of the Ordeals, and Innocent III' Vision of Ecclesiastical Politics, in: Rosalius J. CASTILLO LARA (Hrsg.), Studia in honorem Eminentissimi Cardinalis Alphonsi M. Stickler, Rom 1992, S. 97–111.
Johannes FRIED, Freiwilligkeit und Geständnis um 1300, in: Historisches Jahrbuch 105 (1985), S. 388–425.
Bengt FUCHS, Doctor Johann Faust und die Justiz um 1500, in: Frank MÖBUS u.a. (Hrsg.), Faust. Annäherung an einen Mythos, Göttingen 1996, S. 51–58.
Ralf-Peter FUCHS, Der Vorwurf der Zauberei in der Rechtspraxis des Injurienverfahrens, in: Zeitschrift für neuere Rechtsgeschichte 17 (1995), S. 1–29.
Ronald FÜSSEL, Die Hexenverfolgung im Thüringer Raum, Hamburg 2003.
Gudrun GERSMANN, Vom Gottesurteil zum Alltagsbrauch. Zur Bedeutung der Wasserprobe in der Frühen Neuzeit, in: Bernd BUSCH/Larissa FÖRSTER (Hrsg.), Wasser, Köln 2000, S. 157–167.
Gudrun GERSMANN, Wasserproben und Hexenprozesse, in: Westfälische Forschungen 48 (1998), S. 449–481.
Hans Peter GLÖCKNER, Cogitationis poenam nemo patitur, Frankfurt a.M. 1989.
Rainer HAMBRECHT, Johann Matthäus Meyfahrt (1590–1642), sein Traktat gegen die Hexenprozesse und der Fall Margareta Ramhold, in: Michael GOCKEL (Hrsg.), Thüringische Forschungen. Festschrift für Hans Eberhardt, Weimar 1993, S. 157–179.
Karl HÄRTER, Zum Verhältnis von Policey und Strafrecht bei Carpzov, in: Günter JEROUSCHEK u.a. (Hrsg.), Benedict Carpzov, Tübingen 2000, S. 181–225.
Peter Arnold HEUSER, Eine Auseinandersetzung über den Indizienwert der Kaltwasserprobe im Hexenprozeß, in: Rheinisch-westfälische Zeitschrift für Volkskunde 45 (2000), S. 73–135.

Peter Arnold HEUSER, Hexenjustiz und Geschlecht. Die kurkölnischen Hexenprozesse des 16. und 17. Jahrhunderts in geschlechterspezifischer Perspektive, in: Rheinisch-westfälische Zeitschrift für Volkskunde 47 (2002), S. 41–84.
Joerg HILLE, Die Strafbarkeit der Mantik von der Antike bis zum frühen Mittelalter, Diss. Frankfurt a.M. 1979.
Alexander IGNOR, Geschichte des Strafprozesses in Deutschland 1532–1846, Paderborn 2002.
Günter JEROUSCHEK, »Mit aller Schärpffe angegriffen undt gemartert«. Überlegungen zur Folter als Institut des gemeinrechtlichen Strafverfahrens, in: Jost HAUSMANN (Hrsg.), Zur Erhaltung guter Ordnung. Beiträge zur Geschichte von Recht und Justiz. Festschrift für Wolfgang Sellert zum 65. Geburtstag, Köln 2000, S. 351–375.
Günter JEROUSCHEK, Die Herausbildung des peinlichen Inquisitionsprozesses im Spätmittelalter und in der frühen Neuzeit, in: Zeitschrift für die gesamte Strafrechtswissenschaft 104 (1992), S. 328–360.
Günter JEROUSCHEK, Die Hexen und ihr Prozeß. Die Hexenverfolgung in der Reichsstadt Esslingen, Sigmaringen 1992.
Günter JEROUSCHEK, Friedrich von Spee als Justizkritiker, in: Zeitschrift für die gesamte Strafrechtswissenschaft 108 (1996), S. 243–265.
Lotte KÈRY, Inquisitio – denunciatio – exceptio. Möglichkeiten der Verfahrenseinleitung im Dekretalenrecht, in: Zeitschrift für Rechtsgeschichte. Kanonistische Abteilung 104 (2001), S. 226–268.
Susanne KLEINÖDER-STROBEL, Die Verfolgung von Zauberei und Hexerei in den fränkischen Markgraftümern im 16. Jahrhundert, Tübingen 2002.
Johanna KOPPENHÖFER, Die mitleidlose Gesellschaft, Frankfurt a.M. 1995.
Peter KRIEDTE, Die Hexen und ihre Ankläger, in: Zeitschrift für historische Forschung 14 (1987), S. 47–71.
Karen LAMBRECHT, Hexenverfolgung und Zaubereiprozesse in den schlesischen Territorien, Köln 1995.
Siegfried LEUTENBAUER, Hexerei und Zaubereidelikt in der Literatur von 1450–1550, München 1972.
Sönke LORENZ, Aktenversendung und Hexenprozeß, Frankfurt a.M. 1982.
Sönke LORENZ/Dieter R. BAUER (Hrsg.), Das Ende der Hexenverfolgung, Stuttgart 1995.
Hubert MORDEK/Michael GLATTHAAR, Von Wahrsagerinnen und Zauberern, in: Archiv für Kulturgeschichte 75 (1993), S. 33–64.
Daniela MÜLLER, Inquisitio haereticae pravitatis. Ketzerei und Ketzerbekämpfung vom 11. bis zur 1. Hälfte des 14. Jahrhunderts, in: Heresis 9 (1987), S. 49–63, 10 (1988), S. 27–44.
Petra NAGEL, Die Bedeutung der »Disquisitionum magicarum libri sex« von Martin Delrio für das Verfahren in Hexenprozessen, Frankfurt a.M. 1995.
Peter OESTMANN, Das Reichskammergericht und die Hexenprozesse, in: Zeitschrift für neuere Rechtsgeschichte 17 (1995), S. 30–49.
Peter OESTMANN, Hexenprozesse am Reichskammergericht, Köln 1997.
Edward PETERS, Folter, Hamburg 1991.
Martin F. POLASCHEK, »... und die Tortur soll auch aufgehoben werden«, in: Helfried VALENTINITSCH/Markus STEPPAN (Hrsg.), Festschrift für Gernot Kocher, Graz 2002, S. 231–247.
Bernd ROECK, Christlicher Idealstaat und Hexenwahn, in: Historisches Jahrbuch 108 (1988), S. 379–405.
Lyndal ROPER, Ödipus und der Teufel. Körper und Psyche in der frühen Neuzeit, Frankfurt a.M. 1995.
Walter RUMMEL, Bauern, Herren und Hexen, Göttingen 1991.
Niklaus SCHATZMANN, Verdorrende Bäume und Brote wie Kuhfladen, Zürich 2003.
Wolfgang SCHIEDER (Hrsg.), Hexenverfolgung in der dörflichen Gesellschaft, Göttingen 1990.
Wolfgang SCHILD, »Von peinlicher Frag«. Die Folter als rechtliches Beweisverfahren, Rothenburg o.d. Tauber o.J.
Wolfgang SCHILD, Die Gestalt der Hexenleut', in: Elisabeth VAVRA (Hrsg.), Bild und Abbild vom Menschen im Mittelalter, Klagenfurt 1999, S. 193–252.
Jürgen Michael SCHMIDT, Das Hexereidelikt in den kursächsischen Konstitutionen von 1572, in: Günter JEROUSCHEK u.a. (Hrsg.), Benedict Carpzov, Tübingen 2000, S. 111–135.
Mathias SCHMOECKEL, Die Tradition der Folter vom Ausgang der Antike bis zum Beginn des Ius Commune, in: Franz DORN (Hrsg.), Festschrift für Gerd Kleinheyer zum 70. Geburtstag, Heidelberg 2001, S. 437–465.
Mathias SCHMOECKEL, Humanität und Staatsraison. Die Abschaffung der Folter in Europa und die Entwicklung des gemeinen Strafprozeß- und Beweisrechts seit dem hohen Mittelalter, Köln 2000.
Mathias SCHMOECKEL, Neminem damnes, antequam inquiras veritatem. Die Entwicklung eines hohen Beweisstandards als Vorgeschichte der Verdachtsstrafe, in: Zeitschrift für Rechtsgeschichte. Kanonistische Abteilung 87 (2001), S. 191–225.
Rolf SCHULTE, Hexenmeister. Die Verfolgung von Männern im Rahmen der Hexenverfolgung von 1530–1730 im Alten Reich, Frankfurt a.M. 2000.
Gerd SCHWERHOFF, Die Inquisition, München 2004.
Gerd SCHWERHOFF, Vom Alltagsverdacht zur Massenverfolgung, in: Geschichte in Wissenschaft und Unterricht 46 (1995), S. 359–380.
Peter SEGL (Hrsg.), Die Anfänge der Inquisition im Mittelalter, Köln/Weimar 1993.
Michael SIEFENER, Hexerei im Spiegel der Rechtstheorie, Frankfurt a.M. 1992.
Michael STRÖHMER, Von Hexen, Ratsherren und Juristen, Paderborn 2002.

John Tedeschi, The Roman Inquisition and witchcraft, in: Revue de l'histoire des religions 200 (1983), S. 163–188.
Winfried Trusen, Das Verbot der Gottesurteile und der Inquisitionsprozeß, in: Jürgen Miethke/Klaus Schreiner (Hrsg.), Sozialer Wandel im Mittelalter, Sigmaringen 1994, S. 235–247.
Winfried Trusen, Der Inquisitionsprozeß, in: Zeitschrift für Rechtsgeschichte. Kanonistische Abteilung 74 (1988), S. 168–230.
Winfried Trusen, Vom Inquisitionsverfahren zum Ketzer- und Hexenprozeß, in: Dieter Schwab (Hrsg.), Staat, Kirche, Wissenschaft in einer pluralistischen Gesellschaft. Festschrift für Paul Mikat, Berlin 1989, S. 435–450.
Walter Ullmann, Reflections in medieval torture, in: Juridical Review 56 (1944), S. 23–137.
Theo G.M. van Oorschot (Hrsg.), Friedrich Spee (1591–1635), Bielefeld 1993.
Klaus A. Vogel, Wo Sprache endet. Der Bericht des Anton Prätorius über die Folter, in: Markus Meumann/Dirk Niefanger (Hrsg.), Ein Schauplatz herber Angst. Wahrnehmung und Darstellung von Gewalt im 17. Jahrhundert, Göttingen 1997, S. 188–204.
Rainer Walz, Dörfliche Hexereiverdächtigung und Obrigkeit, in: Günter Jerouschek u.a. (Hrsg.), Denunziation. Tübingen 1997, S. 80–98.
Manfred Wilde, Die Zauberei- und Hexenprozesse in Kursachsen, Köln 2003.
Robert Zagolla, Die Folter. Mythos und Realität eines rechtsgeschichtlichen Phänomens, in: Burghart Schmidt/Katrin Moeller (Hrsg.), Realität und Mythos. Hexenverfolgung und Rezeptionsgeschichte, Hamburg 2003, S. 122–149.
Nicole Zeddies, Religio et sacrilegium. Studien zur Inkriminierung von Magie, Häresie und Heidentum (4.–7. Jahrhundert), Frankfurt a.M. 1999.

IV. *Hexenphantasie*

Christiane Andersson, Hans Baldung Grien: »Zwei Wetterhexen«, in: Günther Pflug (Hrsg.), Preziosen. Sammlungsstücke und Dokumente selbständiger Kulturinstitute der Bundesrepublik Deutschland, Bonn 1986, S. 13–16.
Sydney Anglo (Hrsg.), The Damned Art. Essays in the Literature of Witchcraft, London 1977.
Jurgis Baltrusaitis, Das phantastische Mittelalter, Frankfurt a.M. 1985.
Barbara Becker-Cantarino, Hexenküche und Walpurgisnacht. Imaginationen der Dämonie in der Frühen Neuzeit und in »Faust I«, in: Euphorion 93 (1999), S. 193–225.
Wolfgang Behringer, Hexenverfolgungen im Spiegel zeitgenössischer Publizistik. Die »Erweytterte Unholden Zeyttung« von 1590, in: Oberbayerisches Archiv 109 (1984), S. 339–360.
Nils-Arved Bringeus, Die Wirklichkeit der Bilder, in: Gerhard Jaritz (Hrsg.), Pictura quasi fictura. Die Rolle des Bildes in der Erforschung von Alltag und Sachkultur des Mittelalters und der frühen Neuzeit, Wien 1996, S. 49–72.
Jane P. Davidson, Die Hexen in der nordeuropäischen Kunst 1470–1750, Freren 1988.
Grillot de Givry, Witchcraft, Magic & Alchemy, New York 1971.
Peter Delvaux, Hexenglaube und Verantwortung. Zur Walpurgisnacht in Goethes »Faust I«, in: Neophilologus 83 (1999), S. 601–616.
Heinrich J. Dingeldein, »Hexe« und Märchen. Überlegungen zum Hexenbild in den Kinder- und Hausmärchen der Brüder Grimm, in: Sigrid Früh/Rainer Wehse (Hrsg.), Die Frau im Märchen, Kassel 1985, S. 50–59.
Lilli Fischel, Hans Baldung Grien: The flesh and the devil, in: Art News 58 (1959/60), S. 18–21, 52–55.
Ulrich Gaier, Magie. Goethes Analyse moderner Verhaltensformen im »Faust«, Konstanz 1999.
Hildegard Gerlach, »Hexe«, in: Kurt Ranke/Rolf Wilhelm Brednich (Hrsg.), Enzyklopädie des Märchens. Handwörterbuch zur historischen und vergleichenden Erzählforschung, Bd. 6, Berlin 1990, S. 960–992.
Reinhold Hammerstein, Diabolus in musica, Bern/München 1974.
Gustav Friedrich Hartlaub, Einführung, in: ders. (Hrsg.), Hans Baldung Grien: Hexenbilder, Stuttgart 1961.
Dale Hoak, Witch Hunting and Women in the Art of Renaissance, in: History today 31 (1981), S. 22–26.
Linda C. Hults, Hans Baldung Griens »Weather Witches« in Frankfurt, in: Pantheon 40 (1982), S. 124–130.
Linda C. Hults, Baldung and the Witches in Freiburg, in: Journal of Interdisciplinary History 18 (1987), S. 249–276.
Marie-Thérèse Jones-Davies (Hrsg.), Diable, diables et diableries au temps de la renaissance, Paris 1988.
Anne Kierspel, Dämonologische Aspekte und Spuren der historischen Hexenverfolgung in Goethes Faust, in: Rita Voltmer/Günter Gehl (Hrsg.), Alltagsleben und Magie in Hexenprozessen, Weimar 2003, S. 137–146.
Markus Kippel, Die Stimme der Vernunft über eine Welt des Wahns. Studien zur literarischen Rezeption der Hexenprozesse (19.–20. Jahrhundert), Münster 2000.
Raymond Klibansky/Erwin Panofsky/Fritz Saxl, Saturn und Melancholie, Frankfurt a.M. 1990.
Christine Josephine Lange, Die Hexenbilder bei David Teniers dem Jüngeren, Magisterarbeit München 1989.
Ernst Lehner/Johanna Lehner, Picture Book of Devils, Demons and Witchcraft, New York 1971.
Charmian A. Mesenzeva, »Der behexte Stallknecht« des Hans Baldung Grien, in: Zeitschrift für Kunstgeschichte 44 (1981), S. 57–61.

Charmian A. MESENZEVA, Zum Problem: Dürer und die Antike. Albrecht Dürers Kupferstich »Die Hexe«, in: Zeitschrift für Kunstgeschichte 46 (1983), S. 187–202.
Wilhelm MICHEL, Das Teuflische und Groteske in der Kunst, München 1911.
Sigrun PAAS, Die Frau in der Kunst, in: Winfried BÖHM/Martin LINDAUER (Hrsg.), Mann und Frau – Frau und Mann. Hintergründe, Ursachen und Problematik der Geschlechterrollen, Stuttgart 1992, S. 360–390.
Hsia Ronnie PO-CHIA, The Myth of Ritual Murder. Jews and Magic in Reformation Germany, New Haven 1988.
Maxime PRÉAUD (Hrsg.), Les sorcières (Ausstellungskatalog), Paris 1973.
Gustav RADBRUCH, Hans Baldungs Hexenbilder, in: DERS., Elegantiae Iuris Criminalis, Basel 1950, S. 30–48.
Ute RAUSCHER, Die Hexendarstellungen des Hans Baldung gen. Grien, Magisterarbeit Stuttgart 1990.
Wilhelm RESENHÖFFT, Existenzerhellung des Hexentums in Goethes »Faust«, Bern 1970.
Wilhelm RESENHÖFFT, Goethes Rätseldichtungen im »Faust«, Bern 1972.
Diederich ROSKAMP, Eine »Hexenszene« von David Teniers d.J., in: Jahrbuch der Hamburger Kunstsammlungen 8 (1963), S. 27–32.
Andrea RUDOLPH, Die Hexe als Mythos. Hexenfiguren im Werk von Ernst Barlach, Dettelbach 1998.
Luigi SALERNO, Four witchcraft Scenes by Salvator Rosa, in: Bulletin Cleveland Museum of Art 65 (1978), S. 224–231.
Sigrid SCHADE, Kunsthexen – Hexenkünste, in: Richard VAN DÜLMEN (Hrsg.), Hexenwelten, Frankfurt a.M. 1987, S. 170–218.
Sigrid SCHADE, Schadenzauber und die Magie des Körpers, Worms 1983.
Marlene SCHAIBLE, Darstellungsformen des Teuflischen, Diss. Tübingen 1970.
Eva-Maria SCHENCK, Hexenvogel – Hexerei, in: Raggi 10 (1970), S. 43–61.
Walter SCHERF, Die Hexe im Zaubermärchen, in: Richard VAN DÜLMEN (Hrsg.), Hexenwelten, Frankfurt a.M. 1987, S. 219–252.
Wolfgang SCHILD, Hexen-Bilder, in: Gunther FRANZ/Franz IRSIGLER (Hrsg.), Methoden und Konzepte der historischen Hexenforschung, Trier 1998, S. 329–413.
Michael SCHMIDT, Genossin der Hexe. Interpretation der Gretchentragödie in Goethes Faust, Göttingen 1985.
Helmut SCHMIDT-GARRE, Der Teufel in der Musik, in: Melos 1 (1975), S. 174–183.
Albrecht SCHÖNE, Götterzeichen – Liebeszauber – Satanskult. Neue Einblicke in alte Goethetexte, München 1982.
Ulrike STELZL, Hexenwelt. Hexendarstellungen in der Kunst um 1900, Berlin 1983.
Robert STOCKHAMMER, Zaubertexte. Die Wiederkehr der Magie und die Literatur 1880–1945, Berlin 2000.
Claudia SWAN, The Preparation for the Sabbat by Jacques de Gheyn II, in: Print Quarterly 16 (1999), S. 327–339.
Charles TALBOTT/Marina WARNER, Der Hexenwahn Hans Baldung Griens, in: FMR-Magazin für Kunst und Kultur 13 (1988), S. 83–120.
Karl THEENS, Doktor Johann Faust. Geschichte der Faustgestalt vom 16. Jahrhundert bis zur Gegenwart, Meisenheim 1948.
Adolf TRENDELENBURG, Das Hexenbild von Michael Heer, Berlin 1925.
Roland VILLENEUVE, Le Diable dans l'art, Paris 1957.
Klaus VÖLKER (Hrsg.), Faust. Ein deutscher Mann, Berlin 1975.
Wolfgang WITTKOWSKI, Gretchen, Gretchen-Interpretation und neuer Hexenhaß, in: Marion MARQUARDT u.a. (Hrsg.), Kritische Fragen an die Tradition. Festschrift für Claus Träger zum 70. Geburtstag, Stuttgart 1997, S. 287–309.
Heide WUNDER, Die Macht der Bilder und das historische Argument, in: Württembergisch-Franken 73 (1989), S. 155–163.
Charles ZIKA, Cranach's melancholia paintings. Witchcraft and sexual disorder in the sixteenth century, in: Ingrid AHRENDT-SCHULTE u.a. (Hrsg.), Geschlecht, Magie und Hexenverfolgung, Bielefeld 2002, S. 227–272.
Charles ZIKA, »Magie«, »Zauberei«, »Hexerei«. Bildmedien und kultureller Wandel, in: Bernhard JUSSEN (Hrsg.), Kulturelle Reformation. Sinnformationen im Umbruch 1400–1600, Göttingen 1999, S. 317–382.
Charles ZIKA, Dürer's Witch and Riding Women, in: Dagmar EICHBERGER u.a. (Hrsg.), Dürer and his Culture. Cambridge 1998, S. 118–140.
Charles ZIKA, Fears of flying. Represantations of Witchcraft and Sexuality in Early Sixteenth-Century Germany, in: Australian Journal of Art 8 (1989/90), S. 19–47.
Charles ZIKA, Kannibalismus und Hexerei. Die Rolle der Bilder im frühneuzeitlichen Europa, in: Hedwig RÖCKELEIN (Hrsg.), Kannibalismus und europäische Kultur, Tübingen 1996, S. 75–114.
Charles ZIKA, She-Man. Visual representations of witchcraft and sexuality in sixteenth-century Europe, in: Andrew LYNCH/Philippa C. MADDERN (Hrsg.), Venus and Mars, Nedlands 1995, S. 147–190.

H.C. Erik Midelfort

Geschichte der abendländischen Hexenverfolgung

Bereits vor über hundert Jahren hat die Forschung erkannt, daß die großen Hexenprozesse im westlichen Abendland keine Erscheinung des Mittelalters waren, sondern ein Phänomen der frühen Neuzeit. Kleinere Zaubereiprozesse und Prozesse gegen Häretiker hatte es schon seit Jahrhunderten gegeben, aber die panikartigen Reaktionen auf etwaige Verschwörungen von Teufelsangehörigen und Hexen begannen erst im 15. Jahrhundert und erreichten ihren Höhepunkt etwa zwischen 1560 und 1720. Die Forschungen der letzten dreißig Jahre haben dabei dieses allgemeine Bild in vielerlei Hinsicht gründlich verändert. Heute wissen wir viel mehr über die Zentren und Peripherien des europäischen Hexen»wahns«, über den Ursprung, die Phasen und die räumliche Ausdehnung der Hexenprozesse, über das soziologische und politische Profil der Beteiligten, meistens städtische Magistrate, Juristen und Amtmänner, und von den ländlichen Dorfbewohnern, die gewöhnlich die Ankläger, die Zeugen und auch die Angeklagten stellten. Geistesgeschichtliche und kirchengeschichtliche Untersuchungen haben die Verbindungen zwischen spätmittelalterlicher Dämonologie und zeitgenössischer Kirchenpolitik auf der einen Seite sowie zwischen Hexenjagd und politischer Theorie des frühneuzeitlichen Staates auf der anderen Seite gezeigt. Rechtsgeschichtliche Forschungsprojekte haben europaweit die Basis der Hexenprozesse mit einem oft geänderten, verschärften Prozeßrecht (und auch mit widerrechtlichen Verfahrensweisen) erklärt. Volkskundler und Folkloristen haben mit angemessener Sachlichkeit eine ländliche Ideenwelt untersucht, die von Geistern, magischen Kräften und Praktiken geprägt war, von denen die mittelalterliche Kirche jahrhundertelang wenig Kenntnis nahm. Insgesamt darf man sagen, daß die Beiträge dieser verschiedenen Forschungsdisziplinen vielleicht eines der besten Beispiele für eine intensive, langjährige und interdisziplinäre Zusammenarbeit in der Welt der Geisteswissenschaften sind. Es kann nicht das Ziel dieser Ausführungen sein, das ganze Bild der europäischen Hexenprozesse in ihren Einzelheiten zu beschreiben, viel weniger, einen umfassenden, theoretisch anspruchsvollen und sozialgeschichtlichen Forschungsbericht vorzulegen[1]. Methodenfragen und verschiedene Erklärungsmodelle werden ebenfalls nicht gründlich erörtert. Statt dessen wird hier versucht, die wesentlichen dämonologischen und rechtsgeschichtlichen Bestandteile einer allgemeinen, regional differenzierten Geschichte der europäischen Hexenprozesse zu umreißen, um den Rahmen darzustellen, in dem die Hexenprozesse in Deutschland und insbesondere im deutschen Südwesten gesehen werden müssen.

Die europäische Geschichte bietet eine Fülle von Beispielen, in denen eine Einzelperson oder eine Personengruppe für die Probleme oder Ängste einer Gesellschaft verantwortlich gemacht wurde. Es war und ist menschlich, allzu menschlich, daß dabei nach einfachen, naheliegenden Erklärungen für so tiefgreifende Schwierigkeiten wie Krankheit, Hungersnot oder eheliche Enttäuschung gesucht wird und deshalb Unschuldige dafür bestraft oder ausgegrenzt werden. Die Geschichte kennt eine große Fülle von Verbrechen gegen ganze Rassen, Nationen oder Andersgläubige. Aber der besondere Greuel der europäischen Hexenjagd war, daß sie nicht eine unbewußte Sündenbockausgrenzung war, auch nicht eine heimliche, spontane, von einem »Pöbel« angeheizte Panikreaktion und ebenso kein momentaner Rückfall von den üblichen Maßstäben einer »gesunden Vernunft«. Im Gegenteil, ein Hexenprozeß war ein rechtlich abgesicherter und quasi vernunftvoller Prozeß, der von den führenden Schichten der abendländischen Gesellschaft unterstützt und geführt wurde[2]. Die Hexenverfolgung beruhte auf rechtlichen und theologischen Traditionen, die seit Jahrhunderten die hochkultivierte Basis der westlichen Zivilisation bildeten, und sie dauerte, trotz Kritik, über zwei Jahrhunderte. Die großen Verfolgungswellen zeigten naturgemäß auch Augenblicke der Panik, geisteskranke Befürworter und mörderische Richter, aber die feste Grundlage einer Geschichte der Hexenprozesse ist die Feststellung, daß die große »Jagd« mit Hilfe amtlich kontrollierter Prozesse geführt wurde, die weder einen Massenmord noch eine Lynchjustiz darstellten. Die Frauenforschung spricht neuerdings im Zusammenhang mit den Hexenverfolgungen von einem »Holocaust der Frauen«. Dies trifft jedoch insofern nicht zu, als es das besondere Kennzeichen der Hexenprozesse war, daß sie so scheinbar rational und in aller Öffentlichkeit geführt wurden, schriftlich so gut dokumentiert sind und ihre Träger so stolz auf das wissenschaftliche bzw. naturwissenschaftliche Fundament ihrer Verfolgungen waren. Das Europa der Renaissance und der Reformation hat seine »besten« mittelalterlichen Traditionen mobilisiert, um rechtliche Säuberungsaktionen gegen Juden, Ketzer, Sodomiten, Vagabunden und Hexen durchzuführen.

Insgesamt haben die Hexenverfolgungen in den Jahren zwischen 1400 und 1750 in ganz Europa etwa 50.000 Menschen das Leben gekostet; dies ist eine Zahl, die zwar nicht den in den Medien in diesem Zusammenhang heute oft genannten sensationellen Angaben von über einer Million (oder sogar neun Millionen) Opfern entspricht, stellt aber noch immer eine beträchtliche und tragische Zahl dar[3]. Denn zwei Drittel bis vier Fünftel der Betroffenen waren unschuldige Frauen, die weder einem Geheimkult angehörten noch einen Schadenzauber verübten. Wie konnte es dennoch zu einer so hohen Zahl an Opfern kommen?

Entscheidend für die Geschichte der abendländischen Hexenverfolgungen war die Tatsache, daß sich im Spätmittelalter die Hexerei als neues Strafdelikt herausbildete. Obwohl dieses *crimen magiae*, wie das neue Delikt bezeichnet wurde, zwar antike und frühmittelalterliche Wurzeln hatte, erlaubten weder das römische noch das germanische Recht die Ausübung heimlicher Künste oder Zauberei zur Beibringung eines Schadens an oder gegen eine andere Person[4]. Hinzu kam die Auffassung der christlichen Kirche von den magischen Praktiken der ungebildeten Bevölkerung als Überreste des Heidentums, *superstitiones* im ursprünglichen Sinne des Wortes, die schwer zu verurteilen und zu bestrafen waren[5]. Auf dieser Grundlage führten die weltlichen und kirchlichen Gerichte des Mittelalters Prozesse gegen Zauberer und andere, die die Rituale, Sakramente und Sakramentalien der Kirche mißbrauchten. Nekromanten, Segensprecher, Wahrsager und Liebeszauberlieferanten wurden auf diese Weise bestraft oder gezüchtigt. Desgleichen findet sich in vielen Ortschaften Italiens, Frankreichs und Deutschlands die Vorstellung, daß es Menschen gäbe, die durch die Luft fliegen könnten, daß es andere gäbe, die zum umherfliegenden Heer der Totengeister gehörten, und endlich, daß es bluttrinkende oder kindermordende Strigafiguren gäbe, über die man seit der Antike lesen konnte[6]. Seit dem 11. Jahrhundert gewann die Kirche eine zunehmende Erfahrung mit verschiedenen Häresien, besonders aber mit Katharern und Waldensern, die sich in größeren Gruppen organisierten, um ein nicht sanktioniertes, gegen einige der Lehren der katholischen Kirche gerichtetes Gemeindeleben zu führen. Die mittelalterlichen Inquisitionen, die diese Häresien untersuchten, berichteten oft von den sexuellen Ausschweifungen und moralischen Schandtaten der Ketzer – man versuchte dabei, die seit der Antike üblichen Stereotype von pervertierten, verschwörerisch Andersdenkenden und Andersverehrenden anzuwenden, damit sie als Unmenschen und Gottlose unterdrückt werden konnten. Ein wichtiger Schritt hierbei war es, Ketzer als Diener des Teufels zu bezeichnen[7]. Bis zum 14. Jahrhundert aber gab es keine allgemein gültige Vorstellung von Hexerei, es gab lediglich die hier skizzierten einzelnen, verstreuten Bestandteile des späteren Sammelbegriffs.

Im späten 14. und frühen 15. Jahrhundert, wahrscheinlich unter dem Eindruck der großen Pestwellen, ihrer wirtschaftlichen und sozialen Folgen sowie aufgrund zahlreicher kirchlicher Reformversuche, verdichteten sich die bis dahin diffusen und zusammenhangslosen Einzelvorstellungen immer weiter und nahmen schließlich eine neue, geschlossene Gestalt an[8]. In den Alpenländern, gemeint sind Norditalien, Savoyen, Südostfrankreich und die Westschweiz, fanden nunmehr die Inquisitoren der Kirche und teilweise auch die Beamten der weltlichen Herrschaften Personen, die einer teuflischen Sekte angehörten und die unter der Folter bekannten, daß sie ihren christlichen Glauben aufgegeben hätten, daß sie durch die Luft flögen, um an sogenannten *Synagogae diabolicae* teilzunehmen, wo sie geschlechtlichen Verkehr mit dem Teufel (und miteinander) hätten und Kinder essen würden, und daß sie ferner einen Pakt oder Vertrag mit dem Teufel geschlossen hätten, um an ihren Nachbarn Schadenzauber verüben zu können. Sie gaben zu, etwa Hagel, Frost und Unwetter gemacht, neugeborene Kinder getötet und Unfruchtbarkeit und Impotenz bei Frauen und Männern verursacht zu haben[9]. Seit den Forschungen von Joseph Hansen im späten 19. Jahrhundert wird dieser Vorgang als eine Verschmelzung des Zaubereidelikts mit dem der Ketzerei verstanden, eine Interpretation, der eine verstärkte Betonung auch in den jüngsten Forschungen zuteil wird[10].

Ihren Niederschlag fand diese neue Art der Angst in einer gesteigerten Zahl von Einzelprozessen. Die spezifische Angst vor einer Verschwörung der Hexen verursachte zudem Massenprozesse, in denen nicht wie früher eine Einzelperson, sondern ganze Gruppen verurteilt und hingerichtet wurden. Auf diese Weise wurden in der Dauphiné zwischen 1428 und 1447 möglicherweise 110 Frauen und 57 Männer, in Valais im Jahre 1428 möglicherweise über 100 Personen, in Fribourg, Lausanne und Neufchâtel zwischen 1437 und 1444 ebenfalls mehrere Frauen und Männer hingerichtet[11]. In Arras (dem heutigen Pas-de-Calais) wurden zwischen 1459 und 1462 34 Personen verhört und 12 davon wegen teuflischer Ketzerei und ketzerischer Zauberei (»vauderie«) verurteilt[12]. Allmählich griffen das Bewußtsein dieses neuen Verbrechens (oder besser: dieser neuen Angst) und in seinem Gefolge die dazugehörigen Prozesse auf das Gebiet nördlich und östlich der Schweiz, auf Tirol und Schwaben sowie auf das Gebiet nördlich entlang des Rheins über[13]. Richard Kieckhefer hat versucht, die Erträge der modernen Hexenforschung in einem »Kalender« zusammenzufassen und graphisch darzustellen.

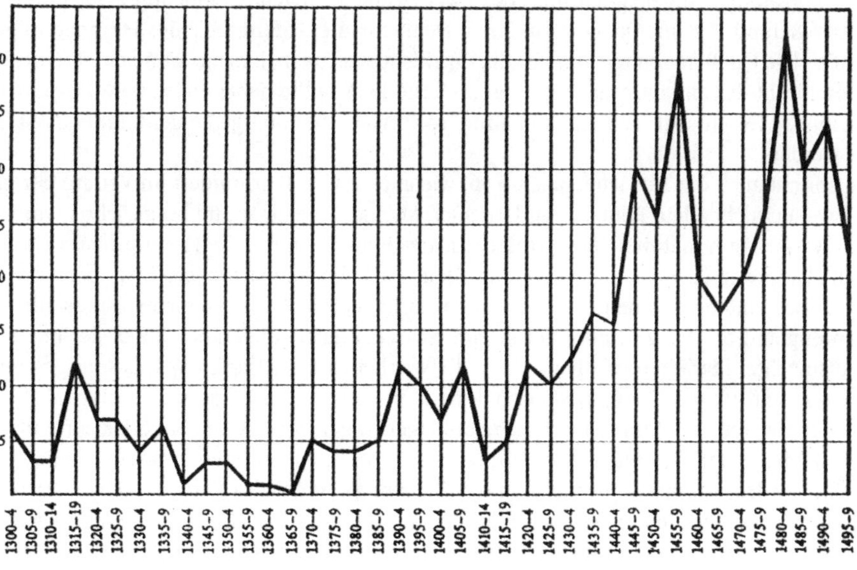

Die Graphik zeigt die bis 1975 festgehaltenen und als glaubwürdig eingeschätzten Daten der »Prozesse« (nicht festgehalten ist dabei die Zahl der Verhörten oder der Verurteilten). Sie führt überzeugend vor Augen, daß in Europa der entscheidende Zeitraum für die spätmittelalterlichen Hexenprozesse die Jahre nach 1435 waren[14].

Dabei waren ab dem 15. Jahrhundert zunehmend Frauen von den Prozessen betroffen. Bereits seit der Antike wurde den Frauen eine Neigung zur Zauberei zugeschrieben. Sie waren die »typischen« *sagae-* und *strigae*-Figuren der klassischen sowie mittelalterlichen Literatur. Auch die Bibel berichtet von Zauberinnen. Aristoteles und andere Philosophen betrachteten die Frau als einen aufgrund geistiger und körperlicher Schwächen unvollständigen Mann. In den Schriften der christlichen Kirchenväter und der führenden Theologen des Mittelalters wurden die Frauen häufig als besonders leichtgläubig, abergläubisch, boshaft und neidisch dargestellt. Daneben galten sie als Personen, die von ihren körperlichen Gelüsten getrieben wurden und leicht durch Stärkere (durch Männer, wie auch durch Geister) verführbar waren[15]. Mit dieser Einschätzung der Frau leistete die westliche Kultur, und nicht nur sie, einen wesentlichen Beitrag zur Ausprägung einer patriarchalischen Gesellschaftsstruktur.

Besonders signifikant ist die Betonung der Neigung der Frau zur Hexerei in dem bekanntesten Traktat der Hexenverfolgung, dem *Hexenhammer* (*Malleus Maleficarum*), der gegen Ende 1486 von dem Dominikanerpater Heinrich Kramer alias Institoris veröffentlicht wurde. Er gilt den meisten Lesern oft nur als wichtige Quelle für die frauenfeindliche Haltung des Spätmittelalters und wird in der Regel nicht anhand des Originaltextes, sondern anhand unwissenschaftlicher Editionen zitiert. Eine Beurteilung der Frau wie im Hexenhammer allein aber reicht noch nicht aus, um das zahlenmäßige Übergewicht der Frauen an den Personen, die wegen Hexerei verurteilt wurden, zu erklären; schon deshalb nicht, weil in der Anfangsphase der Hexenprozesse im 14. und 15. Jahrhundert der Anteil der Männer an den Personen, die vom Hexereivorwurf betroffen waren, sehr hoch war. So hat etwa William Monter in seiner Untersuchung über die Hexenprozesse im französischen und schweizerischen Jura festgestellt, daß die Prozesse des 15. Jahrhunderts, die einen Zusammenhang zwischen Waldenserhäresie und Zauberei sichtbar machen, mehr männliche Hexenmeister und Zauberer als weibliche aufweisen[16]. Daneben bemerkte auch Kieckhefer, daß für die Jahre zwischen 1300 und 1500 insgesamt der Anteil der Frauen an der Gesamtzahl der Angeklagten nur etwa zwei Drittel ausmachte, eindeutig ausgeprägt jedoch ist dieser Befund erst im 15. Jahrhundert[17]. Denn für die Anfangszeit der Hexenverfolgungen sprechen viele Quellen einfach von »multos utriusque sexus maleficos« ohne einen Hinweis auf das Geschlecht der angeklagten Personen[18]. Methodisch sollte dabei die spätere Zuspitzung auf das weibliche Geschlecht nicht auf eine immerwährende, beständige Frauenfeindlichkeit hin gedeutet werden.

So spricht auch die Tatsache, daß im 16. wie auch im 17. Jahrhundert im Verlauf der großen Prozeßwellen nicht allein Frauen, sondern auch Männer angeklagt und hingerichtet wurden, gegen die verkürzte Annahme eines »Holocaust der Frauen« durch die Hexenprozesse. Im allgemeinen darf zwar davon ausgegangen werden, daß die Frauen 70 bis 80% der Todesopfer stellten, doch sind bei solchen Zahlenangaben starke regionale Unterschiede festzustellen. Während in England für den Zeitraum der gesamten Hexenverfolgungen der Anteil der Frauen etwa 93% ausmachte, befragten demgegenüber die weltlichen Gerichte im spanischen Aragon zwischen 1600 und 1650 90 Frauen, aber auch 69 Männer in Sachen Hexerei[19]. In Island, Finnland und Estland waren die Männer bei Hexereianklagen sogar in der Überzahl oder zumindest zahlenmäßig gleich stark vertreten[20]. Unter den Personen, die von unteren Instanzen wegen Hexerei verurteilt worden waren und deshalb an das Berufungsgericht des Parlaments von Paris appelliert hatten, befanden sich in den Jahren zwischen 1565 und 1640 ebenfalls überdurchschnittlich viele Männer[21]. Bei den zahlreichen Prozessen im Waadtland machte der Anteil der Frauen 58%, im Herzogtum Kärnten sogar nur 40,2% aus[22]. Eine eingehende Untersuchung der dargestellten regionalen Unterschiede liegt bis jetzt noch nicht vor.

Gewiß war die patriarchalische Gesellschaft des Mittelalters für den Umstand mitverantwortlich, daß sich gegen Ende seines Zeitalters die Hexerei zwar als ein geschlechtsnahes, aber, wie hier plausibel zu machen versucht wurde, als ein keineswegs geschlechtsspezifisches Verbrechen herausbildete. Eine Überbetonung der durch Jahrhunderte hindurch tradierten Frauenfeindlichkeit der westlichen Kultur kann dabei nicht erklären, warum ausgerechnet im 15. Jahrhundert die Territorien und Ortschaften des Süd- und Westalpengebiets damit begannen, dieses neue Verbrechen der Hexerei zu bestrafen, und warum die damit verbundenen Verfolgungen im 16. und im 17. Jahrhundert nur in bestimmten Gebieten Mitteleuropas und nicht überall Tausende von Opfern forderten. Was hatte sich im Verhältnis der Geschlechter im späten Mittelalter verändert? Eine mögliche Ursache für die Entstehung des Hexereidelikts könnte beispielsweise die Tatsache sein, daß in dieser Umbruchzeit viele Frauen ihre bis dahin selbständige wirtschaftliche oder gesellschaftliche Stellung nach und nach verloren hatten[23]. Ob sich dieser Vorgang auch für die Frühzeit der Hexenprozesse in den südlichen Alpengebieten beobachten läßt? Es bleibt auf jeden Fall an dieser Stelle festzuhalten, daß sich die Hexenprozesse monokausal nicht erklären lassen.

Häufig wurde von der Wissenschaftsseite versucht, das Periodisierungsproblem, das sich bei der Untersuchung der Entstehung der Hexenprozesse ergibt, durch die Heranziehung der Rechtsgeschichte zu lösen, indem nämlich auf die Veränderung der Rechtspraxis vom sogenannten Akkusationsverfahren zum sogenannten Inquisitionsverfahren hingewiesen wird[24]. Diese Veränderung bedeutete, daß ein Ankläger nicht mehr wie bisher die Beweisführung gegen einen Angeklagten unmittelbar selbst leiten konnte und daß er nicht mehr das Risiko des *ius talionis* auf sich nehmen mußte. Mit der Rezeption des römischen Rechts war es statt dessen nunmehr Sache der kirchlichen und weltlichen Gerichte, erhobene Anklagen zu untersuchen. Dieses römische, von Zentralbehörden geführte Untersuchungsverfahren durfte sich zudem verschiedener Grade der »peinlichen Frage«, d.h. der (theoretisch) streng kontrollierten Folter, bedienen, um kriminelle Geheimnisse herauszufinden und Bekenntnisse zu erzwingen. Im 19. Jahrhundert vertraten viele Historiker die Ansicht, daß die Aufnahme des römischen Rechts genau in den Jahren nach den Reichsreformversuchen des späten 15. Jahrhunderts erfolgt wäre, die Untersuchungen unseres Jahrhunderts haben dagegen aber einen anderen Befund zutage gefördert: Offensichtlich haben sich die staatlichen und kirchlichen Gerichte und auch die päpstlichen Inquisitionen bereits ab der Mitte des 13. Jahrhunderts der Folter und anderer Untersuchungsmethoden des römischen Verfahrens bedient[25]. Die erweiterte Kenntnis von der Bedeutung der Inquisitionsverfahren hat dazu geführt, daß der Hinweis auf sie in der Hexenforschung nicht mehr allein als Erklärung für die großen Hexenprozeßwellen dienen kann. Andererseits war dies auch ursprünglich schon ein zu sehr auf spezifisch deutsche Rechtsentwicklungen gerichtetes Erklärungsmuster gewesen. Denn es erfaßt die Verhältnisse in anderen Teilen Europas kaum, wo es ebenfalls zu Hexenverfolgungen kam. Es darf nicht vergessen werden, daß deutsche Gerichte und deutsche Prozesse zwar für etwa die Hälfte aller europäischen Hinrichtungen verantwortlich waren, aber längst nicht für alle.

In der Rezeption des zeitgenössischen Frauenbildes und der Geschlechterverhältnisse ist der berüchtigte *Hexenhammer* als durchaus traditionell einzuschätzen, daneben erhellt er jedoch als kirchenrechtliches Traktat einen wichtigen Punkt der Rechtsgeschichte, nämlich den Kompetenzstreit zwischen den weltlichen und den kirchlichen Behörden in Sachen Hexerei. Es ist seit langem bekannt, daß die Inquisitoren Jakob Sprenger und Heinrich Kramer mit der Hexenverfolgung in einigen weltlichen Territorien große Schwierigkeiten hatten[26]. Selbst die Bulle von Papst Innozenz VIII., *Summis desiderantes affectibus* (1484), spricht von diesen Kompetenzschwierigkeiten. Viele Leser des *Hexenhammers* haben daher irrtümlicherweise vorausgesetzt, daß der Inquisitor deshalb versucht haben müßte, die Verantwortlichkeit der Inquisition in Hexensachen zu stärken. Die Wissenschaft hat diese kanonisch-rechtliche Seite des *Hexenhammers* so sehr vernachlässigt, daß die Hexenforschung bis vor kurzem nicht imstande war, seine eigentliche rechtsgeschichtliche Bedeutung zu beurteilen. Erst in den letzten Jahren haben einige Historiker damit begonnen, Person und Partei des Verfassers wie auch Inhalt und Absicht dieses Werkes eingehender zu untersuchen[27]. Dabei wird deutlich, daß es ein Hauptanliegen des *Hexenhammers* war, zu zeigen, daß die weltlichen Gerichte zur Führung von Hexenprozessen ebenso berechtigt seien wie die kirchlichen Instanzen[28]. Dies bedeutete, daß die betroffenen Delinquenten, wenn sie bereits vor einem weltlichen Gericht angeklagt worden waren, nicht mehr vor der Inquisition zu erscheinen brauchten. Damit stand der *Hexenhammer* in Widerspruch zu den in der Zeit seiner Entstehung maßgeblichen Theorien des Nicolau Eymeric, eines spanischen Inquisitors des 14. Jahrhunderts[29]. Im Gegensatz nämlich zur allgemein herrschenden, spätmittelalterlich-kirchlich geprägten Ansicht über Hexen stellte Heinrich Kramer überraschenderweise fest, daß Hexen nicht automatisch mit Ketzern gleichzusetzen wären (»non haereticae nuncupandae«) und ihre Verbrechen daher eine Sache der weltlichen Gerichte wären. Es mag paradox klingen, aber im Rahmen der ausgeführten Überlegungen ist es vorstellbar, daß die vielleicht entscheidendste Wirkung des *Hexenhammers* die war, daß die Hexereidelikte in den Gebieten nördlich der Alpen vor den weltlichen Gerichten verhandelt wurden; dies ist ein Gedanke, der eigentlich näher untersucht werden sollte. Im westlichen Mittelmeergebiet dagegen blieben die Positionen von Eymeric (und die anderer Spanier auch, etwa die des Francisco Pena) weiterhin tonangebend, und daher verblieben die Zaubereidelikte in der Kompetenz der neugegründeten kirchlichen Inquisitionen. Die Tatsache, daß in den einzelnen Ländern verschiedene Instanzen für die Hexereidelikte zuständig waren, erwies sich als ein verhängnisvoller Unterschied, auf den noch einzugehen sein wird.

Mit dem Stichwort der »Inquisition« haben Generationen von protestantischen und antiklerikalen Hexenforschern versucht, die Greuel der Hexenverfolgungen zu veranschaulichen. Die »schwarze Legende« von Spanien spielt hier eine Rolle. Jedoch machen es die neuesten Untersuchungen zur Inquisition überaus schwer, eine Verbindung zwischen einer gesteigerten Rate von Todesurteilen wegen Hexerei und der Tätigkeit dieser zentral organisierten kirchlichen Untersuchungsinstanzen zu ziehen. Über die 1542 neugegründete römische (päpstliche) Inquisition in Italien, deren Zuständigkeitsbereich von Friaul und der Republik Venedig im Norden über Bologna, Modena und Florenz bis nach Rom reichte, liegen jetzt eine Reihe von grundlegenden Arbeiten aus der Feder John Tedeschis vor. Obwohl die römische Inquisition seit etwa 1570 ein verstärktes Interesse an magischen Delikten und abergläubischen Praktiken zeigte, war sie in der Regel außerordentlich vorsichtig im Hinblick auf unbegründete Anklagen und Bezichtigungen. So wurde etwa die Anwendung der Folter sehr streng kontrolliert und derart früh durch eine Interrogation (Befragung) abgebrochen, daß häufig kein Bekenntnis erzwungen werden konnte. Selbst die solcherart abgelegten Geständnisse mußten später ohne Folter erhärtet werden, ein Verfahren, das oft noch einen Ausweg für Angeklagte, die ein Geständnis abgelegt hatten, ließ. Überraschend ist Tedeschis Feststellung, daß nur äußerst selten ein Todesurteil ausgesprochen wurde. Von 1.000 wegen verschiedenster Häresien und kirchlicher Delikte angeklagten Personen in Friaul wurden in den Jahren zwischen 1551 und 1647 lediglich fünf Personen zum Tode verurteilt. Selbst von römischen Fällen zwischen 1542 und 1761 sind die Namen von »nur« 97 Personen bekannt, die wegen hartnäckiger Häresie (nicht Hexerei!) hingerichtet wurden[30]. In Venedig griff die Inquisition zwischen 1550 und 1650 zwar in verschiedene Arten des »Aberglaubens« und des Mißbrauchs der Sakramente ein, zeigte jedoch eine große Zurückhaltung in Sachen Schadenzauber. Die anderen Bestandteile des im *Hexenhammer* voll entwickelten Hexereibegriffs, wie

Kinderfresserei, Hexenflug, Sabbat und der Pakt mit dem Teufel, wurden in Venedig fast völlig beiseite gelassen. Somit scheint hier der *Hexenhammer* ohne Einfluß gewesen zu sein[31].

Im Verlauf des 16. Jahrhunderts wurde die römische Inquisition gegenüber Anschuldigungen hinsichtlich einer Teilnahme am Hexenflug oder am Hexentanz ebenso vorsichtig wie die Inquisition in Venedig. Im Unterschied zu vielen weltlichen Gerichten schenkte sie den erzwungenen Geständnissen der Angeklagten keinen Glauben mehr. Daher wurden von den unter päpstlicher Kontrolle stehenden Inquisitionen keine »Kettenprozesse« geführt, weil sie stets von den als fragwürdig beurteilten Aussagen bereits verurteilter Personen hergeleitet worden wären[32]. Im Jahre 1624 faßte der römische Inquisitor Kardinal Giovanni Garcia Millino diese vorsichtige und skeptische Handhabung der Inquisition in einer *Instructio pro formandis processibus in causis strigum, sortilegiorum et maleficiorum* zusammen. Obwohl diese Schrift einflußreich war, führte sie dennoch zu keiner großen Wende[33].

In Spanien lagen die Dinge ähnlich. Die 1478 gegründete spanische Inquisition verfügte über insgesamt 21 regionale Gerichte, die schon sehr früh eine große Skepsis gegenüber jedweder Form von Hexerei entwickelten. 1526 wurden von der spanischen *Suprema* Richtlinien erlassen, die eine besondere Zurückhaltung bei Hexereidelikten vorschrieben. Während der folgenden zwei Jahrhunderte wurde lediglich eine sehr geringe Anzahl von Personen wegen Hexerei von der Inquisition zum Tode verurteilt[34]. Aus dem Rahmen fällt die Hexenpanik der Jahre 1609 bis 1612 in den Baskenländern, bei der sechs Personen als Hexen hingerichtet wurden und viele weitere unter Verdacht standen, bis schließlich eine Untersuchung der Vorfälle durch den Inquisitor Salazar y Frias die Prozeßwelle beendete[35]. Nach diesen Ereignissen kehrte die Inquisition auch hier zu ihrer traditionell zurückhaltenden Haltung in Sachen Hexerei zurück[36]. Obwohl weiterhin Versuche unternommen wurden, abergläubische und zauberische Praktiken zu unterdrücken – es liegen Hunderte von solchen Fällen, besonders aus Sizilien und Neapel, im Inquisitionsarchiv vor –, übten die spanische ebenso wie die römische Inquisition eine zurückhaltende Nachsicht, nur wenigen Delinquenten wurde eine schwere Strafe zuteil[37]. Dieser Befund, der sich bei der Durchsicht der spanischen Quellen ergibt, scheint auch für Portugal zu stimmen, wo nur eine einzige der Hexerei überführte Person durch die portugiesische Inquisition im Jahre 1626 hingerichtet wurde[38].

Aber auch in den Mittelmeerländern ist diese zurückhaltende Verfahrensweise nur dann zu finden, wenn die Inquisition als zuständige Instanz fungierte. In Aragon etwa, wo es gelegentlich den weltlichen Behörden gelang, die Inquisition zu umgehen und selbst Hexenprozesse durchzuführen, wurden schätzungsweise 200 Personen verurteilt und hingerichtet[39]. Über die Hexenprozesse, die in Italien von weltlichen Gerichten geführt wurden, ist zu wenig bekannt, um darüber Aussagen machen zu können, jedoch waren sich die päpstlichen Inquisitoren häufig bewußt, daß ihre Vorgehensweise erheblich zurückhaltender und vorsichtiger war als die der weltlichen Gerichte[40].

Nördlich der Alpen, in Frankreich und in Mitteleuropa, verloren im Lauf des 15. und frühen 16. Jahrhunderts die kirchlichen Gerichte allmählich ihren Einfluß auf die Hexenprozesse. Zum Teil läßt sich diese Entwicklung dadurch erklären, daß das *crimen magiae* von jeher ein *crimen mixti fori*, d.h. ein Verbrechen, für das beide Gerichte zuständig waren, gewesen ist[41]. Als die sich zentralisierenden Staaten des Spätmittelalters und der frühen Neuzeit zunehmend auf Zaubereidelikte aufmerksam wurden, beschnitten sie die Kompetenz der bischöflichen Gerichte und erklärten das *maleficium* zu einem weltlichen Verbrechen. Diese schwerwiegende Entwicklung ist bis heute zu wenig erforscht und verstanden – sie ist aber von grundsätzlicher Bedeutung, weil die große Mehrheit aller wegen Hexerei Verurteilten von weltlichen Richtern verhört und abgeurteilt wurden. Obwohl oft von blutdürstigen Inquisitoren und von abergläubischen Dämonologen zu lesen ist, war die Hexerei nach dem ersten Jahrhundert der Verfolgungen fast immer eine Sache der weltlichen Gerichte, und dies nicht nur, wie vielleicht zu erwarten wäre, in protestantischen Gebieten[42]. Viele Staaten überprüften im 16. Jahrhundert ihre Hexengesetzgebung oder formulierten diese neu. Dies war etwa in England der Fall (1542, 1563, 1604), in Schottland (1563), in Dänemark (1547, 1576, 1617), im Reich (1532) und in vielen deutschen Territorien. In Frankreich, Schweden und Rußland wurden neue Hexendekrete veröffentlicht, die ebenfalls zum Ziel hatten, das Interesse des Staates an der Zauberei und an der Hexerei zu formulieren. In den genannten Fällen sind die umfangreichsten Hexenprozesse erst nach einer solchen gesetzgeberischen Tätigkeit zu finden, jedoch kann auch das Umgekehrte der Fall sein, nämlich daß die gesetzgeberische Maßnahme auf eine große Hexenpanik folgte. So ist das bayerische Hexenmandat von 1611/12 als eine Folge der Hexenpanik der 1590er Jahre zu verstehen und hat selbst nicht zu weiteren größeren Prozessen geführt[43]. In Polen dagegen verlief die Säkularisierung der Gesetze und des Hexereiverfahrens ausgesprochen langsam, bis schließlich im Verlauf des 17. Jahrhunderts die kirchlichen Gerichte zögernd ihre Kompetenz an die städtischen Amtsgerichte abgetreten hatten. Erst dann konnten die großen polnischen Hexenprozesse ihren Anfang nehmen[44].

Diese Beispiele lassen die wellenartige Ausbreitung nach Norden und Osten erkennen, die allgemein die Geschichte der abendländischen Hexenprozesse charakterisiert. Aber auch bei dieser Entwicklung gab es regionale Unterschiede. So kamen in den nördlichen Niederlanden bereits recht früh Hexenprozesse auf, aber gegen Ende des 16. Jahrhunderts setzte sich eine Zurückhaltung gegenüber der Hexerei durch, die den Prozessen schließlich ein Ende bereitete. Obwohl die reformierten Pfarrer bis zum Ende des 17. Jahrhunderts immer noch eine traditionelle Dämonologie predigten, schien es den Magistraten nicht mehr möglich, gerechte Hexenprozesse zu führen[45]. In den südlichen Niederlanden dagegen, etwa in Namur, Cambrésis und Luxemburg, kam es im 16. und 17. Jahrhundert zu beinahe 800 Prozessen und 400 Hinrichtungen[46].

Im Unterschied zu den holländischen Verhältnissen befanden sich die reformierten Prediger in Schottland in voller Übereinstimmung mit den lokalen Gerichten, was dazu führte, daß hier etwa 3.000 Untersuchungen und über 1.000 Hinrichtungen stattfanden[47]. Das ist eine Zahl, die etwa dreimal so hoch ist wie diejenige für England, obwohl die englische Bevölkerung viermal so groß wie die schottische war. Brian Levack hat versucht, diese drastischen Unterschiede aus der Rechtslage heraus zu erklären. Nach seiner Auffassung waren uneingeschränkte Prozeßwellen nur dort möglich, wo die Lokalgerichte, getrieben von den Ängsten und Vorurteilen der jeweiligen Bevölkerung, ohne Aufsicht und Kontrolle durch die Zentralregierung arbeiten konnten; dies ist eine These, die teilweise auch auf die Verhältnisse im Reich zutrifft[48].

In Irland dagegen gab es nur wenige Hexenprozesse, und diese wenigen nur unter den englischen oder anglo-irischen Teilen der Bevölkerung, so daß man versucht ist, hierfür eine besondere Erklärung zu suchen. Möglicherweise vertrauten die Iren den von der Besatzungsmacht England eingesetzten Gerichten zu wenig, um hier ihre dörflichen Konflikte vorzubringen, oder umgekehrt, möglicherweise schenkten die englischen Behörden den Belangen der irischen Bevölkerung derart wenig Beachtung, daß sie deren lokale Streitigkeiten unbeachtet ließen[49].

Wie bereits gezeigt wurde, gab es in Frankreich bereits früh Hexenprozesse, die auch im 16. und 17. Jahrhundert besonders in den Randgebieten beziehungsweise den östlichen Einflußgebieten des Königreichs, im Herzogtum Lothringen, in der Franche-Comté, im Bistum Straßburg und im Elsaß, in der Dauphiné und in der Nähe der Pyrenäen weiterhin stark fortgesetzt wurden. Dabei lassen sich wie überall auch in Frankreich regionale Unterschiede feststellen. Im Jahre 1594 rühmte sich der lothringische Hexenrichter Nicolaus Rémy, er hätte im Lauf der letzten fünfzehn Jahre 900 Personen verbrannt, eine Zahl, die wahrscheinlich die Gesamtzahl der Opfer für den Norden Frankreichs übertrifft[50].

Es würde aber den Rahmen dieser Ausführungen sprengen, wenn wir die Hexenprozesse in den verschiedenen Teilen Frankreichs in ihren Einzelheiten betrachten würden. Auch die skandinavischen Länder, in denen besonders im 17. Jahrhundert größere Prozesse stattfanden, oder auch Polen, Böhmen und Ungarn, deren zum Teil große Prozeßlawinen ebenfalls verstärkt ins 17. oder ins 18. Jahrhundert fallen, müssen an dieser Stelle zu kurz kommen. Es handelt sich hierbei um große Länder, für die es heute eine reiche, wissenschaftlich fundierte Literatur mit vielen wichtigen Vergleichsmomenten zur allgemeinen Geschichte der Hexenprozesse gibt.

Für diesen Aufsatz, der lediglich als eine Einführung in die Geschichte der Hexenprozesse gedacht ist, scheint es ausreichend, die Grenzen des Phänomens zu betrachten. Eine dieser Grenzen war sicherlich die Aufspaltung des Christentums in ein westliches und in ein östliches Christentum. Denn die Hexenprozesse sind fast ausschließlich ein Phänomen des Westens – in den Ländern der griechischen oder russischen Orthodoxie wurden nur vereinzelt Hexenprozesse durchgeführt. So gibt es in Rußland zwar beispielsweise die teilweise erhaltenen Akten von 99 Zaubereiprozessen aus dem 17. Jahrhundert, aus denen ersichtlich wird, daß die russische Bevölkerung Angst vor Schadenzauber wie auch vor einer großen Verschwörung der Hexen hatte. Aber nur in einem einzigen Fall, aus dem Jahr 1663, findet sich ein Hexenprozeß mit dem gewöhnlichen (westlichen) Merkmal der Abschwörung von Gott, von der Kirche und von der heiligen Liturgie. Und nur bei diesem besonderen Fall findet sich ein Teufelspakt; in allen anderen russischen Fällen fehlen sowohl Hexenflug und Hexenpakt als auch Hexentanz, also diejenigen quasi klassischen Versatzstücke, die eine größere Prozeßreihe erst ermöglichten. Ein denkbarer Grund dafür könnte sein, daß es in der Regel möglich war, die vermuteten Untaten der Hexen als Bestandteile eines überlebenden Aberglaubens zu erklären[51]. Die Orthodoxie hatte ihre eigene komplizierte Dämonologie, da sie aber keine inquisitionsartige Bekämpfung von organisierten mittelalterlichen Häresien kannte, fehlte ihr die westliche Vorstellung vom Ketzer als Teufelsdiener und von Hexerei als Ketzerei[52]. Auf alle Fälle bestand für die Geschichte der Hexenprozesse eine ziemlich scharfe geographische Grenze im Osten an der Religionsgrenze zwischen katholischen (oder historisch katholischen) und orthodoxen Gebieten[53].

Die Europäer, die nach Übersee ausgewandert waren, brachten ihre Dämonologie und ihre strafrechtlichen Prozeduren ebenso schnell wie ihre Konfessionen und ihre Krankheiten in die neuen Heimatländer, mit dem Ergebnis, daß die Franzosen in Kanada, die Engländer in Neuengland und die spanische Inquisition in Mexiko der Hexerei verdächtige Personen fanden und verurteilten. Allerdings – und das ist entscheidend für diese Art von »Grenze« –, in fast jedem Fall waren die in Übersee aufgefundenen und verurteilten Personen nicht Angehörige der für gottlos und abergläubisch erklärten einheimischen »Naturvölker«, sondern (wie bei den Anglo-Iren in Irland) die Kolonisten selbst oder deren Nachkommen[54]. Dies ist ein wichtiger Hinweis für die Annahme, daß die Hexenverfolgungen in all ihren Ausprägungen immer nur ein auf sich selbst gerichtetes Instrument einer religiösen und/oder gesellschaftlichen Selbstreinigung der abendländischen Gesellschaften waren[55]. In diesem Sinne ist es sicher richtig, die Hexenprozesse als ein Charakteristikum der abendländischen Zivilisation der frühen Neuzeit zu bezeichnen.

Ebenso charakteristisch waren für die Zeit der Hexenverfolgungen vom 15. bis ins 18. Jahrhundert die Versuche, die Prozeßwellen zu stoppen und die Zahl der Prozesse einzudämmen. Zum Teil wurden diese Versuche von Gelehrten getragen – etwa von Juristen wie Johannes Althusius, Theologen wie Friedrich Spee und von Medizinern wie Johann Weyer, um nur einige Beispiele zu nennen –, weil sie sich darüber im klaren waren, daß die Hexenprozesse für viele unschuldige Menschen den Scheiterhaufen bedeuteten. Die »neue Philosophie« der sich entwickelnden Naturwissenschaften führte dazu, daß im 17. Jahrhundert zunehmend die Möglichkeit einer Existenz von Geistern, von einer Teufelsbesessenheit und von Zauberei in Frage gestellt wurde, so etwa durch Thomas Hobbes. Andere Gegner der Hexereiverfahren stammten nicht aus der Gelehrtenschicht, auch nicht aus der politischen Führungsschicht, sondern waren häufig Männer und Frauen, die durch persönliche Erlebnisse zu schmerzlichen Einsichten über die Ungerechtigkeit dieser Prozesse gekommen waren[56].

Abb. 5: Hexe aus dem Deckenfresko »Glorie des Hl. Benedikt« von Cosmas Damian Asam in der Basilika Weingarten/Oberschwaben, um 1720

In den meisten Fällen aber waren es die Magistrate selbst, die allmählich, besonders im Verlauf des 17. Jahrhunderts, eine skeptische Haltung gegenüber ihrem eigenen Rechtsgebaren einnahmen[57]. Eine solche Skepsis war, wie bereits gezeigt wurde, im christlichen Abendland, besonders in den Mittelmeerländern, nicht unbekannt. So hat sich etwa im späten 16. Jahrhundert das Pariser Parlament, das für die nördliche Hälfte Frankreichs zuständig war, diese Art praktischer Skepsis angeeignet. Seit etwa 1590 wies es als Berufungsinstanz die meisten Todesurteile aus den Provinzen zurück[58].

Im späten 17. und im frühen 18. Jahrhundert ging die Zahl der Hexenprozesse in Westeuropa stark zurück, zu einem Zeitpunkt, als diese dagegen in peripher gelegenen Ländern wie Schweden, Polen und Neuengland stark zunahm. Zur selben Zeit tauchten gleichzeitig Aufklärer auf, Männer wie Balthasar Bekker in den Niederlanden, Pierre Bayle in Frankreich oder Christian Thomasius in Deutschland, die die geistigen Grundlagen der Dämonologie und die prozeßrechtlichen Prozeduren wie die Folter öffentlich in Frage stellten. Obwohl im Westen die größeren Hexenprozesse längst vorbei waren (in den Niederlanden schon seit einem Jahrhundert), leisteten diese Gelehrten dennoch eine wichtige Arbeit, da sie die Wiederaufnahme von Hexenprozessen fast unmöglich machten und die praktische Basis für die Entwicklung der aufklärerischen Idee von fundamentalen Menschenrechten schufen. Auch bei ihrer Abschaffung nahmen die Hexenprozesse an den wichtigsten Bewegungen der frühen Neuzeit teil.

Anmerkungen

1 Von Brian Levack wurde eine breit angelegte 12bändige Sammlung von zumeist englischsprachigen historischen Aufsätzen herausgegeben, die dem deutschen Leser das Auffinden verstreut publizierter Arbeiten sicher erleichtern wird: Brian LEVACK, Articles on Witchcraft, Magic and Demonology. A Twelve Volume Anthology of Scholarly Articles, New York 1992. Jedem dieser Bände wurde eine kleine historiographische Einführung beigegeben. Weiterreichende zusammenfassende Forschungsberichte legten u.a. vor: Wolfgang BEHRINGER, Erträge und Perspektiven der Hexenforschung, in: Historische Zeitschrift 249 (1989), S. 619–640; Andreas BLAUERT, Die Erforschung der Anfänge der europäischen Hexenverfolgungen, in: DERS. (Hrsg.), Ketzer, Zauberer, Hexen. Die Anfänge der europäischen Hexenverfolgungen, Frankfurt a.M. 1990, S. 11–42; Meinrad PIZZININI, Aspekte der neuen Hexen-Literatur, in: Innsbrucker Historische Studien 12/13 (1990), S. 581–601; Edward William MONTER, Ritual, Myth and Magic in Early Modern Europe, Brighton 1983. Zur älteren Literatur siehe H.C. Erik MIDELFORT, Recent Witch Hunting Research. Or Where Do We Go From Here?, in: Papers of the Bibliographical Society of America 62 (1968), S. 373–420; DERS., Witchcraft, Magic and the Occult, in: Stephen E. OZMENT (Hrsg.), Reformation Europe. A Guide to Research, St. Louis 1982, S. 183–209.

2 Gerd SCHWERHOFF, Rationalität im Wahn. Zum gelehrten Diskurs über die Hexen in der frühen Neuzeit, in: Saeculum 37 (1986), S. 45–82; vgl. Stuart CLARK, The Scientific Status of Demonology, in: Brian VICKERS (Hrsg.), Occult and Scientific Mentalities in the Renaissance, Cambridge 1984, S. 351–374.

3 Unter den Historikern herrscht Uneinigkeit über derartige Zahlenangaben. Ein Teil von ihnen vertritt die Ansicht, daß von »nur« 30.000 bis 40.000 Todesopfern durch die Hexenverfolgungen gesprochen werden kann, da lediglich eine solche Zahl durch entsprechendes Material belegbar ist, ein anderer Teil der Historiker aber rechnet nochmals mit einer Dunkelziffer (wegen Aktenverlust) in etwa der gleichen Höhe. Die Hochrechnungen in der journalistischen Publizistik von etwa 9.000.000 Hingerichteten gehen von der unzutreffenden Annahme aus, daß die Opferzahlen der am schwersten von den Verfolgungen betroffenen Regionen Europas repräsentativ sind und deshalb für die Errechnung einer Gesamtsumme von Todesopfern herangezogen werden könnten. Für die Ermittlung einer solchen Zahl sollen die aktenmäßig belegten Prozesse mit einem Faktor von etwa 100 oder 200 multipliziert werden können. Außer Acht gelassen werden bei diesem Rechenmodell jedoch die großen regionalen Unterschiede hinsichtlich der Verfolgungsintensität und daher der Opferzahlen in Europa.

4 Edward PETERS, The Magician, the Witch and the Law, Philadelphia 1978. Stellvertretend für eine ganze Reihe von Literatur über Zauberei in der Antike: Christopher A. FARAONE/Dirk OBBINK, Magika Hiera. Ancient Greek Magic and Religion, Oxford 1991; für das frühe Mittelalter: Valerie I. J. FLINT, The Rise of Magic in Early Medieval Europe, Princeton 1991. Die Geschichte der Gesetzgebung gegen Zauberei in Deutschland wurde kürzlich von Wolfgang BEHRINGER, Mit dem Feuer vom Leben zum Tod. Hexengesetzgebung in Bayern, München 1988, S. 21–48, 268–271, zusammengefasst.

5 Dieter HARMENING, Superstitio. Überlieferungs- und theoriegeschichtliche Untersuchungen zur kirchlich-theologischen Aberglaubensliteratur des Mittelalters, Berlin 1979. Zur Terminologie des Mittelalters: Johannes FRANCK, Geschichte des Wortes Hexe, in: Joseph HANSEN (Hrsg.), Quellen und Untersuchungen zur Geschichte des Hexenwahns und der Hexenverfolgung im Mittelalter, Bonn 1901, S. 614–670; Claude LECOUTEUX, Hagazussa – Striga – Hexe, in: Études germaniques 38 (1983), S. 161–178.

6 In der Forschung wird heute heftig darum gestritten, wie weit derartige Vorstellungen tatsächlich unter der gemeinen Bevölkerung verbreitet waren. Für die »folkloristische These«: Carlo GINZBURG, Die Benandanti. Feldkulte und Hexenwesen im 16. und 17. Jahrhundert, Frankfurt a.M. 1980; DERS., Hexensabbat. Entzifferung einer nächtlichen Geschichte, Berlin 1989. In die gleiche Richtung zielt: Gustav HENNINGSEN, Die »Frauen von Außerhalb«. Der Zusammenhang von Feenkult, Hexenwahn und Armut im 16. und 17. Jahrhundert auf Sizilien, in: Hans-Peter DUERR (Hrsg.), Die Mitte der Welt. Aufsätze zu Mircea Eliade, Frankfurt a.M. 1984, S. 164–182, jetzt ausführlicher: DERS., »The Ladies from Outside«. An Archaic Pattern of the Witches' Sabbath, in: Bengt ANKARLOO/Gustav HENNINGSEN (Hrsg.), Early Modern European Witchcraft. Centres and Peripheries, Oxford 1990, S. 191–215; Gábor KLANICZAY, Shamanistic Elements in Central European Witchcraft, in: DERS., The Uses of Supernatural Power. The Transformation of Popular Religion in Medieval and Early-Modern Europe, Princeton 1990, S. 129–150. Gegen eine solche Auffassung: Willem DE BLÉCOURT, Spuren einer Volkskultur oder Dämonisierung? Kritische Bemerkungen zu Ginzburgs »Die Benandanti«, in: Kea. Zeitschrift für Kulturwissenschaften 5 (1993), S. 17–29; Robert MUCHEMBLED, Satanic Myths and Cultural Reality, in: ANKARLOO/HENNINGSEN (wie oben), S. 139–160; Christoph DAXELMÜLLER, Der Werwolf. Ein Paradigma zur Geschichte der kulturellen Wahrnehmung, in: Zeitschrift für Volkskunde 82 (1986), S. 203–208; Dieter HARMENING, Zauberei im Abendland. Vom Anteil der Gelehrten am Wahn der Leute. Skizzen zur Geschichte des Aberglaubens, Würzburg 1991; Perry ANDERSON, Rezension von Ginzburgs Storia Notturna, in: London Reviews of Books 12 (8. November 1990), S. 6–11; John MARTIN, Journeys to the World of the Dead. The Work of Carlo Ginzburg, in: Journal of Social History 25 (1992), S. 613–626.

7 Alexander PATSCHOVSKY, Der Ketzer als Teufelsdiener, in: Hubert MORDEK (Hrsg.), Papsttum, Kirche und Recht im Mittelalter. Festschrift für Horst Fuhrmann zum 65. Geburtstag, Tübingen 1991, S. 317–334.

8 In einem aufschlußreichen Aufsatz hat Arno Borst versucht, die Grundlagen der »neuen« Hexenpanik aus der demographischen und wirtschaftlichen Krise der spätmittelalterlichen Gesellschaft, besonders am Beispiel der Schweiz, zu erklären: Arno BORST, Anfänge des Hexenwahns in den Alpen, in: BLAUERT, Ketzer (wie Anm. 1), S. 43–67. In einer Reihe von Arbeiten hat Dieter Harmening versucht, die ebenfalls neue Aufmerksamkeit kirchlicher Behörden und Inquisitoren gegenüber »magischen« Praktiken aus ihrem neu belebten Katechismusunterricht auf dem Land abzuleiten, der sowohl Kritik an den häretischen Bewegungen (u.a. der Waldenser) der Zeit übte als auch eine Unterscheidung zwischen erlaubten und nicht erlaubten Besegnungsformen forderte: Dieter HARMENING, Katechismusliteratur. Grundlagen religiöser Laienbildung im Spätmittelalter, in: Norbert Richard WOLF (Hrsg.), Wissensorganisierende und wissensvermittelnde Literatur im Mittelalter. Perspektiven ihrer Erforschung, Wiesbaden 1987, S. 91–102; DERS., Spätmittelalterliche Aberglaubenskritik in Dekalog- und Beichtliteratur, in: Peter DINZELBACHER/Dieter R. BAUER (Hrsg.), Volksreligion im hohen und späten Mittelalter, Paderborn 1990, S. 243–251; DERS., Zauberinnen und Hexen. Vom Wandel des Zaubereibegriffs im späten Mittelalter, in: BLAUERT, Ketzer (wie Anm. 1), S. 68–90. Vgl. weiterhin Karin BAUMANN, Aberglaube für Laien. Zur Programmatik und Überlieferung mittelalterlicher Superstitionskritik, Würzburg 1989.

9 Die Symbolik solcher »Inversionen« wird in dem anregenden Aufsatz von Richard VAN DÜLMEN, Imaginationen des Teuflischen. Nächtliche Zusammenkünfte, Hexentänze, Teufelssabbate, in: DERS. (Hrsg.), Hexenwelten. Magie und Imagination vom 16.–20. Jahrhundert, Frankfurt a.M. 1987, S. 94–130, 313–315, gedeutet. Vgl. weiterhin Stuart CLARK, Inversion, Misrule and the Meaning of Witchcraft, in: Past and Present 87 (1980), S. 98–127.

10 Joseph HANSEN, Zauberwahn, Inquisition und Hexenprozeß im Mittelalter und die Entstehung der großen Hexenverfolgung, München 1900; DERS., Quellen (wie Anm. 5); Norman COHN, Europe's Inner Demons. An Enquiry Inspired by the Great Witch Hunt, London 1975; Richard KIECKHEFER, European Witch Trials. Their Foundations in Popular and Learned Culture 1300–1500, London 1976; Andreas BLAUERT, Frühe Hexenverfolgungen. Ketzer-, Zauberei- und Hexenprozesse des 15. Jahrhunderts, Hamburg 1989, bes. S. 49f.

11 Pierrette PARAVY, Zur Genesis der Hexenverfolgungen im Mittelalter. Der Traktat des Claude Tholosan, Richter in der Dauphiné (um 1436), in: BLAUERT, Ketzer (wie Anm. 1), S. 118–159; KIECKHEFER (wie Anm. 10), S. 122–126.

12 KIECKHEFER (wie Anm. 10), S. 133; Gordon A. SINGER, La vauderie d'Arras 1459–1491. An Episode of Witchcraft in Later Medieval France, Diss. Maryland 1974; Maurice FOUCAULT, Les Procés de la sorcellerie dans l'ancienne France devant les juridictions séculiers, Paris 1907, S. 52f.

13 Fritz BYLOFF, Hexenglaube und Hexenverfolgung in den österreichischen Alpenländern, Berlin 1934. Ein Beispiel für die Erforschung der »Epidemiologie« dieser Prozesse bieten Willem DE BLÉCOURT/Hans DE WAARDT, Das Vordringen der Zaubereiverfolgungen in die Niederlande Rhein, Maas und Schelde entlang, in: BLAUERT, Ketzer (wie Anm. 1), S. 182–216.

14 KIECKHEFER (wie Anm. 10), S. 11, 107–147, 174.

15 Eine Einführung in die feministische Hexenforschung gibt Claudia HONEGGER (Hrsg.), Die Hexen der Neuzeit. Studien zur Sozialgeschichte eines kulturellen Deutungsmusters, Frankfurt a.M. 1987. Kritik an den Übertreibungen nicht sehr stark an den Quellen orientierter Arbeiten einiger engagierter Frauenforscher übt etwa Dagmar UNVERHAU, Frauenbewegung und historische Hexenverfolgung, in: BLAUERT, Ketzer (wie Anm. 1), S. 241–283. Vgl. auch Eva LABOUVIE, Männer im Hexenprozeß. Zur Sozialanthropologie eines »männlichen« Verständnisses von Magie und Hexerei, in: Geschichte und Gesellschaft 16 (1990), S. 56–78; Christina LARNER, Was Witch-hunting Woman-Hunting?, in: Alan MACFARLANE (Hrsg.), Witchcraft and Religion. The Politics of Popular Belief, Oxford 1984, S. 84–88.

16 Edward William MONTER, Witchcraft in France and Switzerland. The Borderlands During the Reformation, Ithaca 1976, S. 23f.

17 KIECKHEFER (wie Anm. 10), S. 96.

18 Johannes Nider in seinem etwa 1435 verfaßten *Formicarius*, zitiert nach: HANSEN, Quellen (wie Anm. 5), S. 91.

19 Angel Gari LACRUZ, Variedad de competencias en el delito de Brujeria 1600–1650 en Aragon, in: Joaquín PEREZ VILLANUEVA (Hrsg.), La Inquisición Espanola. Nueva Visión, Nueva Horizontes, Madrid 1980, S. 319–327, hier: S. 326.

20 Maia MADAR, Estonia I: Werewolves and Poisoners, in: ANKARLOO/HENNINGSEN (wie Anm. 6), S. 257–272, hier: S. 266f.; Antero HEIKKINEN/Timo KERVINEN, Finnland. The Male Domination, in: ANKARLOO/HENNINGSEN (wie Anm. 6), S. 319–338; Marko NENONEN, »Envious Are All the People, Witches Watch at Every Gate«. Finnish Witches and Witch Trials in the 17th Century, in: Scandinavian Journal of History 18 (1993), S. 77–91.

21 Alfred SOMAN, Les procés de sorcellerie au Parlement de Paris (1565–1640), in: Annales. Économies, Sociétés, Civilisations 32 (1977), S. 790–812.

22 Eva LABOUVIE, Zauberei und Hexenwerk. Ländlicher Hexenglaube in der Frühen Neuzeit, Frankfurt a.M. 1991, S. 33f.

23 Heide WUNDER/Christine VANJA (Hrsg.), Wandel der Geschlechterbeziehung zu Beginn der Neuzeit, Frankfurt a.M. 1991.

24 Eine neue vorzügliche Bewertung der veränderten Prozeßpraxis bietet Dagmar UNVERHAU, Akkusationsprozeß – Inquisitionsprozeß. Indikatoren für die Intensität der Hexenverfolgung in Schleswig-Holstein, in: Christian DEGN u.a. (Hrsg.), Hexenprozesse. Deutsche und skandinavische Beiträge, Neumünster 1983, S. 59–142.

25 Siehe stellvertretend Eberhard SCHMIDT, Inquisitionsprozeß und Rezeption, in: Festschrift der Leipziger Juristenfakultät für Heinrich Siber, Leipzig 1941, S. 97–182. Für die weitere diesbezügliche Diskussion siehe Winfried TRUSEN, Vom Inquisitionsverfahren zum Ketzer- und Hexenprozeß. Fragen der Abgrenzung und Beeinflussung, in: Dieter SCHWAB (Hrsg.), Staat, Kirche, Wissenschaft in einer pluralistischen Gesellschaft. Festschrift zum 65. Geburtstag von Paul Mikat, Berlin 1989, S. 435–450.

26 Hartmann AMMANN, Der Innsbrucker Hexenprozeß von 1485, in: Zeitschrift des Ferdinandeums für Tirol und Vorarlberg 3. Folge 34 (1890), S. 1–87; Ludwig RAPP, Die Hexenprozesse und ihre Gegner in Tirol, Brixen [2]1891; Karl Otto MÜLLER, Heinrich Institoris, der Verfasser des Hexenhammers, und seine Tätigkeit als Hexeninquisitor in Ravensberg im Herbst 1484, in: Württembergische Vierteljahrshefte für Landesgeschichte NF 19 (1910), S. 397–417; Heide DIENST, Lebensbewältigung durch Magie. Alltägliche Zauberei in Innsbruck gegen Ende des 15. Jahrhunderts, in: Alfred KOHLER/Heinrich LUTZ (Hrsg.), Alltag im 16. Jahrhundert. Studien zu Lebensformen in mitteleuropäischen Städten (Wiener Beiträge zur Geschichte der Neuzeit, Bd. 14), München 1987, S. 80–116; DIES., Magische Vorstellungen und Hexenverfolgungen in den österreichischen Ländern (15. bis 18. Jahrhundert), in: Erich ZÖLLNER (Hrsg.), Wellen der Verfolgung in der österreichischen Geschichte (Schriften des Instituts für Österreichkunde, Bd. 48), Wien 1986, S. 70–94.

27 Von vielleicht unerwartet großer Bedeutung ist der fotomechanische Nachdruck der ersten *Malleus*-Ausgabe: Heinrich KRAMER, Malleus Maleficarum, Hexenhammer. Nachdruck des Erstdrucks von 1487 mit Bulle und Approbatio, hrsg. von Günter JEROUSCHEK, Hildesheim 1992; noch nützlicher: Malleus Maleficarum von Heinrich Institoris (alias Kramer) unter Mithilfe Jakob Sprengers aufgrund der dämonologischen Tradition zusammengestellt, mit Kommentar zur Wiedergabe des Erstdrucks von 1487, hrsg. von André SCHNYDER, Göppingen 1993. Mit diesen Editionen sind die dürftigen Barockausgaben und die noch dürftigeren Übersetzungen in Zukunft abgelöst. Zur Person des Heinrich Institoris: Peter SEGL, Heinrich Institoris. Persönlichkeit und literarisches Werk, in: DERS. (Hrsg.), Der Hexenhammer. Entstehung und Umfeld des Malleus Maleficarum von 1487, Köln 1988, S. 103–126 (dort finden sich auch Hinweise auf die einschlägige Literatur). Siehe weiter Jürgen PETERSOHN, Konziliaristen und Hexen. Ein unbekannter Brief des Inquisitors Heinrich Institoris an Papst Sixtus IV. aus dem Jahre 1484, in: Deutsches Archiv für Erforschung des Mittelalters 44 (1988), S. 120–160. Siehe neuerdings die Übersetzung des Hexenhammers von Günter JEROUSCHEK/Wolfgang BEHRINGER/Werner TSCHACKER, München 2000, mit ausführlichem Vorwort.

28 Abteilung III des *Hexenhammers* fängt mit einer langen allgemeinen Diskussion dieses Kompetenzstreits an.

29 Siehe den hervorragenden Aufsatz von Peter SEGL, »Malefice ... non sunt ... heretice nuncupande«. Zu Heinrich Kramers Widerlegung der Ansichten »aliorum inquisitorum in diuersis regnis hispanie«, in: MORDEK (wie Anm. 7), S. 369–382; vgl. weiterhin André SCHNYDER, Der ›Malleus Maleficarum‹. Unvorgreifliche Überlegungen und Beobachtungen zum Problem der Textformen, in: SEGL, Hexenhammer (wie Anm. 27), S. 127–149, hier: S. 136f., 144f.

30 John TEDESCHI, Inquisitorial Law and the Witch, in: ANKARLOO/HENNINGSEN (wie Anm. 6), S. 83–118, hier: S. 110f. In seinen Untersuchungen der Hexereiprozesse in Friaul hat GINZBURG (wie Anm. 6) kein einziges Todesurteil gefunden.

31 Ruth MARTIN, Witchcraft and the Inquisition in Venice 1550–1650, Oxford 1989, S. 54–59, 192–213.

32 TEDESCHI, Inquisitorial Law (wie Anm. 30), S. 92–94.

33 John TEDESCHI, The Prosecution of Heresy. Collected Studies on the Inquisition in Early Modern Italy, Binghamton/New York 1991, S. 205–227.

34 Henry Charles LEA, A History of the Inquisition in Spain, 4 Bde., New York 1906–1908, hier: Bd. 4, S. 206; Henry KAMEN, La Inquisición espanola, Barcelona [2]1985, S. 275f.; Edward William MONTER, Frontiers of Heresy. The Spanish Inquisition from the Basque Lands to Sicily, Cambridge 1990, S. 259–263.

35 Gustav HENNINGSEN, The Witches' Advocate. Basque Witchcraft and the Spanish Inquisition, Reno/Nevada 1980.

36 Einen Forschungsbericht über die jetzt rege Inquisitions-Historiographie bietet Jesús M. DE BUJANDA, Recent Historiography of the Spanish Inquisition (1977–1988). Balance and Perspective, in: Mary Elizabeth PERRY/Anne J. CRUZ (Hrsg.), Cultural Encounters. The Impact of the Inquisition in Spain and the New World, Berkeley 1991, S. 221–247; vgl. ebenfalls Geoffrey PARKER, Some Recent Work on the Inquisition in Spain and Italy, in: Journal of Modern History 54 (1982), S. 519–532.

37 Ricardo GARCIA CARCEL, El modelo mediterraneo de brujeria, in: Annuario dell'Istituto storico italiano per l'eta moderna e contemporanea 37/38 (1985/86), S. 245–257; Jaime CONTRERAS/Gustav HENNINGSEN, Forty-four Thousand Cases of the Spanish Inquisition (1540–1700). Analysis of a Historical Data Bank, in: Gustav HENNINGSEN u.a. (Hrsg.), The Inquisition in Early Modern Europe. Studies on Sources and Methods, Dekalb/Illinois 1986, S. 100–129.

38 Francisco BETHENCOURT, Portugal. A Scrupulous Inquisition, in: ANKARLOO/HENNINGSEN (wie Anm. 6), S. 403–422, hier: S. 405.

39 MONTER, Frontiers (wie Anm. 34), S. 256f., 259, 269, 274f.
40 TEDESCHI, Inquisitorial Law (wie Anm. 30), S. 85, 93–95.
41 Siegfried LEUTENBAUER, Hexerei- und Zaubereidelikt in der Literatur von 1450 bis 1530, Berlin 1972.
42 Brian LEVACK, The Witch Hunt in Early Modern Europe, London 1987, S. 77–82.
43 BEHRINGER, Mit dem Feuer (wie Anm. 4), S. 233–267; DERS., Hexenverfolgung in Bayern. Volksmagie, Glaubenseifer und Staatsräson in der Frühen Neuzeit, München 1987, S. 301–331.
44 Bohdan BARANOWSKI, Procesy Czarownic w Polsce w XVII i XVIII Wieku [mit vierseitiger französischer Zusammenfassung], Lodz 1952, S. 180.
45 Hans DE WAARDT, Toverij en Samenleving. Holland 1500–1800, Rotterdam 1991; Marijke GIJSWIJT-HOFSTRA/Willem FRIJHOFF (Hrsg.), Witchcraft in the Netherlands from the Fourteenth to the Twentieth Century, Amsterdam 1987.
46 Sylvie DUPONT-BOUCHAT u.a., Prophètes et sorciers dans les Pays-Bas (XVIe–XVIIIe siècle), Paris 1978, S. 41–154; Robert MUCHEMBLED, Sorcières. Justice et société aux 16e et 17e siècle, Paris 1987, S. 106–114.
47 Christina LARNER, Enemies of God. The Witch-hunt in Scotland, Baltimore 1981, S. 60–63.
48 Brian LEVACK, The Great Scottish Witch Hunt of 1661–1662, in: Journal of British Studies 20 (1980), S. 90–108; DERS., Witch-Hunt (wie Anm. 42), S. 184f.
49 St John D. SEYMOUR, Irish Witchcraft and Demonology, Dublin 1913.
50 Alfred SOMAN, The Parlement of Paris and the Great Witch Hunt (1565–1640), in: The Sixteenth Century Journal 9 (1978), S. 31–44.
51 Russell ZGUTA, Witchcraft Trials in Seventeenth-Century Russia, in: American Historical Review 82 (1977), S. 1187–1207, hier: S. 1204; DERS., Was There a Witch Craze in Muscovite Russia?, in: Southern Folklore Quarterly 41 (1977), S. 119–128.
52 Richard P.H. GREENFIELD, Traditions of Belief in late Byzantine Demonology, Amsterdam 1988; Catia GALATARIOTOU, Holy Woman and Witches. Aspects of the Byzantine Conception of Gender, in: Byzantine and Modern Greek Studies 9 (1984/85), S. 66–94; Dorothy ABRAHAMSE, Magic and Sorcery in Historiography of the Middle Byzantine Period, in: Byzantinische Forschungen 8 (1982), S. 3–17.
53 In den Zentralbalkanländern, wo diese Grenze Katholiken von Orthodoxen trennte, gab es unter den Serben offensichtlich eine Mischung von Volksglauben und Sabbatvorstellungen, die sonst nur unter der von der katholischen Dämonologie beeinflußten Bevölkerung zu erwarten wäre (siehe Tatomir P. VUKANOVIC, Witchcraft in the Central Balkans, Teil 1: Characteristics of Witches, in: Folklore 100 [1989], S. 9–24).
54 Robert Lionel SÉGUIN, La sorcellerie au Québec du XVIIe au XIXe siècle, Montréal 1971; Solange ALBERRO, La actividad del Santo Oficio de la Inquisicion en Nueva Espano 1571–1700, Mexico 1981. Die wissenschaftliche Literatur über diese auf Neuengland angewandte These ist besonders reich, siehe z.B. John DEMOS, Entertaining Satan. Witchcraft and the Culture of Early New England, New York 1982; Carol F. KARLSEN, The Devil in the Shape of a Woman. Witchcraft in Colonial New England, New York 1987; David D. HALL (Hrsg.), Witch-Hunting in Seventeenth-Century New England. A Documentary History 1638–1692, Boston 1991.
55 Mary DOUGLAS, Witchcraft and Leprosy. Two Strategies of Exclusion, in: Man NF 26 (1991), S. 723–726.
56 Otto ULBRICHT/Hartmut LEHMANN (Hrsg.), Vom Unfug des Hexen-Processes. Gegner der Hexenverfolgung von Johann Weyer bis Friedrich Spee, Wiesbaden 1992.
57 H.C. Erik MIDELFORT, Witch Hunting in Southwestern Germany 1562–1684. The social and Intellectual Foundations, Stanford 1972.
58 SOMAN, Parlement (wie Anm. 50).

Andreas Blauert

Frühe Hexenverfolgungen in der Schweiz, am Bodensee und am Oberrhein

1. Die zeitliche Dimension der Geschichte von Hexen»wahn« und Hexenverfolgung in Europa läßt sich mit Alfred Soman im Bild einer zunächst größer und größer werdenden, später wieder abebbenden Welle fassen. Die Zeit vor 1400 war die Zeit, die ohne Hexenglauben im engeren Sinn und damit ohne Hexenverfolgung auskam. Die lange Zeit vom Anfang des 15. bis zum Ende des 18. Jahrhunderts war dadurch gekennzeichnet, daß Gelehrte auf gleichsam wissenschaftlichem Weg den Hexenglauben erfanden und diesen nach und nach ins Volk trugen und zur Grundlage der großen Hexenjagden vor allem des 16. und 17. Jahrhunderts machten. Damals erreichte die Verfolgungswelle, um im Bild zu bleiben, ihren höchsten Punkt. Dieselben Gelehrten ließen dann freilich das Volk mit diesem Hexenglauben allein, als sie selbst im 17. und 18. Jahrhundert damit begannen, diesen Glauben wieder abzulegen und immer weniger Hexenprozesse zu führen[1]. Es handelt sich dabei um einen Vorgang, der notabene immer noch nicht abgeschlossen ist, einen Vorgang, der immer wieder Rückschläge erfährt bzw. Ungleichzeitigkeiten kennt, und der dadurch unser 19. und 20. Jahrhundert mit der eigentlichen Verfolgungszeit des 15. bis 18. Jahrhunderts verbunden hält: Immer wieder und bis in jüngste Zeit mußten sich Gerichte mit vereinzelten Fällen von Hexereiklagen befassen, immer noch ist der Hexenglaube in immer neuen Gewändern verbreitet[2]. Der vorliegende Beitrag kann und will nur einen kleinen Ausschnitt aus der facettenreichen Geschichte von Hexen»wahn« und Hexenverfolgung beleuchten: die Entstehung des Hexenglaubens und die ersten Hexenprozesse, die im deutschen Südwesten und angrenzenden Regionen während des 15. Jahrhunderts geführt worden sind.

Ein Blick in die einschlägigen Übersichten von Joseph Hansen, Erik Midelfort, Richard Kieckhefer und Wolfgang Behringer zeigt, daß während des 15. Jahrhunderts weit über hundert Hexenprozesse einschließlich der verschiedenen Vor- und Randformen des Hexenprozesses im Gebiet der heutigen Schweiz, im deutschen Südwesten und in den benachbarten Ländern und Landschaften entlang des Alpenhauptkammes stattgefunden haben[3]. Diese frühen, verstreuten und heterogenen Zeugnisse von Hexen»wahn« und Hexenverfolgung sind freilich nicht immer leicht zu deuten. Wer sich mit ihnen beschäftigt, der benötigt einen Ansatz, der es erlaubt, die vielschichtigen und nicht immer offen zu Tage liegenden wechselseitigen Beziehungen herauszuarbeiten, in denen die betreffenden Quellen zueinander stehen. Erst dann ist es möglich zu zeigen, wie das Netz des Hexenglaubens im 15. Jahrhundert geflochten wurde und wie es sich schnell über ganz Europa breitete. Dabei erweist sich, daß die Schweiz sowie die Gegend an Bodensee und Oberrhein während des 15. Jahrhunderts geradezu als Zentren bzw. Vorreiter der Entstehung von Hexen»wahn« und Hexenverfolgung in Europa zu gelten haben.

Drei Phasen oder Etappen dieser Entwicklung können im folgenden eingehender betrachtet werden: 1.) Frühe Hexenprozesse, die in der ersten Hälfte des 15. Jahrhunderts in der französisch-italienisch-westschweizerischen Grenzgegend stattgefunden haben; 2.) eine Reihe von Prozessen, die in der Mitte des Jahrhunderts am Bodensee, in der Deutschschweiz, im Oberrheingebiet und in Heidelberg geführt worden sind; sowie 3.) die Prozeßtätigkeit, die der bekannte Inquisitor und Autor des *Hexenhammers* Heinrich Institoris am Ende des 15. Jahrhunderts im Südwesten entfaltet hat. Doch fahren wir zunächst mit einer Reihe weiterer einführender Bemerkungen fort.

2. Zu Beginn des 15. Jahrhunderts gab es die Vorstellung von einer Hexensekte noch nicht, dafür wurden in großer Zahl die bekannten Vor- und Randformen des Hexenprozesses geführt: Ketzer-, Zauberei- und Judenprozesse. So auch in Basel, wo im Jahr 1407 ein sehr aufschlußreicher Zaubereiprozeß stattfand. Am Beispiel dieses Prozesses, in den eine Reihe von Frauen aus vornehmen Basler Familien verwickelt war, läßt sich zeigen, wie verbreitet der Umgang mit den verschiedensten volksreligiösen, magisch-abergläubischen Zauberpraktiken zu dieser Zeit war. Häufig wird in diesem Zusammenhang beispielsweise vom sogenannten Wachsmännleinzauber berichtet, einem Schadenzauber, der aus Rache verübt wurde. So will eine Zeugin gesehen haben, wie eine Angeklagte ein »wechsen menlin«, ein Wachsmännlein also, über einer Kerze »briet« und dazu von einem Zettel einen Zauberspruch las. Damit versuchte sie, einem Mann Schaden, ja den Tod zuzufügen, mit dem sie ein Verhältnis gehabt und der sie verlassen hatte[4].

Das Basler Beispiel hält noch eine Fülle weiterer, vergleichbarer Beispiele bereit. Es gibt damit den Blick auf eine – mit Christoph Daxelmüller gesprochen – zumeist harmlose apotropäische Magie des täglichen Lebens frei, der Pflanzen, Mineralien, Amulette, Formeln, Zeichen, kirchliche Segen und anderes mehr zum Zwecke der praktischen Daseinsbewältigung dienten[5]. Das Basler Beispiel vermittelt damit einen Eindruck, wie real der Glaube an die Wirksamkeit und das tatsächliche Ausüben dieser Art von Zauberei im 15. Jahrhundert war. In der Zaubereiverdächtigung sollten also keinesfalls nur, wie das lange Zeit üblich war, eine pure Unterstellung oder ein Vorwurf erkannt werden, die nur marginale gesellschaftliche Gruppen trafen. Heide Dienst kam in ihrer Betrachtung eines Hexenprozesses, der 1485 in Innsbruck geführt worden ist, zu dem Ergebnis, daß magisch-abergläubische Praktiken und Zauberei zur »alltäglichen Praxis aller, auch der Denunzianten« im Hexenprozeß gehörten, nachdem ihr die Dichte des Innsbrucker Quellenmaterials erlaubt hatte, eine Vielzahl von Zaubern, die dazu nötigen Zaubereiutensilien und die sozialen Situationen, in denen gezaubert wurde, zu beschreiben[6]. Insofern ähneln sich der Basler Prozeß vom Anfang und der Innsbrucker Prozeß vom Ende des 15. Jahrhunderts. Ersterer war aber noch kein Hexenprozeß im strengen Sinne, letzterer kein traditioneller Zaubereiprozeß mehr; dazwischen lag die »Erfindung« von Hexenglaube und Hexenprozeß.

3. Der mit den letzten Bemerkungen schlaglichtartig beleuchtete Prozeß läßt sich mit Joseph Hansen, von dem die klassischen, bereits um die Jahrhundertwende entstandenen Studien zu den Anfängen von Hexen»wahn« und Hexenverfolgung in Europa stammen, als das Ergebnis gelehrter theologischer und juristischer Spekulation über das Wesen von Zauberei und verwandten Vorstellungen und Praktiken begreifen. Ihre Anfänge werden in das 14. Jahrhundert gelegt, als Zug um Zug die Vorstellung vom ketzerischen Wesen der Zauberei ausgebildet wurde. Sie ließ auch das zeitgenössische Bild vom Ketzer nicht unverändert. Ketzer wurden zu Teufelsdienern und Hexen als Teufelsdiener und Teufelsdienerinnen wurden zu Ketzern, wie Alexander Patschovsky in diesem Zusammenhang unlängst bemerkt hat. Am Ende der Entwicklung stand die Vorstellung vom sektenartigen Zusammenhang der Zauberer und Hexen, die in der hier interessierenden Region um 1450 bereits deutlich greifbar wird. Dieser Hexen»wahn« habe dann, zu einer systematischen Dämonologie ausgewachsen und eine beträchtliche Eigentriebkraft entwickelnd, die Grundlage der großen Hexenverfolgungen des 16. und 17. Jahrhunderts gebildet[7].

Abb. 6: Der Teufel auf dem Hexensabbat, Illustration zu Hexenprozessen in Genf 1570, Wickiana Zürich (16. Jh.)

Einzelbestandteile der Hexenlehre wie der den Hexen gemachte Vorwurf, für vielfältige zauberische Schädigungen verantwortlich zu sein, waren nicht neu. Neu war hingegen die Synthetisierung der betreffenden Vorstellungen zum Hexenbegriff, deren Motor ein Einstellungswandel gegenüber den verschiedenen Phänomenen zeitgenössischen Aber- und Zauberglaubens war. Der Basler Zaubereiprozeß ist in diesem Zusammenhang ein gelungenes Beispiel dafür, wie seit Beginn des 15. Jahrhunderts begonnen wurde, Glauben und Glaubenspraxis der Zeitgenossen von den verschiedensten abergläubischen »Aufsätzen« und »Zusätzen«, wie das damals genannt wurde, zu reinigen. Die Zeitgenossen hatten freilich ihre Mühe mit dieser Neuorientierung religiöser Maßstäbe. Die Quellen lassen deutlich werden, daß sie gewohnt waren, sich ganz pragmatisch der Hilfe derjenigen Segenssprechungen, Beschwörungen und Zaubereien zu vergewissern, denen sie die jeweils größte Effektivität bei der Erfüllung ihrer oftmals nicht gerade frommen Wünsche zutrauten. Doch mit jedem neuen Scheiterhaufen, der entzündet wurde, sollte ihnen bewußter werden, welch gefährliches Spiel es war, das sie da spielten. Die Einordnung dieses in seinen Ursachen und Konsequenzen von seiten der Hexenforschung noch viel zu wenig bedachten Einstellungswandels in eine Frömmigkeitsgeschichte des 15. Jahrhunderts wird in Deutschland vor allem von Dieter Harmening vorangetrieben[8].

Das Basler Beispiel gibt des weiteren Gelegenheit, auf die Bedeutung des seit 1431 in der Stadt tagenden Konzils für die Verbreitung des jungen Hexenglaubens hinzuweisen. Hexen»wahn« und Hexenverfolgung waren zwar kein Thema, das auf der Tagungsordnung der Konzilsteilnehmer gestanden hätte, aber das war freilich auch gar nicht notwendig. Basel war während der Konzilszeit eine internationale Begegnungsstätte und eine intellektuelle Drehscheibe. Menschen aus einer Vielzahl europäischer Länder trafen sich hier, nahmen die umherschwirrenden Neuigkeiten von der jungen Hexensekte auf und trugen diese dann beim Verlassen Basels in Gegenden, denen die Vorstellung von der Hexensekte in der beschriebenen Form noch fremd gewesen war. Es dauerte nicht lange und es entstanden so neue Zentren der Aus- und Weiterbildung des Hexenglaubens; oft waren das Bischofs- und Universitätsstädte[9].

4. Es hat in diesem Zusammenhang nicht an Versuchen gefehlt, regelrechte Wanderungsbewegungen der Anfänge der europäischen Hexenverfolgungen zu beschreiben. So läßt sich im Anschluß an Fritz Byloff konstatieren, daß Hexenprozesse in Südostfrankreich seit 1430/40 stattfanden und von dort in den zentralen Alpenraum, das Tessin und das Schweizer Mittelland wanderten, wo sie seit etwa 1440/60 deutliche Spuren hinterlassen haben. In Tirol und Südtirol wurden dagegen erst seit 1480/1500 Hexenverfolgungen durchgeführt. Wer mit solchen Wanderungstheorien arbeitet, der sollte allerdings immer bedenken, daß die Geschichte der zunehmenden Verbreitung von Hexen»wahn« und Hexenverfolgung die beständiger Ausdifferenzierung und keinesfalls die stereotyper Weitervermittlung ist. Sie gilt es ihrerseits in einem größeren sozial-, frömmigkeits- und bildungsgeschichtlichen Kontext zu beschreiben. Dergestalt behutsam gehandhabte Wanderungstheorien stellen wiederum den Ausgangspunkt dar, um Hexenprozeß»landschaften« zu rekonstruieren, die sich durch vergleichbare Hexenglaubensformen, Prozeßtypen und so weiter auszeichnen. Diese »Landschaften« ließen sich, das ist ganz entscheidend, durch die politischen Grenzen der Zeit nur bedingt beschränken, sondern bauten sich im Rhythmus weitflächiger Verfolgungswellen auf und wieder ab. Die Prozesse, die um die Mitte des 15. Jahrhunderts in der Deutschschweiz und am Oberrhein geführt worden sind, werden sich in der angedeuteten Weise beschreiben lassen.

Hexenverfolgungen wie auch die intellektuelle Beschäftigung mit dem Gestalt gewinnenden Hexenwesen erlebten ihre Höhepunkte während der typischen Krisenjahre der spätmittelalterlichen und frühneuzeitlichen Gesellschaften im Gefolge von Mißernten, Teuerungen, Hungersnöten und Seuchenzügen: So um 1400, 1440, 1450 und vor allem 1480, dann erst wieder seit 1530/50. Eine entscheidende Entwicklungsetappe auf dem Weg zum vollausgebildeten Hexenprozeß stellten die Jahre um 1430/40 dar. Damals wurden in der Dauphiné, im Piemont, in Savoyen und in der Westschweiz erstmals Prozesse geführt, die die wesentlichen Bestandteile des ausgebildeten Hexenbegriffs aufweisen. Zur selben Zeit entstanden auch die ersten zeitgenössischen Berichte über die junge Hexensekte von Johannes Nider und Martin Le Franc, dem anonymen Verfasser der *Errores Gazariorum*, dem Luzerner Hans Fründ und anderen, die allesamt in der Region verfaßt wurden – und deren Gedankengut auf die Prozesse der Region zurückwirkte. Eindeutiger Höhepunkt der Hexenverfolgungen des 15. Jahrhunderts waren die Jahre um 1480. Heinrich Institoris führte damals am Bodensee und anderswo Hexenprozesse und arbeitete an seinem berühmt-berüchtigten *Hexenhammer*. Werfen wir aber zunächst einen genaueren Blick auf die Region, in der die Geschichte der europäischen Hexenverfolgungen begann: die französisch-italienisch-westschweizerische Grenzregion.

5. Bereits Joseph Hansen zählte die Landschaften der Dauphiné, Piemonts, Savoyens und der Westschweiz zu den »Kernregionen« der Anfänge der europäischen Hexenverfolgungen; ihre Quellen prägten seinen Hexenbegriff ganz entscheidend. Es war vor allem die Geschichte der Waldenserverfolgung mit ihren spezifischen Traditionen der Ketzerpolemik, die das genannte Gebiet zu einer einheitlichen Prozeßlandschaft mit vergleichbaren Konzepten des Hexenglaubens zusammenwachsen ließ. Die Entwicklung von Hexenbegriff und -prozeß durchlief hier wie erwähnt um 1430/40 ihre entscheidende Phase.

Zuvor unterschied man sehr wohl zwischen Ketzer- und Zaubereidelikt; es finden sich noch keine Spuren von einem Sammelbegriff des Hexenwesens in den Quellen. Verdeutlichen läßt sich das am Beispiel Savoyens, das sich zur Zeit Herzog Amadeus' VIII., des späteren Papstes Felix V., von der Westschweiz über die savoyischen Stammlande und Piemont hinaus bis ans Mittelmeer erstreckte. So tauchen in den Quellen über eine Visitation, die von 1411 bis 1413 und 1414 in der Diözese Genf durchgeführt wurde, oder auch in den *Statuta Sabaudiae* Amadeus' VIII. von 1430 die Begriffe Hexe und Hexerei noch nicht auf. Die erwähnten Visitationsprotokolle machen lediglich Angaben über die Zahl der Exkommunizierten bzw. der wegen Zauberei und Wahrsagerei belangten Personen in den einzelnen Gemeinden[10]. Ähnliches gilt für die *Statuta Sabaudiae* von 1430. Der über Häretiker und Zauberer handelnde Abschnitt charakterisiert letztere ganz traditionell als Personen, an die man sich wandte, um seine Gesundheit oder verlorene Güter wiederzuerlangen, aber auch um anderen zu schaden[11]. Jedoch schon etwa zehn Jahre später, als der vom Konzil für abgesetzt erklärte Papst Eugen IV. gegen den Konzilspapst Felix V. polemisierte, in seiner Heimat wimmele es von »stregule vel stregones seu Waudenses«[12], scheint der wechselseitige Aufladungs- und Verschmelzungsprozeß von Ketzer- und Zaubereiprozeßtraditionen zum neuen Hexereidelikt weit vorangeschritten zu sein. Das wird deutlich beispielsweise an Prozessen, die Ende der dreißiger Jahre des 15. Jahrhunderts in der Westschweiz geführt worden sind.

Diese Prozesse lassen sich nur angemessen verstehen, wenn man der Einbeziehung großer Teile der heutigen Westschweiz in den savoyischen Herrschaftsbereich Rechnung trägt. So übten die Lausanner Dominikaner die Inquisitionsgerichtsbarkeit in seinem Nordteil aus – in den Diözesen Lausanne, Genf und Sion –, während Franziskaner sie in seinem Südteil wahrnahmen – in den Diözesen Lyon, Belley, Grenoble, Maurienne, Tarentaise, Aosta und Nizza. Sowohl im Norden wie im Süden des savoyischen Einflußgebietes waren Personen tätig, in denen sich die Anfänge der Hexenverfolgungen gleichsam verdichteten: Im Norden war es der Lausanner Dominikaner Uldry de Torrenté, der zwischen 1428 und 1439 zahlreiche Inquisitions- und frühe Hexenprozesse geführt hat[13]. Kathrin Utz Tremp ist dabei, diese Prozesse einer umfassenden Neubetrachtung zu unterziehen[14]. Im Süden waren es zu Beginn des 15. Jahrhunderts Ponce Feugeyron und zwischen 1449 und 1477 von Chambery aus Bérard Trémey, die die Hexenprozesse dieser Jahre geprägt haben[15].

Voraussetzungen, Formen und Konsequenzen der Synthetisierung von Ketzer- und Zaubereiprozeßtraditionen zum Hexenprozeß können hier nicht in extenso diskutiert werden. Erinnert sei an dieser Stelle aber an die entscheidende Rolle, die das Basler Konzil und das Pontifikat Felix' V. bei der Verbreitung des jungen Hexenglaubens in und aus den erwähnten französischsprachigen Gebieten gespielt haben. Seit Beginn des Konzils im Jahre 1431, besonders auch seit der Wahl Amadeus' VIII. zum Papst im Jahr 1439, ist eine große Zahl kirchlicher Würdenträger aus den erwähnten Regionen von und nach Basel gereist. Einige Personalentscheidungen, die Felix V. in seinem Einflußbereich traf – Kern war seine savoyische Heimat –, demonstrieren, wie nah diese Regionen aneinanderrückten: 1440 ernannte Felix V. Louis de la Palud, der von 1431 bis 1433 Lausanner Bischof gewesen war, zum Kardinal und übertrug ihm das Bistum Maurienne. Seinem Nachfolger auf dem Lausanner Bischofsstuhl, Bischof de Prangins, übertrug er im selben Jahr das Bistum Aosta und ernannte Georges de Saluces, der dieses Bistum bis zu diesem Zeitpunkt innegehabt hatte, zum Bischof von Lausanne. Im Gefolge solcher Männer hat sich der junge Hexenglaube aus der Dauphiné und dem Piemont kommend bis ins Gebiet der entstehenden Eidgenossenschaft ausgebreitet, in Ansätzen bereits um 1440, deutlich dann um 1450 die Hexenprozesse der Region prägend[16].

6. So fanden um 1450, möglicherweise 1454, erstmals Hexenprozesse in Luzern statt, die in den erhaltenen Geständniszusammenfassungen der beiden Angeklagten Els von Meersburg und Margret Jegerin aus Lauterburg im Elsaß einen vollausgebildeten Hexenbegriff erkennen lassen. Beide Angeklagte gestanden, auf Anraten einer Lehr- oder Hexenmeisterin den Teufelspakt geschlossen zu haben. Sie verübten verschiedene Liebeszauber sowie aus Rachegründen Schaden-

zauber. Breit wird auf die Unwetter und Hagel eingegangen, die die Angeklagten während ihrer Hexentreffen – hier begegnet der Gedanke der Sektenbildung – ausgelöst haben sollen. Die Schilderung dieser Treffen wächst gelegentlich zur Schilderung von Hexensabbaten unter Vorsitz des Teufels und – wiederkehrendes Detail dieser Prozesse – einer Hexenmeisterin aus. Sogar von Turnieren und Ritten auf Wölfen oder Hunden wird berichtet, die während dieser Treffen stattgefunden haben sollen[17].

Verfolgt man den Gedanken weiter, daß der junge Hexenglaube diskutiert und weiterverbreitet wurde, dann gewinnt ausgehend von den Aussagen der beiden in Luzern angeklagten Frauen über Sektentreffen, die vom Bodensee über das Gebiet der entstehenden Eidgenossenschaft bis ins Elsaß stattgefunden haben sollen, die Vorstellung von einer regelrechten Hexenepidemie Gestalt, die diese Region um 1450 beherrscht hat. So gab Margret Jegerin unter anderem an, bei solch einem Treffen »vor zwei oder drei Jahren« zusammen mit anderen Hexen ein Hagelwetter verursacht zu haben, das über Basel, Straßburg und Weißenburg niedergegangen sei. Tatsächlich hatten in Basel um 1450/51 Hexenprozesse stattgefunden, die wiederum mit Prozessen in Heidelberg in Verbindung standen, wo während dieser Jahre ein weiteres Gravitationszentrum der zeitgenössischen Hexereidiskussion entstand. In Straßburg war 1451 ein Mann, der im selben Jahr schon in Basel Gerüchte über Hexen in die Welt gesetzt hatte, ertränkt worden, weil er Beschuldigungen, die er gegenüber einer alten Frau erhoben hatte, nicht hatte beweisen können[18].

Els von Mersburg, die, wie ihr Name sagt, aus Meersburg am Bodensee gestammt haben dürfte, will in ihrer Jugend, bevor sie in die Gegend von Luzern gekommen war, in Konstanz, Meersburg und Frauenfeld mehrere Hagelwetter verursacht haben. In Konstanz wurden 1453 gegen drei Personen Untersuchungen wegen Wettermacherei angestrengt. Auch Els von Mersburg weiß verschiedene Aussagen über das Elsaß, über Straßburg, Mühlhausen, Thann und das benachbarte Kentzingen in Baden zu machen. Das läßt den Bogen zu Hexenprozessen spannen, die 1454 in Mühlhausen stattgefunden haben. Sie weisen vor allem in den Berichten, wie die Pulver hergestellt wurden, die zur Schädigung von Menschen und zur Auslösung von Hagelwettern dienen sollten, starke Entsprechungen mit dem Gedankengut der ersten in der Region verbreiteten schriftlichen Berichte über die junge Hexensekte auf. Auch über den Hexenflug wird hier wie in Luzern ausführlich berichtet[19].

Weitere Beispiele ließen sich anfügen und würden den Eindruck bestätigen, daß Hexenprozesse um 1450 in der gesamten Region in vielfacher motivischer Abhängigkeit voneinander standen. Von Nachrichten über Hexenprozesse beunruhigt, wurden offensichtlich eine ganze Reihe von Städten zur Führung von Hexenprozessen veranlaßt, die Teile des damals verbreiteten Hexenbegriffs aufgriffen und akzentuierten. Die Tatsache, daß eine der in Luzern Angeklagten aus Meersburg am Bodensee, die andere aus Lauterburg im Elsaß stammte, muß so in besonderem Licht erscheinen: Beide Orte stellen Eckpunkte der Region dar, in der das unheilbringende Treiben der Hexensekte für die Luzerner Richter erwiesene Tatsache war.

7. Das wohl beste Beispiel für die rege Kommunikation und die Verbreitung, die die verschiedentlich angesprochenen ersten schriftlichen Berichte über die Existenz einer Hexensekte und die in ihnen formulierten Hexenvorstellungen in der Region fanden, stellen die sogenannten *Errores Gazariorum* sowie eine Übertragung der *Errores* ins Deutsche dar, die um 1475 in Heidelberg vorgenommen worden ist. Die *Errores* selbst sind bereits um 1430/40 entstanden, möglicherweise im Umkreis der Lausanner Dominikaner, und sind ganz den Vorstellungen verpflichtet, die damals im französisch-italienisch-westschweizerischen Grenzbereich aus der Tradition der Ketzerverfolgung entstanden sind[20].

Wie eine Übersetzung der *Errores Gazariorum* liest sich stellenweise schon der Bericht des Luzerner Chronisten Hans Fründ über Hexenverfolgungen, die um 1430/40 im Wallis stattgefunden haben. Dieser Bericht kann als ganz frühes Rezeptionszeugnis »französischer« Hexenvorstellungen im deutschen Sprachraum gelten[21]. 1454 dann prägten diese Vorstellungen die oben erwähnten Hexenprozesse von Mühlhausen, und um 1475 verfertigte Mathias Widman von Kemnat, Hofkaplan von Kurfürst Friedrich von der Pfalz, in Heidelberg einen Bericht, der beinahe wörtlich dem Text der *Errores* folgt. Er weist nahezu alle Bestandteile des sogenannten Sammelbegriffs vom Hexenwesen auf und illustriert sehr schön das am Ende des 15. Jahrhunderts unter den theologisch und juristisch Gebildeten im Südwesten verbreitete Hexenbild. Es hatte kaum noch etwas mit den vergleichsweise »einfachen« magisch-abergläubischen Vorstellungen gemein, die aus den Quellen des Basler Zaubereiprozesses aus dem Jahr 1407 aufscheinen. Der Eintritt eines neuen Mitglieds in die Hexensekte wird von Kemnat, um nur eine kleine Textprobe zu geben, mit den folgenden Worten geschildert:

> »Item wie sie in die sinagoga komen, so antwort man den verfurten armen menschen dem deuffel, der zu stund erscheint in einer gestalt einer schwartzen katzen oder bock, oder in einer andern gestalt des menschen. Darnach fragt der deuffel oder der verfurer den verfurten, ob er in der gesellschaft wol bleiben und gevolgig wol sein dem verfurer, und so antwort der arme verfurte mensch: Ja. Darnach muß er schweren, als hernach steht: Item er schwert, das er getreuw wol sein dem ketzermeister und alle seiner gesellschafft; zum andern, das er alle, die er moge zu solicher gesellschaft bringen, das er fleis darzu thun wolt; zum dritten, das er bis in den doit die heimlichkeit verschwigen wol; zum vierten, das sie alle die kind, die under drien jarn sint, wollen doten und in die gesellschafft bringen; zum funfften das, als offt er beruffen wirt, alle ding ligen lass und in die gesellschafft eile; zum sehsten, das sie alle eheleut verwirren wollen und darvor woln sein, das inen ire gemacht verhalten werden mit zauberei oder sunst sachen; zum siebenden, das sie wollen rechen mit allem fleiss das unrecht, das man den personen duth, die in der sect sein. Und wen der arme die artickel also geschwert, so kniet er nider und bett den ketzermeister an und gibt sich ime und kust ine in den ars, und sie sagen, es sei der deuffel selbs, der uff dem stul sitzt in eins menschen wise und gibt ime zins ein glidt von seinem leibe, so er gestirbt. Darnach so sint die gesellschaft frolich und freuwen sich des neuen gesellen und ketzers ...«[22]

8. Die Inqusitionstätigkeit Heinrich Institoris' ist, wie erwähnt, vor dem Hintergrund einer großen Hexenprozeßwelle zu betrachten, die um 1480 den weiteren Bereich der Untersuchungsregion heimgesucht hat. Diese Region war auch die Heimat von Heinrich Institoris und Jakob Sprenger, der 1484 zusammen mit Institoris zum Generalinquisitor der Kirchenprovinzen Mainz, Köln, Trier und Salzburg ernannt worden ist. Institoris war um 1430 in Schlettstadt im Elsaß, Sprenger um 1436/38 in Basel geboren. Beide traten als Jugendliche in die Dominikanerklöster ihrer Heimatstädte ein. Damit dürften sie bereits Ohrenzeugen der Hexenprozesse geworden sein, die um das Jahr 1450 in Basel und im Elsaß geführt worden sind. Sprenger wurde dann 1472 Prior der Kölner Dominikaner, die mittlerweile Anschluß an die Reformbewegung des Ordens gefunden hatten, zu deren Zentren ja das Basler Kloster gehörte. Institoris ist 1475 und 1479 in Rom bezeugt, wo er sich zu Studienzwecken aufhielt. 1479 wurde er zum Inquisitor Süddeutschlands bestellt und kehrte um 1480/81 ins Elsaß zurück, wo er hinlänglich Nachrichten über die Hexenprozesse der Region erhalten zu haben scheint. 1484/85 führte er die gutdokumentierten Hexenprozesse von Ravensburg und Innsbruck. Die Erfahrungen, die Institoris in diesen Prozessen gesammelt hat, flossen unmittelbar in seinen *Hexenhammer* ein, der Ende 1486/ Anfang 1487 erstmals erschienen ist[23].

In Ravensburg hielt sich Heinrich Institoris im Herbst des Jahres 1484 auf. Erzherzog Sigmund von Österreich ließ sich von Bürgermeister und Rat der Stadt Ravensburg über diesen Aufenthalt Bericht erstatten. Das folgende Zitat, das aus dem Brief stammt, den die Ravensburger daraufhin an Erzherzog Sigmund schickten, vermittelt einen überaus plastischen Eindruck von der Art der Untersuchungen, die Institoris in der Stadt angestellt hat und die mit der Hinrichtung von mindestens zwei Frauen endeten:

»... und fügen daruf uwer gnaud zu vernemen, daz war ist, in diser nechstvergangen herpstzit ain solher doctor [Heinrich Institoris] in unser statt ist komen mit bäpstlichen bullen sins empfelhs und furnemens halben, davon er abschriften ald copien an den kirchtieren uf schlachen ließ und daruf ettlich tag an der kantzel geprediget und aller mengi, fröwen und mannen, bi bäpstlichem, höchstem bann gebieten tät also: Wer der oder die weren, die ainiche hechsen ald unholden wisten oder von iemands gehört hetten, daz sie die wisten, ald in arckwon hetten, oder daz ain böser lumd uf si gieng, ald wa iemand schad an lüt ald vech beschechen wer, daz man uf ettwern argkwan hette, die sölten bi gehorsame oberürtz gebots zu im komen und im sölh häxen ald verlümbdt argkwönig personen angeben mit irn umbstenden, waz ieder von im wiste, gesechen ald von anderen lüten gehört hette. Da ist nun ain grosser zulauf von vil luten worden, vil frowen und manspersonen zu im gangen. So er nu die lut bi iren gelüpten und aiden verhört hat, und daz ingeschrift furgehalten, uf daz haben wir ettlich wips personen in unser gevengknuß prächt, dar under zwo veriechen hand, wie daz si sich dem tüfel ergeben habint und mit im ir gespenst der unluterkait gepflegen, ouch hägel und ungewitter helfen machen, derglich lüt und vech gelembdt und gesert und vil ander derglich zobri gespenstes vil iar und zit getriben; und demnach haben wir zu inen mit dem für richten lausen ...«[24]

Weniger erfolgreich für Institoris verliefen Untersuchungen, die er 1485 in Innsbruck geführt hat. Obwohl mittlerweile im Besitz höchster päpstlicher Autorisation für sein Amt, schlug ihm bei seiner Arbeit erheblicher Widerstand entgegen, und er mußte mit ansehen, wie der von ihm eingeleitete Hexenprozeß abgebrochen und er selbst zu Anfang des Jahres 1486 wenig freundlich aus der Stadt gewiesen wurde. Berühmt geworden sind die in diesem Zusammenhang vom Bischof von Brixen, Georg Golser, in einem Brief über Heinrich Institoris geäußerten Worte:

»Mich verdrewst des münchs gar vast im bistumb [...] er beduncket mich aber propter senium gantz chindisch sein worden, als ich in hie zu Brichsen gehört hab cum capitulo. Ich hab im geraten, das er solt in sein closter ziehen und da beleiben; ipse realiter mihi delirare videtur.«[25]

9. Negativerlebnisse der beschriebenen Art ließen Heinrich Institoris nicht an seiner selbstgestellten Aufgabe als Hexenjäger zweifeln. Vielmehr machte er sich daran, all seine theoretischen Kenntnisse und praktischen Erfahrungen mit den Anhängern der Hexensekte in einem Buch zusammenzufassen. Dieses Buch, der *Hexenhammer*, mit dem die moderne Forschung gerne die Epoche der europäischen Hexenverfolgungen beginnen läßt, ist bis heute erstaunlich schlecht erforscht. Einsichten in das Hexenbild des *Hexenhammers* könnte beispielsweise eine Untersuchung der zentralen Argumentationsfiguren vermitteln, die Heinrich Institoris mit Rückgriff auf die Schriften der einschlägigen kirchlichen und theologischen Autoritäten entwickelt. Diesbezügliche Einsichten könnte natürlich auch das Quellenmaterial der von Institoris geführten Hexenprozesse und die Art der Verarbeitung der aus diesem Quellenmaterial aufscheinenden Hexenvorstellungen im *Hexenhammer* liefern.

Ansatzpunkte für eine Bewertung Institoris' und seines *Hexenhammers* ergeben sich auch aus einer Betrachtung ihres Verhältnisses zu den verschiedentlich angesprochenen französisch-italienisch-westschweizerischen Konzepten des Hexenglaubens. Institoris waren sie in Gestalt des Berichts des Dominikaners Johannes Nider über Hexen in der Nähe von Bern und Lausanne aus den dreißiger Jahren des 15. Jahrhunderts geläufig; er zitiert diesen Bericht ausführlich[26].

Institoris' intellektueller Horizont ist dabei durchaus dem Niders vergleichbar; beide konzentrieren sich aufs *Maleficium*, den Schadenzauber. Vor diesem Hintergrund erklären sich die häufigen kasuistischen Abwägungen des *Hexenhammers*, wann Beschwörungen und andere Praktiken zu abergläubischen Handlungen oder gar zu Hexenwerk werden. Wie Nider interpretiert Institoris das inkriminierte Spektrum populären Aber- und Zauberglaubens auf der Grundlage eines überkommenen Corpus kirchlicher Aberglaubensliteratur. Institoris gelangt so zu einer Bestimmung der ketzerischen Qualität des Zauberei- bzw. Hexereideliktes, die Niders Bericht über die Vorgänge in der Gegend von Bern und Lausanne als Argumentationsversatzstück sehr wohl gebrauchen konnte. Ein lebendiges Bewußtsein von der Entstehung der Hexensekte im französisch-italienisch-westschweizerischen Grenzbereich, wie es noch bei Nider und anderen anzutreffen war, bestand bei Institoris freilich nicht mehr. Er schuf den Hexenbegriff seines *Hexenhammers* vor dem Hintergrund der Hexenprozesse seiner Zeit gleichsam neu. Eines seiner zentralen Anliegen war dabei, die Verfolgung der Hexerei in die Verantwortung der weltlichen, nicht etwa der geistlichen Gerichte zu legen und ihr so zu größerer Effektivität zu verhelfen[27].

In diesem Zusammenhang ist die Frage angebracht, welche Bedeutung dem *Hexenhammer* zukam. Die landläufige Meinung, der *Hexenhammer* habe das Zeitalter von Hexen»wahn« und Hexenverfolgung in Europa eingeläutet, dürfte erheblich zu korrigieren sein. Seine Verbreitung und sein Einfluß waren an der Wende vom 15. zum 16. Jahrhundert mit Sicherheit weit geringer als allgemein angenommen. Die Zahl der geführten Hexenprozesse war ja seit Ende der 1480er Jahre bereits rückläufig und stieg erst seit 1530/50 wieder kräftig an. Der *Hexenhammer* ist in dieser Perspektive also weit eher ein Produkt der Hexenprozesse um 1480 und eines bereits existierenden Hexen»wahns«, als daß er diesen »Wahn« selbst ausgelöst hätte. Das für die Zeitgenossen ungeahnte Ausmaß der Hexenverfolgungen dieser Jahre dürfte damit weit mehr zur Verbreitung des jungen Hexenglaubens beigetragen haben als Heinrich Institoris' *Hexenhammer*. Rückblickend kann er freilich als Wegbereiter der großen Hexenverfolgungen des 16. und 17. Jahrhunderts betrachtet werden.

Neuere Forschungen André Schnyders zur Druckgeschichte des *Hexenhammers* sind geeignet, diese Sicht zu stützen. Schnyder erkennt zwei klar voneinander getrennte Phasen, in denen der *Hexenhammer* gedruckt wurde: von 1487 bis 1520 und von 1574 bis 1669. Die Neuauflagen des *Hexenhammers* seit 1574 erklärt Schnyder – und damit durchaus analog zur hier eingeschlagenen Argumentation – mit einem neuerwachten Interesse für das Buch nach dem Wiederaufflammen der Hexenverfolgungen in der zweiten Hälfte des 16. Jahrhunderts[28]. Etwas anderes ist es – Günter Jerouschek hat mit Recht darauf hingewiesen –, daß es zunächst und vor allem der *Hexenhammer* war, der den Befürwortern neuer Hexenverfolgungen die notwendigen theologischen Begründungen und juristischen Verfahrensregeln an die Hand gab[29].

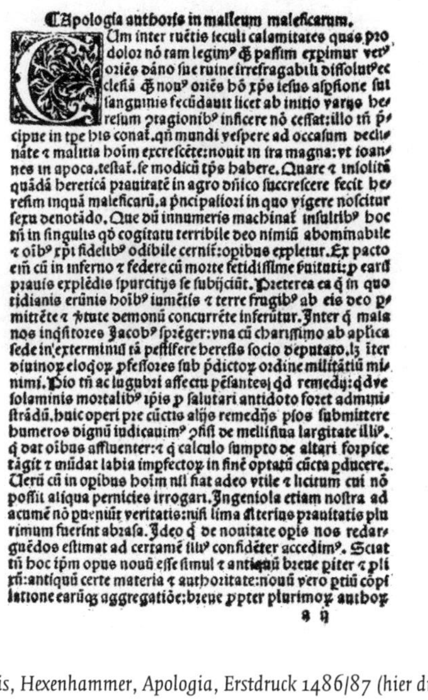

Abb. 7: Heinrich Institoris, Hexenhammer, Apologia, Erstdruck 1486/87 (hier die Ausgabe Lyon 1519)

10. Das Beispiel des Wilhelm von Bernkastel, der an der Wende vom 15. zum 16. Jahrhundert im Kloster Eberhardsklausen bei Trier gelebt hat, läßt nachvollziehen, welchen Einfluß Autoren wie Johannes Nider und Heinrich Institoris entwickelt haben, wie sich selbst Skeptiker des Hexenglaubens von der Lektüre ihrer Schriften überzeugen ließen, Verfolgungsbereitschaft dadurch entstand oder erhöht wurde und dann nur darauf wartete, sich in Hexenprozessen Luft zu verschaffen. »Ich gestehe«, so sagt Wilhelm von Bernkastel einmal in einem von ihm zwischen etwa 1490 und 1536 verfaßten Buch über die Mirakel der Muttergottes von Eberhardsklausen, »daß ich unwissend gewesen bin. Wer einen reichhaltigen Stoff lesen und wissen will, wieviel die Hexen auszurichten vermögen, wem sie auf welche Weise [...] schaden, der lese das genannte Buch des Johann Nider.« Oder an anderer Stelle: »Aber im Urteil berühmter Gelehrter, die ich bereits erwähnt habe und denen ich schon wegen ihres Namens selbst Glauben schenken muß, nämlich Johann Nider, einem ausgezeichneten Lehrer der Heiligen Schrift, der in seinem *Formicarius* über die Dinge schreibt, und Heinrich Institoris mit seinem Kollegen Jakob Sprenger in dem genannten Buch *Malleus Maleficarum*« stehe fest, daß Hexen Kinder töteten und verschiedenste andere Untaten begingen[30].

Die Schilderung der großen, von diesem Denken getragenen Hexenjagden des 16. und 17. Jahrhunderts, die Darstellung der sie im einzelnen auslösenden Faktoren und die Bewertung der jeweils zugrundeliegenden konkreten Motive muß den folgenden Beiträgen vorbehalten bleiben. Soviel aber sollte deutlich geworden sein: Der Hexen»wahn« wurde nicht erst zur Zeit der großen Verfolgungen, sondern bereits ein gutes Jahrhundert zuvor erfunden, und er war im Denken viel zu vieler Zeitgenossen bereits festverwurzelt, als in der zweiten Hälfte des 16. Jahrhunderts in sprunghaft steigender Zahl ganze Wellen von Hexenprozessen nicht nur den Südwesten des Alten Reichs, sondern ganz Mittel- und Westeuropa überzogen.

Abb. 8: Seltene Hinrichtungsart für Hexen: Ertränken der Agatha Studlerin als Hexe in Zürich 1546, Wickiana Zürich (16. Jh.)

Anmerkungen

1 Alfred SOMAN, Deviance and criminal justice in Western Europe (1300–1800). An essay in structure, in: Criminal justice history 1 (1980), S. 3–28, hier: S. 22.
2 Dieter HARMENING (Hrsg.), Hexen heute. Magische Traditionen und neue Zutaten, Würzburg 1991.
3 Joseph HANSEN, Quellen und Untersuchungen zur Geschichte des Hexenwahns und der Hexenverfolgung im Mittelalter, Bonn 1901, ND Hildesheim 1963; H.C. Erik MIDELFORT, Witch-Hunting in Southwestern Germany (1562–1684), Stanford 1972; Richard KIECKHEFER, European witch trials. Their foundations in popular and learned culture (1300–1500), London 1976; Wolfgang BEHRINGER, Hexenverfolgung in Bayern. Volksmagie, Glaubenseifer und Staatsräson in der Frühen Neuzeit, München 1986.
4 (Carl) BUXTORF-FALKEISEN, Basler Zauber-Prozesse aus dem 14. und 15. Jahrhundert, Basel 1868, S. 4f.
5 Christoph DAXELMÜLLER, Das literarische Magieangebot. Zur Vermittlung von hochschichtlicher Magiediskussion und magischer Volksliteratur im 17. Jahrhundert, in: Wolfgang BRÜCKNER u.a. (Hrsg.), Literatur und Volk im 17. Jahrhundert. Probleme populärer Kultur in Deutschland, 2 Bde., Wiesbaden 1985, hier: Bd. 2, S. 837–863 passim.
6 Heide DIENST, Lebensbewältigung durch Magie. Alltägliche Zauberei in Innsbruck gegen Ende des 15. Jahrhunderts, in: Alfred KOHLER/Heinrich LUTZ (Hrsg.), Alltag im 16. Jahrhundert. Studien zu Lebensformen in mitteleuropäischen Städten, Wien 1987, S. 80–116, hier: S. 23.
7 Joseph HANSEN, Zauberwahn, Inquisition und Hexenprozeß im Mittelalter und die Entstehung der großen Hexenverfolgung, München 1900, ND Aalen 1964; DERS., Quellen (wie Anm. 3); Alexander PATSCHOVSKY, Der Ketzer als Teufelsdiener, in: Hubert MORDEK (Hrsg.), Papsttum, Kirche und Recht im Mittelalter. Festschrift für Horst Fuhrmann zum 65. Geburtstag, Tübingen 1991, S. 317–334, hier: S. 331.
8 Dieter HARMENING, Zauberei im Abendland. Vom Anteil der Gelehrten am Wahn der Leute. Skizzen zur Geschichte des Aberglaubens, Würzburg 1991.
9 Ausführlicher dazu und zum folgenden mit Literaturangaben Andreas BLAUERT, Frühe Hexenverfolgungen. Ketzer-, Zauberei- und Hexenprozesse des 15. Jahrhunderts, Hamburg 1989, S. 14–36; DERS., Die Erforschung der Anfänge der europäischen Hexenverfolgungen, in: DERS. (Hrsg.), Ketzer, Zauberer, Hexen. Die Anfänge der europäischen Hexenverfolgungen, Frankfurt a.M. 1990, S. 11–42, hier: S. 14–24.
10 Louis BINZ, Vie religieuse et reforme ecclésiastique dans le diocèse de Genève pendant le grand schisme et la crise conciliaire (1378–1450), Genf 1975, S. 203.
11 Laurent CHEVAILLER, La police religieuse, économique et sociale en Savoie d'après les Statuta Sabaudiae d'Amédée VIII (1430), in: Mémoires et documents publiées par l'Academie chablaisienne 61 (1977), S. 9–33.
12 HANSEN, Quellen (wie Anm. 3), S. 18.
13 BLAUERT, Hexenverfolgungen (wie Anm. 9), S. 27f., 37–50.
14 Kathrin UTZ TREMP, Das Fegfeuer in Freiburg. Erste Annäherungen an die Akten des Freiburger Waldenserprozesses von 1430, in: Freiburger Geschichtsblätter 67 (1990), S. 7–30; DIES., Der Freiburger Waldenserprozeß von 1399 und seine bernische Vorgeschichte, in: Freiburger Geschichtsblätter 68 (1991), S. 57–85; DIES., Richard von Maggenberg und die Freiburger Waldenser (1399–1439). Ein Werkstattbericht, in: Deutsches Archiv 47 (1991), S. 509–558; Bernard ANDENMATTEN/Kathrin UTZ TREMP, De l'hérésie à la sorcellerie. L'inquisiteur Ulric de Torrenté OP (vers 1420–1445) et l'affermissement de l'inquisition en Suisse romande, in: Zeitschrift für schweizerische Kirchengeschichte 86 (1992), S. 69–119.
15 Francois-Charles UGINET, Frère Bérard Trémey (Berardus Tremesii) o.f. et l'inquisition en Savoie au XVe siècle, in: Actes du VIIe congrès des sociétés savantes de la Savoie, Conflans 1979, S. 281–289.
16 Josef STUTZ, Felix V., in: Zeitschrift für schweizerische Kirchengeschichte 24 (1930), S. 1–22, 105–120, 159–204, 278–299, hier: S. 203f.; Heribert MÜLLER, Zur Prosopographie des Basler Konzils. Französische Beispiele, in: Annuarium historiae conciliorum 14 (1982), S. 140–170, hier: S. 149–153.
17 Eduard HOFFMANN-KRAYER, Luzerner Akten zum Hexen- und Zauberwesen, in: Schweizerisches Archiv für Volkskunde 3 (1899), S. 22–40, 81–122, 189–224, 291–329, hier: S. 25–33.
18 Hans-Rudolf HAGEMANN, Basler Rechtsleben im Mittelalter, Basel 1981, S. 258–260 (zu Basel und Heidelberg); HANSEN, Quellen (wie Anm. 3), S. 556 (zu Straßburg).
19 HANSEN, Quellen (wie Anm. 3), S. 561 (zu Konstanz); Marcel MOEDER, Les procès de sorcellerie à Mulhouse au quinzième siècle, in: Bulletin de la société industrielle de Mulhouse 92 (1926), S. 292–317.
20 BLAUERT, Hexenverfolgungen (wie Anm. 9), S. 62–64; weiterführende Überlegungen bei ANDENMATTEN/UTZ TREMP, Hérésie (wie Anm. 14), S. 98–102.
21 BLAUERT, Hexenverfolgungen (wie Anm. 9), S. 67f.
22 HANSEN, Quellen (wie Anm. 3), S. 232.
23 Grundlegend zu Heinrich Institoris und zum *Hexenhammer* Peter SEGL (Hrsg.), Der Hexenhammer. Entstehung und Umfeld des Malleus maleficarum von 1487, Köln 1988. Der *Hexenhammer* ist seit kurzem in zwei Wiedergaben bzw. Nachdrucken des Erstdrucks greifbar: André SCHNYDER (Hrsg.), Malleus maleficarum von Heinrich Institoris (alias Kramer) unter Mithilfe Jakob Sprengers aufgrund der dämonologischen Tradition zusammengestellt. Wiedergabe des Erstdrucks von 1487 (Hain 9238), Göppingen 1991; Günter JEROUSCHEK (Hrsg.),

Malleus maleficarum 1487 von Heinrich Kramer (Institoris). Nachdruck des Erstdrucks von 1487 mit Bulle und Approbatio, Hildesheim 1992.

24 Karl Otto MÜLLER, Heinrich Institoris, der Verfasser des Hexenhammers, und seine Tätigkeit als Hexeninquisitor in Ravensburg im Herbst 1484, in: Württembergische Vierteljahrshefte für Landesgeschichte NF 19 (1910), S. 397–417, hier: S. 400.

25 DIENST, Lebensbewältigung (wie Anm. 6), S. 86f., hier: S. 87.

26 Jakob SPRENGER/Heinrich INSTITORIS, Der Hexenhammer (Malleus Maleficarum). Aus dem Lateinischen übertragen und eingeleitet von Johann W.R. SCHMIDT, Berlin 1906, ND München 1986, 2. Teil, S. 4, 28, 31–33, 156f., 186f.; zu Nider siehe BLAUERT, Hexenverfolgungen (wie Anm. 9), S. 32–34, 56–59; vgl. in diesem Zusammenhang besonders auch Arno BORST, Anfänge des Hexenwahns in den Alpen, in: DERS., Barbaren, Ketzer und Artisten. Welten des Mittelalters, München 1988, S. 262–286 (wiederabgedruckt in: BLAUERT, Ketzer [wie Anm. 9], S. 43–67).

27 Dazu zuletzt Peter SEGL, »Malefice ... non sunt ... heretice nuncupande«. Zu Heinrich Kramers Widerlegung der Ansichten »aliorum inquisitorum in diuersis regnis hispanie«, in: MORDEK (wie Anm. 7), S. 369–382.

28 André SCHNYDER, Der Malleus Maleficarum. Fragen und Beobachtungen zu seiner Druckgeschichte sowie zur Rezeption bei Bodin, Binsfeld und Delrio, in: Archiv für Kulturgeschichte 74 (1992), S. 323–364, hier: S. 328.

29 Vgl. die Besprechungen einiger neuerer Arbeiten zur Geschichte der Hexenverfolgung durch Günter JEROUSCHEK in: Zeitschrift für Rechtsgeschichte GA 108 (1991), S. 456–464, hier: S. 461.

30 Walter RUMMEL, Gutenberg, der Teufel und die Muttergottes von Eberhardsklausen. Erste Hexenverfolgung im Trierer Land, in: BLAUERT, Ketzer (wie Anm. 9), S. 91–117, hier: S. 102, 103f.

SÖNKE LORENZ

Der Hexenprozeß

Unter Hexenprozeß wird in aller Regel ein frühneuzeitliches Gerichtsverfahren verstanden, mit dessen Hilfe der Nachweis erbracht werden sollte, ob ein Beklagter sich der Hexerei schuldig gemacht hatte oder nicht (obwohl es sich bei den Opfern zu rund 75% um Frauen handelte, wird hier in Anlehnung an den Sprachgebrauch der frühneuzeitlichen Quellen zum Prozeßrecht in aller Regel für die Betroffenen die maskuline Form verwendet). Das Delikt der Hexerei – zu seiner Genese sei hier auf die Ausführungen von Wolfgang Schild, Erik Midelfort und Andreas Blauert in diesem Band verwiesen – umfaßte neben dem älteren Tatbestand des Schadenzaubers noch die im 15. Jahrhundert hinzugetretenen Elemente Teufelspakt, Teufelsbuhlschaft und Teilnahme am Hexensabbat. Schadenzauber, also die Vorstellung, daß man mit Hilfe magischer Künste Mensch und Vieh Schaden zufügen könne, war während des ganzen Mittelalters bekannt und wurde schon früh strafrechtlich geahndet. Dieses Vergehen spielte anscheinend im Alltag des mittelalterlichen und frühneuzeitlichen Menschen eine nicht unbeträchtliche Rolle. Es wurde gezaubert, und die Zeitgenossen glaubten an den Erfolg zauberischer Praktiken. Wer beispielsweise verschiedene Zutaten, die allseits als wirkmächtig verstanden wurden, nach einem von speziellen Magievorstellungen geprägten Verfahren in einem Topf zubereitete und auf das Grundstück des Nachbarn schüttete, um diesen zu schädigen, hatte sich der Zauberei schuldig gemacht. Bei seinem Vorhaben konnte er beobachtet und durch Zeugenaussagen überführt werden. Dabei erscheint es gleichgültig, ob man an die Wirkmächtigkeit von Zauberei glaubte oder nicht. Wenn das Hamburger Stadtrecht von 1270 in Erweiterung der einschlägigen Bestimmungen des Sachsenspiegels nur jenen Zauberer bestraft wissen will, der auf frischer Tat ertappt wird[1], dann erschließt sich uns die Realität solch zauberischer Praktiken.

Wie stand es aber um jene »neuen« Tatbestandselemente, die auf dem realen Umgang mit dem Teufel beruhten? Konnte man jemanden beobachten, wie er sich mit dem Leibhaftigen traf, mit Dämonen, in welcher Gestalt auch immer, Unzucht trieb und auf Stecken, Besen oder Bänken reitend zum Blocksberg flog, um sich mit seinesgleichen zur orgiastischen Teufelsanbetung zu vereinigen? Da bekanntlich der Phantasie nur geringe Grenzen gesetzt sind, ist es immerhin möglich – und eine Reihe von Prozeßakten bestätigt dies –, daß eine in der frühneuzeitlichen Hexenangst befangene Person sich tatsächlich einbilden konnte, Zeuge solchen Geschehens gewesen zu sein. Aus der überwiegenden Mehrzahl der Hexenprozesse geht aber eindeutig hervor, daß es in aller Regel einem besonderen Instrument der gerichtlichen Wahrheitsfindung vorbehalten blieb, die vermeintliche Realität des Hexenglaubens stets aufs neue in beeindruckender Weise zu bestätigen: der Folter! Ihr Einsatz verschaffte der Gesellschaft des 16. und 17. Jahrhunderts schließlich weitgehend die feste Gewißheit, daß eine Sekte von Teufelsanbetern existierte und sich dieses teuflische Heer zur Vernichtung der Menschheit anschickte.

Wir wissen leider, daß auch in unserer Zeit gefoltert wird und in vielen Staaten die Folter zu den ständig und oft gebrauchten Maßnahmen des Herrschaftserhalts gehört. Wer die Arbeit von *amnesty international* verfolgt, sieht sich mit einer erschreckenden Bilanz konfrontiert. Staatliche Einrichtungen und Verbrecherorganisationen bedienen sich brutaler und menschenverachtender Methoden zur Erpressung von Informationen und zur Peinigung ihrer Gegner. Zur Zeit der Hexenverfolgung ging es aber um etwas anderes, nämlich um den legalen Einsatz der Folter in der Rechtspflege, genauer: im Strafprozeß. Die Folter verlieh dem Delikt der Hexerei den Anspruch von Realität.

Das Wort Folter leitet sich vom lateinischen *poledrus* (Fohlen) ab, einem Folterinstrument der Römer. Daneben verwenden die Quellen, und zwar häufig synonym, die Bezeichnungen *tortura* (von *torquere* – quälen) und *tormenta* – Marter, peinliche Frage. Damit wurden recht unterschiedliche Handlungen bezeichnet, die nur darin übereinstimmten, daß sie einem Menschen körperliche Schmerzen zufügten und in der Regel auf Anordnung der Behörden erfolgten[2]. Folter konnte deshalb einerseits Strafe oder Strafverschärfung sein; sie konnte andererseits aber auch – wie im römischen Recht – im Beweisverfahren eingesetzt werden, um von Verdächtigen und Zeugen eine Aussage oder von bereits Überführten die Angabe des Mittäters oder des Verstecks der Beute zu erzwingen.

Das römische Reich hat die Folter im Beweisverfahren seinen germanischen Nachfolgestaaten als Erbe hinterlassen. Dort büßte sie jedoch im Laufe der Zeit erheblich an Bedeutung ein oder verschwand völlig, weil sie den Grundprinzipien des germanischen Rechtsdenkens fremd blieb. Die Folter fand noch für geraume Zeit ihren Fortbestand im Verfahren gegen Unfreie, aber eben nicht mehr als eine für sich bestehende Rechtsinstitution, sondern als eine Art Gottesurteil[3].

Erst im 13. Jahrhundert tauchte die Tortur erneut in der Strafrechtspflege auf. Grund dafür war, so Wolfgang Schild, ein neues Selbstverständnis des Menschen und daraus folgend ein neues Rechts- und Staatsverständnis, das sich in mehreren Formen durchsetzte. Zunächst begann der Stadtbürger die Sache des Rechts und der staatlichen Ordnung wie auch sein eigenes Leben in die Hand zu nehmen. Er wartete nicht mehr auf das erbetene Eingreifen Gottes, sondern setzte mit Gottvertrauen auf die eigene Aktivität. In den Stadtrechten der oberitalienischen Kommunen (1228 Verona, später auch Vercelli, Parma, Viterbo) wurde im Kampf der Obrigkeit gegen Räuber und Mörder wieder auf die Folter zurückgegriffen. Auch deutschen Quellen des 13. Jahrhunderts ist zu entnehmen, daß diverse Zwangsmittel in das Strafverfahren eindrangen. Und auch die Kirche, die bisher entschieden den Einsatz der Folter abgelehnt hatte, war seit dem 13. Jahrhundert, vornehmlich in der Auseinandersetzung mit den Ketzern, bereit, die beschuldigten Personen unter Rückgriff auf die Bestimmungen des römischen Rechts der Folter zu unterwerfen[4]. Bald entwickelte sich, vornehmlich an den oberitalienischen Rechtsschulen, eine wissenschaftliche Bearbeitung des Strafprozeßrechts. Dabei wurden mit Blick auf die alten Zweifel an der Zuverlässigkeit der Folter Verfahrensgrundsätze und Modalitäten entwickelt, von denen man annahm, daß sie ihren Mißbrauch verhindern würden. So wurde die Durchführung der Tortur in engen Grenzen geregelt und mit besonderen Auflagen bedacht[5].

Ganz anders in Deutschland, wo es noch keine Zentren einer wissenschaftlichen Bearbeitung der Rechte gab und wo die Rechtspflege in den Händen von Laien lag. Die Folter kam mehr oder weniger ungeregelt zur Anwendung. Weder die Frage, welcher Verdacht vorliegen müsse, um ihren Einsatz zu rechtfertigen, noch die Frage, wie die Tortur, die oft genug der erfinderischen Grausamkeit des Scharfrichters überlassen blieb, schließlich durchzuführen sei, war durch ein allgemein anerkanntes und allen mit der Rechtspflege Beauftragten bekanntes System geregelt. Der von einem beispiellosen Chaos begleitete Zusammenbruch der Strafrechtspflege in Deutschland im 15. Jahrhundert scheint das Ergebnis dieser Versäumnisse gewesen zu sein[6].

Die Reichsreform des ausgehenden 15. Jahrhunderts hat sich auch mit diesem Problem beschäftigt. Auf Drängen des 1495 konstituierten Reichskammergerichts – in dem bereits Juristen das Sagen hatten – wurde auch die Abschaffung der Mißstände in der Strafrechtspflege zu den vorrangigen Aufgaben gezählt. Doch nach langen und zähen Verhandlungen zwischen den maßgeblichen Reichsständen kam es erst auf den Reichstagen von Augsburg (1530) und Regensburg (1532) zur Verabschiedung eines Reformgesetzes, der *Peinlichen Gerichtsordnung Kaiser Karls V.*, der *Constitutio Criminalis Carolina*, kurz als *Carolina* bezeichnet[7]. Bevor die *Carolina* 1532 endgültig verabschiedet wurde, erzwangen die Reichsstände noch die Aufnahme der sogenannten salvatorischen Klausel in das Gesetzeswerk, womit die *Carolina*, abgesehen von einigen in Artikel 218 bezeichneten Mißständen, nur subsidiäre Geltung erlangte. Zwar hat ihr die Entwicklung zu einer weiten Verbreitung verholfen, aber es bleibt doch immer die territoriale Zersplitterung des Alten Reiches zu berücksichtigen, die es für die Geschichte der Strafrechtspflege mit sich bringt, daß man stets auch die Geschichte der Territorien im Blickfeld haben und von Herrschaft zu Herrschaft mit den unterschiedlichsten Phänomenen rechnen muß.

Die *Carolina* verband eine Strafprozeßordnung mit Vorschriften über das materielle Strafrecht und beruhte im wesentlichen auf der *Bambergischen Halsgerichtsordnung* (bezeichnet als *Constitutio Criminalis Bambergensis* oder auch kurz *Bambergensis*) von 1507. Bis vor kurzem hat man als ihren Verfasser den Bamberger Hofrichter Johann von Schwarzenberg betrachtet, doch Winfried Trusen konnte zeigen, daß nicht der des Lateins unkundige Schwarzenberg das Rechtswerk erstellt hat, sondern Juristen aus der Umgebung des Bamberger Hofes[8]. Das entscheidende Verdienst der Verfasser liegt in dem von ihnen, gestützt auf die Ergebnisse der italienischen Strafrechtswissenschaft, entwickelten Strafprozeß – einem Verfahren, das in krassem Gegensatz zu den in der täglichen Rechtspflege üblichen Schnellverfahren stand. Die *Bambergensis* »war eine so anerkannt hervorragende Leistung und befriedigte Wünsche, die man in jener Zeit hinsichtlich einer gründlichen Reform der Strafrechtspflege hegen mußte, in so ausgezeichneter Weise, daß ihre Bestimmungen zum größten Teil wörtlich«[9] in die *Carolina* übergegangen sind. Neben einheimischen Rechtsquellen haben die Verfasser in erster Linie die Werke italienischer Juristen benutzt. Deren Resultate sind von ihnen geschickt und einsichtsvoll verwendet worden, sie stempelten die *Bambergensis* »zu einem epochemachenden Gesetzbuch«[10].

Bambergensis und *Carolina*, die ja beide in erster Linie Strafprozeßordnungen sind, unterscheiden das Verfahren mit einem Ankläger (Akkusation) und das Verfahren von Amts wegen (Inquisition). Aber die beiden Arten des Strafverfahrens weichen nur in der Einleitung entscheidend voneinander ab. Der Akkusationsprozeß, wie ihn *Bambergensis* und *Carolina* regeln, unterscheidet sich wesentlich vom mittelalterlichen Anklageverfahren. Die »Feststellung der materiellen Wahrheit«[11] wird nicht mit formalen Beweismitteln wie beispielsweise Eid und Gottesurteil zu erreichen versucht, sondern durch rationale Tatsachenermittlung und Beweiswürdigung. Damit aber steht dieser frühneuzeitliche Akkusationsprozeß zum Inquisitionsprozeß in keinem wesentlichen Gegensatz, liegt doch die Durchführung des Verfahrens, dessen Kernstück die Beweisaufnahme darstellt, fast ausschließlich in der Hand des Gerichts[12]. So wird man mit Hellmuth von Weber festhalten dürfen, daß durch die *Carolina* der Inquisitionsprozeß in Deutschland endgültig rezipiert worden ist[13]. Hinzu kommt, daß dem privaten Kläger beim Anklageverfahren etliche Nachteile entstehen. *Bambergensis* und *Carolina* sehen nämlich vor, daß er den Beklagten im Falle des Freispruchs schadlos halten muß; dafür hat er Sicherheit zu leisten und muß Bürgen stellen; kann er das nicht, wird er selbst in Sicherungshaft genommen. Diese Prozedur war denkbar geeignet, letztlich auch die Einleitung des Verfahrens immer mehr vom privaten Kläger hin zur »Annahme von Amts wegen« zu verschieben[14].

Bambergensis und *Carolina* unterscheiden zwischen den Umständen, die zur Anwendung der Folter führen und den Umständen, die eine Verurteilung rechtfertigen. Zur Verurteilung ist das Geständnis des Beschuldigten oder seine Überführung durch zwei glaubwürdige Augenzeugen der Tat erforderlich. Ist nun aber nur ein solcher Zeuge vorhanden oder liegen Indizien von nur unzureichender Stärke vor, dann kann der Richter den Beschuldigten foltern lassen[15]. Die bedeutendste Leistung der Verfasser von *Bambergensis* und *Carolina* ist eine Indizienlehre, die sich in »ausführlichen und ausgezeichneten Bestimmungen«[16] bemüht, die Anwendung der Folter durch

»genugsame Anzeigungen« einzuschränken und ihren Mißbrauch abzustellen[17]. Die Verfasser haben »alles erdenklich Mögliche getan«[18], um ein gerechtes Verfahren zu erreichen. Sie halten den Richter an, nach Entlastungsbeweisen zu suchen und das erfolterte Geständnis genau nachzuprüfen. Auch soll zuerst versucht werden, den Beschuldigten durch die Bedrohung mit der Folter (Territion) zu einem Geständnis zu bewegen, und auf der Folter dürfen keine Suggestivfragen gestellt werden. Aber deutlich treten bereits die Gründe für das Versagen von *Bambergensis* und *Carolina* hervor, wenn sich beide Gesetze darüber ausschweigen, wie oft die Folter wiederholt werden darf, und es unterlassen, die erlaubten Foltermittel zu beschreiben. Damit waren »der erfinderischen Grausamkeit«[19] bei der Anwendung der Folter keine Grenzen gesetzt. Beide Gesetze haben versucht, die von ihnen erkannten Mißstände in der Strafrechtspflege durch eine genaue und vorsichtige Regelung des Inquisitionsprozesses zu überwinden. Ihre Verfasser waren überzeugt, »daß man sich für den Fall der praktischen Brauchbarkeit dieser Regelung sagen durfte, daß eigentlich andere als Verurteilungswürdige kaum auf die Folter kommen konnten«[20]. Es ist ihre Tragik, »daß sich dies als Irrglauben herausstellen mußte«[21].

Eine Ursache für das Scheitern von *Bambergensis* und *Carolina* bei dem Versuch, den Mißbrauch der Folter abzustellen, lag sicher in einem Nachteil der von beiden Gesetzen angestrebten Aktenversendung. Die Gerichtsorgane hatten alle Unterlagen wie Verhörprotokolle, Zeugenaussagen, Einreden der Verteidigung usw., die für eine Entscheidung benötigt wurden, an auswärtige Rechtsgelehrte zu verschicken, von denen dann nach dem Studium der Akten die Entscheidung beschlossen, schriftlich formuliert und an die Konsulenten zurückgeschickt wurde. Das bedeutete aber, daß die Rechtsgelehrten auf die Glaubwürdigkeit der ihnen von den Laienrichtern übersandten Zeugen- und Folterprotokolle angewiesen waren. Ihre Möglichkeiten, im Sinne der beiden Gesetze z.B. die mißbräuchliche Anwendung der Folter aus den ihnen vorliegenden Akten zu erkennen und auszuschließen, waren begrenzt. Gleichwohl sollte sich das neue Institut der Aktenversendung letztendlich im Einzelfall bewähren, seiner von den Gesetzgebern angestrebten Intention verdanken zahlreiche der Hexerei beschuldigte Frauen und Männer ihr Leben. Diese für die Rechtspflege der Frühen Neuzeit typische Einrichtung gilt es im folgenden kurz zu betrachten.

In der Vorrede der *Carolina* wird festgestellt, daß

> »altem gebrauch vnnd herkommen nach, die meynsten peinlich gericht mit personen, die vnsere Keyserliche recht nit gelert, erfarn, oder übung haben, besetzt werden, Vnnd daß aus dem selben viel orten offtermals wider recht vnd gute vernunfft gehandelt vnnd entweder die vnschuldigen gepeinigt vnd getödt, oder aber die schuldiger [...] gefristet, weggeschoben vnd erledigt werden«.

Damit ist das Problem genannt, dem sich die Gesetzgeber gegenübersahen: Die heimischen Urteiler und Schöffen, die lediglich aufgrund ihrer sozialen Stellung an der Rechtsprechung beteiligt waren und kein Rechtsstudium absolviert hatten, also im kaiserlichen (römischen) Recht nicht kundig waren, werden für die Mißstände in der Strafrechtspflege verantwortlich gemacht. Da es zu wenige Rechtskundige gab, um die Mängel des bestehenden Systems zu beseitigen, sieht die *Carolina* im einzuholenden »Rat der Rechtsverständigen«[22] den einzigen Ausweg[23]. In zahlreichen ihrer Artikel[24] werden die Laienrichter angewiesen, »Rat zu suchen«. So auch in dem für die Hexenprozesse so bedeutsamen Artikel 109 »Straff der zauberey«, in dem es heißt:

> »Item so jemandt den leuten durch zauberey schaden oder nachtheyl zufügt, soll man straffen vom leben zum todt, vnnd man soll solche straff mit dem fewer thun. Wo aber jemandt zauberey gebraucht, vnnd damit niemant schaden gethan hett, soll sunst gestrafft werden, nach gelegenheit der sach, darinnen die vrtheyler radts gebrauchen sollen, wie vom radt suchen hernach geschriben steht.«

Die Vorstellung von Zauberei, wie sie diesem Artikel zugrunde liegt, bewegt sich noch in mittelalterlichen Bahnen und kennt noch nicht die im 15. Jahrhundert zu beobachtende Delikterweiterung zur Hexerei. Charakteristisch für die ältere Einstellung ist auch die getroffene Unterscheidung zwischen schädigender und nicht schädigender Zauberei. In bezug auf das »Ratsuchen« verweist die Stelle auf den Artikel 219, den letzten der *Carolina*, die »Erklerung, bei wem vnd an welchen orten rath gesucht werden soll«[25]. Sowohl die alten Oberhöfe und die landesherrliche Obrigkeit als auch die »neuen« Juristenfakultäten und mit gelehrten Richtern besetzten Schöppenstühle sowie einzelne Rechtsgelehrte können Rat erteilen[26].

Mit dem Artikel 219 war für die umfassende Spruchtätigkeit der Juristenfakultäten und Schöppenstühle auf dem Wege der Aktenversendung, die sich bis gegen Ende des 19. Jahrhunderts erhalten hat, der Grund gelegt[27]. Und noch in anderer Hinsicht erhielt der Rat der Rechtsverständigen eine große Bedeutung. Der in der *Carolina* enthaltene Stoff war noch lange nicht erschöpfend behandelt, und es finden sich in ihr zahlreiche Hinweise auf vorzunehmende Ergänzungen durch das römische Recht. Damit war der Rechtswissenschaft der Weg freigegeben für eine Auslegung des Gesetzes und eine darüber hinausgehende Fortbildung[28].

Abb. 9: Folterung von Hilger Lertzen, aus: Hermann Löher, »Wemütige Klage der Frommen Unschültigen«, Amsterdam 1676

Fast ausschließlich in Form eines wissenschaftlichen, in Latein abgefaßten Konsiliums erstellt, wurden die zu erteilenden Rechtsauskünfte um die Wende vom 15. zum 16. Jahrhundert im Gebiet des Alten Reiches vorrangig von einzelnen Rechtsgelehrten erarbeitet. Daneben begegnen bereits sehr bald Approbationen solcher Einzelgutachten durch einen oder mehrere andere Rechtsgelehrte oder das Doktorenkollegium einer Juristenfakultät. Von der ganzen Fakultät erstellte Gutachten waren zwar nicht unbekannt und nahmen an Zahl sogar langsam zu, aber ihr Aufkommen steht doch bis gegen die Mitte des 16. Jahrhunderts weit im Schatten der Einzelgutachten. Um diese Zeit begann das Institut der Aktenversendung seine das deutsche Rechtsleben lange Zeit beherrschende Stellung einzunehmen. Es wurzelt sowohl im altdeutschen Rechtszug beziehungsweise Ratsuchen an oder bei einem Oberhof, um diesen nicht problemlosen Terminus der Forschung zu verwenden, als auch in der Gutachtertätigkeit vornehmlich der italienischen Juristen, wie sie in Mitteleuropa nicht zuletzt seit dem Aufkommen eigener Universitäten Nachahmung fand. Das von der Gesetzgebung der Territorien flankierte Institut der Aktenversendung scheint der Erteilung von Rechtsauskünften durch Kollegien Auftrieb verschafft zu haben. Die mit Juristen besetzten Kollegien gingen seit dem 16. Jahrhundert dazu über, nicht allein wissenschaftlich formulierte Gutachten zu erstellen, sondern daneben auch Auskünfte in

Form der altdeutschen Rechtsbelehrung zu erteilen. Damit stand den nicht gelehrten Trägern der heimischen Rechtspflege die Möglichkeit offen, anstelle der alten Oberhöfe nunmehr solche gelehrte Kollegien um Rat anzugehen, die sich ebenfalls der kurzen, knappen und in der Volkssprache gehaltenen Form der Rechtsbelehrung bedienten[29]. Dies sollte besonders folgenreich auf dem Gebiet des Strafrechts werden. Da die *Carolina* den ungelehrten Schöffen den Rat der Rechtsverständigen empfahl, bildete sie auf dem Gebiet des Strafprozesses das Fundament für die sich im Rahmen des Instituts der Aktenversendung entwickelnde umfassende Rechtsauskunftstätigkeit der deutschen Juristenfakultäten und der mit Juristen besetzten Schöppenstühle. Noch im 16. Jahrhundert erlangte die Aktenversendung, gestützt auf die begleitende Gesetzgebung der einzelnen Territorien, zunehmend einen verbindlichen Charakter für die anfragenden Gerichte.

In Württemberg beispielsweise hatte Herzog Christoph am 13. April 1551 die *Carolina* als maßgebliches Reichsgesetz anerkannt und den Gerichten noch im selben Jahr die Anweisung erteilt, sich zu ihrem Gebrauch eine Ausgabe zu verschaffen[30]. Zwei Tage später, also am 15. April 1551, wurden die für die württembergische Strafrechtspflege maßgeblichen Gerichte der Amtsstädte angehalten, in zweifelhaften Fällen bei der Tübinger Juristenfakultät Rat zu suchen[31]. Der Fakultät wiederum bedeutete der Herzog am 8. Januar 1554 im Landtagsabschied, die Anfragen der Gerichte gewissenhaft zu beantworten[32]. Diese Aufforderung muß man wohl vor dem Hintergrund sehen, daß die Fakultät noch wenige Jahre zuvor nur sehr zögernd bereit gewesen war, sich an aktuellen Strafverfahren zu beteiligen[33]. Beispielsweise hatte sie es 1543 abgelehnt, in einem Mordfall Rat zu erteilen[34]. Die stürmische Entwicklung des Instituts der Aktenversendung auch und gerade auf dem Gebiet des Strafrechts führte jedoch rasch zu einem Zustand, der die Fakultät praktisch zwang, sich täglich mit Strafverfahren zu beschäftigen, wie dies eine Formulierung in einem Tübinger *Consilium* von 1566 erkennen läßt[35]. Auch das erste württembergische Landrecht von 1555 schärfte den Untergerichten ein, entweder bei den alten Oberhöfen oder aber bei den Rechtsgelehrten Rat zu suchen[36]. Damit erwuchs der Juristenfakultät Tübingen nicht nur eine neue Aufgabe in der praktischen Rechtspflege, sondern auch eine weitere Einnahmequelle, hatten doch die konsultierenden Gerichte und Privatpersonen eine nicht unerhebliche Gebühr für die erteilten Rechtsauskünfte zu entrichten. Mit der Übernahme und dem raschen Anstieg der Sprucharbeit gelangten zahlreiche Mitglieder angesehener Spruchkörper zu Einnahmen, die die Besoldung für ihre Professorentätigkeit bei weitem überstiegen.

Der Strafprozeß, wie ihn die *Carolina* regelt, sieht zwei Möglichkeiten vor, den Beklagten zu überführen: Entweder es gibt zwei oder drei Augenzeugen der Tat (Artikel 67), dann genügt deren Aussage, um den Täter »on eynich peinlich frag« zu verurteilen (Artikel 69); oder es liegen lediglich Indizien vor, dann darf der Beklagte auf keinen Fall verurteilt werden (Artikel 22), sondern ist – vorausgesetzt, die Indizien genügen den in Artikel 23 bis 44 fixierten Forderungen – mit der Tortur zu belegen (Artikel 45–47). Gesteht der Beklagte in der peinlichen Frage und widerruft seine Aussage später nicht, dann ist auch in diesem Fall die Voraussetzung für eine Verurteilung geschaffen (Artikel 60). Übersteht der Beklagte jedoch die Tortur, ohne zu bekennen (Artikel 61), dann hat das Gerichtsurteil auf endgültigen Freispruch zu lauten (Artikel 99 und 201).

Wie sich die *Carolina* im einzelnen ein Strafverfahren vorstellte, soll im folgenden am Beispiel einer Zauberei- bzw. Hexereibeschuldigung dargestellt werden. Artikel 44 der *Carolina*, »Von zauberey gnugsam anzeygung«, formuliert die typischen Indizien des Vergehens wie folgt:

> »Item so jemandt sich erbeut andere menschen zauberei zu lernen, oder jemands zu bezaubern bedrahet vnd dem bedraheten dergleichen beschicht, auch sonderlich gemeynschafft mit zaubern oder zauberin hat, oder mit solchen verdechtlichen dingen, geberden, worten vnd weisen, vmbgeht, die zauberey auf sich tragen, vnd die selbig person des selben sonst auch berüchtigt, das gibt eyn redlich anzeygung der zauberey, vnd gnugsam vrsach zu peinlicher frage.«

Bei näherer Betrachtung ist zu erkennen, daß der Artikel insgesamt fünf verschiedene Indizien aufweist: erstens das Anerbieten, jemanden das Zaubern zu lehren; zweitens das Androhen eines Schadens, das (zu irgendeinem unbestimmten Zeitpunkt) Folgen zeitigt; drittens der Umgang oder die Gemeinschaft mit Zauberern (darunter verstand man gemeinhin den wissentlichen gesellschaftlichen Verkehr mit der Zauberei verdächtigen oder verklagten Personen); viertens das Benutzen von beispielweise Zauberbüchern oder Amuletten, ferner Zaubergebärden und Sprüchen; fünftens mußte die verdächtige Person bereits im Gerücht (böser Leumund) der Zauberei stehen. Das fünfte Indiz war folglich die notwendige Bedingung, um in Kombination mit einem der vier anderen Indizien die rechtliche Grundlage für die Anwendung der Tortur zu liefern, d.h. es mußten immer mindestens zwei Indizien vorliegen[37]. Die Indizien waren »zum allerwenigsten mit zweyen guten tüglichen unverwurfflichen Zeugen« zu beweisen (Artikel 30).

Die Strafprozeßordnung unterscheidet in ihrer Indizienlehre zwei große Gruppen von Indizien[38]: die allgemeinen und die speziellen. Die zweite Gruppe umfaßt in den Artikeln 33 bis 44 die einzelnen Delikte. Sie steht unter der Überschrift: »von anzeyung: so sich auff sonderlich missethatten ziehen, vnd ist eyn jeder Artikel, zu redlicher anzeyung der selben missethat gnugsam, vnd darauff peinlich zu fragen.«

Die erste Gruppe hingegen handelt von den »gemeynen anzeygungen«, den allgemeinen Indizien, die als Beispiel, als »gleichnuß genommen werden« sollen (Artikel 24), und zerfällt wiederum in zwei Untergruppen. Die erste Untergruppe umfaßt in Artikel 25 und 26 – »Von gemeynen argkwonen vnd anzeygungen, so sich auff alle missethat ziehen« – acht Beispiele; von diesen Indizien ist allerdings, wie Artikel 27 formuliert, »keynes alleyn zu redlicher anzeygung darauf peinlich frag mag gebraucht werden gnugsam«, sondern es »sollen die jhenen (den peinlicher frag halber zuerkennen vnnd zu handeln gebürt) ermessen ob die selben obbestimpten oder dergleichen erfunden argkwonigen theyl oder stück, souil redlicher anzeygung der verdachten missethat thun mögen«. Diese Indizien sollen, so Artikel 28, dem gegenübergestellt werden, »was die verdacht person, gutter vermuttung, die sie von der missethat entschuldigen mögen, für sich hab«, und erst wenn »die vrsachen des argkwons grösser seind dann die vrsach der entschuldigung so mag alßdann peinlich frag gebraucht werden«. Zu diesen Indizien gehört laut Artikel 25 § 1 der böse Leumund, denn es galt festzustellen, ob der Verdächtige »eyn solche verwegene oder leichtfertige person, von bösen leumut vnd gerücht sei, daß man sich der missethat zu jr versehen möge, oder ob die selbig person, dergleichen missethat vormals geübt, vnderstanden habe, oder beziegen worden sei«.

Es spricht jedoch für die Umsicht der Gesetzgeber, wenn hinzugefügt wird: »doch soll solcher böser Leumut nit von feinden oder leichtuertigen leuten, sondern von vnparteiischen redlichen leuten kommen.« Ferner war nach Artikel 25 § 4 zu berücksichtigen, »ob die verdacht person, bei solchen leuten wonung oder geselschaft habe, die der gleichen missethat üben«. Weitere Indizien waren nach Artikel 25 § 6 »so eyn verletzter oder beschedigter, auß etlichen vrsachen jemant der missethat selbs zeihet, darauff stirbt oder bei seinem eyde betrewret« und nach Artikel 25 § 7 »so jemant, eyner missethat halb flüchtig würd«.

Die andere Untergruppe der allgemeinen Indizien – Artikel 29 bis 32 – steht unter der bezeichnenden Überschrift: »Gemeyn anzeygung der jetlichen alleyn, zu peinlicher frag gnugsam ist.« Von ganz besonderer Bedeutung ist hier der umfangreiche Artikel 31, der das Problem der Besagung, der Angabe des oder der Mittäter durch den meist der Folter unterworfenen Beklagten zu regeln sucht; eine folgenschwere Bestimmung für den auf der Grundlage der neuen Sekten- und Sabbatvorstellung geführten Hexenprozeß, denn die Besagungen haben oft in einer Art von Kettenreaktion ganze Serien von weiteren Verfahren hervorgerufen. Dieser Artikel beginnt wie folgt:

> »Item so eyn überwundner mißthetter, der inn seiner missethat helffer gehabt, jemant inn der gefengknuß besagt, der jm zu seinen geübten erfunden mißthatten geholffen haben, ist auch ein argkwonigkeyt wider den besagten«;

sofort aber folgen fünf Regeln, die einen möglichen Mißbrauch dieser Bestimmung verhindern sollen: erstens, »daß dem sager, die beklagt person, inn der marter mit namen nit fürgehalten, vnnd also auff die selbig person sonderlich nit gefragt oder gemartert worden sei, sondern daß inn eyner gemeyn gefraget, wer jm zu seinen missethatten geholffen, den besagten von jm bedacht vnd benant habe«, zweitens »gebürt sich daß der selb sager gar eygentlich gefragt werd, wie, wo, vnd wann, jm der besagt geholffen, vnd was geselschafft er mit jm gehabt habe«, ebenso sind alle der Wahrheitsfindung dienlichen Tatumstände zu erfragen, drittens, falls »der sager inn sonder feindschafft, vnwillen, oder widerwertigkeyt mit dem versagten stehe«, so ist eine besondere Vorsicht angebracht, viertens, »daß die besagt person also argwönig sei, daß man sich der besagten mißthat zu jr versehen möge«, und fünftens, »so soll der sager, auff der besagung, bestendig bleiben«, d.h. falls er die Besagung widerruft, wie dies des öfteren vor der Hinrichtung geschah, verliert seine Aussage ihre Bedeutung, es sei denn, es hätten sich mittlerweile andere Indizien ergeben.

Die vorsichtige Haltung der *Carolina* ist unübersehbar, aber in einer Zeit sich ständig steigernder Hexenangst waren die aufgestellten Hürden viel zu niedrig, um dem Indiz der Besagung seine verderbliche Wirkung zu nehmen. Waren die zuständigen Gerichtsorgane genügend im Hexenglauben befangen und akzeptierten die Sabbatvorstellung, dann lag es nahe, einer aus welchen Gründen auch immer wegen Zauberei peinlich zu verhörenden Person neben dem Geständnis auch noch die Namen von Sabbatteilnehmern abzupressen. Oft geschah dies durch die von der *Carolina* verbotenen Suggestivfragen, um anschließend – wie im Ketzerprozeß üblich – gegen die so Besagten ebenfalls mit der Tortur vorzugehen; ein Zustand, der im Hexenprozeß des 16. und 17. Jahrhunderts in Deutschland nicht die Ausnahme, sondern die Regel war.

Der Artikel 32 betrifft Äußerungen des Beklagten und ist auch insofern bemerkenswert, als er das außergerichtliche Geständnis des Beklagten lediglich als Indiz zur Tortur bemißt[39]: Falls dem Beklagten (durch zwei oder drei Zeugen) nachgewiesen werden kann,

> »daß er von jm selbs rums oder andere weiß, vngenötter ding gesagt hett, daß er die beklagten oder verdachte missethat gethan, oder solche missethat vor der geschicht zuthun gedrohen hett, vnd die thatt auch darauff in kurtzer zeit eruolgt wer, vnd es wer eyn soche person, daß man sich der selben that zu jr versehen mag, würd auch für ein redlich anzeygung der missethat gehalten, vnd ist peinlich darauff zufragen«.

Der hier betrachtete Indizienkomplex der *Carolina*[40] sollte die Grundlage für jedes Strafverfahren bilden, auch und gerade im Fall von Zauberei/Hexerei. Und nur die angeführten Indizien – zu denen lediglich solche hinzutreten konnten, wie sie die *Carolina* in Artikel 24 ganz allgemein als »gleichnuß« andeutet – sollten die Grundlage für die Entscheidung bilden, ob der Beklagte zu foltern sei oder nicht. Die Masse der erhaltenen Hexenprozeßakten aber zeigt deutlich, daß die Indizienlehre der Reichsstrafprozeßordnung nicht den Gang des Verfahrens bestimmt hat. Schlicht aus Unverstand, häufiger aus Überzeugung, gelegentlich aber auch aus niederen Motiven – wie noch näher auszuführen bleibt – gestaltete sich die tägliche Praxis der Strafrechtspflege oft anders, als es sich der Gesetzgeber vorgestellt hatte. Ein wichtiger Grund für die negative Entwicklung liegt aber auch in der bereits angedeuteten Tatbestandserweiterung, die aus der in der *Carolina* behandelten Zauberei das Delikt der Hexerei entstehen ließ.

Betrachtet man die einschlägigen Stellungnahmen aus der Rechtswissenschaft, dann wird deutlich, daß sich diese Entwicklung in der zweiten Hälfte des 16. Jahrhunderts vollzog. Der Frankfurter Syndikus Johannes Fichard[41] (1512–1581), der Rostocker Jurist Lorenz Kirchhoff[42] (1529–1580) und die Tübinger Juristenfakultät[43] hatten noch das *maleficium*, den Schadenzauber, zur entscheidenden Grundlage ihrer Strafbemessung erhoben; den Pakt mit dem Satan behandelten sie in ihren Konsilien nur am Rande. Doch hatten Fichard, Kirchhoff und die Tübinger Juristen ihren Standpunkt kurz nach der Mitte des 16. Jahrhunderts fixiert, in den fünfziger und sechziger Jahren, als die große abendländische Hexenverfolgung noch vor der Tür stand bzw. gerade erst einzusetzen begann. Bei dem aus Tuttlingen stammenden Rostocker Extraordinarius Johann Georg Godelmann[44] (1559–1611) – auch er hatte in Tübingen studiert – liegen die Dinge 1590 bereits etwas anders. Er unterscheidet zwischen Zauberern und Hexen: Zauberer haben immer einen Bund mit dem Teufel abgeschlossen, denn erst der Pakt mit dem Satan setzt sie in den Stand, Schadenzauber auszuüben. Entsprechend Artikel 109 der *Carolina* sind sie mit der Feuerstrafe zu belegen. Anders aber steht es um die Hexen: Godelmann sieht in ihnen, ganz unter dem Eindruck von Johann Weyer[45] (1515–1588), lediglich vom Teufel verblendete Personen vornehmlich weiblichen Geschlechts, zumeist leicht verzagte, schwachsinnige und unvorsichtige alte Frauen. Zwar gestehen sie Hexenflug, Sabbat, Teufelsbuhlschaft und Tierverwandlungen, aber das sind nur Verblendungen des Teufels. Deshalb gilt es auch, sie nicht zu strafen, sondern besser in Gottes Wort zu unterrichten. Nun ist aber nicht zu übersehen, daß eine solche Differenzierung – hier wirklicher und dort vorgetäuschter Teufelspakt – kaum geeignet war, sich in der Praxis der täglichen Strafrechtspflege einen maßgeblichen Platz zu erobern. Wenn Godelmann das Hauptgewicht seiner Ausführungen zum Tatbestand auf den Teufelspakt legt, dann zeigt sich gegenüber Kirchhoff, Fichard und den Tübinger Juristen, daß mittlerweile der im *Hexenhammer* enthaltene elaborierte Hexenbegriff den Sieg davongetragen hatte. Sein wesentliches Element, eben der Teufelspakt, war inzwischen bereits zum Bestandteil der Territorialgesetzgebung geworden, man findet ihn erstmals in der *Württembergischen Landesordnung* von 1567[46] und in den Kursächsischen Konstitutionen von 1572[47]. Im Laufe der ersten großen Verfolgungswelle, flankiert von den einschlägigen Arbeiten solcher Autoritäten wie Jean Bodin[48] (1530–1596), Peter Binsfeld[49] (1545/46–1598), Nicolas Rémy[50] (1554–1612) und Martin Delrio[51] (1551–1609), hatte sich gegen Ende des 16. Jahrhunderts endgültig die Vorstellung durchgesetzt, daß Zauberer und Hexen ihre Künste vornehmlich dem Pakt mit dem Satan verdankten. Wenn um 1600 der Freiburger Ordinarius Friedrich Martini[52] (gest. 1630) von Fichard, Kirchhoff und Godelmann als »patrones lamiarum« spricht[53], äußert sich nicht bloß ein katholischer Verfolgungsbefürworter, sondern dann zeigt sich auch, daß die Zeit über die Vorstellungen der drei Genannten hinweggegangen war. Den Juristen des 17. Jahrhunderts jedenfalls war der Pakt als Fundament der Deliktbeschreibung eine *communis opinio*, und es stand bald auch außer Frage, daß es den bloßen Teufelspakt ohne Schadenzauber ebenfalls mit der Todesstrafe zu ahnden galt.

Mit dieser Entwicklung war es auch verbunden, daß man den Beklagten in der Tortur nach Dingen fragte, die im Beweissystem der *Carolina* noch keine Erwähnung gefunden hatten. Da aber der Schadenzauber nach allgemeiner Ansicht den Pakt mit dem Teufel voraussetzte, war es klar, daß in der Folter Fragen aufgeworfen wurden, die um die neuen Tatbestandselemente kreisten. Sie zwangen den Beklagten beispielsweise, auf die Fragen zu antworten, wann und wo er den Pakt abgeschlossen, ob und auf welche Weise er fleischlichen Umgang mit den Dämonen gehabt habe und wer ihm beim Hexensabbat begegnet sei.

Falls das Gericht sich für die Folter entschied, war nach der *Carolina* ein Termin festzusetzen (Artikel 45). Die »peinliche frag« nahm der Scharfrichter in Gegenwart des Richters, zweier Gerichtsangehöriger und des Gerichtsschreibers vor. Allerdings sollte laut Artikel 46 grundsätzlich vor jedem peinlichen Verhör die Territion, die »bedrohung der marter« stattfinden, um auf diese Weise, falls möglich, unter Vermeidung der Tortur von dem Beklagten ein Geständnis zu erlangen. Doch beschäftigt sich die *Carolina* nur in diesem Sinne mit der Territion als Eröffnung des peinlichen Verhörs und nicht, wie in den Hexenprozeßakten häufig zu beobachten, als den ersten Grad der Tortur. Die Juristenfakultäten und andere Spruchkörper des Alten Reiches stuften die Territion oft bereits als Folter ein. Diese Entwicklung hatte ihren Grund in den recht va-

gen Ausführungen des Artikels 58 »Von der maß peinlicher frage«, wo es dazu lediglich heißt: »die peinlich frag soll nach gelegenheyt des argkwons der person, vil, offt oder wenig, hart oder linder nach ermessung eyns guten vernünfftigen Richters, fürgenommen werden.«
Daher griffen die Spruchbehörden mit der Zeit in zunehmendem Maße, um zu einer genaueren – und verantwortungsvolleren – Definition der Art und Weise der vorzunehmenden Tortur zu gelangen, auf die Ergebnisse der gemeinrechtlichen, vornehmlich noch italienischen Strafrechtswissenschaft zurück, die letztlich fünf Grade des peinlichen Verhörs unterschied: Verbalterrition, Realterrition (Anlegen der Folterinstrumente) und die in drei von leicht bis schwer abgestuften Graden vorzunehmende Tortur[54].

Hatte man den Beklagten peinlich verhört, aber kein Geständnis erlangen können, und lagen auch keine neuen Indizien vor, so galt es nach Artikel 61 der *Carolina*[55], die Kostenfrage zu regeln. War der Beklagte auf rechtmäßige Indizien – »auff eynen solchen argwon vnd verdacht der zu peinlicher frag, (als vorsteht) gnugsam erfunden« – peinlich befragt worden, so hatten sich Richter und Kläger nicht strafbar gemacht und galten als entschuldigt; hatte doch der Beklagte die ausgestandene Marter selbst zu verantworten:

> »wann man soll sich nach der sag der recht nit alleyn vor vollbringung der übelthat, sonder auch vor aller gestaltnuß des übels, so bösen leumut oder anzeygen der missethatt machen, hütten, vnd wer das nit thett, der würde deßhalb gemelter seiner beschwerd selbs vrsach sein«, daher
> »soll inn disem fall, der anklager alleyn seinen kosten, vnd der beklagt dergleichen sein atzung, nach dem er seinem verdacht vrsach geben, auch entrichten, vnnd die oberkeyt die überigen kosten, als für den nachrichter vnd andere diener des gerichts oder gefengknuß halber selbs tragen«.

Die Begleichung der Gerichtskosten oblag laut Artikel 204 generell der Obrigkeit.

Doch weit häufiger sahen sich die Spruchkörper in ihren Rechtsauskünften genötigt, die angewandte Tortur als widerrechtlich zu bezeichnen und Richter wie Kläger zu belangen. Artikel 61 der *Carolina* schließt wie folgt:

> »Wo aber solch peinlich frag, diser vnnd des heyligen Reichs rechtmessigen ordnung widerwertig gebracht würde, so weren die selben richter, als vrsächer solcher vnbillicher peinlicher frag strafflich, Vnd sollen darumb nach gestalt vnd gelegenheyt der überfarung, wie recht ist, straff vnd abtrag leiden, vnd mögen darumb von jrem nechsten ordentlichen obergericht gerechtfertigt werden.«

Den Schadenersatzanspruch des Beklagten gegenüber dem Kläger regelt die *Carolina* in Artikel 12, gegenüber dem Richter in Artikel 20. Dem Beklagten wird in Artikel 12 gestattet, den Ankläger entweder vor dessen ordentlichem Zivilgericht oder – falls üblich – vor dem peinlichen Gericht bürgerlich (!) »vmb solchen kosten, schmehe und scheden« zu belangen. Artikel 20 führt aus, daß Obrigkeit und Richter dem »wider recht, on die bewisen anzeygung« gefolterten Beklagten »seiner schmach, schmertzen, kosten vnd schaden, der gebüre ergetzung zuthun schuldig sein«.

Es bleibt noch das Urteil zu betrachten, das der nicht überführte Beklagte zu erwarten hatte. Die *Carolina* regelt diese Frage in Artikel 99 – »So der beklagt mit recht ledig erkant wirt« – und Artikel 201, wo die »form der vrtheyl zu erledigung eyner beklagten personen«[56] wie folgt beschrieben wird:

> »Avff die klag, so C. [z.B. Zauberei] halben von wegen A. [Kläger] wider B. [Beklagter] so zu gegen vor disem gericht steht, geschehen ist, auch des beklagten antwurt vnd alles nottürfftig einbringen gründige fleissige erfarung vnd erfindung, so alles nach laut Keyser Karls des fünfften vnnd Reichs ordnung deßhalb geschehen, ist der selbig gemelt beklagt mit entlicher vrtheyl vnnd recht von aller peinlicher straff ledig erkant [...].«[57]

Bei diesem Urteil handelt es sich unzweifelhaft[58] um einen endgültigen Freispruch, den die Juristenfakultäten in ihren Belehrungen meist so umschreiben: Der Beklagte ist »von angestaltter Peinlichen Clage zu absoluiren«[59]. Aber weit häufiger fällen die Spruchkörper folgende, ganz und

gar andere Entscheidungen: Die Beklagte »soll auff eine gewondliche Vrfeide vnd Caution da newe vnd bestendige Indicia vnd vormutungen kunfftiglich wider sie auffbracht werden, sich alsdan widerumb einzustellen der gefencknuß [...] erleddigt werden«[60].
Hier handelt es sich nun nicht mehr um einen endgültigen Freispruch im Sinne der *Carolina*, sondern um ein Zwischenurteil, einen vorläufigen Freispruch, der sogenannten *absolutio ab instantia*. Laut August Schoetensack[61] erfuhr sie ihre Ausbildung in der mailändischen Praxis um die Mitte des 16. Jahrhunderts und wurde von Aegidius Bossius[62] (1488–1546) als eine mit dem römischen Recht in Widerspruch stehende »hic Mediolani et in universo dominio« herrschende *consuetudo* bezeichnet[63].

Die Nachteile dieser Entscheidung für den Beklagten, vor allem im Hexenprozeß, liegen auf der Hand. Nunmehr konnte das Verfahren gegen ihn bei jedem neu auftauchenden Indiz – in den meisten Fällen einer Besagung – ohne weitere Umstände wieder aufgenommen werden. Der Beklagte fand sich auf Dauer in ein ruhendes Verfahren verwickelt, das jederzeit neu aufleben und ihn ins Verderben bringen konnte. Diese im Gegensatz sowohl zum gemeinen Recht als auch zur *Carolina* stehende Entscheidung hat in zahlreichen Fällen das gerichtliche Verfahren gegen die der Zauberei Verdächtigten geprägt. Mancher Beklagte hatte unter den Nachteilen der nur zeitweiligen Haftentlassung bis an sein Lebensende zu leiden. Stets drohte ihm die mit der Wiederaufnahme verbundene Tortur und letztendlich die Hinrichtung. Immer häufiger griffen die Gerichtsorgane zu diesem Mittel, und zwar nicht nur nach vollzogener Tortur, sondern auch schon zu Beginn eines Verfahrens. Oft wurden die Indizien zur Tortur als nicht ausreichend bezeichnet, doch schloß eine derartige Entscheidung mit folgenden oder ähnlichen Worten:

> »sondern werden nuhmer auf gewondtlich Caution vnnd burgschafft, Da kunftiglich, andere vnnd mehr Inditia oder vormutungen der zauberej halben vber sie bestendiglich ausgebracht vnnd dargethan werden konten, sich alßdan Jeder Zeitt wiederumb einzustellen, Ihrer gefengklichen hafft billigk erlassen.«[64]

War der Beklagte peinlich verhört worden und hatte ein Geständnis abgelegt, dann mußte er »nachuolgendts weither ausserhalb marter vmb vnderricht gefragt werden«[65]. Dabei galt es entsprechend Artikel 52 »So die gefragt person zauberey bekent« so zu verfahren:

> »Item bekent jemandt zauberey, man soll auch nach den vrsachen vnnd vmbstenden, (als obsteht) fragen, vnd des mer, wo mit, wie vnd wann, die zauberey beschehen, mit was worten oder wercken. So dann die gefragt person anzeygt, daß sie etwas eingraben, oder behalten hett daß zu solcher zauberey dienstlich sein solt, Mann soll darnach suchen ob man solchs finden kundt, wer aber solchs mit andern dingen, durch wort oder werk gethan, Man soll dieselben auch ermessen, ob sie zeuberey auff jnen tragen. Sie soll auch zufragen sein, vonn wem sie solch zauberey gelernt[66], vnd wie sie daran kommen sei, ob sie auch solch zauberey gegen mer personen gebraucht, vnd gegen wem, was schaden auch damit geschehen sei.«

Anschließend hatte sich der Richter laut Artikel 54 – »Von nachfrag vnd erkundung der bösen bekanten vmbstenden« – von der Richtigkeit des Geständnisses zu überzeugen und dieses laut Artikel 56 dem Beklagten nach einem oder mehreren Tagen erneut vorzuhalten und ihn zu fragen, »ob sein bekantnuß wahr sei«. Die Antwort darauf mußte gleichfalls verzeichnet werden. Für den Fall aber, daß der Beklagte seine zuvor gestandene Tat wieder leugnete, schrieb Artikel 57 die Wiederholung der Tortur vor, es sei denn, »daß der gefangen solche vrsachen seines leugnes fürwendet, dadurch der Richter bewegt würde, zu glauben, daß der gefangen solch bekantnuß auß irrsach gethan, alßdann mag der Richter den selben gefangen, zu außführung vnd beweisung solchs irrsachs zulassen«. Ein erneutes peinliches Verhör konnte laut Artikel 55 auch dann vorgenommen werden, wenn sich die vom Beklagten gestandene Missetat in der Nachfrage nicht bestätigen sollte.

Auf dem endlichen Rechtstag, der in aller Regel mit der eigentlichen Urteilsfindung nichts mehr zu tun hatte, erfolgte die zeremonielle Verkündigung des Urteils, das schon fertig auf dem Gerichtstisch lag[67]. War der Beklagte bereit, hier sein Geständnis (vgl. Artikel 90) zu wiederholen, und war die Nachfrage (Artikel 54) positiv ausgefallen, dann konnte das Gericht das Todesurteil verkünden und den Beklagten dem Nachrichter übergeben. Die Hinrichtung hatte mit dem Feuer zu erfolgen (Artikel 192 § »Zum fewer«). Falls die Todesstrafe durch Enthauptung bzw. Erdrosselung vollstreckt wurde – eine Milderung –, übergab man den Leichnam dem Feuer. Widerrief aber der Beklagte vor dem »gehegten« Gericht sein peinliches und bereits einmal gütlich wiederholtes Bekenntnis, so weist Artikel 91 der *Carolina* – »Von verneynnung der missethat die vormals bekent worden ist« – den Richter an, falls er »auß solchem bekentnuß inn erfarung allerhandt vmbstende souil befunden hett, daß solch leucknen von dem beklagten alleyn zu verhinderung des rechten würd fürgenommen«, auf das eidliche Zeugnis der beiden Schöffen, die das Geständnis des Beklagten mitangehört haben, eine Rechtsbelehrung einzuholen. Schoetensack hat darauf hingewiesen[68], daß hier aufgrund eines Versehens[69] »eine bedenkliche Inkonsequenz« vorliegt und es eigentlich in Übereinstimmung mit Artikel 107 der *Bambergensis* hätte heißen müssen: »so hat des beclagten verneinen nit statt«, d.h. er war so oder so zu verurteilen und dem Nachrichter zu übergeben; die Praxis habe sich dann auch diesbezüglich an der *Bambergensis* und nicht an der *Carolina* orientiert[70].

Das Verfahren der *Carolina* wird im 16. Jahrhundert – unter Berücksichtigung seiner Fortbildung durch Spruchpraxis, Gerichtsgebrauch und Prozeßrechtswissenschaft – als *processus ordinarius* bezeichnet, ein zeitgenössischer Terminus, der sich an den gemeinrechtlichen Zivilprozeß anlehnt. In diesem Verfahren wird die Verteidigung des Beklagten genau geregelt: Ihm ist, im Armutsfall von Amts wegen, ein Verteidiger beizuordnen. Der Beklagte kann auf den ihm schriftlich auszuhändigenden Beweis der Anklage mit einem Gegenbeweis antworten, Einreden erheben – beispielsweise gegen die Person der Zeugen – und jederzeit Aktenabschriften verlangen. Grundsätzlich ist die Konfiskation verboten, und die Gerichtskosten sind von der Obrigkeit zu tragen.

Doch obwohl die Verfasser der *Carolina* in ihrer Indizienlehre die Anwendung der Tortur mit zahlreichen Schranken versahen und dem Richter auferlegten, nach Entlastungsbeweisen zu suchen und das erfolterte Geständnis auf seinen Wahrheitsgehalt zu überprüfen, mußte dieses Verfahren durch die Einbeziehung der Folter letztlich versagen. Dennoch bleibt festzuhalten: Die Regelung der Folter unterschied den *processus ordinarius* wesentlich vom Ketzerprozeß des *Hexenhammers* und anderen Schnellverfahren des späten Mittelalters, in denen die geringsten Indizien zur Tortur führten, die zudem beliebig oft wiederholt werden konnte. Um mit Gustav Radbruch zu sprechen, der noch Johann von Schwarzenberg für den maßgeblichen Verfasser der Vorlage der *Carolina* hielt: »Es ist nicht Schwarzenbergs Schuld, die Folter eingeführt, sondern Schwarzenbergs Verdienst, die furchtbar mißbrauchte Folter in enge Grenzen eingeschlossen zu haben.«[71]

Das Versäumnis der *Carolina* aber, den Ablauf und die Durchführung der Folter nicht verbindlich zu regeln (wie es später beispielsweise im österreichischen Strafgesetzbuch von 1768 geschah), sondern mehr oder weniger dem Ermessen der Richter zu überlassen, wurde in seiner unheilvollen Wirkung dadurch wesentlich verstärkt, daß bei dem Mangel an Juristen und ausgebildetem Gerichtspersonal die Strafrechtspflege noch für geraume Zeit in den Händen von Laienrichtern lag. Diesen nämlich waren in aller Regel Sinn und Zweck der *Carolina* nicht bewußt, und allzu oft machten sie mit dem Beklagten einfach »kurzen Prozeß«.

So änderte sich in den Folterkammern nur wenig, und beim Hexenprozeß, mit dem sich das Rechtsleben seit der zweiten Hälfte des 16. Jahrhunderts in steigendem Maße konfrontiert sah, scheint es sogar zu einem Rückfall gekommen zu sein. Die Gerichtsorgane folgten in der Mehrzahl der verhandelten Hexenprozesse nicht dem auf der Grundlage der *Carolina* entwickelten *processus ordinarius*, sondern orientierten sich viel häufiger an einem Verfahren, wie es der aus dem Dominikanerkonvent in Schlettstadt stammende Inquisitor Heinrich Institoris im dritten Teil seines 1487 erstmals gedruckten *Malleus maleficarum*, des *Hexenhammers*, empfohlen hatte. In diesem, dem summarischen Ketzerprozeß der Inquisition nachgebildeten Spezialverfahren, wird dem Richter empfohlen, die Verteidigung des Beschuldigten zu erschweren, den Denunzianten nicht wie einen Ankläger mit der Talion zu bedrohen und seinen Namen, wie überhaupt die Namen der Zeugen, geheim zu halten und die Aussage von Komplizen zuzulassen; zur Folterung genügten ein schlechter Leumund oder andere geringe Indizien.

Betrachtet man die von der *Carolina* angeführten Indizien in Hinsicht auf die Deliktbeschreibung, dann zeigt sich, daß ausschließlich Schadenzauber behandelt wird. Insgesamt darf man den Indizienapparat der *Carolina* durchaus als rationales Beweissystem würdigen. Anders dagegen der *Hexenhammer*, dessen Verfasser dem Richter ganz andere Indizien empfahl. Diese sollten in den Hexenprozessen des 16. und 17. Jahrhunderts die entscheidende Rolle spielen, d.h. die Anwendung der Tortur als erlaubt erscheinen lassen. Neben der Besagung der Teilnehmer des Hexensabbats hatte das Gericht sein besonderes Augenmerk auf das Hexenmal des Beklagten zu richten, ein Zeichen, das der Teufel seinem Anhang bei Vertragsabschluß aufzudrücken pflege[72]. Dieses Mal, das sich laut *Hexenhammer* oft an den geheimsten Körperstellen verbarg, gab sich bei der Nadelprobe zu erkennen: Stach der Scharfrichter mit einer Nadel in das Mal und zeigte der Beklagte keinen Schmerz, dann galt dies als ein Indiz für die Schuld des Betroffenen. Ein weiteres Anzeichen dafür sah man in der Tränenlosigkeit, d.h. wenn die Beklagten im Verhör – unter Umständen in der Folter – nicht in der Lage waren, Tränen zu vergießen[73].

Eng verbunden mit dieser Vorstellung erscheint im *Hexenhammer* die sogenannte »Hexenkunst der Verschwiegenheit«[74], ein Indiz, mit dem man die gelegentlich in der Tortur beobachtete Empfindungslosigkeit der vermeintlichen Hexen zu erklären suchte. Als ein Mittel, die Verschwiegenheit zu brechen, empfiehlt der *Hexenhammer* den Richtern unter anderem, die Beklagten zu entkleiden und ihnen zudem alle Haare »von jedem Teil des Körpers« abrasieren zu lassen, denn:

> »Sie haben nämlich bisweilen für den Schweigezauber irgendwelche abergläubische Amulette von bestimmten Dingen, sei es in den Kleidern, sei es in den Haaren des Körpers und bisweilen an den geheimsten, nicht zu benennenden Orten.«[75]

Der *Malleus* erklärt die Gefühllosigkeit in der Tortur selbstverständlich als Werk des Teufels, der die Hexen am Geständnis hindern wolle – eine Interpretation, die auch in der 1516 zum ersten Mal gedruckten *Emeis*[76] des Straßburger Dompredigers Geiler von Kaisersberg angeführt wird. Gerade dieser Vorstellung war in den Hexenprozessen des 16. und 17. Jahrhunderts eine furchtbare Wirkung beschieden. Nach der gemeinrechtlichen Lehre hatte der Beklagte sich »purgiert« (gereinigt), wenn es ihm gelang, die Tortur ohne Geständnis zu überstehen. Das heißt, die Indizien zur Tortur waren ein für allemal entkräftet, und der Beklagte mußte lediglich für den Fall, daß gänzlich neue Indizien auftauchten und bewiesen werden konnten, eine Wiederholung der Tortur fürchten. Die tägliche Gerichtspraxis im Hexenprozeß ging hingegen dazu über, in der Gefühllosigkeit während der Tortur solch ein neues Indiz zu erblicken, und schritt umgehend zu einer abermaligen und zumeist wesentlich härteren Folter.

Oft aber war das von massiven Rechtsbrüchen begleitete Vorgehen gegen die vermeintlichen Hexen weniger auf Befangenheit zurückzuführen, sondern resultierte aus der Hilflosigkeit eines Gerichtspersonals, das noch ganz in den Bahnen eines älteren Verfahrensrechts dachte. Damit stand jene Verirrung in Zusammenhang, die unter dem Namen (Kalt-)Wasserprobe traurige Berühmtheit erlangt hat. Es handelte sich um den verzweifelten Versuch nichtgelehrter Träger der heimischen Strafrechtspflege, mit Hilfe eines formalen Beweismittels der rechtlichen Probleme des Hexenprozesses Herr zu werden – selbstverständlich unter Mißachtung der *Carolina* (man denke nur an Artikel 21). Die Zentren, in denen die Wasserprobe – das Hexenbad – verstärkt Anwendung fanden, lagen oft in solchen Gebieten, in denen sich das altdeutsche Verfahren stellenweise noch lange gegen den von der *Carolina* vorgeschriebenen Strafprozeß hatte halten können[77].

Ursprünglich ein Gottesurteil, wurde die Wasserprobe zur Zeit der Hexenverfolgung in der Regel als Indiz zur Tortur verwendet. Wenn die Probe negativ ausfiel, wurde der Beschuldigte nicht einfach verurteilt, sondern nunmehr der Folter unterworfen. Die Wasserprobe konnte »gebunden« oder »ungebunden« vorgenommen werden. Im ersten Fall band man dem Probanten »kreuzweise« die rechte Hand an den linken Fuß und die linke Hand an den rechten Fuß. Meist von einem Boot aus wurde er dann vom Scharfrichter ins Wasser geworfen, wobei ein Sicherheitsstrick zur Bergung des Probanten nach vollzogener Probe diente. Sank der Probant unter, galt er als unschuldig, schwamm er jedoch oben, dann hielt man ihn für schuldig.

Godelmann hat sich in seinem *Tractatus de magis* (1591) in einer breit angelegten Untersuchung nicht nur mit der Wasserprobe beschäftigt, sondern gleichsam eine Geschichte der Ordalien geliefert[78]. Kritisch auseinandersetzen mußte er sich lediglich mit der Meinung des Marburger Philosophen und Arztes Wilhelm Adolph Scribonius, der in seinem 1588 erschienenen Werk *De sagarum natura et potestate* als einziger Gelehrter die Wasserprobe verteidigte[79]. Godelmann hält dagegen, daß nach der *communis sententia* der Rechtsgelehrten und Juristenfakultäten diese Probe als widerrechtlich zu verwerfen sei, eine Meinung, die im übrigen auch die gelehrtesten Ärzte und Philosophen teilten.

Obwohl die Wasserprobe in der Rechtswissenschaft auf völlige Ablehnung stieß, die auch von den Autoritäten der Hexenlehre wie Bodin, Binsfeld und Delrio getragen wurde, konnte sich diese Probe dennoch in der täglichen Strafrechtspflege großer Gebiete des Reiches verbreiten. Damit wurden deutlich die Mängel eines Systems gekennzeichnet, das zwar mittlerweile auf dem Wege der Aktenversendung auch Juristen an der Rechtsprechung beteiligte, in großem Maße aber noch immer von einem Gerichtspersonal beherrscht wurde, das anderen, seit langem schon untauglichen Normen verpflichtet war.

So wurden die von der *Carolina* aufgestellten Hürden, die den Beklagten vor einer ohne hinreichende Indizien verfügten Folter schützen sollten, in aller Regel von einem befangenen bzw. inkompetenten Gerichtspersonal rasch umgangen oder beiseite geschoben. Und war erst einmal der Gang in die Folterkammer angetreten, dann hatte der Beklagte kaum noch eine Chance. Das »typische«, mehr am *Hexenhammer* als an der *Carolina* ausgerichtete Folterverfahren, wie es sich aus den Gerichtsakten des 16. und 17. Jahrhunderts nur allzu häufig rekonstruieren läßt, lief in aller Regel wie folgt ab[80]: Am Anfang des Verhörs stand die »gütige Frage«. Der Richter forderte den Beklagten auf zu gestehen, er wurde ermahnt und mitunter auch von einem Geistlichen ins Gebet genommen. Erfolgte kein Geständnis, schritt man zur *territio verbalis*, zum bloßen Schrekken: Der Scharfrichter oder einer seiner Henkersknechte wurde mit den Folterwerkzeugen gezeigt und deren Verwendung eindringlich geschildert. Oft wurde der Beklagte entkleidet, seine Haare wurden abrasiert, dann zog man ihm einen »Marterkittel« an, meist eine Art Schürze mit einem kleinen Brustteil (bei Frauen). Nur selten blieb der Beklagte völlig nackt. Danach wurde er gebunden und auf die Marterbank gelegt, alles in furchterregender Weise. Dazu muß man bedenken, daß der Ort des Verhörs in der Regel ein unterirdischer, künstlich beleuchteter, kalter, nur mit den Folterinstrumenten ausgestatteter Raum in einem Turm, im Haus des Scharfrichters oder im Keller des Rathauses war. Erfolgte darauf noch kein Geständnis, begann die *territio realis*. Jetzt legte der Scharfrichter die Daumenschrauben an, er »griff« den Beklagten »mit dem Daumenstock« an, doch ohne schon Schmerzen zu verursachen. Sofern kein Geständnis abgelegt wurde, folgte dann Schlag auf Schlag: Zunächst zog der Scharfrichter die Daumenschrauben immer weiter zu. Um die Schmerzen zu steigern, klopfte er mit einem eisernen Schlüssel oder Hammer auf die Platte. Manchmal legte er dem Beklagten auch Stricke um die Handgelenke, die er dann derart hin und her zog, daß die Haut durchsägt wurde. Auch die Beinschrauben oder die

»spanischen Stiefel« wurden auf Schienbein und Waden gepreßt und zusammengezogen, zur Verschärfung Holzkeile zwischen Beine und Schrauben getrieben, häufig auch mit Hämmern daraufgeschlagen. Der nächste Schritt, oft als der »zweite Grad«, die »ziemliche«, »härtere« Frage bezeichnet, bestand vor allem im Aufziehen, »dem trockenen Zug«, wobei meist ein Stein von bis zu 30 kg Gewicht an die Füße gehängt wurde. Man zog den Beklagten dabei über eine an der Decke befestigte Rolle empor und ließ ihn dann mit dem Gewicht beschwert hängen, was den Folternden das anschließende Prügeln oder Brennen erleichterte. Häufig verwendete man auch eine breite Folterleiter, an deren unterer Sprosse die Fußgelenke an Ringen befestigt wurden. Mittels eines Kolbens oder eines Rades wurden die Arme an den hinter dem Rücken gefesselten Händen über den Kopf immer höher gewunden und dabei oftmals ausgerenkt. In dieser Stellung ließ man den Beklagten einige Stunden hängen; in der Zwischenzeit ging das mit dem »peinlichen Verhör« beauftragte Gerichtspersonal essen, und zwar zu Abend, denn die Folter begann in der Regel am Nachmittag und dauerte bis Mitternacht, in vielen Fällen jedoch auch die ganze Nacht hindurch.

Der Übergang zur schwersten Folter, dem »dritten Grad«, war fließend. Dazu zählten Rutenhiebe, das Brennen mit Schwefelhölzern und Kerzen, vor allem das Abbrennen der noch vorhandenen Haare oder das Werfen von brennendem Schwefel oder Pech auf den Leib. Man trieb auch Schwefelhölzer oder Kienstöcke unter die Fingernägel und zündete sie dann an.

Der Phantasie waren keine Grenzen gesetzt. Alles, was »peinlich« im Vollsinn des Wortes war, wurde durchgeführt. Viele der Gefolterten überlebten die Qualen nicht. Häufig wird in den Protokollen der »Hexenschlaf« erwähnt: Der gequälte und geschundene Leib wurde anscheinend schmerzunempfindlich. In diesem Fall wie auch dann, wenn ein Beklagter die Qualen ohne ein Geständnis ertrug, sah man in aller Regel den Teufel im Spiel, der seinem Anhang diese Schmerzunempfindlichkeit verleihen könne. So sah sich der Beklagte, der eigentlich durch das Überstehen der Folter seine rechtliche Unschuld erwiesen hatte, einem wahrhaft »teuflischen Zirkelschluß« ausgesetzt, der seine Peiniger nicht ruhen ließ, ihm mit allen zu Gebote stehenden Mitteln doch noch ein Geständnis abzupressen.

Diejenigen, die man schließlich doch aus der Folterkammer entlassen mußte, waren häufig an Leib und Seele gebrochen. Der Scharfrichter, der für ihre Heilung zuständig war, konnte viele der Entlassenen nicht wiederherstellen, die dann als Krüppel dahinsiechten. Oft wurden sie auch des Landes verwiesen und verkamen fernab ihres ursprünglichen Lebensraumes als Bettler und Landstreicher. Im Regelfall jedoch war die Folter erfolgreich. Über die Tauglichkeit der Folter als gerichtliches Mittel zur Wahrheitsfindung muß man nach allem nicht viel ausführen. Sie erpreßte fast jede Aussage, die man hören wollte.

Den Zeitgenossen ist die Gefährlichkeit der Tortur nicht verborgen geblieben. Besonders unter den Juristen finden sich immer wieder Stimmen, die unter Hinweis auf ihren Mißbrauch zu Vorsicht mahnen. Angesichts der Umstände fällt es aber oft nicht leicht zu entscheiden, ob es sich bei solchen Äußerungen um bloße Lippenbekenntnisse handelte oder ob es, wie im Fall des Strafverteidigers Justus Oldekopp, um eine grundsätzliche Ablehnung ging[81]. Da die Folter gesetzlich vorgeschrieben war, blieb die Kritik der Juristen für lange Zeit mehr oder weniger systemimmanent. Mit anderen Worten, die Kritiker stellten nicht die Folter in Frage, sondern sprachen sich für ein Verfahren aus, bei dem die auf der Grundlage der *Carolina* entwickelten Indizien strikt und unbedingt zu beachten waren. In ihrem bedingungslosen Eintreten für den *processus ordinarius* sahen sich diese Juristen aber von einer Entwicklung behindert, die vor allem von Kursachsen ausging und mit dem Namen Benedikt Carpzovs verbunden war.

In Kursachsen war das Verfahrensrecht zu Ungunsten des Beklagten verändert worden. Diese Entwicklung besaß für die Hexenverfolgung verhängnisvolle Konsequenzen, weil sie der in der Regel rigiden Einstellung der für die Strafrechtspflege zuständigen Gerichtsorgane mehr als entgegenkam. Sie fand ihren Niederschlag bei Benedikt Carpzov, der vornehmlich mit seiner stupenden *Practica criminalis* (1635) dem kursächsischen Inquisitionsprozeß weit über die Grenzen Kursachsens hinaus Beachtung und Anerkennung verschaffte. Maßgeblich für diesen Inquisitionsprozeß war eine Verfügung von Kurfürst August aus dem Jahr 1579, durch die die Verteidigungsmöglichkeiten des Beklagten drastische Einschränkungen erfuhren[82]. Zwar wurden 1612 die Beschränkungen etwas gemildert, der Inquisit und sein Anwalt durften im Beisein des Gerichts die Akten einsehen und sich Notizen machen[83], aber die Tendenz, alles was sich in Richtung Prozeßverschleppung bewegen könnte, zu unterbinden, blieb bestehen. So war die Situation jeder vom Hexereivorwurf betroffenen Person im Gebiet der kursächsischen Strafrechtspflege durch Nachteile gegenüber solchen Regionen des Alten Reiches gekennzeichnet, wo dem Beklagten die von der gemeinrechtlichen Strafprozeßrechtswissenschaft entwickelten Verteidigungsmöglichkeiten offenstanden. Dazu gehörten nicht zuletzt die Übergabe der Prozeßakten und des Belastungsmaterials, um die darin enthaltenen und – wie bei diesem Delikt nicht anders zu erwarten – oft unsinnigen und unbrauchbaren Zeugenaussagen entkräften zu können. Diese nachteilige Tendenz haftet auch den einschlägigen Arbeiten Carpzovs an, der sein System nicht zuletzt auf der Grundlage der Spruchpraxis des kurfürstlichen Leipziger Schöppenstuhls und der Verordnungen und Gesetze Kursachsens errichtet hat. Auch in Kurbrandenburg konnten sich anscheinend jene Kräfte durchsetzen, die einen immer formloser werdenden Inquisitionsprozeß begünstigten[84]. Es liegt aber auf der Hand, daß von all den verschiedenen im Reich praktizierten Strafverfahren, angefangen beim Ketzerprozeß, wie ihn *Hexenhammer* und Jean Bodin propagiert hatten, bis hin zu den entarteten Formen des altdeutschen Anklageverfahrens inklusive dem nicht mehr richtig verstandenen Gottesurteil der Wasserprobe, nur der von großen Teilen der deutschen Strafrechtswissenschaft getragene *processus ordinarius* dem Beklagten eine gewisse Chance einräumte, nicht die grausame Folter und schließlich einen qualvollen Tod auf dem Scheiterhaufen erleiden zu müssen.

Wie bereits erwähnt, zeigen sich um die Wende vom 16. zum 17. Jahrhundert alle sozialen Schichten von der Vorstellung durchdrungen, daß es Hexen und Hexer gäbe und daß ihr unheilvolles, gegen Mensch und Tier gerichtetes Treiben mit der Todesstrafe zu ahnden sei. Dies muß man sich unbedingt vor Augen halten, wenn man den Menschen zur Zeit der Hexenverfolgung nicht das Unrecht antun will, sie wegen ihrer aktiven oder passiven Beteiligung am Geschehen nach heutigen Maßstäben und damit unhistorisch und ohne Verstehen zu verurteilen. Und so kann es auch nicht sehr überraschen, daß im 17. Jahrhundert keine Kritik an der herrschenden und mittlerweile immer zahlreicher in der Territorialgesetzgebung festgeschriebenen Deliktbeschreibung von Zauberei/Hexerei erfolgte. Von Balthasar Bekker (1634–1698) einmal abgesehen kennen wir jedenfalls keinen schriftlichen Niederschlag. Die Kritik von Friedrich Spee (1591–1635) beispielsweise richtete sich gegen die Betrüglichkeiten und die Ungerechtigkeiten des gerichtlichen Vorgehens. Und Verfahrensfragen gaben auch in Bayern den Anlaß für das Einschreiten der Verfolgungsgegner[85]. Der Angriffspunkt für die Gegner der Hexenverfolgung, so hat es Rolf Lieberwirth einmal formuliert, war das Verfahren in Hexensachen[86]. Wie es scheint, hat erst Christian Thomasius (1655–1728), gestützt auf Bekker, neben dem Verfahren auch das wesentliche Tatbestandsmerkmal der Hexerei und Zauberei, den Teufelspakt, ins Wanken gebracht, indem er dem Teufel jeden Einfluß in materiellen Dingen absprach[87]. Das aber geschah erst am 12. November 1701, als der Respondent Johannes Reiche im *Auditorium maior* zu Halle die Thesen der Dissertation *De crimine magiae* verteidigte. Das entscheidende Kriterium, um die Haltung eines Juristen des 17. Jahrhunderts in Sachen Hexenverfolgung erfassen zu können, bleibt folglich in erster Linie aus einer Betrachtung der von ihm gebilligten oder praktizierten Modalitäten des Gerichtsverfahrens gegen die der Hexerei beziehungsweise Zauberei bezichtigten Personen herzuleiten.

David Mevius (1609–1670), seit 1653 Direktor des Oberappellationsgerichtes in Wismar, hat sich beispielsweise zu dieser Frage nicht nur mehrfach, sondern stets auch eindeutig geäußert[88]. Er stand ganz auf dem Boden der von den Juristenfakultäten Rostock und Greifswald gehandhabten Spruchpraxis, deren maßgebliche Grundlage in Strafverfahren die *Carolina* bildete[89]. Unter den wissenschaftlichen Autoritäten zu den prozeßrechtlichen Fragen nahm für Mevius der ehemalige Senior der Rostocker Juristenfakultät, Ernst Cothmann (1557–1624), den entscheidenden Rang ein[90]. Cothmann hatte in seinen um die Wende vom 16. zum 17. Jahrhundert gedruckten Konsilien wiederholt ausführlich den Inquisitionsprozeß zur Darstellung gebracht, wie man ihn unter den Juristen im Norden des Reiches für maßgeblich erachtete. Seine Darlegungen sind auch und gerade auf dem Gebiet des Hexenprozesses von einer Einstellung gekennzeichnet, die eindringlich und nachdrücklich den Belangen des Beklagten Rechnung trägt, und zwar unter ausdrücklicher Ablehnung der von Bodin formulierten Verfahrensrichtlinien[91]. Unterschiede zwischen den Ausführungen von Cothmann und Mevius sind in aller Regel nur äußerlicher Art und erklären sich zumeist aus dem zeitlichen Abstand zwischen den einschlägigen Arbeiten der beiden Juristen. Hatten beispielsweise Cothmann und andere Rostocker Juristen, unter ihnen auch Godelmann, den für sie allein maßgeblichen Strafprozeß noch unterschiedslos als *processus ordinarius* bezeichnet, unabhängig davon, ob er durch einen Ankläger oder von Amts wegen eröffnet wurde, so findet bei Mevius der mittlerweile veränderte Sprachgebrauch der Strafrechtswissenschaft Berücksichtigung. Entsprechend der allgemeinen Entwicklung, wie sie Eberhard Schmidt nachgezeichnet hat[92], kennt er zwei Arten von Strafverfahren: Dem *processus ordinarius* steht der *processus summarius* zur Seite. Als *processus ordinarius* begreift Mevius nur noch das von einem privaten oder öffentlichen Ankläger eingeleitete Verfahren, während jetzt jene vom Richter *ex officio* eröffnete Spielart des auf der Grundlage der *Carolina* entwickelten Inquisitionsverfahrens als *processus summarius* – oder auch als *processus extraordinarius* – bezeichnet wird[93]. Der Inquisitionsprozeß zerfällt in zwei Teile, in die General- und die Spezialinquisition. Seinen Namen erhält der *processus summarius* von den Vernehmungen im Rahmen der Generalinquisition, die nicht artikuliert, sondern »summarisch« erfolgen. Das von Amts wegen eröffnete Verfahren hat im 17. Jahrhundert den von einem Kläger eingeleiteten Prozeß zahlenmäßig bei weitem in den Schatten gestellt, mit der Zeit bildete es den Regelfall[94].

Die Generalinquisition gilt der Feststellung des *corpus delicti*. Der Richter hat sich Gewißheit darüber zu verschaffen, daß eine bestimmte Übeltat überhaupt von irgendjemandem begangen worden ist, bevor er gegen eine bestimmte Person mit den gebotenen prozessualen Mitteln vorgeht, also – wie es in der Fachsprache der frühneuzeitlichen Juristen heißt – zur Spezialinquisition schreitet[95]. In Sachen Hexerei und Zauberei gilt naturgemäß die *plena probatio* des *corpus delicti* als sehr schwierig, daher muß sich der Richter mit Hilfe von *praesumptiva et conjecturata* einen Ersatz verschaffen, mit anderen Worten, er hat nach bestimmten, für dieses Vergehen typischen Indizien Ausschau zu halten[96]. Was dabei im einzelnen zu beachten, zu verwenden und zu verwerfen bleibt, hat Mevius in einem 1645 erstellten Rechtsgutachten fixiert, das vom Herausgeber Otto Philipp Zaunschliffer mit *De probatione veneficii vel magiae crimine* überschrieben worden ist[97]. Die vom damaligen Stralsunder Syndicus ausgebreitete Indizienlehre wie auch die weiteren Ausführungen zu Delikt und Verfahren stehen ganz auf dem Boden der *Carolina* und entsprechen in allem der maßvollen Rostocker Spruchpraxis, wie sie auch in den einschlägigen Arbeiten von Godelmann und Cothmann ihren literarischen Niederschlag gefunden hat.

Nach Mevius ist dem Inquisiten jede Art von Verteidigung erlaubt, und zwar nicht nur, um die Indizien zu entkräften, sondern auch, um ganz allgemein seine Unschuld darzutun und den gegenläufigen Ansichten entgegenzuwirken. Er kann die Abwegigkeit der Klage (*inquisitio*) darlegen und – mit dem Ziel, davon entbunden zu werden – zeigen, daß sie nichtig ist und es ihr an der nötigen Folgerichtigkeit mangelt. Und wie im Zivilprozeß sind auch im Inquisitionsprozeß

Einreden des Beklagten statthaft. Überhaupt hat der Richter schon von Amts wegen für die Verteidigung des Beklagten Sorge zu tragen, ihre Einhaltung in allen Punkten zu sichern und auf jede Weise zu unterstützen. Wie es denn auch Sache des Richters ist, dem Beklagten einen Verteidiger (Advokaten) beizugeben, falls er keinen hat, und ihn zu ermahnen, einen Verteidiger in Anspruch zu nehmen, damit ihm nichts Schlimmeres widerfahre. Bei Verfahrensmängeln bis hin zur Nullität steht dem Beklagten das Rechtsmittel der Appellation zur Verfügung.

Abb. 10: Tod in der Folter, aus: Hermann Löher, »Wemütige Klage der Frommen Unschültigen«, Amsterdam 1676

Von weitreichender Bedeutung erweist sich für Mevius die Frage nach der *editio actorum* bzw. *copia articulorum*, d.h. der dem Beklagten auszuhändigenden Abschriften der Klagepunkte und Zeugenaussagen. Falls der Beklagte nicht über die Klageartikel informiert wurde, kann er folglich auch nicht seine Unschuld ausführen und Einreden vortragen, beispielsweise gegen die Person der Zeugen. Die *copia actorum* hat dabei selbstverständlich nicht nur die Aussagen der Zeugen zu enthalten, sondern auch deren Namen. Denn wie sonst kann der Angeklagte beispielsweise nachweisen, daß ein Zeuge ihm feindlich gesonnen ist, zu jung, ein notorischer Lügner oder sonstwie unglaubwürdig. Unstrittig ist in der Rechtswissenschaft, laut Mevius, daß dem Beklagten eine Abschrift der aus den Zeugenaussagen gewonnenen Klagepunkte zugestellt werden muß. Hinsichtlich des Zeitpunkts der Zustellung, des *tempus editionis*, besteht jedoch keine einhellige Meinung. Manche Juristen sind der Ansicht, die Akten seien erst nach geschehener »Litiskontestation« von seiten des Beklagten zu übergeben, also wenn der Beklagte auf die Inquisitionalartikel geantwortet habe[98]. Dieser Ansicht huldigt jedoch nur eine Minderheit unter den Rechtsgelehrten. Die Mehrheit – und mit ihr David Mevius – ist der Meinung, Akten und Indizien seien zu übergeben, so oft sie der Beklagte nötig habe oder einsehen wolle. Die Rechtmäßigkeit dieser Ansicht versucht Mevius mit einer weitläufigen Darlegung zu untermauern, in, wie ich finde, beeindruckender Weise und von einem Rechtsgefühl geleitet, das in Sachen Hexenprozeß im 17. Jahrhundert nicht allzu häufig begegnet. Dabei ist auch eine Feststellung von Interesse, die man des öfteren in seinen Arbeiten findet: Im Gegensatz zu Carpzov geht Mevius davon aus, daß alle Möglichkeiten, die der Zivilprozeß einem Beklagten zu seiner Verteidigung einräumt, erst recht auch im Strafverfahren dem Beklagten zur Verfügung stehen müssen, in einem Prozeß also, in dem, so Mevius wörtlich, die Beklagten noch mehr als in einem Zivilprozeß zu begünstigen seien[99]. Da es nur mit Hilfe der Akteneinsicht einem Beklagten möglich ist, die

Klage aufhebende Einreden vorzubringen, bleibt ihre Herausgabe auch dann anzuordnen, wenn sich der Beklagte noch nicht auf die Beantwortung der Inquisitionalartikel eingelassen habe. Die Ausführungen von Mevius gipfeln in der Zusammenfassung, die Herausgabe der Akten sei für den Inquisiten ein unabdingbares Recht, andernfalls könne er sich nicht verteidigen und den Inquisitionsprozeß von sich abwenden[100]. Dem Beklagten seien nicht nur im Zivilprozeß, sondern auch und gerade im Strafprozeß alle möglichen Einreden zu erlauben, damit er von Anfang an und rasch die gegen ihn sprechenden Indizien beseitigen und seine Unschuld ausführen könne.

Am Beispiel von Mevius wird deutlich: Das Verdienst der von uns heute gerne als Gegner der Hexenverfolgung apostrophierten Gelehrten bleibt vorrangig auf dem Gebiet des Verfahrensrechts zu suchen. Nur vermittels einer systemimmanenten Kritik war es seiner Zeit möglich, der Hexenverfolgung einen Riegel vorzuschieben. Auch jene heute als Gegner der Hexenverfolgung gewürdigten Persönlichkeiten wie die Jesuiten Adam Tanner[101] (1572–1632) und Friedrich Spee[102] (1591–1635), der lutherische Geistliche Johann Matthäus Meyfart[103] (1590–1642) und der calvinistische Prediger Anton Prätorius[104] (ca. 1560–1625) richteten ihre Angriffe meist nur indirekt gegen die Deliktbeschreibung von Zauberei/Hexerei, um das Verfahren auf das heftigste anzuprangern. Der Angriffspunkt für die Gegner der Hexenverfolgung war, wie gesagt, das Verfahren in Hexensachen.

Die 1631 und erneut 1632 anonym publizierte *Cautio criminalis* Friedrich Spees belegt dies eindringlich. Das Buch richtet sich gegen die Hexenverfolgung, die Spee aus nächster Nähe erlebt hat. Er stellt zwar nicht das Delikt in Abrede, aber sein Angriff auf die Ungereimtheiten des Hexenprozesses und den verderblichen Charakter der Folter überbietet in Schärfe und Ausführlichkeit alles bisherige. Der Einfluß von Spees Kampfschrift auf den Gang der Hexenverfolgung ist durch viele Hinweise in den Quellen bezeugt, eine ausführliche Analyse der Rezeption seiner Gedanken gehört gleichwohl zu den zahlreichen Desideraten der Hexenforschung. Besondere Aufmerksamkeit fand Spees Werk in Halle, wo der Kurfürst von Brandenburg 1693 eine Reform-Universität errichten ließ. Der Lehr- und Spruchkörper der Hallenser Juristenfakultät gehörte zu den überzeugtesten Vertretern von Spees Ansichten[105].

Die Juristen Samuel Stryk (1640–1710), Heinrich von Bode (1652–1720) und ganz besonders Christian Thomasius (1655–1728) waren sich mit Spee aber nicht nur einig in der Ablehnung der Hexenverfolgung, sondern auch in den Klagen und Warnungen über den Einsatz der Folter. Bode (1697) und Thomasius (1705) stellten in besonderen Abhandlungen die Fragwürdigkeit der Folter heraus[106]. Sie konnten das um so leichter, als – im Gegensatz zu Spee – um die Wende vom 17. zum 18. Jahrhundert nicht nur die Hexenverfolgung bereits ihre Kraft eingebüßt hatte, sondern mittlerweile auch breiten Kreisen zu dämmern begann, daß tausende von Unschuldigen einen jämmerlichen Tod als vermeintliche Hexen und Zauberer hatten sterben müssen. Bei dem Versuch, das Geschehen zu erklären, richtete sich das Augenmerk der Zeitgenossen vorrangig auf die Strafrechtspflege. Hier suchte und fand man die Schuldigen für das Verhängnis. Und wie es bereits Friedrich Spee dargestellt hatte, war es vornehmlich das Versagen der Folter, das man jetzt immer ausdrücklicher für den Tod zahlreicher Justizopfer verantwortlich machte. Das peinliche Verhör wurde in Brandenburg-Preußen, wo sich die Reformbestrebungen in der Strafrechtspflege am frühesten Bahn brachen[107], in mehreren Etappen bis zur Mitte des 18. Jahrhunderts aus dem Rechtsleben verdrängt.

Auch wenn die Folter gesetzmäßig noch bis in das 19. Jahrhundert hinein im Strafprozeß vieler Länder und Territorien verankert blieb, war sie doch jetzt in einer Art und Weise diskreditiert, die ihren Einsatz quantitativ und qualitativ so einschränken half, daß immer seltener Strafverfahren durch eine Tortur des Beklagten ihre Prägung erhielten. Doch bleibt zu betonen, daß nicht allein der Mißbrauch in den Hexenprozessen zum Verschwinden der Folter beitrug, sondern auch Erscheinungen, die auf einem Wandel in der gesellschaftlichen Auffassung von Sinn und Zweck der Strafe wurzelten. Während die frühneuzeitliche Strafrechtspflege mit ihrem System der Körperstrafen und öffentlichen Hinrichtungsrituale als ein *Theater des Schreckens* erscheinen kann, setzte im 18. Jahrhundert eine Entwicklung ein, die Michel Foucault mit *Überwachen und Strafen*, als *die Geburt des Gefängnisses* gekennzeichnet hat. Der Reform, die in Cesare Beccaria (1738–1794) ihren wohl bekanntesten literarischen Verfechter besaß[108], ging es dabei um eine neue Art von Strafe, deren wesentliches Element nicht in der Bestrafung lag, sondern in dem Versuch zu bessern, zu erziehen, zu »heilen«. »Eine Technik der Verbesserung verdrängt in der Strafe die eigentliche Sühne des Bösen und befreit die Behörden von dem lästigen Geschäft des Züchtigens.«[109] Dabei handelte es sich nicht primär um Humanität in unserem Sinne, sondern um eine gerechte, der Missetat entsprechende Strafe; es sollten die Motive des Verbrechers berücksichtigt werden; anstelle des Verbrechens trat jetzt die Psyche des Verbrechers in den Mittelpunkt. Das neue Strafsystem war sowohl auf die Besserung der Verbrecher ausgerichtet, damit die Kriminalität abnehme, als auch auf Nutzen in der Weise, daß ein Delinquent zur Sühne seiner Untat den von ihm verursachten gesellschaftlichen Schaden materiell wiedergutmachen sollte[110]. In diesem System hatte auch die Folter, das den Körper des Beklagten schindende Verfahren des peinlichen Verhörs, ihre Existenzberechtigung verloren.

Anmerkungen

1 Vgl. Sönke LORENZ, Aktenversendung und Hexenprozeß. Dargestellt am Beispiel der Juristenfakultäten Rostock und Greifswald (1570/82–1630), Bd. 1 (Studia Philosophica et Historica, Bd. 1/1), Frankfurt a.M./Bern 1982, Bd. 2,1: Die Quellen. Die Hexenprozesse in den Rostocker Spruchakten von 1570 bis 1630 (Studia Philosophica et Historica, Bd. 1/2,1), Frankfurt a.M./Bern/New York 1983, Bd. 2,2: Die Quellen. Die Hexenprozesse in den Greifswalder Spruchakten von 1582 bis 1630 (Studia Philosophica et Historica, Bd. 1/2,2), Frankfurt a.M./Bern/New York 1983, hier: Bd. 1, S. 83f.

2 Wolfgang SCHILD, Art. Folter, in: Lexikon des Mittelalters, Bd. 4, München/Zürich 1989, Sp. 614–616.

3 Rolf LIEBERWIRTH, Art. Folter, in: Handwörterbuch zur Rechtsgeschichte 1 (1971), Sp. 1149–1152.

4 SCHILD, Folter (wie Anm. 2), Sp. 615.

5 Vgl. LORENZ, Aktenversendung (wie Anm. 1), Bd. 1, S. 50–54.

6 Ebd., S. 47, 52f.

7 Zitiert wird: Die Peinliche Gerichtsordnung Kaiser Karls V. von 1532 (Carolina), hrsg. und erläutert von Gustav RADBRUCH, Stuttgart [6]1991.

8 Winfried TRUSEN, Strafprozeß und Rezeption. Zu den Entwicklungen im Spätmittelalter und den Grundlagen der Carolina, in: Peter LANDAU/Friedrich-Christian SCHROEDER (Hrsg.), Strafrecht, Strafprozeß und Rezeption. Grundlagen, Entwicklung und Wirkung der Constitutio Criminalis Carolina (Juristische Abhandlungen, Bd. 19), Frankfurt a.M. 1984, S. 29–118, hier: S. 92–111.

9 Eberhard SCHMIDT, Einführung in die Geschichte der deutschen Strafrechtspflege, Göttingen [3]1965, S. 109.

10 Emil BRUNNENMEISTER, Die Quellen der Bambergensis. Ein Beitrag zur Geschichte des deutschen Strafrechts, Leipzig 1879, S. 290.

11 Eberhard SCHMIDT, Inquisitionsprozeß und Rezeption. Studien zur Geschichte des Strafverfahrens in Deutschland vom 13. bis 16. Jahrhundert, in: Festschrift der Leipziger Juristenfakultät für Heinrich Siber (Leipziger rechtswissenschaftliche Studien, Bd. 124), Leipzig 1941, S. 97–182, hier: S. 5.

12 Gerd KLEINHEYER, Tradition und Reform in der Constitutio Criminalis Carolina, in: LANDAU/SCHROEDER (wie Anm. 8), S. 7–27, hier: S. 22.

13 Hellmuth VON WEBER, Die peinliche Halsgerichtsordnung Kaiser Karls V., in: Zeitschrift für Rechtsgeschichte. Germanistische Abteilung 77 (1960), S. 288–310, hier: S. 301; KLEINHEYER (wie Anm. 12), S. 10, 21–25; SCHMIDT, Strafrechtspflege (wie Anm. 9), S. 126: Der Akkusationsprozeß der *Bambergensis* und *Carolina* ist »gar nichts anderes als ein reiner Inquisitionsprozeß, bei dem die Anklage seitens eines privaten oder – dem stehen die Gesetze nicht entgegen – eines öffentlichen Klägers nur als eine auch noch mögliche Prozeßeinleitungsform beibehalten worden ist«; kritisch TRUSEN (wie Anm. 8), S. 112–118, während Dagmar UNVERHAU, Akkusationsprozeß – Inquisitionsprozeß. Indikatoren für die Intensität der Hexenverfolgung in Schleswig-Holstein, in: Christian DEGN/Hartmut LEHMANN/Dagmar UNVERHAU (Hrsg.), Hexenprozesse. Deutsche und skandinavische Beiträge (Studien zur Volkskunde und Kulturgeschichte Schleswig-Holsteins, Bd. 12), Neumünster 1983, S. 59–142, nach einer sehr differenzierten Betrachtung zu dem Ergebnis gelangt: »Es ist nicht zu übersehen, daß der akkusatorische Prozeß nach seiner Einleitung in der Regel wie ein inquisitorischer (nach Schmidt verstanden) verlief« (S. 116).

14 SCHMIDT, Strafrechtspflege (wie Anm. 9), S. 126.

15 Ebd., S. 127.
16 Radbruch (wie Anm. 7), S. 18.
17 Es ist bemerkenswert, daß jenes zu diesem Zweck von den Verfassern besonders benutzte Werk, der *Tractatus de maleficis* des Albert Gandinus (Brunnenmeister [wie Anm. 10], S. 212), sich in seiner Rubrik über die Folter auf den um 1270 verfaßten *Tractatus de tormentis* eines unbekannten italienischen Strafprozessualisten stützt (vgl. Hermann U. Kantorowicz, Rechtshistorische Schriften, hrsg. von Helmut Coing/Gerhard Immel [Freiburger Rechts- und Staatswissenschaftliche Abhandlungen, Bd. 30], Karlsruhe 1970, S. 329).
18 Schmidt, Strafrechtspflege (wie Anm. 9), S. 129.
19 Radbruch (wie Anm. 7), S. 18.
20 Schmidt, Inquisitionsprozeß und Rezeption (wie Anm. 11), S. 81.
21 Ebd.
22 In diesem Zusammenhang: des gelehrten Rechts »verstendig« (vgl. Franz Wieacker, Privatrechtsgeschichte der Neuzeit unter besonderer Berücksichtigung der deutschen Entwicklung, Göttingen [2]1967, S. 181).
23 Schmidt, Strafrechtspflege (wie Anm. 9), S. 135.
24 Nach Rudolf Blankenhorn, Die Gerichtsverfassung der Carolina, Diss. Tübingen 1939, S. 48, wird insgesamt über 50 Mal die Rateinholung bei Rechtsverständigen angeordnet (vgl. auch das Register in: Die Peinliche Gerichtsordnung Kaiser Karls V. Constitutio criminalis Carolina, hrsg. von Josef Kohler/Willy Scheel, Halle a.d. Saale 1900, S. 163 [»Rat der Rechtsverständigen«]).
25 Dies soll geschehen »bei jren oberhofen, da sie auß altem veriërtem gebrauch bißher vnderricht begert«, ferner »bei jrer oberkeyt die das selbig peinlich gericht fürnemlich vnd on alle mittel zu bannen, vnd zu hegen macht hatt« und – für den Fall, daß die Obrigkeit von Amts wegen gegen den Täter vorgeht – »bei den nechsten hohen schulen, Stetten, Communen oder anderen rechtsuerstendigen, da sie vnderricht mit den wenigsten kosten zu erlangen vermeynen«; auch kann das Gericht den Parteien gestatten, »der rechtsuerstendigen radt zu suchen«. Damit waren »als Ratsinstanzen sämtliche taugliche Stellen [...], die das deutsche Rechtsleben noch oder schon zu bieten hatte«, aufgezählt (Claudieter Schott, Rat und Spruch der Juristenfakultät Freiburg [Beiträge zur Freiburger Wissenschafts- u. Universitätsgeschichte, Bd. 30], Freiburg/Br. 1965, S. 39).
26 Ernst Boehm, Der Schöppenstuhl zu Leipzig und der sächsische Inquisitionsprozeß im Barockzeitalter, in: Zeitschrift für die gesamte Strafrechtswissenschaft 59 (1940), S. 371–410, 620–639, hier: S. 632, Anm. 111.
27 Schmidt, Strafrechtspflege (wie Anm. 9), S. 135.
28 Adolf Zycha, Deutsche Rechtsgeschichte der Neuzeit, Marburg [2]1949, S. 181.
29 Vgl. Lorenz, Aktenversendung (wie Anm. 1), Bd. 1, S. 167–179.
30 Anläßlich der Bestätigung des Tübinger Vertrags vgl. August Ludwig Reyscher (Hrsg.), Vollständige, historisch und critisch bearbeitete Sammlung der Württembergischen Gesetze, Bd. 2, Stuttgart/Tübingen 1829, S. 91, 119; präzise Carl Georg von Wächter, Gemeines Recht Deutschlands insbesondere Gemeines Deutsches Strafrecht, Leipzig 1844, S. 50ff.; Hermann Seeger, Die strafrechtlichen consilia Tubingensia von der Gründung der Universität bis zum Jahre 1600, Tübingen 1877, S. 36f.; Ferdinand Graner, Zur Geschichte der Kriminalrechtspflege in Württemberg, in: Württembergische Vierteljahrshefte für Landesgeschichte 37 (1931), S. 16–57, hier: S. 46; Jochen Geipel, Die Konsiliarpraxis der Eberhard-Karls-Universität und die Behandlung der Ehrverletzung in den Tübinger Konsilien (Schriften zur südwestdeutschen Landeskunde, Bd. 4), Stuttgart 1965, S. 22f.
31 Reyscher (wie Anm. 30), Bd. 4, Stuttgart/Tübingen 1831, S. 81.
32 Ebd., S. 119; vgl. Seeger (wie Anm. 30), S. 37; Geipel (wie Anm. 30), S. 18, 23, Anm. 90.
33 Vgl. Seeger (wie Anm. 30), S. 21f.; Geipel (wie Anm. 30), S. 23.
34 Karl Friedrich Gerstlacher (Hrsg.), Sammlung aller einzeln ergangenen Herzoglich Wirtembergischen Gesetze und anderer Normalien, Stuttgart 1759/60, Buch 2, S. 42f.; Seeger (wie Anm. 30), S. 22.
35 Seeger (wie Anm. 30), S. 84, 91.
36 Reyscher (wie Anm. 30), Bd. 4, S. 95 (mit Verweis auf die Edition des über weite Strecken gleichlautenden württembergischen Landrechts von 1567, hier: S. 253); Graner (wie Anm. 30), S. 49.
37 Vgl. Sönke Lorenz, Die Rechtsgutachten von Johann Fichard in Sachen Hexenprozeß, in: ders./Dieter R. Bauer (Hrsg.), Hexenverfolgung. Beiträge zur Forschung – unter besonderer Berücksichtigung des südwestdeutschen Raumes (Quellen und Forschungen zur Europäischen Ethnologie, Bd. 15), Würzburg 1995, S. 203–240, hier: S. 229f.
38 Schmidt, Strafrechtspflege (wie Anm. 9), S. 128.
39 August Schoetensack, Der Strafprozeß der Carolina, Leipzig 1904, S. 56.
40 Auffällig bei dem in der *Carolina* aufgestellten Indizienapparat ist u.a. auch die wiederholte Behandlung des Gerüchts sowohl in Artikel 44 als auch – mit fast gleichlautenden Worten – in den Artikeln 25 § 1, 31 § 4 und 32. Ebenso zeigen Artikel 32 und 44 eine Übereinstimmung bezüglich Drohungen und ihrer Folgen, dies gilt ferner für Artikel 25 § 4 und Artikel 44 bezüglich der »geselschafft« beziehungsweise »gemeynschafft« mit Personen, »die der gleichen missethat üben«.
41 Vgl. Lorenz, Fichard (wie Anm. 37).
42 Vgl. Lorenz, Aktenversendung (wie Anm. 1), Bd. 1, S. 303–315 u.ö.

43 Vgl. Sönke LORENZ, Die Rechtsauskunftstätigkeit der Tübinger Juristenfakultät in Hexenprozessen (ca. 1552–1602), in: DERS./BAUER (wie Anm. 37), S. 241–320.

44 Vgl. Sönke LORENZ, Johann Georg Godelmann – ein Gegner des Hexenwahns?, in: Roderich SCHMIDT (Hrsg.), Beiträge zur Pommerschen und Mecklenburgischen Geschichte, Marburg 1981, S. 61–105.

45 Statt vieler vgl. H.C. Erik MIDELFORT, Johann Weyer in medizinischer, theologischer und rechtsgeschichtlicher Hinsicht, in: Hartmut LEHMANN/Otto ULBRICHT (Hrsg.), Vom Unfug des Hexen-Processes. Gegner der Hexenverfolgung von Johann Weyer bis Friedrich Spee (Wolfenbütteler Forschungen, Bd. 55), Wiesbaden 1992, S. 53–64; Georg MORA u.a. (Hrsg.), Witches, Devils, and Doctors in the Renaissance. Johann Weyer: De praestigiis daemonum, New York 1991.

46 REYSCHER (wie Anm. 30), Bd. 12, Tübingen 1841, S. 344, Nr. 81: »Sechste Landesordnung vom 17. August 1567«, nur angeführt mit dem Hinweis, daß die einzelnen Teile sich in der Landesordnung vom 11. November wiederfinden, die sich als Nr. 214 auf S. 717–885 abgedruckt findet (hier: S. 843f., Titel 90: »Von Zauberey, Teuffelsbeschwörern, Wahrsagern, vnd denen, so Rath vnd Hilff bey jhnen suchen«).

47 Codex Augusteus oder neuvermehrtes Corpus juris Saxonici [...], Bd. 1 und 2, hrsg. von Johann Christian LÜNIG, Leipzig 1724, Bd. 1, S. 117 (Pars IV, constitutio 2): »Von straff derer, so mit Zauberey und Wahrsagen umgehen«. Vgl. dazu Jürgen Michael SCHMIDT, Das Hexereidelikt in den kursächsischen Konstitutionen von 1572, in: Günter JEROUSCHEK/Wolfgang SCHILD/Walter GROPP (Hrsg.), Benedikt Carpzov. Neue Perspektiven zu einem umstrittenen sächsischen Juristen (Rothenburger Gespräche zur Strafrechtsgeschichte, Bd. 2), Tübingen 2000, S. 111–135; Manfred WILDE, Die Zauberei- und Hexenprozesse in Kursachsen, Köln 2003, S. 28–34.

48 Zu Person und Werk vgl. Henry Charles LEA, Materials toward a History of Witchcraft, hrsg. von Arthur C. HOWLAND, 3 Bde., New York 1957, Bd. 2, S. 554–574. Ausgaben: Stefan JANSON, Jean Bodin – Johann Fischart. De la Démonomanie des Sorciers (1580) – Vom Außgelaßnen wütigen Teuffelsheer (1581) und ihre Fallberichte (Europäische Hochschulschriften, Reihe 1: Deutsche Sprache und Literatur, Bd. 352), Frankfurt a.M. 1980, S. 240f.; Hugo ZWETSLOOT SJ, Friedrich Spee und die Hexenprozesse. Die Stellung und Bedeutung der Cautio criminalis in der Geschichte der Hexenverfolgungen, Trier 1954, passim; Witches, Devils, and Doctors in the Renaissance: Johann Weyer, De praestigiis daemonum. Introduction and notes by George MORA, translation by John SHEA, preface by John WEBER, collaborators Benjamin KOHL/H.C. Erik MIDELFORT/Helene BACON (Medieval & Renaissance texts & studies, Bd. 73), Binghamton/New York 1991, S. 687ff.; André SCHNYDER, »Der Malleus maleficarum«. Fragen und Beobachtungen zur Rezeption bei Bodin, Binsfeld und Delrio, in: Archiv für Kulturgeschichte 74 (1992), S. 323–364, hier: S. 338–343; Stuart CLARK, Thinking with Demons. The Idea of Witchcraft in Early Modern Europe, Oxford 1997, passim.

49 Zu Person und Werk vgl. LEA, Materials (wie Anm. 48), Bd. 2, S. 576–600; SCHNYDER, »Malleus maleficarum« (wie Anm. 48), S. 344–347; Wolfgang BEHRINGER, Das »Reichskhündige Exempel« von Trier. Zur paradigmatischen Rolle einer Hexenverfolgung in Deutschland, in: Gunther FRANZ/Franz IRSIGLER (Hrsg.), Hexenglaube und Hexenprozesse im Raum Rhein-Mosel-Saar (Trierer Hexenprozesse. Quellen und Darstellungen, Bd. 1), Trier 1995, S. 435–447, hier: S. 440ff.; CLARK, Thinking with demons (wie Anm. 48), passim; Johannes DILLINGER, »Böse Leute«. Hexenverfolgungen in Schwäbisch-Österreich und in Kurtrier im Vergleich (Trierer Hexenprozesse. Quellen und Darstellungen, Bd. 5), Trier 1999, passim; Petra NAGEL, Die Bedeutung der »Disquisitionum magicarum libri sex« von Martin Delrio für das Verfahren in Hexenprozessen (Europäische Hochschulschriften, Reihe 2, Bd. 1765), Frankfurt a.M. 1995, S. 76–93.

50 Zu Person und Werk vgl. LEA, Materials (wie Anm. 48), Bd. 2, S. 604–624; Wolfgang BEHRINGER, Hexenverfolgung in Bayern. Volksmagie, Glaubenseifer und Staatsräson in der frühen Neuzeit, München 1987, S. 273 u.ö.; CLARK, Thinking with demons (wie Anm. 48), passim; Elisabeth BIESEL, Hexenjustiz, Volksmagie und soziale Konflikte im lothringischen Raum (Trierer Hexenprozesse. Quellen und Darstellungen, Bd. 3), Trier 1997, S. 89–100 u.ö.

51 Zu Person und Werk vgl. Bernhard DUHR, Die Stellung der Jesuiten in den deutschen Hexenprozessen, Köln 1900, S. 39–45; LEA, Materials (wie Anm. 48), Bd. 2, S. 640–646; Edda FISCHER, Die »Disquisitionum magicarum libri sex« von Martin Delrio als gegenreformatorische Exempel-Quelle, Diss. Frankfurt a.M. 1975; NAGEL, Delrio (wie Anm. 49); Peter Arnold HEUSER, Eine Auseinandersetzung über den Indizienwert der Kaltwasserprobe im Hexenprozeß. Studien zur Rick-Delrio-Kontroverse 1597–1599 und zur Zurückdrängung der Kaltwasserprobe aus kurkölnischen Hexenprozessen im 17. Jahrhundert, in: Rheinisch-westfälische Zeitschrift für Volkskunde 45 (2000), S. 73–135, hier: S. 107–111; BEHRINGER, Hexenverfolgung in Bayern (wie Anm. 50), passim; DERS., Das »Reichskhündige Exempel« von Trier (wie Anm. 49), S. 444f.; CLARK, Thinking with demons (wie Anm. 48), passim; Othon SCHOLER, Die magisch-dämonologischen Vorstellungen, in: Rita VOLTMER/Franz IRSIGLER (Hrsg.), Incubi Succubi. Hexen und ihre Henker bis heute. Ein historisches Lesebuch zur Ausstellung (Publications scientifiques du Musée d'Histoire de la Ville de Luxembourg, Bd. 4), Luxemburg 2000, S. 119–131.

52 Vgl. Roderich STINTZING, Geschichte der Deutschen Rechtswissenschaft, 1. Abt. (Geschichte der Wissenschaften in Deutschland. Neuere Zeit, Bd. 18,1), München/Leipzig 1880, ND Aalen 1957, S. 672; Carl VON PRANTL, Art. Martini, Friedrich M., in: Allgemeine Deutsche Biographie, Bd. 20, Leipzig 1884, S. 508f.; SCHOTT (wie Anm. 25), S. 65 u.ö.; Friedrich MERZBACHER, Die Hexenprozesse in Franken, München [2]1970,

S. 137; H.C. Erik MIDELFORT, Witch Hunting in Southwestern Germany 1562–1684. The Social an Intellectual Foundations, Stanford 1972, S. 61–65.

53 Vgl. Interpretatio Carolinae Constitutionis CIX., in: Friedrich MARTINI, De jure censuum, seu annuorum redituum [...], Freiburg i.Br. 1604, S. 518.

54 Vgl. Piero FIORELLI, La Tortura Giudiziaria nel Diritto Comune, 2 Bde., Mailand 1953/54, Bd. 1, S. 209–214; RADBRUCH (wie Anm. 7), S. 138f.; MERZBACHER (wie Anm. 52), S. 142ff.

55 In Artikel 201 wird ebenfalls auf die Kostenfrage eingegangen.

56 Überschrift zu den Artikeln 199–203.

57 Des weiteren wird in diesem Artikel unter Berücksichtigung von Artikel 12 und 61 die mögliche Aufrechnung und Kompensation der Kosten der Parteien behandelt.

58 SCHOETENSACK (wie Anm. 39), S. 86f.

59 LORENZ, Aktenversendung (wie Anm. 1), Bd. 2,1, S. 103f. (Nr. 37 im Wintersemester 1573/74).

60 Ebd., S. 85 (Nr. 14 im Sommersemester 1570).

61 SCHOETENSACK (wie Anm. 39), S. 85, bezieht sich auf Heinrich Albert OPPERMANN, De quaestione an et quatenus absolutio ab instantia in causis criminalibus locum habeat, Göttingen 1836.

62 Vgl. Dizionario Biografico degli Italiani, Bd. 13, Rom 1971 S. 299f.; FIORELLI (wie Anm. 54), Bd. 2, S. 295f.

63 SCHOETENSACK (wie Anm. 39), S. 87, möchte den Zeitpunkt der Übernahme dieses bedenklichen Mittels in die deutsche Praxis später ansetzen, doch wie oben zu sehen ist (vgl. Anm. 60), hatte die *absolutio ab instantia* bereits 1570 Eingang in die Rostocker Spruchpraxis gefunden.

64 LORENZ, Aktenversendung (wie Anm. 1), Bd. 2,1, S. 129 (Nr. 60 im Wintersemester 1577/78).

65 Überschrift zu den Artikel 48–52 der *Carolina*.

66 Dieser Satz und die folgenden Zeilen waren noch nicht in dem sonst fast gleichlautenden Artikel 64 der *Bambergensis* enthalten.

67 Vgl. Wolfgang SCHILD, Der »entliche Rechtstag« als das Theater des Rechts, in: LANDAU/SCHROEDER (wie Anm. 8), S. 119–144.

68 SCHOETENSACK (wie Anm. 39), S. 90f.

69 Vgl. Carl GÜTERBOCK, Die Entstehungsgeschichte der Carolina auf Grund archivalischer Forschungen und neu aufgefundener Entwürfe, Würzburg 1876, S. 162f., 226.

70 Die Rostocker Juristen haben allerdings in gleichgelagerten oder ähnlichen Fällen dieser Art, die ihnen zum Spruch vorgelegt wurden, fast immer auf ein erneutes – meistens peinliches – Verhör bestanden und eine anschließende neuerliche Aktenversendung gefordert (vgl. LORENZ, Aktenversendung [wie Anm. 1], Bd. 1, S. 338f.).

71 RADBRUCH (wie Anm. 7), S. 17.

72 Joseph HANSEN, Zauberwahn, Inquisition und Hexenprozeß im Mittelalter und die Entstehung der großen Hexenverfolgung (Historische Bibliothek, Bd. 12), München/Leipzig 1900, S. 449.

73 Der *Hexenhammer* erklärte dieses Indiz wie folgt: »Auf die Frage nach der Ursache der Tränenlosigkeit bei den Zauberen und Hexen, kann man antworten: weil die Gnade der Tränen bei den Büßern zu den hervorragenden Gaben gezählt wird, indem Bernardus [Bernhard von Clairvaux] behauptet, daß eine demütige Träne in den Himmel steige und einen Unbesiegbaren besiege. Und so ist es für niemanden zweifelhaft, daß sie auch dem Feind des Heils [dem Teufel] gar sehr mißfällt, wie ersichtlich ist. Daher zweifelt auch niemand, daß er sie [eine demütige Träne] mit den äußersten Bemühungen zu verhindern sucht, damit am Ende die Unbußfertigkeit besser Eingang findet« (Heinrich KRAMER [INSTITORIS], Der Hexenhammer – Malleus Maleficarum. Neu aus dem Lateinischen übertragen von Wolfgang BEHRINGER/Günter JEROUSCHEK/Werner TSCHACHER, hrsg. und eingeleitet von Günter JEROUSCHEK/Wolfgang BEHRINGER, München 2000, S. 679f.).

74 Ebd., S. 851, Stichwort »Maleficium taciturnitatis, Schweigezauber«.

75 Ebd., S. 682.

76 Die Stelle ist wiedergegeben bei Joseph HANSEN, Quellen und Untersuchungen zur Geschichte des Hexenwahns und der Hexenverfolgung im Mittelalter, Bonn 1901, S. 285f.

77 Vgl. LORENZ, Aktenversendung (wie Anm. 1), Bd. 1, S. 443–455.

78 Vgl. LORENZ, Godelmann (wie Anm. 44), S. 81f.

79 Vgl. Nikolaus PAULUS, Hexenwahn und Hexenprozeß vornehmlich im 16. Jahrhundert, Freiburg i.Br. 1910, S. 51f., 81f., 232; vgl. Gudrun GERSMANN, Wasserproben und Hexenprozesse. Ansichten der Hexenverfolgung im Fürstbistum Münster, in: Westfälische Forschungen 48 (1998), S. 449–479; zum gelehrten Diskurs jetzt ausführlich HEUSER, Indizienwert der Kaltwasserprobe (wie Anm. 51), S. 94–120.

80 Vgl. Wolfgang SCHILD, Alte Gerichtsbarkeit. Vom Gottesurteil bis zum Beginn der modernen Rechtsprechung, München [2]1985, S. 161f.

81 Vgl. Roderich STINTZING, Geschichte der Deutschen Rechtswissenschaft, 2. Abt. (Geschichte der Wissenschaften in Deutschland. Neuere Zeit, Bd. 18,2) München/Leipzig 1884, S. 221–225; man beachte Landsbergs Stellungnahme (ebd., S. 222f., Anm. 1); Deutsches Biographisches Archiv, hrsg. von Bernhard FABIAN, bearbeitet unter der Leitung von Willi GORZNY, München 1982–1986, Microfiche 915, S. 280ff.

82 Vgl. Codex Augusteus (wie Anm. 47), Bd. 1, S. 1047f., zum Teil zitiert von Benedikt CARPZOV, Practica nova Imperialis Saxonica rerum criminalium, Wittenberg 1670, Pars III, qu. 114, sum. 22, S. 129. Zu Carpzov siehe

jetzt die Beiträge in: JEROUSCHEK/SCHILD/GROPP, Benedikt Carpzov (wie Anm. 47); WILDE, Kursachsen (wie Anm. 47), passim.

83 Vgl. Codex Augusteus (wie Anm. 47), Bd. 1, S. 174f.: »5. Vom Inquistion-Proceß«; Benedikt CARPZOV, Peinlich Sächsischer Inquistions- und Achts-proceß, Leipzig 1693, S. 120 (erstmals 1638 von Carpzov anonym publiziert).

84 Vgl. SCHMIDT, Strafrechtspflege (wie Anm. 9), S. 199, 205f., 208 (allgemein zusammenfassend).

85 Vgl. Hugo ZWETSLOOT SJ, Friedrich Spee und die Hexenprozesse. Die Stellung und Bedeutung der Cautio criminalis in der Geschichte der Hexenverfolgungen, Trier 1954, S. 91–111; BEHRINGER, Bayern (wie Anm. 50), S. 224–331.

86 Christian THOMASIUS, Über die Hexenprozesse, hrsg. von Rolf LIEBERWIRTH (Thomasiana, Bd. 5), Weimar 1967, S. 23 (Einleitung).

87 Vgl. ebd., S. 19–23.

88 Vgl. Sönke LORENZ, David Mevius (1609–1670) und der Hexenprozeß. Zur Problematik der Diskussion, wer als Gegner der Hexenverfolgung bezeichnet werden kann, in: LEHMANN/ULBRICHT (wie Anm. 45), S. 305–324.

89 Vgl. zusammenfassend LORENZ, Aktenversendung (wie Anm. 1), Bd. 1, S. 540f.

90 Vgl. Sönke LORENZ, Ernst Cothmann (1557–1624) aus Lemgo in Westfalen. Ein Iurisconsultus Rostochiensis in Sachen Hexenprozeß, in: Martin KINTZINGER u.a. (Hrsg.), Das andere Wahrnehmen. Beiträge zur europäischen Geschichte. August Nitschke zum 65. Geburtstag gewidmet, Köln/Weimar/Wien 1991, S. 437–449.

91 Vgl. LORENZ, Aktenversendung (wie Anm. 1), Bd. 1, S. 388ff. u.ö.

92 SCHMIDT, Strafrechtspflege (wie Anm. 9), S. 194–202.

93 Vgl. beispielsweise die Vorrede des erstmals 1638 von Carpzov anonym publizierten *Peinlich sächsischer Inquisitions- und Achts-proceß* (wie Anm. 83), S. 2: »Dahero der Inquisitions-proceß bisweilen auch ›processus extraordinarius‹ auch ›summarius‹ genennet wird.«

94 Vgl. LORENZ, Aktenversendung (wie Anm. 1), Bd. 1, S. 380.

95 Vgl. Davidis Mevii [...] Consilia posthuma, varia et perfecta eruditione referta, [...] accessit in secunda hac editione [...], curante Otton. Philipp. Zaunschliffero [...], Frankfurt a.M. 1717, Teil II, Cons. 74, sum. 7–9, S. 132f.

96 Vgl. ebd., sum. 33, S. 134.

97 Ebd., Teil I, Cons. 30, S. 290–301.

98 Ebd., Cons. 74, sum. 144, S. 143.

99 Ebd., sum. 152–154.

100 Ebd., sum. 165.

101 Vgl. LEA, Materials (wie Anm. 48), Bd. 2, S. 647–670; Wolfgang BEHRINGER, Zur Haltung Adam Tanners in der Hexenfrage. Die Entstehung einer Argumentationsstrategie in ihrem gesellschaftlichen Kontext, in: LEHMANN/ULBRICHT (wie Anm. 45), S. 164–170; DUHR, Die Stellung der Jesuiten in den deutschen Hexenprozessen (wie Anm. 51), S. 45–53; CLARK, Thinking with demons (wie Anm. 48), passim.

102 Neuere Literatur: Karl-Jürgen MIESEN (Hrsg.), Friedrich Spee von Langenfeld (1591–1635). Ein Dichter und Aufklärer vom Niederrhein, Düsseldorf 1991; Gunther FRANZ (Hrsg.), Friedrich Spee. Dichter, Seelsorger, Bekämpfer des Hexenwahns. Kaiserswerth 1591 – Trier 1635 (Ausstellungskataloge Trierer Bibliotheken, Bd. 10a), Trier 1991; Theo G.M. VAN OORSCHOT (Hrsg.), Friedrich Spee (1591–1635). Düsseldorfer Symposion zum 400. Geburtstag, Bielefeld 1993.

103 Vgl. Erich TRUNZ, Johann Matthäus Meyfart. Theologe und Schriftsteller in der Zeit des Dreißigjährigen Krieges, München 1987; Hartmut LEHMANN, Johann Matthäus Meyfart warnt hexenverfolgende Obrigkeiten vor dem Jüngsten Gericht, in: LEHMANN/ULBRICHT (wie Anm. 45), S. 223–229; Rainer HAMBRECHT, Johann Matthäus Meyfart (1590–1642). Sein Traktat gegen die Hexenprozesse und der Fall Margareta Ramhold, in: Michael GOKKEL/Volker WAHL (Hrsg.), Thüringische Forschungen. Festschrift für Hans Eberhardt zum 85. Geburtstag, Weimar 1993, S. 157–179; CLARK, Thinking with demons (wie Anm. 48), passim.

104 Vgl. Lène DRESEN-COENDERS, Anton Prätorius, in: LEHMANN/ULBRICHT (wie Anm. 45), S. 129–137; Jürgen Michael SCHMIDT, Glaube und Skepsis. Die Kurpfalz und die abendländische Hexenverfolgung 1446–1685 (Hexenforschung, Bd. 5), Bielefeld 2000, S. 296–312.

105 Vgl. Sönke LORENZ, Die Rezeption der *Cautio criminalis* in der Rechtswissenschaft zur Zeit der Hexenverfolgung, in: VAN OORSCHOT (wie Anm. 102), S. 130–153, hier: S. 140–144.

106 Vgl. FIORELLI (wie Anm. 54), Bd. 1, S. 178, Bd. 2, S. 237f.; Wolfgang EBNER, Christian Thomasius und die Abschaffung der Folter, in: Ius commune 4 (1972), S. 73–80; anders noch SCHMIDT, Strafrechtspflege (wie Anm. 9), S. 214.

107 Vgl. SCHMIDT, Strafrechtspflege (wie Anm. 9), S. 269ff.

108 Cesare BECCARIA, Über Verbrechen und Strafen. Nach der Ausgabe von 1766 übersetzt und hrsg. von Wilhelm ALFF, Frankfurt a.M. 1988.

109 Michel FOUCAULT, Überwachen und Strafen. Die Geburt des Gefängnisses, übersetzt von Walter SEITTER, Frankfurt a.M. 1977, S. 17.

110 Richard VAN DÜLMEN, Theater des Schreckens. Gerichtspraxis und Strafrituale in der frühen Neuzeit, München [2]1988, S. 184f.

Anita Chmielewski-Hagius

»Wider alle Hexerei und Teufelswerk …«

Vom alltagsmagischen Umgang mit Hexen, Geistern und Dämonen

Hexen, Geister und Dämonen galten als Realität und Bedrohung. Unheil und unerklärliche Vorkommnisse wurden auf ihr Wirken zurückgeführt. Was heutzutage unter »Hexenwahn« oder »schwarze Magie/Kunst« eingestuft und als phantastisch abgelehnt wird, war noch bis in das 18. Jahrhundert hinein weit verbreitete Überzeugung. Es handelte sich um die unterstellte Fähigkeit eines Menschen, unter Benutzung böser Kräfte und Mächte (Teufel, Hexen) Glück anzuziehen, sich in Tiere zu verwandeln, auf Gegenständen durch die Lüfte zu fliegen, Schadenzauber in Form von Milch-, Butter-, Wetter- oder Unfruchtbarkeitszauber zu verüben sowie Krankheiten anzuhexen. Obwohl sich bis spätestens Ende des 18. Jahrhunderts die Verfolgung und Vernichtung von Hexen als Justizirrtum herausgestellt hatte und Hexen fortan als unschuldig galten[1], lebte der Glaube an die Effektivität von Hexerei und Zauberei in den unterschiedlichsten Ausprägungen im Bewußtsein der Bevölkerung weiter.

Während an einen Hexensabbat, an Teufelsbuhlschaft oder an nächtens durch die Lüfte fliegende Hexen heute nicht mehr geglaubt wird, haben sich Schadenzaubervorstellungen, beispielsweise an »böse Leute, die einem etwas anhexen/antun können«, bis in unsere Tage gehalten[2].

Die Grundlage dieser Anschauungen bildet eine magische Weltsicht – die Überzeugung, daß eine okkulte, eigenen magischen Kausalitäten folgende Wirklichkeit existiert. Diese setzt zum einen das Vorhandensein übersinnlicher Kräfte und Mächte voraus, zum anderen liegt ihr die Annahme zugrunde, daß ähnliche Dinge, Verhältnisse und Personen in sympathetischem Zusammenhang stehen, aufeinander einwirken und durch bestimmte zauberische Kräfte, Praktiken und Handlungen (Bildzauber, Rituale usw.) im guten wie im bösen Sinne beeinflußt und/oder beherrscht werden können.

Demgemäß soll mit der Manipulation von Ähnlichem Ähnliches bewirkt werden. Dazu gehört die als wirksam vorgestellte Abwehr von Gleichem/Gegensätzlichem durch Gleiches/Gegensätzliches und auch die Verknüpfung von Parallelitäten des Analogiezaubers (Leiche – vergehen, Mond – wachsen/schwinden, Feuer – rot)[3]. An einem Beispiel aus dem Bereich des Gebetsheilens läßt sich dies veranschaulichen. Der nachfolgend geschilderte Vorgang ereignete sich im Jahre 1988.

Eine Heilerin behandelte Kröpfe oder sonstige Geschwülste bei einer Beerdigung direkt auf dem Friedhof. Während die Kirchenglocken läuteten und sich die Trauergemeinde zur Beerdigungsfeier begab, legte sie ihre Hand auf den Kropf der Hilfesuchenden und sprach dazu fünf- bis sechsmal folgenden Heilsegen: »Es läutet zur Leich, und was ich greif, das weich, und was ich greife, nehm ab wie die Toten im Grab. Gott Vater, Sohn und Heiliger Geist.« Außerdem war wichtig, daß bei einem männlichen Hilfesuchenden gerade ein Mann und bei einer weiblichen Patientin eine Frau beerdigt wurde[4].

Auf Analogiedenken beruhen also: 1. die einst angenommene Vertreibung krankheitsverursachender Geister und Dämonen durch Glockengeläut und analog dazu die Überlegung, daß die von ihnen verursachte Erkrankung gleichfalls verschwindet; 2. die damit einhergehende Berührung des Kropfes und der Text des Heilsegens »was ich greif, das weich«; 3. wiederum der Wortlaut des Gebetstextes »was ich greife, nehm ab wie die Toten im Grab«, der im Bezug zum Verwesungsvorgang der Leiche steht; 4. die Tatsache, daß die Behandlung auf dem Friedhof im Zusammenhang mit einer Beerdigung stattfindet, die einen weiteren Bezug zur Vergänglichkeit des menschlichen Körpers darstellt; und 5., daß der Verstorbene das gleiche Geschlecht wie der Erkrankte aufweist.

Die sogenannte »weiße Magie/Kunst« ist unter Verwendung guter (göttlicher) Mittel (Gebete) und Kräfte auf Heilung, Schutz und Abwehr ausgerichtet. Sie ist unverzichtbarer Bestandteil magischen Handelns. Zur »weißen Magie/Kunst« wird auch der soeben angeführte Gebetsheilvorgang gerechnet.

Aufgrund von historischen Forschungen zur regionalen Volksmagie in den Dorfgemeinden des Saarraumes (16.–19. Jahrhundert) wurde festgestellt, daß Landbewohner dieser Region bereits »ab den 40er Jahren des 16. Jahrhunderts und damit vor Beginn erster regionaler Hexenverfolgungswellen, eine klare Trennung in ›schwarze‹ und ›weiße‹, in gute und böse, in akzeptierte und auszugrenzende Magieformen« vorgenommen hatten[5].

Magisches Denken und Handeln zog sich noch im 16. und 17. Jahrhundert bis auf wenige Ausnahmen durch alle Bevölkerungsschichten und stellte im »frühneuzeitlichen Europa eine bis ins 18. Jahrhundert unspektakuläre, wenngleich nicht unumstrittene Deutungs- und Handlungsalternative im Umgang mit der erfahrbaren Lebenswelt dar«[6]. Es handelte sich insofern um Überzeugungen, die von der geistigen Elite jener Zeit und vom einfachen Volk gleichermaßen geteilt wurden. Mitglieder der bayerischen Herrscherfamilie sowie manche Bischöfe führten ihre Krankheiten auf Hexerei zurück. Viele adlige Landrichter fühlten sich von Behexungen betroffen, und selbst Kaiser Rudolf II. (1576–1612) wurde als Opfer von Verhexungen gesehen[7].

Exemplarisch sei hier auch der naturwissenschaftlich orientierte Arzt Johann Weyer (1515–1588) angeführt, der als einer der ersten Bekämpfer des Hexen- und Zauberwahns gilt. In seinem 1563 geschriebenen Werk *De praestigiis daemonum* zog er einerseits für »Hexen-Werke« natürliche Erklärungen heran und suchte diese auch naturwissenschaftlich zu begründen, andererseits jedoch schrieb er »gerade einen großen Teil des angeblichen Hexenwerkes übersinnlich-dämonischen Einflüssen«[8] zu. Er lehnte zwar den Glauben an zauberfähige Hexen ab, schloß aber nicht generell die Möglichkeit aus, mit übernatürlichen Kräften Übernatürliches bewirken zu können[9].

Historische Untersuchungen belegen, daß vermutlich im ganzen vorindustriellen Europa »... eine intensive ›magische Volkskultur‹, eine Welt des Zaubers und Gegenzaubers, des Glaubens an magische Zusammenhänge in der Natur, der Erscheinungen von Dämonen, guten Geistern, Engeln etc. ...«[10] existierte. Diese »magische Zauberwelt« ermöglichte es, negative Kräfte und Mächte zu neutralisieren, und wenn dies nicht gelang, sich wenigstens auf magischem Wege zur Wehr zu setzen.

Es gab eine Vielzahl von Möglichkeiten des Hexenabwehr- und Schutzzaubers, wie z.B. die Anwendung profaner und/oder sakraler Schutzmittel, der »weißen Magie« und, wenn es sein mußte, gar Schutzmaßnahmen mit Hilfe der »schwarzen Magie« selbst. Die Grenzen zwischen »schwarzer« und »weißer Magie« waren fließend, was ein Rezept, das den Bestohlenen in die Lage versetzen sollte, seinen Besitz wiederzuerlangen, verdeutlicht. Die Anweisung lautet:

> »Wie der Dieb das Gestohlene wieder bringen muß.
> Gehe vor Sonnenaufgang zu einem Birnbaum und nimm drei Nägel aus einer Todtenbahr oder 3 ungebrauchte Hufnägel mit, halte dieselben gegen der Sonne Aufgang und sprich:
> O Dieb! ich binde dich bei dem ersten Nagel, den ich dir in deine Stirn und Hirn thu schlagen, daß du das gestohlene Gut wieder an seinen vorigen Ort mußt tragen; es soll dir so weh werden nach dem Menschen und dem Ort, wo du es gestohlen hast, als dem Jünger Judas war, da er Jesum verrathen hatte. Den anderen Nagel, den ich dir in deine Lung und Leber thu schlagen, daß du das gestohlene Gut wieder an seinen

vorigen Ort sollst tragen, es soll dir so weh nach dem Menschen und nach dem Ort sein, da du es gestohlen hast, als dem Pilato in der Höllenpein. Den dritten Nagel, den ich dir Dieb in deinen Fuß thu schlagen, daß du das gestohlene Gut wieder an seinen vorigen Ort mußt tragen, wo du es gestohlen hast: O, Dieb, ich binde dich und bringe dich durch die heiligen drei Nägel, die Christum durch seine drei heiligen Hände und Füße sind geschlagen worden, daß du das gestohlene Gut wieder an seinen vorigen Ort mußt tragen, wo du es gestohlen hast †††. (Die Nägel müssen aber mit Armsünder-Schmalz geschmiert werden.)«[11]

Der Dieb soll hier eindeutig auf schadenzauberische Weise gezwungen werden, das gestohlene Gut zurückzubringen, was beim Bestohlenen sicherlich keine Skrupel hervorgerufen haben dürfte. Für den Geschädigten stellte sich die Wiedererlangung seines Besitzes schließlich als gute Sache dar.

Diese Behauptung läßt sich anhand historischer Untersuchungen untermauern. Es wurde festgestellt, daß eine neutrale bis ambivalente Haltung in der Bevölkerung vorherrschte. Ob magische Praktiken als gut oder böse angesehen wurden, hing vom Standpunkt des Beurteilenden ab. Die Einschätzungen hierzu waren zwiespältig. Zauberei »... wurde offenbar als eine Art Instrument betrachtet, welches man für gute Zwecke – Heilung von Krankheiten, Wiederbringung verlorener oder gestohlener Gegenstände, Hellsehen – gebrauchen oder für schlechte Zwecke – Anhexen von Krankheiten, Milchdiebstahl, Wetterzauber etc. – mißbrauchen konnte«[12].

Allerdings hatte die damalige Zaubergläubigkeit auch eine ganz rationale Seite. Es gab Geschäftemacher und Betrüger, zumeist Vertreter sozialer Randgruppen, die sich den Zauberglauben ihrer Mitmenschen häufig zur Lebensgrundlage und damit zunutze machten. Sie verblüfften leichtgläubige Zeitgenossen durch Kunststücke, die heutigen Zaubertricks entsprechen dürften, verkauften wunderwirksame Elexiere, zauberkräftige Gegenstände, sagten die Zukunft voraus und anderes mehr[13].

Anzuführen wäre auch, daß es Personen gab, die sich selbst für Hexen hielten und der Meinung waren, hexen zu können. Seelische Erkrankungen und Geistesstörungen spielten in solchen Fällen häufig eine Rolle[14]. Des weiteren gab es Menschen, die in der Tat Schadenzauberpraktiken ausübten und an deren vermeintliche Wirkung glaubten[15], z.B. Wahrsager, Zauberer und Wunderheiler. Die Künste dieser speziellen Gruppe hatten nur allzu oft bereits die Grenzen zur »schwarzen Magie« überschritten. Denn die Verwendung von Totenköpfen, Gebeinen, schwarzen Hennen, in Säckchen eingenähtem faulendem Holz, durchstochenen Wachsknollen etc. bei magischen Handlungen ließ »mitunter erkennen, daß die ›natürlichen Künste‹ der Volkszauberer nicht ganz so harmlos waren, wie sie der Obrigkeit gegenüber erscheinen sollten«[16].

Daß sich selbst ein mit den Bauherren unzufriedener Handwerker einer Schadenzauberpraktik bediente, beweist ein auf der Innenseite einer Füllungstür gefundener Zettel, in dem diese verwünscht wurden. Der Text lautet: »Schreinergesell Heinrich Leiendecker / von Pfaffenwiesbach der hat diese 5 Thürn / gemacht / 1824 / und der Bauherr und seine Frau diese warn zwey groben Leute / sie sollen die Schwernoth bekommen.«[17]

1. Arznei- und Zauberbücher

Das Wissen um Schutz- und Abwehrmaßnahmen gegen »Hexenwerk« beruht zu einem guten Teil auf mündlicher Weitergabe. Die Untersuchung historischer Prozeßakten erbrachte, daß der »... Grad des magischen Wissens auch bei Personen aus den unteren Bevölkerungsschichten [...] als hoch bezeichnet werden ...«[18] kann. Beschuldigte Zauberinnen konnten beispielsweise ohne schriftliche Hilfsmittel »... lange gereimte Zauberformeln memorieren, die auf ein reichhaltiges Repertoire«[19] verwiesen.

Andererseits stammten auch viele magische Kenntnisse aus schriftlichen Quellen. So finden sich in den unterschiedlichsten Druckwerken und handschriftlichen Aufzeichnungen neben Krankheitsheilsegen, volksmedizinischen Rezepten und Zauberanleitungen auch Anweisungen, was zum Schutz und zur Abwehr von Hexerei und Teufelswerk zu unternehmen sei. Einschlägige Zauber- und Rezeptbücher weisen bereits auf der Titelseite darauf hin, wie *Der wahre Geistliche Schild*: »... so vor 300 Jahren von dem heil. Papst Leo X. bestätigt worden, wider alle gefährliche böse Menschen sowohl, als aller Hexerei und Teufelswerk entgegengesetzt.«[20]
Mit dem Aufkommen des Buchdrucks (um 1450) war es möglich, Zauberliteratur ebenso wie medizinisches Erfahrungswissen, das heutzutage größtenteils als überholt und abergläubisch verworfen wird, über das Medium Buch zu vermitteln. Hierzu ist anzumerken, daß Mittel und Rezepte zur Behandlung von Krankheiten in jener Zeit einen stark magischen Anteil besaßen. Solches Buchwissen blieb bis zum 16./17. Jahrhundert vorwiegend auf eine kleine Schicht lesefähiger Gebildeter beschränkt und drang, wenn überhaupt, nur auf mündlichem Wege – über Bilder und Predigten – in die Bevölkerung[21].

Die Mehrheit der Bevölkerung des 16. und 17. Jahrhunderts konnte weder lesen noch schreiben. Erst seit dem 19. Jahrhundert begann sich dieser Zustand zu ändern, und ein Teil der Bücher wurde breiteren Bevölkerungsschichten zugänglich. Einen Anhaltspunkt zur Lesefähigkeit liefert eine grobe Schätzung. So sollen »in Mitteleuropa um 1770: 15%, um 1800: 25%, um 1830: 40%, um 1870: 75% und um 1900: 90% der Bevölkerung über sechs Jahre als potentielle Leser in Frage kommen«[22].

Erst Ende des 18. bzw. Anfang des 19. Jahrhunderts und in der ersten Hälfte des 20. Jahrhunderts entwickelten sich einige einschlägige »Rezept- und Zauberbücher«, wie das *Sechste und siebente Buch Mosis*, die *Egyptischen und sympathetischen Geheimnisse des Albertus Magnus*, das *Romanusbüchlein* und *Der Wahre geistliche Schild*, zu regelrechten Bestsellern[23]. Dabei gilt es festzuhalten, daß gerade das *Sechste und siebente Buch Mosis*, trotz gegenteiliger Behauptung, »Es wurde um 1522 aufgefunden und erschien in Deutschland zuerst bei Peter Michel, dem letzten Karthäuser zu Erfurt«, erstmals im Jahre 1797 anhand einer Verkaufsanzeige im *Allgemeinen literarischen Anzeiger* nachgewiesen werden kann[24]. In all diesen Büchern sind Mittel und Maßnahmen gegen Hexerei und Teufelswerk enthalten, obwohl zu jener Zeit Hexerei keinen juristischen Straftatbestand mehr darstellte.

Doch auch in handgeschriebener Form tauchen bis heute immer wieder Arznei- und Zauberbüchlein aus früheren Jahrhunderten auf. Diese enthalten Anweisungen, die auf den persönlichen Erfahrungsschatz des Verfassers zurückgreifen und/oder teilweise schlicht auf Abgeschriebenem beruhen.

Auf dem Deckblatt eines solchen Rezepthefts aus dem Jahre 1783, das im Museum am Burghof in Lörrach aufbewahrt wird, ist beispielsweise folgendes psychologisches »Liebesentzauberungsmittel« zu lesen:

> »Must du wieder deinen willen eine lieben, oder einer nachlauffen, so ziech ein neu par Schu an die bloße füße und lauffe darinnen eine Meil wegs, oder etwas weniger, daß die Füße wohl schwützen, als dann soll der Mensch den rechten schuh ausziehen, und alsobald Wein oder Bier daraus trinken, so wird er der Person, die es ihm gemacht von Stund an feind werden.«

In dieser Schrift befinden sich außerdem Rezepte für Krankheiten bei Mensch und Vieh und gegen Zauberei, zum Beispiel »Das Bluten aus der Nasen zu Verstellen«, »Überbein zu Vertreiben«, »Gestank der füß zu Vertreiben«, »Für Hexenwerk und Zauberey böser Leute«, »Wann einem durch Zauberey die Milch gestohlen wird«, »Zu machen, daß keines im Haus schlaffen kann, solang man will« usw.

2. Tiere und Tierschädel als Apotropäen

Der Hexenglauben ist vor allem von der bäuerlichen Lebenswelt geprägt. Die Mehrzahl der Bevölkerung der vorindustriellen Gesellschaft lebte auf dem Land und war von der bäuerlichen Produktion abhängig. Selbst in den Städten jener Zeit existierten viele landwirtschaftliche Betriebe, und auch dort dienten Viehhaltung und Ackerbau der Existenzsicherung. Demgemäß stellten agrarische Erzeugnisse die wichtigste Lebensgrundlage dar, die permanent durch Unwetter, Hagel, Blitzschlag, Feuer, Ungeziefer, Seuchen, Viehkrankheiten und/oder mangelnde Milchproduktion gefährdet war. Die technischen Möglichkeiten, um diesen Gefährdungen zu begegnen, waren begrenzt – naturwissenschaftliche Erklärungen fehlten im allgemeinen.

Schädigungen im bäuerlichen Umfeld wurden deshalb auch oft übernatürlichen Einflüssen zugeschrieben. So nimmt es nicht Wunder, daß Schadenzaubervorwürfe häufig Anklagepunkte in Hexenprozessen des 15. bis 18. Jahrhunderts waren. Hexen schädigten z.B. Feld und Flur, indem sie Ungeziefer verbreiteten, Unwetter und Hagel brauten. Geister, Hexen und Dämonen drangen in Haus und Hof ein und richteten dann allerlei Unheil an. Sie verschafften sich nach gängiger Auffassung über den Dachfirst, durch den Kamin, durch Fenster, Tür und Tor Einlaß.

Abb. 11: Abwehrzeichen gegen Hexen. Museum für bäuerliches Handwerk und Kultur, Wilhelmsdorf/Oberschwaben

So galt es, gerade diese »gefährdeten Bereiche« mit einem Gegenzauber zu sichern. Als wirksam galt beispielsweise das Aufhängen oder Befestigen von Tierschädeln am Hochfirstbalken, im Dachstuhl oder im Stall. Mumifizierte Ochsen- und Pferdeschädel befinden sich heute noch in etlichen alten Schwarzwaldhäusern. Sie sollten dort einst »Krankheiten, Seuchen und Blitzschlag vom Hause fernhalten«[25]. Als Beispiel sei der Schniederlihof (Bauernhausmuseum) in Hofsgrund bei Freiburg angeführt. Nach mündlicher Überlieferung soll hier beim Richtfest der Zugochse, der das Holz für den Hausbau herbeigeschafft hatte, geschlachtet, sein Kopf abgetrennt und am Hochfirstbalken befestigt worden sein. Der Schädel diente dem Haus und seinen Bewohnern fortan als Apotropäum (unheilabwehrendes Zaubermittel)[26].

Brach eine Viehseuche aus, so wurde in manchen Gegenden dem ersten verendeten Tier der Kopf abgetrennt und dieser im Stall aufgehängt. Neben Abschreckungsgedanken spielten auch Opfervorstellungen eine Rolle. Als Schreckgespenst, Sündenbock oder eine Art Opfergabe sollte es die Seuche abfangen und eine Wiederholung des Unglücks verhindern[27].

In diesen Vorstellungskreis gehört auch das Einmauern oder Vergraben eines lebendigen Wesens beim Bau von Häusern, Dämmen oder nach dem Ausbruch von Viehseuchen. Das Vergraben eines lebendigen Tieres ist auch aus dem städtischen Umfeld bekannt. So wurde in Offenburg eine mumifizierte Katze unter der Türschwelle eines Wohnhauses gefunden[28]. Eine solche Handlungsweise kann als symbolische Zerstörung der Kräfte des Bösen verstanden werden, aber auch als Mittel, um die Lebenskraft des geopferten Tieres auf den Bau zu übertragen und ihn so zu sichern. Des weiteren kann einem solchen Vorgehen eine rein apotropäische Funktion zugrunde liegen, was sich z.B. im Zusammenhang mit Viehseuchen verdeutlichen läßt.

Das Ausmaß solcher katastrophalen Viehseuchen führen uns noch heute zeitgenössische Berichte, aber auch Darstellungen und Texte von Votivbildern vor Augen. Der Ausbruch einer Maul- und Klauenseuche beispielsweise konnte zur Verarmung eines ganzen Landstriches führen. Denn durch Verlust oder Dezimierung des Viehbestandes fehlte nicht nur eine wichtige Nahrungsgrundlage, sondern auch Dünger für die Äcker und Zugtiere, um diese zu bearbeiten.

Der letzte Abt von St. Peter im Schwarzwald berichtete in seinem Tagebuch von den Folgen einer solchen Viehseuche, die im Jahre 1796 ausgebrochen war und den Viehbestand ganzer Bauernhöfe vermindert bzw. hinweggerafft hatte:

> »Vom Schemppenhof wird die Anzeige gemacht, daß nun alles Vieh, so darauf gestanden, gefallen sei, in allem 43 Stück! [...] Mit traurigem Herzen fuhr ich von Freiburg heute abend zurück. Überall hörete ich nur Jamer und Klagen und nirgends sieht man mehr Hilfe [...] Als ich heut nach Hause kam, erfuhr ich sogleich die traurige Nachricht, daß nun unsere Zugochsen auf dem Scheuerhofe gar alle umgestanden, 33 an der Zahl nebst 2 Kühen, welche dem Meier gehöreten [...] Da wir durch die Viehseuche unser Zugvieh alles verloren haben, so leidet notwendig der Feldbau; es ist Mangel an Dung und beim Fuhrwesen ...«[29]

Texte und Darstellungen auf Votivbildern des 17. u. 18. Jahrhunderts belegen, daß bei einer grassierenden und verheerenden Viehseuche, also in einer verzweifelten Notlage, gelegentlich Rinder (Kühe, Bullen) von der ganzen Gemeinde geopfert wurden. In der Gräner Pfarrkirche im Tannheimer Tal finden sich hierfür zwei Bildzeugnisse. Der Text auf dem Votivbild aus dem Jahre 1696 lautet:

> »1696 grassierte eine schröckliche Viehseuche, welche auch schon in der Gemeinde Nesselwängle war. Sobald sie eine s.v. Kuh opferten, dem heiligen Wendelin, hat sie nachgelassen. Gott sei ewig Dank, dem heiligen Wendelin Ehre!«[30]

Und auf einer aus dem Jahre 1797 stammenden Votivtafel der gleichen Pfarrkirche heißt es:

> »Dankbare Erinnerung an die wunderbare Befreiung von der in den Jahren 1793–1797 im angrenzenden Ausland grassierenden schröcklichen Viehseuche, welche auch schon bei uns spuken will. Durch die Verlobung zum St. Wendelin war schon die drohende Gefahr hin. Der Kreuzgang der ganzen Pfarrei brachte ein lebendes Opfer aus dem Mittere-Tritl herbei, eine s.v. Kuh dem heiligen Hirten Wendelin. Gott sei Lob, Ehre und Dank für seinen Segen, denn an diesem ist alles gelegen.«[31]

Auch für Württemberg läßt sich eine Rinderopferung nachweisen. Anfang des 19. Jahrhunderts kursierte ein Flugblatt, auf dem das Begräbnis eines lebenden Bullen abgebildet ist. Im Jahre 1796 hatten in der Tat Mitglieder der Gemeinde Beutelsbach bei Waiblingen in Württemberg einen lebenden Farren an einem Kreuzweg begraben, um einer Maul- und Klauenseuche Einhalt zu gebieten[32].

Es handelte sich um eine Verzweiflungstat, die allerdings bereits in ihrer Zeit bei vielen Zeitgenossen auf Spott und Unverständnis stieß. So ist auf der Spottschrift auch ein Denkmal zu Ehren des Bullen abgebildet, um das Kühe, ein Kalb und einige Beutelsbacher stehen. Der Text hierzu lautet: »Denkmal eh'licher Zärtlichkeit, am Grabe des zu Beutelsbach 1796 lebendig begrabenen Farren errichtet von Dessen hinterbliebenen tiefgebeugten Kühen.«[33]

Bestimmte Tiere wie schwarze Katzen, Hunde oder Ziegen konnten ähnliche Aufgaben erfüllen. Als lebende Apotropäen wurden sie auf bäuerlichen Anwesen – vorwiegend gegen Behexung und Viehkrankheiten – gehalten. In ihre Gestalt konnten sich auch Hexen und Dämonen verwandeln. Sie galten als Symbole und Verkörperungen des Bösen und blieben dennoch Haustiere, gewissermaßen gezähmte Dämonen. Zudem galt schwarz als »böse« Farbe. Schwarz war vor allem der Teufel, der Tod und ganz allgemein die Unterwelt.

Insbesondere von Ziegen nahm man an, daß sie sämtliche Krankheiten im Stall auf sich zögen. Fruchtbarkeitsvorstellungen und die Ansicht, daß üble Dämonen durch übelriechende Stoffe verjagt werden könnten, dürften zu solch einer Einschätzung beigetragen haben.

3. Neid- und Schreckköpfe

Neid-, Schreckköpfe oder Schutzfiguren finden sich an Bauern- und Stadthäusern, in Mühlen, an Hausbalken und sogar in Kirchen. Die drohenden oder abweisenden Fratzen hatten einst vermutlich die Aufgabe, böse Geister und Neider fernzuhalten bzw. abzuschrecken. Eine alte Hausinschrift weist auf die Zeitlosigkeit des Neides hin: »Wenn dieses Haus solange steht, bis in der Welt der Neid vergeht, so steht es nicht nur lange Zeit, so steht es bis in Ewigkeit.«[34]
Gerade zu der Zeit, als Hexen durch die kirchliche und weltliche Obrigkeit verfolgt wurden, zeigte es sich immer wieder, wie gefährlich der Neid von Mitmenschen sein konnte. So gerieten Personen häufig auch deshalb in Hexereiverdacht, weil sie die wirtschaftlich Erfolgreicheren waren.

Teilweise wandelten sich auch die Bedeutungsinhalte von Neid- und Schreckköpfen. Abwehrende, abschreckende und schützende Funktionen können zumindest für das frühe und hohe Mittelalter angenommen werden. In späteren Jahrhunderten dürften die Neid- oder Schreckköpfe eher den Doppelcharakter von magischem Schutz und Verzierung aufgewiesen haben. Andere Figuren wie z.B. Engel traten an ihre Stelle. Denkbar ist aber auch, daß solche Darstellungen einfach der Mode folgten und nichts weiter als Schmuck und Zierelemente waren.

Ein ähnlicher Schluß läßt sich auch für die sogenannten Kleiekotzer ziehen. In Mühlen sollten die geschnitzten Holzmasken böse Geister abschrecken, die Mühle und das Mehl schützen. Sie hingen an der Stirnseite des Beutelkastens, wo Kleie und Grieß herausfallen[35]. Die mehr oder minder schreckenserregenden Antlitze erinnern an den Typus des Medusen- oder Gorgonenhauptes, der auf antik-mediterrane Darstellungen zurückgeht. Die wichtigsten Merkmale sind ein weit geöffneter, verzerrter Mund, eine heraushängende Zunge und hervorquellende Augen. Als Verbildlichung von Mythen und Zeichen des Triumphes über Dämonen und dunkle Mächte erfüllten sie in der Antike vielleicht auch eine geglaubte »reale« Schutz- und Abwehrfunktion[36].

Die apotropäische Bedeutung der Neid- und Schreckköpfe wird auch vielfach von alten Schädelkulten hergeleitet, in denen die Köpfe getöteter Gegner zur Schau gestellt oder sogar sichtbar eingemauert wurden[37]. Noch in der Neuzeit wurden die Häupter von Verbrechern zur Abschrekkung für jeden sichtbar auf einer Stange aufgesteckt[38]. Es ist naheliegend, daß solche Anschauungen auch in Schreckfiguren ihren Niederschlag fanden.

4. Schutz- und Abwehrzeichen

Schutz-, Abwehrzeichen und geheimnisvoll klingende Formeln waren ebenfalls ein gangbarer Weg, um sich vor Schadenzauber zu schützen und auf unheilvolle überirdische Mächte einzuwirken. Kenntnisse hierüber zirkulierten unter Gelehrten, Astrologen und Wissenden und blieben teilweise als »Geheimwissen« auf kleine elitäre Gruppen beschränkt. Ein Teil dieser Zeichen jedoch fand auch volkstümliche Verbreitung, wie SATOR-AREPO-Quadrate, Drudenfüße, Hexenkreuze und Schwundformeln.

Auf Einfahrts- und Stalltoren, Dreschtennen, Türen, Balken, auf Ziegeln, in den Ställen und im Haus, an Möbeln oder Arbeitsgeräten finden sich Abwehrzeichen, z.B. Sieben-, Acht- und Neunspitze, Hexagramme (Davidsstern), Pentagramme (auch Fünfstern, Schrättele- und Drudenfuß genannt), Hexenkreuze und Teufelsknoten[39]. Die Erinnerung an die bannende Wirkung von Schrättelefuß, Teufelsknoten und Hexenkreuz war im Schwarzwald noch in den 70er Jahren des letzten Jahrhunderts präsent[40].

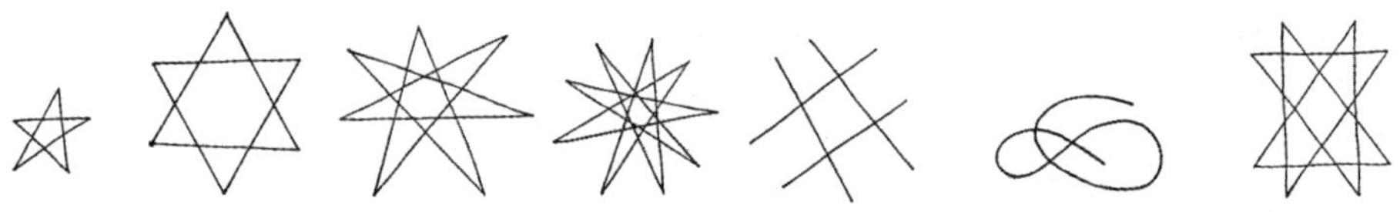

Abb. 12: Abwehrzeichen gegen Hexen (nach Hermann Schilli, Schwarzwaldhäuser, Karlsruhe 1971, S. 68)

Das bekannteste Zauberzeichen ist das Pentagramm, das auf orientalische und keltische Wurzeln zurückgehen soll. Als kosmisches Zeichen findet es sich bereits auf sumerischen und altbabylonischen Monumenten und hängt wahrscheinlich mit einer Fünfergruppierung von Planeten zusammen. Die Tatsache, daß der Fünfstern gleichzeitig aus drei ineinander verschlungenen Dreiecken besteht, weist außerdem auf die Idee der zauberabwehrenden Verknüpfung und Verschlingung hin[41]. Wichtig war vor allem, daß das Pentagramm in einem Zug und ohne Lücke gezeichnet wurde, was auch in Goethes *Faust* I seinen Niederschlag fand. Mephistopheles möchte Faust verlassen, kann dies aber nicht, denn:

> *Mephistopheles:* »Gesteh ich's nur! daß ich hinausspaziere, / Verbietet mir ein kleines Hindernis. / Der Drudenfuß auf Eurer Schwelle. *Faust:* Das Pentagramma macht dir Pein? / Ei sage mir, du Sohn der Hölle, / Wenn das dich bannt, wie kamst du denn herein, / Wie ward ein solcher Geist betrogen? *Mephistopheles:* Beschaut es recht! es ist nicht gut gezogen: / Der eine Winkel, der nach außen zu, / Ist, wie Du siehst, ein wenig offen / [...] Der Pudel merkte nichts, als er hereingesprungen. / Die Sache sieht jetzt anders aus: / Der Teufel kann nicht aus dem Haus.«[42]

Drudenfüsse galten, worauf die Bezeichnungen »Drud« und »Schrättele« bereits hinweisen, als gegen jegliche Hexerei mächtige Zeichen. Unter dem »Schrättele, Schreckle oder der Drud (Trud)« wurde z.B. ein böses Etwas, konkret auch eine Hexe, verstanden, die Alpdrücke hervorrief und »Wöchnerinnen zusetzte«[43]. Diese Anschauung läßt sich auf einer Votiv- und Totentafel aus Stadeleck (Niederbayern, datiert 1675) noch erkennen. Es ist ein Bett dargestellt, dessen Fußteil einen Drudenfuß aufweist.

Kleine Kinder – insbesondere (ungetaufte) Neugeborene – waren noch bis weit in das 19. Jahrhundert hinein aufgrund mangelnder Hygiene und medizinischer Versorgung von einer hohen Sterblichkeit, von Krankheiten und Mißbildungen bedroht. Hinzu kam die angenommene Gefährdung durch dämonische Einwirkungen. So erstaunt es nicht, daß bereits die Plazenta an einen Ort verbracht wurde, »wo weder Sonne noch Mond hinscheinen«[44]. In Kellern im Raum Ludwigsburg, Heilbronn, Esslingen und Böblingen wurden Tontöpfe entdeckt, in denen nach dem derzeitigen Forschungsstand einst Nachgeburten vergraben worden waren. Die Funde ließen sich von ca. 1650 bis zum Ende des 19. Jahrhunderts datieren[45].

Dieser Praktik liegt die Pars-pro-toto-Vorstellung (Teil für das Ganze) zugrunde, die besagt, daß alles, was einmal miteinander verbunden war, das gleiche Schicksal erleidet. Demgemäß hat derjenige, der einen Teil (des Kindes) besitzt, Macht und Gewalt über das Ganze (Kind) und kann damit unheilvollen Schadenzauber verüben. Nach einer anderen Anschauung verwenden Dämonen/Hexen die Nachgeburt des Neugeborenen zur Herstellung eines sogenannten Wechselbalgs (häßliches Hexenkind), um diesen dann gegen das »schöne« Menschenkind auszutauschen[46].

Die Sorge um das Neugeborene drückt sich auch in der Ornamentik an Kinderwiegen aus. Neben Christus-, IHS- oder Marienmonogrammen wurden auch Drudenfüsse und Hexagramme angebracht, getreu dem Motto: »Doppelt genäht hält besser« oder »Wenn eines nicht hilft, dann eben das andere«[47].

Das bereits in der Antike bekannte SATOR-AREPO-Quadrat galt als ebenso bedeutsam wie das Pentagramm. Der älteste Beleg stammt aus einem antiken Haus in Pompeji (1. Jahrhundert n. Chr.). Die magische Anwendung ist seit dem 15. Jahrhundert nachweisbar[48]. Es gewinnt seine Faszination vorwiegend dadurch, daß die lateinisch klingenden Worte von links nach rechts und umgekehrt, waagrecht wie senkrecht gelesen und auch theologisch ausgedeutet werden können. So läßt sich im SATOR-AREPO-Quadrat ein durch das Wort TENET gebildetes Kreuz erkennen und aus den 25 Buchstaben ein Kreuz mit den Worten PATER NOSTER und den kosmologischen und heilsgeschichtlichen Symbolen A und O (Alpha und Omega) zusammenfügen[49].

Liest man die Zeilenfolge pflugwendig von rechts nach links bis zum Wort TENET, dann ergibt sich der Text: SATOR OPERA TENET. Dies kann heißen: »Der Schöpfer (Sämann) hält seine Werke (fest)«, »er erhält sie« oder »er enthält sie (in sich)«. Der gesamte Text könnte sogar folgendermaßen übersetzt werden: »Sämann Arepo hält mit Mühe die Räder.« Trotz dieser vielen Deutungen ist umstritten, ob sich überhaupt ein tieferer Sinn hinter diesem Buchstabenquadrat verbirgt. Einige Forscher sehen hierin nur eine sprachliche Spielerei ohne tiefgründige Bedeutung.

Der geheimnisvolle Eindruck der Worte, deren religiöse Deutbarkeit sowie obrigkeitliche Anordnungen, in denen die Vorratshaltung von Tellern mit SATOR-Formeln für den Brandfall befohlen wurden, dürften dazu beigetragen haben, daß gerade diese Formel in vielerlei Variationen Verwendung fand. So taucht das SATOR-AREPO-Quadrat zum Beispiel in Rezept- und Zauberbüchern als Mittel gegen »Hexerey und Teufelswerk« auf oder als »Eine Kunst, Feuer zu löschen ohne Wasser«.

Hier zwei Beispiele aus einem Romanus=Büchlein:

1.) »Dem Vieh einzugeben, vor Hexerey und Teufelswerk.

SATOR
AREPO
TENET
OPERA
ROTAS.«[50]

2.) »Eine Kunst, Feuer zu löschen ohne Wasser.
Schreibe folgende Buchstaben auf eine jede
Seite eines Tellers, und wirf ihn in das
Feuer, sogleich wird es gedultig auslöschen.

SATOR
AREPO
TENET
OPERA
ROTAS.«[51]

Doch auch auf Schutzbriefen, Schutz- oder Hexenzetteln sind neben geheimnisvollen Zeichen, unlesbaren Buchstabenkombinationen, Bibelzitaten und christlichen Symbolen SATOR-AREPO-

Formeln aufgezeichnet. Diese haben insbesondere bei Hexenzetteln die Funktion, Zauberei und Hexenwerk zu bannen bzw. abzuwehren. Als Beispiel sei in diesem Zusammenhang ein Hexenzettel aus Eningen angeführt. Dieser war vermutlich von einem sogenannten Hexenbanner im 18. Jahrhundert zur Abwehr böser Geister und Hexen hinter dem Türfutter eines Bauernhauses befestigt worden[52].

Unter Hexenbannern wurden Spezialisten in der Erkennung und Bekämpfung von Hexenwerk verstanden. Gab eine Kuh rötliche Milch, entdeckte man auf dem Rahm blaue oder braune Flecken, stand das Pferd morgens zitternd im Stall, war gar der Schweif gezopft, dann waren Hexen am Werk gewesen. Auch eine Kuh, die auffallend in der Milchleistung nachließ, galt als verhext. Sie war dann wohl auf magischem Wege von einer Hexe gemolken worden, womöglich mit dem Handtuch oder einer Axt[53].

Das Delikt des Milchdiebstahls mittels magischer Praktiken findet sich nicht nur im *Hexenhammer*[54] und als Anklagepunkt in historischen Hexenprozessen. Auch in Sagen hat sich niedergeschlagen, daß fremde Kühe ohne Berührung gemolken oder Milch z.B. durch Gegenstände von Schadenzauber treibenden boshaften Menschen gestohlen wird. Derartige Auffassungen finden sich bis in die Gegenwart hinein.

Der Vorgang des »magischen Milchdiebstahls« läßt sich unterschiedlich deuten, so z.B. als tatsächlicher Diebstahl, als Erkrankung bzw. mangelnde Milchleistung der Kuh oder auch als Ventil für den Neid der Umgebung auf wirtschaftlich Erfolgreichere, der sich in Hexereiverdächtigungen manifestierte[55].

Daß der Glaube hieran noch Ende des 19. Jahrhunderts lebendig war, beweist der Text folgender Zeitungsanzeige. Vermutlich liegt diesem Inserat eine Beleidigungsklage zugrunde, die eine als Hexe Beschuldigte vor Gericht angestrengt hatte:

> »Erklärung: Die Unterzeichnete nimmt hiermit die gegen Schirmacher Kiefer's Witwe dahier ausgesprochenen Beleidigungen zurück; sie erklärt, daß dieselbe keine Hexe ist und daß sie der Unterzeichneten Kuh nicht an dem Handtuch gemolken hat. Schopfheim, 21. Dezbr. 1881. Witwe Strübe.«[56]

Die bei den eben geschilderten Vorfällen zu Rate gezogenen Hexenbanner hatten neben natürlichen Heilmitteln, Heilsegen und magischen Ritualen auch die Anfertigung von Amuletten, Schutzbriefen und -zetteln in ihrem Repertoire.

Auf welche Weise und unter welchen Umständen Schutzzettel angefertigt wurden, geht aus einem Augenzeugenbericht hervor. Der Vorfall hatte sich Ende des 19. Jahrhunderts in Eningen ereignet. Die Milch einer Kuh war fleckig geworden. Der zu Hilfe gerufene »Belsener Mann«, ein regional bekannter Hexenbanner, ließ sich weißes Papier und eine Schere geben. Aus dem Papierbogen fertigte er zwölf gleichgroße und ein erheblich größeres Dreieck an. Beim Beschreiben der dreieckigen Zettel mußten sich die Anwesenden abwenden. Dann verordnete er der verhexten Kuh die Einnahme dieser Zettel und zwar drei Tage lang, dreimal täglich. Zur »Versicherung« des Stalles befestigte der Hexenbanner mit einem Schuhnagel den großen Dreieckszettel in der Mitte des Querbalkens vom Türrahmen. Darüber heftete er mit zwei weiteren Schuhnägeln einen Pappkarton und empfahl, am nächsten Tag nichts auszuleihen, weil von demjenigen der Spuk ausgehe, der die Leihgabe begehre[57]. Gerade die letztere Anweisung war mehr als problematisch und oftmals die Grundlage von haltlosen Hexereiverdächtigungen. So geriet derjenige, der nichtsahnend beim Nachbarn etwas ausleihen wollte, unweigerlich in den Verdacht, der oder die gesuchte Schädigerin zu sein.

Hier liegt, wie beim Vergraben der Plazenta, die Annahme zugrunde, daß verliehene, verkaufte oder verschenkte Gegenstände weiterhin in sympathetischer Beziehung zum ursprünglichen Eigentümer/Besitzer stehen. Demgemäß konnte der Leihnehmer mit Hilfe solcher Dinge Macht erlangen und den Eigentümer der Sache fernwirkend schädigen.

5. Profane Schutz- und Abwehrmittel

Zur Abwehr von Hexenwerk standen auch Objekte des täglichen Gebrauchs zur Verfügung, wie Sichel, Sense, Hufeisen, Besen, Messer oder Schere. Solche Utensilien konnten unauffällig plaziert werden, und dem Uneingeweihten blieb ihr apotropäischer Gebrauch verschlossen. Auf Material und Form soll vermutlich die angenommene unheilabwehrende Kraft der Schnittwerkzeuge Sichel und Sense beruhen. Sichel- und Sensenblatt bestehen aus Eisen, an dessen »zauberbrechende Kraft« geglaubt wurde. Wird dem Metall eine besondere Form gegeben, wie etwa eine an den Mond erinnernde Sichelform, dann verstärkte sich die mutmaßliche Zauberkraft.

Ähnlich verhielt es sich beim Hufeisen, dem ebenfalls eine weitreichende zauberbannende Kraft zugeschrieben wurde. Dies liegt vermutlich daran, daß Hufeisen Teile des als »wertvoll« eingeschätzten Pferdes sind, zudem aus geschmiedetem Eisen bestehen und die Gestalt der unterbrochenen Kreisform besitzen. Eine weitere Erklärung könnte sein, daß Hexen angeblich Pferde fürchteten – sie ritten wohl deshalb auf Schweinen, Ziegenböcken oder Besen – und der bloße Anblick eines Hufeisens an der Haustür sie vertreiben würde. Die »moderne« Anschauung, daß Hufeisen Glück bringen, darf als positive Wendung des einstigen Glaubens an ihre Abwehrkraft angesehen werden.

Doch auch Messer und Schere galten als wirksam gegen Hexerei. Messer wurden in Türen und Türpfosten gesteckt, auf das Fenstersims gelegt oder am Körper getragen. Scheren deponierte man aufgeklappt unter dem Kopfkissen oder in der Wiege. Vor allem im alpenländischen Raum gab es spezielle Drudenmesser, auf deren sichelförmiger Klinge als besonderes Merkmal zumeist sieben bzw. neun in einer Reihe angeordnete Kreuze und Sichelmonde eingeschlagen waren[58]. In der Kombination Metall, Kreuz, Sichelmond und Zahl wurde »Hexenmessern« wohl eine besonders große Wirkkraft zugetraut. Bei Unwetter warf man beispielsweise solche Messer in die Luft, um die »Wetterhexen« zu vertreiben[59]. Im Schwarzwald wiederum waren »Dreikreuzlemesser« (Taschenmesser) als Mittel gegen das »Schrättele« beliebt. Wie bereits der Name sagt, sind auf der Klinge drei Kreuze eingraviert worden[60].

Den gleichen Erfolg sollten Scheren garantieren, die aufgeklappt an die Kreuzesgestalt erinnerten und schon deshalb vor Behexung schützten. Sie erfüllten zudem den Zweck, die vermeintlichen Unholde zu erkennen. So entsprach es gängiger Auffassung, daß sich eine Hexe »garantiert« nicht auf ein Stuhlkissen setze, unter dem eine gekreuzte Schere lag, oder die Türschwelle überschritt, vor der ein Gegenstand kreuzweise ausgelegt war.

Das umgekehrte oder kreuzweise Aufstellen von Reisigbesen schützte ebenfalls vor Hexerei. Je nach Gegend und persönlicher Anschauung tat es auch ein normal hingestellter Besen vor oder hinter der Haus- und Stalltür bzw. an anderen Stellen des Hauses. Gelegentlich wurden in Schwaben Reisigbesen in eine Kapelle verbracht, damit Hexen dem Besitzer nichts mehr anhaben konnten. Dahinter steckte die Auffassung, daß diese ihre Macht verlieren, wenn ihr Charakteristikum, der Besen, an einem heiligen Ort steht[61].

Weshalb gerade ein Besen solch einen Zweck erfüllte, kann heute nur noch vermutet werden. Auf dem Besen fliegen die Hexen zum Hexensabbat. Neben der schwarzen Katze und der Eule ist er ein wichtiges Hexenattribut. So läßt sich vermuten, daß Hexen durch ihr eigenes Merkmal – sozusagen wie der »Teufel mit dem Beelzebub« – abgeschreckt werden sollten. Zudem dürften rein praktische Erwägungen eine Rolle gespielt haben. Der umgekehrt aufgestellte Besen wird vor Abnützung geschützt. Vielleicht liegt der Verwendung von Reisigbesen auch nur ein Täuschungsmanöver zugrunde, nach dem Motto: »Hier ist schon eine Hexe. Flieg weiter!«

6. Schutz für Leib und Seele

Der Mensch selbst – sein Leben und Gesundheitszustand – konnte von der Geburt bis zum Tod teuflischem Zauber von Hexen ausgesetzt sein. Ihrem boshaften Wirken wurden u.a. mangelnde Zeugungskraft, Krankheiten wie Abmagerung, Schwindsucht, eitrige Geschwüre, der Hexenschuß und alle möglichen geistig-seelischen Störungen zugeschrieben. Nach verbreiteter Ansicht war bei der sogenannten »Besessenheit« ein Dämon in den menschlichen Körper eingefahren und hatte von diesem Besitz ergriffen. Hierzu hatte ihn unter Umständen eine dieser Person feindlich gesonnene Hexe veranlaßt[62]. Des weiteren wurden neben Juden und Totengräbern auch Hexen für Seuchen (Pest, Pocken) verantwortlich gemacht[63].

Um diese allgegenwärtigen und potentiellen Gefährdungen abzuwehren und sich vor bösem Zauber und Hexerei zu schützen, setzte man auch Amulette und Talismane (Glücksbringer) ein. Hierbei handelt es sich um Gegenstände, denen eine magische Kraft zugeschrieben wird, die sich für den Besitzer in irgendeiner Form nutzbar machen läßt[64].

Zu Amulett und Talisman kann nahezu alles werden: Teile von Menschen und Tieren, Münzen, Versteinerungen, gedruckte und handgeschriebene Gebete, Zaubersprüche etc. Derartige Gegenstände galten zu Zeiten der Hexenverfolgungen auch als verdächtig und spielten nicht selten als Indizien in Hexenprozessen eine Rolle. Im Hause einer Hexe aus Schongau wurden beispielsweise 48 verdächtige Gegenstände sichergestellt, darunter befanden sich »Dutzende von Amuletten«, Zaubersäckchen, Wurzeln, eigenartige Steine, Hostien, durchstochene Wachsknollen, Zauberzettel mit geheimnisvollen Zeichen, Briefchen mit diversen Pulvern, Zauberpflanzen, Federn, Menschenhaut (!), Tierknochen u.a.[65]

Insbesondere im 16. und 17. Jahrhundert nahm der Amulettglaube einen enormen Aufschwung. Die Renaissance brachte eine weitgehende Wiederbesinnung auf die klassischen Kulturen und die antike Astrologie. Sie erschloß die magisch-antike Gedankenwelt von neuem. Amulette wurden in dieser Zeit in großer Anzahl von Klöstern, Kunst- und Laienhandwerkern, aber auch von zwielichtigen Geschäftemachern hergestellt und verkauft[66].

In einer Zeit, in der Krankheit, Sterben und Tod allgegenwärtig waren, galten Amulette in Prophylaxe und Therapie auch als Teil medizinischer Versorgung. Hervorzuheben wäre hier die angenommene heilende Wirkung von Steinen. Auf Tiere[67], Bäume und Steine sollten Krankheiten übertragbar und hier für immer gebannt sein. Riten des Berührens, Umkreisens und des Abstreifens, Besprechungen und bestimmte Zeiten (Gestirnkonstellationen) standen mit dem Steinbrauchtum in Verbindung.

Doch auch besonderen Steinformen wurde eine heilsame Wirkung unterstellt. Der »Loch«-, »Augen«- oder auch »Drudenstein« galt z.B. als Heilmittel gegen Augenkrankheiten, aber auch als Abwehrmittel gegen Hexen. Lochsteine sind zumeist Kiesel mit einem Loch, das auf natürliche Weise entstanden ist, manchmal handelt es sich auch um steinzeitliche Werkzeuge. Die angenommene Wirkkraft hängt in erster Linie mit der »Zaubermacht des Ungewöhnlichen« zusammen, denn das Auffinden eines solchen Objekts ist ausgesprochen selten.

Im Glauben an die Heilkraft von Steinen kommt die Anschauung zum Ausdruck, daß die Sternenwelt, also kosmische Kräfte, die Dinge der Natur und der Mensch in geheimnisvollem Zusammenhang stehen und aufeinander einwirken können. Amulettglaube und Astrologie berühren sich hier aufs engste. In der Medizin spielte das Wissen um die planetarischen Kräfte eine wichtige Rolle. Die jeweiligen menschlichen Körperteile wurden den einzelnen Sternzeichen zugeordnet. Diese Zuordnung wiederum hatte darauf Einfluß, wann ein Patient am besten zur Ader gelassen wurde oder ihm ein Heiltrunk zu verabreichen war[68].

Auch das Tragen von Edelsteinen diente nicht nur menschlichem Schmuckbedürfnis. Dahinter verbarg sich häufig eine günstige, glückbringende, gesundheitsfördernde und auch unheilabwehrende Funktion. Jedem Tierkreiszeichen wurde je nach astrologischem System (von denen mehrere existierten), ein besonderer »Glücks- oder Monatsstein« zugeordnet. Glanz, Farbe, Härte, Seltenheit, Form oder Kostbarkeit waren Kriterien für die jeweils angenommenen Wirkungen[69].

Bei Gallen- oder Leberkrankheiten sollten beispielsweise grüngelbe Steine (Chalzedon, Beryll) helfen, blutstillend waren rote Steine (Karneol, Haematit und Jaspis), Bergkristalle wurden gegen Pest und Epilepsie getragen, und der Diamant machte wegen seiner Härte den Besitzer unbesiegbar. Es war auch üblich, pulverisierte Edelsteine als Arzneimittel einzunehmen. Mit Wein vermengter, feingemahlener Achat beispielsweise wurde bei einem Schlangenbiß als Gegengift getrunken[70].

Körperteile von Mensch und Tier fanden im medizinischen und apotropäischen Amulettgebrauch ebenfalls häufig Verwendung. Eine eigene Gruppe hierzu stellten die Fruchtbarkeitsamulette dar. Von Männern wurden zur Steigerung der Potenz gerne Teile männlicher Tiere (z.B. von Stein- oder Gamsbock) als Amulett getragen. Schneckengehäuse und Kaurimuscheln bildeten einen meist von Frauen benutzten Amulettyp. Ihre Amulettbedeutung geht auf das Aussehen der Tiergehäuse zurück, das an die weiblichen Geschlechtsmerkmale erinnert.

Kaurimuscheln galten aber auch als wirksames Abwehrmittel gegen den »bösen Blick«[71]. Vor allem Hexen wurde unterstellt, daß sie durch bloßes Ansehen Menschen, Tiere, Pflanzen und selbst leblose Gegenstände schädigen könnten. Im »bösen Blick« wurde zudem die Ursache vieler Krankheiten wie Kopfweh, Krämpfe oder Augenleiden gesehen. Zumeist gerieten Menschen mit auffälligen Augen in solch einen Verdacht, wie z.B. Schielende, Einäugige oder Leute mit »stechenden Augen«. Der »böse Blick« soll angeboren sein oder aber absichtlich und bewußt eingesetzt werden.

Als besonders gefährdet galten Brautleute, Schwangere und Kinder; Glöckchen und rote Korallen sollten gerade die Kinder vor dem »bösen Blick«, dem Neid und den ebenfalls als gefährlich angenommenen Auswirkungen des Lobes schützen. Die Korallen sind nach der griechischen Sage aus dem herabtropfenden Blut des abgeschlagenen Hauptes der Gorgo entstanden, deren »böser Blick« besonders gefürchtet war[72].

Im Bereich zwischenmenschlicher Beziehungen kommt Amuletten gegen den »bösen Blick« eine besonders wichtige Funktion zu. Die Anschauungen über diesen Komplex beruhen auf der elementaren Erfahrung, daß Mißgunst und Neid gesellschaftliche Beziehungen angreifen, wenn nicht gar zerstören können. Dieser als bedrohlich eingestuften latenten Gefahr konnte durch entsprechende Amulette als einer Art »magischen Prophylaxe« begegnet werden. Die gegenzauberischen Mittel sollten, offen und möglichst sichtbar getragen, die Aufmerksamkeit des Bösäugigen auf das Amulett lenken, als eine Art »Blickableiter«.

Eine Vielzahl von Amuletten hatte die Aufgabe, den verderblichen Einfluß des »bösen Blicks« zu neutralisieren: Augenamulette, Amulette mit phallischen Symbolen oder auch die Abbildung der Hand in Form von Anhängern. Die wichtigsten nachgebildeten Gesten sind »Feige«[73] und »Hörnchenhand«[74]. Beide verdeutlichen sowohl obszöne wie verhöhnende Handgebärden. Die »Feige«, bei der es sich um eine symbolische Darstellung der geschlechtlichen Vereinigung handelt, wurde auch von verheirateten Frauen gegen Unfruchtbarkeit getragen[75].

Es wird angenommen, daß die Bedeutung der »Hörnchenhand« aus der Ähnlichkeit der Fingerstellung mit dem Halbmond herrührt. Andere Erklärungen bringen die beiden gestreckten Finger mit Hörnern in Verbindung, die das Zauberauge durchbohren sollen. Hörner galten wie der Halbmond als Fruchtbarkeitssymbole, die von diesem Bedeutungszusammenhang her mit der speziellen Schadenwirkung der Unfruchtbarmachung in Verbindung standen[76].

Eine spezielle Amulettgruppe stellen Kompositamulette dar. Sie sind auf Wirkungshäufung ausgerichtet. Nach dem Motto »viel hilft viel« werden mehrere kraftgeladene Gegenstände in einem Amulett verwendet und auf diese Weise eine große Bandbreite an Schutzfunktionen abgedeckt. Amulette, in denen nur Teile von Tieren, Pflanzen, Edelsteinen u.a. Verwendung fanden, waren ebenso verbreitet wie Amulettkombinationen aus christlichen und profanen Bestandteilen. Die sogenannten »Scharivari« setzten sich zum Beispiel aus Erinnerungstalern, Jagdtrophäen und Devotionalien zusammen. Sie waren in Süddeutschland sehr populär und wurden vornehmlich seit dem 18. Jahrhundert von Männern an der Uhrkette oder am Gürtel getragen.

Das Prinzip, durch Kombination und Häufung diverser Amulettelemente die größtmögliche Wirkung zu erzielen, trifft auch für »Fraisketten« zu. »Frais« ist ein volksmedizinischer Sammelbegriff für bestimmte Krankheitssymptome, die sich in furchterregenden, krampfartigen Anfällen äußern und deshalb auch mit dämonischen Einwirkungen in Verbindung gebracht wurden, z.B. beim Kinderkrampf oder der Epilepsie. Fraisketten zählten ebenso wie Fraissteine (kleine Tonplättchen, von denen bei Bedarf etwas abgeschabt und eingenommen wurde), -häubchen (wurden Kranken aufgesetzt), -hemdchen (wurden Kranken unter das Kopfkissen gelegt) und -briefe (Schutzbriefe, die wichtige Segen enthielten) zu den gängigen Schutz- und Gegenmitteln. Sie setzen sich zumeist aus einer ungeraden Anzahl von Amulettelementen zusammen und sind häufig mit sakramentalen und profanen Typen gleichzeitig ausgestattet. So hängen an Fraisketten Tierzähne, Mardergebisse, Lochsteine, Kaurimuscheln, Benediktuspfennige, Wallfahrtsmedaillen, Breverl (kleine Schutzbriefe), Münzen etc.[77] Christliche und außerchristliche Amulette sind hier nebeneinander aufgereiht und wurden von den Besitzern nicht als Widerspruch verstanden.

Auch bei den sogenannten »Breverl« handelt es sich um Universalamulette. Breverl sind kleine, zusammengefaltete, geweihte Schutzbriefe, die aus bis zu 30 Einzelamuletten bestehen können und besonders im 18./19. Jahrhundert verbreitet waren. Sie stecken zumeist in Stoffhüllen oder auch in Behältnissen aus Horn, Leder oder Silber. Höchstwahrscheinlich wurden sie in Franziskanerklöstern hergestellt. Charakteristisch ist das Prinzip der Häufung von Segen, Reliquien und Amulettelementen aus dem kirchlichen und außerkirchlichen Bereich. Durch diese Anreicherung boten Breverl einen umfassenden Schutz, der sich auf Krankheiten, Naturereignisse, Hexen und Dämonen erstreckte. Sie galten deshalb als »geistliche Hausapotheken«[78].

7. Kirchlicher Schutz vor menschlicher Ohnmacht

Naturgewalten und Krankheiten sind heute vielfach beherrschbar oder zumindest wissenschaftlich erklärbar. In vergangenen Jahrhunderten war der Mensch derartigen Gegebenheiten jedoch hilfloser als heute ausgeliefert. Dieser menschlichen Ohnmacht setzte vor allem die katholische Kirche eine Vielzahl von Hilfen entgegen, beispielsweise Benediktionen (Kräuterweihe, Pferdesegnungen), Devotionalien (Medaillen, Reliquien, Schmuckbildchen, Schabfiguren) und christliche Amulette (Breverl, Schutzbriefe).

In gedruckter oder handgeschriebener Form kursierten z.B. Schutzbriefe, die vor Pest, Kriegsgefahren, Unwetter, Verhexungen, Feuer und anderem schützen sollten. Diese »Briefe« wurden an der Wand, an Türen, Betten und Truhendeckeln befestigt oder direkt am Körper getragen. Religiöses und magisches Brauchtum vermischten sich hier. Gebet und Beschwörung, Benediktion und Zaubersegen sind teilweise auf dem gleichen Blatt Papier anzutreffen. Aufmachung, Inhalt und Größe der Schutzbriefe sind mannigfaltig[79].

In solchen Briefen wurde der Dämon als Urheber allen Übels persönlich angesprochen und durch Beschwörungsformeln zu bannen versucht und/oder Gott, Jesus Christus, die Mutter Gottes oder die himmlischen Helfer um Schutz, Fürbitte und Hilfe ersucht. Vor allem die christliche Aufmachung, aber auch der Glaube an die magische Kraft des Wortes, Namens, Spruchs und bestimmter Zeichen sowie an deren übertragbare Eigenschaften dürften zur großen Popularität dieser Briefe beigetragen haben.

Die Unterscheidung zwischen Gebet, abergläubisch gebrauchtem Gebet und Zauberspruch ist problematisch. Der offizielle katholische Exorzismus beispielsweise, bei dem der böse Geist u.a. durch Worte ausgetrieben wurde, war profanen Beschwörungsformeln nicht unähnlich.

Bei den handgeschriebenen oder auch gedruckten Texten handelte es sich teils um »wirkliche« Gebete oder Psalmen, teils um Gebetstexte mit religiösem Chrarakter, aber ohne offizielle kirchliche Billigung oder um Texte, die nach offizieller Lehrmeinung als abergläubisch galten. Unterscheidungsmaßstab ist nach theologischer Sicht der Zwangscharakter des Gebets, ob dieses in demütiger, drohender oder mehr oder minder fordernder Absicht gesprochen wird, und der Glaube an die Kraft des Gegenstands. Legitim ist, die Erhörung eines Gebets mit dem Wirken Gottes zu begründen, illegitim, dies dem Gegenstand zuzuschreiben.

Christliche Symbole und Elemente bildeten häufig auch Bestandteile des Schutz- und Abwehrzaubers. Oft genügte es dem frommen Volksempfinden bereits, sich selbst zu bekreuzigen oder über Tieren bzw. Gegenständen das Kreuz symbolisch nachzuzeichnen, um sich des göttlichen Schutzes sicher zu sein und damit beispielsweise die Begegnung mit einer Hexe zu »neutralisieren«[80].

Weihwasser, gesegnetes Salz oder auch »Kräuterbuschel« galten als Mittel gegen Behexung oder um Schädigungen böser Geister und Dämonen entgegenzuwirken[81]. Um die Ernten und sich selbst bei Unwetter vor Schaden zu bewahren, betete man, legte Antlaßeier (Gründonnerstagseier) und Kräuterbüschel in den Dachstuhl, stellte Palmen[82] auf oder setzte Wetterkreuze, -kerzen, -glöckchen und -segen ein[83].

Das sogenannte Wetterläuten der Kirchenglocken sollte die Gläubigen nicht nur vor einem heraufziehenden Unwetter warnen, sondern dieses auch vertreiben. Das akustische Signal der geweihten Glocken richtete sich gegen die dämonischen Mächte, die als Verursacher des Unwetters vertrieben werden sollten[84]. Der Text auf dem Mantel der Schillerglocke in Schaffhausen (gegossen 1486) spiegelt diese einstige Funktion wider: »Vivos voco, mortuos plango, fulgura frango.« (»Die Lebenden rufe ich, die Toten beklage ich, die Blitze breche ich.«)
Im Zeitalter der Aufklärung war diese Schutzmaßnahme nicht mehr akzeptabel. Wetterläuten wurde Ende des 18. Jahrhunderts im Rahmen der Josephinischen Reformen verboten. Die Begründung Josephs II. mutet aus heutiger Sicht ebenso wie das ehemals praktizierte »Wetterläuten« abergläubisch an:

> »Eine Reihe trauriger Erfahrungen setzt es außer Zweifel, daß die durch das Glockengeläut in Bewegung gesetzten Metalle, statt die Gewitterwolken zu zerstreuen vielmehr den Blitz anziehen und die Gefahr vergrößern. In diesem Jahre besonders ist die schädliche Wirkung des Läutens von allen Orten her durch sehr häufige Beispiele von Menschen, die bei dem Läuten selbst durch den Blitz getötet, von Thürmen und Kirchen, die vom Donnerstrahl gezündet wurden, nur zu sehr bestätigt. Wir sind daher überzeugt, unsere Unterthanen werden es als einen Beweis unserer Sorgfalt für ihr Bestes ansehen, daß wir durch gegenwärtige Vorschrift das Läuten bei einem Gewitter verbieten.«[85]

Im Archiv des Erzbischöflichen Ordinariats Freiburg befindet sich ein Schriftwechsel, der sich mit dem Verbot des Wetterläutens befaßt. Die Gemeinde Eschbach bei Müllheim war am 6. Juni 1856 von einem furchtbaren Hagelwetter heimgesucht worden. Daraufhin beschlossen die Dorfbewohner, »... daß man, wie es früher üblich war, die Glocken läuten wolle«[86]. Nach zwölf Tagen suchte ein ebenso starkes Gewitter die Eschbacher heim, und die Glocken wurden, wie besprochen, geläutet. Als dies jedoch dem Dekan zu Ohren kam, wurde die Gemeinde wegen des Wetterläutens von Amts wegen verklagt. Sie erhielt einen derben Verweis und die Androhung einer Geldstrafe von 20 bis 60 Gulden. Ein Schreiben des Erzbischöflichen Ordinariats belehrte die Gemeindemitglieder über die offizielle theologische Auffassung zum Wetterläuten:

»Hiernach darf dem Läuten der Glocken als solchem keine höhere Kraft oder (ohne Verbindung mit dem andächtigen Gebet der Gläubigen) Wirkungen beigelegt werden, als könnte z.B. schon durch das Läuten die Gewitter vertrieben werden, die Blitzschläge oder überhaupt Unglücksfälle abgewendet werden [...] Glauben, daß schon durch das Läuten der Glocken (ohne das Gebet der Gläubigen) gefahrdrohende Gewitter ohne Schaden vorüberziehen, wäre in der That ein zu verwerfender Aberglaube.«[87]

Die kirchliche Schutz- und Segenspraxis war noch weitaus umfassender, als hier in einigen wenigen Beispielen dargelegt werden konnte. Ergänzend sei in diesem Zusammenhang noch angemerkt, daß nach populären religiösen Vorstellungen »alle Gegenstände, Dinge, Zeichen und Symbole, die nach christlicher Lehre als heilig galten oder durch priesterliche Segnung geheiligt worden waren, magische Kräfte«[88] besaßen und sich infolgedessen als Schutz- und Abwehrmittel gegen alles Unheil anboten.

8. Pflanzen mit Zauberkraft

Pflanzen spielten in der Heilkunde, als Aphrodisiaka, aber auch als Schutz- und Abwehrmittel gegen Hexerei eine wichtige Rolle. Den Hexen dienten Kräuter angeblich als Bestandteile für (Gift-)Tränke und zur Herstellung von Hexensalben, mit deren Hilfe sie sich durch die Lüfte fortbewegen konnten. Hierzu wurden häufig Substanzen von giftigen Pflanzen wie der Tollkirsche (*Atropa belladonna*), den verschiedenen Stechapfelarten (*Datura species*) und des Fliegenpilzes (*Amanita muscaria*) verwendet[89].

Viele der bekannten einstigen Zauberpflanzen waren gleichzeitig Heilmittel, wie z.B. einige der sogenannten »Neidkräuter«. Schabziegerklee (*Trigonella coerulea*, Neidkraut, Neidklee), die Haselwurz (*Asarum europaeum*) oder die Wirtel-Weißwurz (*Polygonatum verticillatum*) standen in dem Ruf, bösen Zauber, insbesondere beim Vieh, unwirksam zu machen oder gegen einen solchen vorzubeugen[90].

Die Gründe, warum spezielle Pflanzen als zauberwirksam angesehen wurden, lassen sich teilweise nur noch vermuten. Einige dieser Kräuter dürften aufgrund ihres starken und penetranten Geruchs als dämonenvertreibend gegolten haben. Insbesondere die Neidkräuter wirkten sich nach Ansicht der Bauern auch günstig auf die Milchproduktion und den Fettgehalt der Milch aus, was bei dem Verdacht des »magischen Milchdiebstahls« hilfreich war. Auch das äußere Erscheinungsbild einer Pflanze, etwa zerzauste Fruchtstände, ließ diese zum Hexenkraut werden[91].

Die bekannteste Zauberpflanze ist die Mandragora. Sie wird auch Alraun, Alrauniken, Tragerl, Galgenwurzel, Galgen-, Erd-, Geld- oder Heckenmännlein genannt. Im europäisch-orientalischen Kulturkreis gibt es wohl keine Zauberpflanze, die eine ähnliche Bedeutung erlangte wie die Alraune. Zweierlei Gründe waren hierfür maßgebend: zum einen ihre pharmakologische Eigenschaft, zum anderen die durch die menschenähnliche Gestalt gedachte Wunderwirksamkeit der rübenförmigen Wurzel[92].

Die Mandragora ist im Mittelmeerraum beheimatet und enthält – wie viele Nachtschattengewächse – giftige Substanzen, die Aufregungszustände, Tobsucht, Unruhe und Schlaftrunkenheit verursachen. Erst im 16./17. Jahrhundert trat die pharmakologische Nützlichkeit der Alraune in den Hintergrund. Hauptanliegen eines Alraunbesitzers war es fortan, die magischen Kräfte dieser Wurzel zu nutzen. Als eine Art Universalamulett half sie gegen bösen Zauber und Hexerei und als Schutzamulett gegen jede Verwundung. In Haus und Stall aufgehängt, vor der Türschwelle vergraben oder am Körper getragen, erhoffte man sich von ihr Reichtum und Glück, Jugend und Gesundheit, die Stärkung der Potenz oder die Liebe einer(s) Angebeteten[93].

Für den Umgang mit der Wurzel und ihre Gewinnung gab es unterschiedliche, detaillierte Anweisungen. Die Wurzel soll beim Ausreißen wie ein Mensch vor Schmerzen schreien und den Frevler dadurch mit Wahnsinn und Tod bedrohen. Einer solchen Gefahr konnten die Alraungräber mit einem schwarzen Hund entgehen, der die freigelegte, an seinem Schwanz angebundene Alraune herausriß. Da der Schrei nur für den Frevler, also für den Hund, hörbar war, galt diese Vorgehensweise als wirksamste Schutzmaßnahme.

Berichte über Entstehung und Gewinnung der Wurzel kommen auch in einer anderen Variante vor: So soll das Galgenmännlein, wie die Alraune auch genannt wird, aus dem Harn oder dem Sperma eines gehängten Diebes unter dem Galgen entstehen. Die Assoziation mit vorzeitig und gewaltsam zu Tode gekommenen Menschen erhöhte die Wirkung des Galgenmännleins, weil sich dahinter die Annahme verbarg, daß die überschüssige Lebenskraft des Gehenkten auf den Besitzer einer solchen Wurzel übergeht. Ähnliche Wirkungen unterstellte man dem Scharfrichter und auch Körperteilen von Verurteilten, Teilen des Galgens und des Seiles.

Laut spätmittelalterlichem Glauben lastet auf der Alraune auch der Fluch ewiger Verdammnis. So war es wichtig, sich ihrer rechtzeitig vor dem Tode zu entledigen. Vermutlich ist dies der Grund, warum bei Ausgrabungen im Kloster Wienhausen ein seltener Fund gemacht werden konnte: Unter den Fußbodenbrettern des Chores lag eine Spanschachtel, in der sich eine Alraune befand. Vielleicht war die Besitzerin eine Nonne, die dem Fluch durch die Niederlegung der Wurzel an einem heiligen Ort zu entgehen suchte[94].

Die echte Mandragorawurzel war sehr kostbar. Sie kam erst durch Reisende nach Europa. Noch in der Frühen Neuzeit blühte das Geschäft mit Alraunen, und da eine große Nachfrage nach solchen Wurzeln bestand, halfen sich die Marktschreier, Wurzelgräber, Quacksalber, Henker und Kräuterweiber oft mit einheimischen Pflanzen. Die Wurzeln der Zaunrübe, des Enzians oder des Blutwurzes fanden hierbei Verwendung und wurden häufig in Form von Püppchen vertrieben. Die Bekleidung der Alraune war wohl schon deshalb notwendig, weil dem Aussehen der heimischen Pflanzen etwas nachgeholfen und häufig Kopf, Hände und Füße erst angebracht werden mußten.

Kritische Zeitgenossen wiesen bereits im 16. Jahrhundert auf solche Fälschungen hin und verurteilten die Leichtgläubigkeit der Besitzer. Gelegentlich tauchten solche Manipulationen sogar als Straftatbestände in Rechtsquellen auf, wie zum Beispiel in Schaffhausen, wo im Dezember 1570 drei Landstreicher aufgehängt wurden, »Weil sie falsche Schriften bei sich führten und Gelbe Rüben als Alraunen«[95] verkauft hatten[96].

Der Glaube an die hieb- und stichfest, also unbesiegbar machende Eigenschaft des Allermannsharnisch (Siegwurz, Teufelsschwanz, Schwertel, *Allium* oder *herba victorialis*) war dem an die Wunderkraft der Alraune ähnlich. Es handelt sich hier um eine Lauchart, die in den Alpen und gelegentlich auch in den Mittelgebirgen vorkommt. Besonders auffällig sind die Zwiebel des runden Allermannsharnisch und die längliche Wurzel des langen Allermannsharnisch. Zwiebel und Wurzel sind von einem dichten Netz abgestorbener Wurzelfasern umhüllt. Das Aussehen erinnert mit einiger Phantasie an ein Panzerhemd, wie es Ritter im Mittelalter trugen. Aber auch als Mittel gegen gichtartige Schmerzen und Behexung fanden die Wurzelstöcke Verwendung. Gekocht, gemahlen und anschließend gegessen, in seltenen Fällen auch als Räucherwerk benutzt, vertrieben sie alle Hexen. Der Allermannsharnisch war sozusagen die Alraune der kleinen Leute, zumal er im Verhältnis zur echten Alraune preislich erschwinglich war[97].

Wie die Ausführungen verdeutlicht haben, gehörten Zauberei und Magie noch von der Frühen Neuzeit bis in das 19. Jahrhundert hinein zur Praxis des täglichen Lebens. Trotz einer permanenten und allgegenwärtigen Bedrohung durch unheilvolle, boshafte Mächte und den durch sie verursachten Schadenzauber fühlten sich die Betroffenen nicht schutzlos. Ihnen standen von den einfachsten Gebrauchsgegenständen über Abwehrzeichen, außerchristlichen und kirchlichen Amuletten vielfältiger Art, Zauberkräutern, Tieren und ihren Bestandteilen bis hin zu Spezialisten in solchen Fragen ein breites Spektrum an Möglichkeiten des Schutzes und der Abwehr zur Verfügung.

Anmerkungen

1 Die »letzte Hexe« wurde in Deutschland im Jahre 1775 in Kempten im Allgäu zum Tode verurteilt. (Allerdings wurde das Urteil nicht vollstreckt.)

2 Vgl. hierzu Johann KRUSE, Hexen unter uns? Magie und Zauberglauben in unserer Zeit, Hamburg 1951; Inge SCHÖCK, Hexenglaube in der Gegenwart. Empirische Untersuchungen in Südwestdeutschland, Diss. Tübingen 1978; DIES., Hexenglaube – noch heute?, in: Dieter HARMENING (Hrsg.), Hexen heute. Magische Traditionen und neue Zutaten, Würzburg 1991, S. 41–54.

3 Vgl. Dieter HARMENING, Zauberei im Abendland. Vom Anteil der Gelehrten am Wahn der Leute, Würzburg 1991, S. 22f.

4 Vgl. Anita CHMIELEWSKI-HAGIUS, Heilkundige auf dem Dorf. Studien über laienmedizinisches Wirken von Heilern in Oberschwaben, Diss. Freiburg i.Br. 1993, S. 127f.

5 Eva LABOUVIE, Verbotene Künste. Volksmagie und ländlicher Aberglaube in den Dorfgemeinden des Saarraumes (16.–19. Jahrhundert), St. Ingbert 1992, S. 320.

6 Ebd., S. 9, 322.

7 Vgl. Wolfgang BEHRINGER, Hexenverfolgung in Bayern. Volksmagie, Glaubenseifer und Staatsräson in der Frühen Neuzeit, München 1988, S. 170.

8 Rudolf VAN NAHL, Zauberglaube und Hexenwahn im Gebiet von Rhein und Maas. Spätmittelalterlicher Volksglaube im Werk Johann Weyers (1515–1588), Bonn 1983, S. 36.

9 Vgl. ebd., S. 209.

10 BEHRINGER (wie Anm. 7), S. 90.

11 Der wahre Geistliche Schild, so vor 300 Jahren von dem heiligen Papst Leo X. bestätigt worden, wider alle gefährliche böse Menschen sowohl, als aller Hexerei und Teufelswerk entgegengesetzt: darinnen sehr kräftige Segen und Gebete, so theils von Gott offenbart, theils von der Kirche und heiligen Vätern gemacht und approbirt worden, Köln: Louis Ensslin 1647 (drei Teile enthalten jeweils die Vermerke »Gedruckt im Jahr Christi 1840«, »Gedruckt im Jahr Christi 1841«, »Mit Erlaubnis gedruckt im Jahr 1840«). Zum Diebssegen vgl. Christoph DAXELMÜLLER, Art. Diebstahl, in: Reallexikon der Germanischen Altertumskunde, Bd. 5, Berlin/New York [2]1984, S. 405–407.

12 BEHRINGER (wie Anm. 7), S. 91.

13 Vgl. VAN NAHL (wie Anm. 8), S. 14.

14 Vgl. zur Rolle von Kindern und »Narren« in Hexenprozessen BEHRINGER (wie Anm. 7), S. 175–188.

15 Vgl. VAN NAHL (wie Anm. 8), S. 24.

16 BEHRINGER (wie Anm. 7), S. 186.

17 Karl BAEUMERTH, Eine Bauherrnverfluchung, in: Volkskunst. Zeitschrift für volkstümliche Sachkultur 8,4 (1985), S. 17.

18 BEHRINGER (wie Anm. 7), S. 185.

19 Ebd., S. 185.

20 Der wahre Geistliche Schild (wie Anm. 11).

21 Vgl. Christoph DAXELMÜLLER, Das literarische Magieangebot. Zur Vermittlung von hochschichtlicher Magiediskussion und magischer Volksliteratur im 17. Jahrhundert, in: Wolfgang BRÜCKNER/Peter BLICKLE/Dieter BREUER (Hrsg.), Literatur und Volk im 17. Jahrhundert. Probleme populärer Kultur in Deutschland, Teil 2, Wiesbaden 1985, S. 837–863.

22 Rudolf SCHENDA, Volk ohne Buch. Studien zur Sozialgeschichte der populären Lesestoffe 1770–1910, Frankfurt a.M. 1970, S. 444f.; vgl. auch DERS., Orale und literarische Kommunikationsformen im Bereich von Analphabeten und Gebildeten im 17. Jahrhundert, in: BRÜCKNER/BLICKLE/BREUER (wie Anm. 21), S. 447–464.

23 Vgl. Adolf SPAMER, Zauberbuch und Zauberspruch, in: Deutsches Jahrbuch für Volkskunde 1/2 (1955), S. 109–126; DERS., Romanusbüchlein. Historisch-philologischer Kommentar zu einem deutschen Zauberbuch, aus einem Nachlaß bearbeitet von Johanna NICKEL, Berlin 1958.

24 Vgl. SPAMER, Romanusbüchlein (wie Anm. 23), S. 13–15.

25 Hermann SCHILLI, Schwarzwaldhäuser, Karlsruhe 1971, S. 14.

26 Vgl. Hans SCHÜSSELE (Hrsg.), Schniederlihof. Führung durch das Bauernhausmuseum »Schniederlihof«, Freiburg i.Br. [nach 1988], S. 23.

27 Vgl. Marie ANDREE-EYSN, Volkskundliches aus dem bayrisch-österreichischen Alpengebiet, Braunschweig 1910, ND Hildesheim 1978, S. 109–111.

28 Vgl. Hermann SCHILLI, Sinnbilder, Hauszeichen und verwandte Symbole in unserer badischen Heimat, in: Mein Heimatland 28,2 (1941), S. 147–165, hier: S. 158.

29 Zitiert nach Franz KERN, Das Dreisamtal mit seinen Kapellen und Wallfahrten, Freiburg i.Br. [3]1990, S. 113–115.

30 Alfred WEITNAUER, Allgäuer Tieropfer, in: Das schöne Allgäu. Zeitschrift für Heimatpflege und Fremdenwerbung 17 (1939), S. 287; vgl. auch Georg REHM, Volksfrömmigkeit zwischen Glaube und Aberglaube, in: Jahrbuch des Landkreises Lindau 4 (1989), S. 143–149.

31 WEITNAUER (wie Anm. 30), S. 287.

32 Vgl. David SABEAN, Das Bullen-Opfer, in: Journal für Geschichte. Magie 1 (1985), S. 20–25.
33 Ebd., S. 24f.
34 Albert HISS, Sinnbilder. Zeichen und Inschriften an Bauernhäusern aus dem Kaiserstuhlgebiet, in: Mein Heimatland 28 (1941), S. 402–440.
35 Vgl. Herbert JÜTTEMANN, Die Bauernmühlen im Schwarzwald, in: Badische Heimat 69,2 (1989), S. 133–144, hier: S. 141; Georges KLEIN, Die altelsässischen »Kleienkotzer« im Elsässischen Museum zu Straßburg, in: Volkskunst. Zeitschrift für volkstümliche Sachkultur 6,1 (1983), S. 30–36.
36 Vgl. Liselotte HANSMANN/Lenz KRISS-RETTENBECK, Amulett und Talisman. Erscheinungsform und Geschichte, München 1977, S. 250f.
37 Vgl. ebd., S. 309.
38 Vgl. Wolfgang SCHILD, Alte Gerichtsbarkeit. Vom Gottesurteil bis zum Beginn der modernen Rechtsprechung, München [2]1985, S. 70f.
39 Vgl. SCHILLI, Schwarzwaldhäuser (wie Anm. 25), S. 69.
40 Ebd., S. 68f.
41 Vgl. Rudolf KOCH, Das Zeichenbuch, Offenbach a.M. 1926, S. 6.
42 Johann Wolfgang GOETHE, Faust. Der Tragödie Erster Teil, Stuttgart 1969, S. 42, Vers 1395–1410.
43 Vgl. SCHILLI, Schwarzwaldhäuser (wie Anm. 25), S. 14.
44 Vgl. Karl BOHNENBERGER, Volkstümliche Überlieferungen in Württemberg (Forschungen und Berichte zur Volkskunde in Baden-Württemberg, Bd. 5), Stuttgart 1904, ND 1980.
45 Vgl. Kurt SARTORIUS, Das Begraben der Nachgeburt, in: Beiträge zur Volkskunde in Baden-Württemberg 2 (1987), S. 309–322.
46 Vgl. Gisela PIASCHEWSKI, Der Wechselbalg. Ein Beitrag zum Aberglauben der nordeuropäischen Völker, Breslau 1935.
47 Vgl. Edith HÖRANDNER, Segenszeichen im Hausbereich. Ein Beitrag auch zur Frage »Ornament oder Symbol?«, in: Volkskunst. Zeitschrift für volkstümliche Sachkultur 4 (1981), S. 212–216; Max TAUCH, Das Zeichen IHS. Zu seiner Entstehung, Verbreitung, Interpretation und Verwendung, in: Volkskunst. Zeitschrift für volkstümliche Sachkultur 12,4 (1989), S. 1–9.
48 Vgl. HANSMANN/KRISS-RETTENBECK (wie Anm. 36), S. 198.
49 Vgl. Richard KIECKHEFER, Magie im Mittelalter. München 1992, S. 93.
50 Romanus=Büchlein, Venedig o.J., S. 18.
51 Ebd., S. 7.
52 Vgl. Reinhold RALL, Als der Hexenbanner noch nach Eningen kam. Zwei alte »Zauberzettel« aufgefunden – Die Angst vor Hexen war einst weit verbreitet, in: Aus der Heimat (1966), S. 8.
53 Vgl. Hildegard GERLACH, Art. Hexe, in: Rolf Wilhelm BREDNICH u.a. (Hrsg.), Enzyklopädie des Märchens. Handwörterbuch zur historischen und vergleichenden Erzählforschung, Bd. 6, Berlin/New York 1990, S. 960–992, hier: S. 975.
54 Vgl. Jacob SPRENGER/Heinrich INSTITORIS, Der Hexenhammer (Malleus maleficarum). Aus dem Lateinischen übertragen und eingeleitet von Johann W.R. SCHMIDT, Berlin 1906, ND München 1986; vgl. auch Peter SEGL (Hrsg.), Der Hexenhammer. Entstehung und Umfeld des Malleus maleficarum von 1487, Köln/Wien 1988.
55 Vgl. hierzu auch CHMIELEWSKI-HAGIUS, Heilkundige auf dem Dorf (wie Anm. 4), S. 189f.
56 Hierbei handelt es sich um eine eingeklebte Anzeige in einem handgeschriebenen Rezeptbuch (datiert 1783). Es sind Mittel für Mensch und Vieh und gegen Zauberei enthalten. Das eingeklebte Inserat läßt insgesamt darauf schließen, daß diese Schrift auch noch um die Jahrhundertwende in Gebrauch war.
57 Vgl. RALL (wie Anm. 52), S. 8.
58 Vgl. Klaus BEITL, Volksglaube. Zeugnisse religiöser Volkskunst, München 1981, S. 42, Nr. 6a–g; HANSMANN/KRISS-RETTENBECK (wie Anm. 36), S. 245.
59 Vgl. Helmut NEMEC, Zauberzeichen. Magie im volkstümlichen Bereich, Wien/München 1976, S. 144.
60 Vgl. SCHILLI, Schwarzwaldhäuser (wie Anm. 25), S. 69.
61 Vgl. Anita CHMIELEWSKI-HAGIUS, Das Besenopfer – geheimnisvolle Therapie und heimlicher Brauch in Oberschwaben, in: Volkskunst. Zeitschrift für volkstümliche Sachkultur 13,4 (1990), S. 36–42; Leopold SCHMIDT, Volksglaube und Volksbrauch, Berlin 1966; Josef ZIHLMANN, Das Besen- oder Rutenopfer auf der Luzerner Landschaft, in: Heimatkunde des Wiggertals 37 (1979).
62 Vgl. BEHRINGER (wie Anm. 7), S. 175–179.
63 Vgl. GERLACH (wie Anm. 53), S. 960–992.
64 Vgl. Astrid KNUF/Joachim KNUF, Amulette und Talismane. Symbole des magischen Alltags, Köln 1984, S. 10.
65 Vgl. BEHRINGER (wie Anm. 7), S. 186.
66 Vgl. HANSMANN/KRISS-RETTENBECK (wie Anm. 36), S. 7–18.
67 Vgl. Marianne GRUNDLER, Gefiederte Gesundheitswächter und Wunderärzte, in: Volkskunst. Zeitschrift für volkstümliche Sachkultur 13,2 (1990), S. 5–10; Otto LAUFFER, Singvögel als Hausgenossen im deutschen Glauben und Brauch, Berlin 1939.
68 Vgl. HANSMANN/KRISS-RETTENBECK (wie Anm. 36), S. 64f.

69 Vgl. Werner GAUDE, Die alte Apotheke. Eine tausendjährige Kulturgeschichte, Stuttgart 1986, S. 149f.
70 Vgl. hierzu HANSMANN/KRISS-RETTENBECK (wie Anm. 36), S. 35–42; Adamus LONICERUS, Kreuterbuch. Kunstliche Conterfeytunge der Bäume / Stauden / Hecken / Kreuter / Getreyde / Gewürze, Frankfurt a.M. 1582, S. CCCLXVI–CCCLXIX.
71 Vgl. Thomas HAUSCHILD, Der böse Blick. Ideengeschichtliche und sozialpolitische Untersuchungen, Hamburg 1979; Siegfried SELIGMANN, Der böse Blick und Verwandtes. Ein Beitrag zur Geschichte des Aberglaubens aller Zeiten und Völker, 2 Bde., Berlin 1910.
72 Vgl. HANSMANN/KRISS-RETTENBECK (wie Anm. 36), S. 34f.
73 Vgl. Hanns Otto MÜNSTERER, Die spanische Feige, ein spanisches Amulett, in: Deutsche Gaue 46 (1954), S. 56–59.
74 Vgl. HANSMANN/KRISS-RETTENBECK (wie Anm. 36), S. 259f.
75 Vgl. Manfred BRAUNECK, Religiöse Volkskunst. Votivgaben, Andachtsbilder, Hinterglas, Rosenkranz, Amulette, Köln [2]1979, S. 284f.
76 Vgl. HANSMANN/KRISS-RETTENBECK (wie Anm. 36), S. 259f.
77 Vgl. Lenz KRISS-RETTENBECK, Bilder und Zeichen religiösen Volksglaubens, München 1963; NEMEC (wie Anm. 59), S. 127.
78 Vgl. Gudrun SPORBECK-BRESSEM, Heiligenvertrauen und Apotropaion, in: Anton LEGNER (Hrsg.), Reliquien. Verehrung und Verklärung, Köln 1989, S. 161–165.
79 Vgl. Anton MÜLLER, »Wer dieses bey sich trägt ...«. Über einen Amulettbrief, Zauber und Gegenzauber, in: Mein Heimatland 27 (1940), S. 211–251.
80 Vgl. LABOUVIE (wie Anm. 5), S. 141–143.
81 Vgl. LABOUVIE (wie Anm. 5), S. 143.
82 Vgl. Dora OPFERKUCH, Zum Brauchtum des Palmentragens, in: Volkskunst. Zeitschrift für volkstümliche Sachkultur 12 (1989), S. 58–60. Palmen wurden nach der Weihe am Palmsonntag um das Haus oder Gehöft getragen. Sie sollten vor Seuchen, Feuer und Blitz schützen.
83 Vgl. Joachim KNUF, Traditioneller Blitzschutz als Kommunikationsproblem, in: Volkskunst. Zeitschrift für volkstümliche Sachkultur 8 (1985), S. 18–22; Ferdinand STEFFAN, Wetterabweisende Heiltümer, in: Volkskunst. Zeitschrift für volkstümliche Sachkultur 8 (1985), S. 23–25.
84 LABOUVIE (wie Anm. 5), S. 144.
85 Zitiert nach Eva KIMMINICH, Religiöse Volksbräuche im Räderwerk der Obrigkeit, Frankfurt a.M. 1989, S. 64 (Schreiben vom 26. November 1783, UAF, Fasz. XIII [30]).
86 Erzbischöfliches Archiv Freiburg, B 2–17/14, Bd. 1, Schreiben vom 6. Juni 1856.
87 Erzbischöfliches Archiv Freiburg, B 2–17/14, Bd. 1, Schreiben vom 11. Juli 1856.
88 LABOUVIE (wie Anm. 5), S. 142.
89 Vgl. GERLACH (wie Anm. 53), S. 960–992, hier: S. 976–978.
90 Vgl. Heinrich MARZELL, Neidkräuter, in: Bayerisches Jahrbuch für Volkskunde (1953), S. 78–81; Detlef ERNST, Hexen- und Zauberkräuter, in: Helfried VALENTINITSCH/Ileane SCHWARZKOGLER (Hrsg.), Hexen und Zauberer. Katalog der Steirischen Landesausstellung 1987, Graz/Wien 1987, S. 95–102.
91 Vgl. Heinrich MARZELL, Hexen und Druden in deutschen Pflanzennamen, in: Bayerisches Jahrbuch für Volkskunde (1962), S. 107–115.
92 Vgl. Christian RÄTSCH, Pflanzen der Liebe. Aphrodisiaka in Mythos, Geschichte und Gegenwart, Bern/Stuttgart 1990, S. 136–145.
93 Vgl. RÄTSCH (wie Anm. 92).
94 Vgl. Christoph DAXELMÜLLER, Heil- und Volksglaube, in: Jürgen WITTSTOCK (Hrsg.), Aus dem Alltag der mittelalterlichen Stadt (Ausstellungskatalog), Bremen 1982, S. 181–192.
95 Heinrich MARZELL, Zauberpflanzen, Hexentränke, Brauchtum und Aberglaube, Stuttgart 1963, S. 19.
96 Ebd., S. 15–22.
97 Ebd., S. 21f.

Dieter R. Bauer

Die Gegenwart der Hexen

Ein Überblick

»Die Verdrängung undeterminierter und nicht abgegrenzter Erfahrungen und Erlebnisse, so unkontrollierbar wie der Traum, aus unserem alltäglichen Lebenszusammenhang und der Verlust einer Magie auch der Sinnenfreude und Ungezwungenheit, ein immenser Triebverzicht also, sind der Preis, den wir für unsere hochzivilisierte Kultur zahlen müssen. Wir lechzen nach einer Befriedigung dieses Mangels und finden sie verbraucherfreundlich aufbereitet im großen Warenhaus kapitalistischer Demagogie. Ob wir nun in dem Päckchen, das wir zur Kasse tragen, ein Ticket nach Indien haben, eine Prise Esoterik oder Okkultes, eine Handvoll New Age, die letzte Platte von Iggy Pop oder Tina Turner, den neuen Handke oder nur eine Eintrittskarte fürs Bayern-Spiel – dem zeitgenössischen, auf seine Weise magisch-mythischen Gott Konsum kann alles recht sein – auch der Feminismus und die neuen Hexen.« So das Resümee von Mira Beham am Ende ihrer *Anmerkungen zu einer sonderbaren Renaissance* mit dem Obertitel *Die mißglückte Wiedergeburt der Hexe*[1] – polemisch zugespitzt und einseitig, doch etwas Wesentliches treffend.

Die Hexen sind unter uns. Doch sind die »neuen Hexen« dabei nur eine Spielart – eine wichtige allerdings, in der (Medien-)Öffentlichkeit präsent und schon von daher wirkungsvoll, dabei für sich ein Phänomen von verwirrender Vielfalt. Daneben behaupten sich aber auch »traditionelle Hexen« bzw. die Vorstellungen von solchen. Überhaupt gehört die Hexe zu den faszinierendsten Gestalten unserer Kultur[2] (und nicht nur der unseren) – in vielerlei Erscheinungsformen präsent in Literatur und Theater, in Musik und Bildender Kunst[3], in Fernsehdiskussionen und -dokumentationen[4], im Spielfilm wie im Groschenheft[5] bis hin zu Micky-Maus-Geschichten und Hexentanz als Brettspiel[6]. Der Blick ins Internet fördert eine unübersehbare Fülle von Hinweisen zutage[7], und immer wieder wird man auch an unerwarteter Stelle fündig – wenn etwa in Bayern eine Arbeitshilfe zur Gesundheitsförderung mit *Hexen Gestalten Lebenslust* überschrieben wird[8].

> »Morgens früh um sechs / kommt die kleine Hex; / morgens früh um sieben / schabt sie gelbe Rüben; / morgens früh um acht / wird der Kaffee gemacht; / morgens früh um neune / geht sie in die Scheune; / morgens früh um zehne / holt sie Holz und Späne; / feuert an um elfe, / kocht dann bis um zwölfe / Fröschebein und Krebs und Fisch. / Hurtig, Kinder, kommt zu Tisch!«[9]

Im Reim begegnet die Hexe schon den kleinsten Kindern, und darüber hinaus unvermeidlicherweise – wenn nicht in überkommenen Märchen selbst – so doch in deren modernen Adaptionen und Umformungen. Doch, wenn auch »die Hexe heute nicht mehr ausschließlich als Inkarnation des Bösen durch den Märchenwald geistert, bleiben ihre teils abgemilderten, teils ironisierten Züge facettenreich«[10].

Die Vorstellung von der Hexe gleichsam als »Inkarnation des Bösen« kann an unvermuteter Stelle eine Rolle spielen, etwa in Auseinandersetzungen um eine der liebenswürdigsten Kinderbuchhexen überhaupt: Otfried Preußlers *Kleine Hexe* (die sich durchaus mit bösen Hexen herumzuschlagen hat)[11]. Recht irritiert las man in der Presse von einer Forderung nach dem Verbot gerade dieses Buches, denn: »Durch die ›positive Darstellung‹ werde die Hexe zu einer ›Identifikationsfigur‹, behauptete Lehrer Karl Lehr und forderte gemeinsam mit anderen Fundamentalisten, das Buch aus der Kindergarten-Bibliothek zu entfernen: Vom ›christlichen Weltbild her‹ könne eine Hexe ›nie etwas Gutes sein‹. Die Lokalzeitung schrieb: ›Hexen müssen brennen‹, und der Pfarrer wetterte von der Kanzel gegen das Buch von der kleinen Hexe, die gegen ihren Clan aufbegehrt.«[12] Hier ist noch etwas von der Hexenangst als Angst vor der mit dem Teufel paktierenden und damit böse Mächte entfesselnden Frau manches traditionell geprägten christlich-kirchlichen Milieus zu spüren. Wobei die Vorstellung von einem personalen Teufel in einem solchen Zusammenhang immer eine fatale Rolle spielt, denn selbstverständlich setzt die Möglichkeit, mit dem Teufel zu paktieren, diesen als persönlich ansprechbaren Vertragspartner immer schon voraus.

In ähnlicher Weise entzündete sich in den letzten Jahren eine öffentliche Auseinandersetzung an den *Harry Potter*-Bänden (und den anschließenden Verfilmungen). Denn auch hier ist der positive Held, eben Harry, ein Zauberer und seine durchaus liebenswert gezeichnete Freundin Hermine eine Hexe. Zaubern lernen sie und ihre Freunde in der Schule:

> »Professor Flitwick verkündete im Zauberunterricht, sie seien nun so weit, Gegenstände fliegen zu lassen, und danach hatten sie sich alle gesehnt [...] ›Also vergesst nicht diese flinke Bewegung mit dem Handgelenk, die wir geübt haben!‹, quiekte Professor Flitwick [...] ›Wutschen und schnipsen, denkt daran, wutschen und schnipsen. Und die Zauberworte richtig hersagen [...]‹« Hermine ist den anderen voraus; sie »rollte die Ärmel ihres Kleides hoch, knallte kurz mit dem Zauberstab auf den Tisch und sagte ›Wingardium Leviosa!‹ – Die Feder erhob sich vom Tisch und blieb gut einen Meter über ihren Köpfen in der Luft schweben.«[13] Doch muß die junge Hexe in der Stunde der Not erst auf ihre Fähigkeiten hingewiesen werden: »›Dann mach Feuer!‹, ächzte Harry. – ›Ja – natürlich – aber hier gibt es kein Holz!‹, schrie Hermine händeringend. – ›Bist du verrückt geworden?‹, brüllte Ron. ›Bist du nun eine Hexe oder nicht?‹ – ›Ach ja!‹, sagte Hermine und riss ihren Zauberstab hervor, schwang ihn, murmelte etwas [...].«[14]

Massive Kritik meldete sich auch hierzu aus einer christlich-fundamentalistischen Orientierung heraus. Dabei geht es letztlich immer um »eine allgemeine biblisch begründete Kritik an jeglichem ›Okkultismus‹, die in übersinnlichen Kräften ein Werk dämonischer und gottfeindlicher Mächte erblickt. Nicht selten resultiert aus einer solchen Sicht die völlige Ablehnung der damit assoziierten Produkte, wie z.B. in einer evangelischen Kirchengemeinde auf der Schwäbischen Alb, wo *Harry Potter und der Stein der Weisen* nicht mehr verliehen werden darf und aus der Bibliothek entfernt wurde. Ähnlich gelagert ist die plakative Verbrennung von Pokémon-Karten durch einen dänischen freikirchlichen Pastor, der sie für ein Werk des Teufels hält und die Produzenten als ›von Dämonen geleitet‹ ansieht.«[15] Eine der bekanntesten *Potter*-Gegnerinnen, die Publizistin Gabriele Kuby, urteilt: »In meinen Augen ist Harry Potter ein Langzeitprojekt zur Veränderung der Kultur. Die Hemmschwelle gegenüber Magie wird in der jungen Generation eingerissen. Damit dringen die Kräfte in die Gesellschaft ein, die das Christentum einst überwunden hat.«[16]

Allen diesen Hexenvorstellungen ist gemeinsam, daß sie ohne die geschichtlich gewordene Hexe nicht möglich wären. Und dabei ist – bei allem berechtigten Bemühen, das Wissen um zauberkundige Frauen und Männer weit in die Geschichte zurückzuverfolgen – die Erinnerung an die Hexen als Opfer der großen abendländischen Hexenverfolgung (die in den allerwenigsten Fällen irgendwelches Hexenwissen für sich in Anspruch nahmen) und damit die Erinnerung an eines der dunkelsten und furchtbarsten Kapitel unserer Geschichte immer gegenwärtig. Es erscheint von daher plausibel, in einem insgesamt historisch ausgerichteten Band auf diese Form der Gegenwart von Vergangenheit hinzuweisen. Mehr als einige Hinweise, einen knappen Überblick aber, können und sollen dabei die folgenden Seiten nicht bieten.

Von besonderer Bedeutung für das Hexenbild schon des 19. Jahrhunderts, aber auch noch der Gegenwart, ist die Märchenhexe, wie sie etwa im »Paradestück eines Hexen-Kindermärchens«, der Grimmschen Fassung von *Hänsel und Gretel*, entgegentritt[17]. An den verschiedenen Fassungen dieses Märchens läßt sich eindrucksvoll zeigen, wie sich ein bestimmter Hexentyp allmählich entwickelt hat; äußerliche physiognomische Merkmale definieren ein Normbild, das im wesentlichen aus drei Bestandteilen zusammengesetzt ist. Die Hexe wird charakterisiert durch die Merkmale »altes Weib« und »große Häßlichkeit« und verfügt speziell über eine große »Hexennase«[18].

In der ersten handschriftlichen Fassung der Brüder Grimm von *Hänsel und Gretel* hieß es, als auf das »Knuspern« am Häuschen hin die Hexe aus ihrem Haus tritt: »bald darauf kam eine kleine alte Frau heraus, die nahm die Kinder freundlich bei der Hand, führte sie in das Haus, und gab ihnen gutes Essen, und legte sie in ein schönes Bett.« Im Erstdruck von 1812 lautete dann die gleiche Stelle: »da sahen sie, wie die Thüre aufging und eine kleine steinalte Frau herausgeschlichen kam [...] Die Alte aber war eine böse Hexe, die lauerte den Kindern auf und hatte um sie zu locken ihr Brodhäuschen gebaut, und wenn eins in ihre Gewalt kam, da machte sie es todt, kochte es und aß es, und das war ihr Festtag.«[19] Ludwig Bechstein zeichnete schließlich ein Hexenbild, wie wir es vom Kasperltheater oder von der Fasnacht her kennen. In seiner Version von *Hänsel und Gretel* (1857) lautete dieselbe Stelle: »Da ging die Tür des Häusleins auf und trat ein steinaltes, krummgebücktes, triefäugiges Mütterlein heraus von nicht geringer Häßlichkeit, Gesicht und Stirne voll Runzeln und inmitten eine große, große Nase. Hatte auch grasgrüne Augen.«[20] Und an anderer Stelle, im *Märchen von der Hexe und den Königskindern*, heißt es bei ihm: »Sie [die Alte] trug beständig eine grüne Brille und über ihrem Zottelhaar, das ungekämmt ihr vom Kopfe weit herunterhing, einen roten Tuchlappen, und ging gern in kurzen Ärmeln, daß ihre dürren, wettergebräunten Arme weit aus dem schlotternden Gewande hervorragten.«[21]

Die Hexe der schwäbisch-alemannischen Fasnacht (besser: Fasnet) – sie kann in einem Band mit spezieller Ausrichtung auf den deutschen Südwesten nicht außer acht gelassen werden – entstammt damit einer Entwicklung des 19. Jahrhunderts. Gestalt gewann sie aber in Wirklichkeit erst im 20. Jahrhundert: Die Fasnetshex, wie wir sie heute kennen, wurde 1933 in Offenburg »erfunden«, ist allerdings in gewisser Weise eine Umformung der älteren Figur des »Alten Weibes«[22]. Der Glasmaler Karl Vollmer hatte zusammen mit seiner Frau ein Erfolgsmodell kreiert, das den Narrenzünften heute, nicht zuletzt wegen seines Erfolgs, zunehmend Schwierigkeiten bereitet[23]. So stellte etwa unter dem Titel *Alles ist wie verhext* ein Mitglied des kulturellen Beirats der *Vereinigung schwäbisch-alemannischer Narrenzünfte* fest: »Ob sie [die Hexen] gelungen sind oder nicht, ob sie schön, schrecklich oder schrecklich-wüst, es sind zu viele. Die Folgen dieser Entwicklung kann man bei jedem Narrentreffen sehen. Es bleibt einem auch gar nichts anderes übrig, als sie zu sehen. Immer größer werden die Hexengruppen. Bei mancher Zunft überwuchern sie schon die traditionellen Maskengestalten. Es ist Zeit, sich über den Hexensabbath in unseren Fasnachtslanden einige Gedanken zu machen.«[24] Als Grund für eine solche Beliebtheit wird u.a. der Reiz des Geschlechtertausches genannt, denn traditionellerweise sind es Männer, die unter einer Hexenmaske bzw. im entsprechenden »Häs« stecken. Eine Rolle dürfte auch die Möglichkeit zu wilder Ausgelassenheit gerade unter einer solchen Maske spielen.

Sich Gedanken zu machen, gab es aber schon früher mit Blick auf die Anfänge Anlaß. Nach dem Erfolg »ihrer« Hexe kümmerte sich das Ehepaar Vollmer auch um ein Zeremoniell für die Hexengruppen: Stempelung, Sprüche am Kessel, Hexenfeuer und Tanz. Ab 1937 entwickelte sich die Offenburger Fasnacht »im NS-Kulturbetrieb zum Vorzeigestück für Volksbrauchtum. Wie gut die Hexen in die Kulturszene paßten, zeigt auch ihr Mitwirken bei der Einweihung des Hauses der Kunst 1938 in München. Bei einer in ganz großem Stil inszenierten Walpurgisnacht durften sie ihren Hexentanz aufführen. Die Hexe paßte deshalb so gut in die NS-Kultszene, weil sie zu jenen Figuren gehörte, in denen man direkten Ausdruck der Volksseele sah.«[25]

Nur kurz erinnert sei hier an den Stellenwert, den die frühneuzeitlichen Hexenverfolgung im Denken mancher Nationalsozialisten einnahm: »Wir sehen, wie die Scheiterhaufen aufloderten, auf denen nach unzähligen Zehntausenden die zermarterten und zerfetzten Leiber der Mütter und Mädchen unseres Volkes im Hexenprozeß zu Asche brannten«, klagte der Reichsführer SS

Heinrich Himmler beim Reichsbauerntag 1935. Ihm ging es bei seinem im selben Jahr in Gang gesetzten *H(exen)-Sonderauftrag* um den Kampf gegen Judentum und christliche Kirchen; die getöteten Hexen der frühen Neuzeit sollten nun auf die »Blutfahne der Bewegung« geschrieben werden[26]. In gleicher Weise nahm Mathilde Ludendorff, selbst Führerin einer neopaganen Bewegung, das Thema in ihrem Pamphlet *Christliche Grausamkeit an Deutschen Frauen* auf. Noch radikaler im Sinne eines völkischen Feminismus war Friederike Müller-Reimerdes in ihrer Abhandlung *Der christliche Hexenwahn. Gedanken zum religiösen Freiheitskampf der deutschen Frau.* Bei ihr wurden die deutschen Frauen, die tausend Jahre »unter einer nur vom Manne geformten, unwürdigen Stellung im Volksleben litten«, gegenüber der christlichen Kirche, »diesem konsequentesten Männerkollektiv«, zu einem feierlichen Gelübde aufgefordert: »Ich werde ein Rächer meiner gemarterten Schwestern werden!«[27]

Möglicherweise angeregt durch den Erfolg der Offenburger Hexe, jedoch nicht so professionell betrieben, entstanden in den dreißiger Jahren auch andernorts Hexengruppen, etwa in Obernheim, wo man vorher lediglich eine »Alt-Weib-Figur« gekannt hatte, deren Gesicht mit einem Tuch vermummt war und die den Leuten »wahrsagte«. 1937 stand schließlich ein »Hexensabbat« auf dem Fasnachtsprogramm, »wobei die Hexengruppe mit dem Teufel das Hexengericht vorführte und die verurteilte Hexe am Galgen hochgezogen wurde. Erst 1938 wurde dann die Hexe verbrannt.« Ein Zeitungsartikel vom 3. März 1938 berichtet: »Die Hexe Sibella vom Rehberg kam ihren Verpflichtungen nicht nach und wurde vom hohen Hexengericht verurteilt zu Folterqualen und als sie sich nicht (!) bekannte zum Tode auf dem Holzstoß. Mit schadenfroher Freude tanzten die Hexen um die brennende Hexe, dieses Bild ist für uns Obernheimer von besonderer Bedeutung, da es einen historischen Wert besitzt.«[28] Der assoziative Bezug auf die Zeit der großen Hexenverfolgungen ist offensichtlich – und gewollt.

Deutlich ist dieser Bezug schon in der Fasnacht des 19. Jahrhunderts feststellbar, wenn etwa 1823 (gut 40 Jahre nach der letzten legalen Hexenhinrichtung in Europa, 1782 im Schweizer Kanton Glarus), in Hiltisrieden im Kanton Luzern von 70 Personen ein Hexenprozeß aufgeführt wurde[29]. In Saulgau, wo bereits für das Jahr 1859 eine Hexengruppe als Teil eines historischen Umzugs belegt und ein Fasnachtsbilderbogen von 1869 ebenfalls Hexen nennt und zeigt[30], stand 1896 beim Großen Historischen Festumzug am Fasnachtsmontag ein Wagen unter dem Titel »Aus der Zeit der Hexenprozesse«[31]. Die theatralische Inszenierung, wie sie bei den historischen Umzügen in Erscheinung tritt, »geht schließlich so weit, daß 1912 selbst im Zirkus Busch ein Manegen-Schauspiel mit dem Titel ›Die Hexe‹ aufgeführt werden konnte. Dabei tanzten 200 Hexen und Teufel um einen brodelnden Hexenkessel, und auf einem durch elektrische Lampen imitierten Scheiterhaufen wurde zum Schluß eine Hexe verbrannt. Das scheint fast die inszenatorische Vorlage für die fasnächtlichen Hexenverbrennungen gewesen zu sein.«[32]

Sie trieben mit Entsetzen Scherz – und manche treiben es noch immer. Doch ist die Sensibilität und das Bewußtsein, daß hier Zurückhaltung am Platze ist, gewachsen, auch innerhalb der organisierten Fasnacht: »Die *Klage*, sie [die Fasnetshex] sei unverhülltes Symbol brutaler Frauenfeindlichkeit und stütze sexistische Strukturen, artikuliert sich aus gesellschaftlichen Strömungen und bewußtseinsmächtigen Werthaltungen, die sich nicht einfach ignorieren lassen. – Aus dem Vorwurf schließlich, sie inszeniere die permanente Verhöhnung der zutodegeschundenen Opfer des historischen Hexenwahns, ist ... gar eine gerichtshängige *Anklage* geworden.«[33]

Ein Amtsrichter hatte bei der Staatsanwaltschaft Hechingen Strafanzeige gegen die namentlich nicht genannten Mitwirkenden und Verantwortlichen des Obernheimer Hexengerichts gestellt »wegen eines gemeinschaftlichen Vergehens nach § 189 StGB. In infamer Weise sei das Andenken von Verstorbenen verunglimpft worden, nämlich das der unzähligen Opfer der Hexenverfolgung [...] Das Spektakel des Hexenprozesses verhöhne in kaum zu überbietender Widerwärtigkeit die unfaßbaren Leiden der Opfer der Hexenverfolgung, insbesondere bei der mit der Verurteilung zum Feuertod endenden. Amtsrichter Maier ist weiterhin der Meinung, das öffentliche Interesse an einer Strafverfolgung im Sinne von § 375 StPO, also mit mehreren Klageberechtigten, dränge sich hier trotz der langen Zeitspanne zwischen Hinrichtung und der Verunglimpfung auf. Nach dem Bericht des Zollernalbkurier fand das schauerliche Schauspiel vor einer unübersehbaren Menge statt [...] Das Erpressen eines Geständnisses durch Folter wäre ihnen [Jugendlichen und Kindern] als selbstverständlich vorgeführt worden.« Das Ermittlungsverfahren wurde am 10. August 1988 eingestellt. Unter anderem führte die Staatsanwaltschaft aus, »daß es auch an einer Persönlichkeitsverletzung eines konkret bestimmbaren Personenbereiches fehle«[34].

Sind auch die Hexen der Fasnacht und die dahinterstehende typisierte Märchenhexe prägend für unsere bildhafte Vorstellung von einer Hexe, so sind sie doch nur noch Gestalten der Erinnerung an die »böse Alte« als Trägerin von Zaubermacht und Hexenwerk. Der Hexenglaube selbst ist dagegen von beklemmender Gegenwärtigkeit. Dabei spielt der »elaborierte« Hexenbegriff mit seinen Bestandteilen Teufelspakt, Teufelsbuhlschaft, Flug durch die Luft, Hexensabbat mit Teufelsanbetung und Schadenzauber – in einer griffigen Begriffsprägung von Wolfgang Behringer: das »Pentagramm des Hexenwahns« – trotz mancher Anklänge im einzelnen insgesamt keine Rolle mehr. Was geblieben ist, ist der Schadenzauber, oder allgemeiner der Glaube an die Macht der Magie, an die besondere magische Wirkkraft des Willens mancher Menschen[35]. »Der traditionelle Hexenglaube, soweit wir ihm heute im deutschsprachigen Raum in Mitteleuropa noch begegnen, läßt sich wie folgt kennzeichnen: Es ist der Glaube daran, daß bestimmte Leute die Fähigkeit haben, anderen Unglück, Krankheit, Mißerfolg usw. anzuwünschen, die dann auch eintreffen.«[36]

Auch wenn bestimmte Formen solch traditionellen Hexenglaubens zu Ende zu gehen scheinen, wie dies etwa für die bäuerliche Welt der Fränkischen Schweiz festgestellt wurde[37], so trifft dies für den Gesamtbereich »Magie« zweifellos nicht zu. Im Gegenteil: »Es scheint so, als seien magisches Denken, okkultistische Betätigung, religiöses Sektierertum in zunehmendem Maße zu den kulturellen Kennzeichen unserer modernen Welt geworden.«[38]

Auf die Frage nach dem Warum bzw. nach möglichen äußeren Faktoren der gegenwärtigen sozialen Situation als Ursache für das Zunehmen irrationaler Verhaltensweisen scheint als Antwort einleuchtend, »daß in der Massengesellschaft der Zerfall und Wandel von Normen und Institutionen, das Schwinden von Autorität, die begrenzten Möglichkeiten des einzelnen, auf bestimmte Entwicklungen Einfluß zu nehmen, sowie die zunehmende Bedeutungslosigkeit der Religionsgemeinschaften zu einer ›Steigerung der individuellen Verunsicherung‹ führe.« Magische Verhaltensweisen ermöglichen es dem Individuum in einer solchen Situation, Ängste und psychische Spannungen abzubauen und auf ein erträgliches Maß zu reduzieren. Wenigstens teilweise scheint sich danach die Anfälligkeit des modernen Menschen für magische und okkultistische Phänomene in einer hochtechnisierten, durch elektronische Medien beherrschten Welt als ein »Versuch einer individuellen, allmächtigen Abwehr und Umdeutung einer ansonst nicht mehr zu bewältigenden Situation« erklären zu lassen[39]. Dabei zeigt sich, daß ein höherer Bildungsgrad und die Zugehörigkeit zu einer sozialen Oberschicht keinesfalls daran hindern, »sich sozusagen einer privaten Magie zu bedienen«. Es findet sich »unter denen, die ihre Zuflucht zu magischen, parapsychologischen und okkultistischen Praktiken nehmen oder diesen zumindest nicht ablehnend gegenüberstehen, ein signifikant hoher Anteil von Akademikern und Intellektuellen«[40].

Daß in Deutschland Mitte der siebziger Jahre »anscheinend immer noch mehr angebliche Hexen der traditionellen Art als in fast jedem anderen Land« lebten und daß nach einer Umfrage »noch 10.000 ›Hexenkünstler‹ verschiedene Formen der Weißen und Schwarzen Magie« praktizierten, behauptet Peter Haining ohne nähere Belege[41]. Durch seine Beschäftigung mit Prozeßakten hatte Herbert Schäfer Anfang der sechziger Jahre den Eindruck, daß es im süddeutschen Raum kein Dorf ohne Hexe gebe[42]. Die Zahl der berufsmäßigen Hexenbanner, der »Spezialisten« zum Auffinden und Bannen angeblicher Hexen, wurde 1957 für die Bundesrepublik auf rund 10.000 geschätzt[43].

Die wenigen repräsentativen Umfragen in der Bundesrepublik Deutschland zum Thema »Hexenglaube« belegen einen deutlichen Zuwachs seit 1956: Auf die Frage »In früheren Jahren hat man an Hexen geglaubt. Denken Sie, daß vielleicht doch etwas daran ist – daß es vielleicht Hexen gibt?«, antworteten damals 8% der befragten Personen mit »vielleicht« (7%) oder »bestimmt« (1%); 1973 waren es bereits 11% der Befragten, die positiv antworteten, 9% mit »vielleicht«, 2% mit »bestimmt«. Auf die vorsichtiger (ohne das Reizwort »Hexe«), aber zur Feststellung des Gemeinten wohl angemessener formulierte Frage »Man hört immer wieder die Meinung, daß es Leute gibt, die die Fähigkeit besitzen, anderen Unglück und Krankheit anzuwünschen, die dann auch eintreffen. Glauben Sie, daß so etwas möglich ist?«, antworteten im gleichen Jahr (1973) sogar 23% der Befragten mit »vielleicht« (14%) oder mit »ja« (9%)[44]. Einen überraschenden Zuwachs brachte schließlich eine Umfrage aus dem Jahr 1986: Auf die Frage »Glauben Sie, daß es Menschen gibt, die ihren Mitmenschen etwas ›anhexen‹ können?«, antworteten 34% der befragten Personen positiv (21% mit »möglich«, 13% mit »ja, bestimmt«). Auf die damalige Gesamtbevölkerung der Bundesrepublik umgerechnet, wären dies rund 15 Millionen Bundesbürger gewesen. Auch hier führten Fragen ohne den Negativbegriff »Hexe« bzw. »anhexen« zu noch einmal höheren Zahlen. So wurde etwa Liebeszauber (»Glauben Sie, daß es Menschen gibt, die andere dazu bringen können, sich in eine ganz bestimmte Person zu verlieben?«) von 40% der Befragten für möglich (14% und 26%) gehalten[45].

In einem Fall von traditioneller Hexerei treten normalerweise drei verschiedene Protagonisten in Erscheinung. Cornelia Paul charakterisiert diese in Kurzform: »Da ist einmal der Mensch, der irgendwie geschädigt worden ist, der selbst erkrankt ist oder in dessen Familie oder Stall schwere unerklärliche Krankheits- und Todesfälle vorkamen oder in dessen Alltag irgendwelche unerklärliche Dinge passieren. Dann eine Person, die dieses Unglück als Verhexung interpretiert. Diese Person, die in der Literatur Hexenbanner oder Zauberbanner genannt wird und häufig ein Mann ist, war in meinen Gesprächen – bis auf eine Ausnahme – eine Frau, die neben dem Wissen um Gegenzauberrituale auch heilende Fähigkeiten hatte und deshalb Gesundbeterin genannt wurde. Und schließlich gab es dann auch noch die Person, der diese Untaten angelastet werden, die ›Hexe‹ oder der ›Hexer‹. Wobei in meinen Interviews immer wieder darauf hingewiesen wurde: ›Heut sagt man *Böse Leut* dazu.‹ Dies ist vielleicht ein Indiz dafür, daß ein unzeitgemäß empfundenes Deutungsmuster zwar inhaltlich erhalten bleibt, aber mit einem moderneren Namen versehen wird, um sich dadurch nicht kompromittieren zu lassen.«[46] Was allerdings die zweite der genannten Personen angeht, so unterscheidet Hans Sebald für seinen Untersuchungsbereich, die Fränkische Schweiz, scharf zwischen einerseits den Personen, überwiegend Frauen, die erfahren im »Anfangen« sind, im »Ansprechen«, wie es andernorts heißt, Herrinnen der »weißen« Magie also, »Büßerinnen« (von bayerisch »büeßen«, also bessern, ausbessern, auch vergelten) oder Gesundbeterinnen, andererseits den »Hexenmeistern«, die er Pseudoheiler und Scharlatane nennt und mit den sonst bekannten Hexenbannern gleichsetzt[47].

»Das letzte Haus im Dorf ›is dat Hexenhuus‹, sagen die Dörfler. Alwine Wulf wohnt darin [...] Warum sagen die Leute im Dorf, Alwine Wulf sei eine Hexe? ›Sagen ja nicht alle. Aber manche sagen das wohl. Die Männer sagen das. Denen bin ich wohl unheimlich. Stört mich nicht. So'n klein wenig weiß ich ja auch von meiner Mutter und von ihrer Mutter. Wird immer so weitergegeben. Hab aber schon viel vergessen. Die Kräuter sind wichtig. Die können helfen.‹«[48] Es gibt also Frauen, die sich in die Rolle der »Dorfhexe« einfügen, sich ein Stück weit damit identifizieren und bestimmte Fähigkeiten für sich in Anspruch nehmen. Jedoch häufiger wohl hat die als Hexe bezeichnete Person keinerlei Anteil am Geschehen: Wut und Verzweiflung über irgendwelche Schicksalsschläge werden auf einen »Sündenbock« abgeladen, der sich – aus welchen Gründen auch immer – zumindest in der Sicht der anderen dafür anbietet: »›Böse Leut‹ werden als solche anhand auffallender äußerer Merkmale identifiziert: ein besonders stechender Blick, eine große häßliche Nase, aber natürlich auch aus der Norm fallende Verhaltensweisen.«[49]

Inge Schöck listet folgende Kriterien auf, die zur »Identifizierung« einer Hexe führen können:

(1) »Wenn jemand bereits als ›Hexe‹ bekannt ist, wird ihm/ihr auch ein neuer Fall angelastet.«
(2) Die Beschuldigung heftet sich »an eine Person, deren Familie infolge ›übernormaler‹ Fähigkeiten bereits belastet ist, gegen die aber der Vorwurf der Hexerei bis dahin nicht erhoben war«.
(3) Außenseiter sind ganz allgemein betroffen: »Das können alte, alleinstehende Frauen sein; es kann jemand sein, der den Neid und die Mißgunst anderer erregt oder bestimmte Körpermerkmale aufweist usw.«
(4) »Durch eine der magischen Bestimmungspraktiken eines Hexenbanners kann jemand aus reinem Zufall zur ›Hexe‹ werden. Das geschieht, wenn zum Beispiel der Hexenbanner beim ›Enthexen‹ eines Hauses sagt, daß diejenige Person, die innerhalb der nächsten drei Tage komme und etwas ausleihen möchte, die gesuchte Hexe sei.«
(5) Unter Umständen wird »auch im persönlichen Bekannten- oder Verwandtenkreis nach ›Verursachern‹, ›Schuldigen‹, gesucht. Das ist dann aller Wahrscheinlichkeit nach eine solche Person, zu der man kein gutes Verhältnis hat, der man etwas Schlechtes zutraut und mit der man offen oder verdeckt bereits in Konflikt lebt.«[50]

Für Johann Kruse, den späten »Aufklärer« in Sachen Hexenwahn[51], »gerät der Hexenglaube zu einem kriminellen System, bestehend aus ›Anstiftern‹ (Verfasser und Verleger von Zauberbüchern), ausführenden Tätern (Hexenbanner), Indizien (Enthexungsmittel und Mosesbücher) und Opfern (verfolgte Frauen und betrogene Hexengläubige). Mit zahlreichen Fallbeispielen macht Kruse glaubhaft, daß auch heute Frauen unter dem Vorwurf der Hexerei isoliert und belästigt werden. Besonders in kleinen Gemeinden kann der auf Hexereianklagen basierende Konflikt manchmal nur durch den Wegzug der Betroffenen gelöst werden.«[52] In engagiertem, fast eiferndem Ton prangert Kruse an, »wie sehr der grausige Hexenwahn breite Volksschichten in Stadt und Land beherrscht! Noch heute, um die Mitte des 20. Jahrhunderts, hat jede Stadt in Deutschland mehrere ›Hexen‹ und fast jedes Dorf seine ›Teufelsdienerin‹. Infolge ihrer Schutz- und Wehrlosigkeit werden sie geächtet und verfolgt, manche von ihnen nicht selten mißhandelt oder gar getötet. Tausende und abertausende Frauen leiden unter diesem Wahn, können trotz der Aufhebung der Hexenverbrennungen vor etwa 200 Jahren immer noch nicht in Frieden sterben. Hexenaustreiber nutzen diesen Aberglauben in verbrecherischer Weise. Erschreckend sind die Folgen des Wahnes auf rechtlichem und gesundheitlichem, volkswirtschaftlichem und sittlichem Gebiet.«[53] Nicht nur auf die Initiative Kruses hin wurde vor deutschen Gerichten wieder über Hexerei verhandelt, gegenüber der großen Verfolgungszeit nun allerdings mit veränderten Vorzeichen[54].

Grundlegend für die Entstehung eines neuen, kultisch orientierten Hexenwesens mit religiösem Anspruch seit der Mitte unseres Jahrhunderts waren Publikationen von Charles Godfrey Leland und Margaret Alice Murray, die einige Jahrzehnte zuvor erschienen waren. 1899 wurde von Leland *Aradia, or: the Gospel of the Witches* veröffentlicht, ein Buch, von dem der Autor behauptete, es sei ein authentisches Dokument, das italienischen Hexen seit Generationen als »Bibel« gedient habe und eine »Religion« lehre, die in der Vergangenheit der Glaube vieler Millionen gewesen sei. Zur Frau als Hexe heißt es darin: »Die Hexe – abgesehen von ihren tatsächlich vorhandenen Fähigkeiten – stellte einst einen wichtigen Faktor oder echte Macht in einer sonst eher gesetzlosen Gesellschaft dar. Bis auf den heutigen Tag herrscht allgemein die Ansicht, daß die Frau von etwas Geheimnisvollem, Unverständlichem umgeben ist, das weder sie selbst noch sonst jemand erklären kann. So wie es in dem Gedicht heißt – ›Denn jede Frau ist eine Hexe in ihrem Herzen.‹«[55] Die englische Ägyptologin und Anthropologin Murray versuchte dann mit ihren Büchern *The Witch Cult in Western Europe* (1921) und *The God of the Witches* (1931) auf höchst umstrittene Weise ihre These wissenschaftlich zu belegen, daß es sich beim Hexenkult im Kern um eine alte, vorchristliche Religion handle, in deren Mittelpunkt eine Fruchtbarkeitsgöttin und ein Gott der Jagd stünden[56].

Zur wohl wichtigsten Persönlichkeit des modernen Hexenkultes wurde aber Gerald Brosseau Gardner – auch nach dem Urteil einer heutigen Hexe: »Mit der Veröffentlichung seines Buches *Witchcraft Today* 1952 wurde der Weg für fast alle heutigen Hexen bereitet; obwohl viele anderen Traditionen folgen, würden diese wahrscheinlich gar nicht existieren ohne die Veröffentlichung von *Witchcraft Today*.«[57] Damit entstand »Wicca« (nach dem altenglischen Ausdruck für »weise Frau«, entsprechend dem heutigen »witch« für »Hexe« und »weise Frau«), ein Lebenskonzept mit religiösem Anspruch, von dem behauptet wird, daß es sich auf eine vorchristliche, heidnische Religion zurückführen lasse. Für manche der heutigen »Hexengläubigen« ist der Nachweis einer solchen Verbindung von höchster Bedeutung, andere akzeptieren eine Interpretation als »Entstehungsmythos«, der ein zentrales Bedürfnis erfülle: »Die Essenz von Gardners Reformen ist, daß er die Göttin in den Mittelpunkt dieser Bewegung brachte, und es ist die Göttin, die die Imagination, Herzen und Seelen derjenigen fesselt, die sich zu dieser Bewegung hingezogen fühlen. Es ist, als wären wir, die westliche Zivilisation, wieder (oder endlich) bereit, mit dem Konzept von einer weiblichen Gottheit umzugehen. Es ist diese Bereitschaft, die Wicca bzw. Gardner legitimiert, und nicht irgendwelche Pseudogeschichte, die man bis in die Steinzeit zurückverfolgen kann.«[58]

»Wicca« findet in Gruppen (»coven«) statt, denen jeweils eine Frau und ein Mann vorstehen. Die Riten sind im *Buch der Schatten*, das jeder Neuinitiierte erhält, aufgezeichnet. Diese »Riten enthalten tatsächlich aus vergangenen Zeiten oder von ›Naturvölkern‹ bekannte Formen, z.B. den Sprung über das Feuer, rituelle Fesselung und Geißelung der Neulinge, Nacktheit bei den Zeremonien, und das Tragen von Fellmasken. Viele Kulthandlungen leiten sich aber auch aus Traditionen des Christentums und mittelalterlichen Dämonenbeschwörungen ab, z.B. der magische Kreis mit hebräischen Bezeichnungen für magische Macht auf den Rändern oder die Verwendung von silbernen Messkelchen.«[59]

Seinen großen Aufschwung nahm der »Wicca«-Kult in den sechziger Jahren; damals »›paßte‹ er auf einmal richtig zu Strömungen der allgemeinen Kultur, zur sexuellen Liberalisierung, zur verstärkten Abkehr vom Christentum usw.«[60]. Mitte der neunziger Jahre fanden sich »Wicca«-Anhänger in weit über zwanzig Ländern – jedenfalls nach eigenen Angaben. »Es ist trotzdem nicht bekannt, wie viele genau diese Form der Spiritualität ausüben. Obwohl noch sehr viele Einflüsse aus den USA und Großbritannien erkennbar sind, wächst die alte Religion überall, auch in Deutschland. Auch hier gibt es Zeitschriften, Netzwerke und Treffen.«[61] In den USA wurde »Wicca« bereits in den 1980er Jahren durch höchstrichterliche Rechtsprechung offiziell als staatlich geschützte religiöse Vereinigung anerkannt[62].

Eine Sonderform ist »Dianic Wicca« (begrifflich angelehnt an Murrays Beschreibung der Hexenreligion als Diana-Kult) – eine Synthese von Hexenkunst und Feminismus als reine »Frauenreligion«[63]. Insgesamt scheint sich im neuen Hexenkult ein naturmystischer Zug durchgesetzt zu haben, eng verbunden mit Frauen- und Ökologiebewegung: »Immer mehr Frauen wenden sich der Göttin zu [...] Das Symbol der Göttin verleiht die spirituelle Kraft, um Systeme der Unterdrückung in Frage zu stellen und neue, zum Leben hin orientierte Kulturen zu schaffen [...] Erst als die Folgen von Umweltverschmutzung und -zerstörung so schlimm wurden, daß sie sogar die Anpassungsfähigkeit der urbanen Menschen bedrohten, erkannten wir die Bedeutung des ökologischen Gleichgewichts und die Abhängigkeit alles Lebendigen voneinander. Das Bild der

Göttin, die der Natur innewohnt, fördert die Ehrfurcht vor der Heiligkeit alles Lebendigen. Hexenglaube kann als Religion der Ökologie betrachtet werden.« So die amerikanische Psychologin Miriam Simos in ihrem Buch *Der Hexenkult als Ur-Religion der großen Göttin* (1979)[64]; unter ihrem Kultnamen »Starhawk« (Sternenfalke) gehört sie zu den bedeutendsten Hexen Amerikas. Für sie ist die Frauenbewegung sowohl eine magisch-spirituelle wie auch eine politische Bewegung.

Als politische Bewegung, Teil der neuen Frauenbewegung, fingen die sogenannten »neuen Hexen« an: »Tremate, tremate, le streghe son tornate« (»Zittert, zittert, die Hexen sind zurückgekehrt«) – so skandierten 1977 demonstrierende Italienerinnen in Reaktion auf brutale Vergewaltigungen und im Protest gegen den italienischen Abtreibungsparagraphen. Schnell setzte sich die Selbstbezeichnung »Hexe« als Kampfbegriff bei Frauen durch. Bereits 1978 fand in der Bundesrepublik die erste Frauen-Hexen-Demonstration statt. Die Vorstellung von »Power-Frauen«, die auch schon in vergangenen Zeiten in aggressiven Auseinandersetzungen mit einer bedrohlichen Männerwelt und im Kampf für Selbstbestimmung und Gleichberechtigung standen, wurde dabei immer mitgedacht – und wurde zweifellos den verfolgten Frauen der frühen Neuzeit nicht gerecht, blieb vielmehr problematisch. Immerhin ging es auch um die Solidarisierung mit den Hexen als den (überwiegend weiblichen) Opfern einer männlich geprägten, von Männern beherrschten Welt, mit dem Ziel einer politischen Bewußtseinserweiterung vor dem Hintergrund einer die Gegenwart noch stark beeinflussenden frauenfeindlichen Tradition in unserer Kultur.

Schon bald aber zeichnete sich ein Trend in anderer Richtung ab, der sich über die Jahre deutlich verstärkte: »Die Hexen kommen wieder. Diesen Satz hörte und sagte ich erstmals vor zehn Jahren. Ein Slogan der Frauenbewegung war: ›Wir erobern uns die Nacht zurück.‹ Die Frauen forderten die Aufhebung des nächtlichen Ausgehverbots. Mit unkenntlich gemachten, weiß bemalten Gesichtern machten wir, als Hexen getarnt, in der Walpurgisnacht die Straßen unsicher. Jahr für Jahr demonstrierten wir in der Nacht zum 1. Mai gemeinsame Stärke im Einsatz für Gleichberechtigung. Doch Gleichberechtigung ist schon lange kein Ziel mehr für mich. Wir wollen nicht die Hälfte des Kuchens, wie es eine Amerikanerin einmal ausdrückte, wir wollen uns einen ganz anderen Kuchen backen.«[65]

Für die neuere Entwicklung gilt: »Statt um Solidarität mit den Hexen als den Verfolgten und Unterdrückten geht es um die Wiedererlangung ausgerotteten hexischen Wissens. Anstelle von Protest und Widerstand gegen Männergewalt, auch im Namen der hingerichteten Frauen, stehen die Neuentdeckung weiblicher Macht, alten Wissens und neuer Spiritualität im Mittelpunkt.«[66] Es geht nicht mehr um politischen Einsatz, häufig auch nicht mehr um die Veränderung politischen Bewußtseins, sondern nur noch um individuelle »Erlösung«. Die mythischen Frauenbilder, die dabei – zum Teil auf der Grundlage eines platten Biologismus – beschworen werden, erscheinen gerade mit Blick auf die Verfolgungszeit fatal, kommen doch »paradoxerweise ... die modernen – feministischen – Wortführerinnen der alten Hexen mit ihrer Deutung der Hexenverfolgung als Kampf gegen die weibliche Natur den Auffassungen der damaligen Hauptverfolger, der dominikanischen Verfasser des *Hexenhammers*, beängstigend nahe«[67]. Die Frau erscheint hier als »die Verschlingende und die Gebärende«; »die biologische Funktion der Frau als der mythische Urgrund der Bedrohung stellt im *Hexenhammer* die eigentliche Wesensbestimmung dar«[68].

Die Frau als naturhaft-dämonisches Wesen muß nicht wiederentdeckt werden, sie wurde von Männern schon immer so definiert[69]. Ein Beispiel für viele stellt etwa die Stilisierung als unkultivierte Wilde durch Leopold von Sacher-Masoch dar: »Das Weib ist eben trotz allen Fortschritten der Zivilisation so geblieben, wie es aus der Hand der Natur hervorgegangen ist, es hat den Charakter des Wilden, welcher sich treu und treulos, großmütig und grausam zeigt, je nach Regung, die ihn gerade beherrscht«[70]:

> »Wild und unbeherrscht, natürlich-sinnlich, ekstatisch und lebenspendend, so beschreiben einige dieser Frauen [die sich Hexen nennen] ihre Symbole und festgesetzten Schwerpunkte. Das Symbol der dreifalti-

gen Göttin z.B. gibt den Frauen Kraft und verbindet sie untereinander. Die Dreifaltigkeit der Göttin offenbart sich in der Gestalt der Jungfrau, der Mutter und der Greisin. In der jungfräulichen Göttin tritt der wilde Aspekt zu Tage: ihre Sexualität überwindet im Erleben des Orgasmus oder des ekstatischen Tanzes die ›Grenzen des Ichs‹. Die mütterliche Göttin lebt mithin für die Liebe; in ihrem ›Urschoß‹ entstehen deren verschiedene Spielarten: ›leidenschaftliche sexuelle, die warme Zuneigung unter Freunden, die heftig schützende Liebe der Mutter zu ihrem Kind [...] Liebe umfaßt auch die Tiere, die Pflanzen, die Erde selbst. Liebe und die Sexualität, die göttliche Ekstase wird zum Urgrund der Schöpfung, und die Schöpfung ist ein orgastischer Prozeß.‹ Die greise Göttin verkörpert die destruktive Kraft: sie steht für den Tod und den Wahnsinn, aber sie zerstört Illusionen und bringt somit auch Klarheit.«[71]

»In den Anfängen der Welt« suchen heutige Hexen ihre Identität. Wenn Mary Daly, die sich selbst als eine post-christliche Philosophin bezeichnet und die als eine der Wegbereiterinnen der feministisch geprägten Hexen gilt, ihren Weg zu Ende geht, hört sie auf die Hexe in sich: »Diese Hexe weiß, daß sie die große Hexe, die Ur-Hexe in jeder lebendigen Frau ist.«[72]

Angela Treiber macht darauf aufmerksam, wie stark die Fotoarbeiten von Luisa Francia – in den achtziger Jahren die vielleicht berühmteste Magierin Deutschlands – ein positiv besetztes Bild von der »Frau als Natur« sichtbar werden lassen: »In den sogenannten ›Ritualphotos‹ von Luisa Francia werden die Vorstellungen der Sinngleichheit von Hexe – Frau – Natur – Ursprung prägnant verbildlicht: Nackt, mit Lehm beschmiert und mit schwarzen, archaisch anmutenden Mustern von Kopf bis Fuß bemalt, ein Fruchtbarkeitssymbol der weiblichen Vagina beschwörend, sitzt die ›Hexe‹ Francia auf lehmigem Erdreich, wird selbst Erde, wird zur wilden Urfrau.«[73] Zwar lebt die Hexe in geschichtlicher Zeit, behauptet sich aber als ewig-uralt über- und außerzeitlich: »Ich war uralt, seit Urzeiten immer wieder neu zusammengesetzt [...] Ich wußte, daß ich schon früher existiert hatte und daß dieses Bewußtsein über das Wissen der irdischen Realität weit hinausging« – meint etwa Francia[74], oder Judith Jannberg: »›Die Hexen kommen wieder‹ heißt, daß ihr Bewußtsein, ihre Seele uralt und zeitlos und nur ihr Körper neu ist. Die Weisheit, das intuitive Wissen bringen sie wieder mit. Nichts ist verlorengegangen. Wir wissen alle, was wir schon einmal wußten.«[75]

Überzeitlich sein zu wollen, bedeutet aber immer auch über-, also außergeschichtlich sein zu wollen, und damit auch außer- und unpolitisch (trotz des manchmal geäußerten Anspruchs auf politische Wirksamkeit). Frauen begeben sich hier freiwillig in eine Position, aus der sich ihre »Schwestern« in jahrhundertelangem Kampf zu befreien suchten.

So gesehen ist der Weg von Judith Jannberg – mit bürgerlichem Namen Gerlinde Schilcher – nur konsequent. Von der Phase, die sie in ihrem früheren Buch *Ich bin ich*[76] beschreibt, spricht sie als ihrer »Emanzipationszeit«, »des Zustands der Identitätssuche und -findung«[77]. Darauf folgte eine Wende: »1980 war ich an eine Grenze gestoßen. Ich hatte es zwar schon längst aufgegeben, im Patriarchat eine Heimat zu finden, ich hatte aber gehofft, in der offiziellen autonomen Frauenbewegung auf mir ähnliche, mir gleichartige Frauen zu stoßen [...] Ich hatte mich getäuscht. Die Frauenbewegung, die ich in Wien vorfand, war eine Frauenrechtsbewegung. Der Kampf um politische und soziale Gleichberechtigung, so wichtig und interessant er auch war und ist, ließ mich immer häufiger trocken, zweifelnd und verzweifelnd spät in der Nacht in mein Bett kriechen. Da war doch noch etwas? Einmal, vor langer Zeit. Da muß es doch noch etwas anderes geben, etwas, was mir wichtiger ist als der Kampf um einen Frauen-Sitz in einer Männerpartei, als die Forderung nach gleichem Lohn für gleichwertige Arbeit und als die Freigabe der Abtreibung. Wenn ich ehrlich bin, ich mag *diese* Politik, *diese* Arbeit und auch die Abtreibung nicht. Tage, Wochen, Monate, war ich Mutter-Seelen-allein.«[78] Ein intensiv erfahrenes und geschildertes »Offenbarungserlebnis« brachte den Durchbruch zu dem Bewußtsein, eine Hexe zu sein. Sie sieht sich seitdem als »die Frau, die vollends aus der Männergesellschaft ausgestiegen ist, diejenige, die sich weigert, bei der Zerstörung der Erde mitzuwirken«[79], mag »keine Zeitungen mehr lesen und nicht mehr fernsehen«, empfindet die »patriarchalische Zeitgeschichte« nur noch als Bedrängnis[80].

Im Anschluß an Robin Morgan beschwört sie die Magie des Worts: »Du bist eine Hexe, wenn du dreimal laut sagst: Ich bin eine Hexe – *und das auch denkst*. Du bist eine Hexe, wenn du weiblich, ungezähmt, zornig, fröhlich und unsterblich bist.«[81] Frei nach Paracelsus kennzeichnet Jannberg ihr Hexenleben mit zwölf Punkten: den Mann fliehen; die Feste des Jahreszeitenzyklus feiern; am Selbst arbeiten; Kinder prägen (ohne »Erziehung«, durch deren Identifikation mit der Mutter); matriarchale Rituale feiern; allein sein; den Künsten, der Magie, nachfragen; sich anderen »Zauberinnen« anschließen, Meisterinnen und Schülerinnen zugleich; keinen Mann ansehen; selten, aber gut kochen; sich von den kirchlichen Riten abwenden; sich selbst befriedigen[82]. Von entscheidender Bedeutung ist für sie das Bewußtsein, wiedergeboren zu sein – als Tochter einer Mutter (wobei implizit ausgeschlossen scheint, daß Ähnliches auch Männern widerfahren kann): »Es ist geschehen, daß ich jener Frau, die mich mehrere Male geboren und als Mutter großgezogen hat, begegnet bin [...] alle Frauen aus den Frauenkulturen, alle Großen Mütter, alle weisen Frauen, alle Göttinnen [... sind] nach wie vor am Leben.«[83] Jannberg, für die »die Zeit der Verzweiflung« noch nicht vorbei ist[84], sieht sich und andere Frauen (fast ist man geneigt zu sagen: natürlich) auch als Wiedergeburt von Hexen der Verfolgungszeit, woraus sie – sicherlich nicht ungefährliche – Rückführungstechniken ableitet[85].

Das Fazit von Daniela Müller – bezogen auf Judith Jannberg, diese aber stellvertretend für viele feministische Neuerscheinungen genommen – macht deutlich, warum es so schwer fällt, sich mit diesen neuen Hexen auseinanderzusetzen: »Die Frau wird zum ganz anderen Wesen; vorbei sind die Zeiten, in denen gewissenhafte Denkerinnen wie Simone de Beauvoir die Frau als die zur Anderen gemacht erkannten. Jetzt wird eine Andersartigkeit postuliert, gefordert, ›bewiesen‹. Die Frau hat einen anderen Machtbereich – die Magie –, andere Fähigkeiten – emotional naturhafte, mythische –, ein anderes Sein, sie ist mit einem Wort als die andere geboren. Hierin offenbart sich eine bis auf die Spitze getriebene biologistische Sichtweise, die Wolfgang Lipp grundlegend mit dem Feminismus in Verbindung bringt. So ist ihm in seiner Kritik, die wie auf Jannberg ›geschneidert‹ erscheint, wohl zuzustimmen: ›Die elementarste Wissenschaftslogik lehrt bekanntlich, daß dunkle Wesensbegriffe (›seelische Tiefe‹; ›richtiger Mensch‹) in Verbindung mit Allaussagen (›nie‹; ›immer‹) und eingestreuten verabsolutierten Wertbestimmungen (›Frau liebt‹; ›Mann besitzt‹) forschungsmethodisch nicht-operabel und zur Erfassung empirischer Realität unbrauchbar sind.‹«[86]

Der neuen, inzwischen weit entfalteten und facettenreichen »Hexenszene« kann hier nicht weiter nachgegangen werden. Der knappe Überblick wird notgedrungen vielem nicht gerecht, vieles durchaus Wichtige wurde nicht einmal erwähnt[87]. Zum großen Forum wurde 2001/02 eine – nicht zuletzt wegen ritueller bzw. »okkultistischer« Praktiken umstrittene – Ausstellung im Hamburger Museum für Völkerkunde, *Hexenwelten. Der magische Reichtum des Museums*, die sich neben der historischen Hexenvérfolgung den Hexen im Volksglauben und in den Massenmedien widmete, vor allem aber den »neuen Hexen« – mit einem Brückenschlag zu magischen und schamanistischen Vorstellungen in aller Welt[88].

In einem knappen Lexikonartikel zu Hexenkulten in neureligiösen Bewegungen stellt Donate Pahnke fest, der Begriff »Hexe« als Selbstbezeichnung werde vor allem von vier Gruppen verwendet: »1. Angehörigen der Wicca-Religion ...; sowohl Männer als auch Frauen heißen Hexen; 2. okkult-magischen Zirkeln, in denen nur die Frauen Hexen heißen und den Männern (›Magiern‹) nachgeordnet sind; 3. Frauen, die öffentlich esoterische Dienstleistungen anbieten, wie Kartenlegen, Hellsehen, Heilen, Kasualzauber; 4. feministischen Frauen, die die politische und spirituelle Verbindung mit den historischen Hexen wachrufen und das Recht auf selbstbestimmtes Leben und Glauben einfordern«[89].

Doch fällt auf, daß gerade manche, die in den achtziger Jahren aus einer feministischen Grundhaltung heraus als Hexen bzw. unter dem Begriff »Hexen« auftauchten, inzwischen jedenfalls von dem Begriff abrückten. So meinte Angelika Koppe, die 1986 die *Hexenschule Rheingau e.V.* mitgegründet hatte, 13 Jahre später: »Für mich war wichtig, aus diesem Nischendasein heraus und in die Öffentlichkeit zu gehen. Heute würde ich mich nicht mehr als Hexe benennen, aber Hexesein ist ein Teil meiner Persönlichkeit und Lebensweise geworden. Heute bin ich vieles zugleich: Hexe/Wilde Frau, Unternehmerin (= unternehmende Frau), Gesundheitspolitikerin, Forscherin in Selbstheilungswegen, Lehrerin in altem Wissen, Coach für eigenwillige Frauen.«[90]

Unter Berücksichtigung des besonderen Blicks auf den deutschen Südwesten sei als – auch schon nicht mehr aktuelles[91] – Beispiel für eine Hexengruppe noch kurz auf die »Schiran-Frauen« eingegangen, die ihr Hexenleben in einem Dorf auf der Schwäbischen Alb führten: »Sie halten Ziegen, bauen biologisch Gemüse und Obst an, sammeln Heilkräuter und treffen sich regelmäßig in magischen Zirkeln, um mit Hilfe von Übungen (Musik, Tanz, Meditation, Massagen u.a.) Körperbewußtsein zu entwickeln und ihre weibliche Identität zu stärken. Das von Ute Schiran entwickelte Ritual der Jahreszeitenfeste, bei denen der Kreislauf der Natur und die Naturvorgänge Wachstum, Reife, Vergehen in großen Feiern nachvollzogen und in rituellen Handlungen entsprechend symbolisiert werden, hat in den magischen Frauenzirkeln einen festen Platz [...] Ziel der Schiran-Frauen ist neben Engagement für die Öko-Bewegung ›... die in den Frauen ruhenden magischen Kräfte wieder zu erinnern, zu spüren, sie zu wecken und damit umzugehen‹. ›Der Luxus unseres Lebens besteht ... in der Freiheit, selbständig an den Dingen arbeiten zu können, die uns wesentlich erscheinen.‹ Das Bild der fliegenden Hexe wird in diesem Sinn als Metapher benutzt.«[92]

Deutlich grenzt sich Ute Schiran vom »Wicca«-Kult ab, »der die Große Göttin in der Natur anbetet. Ich habe die Göttin in mir, die brauche ich nicht irgendwo da draußen anzuhimmeln.«[93] Und an anderer Stelle: »Die Macht ruht in uns. Wir müssen sie nur wecken.«[94] Die Frage, ob das, was die Schiran-Frauen machen, politisch sei, beantwortet sie eindeutig mit »Ja!«, denn einer der Hauptsätze der Frauenbewegung heiße: »Sexualität ist politisch, das Private ist politisch.«[95]

Als Warnung vor einer Gefahr ist die folgende Feststellung dennoch nicht von der Hand zu weisen: »Der Rückzug aus der Öffentlichkeit der Straße in die schützende Nische des Rituals hat mit der oft geforderten subversiven, autonomen, emanzipativen Weibmächtigkeit viel weniger zu tun als mit der pflichtgemäßen Ausübung einer märtyrerhaften Opferrolle in der stillen Sphäre der Privatheit – unter Ausgrenzung weiblichen Engagements aus dem männlichen Ringen um Herrschaft und Macht.«[96] Und richtig ist wohl auch: »Die wenigen versprengten Frauen, die durch ihr Wirken ernsthafte Irritationen in der Männerwelt verursacht haben, tragen nicht das Banner einer Hexenideologie vor sich her.«[97]

Ein solches Banner tragen nun allerdings manche der Hexen des feministischen Aufbruchs der frühen Jahre auch nicht mehr vor sich her – worauf schon hingewiesen wurde[98] –, und dies scheint ihnen auch nicht mehr sinnvoll und notwendig. Heidi Staschen meinte 1999 mit Blick auf junge Frauen feststellen zu können: »Die sind weg vom Hexenhaus zum *global village*. Sie brauchen den Begriff Hexe nicht mehr. Sie leben ihn, zumindest einen Teil davon. Die Frage der Frauenemanzipation ist für sie kein Thema mehr. Sie haben das Selbstbewußtsein, das wir für sie erkämpft haben. Für die ist normal, was es für uns noch zu erobern galt, Frauenmacht zum Beispiel. Für uns ging es um drei Dinge: Emanzipation, Frauenmacht und Rituale. Die Hexen vor 13 Jahren guckten vor allem zurück: *religio* – Rückbindung. Heute gucken die nach vorn, in die ganze Welt, vernetzen sich im *global village*. Sie haben Spaß an ihrer *girlie power*.«[99] Zu fragen bleibt, ob das Ziel wirklich erreicht ist – und ob es nicht gerade bei einer starken Orientierung nach vorn einer zuverlässigen Rückbindung bedarf, um sich nicht zu verlieren.

»Hexe« ist ein Sammelbegriff, der sich im Spätmittelalter herausbildete. Indem ganz unterschiedliche Traditionen zusammenflossen, entstand im Vorfeld der großen Verfolgungen und als eine Voraussetzung für diese ein recht eindeutiges Bild von »der« Hexe[100]. Mit Blick auf das breite Spektrum dessen, was heute unter »Hexe« verstanden werden kann, auf die Mannigfaltigkeit der Phänomene, könnte man wohl erneut von einem Sammelbegriff sprechen – doch dann von einem Sammelbegriff anderer Art. Dieser Begriff zeichnet kein klares Bild, führt zu keiner eindeutigen Vorstellung, erhält gleichwohl vor allem im Rückbezug auf sein historisches Vorbild Plausibilität. In jedem konkreten Fall, in dem von »Hexe« als Selbstbezeichnung oder als (Fremd-)Zuschreibung die Rede ist, bleibt zu fragen, was damit jeweils gemeint ist.

Die Gegenwart der Hexen insgesamt darstellen zu wollen, kann wohl unvermeidlicherweise nicht befriedigend gelingen. Was bleibt, ist der Eindruck einer verwirrenden Vielfalt in ständigem Wandel, verbunden mit der Gewißheit: Die Hexen sind unter uns.

Anmerkungen

1 Süddeutsche Zeitung 179 (7. August 1987), S. 31; der Anlaß: »500 Jahre *Hexenhammer*«.

2 Vgl. den Beitrag von Wolfgang Schild in diesem Band.

3 Sigrid Schade, Kunsthexen – Hexenkünste. Hexen in der bildenden Kunst vom 16. bis 20. Jahrhundert, in: Richard van Dülmen (Hrsg.), Hexenwelten. Magie und Imagination vom 16.–20. Jahrhundert, Frankfurt a.M. 1987, S. 170–218.

4 Zu empfehlen ist ein Beitrag von Südwest 3 (gesendet am 30. April 1988), der vorrangig »neue Hexen« in den Blick nimmt: Susanne Bausch/Susanne F. Mayer (Dokumentation)/Hans Beller (Spielhandlung), Schön wie der Mond – Häßlich wie die Nacht. Hexen gestern und heute. Filmdokumentation mit Spielhandlung. Einen umfassenden Überblick bietet ein dreiteiliges »ARD-Dokudrama«, das in diesem Frühjahr immerhin den Sprung ins Hauptabendprogramm geschafft hat: Jan Peter/Yuri Winterberg, Hexen – Magie, Mythen und die Wahrheit (Erstausstrahlung am 29. März, 5. April und 7. April 2004 jeweils um 21.45 Uhr; auch auf DVD).

5 Kurt Stefan Weber, Geheimwissen für alle. Von Hexen und der magischen Welt im Groschenheft, in: Dieter Harmening (Hrsg.), Hexen heute. Magische Traditionen und neue Zutaten, Würzburg 1991, S. 121–134.

6 Björn Hölle, Hexentanz. Das teuflische Verwirrspiel, München 1988 (F.X. Schmid. Vereinigte Münchener Spielkarten-Fabriken).

7 Die Suchmaschine *Google* wirft im ersten Anlauf (2. Mai 2004) zu den Suchbegriffen »Hexe« oder »Hexen« jeweils über 1,2 Millionen Belegstellen aus, zu spezielleren Doppelbegriffen wie »neue Hexen« und »Hexen heute« immer noch rund 4.400 bzw. 2.400, zu »Wicca« aber wieder über eine Million. Interessant ist in diesem Zusammenhang ein religionswissenschaftliches Forschungsprojekt an der Universität Heidelberg (Sonderforschungsbereich »Ritualdynamik«, Projekt C2), *Zwischen Online-Religion und Religion Online. Formen des Ritualtransfers im Internet*, hier speziell das Forschungsvorhaben von Kerstin Radde, *Ritualdesign im Internet. Rezeption und Invention von Ritualtraditionen bei sogenannten magischen Ritualen der Wicca-Bewegung*, vorgestellt unter <www.religionswissenschaft.uni-heidelberg.de/index_2.html> (2. Mai 2004).

8 Monika Fröschl, Hexen Gestalten Lebenslust. Manual der Gesundheitsförderung, Teil 1: Geschlechtsspezifische Arbeit mit Mädchen, München 1998.

9 Lilo Fromm, Hinterm Berge Abezee. Ein Bilderbuch mit 20 alten und neuen Kinderreimen, München 1979.

10 van Dülmen (wie Anm. 3), Teil 2: Ausstellung, S. 323–437, hier: S. 416.

11 Otfried Preussler, Die kleine Hexe, Stuttgart 1957. Allgemein zur Hexe im Kinderbuch vgl. neuerdings Helga Arend, Hexen und Zauberer. Mythos und Realität im Kinderbuch des 20. Jahrhunderts, in: Bürgerbibliothek seit 1827. Jubiläumsschrift zum 175jährigen Bestehen der Stadtbibliothek Koblenz (Veröffentlichungen der Stadtbibliothek Koblenz, Bd. 46), Koblenz 2002, S. 189–204.

12 Der Spiegel 46/18 (27. April 1992), S. 303; vgl. auch einen darauf bezogenen Leserbrief in Nr. 20 (11. Mai 1992), S. 13.

13 Joanne K. Rowling, Harry Potter und der Stein der Weisen, Hamburg 1998, S. 187–189. Der vorläufig letzte Band (der fünfte von geplanten sieben): Harry Potter und der Orden des Phönix, Hamburg 2003.

14 Ebd., S. 301f.

15 Harald Lamprecht, Pro und Kontra Zauberlehrling. Zum aktuellen Streit um die Verträglichkeit von Harry Potter für Christen, Internetseite vom Dezember 2000 <www.confessio.de/info/potter/potter1.htm> (2. Mai 2004).

16 Gabriele Kuby, Verfluchen als Alltagspraxis, in: Vision 2000 6/2003, abgedruckt mit einer Erwiderung auf der Internetseite <www.vaticarsten.de/content/artikel/potter.php> (2. Mai 2004).

17 Walter Scherf, Die Hexe im Zaubermärchen, in: van Dülmen (wie Anm. 3), S. 219–252, hier: S. 242f. Der Aufsatz entwirft ein Gesamtbild der Hexenthematik im Märchen mit einem systematisierenden Überblick unter dem Aspekt der Kindheits- und Adoleszenzkonflikte; danach gilt etwa für *Hänsel und Gretel*, daß die Mutter zur Austreibungsdämonin wird, die aber in der Spiegelung ihre tödliche Verwöhnungsseite zeigt (vgl. S. 249).

18 Ich folge hier und im nächsten Abschnitt Jörg Kraus, Bedrohungsmetapher mit utopischem Gehalt. Die Hexe in der Fasnacht, in: Die Fasnetshex. Narrenfigur mit Rollenproblemen, Materialien 8/1988, hrsg. von der Aka-

demie der Diözese Rottenburg-Stuttgart, Stuttgart 1988, S. 55–69, hier: S. 60f. Diesem Text sind auch die folgenden Märchenzitate entnommen. In seiner Dissertation sind die eben zitierte Ausführungen in einen weit umfassenderen Zusammenhang eingebunden (Jörg KRAUS, Metamorphosen des Chaos. Hexen, Masken und verkehrte Welten, Würzburg 1998, bes. Kap. 14: *Die Entwicklung des modernen Hexenbildes*, S. 208–241.

19 Heinz RÖLLEKE (Hrsg.), Die älteste Märchensammlung der Brüder Grimm. Synopse der handschriftlichen Urfassung von 1810 und der Erstdrucke von 1812, Cologny/Genf 1975, S. 74f.

20 Ludwig BECHSTEIN, (Deutsches) Märchenbuch. Mit 174 Bildern nach den Ludwig Richter'schen Originalholzschnitten im Erstdruck, Leipzig 1931, S. 55.

21 Ebd., S. 191.

22 KRAUS (wie Anm. 18), S. 65.

23 Dazu insgesamt der Beitrag des damaligen Geschäftsführers der *Vereinigung schwäbisch-alemannischer Narrenzünfte*: Werner RIEGEL, Die Hexe – Ein Fasnachtssymbol? Aus der Sicht der organisierten Fasnacht, in: Fasnetshex (wie Anm. 18), S. 7–25.

24 Herbert SCHWEDT in: Schwäbisch-alemannischer Narrenbote 3 (1979), zitiert nach RIEGEL (wie Anm. 23), S. 11.

25 KRAUS (wie Anm. 18), S. 66.

26 Jörg RUDOLPH, »Geheime Kommando-Sache!« – Hexenjäger im Schwarzen Orden. Der H-Sonderauftrag des Reichsführers-SS 1935–1944, in: Sönke LORENZ u.a. (Hrsg.), Himmlers Hexenkartothek. Das Interesse des Nationalsozialismus an der Hexenverfolgung (Hexenforschung, Bd. 4), Bielefeld 1999, S. 47–97, hier: 53f.

27 Wolfgang BEHRINGER, Hexen. Glaube – Verfolgung – Vermarktung, München 1998, S. 94f. Vgl. zum Gesamtzusammenhang auch Barbara SCHIER, Hexenwahn-Interpretationen im »Dritten Reich«, in: LORENZ u.a. (wie Anm. 26), S. 1–17.

28 KRAUS (wie Anm. 18), S. 67; zitiert wird aus dem Aufnahmeantrag der *Obernheimer Hexenzunft* an die *Vereinigung schwäbisch-alemannischer Narrenzünfte*.

29 Eduard HOFFMANN-KRAYER, Die Fastnachtsbräuche in der Schweiz, in: Schweizer Archiv für Volkskunde 1 (1897), S. 142, zitiert nach KRAUS (wie Anm. 18), S. 64.

30 RIEGEL (wie Anm. 23), S. 10.

31 KRAUS (wie Anm. 18), S. 64.

32 Ebd., S. 65; der Hinweis auf das »Schauspiel« im Zirkus Busch stammt aus: Mitteilungen der Berliner Elektricitäts-Werke 8,3 (1912), S. 36.

33 Aus dem Kurztext im Programm einer Tagung der Akademie der Diözese Rottenburg-Stuttgart (von Abraham P. KUSTERMANN), dokumentiert unter dem Tagungstitel in: Fasnetshex (wie Anm. 18), S. 3.

34 RIEGEL (wie Anm. 23), S. 20–24.

35 Vgl. dazu den Aufsatz von Anita Chmielewski-Hagius in diesem Band. Speziell zum magischen Willen vgl. Max HIDRINGER, Zwänge zwingen. Über den magischen Willen, in: HARMENING, Hexen heute (wie Anm. 5), S. 115–120. In diesem Sammelband werden einige Aspekte der heutigen, zum Teil stark kommerzialisierten Okkult- und Magieszene vorgestellt. Verwiesen sei neben den bereits genannten Beiträgen auf Josef RÖLL, Zaubereiannoncen, S. 87–95; Marianne STUMPF-DUMBSKY, Kopfweh von der Sammeltasse. Theorie und Praxis eines Rutlers, S. 97–101; Dieter HARMENING, Okkultkommerz – Vermarktete Reste magischer Traditionen, S. 103–114.

36 Inge SCHÖCK, Hexen heute. Traditioneller Hexenglaube und aktuelle Hexenwelle, in: VAN DÜLMEN (wie Anm. 3), S. 282–305; grundlegend DIES., Hexenglaube in der Gegenwart. Empirische Untersuchungen in Südwestdeutschland (Untersuchungen des Ludwig-Uhland-Instituts der Universität Tübingen, Bd. 45), Tübingen 1978.

37 Hans SEBALD, Hexen damals – und heute?, Frankfurt a.M. 1987. Ähnliches stellt für Oberschwaben Anita CHMIELEWSKI-HAGIUS, Heilkundige auf dem Dorf. Studien über laienmedizinisches Wirken von Heilern in Oberschwaben, Diss. Freiburg i.Br. 1993, fest.

38 Leander PETZOLDT, Magie und Religion, in: Peter DINZELBACHER/Dieter R. BAUER (Hrsg.), Volksreligion im hohen und späten Mittelalter (Quellen und Forschungen aus dem Gebiet der Geschichte, NF Bd. 13), Paderborn 1990, S. 467–485, hier: S. 467.

39 Ebd., S. 467f., in Anlehnung an Beatrice Elsbeth ANGST, Magische Praktiken des Menschen in unserer Zeit in ihrer sozialpsychologischen und psychodynamischen Bedeutung, Bern/Frankfurt a.M. 1972, S. 135–139.

40 Ebd., S. 468.

41 Peter HAINING, Hexen. Wahn und Wirklichkeit in Mittelalter und Gegenwart, Oldenburg/Hamburg 1977, S. 104 (ein durch seine Anschaulichkeit mit zum Teil ungewöhnlichem Bildmaterial interessantes, aber unter wissenschaftlichen Gesichtspunkten höchst fragwürdiges Buch).

42 Herbert SCHÄFER, Der kriminelle Aberglaube in der Gegenwart, Gladbeck 1963, S. 36, zitiert nach Cornelia PAUL, »Und da waren plötzlich über Nacht die Pferde gezopft«. Vom Hexenglauben in einem oberschwäbischen Dorf, in: kea. Zeitschrift für Kulturwissenschaften 5 (1993), S. 103–118, hier: S. 106. Paul macht darauf aufmerksam, daß Schäfer bei weitem nicht alle Fälle erfasst hat, da natürlich nur besonders herausragende Ereignisse überhaupt aktenkundig geworden seien. Zurückhaltender urteilt SCHÖCK, Hexen heute (wie Anm. 36), S. 12.

43 Deutscher Medizinischer Informationsdienst. Nachrichten 7 (1957), S. 5f., zitiert nach Schöck, Hexen heute (wie Anm. 36), S. 12.
44 Die drei Umfragen, durchgeführt vom Institut für Demoskopie in Allensbach, sind ausführlich dargestellt, analysiert und kommentiert bei Schöck, Hexen heute (wie Anm. 36), bes. S. 9–12, 154, 296–298.
45 Ingrid Kolb, Der alte Mythos und ein neuer Glaube – Hexen, in: stern-magazin 38 (11. September 1986), S. 17–17G, mit Umfrageergebnissen des Dortmunder Meinungsforschungsinstituts *Forsa* vom August 1986.
46 Paul (wie Anm. 42), S. 111.
47 Sebald (wie Anm. 37), S. 72–82.
48 Interview mit Alwine Wulf, in: Emma (Mai 1983), zitiert nach van Dülmen (wie Anm. 3), S. 423.
49 Paul (wie Anm. 42), S. 111.
50 Inge Schöck, Hexenglaube – noch heute?, in: Harmening, Hexen heute (wie Anm. 5), S. 41–54, hier: S. 49, 52.
51 Vgl. Joachim Friedrich Baumhauer, Johann Kruse und der »neuzeitliche Hexenwahn«. Zur Situation eines norddeutschen Aufklärers und einer Glaubensvorstellung im 20. Jahrhundert – untersucht anhand von Vorgängen in Dithmarschen (Studien zur Volkskunde und Kulturgeschichte Schleswig-Holsteins, Bd. 14), Neumünster 1984; inzwischen Jeanette Kokott/Bernd Schmelz (Hrsg.), Hexen. Das Hexenarchiv im Museum für Völkerkunde Hamburg, Hamburg 2003, bes. Kap. 1: *Johann Kruse und das Hexenarchiv*, S. 10–32. Kruses um 1950 gegründetes *Archiv zur Erforschung des neuzeitlichen Hexenwahns*, von ihm selbst noch an das *Hamburger Museum für Völkerkunde* übergeben, wird dort geordnet und weitergeführt. Es bildete auch die Basis für eine Ausstellung (vgl. dazu Thomas Hauschild/Heidi Staschen/Regina Troschke, Hexen. Katalog zur Ausstellung [Material der Hochschule für bildende Künste Hamburg, Bd. 31], Hamburg 1979).
52 Thomas Hauschild, Hexen in Deutschland, in: Hans Peter Duerr (Hrsg.), Der Wissenschaftler und das Irrationale, Bd. 1, Frankfurt a.M. 1985, S. 537–564, hier: S. 562f.
53 Johann Kruse, Hexen unter uns. Magie und Zauberglauben in unserer Zeit, Hamburg 1951, neupaginierter ND Leer 1978, S. 9, zitiert nach Dagmar Unverhau, »Hexen unter uns?«. Die Vorstellungen eines modernen Kämpfers gegen Hexenwahn aus der Sicht der historischen Hexenforschung, in: Harmening, Hexen heute (wie Anm. 5), S. 55–77, hier: S. 55f.
54 Hans-Joska Pintschovius, »Heute wie zu allen Zeiten ...«. Hexerei vor deutschen Gerichten, in: Harmening, Hexen heute (wie Anm. 5), S. 79–85.
55 Peter Haining (wie Anm. 41), S. 95–97, Zitat S. 97. *Aradia* liegt auch in deutscher Sprache vor (Aradia, die Lehren der Hexen. Mythen, Zaubersprüche, Weisheiten, Bilder, kommentiert von Charles G. Leland, München 1988).
56 Ebd., S. 97.
57 »Lady Aisha«, Die moderne Geschichte der alten Religion, Teil 2: Gardner und seine Zeitgenossen, in: HexenZeitSchrift 4,1 (1994), S. 29–31, hier: S. 29.
58 Ebd., S. 31; zitiert wird hier Aidan A. Kelly, Crafting the Art of Magic, St. Paul 1991.
59 S. 54.
60 Ebd.
61 Moderne Geschichte (wie Anm. 57), Teil 3, in: HexenZeitSchrift. Magazin für Naturreligion + Magie 4,2 (1994), S. 34.
62 Dirk Kohnert, Magie und Hexerei in Zeiten der Globalisierung (SWR2 Aula, Sendung vom 4. Januar 2004, 8.30 Uhr), Manuskriptdienst, S. 1.
63 Hauschild/Staschen/Troschke (wie Anm. 51).
64 Zitiert nach Hildegard Gerlach, Bücher spezial: Hexen-Einmaleins, in: esotera. Neue Dimensionen des Bewußtseins 11 (1988), S. 73–80, hier: S. 75 (der Beitrag bietet einen hervorragenden Überblick über die Literatur von und über »neue Hexen« bis 1988).
65 Judith Jannberg (Gerlinde Adia Schilcher), Ich bin eine Hexe. Erfahrungen und Gedanken, aufgeschrieben von Gisela Meussling, Bonn [7]1987, S. 26.
66 van Dülmen (wie Anm. 3), Teil 2, S. 422.
67 Dagmar Unverhau, »Ich bin eine Hexe« – Frauenbewegung und historische Hexenverfolgung, in: Kieler Blätter zur Volkskunde 18 (1986), S. 61–89, hier: S. 73.
68 Sigrid Schade, Schadenzauber und die Magie des Körpers. Hexenbilder der frühen Neuzeit, Worms 1983, S. 98, zitiert nach Unverhau, »Ich bin eine Hexe« (wie Anm. 67), S. 74.
69 Vgl. dazu Angela Treiber, Die Faszination des Ursprungs, in: Harmening, Hexen heute (wie Anm. 5), S. 145–152, dort auch das folgende Zitat (S. 149).
70 Leopold von Sacher-Masoch, Venus im Pelz. Mit einer Studie zum Masochismus von Gilles Deleuze, Frankfurt a.M. 1980.
71 Heidemarie Kirchner, Sex und Sex = eine Hex'? Hexenlust und Hexenleid, in: Harmening, Hexen heute (wie Anm. 5), S. 135–144, hier: S. 136; zitiert wird Karin Gaube/Alexander von Pechmann, Magie, Matriarchat und Marienkult. Frauen und Religion, Hamburg 1986, S. 201, 204.
72 Ebd.; zitiert wird Marlies Fröse (Hrsg.), Mary Daly's Patriarchatskritik und feministische Politik. Utopos – kein Ort, Bielefeld 1988, S. 129.
73 Treiber (wie Anm. 69), S. 149, 148.

74 Luisa FRANCIA, Berühre Wega, kehr zur Erde zurück. Trancen, Meditationen und Rituale mit Sternen, München 1982, zitiert bei TREIBER (wie Anm. 69), S. 148.
75 Judith JANNBERG, Ich bin eine Hexe, Bonn 1983, S. 9, zitiert bei TREIBER (wie Anm. 69), S. 148. Das Zitat findet sich allerdings in der mir vorliegenden 7. Auflage (wie Anm. 65) nicht bzw. nicht an dieser Stelle.
76 Judith JANNBERG, Ich bin ich, Frankfurt a.M. 1980.
77 JANNBERG, Ich bin eine Hexe (wie Anm. 65), S. 21.
78 Ebd., S. 30.
79 Ebd., S. 11.
80 Ebd., S. 143.
81 Ebd., S. 148f., 93. Eine kritische Auseinandersetzung mit Jannberg führen UNVERHAU, »Ich bin eine Hexe« (wie Anm. 67), sowie Daniela MÜLLER, »Ich bin eine Hexe«. Mythische Frauenbilder oder feministische Kampfmetaphorik, in: HARMENING, Hexen heute (wie Anm. 5), S. 153–163 (zu der hier zitierten Stelle speziell S. 155).
82 JANNBERG, Ich bin eine Hexe (wie Anm. 65), S. 41–45.
83 Ebd., S. 103f.
84 Ebd., S. 29.
85 Ebd., bes. S. 33–36, 59–78.
86 MÜLLER (wie Anm. 81), S. 157; zitiert wird Wolfgang LIPP, Rassenlehre, Jugendkult und Feminismus. Zur Ideologiekritik biologistischer Orientierungen, in: Horst SEIDLER/Alois SORITSCH (Hrsg.), Die Frau zwischen Biologie und Biologismus, Wien 1985, S. 28–45, hier: S. 29. Ausdrücklich möchte auch ich im Anschluß an Müller für meine Ausführungen feststellen, daß es hier nicht um »den« Feminismus geht, sondern nur um eine bestimmte feministische Richtung, »die aufgrund ihrer großen Publizität und geschickten Verkaufspropaganda den Eindruck erweckt, daß alle Frauen, die sich als Feministinnen bekennen, sich auch als Hexen bezeichnen« (S. 153, Anm. 2).
87 Interessante Einblicke vermittelt Gisela GRAICHEN, Die neuen Hexen. Gespräche mit Hexen, Hamburg 1986, Neubearbeitung München 1999. Für die Zeit bis 1988 sei nochmals auf den Überblick von GERLACH (wie Anm. 64) verwiesen; ansonsten bleibt die Esoterik-Ecke vieler Buchhandlungen und selbstverständlich das Internet (siehe Anm. 7).
88 Vgl. den Begleitband Wulf KÖPKE/Bernd SCHMELZ (Hrsg.), Hexenwelten (Mitteilungen aus dem Museum für Völkerkunde Hamburg, NF Bd. 31), Bonn 2001. Die Kontroversen um die Ausstellung wurden im Nachgang aufgenommen und durch ein Symposium am Völkerkundemuseum diskutiert – aufsehenerregend auch dadurch, daß neben Wissenschaftlern auch Ritualfrauen bzw. Hexen referierten (Hexen im Museum – Hexen heute – Hexen weltweit. Hexen-Symposium am Völkerkundemuseum Hamburg vom 31. Oktober bis 2. November 2003). Ein Tagungsbericht von Martin Marheinecke findet sich auf der Internetseite von *Rabenclan – Arbeitskreis für Heiden in Deutschland e.V.*: <www.rabenclan.de/container/cont_symposium.htm> (2. Mai 2004).
89 Donate PAHNKE, Hexen-Kulte in neureligiösen Bewegungen, in: Lexikon für Theologie und Kirche, Bd. 5, Freiburg i.Br. ^{3}1996, Sp. 80.
90 Auf diese Entwicklung macht aufmerksam Susanne KLEINÖDER-STROBEL, Die Hexen sind unter uns, in: Begegnung und Gespräch. Ökumenische Beiträge zu Erziehung und Unterricht 30 (Oktober 2001), S. 2f. (die Online-Version hat keine Seitenzählung: <www.religionsunterricht.de>); zitiert wird nach GRAICHEN (wie Anm. 87), S. 13.
91 Die gegenwärtige Situation wurde hier wie in den anderen Fällen nicht überprüft. Zweifellos sind manche der Frauen inzwischen zu anderen Ufern aufgebrochen – wie wohl auch Judith Jannberg (entsprechend dem Hinweis von Müller [wie Anm. 81], S. 163). Von Ute Schiran berichtete 1999 GRAICHEN (wie Anm. 87), S. 17, sie lebe »in einem abgelegenen, archaischen Tal in Portugal. Niemand findet sie, wenn sie nicht will.«
92 Ute Manan SCHIRAN, Menschenfrauen fliegen wieder. Die Jahreskreisfeste als weiblicher Initiationsweg, München 1988; zitiert wird hier aus dem zusammenfassenden Buchhinweis von GERLACH (wie Anm. 64).
93 GRAICHEN (wie Anm. 87), Kap. *Die Schiran-Frauen*, S. 232–248, hier: S. 248.
94 Ebd., S. 18.
95 Ebd., S. 248.
96 BEHAM (wie Anm. 1).
97 Ebd.
98 Siehe Anm. 90.
99 GRAICHEN (wie Anm. 87), S. 14.
100 Vgl. Claude LECOUTEUX, Hexe und Hexerei als Sammelbegriff, in: Sönke LORENZ/Dieter R. BAUER (Hrsg.), Hexenverfolgung. Beiträge zur Forschung – unter besonderer Berücksichtigung des südwestdeutschen Raumes (Quellen und Forschungen zur europäischen Ethnologie, Bd. 15), Würzburg 1995, S. 31–44.

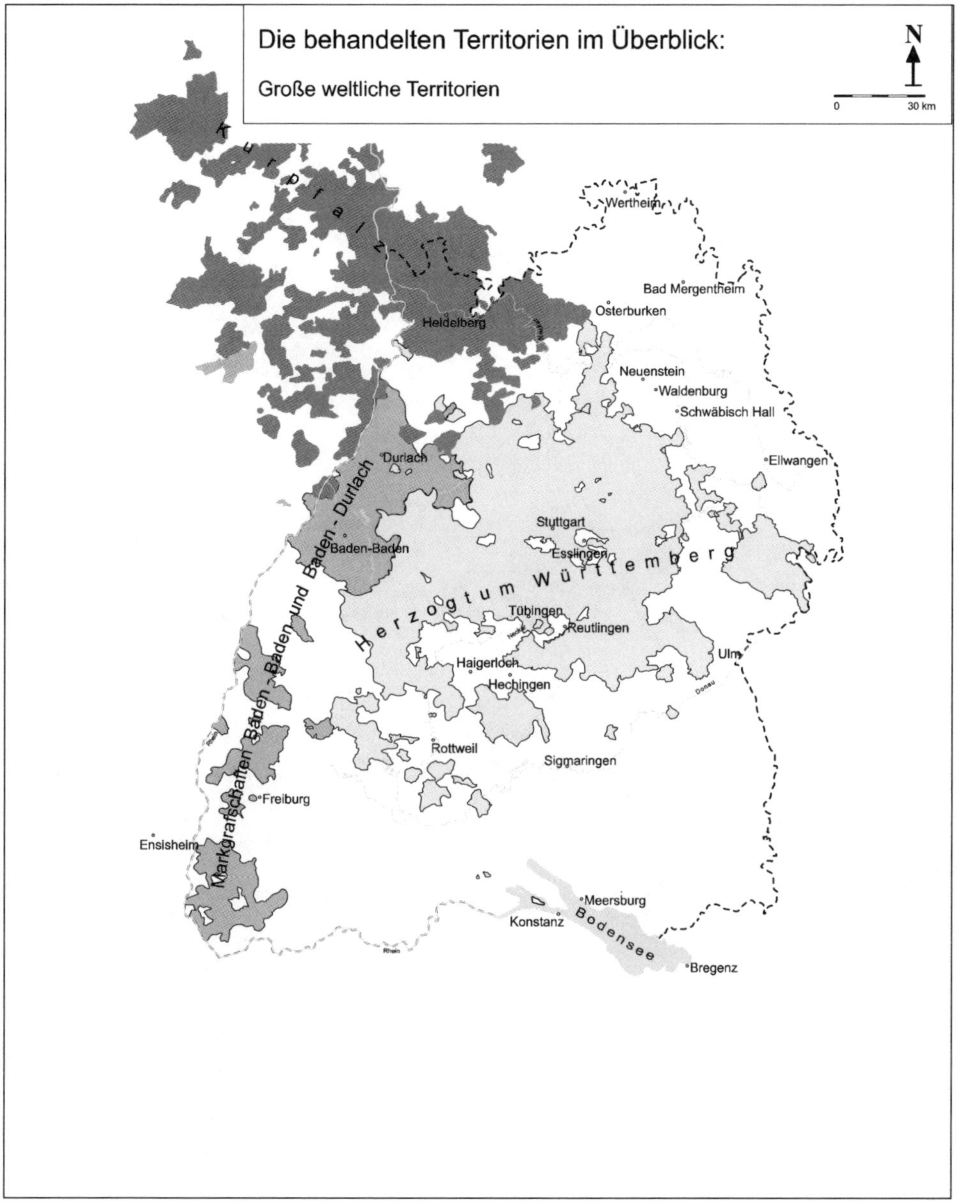
Die behandelten Territorien im Überblick:
Große weltliche Territorien
N
0 30 km
Kurpfalz
Wertheim
Bad Mergentheim
Osterburken
Heidelberg
Neuenstein
Waldenburg
Schwäbisch Hall
Ellwangen
Durlach
Baden - Durlach
Baden-Baden
Stuttgart
Esslingen
Herzogtum Württemberg
Tübingen
Reutlingen
Haigerloch
Hechingen
Ulm
Donau
Rottweil
Sigmaringen
Markgrafschaften Baden-Baden und Baden-Durlach
Freiburg
Ensisheim
Meersburg
Konstanz
Bodensee
Bregenz
Rhein

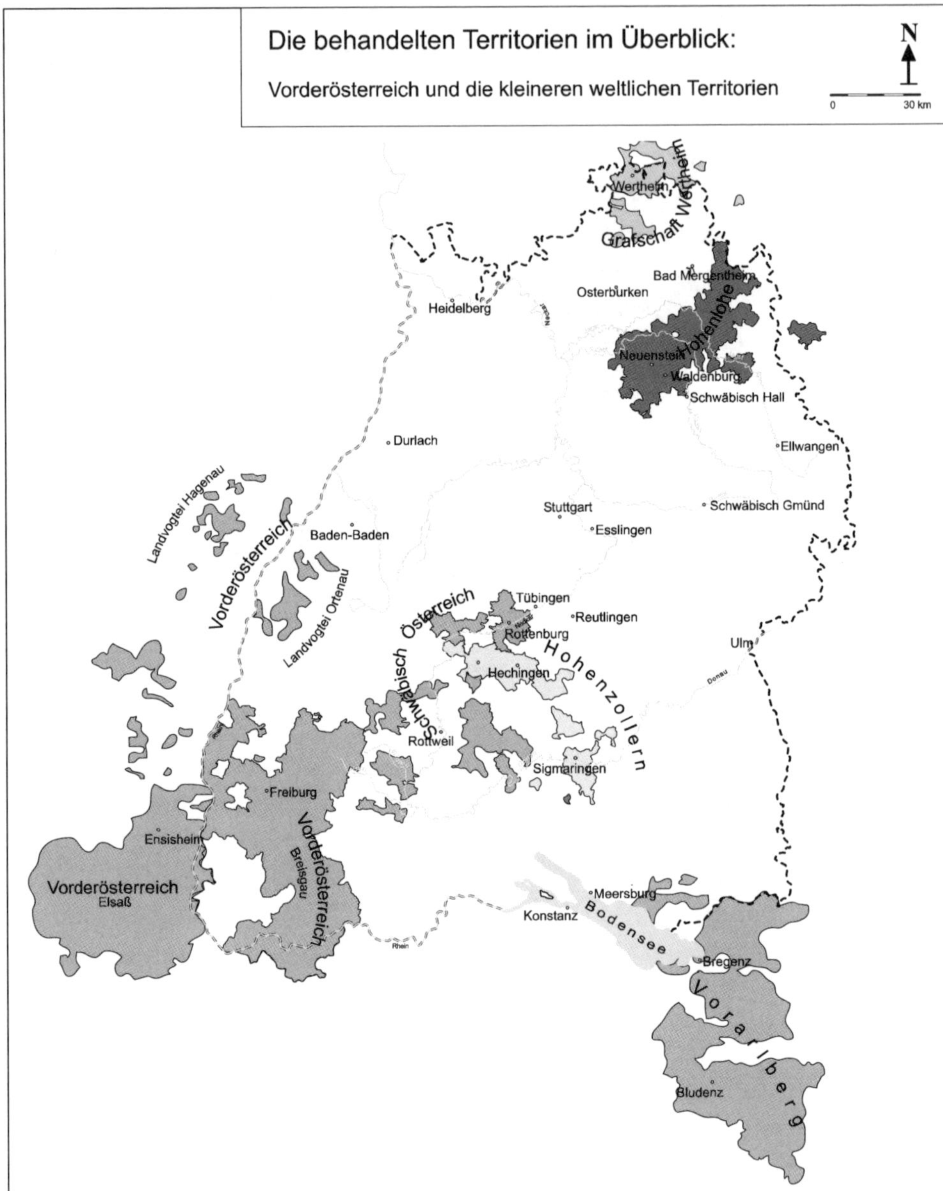
Die behandelten Territorien im Überblick:
Vorderösterreich und die kleineren weltlichen Territorien
N
0
30 km
Wertheim
Grafschaft Wertheim
Bad Mergentheim
Osterburken
Heidelberg
Hohenlohe
Neuenstein
Waldenburg
Schwäbisch Hall
Durlach
Ellwangen
Landvogtei Hagenau
Stuttgart
Schwäbisch Gmünd
Esslingen
Baden-Baden
Vorderösterreich
Landvogtei Ortenau
Schwäbisch Österreich
Tübingen
Reutlingen
Rottenburg
Hechingen
Hohenzollern
Ulm
Rottweil
Sigmaringen
Freiburg
Ensisheim
Vorderösterreich
Breisgau
Vorderösterreich
Elsaß
Meersburg
Konstanz
Bodensee
Bregenz
Vorarlberg
Bludenz

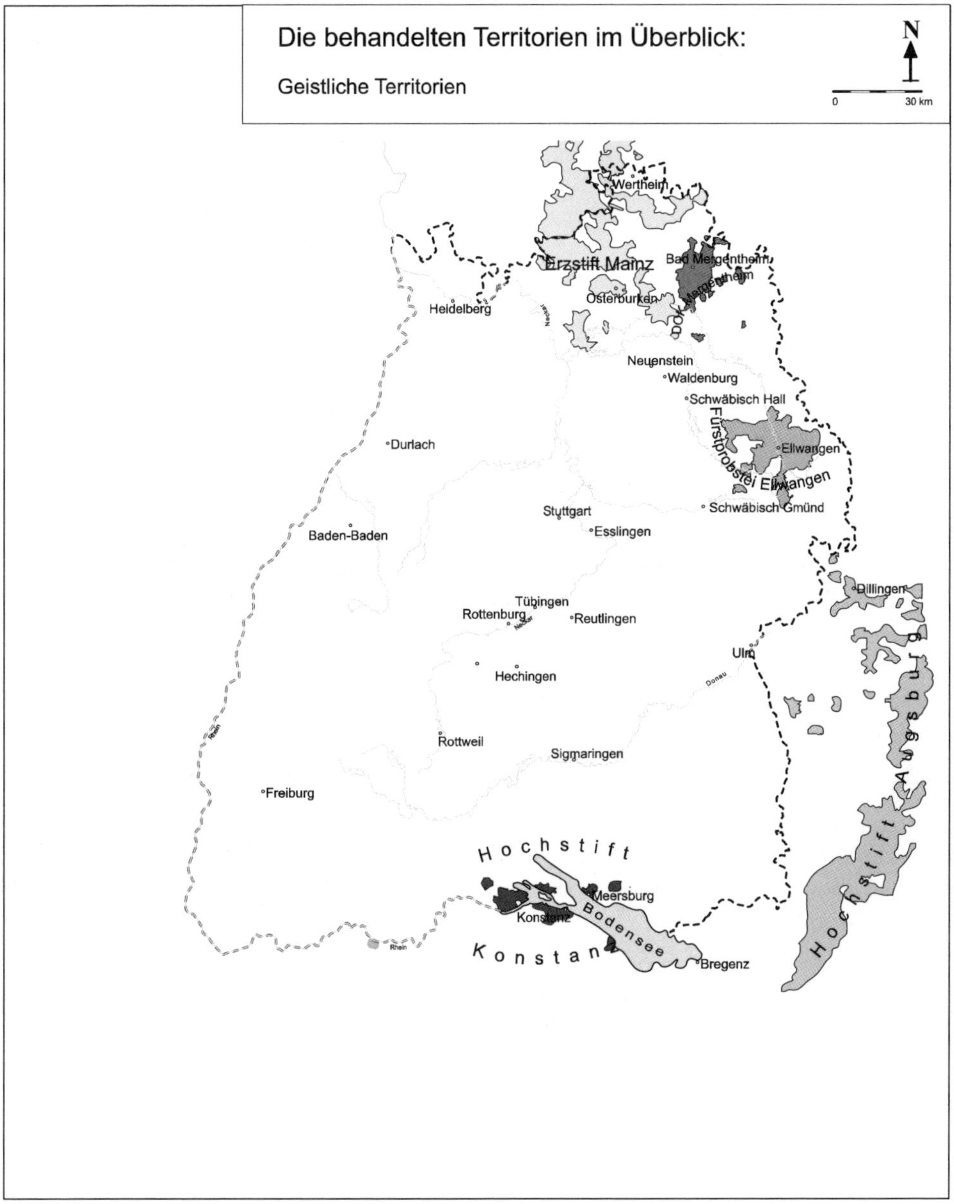
Die behandelten Territorien im Überblick:
Geistliche Territorien
N
0
30 km
Wertheim
Erzstift Mainz
Bad Mergentheim
Osterburken
Heidelberg
Neuenstein
Waldenburg
Schwäbisch Hall
Fürstpropstei Ellwangen
Ellwangen
Durlach
Stuttgart
Esslingen
Schwäbisch Gmünd
Baden-Baden
Dillingen
Tübingen
Rottenburg
Reutlingen
Ulm
Hechingen
Donau
Hochstift Augsburg
Rottweil
Sigmaringen
Freiburg
Hochstift Konstanz
Meersburg
Konstanz
Bodensee
Bregenz
Rhein

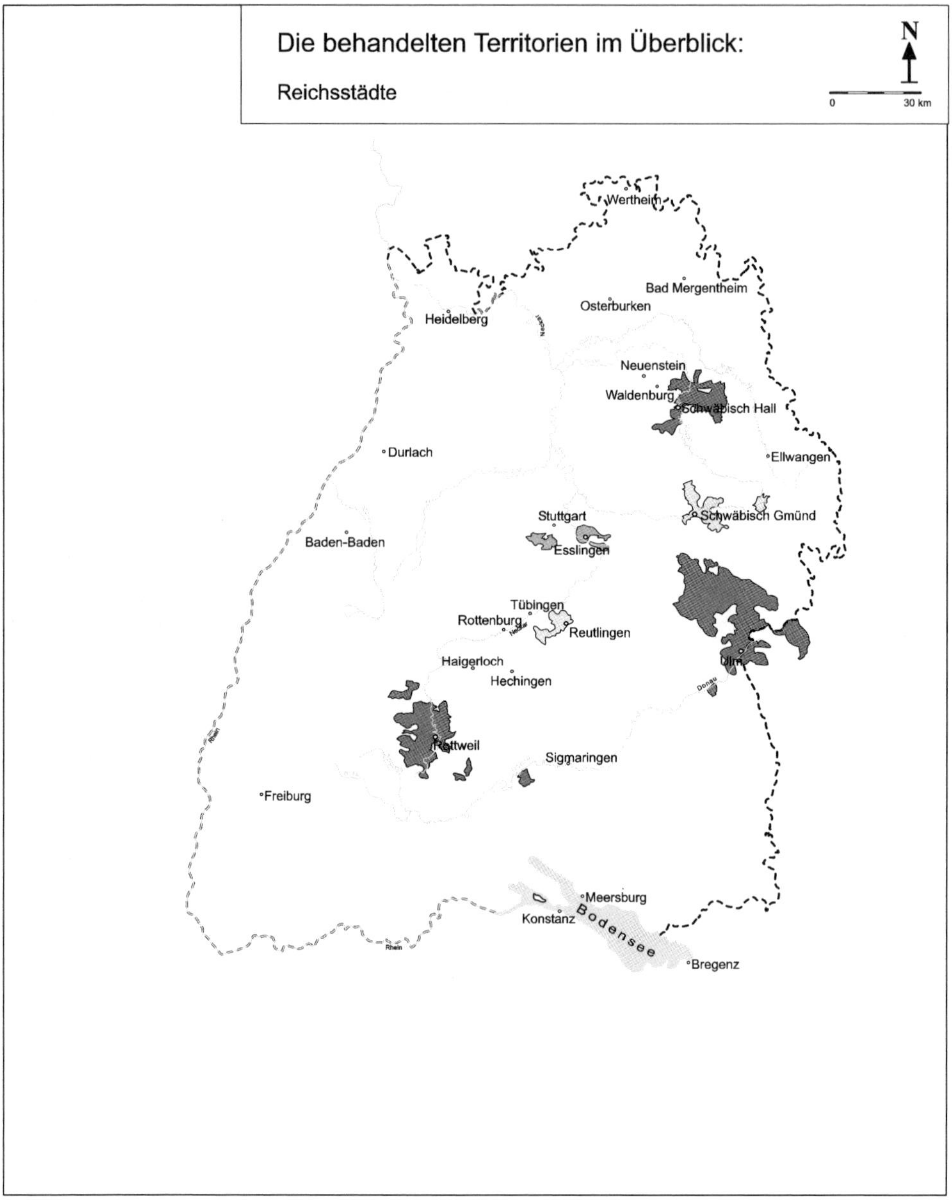

Die behandelten Territorien im Überblick:
Reichsstädte

Sönke Lorenz

Einführung und Forschungsstand

Die Hexenverfolgung in den südwestdeutschen Territorien

Der Forschungsbericht von Wolfgang Behringer[1] zeigt auf, wie nach dem Zweiten Weltkrieg zuerst in England ein neuer Ansatz der Hexenforschung entstand[2]. Ausgehend von einer Auseinandersetzung zwischen Historikern und Ethnologen erwies sich das neue Paradigma erstmals in der methodisch reflektierten, vergleichenden und quantifizierenden Regionalstudie von Alan Macfarlane über das Hexenwesen in Essex[3] als äußerst fruchtbar (1970). In der südöstlich von London gelegenen Grafschaft Essex, einer Hochburg des Puritanismus, kam es im Vergleich zu anderen englischen Regionen zu der höchsten Anzahl von Hexenhinrichtungen, insgesamt 82. Die Untersuchung konnte zeigen, daß Zaubereivorstellungen im Alltag der ländlichen Bevölkerung eine enorme Rolle gespielt haben. Die Erkenntnis war revolutionär, weil Hexereibeschuldigungen nicht mehr, wie von der älteren Hexenforschung, als Ergebnis kirchlicher Indoktrinierungs- und Disziplinierungsmaßnahmen gesehen wurden, sondern als Ausfluß sozialer Konfliktkonstellationen. Hexereibeschuldigungen waren als Indikator für den inneren Zustand einer Gesellschaft erkannt. Keith Thomas, der die Ausführungen seines Schülers Macfarlane über die Rolle der Magie im England der Frühen Neuzeit auf breiter Linie unterbaute, konnte erklären: »Der Hexenglaube ist für den Sozialhistoriker deshalb von Interesse, weil er Hinweise gibt auf die schwachen Stellen in der Gesellschaftsstruktur der damaligen Zeit.«[4]

In Deutschland machte sich der Paradigmenwechsel der Hexenforschung erst in den siebziger Jahren bemerkbar, mit der bahnbrechenden Arbeit eines Amerikaners. Erik Midelfort, heute Professor an der Universität von Virginia (Charlottesville), ließ seine Untersuchung 1972 unter dem Titel *Witch Hunting in Southwestern Germany* 1562–1684 in den Druck gehen[5]. Midelfort bot zum ersten Mal eine territorial übergreifende, sozialgeschichtliche Untersuchung auf quantifizierender Grundlage; er konnte nicht nur präzise Angaben über die Zahl der Opfer, sondern auch prägnante Muster chronologischer, territorialer und konfessioneller Verteilung ermitteln. Wie Macfarlane tat er den Hexenglauben nicht einfach als bloßen Aberglauben ab, sondern erkannte ihn als Instrumentarium zur Deutung und Bewältigung zeittypischer Erfahrungen. Midelforts Arbeit ist bis heute ein Musterbeispiel, wie man die Hexenprozesse erfolgreich im Rahmen des frühneuzeitlichen Gesellschaftssystems und im Kontext der größeren Geschichte betrachten kann. Das von ihm untersuchte Gebiet – er orientierte sich weitgehend an den Grenzen des heutigen Bundeslandes Baden-Württemberg – war in der Frühen Neuzeit in über 350 Klein- und Kleinststaaten zersplittert (neben größeren Territorien sind das Reichsstädte, Klöster und Stifte sowie eine fast unübersehbare Reihe von Adelsherrschaften), die jeweils ihre eigenen Hexenprozesse führten. Dieses Gebiet ist etwa neunmal größer als das von Macfarlane bearbeitete. In Südwestdeutschland wurden jedoch ungefähr fünfzigmal mehr Hexen hingerichtet als in der Grafschaft Essex bzw. mehr als zehnmal soviel wie in ganz England[6]. Allein zwischen 1561 und 1670 zählte Midelfort für Südwestdeutschland, ohne Auswertung serieller Quellen, durch einfache Addition der sicher belegten Fälle, 3.229 Hexenverbrennungen.

Midelforts methodischer Ansatz beruht auf einer Bündelung unterschiedlicher Betrachtungsweisen und kann als landesgeschichtliche Methode bezeichnet werden. Mit ihrer Hilfe, das heißt der Berücksichtigung der politischen, rechtlichen, wirtschaftlichen, sozialen, kulturellen, kirchlichen, demographischen und siedlungsgeographischen Entwicklungen eines landschaftlich klar abgrenzbaren Raumes, läßt sich ein Höchstmaß an Eindringlichkeit und Differenziertheit in den Ergebnissen gewinnen. Das Ziel einer solchen »vergleichenden Regionalstudie« ist nach Behringer, an einer überschaubaren Einheit das ganze Spektrum der vorhandenen Quellen zu erproben, und neben einer Rekonstruktion der Ereignisse das Ineinandergreifen vielfältiger Interessen und Motive in ihren unterschiedlichen Dimensionen auszuloten. Die gründliche gesellschaftsgeschichtliche Betrachtung macht die untersuchte Region quasi zu einem Laboratorium, das der Erprobung der Validität der jeweils aktuellen Interpretamente dient, die falsifiziert, modifiziert oder in ihrem Wert bestätigt werden können. Der Vergleich mit anderen Studien führt meist dazu, Besonderheiten der untersuchten Region zu ermitteln und deutlich herauszuarbeiten sowie auf einer Rückbindung zur theoretischen Ebene das bisherige Wissen über Ursachen und Hintergründe der Hexenverfolgungen zu modifizieren. Die vergleichenden Regionalstudien übernehmen in der Hexenforschung quasi die Rolle der Feldforschung in der Ethnologie[7]. Das Konzept einer solchen Regionalstudie hat sich mittlerweile bewährt. Mit außergewöhnlichem Erfolg und Ertrag wurde es vor allem von Wolfgang Behringer bei seiner Untersuchung über die Hexenverfolgung in Südostdeutschland praktiziert[8].

Die Hexenforschung hat sich aber auch bereits sehr früh der »Mikrostudie« bedient, beispielsweise bei der Aufhellung der Verfolgungen in Salem in Massachusetts[9] und mit eindrucksvollem Erfolg für die Grafschaft Lippe[10]. Welche Möglichkeiten ein solcher Ansatz bietet, den von Magievorstellungen und magischen Praktiken durchsetzten ländlichen Alltag zu beschreiben, zeigt ebenfalls die stets methodisch reflektierende Studie von David Meili[11]. Sie basiert auf einer vorzüglichen Überlieferung eines Gerichtsverfahren von 1701, das schließlich mit der Hinrichtung von sieben Frauen und einem Mann, alle aus dem Dorf Wasterkingen unweit von Zürich, endete. Sowohl die Regional- als auch die Mikrostudie zeichnet heute aus, daß endlich die Akten gelesen und ernst genommen und die Theorieangebote kompetent eingebracht, aber nicht als Prokrustesbett verwendet werden. Im Gegenteil, die Theorien werden auf den Prüfstand gestellt und ihre Möglichkeiten kritisch beleuchtet. Um mit Behringer zu sprechen: Die Vielzahl konkurrierender Ansätze mit je eigenen Methoden und Erkenntniszielen macht die neuere historische Hexenforschung interessant. Geschichte »von außen« und »von oben« wird nicht ersetzt, sondern ergänzt durch die Geschichte »von unten« und »von innen«. Was die neuere Hexenforschung in ihren besten Beispielen auszeichnet, ist das Gespür für eine größere Komplexität der historischen Wirklichkeit, das Stellen neuer Fragen, die Bereitschaft zur Diskussion, zu Methodenbewußtsein und zu methodischer Offenheit[12].

Die Ergebnisse der vergleichenden Regionalstudien bestätigen eindringlich die Periodizität von Hexenverfolgungen[13]. Von den Kerngebieten im Dauphiné, in Savoyen und in der Westschweiz aus verbreitete sich der frühe Hexenglauben um 1430/40, mitbegünstigt durch das Basler Konzil, in den folgenden Jahrzehnten nach Norden und Osten[14]. Schon bald kam es zu Prozessen um und in Basel, im Elsaß und in der Kurpfalz. Das Wirken des 1478 zum Inquisitor »für ganz Oberdeutschland« bestellten Schlettstädter Dominikaners Heinrich Institoris führte bereits in den 1480er Jahren zu größeren Verfolgungen, die allerdings nach wenigen Jahren abebbten. Die Hexenverfolgungen zwischen dem Erscheinen des *Hexenhammers* (1486/87) und der Reformation gehen anscheinend noch weitgehend auf das Konto der Inquisition. Bald nach 1500 aber fanden in Deutschland die Hexenprozesse der kirchlichen Sondergerichte ein Ende. Wenn sich die Hexenforschung nicht von der Ungunst der Quellenlage täuschen läßt[15], scheint die Hexenverfolgung in den ersten Jahrzehnten des 16. Jahrhunderts ihre Schwungkraft verloren zu haben. Zudem konnte sich die Vorstellung von der Hexensekte nur sehr langsam festsetzen, die Verfahren waren, soweit erkennbar, häufig noch der alten Vorstellung von durch Einzeltäter verübtem Schadenzauber verpflichtet. Dieses Bild änderte sich rasch, als um die Mitte des 16. Jahrhunderts – in Südwestdeutschland fast schlagartig im Jahr 1562 – die Zeit der großen Hexenverfolgung einsetzte. Der chronologische Verlauf der Verfolgung ist von fast charakteristischen Auf- und Abschwüngen gekennzeichnet, deren Höhepunkte fast überall im Alten Reich um 1590/1600 und um 1626/30 lagen. In einigen Gebieten folgte diesen Wellen zwischen 1650 und 1670 ein weiteres Aufbäumen, bevor die Epoche der Massenprozesse in eine kurze Phase der Einzelprozesse überging und um 1700 auslief. Ebenso charakteristisch ist die regionale und konfessionelle Verteilung der Verfolgungen: Größere Territorien waren schwächer betroffen als kleinere, die katholischen häufig stärker als die protestantischen. Vielleicht sind die konfessionellen Unterschiede darauf zurückzuführen, daß die politischen und juristischen Eliten die Dringlichkeit von Hexenprozessen unterschiedlich bewerteten. Aber »unten« bei der Bevölkerung lassen sich solche Differenzen nicht beobachten, es ist im Gegenteil eher ein allgemein verbreitetes Verfolgungspotential festzustellen. Wenn jedoch quer durch alle Konfessionen nicht die straff administrierten weltlichen Flächenstaaten wie die Herzogtümer Bayern oder Württemberg und auch nicht die großen, unabhängigen Städte wie Augsburg, Nürnberg und Ulm, sondern geistliche und kleinere Territorien die meisten Prozesse hervorbrachten, so verweist dies auf unterschiedliche Durchsetzungschancen gesellschaftlicher Verfolgungsimpulse. Die neuere Forschung hat gerade erst begonnen, die aktive Rolle der Bevölkerung während der Verfolgungen zu entdecken. Um die Wende vom 16. zum 17. Jahrhundert zeigen sich jedenfalls alle sozialen Schichten von der Vorstellung durchdrungen, daß es Hexen und Hexer gäbe und daß ihr unheilvolles, gegen Mensch und Tier gerichtetes Treiben mit der Todesstrafe zu ahnden sei. Dies muß man sich unbedingt vor Augen halten, wenn man den Menschen zur Zeit der Hexenverfolgung nicht das Unrecht antun will, sie wegen ihrer aktiven oder passiven Beteiligung am Geschehen nach heutigen Maßstäben und damit unhistorisch und ohne Verstehen zu verurteilen. Bei der Suche nach Gründen für den Beginn der Verfolgungen kristallisierten sich in den letzten Jahren immer stärker Hinweise auf Klimaverschlechterungen und Verhärtungen in verschiedenen Bereichen der Gesellschaft sowie ein radikaler Mentalitätswandel heraus, der sich offenbar weitgehend unabhängig von der konfessionellen Zugehörigkeit vollzog. Grob gesprochen handelt es sich dabei um eine Abkehr von einer mehr weltoffenen, lebenszugewandten, genußfreudigen und diesseitsorientierten »Renaissance«-Mentalität mit weitverbreiteter volkstümlicher Festfreudigkeit und somit eine Hinwendung zu dogmatischen, konfessionell-religiösen, asketischen und jenseitsorientierten Denk- und Verhaltensweisen, die in einer als prekär empfundenen Situation Halt zu geben versprachen[16].

Erik Midelfort und Wolfgang Behringer haben in ihren beispielhaften Regionalstudien zur Geschichte der Hexenverfolgung in Südwest- und Südostdeutschland mit Hilfe ausgewählter Methoden und Fragestellungen eine Grundlage geschaffen. Die Arbeiten dieser beiden Historiker stehen für den neuen Aufbruch in der Hexenforschung, der seit der Mitte der siebziger Jahre zu einer stetig wachsenden Zahl von neuen Untersuchungen führte. Die an diesem Prozeß Beteiligten schufen sich schließlich im 1985 etablierten Arbeitskreises Interdisziplinäre Hexenforschung (AKIH) ein internationales Forum, auf dem sie ihre Arbeiten vorstellen, Ergebnisse austauschen und neue Fragestellungen entwickeln konnten[17]. Vom Ansatz her interdisziplinär ausgerichtet, bezieht sich die Arbeit des AKIH speziell auf die Hexenverfolgungen. Ganz allgemein gehören zu seinem Arbeitsfeld aber auch solche im Mittelalter und in der Frühen Neuzeit nachweisbare Vorstellungen, die von der Forschung zur Zeit als Aberglauben, Volksmagie oder magische Volkskultur und gelehrter Hexenbegriff angesprochen werden und denen bis heute gesellschaftliche Funktionen zukommen. Das räumliche Zentrum bildet zwar das Alte Reich, doch wird auch das übrige Europa berücksichtigt. Methodisch grenzt sich der AKIH durch eine historisch-kritische Arbeitsweise von ahistorisch-spekulativen, mythologisierenden oder esoterischen Ansätzen ab. Der Arbeitskreis versteht sich als loser Zusammenschluß von Wissenschaftlerinnen und Wissenschaftlern, die sich bei ihren Forschungen in irgendeiner Weise mit dem skizzierten Arbeitsbereich befassen. Grundsätzlich offen möchte er als Forum von Gesprächen und Informationen speziell auch Jüngeren Hilfestellung geben, die etwa gerade mit Magister- oder Doktorarbeiten beschäftigt sind.

Abb. 13: Hexen brauen ein Unwetter, aus dem Traktat »De lamiis« des Konstanzer Juristen Ulrich Molitor, 1489 (hier die Ausgabe Köln 1499)

Zu dem weitgespannten Arbeitsprogramm des AKIH gehörte es von Anfang an, auch die einzelnen Territorien im Süden des Alten Reiches einer eingehenden Betrachtung zu unterziehen, wie es die vielen Desiderate nahelegten. So sollten Regionalstudien angeregt werden – beispielsweise zur Kurpfalz, dem Herzogtum Württemberg, den badischen Markgrafschaften, den österreichischen Vorlanden, den Hochstiften Straßburg, Speyer, Augsburg und Konstanz, zur Fürstpropstei Ellwangen, den Deutschordenskommenden und zur großen Zahl der Reichsstädte und Reichsstifte. Gerade an solchen regional noch stärker eingegrenzten Untersuchungen besteht immer noch ein dringender Bedarf[18]. Denn auf absehbare Zeit wird es nur mit Hilfe von methodisch und theoretisch anspruchsvollen Regional- und Lokalstudien gelingen, das widerspruchsvolle Ineinander eines »Verfolgungswillens von unten« und einer »Verfolgungsbereitschaft von oben« zu verstehen[19], die den Hexenprozessen ihre eigentliche Dynamik verliehen. So kreiste bereits 1986 eine der ersten Tagungen des Arbeitskreises um die *Südwestdeutschen Hexenprozesse*. Andreas Blauert, den »frühen Verfolgungen in der Schweiz« verpflichtet, und Anita Raith, die den württembergischen Prozessen nachgeht, gaben Einblick in ihre Dissertationsprojekte[20], während Klaus Graf, Gisela Vöhringer-Rubröder und Karl Kempf (†) sich eingehend mit den Verfolgungen in Schwäbisch Gmünd, Esslingen und Rottenburg beschäftigten[21].

Mittlerweile bestätigte die gründliche Regionalstudie von Manfred Tschaikner über die Hexenverfolgungen in Vorarlberg auf breiter Grundlage die fast schon klassische Beobachtung, daß »von oben« dem Verfolgungsbegehren »von unten« nicht oder nur teilweise entsprochen wurde[22]. Ob eine Hexenjagd gelang, hing somit oft genug von der Herrschaftsstruktur ab. Während beispielsweise im Montafon das Vorhaben am Widerstand der österreichischen Beamten scheiterte, war man im benachbarten Prättigau erfolgreich, weil die Talschaften nach dem Wegfall der Habsburger Herrschaft ihr Schicksal und die vermeintlichen Hexen in die eigenen Hände nehmen konnten. Besonderes Gewicht kommt auch der Untersuchung von Andreas Blauert über die frühen Hexenverfolgungen in der Schweiz zu. Diese, unser Verständnis von der Genese des Hexenbegriffs wesentlich erweiternde Arbeit von hohem methodischen Reflexionsniveau läßt zudem erkennen, wie diese neue und rasch von Verfolgungen begleitete Vorstellung – ausgehend von der Westschweiz über die deutschsprachige Ostschweiz – ins Elsaß und nach Südwestdeutschland einzusickern begann[23]. Einen eigenen Weg schlug ebenfalls der Rechtshistoriker Günter Jerouschek mit seiner Freiburger Habilitationsschrift ein: Sie enthält einen grundlegenden Beitrag zur *Hexenverfolgung in der Reichsstadt Esslingen*, der juristischen Sachverstand mit einer psychoanalytischen Betrachtungsweise verbindet[24]. Das große Unwetter von 1562 – es verwüstete weite Teil Innerschwabens und gab den Anstoß für eine ausgeprägte Hexenjagd in der Region – hatte auch die Reichsstadt schwer betroffen. Der Oberpfarrer Thomas Naogeorgus erklärte von der Kanzel herab das Unwetter als Hexenwerk und verlangte die Bestrafung der Schuldigen. Sein Drängen fand Zuspruch in der Bevölkerung, und der Rat sah sich schließlich gezwungen, gegen drei Frauen vorzugehen. Es kam zu einer Hinrichtung, aber auch zur Amtsentlassung des Oberpfarrers. Die Esslinger Geistlichkeit hat sich fortan gegen Verfolgungen ausgesprochen, und erst als der Superintendent Tobias Wagner 1653 ins Kanzleramt der Universität Tübingen wechselte, ergab sich eine neue Situation, in deren Verlauf sich der Ratsadvokat Daniel Hauff zum fanatischen Hexenverfolger mauserte. Hauff baute die Stabsführung in einer groß angelegten Hexenverfolgung zum Sprungbrett für eine schnelle Karriere in der städtischen Ämterhierarchie aus. Zwischen 1662 und 1665 fielen seinem Eifer über 50 Personen in Esslingen und in den Spitaldörfern Möhringen und Vaihingen zum Opfer. Mit Hauffs abruptem und ominösen Tod brach die Verfolgung Ende 1665 zusammen, im Gebiet der Reichsstadt sollten fortan keine Hexenprozesse mit tödlichem Ausgang mehr stattfinden.

Angesichts der vielen noch immer offenen Fragen, denen sich die Hexenforschung gegenüber sieht, und besonders mit Blick auf die südwestdeutschen Desiderate wurde die Geschichte der abendländischen Hexenforschung seit 1992 auch zum Gegenstand von Seminaren am Tübinger Institut für Geschichtliche Landeskunde und Historische Hilfswissenschaften. In Kooperation mit dem von Harald Siebenmorgen geleiteten Badischen Landesmuseum in Karlsruhe fand zudem die Planung, Konzeption und Ausführung einer großen, dem Thema *Hexen und Hexenverfolgung im deutschen Südwesten* verpflichteten Ausstellung statt, die 1994 eröffnet wurde. So entstanden nicht nur ein umfangreicher Aufsatzband[25] – der hier in zweiter, überarbeiteter und stark erweiterter Auflage vorliegt –, sondern es erwuchsen eine ganze Reihe von Arbeitsvorhaben zur Geschichte der Hexenverfolgung einzelner südwestdeutscher Territorien, die mittlerweile fast alle zum Abschluß und zur Publikation gebracht werden konnten. Drei dieser Regionalstudien vereinigt der Band *Zum Feuer verdammt. Die Hexenverfolgungen in der Grafschaft Hohenberg, der Reichsstadt Reutlingen und der Fürstpropstei Ellwangen* (1998). Die Untersuchung von Johannes Dillinger zu den Verfolgungen in der vorderösterreichischen Grafschaft Hohenberg kann aufzeigen, daß die Zentrale in Innsbruck Hexenprozesse nicht gerne sah und Verfolgungen zu unterbinden suchte[26]. Aber die mediaten Behörden und Amtsträger wußten oft mit eigenmächtigen Entscheidungen die Zentrale auszumanövrieren. Zudem fanden in Rottenburg, dem Hauptort der Grafschaft, innerstädtische Konflikte via Hexenverfolgung einen Austrag. Verschärft wurde das gespannte Klima durch Schwierigkeiten bei der Unterdrückung der Reformation, durch das Gefühl der Einkreisung durch lutherische Gebiete sowie durch wirtschaftliche Schwierigkeiten als Folge von Unwettern und der Abschnürung von protestantischen Märkten. Der Höhepunkt der Verfolgungen fiel in die Interimszeit von 1595 bis 1602. Das Fehlen der landesherrlichen Obrigkeit wirkte sich durch die Führungsschwäche der lokalen Obrigkeit besonders stark aus. So gab der Magistrat bereitwillig den allgemeinen Forderungen nach Verfolgung von Hexen nach. Die

Hexenprozesse bildeten jedoch selbst Anlaß für neue innerstädtische Konflikte, Kritik wegen Ungleichbehandlung wurde laut: Der Rat verschone reiche und angesehene Bürger. Ein Nachlassen der Verfolgungen setzte mit der Tätigkeit von drei Untersuchungskommissionen ein, die von Innsbruck nach Rottenburg geschickt wurden, um die Mißstände in Rechtswesen, Verwaltung, Wirtschaft und Kirche zu untersuchen. Zwischen 1565 und 1667 kam es auch in der Reichsstadt Reutlingen zu Hexenprozessen, die mindestens 53 Menschen das Leben kosteten[27]. Während Esslingen von einer Ratsoligarchie beherrscht wurde, dominierte in Reutlingen ein demokratisch gewählter Rat. Thomas Fritz kann deutlich die Verfolgungswellen und die treibenden Kräfte herausarbeiten. Als ein bemerkenswertes Ergebnis zeigte sich, daß die Verfolgungswellen mehr oder weniger in Zusammenhang mit Ratsneuwahlen standen. Die in den Rat strebenden Kräfte entsprachen häufig dem Verfolgungsbegehren »von unten«, um sich so die Stimmen ihrer Wähler zu erkaufen. Nach einer heftigen, aber kurzen Phase von Hexenprozessen kehrte man rasch wieder zu einer besonnenen Haltung zurück, um in aller Regel erst im Zuge eines Generationswechsels im Rat dem Begehren der Bevölkerung erneut nachzugeben. Wie in Esslingen der Ratskonsulent Daniel Hauff, so benutzte in Reutlingen der langjährige Bürgermeister Johann Philipp Laubenberger die Hexenverfolgung als Sprungbrett für die eigene Karriere. Das Prestige, das Laubenberger als scharf durchgreifender Hexenkommissar in der Bevölkerung gewann, katapultierte ihn bei den Ratswahlen im Sommer 1665 auf den Sitz des Amtsbürgermeisters. Nachdem er sich die Macht gesichert hatte, scheinen ihm jedoch rasch Zweifel angesichts der Umstände der Prozesse gekommen zu sein – die er natürlich besser kannte als jeder andere –, und er machte eine Wandlung vom »Saulus zum Paulus« in der Hexenfrage durch. Die von Wolfgang Mährle untersuchten Verfolgungen in der Fürstpropstei Ellwangen nehmen im südwestdeutschen Raum eine Sonderstellung ein[28]. Die absolute Zahl von rund 450 Prozeßopfern wie auch die zeitweilige Intensität der Verfahrensführung liegen weit über derjenigen anderer Territorien; ähnliche Muster der Verfolgung lassen sich lediglich in den Prozeßserien der fränkischen Hochstifte Würzburg, Bamberg und Eichstätt sowie der Deutschordenskommende Mergentheim nachweisen. Hexereiverfahren wurden in der Fürstpropstei – von wenigen Einzelprozessen abgesehen – ausschließlich in den Jahren 1588 und zwischen 1611 und 1618 durchgeführt. Dabei kommt der zweiten Verfolgungswelle eine besondere Bedeutung zu, treten doch hier die Wirkungen einer zunehmenden Konfessionalisierung des zeitgenössischen Hexendiskurses zutage. Im Ellwanger Stift repräsentierte der tridentinisch geprägte Fürstpropst Johann Christoph I. von Westerstetten diese neuartige Verbindung von konfessionellen Prämissen und Hexenverfolgung. Er ließ nicht nur in der Propstei, sondern in seiner späteren Funktion als Bischof von Eichstätt (1613–1637) auch im dortigen Hochstift große Prozeßserien durchführen. In Ellwangen fielen allein in den Jahren 1611/12 knapp 300 Menschen der Verfolgung zum Opfer. Diese alles bisher Bekannte übersteigende Intensität beruhte anscheinend auf einer neuartigen Gestaltung der fürstpröpstlichen Hexenjustiz. Die Kompetenz lag nicht mehr bei den Organen der täglichen Strafrechtspflege, sondern eine vom Fürstpropst eingesetzte ständige Hexendeputation bestimmte und beherrschte den Verfahrensablauf. Diese Deputation bestand aus zwei fürstlichen Räten und sorgte effizient für die Umsetzung des fürstlichen Verfolgungswillens. Man veränderte das Prozeßrecht zu Ungunsten der Beklagten und ließ fortan keine der bezichtigten Personen mehr mit dem Leben davonkommen. Die alles beherrschende Prozeßsteuerung der deputierten Räte orientierte sich zudem an der Vorstellung enger verwandtschaftlicher bzw. sozialer Bindungen zwischen den Opfern, so daß die Prozeßstruktur der Verfolgungswelle in dominanter Weise von Hexenfamilien- und Hausgenossenprozessen geprägt war. Die Konsequenzen dieser prozeßsteuernden Mechanismen waren weitreichend: Sie bewirkten den völligen Bruch des dämonologischen Hexenstereotyps der alten Frau. Jetzt war allein das Kriterium der Verwandtschaft bzw. der engen sozialen Bindung zwischen den Opfern maßgebend. Dementsprechend wurden Personen nahezu jeden Alters, Geschlechts und Standes hingerichtet. Als 1618 die Verfolgungen abrupt endeten, hatte die Hinrichtung breitester Bevölkerungsschichten zu einem gewaltigen demographischen Einschnitt vor allem in der Residenzstadt Ellwangen geführt und jedes gesellschaftstragende Vertrauen zerstört. Auch die ökonomischen Umschichtungen, die durch die fürstpröpstliche Konfiskationspraxis bedingt waren, wirkten destabilisierend auf das gesellschaftliche Gesamtsystem.

Um keine Mißverständnisse aufkommen zu lassen: Nicht jedes katholische Territorium war von solchen Exzessen bei der Hexenverfolgung betroffen. Behringer hat für Bayern die moderate und verfolgungshemmende Haltung der Regierung herausgearbeitet, wie sie denn auch für zahlreiche Territorialbausteine der Habsburger Ländermasse nachgewiesen ist. Aber auch bei vielen geistlichen Gebieten lassen sich Einstellungen zur Hexenverfolgung beobachten, die nicht dem Ellwanger Muster verpflichtet sind, beispielsweise im Hochstift Konstanz, mit dem sich Wolfgang Zimmermann eingehend beschäftigt hat[29]. Anfangs, und zwar in der Zeit zwischen 1570 und 1590, unterschied sich das Hochstift Konstanz nicht von seinen Nachbarterritorien. Hinrichtungen in Meersburg und in der Obervogtei Reichenau fanden zeitgleich mit Verfolgungen im übrigen Bodenseegebiet statt. In der ersten Hälfte des 17. Jahrhunderts sind jedoch kaum noch Verurteilungen im bischöflichen Territorium belegt, obwohl die Gerichtsprotokolle der Obervogtei Reichenau zeigen, daß Hexereibeschuldigungen weiterhin zum dörflichen Alltag gehörten. Die Obrigkeit weigerte sich jedoch, den vorgebrachten Petitionen der Gemeinden nach Hinrichtungen zu entsprechen. Die mangelnde Verfolgungsbereitschaft der bischöflichen Regierung unterband Prozesse und Verurteilungen. Die Stärkung der zentralen Verwaltung des Hochstifts durch die Bildung des weltlichen Rates am Ende des 16. Jahrhunderts hatte dafür den institutionellen Rückhalt geschaffen. Mit anderen Worten: Die Festigung der Konstanzer Zentralregierung erschwerte es den Untertanen, ihre Verfolgungswünsche durchzusetzen. Um die Betrachtung eines katholischen Territoriums handelt es sich ebenfalls bei der Untersuchung der Hexenverfolgungen in der Reichsstadt Rottweil von Mario Zeck[30]. Das insgesamt 27 Dörfer umfassende Territorium der Stadt besaß eine Größe von 220 Quadratkilometern; damit verfügte Rottweil neben Ulm und Schwäbisch Hall über eines der größten Landgebiete Südwestdeutschlands. Den verschiedenen Verfolgungswellen fielen mindestens 266 Menschen zum Opfer. Auch für Rottweil zeigt sich, daß die Hexenprozesse keineswegs ein von kirchlicher oder weltlicher Obrigkeit oktroyiertes Phänomen waren, sondern die treibenden Kräfte der Verfolgung in den städtischen und ländlichen Mittelschichten zu suchen sind. Oft waren es Nachbarschaftskonflikte, die einen Prozeß auslösten. Es wird deutlich, wie sehr die Rottweiler Hexenprozesse ihre Dynamik in einem Spannungsfeld von sozialen, wirtschaftlichen und rechtlichen Faktoren entwickelten, auf das in besonderem Maße althergebrachte abergläubische Vorstellungen einwirkten.

Die Kurpfalz nimmt in der Geschichte der Hexenverfolgung einen besonderen Platz ein, weil dieses Territorium im wesentlichen an der großen abendländischen Hexenverfolgung nicht teilgenommen hat, wie Jürgen Michael Schmidt in einer auch methodisch bestechenden Studie nachzuweisen verstand[31]. Als das wohl wichtigste Ergebnis seiner breit angelegten Untersuchung ist festzuhalten, daß Kurfürst und Oberrat nicht bereit waren, den neuen elaborierten Hexenbegriff zu übernehmen. So konnte sich in der Kurpfalz die Tatbestandserweiterung von Zauberei zur Hexerei nicht durchsetzen, konnten Elemente wie Hexenflug und Hexensabbat nicht zu epidemischen Verfolgungen führen. Die Kurpfalz entzog sich schlicht der großen abendländischen Hexenverfolgung. Dabei war die Hexenprozeßabstinenz keine passive Haltung, sondern eine aktive, die von der Regierung gegen äußere und innere Bedrohungen verteidigt werden mußte: Von außen her wurde sie ständig mit Hexenprozessen konfrontiert, im Landesinneren lange Zeit mit dem Wunsch danach. So war der Standfestigkeit der Obrigkeit allein die Tatsache zu verdanken, daß die Hexenverfolgung nicht auf die Kurpfalz übergreifen konnte[32]. Damit kommt ihr sowohl unter den Kurfürstentümern als auch überhaupt unter den flächenmäßig bedeutsamen Territorien des Alten Reiches eine einzigartige Stellung zu. Die sich aufdrängende Frage, ob der in der Kurpfalz dominante Calvinismus zu diesem Ergebnis führte, findet eine differenzierte Antwort: Während die Heidelberger Theologen anfangs durchaus zur Verfolgung rieten, begaben sie sich erst gegen Ende des 16. und zu Beginn des 17. Jahrhunderts auf die Linie von Kurfürst und Oberrat. Das reformierte Bekenntnis scheint aber mit seiner Betonung der Allmacht Gottes einen Schlüssel für die Einstellung der Juristen des Oberrats bereitzuhalten. Übernatürliche Eingriffe in die Natur waren dem Teufel unmöglich. Und so konnte es auch keine Strafverfahren geben, in denen es um übernatürliche Taten gehen sollte, da solche Taten niemals stattgefunden haben konnten. Diese kritische Einstellung zum Delikt war zudem gepaart mit einem engagierten Eintreten für den *processus ordinarius*, den von der Rechtswissenschaft auf der Grundlage der *Carolina* entwickelten gemeinrechtlichen Strafprozeß, auch und sogar ganz besonders im Falle von Zaubereibezichtigungen. Damit sah sich der Bezichtigte – ganz anders als im Ketzerprozeß – in der Lage, mit Hilfe einer effizienten Verteidigung die grotesken und absurden Indizien zu zerpflükken, die andernorts im Alten Reich oft genug zu einem Folterinterlokut und damit in aller Regel zu seinem Untergang führten.

Ausgehend vom regionalgeschichtlichen Ansatz ist die Arbeit von Johannes Dillinger gleichwohl einer neuen Vorgehensweise verpflichtet, untersucht er doch die Hexenverfolgungen in Schwäbisch-Österreich und Kurtrier »im Vergleich«[33]. Die Vergleichsobjekte werden kompetent in ihren historischen Bedingungen und Voraussetzungen gesichtet, auf Gemeinsamkeiten und Unterschiede untersucht und auf Wechselwirkungen zwischen den *Comparanda* abgeklopft. Ziel ist dabei ein »ganzheitlicher« Vergleich. Dieses eindrucksvolle und bemerkenswerte, eine Fülle von Ergebnissen bietende Werk besticht besonders durch seine überzeugende Einbindung von »Volksmagie und kirchlicher Magie« in den Kanon der fortan für ein Erklärungsmodell konstitutiven Elemente. Für das von der relativ fernen Zentrale in Innsbruck nicht immer effizient administrierte Herrschaftskonglomerat Schwäbisch-Österreich kann der Autor lediglich von seiner oben angeführten Darstellung der Verhältnisse in der Grafschaft Hohenberg ausgehen, während er die Gegebenheiten in der Landgrafschaft Nellenburg und im Landgericht im Hegau und im Madach, in der Markgrafschaft Burgau sowie in der Landvogtei Schwaben[34] und im Landgericht Schwaben weitgehend erst aus den Quellen schöpfen muß. Den Verfolgungen in Schwäbisch-Österreich fielen mindestens 528 Personen zum Opfer.

> »Bei aller Bedeutung großer Krisen bzw. des Krisenbewußtseins als letzter Ursache dafür, daß in der Bevölkerung der Wunsch, Hexen zu verfolgen, entstand, wurde die Entscheidung zur Verfolgung im Rahmen einer positiven, im weiteren Sinn politischen Willensbildung getroffen. Die Durchsetzung dieser Entscheidung war eine Frage der realen Macht über die Justiz. Sobald, wie in Hohenberg deutlich, die verfolgungskritische Regierung ihre Entscheidungskompetenz durchgesetzt hatte, konnten auch sich radikal verschlechternde äußere Bedingungen keine Prozeßverdichtung mehr auslösen: Trotz sozialer und wirtschaftlicher Not wurde kein Teil Schwäbisch-Österreichs von der Hexenverfolgungswelle am Ende der 1620er Jahre berührt.«[35]

Auch konnte der ohnehin nie starke Verfolgungsimpetus der erzherzoglichen Regierung in Innsbruck weiter abgeschwächt werden, als sich eine von dem Jesuiten Adam Tanner[36] ausgelöste neue theologische Gewichtung des Verhältnisses von Teufel und Hexe bemerkbar machte, die die Dämonen nicht mehr durch die Hinrichtung, sondern durch die Bekehrung der Hexen ihrer menschlichen Werkzeuge zu berauben suchte[37]. Den von den Selbstverwaltungsgremien der Untertanen durchgeführten Verfolgungen stand die Territorialmacht mit der Zeit immer ablehnender gegenüber. Sobald es der Landesherrschaft als überlokaler Kraft gelang, die Gerichtsorganisation ihrer Kontrolle zu unterwerfen und sie damit zu entlokalisieren, brach das Verfolgungssystem zusammen. Nicht mit seinen Oberbehörden abgestimmte Hexenprozesse provozierten den sich verdichtenden Territorialstaat zu harten und durch die zahlreichen Justizopfer augenscheinlich gerechtfertigten Gegenmaßnahmen.

> »Der Staat des Ancien régime verwandelte also auch mit Hilfe von Hexenverfolgungen Bauern und Bürger in Untertanen. Dies war die Grundlage dafür, daß die Aufklärung den Hexenglauben als ›Aberglauben‹ der Unterschicht und der rückständigen Dorfbevölkerung lächerlich machen konnte. Dies war zugleich der Beginn der Neubewertung der Prozesse: Nicht mehr die Hexen, sondern die Hexenverfolger wurden die *bösen Leute*.«[38]

Seit geraumer Zeit mit einer Geschichte der Hexenverfolgung im Herzogtum Württemberg beschäftigt, hat Anita Raith bereits einige wichtige Ergebnisse ihrer Arbeit publiziert[39] – eine Zusammenfassung bietet sie in diesem Band. Speziell den Hexenprozessen »gegen Kinder im alten Württemberg« verpflichtet ist die Untersuchung von Hartwig Weber[40], deren Hauptaugenmerk der Kindersexualität gilt: Sexuelle Phantasien und praktische Erfahrungen, auch durch Kindesmißbrauch und Verführung gewonnen, lösten häufig Hexereibeschuldigungen und Selbstbezichtigungen aus. Manfred Tschaikner hat in Erweiterung seiner einschlägigen Forschungen 1998 eine umfassende Untersuchung zu den Hexenverfolgungen in Liechtenstein[41] und 2003 eine Darstellung der Zauberei und Hexenprozesse in der Stadt St. Gallen vorgelegt[42]. Angeregt durch die Auffindung »neuer Quellen zur Hexenverfolgung in der Grafschaft Wertheim«[43] bearbeitete Robert Meier die dortigen um 1630 geführten Prozesse[44]. Susanne Kleinröder-Strobel untersucht die Verfolgungen des 16. Jahrhunderts in den fränkischen Markgrafentümern[45], darunter auch die Prozesse im Markgraftum Ansbach, das bis in den Nordosten des heutigen Bundeslandes Baden-Württemberg ausgriff. Constanze Störk ist anhand der erhaltenen Archivalien den Hexenprozessen in der Reichsabtei Marchtal an der Donau nachgegangen, die zwischen 1586 und 1757 mindestens 61 Menschen das Leben kosteten. Die Prozesse unter der Herrschaft der Prämonstratenser konzentrierten sich in einigen wenigen Verfolgungswellen, von denen die letzte, zwischen 1745 und 1757, wegen ihrer Chronologie fast ganz aus dem Rahmen der üblichen Entwicklung fällt[46]. Die Herrschaft Bussen an der Donau – im Besitz der Reichserbtruchsessen von Waldburg, aber von habsburgischen Übernahmeversuchen bedroht – hat Martin Zürn untersucht[47]. Peter Oestmann, dem die Hexenforschung eine kompetente Darstellung der Haltung des Reichskammergericht in Sachen *crimen magiae* verdankt[48], beleuchtet am Beispiel der Reichsstadt Offenburg Möglichkeiten und Grenzen der Einflußnahme des höchsten Reichsgerichts auf Hexenprozesse[49].

Mittlerweile zu einem Forschungsschwerpunkt der Universität Lausanne entwickelt haben sich diverse Untersuchungen und Studien zu den Anfängen der Hexenverfolgung in Savoyen, Waadt, Wallis, Luzern und Freiburg im Üchtland, die oft noch in direktem Zusammenhang mit der Ketzerverfolgung stehen. Das um Agostino Paravicini Bagliani versammelte Team hat eine ganze Reihe von spätmittelalterlichen Hexenprozeßakten, Hexentraktaten und sonstigen Texten über frühe Hexenverfolgungen sorfältig ediert und kommentiert[50]. Damit verfügt die Geschichtswissenschaft jetzt über fast alle wesentlichen Texte und eine Fülle neuer Einsichten zu den frühen Hexenverfolgungen. Die Bedeutung des noch nicht allzu lange zu beobachtenden mediävistischen Zugriffs auf solche Quellen, die zur Erkenntnis der Genese des Sammelbegriffs von Hexerei beitragen, verdeutlicht eine Edition im Rahmen der *Monumenta Germaniae Historica* (MGH): Kathrin Utz Tremp hat die Akten der Freiburger Waldenserprozesse vorgelegt[51]. Eine bemerkenswerte Entdeckung gelang dem Schweizer Historiker Oliver Landolt: Er konnte nicht nur in dem die Jahre von 1367 bis 1387 betreffenden Frevelbuch der Stadt Schaffhausen den Gebrauch des Schimpfwortes »Hex« nachweisen, sondern dem Rechnungsbuch dieser Stadt für 1402/03 den Hinweis auf die Verbrennung von einer oder mehreren »hegsen« aus Beringen entnehmen – und damit die bisher frühesten Belege für die Verwendung der Bezeichnung »Hexe« im deutschen Sprachraum gewinnen[52]. Ein verstärktes Eingehen auf die Zeit vor der frühneuzeitlichen Hexenverfolgung ist auch in Deutschland zu beobachten; so hat jetzt der *Malleus maleficarum* nicht nur einen kommentierten Nachdruck[53], sondern endlich auch eine adäquate Übersetzung ins Deutsche gefunden[54]. Dies kann als Ausdruck für ein verstärktes Interesse an Person und Werk des Autors gewertet werden[55], dessen Bio- und Bibliographie weiterhin Überraschungen bereit hält. Sein Hauptwirkungsfeld scheint Institoris in der Diözese Konstanz gefunden zu haben: So verkündet er im 1486 handschriftlich fertiggestellten *Hexenhammer* stolz, in dieser Diözese seien in den vergangenen fünf Jahren – also im Zeitraum von 1481 bis 1485 – nicht weniger als 48 Frauen als Hexen verbrannt worden[56]. Über sein Auftreten in Ravensburg, dem nachweislich zwei Frauen zum Opfer fielen, berichtet zudem ein Schreiben von Bürgermeister und Rat vom 17. Dezember 1484 an Erzherzog Sigmund von Tirol[57]. Eine Tagung von 2001, veranstaltet in Ravensburg und Weingarten, ist dem Wirken des Inquisitors in Oberdeutschland nachgegangen: Andreas Schmauder beschäftigte sich ertragreich mit Rahmenbedingungen, Chronologie und dem Netzwerk der in die Ravensburger Verfolgung involvierten Personen[58], Andreas Blauert ordnete die Ravensburger Urfehden in den Verlauf der Verfolgung ein[59], und Sönke Lorenz konnte anhand eines neuen Quellenfundes zeigen, wie engagiert der Dominikaner zu Werke ging und über welche Verbindungen er verfügte[60]. Es handelt sich um ein Schreiben von Institoris, das dieser unter dem Datum vom 22. November 1484 an Graf Johann von Sonnenberg (gest. 1510) richtete. Der Graf gehörte der Eberhardinischen oder Sonnenbergischen Linie der Truchsessen von Waldburg an, sein Bruder Otto (gest. 1491) amtierte von 1474 bis zu seinem Tod als Bischof von Konstanz. Der Graf residierte in Wolfegg und besaß einen Anteil an der Waldburg. Folgt man dem Text des Schreibens, dann hatte Graf Johann sich von Wolfegg aus schriftlich an Institoris gewandt, der zu diesem Zeitpunkt in Konstanz weilte. Der Inquisitor war umgehend zur Waldburg und dann nach Wolfegg geeilt, ohne jedoch den Grafen anzutreffen, so daß er zur Feder greifen, seine Vorschläge niederschreiben und per Boten an Johann senden mußte. Und nun kommt das Überraschende: Institoris wünscht zu seiner Unterstützung die Hilfe eines bewährten Fachmanns in Sachen Hexerei, von dem die Forschung bisher überhaupt keine Kenntnis hatte! Es handelt sich um den Komtur der Johanniterkommende in Überlingen, dessen Personenname allerdings nicht mitgeteilt wird. Der Komtur, so Institoris, habe vor Zeiten im Breisgau viele »hexgen« verbrennen lassen und könne es »durch guote selige wort« erreichen, daß die Hexen ohne Anwendung der Folter ein Geständnis ablegen. Zudem wisse er Rat, falls sich die Hexen mit Hilfe von Zauberei gegen die Schmerzen der Folter wappneten, um kein Geständnis ablegen zu müssen. Institoris hatte sich bereits der Hilfe des Komturs versichert, der angeblich sogar bereit war, auf eigene Kosten nach Wolfegg zu kommen, sollte man ihn dort benötigen. Das Schreiben schließt mit der Bitte, der Graf möge den Komtur schriftlich zum Kommen auffordern. Wer war dieser Komtur, der 1484 die Johanniterkommende in Überlingen leitete und vordem im Breisgau Hexen verfolgt hatte? Es kommt nur ein gewisser Rudolf von Baden in Frage, von dem bekannt ist, daß er nachweislich von 1472 bis 1500 als Komtur in Überlingen agierte, während man ihn von 1456 bis 1470 als Komtur der Johanniter-Häuser in Freiburg, Neuenburg und Heitersheim – die drei Orte liegen bekanntlich alle im Breisgau – nachweisen kann. Freiburg – wo Institoris Ende 1475 zu Besuch weilte, um Material zur Fortführung des Ritualmordprozesses gegen die Judengemeinde der Bischofsstadt Trient zu sammeln[61] – war Sitz der Kommende, der die Filialhäuser (*membra*) Heitersheim, Neuenburg, Kenzingen und – zeitweilig – das im Kanton Bern gelegene Thunstetten unterstanden. Mit Blick auf das Wappen in dem von Rudolf geführten Siegel – der Schild zeigt einen von zwei Rosen begleiteten Schrägbalken – wird man den Komtur als Sproß der Markgrafen von Baden ansehen dürfen, bei denen der Vorname Rudolf nicht unbekannt war. Vielleicht handelte es sich bei ihm um einen illegitimen Sproß, vielleicht aber auch um ein bisher unbekanntes Mitglied des markgräflichen Hauses, das das badische Wappen mit Beizeichen führen durfte.

Nachrichten über diese frühe Breisgauer Hexenverfolgung sind bisher nicht bekannt geworden, und aus Mangel an weiteren Nachrichten bleibt auch im Dunkeln, ob der Versuch von Institoris, im Herbst 1484 mit Hilfe des Überlinger Komturs im Herrschaftsbereich Graf Johanns von Sonnenberg Hexenprozesse durchzuführen, Erfolg hatte oder nicht.

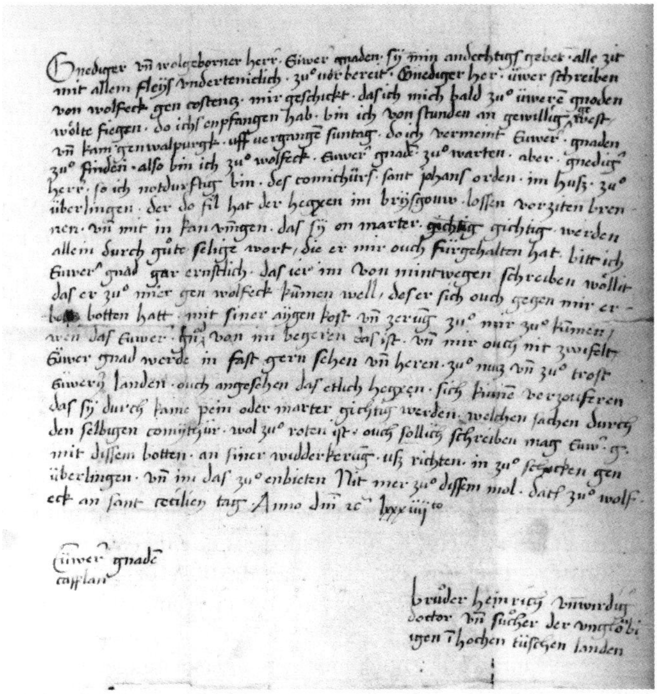

Abb. 14: Schreiben des Inquisitors Heinrich Institoris an Graf Johann von Sonnenberg-Waldburg mit der Bitte, Verbindung mit einem erfahrenen Hexenjäger, dem Johanniter-Komtur zu Überlingen, aufzunehmen (1484)

Nicht nur der *Hexenhammer*, sondern auch andere, für die Geschichte der Hexenverfolgung wichtige Texte fanden zwischenzeitlich eine kritische Bearbeitung bzw. Edition. So konnte Werner Tschacher eine profunde Analyse des *Formicarius* vorlegen[62]. Verfasser dieses 1437/38 entstandenen Werkes war kein geringerer als Johannes Nider (um 1380–1438) aus Isny, Schuhmachersohn, Dominikaner, Theologe, Professor in Wien, Prior des Dominikanerkonvents Basel, Kirchen- und Klosterreformer sowie Organisator und Diplomat der Basler Konzilsversammlung in den Jahren 1431 bis 1434 und noch einmal im Sommer 1438[63]. Nider kommentierte als erster Theologe das neu »entdeckte« Hexereidelikt, wie es ihm seine Gewährsmänner »Peter von Bern« und der Inquisitor von Autun anhand der Prozeßtätigkeit im Berner Oberland und in der Diözese Lausanne schilderten[64]. Wurde Nider von der älteren Forschung zum »Stammvater« des Hexereidelikts erhoben, konnte Tschacher nicht nur wesentliche Korrekturen an diesem (Vor-)Urteil vornehmen, sondern alles in allem ein stark verändertes Bild von den Motiven Niders und der Genese und Struktur der im *Formicarius* enthaltenen bzw. entwickelten Vorstellungen von Hexerei zeichnen: Bei der Hexensekte »handelt es sich um die negativen Projektionen der reformerischen Ideale der Zeit: der frühchristlich inspirierten Reformvorstellungen der ›Strikten Observanz‹ und der Dogmen der rigiden Moraltheologie.«[65] Die bereits gewürdigte Lausanner Arbeitsgruppe edierte, kommentierte und übersetzte (ins Französische) neben den einschlägigen Teilen von Niders *Formicarius* die für die Genese des Sammelbegriffs »Hexerei« so wichtigen Ausführungen von Hans Fründ, die anonym überlieferten *Errores gazariorum seu illorum qui scopam vel baculum equitare probantur*, den Traktat *Ut magorum et maleficiorum errores* von Claude Tholosan sowie die betreffenden Passagen aus *Le Champion des Dames* von Martin le France[66]. Eine neue Edition haben auch die einschlägigen Texte des Juristen Ulrich Molitoris (um 1442–1507) aus Konstanz erfahren[67], und zwar sein 1489 abgeschlossener und vielleicht noch im selben Jahr in Reutlingen bei Johann Otmar erstmals gedruckter Traktat *De lanijs et phitonicis mulieribus*[68] sowie dessen Übersetzung ins Deutsche, die noch vor 1500 bei Zainer in Ulm unter dem Titel *Von den unholden und hexen* erschien[69].

Im Blickpunkt des wissenschaftlichen Interesses standen bereits von Anfang an jene Autoren, die sich wie Heinrich Institoris für, oder wie Friedrich von Spee gegen die Verfolgung ausgesprochen hatten. Dies gilt auch für die Theologen der Universität Tübingen, die sich mehr oder weniger direkt geäußert haben. Die Bedeutung von Martin Plantsch († 1533) wurde bereits von Midelfort gewürdigt. Man sah von ihm über den württembergischen Reformator Johannes Brenz (1499–1570), dessen Auftreten zwei neue Untersuchungen beleuchten[70], eine *canon-episcopi-Tradition* ausgehen, die wesentliche Elemente des neuen Sammelbegriffs wie den Hexenflug in Frage zu stellen schien. Dem ist in einer eingehenden Untersuchung jüngsthin Thomas Hilarius Meyer entgegengetreten[71], der am Beispiel der einschlägigen Äußerungen von Jakob Heerbrand (1521–1600) zeigen konnte, daß die Tübinger Theologen durchaus auf dem Fundament der neuen Deliktbeschreibung von Hexerei argumentieren, gleichzeitig aber die Sündhaftigkeit ihrer Gemeinde für die mit Hilfe von Gottes Zulassung (*permissio Dei*) durch den Teufel bewirkten Schäden verantwortlich machen – und damit von einer Verfolgung vermeintlicher Hexen mehr oder weniger gezielt ablenken. Im Zentrum des wissenschaftlichen Bemühens um die Aufhellung der Verfolgungen stehen mittlerweile die – anders als ihre theologischen Kollegen – besonders involvierten Juristen, die zumeist über das Institut der Aktenversendung in die Urteilsfindung in die Hexenprozessen eingeschaltet waren. Dem hat beispielsweise Jürgen Michael Schmidt für Heidelberg Rechnung getragen[72], während bei Sönke Lorenz[73] und Marianne Sauter[74] die Tübinger Spruchpraxis im Mittelpunkt der Untersuchungen steht. So erwies sich der Tübinger Jurist Erich Mauritius (1631/32–1691) als früher Spee-Rezipient und blieb seinem gelehrt und gewissenhaft vorgetragenen Einstehen für ein »ordentliches Verfahren« auch nach seinem Wechsel an die neu gegründete Juristenfakultät Kiel und schließlich an das Reichskammergericht verpflichtet[75]. Für Freiburg, dessen Juristenfakultät in Friedrich Martini über einen ausgesprochenen Spezialisten in Sachen *crimen magiae* verfügte[76], fehlt es noch an solchen Arbeiten.

Es sollte deutlich geworden sein, wie vielfältig, differenziert und komplex sich die Hexenverfolgung in Südwestdeutschland gestaltete. Schon allein die Tatsache, daß der betrachtete Raum, der in etwa dem heutigen Bundesland Baden-Württemberg entspricht, unter teilweisem Einschluß solcher Nachbarregionen wie Vorarlberg, dem Elsaß, Franken und Ostschwaben, in der Frühen Neuzeit in über 350 Territorien zerfällt, läßt auf keinen einheitlichen Verlauf schließen. Während in der Kurpfalz wie schon seit Jahrhunderten üblich bestenfalls der praktizierte Schadenzauber einer gerichtlichen Verfolgung unterlag, rottete die Obrigkeit in der Fürstpropstei Ellwangen ganze »Hexenfamilien« aus und zerstörte innerhalb weniger Jahre nachhaltig jegliche Sozialordnung. Zwischen diesen beiden extremen Polen bleiben die Entwicklungsmöglichkeiten der übrigen Territorien zu suchen. Die Betonung liegt auf »zu suchen«, denn der gegenwärtige Stand der Forschung ist, wie schon gesagt, noch immer durch Desiderate gekennzeichnet. Zwar ist die Ausgangssituation für Südwestdeutschland dank der grundlegenden Arbeiten von Midelfort und Behringer und der vom AKIH und vom Institut für Geschichtliche Landeskunde und Historische Hilfswissenschaften der Universität Tübingen initiierten Untersuchungen im Vergleich zu anderen Teilen Deutschlands als günstig zu bezeichnen, aber wir sind weit davon entfernt, die rund 350 südwestdeutschen Territorien auch nur annähernd – im Sinne einer vergleichenden Regionalstudie – als bearbeitet zu bezeichnen. So war es verständlicherweise ein vorrangiges Anliegen, in diesem Band wenigstens die größeren Territorien einer Betrachtung zu unterziehen, wie es Manfred Tschaikner, Wolfgang Mährle, Johannes Dillinger, Wolfgang Zimmermann und Jürgen Michael Schmidt für Vorarlberg, die Fürstpropstei Ellwangen, die Grafschaft Hohenberg und Schwäbisch-Österreich, das Hochstift Konstanz und die Kurpfalz bereits ausgeführt und hier in Kurzfassungen erneut dargestellt haben. Das Bild findet eine wesentliche Ergänzung durch die Einbeziehung von Baden und Württemberg, den heute namengebenden Herrschaften, die ihren gewaltigen territorialen Zugewinn allerdings erst zur Zeit Napoleons erlangten. Neben Anita Raith[77] für Württemberg ist dies Corinna Schneider zu verdanken, die die Hexenprozesse in den badischen Markgrafschaften untersucht hat[78]. Ein weites und noch weitgehend offenes Forschungsfeld bieten die Verhältnisse im älteren Vorderösterreich, die hier durch Sabine Schleichert in einem Überblick über die von Habsburg verwalteten Gebiete im Elsaß, Breisgau, Hagenau und Ortenau zur Darstellung gelangen. Zu den größeren Territorien rechnen ferner die Grafschaft Hohenzollern, deren Hexenverfolgungen Casimir Bumiller nachzeichnet, und die Hohenloheschen Fürstentümer, für die Elisabeth Schraut ein Bild von den Vorgängen entwirft[79]. Durch Elmar Weiß finden sich die Grafschaft Wertheim und die südwestdeutschen Gebiete des Erzstifts Mainz in den Band einbezogen[80]. Die Verfolgungen in der Deutschordenskommende Mergentheim hat Karin Wohlschlegel beschrieben[81]. Und von Wolfgang Behringer schließlich stammen die Ausführungen zum Hochstift Augsburg. Größere Territorien befanden sich oft auch in der Hand von Reichsstädten, beispielsweise Ulm, Rottweil, Schwäbisch Hall und Esslingen. Die Hexenverfolgungen dieser mit der Hochgerichtsbarkeit versehenen Städte haben Bernd Schlaier, Mario R. Zeck[82], Elisabeth Schraut und Gisela Vöhringer-Rubröder[83] skizziert. Die Überblicke zu den kleineren Reichsstädten Reutlingen und Schwäbisch Gmünd stammen von Thomas Fritz und Klaus Graf[84]. Keinen Überblick über die Verfolgungen in der oberschwäbischen Reichsstadt Biberach, wohl aber eine faszinierende Spurenlese vom Wirken des Biberacher Scharfrichters als Verhörspezialist in über ganz Südwestdeutschland verstreuten Hexenprozessen bietet schließlich Jutta Nowosadtko.

Um es abschließend – versehen mit einigen Bemerkungen zur Gliederung und zu künftigen Aufgaben – zusammenzufassen: Die Fülle der gebotenen Fallstudien scheint geeignet, ein differenziertes Bild von der südwestdeutschen Hexenverfolgung zu vermitteln und dabei die oft gravierenden Unterschiede wie auch manche Gemeinsamkeiten hervortreten zu lassen. Untersucht wurden sowohl katholische als auch protestantische Territorien. Sie überspannen den Raum vom Bodensee bis an den Main und von den Vogesen bis an die Iller. Neben größeren weltlichen Flächenstaaten wie der Kurpfalz, Württemberg und den badischen Markgrafschaften sind auch die bedeutenderen geistlichen Territorien in den Überblick einbezogen, beispielsweise die Hochstifte Konstanz und Augsburg sowie die Fürstpropstei Ellwangen. Der Überblick gilt zudem der oft sehr zersplitterten und uneinheitlich organisierten österreichischen Besitzmasse in Südwestdeutschland. Berücksichtigt sind ferner kleinere territoriale Gebilde wie die Hohenloheschen Fürstentümer sowie die Grafschaften Wertheim und Hohenzollern. Gut vertreten ist das Feld der Reichsstädte. Die einzelnen Beiträge beginnen in aller Regel mit einem knappen Überblick, der kurz auf die Territorialgeschichte eingeht, insbesondere auf die Gerichtsbarkeit und die konfessionelle Entwicklung. Skizziert wird der äußere Verlauf der Verfolgung: die Chronologie und die Wellen; ferner statistische Angaben wie die Zahl der Beklagten und Verurteilten, der Frauen-Anteil, Prozesse gegen Kinder und – falls erkennbar – die soziale Herkunft der Opfer. Das Gerichtsverfahren steht dann besonders im Blickfeld, wenn bemerkenswerte Abweichungen von der *Carolina* festzustellen sind; der Stellenwert der Besagung erscheint dabei von besonderer Wichtigkeit. Gefragt wird nach den Gründen für den Beginn der Verfolgung: z.B. Klima und

Wetter, Hungersnöte und Teuerungen, Kriegsgreuel, konfessionelle Konflikte (Reformation und Gegenreformation), Übergreifen von benachbarten Territorien, treibende Kräfte (Rolle der Obrigkeit und der Geistlichkeit des Territoriums). Ebenso werden Gründe für den Abbruch der Verfolgung gesucht: z.B. Aufklärung, Skepsis gegenüber dem gerichtlichen Vorgehen, Rechtsauskünfte, einzelne Gegner einer Verfolgung (Rolle der Obrigkeit und der Geistlichkeit des Territoriums).

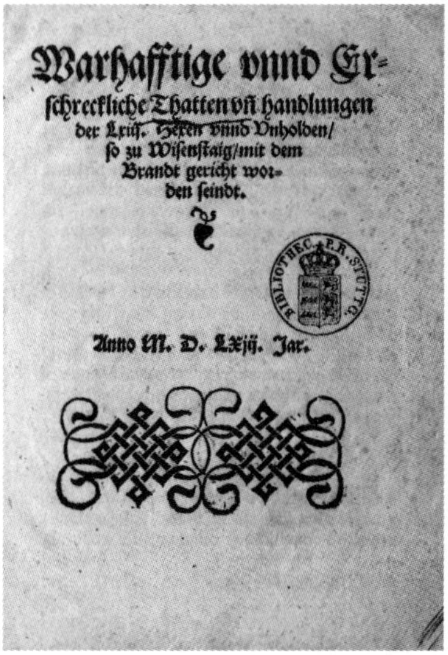
Warhafftige vnnd Erschreckliche Thatten vñ handlungen der Lxiij. Hexen vnnd Vnholden/ so zu Wisenstaig/mit dem Brandt gericht worden seindt.

Anno M. D. Lxiij. Jar.

Abb. 15: Textflugschrift (1563) zu den Hexenverfolgungen in Wiesensteig

Man wird sicher heute schon sagen dürfen, daß der Impuls, den die Hexenforschung von Erik Midelforts Arbeit erhielt, Früchte getragen und durchaus beachtliche Erfolge erzielt hat. Die Bilanz ist nicht schlecht – dies gilt auch und besonders für den Südwesten des Alten Reiches. Gleichwohl bleibt unübersehbar, wie viel Arbeit die Forschung noch zu leisten hat, um den südwestdeutschen Raum einigermaßen flächendeckend mit Regionalstudien zu überziehen, von Mikrostudien ganz zu schweigen. Als Desiderate sollen hier neben Vorderösterreich, den Hochstiften Straßburg und Speyer, der Grafschaft Fürstenberg[85], der Grafschaft Limpurg[86], den Herrschaften der Reichserbtruchsessen von Waldburg sowie den Reichsstädten Weil der Stadt und Heilbronn nur die zahlreichen oberschwäbischen Reichsstifte und die mit der Hochgerichtsbarkeit ausgestatteten Adelsherrschaften angeführt werden. Während aber die Klöster und Stifte zumeist über einen reichen archivalischen Nachlaß verfügen, lassen sich für die in aller Regel am Ende des Alten Reiches mediatisierten kleinräumigen Herrschaften des Adels kaum noch schriftliche Quellen aufspüren, die geeignet erscheinen, ein Bild von der Hexenverfolgung zu entwerfen[87]. Hier dürften oft nur noch aufwendige Archivrecherchen und die intime Kenntnis regionaler Gegebenheiten und Verwaltungsstrukturen eine Vorstellung vom Geschehen entstehen lassen. Dies gilt besonders für die Herrschaft Wiesensteig, wo um 1562/63 der evangelische Graf von Helfenstein Hunderte von Frauen nach »kurzem« Prozeß als Hexen verbrennen ließ[88]. Die Ereignisse, die sich nur noch schemenhaft in der archivalischen Überlieferung der Nachbarterritorien zu erkennen geben[89], bedürfen dringend einer Aufarbeitung, markieren sie doch allem Anschein nach den Beginn der großen Hexenverfolgung in Südwestdeutschland. Dies scheint sogar den Zeitgenossen ins Auge gesprungen zu sein. Selbst an der weit entfernten pommerschen Universität Greifswald notierte 1562 der Rektor erschrocken in der Matrikel, daß es in Südwestdeutschland zu umfangreichen Hinrichtungen von Hexen gekommen sei[90].

Anmerkungen

1 Vgl. den Beitrag von Wolfgang Behringer zur Geschichte der Hexenforschung in diesem Band.
2 Vgl. auch Wolfgang BEHRINGER, Erträge und Perspektiven der Hexenforschung, in: Historische Zeitschrift 249 (1989), S. 619–640, hier: S. 620.
3 Alan MACFARLANE, Witchcraft in Tudor and Stuart England, London 1970.
4 Zitiert nach der deutschen Übersetzung bei Claudia HONEGGER (Hrsg.), Die Hexen der Neuzeit. Studien zur Sozialgeschichte eines kulturellen Deutungsmusters, Frankfurt a.M. [6]1988, S. 288; vgl. BEHRINGER, Erträge (wie Anm. 2), S. 621.
5 H.C. Erik MIDELFORT, Witch Hunting in Southwestern Germany 1562–1684. The Social and Intellectual Foundations, Stanford 1972.
6 Wolfgang BEHRINGER, Hexenverfolgung in Bayern. Volksmagie, Glaubenseifer und Staatsräson in der Frühen Neuzeit, München 1987, S. 12.
7 BEHRINGER, Geschichte der Hexenforschung (wie Anm. 1).
8 BEHRINGER, Bayern (wie Anm. 6).
9 Paul BOYER/Stephen NISSENBAUM, Salem Possessed. The Social Origins of Witchcraft, Cambridge/Mass. 1974.
10 Rainer WALZ, Hexenglaube und magische Kommunikation im Dorf der frühen Neuzeit. Die Verfolgungen in der Grafschaft Lippe, Paderborn 1993.
11 David MEILI, Hexen in Wasterkingen. Magie und Lebensform in einem Dorf des frühen 18. Jahrhunderts (Schriften der Schweizerischen Gesellschaft für Volkskunde, Bd. 65), Basel 1980.
12 BEHRINGER, Geschichte der Hexenforschung (wie Anm. 1), S. 623.
13 Vgl. Gerhard SCHORMANN, Hexenprozesse in Deutschland, Göttingen [2]1986, S. 52ff.; BEHRINGER, Bayern (wie Anm. 6), S. 400–419.
14 Statt vieler Werner TSCHACHER, Der Formicarius des Johannes Nider von 1437/38. Studien zu den Anfängen der europäischen Hexenverfolgungen im Spätmittelalter, Aachen 2000, S. 293–340.
15 Man beachte beispielsweise Wolfgang BEHRINGER, Hexen, Glaube, Verfolgung, Vermarktung (Beck'sche Reihe, Bd. 2082), München 1998, S. 45; Erika MÜNSTER-SCHRÖER, Hexenverfolgungen in Jülich-Berg und der Einfluß Johann Weyers, in: Spee-Jahrbuch 7 (2000), S. 59–102, hier: S. 69. Aufmerken läßt auch das Bregenzer Verfahren von 1498/99 gegen eine der Hexerei beschuldigte Frau, die mittlerweile als Mutter des Juristen und Historikers Jakob Mennel (1460–1526) identifiziert werden konnte (vgl. Manfred TSCHAIKNER, Die Bregenzer »Spiegelfechter« und die erste Vorarlberger »Hexe« [1498/99], in: Montfort. Schrift für Geschichte und Gegenwart Vorarlbergs 51 [1999], S. 176–179).
16 Wolfgang BEHRINGER (Hrsg.), Hexen und Hexenprozesse in Deutschland, München 1988, S. 130.
17 Zentrale Ansprechpartner des AKIH sind Dieter R. Bauer, Referent für Geschichte an der Akademie der Diözese Rottenburg-Stuttgart (70184 Stuttgart, Im Schellenkönig 61, Telefon 0711/1640-777), und Sönke Lorenz, Institut für Geschichtliche Landeskunde und Historische Hilfswissenschaften der Universität Tübingen (72074 Tübingen, Wilhelmstr. 36, Telefon 07071/2972387); als Herausgeber der vom Verlag für Regionalgeschichte, Bielefeld, betreuten Reihe firmieren Dieter R. Bauer, Wolfgang Behringer, Heide Dienst, Iris Gareis, Sönke Lorenz, H.C. Erik Midelfort und Wolfgang Schild.
18 Vgl. Wolfgang SCHIEDER, Hexenverfolgung als Gegenstand der Sozialgeschichte, in: Geschichte und Gesellschaft 16 (1990), S. 5–7, hier: S. 6f.
19 Beispielhaft dafür die Untersuchung von Walter RUMMEL, Bauern, Herren und Hexen (Kritische Studien zur Geschichtswissenschaft, Bd. 94), Göttingen 1991.
20 Andreas BLAUERT, Schweizerische Ketzer-, Zauber- und Hexenprozesse des frühen 15. Jahrhunderts. Eine Skizze, in: Sönke LORENZ/Dieter R. BAUER (Hrsg.), Hexenverfolgung. Beiträge zur Forschung – unter besonderer Berücksichtigung des südwestdeutschen Raumes (Quellen und Forschungen zur europäischen Ethnologie, Bd. 15), Würzburg 1995, S. 65–81; Anita RAITH, Ein württembergischer Hexenprozeß des Jahres 1592. Eine Fallstudie, in: ebd., S. 83–100; DIES., Hexenprozesse beim württembergischen Oberrat, in: ebd., S. 101–121.
21 Klaus GRAF, Hexenverfolgung in Schwäbisch Gmünd, in: LORENZ/BAUER (wie Anm. 20), S. 123–139; Gisela VÖHRINGER-RUBRÖDER, Hexenverfolgung in der Reichsstadt Esslingen, in: ebd., S. 141–158; Karl KEMPF, Hexenverfolgung in Rottenburg, in: ebd., S. 159–202. Zu Schwäbisch Gmünd siehe auch Oliver AUGE, Hexenverfolgung und territorienübergreifende Kooperation. Überlegungen zur Zusammenarbeit der Reichsstadt Schwäbisch Gmünd mit der Grafschaft Hohenrechberg in einem Hexenprozeß des Jahres 1645, in: Einhorn-Jahrbuch Schwäbisch Gmünd (1995), S. 157–164.
22 Manfred TSCHAIKNER, »Damit das Böse ausgerottet werde«. Hexenverfolgungen in Vorarlberg im 16. und 17. Jahrhundert (Studien zur Geschichte und Gesellschaft Vorarlbergs, Bd. 11), Bregenz 1992; siehe auch DERS., Magie und Hexerei im südlichen Vorarlberg zu Beginn der Neuzeit, Konstanz 1997; DERS., Die frühneuzeitliche Hexenverfolgung in Vorarlberg. Eine vergleichende Übersicht, in: Montfort. Schrift für Geschichte und Gegenwart Vorarlbergs 47 (1994), S. 287–302; DERS., Die Hexenverfolgung in den Herrschaften Feldkirch und

Neuburg um die Mitte des 17. Jahrhunderts, in: Montfort. Schrift für Geschichte und Gegenwart Vorarlbergs 49 (1997), S. 114–119.

23 Andreas BLAUERT, Frühe Hexenverfolgungen. Ketzer-, Zauberei- und Hexenprozesse des 15. Jahrhunderts (Sozialgeschichtliche Bibliothek bei Junius, Bd. 5), Hamburg 1989; siehe auch DERS., Die Erforschung der Anfänge der europäischen Hexenverfolgung, in: DERS. (Hrsg.), Ketzer, Zauberer, Hexen. Die Anfänge der europäischen Hexenverfolgung, Frankfurt a.M. 1990, S. 11–42; Arno BORST, Anfänge des Hexenwahns in den Alpen, in: ebd., S. 43–67.

24 Günter JEROUSCHEK, Die Hexen und ihr Prozeß. Die Hexenverfolgung in der Reichsstadt Esslingen (Esslinger Studien. Schriftenreihe, Bd. 11), Esslingen 1992.

25 Sönke LORENZ (Hrsg.), Hexen und Hexenverfolgung im deutschen Südwesten. Ausstellung des Badischen Landesmuseums in Zusammenarbeit mit dem Institut für Geschichtliche Landeskunde der Universität Tübingen, Aufsatzband (Volkskundliche Veröffentlichungen des Badischen Landesmuseums Karlsruhe, Bd. 2,2), Ostfildern 1994.

26 Johannes DILLINGER, Hexenverfolgungen in der Grafschaft Hohenberg, in: DERS./Thomas FRITZ/Wolfgang MÄHRLE, Zum Feuer verdammt (Hexenforschung, Bd. 2), Stuttgart 1998, S. 1–161.

27 Thomas FRITZ, Hexenverfolgungen in der Reichsstadt Reutlingen, in: DILLINGER/DERS./MÄHRLE (wie Anm. 26), S. 163–324.

28 Wolfgang MÄHRLE, »O wehe der armen seelen«. Hexenverfolgungen in der Fürstpropstei Ellwangen (1588–1694), in: DILLINGER/FRITZ/DERS. (wie Anm. 26), S. 325–500.

29 Wolfgang ZIMMERMANN, Teufelsglaube und Hexenverfolgungen in Konstanz 1546–1548, in: Schriften des Vereins für Geschichte des Bodensees und seiner Umgebung 106 (1988), S. 29–57.

30 Mario ZECK, »Im Rauch gehen Himmel geschüggt«. Hexenverfolgungen in der Reichsstadt Rottweil, Stuttgart 2000.

31 Jürgen Michael SCHMIDT, Glaube und Skepsis. Die Kurpfalz und die abendländische Hexenverfolgung 1446–1685 (Hexenforschung, Bd. 5), Bielefeld 2000.

32 Ebd., S. 477.

33 Johannes DILLINGER, »Böse Leute«. Hexenverfolgungen in Schwäbisch-Österreich und Kurtrier im Vergleich (Trierer Hexenprozesse. Quellen und Darstellungen, Bd. 5), Trier 1999.

34 Die diesbezüglichen Ergebnisse jetzt auch zusammengefaßt in Johannes DILINGER, Die Hexenverfolgung in der Landvogtei Schwaben im 16. und 17. Jahrhundert, in: Andreas SCHMAUDER (Hrsg.), Frühe Hexenverfolgungen in Ravensburg und am Bodensee (Historische Stadt Ravensburg, Bd. 2) Konstanz 2001, S. 125–147.

35 DILLINGER, »Böse Leute« (wie Anm. 33), S. 442.

36 Vgl. Wolfgang BEHRINGER, Zur Haltung Adam Tanners in der Hexenfrage. Die Entstehung einer Argumentationsstrategie in ihrem gesellschaftlichen Kontext, in: Hartmut LEHMANN/Otto ULBRICHT (Hrsg.), Vom Unfug des Hexen-Processes. Gegner der Hexenverfolgung von Johann Weyer bis Friedrich Spee (Wolfenbütteler Forschungen, Bd. 55), Wiesbaden 1992, S. 161–185.

37 DILLINGER, »Böse Leute« (wie Anm. 33), S. 445.

38 Ebd., S. 447.

39 Siehe Anm. 20; zudem: Anita RAITH, Von den bösen Weibern, die man nennet Hexen. Ein Schorndorfer Hexenprozeß, in: Heimatblätter. Jahrbuch für Schorndorf und Umgebung 6 (1988), S. 63–83; DIES., Die Hexenprozesse in Tuttlingen, in: Tuttlinger Heimatblätter NF 57 (1994), S. 110–132; DIES., Das Hexenbrennen in Leonberg, in: Renate DÜRR (Bearb.), Nonne, Magd oder Ratsfrau. Frauenleben in Leonberg aus vier Jahrhunderten, Leonberg 1998, S. 53–73, 269–272; DIES., »Der Teufel stecke ihr im Kropf ...«. Der Hexenprozeß gegen Anna Murschler, in: Eberhard GUTEKUNST (Bearb.), Weib und Seele. Frömmigkeit und Spiritualität evangelischer Frauen in Württemberg. Katalog zur Ausstellung im Landeskirchlichen Museum Ludwigsburg (Kataloge und Schriften des Landeskirchlichen Museums, Bd. 8), Ludwigsburg 1998, S. 65–70.

40 Hartwig WEBER, »Von der verführten Kinder Zauberei«. Hexenprozesse gegen Kinder im alten Württemberg, Sigmaringen 1996; vgl. auch DERS., Hexenprozesse gegen Kinder, Frankfurt a.M. 2000, S. 31–106: *Kinderhexenprozesse in Reutlingen*.

41 Manfred TSCHAIKNER, »Der Teufel und die Hexen müssen aus dem Land ...«. Frühneuzeitliche Hexenverfolgungen in Liechtenstein, in: Jahrbuch des historischen Vereins für das Fürstentum Liechtenstein 96 (1998), S. 1–197.

42 Manfred TSCHAIKNER, Die Zauberei- und Hexenprozesse der Stadt St. Gallen. Unter Mitarbeit von Ursula HASLER/Ernst ZIEGLER, Konstanz 2003.

43 Vgl. Peter MÜLLER, Von Teufelsbuhlschaften, wilden Luftfahrten und allerlei Schadenszauber oder was Wertheimer Hexenakten berichten, in: DERS. (Hrsg.), Frauengeschichte(n). Vorträge im Rahmen der Bronnbacher Gespräche 2001, Stuttgart 2002, S. 9–34.

44 Robert MEIER, Hexenverfolgung im Kondominat. Die Grafschaft Wertheim um 1630, in: Mainfränkisches Jahrbuch 54 (2002), S. 70–82.

45 Susanne KLEINRÖDER-STROBEL, Die Verfolgung von Zauberei und Hexerei in den fränkischen Markgraftümern im 16. Jahrhundert (Spätmittelalter und Reformation. Neue Reihe, Bd. 20), Tübingen 2002.

46 Constanze STÖRK, »Mithin die natürliche Vernunft selbst dictiert, das es Hexen gebe«. Hexenverfolgung in der Reichsabtei Marchtal 1586–1757, Magisterarbeit masch. Tübingen 2003.

47 Martin ZÜRN, Abseits und verfolgt? Die Hexen vom Bussen, in: Otto BORST (Hrsg.), Minderheiten in der Geschichte Südwestdeutschlands (Stuttgarter Symposion, Bd. 3), Tübingen 1996, S. 35–72 (geht S. 56–72 auf die Verfolgungen in der Herrschaft Bussen ein).

48 Peter OESTMANN, Die Offenburger Hexenprozesse im Spannungsfeld zwischen Reichshofrat und Reichskammergericht, in: Die Ortenau 75 (1995), S. 179–220; DERS., Hexenprozesse am Reichskammergericht (Quellen und Forschungen zur höchsten Gerichtsbarkeit im Alten Reich, Bd. 31), Köln 1997.

49 Peter OESTMANN, Das Reichskammergericht und die Hexenprozesse – das Beispiel der Reichsstadt Offenburg, in: Zeitschrift für Neuere Rechtsgeschichte 17 (1995), S. 30–49.

50 Martine OSTORERO u.a. (Hrsg.), L'imaginaire du sabbat. Edition critique des textes les plus anciens (1430c.–1440c.) (Cahiers lausannois d'histoire médiévale, Bd. 26), Lausanne 1999; Georg MODESTIN, Le diable chez l'évêque. Chasse aux sorciers dans le diocèse de Lausanne (vers 1460) (Cahiers lausannois d'histoire médiévale, Bd. 25), Lausanne 1999; DERS., Der Teufel in der Landschaft. Zur Politik der Hexenverfolgungen im heutigen Kanton Freiburg von 1440 bis 1470, in: Freiburger Geschichtsblätter 76 (1999), S. 81–122; Laurence PFISTER, L'enfer sur terre. Sorcellerie à Dommartin (1498) (Cahiers lausannois d'histoire médiévale, Bd. 20), Lausanne 1997; Sandrine STROBINO, Françoise sauvée des flammes? Une Valaisanne accusée de sorcellerie au XVe siècle (Cahiers lausannois d'histoire médiévale, Bd. 18), Lausanne 1996; Eva MAIER, Trente ans avec le diable. Une nouvelle chasse aux sorciers sur la Riviera lémanique (1477–1484) (Cahiers lausannois d'histoire médiévale, Bd. 17), Lausanne 1996; Martine OSTORERO, »Folâtrer avec les démons«. Sabbat et chasse aux sorciers à Vevey (1448) (Cahiers lausannois d'histoire médiévale, Bd. 15), Lausanne 1995; Kathrin UTZ TREMP, Ist Glaubenssache Frauensache? Zu den Anfängen der Hexenverfolgungen in Freiburg (um 1440), in: Freiburger Geschichtsblätter 72 (1995), S. 9–50; Agostino PARAVICINI BAGLIANI/Kathrin UTZ TREMP/Martine OSTORERO, Le sabbat dans les Alpes. Les prémices médiévales de la chasse aux sorcières, in: Sciences. Raison et déraisons (Publications de l'Université de Lausanne, Bd. 89), Lausanne 1994, S. 67–89; Bernard ANDENMATTEN/Kathrin UTZ TREMP, De l'hérésie à la sorcellerie. L'inquisiteur Ulric de Torrenté OP (vers 1420–1445) et l'affermissement de l'inquisition en Suisse romande, in: Zeitschrift für schweizerische Kirchengeschichte 86 (1992), S. 69–119. Für die Zeit der eigentlichen Hexenverfolgung vgl. Peter KAMBER, La chasse aux sorciers et aux sorcières dans le Pays de Vaud. Aspects quantitatifs (1581–1620), in: Revue historique vaudoise 90 (1982), S. 21–33.

51 Kathrin UTZ TREMP (Hrsg.), Quellen zur Geschichte der Waldenser von Freiburg im Üchtland (1399–1439) (MGH Quellen zur Geistesgeschichte des Mittelalters, Bd. 18), München 2000; vgl. DIES., Waldenser, Wiedergänger, Hexen und Rebellen. Biographien zu den Waldenserprozessen von Freiburg im Üchtland (1399 und 1430) (Freiburger Geschichtsblätter, Sonderbd.), Freiburg (Schweiz) 1999.

52 Oliver LANDOLT/Klaus GRAF, Schaffhausen: früher Beleg für »Hexe«, 10. Dezember 2003, in: Mailingliste zur Erforschung der historischen Hexenverfolgungen, <www.listserv.dfn.de/cgi-bin/wa.exe?A2=ind0312&L= hexenforschung&P=R1169&I=-3>. (am 2.5.2004).

53 André SCHNYDER (Hrsg.), Malleus maleficarum von Heinrich Institoris (alias Kramer) unter Mithilfe Jakob Sprengers aufgrund der dämonologischen Tradition zusammengestellt. Mit Kommentar zur Wiedergabe des Erstdruckes von 1487, Göppingen 1993.

54 Günter JEROUSCHEK/Wolfgang BEHRINGER (Hrsg.), Heinrich Kramer (Institoris), Der Hexenhammer – Malleus Maleficarum. Neu aus dem Lateinischen übertragen von Wolfgang BEHRINGER/Günter JEROUSCHEK/Werner TSCHACHER, München 2000.

55 Statt vieler vgl. Peter SEGL, Heinrich Institoris. Persönlichkeit und literarisches Werk, in: DERS. (Hrsg.), Der Hexenhammer. Entstehung und Umfeld des Malleus maleficarum von 1487 (Bayreuther Historisches Kolloquium, Bd. 2), Köln/Wien 1988, S. 103–126; Wolfgang BEHRINGER, Heinrich Kramers »Hexenhammer«. Text und Kontext, in: SCHMAUDER, Frühe Hexenverfolgungen (wie Anm. 34), S. 83–124.

56 Wolfgang BEHRINGER/Günter JEROUSCHEK, »Das unheilvollste Buch der Weltliteratur«? Zur Entstehungs- und Wirkungsgeschichte des Malleus Maleficarum und zu den Anfängen der Hexenverfolgung, in: JEROUSCHEK/BEHRINGER (wie Anm. 54), S. 9–98, hier: S. 50.

57 Karl Otto MÜLLER, Heinrich Institoris, der Verfasser des Hexenhammers, und seine Tätigkeit als Hexeninquisitor in Ravensburg im Herbst 1484, in: Württembergische Vierteljahrshefte für Landesgeschichte 19 (1910), S. 397–417.

58 Andreas SCHMAUDER, Frühe Hexenverfolgung in Ravensburg. Rahmenbedingungen, Chronologie und das Netzwerk der Personen, in: DERS., Frühe Hexenverfolgungen (wie Anm. 34), S. 29–63.

59 Andreas BLAUERT, Die Ravensburger Urfehden als Zeugnisse der Ravensburger Hexenverfolgung, in: SCHMAUDER, Frühe Hexenverfolgungen (wie Anm. 34), S. 65–81.

60 Sönke LORENZ, Hexen und Hexenprozesse im deutschen Südwesten – eine Einführung, in: SCHMAUDER, Frühe Hexenverfolgungen (wie Anm. 34), S. 7–28.

61 BEHRINGER/JEROUSCHEK, »Das unheilvollste Buch der Weltliteratur« (wie Anm. 56), S. 41ff.

62 TSCHACHER (wie Anm. 14).

63 Vgl. ebd., S. 29–80.

64 Ebd., S. 460f.
65 Ebd., S. 474.
66 OSTORERO u.a. (wie Anm. 50).
67 Vgl. Jörg MAUZ, Ulrich Molitoris. Ein süddeutscher Humanist und Rechtsgelehrter, Wien 1992, S. 12–68.
68 Jörg MAUZ (Hrsg.), Ulrich Molitoris Schriften (Studien zur Kulturgeschichte, Bd. 1), Konstanz 1997, S. 65–132; vgl. DERS., Ulrich Molitoris (wie Anm. 67), S. 75–87.
69 MAUZ, Ulrich Molitoris Schriften (wie Anm. 68), S. 135–185.
70 Martin BRECHT, Johannes Brenz und das Hexenwesen aufgrund bisher weitgehend unbeachteter Quellen, in: Zeitschrift für Rechtsgeschichte 117, Kanonistische Abteilung 86 (2000), S. 386–397; Sönke LORENZ, Brenz' Predigt vom Hagel und die Hexenfrage, in: Blätter für Württembergische Kirchengeschichte 100 (2000), S. 327–344.
71 Thomas MEYER, Diabolica miracula. Dämonologie und Hexenlehre bei Jakob Heerbrand, Zulassungsarbeit masch. Tübingen 2003.
72 SCHMIDT (wie Anm. 31), S. 366–377 u.ö.
73 Sönke LORENZ, Die Universität Tübingen und die große abendländische Hexenverfolgung, in: Bausteine zur Tübinger Universitätsgeschichte 7 (1995), S. 51–64; DERS., Die Rechtsauskunftstätigkeit der Tübinger Juristenfakultät in Hexenprozessen, in: DERS./BAUER, Hexenverfolgung (wie Anm. 20), S. 241–320.
74 Die demnächst abgeschlossene Dissertation von Marianne Sauter untersucht die Spruchpraxis der Juristenfakultät Tübingen in Sachen Hexenprozeß aus dem vergleichenden Blickwinkel der Folteranwendung in Strafverfahren.
75 Sönke LORENZ, Erich Mauritius († 1691 in Wetzlar). Ein Jurist im Zeitalter der Hexenverfolgung (Schriftenreihe der Gesellschaft für Reichskammergerichtsforschung, Bd. 27), Wetzlar 2001.
76 Friedrich MARTINI, Interpretatio Carolinae Constitutionis CIX, in: DERS., De jure censuum, seu annuorum redituum [...], Freiburg i.Br. 1604; vgl. Roderich STINTZING, Geschichte der Deutschen Rechtswissenschaft, Abt. 1 (Geschichte der Wissenschaften in Deutschland. Neuere Zeit, Bd. 18,1), München/Leipzig 1880, ND Aalen 1957, S. 672; Carl VON PRANTL, Martini, Friedrich M., in: Allgemeine Deutsche Biographie, Bd. 20, Leipzig 1884, S. 508f.; Clausdieter SCHOTT, Rat und Spruch der Juristenfakultät Freiburg i.Br. (Beiträge zur Freiburger Wissenschafts- und Universitätsgeschichte, Bd. 30), Freiburg i.Br. 1965, S. 65 u.ö.; Friedrich MERZBACHER, Die Hexenprozesse in Franken, München ^{2}1970, S. 137; MIDELFORT (wie Anm. 5), S. 61–65.
77 Siehe Anm. 39.
78 Corinna SCHNEIDER, Die Hexenverfolgung in den badischen Markgrafschaften, Magisterarbeit masch. Tübingen 1994.
79 Für Hohenzollern liegt jetzt die ausführliche Darstellung eines Einzelverfahrens vor, die gleichwohl vielfältige Einblicke in etliche Lebensbereiche gewährt: Dietrich BULACH, Der Fürst und »seine« Hexe. Die Verfolgung einer Hechinger Weißgerberin als Hexe durch Eitel Friedrich II., Fürst von Hohenzollern-Hechingen (reg. 1623–1661), in: Zeitschrift für Hohenzollerische Geschichte 38/39 (2002/03), S. 353–467; für Hohenlohe vgl. auch: Hexenwahn und Hexenverfolgung in und um Schwäbisch Hall (Ausstellungskatalog Hällisch-Fränkisches Museum), Schwäbisch Hall 1988.
80 Vgl. dazu die Beiträge von Elmar Weiß in diesem Band.
81 Karin WOHLSCHLEGEL, Hexenverfolgung in Mergentheim. Auswertung der Verhörprotokolle aus den Jahren 1628–1631, Magisterarbeit Stuttgart 1989, auch in: Württembergisch Franken 79 (1995), S. 41–115.
82 Siehe auch Anm. 30.
83 Siehe auch Anm. 21.
84 Siehe auch Anm. 21.
85 Kazuo Muta arbeitet zur Zeit an einer größeren Untersuchung über die Verfolgungen in den fürstenbergischen Ämtern.
86 Wissenschaftlichen Ansprüchen genügt kaum: Steffen HINDERER, Hexen, Henker und Halunken. Strafjustiz in der Reichsgrafschaft Limpurg (Begleitbuch zur gleichnamigen Dauerausstellung im Alten Schloß), Gaildorf 1996, S. 22–38.
87 Dies zeigt beispielsweise die Studie von Oliver AUGE, Rechberger Hexenprozesse im 16. und 17. Jahrhundert, in: Einhorn-Jahrbuch Schwäbisch Gmünd (1997), S. 125–140.
88 Vgl. MIDELFORT (wie Anm. 5), S. 88f.; BEHRINGER, Bayern (wie Anm. 6), S. 99, 434.
89 JEROUSCHEK, Die Hexen und ihr Prozeß (wie Anm. 24), S. 77, Anm. 23; LORENZ, Rechtsauskunftstätigkeit (wie Anm. 73), S. 254–264; FRITZ (wie Anm. 27), S. 190ff.; Oliver AUGE, Hexenwerk und Zauberei. Der Umgang mit dem Delikt der Hexerei im württembergischen Amt Göppingen (1562–1755), in: Hohenstaufen Helfenstein. Historisches Jahrbuch für den Kreis Göppingen 5 (1995), S. 83–122, hier: S. 90f.
90 Ernst FRIEDLÄNDER, Aeltere Universitäts Matrikel, Abt. 2: Universität Greifswald, Bd. 1: 1456–1645 (Publicationen aus den königlich Preußischen Staatsarchiven, Bd. 52), Leipzig 1983, S. 274. Wenn sich der Rektor dabei ausdrücklich auf Württemberg und Baden bezieht, dann mag das Nichterwähnen von Wiesensteig mit den komplizierten territorialen Verhältnissen im Bereich des Filstals zu erklären sein.

Corinna Schneider

Die Markgrafschaften Baden-Baden und Baden-Durlach

»Freundtlicher Herz lieber Schatz und Herzlieber Bruder,
Ach wie hatten mich feiste ochsen umbgeben, undt mich erhast, undt bringen so viel falsche Zeugen ueber mich, daß mir mein Herz so betrübt ist, daß Ich vor großer forcht und zittern nicht weiß wo auß noch an, daß mir mein Herz im leib verschmacht.
Aber Ich Hoff der allmechtig getrewe Gott der werd mich in meiner großen noth nit sterben lassen, Ach es ist mein umb des Jüngsten gericht undt umb Gottes Barmherzigkeit bitten, ihr wollen ewer eußersts daran wenden, undt mir ein beystandt thun, dann Ich will euch nicht betriegen; ich bin ein unschuldiges Lamb Gottes, wie ihr werd erfahren.«[1]

So schreibt voller Verzweiflung Katharina Haug, die Ehefrau des Kronenwirts zu Rastatt im Herbst 1626 aus dem Gefängnis an ihren Ehemann und bittet ihn, ihr zu Hilfe zu kommen, da sie doch unschuldig der Hexerei angeklagt worden sei. Dieses Selbstzeugnis einer Angeklagten, das einzige aus den Markgrafschaften Baden, das wir kennen, gibt uns eine Ahnung von den Nöten, Ängsten und Überzeugungen der Menschen, die Opfer von Hexenprozessen wurden. Es gemahnt uns, wenn wir für die badischen Hexenverfolgungen die territorialgeschichtlichen, juristischen und prozessualen Besonderheiten erörtern, nicht das grausame Schicksal der in den Hexenprozessen angeklagten Frauen und Männer zu vergessen.

1. Die Markgrafschaften Baden im 16. Jahrhundert

Die Markgrafschaft Baden wurde 1515 unter Bernhard III., Philipp I. und Ernst, den drei Söhnen des Markgrafen Christoph I., aufgeteilt. Nachdem Philipp I. 1533 ohne Erben zu hinterlassen gestorben war, kam es 1535 zu einer Neuaufteilung des badischen Territoriums in die Markgrafschaften Baden-Baden und Baden-Durlach, die bis zur endgültigen Vereinigung im Jahre 1771 unter Markgraf Karl Friedrich Bestand haben sollten.

Markgraf Bernhard III., der Stammvater der Markgrafen von Baden-Baden, dem bisher die luxemburgischen Herrschaften Rodemachern, Useldingen und Hespringen sowie der markgräfliche Anteil an der Vorderen und Hinteren Grafschaft Sponheim gehört hatte, erhielt das mittelbadische Gebiet südlich des Albflusses mit den Ämtern Ettlingen, Rastatt, Kuppenheim, Baden, Steinbach, Bühl und Stollhofen, die badischen Anteile an der Herrschaft Lahr-Mahlberg und der Grafschaft Eberstein sowie die Vogteien über die Klöster Lichtental, Frauenalb, Herrenalb, Reichenbach und Schwarzach.

Markgraf Ernst, der die Linie der Markgrafen von Baden-Durlach begründete, erhielt zu den von ihm bisher regierten Gebieten der Herrschaften Hachberg, Sausenberg, Rötteln, Badenweiler und Üsenberg sowie seiner Vogtei über das Kloster Sulzburg das Gebiet nördlich des Albflusses mit den Ämtern Staffurt, Durlach, Mühlburg, Stein und Pforzheim, zusammen mit den Vogteien über die Klöster Gottesau und Pforzheim sowie die Herrschaften Altensteig und Liebenzell, den badischen Restbesitz im Neckargebiet um Besigheim und Mundelsheim und den badischen Anteil an der Herrschaft Prechtal[2].

Wie auf der Karte deutlich erkennbar, weisen beide Markgrafschaften seit der Teilung von 1535 ein zerrissenes territoriales Bild auf, das sich auch im Verlauf des 16. und 17. Jahrhunderts nicht wesentlich veränderte. Die Aufteilung der markgräflichen Gebiete und die Gründung eines baden-badischen und eines baden-durlachischen Familienzweiges bedingte die getrennte politische und konfessionelle Entwicklung der Markgrafschaften.

In beiden Gebieten hatte die Reformation zu Beginn des 16. Jahrhunderts Anhänger gefunden, die mehr oder weniger geduldet wurden. Zu einer vorläufigen Klärung der konfessionellen Verhältnisse in der Markgrafschaft Baden-Durlach kam es erst nach dem Augsburger Religionsfrieden von 1555, der Markgraf Karl II. von Baden-Durlach die Möglichkeit eröffnete, in seinem Herrschaftsbereich ein einheitliches Bekenntnis durchzusetzen. Karl II. führte 1556 in seinem Gebiet den evangelischen Glauben ein und erließ eine Kirchenordnung, die sich stark an den württembergischen Kirchenordnungen von 1553 und 1555 orientierte. Auch im weiteren Verlauf des 16. Jahrhunderts blieb die Markgrafschaft Baden-Durlach protestantisch. Karls Sohn, Markgraf Ernst Friedrich, wandte sich gegen Ende des 16. Jahrhunderts dem calvinistischen Glauben zu, was zu Konflikten mit den Landständen führte. Diese verteidigten, unterstützt von seinem lutherischen Bruder Georg Friedrich, erfolgreich die Ausübung der lutherischen Lehre.

Als Markgraf Ernst Friedrich 1604 starb, wurde Markgraf Georg Friedrich alleiniger Herrscher der Markgrafschaft Baden-Durlach und der okkupierten baden-badischen Gebiete südlich des Albflusses. Diese Gebiete der Markgrafschaft Baden-Baden waren 1594 von Markgraf Ernst Friedrich besetzt worden, nachdem die finanzielle Lage der Markgrafschaft Baden-Baden so desolat geworden war, daß ihr Bankrott zu befürchten stand und damit ihr Verlust für das badische Haus. Durch die Besetzung geriet das katholische Baden-Baden unter protestantischen Einfluß.

Der Weg der Markgrafschaft Baden-Baden zu einem katholischen Territorium war weniger geradlinig als Baden-Durlachs Reformation. Zunächst konnte der lutherische Glaube weiterhin neben dem katholischen ausgeübt werden. Erst die von den Vormündern (Herzogin Jakobäa und Herzog Albrecht V. von Bayern) des minderjährigen Markgrafen Philipp II. eingesetzte Regierung führte ab 1569 eine konsequente Rekatholisierung der baden-badischen Gebiete durch. Auch unter dem Nachfolger Philipps II., Markgraf Eduard Fortunatus, blieb die Markgrafschaft Baden-Baden katholisch.

Nach der Okkupation durch den protestantischen Markgrafen Ernst-Friedrich von Baden-Durlach 1594 zog sich Markgraf Eduard Fortunatus in seine sponheimischen Gebiete zurück, wo er 1600 starb. Bis zur Wiedereinsetzung des Markgrafen Wilhelm 1622 in die Herrschaft über die baden-badischen Gebiete konnte sich der lutherische Glaube erneut ausbreiten. Wilhelms Rekatholisierungsbemühungen wurden im Dreißigjährigen Krieg 1632 durch den Einfall der schwedischen Truppen zwar erneut unterbrochen, aber bis zum Ende des Krieges 1648 war die Markgrafschaft Baden-Baden ein katholisches Territorium geworden.

Auch die Markgrafschaft Baden-Durlach mußte im Dreißigjährigen Krieg mehrfach die Konfession wechseln. Nach Kriegsende jedoch bemühte sich Markgraf Friedrich V. von Baden-Durlach, der Sohn des Markgrafen Georg Friedrich von Baden-Durlach, erfolgreich um die Erneuerung des protestantischen Glaubens. So stellen sich die Markgrafschaften Baden-Baden und Baden-Durlach erst in der Mitte des 17. Jahrhunderts als geschlossenes katholisches bzw. protestantisches Territorium dar.

Ob die wechselvolle konfessionelle und territoriale Geschichte der Markgrafschaften Auswirkungen auf das Phänomen der Hexenverfolgung hatte, läßt sich nur schwer beurteilen. Da die badischen Gebiete im 17. Jahrhundert vermehrt Kriegsschauplatz waren, wurden viele Archive vernichtet, so daß uns nur wenig Quellenmaterial überliefert ist. Für manche Gebiete, wie die südbadischen Herrschaften Badenweiler, Rötteln und Sausenberg, liegen nur dürftigste Hinweise auf Hexenprozesse vor, und auch für alle anderen Teile der Markgrafschaften gibt es kaum zusammenhängende Quellen wie Prozeßakten. Der Umstand, daß die protestantische Markgrafschaft Baden-Durlach in der Zeit der großen abendländischen Hexenverfolgung (1560–1650) ein verfolgungsarmes Gebiet blieb, während es in der katholischen Markgrafschaft Baden-Baden zu massenhaften Hexenprozessen vor allem in der ersten Hälfte des 17. Jahrhunderts kam, darf nicht zu dem voreiligen Schluß führen, konfessionelle Interessen seien ein treibendes Motiv der Hexenverfolgungen gewesen.

Die folgende Darstellung der Geschichte der Hexenverfolgung, getrennt für beide Markgrafschaften, die sich nur auf die noch heute greifbaren Quellen stützen kann, bleibt vorläufig und versucht lediglich eine Annäherung an das damalige Geschehen[3].

2. Hexenverfolgung in der Markgrafschaft Baden-Durlach

Die Markgrafschaft Baden-Durlach kann als ein verfolgungsarmes Gebiet bezeichnet werden. Lediglich fünf Hexenprozesse sind für die zweite Hälfte des 16. Jahrhunderts bekannt, in denen neun Frauen der Hexerei angeklagt wurden. Sechs von ihnen wurden zum Tode verurteilt und hingerichtet, eine Frau wurde unter Beobachtung gestellt, das Schicksal der übrigen zwei Frauen ist unbekannt. Über die soziale Stellung und die familiären Verhältnisse dieser Frauen ist kaum etwas bekannt. Die Prozesse von 1562 im baden-durlachischen Kondominat Prechtal, von 1570 in der Herrschaft Badenweiler und von 1579 in der Herrschaft Hachberg wie auch der letzte und wohl einzige Prozeß im 17. Jahrhundert[4], in dem 1669 eine Frau in der Herrschaft Hachberg als Hexe hingerichtet wurde, sind nur in dürren Worten überliefert.

Lediglich für die Prozesse von 1552 im Amt Pforzheim und für die Untersuchungen zu einer Hexereibeschuldigung im Dorf Ersingen 1598, das zum von Baden-Durlach besetzten baden-badischen Amt Frauenalb gehörte, liegen uns ausführlichere Quellen vor[5].

1552 wird durch das Pforzheimer Gericht eine als Magdalena N. bezeichnete ehrbare Bürgerswitwe der Hexerei angeklagt. Sie war von einer bereits hingerichteten Frau sowohl unter als auch nach der Tortur als Gefährtin beim Besuch des Blocksberges angegeben worden. Zu diesem Indiz der Besagung, aufgrund dessen auch noch eine weitere Frau, Katharina, gefangengenommen worden war, kamen verschiedene Beschuldigungen von Schadenszauber hinzu. Unter anderem wurde Magdalena vorgeworfen, gegen einen gewissen Michael N. und dessen Familie Drohungen ausgestoßen zu haben, denen dann tatsächlich ein Schaden an einem der Kinder gefolgt sei. Anscheinend war sich der damals regierende Markgraf Bernhard, dessen Hofräten die Akten des Pforzheimer Gerichts zur Beurteilung vorlagen, nicht sicher, ob die angeführten Indizien für die Anwendung der Folter ausreichten, denn er schickte die Akten des Falles an die Tübinger Juristenfakultät mit der Bitte um ein Gutachten. Diese kam zu dem Schluß, daß aufgrund der angeführten Indizien keine Folter zuzulassen sei. Besonders sei die Besagung durch die andere Frau allein kein hinreichendes Indiz, zudem sei ihre Befragung nicht ordnungsgemäß durchgeführt worden. Auch sei aus der Zeugenaussage des Michael N. offensichtlich, daß dieser schon seit längerem mit der Beklagten Magdalena in Feindschaft lebe, so daß seine Aussage nicht sehr glaubwürdig sei. Kurz, das Gutachten aus Tübingen verwarf die Verfahrenspraxis des Pforzheimer Gerichts, das darüber hinaus auch der Angeklagten keine Möglichkeit der Verteidigung eingeräumt hatte, und hielt die im Pforzheimer Prozeß gesammelten Indizien nicht für hinreichend, die Angeklagte zu foltern. Es entzieht sich unserer Kenntnis, was dann tatsächlich mit Magdalena geschah, und ob Katharina, die, aufgrund der Besagung und durch andere Indizien belastet, bereits gefoltert worden war, aber nichts gestanden hatte, freigelassen wurde.

Interessant ist auch, daß Markgraf Karl II., der 1553 die Regierung der Markgrafschaft Baden-Durlach übernahm, kurz nach seinem Regierungsantritt eine allgemeine Anfrage an die Tübinger Juristenfakultät richtete, wie man in »punkto veneficii«, also bei Zauberei, zu verfahren habe. In ihrer Antwort bestärkte die Tübinger Fakultät ihre Haltung, die bereits in dem Gutachten für Markgraf Bernhard zum Ausdruck gekommen war: Sie betonte vor allem, daß die Anwendung der Folter nach den Vorschriften der *Peinlichen Halsgerichtsordnung* Karls V. (*Carolina*) zu erfolgen habe. Auf jeden Fall sei es unzulässig, allein aufgrund von Besagungen, die auf oder nach der Folter erfolgt seien, die besagten Personen zu foltern.

Welche Auswirkung dieses Tübinger Gutachten hatte, das die Rechte des Angeklagten hervorhob, kann nur vermutet werden. Für die Regierungszeit Karls II. sind jedoch nur zwei Hexenprozesse bekannt, und somit scheint es denkbar, daß das Tübinger Gutachten eine moderate Haltung in Hexereiverfahren förderte, die eine große Hexenverfolgung verhinderte.

Das zweite Verfahren, über das wir mehr wissen, fand 1598 im Dorf Ersingen (Amt Frauenalb) statt. Dort hatte es schon unter Markgraf Philipp II. von Baden-Baden in den Jahren von 1573 bis 1577 mehrere Hexenprozesse gegeben.

Abb. 16: »Wie die Hexen Milch aus einem Axthelm melken«, aus: »Die Emeis« des Straßburger Predigers Johannes Geiler von Kaysersberg, Straßburg 1516

Im Sommer des Jahres 1598 waren dem Schultheiß Volmar Barthlin von Ersingen zum ersten Mal Beschuldigungen gegen die Frau des Hans Bechtold vorgetragen worden, daß sie mit Zauberei umginge und etliche Kinder und Vieh umgebracht habe. Barthlin hatte dies, wie es dem markgräflichen Strafrecht entsprach, der markgräflichen Kanzlei berichtet und angefragt, was zu tun sei. Als jedoch keine Antwort kam und auch die Ankläger erneut bei ihm vorstellig geworden waren, erstattete er im Oktober nochmals Bericht. Daraufhin ordnete Markgraf Ernst Friedrich von Baden-Durlach eine gründliche Untersuchung an, in deren Verlauf die Ankläger und ihre Zeugen näher nach den Umständen gefragt werden sollten, die ihnen Grund gäben, Hans Bechtholds Frau der Zauberei zu beschuldigen. Schultheiß Barthlin berichtete nach der erfolgten Befragung, daß die »Bechtholdin« von sechs Frauen beschuldigt werde, an ihren Kindern oder ihrem Vieh mit Hilfe der Verabreichung von »schwarzem Käs« oder Äpfeln oder durch Berührung Schadenszauber begangen zu haben. Der Markgraf ordnete daraufhin lediglich an: »Du [der Schultheiß] wöllest uf die Bechtoldin Inns künfftig desto befließener uf achttung haben.«[6] Auf die Voruntersuchung folgte also keine Verhaftung mit anschließendem Hexenprozeß gegen die »Bechtoldin«, und es scheint auch später keiner stattgefunden zu haben. Leider erfahren wir nichts über die Gründe dieser Entscheidung, man kann jedoch vermuten, daß der markgräflichen Kanzlei die Anschuldigungen für die Eröffnung eines Prozesses nicht ausreichten.

Daß den Markgrafen von Baden-Durlach das Phänomen der Hexenprozesse auch im 17. Jahrhundert nicht unvertraut war, zeigt u.a. der oben erwähnte Prozeß von 1669.

Auch berichtete bereits 1623 der Landvogt von Rötteln dem Markgrafen von Baden-Durlach, daß ihm aus den konfiszierten Gütern zweier vom Basler Bischof wegen Hexerei hingerichteter Frauen aus dem Ort Schliengen zwei Drittel zuständen. Ob in der Herrschaft Rötteln selbst Hexenprozesse geführt wurden, ist jedoch nicht überliefert. Die Erwähnung eines »Hexen Gewölb« im Zustandsbericht über das Röttler Schloß, dem Gerichtsort der Herrschaft, aus dem Jahre 1654 kann uns darüber keine sichere Kenntnis geben[7].

Zwar läßt sich wegen der schwierigen Quellenlage nicht mit letzter Sicherheit sagen, daß es in der Markgrafschaft Baden-Durlach keine größeren Hexenverfolgungen gegeben hat. Die Kenntnis Markgraf Karls II. von der moderaten Haltung der Tübinger Juristenfakultät 1553 und das vorsichtige Vorgehen Markgraf Ernst Friedrichs 1598 gegen die »Bechtoldin«, aber auch der enge Kontakt der südbadischen Gebiete zur verfolgungsarmen Stadt Basel, in der nur wenige Einzelprozesse in Hexereifällen stattfanden, sind Indizien für eine generell skeptische Haltung gegenüber Hexereivorwürfen und lassen vermuten, daß die zufällige Quellenlage das damalige Geschehen richtig widerspiegelt. Ein ganz anderes Bild zeichnen die Quellen hingegen für die Markgrafschaft Baden-Baden.

3. Hexenverfolgung in der Markgrafschaft Baden-Baden

3.1 Chronologie und statistische Angaben zu den Hexenprozessen im 16. und 17. Jahrhundert

Die erste Verfolgungswelle in Baden-Baden fiel in die Regierungszeit Markgraf Philipps II., der als 10jähriger 1569 zunächst unter der Vormundschaft Bayerns stand und seine Regierungstätigkeit erst 1577 antrat. So fanden die ersten Hexenprozesse unter der vormundschaftlichen Regierung Bayerns statt. Bis zum Jahre 1577 wurden wahrscheinlich 26 Frauen der Hexerei angeklagt und verbrannt[8]. Über ihren Familienstand finden wir in den verstreuten Quellen nur wenige Angaben, lediglich von vier Frauen wissen wir, daß sie verheiratet waren, zwei Frauen waren verwitwet. Aber auch unter Markgraf Philipp II. selbst hat es, so die *Newe Zeitung Von den Hexen oder Unhulden, so mann verbrend hat von dem 7. Februari an biss auff den 25. Junii dises 1580. Jar*, im Jahre 1580 noch eine Hexenverfolgung gegeben, bei der 18 Frauen aus den Ämtern Rastatt, Baden-Baden und Kuppenheim den Tod fanden.

Unter Markgraf Eduard Fortunatus hingegen gab es wahrscheinlich nur drei Fälle von Hexereianklagen, und zwar zwischen 1590 und 1594 in Ettlingen. Alle drei Frauen wurden freigelassen, doch starb eine Frau an den Folgen der Folter.

In der sich anschließenden Zeit der Besatzung durch die baden-durlachischen Markgrafen fanden wohl keine Hexenprozesse statt, wie das oben dargestellte besonnene Vorgehen des Markgrafen Ernst Friedrich von Baden-Durlach im Falle der »Bechtoldin« aus Ersingen nahelegt.

Erst nachdem Markgraf Wilhelm wieder in die Regierung der Markgrafschaft Baden-Baden eingesetzt worden war, kam es zur zweiten Welle der Hexenverfolgung. In den Jahren 1626 bis

1631 wurden mindesten 244 Personen aus den Ämtern Rastatt, Baden-Baden, Steinbach und Bühl der Hexerei angeklagt[9]. Im Gegensatz zur Hexenverfolgung im 16. Jahrhundert, bei der vermutlich alle Angeklagten Frauen waren, lag hier der Anteil der Frauen bei 77%, was dem Reichsdurchschnitt entsprach. 231 der 244 angeklagten Frauen und Männer wurden zum Tode verurteilt und hingerichtet, 13 wurden freigelassen, von denen zwei Frauen mit Landesverweisung belegt wurden. Die anderen, die zwar in ihr häusliches Umfeld zurückkehren konnten, mußten jedoch beständig neue Anschuldigungen fürchten.

Hinsichtlich der Familienverhältnisse läßt sich feststellen, daß 23% der Frauen Witwen waren, dagegen nur 2% der Männer Witwer. Zwei Drittel der Frauen und Männer waren verheiratet. Sehr oft waren im Amt Bühl Ehepaare von Hexereianschuldigungen betroffen. 6% der Frauen und 12% der Männer waren ledig. Von 2% der Frauen wissen wir nichts über ihren Familienstand, bei den Männern ließen sich für 26% keine Angaben ermitteln.

Der soziale Stand der Angeklagten ließ sich aus den Prozeßprotokollen noch schwerer ermitteln als der Familienstand. Im Amt Baden-Baden, für das die besten Angaben vorliegen, stammten 57% der dort angeklagten Frauen, von denen Berufsangaben der Frauen oder Ehemänner notiert waren, aus Bürger- oder Handwerkerfamilien, fast die Hälfte von ihnen hatte mit der Verarbeitung und/oder dem Handel von Nahrungsmitteln zu tun (Wirtinnen, Bäckerinnen, Metzgerinnen und Krämersfrauen). Auch bei den Männern hatte über die Hälfte mit der Herstellung von Nahrungsmitteln zu tun (Bäcker, Müller und Metzger), aber auch Spielleute waren unter den männlichen Opfern der Hexenverfolgung.

So waren von der zweiten Verfolgungswelle in der Markgrafschaft Baden-Baden, entgegen landläufigen Vorstellungen, nicht nur alte, arme, oft verwitwete Frauen, sondern auch sehr viele wohlhabende Bürger von den Hexenprozessen betroffen, wie schon während der ersten Verfolgungswelle im 16. Jahrhundert, wo neben armen Frauen mit der Anklage der Stadt- und der Landschreiberin der Stadt Baden-Baden 1572 sogar die Amtfrauenschicht erreicht wurde.

3.2 Die Hexenprozesse im 16. Jahrhundert

Die erste Verfolgungswelle unter Markgraf Phillip II.

Als erstes Opfer einer Hexereianschuldigung wird Ende der 1560er Jahre eine arme alte Frau aus Baden-Baden angeklagt, verurteilt und verbrannt. Die Hintergründe dieses Prozesses sind nicht überliefert, fest steht jedoch, daß mit ihren Besagungen, die sie im Prozeß gegen andere Frauen aussprach, die Hexenverfolgung im Amt Baden-Baden und in den umliegenden Ämtern ihren Anfang nahm. Sie beschuldigte die Frauen, darunter auch die Stadtschreiberin und die Landschreiberin aus Baden-Baden, mit ihr zusammen »Hexenwerk« getrieben zu haben und in ihrer und »des bösen gaistes gesellschaft«, also mit ihr und dem Teufel, auf dem Hexensabbat gewesen zu sein. Zunächst scheinen die Besagungen nur zu Inquisitionsverfahren gegen arme Frauen geführt zu haben, denn »etliche weiber«, die Anfang der 1570er Jahre wegen Hexerei in Baden-Baden und in den umliegenden Ämtern zum Tode verurteilt worden waren, beklagten, man habe »die reichen Hexen so sie genanndt ledig und als unschuldig gehen und sie arme verbrennen lassen«[10]. Doch auch die »erbare, katholische« Stadtschreiberin und ihre Tochter wurden schließlich von Amts wegen angeklagt, weil die Verdachtsmomente zu groß geworden waren, und hingerichtet.

Bei den Hexenprozessen in den Dörfern Ersingen und Bilfingen (Amt Frauenalb) in den Jahren zwischen 1573 und 1577 kamen zu den Besagungen zusätzlich Anklagen aus der Bevölkerung. Dies zeigt zum Beispiel der Bericht, den der Frauenalber Amtmann Christoph Rothfuß 1576 an die markgräfliche Kanzlei richtete. Ihm sei vor seinem halbjährlich abgehaltenen »Herren-Gericht« vorgebracht worden, daß »Margaretha, Jerg Bauerbachers Haus-Frau, als eine Hebamm, so ungedultig mit ihren Weiberen, wan sie Kinds niderkommen wöllen, seye daraus erfolgt, daß Weib und Kinder grosser Nachtheil und Schaden geschehen«[11]. Diese Beschwerde wurde einen Monat später nochmals bekräftigt und erneuert, als etliche Personen der beiden Gemeinden Ersingen und Bilfingen vor dem abgehaltenen »Affter-Gericht« erschienen und durch ihre Fürsprecher dem Amtmann Rothfuß die folgenden Klagen vorbrachten, »wie daß ihnen täglich viel Viehes angegriffen, gelämt und getötdt werde, und durch niemanden anders, dann durch sie die Hebamm beschehe, dann was sie an ihren Weib und Kindern nit zu wegen bringen könte, müßte das arme Viehe herhalten«.

Margaretha Bauerbacher war bereits durch die Besagung der 1574 hingerichteten Margaretha Burckhardt belastet, die angab, von ihr das »Hexenwerk« gelernt zu haben. Beide Belastungsmomente zusammen führten schließlich zur markgräflichen Anordnung, sie zu verhaften. Am 1. Dezember 1576, bereits vierzehn Tage nach ihrer Verhaftung, wurde sie in Ettlingen verbrannt.

Hier zeigt sich deutlich das Zusammenspiel zwischen der Verfolgungsbereitschaft von unten und von oben. Die Bevölkerung mußte schon länger, seit den 1570er Jahren, mit Mißernten und der daraus entstehenden Verteuerung der Lebensmittel zurechtkommen, im Jahre 1574 kam die Pest hinzu. Dies erhöhte die Bereitschaft der Einwohner, sich einen Sündenbock für das unerklärlich lang andauernde Unglück zu suchen. Margaretha Bauerbacher war dafür als Hebamme prädestiniert, da schon ihr Beruf Gefährdungen der Menschen, mit denen sie umging, mit sich brachte.

Das Gerichtsverfahren und das baden-badische Landrecht von 1588

Das Gerichtsverfahren war streng hierarchisch organisiert. Der im Amt zuständige Vogt oder Untervogt führte das Vorverfahren, in dem die Verdachtsmomente durch gütliche Befragung der Beschuldigten und gegebenenfalls durch Zeugenverhöre bestätigt werden sollten. Wenn möglich, sollte die Angeklagte ein Geständnis ablegen. Bevor das Verfahren jedoch fortschreiten konnte, mußte der markgräflichen Kanzlei Bericht erstattet werden, deren Hofrat dann über das weitere Vorgehen, vor allem die Anwendung der Folter, entschied. Die Kompetenz des Amtmannes war somit eingeschränkt, der Markgraf wurde beständig unterrichtet und sandte in schwierigen Fällen Kommissionäre in die Ämter, damit sie, durchwegs ausgebildete Juristen, das Verfahren leiteten. Das weitere Verfahren entsprach im wesentlichen demjenigen der *Carolina* und endete nach der Besiebnung mit dem endlichen Rechtstag und der Hinrichtung.

Im Baden-Badener Landrecht von 1588, das von Markgraf Philipp II. herausgegeben worden war, erscheinen diese Verfahrensregeln wieder, und allgemein läßt sich feststellen, daß der strafrechtliche Teil dem Kurpfälzer Landrecht von 1582 entlehnt ist. Abweichend von ihm enthält es jedoch in den Bestimmungen zur Bestrafung der Zaubereiverbrechen ein ausführliches Befragungsschema, das neben allgemeinen Fragen zur Person der Angeklagten Fragen dazu enthält, woher sie das Wissen um die Hexenkunst habe und was sie dazu benötige, wo sie den Teufel kennengelernt habe, ob sie mit ihm die Buhlschaft vollzogen habe, ob sie fliegen könne und wer beim Hexensabbat dabei gewesen sei, gegen wen und mit welchem Erfolg sie Schadenszauber angewendet habe und weitere Fragen zur Ausführung ihrer Hexenkunst – allesamt Fragen, die die herrschende Hexenlehre widerspiegeln. Nach der Befragung und dem erfolgten Geständnis sollte die Angeklagte sich vom »bösen Feindt« lossprechen, wofür ein vorformulierter Text beigegeben war. In den Prozessen des 16. Jahrhunderts tritt der Fragenkatalog jedoch in den überlieferten Quellen so nicht in Erscheinung, zudem ist es fraglich, wie verbreitet er und das Landrecht seit 1588 waren. Das Landrecht wurde erst 1805 gedruckt und zirkulierte vorher nur in handschriftlichen Exemplaren[12].

Die Hexenprozesse unter Markgraf Eduard Fortunatus

Die Hexereianklagen gegen drei Frauen aus Ettlingen in den 1590er Jahren zeigen, daß Markgraf Eduard Fortunatus auf die Einhaltung des Verfahrens drang, besonders auf die verordnete Zusammenarbeit mit der markgräflichen Kanzlei und die Weisungsgebundenheit der jeweiligen Vögte in den Ämtern. Sein Vorgehen in den Hexereianklagen führte zu keiner Hinrichtung. Eine Frau jedoch verstarb nach ihrer vom Markgrafen angeordneten Freilassung an den Folgen der ausgestandenen Folter, die anscheinend durch die Vögte eigenmächtig und über Gebühr vollzogen worden war. Denn die Vögte wurden ermahnt, in Zukunft rechtzeitig erneut Rücksprache mit der Kanzlei zu halten, wenn eine Angeklagte nach üblicher Folterung nicht geständniswillig war[13].

Die Hexenverfolgungen unter den baden-badischen Markgrafen Philipp II. und Eduard Fortunatus sind durch eine starke Kontrolle der Verfahren von seiten der Zentralbehörden gekennzeichnet. Willkürakte einzelner Vögte wurden möglichst unterbunden. Die Verfolgungswünsche der Bevölkerung, die die durch Mißernten und Krankheiten ausgelöste Not mit Hexerei in Verbindung brachte, führten zu den vielen Beschuldigungen gegen Frauen, denen die Hexerei zugeschrieben wurde. Dennoch kam es im 16. Jahrhundert wahrscheinlich zu keiner größeren Hexenverfolgung, bei der in wenigen Jahren Hunderte von Opfern zu beklagen gewesen wären. Ursächlich dafür könnte eben jene Praxis des kontrolliert angewandten Inquisitionsverfahrens gewesen sein, die nicht jede Besagung einer Angeklagten automatisch in neue Prozesse umwandelte.

Auch das Gutachten der Markgrafschaft Baden-Baden, das auf eine Anfrage des Herzogs Maximilian von Bayern 1604 nach München geschickt wurde, zeigt eine moderate Haltung in Hexenfragen. Besagungen aus Hexenprozessen sollten allein kein ausreichendes Indiz mehr zur Torturanwendung sein. So neigten die Badener der »milderen und sicheren Seite«, also den Ansichten der Münchner Verfolgungsgegner, zu, die das Ausbrechen einer großen Hexenverfolgung im Anschluß an den Hexenprozeß gegen eine Landfahrerfamilie 1600 am nordbayerischen Landgericht Abensberg-Altmannstein verhindern wollten[14].

3.3 Die große Welle der Hexenverfolgung im 17. Jahrhundert unter Markgraf Wilhelm von Baden-Baden

Zu Beginn des 17. Jahrhunderts blieb die Markgrafschaft Baden-Baden weiterhin unter der Regierung der baden-durlachischen Markgrafen. Seit 1604 regierte Markgraf Georg Friedrich. Er unterstützte durch seine Religionspolitik die Ausbreitung des protestantischen Glaubens, so daß 1622, als der Dreißigjährige Krieg das badische Gebiet erreicht hatte, weite Teile der Markgrafschaft Baden-Baden lutherisch geworden waren.

Infolge der Siege der katholischen Allianzen im Sommer 1622 gelang es, den beim Reichshofrat durch Bayern angestrengten Prozeß zur Restitution der Markgrafschaft Baden-Baden an Eduard Fortunatus' Sohn Markgraf Wilhelm zum Erfolg zu wenden. Das oberste Ziel der Regierungstätigkeit Markgraf Wilhelms war es, die Markgrafschaft Baden-Baden für den katholischen Glauben zurückzugewinnen, welches er mit radikalen Maßnahmen durchsetzte. Bereits 1626 war die Mehrzahl der Bewohner konvertiert oder ausgewiesen.

Verlauf und Verfahren der Hexenverfolgungen

Der erste Hexenprozeß unter der Regierung Markgraf Wilhelms fand im Sommer 1625 in Ettlingen statt. Die Witwe Barbara Rausch und ihr Enkel wurden der Hexerei für schuldig befunden und, nachdem sie gehängt worden waren, verbrannt. Die im Verlauf des Prozesses erhaltenen Besagungen wurden zunächst nicht für weitere Anklagen verwandt. Erst ab Mai 1626 fanden wieder Hexenprozesse im Amt Rastatt statt, die erstmals in einem sehr kurzen Zeitraum, innerhalb eines halben Jahres, 46 Menschenleben forderten. Bei dieser ersten größeren Welle der Hexenverfolgung wie auch in den noch folgenden Wellen bis zum vorläufigen Ende der Hexenverfolgung im Jahre 1632 spielten die Besagungen als Indiz für Verhaftung und Tortur eine entscheidende Rolle. Die noch im Gutachten von 1604 vertretene mildere Ansicht wurde durch ein härteres Vorgehen verdrängt.

So wurde auch Katharina Haug aus Rastatt am 12. September 1626 lediglich aufgrund der Beschuldigung von zwölf zuvor angeklagten Frauen und Männern, sie sei ihre Gefährtin bei Hexentänzen und gemeinsamen Mahlzeiten gewesen, verhaftet und zunächst gütlich verhört. Da sie jedoch kein Geständnis ablegte, sondern auch nach der Konfrontation mit vier der sie beschuldigenden Angeklagten darauf beharrte, keine Hexe zu sein, wurde sie gefoltert. Aber auch unter der Folter blieb sie zunächst bei der Beteuerung ihrer Unschuld. Doch nachdem ein erster Fluchtversuch schon beim Versuch, einen Wärter zu bestechen, fehlgeschlagen war und sie daraufhin weiterhin peinlich befragt wurde, scheint die Folter ihren Widerstand gebrochen zu haben. Sie bekannte die ihr zur Last gelegte Hexerei und gab an, mit dem Teufel Buhlschaft getrieben zu haben, auf Hexentänzen gewesen zu sein und Schadenszauber an Mensch und Vieh begangen zu haben. Ihr Geständnis zeigt wesentliche Inhalte des elaborierten Hexereibegriffs, nämlich Teufelspakt und Hochzeit, Hexensabbat sowie Schädigung von Mensch und Tier.

Auch in den nachfolgenden Prozessen der Markgrafschaft Baden-Baden finden sich diese Elemente in den Geständnissen wieder, ergänzt durch Wetterzauber, Opferfeste und die Verführung anderer zur Hexerei. Lokale Besonderheiten zeigten sich in den Ämtern nur bei den besonderen Formen des Schadenszaubers wie Milchzauber, Herstellung der Hexensalbe, Kinder Ausgraben und Schädigung der Potenz. So gab beispielsweise im Amt Bühl fast ein Drittel der beklagten Frauen an, die Hexensalbe, die für den Hexenflug zum Hexensabbat nötig war, selbst hergestellt zu haben.

Während des Prozesses gegen Katharina Haug erwirkte ihr Ehemann beim Reichskammergericht ein Mandat, das dem Markgrafen von Baden-Baden und seinen Beamten voreiliges und widerrechtliches Handeln vorwarf, da sie Katharina ohne Voruntersuchungen und ohne auf ihren unbescholtenen Leumund zu achten, gleich verhaften ließen. Das Mandat führte jedoch nicht zu dem gewünschten Erfolg, das Verfahren wieder auf den Boden des Rechts zu stellen. Katharina Haug hingegen gelang es am 28. November 1626, aus dem Gefängnis zu fliehen und so dem Scheiterhaufen zu entgehen.

Eine andere Frau jedoch, die 75 Jahre alte Barbara Decker, wurde trotz ihrer noch beim Reichskammergericht laufenden Nullitätsklage hingerichtet, da sich Markgraf Wilhelm dazu im Recht sah. Schon bei diesem ersten Hexenprozeß der großen Verfolgungswelle in der Markgrafschaft Baden-Baden rügte das Reichskammergericht die überaus harte Folter gegen Barbara Dekker. Auch im weiteren Verlauf der Verfolgungswelle kamen in einzelnen Prozessen extrem grausame Foltermethoden mit Instrumenten wie Leiter und Wachsstuhl zur Anwendung.

Entgegen der rechtlichen Gepflogenheiten wurden die Hexenprozesse im Amt Rastatt nicht vom Untervogt von Rastatt, Matheiß Friedrich Reinboldt, geleitet, sondern von Hofrat Johann Heinrich Haffner, der dafür extra von Markgraf Wilhelm abgeordnet worden war. Damit war die vor Folterungen zu befragende Stelle der markgräflichen Regierung gleich vor Ort. Das hatte eine Beschleunigung der Verfahren zur Folge, da dem Markgrafen nur noch die von den Angeklagten bestätigten Geständnisse, die Urgichten, vorgelegt werden mußten. Auch bei den darauf folgenden Hexenprozessen wurde diese Verfahrensweise beibehalten.

Nach einer Unterbrechung der Hexenverfolgung Ende des Jahres 1626 wurde sie im September 1627 von den Räten Matern Eschbach und Johann Jacob Datt im Amt Baden-Baden mit einer Anklage von Amts wegen gegen die Witwe Anna Lump, eine Segensprecherin, der man Kranksegnungen zum Vorwurf machte, wieder aufgenommen. Die in diesem Verfahren erfolgten Besagungen bildeten den Ausgangspunkt für die nun folgende und bis 1631 dauernde Prozeßwelle, die zunächst auf die Ämter Steinbach und Bühl und später auch auf die Ämter Großweier und Stollhofen übergriff und unter wechselnder Leitung der Räte Eschbach, Datt, Krebs und Haffner, meist zu zweit oder auch allein, aber immer im Beisein des zuständigen Amtmannes und anderer Gerichtspersonen stattfand. Keines der Verfahren wurde aufgrund einer Privatklage eingeleitet, wenn auch immer wieder Denunziationen aus der Bevölkerung neben den Besagungen durch bereits angeklagte Frauen und Männer zur Eröffnung eines Inquisitionsverfahrens führten.

Die Prozeßkosten hatten in der Markgrafschaft Baden-Baden die Angeklagten und nach ihrer Hinrichtung deren Angehörige zu tragen. Am Ende eines Verfahrens wurde zudem ein Teil, in der Regel zwei Drittel, des Vermögens und der Güter der hingerichteten Opfer von Hexenprozessen durch die markgräfliche Regierung konfisziert.

Sozialstruktur der Opfer

Für die Jahre 1623 und 1624/25 sind durch Mißernten ausgelöste Teuerungen von Korn und Wein belegt. Die vom Markgrafen angelegten Kornspeicher für Notzeiten wurden angebrochen. Die Not der Bevölkerung hielt sicher auch noch in den darauffolgenden Jahren an, da die Menschen nicht nur durch Unwetter, Mißernten und Krankheiten bedroht waren, sondern auch durch die in ihrem Gebiet stattfindenden kriegerischen Auseinandersetzungen.

Auffällig ist es deshalb, daß unter den angeklagten Personen der Hexenverfolgungen des Amtes Baden-Baden, das hinsichtlich der Berufe am besten dokumentiert ist, sich fast ein Drittel mit der Herstellung oder dem Vertrieb von Nahrungsmitteln befaßte (Bäcker und Bäckerinnen, Metzger und Metzgerinnen, Müller, Wirtinnen und Krämerinnen). In den anderen Ämtern waren diese Berufsgruppen ebenfalls vertreten, auch wenn sich aufgrund der mangelnden Überlieferung keine ähnliche Massierung nachweisen läßt.

Über die Schichtzugehörigkeit der Opfer läßt sich allgemein sagen, daß die Mehrzahl aus der Bürgerschicht stammte, wozu neben den oben angeführten Berufsgruppen weitere Handwerksberufe zählten (Wagner, Schmiede, Maurer, Gerber, Schlosser, Zimmermänner und Maler, aber auch Schneiderinnen, Weberinnen und Küfnerinnen). Schließlich erreichte die Hexenverfolgung mit der Anklage von Schöffen, der Frau eines Oberratssekretärs, des Stabhalters und anderen Amtspersonen die Beamtenschicht. Die Opfer der baden-badischen Hexenverfolgung waren in der Regel also keine armen, alten, verwitweten Frauen, die am Rande der Gesellschaft lebten, sondern im Gegenteil Menschen, die durch ihren Beruf eine feste gesellschaftliche Position, Kontakt mit ihren Mitmenschen und einen allgemeinen Bekanntheitsgrad hatten.

3.4 Ende der Hexenverfolgungen in der Markgrafschaft Baden-Baden

Wodurch die Hexenverfolgung im Herbst des Jahres 1631 ihr Ende fand, läßt sich aus den überlieferten Quellen nur schwer ermitteln. Die markgräfliche Bereitschaft, Hexen den Prozeß zu machen, scheint jedoch im Laufe des Jahres 1631 nachgelassen zu haben, denn die Anklagen wegen Hexerei nahmen ab. Markgraf Wilhelm zog seine Räte ab und überließ die Führung der letzten Prozesse wieder den zuständigen Amtmännern. Im Januar 1632 trafen schwedische Truppen in der Markgrafschaft ein, die durch ihre Anwesenheit bis auf weiteres Hexenprozesse unmöglich machten. Die letzten überlieferten Hexenprozesse fanden in den Jahren von 1642 bis 1644 im Amt Gernsbach statt, das Baden zusammen mit den protestantischen Grafen von Eberstein regierte. Die Prozesse gegen fünf Frauen führten jedoch zu keiner Hinrichtung, wobei in einem Fall der Einspruch des Grafen von Eberstein die von Markgraf Wilhelm angeordnete Hinrichtung verhinderte.

Zeigt sich hier lediglich die versuchte Fortführung der auf Offizialtätigkeit beruhenden badischen Hexenverfolgungen der Zeit von 1625 bis 1632, so ist die Beteiligung der Markgrafen Badens an den Hexenprozessen im sponheimischen Gebiet, in dem sie als Mitregenten tätig waren, vielfältiger[15]. In der Hinteren Grafschaft Sponheim kam es besonders während den Amtszeiten der baden-badischen katholischen Amtmänner in Kastellaun (1628–1664) und Winningen (1643–1660) zu vielen Hexenprozessen. Insgesamt wurden in den von Baden mitregierten Gebieten, dem Amt Kastellaun, der Vogtei Winningen sowie den dreiherrischen Bezirken Beltheim und Strimmig in den Jahren zwischen 1574 und 1664 83 Personen der Hexerei angeklagt, von denen 47 hingerichtet wurden.

Wesentliche Merkmale der sponheimischen Hexenprozesse im Gegensatz zu den baden-badischen sind zum einen ihre Ausschüsse, in denen sich die Gemeinden eigenverantwortlich organisierten und um das Recht kämpften, von dem jeweiligen Landesherrn zur Durchführung von Hexenprozessen autorisiert zu werden. Zum anderen fällt auf, daß sich diese Ausschüsse und mit ihnen die lokalen Beamten im Laufe der Hexenverfolgung von der üblichen Praxis bei Akkusationsverfahren abwandten, von den Anklägern eine Kautions- und Bürgschaftsleistung bezüglich der Prozeßkosten zu verlangen.

Die Einwirkung Markgraf Wilhelms beschränkte sich während der Hexenprozesse auf die Tätigkeit seiner Beamten, die sich als katholische Beamte zugunsten der Verfolgungswünsche einer lutherischen Bevölkerung engagierten, und auf formale Mitwirkungsakte. Am Ende jedoch erfolgte ein paradoxer Umschwung der Haltung Markgraf Wilhelms gegenüber den sponheimischen Hexenprozessen, als er im Alleingang der Praxis der sponheimischen Ausschüsse ein Ende setzte, da er erkannt hatte, daß in den Prozessen weder geltendes Recht noch obrigkeitsstaatliche Prinzipien beachtet wurden.

Die Hexenverfolgung in den mittelbadischen Gebieten unter Markgraf Wilhelm kennzeichnet eine starke Mitwirkung der Obrigkeit, die sich im angewendeten Inquisitionsverfahren zeigte. Sie stützte sich vornehmlich auf Besagungen, die als hinreichendes Indiz für Verhaftung, Anklage und Folter zugelassen worden waren und so zu einer großen Zahl von Opfern in den baden-badischen Hexenprozessen der Jahre von 1626 bis 1631 geführt hatten.

Anmerkungen

1 GLA Karlsruhe, Reichskammergerichtsakten 71/1164, Brief der Katharina Haug aus dem Gefängnis (beglaubigte Kopie vom 2. Januar 1627).

2 Zu den territorialen Grundlagen und der Konfessionalisierung in den badischen Markgrafschaften vgl. Volker Press, Baden und badische Kondominate, in: Anton Schindling/Walter Ziegler (Hrsg.), Die Territorien des Reichs im Zeitalter der Reformation und Konfessionalisierung. Land und Konfession 1500–1650, Bd. 5: Der Südwesten, Münster 1993, S. 124–168 (mit ausführlichem Literaturverzeichnis).

3 Die Darstellung der Hexenprozesse im 16. Jahrhundert beruht im wesentlichen auf eigenen Recherchen für meine Magisterarbeit (Corinna Schneider, Die Hexenverfolgung in den badischen Markgrafschaften, Tübingen 1994). Das 17. Jahrhundert wird hauptsächlich anhand der Magisterarbeit von Walter Murr, Die Hexenverfolgung in der Markgrafschaft Baden-Baden von 1622 bis 1632, Tübingen 1987, sowie anhand der Arbeit von Wolfgang Reiss, Die Hexenprozesse in der Stadt Baden-Baden, in: Freiburger Diözesan-Archiv 91 (1971) S. 202–266, dargestellt.

4 Vgl. Karl Friedrich Vierordt, Geschichte der evangelischen Kirche in dem Grossherzogthum Baden. Nach grossentheils handschriftlichen Quellen bearbeitet, Bd. 2, Karlsruhe 1856, S. 122ff.

5 Für Pforzheim vgl. Sönke Lorenz, Die Rechtsauskunftstätigkeit der Tübinger Juristenfakultät in Hexenprozessen (ca. 1552–1602), in: Sönke Lorenz/Dieter R. Bauer (Hrsg.), Hexenverfolgung. Beiträge zur Forschung – unter besonderer Berücksichtigung des südwestdeutschen Raumes (Quellen und Forschungen zur europäischen Ethnologie, Bd. 15), Würzburg 1995, S. 241–320. Zu Ersingen/Frauenalb vgl. GLA Karlsruhe, Abt. Kloster Frauenalb, 88/518, fol. 29, 37, 38–41.

6 GLA Karlsruhe, Abt. Kloster Frauenalb, 88/518, fol. 41.

7 GLA Karlsruhe, 120/1132.

8 Die Quellen sprechen hier zum Teil nur von »etlichen« als Hexen hingerichteten Frauen. Diese Angaben habe ich hochgerechnet, wobei für jeden Ort, wo »etliche« Frauen hingerichtet worden waren, drei Frauen gezählt wurden.

9 Für die Hexenprozesse in den Ämtern Baden-Baden, Bühl und Steinbach liegen Prozeßprotokolle vor (GLA Karlsruhe, 61/5047 [Baden-Baden], 61/5445 [Bühl], 61/12641 [Steinbach]).

10 HStA München, Abt. Kurbayern, Äußeres Archiv, Nr. 4551, fol. 156.

11 Dieses und das folgende Zitat stammen aus dem Bericht des Amtmanns Christoph Rothfuß zu Frauenalb an den Markgrafen von Baden-Baden vom 10. November 1576 (vgl. Georg Ernst Ludwig VON PREUSCHEN [Hrsg.], Das Recht des Marggrävlichen Hauses Baden auf das in der Gravschaft Eberstein belegene, dem Zustande des Entscheid-Jahres entgegen, im Jahre 1631 wieder eingeführte Gotteshaus Frauenalb und dessen Zubehörungen. Mit Urkunden I bis CCCXC, Karlsruhe 1772, hier: Beilage CCCV, S. 251f.).

12 Vgl. Wolfgang LEISER, Strafgerichtsbarkeit in Süddeutschland. Formen und Entwicklungen, Köln 1971 S. 63ff.

13 GLA Karlsruhe, Hofratsprotokoll 61/112, fol. 56, 61/116, fol. 89, 113ᵛ, 123.

14 Consilium Badensis, in: HStA München, Hexenakten, Nr. 3, Prod. 27. Zur Debatte um die Hexenverfolgung im Herzogtum Bayern vgl. Wolfgang BEHRINGER, Hexenverfolgung in Bayern. Volksmagie, Glaubenseifer und Staatsräson in der Frühen Neuzeit, München 1988, S. 241–281, bes. S. 278f.

15 Das Nachfolgende über die Hexenprozesse im sponheimischen Gebiet und die badische Beteiligung daran nach Walter RUMMEL, Bauern, Herren und Hexen. Studien zur Sozialgeschichte sponheimischer und kurtrierischer Hexenprozesse 1574–1664, Göttingen 1991. Zum Abbruch der Verfolgungen vgl. ebd., bes. S. 241ff.

Anita Raith

Herzogtum Württemberg

»Im Herzogthum Württemberg finden wir kein Beispiel eigentlich massenhafter Hexenverfolgungen und waren überhaupt Hexenhinrichtungen etwas verhältnismässig Seltenes.«[1] Dieser Beurteilung Karl Georg von Wächters, der 1848 die Hexenverfolgung in Altwürttemberg mit diesen Worten charakterisierte, hat sich die neuere Forschung im wesentlichen angeschlossen. Um keine Mißverständnisse aufkommen zu lassen: Auch in Württemberg haben zweihundertfünfzig Jahre lang Prozesse gegen Hexen stattgefunden, doch blieb es in den meisten Fällen beim Einzelprozeß. Kettenprozesse mit einer Vielzahl von Angeklagten und Verurteilten waren die Ausnahme. Erik Midelfort führt dies auf die maßvolle Haltung der württembergischen Prediger und Theologen zurück und verweist gleichzeitig auf die Juristen der Tübinger Universität, die sich durch eine behutsame Spruchpraxis in den Hexenprozessen auszeichneten. Gehring erwähnt außerdem den maßgeblichen Einfluß der herzoglichen Kanzlei auf die Hexenprozesse[2].

Im Herzogtum Württemberg sind im Zeitraum zwischen 1497 und 1750 über 350 Untersuchungen und Gerichtsverfahren gegen Hexen aktenkundig geworden. Von Ermittlungen, Verhaftungen und Anklagen waren über 600 Personen betroffen. Im genannten Zeitraum sind 197 Hinrichtungen aus den Akten zu erschließen, woraus folgt, daß knapp ein Drittel der Hexereiverfahren mit einem Todesurteil endeten. Viele Verurteilte wurden aus dem Land verbannt oder milder bestraft. Es ist auch zu bedenken, daß nicht alle Hexereibezichtigungen bis vor die Gerichte gelangt sind, weil stichhaltige Beweise fehlten. Zauberei und Hexerei waren bis ins 18. Jahrhundert allgegenwärtig, und dementsprechend durchsetzten Hexereiverdächtigungen den Alltag der Bevölkerung.

Im Vergleich mit den übrigen Herrschaften des deutschen Südwestens, wo zwischen 1561 und 1670 über 3.200 Personen wegen Hexerei hingerichtet wurden, hat Württemberg sicher keine spektakuläre Hexenverfolgung aufzuweisen. Gemessen an Ausdehnung und Bevölkerungszahl war Württemberg im Vergleich mit anderen Territorien auch hinsichtlich der Hexenhinrichtungen ein verfolgungsarmes Territorium. Ausschlaggebend für das »gemäßigte« Vorgehen gegen Hexen im Untersuchungsgebiet war sicherlich der gut funktionierende Justizapparat, denn seit der Mitte des 16. Jahrhunderts unterlag der Hexenprozeß auch, wie jeder andere Strafprozeß in Württemberg, der strengen Kontrolle durch die Regierungsbehörden, deren Einflußnahme auf den Prozeßverlauf über Leben oder Tod des Angeklagten entschied.

1. Die territoriale, politische und soziale Situation des Landes im Zeitalter der Hexenprozesse

Als größtes zusammenhängendes Herrschaftsgebiet im territorial zersplitterten deutschen Südwesten umfaßte das Herzogtum Württemberg etwa ein Drittel der Fläche des heutigen Bundeslandes Baden-Württemberg. Um 1600 lebten annähernd 450.000 Menschen im Fürstentum. Verwaltungstechnisch war das Land in 58 Ämter gegliedert. Jedes Amt bestand aus einer Amtsstadt und einer mehr oder weniger großen Anzahl von Dörfern. Stuttgart als Residenzstadt hatte ungefähr 9.000, die Universitätsstadt Tübingen 4.000 Einwohner. Die große Mehrzahl der Amtsstädte, die als Verwaltungszentren und Marktorte für den lokalen Warenaustausch fungierten, hatte weniger als 2.000 Einwohner.

Das Wirtschaftsleben war agrarisch-bäuerlich geprägt; die nach mittelalterlichen Prinzipien funktionierende Dreifelderwirtschaft dominierte. Seit dem Spätmittelalter spielte der Weinbau in der Zentralregion des Landes um Neckar, Rems und Fils eine zunehmend bedeutendere Rolle. Im Laufe des 16. Jahrhunderts wurden 13.500 ha Weingärten angelegt und der größte Teil der Weinerzeugung vor allem in die Donauregion des Reiches exportiert. Noch in den 1520er Jahren hatte das Land durch seine Getreideexporte als »Brotkasten der Schweiz« gegolten, eine Rolle, die es infolge eines starken Bevölkerungsanstiegs und knapper werdender Nahrungsmittelressourcen in der zweiten Hälfte des 16. Jahrhunderts einbüßte. Innerhalb des Landes existierten ein lebhafter Handel und Warenaustausch, während die industrielle Produktion bis zum Ende des 17. Jahrhunderts auf einem minimalen Niveau verharrte[3].

1495 hatte Kaiser Maximilian auf dem Wormser Reichstag die Grafschaft Württemberg zum Herzogtum erhoben. Die Auseinandersetzungen zwischen dem Landesherrn und den Landständen begleiteten die Entwicklung des frühneuzeitlichen Territorialstaates. Vorbild für die schwäbischen Territorien war der zuerst in den österreichischen Erbländern mit der Rezeption des römischen Rechts geschaffene Beamtenstaat, der die landesherrliche Gewalt stärkte. 1514 provozierte die Erhöhung der indirekten Steuern Bauernunruhen, die der Herzog mit Unterstützung durch die Landstände niederschlug. Dafür konnte aber die Landschaft und damit die städtische Oberschicht, die sogenannte Ehrbarkeit, im Tübinger Vertrag von 1514 eine Reihe von Konzessionen erreichen. Der Adel stand abseits, die Bauern waren überspielt. Mit dem Tübinger Vertrag, der als Grundgesetz der württembergischen Verfassung gelten kann, erfolgte der endgültige Schritt zur Verbürgerlichung des württembergischen Staatswesens.

Nach der gescheiterten Eroberung der Reichsstadt Reutlingen mußte Herzog Ulrich 1519 sein Land verlassen, das unter österreichische Herrschaft geriet. Als im Jahre 1534 die Rückeroberung des Landes gelang, hielt der Herzog an der vorzüglichen Verwaltung fest, die die österreichischen Regenten nach burgundischem Vorbild in Württemberg geschaffen hatten. Sofort nach seiner Rückkehr führte Herzog Ulrich, persönlich ein Anhänger Zwinglis, die Reformation durch. Mit dem Sieg der Reformation in Württemberg gab es ein erstes evangelisches Territorium im Südwesten, das den geschlossenen katholischen Sperriegel aufbrach.

Unter der Herrschaft Herzog Christophs (1550–1568) wurde die württembergische Kirche unter der Leitung von Johannes Brenz, dem führenden Theologen des Landes, organisatorisch und dogmatisch neu geordnet und das Land zu einem geschlossenen lutherischen Landesstaat geformt – damals galt Württemberg als »lutherisches Spanien«.

Die Anstellung qualifizierter Juristen und Theologen machte das Land zu einem der am besten organisierten Territorien des Reiches. Der Herzog stützte seine Herrschaft auf die Zusammenarbeit mit den Landständen, mit den Repräsentanten der Führungsschicht der Städte, auf das Beamtentum und die Geistlichkeit. Auch seine Nachfolger behielten dieses Herrschaftssystem fast unverändert bei.

Unter Johann Friedrich (1608–1628) betrieb Württemberg in den Auseinandersetzungen des Dreißigjährigen Krieges zunächst eine Neutralitätspolitik. Doch das kaiserliche Restitutionsedikt von 1629, das die finanzielle Basis und die konfessionelle Einheit des Landes in Frage stellte, traf den württembergischen Landesstaat in seiner Existenz. Württemberg schloß sich der protestantischen Partei an. Im September 1634 ereignete sich für Württemberg die Katastrophe, als in der Schlacht bei Nördlingen die kaiserlichen Truppen über die Schweden und deren Verbündete, darunter auch die württembergische Landmiliz, siegten. Der Herzog floh, das Land war schutzlos dem Zugriff der kaiserlichen und bayerischen Truppen ausgeliefert. Plünderungen,

Zerstörungen und eine Pestepidemie dezimierten die Bevölkerung erheblich. Die Bevölkerungsverluste betrugen über 50% und waren erst nach einem Jahrhundert ausgeglichen. Der wirtschaftliche Wiederaufbau Württembergs nahm noch Jahrzehnte in Anspruch.

Eberhard III. von Württemberg (1628–1674) hielt an der ständischen Verfassung fest, die die Errichtung eines absolutistischen Obrigkeitsstaates mit eigener Staatsidee erschwerte. Erst unter Eberhard Ludwig (1693–1733), der den Landtag nicht mehr einberief und die alten politischen Rechte der Stände ausschaltete, begann für das Herzogtum Württemberg die Epoche des Absolutismus[4].

2. Der Verlauf der Hexenverfolgung

Die über 250jährige Geschichte der württembergischen Hexenprozesse gliedert sich in den Kernzeitraum der europäischen Hexenverfolgungen ein. Wie anderswo in Europa verliefen auch die württembergischen Hexenprozesse wellenförmig[5]. Die erste schriftliche Nachricht über eine Hexenverbrennung im Untersuchungsgebiet datiert aus dem Jahr 1497, als in Brackenheim verschiedene Unholde mit dem Feuer bestraft wurden[6]. In den folgenden Jahrzehnten wurden knapp 30 Prozesse wegen Zauberei und Hexerei geführt, doch in Anbetracht der relativ milden Bestrafung – die Mehrzahl der Beklagten wurde aus dem Land verbannt oder gegen Bürgschaft auf freien Fuß gesetzt – scheinen die Urteilsfinder der vollständigen Ausgestaltung des Hexenbildes nicht die Aufmerksamkeit späterer Jahrzehnte geschenkt zu haben. Der Schwerpunkt der Verfolgungen lag in der Zeit zwischen 1590 und 1630, als Jahr für Jahr Hexenprozesse im Land stattfanden, wobei die Jahre von 1626 bis 1630 den Höhepunkt bildeten. Als regionale Prozeßherde sind in dieser Zeit besonders die am oberen Neckar gelegenen Ämter Dornhan und Sulz sowie Alpirsbach auszumachen.

In die Phase um 1620 fällt auch der bekannteste württembergische Hexenprozeß gegen Katharina Kepler, die Mutter des kaiserlichen Astronomen Johannes Kepler. Der Prozeß fand in Leonberg und Güglingen statt und endete mit einem Freispruch[7].

Nach 1634, als das Land von den Folgen des Dreißigjährigen Krieges betroffen war, gingen die Prozesse merklich zurück. Das erneute Aufflackern der Prozesse in den sechziger Jahren ist durch eine starke Beteiligung von Kindern gekennzeichnet. Auch im letzten großen Hexenprozeß, der 1683/84 in Calw stattfand und mit zwei Todesurteilen endete, waren über 40 Kinder involviert. Bis zum Ende des 18. Jahrhunderts kam es immer wieder zu Hexereibeschuldigungen, die allerdings immer weniger von den Gerichten aufgegriffen wurden.

Wie in weiten Teilen Mittel- und Westeuropas ist bis 1630 eine zunehmende Verschärfung und einseitige Zuspitzung der Verfolgung auf die Frauen zu beobachten. Auch für Württemberg trifft das vielzitierte Wort Geiler von Kaisersbergs zu: »brennt man einen Mann so brennt man wohl zehn Frauen«, waren doch in der Hauptsache, nämlich zu 85%, Frauen von Hexereibezichtigungen betroffen. Der Anteil der Männer, die häufig dem Berufsstand der Hirten angehörten und mit Segensprecherei und Kräuterarzneien umgingen, lag somit bei 15%. Vom Teufel verführte Kinder, die besonders in der zweiten Hälfte des 17. Jahrhunderts in Hexenprozesse verwickelt waren, wurden in Württemberg niemals zum Tode verurteilt. Das Gericht verhängte eine Prügelstrafe und überließ die Kinder Seelsorgern oder Schulmeistern zur Erziehung und Unterweisung im christlichen Glauben.

Die größte Zahl der Opfer gehörte der bäuerlichen Unterschicht an. Von Hexereibezichtigungen betroffen waren vor allem ältere Frauen, die arm und zum Zeitpunkt der Anklage oft verwitwet waren, so daß sie den Prozeß ohne familiären Rückhalt durchstehen mußten. Depressionen und fehlende finanzielle Mittel werden im Prozeß häufig als Anlaß für den Teufelspakt genannt. Der Mangel an Geld erlaubte diesen Beklagten auch selten, einen Juristen als Verteidiger für den Prozeß zu bestellen. Sogenannte ehrbare und vermögende Frauen aus der städtischen Oberschicht gerieten seltener in Hexereiverdacht und waren aufgrund ihrer sozialen Stellung eher in der Lage, einen Prozeß durch die Ausschöpfung aller zur Verfügung stehenden juristischen Möglichkeiten (Verteidigung und Berufung) unbeschadet zu überstehen, bessere Haftbedingungen im Gefängnis zu erkaufen oder sich mit Hilfe von städtischen Bediensteten durch Flucht einer Verhaftung überhaupt zu entziehen.

Eine Hexe war nach der Meinung der Zeitgenossen nicht durch ihr Aussehen charakterisiert – äußere Merkmale wie rote Haare, lange Zähne oder eine große Nase spielen in den Akten keine Rolle –, sondern an ihrem Verhalten zu erkennen: Eine Hexe zankte sich mit ihren Nachbarn, stieß Drohworte und Verwünschungen aus, hatte einen schlechten Ruf, wurde häufig schon als junge Frau eine »Hure« gescholten oder stammte aus einer übelbeleumundeten Familie. Gründe für Hexereibezichtigungen müssen darum in der sozialen Stellung und im davon abhängigen Ansehen und Verhalten der Verdächtigten gesucht werden. Die meisten Hexereibeschuldigungen resultierten aus Konflikten und Störungen eines nachbarschaftlichen Verhältnisses in der Dorfgemeinschaft. Spannungen oder handfeste Auseinandersetzungen existierten oftmals schon seit Jahren oder Jahrzehnten, bis ein konkretes Unglück Anlaß für die erfolgversprechende Austragung des Konflikts in einem Hexenprozeß bot. Bei der Interpretation persönlicher Unglücksfälle richtete sich der Verdacht der Bezauberung immer auf persönlich bekannte Personen, nie gegen Fremde. Bei der Formulierung eines Hexereiverdachts spielten Chirurgen, Wasenmeister oder Segensprecher – fast immer Männer – eine wichtige Rolle, da sie, bei vermuteten Zauberschäden um Rat gefragt, die Unnatürlichkeit von Krankheits- oder Todesursachen feststellten und den Verdacht ihrer Klienten gezielt gegen Frauen und deren Zauberkräfte lenkten.

3. Der Beginn der Verfolgung

Die historische Forschung datiert den Beginn der Hexenverfolgung im deutschen Südwesten auf das Jahr 1562, als Anfang August ein verheerender Hagelschlag binnen einer Stunde in Stuttgart und den umliegenden Ämtern eine aussichtsreiche Ernte vernichtete. Ein zeitgenössisches Flugblatt, eine *Erschreckliche Neue Zeitung*, zog Bilanz und beschrieb das Ausmaß der Schäden ausführlich: Hafer, Korn und Wein wurden vernichtet, Tiere auf freiem Feld erschlagen, Dächer abgedeckt und Fensterscheiben zerbrochen. Die Menschen konnten sich an ein ähnliches Ereignis nicht erinnern, sie rechneten mit dem Weltuntergang[8]. Herzog Christoph und seine theologischen Berater interpretierten das Geschehen als göttliches Strafgericht, heraufbeschworen durch den unsittlichen Lebenswandel der Bevölkerung. Sie reagierten auf die göttlichen Strafaktionen mit dem Projekt der Generalvisitation, die auf eine Verbesserung des sittlichen Lebenswandels der Untertanen abzielte.

Nach Meinung der württembergischen Untertanen hatten der Teufel und seine Gesellschaft die Hand im Spiel, sie begriffen das Unwetter als Ergebnis von Hexenwerk und forderten die Verurteilung der als Hexen überführten Sündenböcke.

In Württemberg wurden 1562/63 fünf Frauen als Hexen hingerichtet, in der benachbarten Reichsstadt Esslingen wurde gegen drei Verdächtige prozessiert. Die schlimmste Verfolgung aber fand in Wiesensteig statt, das zur protestantischen Herrschaft Helfenstein gehörte, wo über 60 Frauen als Hexen verbrannt wurden. Als die helfensteinischen Beamten im Zuge der Amtshilfe Besagungen nach Stuttgart meldeten, lehnte die weltliche Obrigkeit im Bemühen um die Eindämmung der Hexenprozesse die Eröffnung weiterer Verfahren strikt ab.

Wie in anderen Regionen läßt sich auch in Württemberg ein Zusammenhang zwischen dem Beginn der Hexenverfolgung und einer Agrarkrise beobachten. Unter dem Eindruck der Naturkatastrophe beschäftigte das Hexenthema nicht mehr nur die Theologen und Stadtgerichte, wie das in den zurückliegenden Jahrzehnten der Fall gewesen war, sondern die Regierungsmitglieder und den Herzog selbst. Auf höchster Ebene wurden mit dem Projekt der Generalvisitation gleichzeitig Maßnahmen zur Disziplinierung der Untertanen eingeleitet. Die »Reaktivierung« des Hexenthemas in einer Zeit der Krise ist ein Hinweis auf die Notwendigkeit, auf die Zeichen der Zeit mit entsprechenden Mitteln zu antworten. Die allgemeine Verschlechterung der Situation seit 1559 wurde eindeutig mit dem Hexenverbrechen verknüpft. Nach Ansicht der Zeitgenossen kam es zu einer extremen Häufung von Unwettern, Mißernten, Hungersnöten, Seuchen und anderen Katastrophen. Denn 1562 war bereits das vierte Jahr in einer Reihe von Jahren der Teuerung und Not. Die Bettler nahmen überhand, und eine große Anzahl von Menschen entschloß sich zur Auswanderung nach Österreich, weil das Land sie nicht mehr ernähren konnte. Die weltliche und geistliche Obrigkeit interpretierte die Ereignisse als Strafe Gottes, der die Menschen für ihre Sünden bestrafte. Den Zeitgenossen blieben dabei die wahren Ursachen der Teuerung verborgen. Fest steht jedenfalls, daß die Hexenverfolgung in ein vielschichtiges Beziehungsgeflecht von wirtschaftlichen und sozialen Faktoren eingebettet war.

4. Die Haltung der lutherischen Geistlichen

Das große Hagelwetter des Sommers 1562 bot den Predigern der Stuttgarter Stiftskirche Matthäus Alber und Wilhelm Bidembach Anlaß für verschiedene Unholdenpredigten. In weiten Teilen übernahmen sie wortwörtlich die Hagelpredigt ihres Stiftspropstes Johannes Brenz, die dieser 1539 in Schwäbisch Hall gehalten hatte.

Brenz vertrat in seiner Predigt die Meinung, daß die Unholde kein Hagelwetter verursachen könnten. Der Teufel, der als Werkzeug Gottes nur mit dessen Einwilligung handeln könne, bewirke die Schäden und das Hagelwetter, auch wenn er den Menschen einflüstere, sie selbst würden das Wetter, andere Wunder oder ähnliches vollbringen. Offenbar verwechselten die Hexen Ursache und Wirkung, ein Argument, das schon fünfzig Jahre zuvor der Jurist Ulrich Molitoris in die Diskussion eingebracht hatte. Brenz knüpfte an die Tradition des *Canon Episcopi* an, ja er ging sogar so weit, selbst den Schadenzauber als Vorspiegelung des Teufels zu betrachten, der als Vollstrecker des göttlichen Willens fungierte, um die Sünder zu bestrafen und die Gerechten zu prüfen. Johannes Brenz bezog nicht nur als Prediger in Schwäbisch Hall zum Hexenthema Stellung, auch als Theologieprofessor in Tübingen äußerte er sich bereits 1538 in einer Vorlesung über das zweite Buch Moses zu den Hexen, deren Bestrafung er wie Luther aus der Schrift und den alten kaiserlichen Rechten ableitete[9].

Die Tatsache, daß einschlägige Bestimmungen zur Zauberei in Württemberg erstmals auf kirchlichem Sektor erfolgt sind, legt die Vermutung nahe, dies als Folge der wiederholten Beschäftigung des führenden württembergischen Theologen mit der Hexenthematik zu begreifen. Johannes Brenz war nicht nur Theoretiker, sondern wirkte als Vertreter der lutherischen Lehre tatkräftig an der Reformierung der Kirche in Württemberg mit.

Den Schutz der neuen Lehre und der christlichen Ethik betrachtete der streng lutherische Staat als seine Aufgabe. Dabei galt die *Ordnung der Visitation*, die Brenz als Maßnahme zur Überwachung der Pfarrer und Gemeinden vorsah, als bestes Mittel zur Erhaltung des Evangeliums, einer einheitlichen Kirchenordnung und der Sittenzucht.

Die Instruktion für die Visitationsräte von 1546 gilt allgemein als erster Nachweis für ein Vorgehen gegen Wahrsager und Zauberer in Württemberg; danach sollten die den Pfarrern und

Amtleuten bekannten Wahrsager und Teufelsbeschwörer ermahnt werden, von ihrem unchristlichen Tun abzulassen. In leicht modifizierter Form wiederholt die *Große Kirchenordnung* von 1559 diese Anweisung, die nicht in erster Linie das Hexenwesen bekämpfte – der Teufel spielte darin keine Rolle –, sondern gegen die allgemein verbreiteten Zauberpraktiken gerichtet war.

In Stuttgart setzte Brenz sich mit der Strafwürdigkeit des Hexenverbrechens auseinander. Die Frage, warum die Hexen bestraft werden sollten, obwohl sie ja in Wirklichkeit keinen Schaden bewirken könnten, beantwortete er auf der Grundlage von Ex 22,18. Nach göttlichem Recht sollten Hexen die Todesstrafe erleiden, ebenso wie Räuber, Brandstifter oder Mörder. Der freiwillig geschlossene Teufelspakt und die verbrecherische Absicht, den Mitmenschen zu schaden, reichten Brenz für die Feuerstrafe aus, obwohl diese Auffassung dem geltenden Strafrecht zuwiderlief.

Abb. 17: Die württembergischen Theologen Johannes Brenz (1499–1570) und Johann Valentin Andreae (1586–1654)

Das Anliegen der Predigten von Alber und Bidembach im Sommer 1562 war es, die aufgebrachten Menschen, die den Tod der Hexen forderten, auf ihre eigenen Sünden hinzuweisen und zu einer allgemeinen Besinnung auf Gott aufzurufen. Sie deuteten das Unwetter als Zeichen der göttlichen Absicht, die Sünder zu bestrafen und zur Buße zu bewegen. Sie traten den Aggressionen der Bevölkerung entgegen, die durch eine vorschnelle Schuldzuweisung eigenes Fehlverhalten – ein sündhaftes Leben – auf die Hexen projizierte. Die umgehende Bestrafung der Hexen, die eine wichtige Funktion für die Verfolger hatte, da sie deren Vorurteil und subjektive Schuldlosigkeit scheinbar bestätigte, lehnten die Prediger ab. Sie empfahlen der strafenden Obrigkeit vorsichtig vorzugehen, nicht jedem Geschrei, das unter dem leichtfertigen, wankelmütigen Pöbel umgehe, zu glauben; es »sei allweg besser, tausend Schuldige loszulassen, denn einen Unschuldigen zu verurteilen und zu töten«[10].

In den darauffolgenden Jahrzehnten knüpften die Vertreter der lutherischen Orthodoxie wie Heerbrand, Thumm u.a. in verschiedenen Schriften und Predigten in der Behandlung des Hexenthemas an Brenz an. Sie stimmten darin überein, Schadenzauber, Hexenflug und Hexensabbat als teuflische Phantasie zu begreifen, den Teufelspakt aber und die daraus resultierende verbrecherische Absicht der Hexe als todeswürdiges Verbrechen zu bestrafen.

Erst Johann Valentin Andreae verwarf die Verbrennung als Bestrafung für die Hexen überhaupt. Andreae, der als Vorläufer des Pietismus gilt, kritisierte das Verhalten und die Einstellung seiner Zeitgenossen, die Menschen dem Feuertod überantworteten, ohne Mitleid und doch im Glauben, damit Gott zu dienen und den Satan zu bekämpfen[11].

5. Die gesetzlichen Grundlagen

Wie aus einem Gutachten der herzoglichen Räte hervorgeht, war das »Hexenwerk« im eigentlichen Sinne bis 1562 in Württemberg noch nicht grundsätzlich geregelt worden[12]. Wenngleich die kirchlichen Visitationsräte bereits 1546 die Anweisung erhalten hatten, Wahrsager und Teufelsbeschwörer zu verwarnen, so war die Beschäftigung mit der *Carolina*, die 1551 offiziell im Herzogtum eingeführt worden war, vermutlich der Anlaß, einen Abschnitt von Zauberei, Teufelsbeschwörung und Wahrsagen in die Landesordnung von 1552 aufzunehmen[13]. Zauberer wurden demnach als Abgötterer und Abfällige von Gott bezeichnet und mit kirchlicher Verwarnung und Landesverweisung bedroht. Doch erst derjenige, der nach wiederholter Ermahnung ungehorsam war, mußte mit Gefängnis, peinlicher Anklage und einer Leibesstrafe rechnen. Der Fall Hans Hammel beweist, daß es noch 1563 möglich war, eine Zaubereisache außergerichtlich zu erledigen. Auf Anordnung Herzog Christophs mußte Hans Hammel, der wegen Zauberei in Stuttgart inhaftiert war, vor seiner Entlassung aus der Haft eine Urfehde schwören und auf dem Wochenmarkt öffentlich bekennen, daß alles, was er gebraucht hatte, Zauberei und Teufelswerk gewesen sei und er sein Leben lang mit solchen Dingen nicht mehr umgehen würde[14].

1567 findet der Satan erstmals Eingang in die Gesetzgebung. Die sechste *Württembergische Landesordnung* enthält einen ausführlichen Artikel über Zauberei, Teufelsbeschwörung und Wahrsagen[15]. Der erste Satz der *Carolina* über die Bestrafung der schädlichen Zauberei wird fast wörtlich übernommen. Doch die Bestimmungen über unschädliche Zauberei werden in der Landesordnung weiter gefaßt. Wo die *Carolina* vom Gebrauch der Zauberei ohne schädliche Wirkung spricht, handelt die Landesordnung von einem Bündnis mit dem Teufel zum Nachteil und Schaden der Menschen. Der Teufelspakt erscheint hier als wesentliches Merkmal der Zauberei oder Hexerei, wie es jetzt heißt.

Vom Delikt der Hexerei wird die unschädliche Zauberei, die ohne Teufelspakt geübt wird, geschieden. Als Strafen für Segensprechen, verbotene Arzneien und Zauberei wurde die Verbannung aus dem Ort angedroht. Wer Rat und Hilfe bei Segensprechern und Zauberern suchte, mußte eine Geldstrafe zahlen. Diese Regelung zielte auf das Umfeld des Hexenglaubens, das magische Weltbild und die Volksreligiosität ab, die im 16. Jahrhundert noch fast mühelos abergläubisches Handeln mit christlichen Glaubensinhalten verknüpfte. Zauberei wurde nun von der Obrigkeit als schwere Sünde eingestuft, als »Greuel vor Gott«. Um die Untertanen vor dieser Sünde zu bewahren, sollten die Pfarrer das Volk unterrichten, was Zauberei eigentlich sei. Auf diese Weise gelangte das christlich-gelehrte Hexenbild über die Predigt in die Laienwelt.

1627 übernahm die neubearbeitete Landesordnung den gesetzlichen Rahmen von 1567 unverändert, so daß die Strafbestimmungen zur Hexerei ohne weitere Zusätze das ganze 17. Jahrhundert hindurch gegolten haben.

Das Herzogtum Württemberg war das erste Territorium, das in seiner Gesetzgebung 1567 den Teufelspakt erwähnte und unter Strafe stellte. Kursachsen und die Kurpfalz folgten bald nach. Daraus auf besonderen Verfolgungseifer zu schließen, wäre jedoch falsch. Hier waren lediglich qualifizierte Juristen am Werk, die sich an den Grundsatz *nulla poena sine lege* hielten.

6. Das Strafverfahren

Eine Anklage wegen Hexerei zählte ebenso wie Diebstahl, Mord oder Ehebruch zu den Kriminalsachen, den sogenannten peinlichen Fällen, die Strafen an Leib und Leben nach sich zogen.

In Württemberg waren die Stadtgerichte in den einzelnen Ämtern des Herzogtums für die peinliche Gerichtsbarkeit zuständig. Das Stadtgericht bestand aus zwölf Bürgern, die der städtischen Oberschicht, der Ehrbarkeit, angehörten. Als öffentlicher Ankläger in Strafprozessen fungierte der Vogt, ein herzoglicher Beamter, in dessen Hand die Stadt- und Bezirksverwaltung vereinigt war. Er leitete die Voruntersuchungen und führte als Stellvertreter des Landesherrn den Prozeß von Amts wegen. Das Gerichtsverfahren folgte den Regeln des weltlichen Inquisitionsprozesses, der sich u.a. dadurch auszeichnete, daß die Obrigkeit die Initiative bei der Verbrechensverfolgung ergriff sowie die Feststellung der materiellen Tatsachen und der objektiven Wahrheit anstrebte.

Zeugen, Augenscheinbeweis und das Geständnis des Täters waren für eine Verurteilung wichtig. Der nicht zu erbringende Beweis für Tatbestandsmomente wurde durch Indizien ersetzt, die den Einsatz der Folter als Wahrheitsfindungsmittel rechtfertigten[16].

In der Beurteilung der Indizien waren die Richter des Stadtgerichts allerdings rasch überfordert, da sie, wie auch der Vogt, keine Rechtsgelehrten waren. Als Laienrichter trafen sie ihre Entscheidungen nach mittelalterlicher Manier auf der Grundlage von Gewohnheit und Herkommen, das wohl mit dem allgemeinen Bewußtsein übereinstimmte, sich aber nicht unbedingt mit dem geltenden Recht der *Peinlichen Halsgerichtsordnung* und der *Württembergischen Landesordnung* deckte. Um der Rechtsunsicherheit der Richter zu begegnen, krasse Rechtsmißbräuche auszuschließen und die Gerichte zu gleichförmigem Prozedieren anzuhalten, wurden die Vögte angewiesen, in allen Strafsachen, die sie nicht in eigener Zuständigkeit erledigen konnten, die Akten der fürstlichen Kanzlei in Stuttgart vorzulegen. Die Entscheidung über die Eröffnung eines Strafverfahrens ging damit vom Gericht auf den Oberrat über, der dem Gericht den prozeßrechtlichen Weg wies. Gleichzeitig wurden die Stadtrichter aufgefordert, bei Bedenken und Zweifeln den Rat von Rechtsgelehrten einzuholen.

Dazu wurden die Akten an Juristen versandt, meist an die Juristenfakultät der Landesuniversität Tübingen, die eine rechtliche Begründung erstellte und dem Gericht den Entwurf eines Urteils an die Hand gab. Diese Konsilien hatten den Charakter einer Rechtsbelehrung und waren für das anfragende Gericht formell nicht bindend, konnten jedoch nicht ohne Nachfrage beim Oberrat verworfen werden.

Als oberste Rats- und Gerichtsbehörde des Landes beaufsichtigte der Oberrat die Rechtspflege des gesamten Herzogtums. Ohne seine Billigung durfte kein Stadtgericht einen Strafprozeß führen. Die Beamten der Zentralbehörde gaben dem Vogt konkrete Anweisungen und fungierten gleichsam als Kontrollinstanz, um in Strafprozessen ein ordentliches Verfahren nach geltendem Recht sicherzustellen. Da die Oberräte über die Einleitung eines peinlichen Verfahrens entschieden, hing von ihrem Votum auch die Eröffnung eines Hexenprozesses ab[17].

Im Mittelpunkt der Hexereibeschuldigungen, die von der Bevölkerung erhoben wurden, stand der Schadenzauber, wie er bereits in der *Carolina* definiert worden war. Zu den gängigen Anschuldigungen gehörten die Verursachung von Krankheit und Tod an Menschen und Tieren und die materiellen Schäden, die eine Familie als Folge der Zauberei zu tragen hatte. Konkrete Schädigungen wurden als Ergebnis magischer Mittel und Handlungen verstanden, mittels derer die Unholdin auf Gesundheit und Besitz ihrer Opfer einwirken konnte. Menschen erkrankten nach Berührungen durch die Zauberin oder nach dem Genuß von Nahrungsmitteln wie Obst, Brot, Käse oder Wein, die das Opfer von der bezichtigten Person erhalten hatte. Tiere schädigte die Hexe, indem sie mit ihrer Hand oder einem Stock über deren Rücken strich und unter Anrufung des Teufels heimlich eine Krankheit anwünschte. Der Schaden, durch zauberisches Vergiften zugefügt, war evident. Bader, Chirurgen und Wasenmeister bestätigten auf Befragen die angezauberte Krankheit oder den unnatürlichen Tod von Mensch und Tier. Das Quellenmaterial zeigt, daß ein Schaden häufig als plausible Folge der Beziehungen zwischen Kläger und Beschuldigten begriffen wurde und Ausdruck eines Konflikts zwischen Täter und Opfer war, der über die Obrigkeit abgewickelt wurde.

Ohne die Existenz des volkstümlichen Verständnisses des Schaden- und Heilzaubers wären die historischen Verfolgungen nicht möglich gewesen. Wie die Akten beweisen, war der alltägliche und selbstverständliche Einsatz von magischen Mitteln und Handlungen bis ins 18. Jahrhundert hinein weit verbreitet. Das von der Kirche als Aberglaube abqualifizierte Segensprechen unter Verwendung bestimmter Kräuter, Wurzeln und Amulette wurde allgemein gebraucht. Die Ausübung der Magie war ambivalent. Ihrem Wesen nach konnte sie Positives bewirken, wie Zukunfts- und Traumdeutung, Heilen von Krankheiten, Schutz und Abwehr von Unglück, negativ gewendet zielte sie auf die körperliche und materielle Schädigung der Mitmenschen. Nach Auffassung der Kirche widersprachen die heidnischen Beschwörungen, die eine unmittelbare Beziehung zwischen Mensch und Natur ausdrückten und für die göttliche Vorsehung keinen Raum ließen, dem Glauben an die Allmacht des Herrn. Durch Wahrsagen, Segensprechen und Zauberei gefährdete der Sünder sein Seelenheil, da dies als Indiz für einen – freiwillig geschlossenen oder stillschweigend geduldeten – Pakt mit dem Teufel gelten konnte.

In der Mehrzahl der Fälle wurde eine Anklage wegen Hexerei nicht aufgrund eines freiwilligen Geständnisses erhoben, sondern auf der Basis von Indizien, die das Ergebnis von Gerüchten, Verdächtigungen und Beschuldigungen waren. Gesetzlich geregelte, beweiskräftige Indizien waren vonnöten, um eine Verhaftung, Folterung oder Anklage zu rechtfertigen. Strafrechtliche Konsequenzen hatte im allgemeinen ein Schadenzaubervorwurf in Verbindung mit einem schlechten Ruf[18]. Wenn die herzoglichen Räte über eine Verhaftung oder Anklage zu entscheiden hatten, orientierten sie sich hauptsächlich am Leumund der Verdächtigen, über den der Pfarrer Auskunft gab, der auch Angaben zum sittlich-religiösen Verhalten der verdächtigen Hexe machte und beim Verhör die Frau auf die sogenannten *Theologischen Artikel* prüfte. Mit der richtigen Beantwortung von zwölf Fragen konnte die Verhaftete Zeugnis über ihren rechten Glauben ablegen[19]. An das Examen in Glaubensdingen schlossen sich allgemeine Fragen zu den *corpora delicti*, den zauberisch zugefügten Schäden, an.

Während ihrer Rechtfertigung beobachtete der Vogt kritisch das Verhalten der Frau im Verhör. Er teilte den Oberräten mit, ob sie unerschrocken oder kleinmütig und zerknirscht antwortete. Sehr wichtig war die Frage, ob eine Frau weinen konnte oder ob sie stattdessen nur Drohworte und Schmähungen ausstieß, denn nach den Vorstellungen der Zeitgenossen war eine Hexe auch nach ihrem sonderlichen Gebaren zu identifizieren[20]. Die subjektive Beurteilung durch Amtmann und Pfarrer erhärtete im allgemeinen die Verdachtsgründe gegen die Verhaftete. Eine Frau, die als halsstarrig, unbußfertig und wankelmütig beschrieben wurde, machte sich verdächtig. Eine andere, die »alles in höchster Verstockung leugnet, dabei nicht nur der Argwohn sondern fast die That selbsten aus den Augen geschienen«[21], die »die Worte im Mund unterdrücke, obwohl man verspüre, daß sie bekennen wollte, so daß man wohl einiges von ihr erlernte, wenn man die scharfe Frage gegen sie vornehmen würde«[22], konnte nicht unschuldig sein. Weitaus seltener findet sich in den Berichten des Vogts an die fürstliche Kanzlei ein Hinweis auf die Unbescholtenheit und den untadeligen Lebenswandel einer Verdächtigen[23].

Denunziationen allein oder in Verbindung mit einem schlechten Ruf reichten im allgemeinen als hinreichende Verdachtsgründe zur Anklage nicht aus. Man versuchte, weitere *corpora delicti* wie konkrete Schäden nachzuweisen. Wenn dies nicht gelang, wurde die Beschuldigte wieder auf freien Fuß gesetzt.

Eine Anklage wegen Hexerei wurde nach dem Willen der Oberräte erhoben, wenn die Indizien im Sinne der *Carolina* dafür ausreichten. Besagungen, die allein auf Teufelspakt und Teufelsbuhlschaft ausgerichtet waren, genügten nicht für die Eröffnung eines Strafverfahrens, in dem die Schuld der Verdächtigten in einem zu ihrer Verurteilung ausreichenden Maß bewiesen werden mußte. Das freiwillige Geständnis galt als höchster Beweis, es war aber von Personen, die sich unschuldig wußten, kaum zu erhalten. Um die Wahrheit dennoch ans Licht zu bringen, wurde als letztes Mittel die Folter eingesetzt, mit verhängnisvollen Folgen, die oft genug das Schicksal der Beschuldigten besiegelten. Die peinliche Frage, wie die Folter in den Akten genannt wird, durfte ohne Genehmigung des Oberrats nicht vorgenommen werden. Oft empfahl der Oberrat dem Stadtgericht, Rechtsgelehrte zu konsultieren, die gleichsam als Korrektiv fungierten, indem sie die eingereichten Indizien nochmals überprüften, bevor sie die Erlaubnis zur Tortur erteilten. Mit der Anwendung der Folter erreichte das Gerichtsverfahren ein entscheidendes Stadium, denn hier entschied sich die Schuld oder Unschuld des Delinquenten.

Wurde die Folter nach geltenden Bestimmungen angewandt – in Württemberg bedeutete das den Aufzug des Körpers mit auf dem Rücken gefesselten Händen für maximal eine Viertelstunde –, dann hatte eine Beklagte bei entsprechender körperlicher und seelischer Konstitution eine Chance, die Folterung ohne Geständnis abzulegen.

Leider zielte der Ehrgeiz des Nachrichters darauf, die Gefolterte unter Einsatz aller seiner Möglichkeiten – oft unter Mißachtung der Gesetze – zum Geständnis zu zwingen.

Das Geständnis der als Hexe Angeklagten enthielt die bekannten Komponenten. Die Unholdin gestand, Mensch und Tier auf Anstiftung des Teufels geschädigt, mit dem Teufel aus Not oder bloßer Geilheit paktiert und gebuhlt zu haben und gemeinsam mit dem Buhlteufel und anderen Hexenweibern auf Tanzplätze gefahren zu sein.

Der Oberrat mußte auch dem Todesurteil zustimmen, das nach geltendem Strafrecht auf Tod durch Verbrennen lautete. In Württemberg wurde diese Bestimmung bis auf wenige Ausnahmen abgemildert, indem man generell auf den Feuertod bei lebendigem Leib verzichtete und auf Enthauptung mit anschließendem Verbrennen des Körpers erkannte. Auf diese Weise, so war man der Überzeugung, konnte eine reumütige und bußfertige Hexe ihr Seelenheil retten.

Die Tatsache, daß nur knapp ein Drittel der gerichtlich verfolgten Hexereibeschuldigungen im Herzogtum Württemberg mit einer Hinrichtung endeten, ist dem mäßigenden Einfluß der Oberräte auf das Verfahren zu verdanken. Ihr Bemühen um einen rechtmäßigen Prozeß, um stichhaltige Argumente und schwerwiegende Indizien für Verhaftung, Folter und Verurteilung verhinderten, daß Hexenprozesse zu Massenprozessen wurden.

Gerade in den sechziger Jahren des 17. Jahrhunderts, als die Zahl der Hexereibeschuldigungen nochmals in die Höhe schnellte, mündeten weniger als 50% der Bezichtigungen in ein Gerichtsverfahren. Im letzten großen Hexenprozeß 1683/84 in Calw vermittelten die Oberräte direkt: Sie entsandten eine Kommission, um den »leidigen Hexenhandel«, der ihrer Meinung nach »meistens in phantastischer Einbildung« bestand, zu beenden[24].

Die Bedeutung der Justiz für den Beginn der Hexenverfolgung steht außer Frage, wenn man davon ausgeht, daß erst durch das Zusammentreffen eines außerordentlich intensiven Hexenglaubens mit der Bereitschaft, gegen Hexen alle Mittel der Strafjustiz einzusetzen, Hexenprozesse möglich wurden. Auch für die Durchführung der Prozesse spielte der Justizapparat selbst eine entscheidende Rolle. Die Auslegung von Rechtsnormen und Verfahrensregeln durch die Juristen bestimmte zum Teil Verlauf und Ergebnis der Hexenprozesse. Die Eindämmung verfahrens- und prozeßtechnischer Mängel durch landesherrliche Kontrolle konnte Massenprozesse verhindern und Rechtsmißbräuche durch untergeordnete Stellen ausschließen. Der Niedergang der Hexenprozesse nach 1700 beruhte auf der wachsenden Skepsis eines Teils der involvierten Juristen.

Zweifel an Sinn und Zweck der Hexenverfolgung und effektive Kontrolle durch die oberen Justizorgane ließen Hexenanklagen zunehmend versanden.

Als Resultat bleibt festzuhalten, daß in Württemberg von »oben« nicht zur Hexenjagd aufgerufen wurde. Vielmehr trug der frühneuzeitliche Territorialstaat mit der Einrichtung von Zentralbehörden dazu bei, daß ein gewisses Maß an Rechtssicherheit geschaffen wurde. Im Herzogtum Württemberg wurden dadurch einer radikalen Hexenverfolgung die entscheidenden Impulse entzogen.

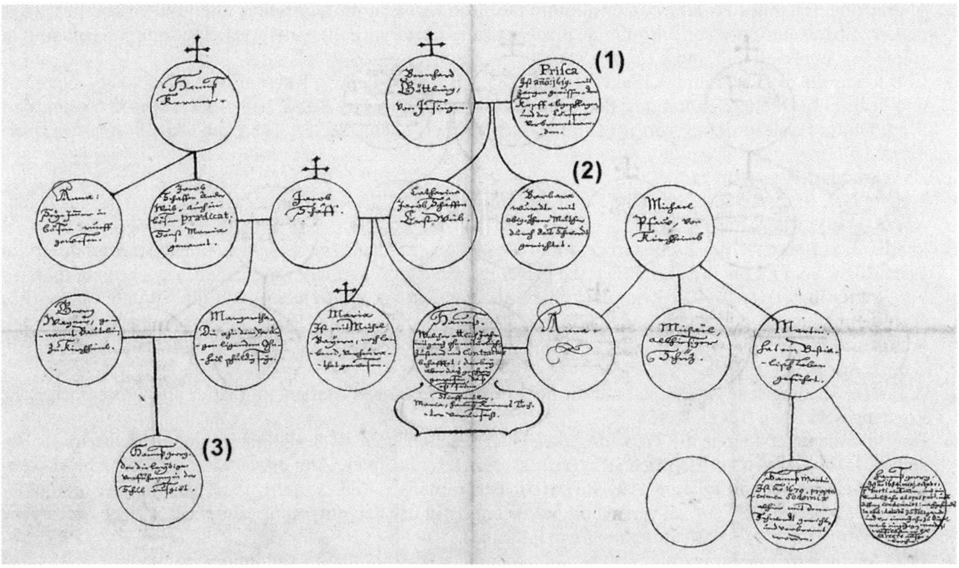

Abb. 18: *Hexenfamilie Wagner, Kirchheim 1687*

Im März 1687 wird der sechsjährige Hans Georg Wagner (3) in Kirchheim der Hexerei verdächtigt. Der vor Ort erstellte Stammbaum zeigt, daß schon einige seiner Vorfahren, insbesondere seine Mutter, im Verdacht der Hexerei gestanden hatten. Seine Urgroßmutter Prisca (1) und deren Tochter Barbara (2) waren 1619 sogar hingerichtet worden. Aber die Zeiten hatten sich geändert: Die württembergische Regierung ordnete bei Hans Georg an, den Fall auf sich beruhen zu lassen.

Anmerkungen

1 Karl Georg von Wächter, Beiträge zur Deutschen Geschichte insbesondere zur Geschichte des deutschen Strafrechts, Tübingen 1845, ND Aalen 1970, S. 302.

2 H.C. Erik Midelfort, Witch Hunting in Southwestern Germany 1562–1684. The Social and Intellectual Foundations, Stanford 1972; Paul Gehring, Der Hexenprozeß und die Tübinger Juristenfakultät, in: Zeitschrift für Württembergische Landesgeschichte 1 (1937), S. 157–188, 370–405, 2 (1938), S. 15–47.

3 Willi A. Boelcke, Handbuch Baden-Württemberg. Politik, Wirtschaft, Kultur von der Urgeschichte bis zur Gegenwart, Stuttgart 1982, S. 98ff.; Wolfgang von Hippel, Bevölkerung und Wirtschaft im Zeitalter des Dreißigjährigen Kriegs. Das Beispiel Württemberg, in: Zeitschrift für historische Forschung 5 (1978), S. 413–448.

4 Vgl. James Allen Vann, Württemberg auf dem Weg zum modernen Staat 1593–1793, Stuttgart 1986; Volker Press, Die territoriale Welt Südwestdeutschlands 1450–1650, in: Die Renaissance im deutschen Südwesten zwischen Reformation und Dreißigjährigem Krieg, Ausstellungskatalog, 2 Bde., Karlsruhe 1986, hier: Bd. 1, S. 17–61.

5 Grundlage für die Untersuchung der württembergischen Hexenprozesse bilden die Prozeßakten des Oberrats im HStA Stuttgart und die Gutachten der Tübinger Juristenfakultät im UA Tübingen.

6 HStA Stuttgart, A 602 (WR), Nr. 3858.

7 HStA Stuttgart, A 209, Bü 1054–1056.

8 Erschreckliche Nüwe Zytung. Warhafftiger und gründlicher bericht wie das Wetter im Wirtenberger Land so grossen schaden gethan einem guten Fründ zugeschriben, o.O. 1562.

9 Nikolaus PAULUS, Württembergische Hexenpredigten aus dem 16. Jahrhundert, in: DERS., Hexenwahn und Hexenprozeß, Freiburg i.Br. 1910, S. 101–118, hier: S. 104ff.; Ein Summa etlicher Predigen vom Hagel und Unholden, gethon in der Pfarrkirch zu Stuttgarten im Monat Augusto, Anno M.D.LXII. Durch D. Matheum Alberum und D. Wilelmum Bidenbach, sehr nutzlich und tröstlich zu diser Zeit zulesen, Tübingen 1562.

10 Ein alter Rechtsgrundsatz, der immer wieder im Zusammenhang mit Hexenprozessen zu lesen ist, selbst bei Prozessbefürwortern (vgl. PAULUS [wie Anm. 9], S. 116).

11 Johann Valentin ANDREAE, Menippus sive dialogorum Sytyricorum centuria, inanitatum nostratium speculum, Helicone juxta Parnassum, [Straßburg] 1617.

12 Abdruck bei Johannes FICHARD, Consiliorum Dn. Ioannis Fichardt, [...] tomus alter, qui ea continet, quae maiori ex parte autor pro consultorum qualitate scripserat Teutonice, in gratiam ita potissimum Germanorum editus [...], Frankfurt a.M. 1590, fol. 202^{v}–203^{r}.

13 Instruktion für die Visitations-Räthe vom Jahr 1546, in: August Ludwig REYSCHER, Vollständige, historisch und kritisch bearbeitete Sammlung der württembergischen Gesetze, Bd. 8, Tübingen 1834, S. 66–69, hier: S. 67. Fünfte Landesordnung von 1552, in: REYSCHER (wie oben), Bd. 12, Tübingen 1841, S. 193–239, hier: S. 198.

14 HStA Stuttgart, A 209, Bü 720.

15 Sechste (Siebente) Württembergische Landesordnung von 1567, in: REYSCHER (wie Anm. 13), Bd. 12, Tübingen 1841, S. 717–885, hier: S. 843.

16 Eberhard SCHMIDT, Inquisitionsprozeß und Rezeption. Studien zur Geschichte des Strafverfahrens in Deutschland vom 13. bis 16. Jahrhundert (Leipziger rechtswissenschaftliche Studien, Bd. 124), Leipzig 1941.

17 Vgl. Walter BERNHARDT, Die Zentralbehörden des Herzogtums Württemberg und ihre Beamten 1520–1629 (Veröffentlichungen der Kommission für geschichtliche Landeskunde, Reihe B: Forschungen, Bd. 70/71), Stuttgart 1972.

18 Gemäß Art. 25 der *Carolina*.

19 A. JEHLE, Theologische Articul, darauff die hexen sollenn Examinirt werden, in: Blätter für Württembergische Kirchengeschichte 9 (1894), hier: S. 80.

20 Der Hexenhammer wertete die Tränenlosigkeit einer Beschuldigten als Bestätigung für deren Existenz als Hexe (vgl. Jakob SPRENGER/Heinrich INSTITORIS, Der Hexenhammer. Zum ersten Male ins Deutsche übertragen und eingeleitet von Johann W.R. SCHMIDT, Berlin 1906, 3. Teil, S. 90f.). 1644 berichtet der Stuttgarter Vogt über Maria Hägele, sie sei verdächtig, wankelmütig in der Verantwortung, simuliere Weinen, doch gehe ihr kein Auge über (vgl. HStA Stuttgart, A 210 I, Bü 452).

21 HStA Stuttgart, A 209, Bü 154.

22 HStA Stuttgart, A 209, Bü 5.

23 HStA Stuttgart, A 209, Bü 999. Der Pfarrer führt aus, daß Anna Müller, die 1616 in Münchingen als Hexe verschrien war, nie in bösem Verdacht war, sondern erst diffamiert wurde, nachdem sie mit einer Nachbarin in Streit geraten war.

24 HStA Stuttgart, A 209, Bü 690/691.

Jürgen Michael Schmidt

Die Kurpfalz[1]

Als Napoleon 1801 im Frieden von Lunéville die französischen Grenzen bis an die volle Länge des Rheines vorschob, annektierte er damit den größeren Teil der Kurpfalz. Deren verbliebener rechtsrheinischer Teil mit den Hauptstädten Heidelberg und Mannheim wurde 1803 im Reichsdeputationshauptschluß unter mehreren weltlichen Fürsten aufgeteilt und zum größten Teil der Markgrafschaft Baden zugesprochen. Damit fand eines der ältesten und bedeutendsten deutschen Territorien sein Ende, das in der Geschichte des Alten Reiches bis ins 18. Jahrhundert hinein eine maßgebliche Rolle gespielt hatte[2].

Ihren Namen verdankte die Kurpfalz dem fränkischen Amt des Pfalzgrafen, konkret des lothringischen Pfalzgrafen. Dieses Amt, das seine ursprüngliche Bedeutung bereits weitgehend verloren hatte, war mit seinen Trägern im 10. und 11. Jahrhundert ins Niederrheingebiet gekommen, bevor die Staufer im 12. Jahrhundert im Zuge ihrer Hausmachtpolitik die Pfalzgrafschaft endgültig am nördlichen Oberrhein als ein südwestdeutsches Territorium ausbildeten, das freilich in einer Klammerfunktion auch mittelrheinische Gebiete umfaßte. 1214 gelangte die rheinische Pfalz an das Haus Wittelsbach, das damals seit einigen Jahrzehnten auch die bayerische Herzogswürde innehatte. Nach verschiedenen Teilungen der wittelsbachischen Besitzungen mit entsprechenden Streitigkeiten wurde 1329 im Vertrag von Pavia der gesamte wittelsbachische Besitz endgültig zwischen einer pfälzischen und einer bayerischen Linie geteilt. Die Pfalzgrafschaft wurde dabei von der älteren Linie beansprucht, da die Pfalz aufgrund ihrer herausragenden Stellung in der Reichsverfassung als das vornehmere Territorium galt. Der Pfalzgraf war Stellvertreter des Königs bei dessen Abwesenheit und bei Thronvakanz sowie Richter in Streitigkeiten gegen den König. Als vornehmster weltlicher Kurfürst war er vor allem an der Wahl des Königs beteiligt, was ihm von vornherein einen großen Einfluß auf die Reichspolitik sicherte. Die Goldene Bulle von 1356 legte die Zahl der Kurfürsten auf sieben fest und bestätigte den Pfälzer in seinem Recht.

Die Ansätze der Territorialisierung der Kurpfalz liegen bereits im 13. Jahrhundert – und damit für Deutschland relativ früh. Dieser Prozeß wurde in der Folgezeit zielstrebig fortgesetzt und führte unter anderem zur Ausbildung einer fortschrittlichen und gut funktionierenden, von der kurfürstlichen Regierung in Heidelberg zentral gelenkten Verwaltung.

Ein Grundproblem der Kurpfalz für alle Zeiten blieb jedoch die Tatsache, daß sie, obwohl sie zu den größeren und reicheren deutschen Territorien zählte, aufgrund der Verhältnisse am Oberrhein nie die Größe und Geschlossenheit der Territorien der anderen weltlichen Kurfürstentümer erreichen konnte und an Machtpotential auch hinter Bayern zurückblieb. Der in der Reichsverfassung begründete Anspruch der Kurpfalz aber, in der Reichspolitik, ja in der europäischen Politik eine entscheidende Rolle zu spielen, führte vielfach zu einer starken Diskrepanz zwischen dem Anspruch der Kurfürsten und den tatsächlichen Möglichkeiten des Landes. Diese Diskrepanz beschwor mehrere Katastrophen für die Kurpfalz herauf. Schon das Königtum des Pfälzers Ruprecht I. (1400–1410) litt unter dem kurpfälzischen Machtdefizit. Die im 15. Jahrhundert recht erfolgreiche Südexpansion der Kurpfalz vor allem ins Elsaß fand ihr jähes Ende 1504 im Landshuter Erbfolgekrieg, als der Versuch mißlang, in die Erbschaft dieser bayerischen Linie einzutreten. Im Dreißigjährigen Krieg führte die Annahme der böhmischen Krone 1619 in eine furchtbare Niederlage und hatte nicht nur die Besetzung der Kurpfalz durch Spanien und Bayern für nahezu dreißig Jahre zur Folge, sondern auch erhebliche Land- und Prestigeverluste im Westfälischen Frieden. Prestigeträchtig dagegen war zunächst 1671 die Verheiratung von Liselotte, der Tochter Kurfürst Karl Ludwigs, mit dem Bruder des französischen Königs Ludwig XIV., eine Verbindung, die dann jedoch im Pfälzischen Erbfolgekrieg (1688–1697) dem Land zum Verhängnis wurde, als es von den französischen Truppen systematisch verwüstet wurde. Frankreich wurde am Rhein immer präsenter. Als 1777 die bayerische Linie der Wittelsbacher ausstarb und Bayern an den pfälzischen Kurfürsten fiel, konnte es für diesen keine andere Entscheidung geben, als das Herrschaftszentrum in das an Macht und Größe inzwischen überragende Bayern zu verlegen. So war sein Nachfolger schließlich auch bereit, die Auflösung der Kurpfalz und die Verteilung ihres Territoriums in der Folge der Napoleonischen Herrschaft zu akzeptieren, als ihm dafür eine außerordentliche Vergrößerung Bayerns angeboten wurde.

Bevor wir uns nun den Hexenprozessen zuwenden, muß noch einmal kurz die Ausdehnung des Territoriums betrachtet werden, um das es hier im 16. und 17. Jahrhundert geht. Die pfälzische Linie der Wittelsbacher hatte sich selbst mehrmals geteilt, zu nennen sind hier vor allem die Fürstentümer Pfalz-Neuburg an der Donau und Pfalz-Zweibrücken im Westen der Rheinpfalz. Die Kurpfalz selbst, die allein Gegenstand der Untersuchung sein soll, reichte in ihrem Kernbestand von Bretten bei Karlsruhe im Süden bis Kaub am Mittelrhein im Norden. Im Westen wäre Kaiserslautern zu nennen, im Osten Boxberg. Das stark zersplitterte Territorium umfaßte im wesentlichen die (Ober-)Ämter Bretten, Germersheim, Neustadt an der Weinstraße, Kaiserslautern, Heidelberg, Mosbach, Boxberg, Starkenburg (bis 1623), Alzey, Oppenheim, Otzberg, Stromberg und Bacharach. Simmern, dessen Fürsten 1559 die pfälzische Kur übernahmen, gehörte mit dem Amt Bolanden von 1598 bis 1610 und ab 1675 ganz zur Kurpfalz und wurde in der übrigen Zeit von einer Nebenlinie regiert. Pfälzische Kondominate wie das Amt Umstadt und die vordere Grafschaft Sponheim sollen hier vernachlässigt werden.

Auch wenn wir uns im wesentlichen auf die rheinische Kurpfalz beschränken wollen, muß für Vergleiche immer wieder die Oberpfalz in die Untersuchung miteinbezogen werden. Dieses im Nordosten Bayerns an der böhmischen Grenze gelegene Herrschaftsgebiet gehörte mit seinem Zentrum Amberg seit dem 13. Jahrhundert zur Kurpfalz und ging erst im Dreißigjährigen Krieg an Bayern verloren.

*

In der Nachbarschaft der rheinischen Kurpfalz finden sich einige der größten Hexenverfolger überhaupt: Im Norden und Osten ist vor allem Kurmainz zu nennen. Aber auch Kurtrier und der Deutsche Orden mit der Kommende Mergentheim waren Verfolgungszentren in unmittelbarer Nähe. Von vielen der anderen Nachbarn ist das Verhalten in Hexenprozeßfragen noch wenig erforscht, vor allem was die kleinen reichsritterschaftlichen Herrschaften, die kleinen Grafschaften und das Bistum Worms betrifft. Nach bisherigem Kenntnisstand darf man jedoch davon ausgehen, daß die meisten von ihnen Hexen verfolgt haben, einige wohl in größerem Ausmaß[3]. Insgesamt zwischen dem verfolgungsintensiven Südwestdeutschland und dem noch verfolgungsintensiveren Main-Mosel-Raum gelegen, hat sich die Kurpfalz aber an der großen frühneuzeitlichen Hexenverfolgung nicht beteiligt. Vielmehr setzte sich hier seit den 1560er Jahren eine extrem verfolgungsablehnende Haltung durch[4]. Das galt ebenso für die Kuroberpfalz[5]. Diese Abstinenz in Sachen Hexenverfolgung war für die Zeit so bemerkenswert, daß die kurpfälzische Haltung in dieser Frage Interesse beanspruchen darf, kann man doch hoffen, über die Mechanismen des Hexenprozesses gerade dadurch mehr zu erfahren, daß man eines der Territorien untersucht, das solche Prozesse nicht durchgeführt hat. Denn wenn weite Teile der Umgebung Hexen verfolgten, warum ausgerechnet nicht die Kurpfalz? Und dies war umso verwunderlicher, als die Kurpfalz im ausgehenden Mittelalter noch eine Führungsrolle in der Hexenverfolgung eingenommen hatte.

Nachdem in der ersten Hälfte des 15. Jahrhunderts im Alpenraum der neue Hexenglaube entstanden war und mit ihm der Hexenprozeß, war die Kurpfalz nach bisherigem Kenntnisstand das erste deutsche Territorium, das den neuen Glauben übernahm und bereits in den Jahren 1446/47 eine Verfolgung durchführte, die mindestens acht weibliche Angeklagte das Leben kostete[6]. Daß die Kurpfalz so außerordentlich schnell mit dem neuen Hexenglauben bekannt wurde und nur kurze Zeit nach den Schweizern ihre ersten Verbrennungen durchführte, hatte seine Ursache vor allem in territorialen und dynastischen Verbindungen in die Kernregionen des neuen Hexenglaubens. Zu denken ist hier an die Südexpansion der Kurpfalz ins Elsaß und die Verwandtschaft der Kurfürsten mit dem Haus Savoyen. Aber der geistige Boden für die Rezeption des gelehrten Hexenbegriffes war in Heidelberg auch außerordentlich gut vorbereitet worden, insbesondere durch die Universität und ihre Dämonologen wie Johannes von Frankfurt (gest. 1440) und Nikolaus von Jauer (ca. 1355–1435). Außerdem hatte die Kurpfalz in der Ketzerverfolgung – einer der zentralen Säulen der Hexenverfolgung – mit einer beträchtlichen Eigeninitiative der weltlichen Obrigkeit bereits eine führende Stellung eingenommen. Obwohl von den Theologen geistig vorbereitet, importierte die Kurpfalz dann 1446 auch nicht den kirchlichen Hexenprozeß der Inquisition, sondern den von den Schweizer Städten entwickelten weltlichen Hexenprozeß. Der Kurfürst beauftragte den Baseler Schultheißen und Hexenprozeßspezialisten Peter zum Blech mit der Durchführung der Prozesse. Blech zeigte dann seinen Heidelberger Kollegen, wie man mit den Hexen verfuhr. Die letzte Entscheidung und alleinige Verantwortung für die Prozesse lag aber beim Kurfürsten.

Weitere Verfolgungen sind bis zu Beginn des 16. Jahrhunderts belegt: Von »vielen« Hinrichtungen in Heidelberg und Umgebung (Meckenheimer Zent u.a.) berichtet der Pfälzer Chronist Matthias von Kemnath für die Zeit bis 1475, wobei er allerdings nur für zwei Hinrichtungen in eben diesem Jahr konkretere Angaben macht[7]. Wenig Näheres ist auch über die Verbrennungen von »Unholden« in der Stadt Bretten in der Zeit vor 1504 bekannt, von denen Georg Schwartzerdt im Zusammenhang mit dem Landshuter Erbfolgekrieg Nachricht gibt[8].

Spätestens um die Jahrhundertwende erfolgte auf jeden Fall der Übergang des Hexereidelikts in die alleinige Zuständigkeit der weltlichen Gerichte. Hinrichtungen fanden seit 1504 wohl seltener statt, doch darf deswegen noch nicht von einer Einstellung der Prozesse überhaupt ausgegangen werden, denn trotz schwierigster Quellenlage ist immerhin aus dem Amt Mosbach überliefert, daß einige Frauen wegen Hexerei zwar nicht hingerichtet, aber doch des Landes verwiesen wurden. Das Delikt gab es also noch, man begegnete ihm jetzt aber meistens deutlich milder. In Mosbach kam es in diesem Zusammenhang 1517 zu einem recht ungewöhnlichen Fall, als das genossenschaftliche Zentgericht eine der Hexerei beschuldigte Frau entgegen allen Erwartungen am endlichen Rechtstag buchstäblich im Angesicht des bereits aufgerichteten Scheiterhaufens nicht zum Tode verurteilte, sondern »nur« des Landes verwies[9].

Daß die Zahl der Hexenprozesse oder doch zumindest die Zahl der verhängten Todesstrafen in der ersten Hälfte des 16. Jahrhunderts erheblich zurückging, entsprach noch ganz der allgemeinen Entwicklung im Reich: Zur Jahrhundertmitte glaubten viele Zeitgenossen deutschlandweit, daß die Hexenverfolgungen eigentlich überwunden seien. Umso überraschender kam für sie daher der Beginn der ersten Welle der großen frühneuzeitlichen Hexenverfolgung um 1560. Nun erst koppelte sich die Kurpfalz aus der allgemeinen Entwicklung in Deutschland ab. Als die Kurpfalz 1561 mit der Verfolgung konfrontiert wurde, wandte sie sich praktisch sofort gegen die Durchführung von Hexenprozessen. Sie nahm jene stark verfolgungsablehnende Haltung ein, die auch in der Folgezeit für das Land charakteristisch bleiben sollte, das seit 1559/63 – von der kurzen Unterbrechung unter dem lutherischen Ludwig VI. (1576–1583) abgesehen – der calvinistischen Konfession angehörte.

Abb. 19: Milchzauber nach Teufelspakt, Kirchenmalerei (1440–1480) im kurpfälzischen Eppingen, kath. Pfarrkirche, Zeichen für die Ausbreitung des dämonologischen Hexenbegriffs in der zweiten Hälfte des 15. Jahrhunderts

Hier ist korrekterweise eine kritische Bemerkung zur Quellenlage angebracht. Die kurpfälzische Überlieferung ist teilweise sehr schlecht: Nicht wenige Aktenbestände der Zentralbehörden und Ämter sind in den verschiedenen Kriegen vernichtet worden, und so mag die Diagnose der Verfolgungsabstinenz ein wenig gewagt erscheinen. Setzt man die vielen dennoch erhaltenen Mosaiksteine aber zusammen, dann kommt man doch zu einem sehr eindeutigen Gesamtbild, das diese Behauptung rechtfertigt. Nicht nur, daß wir viele direkte Zeugnisse der pfälzischen Regierung dafür haben, nicht nur, daß wir wenigstens für einige Landesteile die Strafprozeßtätigkeit sicher rekonstruieren können, es gibt auch eine ganze Reihe ausdrücklicher Bestätigungen prominenter Zeitgenossen dafür: Johannes Weyer, der berühmte Hexenprozeßgegner, lobte in den verschiedensten Auflagen seines Buches *De praestigiis daemonum* (1564–1583) den pfälzischen Kurfürsten und seinen Kanzler mit geradezu überschwenglichen Worten ob ihrer weisen Vorsicht in Hexenprozeßfragen[10]. 1585 bestätigt der kurpfälzische Hexenprozeßgegner Hermann Witekind das Lob Weyers auf die Kurpfalz[11], und im 17. Jahrhundert wiederholte es noch einmal der in die Niederlande geflohene Rheinländer Hermann Löher[12]. Umgekehrt kennen wir öffentliche Proteste von Hexenverfolgern aus den Nachbarterritorien, die die milde Haltung der Kurpfalz rügten. Einer von ihnen meinte sogar, eigentlich sei es sinnlos, Hexen zu verbrennen, wenn sich deren Kolleginnen in der nahen Kurpfalz unbehelligt tummeln dürften[13]. Die Kurpfalz hatte den eindeutigen Ruf, ein verfolgungsfeindliches Territorium zu sein.

Der kurpfälzische Widerstand gegen Hexenprozesse verdankte sich allein der Obrigkeit. Da das sehr zersplitterte Territorium in einer Kernregion der Hexenverfolgung gelegen war, können äußere Faktoren, wie das Klima, die geographische Lage oder die wirtschaftliche Lage des Landes für das verfolgungsablehnende Verhalten nicht verantwortlich gemacht werden. Auch auf kurpfälzischem Boden, wo die Regierung keinen oder nur beschränkten Einfluß auf die Strafgerichtsbarkeit hatte, konnte es mitunter zu Hexenverbrennungen kommen. Dies betraf etwa Gebiete, die an fremde Herren verlehnt waren, oder die ehemaligen Reichsstädte Kaiserslautern und Odernheim, die ihre Gerichtsautonomie zum Teil noch eine zeitlang wahren konnten[14]. Dagegen hat die in einen ganz anderen Raum gehörende Oberpfalz unter kurpfälzischer Regierung ebenfalls keine Hexenverfolgungen erlebt. Die Hexenprozeßabstinenz war demnach keine passive Haltung, sondern eine aktive, die von der Regierung gegen äußere und innere Bedrohungen verteidigt werden mußte. Von außen her wurde sie ständig mit Hexenprozessen konfrontiert, im Landesinneren lange Zeit mit dem Wunsch danach.

Was die Konfrontation mit Hexenverfolgungen von außen betraf, so wirkten die Prozesse in der Nachbarschaft naturgemäß immer wieder auf die Kurpfalz zurück. Es gab Besagungen kurpfälzischer Untertanen durch fremde Hexen. Und es gab Verfolgungsaufforderungen von seiten benachbarter Landesherren. Kurpfälzische Leibeigene konnten in fremde Hexenprozesse geraten und mußten dann ebenso geschützt werden wie fremde Untertanen, die vor den Verfolgungen in ihrer Heimat in die Kurpfalz flohen.

In der Kurpfalz selbst gab es innerhalb der geistigen Elite eine größere Partei von Befürwortern von Hexenprozessen. Vor allem mit der Forderung nach Bestrafung des spirituellen Verbrechens des Teufelspaktes stellten sie sich gegen die Verfolgungsgegner, konnten sich jedoch nicht durchsetzen. Zu diesen Verfolgungsbefürwortern gehörten anfangs viele der führenden reformierten Theologen, bei denen erst an der Wende zum 17. Jahrhundert die ablehnende Haltung zu dominieren begann. Aus der Auseinandersetzung um die Hexenfrage entstand in der zweiten Hälfte des 16. Jahrhunderts in der Kurpfalz ein gelehrter Diskurs mit europaweit beachteten Stellungnahmen: Zu nennen sind insbesondere die Traktate von Thomas Erast (1524–1583), Hermann Witekind (1522–1603) und Antonius Praetorius (1560–1613)[15].

Verfolgungswünsche kamen aber insbesondere auch aus der kurpfälzischen Bevölkerung. Alle volksmagischen Praktiken der Zeit waren auch in der Kurpfalz voll ausgeprägt. Als Teufelsbeschwörer, Wunderheiler, Segensprecher und Wahrsager hatten Männer ebenso wie Frauen hohe Konjunktur. Große Teile der Bevölkerung glaubten an Magie und das böse Werk der Hexen, und in vielen Orten lassen sich als Hexen verschrieene Frauen finden, die durch den Hexereiverdacht leicht in Isolation gedrängt werden konnten. Mit direkten Klagen wurde von Personen, die sich von den Hexen geschädigt fühlten, nicht selten versucht, solche Frauen auf den Scheiterhaufen zu bringen. Ansätze zu Verfolgungen gab es auch hier immer wieder. Ein gutes Beispiel ist die Amtsstadt Mosbach, in der die Bürgerschaft sowohl 1562 als auch 1592, also exakt zu Beginn der beiden ersten großen Verfolgungswellen, von ihrer Obrigkeit den Einstieg in die Hexenprozesse forderte[16]. Erst an der Wende zum 17. Jahrhundert scheinen die calvinistischen Konsistorien (Presbyterien) mit ihrem Kampf gegen den Magie- und Schadenzauberglauben sowie die dauernde restriktive Politik der Regierung die Bereitschaft in der Bevölkerung etwas vermindert zu haben, gegen Schadenzauberinnen vor offiziellen Gremien Anklage zu erheben. Die an Schadenzauber glaubende Bevölkerung erfuhr selbst bei den Verfolgungsbefürwortern in der calvinistischen Elite kein Verständnis, da diese nur am Teufelspakt interessiert war[17].

Was die Regierung betraf, so fand sich im ganzen 16. und im 17. Jahrhundert bis hin zum Dreißigjährigen Krieg kaum ein Ansatz zu einem persönlichen Regiment der Kurfürsten – bei allem Einfluß, den sie auf die Politik nahmen. Das eigentliche politische Entscheidungsgremium war der vom Kanzler geführte Oberrat. In diesem dominierten die bürgerlichen Juristen einer fest etablierten calvinistischen Beamtenschicht. Die Kurfürsten folgten in der Regel den Entscheidungen ihres Rates. Dabei zeigte sich der Oberrat als ein recht geschlossenes Gremium, das sich seinen Nachwuchs zu einem guten Teil selbst heranbildete und damit über Jahrzehnte, auch über mehrere Konfessionswechsel hinweg, eine deutliche Kontinuität wahrte. Das hohe intellektuelle Niveau der Räte garantierte einen beachtlichen Standard der Heidelberger Regierung[18]. Maßgeblich verantwortlich dafür, daß die kurpfälzische Regierung gleich 1561 die verfolgungsablehnende Haltung begründete, dürfte der langjährige Kanzler Christoph Probus gewesen sein. Eine solche Politik entsprach aber auch völlig den Grundsätzen Kurfürst Friedrichs III. Durch die politische Kontinuität des Oberrates konnte sich die verfolgungsablehnende Tradition, nachdem sie erst einmal etabliert war, bis ins Jahr 1623 halten und sogar noch zunehmend ausprägen. Von großer Bedeutung war die volle Unterstützung dieses Kurses durch die Heidelberger Juristenfakultät als der zentralen Ausbildungsstätte für Räte und Beamte.

Nun nutzt die beste Regierung nichts, wenn sie sich nicht durchsetzen kann. Entscheidend für die Umsetzung der Hexenpolitik war die vergleichsweise gute herrschaftliche Durchdringung des Territoriums. Die Heidelberger Regierung hatte ihr Land weitgehend unter Kontrolle, ein Umstand, der ganz besonders auch für die Hoch- und Blutgerichtsbarkeit galt[19]. Kriminalprozesse fanden in den linksrheinischen Ämtern vor den zuständigen städtischen Schöffengerichten, rechtsrheinisch vor den etwas anders organisierten Zentgerichten statt. Die Gerichte hatten jedoch kaum Spielraum für eigene Entscheidungen, da sie lediglich das Endurteil zu sprechen hatten, das nach dem vorgerichtlichen Vorverfahren im Grunde bereits feststand. Dieses Vorverfahren wurde von den kurpfälzischen Oberämtern durchgeführt, die die Schuld des Angeklagten zu beweisen und notfalls mit der Folter ein Geständnis zu erzwingen hatten. Dabei standen die ausführenden Beamten, wie es die kurpfälzische Malefizordnung von 1582 endgültig festschrieb, ständig unter der strengen Kontrolle der Heidelberger Regierung[20]. Schon unmittelbar nach der Verhaftung einer Person mußte der Fall detailliert an die Kanzlei berichtet werden. Allein im Oberrat wurde nun entschieden, ob die Indizien für die Einleitung eines Verfahrens überhaupt ausreichten und wie der nächste Schritt des Verfahrens auszusehen hatte. Erkannten die Räte gar auf Folter oder ihre Vorstufen, bedeutete das keineswegs eine Blankovollmacht für die örtlichen Beamten, denn diese bekamen von Heidelberg diesbezüglich genaue Handlungsanweisungen. Selbstverständlich mußten sie über die Befragung ein genaues Protokoll führen und dieses mit dem Ergebnis nach Heidelberg zurückschicken. Das galt für jeden Schritt des Verfahrens, so daß nach dem ersten Grad der Tortur der zweite erst nach einem erneuten Befehl aus Heidelberg erfolgen durfte. Damit waren einem unkorrekten Schnellverfahren, wie es die meisten Hexenprozesse kennzeichnete, von vornherein die Türen verschlossen. Erst wenn Heidelberg eine Person einer Straftat für schuldig befunden hatte, wurde der Betroffene vom kurpfälzischen Prokurator vor dem zuständigen Gericht angeklagt. Das Gericht hatte dann nur noch theoretisch die Möglichkeit des Freispruches, praktisch konnte es höchstens bei der Höhe der Strafe eigene Vorstellungen einbringen. Das Urteil entsprach zumeist ganz dem Willen der Regierung: Die hochqualifizierten Juristen des Oberrates, die in Strafsachen regelmäßig noch die ebenso hochqualifizierten Referenten aus dem Hofgericht hinzuzogen, bestimmten, wer in der Kurpfalz angeklagt oder gar hingerichtet wurde. Eine Usurpation der Hochgerichtsbarkeit durch die Bevölkerung, wie sie beispielsweise in den Kurtrierer Hexenprozessen zu beobachten ist[21], war für die Kurpfalz unvorstellbar.

Wie kam nun aber die Regierung dazu, sich den Hexenprozessen so weitgehend zu verschließen?

Bei der Suche nach den geistigen Hintergründen muß die Vermutung, daß allein die Konfession für die Ablehnung der Hexenverfolgung verantwortlich gewesen sein könnte, von vornherein mit dem Hinweis abgelehnt werden, daß es in Europa einige reformierte Territorien mit Hexenverfolgungen gegeben hat (zum Beispiel Schottland oder in gewissem Maße auch Calvins Genf). Calvins Rolle in der Geschichte der Hexenverfolgung war eher ambivalent. Die Suche nach den Hintergründen muß in eine andere Richtung gehen.

Die Forschung ist gerade erst dabei, die geistigen Traditionen, die Verbindungslinien oder vielleicht sogar die Netzwerke der europäischen Hexenverfolgungsgegner genauer zu ergründen. Drei solcher Traditionsstränge, die man für die Kurpfalz reklamieren könnte, seien kurz genannt: (1) Zunächst muß auf die *Canon-Episcopi-Tradition* des südwestdeutschen Protestantismus hingewiesen werden, die den Hexenglauben in Rückgriff auf das alte, gegen volksmagische Vorstellungen gerichtete Kirchenrecht kritisierte[22]. Allerdings ist es bislang nicht gelungen, diesem Traditionsstrang, der sich auf ein allgemein sehr häufig verwendetes Argument fokussierte, eine so klare geistige Heimat zu geben, daß die Abhängigkeitsverhältnisse gerade auch zu den Reformierten völlig evident wären. (2) Das ist anders bei der humanistischen Rechtsschule des *mos gallicus*, die auf Andreas Alciati als ihren Urvater und die Universität Bourges zurückging. Die Vertreter dieser Rechtsschule haben mit ihrer grundsätzlichen Kritik an der Hexenvorstellung überall dort, wo sie sich etablieren konnten, gegen umfangreichere Verfolgungen opponiert (erfolgreich etwa im Parlement de Paris, weniger erfolgreich im kurkölnischen Hofrat)[23]. In Heidelberg aber wirkten einige der hervorragendsten Vertreter des *mos gallicus* in Deutschland: So der Verfolgungskritiker Franciscus Balduinus/Francois Baudoin (1520–1573), der vielleicht auf die pfälzischen Haltung den größten Einfluß hatte, Hugo Donellus/Doneau (1527–1591), Dionysius Gothofredus/Godefroy (1549–1622) oder der Pfälzer Nikolaus Cisner (1529–1583), ein weiterer entschiedener Verfolgungsgegner. (3) Von einiger Bedeutung scheint zudem ein Netzwerk humanistischer Spiritualisten gewesen zu sein, das an erasmianische Toleranzvorstellungen anknüpfte und unter anderem mit der Vorstellung gegen die Ketzer- und Hexenverfolgung ins Feld zog, daß die Verführung durch den Teufel nur als ein primär innermenschlicher und jederzeit umkehrbarer geistiger Prozeß zu verstehen sei[24]. Leichte Hinweise auf eine Verbindung zwischen den niederländischen Verfolgungsgegnern dieser Richtung zu dem sicher nicht voll dazugehörigen Johannes Weyer und der Kurpfalz hat die Forschung bereits gefunden. Womöglich läßt sich das in Zukunft erhärten. Weyer und sein berühmtes verfolgungsablehnendes Buch jedenfalls waren in der Kurpfalz hoch angesehen. Weyers Söhne Dietrich und Johannes, zwei Juristen, gelangten in der Kurpfalz in höchste Ämter. Dietrich wurde sogar Regierungsmitglied[25].

Einer verfolgungsablehnenden Tradition allein kann die Kurpfalz mit ihren hier vereinfacht zusammengefaßten vielfältigen Stimmen allerdings in keinem Fall zugeordnet werden. So hatte beispielsweise der *mos gallicus* zweifellos einen wichtigen Einfluß auf die pfälzische Haltung. Alciati wird bei fast allen kurpfälzischen Verfolgungsgegnern in hohen Ehren gehalten, aber der *mos gallicus* hat die kurpfälzische Rechtswissenschaft nie völlig beherrscht, und die pfälzische Verfolgungsgegnerschaft ist auch nicht völlig mit diesen Ideen identisch. Das römische *Corpus Iuris Civilis* besaß bei den Vertretern des *mos gallicus* eine ungebrochene Geltungskraft, weswegen der Schadenzauber akzeptiert wurde, Hexenflug und Hexensabbat aber nicht. In einem Gutachten der Heidelberger Juristenfakultät von 1619 jedoch wurden die Passagen des *Corpus Iuris Civilis*, die das Wettermachen für real hielten, zu einem lächerlichen und unchristlichen Relikt finstersten Heidentums degradiert und deshalb für ungültig erklärt[26]. Dieser revolutionäre Schritt war mit der Grundhaltung des *mos gallicus* nicht vereinbar. Hier lag zumindest eine Weiterentwicklung vor.

Man könnte daher mit gutem Recht ein Modell entwickeln, nach dem in der Kurpfalz mehrere Traditionsstränge zusammenkamen und sich miteinander zu einer eigenen regionalen Tradition verbanden, die vielleicht am besten in Hermann Witekinds Traktat *Christliche Bedencken* zusammengefaßt ist. Doch kommt eine etwas weitergehende Variante dieses Modells, die über die Hexenfrage hinausgeht und die Haltung der kurpfälzischen Verfolgungsgegner in den religiösen und rechtlichen Gesamtdiskurs einbettet, der Sache wohl noch näher. Denn die Haltung der pfälzischen Verfolgungsgegner war primär in den in der Kurpfalz damals »allgemein« geltenden theologischen und juristischen Normen begründet. Das konsequente Festhalten an diesen Normen auch in der Hexenfrage führte nahezu zwangsläufig zu einer Ablehnung sowohl des Hexenglaubens als auch der im Hexenprozeß notorisch verübten Rechtsbrüche. Die verfolgungsablehnenden Traditionsstränge des Hexereidiskurses fügten sich in diesen großen Rahmen ein und hatten eher eine bestätigende als eine auslösende Funktion. So hat beispielsweise auch Johannes

Weyer die verfolgungsablehnende Haltung der Kurpfalz nicht begründet, aber mit seinem Buch maßgeblich unterstützt.

Was das Verfahren im Hexenprozeß anging, waren es allgemeine juristische Grundsätze, die sich zugunsten der Angeklagten auswirkten und die Kurpfalz vor jener Schnelljustiz bewahrten, ohne deren Rechtsverstöße eine Hexe kaum überführt werden konnte. So hielt die Kurpfalz auch im Hexereidelikt am *processus ordinarius*, an einem ordentlichen Gerichtsverfahren, unbedingt fest. Die Massenverfolgungen in den geistlichen Fürstentümern wurden in sehr bewußter konfessioneller Frontstellung als »typisch katholische Verirrung« selbst von den radikalsten Prozeßbefürwortern in Heidelberg abgelehnt. Da die Kurpfalz grundsätzlich ein ausgesprochen großes Mißtrauen gegenüber der Folter hatte und keineswegs ausschließen mochte, daß dieses Instrument auch Unschuldige zum Geständnis nie begangener Taten zwingen konnte, verlangte sie vor dem Einsatz der Folter ein rationales Beweisverfahren, das überzeugende Indizien für die Schuld des Angeklagten erbrachte. Besagungen und die *mala fama* (das entsprechende Gerücht) reichten dabei nicht aus. Die in Hexenprozessen üblichen Indizien wie das Teufelsmal, die Tränenlosigkeit oder die Wasserprobe wurden sogar als absolut unzulässig erachtet. Ein Geständnis, dessen Wahrheitsgehalt nicht durch korrekte Indizien belegbar war, hatte nach dieser Auffassung keinerlei Rechtsgültigkeit. Stets zog die Kurpfalz in Rechnung, daß der Angeklagte unschuldig sein könnte. Bei Hexerei- oder Zaubereianklagen ging sie angesichts ihrer Skepsis gegenüber dem Delikt sogar primär von dieser Annahme aus. In den schriftlichen Äußerungen manifestierte sich das unter anderem dadurch, daß so gut wie nie eine konkrete Person von kurpfälzischen Behörden als Hexe bezeichnet wurde, selbst wenn sie in fremden Territorien unter der Folter bereits ein Geständnis abgelegt hatte. Bei auswärtigen Verfolgungsbefürwortern war die Ansicht von Peter Binsfeld weit verbreitet, daß es Gott niemals zulassen würde, daß ein Unschuldiger in Hexereiverdacht geriete. In der Kurpfalz begegnet genau die gegenteilige Auffassung: Der Teufel wolle gerade mit der Schnelljustiz der Hexenprozesse die Unschuldigen verderben, man müsse also besonders vorsichtig damit sein. So betonte Kurfürst Friedrich V. 1615 in einem Schreiben an seinen Mainzer Kollegen, daß

> »in einem so dunckelen undt verwickelten Werkh [gemeint sind die Hexenprozesse], da ohne daß der Teufel sonderliche guete Gelegenheit hat zu spielen, undt unschuldig Bluet zu vergiessen zu stiefften, mehr als wohl sonsten guete Aufsicht vonnöten were«[27].

Die rechtlichen Bedenken standen meist im Vordergrund der offiziellen kurpfälzischen Argumentation, weil sie reichsrechtlich unumstößlich waren. Damit war die Kurpfalz keineswegs isoliert. Auch in den meisten anderen der großen weltlichen Territorien des Alten Reiches, wie im nahen Herzogtum Württemberg oder im 17. Jahrhundert im Herzogtum Bayern, neigte der zunehmend professionalisierte und zentral kontrollierte Justizapparat des frühmodernen Staates dazu, die Ausnahmeverfahren der Hexenprozesse einzuschränken und die unruhestiftenden Massenverfolgungen abzublocken: ein Phänomen, das sich in ganz Europa in fast allen fortschrittlicheren und größeren Staatswesen beobachten läßt. Es ging einfach darum, die Würde des Justizapparates und die Herrschaft des Rechts gegen die unordentlichen Hexenverfolgungen zu schützen. In den diskursiv angelegten Instanzenzügen von Obrigkeiten, die dem lokalen Prozeßmilieu räumlich, sozial und geistig eher distanziert gegenüberstanden, konnte zudem die Haltlosigkeit vieler Hexereianklagen schneller zutage treten als in den kleineren Territorien, in denen die Gerichtsverfahren auf wenige, dem Prozeßmilieu näherstehende Entscheidungsträger beschränkt blieben[28].

Reihte sich die Kurpfalz damit unter die großen weltlichen Territorien Deutschlands ein, so war eine derart radikale Verfolgungsgegnerschaft, wie sie unter den Hexenverfolgungsgegnern in Heidelberg vielfach zu finden war, aber trotzdem eher ungewöhnlich. Die Ursache dafür ist nicht im rechtlichen Bereich, sondern in einer viel weiter gehenden Kritik am Hexenglauben zu suchen.

Die fundamentale Kritik am Hexenglauben der Kurpfalz baute auf der theozentrischen Maxime von der Allmacht Gottes auf. Diese wurde in der reformierten Konfession besonders betont und ließ einem übernatürlichen Eingriff in die Natur von menschlicher oder teuflischer Seite kaum mehr Spielraum. Die Welt wurde allein von Gott regiert, dessen Ordnung die Natur war. In der daraus resultierenden, sehr rationalen Weltsicht konnte es Zauberei nicht mehr geben, war Zauberei nur noch ein irreales Trugbild des Teufels. Dies war die positive Auswirkung des calvinistischen Rationalismus, in dem von Anfang an ein deutlicher Ansatz zur Überwindung des Hexenwahns steckte[29]. Die Verfolgungsgegner lehnten deshalb Strafverfahren ab, in denen es um übernatürliche Taten gehen sollte, da solche Taten niemals stattgefunden haben konnten. So erklärten kurpfälzische Juristen immer wieder Geständnisse für ungültig, die Elemente des Übernatürlichen enthielten, selbst wenn sie freiwillig erfolgt waren. Das betraf nicht nur den Schadenzauber; dieselbe Skepsis galt der Realität von Hexenflug, Hexentanz und Teufelsbuhlschaft. Und mochte ein Hexentanz auch einmal real stattgefunden haben – dazu bedurfte es ja nicht in jedem Fall übernatürlicher Handlungen –, so war eine solche Zusammenkunft überhaupt kein Delikt, das mit der Todesstrafe geahndet werden konnte. Wenn eine Frau auf dem Hexentanz erschien, beging sie nach kurpfälzischer Auffassung noch kein Kapitalverbrechen, ein Strafprozeß erübrigte sich also[30].

Christlich bedencken und erjnnerung von
Zauberey/
Woher / was / und wie vielfältig sie sey/ wem sie schaden könne oder nicht: wie diesem laster zu wehren/ und die/ so damit behafft/ zu bekehren/ oder auch zu straffen seyn.
Geschrieben durch Augustin Lercheimer von Steinfelden.
Psal. 57.
Richtet recht jr Menschen Kinder.
Gedruckt zu Heidelberg.
M. D. LXXXV.

Abb. 20: Augustin Lercheimer (Hermann Witekind), Christlich Bedencken, Heidelberg 1585

Schließlich blieben vom Hexereidelikt nur der Abfall von Gott und der Teufelspakt übrig. Doch auch für dieses spirituelle Vergehen lehnten die kurpfälzischen Verfolgungsgegner wie in allen Ketzereidelikten die Todesstrafe ab. Dies war eine nun nicht mehr typisch calvinistische Haltung, wie die Opposition der kurpfälzischen Theologen in der zweiten Hälfte des 16. Jahrhunderts zeigte. Vielleicht könnte man in diesem Punkt von einem in besonderem Maße humanistisch geprägten Calvinismus bei den Heidelberger Verfolgungsgegnern sprechen. Dabei kam ihnen argumentativ zur Hilfe, daß die Mosaischen Gesetze mit ihrem Gebot, die Zauberin nicht leben zu lassen, spätestens seit 1556 bei den meisten kurpfälzischen Gelehrten für aufgehoben galten[31]. Nach dem missionarischen Grundsatz »bekehren statt verbrennen«, der bereits 1562 in der Polizeiordnung Friedrichs III. seinen gesetzlichen Niederschlag fand, forderten die kurpfälzischen Verfolgungsgegner im Geiste des Neuen Testaments die Rückführung der Verirrten zum wahren Glauben durch seelsorgerliche Betreuung[32]. Sie suchten also eine kirchliche statt eine strafrechtliche Lösung. Dies erschien um so angebrachter, als es vielfach Zweifel an der Zurechnungsfähigkeit der als Hexen angeklagten Frauen gab. Hatte die Bekehrung Erfolg, war die Angelegenheit erledigt. Für den Fall aber, daß die Bekehrung keinen Erfolg hatte, wurden zur religiösen Reinhaltung des Territoriums polizeiliche Zwangsmaßnahmen und schließlich die Landesverweisung propagiert. Auch die Verfolgungsgegner befürworteten ausdrücklich sozialdisziplinierende Maßnahmen im Kampf gegen die volksmagischen Praktiken. Diesen Kampf nahm die Kurpfalz im Rahmen der allgemeinen Verhaltenskontrolle in großem Umfang auf. Es galt durchaus, die Volksmagie auszurotten, aber eben nicht mit Feuer und Schwert. Wenn es darum ging, den reinen Glauben bei den Untertanen durchzusetzen, dann standen Zauberer und Wunderheiler auf derselben Ebene wie alle anderen, die vom reformierten Glauben abwichen, wie etwa die Wiedertäufer oder renitente Katholiken. Diese brachte man auch nicht einfach um. Wenn trotzdem selbst unter den Verfolgungsgegnern der Kurpfalz immer wieder von der Strafbarkeit des Schadenzaubers die Rede war, dann waren dabei im Grunde nur noch der Giftmord und andere real mögliche Taten gemeint. Darauf stand, entsprechend den gewöhnlichen Morddelikten, nach wie vor die Todesstrafe. Hier ging es primär um die ernsthafte Schädigung von Leib und Leben des Menschen auf natürliche Weise.

Die Kurpfalz hat sich nicht gescheut, ihre streng verfolgungsablehnende Haltung auch für territorialpolitische Ziele einzusetzen. Staatsräson und Verfolgungskritik bildeten hier vielfach eine Einheit[33]. Grundsätzlich waren die Hexenprozesse im Alten Reich für Interventionen in fremde Herrschaftsbereiche gut geeignet, weil sie fast immer schwere Verfahrensmängel aufwiesen und gegen das Reichsrecht verstießen. Heidelberg hat diese Möglichkeiten genutzt. Die meisten Eingriffe der Kurpfalz in Hexenprozesse jenseits ihrer Grenzen waren eingebettet in politische Auseinandersetzungen mit den betreffenden Nachbarn. Das markanteste Beispiel bot die stark politisierte Hexenverfolgung von 1612 bis 1615 in der zum mainzischen Ritterstift St. Alban gehörenden Gemeinde Bodenheim. Die Kurpfalz ist ihren dort lebenden Leibeigenen schließlich sogar mit militärischen Interventionen zur Hilfe gekommen[34]. Wo Heidelberg keine politischen Interessen hatte und keine Rechte dazu, griff es dagegen nicht aktiv in fremde Hexereiverfahren ein. Aber dieses diplomatische Verhalten nach außen darf nicht über einen echten Idealismus im Inneren hinwegtäuschen. Die Skepsis der kurpfälzischen Regierung gegenüber dem Delikt und das Mitleid für die Opfer waren durchaus echt. Sie führten zu einer ungewöhnlich großen Hilfsbereitschaft gegenüber den Opfern, auch derjenigen Hexenverfolgungen in der Nachbarschaft, in die die Kurpfalz nicht direkt eingreifen konnte. Gelang einem als Hexe verfolgten Menschen die Flucht in die Kurpfalz, erfuhr er, egal welcher Konfession er war und woher er kam, zumeist den vollen Schutz des Kurfürsten und durfte sich im Land ansiedeln. Viele Hexen flohen daher in die Kurpfalz – und nicht eine wurde ausgeliefert. So entkam 1592 beispielsweise die aus der Herrschaft Dalberg stammende Ottilia Rühl, nachdem sie bereits gestanden hatte, eine Hexe zu sein, in letzter Sekunde aus dem Gefängnis ihres Herren in das Oberamt Alzey. Die Kurpfalz lehnte die von den Dalbergern geforderte Auslieferung mit dem deutlichen Hinweis auf einen dort drohenden Unrechtsprozeß ab und eröffnete auf der Grundlage der ihr vorgelegten Dalbergischen Akten selbst den Prozeß. Auf das Votum der kurfürstlichen Juristen hin wurde Ottilia freigesprochen und durfte mit ihrem Ehemann im Land bleiben[35]. Das prominenteste Beispiel für Prozeßflüchtlinge ist freilich ein männlicher Hexer. Als zwischen 1611 und 1618 in der Fürstpropstei Ellwangen in einer der größten südwestdeutschen Hexenverfolgungen Hunderte von Menschen umgebracht wurden, gelang es nur einem einzigen Opfer zu entkommen: Caspar Pfitzer, ein Bäcker, dessen Vater bereits hingerichtet worden war und dessen Frau ein Jahr später verbrannt wurde, erreichte nach einer längeren Flucht aus dem Gefängnis die Kurpfalz. Obwohl auch Pfitzer zuvor ein volles Geständnis abgelegt hatte, ein Hexer zu sein, und obwohl der Fürstpropst um seine Auslieferung bat, dachte Heidelberg nicht daran, den Mann in den sicheren Tod zu schicken. Im Gegenteil, man unterstütze ihn ganz ostentativ, und das direkt am Hof: Zuerst nahm der pfälzische Kanzler den mittellosen Mann in seine persönlichen Dienste, dann womöglich Kurfürst Friedrich V. selbst. In seinen Briefen in die Heimat betonte Pfitzer ausdrücklich, daß er in Heidelberg eine gute Obrigkeit gefunden habe. Ein paar Jahre später besorgte ihm der Kanzler eine Stelle als Bäcker in der kurpfälzischen Oberamtsstadt Alzey. Als sich die Alzeyer Bürger weigerten, Pfitzer das Bürgerrecht zu verleihen, da er in Ellwangen wegen Zauberei verfolgt worden sei und deswegen keinen Geburtsbrief vorlegen könne, intervenierte der Kanzler mit einer Ehrenerklärung für Pfitzer. Danach stand einer offensichtlich geglückten Integration in die städtische Gemeinschaft nichts mehr im Wege[36].

Wurde bisher vor allem von der Hexenpolitik des Oberrates gesprochen, so sollte der Blick über diesen und die Kurfürsten auch hinausgehen. Die lokalen Beamten mußten die Politik der Regierung umsetzen, und angesichts der bekannt ablehnenden Haltung Heidelbergs in der Hexenfrage blieb es nicht aus, daß die untergeordneten Behörden das Aufkommen von Hexenprozessen oft schon von sich aus zu unterbinden suchten, indem sie beispielsweise eine Hexereiklage in eine Injurienklage umwandelten, die sich dann gegen den ursprünglichen Kläger und nicht gegen die angebliche Hexe richtete. Hier sind nicht nur die weltlichen Behörden, die Städte eingeschlossen, zu nennen. Auch die calvinistischen Konsistorien, die peinlich genau über die Lebensführung und die Moral der Untertanen wachten, haben, soweit das zu erkennen ist, viel zur Entschärfung der Lage bereits auf unterster Ebene beigetragen[37]. Die Art und Weise, mit der viele untergeordnete Beamte und Stadträte die Heidelberger Hexenpolitik unterstützten, läßt den Schluß zu, daß einige von ihnen (wenn auch nicht alle[38]) die Verfolgung von angeblichen Hexen aus eigener Überzeugung ablehnten und nicht nur den Befehl ihres Herren ausführten. Das bei weitem eindrucksvollste Beispiel dafür liefern zwei Adelige, die beiden Burggrafen/Oberamtmänner von Alzey, Philipp II. (1584–1600) und Philipp III. (1601–1620) von Winneburg und Beilstein[39]. Als Reichsadelige selbst im Besitz einer Herrschaft an der Mosel, waren sie in Auseinandersetzungen mit Kurtrier verwickelt, was Hexenprozesse in gemeinschaftlich regierten Gerichten im Hunsrück betraf. Waren sie hier in ihren Möglichkeiten eingeschränkt, stand ihnen in Alzey dagegen das ganze Potential der kurpfälzischen Macht zur Verfügung. So verhinderten sie einerseits erfolgreich ein Ausgreifen nachbarlicher Prozesse auf ihr Oberamt, zum anderen setzten sie sich persönlich mit großer Energie für die Opfer auswärtiger Hexenprozesse ein und präsentierten den erbosten Nachbarn ein erstklassiges Zusammenspiel mit der Heidelberger Zentralregierung.

*

Hing das Verhalten der Kurpfalz bezüglich der Hexerei tatsächlich weitgehend von der Regierung ab, so mußte alles wieder zur Disposition stehen, als im Zuge des Dreißigjährigen Krieges ab 1622/23 das Land von fremden Truppen besetzt wurde und von nun an Spanien (und der Kaiser) den linksrheinischen Teil, Bayern den rechtsrheinischen Teil des Territoriums regierten.

Während über Hexenprozesse im spanischen Teil aufgrund der Quellenlage nichts Sicheres ausgesagt werden kann, ist eindeutig belegt, daß unter bayerischer Herrschaft ab 1629 die damals wütende größte deutsche Hexenverfolgungswelle auch auf die Kurpfalz übergreifen konnte. Es kam zu Prozessen und Hexenverbrennungen, wobei wir allerdings angesichts einer auch hier katastrophal schlechten Quellenlage keinerlei genaue Zahlen haben und die Ausmaße nur schwer abschätzen können.

Das Jahr 1629 markierte einen Höhepunkt der Hexenverfolgung in der kurpfälzischen Nachbarschaft, besonders in der Deutschordenskommende Mergentheim und in Kurmainz. Im Gegensatz zu früher konnte diese Welle nun jedoch ungehindert auch auf die Pfalz übergreifen, zunächst auf das nahegelegene Oberamt Mosbach. Schon im Juni 1629 ordnete Kurfürst Maximilian von Bayern den Bau neuer Gefängnisse im Oberamt an, weil die alten für die Hexereiverdächtigen nicht mehr ausreichten. Dies war bereits ein programmatischer Befehl, der eine Wende in der Hexenpolitik ankündigte[40].

Bei einem Umritt des Rentmeisters im September 1629 bezichtigte die Bevölkerung der Amts- und Zentgerichtsstadt Mosbach den Lehrer Joseph Flieder der Hexerei. Der Rentmeister verwies jedoch die Verfolgungsbefürworter an die bayerische Regierung in Heidelberg als die verantwortliche Instanz. Damit war der Lehrer der unmittelbaren Gefahr erst einmal entronnen und hatte nun die Möglichkeit zu einem Manöver, das in der Geschichte der Hexenverfolgungen wohl nicht allzu häufig wiederholt worden sein dürfte: Unter Bezugnahme auf die Aussagen von Kindern – wohl seiner eigenen Schüler – gelang es Flieder seinerseits, einen Prozeß ins Rollen zu bringen, in dem fünf Mosbacher Bürger der Hexerei angeklagt wurden, womit der Lehrer sich selbst aus der Schußlinie gebracht hatte. Bereits im Oktober 1629 wurden die drei Frauen und zwei Männer als Hexen in Mosbach vor Gericht gestellt. Die Anklage beinhaltete alle Merkmale des elaborierten Hexenbegriffs von der Teufelsbuhlschaft bis zum Hexentanz, und das Verfahren widersprach den bisher in der Kurpfalz gepflegten Rechtsnormen. Zur Einleitung des Verfahrens und zur ersten Folter hatte allein die Aussage Flieders genügt, der eben nicht als Augenzeuge, sondern nur vom Hörensagen berichtete. Zur Verurteilung der fünf Personen reichten ihre in der offensichtlich übermäßig angewandten Folter gemachten Geständnisse, wobei Flieder die Gefangenen in der Haft besucht hatte, um sie zu gleichen Aussagen aufzufordern. Auf dem öffentlichen Gerichtstag stellte sich der Verteidiger der fünf Angeklagten in einem eindrucksvollen Plädoyer auf den alten kurpfälzischen Rechtsstandpunkt und forderte den Freispruch angesichts eines solchen Unrechtsverfahrens. Er verwies darauf, daß der Hexenprozeß eine hierorts ganz neue, unbekannte und unerhörte Blutsache sei, womit er das bis dahin prozeßablehnende Verhalten der Kurpfalz einmal mehr bestätigte. Seine Aufforderung, der Hexenverfolgung besser keine Bahn zu brechen, nutzte jedoch nichts: Die Angeklagten wurden dem Befehl der Regierung entsprechend zum Tode verurteilt und verbrannt. Dieser Prozeß hatte deutlich in der Bevölkerung seinen Ausgang genommen, doch wo früher die kurpfälzische Regierung einen Hexenprozeß nicht zugelassen hatte, zeigte sich nun die bayerische Regierung, die sehr wohl von der Gefährlichkeit des Hexenwesens überzeugt war, bereit, die Sache zu verfolgen und die Angeklagten auf den Scheiterhaufen zu bringen.

Bisher ist nur dieser Mosbacher Prozeß in den Jahren um 1629 genauer bekannt, doch scheint von Mosbach ausgehend eine ganze Prozeßwelle die rechtsrheinische Kurpfalz überzogen zu haben, denn im Juni 1630 wandte sich der bayerische Statthalter in Heidelberg an die Regierung in München, weil er offenbar nicht wußte, wie er sich angesichts des »anfangenden Hexenwesens« und der offensichtlich vermehrten Prozeßtätigkeit verhalten sollte. Der Münchner Hofrat befahl, mit den Prozessen nach eigenem Gutdünken fortzufahren, und ordnete ferner die Einstellung einer qualifizierten Person an, also eines Hexenkommissars, dessen alleinige Aufgabe es sein sollte, das Hexenwesen zu bekämpfen. Das bedeutete eine Übertragung des fränkischen Verfolgungsmodells auf die Kurpfalz und die Möglichkeit einer Eskalation der Prozesse, wobei die Initiative, die vorher eher bei der Bevölkerung gelegen hatte, nun auf den Kommissar übergehen mußte[41].

Offenbar übernahm zuerst der ins Oberamt Mosbach gehörige Hilsbacher Keller Johann Diemer provisorisch die Funktion eines Hexenkommissars, bevor am 16. August 1631 Georg Arnold Freytag als *advocatus in criminalibus* mit einem Jahresgehalt von 400 Gulden speziell zur Führung der begonnenen Hexenprozesse angestellt wurde[42]. Dies stärkt trotz fehlender Quellen die Vermutung, daß die Verfolgung größere Ausmaße erreicht hatte. Geradezu unheilvoll drohte dabei ein von Bayern gewähltes Verfolgungsmodell zu werden, das von vornherein vorsah, daß Freytag sein Gehalt aus den konfiszierten Gütern der Hingerichteten wieder einbringen sollte. Damit mußte der Kommissar ein besonders hohes Interesse an der Perpetuierung der Prozesse und ihrer Ausdehnung auf die vermögenden Schichten gewinnen. Viel Zeit jedoch blieb dem bayerischen Hexenkommissar nicht, denn bereits in diesen Monaten begannen die Truppen Gustav Adolfs mit der Eroberung der Kurpfalz, und es besteht die berechtigte Vermutung, daß Freytag seinen Dienst nie wirklich angetreten hat.

Von maßgeblicher Bedeutung dafür, daß die Verfolgung ab 1629 auf die Kurpfalz übergreifen konnte, war der Umstand, daß die Partei der Prozeßgegner in München, die in den bayerischen Zentralbehörden inzwischen die beherrschenden Positionen eingenommen hatte, auf das weit entfernte Heidelberg aus personalpolitischen und verwaltungstechnischen Gründen zunächst keinen entscheidenden Einfluß ausüben konnte[43]. Die Räte und Beamten, die Bayern in der rheinischen Pfalz einsetzte, kamen in der Regel von auswärts, meistens aus der katholischen Nachbarschaft der Kurpfalz. Sie standen kaum in bayerischen Regierungstraditionen und wußten deshalb auch nichts von der moderaten Haltung, die sich in München inzwischen durchgesetzt hatte. So war für die rheinische Kurpfalz mit der Flucht der alten kurpfälzischen Regierung die verfolgungsablehnende Tradition abgerissen, während die Bayern ihre ebenfalls sehr vorsichtige Haltung nicht auf das Land übertrugen, sondern das Feld einer ziemlich kleinen, fremden und recht bunt zusammengestellten Beamtenschar überließen. Ganz anders dagegen gestaltete sich die Situation in der Oberpfalz, wo es auch unter bayerischer Herrschaft nicht zur Verfolgung kam. Hier blieb das alte kurpfälzische Personal noch lange im Amt und wurde erst allmählich von einem bayerischen Personal abgelöst, das im Gegensatz zur rheinischen Pfalz sehr wohl bayerische Traditionen mitbrachte. Maßgebliche Verfolgungsgegner aus München bekamen die Kontrolle über die Oberpfalz. Damit aber konnte auf seiten der Obrigkeit in der Hexenfrage die radikale kurpfälzische verfolgungsablehnende Regierungstradition nahtlos in die vorsichtige Haltung der bayerischen Verfolgungsgegner übergehen.

Was die rheinische Pfalz betraf, so währte die schwedische Herrschaft, die die Tätigkeit des Hexenkommissars beendet hatte, nicht lange, denn bereits 1635 befand sich das Land wieder in bayerischer und kaiserlich-spanischer Hand. Bis 1648 rotteten die Kriegswirren etwa 75 bis 80% der kurpfälzischen Bevölkerung aus. Obwohl also das Verfolgungspotential an sich stark im Sinken gewesen sein dürfte, sind weitere Hexenprozesse 1640 in Heidelberg und 1643 im spanischen Simmern überliefert[44]. Im bayerischen Besatzungsgebiet setzte München nun allerdings ein vorsichtigeres Vorgehen durch und verschärfte die Kontrollen.

Der Westfälische Friede brachte die Rückkehr des pfälzischen Kurfürsten Karl Ludwig (1649–1680) und seiner Regierung. Obwohl einige kurpfälzische Regierungstraditionen durch die lange Besatzungszeit abgerissen waren und die Verwaltung unter veränderten Vorzeichen neu aufgebaut werden mußte, bedeutete die Rückkehr des Kurfürsten das endgültige Ende der Hexenhinrichtungen in der Kurpfalz. Allerdings war diese Haltung nun keine besonders exklusive mehr, stellte doch selbst Kurmainz, der Erzhexenverfolger in der kurpfälzischen Nachbarschaft, in dieser Zeit die Prozesse weitgehend ein.

Das frühneuzeitliche Hexenprozeßgeschehen in der Kurpfalz zeigte sich somit seit 1561 im wesentlichen von der Haltung der Obrigkeit bestimmt; dies galt auch für die bayerische Besatzungszeit. Soweit sich der frühmoderne Territorialstaat durchgesetzt hatte, bestimmte er über das Zustandekommen eines Hexenprozesses, gleichgültig, wer diesen initiiert hatte. Dabei galt zwar, daß der Ausbau moderner Staatlichkeit grundsätzlich einen verfolgungshemmenden und schließlich verfolgungsbeendenden Einfluß hatte. Wie schnell und radikal die Hexenprozesse tatsächlich verhindert wurden, hing aber stark auch von der geistigen Prägung der verantwortlichen Beamten ab, insbesondere von der Etablierung einer verfolgungsablehnenden Regierungs- und Verwaltungstradition und ihrer Bewahrung durch die politische und personelle Kontinuität.

Anmerkungen

1 Zum Thema siehe ausführlich Jürgen Michael SCHMIDT, Glaube und Skepsis. Die Kurpfalz und die abendländische Hexenverfolgung 1446–1685 (Hexenforschung, Bd. 5), Bielefeld 2000, hier auch sehr viel mehr Details, Anmerkungen und Literaturangaben, die für den vorliegenden Beitrag stark gekürzt wurden.

2 Zur Geschichte der Kurpfalz siehe vor allem Meinrad SCHAAB, Geschichte der Kurpfalz, 2 Bde., Stuttgart u.a. 1992, [2]1999; DERS., Kurpfalz, in: DERS./Hansmartin SCHWARZMAIER (Hrsg.), Handbuch der Baden Württembergischen Geschichte, Bd. 2: Die Territorien im Alten Reich, Stuttgart 1995, S. 247–333; Anton SCHINDLING/Walter ZIEGLER, Kurpfalz, Rheinische Pfalz und Oberpfalz, in: DIES. (Hrsg.), Die Territorien des Reichs im Zeitalter der Reformation und Konfessionalisierung. Land und Konfession 1500–1650, Bd. 5: Der Südwesten (Katholisches Leben und Kirchenreform im Zeitalter der Glaubensspaltung, Bd. 53), Münster 1993, S. 8–49. Von zentraler Bedeutung für den Zeitraum der Untersuchung auch: Volker PRESS, Calvinismus und Territorialstaat. Regierung und Zentralbehörden der Kurpfalz 1559–1619 (Kieler Historische Studien, Bd. 7), Stuttgart 1970.

3 Territorien mit ausgesprochen wenigen Hexenprozessen in kurpfälzischer Nachbarschaft waren die Markgrafschaft Baden-Durlach oder das Herzogtum Württemberg (vgl. die Beiträge von Corinna Schneider und Anita Raith in diesem Band).

4 So schon H.C. Erik MIDELFORT, Witch Hunting in Southwestern Germany 1562–1684. The social and intellectual Foundations, Stanford 1972, S. 56–58. In einigen wenigen Einzelprozessen gab es zwischen 1560 und 1622 auch in der Kurpfalz Kombinationen von »echten« und beweisbaren Delikten (Mord, Diebstahl) mit Zaubereianklagen aus der Bevölkerung. Diese Ausnahmefälle entsprachen aber nicht der klassischen Hexenverfolgung. Eine solche ist hier nicht zu finden.

5 Bernd THIESER, Die Oberpfalz im Zusammenhang des Hexenprozeßgeschehens im Süddeutschen Raum während des 16. und 17. Jahrhunderts (Bayreuther Arbeiten zur Landesgeschichte und Heimatkunde, Bd. 2), Bayreuth [2]1992; das Wesentliche auch bei Wolfgang BEHRINGER, Hexenverfolgung in Bayern. Volksmagie, Glaubenseifer und Staatsräson in der Frühen Neuzeit, München [3]1997, S. 161.

6 SCHMIDT, Glaube und Skepsis (wie Anm. 1), S. 23–32. Die beiden Quellen: (1) Johannes HARTLIEB, Das Buch aller verbotenen Künste, des Aberglaubens und der Zauberei, hrsg. von Falk EISERMANN/Eckhard GRAF (Esoterik des Abendlandes, Bd. 4), [Ahlerstedt] 1989, S. 46f.; (2) StA Basel-Stadt, Gerichtsarchiv, Schultheißengericht D4, 1446–1453, fol. 115^{r}–116^{r}, zum Teil ediert von SCHMIDT, Glaube und Skepsis (wie Anm. 1), S. 28f., und Dorothee RIPPMANN, Hexen im 15. und 16. Jahrhundert, in: DIES./Katharina SIMON-MUSCHEID/Christian SIMON (Hrsg.), Arbeit – Liebe – Streit. Texte zur Geschichte des Geschlechterverhältnisses und des Alltags (15. bis 18. Jahrhundert) (Quellen und Forschungen zur Geschichte und Landeskunde des Kantons Basel-Landschaft, Bd. 55), Liestal 1996, S. 159–226. Zu den frühen Hexenprozessen im allgemeinen vgl. den Beitrag von Andreas Blauert in diesem Band.

7 Konrad HOFMANN (Hrsg.), Quellen zur Geschichte Friedrichs I. des Siegreichen, Kurfürsten von der Pfalz (Quellen und Erörterungen zur bayerischen und deutschen Geschichte, AF, Bd. 2), Bd. 1, München 1862, S. 1–141, hier: S. 113ff. Die bislang in der Hexenforschung vertretene Hypothese, der Inquisitor Heinrich Institoris wäre für die bei Matthias von Kemnath genannten Hinrichtungen verantwortlich gewesen, entbehrt jeder Grundlage (SCHMIDT, Glaube und Skepsis [wie Anm. 1], S. 35–44).

8 Georg SCHWARTZERDT, Belagerung der Stadt Bretten, abgedruckt in: Franz Joseph MONE, Quellensammlung der badischen Landesgeschichte, Bd. 2, Karlsruhe 1854, S. 1–17, hier: S. 6.

9 Vgl. Bruno KÖNIG, Hexenwahn und Hexenprozeß in Mosbach, Elztal-Dallau 1974, S. 12ff. Anzeichen für eine räumlich begrenzte Prozeßtätigkeit mit Todesurteilen gibt es für mittelrheinische Gebiete der Pfalz und die angrenzenden Territorien für die Jahre zwischen 1534 und 1543 (SCHMIDT, Glaube und Skepsis [wie Anm. 1], S. 60f.).

10 Johannes WEYER, De praestigiis daemonum, et incantationibus, ac veneficiis, Libri V, recogniti, et valde aucti, Basel 1564, S. 519f.

11 Carl BINZ, Augustin Lercheimer (Prof. H. Witekind in Heidelberg) und seine Schrift wider den Hexenwahn. Lebensgeschichtliches und Abdruck der letzten vom Verfasser besorgten Ausgabe von 1597, Straßburg 1888, hier: S. 113f.

12 Hermann LÖHER, Wemütige Klage der Frommen Unschültigen [...], Amsterdam 1676, S. 346.

13 StA Darmstadt, O1 A 68/1, fol. 27, Brief vom 28. Februar 1593.

14 SCHMIDT, Glaube und Skepsis (wie Anm. 1), S. 143–148 passim.

15 Thomas ERAST, Disputationum de medicina nova Philippi Paracelsi Pars Prima: In qua, quae de remediis superstitiosis et Magicis curationibus ille prodidit, praecipue examinantur, Basel [1572], S. 193–215; DERS., Repetitio disputationis de Lamiis seu strigibus: in qua plene, solide, & perspicue, de arte earum, potestate, item-

que poena disceptatur, Basel [1578]; BINZ (wie Anm. 11); Antonius PRAETORIUS, Von Zauberey und Zauberern Gründlicher Bericht. Darinn der grawsamen Menschen thöriges / feindseliges / schändliches vornemmen: Und wie Christliche Oberkeit in rechter Amptspflege ihnen begegnen / ihr Werck straffen / auffheben / und hinderen solle / und könne, Heidelberg 1613 (erste Auflage 1598).

16 StadtA Mosbach, B 388 (21. Juni 1592); KÖNIG (wie Anm. 9), S. 14.

17 SCHMIDT, Glaube und Skepsis (wie Anm. 1), S. 404–407; Janine ESTÈBE/Bernard VOGLER, La genèse d'une société protestante. Étude comparée de quelques registres consistoriaux languedociens et palatins vers 1600, in: Annales 31 (1976), S. 362–388.

18 Zum folgenden PRESS, Calvinismus (wie Anm. 2), bes. S. 27ff.; DERS., Die Kurpfalz und ihre Nebenlande, in: Kurt G.A. JESERICH/Hans POHL/Georg-Chrisoph VON UNRUH (Hrsg.), Deutsche Verwaltungsgeschichte, Bd. 1: Vom Spätmittelalter bis zum Ende des Reiches, Stuttgart 1983, S. 555–575.

19 In der Oberpfalz bestimmte weniger die Heidelberger Zentralregierung als die eigene Amberger Regierung die unmittelbare Verwaltung des Territoriums. In der Frage der Hexenprozesse ist jedoch von einer starken Beeinflussung der Amberger Regierung durch Heidelberg auszugehen (SCHMIDT, Glaube und Skepsis [wie Anm. 1], S. 378–397).

20 Churfürstlicher Pfaltz Landt-Recht. Fünffter Theil der Churfürstlichen Pfaltz Landtrechte. Criminalia / Das ist / Peinliche Malefitz / Ubel und Mißthaten / auch derenselben Straffen und Ordnungen betrefendt, Heidelberg 1582.

21 Walter RUMMEL, Bauern, Herren und Hexen. Studien zur Sozialgeschichte sponheimischer und kurtrierischer Hexenprozesse 1574–1664 (Kritische Studien zur Geschichtswissenschaft, Bd. 94), Göttingen 1991, hier vor allem S. 319; Johannes DILLINGER, »Böse Leute«. Hexenverfolgungen in Schwäbisch-Österreich und Kurtrier im Vergleich (Trierer Hexenprozesse. Quellen und Darstellungen, Bd. 5), Trier 1999.

22 MIDELFORT (wie Anm. 4), S. 29, 34ff.

23 Peter Arnold Heuser (Bonn) auf einem Vortrag in Stuttgart-Hohenheim 2002. Es ist zu hoffen, daß die grundlegende Studie Heusers bald erscheinen wird.

24 Hans de Waardt (Amsterdam), auf einem Vortrag in Stuttgart-Hohenheim 2002, eine umfassende Monographie dazu ist in Vorbereitung; Stuart CLARK, Thinking with demons. The Idea of Witchcraft in Early Modern Europe, Oxford 1997, S. 543f.; Gary K. WAITE, »Man is a Devil to Himself«. David Joris and the Rise of a Sceptical Tradition towards the Devil in the Early Modern Netherlands, 1540–1600, in: Nederlands Archief voor Kerkgeschiedenis 75 (1995), S. 1–30.

25 SCHMIDT, Glaube und Skepsis (wie Anm. 1), S. 140ff.

26 UA Heidelberg, H II, 155/5, fol. 483^{v}f.; SCHMIDT, Glaube und Skepsis (wie Anm. 1), S. 373f.

27 StA Würzburg, MRA Kurpfalz 650, fol. 235^{r}.

28 Alfred SOMAN, Decriminalizing Witchcraft. Does the French Experience Furnish a European Model? in: Criminal Justice History 10 (1989), S. 1–22; Brian P. LEVACK, State-building and witch hunting in early modern Europe, in: Jonathan BARRY/Marianne HESTER/Gareth ROBERTS (Hrsg.), Witchcraft in early modern Europe. Studies in culture and belief, Cambridge 1996, S. 96–115; Johannes DILLINGER, Hexenverfolgungen in Städten, in: Gunther FRANZ/Franz IRSIGLER (Hrsg.), Methoden und Konzepte der historischen Hexenforschung (Trierer Hexenprozesse. Quellen und Darstellungen, Bd. 4), Trier 1998, S. 129–165; Johannes DILLINGER/Jürgen Michael SCHMIDT/Dieter R. BAUER (Hrsg.), Hexenprozeß und Staatsbildung, in Vorbereitung.

29 Für das folgende SCHMIDT, Glaube und Skepsis (wie Anm. 1), S. 398–407, 478–482 passim; vgl. auch ESTÈBE/VOGLER (wie Anm. 17), S. 374; Jörg HAUSTEIN, Martin Luthers Stellung zum Zauber- und Hexenwesen (Münchener Kirchenhistorische Studien, Bd. 2), Stuttgart u.a. 1990, S. 152; CLARK (wie Anm. 24), S. 445ff.; Christina LARNER, Enemies of God. The Witch-hunt in Scotland, London 1981, S. 157ff. So auch der *Heidelberger Katechismus* (1563), Fragen 1 und 27, vgl. Emil SEHLING (Hrsg.), Die evangelischen Kirchenordnungen des XVI. Jahrhunderts, Bd. 14: Kurpfalz, Tübingen 1969, S. 342f., 348.

30 Z.B. StA Würzburg, MRA Kurpfalz 650, fol. 93ff.

31 Z.B. SEHLING (wie Anm. 29), S. 213–215.

32 Ebd., S. 273.

33 Walter RUMMEL, Rezension von Jürgen Michael Schmidt, Glaube und Skepsis. Die Kurpfalz und die abendländische Hexenverfolgung 1446–1685, Bielefeld 2000, in: PERFORM 2 (2001), Nr. 5 (1. September 2001) <www.sfn.uni-muenchen.de/rezensionen/rezp20010515.htm> (24. Februar 2004).

34 SCHMIDT, Glaube und Skepsis (wie Anm. 1), S. 321–361; DERS., Ein politisches Ausrottungsprogramm? Kurpfalz, Kurmainz, St. Alban und die große Hexenverfolgung in Bodenheim 1612–1615, in: Rita VOLTMER/Gudrun GERSMANN (Hrsg.), Hexenverfolgung und Herrschaftspraxis (Trierer Hexenprozesse. Quellen und Darstellungen, Bd. 8), in Vorbereitung; Anton Ph. BRÜCK, Ein politischer Hexenprozeß in Bodenheim, in: Mitteilungsblatt zur rheinhessischen Landeskunde 5 (1956), S. 49–62.

35 StA Darmstadt, O1 A 68/1, fol. 15ff.; SCHMIDT, Glaube und Skepsis (wie Anm. 1), S. 286ff.; im Detail nicht gänzlich überzeugend: Ernst MERKEL, Hexenprozesse in der Herrschaft Dalberg, in: Der Wormsgau 11 (1974/75), S. 79–83, hier: S. 81.

36 SCHMIDT, Glaube und Skepsis (wie Anm. 1), S. 362f.; vgl. den Beitrag von Wolfgang Mährle in diesem Band; Hans GEBHARD, Die Pfitzerin. Eine von vielen hingerichteten Ellwanger »Hexen«, Ellwangen 1998, S. 43ff.;

Rainer KARNETH, Bäcker Pfitzer – ein Flüchtling vor der Hexenverfolgung des 17. Jahrhunderts findet Asyl in Alzey, in: Alzeyer Geschichtsblätter 33 (2001), S. 34–49.

37 Vgl. Anm. 17.

38 Ein Gegenbeispiel wäre der Boxberger Amtmann Friedrich Husmann von Namedey, der 1594/95 mit Unterstützung des Hofgerichtsassessors Leonhard Schug einen Hexenprozeß gegen zwei Frauen durchführen wollte (SCHMIDT, Glaube und Skepsis [wie Anm. 1], S. 254ff.).

39 SCHMIDT, Glaube und Skepsis (wie Anm. 1), S. 291ff.; RUMMEL, Bauern, Herren und Hexen (wie Anm. 21), S. 140, 143f., 205.

40 Zum folgenden SCHMIDT, Glaube und Skepsis (wie Anm. 1), S. 411–446; Franz MAIER, Die bayerische Unterpfalz im Dreißigjährigen Krieg. Besetzung, Verwaltung und Rekatholisierung der rechtsrheinischen Pfalz durch Bayern 1621–1649, Frankfurt a.M. 1990, S. 180ff.; KÖNIG (wie Anm. 9), S. 15ff.

41 HStA München, Kurbayern Hofrat 233, fol. 11^r; vgl. BEHRINGER (wie Anm. 5), S. 318.

42 MAIER (wie Anm. 40). Was die Kosten der Strafverfolgung anging, war die alte kurpfälzische Regierung auch bei Zaubereifällen der Ansicht gewesen, daß »der Obrigkeit gebürt uff ihren selbst kosten in solchen fällen zu exequirn« (Administrator Johann Casimir, GLA Karlsruhe, 67/855, fol. 240^v).

43 SCHMIDT, Glaube und Skepsis (wie Anm. 1), S. 429–438; BEHRINGER (wie Anm. 5), S. 224ff.

44 SCHMIDT, Glaube und Skepsis (wie Anm. 1), S. 449ff.

Sabine Schleichert

Vorderösterreich: Elsaß, Breisgau, Hagenau und Ortenau[1]

»Vorderösterreich«, von Wien oder Innsbruck aus gesehen die Lande jenseits des Arlbergs, war Bestandteil von Oberösterreich, das von 1565 bis 1665 von einer eigenen habsburgischen Linie mit Sitz in Innsbruck regiert wurde[2]. Im Unterschied zu Vorarlberg und »Schwäbisch-Österreich«, die direkt der Innsbrucker Regierung unterstellt waren, existierte für die weiter entfernt liegenden Teile mit der vorderösterreichischen Regierung im elsässischen Ensisheim eine eigene Mittelinstanz, die sich gegenüber Innsbruck zu verantworten hatte. Dieser zuletzt genannte Teil, gelegentlich als »Vorderösterreich im engeren Sinn« oder »Alt-Vorderösterreich« bezeichnet, umfaßte die österreichischen Territorien im Breisgau und Elsaß, außerdem die Reichslandvogteien Hagenau und Ortenau, die sich seit der Mitte des 16. Jahrhunderts im Besitz des Erzhauses Habsburg befanden. Das Territorium war etwa so groß wie Württemberg, erreichte aber nie dessen räumliche und verwaltungsmäßige Geschlossenheit[3].

Sei es, daß die Habsburger sich mehr für die finanzielle Nutzung der Lande als für deren Verwaltung interessierten, sei es, daß das Oberrheingebiet aus ihrer Perspektive ohnehin zur Peripherie zählte: Viele Herrschaften, Ämter und Hoheitsrechte wurden immer wieder an lokale Adelsgeschlechter oder benachbarte Fürstenhäuser verpfändet und verliehen. Was Österreich in diesen »Dominien« blieb, war die mittelbare Herrschaft, insbesondere das Recht auf Steuereinnahmen und Musterung. Die eigentliche Verwaltung einschließlich der niederen und hohen Gerichtsbarkeit war Sache des Pfandinhabers. Gerade für die frühe Neuzeit ließen sich nur wenige Gebiete nennen, die als Kameralherrschaften unmittelbar unter habsburgischer Verwaltung standen[4]. Damit lag die Hochgerichtsbarkeit in Vorderösterreich, die hier naturgemäß besonders interessiert, nicht in einer Hand, sondern bei den verschiedensten Obrigkeiten aus Ritterschaft, Prälatenstand und Städten[5]. Je nach dem Wortlaut der Pfandverschreibungen beanspruchte der Landesherr unter Umständen aber auch in den Gebieten mittelbarer Herrschaft das Recht der Vermögenskonfiskation in Hexen- und allen anderen Malefizprozessen. Diese Territorien können daher bei einer Behandlung der vorderösterreichischen Hexenprozesse nicht außer acht gelassen werden.

Das Land war katholisch. Seit der Mitte des 16. Jahrhunderts zählte die Gegenreformation zu den Kernpunkten oberösterreichischer Politik[6]. Die Bewahrung und Stärkung des katholischen Glaubens wurde nicht nur von den vorderösterreichischen Beamten und Amtsträgern verlangt, sondern auch von neuangesiedelten Orden im Land intensiv betrieben. Die Jesuiten orientierten sich vor allem auf das höhere Schulwesen und die Universitäten, die Kapuziner kümmerten sich mehr um die niederen Volksschichten und begegnen gelegentlich auch im Zusammenhang mit Hexenprozessen[7]. Gerade in der Landvogtei Hagenau und im Elsaß dürfte es durch die Nähe zu den protestantischen Reichsstädten auch zu konfessionellen Spannungen gekommen sein. Ein direkter Zusammenhang zwischen den gegenreformatorischen Bestrebungen der Erzherzöge und den in Vorderösterreich geführten Hexenprozessen ist bisher allerdings nicht erkennbar.

Der Erzherzog und die oberösterreichische Regierung äußerten sich nur in sehr wenigen Fällen direkt zu vorderösterreichischen Prozessen. Aus Tiroler und Vorarlberger Vergleichsmaterial ergibt sich, daß sie bis gegen Ende des 16. Jahrhunderts Hexenprozessen grundsätzlich eher vorsichtig gegenüberstanden. 1540 wurde der Glaube an Zauberei generell kritisiert, 1578 der Wahrheitsgehalt der Besagungen bezweifelt; mehrfach mahnte man behutsames Vorgehen bei Zaubereiverdächtigungen an[8]. Sei etwa 1600 ist ein Wandel der Auffassungen zu bemerken. Erzherzog Maximilian äußerte Anfang des 17. Jahrhunderts sein Erstaunen über die allgegenwärtigen Verbrechen der Hexen; er wie auch sein Nachfolger Leopold betonten die Wichtigkeit des gerichtlichen Vorgehens gegen diese[9]. Dem wurden bei Bedarf auch etwaige Rücksichten gegenüber Angehörigen herausgehobener sozialer Schichten hintangestellt: Auf entsprechende Nachfragen der untergeordneten Instanzen befahlen die Innsbrucker ausdrücklich die Verhaftung mehrerer in Verdacht geratener Ensisheimer Hofsverwandter sowie einer elsässischen Adligen[10]. Allerdings vergaß man dabei niemals ganz die Notwendigkeit, die Verfahrensvorschriften zu beachten und einzuhalten[11]. Die vorsichtigere Haltung gewann nach dem Tode Erzherzog Leopolds seit den dreißiger Jahren des 17. Jahrhunderts endgültig die Oberhand. Erst jetzt ging man auch mit einer allgemeingültigen Regelung über rein reaktive Meinungsäußerungen zu konkreten Prozessen über. Auf Anforderung der oberösterreichischen Regierung erstellte ihr Kammerprokurator Dr. Volpert Mozel[12] 1637 eine *Instruction vnd Conclusiones, mit was Vmbstenden die Hexen Persohnen constituiert werden khinden*, die sich im wesentlichen an der *Constitutio Criminalis Carolina* orientierte und die strenge Beachtung der formalen Prozeßvorschriften forderte[13]. Diese Instruktion wurde mit hoher Wahrscheinlichkeit an alle untergeordneten Behörden weitergeleitet und ihre Einhaltung in den folgenden Jahren von der Regierung mehrfach angemahnt; sie konnte aber für vorländische Prozesse kaum noch Bedeutung erlangen, weil dort die Zeit der Hexenverfolgungen weitestgehend vorbei war[14]. In diesen Zusammenhang gehört auch ein ungewöhnlich scharfer Verweis an die vorderösterreichische Stadt Villingen, unter deren Gerichtsbarkeit sich 1641 die letzte große Prozeßwelle ereignete. Das Schreiben macht deutlich, daß nach Ansicht der oberösterreichischen Regierung die Prozesse auf Formfehlern innerhalb der Verfahren beruhten und sie nicht gewillt war, derart eigenmächtige Vorgehensweisen weiter zu dulden[15].

Die Regierung Ensisheim war zwar näher am Ort des Geschehens, reagierte aber wie die oberösterreichische Regierung nur auf Einzelfälle, sofern ihr diese aufgrund besonderer Umstände zur Kenntnis kamen. Insgesamt nahm sie ebenso selten wie Innsbruck direkten Einfluß auf die Führung der Prozesse. Antworten auf Anfragen aus den Ämtern beschränkten sich gelegentlich auf den Hinweis, die lokalen Beamten sollten nach dem Rat der Rechtsgelehrten verfahren; in keinem Fall ist ein Interesse erkennbar, die Angelegenheit an sich zu ziehen oder die Kompetenzen der Amtleute einzuschränken[16]. Auch die Ensisheimer Regierung hielt allerdings das Laster der Zauberei grundsätzlich für ein so schwerwiegendes, daß es zu verfolgen sei. Im Falle eines Jungen aus der Landvogtei Hagenau, der Hexerei gestanden und auch etliche Personen besagt hatte, bat die vorderösterreichische Kammer im Jahre 1607 den Erzherzog, seine zügige Hinrichtung zu befehlen, um weitere hohe Kosten durch den längeren Haftaufenthalt zu vermeiden; gleichzeitig bat sie aber um Befehl zur Fortsetzung der Prozesse gegen die übrigen Verdächtigen – was zwangsläufig mindestens ebenso hohe Kosten nach sich ziehen mußte[17]. Eine bremsende Tendenz ist allenfalls dort erkennbar, wo Bürger den lokalen Amtleuten Unverhältnismäßigkeit der Mittel und Amtsmißbrauch im Zusammenhang mit Hexenprozessen vorwarfen. So warf etwa ein der Oberschicht zuzurechnender Bürger der bollweilerischen Pfandherrschaft Weilertal in den Vogesen dem dortigen Amtmann vor, der Hexenprozeß gegen seine Frau sei letztlich eine Racheaktion gegen ihn selbst, und drohte mit Klage; die Regierung reagierte mit der Bemerkung, der Amtmann solle in dem Verfahren seine Befugnisse nicht überschreiten und sich an die Vorschriften halten[18].

Insgesamt kann man von keiner der beiden Regierungen behaupten, sie hätte größeren Einfluß auf die Führung der vorländischen Hexenprozesse ausgeübt oder als zentrale, leitende Instanz fungiert. Die Hauptverantwortlichen sind daher eine Ebene tiefer zu suchen. Bei den Städten und Adelsherrschaften, die zwar landsässig waren, aber über eigene Hochgerichtsrechte verfügten, versteht sich das von selbst. Sie führten die Prozesse aus eigener Kompetenz und hätten jeden Beeinflussungsversuch als Eingriff in ihre Privilegien betrachtet. Doch auch die Amtleute der unmittelbaren österreichischen Herrschaften handelten weitestgehend aus eigenem Ermessen. Bisher ist nicht einmal sicher, ob die in den österreichischen Kameralherrschaften gefällten Malefizurteile tatsächlich in Ensisheim bestätigt werden mußten, wie gelegentlich behauptet wird[19].

Auf dieser Ebene ist aber immerhin durchgängig erkennbar, daß die lokalen Beamten ebenso wie die Führungsgremien der Städte nicht nur die Verfolgungsbegehren der Bevölkerung aufgenommen haben. Sie haben darüber hinaus aktiv zur Ausweitung der Prozesse beigetragen, indem sie Besagungen an benachbarte Obrigkeiten weitergaben bzw. anderswo um die Mitteilung etwaiger Besagungen gegen eigene Untertanen baten. Das konnten Gebiete sein, die gleichfalls unter österreichischer Landeshoheit standen, etwa von Waldkirch nach St. Peter oder von Ammerschweier nach Breisach; ebenso konnte dies aber auch »fremde« Territorien betreffen, wenn etwa der Amtmann von Oberbergheim im Elsaß sich im lothringischen St. Pilt nach verwertbaren Besagungen erkundigte. Amtshilfe wurde aktiv in beiden Richtungen geleistet, gelegentlich mit der Bemerkung, der Fortpflanzung der lieben *Justitia* dienen zu wollen[20]. Die österreichischen Amtleute der Ortenau kritisierten 1608 die Reichsstadt Offenburg, daß diese zu lasch in der Verfolgung der Hexen vorgehe, obwohl dort in demselben Jahr elf Hexen verbrannt worden waren[21]. Die lokalen Amtsträger waren zweifellos durch die engeren Kontakte mit der Bevölkerung besser über deren Verfolgungsbegehren informiert als die weiter oben in der Hierarchie stehenden Beamten; dies mag ein Grund sein, warum sich viele von ihnen so für die Verfolgung von Hexen einsetzten.

Was der vorderösterreichischen Regierung hingegen nicht entging, waren die der Verurteilung und Hinrichtung folgenden Auseinandersetzungen um die Vermögenskonfiskation. Das unter chronischer Finanzschwäche leidende Haus Habsburg betonte, abweichend von der allerdings unklaren Formulierung in der *Carolina*, immer wieder den grundsätzlichen Anspruch des Landesherrn auf die Konfiskation des gesamten Vermögens der Verurteilten, das diesem wegen der Schwere des *crimen laesae majestatis divinae* verfallen sein müsse[22]. Gelegentlich klingt es fast so, als wäre die Vermögenseinziehung das einzige, was die Beamten an Hexenprozessen interessierte, wenn sie von den Verfahren Kenntnis erhalten hatten und sich nach dem Stand der Dinge erkundigten[23]. In konkreten Fällen hat man allerdings wesentlich flexibler gehandelt und die lokalen Gebräuche ebenso berücksichtigt wie Zahl, Verwandtschaftsgrad, Vermögen und Alter der Hinterbliebenen. Die oberösterreichische Regierung riet 1577 dem Erzherzog, bei den derzeit leider sehr zunehmenden Hexenprozessen in den Vorlanden folgendermaßen zu verfahren: In den Fällen, in denen Kinder unter den Hinterbliebenen seien, sollten diesen aus Gnade zwei Drittel des Erbes zugestanden und der dritte Teil als Strafe eingezogen werden. Bei erwachsenen Erben wären zwei Drittel zu konfiszieren und ein Drittel den Erben zu überlassen, und wenn es nur weitläufige Verwandte oder diese reiche Leute seien, solle man es beim Landesbrauch belassen und alles einziehen[24]. Verschiedene Städte wie z.B. Freiburg waren auch per Privileg von der Vermögenskonfiskation befreit. Die Verfahrenskosten und ein Strafgeld zur Anerkennung der hohen landesfürstlichen Obrigkeit mußte immer gezahlt werden, wobei letzteres in Freiburg beispielsweise 10 Pfund Rappen betrug, in elsässischen Fällen 50 Gulden[25]. Über die Verwendung der Konfiskationsgelder entschied der Erzherzog. Manche kamen als Gnadengelder den

Beamten zugute, manche wurden für bestimmte Vorhaben wie den Bau eines Kapuzinerklosters im elsässischen Thann zur Verfügung gestellt[26].

Eine Einrichtung gab es dennoch, die in Sachen Hexenprozesse aus allen Teilen der Vorlande konsultiert wurde und damit als zentrale, leitende Institution fungieren konnte: die Freiburger Juristenfakultät. Ob ihre Rechtsgutachten tatsächlich einen signifikanten Einfluß auf die Entwicklung der Hexenverfolgung in Vorderösterreich ausübten, wäre noch genauer zu untersuchen. Erkennbar ist jedenfalls, daß die Gutachter zunächst eine sehr vorsichtige Linie vertraten und erst im Laufe der Zeit zunehmend deutlich für eine scharfe Prozeßführung plädierten.

Die Überlieferung bis 1600 ist noch relativ schmal, es gibt nur ein halbes Dutzend Gutachten von Johann Heinrich Tucher und Lazarus Wendelstein[27]. Vor allem Tuchers Äußerungen lassen deutlich erkennen, daß er Besagungen und Gerüchte nicht als hinreichende Indizien für die Verhängung der Folter betrachtete[28]. Eine deutliche Akzentverschiebung ergab sich aber etwa seit der Jahrhundertwende. Wortführer der neuen Linie war Friedrich Martini, zunächst in Ingolstadt und danach von 1589 bis 1630 als Professor des Kirchenrechts in Freiburg tätig[29].

In seinem Traktat *De jure censuum*, erschienen in Freiburg 1604, plädierte er für die Verhängung der Todesstrafe allein auf Grundlage des Teufelpaktes, mit der Begründung, die Verleugnung Gottes sei eine viel schrecklichere Sünde als der Schadenzauber und daher auch mindestens ebenso schwer zu strafen[30]. Deutlicher noch zeigt sich die Verschärfung in der Beurteilung der Indizien, denn nun sollten zwei oder drei Besagungen als hinreichend für die Anwendung der Folter gelten, insbesondere dann, wenn weitere Indizien hinzutraten[31]. 1618 erhob in Waldkirch eine Frau Beleidigungsklage gegen jemanden, der öffentlich behauptet hatte, sie stehe im Hexenbuch, sei also in früheren Verfahren besagt worden. Martini erklärte in einem Gutachten, die Klage sei nicht zulässig, weil die Behauptung wahr sei und der Tatbestand der Beleidigung daher nicht gegeben. Gleichzeitig erklärte er, die Indizien würden für die Aufnahme von Ermittlungen wegen Hexereiverdacht gegen die Klagende ausreichen – der Eintrag im Hexenbuch implizierte schon beinahe eine Schuldvermutung[32]. Martini war nicht der einzige Freiburger, der diese Auffassung vertrat. Beinahe gleichlautend findet sie sich auch in Gutachten der Professoren Thomas Metzger und Sigismund Wittum, die sich beide in ihren Hexengutachten ausdrücklich als Schüler Martinis bezeichneten. Beide hatten in Ingolstadt studiert, während Martini noch dort lehrte, und beide wurden schließlich seine Kollegen in Freiburg[33].

Metzger beispielsweise schrieb 1603 in einem Gutachten: Die Äußerung einer Verdächtigen während der Freiburger Prozeßwelle dieses Jahres, man werde einen Haufen Arme verbrennen und dann nachlassen, wenn es an die Reichen ginge, beinhalte ein stillschweigendes Geständnis der eigenen Schuld und berechtige zur Folter. Wittum erklärte 1613, der Ausnahmecharakter des Hexereiverbrechens hebe die üblicherweise notwendige Erbringung klarer Beweise vor der Folteranwendung auf, ebenso wie die Anforderungen an die Tauglichkeit der Zeugen geringer sein müßten. Insgesamt entsteht der Eindruck einer ausgesprochen harten Haltung der Freiburger Juristen, die mindestens bis zum Abflauen der Prozeßwellen um 1630 beibehalten wurde[34].

Betrachtet man die Chronologie der vorderösterreichischen Hexenprozesse[35], so entspricht sie über weite Strecken dem von H.C. Erik Midelfort entworfenen Muster für die katholischen Territorien Südwestdeutschlands[36]. Mindestens seit den siebziger Jahren des 15. Jahrhunderts gibt es Hinweise auf Verfahren, die teilweise vor geistlichen, teilweise aber auch schon vor weltlichen Instanzen geführt wurden. Bei dem im *Hexenhammer* erzählten Fall von Waldshut 1479 spielte auch der Teufel als Bündnispartner der Hexe schon eine Rolle. Vor dem Hintergrund einer großräumigen Teuerungs- und Hungerkrise muß dann die Häufung der Verfahren um 1545/46 auffallen. An mehreren Orten – alle im südlichen Schwarzwaldraum – kam es dabei schon zu kleineren Prozeßwellen mit mehreren Betroffenen, und das Hexenstereotyp liegt in den Geständnissen schon größtenteils ausformuliert vor[37]. Doch erst eine Generation später, ab

1570, war ein Wendepunkt erreicht, der die bisherigen Einzelfälle zu einem massenhaften Phänomen werden ließ. Daß die Verfolgungen tatsächlich eine bisher nicht dagewesene Entwicklung und neue Qualität darstellten, war den Zeitgenossen wohl bewußt. Chronikalische Quellen wie die *Colmarer Chronik* und die *Kleine Thanner Chronik* bringen die einzigen Stellen, in denen sie überhaupt ausführlicher auf Hexerei eingehen, zum Jahr 1572. In der *Kleinen Thanner Chronik* findet sich dazu der aufschlußreiche Kommentar: »unter währender dieser Zeit [gemeint ist die Zeit zwischen 1572 und 1620] seynd dergleichen Executiones so gemein gewesen (...), daß man glaubte, daß je mehr und mehr verbrennt wurden, je mehr dergleichen Hexen und Zauberin gleichsam aus der Aschen hervor kriechten.«[38] Manche Passagen in den Prozeßakten dieser Zeit zeugen von der Ratlosigkeit der Gerichte, wie mit dem neuen Phänomen umzugehen sei, wenn etwa die Stadt Laufenburg zwei der Hexerei beschuldigte Frauen und deren Beschuldigerin zusammen in ein Gefängnis sperren ließ, in der Hoffnung, so der Wahrheit näher zu kommen. Die Stadt Türkheim forderte von Habsburg den Ersatz der Prozeßkosten mit der Begründung, man sei in der Verfolgung von Hexen unerfahren gewesen und habe deshalb des Rates der Rechtsgelehrten bedurft[39].

	Prozeßausgang			Summe	Hinrichtungen nach Landesteilen				Hinrichtungen im katholischen Südwestdeutschland
	Tod	kein Tod	unklar		Breisgau	Elsaß	Hagenau	Ortenau	
bis 1560	15	9	1	25	11	2	0	2	66
1561–1570	9	3	1	13	0	1	0	8	9
1571–1580	159	29	2	190	92	58	0	9	323
1581–1590	163	15	9	187	73	90	0	0	254
1591–1600	106	18	13	137	57	31	0	18	171
1601–1610	115	27	16	158	51	52	8	4	115
1611–1620	222	24	21	267	94	113	13	2	570
1621–1630	257	24	66	347	62	46	24	125	486
1631–1640	50	11	3	64	50	0	0	0	45
1641–1650	29	0	1	30	29	0	0	0	18
nach 1650	8	14	4	26	8	0	0	0	50
unbekannt	30	0	48	78	6	22	0	2	179
Summe	1163	174	185	1522	533	415	45	170	2286

Tab. 1: Chronologie der Hexenprozesse in Vorderösterreich
Die Vergleichsdaten für das katholische Südwestdeutschland aufsummiert aus der Tabelle bei Midelfort (wie Anm. 1), S. 201–230; die so gewonnenen Daten weichen, vielleicht aufgrund unterschiedlicher Bewertung der Fälle mit unklarer Anzahl der Betroffenen, von seiner eigenen Aufsummierung (S. 32) ab.

Mit ähnlichen Schwankungen, wie bei Midelfort für den südwestdeutschen Raum angegeben, bleibt die Zahl der Exekutionen von 1570 bis 1630 auf durchgängig hohem Niveau von 100 bis über 250 Hinrichtungen pro Jahrzehnt[40]. Während dieser Hochphase der Verfolgungen muß offenbar ein großer Teil der Kriminalprozesse, die in den einzelnen Herrschaften geführt wurden, zu den Hexenprozessen gezählt werden. In Villingen beispielsweise sind von 1584 bis 1625 21 Hinrichtungen nachgewiesen, von denen 16 als Verbrennungen stattfanden und daher mit hoher Wahrscheinlichkeit Antworten auf Hexerei, Zauberei, allenfalls noch Sodomie, darstellten. Ähnlich enthält das Ensisheimer Malefizprotokoll für die Zeit von 1551 bis 1622 überwiegend Prozesse wegen Hexerei[41].

Die für die beiden Jahrzehnte nach 1630 nachgewiesenen Hexenverfolgungen beschränken sich weitgehend auf die beiden breisgauischen Städte Villingen und Bräunlingen. Nach 1650 finden sich erneut Einzelfälle in geringer Anzahl. Die Reihe schließt mit der ungewöhnlich späten Hinrichtung der Anna Schneidewind aus Wyhl bei Endingen im Jahr 1751, der neben der Verursachung eines verheerenden Brandes auch Teufelspakt und Hexensabbat vorgeworfen wurden. Daß man sich etwa bei diesem Prozeß an die seit 1740 geltende Verordnung gehalten hätte, Hexenprozeßakten vor der Publizierung des Urteils an den Kaiserhof nach Wien zu schicken, ist nicht bekannt. Vermutlich wäre es in diesem Fall nicht zu der Hinrichtung gekommen[42].

Als Prozesse mit Todesfolge werden hier auch Fälle gewertet, in denen nichts über ein Todesurteil oder eine Hinrichtung, wohl aber über das Vorliegen eines Geständnisses oder einer Urgicht bekannt ist, weil dann kaum anders verfahren werden konnte. Hexerei galt generell als so schweres Verbrechen, daß bei durch Geständnis »erwiesener« Schuld kaum von den Rechtsvorschriften der *Carolina* abgegangen werden konnte[43]. Abweichungen davon gab es nur, wenn die Geständigen noch nicht strafmündig waren, oder gelegentlich bei Einzelprozessen außerhalb von Prozeßwellen. Tatsächlich ist in Hagenau 1617 die Hinrichtung einer geständigen Frau verschoben worden, wohl weil man sie noch mit einer von ihr besagten Frau konfrontieren wollte. Die Verurteilte hatte das Glück, daß zur selben Zeit die Dynamik der ersten großen Hagenauer Prozeßwelle erlahmte, so daß das Verfahren gegen sie nicht fortgesetzt und sie selbst schließlich auf Urfehde freigelassen wurde[44].

Wirklich »große« Prozeßwellen im Sinne Midelforts mit 20 oder mehr Hinrichtungen pro Jahr, wie sie aus den geistlichen Fürstentümern Süddeutschlands bekannt sind, hat es in Vorderösterreich wenige gegeben. Nur von Thann (Elsaß) sind in den Jahren 1608 und 1616, von Ensisheim (Elsaß) ebenfalls 1616 und von Villingen (Breisgau) 1641 zwanzig und mehr Hinrichtungen relativ sicher belegt. Hinzu kommt die große Verfolgung in der Landvogtei Ortenau mit 125 Hinrichtungen in nur vier Jahren (1627–1630). Soweit nicht überhaupt nur Einzelfälle nachgewiesen sind, entsprach der Ablauf in den übrigen Orten eher dem von Monter gezeichneten Bild der »small panics« mit vier bis zehn Hinrichtungen innerhalb einer kurzen Zeitspanne, gefolgt von einem Jahrzehnt oder sogar einer Generation ohne Hexenprozesse, bevor sich der Zyklus wiederholte[45].

Daß manche Regionen stärker als andere betroffen waren, steht außer Frage. Immerhin zeichnet ein knappes Viertel der (Gerichts-)Orte für zwei Drittel aller Hinrichtungen verantwortlich. In den meisten dieser Orte bewegte sich die Zahl der Hexenprozesse über Jahrzehnte auf einem kontinuierlich hohen Niveau, unterbrochen von einzelnen Spitzen mit zehn und mehr Hinrichtungen pro Jahr. So kommt Thann insgesamt auf 137 hingerichtete Hexen, Ensisheim auf 105, Burkheim auf 71, Villingen auf 62. Zu dieser Gruppe gehören außerdem Oberbergheim, Appenweier, Freiburg, Ortenberg, Rheinfelden und Hagenau.

Nimmt man die vier Landesteile, so sind die beiden Landvogteien gekennzeichnet durch zeitlich klar eingegrenzte Verfolgungswellen (Ortenau: 1595–1599, 1627–1630; Hagenau: 1616–1621, 1627–1629). Für Elsaß und Breisgau, die zusammen ein relativ zusammenhängendes Territorium unter österreichischer Landeshoheit bildeten, ergibt sich eine Zone hoher Prozeßdichte mit den Eckpunkten Thann im Südwesten, Hohenlandsberg im Nordwesten, Kenzingen im Norden, Villingen im Osten. Auch der Hochrheinraum ganz im Süden, insbesondere um Rheinfelden, weist auffallend viele Prozesse auf. Aus dem großen, zwischen diesen beiden Zonen liegenden Gebiet – Sundgau mit Belfort, Altkirch, Pfirt, und der gesamte südliche Schwarzwald – sind bisher nur wenige Prozesse und noch weniger Prozeßwellen bekannt.

Soweit überhaupt etwas darüber bekannt ist, nutzte man in rund 90% der Fälle das Mittel der Folter, um den Verdächtigen ein Geständnis zu entringen. Zum »Erfolg« führte sie immerhin bei zwei Dritteln der Betroffenen. So hoch dieser Anteil sein mag, spricht er doch dafür, daß im allgemeinen nicht gänzlich regellos gefoltert wurde. Wer nicht gestanden hatte – sei es mit oder ohne Tortur –, wurde entweder nach dem Urfehdeschwur freigelassen oder, beinahe genauso häufig, ins Spital oder das eigene Haus eingegrenzt. Landesverweise kommen demgegenüber selten vor. Vor allem die Eingrenzung macht deutlich, daß die »Absolvierung von der Instanz« alles andere als ein Freispruch war. Auch wenn die Verdächtigen aus Mangel an Beweisen nicht hingerichtet werden konnten, hielt man sie nichtsdestoweniger für schuldig und suchte sich durch den Ausschluß aus der dörflichen oder städtischen Gemeinschaft vor ihnen zu schützen.

Von der Anwendung der Wasserprobe ist in unserem Untersuchungsgebiet gar nichts bekannt, ein Hexenstigma findet sich gelegentlich, doch nur in der Landvogtei Hagenau scheint man gezielt danach gesucht zu haben, denn dort findet es sich bei einem großen Teil der Angeklagten[46]. Die Interrogatorien, soweit sie überliefert sind, konzentrieren sich mit ihren Fragen auf den klassischen Ablauf der Hexerei: Pakt, Buhlschaft, Sabbat, Schadenzauber[47]. Das speziell für die adlige Angeklagte Magdalena Störin von Störenburg entworfene Interrogatorium zeigt im übrigen, daß sich die Anklage gegen sie ausschließlich auf Besagungen stützte. Die Möglichkeit von Schadenzauber wird eher nebenbei erwähnt[48]. Ähnlich weiß man auch von Freiburg, daß das Vorliegen von vier Besagungen für die Verhaftung einer Verdächtigen ausreichte[49].

Nach den in der Tabelle vorliegenden Daten hätten die Prozesse in rund 90% der Fälle zum Tod der Angeklagten geführt. Nun beruhen die Angaben zum tödlichen Ausgang aber in vielen Fällen auf pauschalen Angaben, in diesem oder jenem Ort seien in diesem Jahr so und so viele Hexen hingerichtet worden, was nichts aussagt über die Gesamtzahl der Verfahren. Nimmt man die Orte, für die mehr über die einzelnen Verfahren bekannt ist, ergibt sich ein wesentlich höherer Anteil von Prozessen ohne Todesfolge. In Freiburg stehen 54 Hinrichtungen 53 Prozesse ohne tödlichen Ausgang gegenüber, in der Reichslandvogtei Hagenau 45 Hinrichtungen 28 Prozesse ohne Todesfolge. Das bedeutet auch, daß die Gesamtzahl der Verfahren mit großer Wahrscheinlichkeit wesentlich höher ist als die rund 1.500, über die bisher etwas bekannt ist.

Die Geschlechterverteilung liegt bei klassischen 89% Frauenanteil. Nur in den Jahren nach 1620 wurden in einzelnen Orten überdurchschnittlich viele Männer der Hexerei angeklagt, so in der Reichslandvogtei Hagenau und in mehreren breisgauischen Orten. Daß Hexerei sonst hier wie überall ein typisches Frauendelikt war, zeigt auch die geschlechtsspezifische Auswertung der Delikte im Freiburger Urgichtenbuch (1550–1628): Nur zwei der 91 zum Tode verurteilten Männer erlitten dieses Schicksal wegen Hexerei, dagegen 37 der 40 Frauen (die übrigen drei Todesurteile wurden wegen Kindsmord verhängt)[50]. Überdurchschnittlich viele männliche Angeklagte finden sich, ohne daß bisher ein Grund dafür angegeben werden könnte, in der Reichslandvogtei Hagenau und in den breisgauischen Orten Kenzingen und St. Peter. In anderen Fällen wiederum wird deutlich, daß die angeklagten Männer tatsächlich Verbrecher waren und der Hexereivorwurf ihnen eher nebenbei angehängt wurde. Die Urgicht von Hans Hanns, 1571 in Burkheim hingerichtet, beginnt als klassische Hexenurgicht mit dem Erscheinen des Teufels in einer Situation voll Unglück. Doch dann berichtet er, der Teufel habe ihm geraten, zu rauben und zu morden, und zählt diverse Taten auf, die nicht das Geringste mit dem für Hexen üblichen Schadenzauber zu tun haben. Seine zuvor geäußerten Besagungen »der bösen weiber halber im Keller wider-rueffl er«, das habe er nur von anderen gehört und nacherzählt[51]. Ähnlich wurden in Thann 1605/06 Mitglieder einer Räuberbande hingerichtet, unter denen auch Hexenmeister gewesen sein sollen[52]. Die Hinrichtungswahrscheinlichkeit lag für Männer bei ungefähr 80%, für Frauen etwas höher.

Knapp zwei Drittel der Angeklagten, soweit Daten verfügbar sind, waren verheiratet, ein Viertel verwitwet und ein Neuntel ledig. Der Anteil der Ledigen erscheint erstaunlich gering, der der Verwitweten ihrem Bevölkerungsanteil mindestens angemessen. Von einer gezielten Verfolgung alleinstehender Frauen kann keine Rede sein, es sei denn, sie verbergen sich unter denen unbekannten Familienstandes[53]. Bei rund der Hälfte der Angeklagten bleibt auch das Alter gänzlich im Dunkeln. Von den übrigen waren gut 60% verheiratet oder verwitwet und daher auf jeden

Fall zu den Erwachsenen zu zählen, jeweils knapp 10% unter 30 sowie zwischen 31 und 45 und gut 20% über 45 Jahren. Diese Einstufungen sind allerdings häufig nicht mehr als Schätzungen, die sich aus dem Vorhandensein und dem Alter von Kindern etc. ergeben. Daß ein erheblicher Teil der Personen als alt bezeichnet wird, muß nicht nur bedeuten, daß Alte, vor allem alte Frauen, unter den Hexereiverdächtigten überrepräsentiert waren. Das Lebensalter dürfte in den Prozeßakten vor allem dann gesondert aufgeführt worden sein, wenn es vom Durchschnitt abwich und als besonderes Merkmal einer Person gelten konnte.

Kinder scheinen in Vorderösterreich selten in Hexenprozesse verwickelt worden zu sein. Unter den Angeklagten finden sich nur 5 Mädchen und 13 Jungen, die meisten von ihnen zwischen 13 und 15 Jahren. Fast alle Verfahren gehören in den Kontext von Prozeßwellen, so in Hagenau von 1615 bis 1617 und von 1627 bis 1629, in Freiburg 1603 bzw. 1618, in Bräunlingen 1635. Nur in Hagenau scheinen die Kinder größere Bedeutung als Lieferanten von Besagungen gehabt zu haben, sonst gerieten sie eher als Kinder von hingerichteten Hexen in Verdacht oder beschuldigten sich nach der Hinrichtung ihrer Mütter selbst[54]. Sieben Kinder, die wahrscheinlich schon 14 Jahre und damit offenbar strafmündig waren, wurden hingerichtet, ein Mädchen starb im Gefängnis, zwei wurden des Landes verwiesen. Drei weitere Kinder sollten im Spital oder anderweitig unter Aufsicht gestellt werden, was mit der Drohung verbunden war, sie nach Erreichen des Strafmündigkeitsalters hinzurichten, wenn sie dann immer noch der Hexerei verhaftet seien.

Rund ein Drittel der Angeklagten bzw. ihrer Ehepartner kann den Unterschichtberufen wie Tagelöhner oder Magd zugeordnet werden, ein weiteres Drittel den zünftigen Handwerkern. Von den Frauen mit bekannter Berufsbezeichnung waren mindestens 10% Hebammen. Weitere 6% waren Wirtinnen. Auffällig ist aber vor allem der hohe Anteil der »Verwaltungselite«. 15% der Angeklagten waren Frauen und Witwen von Schultheißen, Vögten, Spitalmeistern, gelegentlich wurden auch die Amtsträger selbst zu Verfolgungsopfern. Eine beträchtliche Anzahl stammte außerdem aus den städtischen Ratsfamilien. Besonderen Privilegienstatus, der sie dennoch nicht vor der Verurteilung schützte, besaßen etwa die mindestens vier Angehörigen von Ensisheimer Regierungsmitgliedern, die wegen Hexerei verbrannt wurden. Zu nennen ist hier außerdem die dem vorderösterreichischen Ritterstand angehörende Magdalena Störin von Störenburg, die nach schwerer Folter im Gefängnis starb[55].

Etwa 60% der Angeklagten und Verurteilten hatten kaum oder wenig Besitz; eine kleine Gruppe von etwa 10 bis 15% wäre der Mittelschicht zuzuordnen, und – je nachdem, wo man die Grenze zur Wohlhabenheit zieht – 25 bis 30% den Wohlhabenden. Die größten Vermögen wurden auf 7.400, 9.000 und 30.000 Pfund Basler Stebler geschätzt. Während das Vorwiegen der Unterschicht weder im Vergleich zu allgemeinen sozialgeschichtlichen Daten noch zur Sozialstruktur der Hexenprozeßopfer in anderen Territorien ungewöhnlich erscheint, so ist doch der Anteil der Oberschicht erstaunlich hoch. Diese Tatsache bleibt bestehen, auch wenn man berücksichtigt, daß die Prozesse gegen Oberschichtangehörige vermutlich besser dokumentiert wurden[56]. So sind viele der Prozesse gegen Wohlhabende nur indirekt durch die der Hinrichtung folgenden Auseinandersetzungen der Hinterbliebenen mit den österreichischen Beamten um die Vermögenskonfiskation überliefert. Derartige Auseinandersetzungen sind natürlich gerade dann geführt worden, wenn es sich um größere Summen handelte und die Angehörigen zu einer Bevölkerungsschicht gehörten, die Rechtsstreitigkeiten mit einiger Aussicht auf Erfolg zu führen in der Lage war.

Die Verfahren gegen Oberschichtangehörige stehen immer im Kontext mittlerer bis größerer Prozeßwellen, so in Freiburg, Villingen und Ensisheim. Im Fall der Freiburger Prozeßwellen von 1599 und 1603 rekrutierten sich die Opfer der ersten drei Hexenbrände beider Jahre aus unteren sozialen Schichten. Durch deren Besagungen weitete sich der Kreis der Verdächtigen nach oben aus. Zumindest in einem Fall gelang es der Betroffenen anfangs, die Aufnahme von Ermittlungen gegen sie zu verhindern. Der Ratsherr Georg Müller erreichte 1603, daß der Name seiner Tochter Barbara in einer jener Urgichten nicht öffentlich verlesen wurde. Erst nach seinem Tod geriet sie in ein Verfahren hinein und konnte sich nur durch Standhaftigkeit auf der Folter daraus befreien. Die meisten anderen besagten Angehörigen der Ehrbarkeit hatten weniger Glück. Fünf von ihnen – drei davon Witwen und somit relativ schutzlos – fielen dem jeweils vierten und letzten Brand von 1599 und 1603 zum Opfer. Danach brachen beide Wellen recht abrupt ab. Im Dezember 1603, sechs Wochen nach dem letzten Brand, kam es sogar so weit, daß ein Mann wegen einer von ihm geäußerten Hexereibeschuldigung verhaftet wurde und sich schließlich damit herausredete, er müsse betrunken gewesen sein[57]. Dieses Muster entspricht dem auch an anderen Orten nachgewiesenen Verlauf, daß sich die Besagungen immer mehr nach »oben« im sozialen Sinne ausweiten und dort schließlich zum Stillstand kommen. In Villingen hingegen wurden zwei Ratsherren, des einen Ehefrau und deren zwei Schwestern mitten in der Prozeßwelle von 1641 hingerichtet, ohne daß dies erkennbar zu Zögern oder Zweifeln geführt hätte[58].

Bei einigen der wohlhabenderen Opfer drängt sich allerdings der Eindruck auf, daß die Beschuldigungen gezielt gegen diese gerichtet wurden, daß hier sozial unerwünschtes Verhalten quittiert wurde. Mathis Kurst, Bauer in der Landvogtei Hagenau, geriet 1630 in den Verdacht, weil er in den letzten drei Jahren so reich geworden war, daß es nicht mit rechten Dingen zugegangen sein konnte[59]. Lorenz Goß in der Herrschaft Weilertal hatte offenbar die Grenzen eines Ackers zu seinen Gunsten verlegen wollen. Er sah die Strafwürdigkeit dieses Vorgehens nicht ein und wurde daher zur Zahlung einer ungewöhnlich hohen Geldstrafe von 600 Gulden verurteilt. Wenig später wurde seine Frau wegen bezichtigter Hexerei eingezogen[60]. Catharina Flöss, die Frau des Schultheißen von Oberbergheim, war zänkisch und boshaft, allgemein gefürchtet und verhaßt und geriet schließlich 1586 in eine Prozeßwelle hinein[61]. Mehrfach finden sich Hinweise, daß einige der als Hexen verurteilten Frauen einen umfangreichen Geldverleih betrieben, was um so deutlicher hervorsticht, als die Inventare gleichzeitig klare Auskunft über den Bargeldmangel in fast jedem Haushalt geben. Catharina Pfeifferin aus Sennheim etwa war nicht nur großzügig beschenkte Konkubine des verstorbenen Abtes von Lützel, ihr Vermögen bestand darüber hinaus zum großen Teil aus Zinsbriefen[62]. Ähnliches galt für die mit weitem Abstand reichste aller vorderösterreichischen Hexen, Verena Sichler aus Rheinfelden. Ihr Eigentum im Wert von 30.000 Pfund bestand fast ausschließlich aus Geldverschreibungen; die Schuldner kamen aus der gesamten engeren und weiteren Umgebung der Stadt[63].

Geistliche finden sich gelegentlich als Beichtväter erwähnt, denen die Verurteilten beispielsweise in Freiburg eine gewisse Summe in ihrem Testament widmeten. Gleichfalls in Freiburg wagte es auch ein Pfarrherr während der Prozeßserie von 1603, Kritik an der obrigkeitlichen Prozeßpraxis zu äußern, beschwor damit beinahe einen Aufruhr herauf und mußte seine Aussage schließlich weitgehend zurücknehmen[64]. Großen Einfluß auf die Prozesse scheinen sie insgesamt nicht gehabt zu haben. Weit mehr fällt auf, daß gerade die Kapuziner zumindest in zwei Fällen direkten Nutzen aus den Hexenprozessen zogen. Das 1622 eingeweihte Kapuzinerkloster in Thann[65] wurde zumindest teilweise aus Hexenkonfiskationen finanziert, und 1628 beschloß Erzherzog Leopold, in der Ortenau bei Offenburg ein Haus für die Kapuziner aus dem Vermögen der hingerichteten Hexen zu errichten[66]. Daß die Kapuziner, die so deutlich von den Prozessen profitiert haben, diese auch initiiert haben sollen, erscheint kaum vorstellbar. Eher noch dienten sie als Beichtväter der Angeklagten und sollten für diese Tätigkeit mit den Konfiskationsgeldern belohnt werden. Der geistliche Zuspruch für Malefikanten paßt jedenfalls recht gut zu ihrer Rolle als Träger der Christianisierung niederer Volksschichten.

Mögliche Gründe für Anfang und Ende der Prozeßwellen können hier nur angedeutet werden, eher als Spuren, denen künftig noch nachzugehen sein wird. Die frühesten Fälle auf der Grundlage der elaborierten Hexenlehre fanden alle in einer relativ eng begrenzten Region im südlichen Schwarzwald statt: Freiburg, Kirchhofen, Waldshut. Möglich erscheint daher ein Zusammenhang mit der Tätigkeit der Inquisitoren in diesem Raum wie auch eine Übertragung »moderner« Hexereivorstellungen aus der Schweiz, in der schon während des 15. Jahrhunderts viele Prozesse dieser Art geführt worden sind. Von dem Freiburger Fall von 1546 weist sogar eine direkte Spur zurück nach Basel: Die Angeklagte Anna Schweizerin war, bevor sie nach Freiburg kam und dort letztlich hingerichtet wurde, wegen Hexereiverdachts aus Basel ausgewiesen worden[67].

Wie der Vergleich mit den Daten Midelforts zeigt, steht die Hochphase der vorderösterreichischen Prozesse von 1570 bis 1630/50 nicht allein da, sondern entspricht ähnlichen Tendenzen im gesamten katholischen Südwesten. Zu klären wäre vor allem, was die siebziger Jahre des 16. Jahrhunderts in Vorderösterreich und im gesamten Südwesten so fundamental von den vorhergehenden Jahren unterschied, daß die bisherigen Einzelfälle zu derartiger Massenhaftigkeit anwachsen konnten. Unübersehbar ist das zeitliche Zusammentreffen mit der schweren Agrarkrise um 1570, als im gesamten süddeutschen Raum Mißernten, Teuerung, Hunger und Seuchen herrschten[68]. Im Vergleich zur ähnlichen Situation kurz vor der Jahrhundertmitte muß jedoch gleichzeitig die Hemmschwelle gesunken sein, die eigene Drangsal in die Verfolgung angeblicher Hexen umzusetzen. Es scheint, daß sich erst nach der Jahrhundertmitte die Auffassung allgemein durchsetzte, die Verfolgung von Hexen sei eine geeignete Gegenmaßnahme zur Bekämpfung von Krisen. Keine neuen Impulse kamen dagegen von den akademischen Verfechtern der Hexenlehre im katholischen Südwesten, so daß hier ein Zusammenhang unwahrscheinlich ist[69].

Viele der Prozeßwellen können nicht für sich stehend untersucht werden, sondern nur im Zusammenhang mit den Verfolgungen in umliegenden Territorien. Die Bräunlinger Hexenverfolgung von 1632 wurde durch Besagungen aus dem benachbarten fürstenbergischen Hüfingen ausgelöst, ebenso wurden die Hagenauer Prozesse 1627 von der Reichsstadt auf die Landvogtei übertragen. Umgekehrt besagten Hexen aus der Landvogtei Ortenau solche aus der Reichsstadt Offenburg. Gerade diese größte Verfolgungsserie unseres Territoriums reiht sich ein in eine überregionale Hexenpanik, die zwischen 1627 und 1632 einen großen Teil des katholischen Südwestens erfaßte[70]. Einleuchtende Gründe dafür konnten bisher noch nicht gefunden werden. Midelfort weist darauf hin, daß das folgende Jahrzehnt durch den Einbruch des Dreißigjährigen Krieges im Südwesten und die damit verbundenen Seuchen, Hungersnöte etc. eigentlich viel eher die Bezeichnung Krisenzeit verdiente als die zwanziger Jahre[71]. Auch im Falle Freiburgs war bisher für die beiden Prozeßwellen von 1599 und 1603, die recht gut erforscht sind, kein äußerer Anlaß zu entdecken[72]. Es müssen bestimmte Personen oder Personengruppen gewesen sein, die für dieses Delikt »prädestiniert« waren, denn soweit bei der Untersuchung anderer Delikte Fragen nach Hexerei gestellt wurden, scheint man etwaigen Indizien nicht weiter nachgegangen zu sein. Mitten in den Hexenprozessen von 1599 kam sogar eine Frau, die Kindsmord gestanden hatte und sich damit gefährlich nah an der Grenze zur Hexerei bewegte, wieder frei[73].

Die direkte Bedrohung durch Krieg, Hauptkennzeichen der Jahre nach 1632, war eher geeignet, Hexenverfolgungen zu behindern oder gänzlich zu unterbinden. Magdalena Schwenckh hatte in Bräunlingen 1632 schon gestanden, als der Prozeß gegen sie durch Kriegsdurchzüge und andere Probleme ins Stocken kam. Als man sie drei oder vier Wochen später wieder verhörte, widerrief sie das frühere Geständnis und war nur durch mehrfache Folter und intensives Zureden der Kapuziner wieder zum Geständnis zu bewegen[74]. Die südwestdeutsche Prozeßwelle brach gleichzeitig mit der Ausweitung des Krieges auf die Region weitgehend ab. Der Magistrat von Hagenau betrachtete sich nach der Besetzung der Stadt durch die Franzosen im Januar 1634 als nicht mehr befugt, Kriminalprozesse durchzuführen. Mitte des nächsten Jahres wurden erneut Stimmen laut, die die Verfolgung von Hexen forderten. Es wurde sogar ein neuer Hexenausschuß konstituiert, der wie in den früheren Verfahren die Untersuchungen leiten sollte, doch scheint er nicht in Tätigkeit getreten zu sein. Im Fall einer zaubereiverdächtigen Frau aus der Landvogtei hieß es 1637, sie sei zwar allem Anschein nach schuldig, »weilen man aber bei jetziger Zeitbeschaffenheit mit dem Justitiiwesen nit fortkommen könne«, müsse man sie bis auf weiteres freilassen[75]. Letztlich ist das Zusammentreffen von Krieg und Abbruch der Verfolgungen einsichtig. Die Bevölkerung war im wesentlichen mit dem Überleben beschäftigt, militärische Kontrolle und der Zusammenbruch der Verwaltung taten ein übriges, daß etwaige Prozeßwünsche sich nicht durchsetzen konnten, und vor allem gab es mit den Soldaten einen direkt vor Augen stehenden Sündenbock. Doch nicht in allen Fällen greift dieses Muster. Im Tagebuch des Abtes Georg Gaisser stehen die Nachrichten über die Villinger Prozeßwelle von 1640/41 mitten in den Schilderungen der Kriegsnöte, die genausowenig wie der erwähnte scharfe Verweis aus Innsbruck den Verbrennungen Einhalt gebieten konnten[76]. Immerhin ist gelegentlich auch anzunehmen, daß zunehmende Zweifel der verantwortlichen Obrigkeit zum Abbruch der Prozesse führten. Dem erwähnten (vorläufigen) Ende der Verfolgungen in Freiburg nach der Verbrennung mehrerer Oberschichtangehöriger könnten solche Zweifel zugrunde liegen. Der Hagenauer Rat hingegen setzte 1629 noch eine Strafe auf zunehmende Kritik aus der Bevölkerung an den Hexenprozessen fest und sträubte sich erst in den dreißiger Jahren, als die Auswirkungen des Krieges schon voll durchgeschlagen hatten, gegen weitere Prozeßwünsche[77].

Diese Bemerkungen müssen genügen als Hinweise, an welchen Punkten weitere Untersuchungen anzusetzen hätten: der besondere Charakter der Jahre ab 1570, der Unterschied zwischen dem nördlichen und dem südlichen Teil des Untersuchungsgebietes, das Verhältnis zwischen den vorderösterreichischen und den umliegenden Territorien, die Frage der Oberschichtverfolgung und die Rolle der Konfiskationen.

Anmerkungen

1 Der Aufsatz entspricht dem Stand von 1995. Es liegt bislang keine Gesamtdarstellung der vorderösterreichischen Hexenprozesse vor, wohl aber eine ganze Anzahl von Studien zu einzelnen vorderösterreichischen Städten und Regionen: Eugen BALZER, Die Bräunlinger Hexenprozesse, in: Alemannia 38 (1910), S. 1–42; Wilhelm BEEMELMANS, Der Hexenprozess gegen die Großmutter des Dichters Jakob Balde, in: Zeitschrift für die Geschichte des Oberrheins 59, NF 20 (1905), S. 359–388; Ingeborg HECHT, In tausend Teufels Namen. Hexenwahn am Oberrhein, Freiburg i.Br. 1977; Werner HUGER, Von Hexen, Zauberern und dem Prozeß zu Villingen, in: Jahreshefte des Geschichts- und Heimatvereins Villingen 5 (1980), S. 14–20; Joseph KLÉLÉ, Hexenwahn und Hexenprozesse in der ehemaligen Reichsstadt und Landvogtei Hagenau, Hagenau 1893; H.C. Erik MIDELFORT, Witch Hunting in Southwestern Germany 1562–1684. The Social and Intellectual Foundations, Stanford 1972; Rodolphe REUSS, La sorcellerie au seizième et au dix-septième siècle particulièrement en Alsace, Paris 1871; Sully ROECKEN/Carolina BRAUCKMANN, Margaretha Jedefrau, Freiburg i.Br. 1989; Heinrich SCHREIBER, Die Hexenprozesse zu Freiburg im Breisgau, Offenburg, in der Ortenau und Bräunlingen auf dem Schwarzwalde, Freiburg i.Br. 1836; August STÖBER, Die Hexenprozesse im Elsaß, besonders im 16. und im Anfange des 17. Jahrhunderts, in: Alsatia. Jahrbuch für elsässische Geschichte, Sage, Sitte und Sprache [6] (1856/57), S. 265–338; Franz VOLK, Hexen in der Landvogtei Ortenau und Reichsstadt Offenburg, Lahr 1882; Hillard VON THIESSEN, Die Endphase der Hexenverfolgung in Freiburg im Breisgau (1632–1677), Magisterarbeit Freiburg i.Br. 1995; Karl MAIER, Hexenprozesse im Landgericht Appenweier, in: Die Ortenau 74 (1994), S. 360–388; Edmond BAPST, Les Sorcières de Bergheim, Paris 1929; François LECHNER, Sept procès de sorcellerie à Haguenau en 1627 et 1628, in: Cercle généalogique d'Alsace. Bulletin 82 (1988), S. 471–478, 83 (1989), S. 531–536.

2 Zur Territorialgeschichte Vorderösterreichs vgl. Friedrich METZ (Hrsg.), Vorderösterreich. Eine geschichtliche Landeskunde, Freiburg/Br. [2]1967; Hans MAIER/Volker PRESS (Hrsg.), Vorderösterreich in der frühen Neuzeit, Sigmaringen 1989; Otto STOLZ, Geschichtliche Beschreibung der ober- und vorderösterreichischen Lande (Quellen und Forschungen zur Siedlungs- und Volkstumsgeschichte der Oberrheinlande, Bd. 4), Karlsruhe 1943.

3 Die gemeinsame Unterstellung unter die Regierung Ensisheim rechtfertigt es, für diese Untersuchung über den heutigen südwestdeutschen Raum hinauszugreifen und Elsaß und Hagenau mit einzubeziehen.

4 Vgl. die Karten bei Franz QUARTHAL/Georg WIELAND, Die Behördenorganisation Vorderösterreichs von 1753 bis 1805 und die Beamten in Verwaltung, Justiz und Unterrichtswesen (Veröffentlichungen des Alemannischen Instituts Freiburg i.Br., Bd. 43), Bühl 1977.

5 Wolfgang LEISER, Strafgerichtsbarkeit in Süddeutschland (Forschungen zur deutschen Rechtsgeschichte, Bd. 9), Köln/Wien 1971; Clausdieter SCHOTT, Rat und Spruch der Juristenfakultät Freiburg i.Br. (Beiträge zur Freiburger Wissenschafts- und Universitätsgeschichte, Bd. 30), Freiburg i.Br. 1965; Georg SCHINDLER, Verbrechen und Strafen im Recht der Stadt Freiburg im Breisgau von der Einführung des neuen Stadtrechts bis zum Übergang an Baden (1520–1806) (Veröffentlichungen aus dem Archiv der Stadt Freiburg im Breisgau, Bd. 7), Freiburg i.Br. 1937; Rudolf MAIER, Das Strafrecht der Stadt Villingen in der Zeit von der Gründung der Stadt bis zur Mitte des 16. Jahrhunderts, Diss. Freiburg i.Br. [1913].

6 Dieter SPECK-NAGEL, Die vorderösterreichischen Landstände im 15. und 16. Jahrhundert, Diss. Tübingen 1991, Teil 1, S. 415–450; Franz GFRÖRER, Die katholische Kirche im österreichischen Elsass unter Erzherzog Ferdinand II., in: Zeitschrift für die Geschichte des Oberrheins 49, NF 10 (1895), S. 481–524; Anton SCHINDLING, Die katholische Bildungsreform zwischen Humanismus und Barock, in: MAIER/PRESS (wie Anm. 2), S. 137–176, hier: S. 164f.; Wolfgang Hans STEIN, Formen der österreichischen und französischen Herrschaftsbildung im Elsaß im 16. und 17. Jahrhundert, in: MAIER/PRESS (wie Anm. 2), S. 285–313, hier: S. 301.

7 Heinz NOFLATSCHER, Deutschmeister und Regent der Vorlande. Maximilian von Österreich (1558–1618), in: MAIER/PRESS (wie Anm. 2), S. 93–130, hier: S. 117f.; E. William MONTER, Ritual, Myth and Magic in Early Modern Europe (Pre-Industrial Europe 1350–1850, Bd. 4), Brighton 1983, S. 80f.

8 LA Innsbruck, Causa Domini, Bd. 5, fol. 278v, 284v, 292v, 298r. Vgl. Fritz BYLOFF, Hexenglaube und Hexenverfolgung in den österreichischen Alpenländern (Quellen zur deutschen Volkskunde, Bd. 6), Berlin/Leipzig 1934, S. 39; Joseph HIRN, Erzherzog Ferdinand II. von Tirol. Geschichte seiner Regierung und seiner Länder, Bd. 1, Innsbruck 1885, S. 515f.

9 HStA Stuttgart, B 17, Bd. 8, fol. 264r–265r (1616); Archives départementales du Haut-Rhin Colmar (ADHR), 1 C 276/24, Nr. 2 (1621); LA Innsbruck, Causa Domini, Bd. 24, fol. 7r (1630); Joseph HIRN, Erzherzog Maximilian der Deutschmeister. Regent von Tirol, Innsbruck 1915, ND Bozen 1981, Bd. 2, S. 66–73.

10 LA Innsbruck, Ambraser Memorabilien, V 120, fol. 50–53 (1613); LA Innsbruck, Oberösterreichische Hofkanzlei-Kopialbücher, Ausgangene Schriften in Regimentssachen, 1613, fol. 337v–338r, 605r–606r, 785v–786r, 954r–955v, 1618, fol. 43v–44r; LA Innsbruck, Hofregistratur, Akten Einlauf Regimentssachen, 26. April 1613; ADHR Colmar, 1 C 280/3, Nr. 2–4 (1616); ADHR Colmar, 1 C 280/6, Nr. 2f. (1621); LA Innsbruck, Sammelakten, Reihe B, Abt. XVI, Lage 4, Nr. 9 (1624). Vgl. BEEMELMANS (wie Anm. 1).

11 LA Innsbruck, Ambraser Memorabilien, V 120, fol. 38–49; LA Innsbruck, Von der Römisch Kaiserlichen Majestät, Bd. 6, fol. 437r–437v (1598; der Fall wurde von BYLOFF [wie Anm. 8], S. 60, fälschlich so dargestellt, als hätte sich die Bevölkerung gegen die Eröffnung von Hexenprozessen gewehrt); LA Innsbruck, Causa Domini, Bd. 24, fol. 474v (1629), Bd. 27, fol. 108r (1637); StA Augsburg, Vorderösterreichische Literalien, Bd. 655, fol. 277r–278v (1630).

12 Zu Mozel vgl. Herbert KLEIN, Die älteren Hexenprozesse im Land Salzburg, in: Mitteilungen der Gesellschaft für Salzburger Landeskunde 97 (1957), S. 17–50, hier: S. 42f.

13 LA Innsbruck, Causa Domini, Bd. 27, fol. 120v–125v; zur Entstehungsgeschichte vgl. LA Innsbruck, Hofregistratur, Akten Einlauf, 5. Oktober 1637; LA Innsbruck, Oberösterreichische Hofkanzlei-Kopialbücher, Ausgegangene Schriften, 1637, fol. 863v–864r.

14 Ein Exemplar liegt beispielsweise im StadtA Horb, A 308. Ein Hinweis auf die Versendung der Instruktion auch in LA Innsbruck, Causa Domini, Bd. 28, fol. 616v (1645).

15 HStA Stuttgart, B 17, Bd. 8, fol. 467v–468r. Hinweise auf die Villinger Verfolgungswelle finden sich im BA Außenstelle Frankfurt, FSg. 2/1-F, 41/2827; Tagebücher des Abtes Georg Gaisser von St. Georgen, in: Franz Joseph MONE (Hrsg.), Quellensammlung der badischen Landesgeschichte, Bd. 2, Karlsruhe 1854, S. 378f., 386, 391–395.

16 ADHR Colmar, 1 C 378/8, Nr. 2 (1618).

17 LA Innsbruck, Allgemeines Leopoldinum, Kasten C, Nr. 134.

18 ADHR Colmar, 1 C 259/8 (1613).

19 LEISER (wie Anm. 5), S. 181, 190–192; Karl Josef SEIDEL, Das Oberelsaß vor dem Übergang an Frankreich. Landesherrschaft, Landstände und fürstliche Verwaltung in Alt-Vorderösterreich (1602–1638) (Bonner Historische Forschungen, Bd. 45), Bonn 1980, S. 181.

20 Zum Beispiel GLA Karlsruhe, Best. 79, Nr. 3390, fol. 86r–90v (1601); Günther HASELIER, Geschichte der Stadt Breisach am Rhein, Bd. 1, Breisach 1969, S. 311f. (1603); Heinrich SCHREIBER, Feen und Hexen, in: DERS. (Hrsg.), Taschenbuch für Geschichte und Altertum in Süddeutschland, Freiburg i.Br. 1946, S. 3–222, hier: S. 215 (1603).

21 MIDELFORT (wie Anm. 1), S. 127; Karl Friedrich VIERORDT, Geschichte der Reformation im Großherzogtum Baden, Bd. 2, Karlsruhe 1856, S. 126; VOLK (wie Anm. 1), S. 53–57. Vgl. den ähnlichen Vorwurf der Hagenauer Landvogteibeamten gegen die Stadt Hagenau im Jahre 1616 bei KLÉLÉ (wie Anm. 1), S. 60f.

22 Vgl. LEISER (wie Anm. 5), S. 197–199.

23 ADHR Colmar, 1 C 382/54, Nr. 2 (1590); ADHR Colmar 1 C 377/43, Nr. 1 (1621). Ähnlich die oberösterreichische Regierung: HStA Stuttgart, B 17, Bd. 8, fol. 279r–v, 289r–v, 302r–v (1617), 345r (1618).

24 LA Innsbruck, Ferdinandea, Fasz. 24 (5. September 1577); außerdem LA Innsbruck, Ambraser Memorabilien V 120, fol. 102–105 (1610/11); vgl. BYLOFF (wie Anm. 10), S. 68. Die pauschale Angabe etwa bei SCHINDLER (wie

Anm. 5), S. 138f., es sei immer zu Vermögenseinziehungen gekommen, kann daher so nicht aufrechterhalten werden.

25 LA Innsbruck, Ferdinandea, Fasz. 24 (5. September 1577); Roecken/Brauckmann (wie Anm. 1), S. 224f.

26 Zu Thann vgl. HStA Stuttgart, B 17, Bd. 8, fol. 367r (1620). Zu einem Zivilprozeß über Hexenkonfiskationen, der durch die Bitte eines Beamten um ein Gnadengeld ausgelöst wurde, vgl. GLA Karlsruhe, Best. 65, Nr. 142. Die Gnadengelder fungierten als eine Art Ausgleich für die spät und unregelmäßig erfolgenden Zahlungen des regulären Lohns (vgl. Seidel [wie Anm. 19], S. 171; Hirn, Erzherzog Maximilian [wie Anm. 9], S. 10).

27 Zu Tucher vgl. Heinrich Schreiber, Geschichte der Albert-Ludwigs-Universität zu Freiburg im Breisgau, Bd. 2, Freiburg i.Br. 1868, S. 351f.; Hermann Mayer (Hrsg.), Die Matrikel der Universität Freiburg i.Br. von 1460 bis 1656, Bd. 1, Freiburg i.Br. 1907, S. 431f.; Hirn, Erzherzog Maximilian (wie Anm. 9), Bd. 1, S. 475f. Zu Wendelstein vgl. Schreiber, Geschichte (wie oben), S. 348f., 366f.; Mayer (wie oben), S. 468; Götz Freiherr von Pölnitz (Hrsg.), Die Matrikel der Ludwig-Maximilians-Universität Ingolstadt – Landshut – München, Teil 1: Ingolstadt, Bd. 1: 1472–1600, München 1937, Sp. 937.

28 Schott (wie Anm. 5), S. 218–221.

29 Zu Martini vgl. Helmut Wolff, Geschichte der Ingolstädter Juristenfakultät 1472–1625 (Ludovico Maximilianea. Forschungen, Bd. 5), Berlin 1973, S. 129f., 159, 269, 328; Schreiber, Geschichte (wie Anm. 27), S. 367f.; Mayer (wie Anm. 27), S. 639; Karl von Prantl, Art. Friedrich Martini, in: Allgemeine Deutsche Biographie, Bd. 20, Leipzig 1884, S. 508f.; N.N., Art. Friedrich Martini, in: Heinrich Wilhelm Rotermund (Hrsg.), Fortsetzung und Ergänzungen zu Christian Gottlieb Jöchers allgemeinem Gelehrten-Lexikon, Bd. 4, Bremen 1813, Sp. 847f.; Karl von Prantl, Geschichte der Ludwig-Maximilians-Universität in Ingolstadt, Landshut, München, 2 Bde., München 1872, ND Aalen 1968, Bd. 1, S. 256f., 315, 335, 419f., Bd. 2, S. 354, 493.

30 Friedrich Martini, De jure censuum, seu annuorum redituum (...) cui (...) ad calcem adnexa est nova carolin. constitution. 109. & 218. in praxi frequentissimarum interpretatio, Freiburg i.Br. 1604. Dieselbe Argumentation in einem Gutachten zu Triberger Hexen 1603 (StadtA Freiburg, Best. B 5 III C 6, Nr. 3, Cons. 41, fol. 614r–619v; vgl. Midelfort [wie Anm. 1], S. 61f.).

31 Es konnte bisher nicht rekonstruiert werden, worauf Martinis Haltung in der Hexenfrage basiert. Die Ingolstädter Juristenfakultät, an der er zuerst lehrte, vertrat jedenfalls eine wesentlich gemäßigtere Haltung. Die von dort bekannten Gutachten erkannten zwar an, daß es sich bei Hexerei um ein schweres Verbrechen handelte, plädierten aber generell für Vorsicht gegenüber Besagungen und angeblichen Hexenstigmata (vgl. Wolff [wie Anm. 29]), S. 241–243; Joseph Schrittenloher, Aus der Gutachter- und Urteilstätigkeit der Ingolstädter Juristenfakultät im Zeitalter der Hexenverfolgung, in: Jahrbuch für fränkische Landesforschung 23 [1963], S. 315–353).

32 GLA Karlsruhe, Best. 79, Nr. 3390, fol. 60r–61r, 67r–68v. Vgl. zu einem ähnlich scharfen Gutachten StadtA Rheinfelden, Nr. 104 (1618).

33 Zu Metzger vgl. Schreiber, Geschichte (wie Anm. 27), S. 369–371; Mayer (wie Anm. 27), S. 623; von Pölnitz (wie Anm. 27), Sp. 1152. Zu Wittum vgl. Schreiber, Geschichte (wie Anm. 27), S. 352; Mayer (wie Anm. 27), S. 634; von Pölnitz (wie Anm. 27), Sp. 1177. Beide zusammen gaben einen Sammelband mit Rechtsgutachten in Kriminalfällen heraus, der mehrere Gutachten zur Hexerei enthält (Thomas Metzger, Consilia criminalia et resolutiones omnium fere quaestionum praecipuarum, circa materiam de captura et tortura reorum occurentium [...]. Quibus accesserunt, consilia quaedam criminalia [...] Sigismundi Wittum [...], Freiburg i.Br. 1618).

34 Aus der Freiburger Theologenfakultät ist bisher nur ein Gutachten zu einem Fall von 1751 bekannt. Es führte zu dem bemerkenswerten Resultat, daß die Beschuldigte hingerichtet wurde – 90 Jahre nach der letzten Hexenhinrichtung im Breisgau (UA Freiburg, B 35, Nr. 32, S. 26).

35 Die folgenden Statistiken beruhen auf Auswertungen einer von der Verfasserin aufgebauten Datenbank, die einen Großteil der einschlägigen Literatur und der vorderösterreichischen Archivalien verwertet.

36 Vgl. Midelfort (wie Anm. 1), S. 31–33, 71–76.

37 Jacob Sprenger/Heinrich Institoris, Der Hexenhammer (Malleus Maleficarum), München 1982, Bd. 2, S. 49f.; Emil Müller, Die Hexe von Waldshut, in: Oberländer Chronik. Heimatblätter des Südkurier 299 (1966), (Waldshut 1479, hier falsch auf 1579 datiert); Sebastian Burkart, Geschichte der Stadt Rheinfelden bis zu ihrer Vereinigung mit dem Kanton Aargau, Aargau 1909, S. 240f. (Breisach 1545); GLA Karlsruhe, Best. 79, Nr. 3387, fol. 5r–v (Neuenburg 1545); Schreiber, Hexenprozesse (wie Anm. 1), S. 13–15 (Freiburg 1546); StadtA Rheinfelden, Nr. 104 (Rheinfelden 1545). Vgl. auch Malachias Tschamser, Annales oder Jahrs-Geschichten der Baarfüseren oder Minderen Brüder S. Franc. Ord. insgemein Conventualen genannt, zu Thann 1724, ND Colmar 1864, Bd. 2, S. 109.

38 Kleine Thanner-Chronik oder Jahr-Büchlein von (...) [der] Stadt Thann, Mülhausen 1855, S. 42; außerdem Andreas Waltz (Hrsg.), Sigmund Billings Kleine Chronik der Stadt Colmar, Colmar 1891, S. 78f.

39 Tiroler Landesmuseum (TLM) Ferdinandeum Innsbruck, FB 1195, Beilage Nr. 41 (1572); Reuss (wie Anm. 1), S. 182f. (1576).

40 Die Statistik enthält noch erhebliche Unsicherheiten. So beruhen beispielsweise die beiden frühen Spitzen der 1570er und 1580er Jahre zum Teil auf quellenmäßig bisher nicht anderweitig gesicherten pauschalen Angaben zeitgenössischer Flugblätter und sind vermutlich überhöht. Die Angaben zu den Hexenprozessen im Elsaß be-

ruhen für die Zeit von 1572 bis 1620 über weite Strecken auf der Chronik von TSCHAMSER (wie Anm. 37). Auch nach 1620 sollen Prozesse geführt worden sein, doch ist die Quellenlage für die spätere Zeit wesentlich schlechter (vgl. REUSS [wie Anm. 1], S. 191f.; Christine HEIDER, Un procès de sorcellerie à Thann en 1623, in: Amis de Thann 5 [1990], S. 4–6).

41 Vgl. M. MERKLEN, Ensisheim, jadis ville libre-impériale et ancien siège de la régence archiducale des pays anterieurs d'Autriche ou Histoire de la ville d'Ensisheim, Bd. 2, Colmar 1841, S. 114; MAIER, Strafrecht (wie Anm. 5), S. 55f. Zur Häufigkeit von Hinrichtungen in verschiedenen Städten vgl. die Tabelle bei Gerd SCHWERHOFF, Köln im Kreuzverhör. Kriminalität, Herrschaft und Gesellschaft in einer frühneuzeitlichen Stadt, Bonn/ Berlin 1991, S. 468.

42 Die ein Vierteljahrhundert später erlassene kaiserliche *Landesverordnung, wie es mit dem Hexenprozesse zu halten sey*, ließ als Grund für Zaubereiverdächtigungen fast nur noch Betrug oder Sinnesverwirrung gelten (TLM Ferdinandeum Innsbruck, Dip. 623).

43 Anders verhält sich dies bei anderen Kapitalverbrechen wie Diebstahl und partiell sogar Mord, auf die gleichfalls die Todesstrafe stand, doch in wesentlich weniger Fällen tatsächlich vollstreckt wurde (vgl. SCHWERHOFF [wie Anm. 41], S. 166, 172).

44 KLÉLÉ (wie Anm. 1), S. 64–69.

45 E. William MONTER, Witchcraft in France and Switzerland, Ithaca/London 1976, S. 88–114.

46 Zum Stigma vgl. MONTER, Witchcraft (wie Anm. 45), S. 157–165.

47 So das Interrogatorium der Herrschaft Altkirch (STÖBER [wie Anm. 1], S. 282–285).

48 LA Innsbruck, Sammelakten, Reihe B, Abt. XVI, Lage 4, Nr. 9 (1624).

49 ROECKEN/BRAUCKMANN (wie Anm. 1), S. 195.

50 ROECKEN/BRAUCKMANN (wie Anm. 1), S. 158.

51 GLA Karlsruhe, Best. 65, Nr. 142, fol. 62v–65v.

52 Vgl. TSCHAMSER (wie Anm. 37), S. 304f., 308.

53 Zur gezielten Verfolgung alleinstehender Frauen vgl. MIDELFORT (wie Anm. 1), S. 183–186.

54 Behringers These von der Zunahme der Prozesse aufgrund von Kinderaussagen und gegen Kinder zum Ende des Verfolgungszeitraumes scheint für unser Territorium daher nicht zuzutreffen (Wolfgang BEHRINGER, Kinderhexenprozesse, in: Zeitschrift für historische Forschung 16 [1989], S. 31–47).

55 LA Innsbruck, Sammelakten, Reihe B, Abt. XVI, Lage 4, Nr. 9 (1624).

56 Vgl. Gerhard SCHORMANN, Hexenprozesse in Deutschland, Göttingen [2]1986, S. 79f.

57 ROECKEN/BRAUCKMANN (wie Anm. 1), S. 211.

58 Vgl. Anm. 15.

59 KLÉLÉ (wie Anm. 1), S. 165.

60 ADHR Colmar, 1 C 259/8 (1613).

61 BAPST (wie Anm. 1), S. 32–36, 42.

62 ADHR Colmar, 1 C 378/16, Nr. 1, 3f., 11–16; E dépôt 61, FF 5.

63 StadtA Rheinfelden, Nr. 104, 19 (6. September 1624, 10. September 1624, 24. September 1624, 10. Januar 1625, 24. Januar 1625, 4. Februar 1625, 25. Februar 1625), 96 (6. Februar 1625), 189, 190 (Beilage), 424, 425, 702; GLA Karlsruhe, Best. 79, Nr. 3391, fol. 81r–v, fol. zwischen fol. 81 und 82.

64 ROECKEN/BRAUCKMANN (wie Anm. 1), S. 220–222.

65 Vgl. Paul STINTZI, Die Habsburger im Elsaß, in: METZ (wie Anm. 2), S. 505–564, hier: S. 548.

66 VIERORDT (wie Anm. 21), S. 146.

67 Vgl. SCHREIBER, Hexenprozesse (wie Anm. 1), S. 13–15; Sigmund RIEZLER, Geschichte der Hexenprozesse in Bayern, Stuttgart 1896, S. 141. Zu den Schweizer Hexenprozessen des 15. Jahrhunderts vgl. Andreas BLAUERT, Frühe Hexenverfolgungen (Sozialgeschichtliche Bibliothek bei Junius, Bd. 5), Hamburg 1989.

68 Hinweise dazu etwa bei Thomas FISCHER, Städtische Armut und Armenfürsorge im 15. und 16. Jahrhundert. Sozialgeschichtliche Untersuchungen am Beispiel der Städte Basel, Freiburg i.Br. und Straßburg (Göttinger Beiträge zur Wirtschafts- und Sozialgeschichte, Bd. 4), Göttingen 1979, S. 94f., 105.

69 MIDELFORT (wie Anm. 1), S. 58–66.

70 MIDELFORT (wie Anm. 1), S. 126–131; VOLK (wie Anm. 1), S. 58.

71 MIDELFORT (wie Anm. 1), S. 75, 121–126.

72 ROECKEN/BRAUCKMANN (wie Anm. 1), S. 164, 222f.

73 Ebd., S. 238f., 298–307.

74 BALZER (wie Anm. 1), S. 13–16. Gerade in Bräunlingen fällt auch die rund dreijährige Lücke (1632–1635) in der Prozeßwelle auf, die mit dem Beginn der unmittelbaren Bedrohung des Südwestens durch den Krieg zusammenfällt.

75 KLÉLÉ (wie Anm. 1), S. 169–171.

76 MONE (wie Anm. 15), S. 159–528, bes. S. 378ff.

77 KLÉLÉ (wie Anm. 1), S. 150f., 171.

Manfred Tschaikner

Vorarlberg

1. Territoriale und konfessionelle Rahmenbedingungen

Zur Zeit der gerichtlichen Hexenverfolgungen im 16. und 17. Jahrhundert gehörte der größte Teil des heutigen Bundeslandes Vorarlberg zu den österreichischen Herrschaften vor dem Arlberg: Bregenz, Hohenegg, Feldkirch, Bludenz und Sonnenberg. Diese Territorien wurden im Auftrag des habsburgischen Landesfürsten von Vögten und Hubmeistern oder Amtmännern verwaltet und waren in insgesamt 21 Land- sowie drei Stadtgerichte untergliedert. Erst im 18. Jahrhundert faßte man sie zu einer Verwaltungseinheit zusammen. Obwohl sich die Vertreter der Gerichte seit dem späten Mittelalter regelmäßig zu Landtagen versammelten und eine gemeinsame Haltung gegenüber dem Landesfürsten suchten, stellten die einzelnen Gerichte in der Frühneuzeit sehr unterschiedliche politische Gebilde dar, in welchen die Landsbräuche, die zumeist im 16. Jahrhundert aufgezeichneten regionalen Gewohnheitsrechte, im Gegensatz zu den meisten österreichischen Ländern damals nicht durch eine Landesordnung ersetzt wurden. Im vorarlbergischen Rechtswesen blieben die gewohnheitsrechtlichen Normen, die keine Bestimmungen über Hexerei enthielten, bis ins 18. Jahrhundert vorherrschend und die Gerichte durchwegs mit Laienrichtern besetzt.

Die einzelnen, durch die Landtage zu ständischen Körperschaften gewordenen Verwaltungs- und Gerichtseinheiten leiteten ihre Kompetenz zu einem guten Teil von der landesfürstlichen Herrschaft ab, denn deren Vertreter, die Vögte, ernannten ursprünglich die obersten Repräsentanten der Gerichte, die »Ammänner« (Amtmänner), »Vorgesetzten« oder »Steurer«. Seit dem ausgehenden Mittelalter wurden diese von der besitzenden männlichen Bevölkerung zumeist durch Zulauf gewählt, wobei sich der Landesfürst sogar noch im selbständigsten Gericht, dem Hinteren Bregenzerwald, das Nominationsrecht vorbehielt. Die Rechte der Städte waren verschieden ausgeprägt: Die Feldkircher Bürger wählten zum Beispiel ihre politischen Organe schon im Spätmittelalter selbständig, Bregenz erst seit 1643; in der Stadt Bludenz blieb der herrschaftliche Einfluß am stärksten.

Auch die einzelnen Gerichte hatten unterschiedliche Kompetenzen. Die Gerichte Dornbirn, Rankweil-Sulz und Sonnenberg etwa besaßen neben der niederen Gerichtsbarkeit die Blutgerichtsbarkeit, das Stadtgericht Feldkirch und das Gericht Hinterbregenzerwald sogar die gesamte hohe Gerichtsbarkeit einschließlich des Begnadigungsrechtes. Das heißt, die zuerst genannten Gerichte verhandelten als Inhaber der Blutgerichtsbarkeit schwere Straftaten wie Mord, Totschlag, Raub, Diebstahl, Notzucht, Ketzerei, Gotteslästerung oder Hexerei selbst, darüber auch zu urteilen waren jedoch nur Inhaber der hohen Gerichtsbarkeit befugt. Deren Inhaber waren die Vögte und ihre Beamten, das Stadtgericht Feldkirch, das Gericht im Hinteren Bregenzerwald und seit 1643 auch das Stadtgericht Bregenz. Das kaiserliche Landgericht in Rankweil hatte seine ursprüngliche Bedeutung bereits im 15. Jahrhundert verloren und war weitgehend in die Feldkircher Vogteiverwaltung integriert.

Die Herrschaften vor dem Arlberg zählten wie die österreichischen Gebiete in Schwaben, jedoch anders als die habsburgischen Territorien am Oberrhein, nur im weiteren Sinn zu den österreichischen Vorlanden, denn sie wurden nicht wie die westlicheren Gebiete in erster Instanz von Ensisheim, sondern unmittelbar von Innsbruck aus verwaltet. Der Kontakt zwischen den Herrschaften vor dem Arlberg und der Regierung in Innsbruck intensivierte sich im Laufe des 16. und 17. Jahrhunderts zusehends auch bezüglich der Hexenverfolgungen im Sinne des aufkommenden Absolutismus. 1665 starb die Tiroler Linie der Habsburger aus. Der Übergang an den Wiener Familienzweig wirkte sich in den untersuchten Belangen wenig aus, da die selbständige Verwaltung Tirols und der Vorlande erhalten blieb.

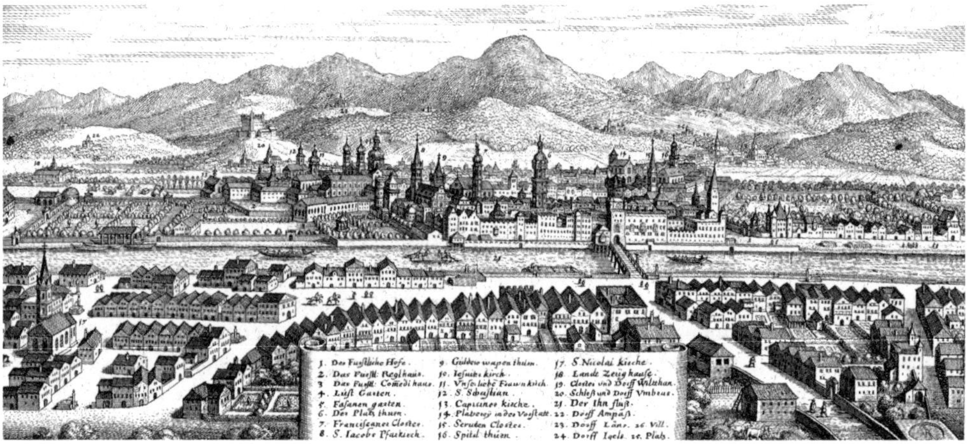

Abb. 21: Innsbruck, Stich von Caspar Merian (1649)

Zu Vorarlberg zählen heute auch die Gebiete der ehemals reichsunmittelbaren Grafschaft Hohenems mit dem Reichshof Lustenau, der Reichsherrschaft Blumenegg und der Propstei St. Gerold. Die beiden letztgenannten Territorien waren Außenbesitzungen der Klöster Weingarten und Einsiedeln, in denen bisher keine gerichtlichen Hexenverfolgungen nachgewiesen sind. In Hohenems regierten und residierten die Herren von Ems, die durch ihre Verwandtschaft mit dem Medici-Papst Pius IV. stark an Bedeutung gewonnen hatten und im Jahr 1560 in den Reichsgrafenstand erhoben worden waren. Im 16. und 17. Jahrhundert versuchten sie, im Gebiet des heutigen Vorarlberg eine Vormachtstellung zu erlangen. 1613 kauften sie die Grafschaft Vaduz und die Herrschaft Schellenberg, wo ein Zweig der Familie später in Zusammenhang mit rechtswidrigen Hexenverfolgungen zu trauriger Berühmtheit gelangte. Ursprünglich verwalteten die Emser ihre Lande beispielhaft nach modernen Rechtsgrundsätzen und beeindruckten vor allem auch durch ihre kulturellen Leistungen. Unter den Nachfolgern des 1640 verstorbenen Grafen Kaspar setzte jedoch ein unaufhaltsamer Abstieg des Hauses Ems ein. Nicht zuletzt durch einen zu aufwendigen Lebensstil verschuldete es sich tief, sein territorialer Besitz verfiel.

In konfessioneller Hinsicht gelang es den habsburgischen und emsischen Obrigkeiten, das bei der Bevölkerung zeitweise schon weitverbreitete protestantische Glaubensgut zurückzudrängen. Deren Einsatz zum Schutz der katholischen Religion, der durch die geopolitische Randlage Vorarlbergs im habsburgischen Machtbereich und durch die mannigfachen Verbindungen des Landes zu protestantischen Nachbargebieten mitgeprägt war, stand vielfach eine pragmatische Einstellung der Bevölkerung gegenüber. Auch beim Klerus war teilweise wenig gegenreformatorischer Eifer zu bemerken. Noch bis weit ins 17. Jahrhundert hinein wurde etwa im Bregenzer Bereich bei der Abendmalfeier neben der Hostie auch der Kelch gereicht, was die katholische Kirche bereits seit Jahrzehnten bekämpfte.

2. Verlauf der Verfolgungen

Das erste bekannte Opfer der Hexenverfolgungen aus den Herrschaften vor dem Arlberg starb 1493 außer Landes in einem Konstanzer Verlies. Es war eines »schuhmachers wib von Bregentz«. Die früheste Nachricht von Opfern der Hexen- und Zaubererverfolgungen in Vorarlberg selbst findet sich in einer St. Galler Quelle. Dort heißt es, daß um 1500 im montfortischen Teil von Bregenz eine Unholdin, die vielen Leuten Schadenzauber zugefügt habe, über ein Jahr lang in einem Turm gefangen gewesen sei. Bei ihr handelte es sich um eine Bregenzer Bürgerin, und zwar um die Mutter des kaiserlichen Hofhistoriographen Jakob Mennel.

Die erste in den Quellen faßbare Person, die in den österreichischen Herrschaften vor dem Arlberg ausdrücklich wegen Hexerei gerichtlich verfolgt wurde, war Elsa Gottschälkin aus Latz im Kirchspiel Nenzing. Ihre Bezichtigung stand wohl im Zusammenhang mit den nicht näher genannten Verstößen gegen die soziale Ordnung, die sie im Zuge des Verhörs bekannte. Trotz Anwendung der Folter brachte man sie aber zu keinem Geständnis der Hexerei und ließ sie schließlich gegen Ausstellung einer Urfehde wieder frei. Zehn Jahre später konnte Anna Mutterin aus Mittelberg im Kleinen Walsertal, deren gerichtliche Verfolgung durch »etliche böse Bezichte« im Volk ausgelöst worden war, selbst nach der Folterung ebenfalls zu keinem Hexereibekenntnis bewogen werden.

Waren bis in die Mitte des 16. Jahrhunderts alle Hexenverfolgungen, dem Charakter der volkstümlichen Magievorstellungen entsprechend, Einzelfälle, so ist damals ein deutlicher und auffälliger Wandel festzustellen. Wie in anderen österreichischen Regionen ist nun auch in den Herrschaften vor dem Arlberg die Übernahme der theologischen Hexenvorstellung nachzuweisen. Diese Neuerung äußerte sich nicht nur in den Inhalten der Geständnisse, sondern auch in den aufkommenden Verfolgungen von mehreren angeblich verschworenen Personen, sogenannten »Hexengesellschaften«. Um die Mitte der vierziger Jahre des 16. Jahrhunderts kam es auf dieser Basis zunächst im Bregenzerwald, zur Jahrhundertmitte auch in anderen Teilen der Herrschaft Feldkirch und in Bregenz zu ersten größeren Prozessen. Diese fanden also noch in einem Zeitraum statt, der im deutschsprachigen Raum allgemein als verfolgungsarm gilt. Unter anderem wurden damals die Ehefrau und eine Tochter des einflußreichen und wohlhabenden langjährigen Bregenzerwälder Ammanns Kaspar Erhard als Hexen hingerichtet. 1551 entstand aufgrund öffentlich verbreiteter Aussagen von Delinquenten ein diplomatischer Konflikt mit der protestantischen Stadt Lindau. Die Teufel hätten diesen mitgeteilt, der zwingliasche und lutherische Glaube gereiche ihnen zu großem Wohlgefallen, weil diese Religionsbekenntnisse ihnen einen breiteren Handlungsspielraum ermöglichten, während ihnen der alte und wahre katholische Christenglaube sowie die katholische Kirche mit ihren Satzungen völlig zuwider seien.

Nachdem die Innsbrucker Behörde im Frühjahr 1551 den Feldkircher Amtleuten umfassendere Indizien als Voraussetzung für weitere Verhaftungen vorgeschrieben, ihnen die eigenmächtige Folterung Inhaftierter untersagt und sich die letzten Entscheidungen in Hexereiverfahren vorbehalten hatte, endeten die ersten Prozeßserien. Insgesamt dürfte sich die Zahl der dabei hingerichteten Opfer auf mindestens dreißig Personen belaufen haben. Die meisten von ihnen stammten aus dem Bregenzerwald, der weitaus größte Teil waren Frauen. Über den sozialen Stand der Opfer läßt sich keine verbindliche Aussage treffen. Daß aus dieser Zeit keine Angaben über Verfolgungen in der Herrschaft Bludenz-Sonnenberg vorliegen, hängt möglicherweise mit der Überlieferungslage zusammen.

Die restlichen fünfziger und die folgenden sechziger Jahre stellten in den Herrschaften vor dem Arlberg allem Anschein nach eine prozeß-, wenn auch nicht verfolgungsfreie Periode dar. Den ersten bekannten Fall einer gerichtlichen Hexenverfolgung bildete nun jener der Montafonerin Iona Gandtin aus dem Jahr 1570 dar. Fünf Jahre später kam es nachweislich in Feldkirch und Bludenz zu Hexereiverfahren, die zunächst vier Frauen aus Altenstadt das Leben kosteten. In Bludenz wurden damals drei Frauen hingerichtet, nachdem sie wie in Feldkirch von einem Hexenspezialisten aus der Innerschweiz ungewöhnlichen Foltermethoden unterzogen worden waren. 1585 verbrannte man eine Dornbirnerin als Hexe; 1586 und 1588 fanden in Bludenz Verfahren gegen vier Klostertaler statt, die mit einer Hinrichtung endeten. In den Akten aus der Zeit zwischen 1570 und 1590 tritt neben der Herrschaft Feldkirch nun also auch die Herrschaft Bludenz-Sonnenberg in den Vordergrund, während für diesen Zeitraum aus der Herrschaft Bregenz keine Hinweise auf Hexenprozesse mehr vorliegen. Nachdem die Bezichtigungen jahrelang nur registriert worden waren, mußte die Bludenzer Obrigkeit nach einem seltsamen Vorfall im Montafon, der nicht näher überliefert ist, im Jahr 1595 neuerlich aktiv in die bei den Untertanen wohl mehr oder weniger zum Alltag zählenden Hexenverfolgungen eingreifen. Der Prozeß gegen die in Braz verheiratete Anna Tschugmellin scheint am Anfang einer neuen Verfahrensserie gestanden zu haben.

Wegen des Wirkens vermeintlicher Hexen kam es damals auch in den anderen Herrschaften vor dem Arlberg zu einem »ziemlichen Tumult«. Seit 1595 wurden in Bregenz nachweislich etliche Frauen vor Gericht gestellt. Die hohen angefallenen Kosten von etwa 800 Gulden bilden ein Indiz dafür, daß man im Winter 1596/97 gegen eine nicht unbeträchtliche Zahl von Angeklagten prozessierte. Im Sommer 1597 wurden eine Bregenzer Bürgerin und eine Frau aus Lauterach als Hexen hingerichtet. Spätestens seit diesem Zeitpunkt ist belegt, daß man Menschen, die zum Feuertod verurteilt worden waren, nicht unbedingt dem ersten Urteil gemäß lebendig verbrannte, sondern zur Enthauptung begnadigte und erst daraufhin den Flammen übergab.

Wie im Raum Bregenz waren in der Herrschaft Feldkirch die Hexenverfolgungen Anfang 1597 bereits in vollem Gange. Sie lieferten jedoch eine Reihe von Anlässen zu erbittert geführten Streitigkeiten zwischen Teilen der Bevölkerung und den Amtleuten. Vor allem in Dornbirn kam es zum massiven Versuch der Neutralisierung oder Umgehung der landesfürstlichen Gerichtsgewalt durch dörfliche Ausschüsse, die Verhöre und Folterungen ihren Interessen gemäß zu steuern versuchten.

Im Juni 1597, kurze Zeit nach einem Hagelwetter, wurde in Bludenz mit der Verhaftung der Kathrina Burckhartin aus dem Silberberg (heute: Silbertal) und der Maria Mannallin aus Gamprätz bei Schruns, zwei Frauen aus ärmsten Verhältnissen, der größte bekannte Hexenprozeß im Oberland begonnen, der fünf Frauen das Leben kostete. Das Verfahren fand im September desselben Jahres eine Fortsetzung, die ein weiteres Todesopfer forderte. Mit der Hinrichtung Thoman Flischs aus Brand endeten die gerichtlichen Verfolgungen in der Herrschaft Bludenz-Sonnenberg für einige Jahre. Aber schon bald wurde neues Belastungsmaterial für deren Fortsetzung kurz nach der Jahrhundertwende gesammelt.

In der Zwischenzeit verlagerte sich der Schwerpunkt der Vorarlberger Hexenverfolgungen in die Gerichte Rankweil-Sulz und Dornbirn (Herrschaft Feldkirch). Die dortigen Hexenprozesse bereiteten der Feldkircher Behörde ständig Schwierigkeiten. Entweder kam sie dem Verfolgungsbedürfnis der Mehrzahl der Untertanen nach und verstieß dabei gegen Rechtsvorschriften oder finanzielle Beschränkungen der Regierung, oder sie reizte die Untertanen durch rechtlich stark abgesicherte, verfolgungshemmende Verfahren permanent zu verbitterten aufstandsartigen Reaktionen. Einerseits rettete der Zwiespalt, in dem sich die Feldkircher Amtleute befanden, zahlreichen Frauen das Leben, andererseits läßt sich feststellen, daß fast alle bekannten Hinrichtungen in der Dornbirner Hexenjagd um 1600 in Verfahren erfolgten, die von der Innsbrukker Regierung als juristisch nicht einwandfrei gerügt wurden. Die treibende Kraft auch hinter den damaligen Verfolgungen bildete das starke Bedürfnis breiter Bevölkerungskreise, endlich von der vermeintlichen Wurzel ihres realen Elends, den über alles schädlichen Hexen, befreit zu werden.

In der Herrschaft Bludenz-Sonnenberg verzögerte der Vogteiverwalter Gabriel Dionys von Schellenberg die Einleitung eines neuerlichen Hexenprozesses mindestens zwei »clemme fähl jar« (arge Fehljahre) lang. Ihm erschienen die Hexenprozesse grundsätzlich »hochbedenklich«. Er konnte aber nicht verhindern, daß in einem Verfahren 1604 schließlich mindestens zwei Frauen nach der Begnadigung zur Enthauptung verbrannt wurden. Nach deren Hinrichtung hört man in den Herrschaften Bludenz-Sonnenberg und Feldkirch längere Zeit nichts mehr von gerichtlichen Hexenverfolgungen. Inwieweit der markante Unterschied zur Herrschaft Bregenz, wo gerade in den folgenden Jahren umfangreiche Hexenprozesse stattfanden, auf die weiterhin dokumentierte verfolgungshemmende Einstellung der Obrigkeit und/oder auf andere Ursachen zurückzuführen ist, läßt sich anhand der vorliegenden Quellen nicht feststellen.

In Bregenz kam es im Jahr 1609 zur größten Prozeßserie in der vorarlbergischen Geschichte. In deren Verlauf wurden am 8. April 1609 neun, am 12. Mai zwei und am 24. Juli 1609 fünf Personen als Hexen bzw. Hexer verbrannt. Am Beginn dieser Verfahren stand offensichtlich die Verhaftung des Segners und Wanderhändlers Melch Schnell aus Ammenegg im Gericht Dornbirn, welche die Innsbrucker Regierung schon 1602 empfohlen hatte. Ein Viertel der insgesamt 16 Delinquenten waren Männer. Sie wurden alle im ersten Prozeß verurteilt. An den beiden folgenden Terminen prozessierte man ausschließlich gegen Frauen. Von den Opfern stammten sechs Personen aus Wolfurt, vier aus Lauterach, je zwei aus Hard und Bregenz und je eine aus Rieden und Ammenegg. Melch Schnell und vier andere Hingerichtete waren vollkommen mittellos. Von drei weiteren läßt sich aus den Angaben in den Urgichten schließen, daß sie zumindest längere Zeit in tiefer Armut lebten. Alle übrigen Opfer dürften ebenfalls nicht sonderlich gut situiert gewesen sein. Nur zwei Delinquenten waren unter 40 Jahren alt. Ein Viertel von ihnen war etwa 70 Jahre alt, die anderen im Durchschnitt um die 50 Jahre. Alle Hingerichteten waren verheiratet. Nur zwei alte Männer könnten zum Zeitpunkt ihrer Inhaftierung schon verwitwet gewesen sein.

Das Jahr 1615 bildete den zweiten Höhepunkt der Bregenzer Hexenverfolgungen. Nach der ersten Verhaftung im November 1614 wurden sechs Personen im Februar und vier im April 1615 abgeurteilt. Sechs Frauen und vier Männer wurden verbrannt, drei von ihnen im ersten Prozeß. Mindestens drei weitere Frauen kamen frei. Nur zwei Hingerichtete scheinen jünger als fünfzig gewesen zu sein. Die älteste war 67 Jahre alt. Sieben Delinquenten wohnten in Hard, fünf in Lauterach und einer in Wolfurt. In den zweiten Prozeß waren nur noch Harder verstrickt, ein Mann und mindestens sechs Frauen. Allein bei einer von ihnen handelte es sich eindeutig um eine Segnerin.

Aus der Zeit kurz nach den großen Bregenzer Hexenprozessen von 1615 sind Aktenbruchstücke einer Untersuchung gegen zwei Frauen aus Alberschwende erhalten, die einander der Hexerei bezichtigten. Der Ausgang des Verfahrens ist nicht bekannt.

Der 1622 hingerichtete Hohenemser Michel Kecklin hatte sich nur des Teufelsbundes, nicht jedoch der Verbrechen der Zauberei oder Hexerei schuldig gemacht. Als andere Personen derer bezichtigt wurden, agierten die Behörden zurückhaltend und mäßigend. Wo aber wie im Fall der Katharina Zwiselerin aus Scheffau im Jahr 1626 Indizien des Kindsmords vorlagen, griff die Obrigkeit hart durch. An einer Fortsetzung ihres Verfahrens, in dessen Verlauf auch andere Personen verdächtigt wurden, war die Bregenzer Obrigkeit jedoch nicht interessiert. Ihre Politik in puncto Hexenverfolgung blieb restriktiv.

Während sich in weiten Teilen des deutschen Sprachraums um 1630 eine Konzentration der Hexenverfolgungen registrieren läßt, ist in den österreichischen Herrschaften vor dem Arlberg lediglich ein einziger Hexenprozeß nachweisbar, in dessen Verlauf eine Frau zum Tode verurteilt wurde. Insgesamt sind hier für die Zeit des Dreißigjährigen Krieges »nur« vier Hexenhinrichtungen belegt. Dazu kamen noch zwei Verbrennungen in der Reichsgrafschaft Hohenems.

Im Gegensatz zum Bregenzer Raum, wo die gerichtlichen Hexenverfolgungen nach den großen Prozessen von 1609 und 1614/15 nicht ganz abgebrochen waren, scheint der Süden des heutigen Bundeslandes Vorarlberg nach dem Bludenzer Prozeß von 1604 davon weitgehend verschont geblieben zu sein. Das bedeutet keinesfalls, daß nicht auch hier weiterhin Frauen und Männer aus allen möglichen Gründen nach dem alten Muster sozial ausgegrenzt und als Hexen oder Hexer verdächtigt wurden. Außer Injurienverfahren, durch die sich Bezichtigte gegen weitere Anschuldigungen wehren konnten, und einem eigentümlichen Streit um eine vermeintliche oder abgestrittene Hexereiverdächtigung in Schnifis liegen jedoch keine Hinweise auf gerichtliche Hexenverfolgungen vor.

Um 1640 zeichnet sich in den erhaltenen Quellen der Beginn einer neuen Häufung von Hexenprozessen in den Herrschaften vor dem Arlberg ab. Ähnlich wie bei der Bregenzer Obrigkeit, die zur Tat geschritten war, einige Leute vergeblich inquiriert und sich dadurch eigentlich nur eine Zurechtweisung durch die Innsbrucker Regierung sowie Schwierigkeiten mit den Gerichtsvertretern eingehandelt hatte, scheint es sich damals aber auch in der Herrschaft Bludenz-Sonnenberg verhalten zu haben. Dort soll es im Jahr 1640 zu »schweren Händeln der Hexerei halber« gekommen sein. Wahrscheinlich waren die Gerichtsverfahren jedoch nur Injurienprozesse geblieben. Auf alle Fälle weigerte sich die Bludenzer Obrigkeit im Jahr darauf standhaft, gegen zwei heftig verdächtigte Montafonerinnen vorzugehen, obwohl laut Klage der Untertanen bei der Innsbrucker Regierung eine Reihe überzeugender Indizien vorlag. Im Jahr 1642 sollte der Bludenzer Vogteiverwalter, ungeachtet aller gesetzlichen Bestimmungen, sogar durch Druck auf seine Person zu einem Verfahren gegen eine Bürserbergerin gezwungen werden, die von einer besessenen Frau als Hexe bezichtigt wurde. Wie in zahlreichen anderen Fällen taten sich dabei Mitglieder des Kapuzinerordens als maßgebliche Förderer der Hexenverfolgungen hervor.

Während trotz des fortdauernden Hexentreibens der Untertanen in den Herrschaften Bregenz und Bludenz-Sonnenberg allem Anschein nach zunächst keine Hexenprozesse mehr eingeleitet wurden, fand 1645 in der Stadt Feldkirch ein solcher gegen Maria Reinbergerin aus Reinberg oberhalb von Rankweil statt, der mit ihrer Hinrichtung endete.

Zahlreiche Untertanen im Bregenzer Raum waren damals überzeugt, daß seit Jahren überaus schädliche Hexen sowohl Wein- als auch Kornernten durch Unwetter vernichteten und daß die Unholde ausgerottet werden mußten, wollte man den wirtschaftlichen Mißständen abhelfen. Deshalb drängte der Hofsteiger Gerichtsausschuß die Bregenzer Obrigkeit zu einem entsprechenden Vorgehen. Über den Ausgang der Verfahren von 1649 sind keine Akten erhalten.

In der Stadt Feldkirch wurde im gleichen Jahr abermals ein Hexenprozeß durchgeführt, und zwar gegen die sechzigjährige Rankweiler Pfarrersköchin Marta Lochbüchlerin. Sie verstarb vor der Hinrichtung im Kerker. Rankweil kam nach ihrem Tod noch lange nicht zur Ruhe. Schon im Jahr darauf überreichten Ammann und Geschworene des Doppelgerichts Rankweil-Sulz dem Feldkircher Vogt eine Liste von Personen, die der Hexerei verdächtigt wurden. Nach langen Verhandlungen mit der Innsbrucker Regierung kam es schließlich im Sommer 1651 zur Einleitung der letzten tödlich endenden Hexenprozesse in den österreichischen Herrschaften vor dem Arlberg. Dabei verloren mindestens acht Frauen ihr Leben, darunter Sabina Jonasin von Buch und Udelberg, die einzige Adelige, die in Vorarlberg je als Hexe verbrannt wurde. Ihre Hinrichtung verursachte für den Vorsitzenden des Gerichts, den Feldkircher Hubmeister Johann Christoph von der Halden, schwerwiegende soziale Probleme, denen er unter anderem mit der Stiftung der späteren Gnadenkapelle auf dem Liebfrauenberg, der bedeutendsten Wallfahrtskirche des Landes, erfolgreich begegnete.

Gleichzeitig mit den Rankweiler Prozessen fand auch in Bregenz ein Gerichtsverfahren statt, bei dem die einzige bekannte Angeklagte an den Folgen der Folterungen verstarb. Die nun nicht mehr mögliche gerichtliche Verurteilung als Hexe holten daraufhin die Untertanen in ihrem

Verhalten bei der Frage der Beerdigung nach. Stadtrat, Bürgerschaft und Pfarrer von Bregenz weigerten sich strikt, die Frau auf dem Friedhof begraben zu lassen. Selbst dort, wo man üblicherweise die Verbrecher beerdigte, sollte sie nicht bestattet werden. Notfalls würde man die Obrigkeit mit Waffengewalt daran hindern. Die Gemeinden in der Umgebung von Bregenz reagierten ebenfalls ablehnend. Trotz Androhung hoher Geldstrafen vermochte die Regierung dem anhaltenden Widerstand der Untertanen nicht beizukommen.

In den fünfziger Jahren ging das Hexentreiben weiter. Der Vogteiverwalter der Herrschaft Bludenz-Sonnenberg wurde damals viele Jahre lang von Untertanen bedrängt, die fest davon überzeugt waren, von Hexen geschädigt zu werden, und ihr Begehren nach »Purgierung« (Reinigung) bis vor die Regierung brachten. Dennoch scheinen in Bludenz-Sonnenberg keine weiteren Hexenprozesse mehr geführt worden zu sein. Auch für Feldkirch liegen keine entsprechenden Akten vor.

In den Jahren 1656 und 1657 fand schließlich in Bregenz der letzte nachweisbare Hexenprozeß in den vorarlbergischen Herrschaften statt. Angeklagt waren ein Lauteracher und zwei Wolfurterinnen. Höchstwahrscheinlich endete das Gerichtsverfahren für sämtliche Angeklagte mit einem Freispruch.

Nachdem im Jahr 1661 in Feldkirch gegen eine Frau, die deswegen schon in Singen belangt worden war, eine Untersuchung eingeleitet und möglicherweise auch gerichtlich vorgegangen worden war, standen die Beamten der Herrschaften Bregenz und Feldkirch 1663 neuerlich vor der Notwendigkeit, in Hexereiangelegenheiten aktiv zu werden. Während für damals keine Akten mehr auf ein entsprechendes Verfahren in Bregenz schließen lassen, zog sich die Angelegenheit für die Feldkircher Behörde mit etlichen Untersuchungen noch bis Anfang 1664 hin. Auch hier kam es aller Wahrscheinlichkeit nach zu keinem Hexenprozeß mehr.

Während in den österreichischen Herrschaften vor dem Arlberg also nach 1651 wohl niemand mehr wegen Hexerei verurteilt wurde, hatte die gerichtliche Hexenverfolgung in der Reichsgrafschaft Hohenems noch kein Ende gefunden. Hier kam es nach den Prozessen des Winters 1630/31 mit zwei Hinrichtungen in den Sommern 1649 und 1650 zu insgesamt neun Verbrennungen vermeintlicher Hexen bzw. Hexer. Die Gerichtsverfahren wurden von umfangreichen Inquisitionen unter der Bevölkerung begleitet und zeichneten sich durch besonders grausame Folterungen aus. Zwei Frauen starben auch an den Folgen von Abführmitteln, wodurch der teuflische Widerstandsgeist aus ihren Körpern hätte vertrieben werden sollen. Im Jahr 1653 kam es zum einzigen Hexenprozeß auf dem Boden des heutigen Bundeslandes Vorarlberg, bei dem sich eine Person selbst bezichtigt hatte. Die letzten gerichtlichen Hexenverfolgungen fanden 1677 statt. Im September richtete man Maria Gasserin (Schetter), Barbara Thurnherin und Barbara Wötzlin hin, zwei Monate später in Hohenems Barbara Kuenin und in Lustenau Trina Brunnerin, eine dort verheiratete Schweizerin. Sie waren die letzten Todesopfer der Hexenprozesse in Vorarlberg.

Das letzte bekannte Vorarlberger Opfer von Hexen- und Zaubereiprozessen war aber der aus Frastanz stammende Gerold Hartman, Kaplan in Schaan, der in Chur und Mailand als Zauberpriester inquiriert wurde. Nach drei Jahren Haft konnte er trotz Freispruchs und Wiedereinsetzung 1682 seine Stelle nicht wieder antreten, da die päpstliche Entscheidung zu seinen Gunsten von der Bevölkerung nicht anerkannt wurde.

Insgesamt standen in Vorarlberg in den 150 Jahren zwischen 1528 und 1677 etwa 200 bis 300 Personen als Hexen oder Hexer vor Gericht. Mindestens 130 Personen kamen im erwähnten Zeitraum nachweislich aufgrund dieser Anklagen ums Leben. Tatsächlich muß wohl mit etwa 200 Todesopfern gerechnet werden.

3. Das Gerichtsverfahren

Neben den Risiken bei der Beweisführung bestand bei Hexereianklagen in den österreichischen Herrschaften vor dem Arlberg die Gefahr, daß man trotz gewonnenen Prozesses zur Kasse gebeten wurde. Eine andere Ausgangslage bot sich nur, wenn die Behörde ihrerseits aktiv wurde. Bei der Verfahrenseinleitung von Amts wegen unterschied man die Inquisition mit und ohne formelle Denunziation, bei der die Untertanen offen aufgefordert wurden, Leute, die im Verdacht der Hexerei standen, dem Richter anzugeben. Sie taten dies, ohne daß sie ihre Vorwürfe beweisen mußten und ohne daß sie im Falle einer falschen Beschuldigung zur Verantwortung gezogen wurden. In den vorliegenden Quellen wird eine solche Denunziation »offenes Werk« oder »gemeines Lüsmen« genannt. Laut Auffassung der Innsbrucker Regierung stellte sie jedoch eine rechtlich bedenkliche Verfahrenseinleitung dar. Sie war überdies oft mit gefährlichen Gemeindeversammlungen sowie Zusammenrottungen verbunden. Wie das Beispiel Dornbirns um 1600 zeigt, war aber auch die von der Regierung vorgeschriebene Vorgehensweise der Behörden bei der Einleitung von Hexereiverfahren in ihren Auswirkungen auf die Bevölkerung mitunter nicht weniger problematisch als die »offenen Werke«.

Die Kostenfrage stellte in jedem Fall ein kaum zu überschätzendes Hemmnis der gerichtlichen Hexenverfolgungen dar, nicht zuletzt deshalb, weil ein großer Teil der Personen, die der Hexerei bezichtigt wurden, der ärmeren Bevölkerungsschicht angehörte.

Wie die Hexenprozesse in der Herrschaft Bregenz formal abliefen, ist in einem *Direktorium* aus dem 17. Jahrhundert verzeichnet. Dort heißt es, daß Vogt und Amtleute eine inhaftierte Person vor der Folterung in das Amthaus bringen ließen und ihr kurz erklärten, aus welchen Gründen sie gefangengenommen und hierher gebracht worden war. Sie sollte nun das Verbrechen, dessen sie angeklagt wurde, freiwillig und »in der güette« ausführlich gestehen und dabei der Obrigkeit nichts vorenthalten, sonst müsse man »andere befuegte ernstliche mitl (dern man doch gehrn überhoben sein wolte) für und an die hand nemmen«. Dabei wurde die Delinquentin auf »ihr seel selligkheit und diß ellend kurze leben« hingewiesen. Als Gegensatz dazu hielt man ihr »die ewige immerwehrendte verdammnuß, darein sye sich selbs durch ihr verschweigen und hinderhalten stürzen« würde, drastisch vor Augen. Wenn sie jedoch – »wie gemainlich beschicht« – trotz der Erinnerungen und Ermahnungen nichts gestand, brachte man die Angeklagte wieder ins Gefängnis. Der Vogt und die Amtleute beratschlagten dann, ob gegen sie mit der Tortur vorzugehen war oder nicht. Falls eine »peinliche« Befragung beschlossen wurde, ließ man nach altem Gebrauch die Stadtammänner, einige Ratsmitglieder und den Stadtschreiber »alß in solchen sachen spectatores, gezeugen und künfftige ordenliche bluet oder malefiz richter« kommen und erklärte ihnen in Kürze den Sachverhalt. Daraufhin zog man zusammen auf den Turm oder an den Ort, wo man die Folter vorzunehmen gedachte. Dort wurde die angeklagte Person durch den Vogt oder einen Beamten nochmals »ernstlich vermahnt, ihre missethaten ohne pein in der güete zuebekhennen, ihr selbsten zuverschonen und grose pein und marter zuefürkhommen«. Dann sollte ihr so viel Gnade widerfahren, wie möglich und verantwortbar sei. Falls sie aber weiterhin nichts gestand und auf ihrer Unschuld beharrte, ordnete der Vogt oder ein Beamter dem Scharfrichter die Tortur an.

Nachdem sie der Nach- oder Scharfrichter »an die handt genommen unnd gebunden« hatte, las man ihr – »ehe sye torquiert und gepeiniget wurdet, und sonsten under wehrender peinlicher handlung« – Fragen aus einem Interrogatorium der Reihe nach vor. Diese Tätigkeit gebührte nur dem Herrn Vogt selbst oder einem Beamten als Vertreter der kaiserlichen Majestät »und sonst niemandts«. Was die Angeklagten auf die einzelnen Artikel der Frageliste antworteten, war vom Bregenzer Stadtschreiber genau aufzuzeichnen. Während der Vernehmung hatten sich alle, die der Tortur beiwohnten, »alles umbschweifenden inquirirens unnd fragens, dardurch die gepeinigte persohn nur irr gemacht wurdet, durchaus und bis zue end« zu enthalten.

Wie aus dem *Direktorium* deutlich hervorgeht, bildete die Folter das Kernstück der Verfahren und – mit Ausnahme der Hohenemser Prozesse von 1649 und 1653 – stets die Voraussetzung dafür, daß man bei einem großen Teil der Hexenprozesse zu den erwarteten Geständnissen gelangte, die wiederum erst eine Verurteilung der Angeklagten ermöglichten. Eine Hinrichtung ohne vorheriges Geständnis läßt sich im untersuchten Gebiet nicht nachweisen.

Die *territio verbalis*, das Vorzeigen der Folterinstrumente und die Ankündigung ihres Gebrauches, wurde zwar nicht als Tortur betrachtet, zeigte jedoch häufig schon eine ähnliche Wirkung. Geständnisse, die unter dem Eindruck der drohenden Folter zustande gekommen waren, oder auch solche, die man nach der Tortur verzeichnet hatte, bezeichnete man in den Akten gelegentlich als nicht erzwungene, ohne direkte Gewalteinwirkung zu Protokoll gegebene Aussagen, was einen falschen Eindruck von der Bedeutung der Folter vermittelt. Unterstützt wurde diese Tendenz durch die Praxis der Protokollmitschrift bei Folterungen, die den Bestimmungen der *Carolina* und der landesfürstlichen *Hexenprozeßinstruktion* von 1637 widersprach, gemäß denen die Geständnisse der Delinquenten erst nach der Tortur aufgezeichnet werden sollten. Wie im *Hexenhammer* empfohlen, registrierte man jedoch in den Herrschaften vor dem Arlberg Aussagen oft während der Folter, was außer dem oben angeführten *Direktorium* zum Beispiel durch eine entsprechende Mitschrift bei der Tortur der Ursula Hartmännin im Jahr 1630 belegt ist. Auch dadurch wurde es möglich, Geständnisse, die unter direkter Foltereinwirkung entstanden waren, von solchen zu unterscheiden, die »aller banden frej, ledig und los«, also anscheinend freiwillig, abgelegt wurden.

In den Vorarlberger Hexenprozessen stellten die Folter an der Waage und das Aufziehen auf einer Leiter (Streckfolter) die üblichen Arten der Tortur dar. Bein- und Daumenschrauben sind – im Gegensatz zu Hohenems – in den österreichischen Hexenprozeßakten nicht erwähnt. In der Reichsgrafschaft setzte man bei den Gerichtsverfahren von 1630/31 sogenannte »Braunschweigische Stiefel« ein. Die Folterung an der Waage ist schon bei den ersten Bregenzerwälder Hexenprozessen von 1546 belegt. Dabei wurden die Delinquenten mit einem Seil an den (auf den Rücken) gefesselten Händen in die Höhe gezogen und die Schmerzen eventuell durch Gewichte vergrößert, die man an die Beine hängte. In einem Bregenzer Prozeß von 1656/57 ist deren Gewicht mit zehn bis zwölf Pfund angegeben. In Hohenems wurden 1630 neunzig Pfund schwere Steine verwendet. Die Folter auf der Leiter bestand ebenfalls in einer stufenweisen schmerzhaften Streckung des Körpers. Folterinstrumente wie der sogenannte »Esel«, ein spitzes Gestell, wurden in den österreichischen Territorien nur in der Stadt Feldkirch eingesetzt. Hier wie in Hohenems fand diese Tortur exzessiv Anwendung. Den Angeklagten stand dabei vielfach nur mehr die Wahl zwischen dem Tod durch Erschöpfung oder einem Geständnis der unterstellten Verbrechen offen.

Die äußerst brutale Tortur durch das »Spanische Fußwasser« – dabei wurden die in einem geschraubten Holzgerüst möglichst weit gespreizten Beine der Delinquenten gepreßt und durch einen Strick um die Knie zusammengezogen – war im Gegensatz zum benachbarten Liechtenstein und der Schweiz in den habsburgischen Herrschaften vor dem Arlberg und in Hohenems nicht in Gebrauch. Strafverschärfungen durch Zwicken mit glühenden Zangen oder das Verstümmeln der Brüste sind in den österreichischen Hexenakten – anders als in Hohenems oder auch z.B. bei der Hinrichtung einer dreifachen Kindsmörderin im Jahr 1635 – nirgends erwähnt.

Für die kolportierte Feststellung, daß die Scharfrichter in Bregenzer Hexenprozessen zwischen 1596 und 1651 bei widerstandsfähigen Delinquenten mit »einem Bündel Kerzen nach [halfen], deren Flammen an der Brust und anderen entblößten Köpertheilen Kreismale ausbrannten«, gibt es keinen Beleg.

Die Wasserprobe wurde in Vorarlberg zu keinem Zeitpunkt angewendet, sehr wohl jedoch vereinzelt die Folterung in der sogenannten »Wanne«. Der angeklagten Person wurden die Gliedmaßen daran befestigt und diese dann durch Druck auf den Körper mißhandelt. Diese Foltermethode scheint aus der Schweiz übernommen worden zu sein.

Kinder wurden bei Hexenprozessen trotz zum Teil schwerer Verdachtsmomente zu keiner Zeit gefoltert. Dem zehneinhalbjährigen Mathias Kloser aus Hard zum Beispiel drohte man 1629 nur mit der Rute. Der jüngste nachweisbar gefolterte Delinquent war der fünfzehnjährige Gregorius Dörler aus Hard. Er wurde bis auf das Hemd ausgezogen, »getümmelt« und dann aufgezogen. Die Folterung dürfte nicht sehr grausam gewesen sein, da er dadurch zu keiner Aussage gezwungen wurde. Das jüngste Opfer der Hexenprozesse in Vorarlberg war die zwölfeinhalbjährige Maria Sommerin aus Hohenems. Sie wurde 1650 nach einem »freiwilligen« Geständnis der begangenen Blutschande sowie des Hexenfluges, der Teufelsbuhlschaft und der Teilnahme an Hexentänzen hingerichtet.

Gemäß der Definition, daß nur Hexenverfolgungen, die zwanzig oder mehr Exekutionen in einem Jahr zur Folge hatten, als umfangreich gelten können, kam es in Vorarlberg zu keinem Zeitpunkt zu solchen Hexenjagden. Die größte Prozeßserie fand 1609 in Bregenz statt, als 16 Personen hingerichtet wurden; die zweitgrößte forderte zehn Todesopfer und wurde 1615 ebenfalls in Bregenz geführt. In etwa zwei Drittel der Hexenprozesse war mehr als eine Person verstrickt. In etwas mehr als zwei Dritteln der Fälle endeten die Gerichtsverfahren mit dem Tod der Angeklagten, die restlichen kamen frei. Die Vorstellung, daß jemand, der in einen Hexenprozeß geriet, »in der Regel verloren« war, erweist sich also auch in Vorarlberg als unrichtig. Allerdings schwankte der Anteil von Hinrichtungen regional stark. In Hohenems etwa kam aufgrund der grausam durchgeführten Folterungen nur ein einziger Angeklagter mit dem Leben davon.

Der Anteil des weiblichen Geschlechts an den Opfern der Hexenprozesse belief sich in Vorarlberg auf ungefähr 90%. Er lag damit nicht nur über dem europäischen Durchschnitt, der auf etwa 80% geschätzt wird, sondern auch weit über jenem, der aus den übrigen heute österreichischen Bundesländern (einschließlich Südtirols und der Untersteiermark) nachgewiesen sind.

4. Gründe für den Beginn der Verfolgungen

Die Gründe für den vergleichsweise frühen Beginn der umfangreichen Vorarlberger Hexenprozesse in der Mitte des 16. Jahrhunderts lassen sich nur schwer feststellen. Der Bregenzerwald litt jedenfalls gerade damals unter einer »schweren bösen« Teuerung, die den Landammann und Rat zu einer Verordnung veranlaßte, »das man die ruchen, bösen geütter pawen und eren sollty, damit der arm man ettwa dester baß kornn erzeugen möchti und man ainanndern helffen sölli«. Diese Wirtschaftskrise erreichte in der ersten Hälfte der vierziger Jahre und knapp nach der Jahrhundertmitte ihren Höhepunkt und war möglicherweise schon durch die ersten Anzeichen einer allgemeinen Klimaverschlechterung gegen Ende der fünfziger Jahre mitgeprägt. Im Bregenzerwald bildete die Handspinnerei einen bedeutenden Wirtschaftsfaktor. Aus diesem Raum ist für die betreffende Zeit überliefert, daß die Bevölkerung aus jenem Erwerbszweig jährlich an die 10.000 Gulden gewann. Wenn aber diese Einnahme wegfiel – und das dürfte der Fall gewesen sein –, gerieten viele Menschen in große Not. In einer solchen Situation lag es nahe, die Unbilden der Witterung mit ihren oft verheerenden Folgen dem schädlichen Treiben der Hexen zuzuschreiben. Damit verbunden ist ein verstärkter gesellschaftlicher Druck feststellbar. Allem Anschein nach hatten zum Beispiel der Bregenzerwälder Ammann Erhard und seine Familie, der Hexerei bezichtigt, für neue wirtschaftliche Strategien und damit zusammenhängende Verstöße gegen die herkömmliche Sozialordnung gebüßt.

Sicherlich förderte auch die angespannte religiöse und politische Lage im Umfeld des Schmalkaldischen Krieges die vorhandene Verfolgungsbereitschaft. Die Stadt Lindau als Vertreterin des protestantischen Lagers und die habsburgisch-katholische Stadt Bregenz standen einander seit den dreißiger Jahren des 16. Jahrhunderts in einem gespannten Verhältnis gegenüber. Gerade in dieser wirtschaftlich wie auch politisch bedrohlichen Situation kam es in Bregenz zu Hexenverfolgungen nach theologischem Muster. In Bregenzerwälder Urgichten wurde das Hexenwesen – wie erwähnt – direkt mit dem Protestantismus in Verbindung gebracht.

Bei den Hexenprozessen der zweiten Hälfte des 16. Jahrhunderts fällt auf, daß ihr »erfolgreicher« Abschluß in den allermeisten, wenn nicht sogar allen Fällen der Folter»kunst« des Tettnanger Scharfrichters und eines anderen fremden Hexenspezialisten zuzuschreiben ist. Nur gekonnt erzwungene Geständnisse ermöglichten die von vielen Leuten geforderten Hexenprozesse. Ohne die Fertigkeiten der versierteren auswärtigen Scharfrichter scheiterten diese Gerichtsverfahren oder wurden frühzeitig beendet.

Die Vorarlberger Hexenverfolgungen erlebten ihren Höhepunkt wie weite Teile West- und Mitteleuropas in den beiden Jahrzehnten zwischen 1595 und 1615. Um die Jahrhundertwende erfaßte das Hexentreiben wirtschaftlich sowohl stark als auch schwach entwickelte Regionen, katholische wie protestantische, großflächige Staatsgebilde und kleine Herrschaftsbereiche. Deshalb treten bei der Suche nach den Gründen jene Erklärungsfaktoren in ihrer Bedeutung zurück, welche lediglich für eingeschränkte Bereiche gültig sind. Die tiefsten Wurzeln der Hexenverfolgungen um 1600 müssen in Erscheinungen gesucht werden, die in allen diesen Ländern wirksam waren: Neben der Ideologie der Hexenverfolger bildete die Verschärfung der wirtschaftlichen und sozialen Probleme am Ende des »Zeitalters der Preisrevolution« (1470–1618) den größten gemeinsamen Nenner.

Aufgrund von Mißernten wurden damals die Grundnahrungsmittel so teuer, daß sich Teile der Bevölkerung nicht ausreichend ernähren konnten. Infolgedessen traten gehäuft Krankheiten auf. Das Lohn-Preis-Gefüge verschob sich langfristig und verursachte eine allgemeine Verarmung breiter Bevölkerungsschichten, was nicht ohne Auswirkungen auf die sozialpsychologische Struktur der Gesellschaft blieb. Ein starker Bevölkerungszuwachs, der im 16. Jahrhundert in ganz Europa feststellbar ist, wurde spätestens seit der Jahrhundertmitte auch in Vorarlberg von den Zeitgenossen beklagt und bildete am Ende des Jahrhunderts einen nicht unwesentlichen Faktor für verschiedenste Konflikte. Die Vorarlberger Bevölkerung dürfte sich im 16. Jahrhundert um ein Drittel vermehrt haben. Eine dadurch verschärfte Ressourcenknappheit versuchte man anfänglich durch eine Ausdehnung der bewirtschafteten Anbauflächen aufzufangen. Aber durch die in der zweiten Hälfte des Jahrhunderts immer spürbarer werdende Klimaverschlechterung wurden diese Möglichkeiten eingeschränkt. Der Ausbau der Wirtschaft insgesamt, besonders aber jener der Landwirtschaft, vermochte mit der demographischen Entwicklung nicht mehr Schritt zu halten. Aufteilungen von Gemeindegründen und saisonale Auswanderung wurden notwendig. Die Bevölkerungszunahme führte in einem Realteilungsgebiet wie Vorarlberg auch zu einer verstärkten Aufsplitterung der Güter und Höfe. Besonders der Weinbau bot unter diesen Umständen mittelbar und unmittelbar einem großen Teil der Bevölkerung eine zwar arbeitsintensive, aber ertragsreiche Existenzgrundlage, die jedoch ebenso wie der Viehbestand in der Periode der enormen Klimaschwankungen zwischen 1585 und 1616 in einer den Menschen unverständlichen Weise in Mitleidenschaft gezogen wurde.

Einen wesentlichen Anstoß zu den Hexenverfolgungen zumindest in Dornbirn bildeten die Korruption und Klüngelwirtschaft der Oberschicht. Als sich in dieser Situation gewisse Bevölkerungsgruppen bewußt oder unbewußt »magischer Hilfsmittel« für ihre Zwecke bedienten, verschränkten sich das Hexenwesen und ein politisch-ökonomischer Machtkampf bald so, daß alle betroffenen Verwaltungs- und Gerichtsinstanzen überfordert waren.

Die Anfänge der großen Hexenverfolgung von 1609 sind aktenmäßig nicht belegt. Hauptursachen dürften Tierseuchen, Unwetter und andere Ernteschäden gewesen sein. Die Geständnisse der Angeklagten verweisen auf einen Zusammenhang mit der für die Jahre 1607 und 1608 belegten Agrarkrise. Einzelne Dokumente von 1609 beziehen sich besonders auf einen »großen lanngwirigen regen, so vergangnes jahr den wein allso verderbt« hatte. In Wolfurt war zudem ausgerechnet bei einer Beerdigung ein schwerer Hagel niedergegangen, der für viele Leute nur eine übernatürliche Deutung als Hexenwerk zuließ. Neben dem unerklärlichen Viehsterben, das im Jahr zuvor nicht nur Wolfurt heimgesucht hatte, erinnerte man sich noch gut an das lange Regenwetter zwei Jahre zuvor. Manchen Leuten war es unerklärlich, daß sie auch trotz an sich geeigneter Voraussetzungen einfach nicht gewinnbringend zu wirtschaften vermochten.

Es hat den Anschein, als habe es zur Aktivierung der Obrigkeit eines markanten Ereignisses wie des ungewöhnlich starken Hagelschlags genau zur Bregenzer Kilbi (Kirchweihfest) bedurft, der in der weiteren Umgebung schweren Schaden an der Ernte anrichtete. Kurz darauf wurde jedenfalls die erste als Hexe verschrieene Frau verhaftet und verhört.

In einem Bericht über eine Visitation der vorarlbergischen und schwäbischen Herrschafts-, Vogtei-, Pfleg-, Landgerichts- und Zollämter aus dem Jahr 1617 werden die Unwetter von 1614 als besonders schädlich beschrieben. Die Visitatoren berichteten, daß »bej etlich jarn, und sonderlich ad [1]614 die underthanen und sonnst menigelichen durch die grossen schawer und hochgewitter [...] an lieben getraidt, wein und frücht merchlichen schaden und verlurst geliten, auch die wein etwas saur und also beschaffen, das solche vom zapfen sonders nit wellen abgeen, aber sonnsten zuversilbern sein«. Sie fügten zu ihren Feststellungen hinzu, daß das »schedliche hexenwerch« in den Herrschaften Bregenz und Hohenegg leider stark zugenommen habe, und legten dem Landesfürsten nahe, daß es diesbezüglich »wol aines ernstlichen einsehens bedarff«.

Beim Hexentreiben in der Mitte des 17. Jahrhunderts stand für zahlreiche Untertanen im Bregenzer Raum eindeutig fest, daß seit Jahren einige überaus schädliche Hexen sowohl Wein- als auch Kornernten durch Unwetter vernichteten und daß diese Unholde ausgerottet werden müßten, wollte man den wirtschaftlichen Mißständen abhelfen. Deshalb ersuchte 1648 der Hofsteiger Gerichtsausschuß die Bregenzer Obrigkeit um »gebührendes Einsehen«. Diese und ähnliche Vorstellungen waren bei der Bevölkerung noch lange nach der Zeit der gerichtlichen Hexenverfolgungen tief verankert und führten immer wieder zu Problemen.

Die ersten bekannten Hexenprozesse in Hohenems von 1630/31 waren maßgeblich dadurch ausgelöst worden, daß sich der Graf selbst von einer vermeintlich Schadenzauber ausübenden Familie bedroht fühlte. Die Gerichtsverfahren von 1649 entwickelten sich aus einem Sodomievorwurf gegenüber einem jungen Burschen, der im Zuge der Untersuchungen zu einem Hexereigeständnis gebracht wurde und zwei Familienmitglieder mit in den Tod riß. Die Fortsetzung der Hexenprozesse wurde allgemein erwartet, denn in der Bevölkerung waren zahlreiche Menschen stark des Schadenzaubers und der Hexerei verdächtigt. Die letzten Verfahren von 1677 lassen wiederum die Angst der gräflichen Familie vor Schadenzauber erkennen, sie gründeten aber auch auf dem weit verbreiteten Bedürfnis nach Hexenverfolgung und deren Förderung durch einen Großteil des gewöhnlichen Volkes.

5. Volksmagische Vorstellungen und Abweichungen vom elaborierten Hexenbegriff

Die Hexenvorstellung in den Geständnissen der Vorarlberger Prozesse entspricht in vielem nicht den gelehrten Vorgaben, sondern bleibt älteren volkstümlichen Mustern verhaftet. Dies gilt vor allem für die von Wolfgang Behringer bereits hervorgehobene Nachtvolkmythe. Darüber hinaus begegnet man in den frühesten Prozessen im Bregenzerwald noch der archaischen Vorstellung der Wolfsreiter, die bald darauf völlig erlischt. Damals knüpften die Hexenverfolgungen auch beim Hexensabbat an volkstümliche Vorformen an. Parallel zum gelehrten Hexenmuster war im Bregenzerwald die Vorstellung von einer »Gesellschaft« verbreitet, deren Mitglieder sich nicht nur im Alltag magisch betätigten, sondern sich auch zu rituellen Kämpfen mit Schlachtrossen und anschließender Heilung der Verwundeten zusammenfanden. Diese mit schamanistischen Elementen durchsetzten Auffassungen paßten sich im Lauf der Zeit dem gelehrten Hexenbild so stark an, daß sie kaum mehr davon zu unterscheiden waren. So wurde aus der magischen »Gesellschaft« schließlich eine »Hexen-Gesellschaft«. Ein ähnlicher Assimilationsprozeß erfolgte auch in anderen Bereichen, etwa bei den Vorstellungen von der »Bosheit« oder den »bösen Leuten«, welche Begriffe im Laufe der Zeit zu Synonymen für »Hexerei« bzw. »Hexenleute« wurden.

Bereits Carlo Ginzburg wies auf die Parallelen hin, die zwischen den friaulischen Benandanti und den Geständnissen einer Frau vom Bürserberg bei Bludenz bestanden. Diese wurde jedoch in keinem Hexenprozeß, sondern im Zuge der obrigkeitlichen Reaktionen auf den Bauernkrieg von 1525 belangt, da sie mit ihren Vorhersagen den Widerstand der Untertanen verstärkte.

In den vorarlbergischen Prozeßakten finden sich nur Ansätze der theologischen Vorstellungen der Satansverehrung und der orgiastischen Kulte bei den Hexensabbaten. Auch bei vielen anderen Aspekten bewahrten die Angaben stärkere Bezüge zum Alltagsleben der Angeklagten. So unterschied man in den Akten beim Geschlechtsverkehr mit dem Teufel, ob das »Werk« zur Gänze oder nicht vollständig verrichtet wurde, d.h. ob er durch einen *coitus interruptus* eine mögliche Empfängnis verhinderte. Die theologische Lehrmeinung, daß »Zeugungsfähigkeit geradezu dem Wesen des Teufels widerspräche«, war im Volk und bei den Vorarlberger Richtern nicht gängig. Teufelsmähler wurden nur unter dem Druck der Folter gestanden, Tierverwandlungen kamen nur am Rande in Form von Katzen und Vögeln vor. Zur Zeit des Höhepunktes der Hexenverfolgungen um 1600 wollte keine Hexe durch den Kamin ausgefahren sein. Angaben, daß die Hexen nackt zu den Tänzen geflogen seien, liegen nicht vor. Als Fluggeräte werden Böcke, Geißen, Hunde, Rösser, Katzen, Kälber, Säue, Stierlein, Gabeln, Stühle, Stecken, aber – mit einer späten Ausnahme – keine Besen angeführt. Manche Hexe wollte zu Fuß zu den Tänzen gegangen sein.

Stark verbreitet war die Vorstellung, zauberische Fähigkeiten oder sogar die Hexerei seien nicht nur sozial, sondern auch biologisch vererbbar. Diese Überzeugung bildete keine unbedeutende Triebfeder der Hexenverfolgungen. Über deren volksmagischen Hintergrund enthalten die Gerichtsakten manche Angaben. So ist etwa von Ursula Hartmännin aus Bregenz überliefert, daß sie ihre kranke Tochter mit »Wösterbad« zu kurieren versuchte. Dabei handelte es sich um das mit bestimmten Beimengungen versehene Wasser, in dem ein Täufling zum ersten Mal gebadet worden war. Gab es Schwierigkeiten bei der Herstellung von Schmalz, holte man beim Mesner »Ostertauf« (in der Osternacht geweihtes Wasser) oder schlug den Kübel mit einem Seil, um den schädlichen Dämon daraus zu vertreiben. Konrad Reiner beugte teuflischen Heimsuchungen durch geweihte Kerzen vor, die er an sein Bett klebte. Zahlreiche Leute trugen zum Schutz vor den Anfechtungen des Teufels ein Agnus-Dei-Amulett. Trat einem der Teufel nahe, konnte er durch die Nennung des Namens Gottes oder durch das Kreuzzeichen vertrieben werden. Brautleute waren besonders gefährdet. Eine Hochzeiterin müsse sich deshalb ein Kreuz in jeden Schuh machen oder schneiden, denn wenn sie ungesegnet über die Türschwelle ins Freie trete, könne der Teufel den Dreck unter der Schwelle nehmen und viel Zank unter den Eheleuten stiften. Manche Ehemänner schützten sich vor Anzauberung von Impotenz dadurch, daß sie jeden Abend vor dem Ausziehen das Kreuzzeichen über ihre Hose und das Bett machten. Im Intimbereich empfahl sich peinliche Reinlichkeit. Die Schertlerin gab an, der Teufel könne alles im Namen derjenigen Frauen tun, deren Menstruationsblut er erhalte.

Den Hagel, der bekanntlich oft für die Menschen völlig unverständlich in schmalen Streifen niederging und deshalb als magisch verursacht galt, versuchte man durch Kreuzschlagen vor den Feldern fernzuhalten. Palmzweige, die am Palmsonntag oder am Unser-Frauen-Dreißigsten (13. September) geweiht wurden und mit einem Malefiz-Agnus-Dei versehen waren, sollten Felder und Weingärten schützen.

Etliche verhörte »Hexen« bestätigten die Wirksamkeit des Wetterläutens: Fleißiges Kirchengeläute vertreibe die Unwetter. An gewissen abgelegenen Orten, wo sich die Hexen gerne träfen, empfehle es sich, Kruzifixe aufzurichten. Manches heute noch existierende Feldkreuz dürfte aus diesem Grund entstanden sein. War man schon von einer Hexe geschädigt, so bestand im Volk der Glaube, daß Hexenpersonen ihren Zauber wieder aufheben (»wenden«) müßten, wenn man sie dreimal darum bitte (und sich dann schnell umdrehe). Hatte ein Dämon ein Kind befallen, wurde unter Umständen überlegt, ob er nicht durch eine neue Taufe vertrieben werden konnte. War ein Neugeborenes gestorben, empfahl es sich, dieses nicht im Haus zu begraben, denn sonst schlugen leichter Blitze ein.

Der Reinigung des Hauses vor allem vor Sonn- und Feiertagen kam auch magische Bedeutung zu. Den Kot, der in Samstagnächten liegen geblieben war, verwendete der Teufel angeblich für Schadenzauber. Eine Frau soll ihren Ehemann magisch gebannt haben, indem sie an Samstagen nur an den Wänden herabkehrte. Verschiedene Personen führten das »Krongebet« (St. Coronagebet) als besonders wirksam an. Aus dem Jahr 1581 ist ein Liebeszauber mit Froschbeinen aus einem Ameisenhaufen belegt, 1604 ebenfalls im Oberland ein Regenzauber mit einem Ameisenhaufen. Ameisen spielten eine große Rolle bei der volkstümlichen Heilkunst.

Die Gerichte berücksichtigten bei ihrem Vorgehen gegen Hexen ebenfalls magische Vorstellungen. So glaubte man, der Teufel könne seinen Anhängern nicht helfen, wenn man sie in der Nacht zwischen ein und zwei Uhr gefangensetze. Die Anordnung für den Scharfrichter, die Delinquenten vom Boden zu heben, hing mit dem Glauben zusammen, daß Hexen und Zauberer sich verwandeln und fliehen konnten, wenn sie mit Erde in Berührung kamen.

Bei den volkstümlichen Konfliktstrategien fällt auf, daß eine Bezichtigung von Frauen als Hexe das Gegenstück zur Ketzerei- bzw. Sodomieanschuldigung bei Männern darstellte. Dieser Umstand bildete einen wesentlichen Grund für die Konzentration des Hexenwesens auf das weibliche Geschlecht. Dazu kam auch, daß Männer bei heilenden und bannenden Anwendungen der Volksmagie, die Frauen jedoch im Bereich des Schadenzaubers als dominant galten.

6. Gründe für den Abbruch der Verfolgungen

Das vergleichsweise frühe Ende der gerichtlichen Hexenverfolgungen in den österreichischen Herrschaften vor dem Arlberg war vor allem durch deren Einbindung in eine großflächige Verwaltungs- und Gerichtsstruktur bedingt, bei der sich Behörden mit unterschiedlichen Zuständigkeiten gegenseitig kontrollierten und oft auch blockierten. Die in der Landesgeschichte viel geschmähte Abhängigkeit von der Innsbrucker Regierung, die wohlgemerkt nicht grundsätzlich gegen Hexenprozesse eingestellt war, erwies sich bei den Verfolgungen letztlich für alle Schichten der Bevölkerung als vorteilhaft.

Daß die Grafschaft Hohenems nicht in dieses verfolgungshemmende Verwaltungs- und Gerichtssystem der österreichischen Herrschaften vor dem Arlberg eingebunden war, ermöglichte dort die längere Dauer der gerichtlichen Hexenverfolgungen. Daß dafür aber nicht die Regierungsform des Territoriums verantwortlich war, belegt ein Blick auf die benachbarte Schweiz: Die wohlhabende eidgenössische Handelsstadt St. Gallen, die sicher keine absolutistische Adelsherrschaft darstellte, führte noch anderthalb Jahrzehnte nach den letzten Hohenemser

Hexenprozessen solche Gerichtsverfahren und ließ etliche Frauen verbrennen. In den demokratisch gewählten Gerichtsgemeinden Graubündens fanden Hexenprozesse noch bis in die zweite Hälfte des 18. Jahrhunderts statt.

Die Bedeutung der großflächigen Strukturen für die Gerichtsbarkeit ist sogar innerhalb der vorarlbergischen Herrschaften feststellbar. In Bludenz und Sonnenberg, wo der Einfluß der Innsbrucker Regierung am stärksten ausgeprägt war, fanden die Hexenprozesse am frühesten ein Ende. In Bregenz führten Kompetenzstreitigkeiten zu einer starken Verkomplizierung dieser Gerichtsverfahren, was etlichen Angeklagten das Leben rettete. Am wenigsten bürokratische Hindernisse hemmten die Hexenprozesse in der Herrschaft und Stadt Feldkirch, wo auch sämtliche Hinrichtungen stattfanden, die in der Mitte des 17. Jahrhunderts auf österreichischem Boden erfolgten.

Den Hemmnissen struktureller Art standen ebensolche Faktoren gegenüber, die den Hexenprozessen förderlich waren. Dazu zählten stärkere Abhängigkeiten der Obrigkeit von den Untertanen, wie etwa jene der Hohenemser Grafen von den finanziellen Unterstützungen durch die Stände der Grafschaft Vaduz und der Herrschaft Schellenberg. Auch die mehr oder weniger ausgeprägten demokratischen Strukturen, die in der Vorarlberger Landesgeschichtsschreibung lange Zeit verherrlicht wurden, konnten zu einem kaum mehr zu bremsenden Motor der gerichtlichen Hexenverfolgungen werden. Im Prättigau etwa begannen die grausamen Hexenjagden erst, nachdem die dortigen Gerichte die volle Selbstverwaltung durch den Loskauf von Österreich erlangt hatten. Binnen eines Jahrzehnts wurden daraufhin in der sogenannten »groos Häxatöödi« (großen Hexentötung) über hundert Personen als Hexen hingerichtet. Einzelne gewählte Volksvertreter, die das Unrecht der Verfolgungen erkannten, vermochten dem Treiben aufgrund ihrer Abhängigkeit von den Wählerstimmen nicht mehr Einhalt zu gebieten.

Zusammenfassend läßt sich also feststellen, daß die Intensität und Dauer der Hexenprozesse im Untersuchungsraum über die gemeinsamen wirtschaftlichen und sozialen Voraussetzungen hinaus eine enge Korrelation mit der staatsrechtlichen Struktur der jeweiligen Territorien aufwies. Im Gegensatz zu weit verbreiteten Vorstellungen war dabei nicht die Regierungsform (Adelsherrschaft, Ausübung der Hoheitsrechte durch landesfürstliche Beamte/Vögte/Pfandherren oder durch demokratisch gewählte Obrigkeiten) von ausschlaggebender Bedeutung, sondern der Entscheidungsspielraum der Inhaber von Hoheitsrechten gegenüber den unter- oder übergeordneten Instanzen bzw. den Wünschen der Bevölkerung. Verfolgungshemmend eingeengt wurde dieser von überregionalen Oberbehörden wie der oberösterreichischen Regierung und Kammer in Innsbruck, auch wenn diese Hexenprozesse nicht grundsätzlich ablehnten. Stand deren Vorgaben ein hoher und damit nicht mehr in Einklang zu bringender Verfolgungsdruck von seiten der Bevölkerung entgegen, bewirkte dies schließlich schon zu einem relativ frühen Zeitpunkt – wie in den österreichischen Herrschaften vor dem Arlberg – den vollständigen Abbruch der Hexenprozesse. Derselbe Druck löste das Gegenteil aus, wenn Obrigkeiten einseitig von Landständen – wie zum Beispiel in Vaduz und Schellenberg – oder direkt von der wahlberechtigten Bevölkerung – wie etwa im benachbarten Prättigau – abhängig waren. Diese Konstellation führte in beiden Fällen zu exzessiven Hexenverfolgungen. Eine andere Ausgangslage bot sich in der Grafschaft Hohenems, wo die Politik des Landesfürsten von über- und untergeordneten Ebenen kaum beeinträchtigt wurde. Hier erstreckten sich die Hexenprozesse zwar bis ins letzte Viertel des 17. Jahrhunderts, erreichten aber nie bedrohliche Ausmaße. Der Reichshof Lustenau wiederum kann als Beispiel für Territorien gelten, welche die bestehenden Möglichkeiten der gerichtlichen Hexenverfolgungen nur sporadisch nutzten und andere Problemlösungen bevorzugten.

Literatur

Manfred TSCHAIKNER, »Damit das Böse ausgerottet werde«. Hexenverfolgungen in Vorarlberg im 16. und 17. Jahrhundert (Studien zur Geschichte und Gesellschaft Vorarlbergs, Bd. 11), Bregenz 1992; DERS., Magie und Hexerei im südlichen Vorarlberg zu Beginn der Neuzeit, Konstanz 1996; DERS., Die Hexenverfolgungen in der Grafschaft Hohenems, einschließlich des Reichshofs Lustenau sowie der österreichischen Herrschaften Feldkirch und Neuburg unter den hohenemsischen Vögten oder Pfandherren, Konstanz 2004; DERS., »... haben das ganz Land wellen verderben«. Die Ausrottung der Bregenzerwälder Hexen-Gesellschaften um die Mitte des 16. Jahrhunderts, Innsbruck 2004.

Ein erschröcklich geschicht Vom Tewfel vnd einer vnhulden/ beschehen zu Schilta bey Rotweil in der Karwochen. M.D.XXXiii Jar.

Newe zeytung geschehen drey meyl von Rotweyl da ist ein Stedlein im Hornberger tal das hayst Schylta do ist der teufel in das selbig stetlein in ein Wirts hauß kummen/ist vngefarlich drey oder vyer tag im selbingen Wirts hauß gewesen/ hat daselbst angefanngen zu Trummen vñ Pfeyffen in der Stuben vnd allenthalbē im hauß man hat aber nichts sehen künden sonder so seltzam ding/der gleichen vor nie/gehört Es sind ethlich aberewrer kummen vnnd haben in wellen beschweren do hat der Teufel angefangen zu reden sie sollē sein miessig ghen/ Was sie in wellen beswerē: sie seyn böser dañ er/hat in gesagt was sie gethō vnnd gestolen haben. Zu lezt hat er so vil mit dē wiert geredt er soll die mayd auß dē hauß thō er well im sunst daß hauß verbrennen dann die mayd sey sein vnnd er soll ims nit auffhalten / do hat der wierdt der mayd vrlawb geben. Nach dem ist der Teufel hinweg gefaren hat zū wierdt gesagt er soll sich dar zu rüsten er well im das hauß auff den gryenen Donerstag in der karwuchen verbrennen. Darnach auff dē Grienen Donerstag ist die mayd auff ein ofengabel gesessen ist in einer halben stūnd zwū meyl vō Rotweyl gē Schiltach in das wierds hauß auff ein hewbaren gefaren/do ist der Teufel zu jr kummen hat ein hefelein gepracht vñ zu jr gesagt sie soll das hefelein vmschütten so wer es gleych als brinnen/welchs so bald sie es gethō ist es als brinnent worden. Jn dē ist sie hinweg gen Oberndorff gefaren da ist von stund an das hauß angangen vnnd das gantz Stedtlein biß on drey kleine heußlein vngefärlich in anderhalber stund gar verbrunnē Aber vber die drey heußlein/wie sie in der vrgicht bekennt/hat der Teufel kain gewalt gehabt. Die zway sinnd zwayer armen gesellen gewest vnd das dritt eines dabey die armen vnnd was sunst niemants hat wellen beherbergē/herberg gehabt haben. Wie solchs beschehē hat mā nach jr gryffē sy gefencklich angenūmē am Karfreytag zu Oberndorff/ vñ daselbst am mōtag vor sanct Görgē tag verbrent/vñ sechs vñ dreyssig artickel verlesē die sie in jrer vergycht bekent hat / fast schendtlich schröcklich vñ schedliche ding wie sie viech vnnd leut verderbt vñ schaden zugefügt hat Achtzehē jar hat sie mit dem Teufel zugehalten vnd jhr eygen mutter hat sie es selbst gelert. Sölch erschrecklich geschicht solt vns billich zuhertzen ghen vñ zur besserung vnsers lebens raytzen/in eim rechten glauben gegen Got vnnd thetiger lieb gegen dem nechstē zuwandlē/ dieweil er vns vmb vnser sündt willen so mit schröcklicher straff heymsucht/ Darbey auch erlernē/ wie vns Got imitten des vbels vnd der straff behüten kan/wie er auch Daniel in mitte der lewen vnd die drey kinder im feurigen ofen vnuerletzt behūt hat/damit wir auch in seiner forcht vnnd nach seinem willen wandlen / auff das er vns nit einfür in versūchung sonder behūt vns vor vbel vnnd verleych vns nach disem leben das ewig Amen.

Steffan Hamer Briefmaler.

Abb. 22: Das Flugblatt: »Ein erschröcklich geschicht vom tewfel und einer unhulden« berichtet vom Stadtbrand und der anschließenden Hexenverbrennung in Schiltach (1533), (vgl. den folgenden Beitrag zu Schwäbisch-Österreich)

Johannes Dillinger

Schwäbisch-Österreich[1]

Im späten Mittelalter hatten die Habsburger im Süden des Reiches ein Konglomerat in sich nicht geschlossener Territorien erworben: die Markgrafschaft Burgau (mit den Gerichtssitzen Burgau und dem Hauptort Günzburg), die Landvogtei Schwaben (Gerichtsitz und Hauptort Altdorf), die Landgrafschaft Nellenburg (Gerichtssitz und Hauptort Stockach) und die Grafschaft Hohenberg (Gerichtssitze in Oberhohenberg Fridingen und Schömberg, in Niederhohenberg Binsdorf, Oberndorf, Horb und der Hauptort Rottenburg). Administrativ bildeten die Territorien Schwäbisch-Österreichs keine Einheit, sie unterstanden einem je eigenen, der Innsbrucker Regierung direkt verantwortlichen Landvogt, der sich in der Regel jedoch von einem Landvogteiverwalter/Statthalter vertreten ließ. Die Rechte der Innsbrucker Regierung in Schwäbisch-Österreich waren in vielerlei Hinsicht unklar und umstritten, besonders Burgau und die Landvogtei wurden durch Jurisdiktionsstreitigkeiten mit Anrainern und Insassen stark belastet. Hier sollen nur Hexenprozesse betrachtet werden, die an Gerichtsorten mit immediat und ausschließlich habsburgischer Gerichtsherrschaft geführt wurden, oder an Gerichtsorten, wo, wie in Günzburg, österreichische Beamte die Kriminaljustiz de facto entscheidend mitbestimmten. Auch nach dieser Einschränkung stellt sich die faktische Kompetenzverteilung in der Strafrechtspflege der Teilgebiete je unterschiedlich dar. In der Landgrafschaft Nellenburg und der Markgrafschaft Burgau konkurrierten in der Praxis habsburgische Landrichter erfolgreich mit den Stadträten um die Hohe Gerichtsbarkeit, ohne daß das Konkurrenzverhältnis in eine unbestritten gültige Ordnung hätte überführt werden können. Offiziell hatten dabei die Städte Stockach und Burgau keine Mitspracherechte, während der Stadt Günzburg der Blutbann allein zustand. In der Landvogtei Schwaben stellte sich die gesamte Gerichtsorganisation als schwerfälliger Kompromiß zwischen dem Landvogt, dem Rat des Fleckens Altdorf und dem Kloster Weingarten dar, der dem Abt Mitsprache bei der Ämterbesetzung, den österreichischen Beamten die Ermittlungsarbeit und die Ratifikation des vom Rat gefundenen Urteils einräumte. In Hohenberg waren Träger des Blutbanns die herrschaftlichen Schultheißen, die in Fridingen, Oberndorf und Horb den dortigen Obervögten, in Rottenburg dem Statthalter verantwortlich waren. Die Hohenberger Stadträte hatten jedoch bereits in der ersten Hälfte des 16. Jahrhunderts Einfluß auf die Strafrechtspflege über die von Ratsmitgliedern wahrgenommene Richterfunktion hinaus gewonnen: Im Konflikt mit der Herrschaft hatten sie durchgesetzt, daß sie über Verhaftungen unterrichtet werden mußten, Urgichten öffentlich verlesen wurden und ein Ratsmitglied den Stab führte, wenn der Schultheiß als Offizialkläger auftrat.

Obwohl grundsätzlich auch für Malefizsachen zuständig, führten die kaiserlichen Landgerichte in Schwaben und im Hegau und Madach fast ausschließlich Prozesse der freiwilligen oder strittigen Gerichtsbarkeit. Hexenprozesse lassen sich bei ihnen nicht nachweisen.

Zur Einwohnerzahl Schwäbisch-Österreichs gibt es nur wenige Anhaltspunkte: 1591 wurden in Hohenberg ohne die Herrschaft Oberndorf 2.548 wehrfähige Männer gezählt, 1628 fanden sich in Oberndorf und den dazugehörigen Flecken 365 Steuerzahler[2]. In Altdorf allein gab es 1632 532 waffentragende Bürger und Beisitzer[3], in Nellenburg verzeichnete 1615 eine Musterung 648 Personen[4]. 1605 wurden in der Markgrafschaft Burgau 2.467 Feuerstätten registriert, wobei jedoch zum Teil mediatisierte Ortschaften miterfaßt wurden[5]. Alle Städte Schwäbisch-Österreichs können als Ackerbürgerstädte charakterisiert werden. Trotz protestantischer Sympathien von Teilen der Oberschicht war Schwäbisch-Österreich praktisch rein katholisch. Eine Verbindung der Hexenprozesse zu den Verfolgungen von Wiedertäufern, die kurz vorher stattgefunden hatten, läßt sich nicht aufzeigen. Es ergibt sich für ganz Schwäbisch-Österreich eine Gesamtzahl von 528 Verfahren, von denen rund 76% mit dem Tod der Beklagten endeten. Nur 9,3% der Beklagten waren Männer; 51% dieser Männer wurden exekutiert, während rund 79% der weiblichen Prozeßopfer zum Tod verurteilt wurden.

Jahr	Tod	anderer Ausgang	?	Jahr	Tod	anderer Ausgang	?
1493		*1*		1613	1	8	
1521		1		1615	4/*3*	1	
1528	1			1616	5/*1*		
1530	6	2/*1*		1617		3	
1531	4			1618		2/*1*	
1554		2		1619	1		
1558	9			1620	3	1	
1559	3			1621	7	2/*6*	
1560		1		1623		1	
1564	2	2		1625	6/*3*	2/*1*	
1565		1		1627		3/*1*	
1567		1		1628		4/*1*	
1571		1		1629		1	
1572	1			1630			1
1575	2			1631	2/*1*		
1578	24	1/*1*		1636		2	
1580	9			1637	*1*		
1581	3			1638	5/*1*		
1582	5+			1639	*1*		
1583	32	*1*		1641	3+		
1584			2+	1643		1	
1585	9	3/*1*		1648	1/*1*		
1587	14	1		1649	1/*1*		
1588	2			1650	1/*1*	1	
1589	8/*1*			1652		1	
1590	23	1		1657		1	
1594	2+	6/*1*		1658		3	
1595	12+	2		1660		1	
1596	42	1		1663	1	1	2
1597	1	1		1664		1	
1598	15	2/*1*		1665		1	1
1599	21/*1*	3/*2*		1666	1		
1600	23/*2*			1667		1	
1601	15	3		1671	1/*1*	1	
1603	6/*1*	1		1680	1	2	
1604	4	2/2		1681	1		
1605	22	4/1		1683		1	
1606		2		1695		1	
1607	*1*			1710		*1*	
1608	1			1711		1	
1609	11/*3*						
1610	*1*	*1*					

Tab. 1: Hexenprozesse in Schwäbisch-Österreich[6]
(kursiv: männliche Opfer; +: angegebene Opferzahl wurde in unbekanntem Maß überschritten)

Schwäbisch-Österreich war im Hinblick auf die Intensität der Hexenverfolgungen zweigeteilt. Rund 80% der noch nachweisbaren Prozesse wurden in Niederhohenberg an den Gerichten von Rottenburg, Horb und Oberndorf geführt. Dieses Mißverhältnis beruht zum Teil auf der für das südliche und östliche Schwäbisch-Österreich extrem schlechten Quellenlage. Die – wenn auch nicht unproblematische – Parallelüberlieferung in Gestalt der weitgehend erhaltene Korrespondenz der Innsbrucker Regierung zeigt aber zumindest als Tendenz, daß Hexen tatsächlich nur in Hohenberg intensiv thematisiert wurden. Im Gegensatz zu Hohenberg kam es im übrigen Schwäbisch-Österreich zu keinen Prozeßketten, die sich über mehr als fünf Personen erstreckten. Einzelprozesse prägten die Verfolgungsstruktur. Die Innsbrucker Regierung, die Hexenverfolgungen im Untersuchungsraum zunächst gefördert hatte, vertrat nach 1532 konsequent die restriktive Haltung der *Carolina*, die sie 1569 für Nellenburg, 1584 für Burgau in geltende Landesgesetzte überführte: Bei der Regelung von Hochgerichtskompetenzen gegenüber den umliegenden Adelsterritorien wurde festgeschrieben, daß nur Schadenszauber zu den Hochgerichtsfällen gerechnet werden sollte[7]. Eine spezielle Magiegesetzgebung für das verfolgungsintensive Hohenberg fehlte. Blauert hat bereits darauf hingewiesen, daß Konkurrenz zwischen Gerichten und unübersichtliche Zuständigkeiten Rechtssicherheit schaffen können[8].

Anders als Hohenberg waren Nellenburg, die Landvogtei und Burgau extrem von Jurisdiktionsstreitigkeiten belastet. Der rechtlich stets fragwürdige Hexenprozeß bot hier zu viele Ansatzpunkte für Einreden konkurrierender Justizstellen, die zu realem Machtverlust hätten führen können. Dies gilt gerade für das östliche und südliche Schwäbisch-Österreich, wo viele Gerichtsherren der Nachbarterritorien als habsburgische Klientel mit der verfolgungskritischen Regierung in Innsbruck in Kontakt standen oder zumindest mit ihr als Schiedsgremium im Konfliktfall rechneten. Die Randlage Hohenbergs als scharf abgegrenzter Front-, fast schon Enklavenlage gegenüber Württemberg hat ein ähnliches kontrollierendes Umfeld nie entstehen lassen, der Informationsfluß zur erzherzoglichen Regierung wurde hier allein von Hohenberger Stellen bestimmt. Übergriffe in fremde Territorien, um dort von der benachbarten Gerichtsherrschaft nicht belangte Hexen festzunehmen, erfolgten immer nur auf Initiative der Bevölkerung und der lokalen Amtsträger[9]. Die erzherzogliche Zentralregierung hat nicht versucht, ihre Jurisdiktionsbereiche auf diese Weise auszudehnen oder zu vereinheitlichen, sie zeigte sich im Gegenteil beim Geleitrecht, Auslieferung von Verdächtigten oder ungeklärter Begnadigungskompetenz gerade im Zusammenhang mit Hexenverfolgungen zu Zugeständnissen anderen Herrschaften gegenüber bereit.

Auf die verfolgungsintensive Grafschaft Hohenberg soll näher eingegangen werden: 1615 war rund ein Drittel der Hohenberger Bevölkerung vermögenslos oder hatte weniger als 100 Gulden im Besitz, 43% hatten ein Vermögen zwischen 100 und 400 Gulden, 6,4% besaßen 1.500 bis 15.000 Gulden[10]. Niederhohenberg, insbesondere der Hauptort Rottenburg, war von Weinbau und Weinexport abhängig. Dieser Wirtschaftszweig geriet in der zweiten Hälfte des 16. Jahrhunderts in eine Strukturkrise. Die Weinbauern wirtschafteten meist in Zwergbetrieben, sie gehörten der unteren und mittleren Einkommensschicht an.

Die Herrschaft Oberndorf fiel erst 1594 von den Grafen von Zimmern an Hohenberg. Es hatte dort bereits 25 Prozesse mit 18 Todesurteilen gegeben, denen ausschließlich Frauen zum Opfer gefallen waren[11]. Im ersten Prozeß 1533 wurde der Beklagten vorgeworfen, durch Hexerei den Brand des Nachbarorts Schiltach bewirkt zu haben. Dieser Fall machte großes Aufsehen, selbst Erasmus von Rotterdam kommentierte ihn kritisch in seinen Briefen[12].

In Hohenberg machte eine intensive Angst vor Wetterzauber ernteschädigende Wetterereignisse mehrfach zu Auslösern von Prozeßwellen. Bereits die erste Verfolgung 1528 dürfte durch Ernteausfälle bedingt gewesen sein. Andere Verfahrenshäufungen, wie z.B. der Rottenburger Verfolgungshöhepunkt 1596, waren Reaktionen auf konkrete einzelne Kälteeinbrüche und

Stürme. Infolge einer Mißernte kam es 1709/10 in Rottenburg noch einmal zu einer Welle von Hexereibezichtigungen[13]. Dennoch besteht keine einfache Identität von Agrarkrisenjahren und Verfolgungsjahren.

In ganz Schwäbisch-Österreich blieben private Klageerhebungen bei Hexenprozessen die Ausnahme, in Hohenberg lassen sie sich überhaupt nicht nachweisen. Die obrigkeitlichen Inquisitionen reagierten aber jeweils auf den Räten oder Beamten von Privatpersonen vorgetragene Verdächtigungen. Besagungen wurden generell als schweres Indiz gewertet. Bei Widerruf wurde die Angezeigte meist freigelassen. In Oberndorf wurden Besagungen 1609 eigens im »Hexenrödlin« verzeichnet[14].

Dennoch darf die Bedeutung der Besagung nicht überschätzt werden: Für Horb, Rottenburg und Oberndorf kann festgestellt werden, daß jeweils rund die Hälfte aller Besagungen ohne feststellbare Folgen blieb, wohl weil sie durch keine weiteren Indizien erhärtet wurden. Folterungen zur Erpressung von Besagungen gegen eine bestimmte Person lassen sich nur 1604/05 in Horb belegen. In jeder Beziehung eine Ausnahme bilden die Besagungen zweier angeblich besessener Mädchen, die 1594 als Insassen des Rottenburger Spitals erscheinen. Besagungen von dieser Seite wurden sehr ernst genommen und führten unmittelbar zu Verhaftung und Folter. Die Aussagen der Mädchen wurden nicht nur zum Auslöser einer einzelnen Prozeßwelle in Rottenburg. Obwohl die Kinder auf Initiative der Beamten und Bürgermeister über Jahre aus der Stadt entfernt wurden, erinnerte man sich an ihre zuverlässigen Besagungen und führte sie immer wieder als Argument für weitere Hexenprozesse an. Die endgültige Rückkehr eines der Mädchen, der Maria Ulmerin, 1604 löste sofort wieder Verfolgungen aus. Einer direkten Manipulation ihrer Aussagen scheinen die Kinder sich entzogen zu haben, sie griffen aber bei ihren Anschuldigungen auf verbreitete Hexereiverdächtigungen gegen bestimmte Personen zurück. In ganz Schwäbisch-Österreich führten Selbstbezichtigungen von Kindern stets zu Untersuchungen, wobei ihr prozentualer Anteil zum Ende der Verfolgungen hin zunahm.

Wie bereits gesagt, wurden Urgichten in Hohenberg öffentlich verlesen. Ihr Inhalt war jeweils stark gleichförmig. Sie waren geprägt von einer meist vollständigen Rezeption des gelehrten Hexenmusters, die jedoch eindeutig von der Angst vor Schadenszauber dominiert wurde. In wirtschaftlicher oder emotionaler Not wird die Frau vom Teufel aufgesucht. Er fordert sie zur Prostitution auf, gibt sich danach zu erkennen und verlangt von ihr, Gott abzuschwören. Das Geld, das er ihr gibt, verwandelt sich in Scherben. Der Teufel erscheint im folgenden hauptsächlich als derjenige, der Schadenszauber befiehlt. Ein kultisches Verständnis der Hexen als Teufelssekte fehlte in Hohenberg vollständig. Auch in den von massiv gegenreformatorischen Zielsetzungen diktierten erzherzoglichen Religionsordnungen für die einzelnen Hohenberger Städte wurde Hexerei bezeichnenderweise nie erwähnt[15]. Die Applikation der Hexentheorie auf lokale Bedürfnisse stellte den Schadenszauber, insbesondere den Wetterzauber, in den Mittelpunkt des Prozesses. Dieser besetzte als zentrales Geschehen selbst den Sabbat, wurde also verfolgungsintensivierend immer als Akt einer Hexengruppe vorgestellt. Eine ähnliche Konzentration auf den Wetterzauber läßt sich im übrigen Schwäbisch-Österreich nicht nachweisen, hier stand dagegen der Krankheitszauber gegen Mensch und Vieh im Vordergrund.

Die Hexenfabulate begegneten immer im Modus von Volkssagenmotiven. Im Rahmen der autonomen lokalen Aneignung der Hexentheorie wurden ihr fremde Elemente des Volksglaubens wie Poltergeister, der Wilde Jäger und Totengeister als Hexerei neu interpretiert.

Insbesondere Naturgeistermotive wurden aufgegriffen: Der heimlich beobachtete und gestörte Tanz der Naturgeister wurde der der Hexen, wie Naturgeister drangen Hexen in Keller ein, um Fässer leerzutrinken etc. Insbesondere der Teufel selbst wurde zunächst analog dem freundlichen Geist der populären Erzählungen, der unvermittelt im Notfall Hilfe anbietet, geschildert.

Er trug Namen von Haus- und Vegetationsgeistern (Gütlin, Hemmerlin, Grünling, Greslin, Kreutlin).

Die Folter ist nur in Ausnahmefällen exzessiv gehandhabt worden, die Purgation durch Überstehen der Tortur ist generell anerkannt worden und gelang mehrfach. Freilassungen auf Urfehde waren jedoch mit Exilierung oder Hausarrest sowie der Erstattung der Verfahrenskosten verbunden. Aufsicht über die Folterungen führten in Schwäbisch-Österreich grundsätzlich die herrschaftlichen Beamten. Im verfolgungsintensiven Hohenberg hatten es die Stadträte geschafft, an den Verhören nicht nur teilzunehmen, sondern sie oft allein, ohne Beisein eines Beamten, zu führen. Gelegentlich ließ sich hier der Schultheiß selbst beim Endlichen Rechtstag durch einen Stadtknecht vertreten. Die Städte bzw. Stadträte führten die Prozesse also weitgehend autonom. Organisation von Haft und Verhör zeigen schwere Mängel: Mehrere Hexen starben im Gefängnis, die Urgichten wiesen zahlreiche logische Fehler auf, z.B. Teilnahme am Hexensabbat, ohne daß ein Pakt erwähnt worden war. Eine einheitliche Regelung der Prozeßkosten für ganz Schwäbisch-Österreich fehlte während der Hauptverfolgungszeit. In der Regel wurden lediglich die Verfahrenskosten aus der Hinterlassenschaft eines Prozeßopfers bestritten (25 bis 40 Gulden). Je nach Schwere des Falls behielten es sich die lokalen Stellen jedoch vor, zusätzlich ein Strafgeld oder die Konfiskation des ganzen Vermögens anzuordnen[16]. Trotz ihrer permanenten Finanznot hat die erzherzogliche Regierung eine Entscheidung in der Kostenfrage von Fall zu Fall akzeptiert, allerdings auch versucht, sich diese Entscheidung jeweils selbst vorzubehalten. Dabei wollte man sich die Konfiskation als Möglichkeit offenhalten, jedoch die konkrete soziale Situation der Hinterbliebenen des Prozeßopfers berücksichtigen.

Für Schwäbisch-Österreich insgesamt lassen sich bei über zwei Dritteln der Verfolgungsopfer weder Familienstand noch soziale Stellung ermitteln. Rund 52% aller Opfer mit bekanntem Familienstand waren verheiratete Frauen, fast 27% waren Witwen. Genauere Auskünfte über das Alter der Beklagten, als sie sich aus diesen Angaben ableiten lassen, sind nicht möglich. Die Spitäler waren als Drehscheiben lokaler Gerüchte und Orte von großer sozialer Spannung durch die direkte Konfrontation von Arm und Reich auf kleinstem aktuellem Raum Brutstätten von Hexereibezichtigungen, die sich vor allem gegen andere Spitalinsassen, aber auch gegen die Spitalverwaltung richteten. Unspezifische Nachbarschaftsstreitigkeiten wuchsen sich mehrfach zu Hexereianklagen aus. Daneben lassen sich relativ scharf umrissene Personengruppen beschreiben, aus denen ein Teil der Verdächtigten stammte. Für diese Gruppen führten jeweils charakteristische Situationen zum Hexereiverdacht. Abgesehen von wenigen Ausnahmen wurden männliche und weibliche Wahrsager oder Volksheiler weder von der Bevölkerung noch von den Lokalbeamten als Hexen verfolgt. Als Ende der 1590er Jahre Volksmagier in Burgau leitende herrschaftliche Beamten als Kunden gewannen, fühlte sich die Innsbrucker Regierung zum Eingriff provoziert. Eine verflachende Identifizierung populärer Magieformen mit Hexerei leistete aber auch sie nicht und bestand lediglich auf Ausweisung der Zauberer. Prozesse gegen Kriminelle wie Diebe, Sodomiten, Blutschänder und Kindsmörderinnen konnten sich in Hexenprozesse umwandeln, wiederholter Ehebruch wurde als Verdachtsmoment bei Hexenklagen gewertet. Bettler und Nichtseßhafte wurden als Hexen angeklagt. Gerade diese Gruppe erscheint in den Prozessen aber auch häufig als Opfer von Schadenszauber. Das Verhältnis der Stadtbürger zu diesen Schichten war also von latenter Aggression bestimmt, die sich im Einzelfall nach dem von Keith Thomas beschriebenen Muster eines nach außen projizierten schlechten Gewissens wegen des Verweigerns von Almosen aktualisierte[17]. In einigen Fällen lassen sich die Angeklagten als Ortsfremde identifizieren, die mißtrauisch von den Alteingesessenen beobachtet wurden und bereits deshalb ein großes Konfliktpotential auf sich vereinigten. In Hexereiverdacht gerieten also besonders diejenigen, die sich der Gemeinschaft gegenüber als unzuverlässig erwiesen hatten, zu denen soziales Vertrauen entweder nie bestanden hatte oder die es durch gesellschaftlich abgelehntes Verhalten zerstört hatten. Der Vertrauensentzug konnte dabei von einer Einzelperson auf ganze Familien ausgeweitet werden. In diesen Zusammenhang gehören auch die Hexereiverdächtigungen gegen Angehörige der Oberschicht oder Anhänger einer als feindselig erlebten politischen Klientelgruppe.

Abb. 23: Turm in Horb, der auch als Gefängnis für inhaftierte Hexen diente

Charakteristisch für die Hohenberger Verfolgungen ist, daß sich Hexereiverdächtigungen überproportional gegen Angehörige der Oberschicht richteten. Es ist dabei nicht so, daß sich die Prozesse allmählich in diese Schichten ausweiteten. Bereits bei den ersten Prozessen in Horb 1559/1560 waren Familien von Ratsherren betroffen. Angehörige der Oberschicht kamen in Oberndorf und Rottenburg lange vor dem Höhepunkt der dortigen Prozesse in Hexereiverdacht. Midelforts These, nach der die Ausweitung der Hexenanklagen auf die Oberschicht eine soziale Verunsicherung auslöst, die die Prozesse beendet, trifft auf Hohenberg also nicht zu[18]. Eine Schlüsselfunktion kommt hier dem aufsehenerregenden Verfahren gegen Agatha von Sontheim zu Nellingsheim zu. 1590 wurde den Bauern von Obernau und Wendelsheim auf ihre Hexenklage gegen diese Adlige hin von Statthalter Wendler erlaubt, eigenständig Aussagen gegen sie zu sammeln, sie selbst festzunehmen und schließlich triumphierend nach Rottenburg ins Gefängnis zu führen. Was in diesem Einzelfall dem Statthalter persönlich und politisch opportun erschien, konnte als Akzeptanz lokaler Verfolgungsaktivität seine Signalwirkung nicht verfehlen. Spätestens jetzt konnte hoher sozialer Rang keinen Schutz vor Anschuldigungen mehr bieten. Daß Wendler in anderen Fällen, an denen er kein eigenes Interesse hatte, seine scheinbar gegebene Verfolgungszusage nicht einlöste, führte später zu Hexereiverdacht gegen ihn selbst.

Sobald sie in den 1580er Jahren greifbar werden, berichten die Hohenberger Urgichten bis in die 1650er Jahre hinein quasi topisch, daß unbekannte Vornehme in prächtiger Kleidung auf dem Sabbat erschienen. Diese ständig wiederholte Teilnahme »Reicher« am Sabbat war für Oberschichten durchaus bedrohlich, da sie das soziale Vertrauen zerrüttete und jederzeit auf ein bestimmtes Mitglied der gesellschaftlichen Elite aktualisiert werden konnte. Daneben wurden Oberschichtenwohnsitze als Hexentanzplätze genannt.

Hexereiverdacht fiel auf Angehörige der Hohenberger Oberschicht, die durch Korruption und besonders durch aggressives Wirtschaftsgebaren in den Augen der Mehrheit den sozialen Konsens aufgekündigt hatten. Nachweislich waren einige der beschuldigten Frauen aus der Oberschicht rigoros wirtschaftlich und politisch aktiv. Die Anklagen trafen sie also durchaus nicht nur als Stellvertreterinnen ihrer Männer. Der Hexereiverdacht begegnet als Schlußfolgerung aus dem täglich erlebten asozialen Verhalten von Oberschichtangehörigen. Es gerieten z.B. der korrupte Statthalter Wendler, seine Schwiegermutter und seine wirtschaftlich aktive Frau in Hexereiverdacht: »Wegen auch Ires grossen geütz halt man dafür [daß Wendlers Frau eine Hexe sei]. Do Sy gleich khaine ist, möcht Sy aine werden.« Christina Rauscher und ihre Mutter kamen nach ihrer aktiven Unterstützung der sozial unverträglichen Politik ihres Vaters, des Bürgermeisters von Horb, in Verdacht[19].

Ohne nach den Stereotypen der Hexenlehre zu fragen, wurde die Interpretationsmöglichkeit Hexerei aus der unmittelbaren Erfahrungssituation heraus gewählt. Dies konnte sich bis zu der Konkretisierung hin verdichten, den »Reichen« zu unterstellen, ernteschädigenden Wetterzauber zu betreiben, um über Verknappung den Getreidepreis zu steigern[20]. Es wurde so möglich, sowohl konkrete Einzelpersonen zu beschuldigen als auch die Oberschicht insgesamt mit dem Magiedelikt in Verbindung zu bringen.

Die Abwehrversuche der Oberschicht wirkten als Bestätigung des sozialen Mißtrauens: Die Rottenburger Beamten, insbesondere Statthalter und Schultheiß, begünstigten Angehörige der Oberschicht in Verfahren oder verhalfen ihnen aktiv zur Flucht. Ganz in diesem Sinn erfolgte auch ein Eingriff der Rottenburger Beamten in Horb. Dies ist nur als Selbstschutz der Oberschicht, nicht als grundsätzliche Opposition zum Hexenprozeß zu werten. Das Verfolgungsbegehren gegen Angehörige der Eliten als Folge und Form von Konflikten zwischen Schichten nahm so die Gestalt einer Forderung nach Gleichbehandlung von »Armen« und »Reichen« an und verschärfte sich dadurch weiter. Die angebliche Maxime der Hohenberger Prozesse, »Die Armen zu Esch, die Reichen in die Tesch«[21], wurde von der Unter- und Mittelschicht scharf kritisiert.

Vor diesem Hintergrund konnte in Einzelfällen der Hexenprozeß dann auch Medium von Konflikten innerhalb der Oberschicht werden. Ursache der Verdächtigungen war auch hier konkretes, als feindselig erlebtes Verhalten wie politische Rivalität, Korruption und wirtschaftliche Konkurrenz. Wegen dieser relativ konkreten Verdachtsgründe einerseits und der Kontrolle der Rechtsprechung durch die Oberschicht insgesamt ohne völlige Dominanz einer Parteiung andererseits blieb die Wirksamkeit von Hexereivorwürfen gegen Elitenmitglieder begrenzt. Nur bei Hexereiverdächtigungen, nicht bei tatsächlichen Prozessen, war die Oberschicht Hohenbergs nachweislich überrepräsentiert.

Hinweise auf Hexereiverdacht gegen »Reiche« finden sich auch im übrigen Schwäbisch-Österreich, jedoch kann eine ähnlich spezifische soziale Ausrichtung der Verdächtigungen aufgrund der Quellenverluste nicht mehr erkannt werden. Auf einer anderen Ebene lagen die 1603 eröffneten Zaubereiprozesse gegen den Burgauer Forstmeister Marquart von Freyberg und den Konzenberger Sequester Johann Raiser von Kaisersperg, die tatsächlich konsekrierte Hostien an sich gebracht hatten, um damit Magie zu treiben[22]. Daß gegen sie nicht wegen Hexerei im dämonologischen Vollsinn, sondern in erster Linie wegen Sakrilegs vorgegangen wurde, ist bezeichnend für die Vorsicht und soziale Zurückhaltung, mit der im südlichen und östlichen Schwäbisch-Österreich im Magiedelikt ermittelt wurde.

In Hohenberg empfand eine Bevölkerungsmehrheit das Vorgehen der Beamten, insbesondere des Statthalters Wendler, auch abgesehen von der schichtenspezifischen Komponente als zu milde und zögerlich. Tatsächlich zweifelte Wendler, wohl von Brenz beeinflußt – er hatte in Tübingen studiert –, an der realen Wirkmächtigkeit von Hexerei[23]. Wenn er also nicht zu den Verfolgungsbefürwortern gerechnet werden kann, so legen die Klagen über seine angebliche Milde angesichts der fast 350 Hohenberger Verfahren während seiner Amtszeit doch nur Zeugnis für die Intensität des Verfolgungswunsches seiner Kritiker ab.

Entsprechend den oben beschriebenen Verdachtsrichtungen und Anklagemotivationen erscheinen als treibende Kräfte der Hohenberger Verfolgung Angehörige der Unter- und Mittelschicht, insbesondere Weinbauern[24]. Wenigstens eine Hexe aus der Oberschicht floh aus Angst vor Lynchjustiz der Weinbauern. Noch 1605, nach fast 200 Verfahren in ihrer Stadt, beklagten sich die Rottenburger Weingärtner, »dz gegen Hexenwerckhs Verdächtige nichts fürgenommen wirdt und Inen deshalben an Iren früchten merer schaden beschicht«[25]. Selbst vor der Untersuchungskommission zur Klärung der Vorwürfe gegen Wendler wurden von einem Weinbauern Hexereibezichtigungen gegen Frauen aus seinem Dorf geäußert. Der witterungsanfällige Wein wurde von Wetterzauber besonders bedroht, gute oder schlechte Weinjahre wurden unmittelbar mit dem Wirken der Hexen erklärt. Tatsächlich war es durch eine Häufung von Unwettern Ende des 16. Jahrhunderts zu einer Verarmung von Bauern und Weinbauern gekommen. Die Wirtschaftsweise in Kleinbetrieben machte den Hohenberger Weinbau krisenanfällig, den relativ armen Winzern drohte zusätzlich Verelendung in einer allmählich einsetzenden Strukturkrise. Eine direkte Korrespondenz von Hexenverfolgung und Weinpreisen läßt sich für einzelne Jahre nicht feststellen, allerdings war die verfolgungsintensive Zeit um 1600 auch eine Zeit instabiler Weinpreise auf meist niedrigem Niveau.

Ähnlich den Winzern verlangten 1601 die Bauern von Hirschau Prozesse gegen mutmaßliche Hexen, die sie aus ihrem Ort vertrieben. Auch hier begründete die Angst vor Wetterzauber den Verfolgungswunsch: Sie forderten, »weil sy sovil Hägel haben von oberkhait wegen die Hexenweiber zufangen«[26]. Dieser einfache Kausalzusammenhang blieb nicht unreflektiert: Binsfeld und Bodin waren Mitgliedern zumindest der Rottenburger Mittelschicht 1605 bekannt[27]. Eruptive, auf ein Jahr beschränkte Verfolgungen von Frauen aus einem bestimmten Dorf, lassen sich mehrfach nachweisen, z.B. 1587 in Eutingen, 1601 in Hirschau, 1615 in Altoberndorf, zuletzt noch 1671 in Schörzingen; sie verdankten sich wohl ebenfalls lokalem Verfolgungsbegehren. Populäres Verfolgungsbegehren ist auch in Burgau, der Landvogtei Schwaben und Nellenburg greifbar. Gleichwohl hat es offenbar nie auch nur annähernd die Intensität der Hohenberger Hexenangst erreicht. Möglicherweise wegen der besseren klimatischen Bedingungen in Bodenseenähe bzw. insgesamt anderer agrarischer Strukturen mit geringerem Stellenwert des Weinbaus kam es hier zu keinem schwerwiegenden wirtschaftlichen Einbruch. Auch wenn keine stringente Kausalverknüpfung deterministisch unterstellt werden darf, so läßt sich doch vermuten, daß ein Krisenempfinden als Grundlage des Verfolgungsbegehrens im übrigen Schwäbisch-Österreich weniger stark als in Hohenberg ausgeprägt war. Zumindest für die Landvogtei Schwaben kam verfolgungshemmend hinzu, daß der um 1600 dezidiert als Hilfe gegen Schädigung der Weinernte durch Dämonen präsentierte Weingartener Blutritt eine vom Hexenprozeß wegweisende Handlungsoption entsprechend der Volksreligiosität bot[28].

In Hohenberg wurde das Verfolgungsbegehren der Landwirte aus Unter- und Mittelschicht geteilt von den Mitgliedern der Stadträte. Das Interesse der Ratsmitglieder an Verfolgungen in niedrigeren Schichten war ebenso genuin wie das an Prozessen gegen Standesgenossen. In Horb, das einen städtischeren Charakter als Rottenburg ohne starke agrarische Lobbies hatte, erscheint der Stadtrat sogar als wichtigste Verfolgergruppe. In Verbindung mit dem ihm ergebenen Schultheißen Johann Veser, unter nur geringer Beteiligung des Obervogts und gegen die Innsbrucker Landesregierung, leitete er die schweren Verfolgungen zwischen 1595 und 1605. Daneben finden sich auch hier Prozeßbefürworter in Mittel- und Unterschicht, die sich jedoch nicht so erfolgreich artikulieren konnten wie in Rottenburg. Das Vorgehen der Horber Eliten gegen ihre eigenen Standesgenossen wurde von Minderprivilegierten ausdrücklich gelobt. Im sozial weniger ausdifferenzierten Oberndorf lassen sich einzelne Gruppen von Verfolgern schwerer ausmachen, der breite Rückhalt in der Bevölkerung für die Verfolgungen durch Obervogt und Rat ist aber auch hier deutlich[29].

Ganz anders verhielten sich die schwäbisch-österreichischen Stadträte außerhalb Hohenbergs. Während Midelforts Muster der verfolgungskritischen städtischen Oberschicht in Hohenberg nicht zutrifft, so scheint es für das übrige Schwäbisch-Österreich aussagekräftig[30]. Sowohl in Altdorf als auch in Stockach und Günzburg zeigten sich die Räte zu Hexenverfolgungen wenig bereit. 1613 z.B. erlebte in Günzburg der grundsätzlich verfolgungskritische Karl von Burgau starke verschleppende Opposition des Stadtrats gegen einen von ihm befürworteten Einzelprozeß[31]. Insofern wurde von dem wichtigsten Gremium der Untertanen kein Druck in Richtung Hexenprozeß ausgeübt. Durch ihre Kompetenz in Zivilstreitigkeiten konnten die Stadträte Hexereibezichtigungen darüber hinaus als Beschimpfungen ahnden, ohne sie überhaupt bis vor das herrschaftliche Kriminalgericht kommen zu lassen. Zum Teil sehr detaillierten, mit konkreten Vorgangsschilderungen und Bezeichnungen von Opfern ausformulierten und einem allgemein verbreiteten Gerücht entsprechenden Anschuldigungen wurde so der Weg in die Strafjustiz versperrt. Diese Praxis wird ab 1617 in Nellenburg und Burgau greifbar. Zwar kam es noch immer zu Einzelverfahren und sogar einer Verfahrenskette mit drei Todesopfern, insgesamt wird man jedoch von einer stark verfolgungshemmenden Haltung der Stadträte sprechen können. Wenn der Rat von Altdorf 1672 schließlich nicht einfach Hexereibeschimpfung unter Strafe stellte, sondern es pauschal verbot, irgend jemanden als Hexe zu bezeichnen, war das eine deutliche Ablehnung von Hexenverfolgungen[32]. Möglicherweise verdankte sich diese Haltung der Räte dem positiven Einfluß der Reichsstädte Augsburg und Ulm neben dem abschreckenden Beispiel der Fürstpropstei Ellwangen[33]. Ein Streit zweier Familien im Modus gegenseitiger Hexereibeschuldigungen, die Bevölkerung und Stadtrat nie für glaubwürdig gehalten hatten, der aber dennoch mit großem gerichtlich-administrativen Aufwand bis vor das Gremium der Innsbrucker Regierung geführt worden war, hatte sich in Günzburg bereits zwischen 1582 und 1585 ereignet[34]. Noch dreißig Jahre später war die Fruchtlosigkeit und Fragwürdigkeit dieses Verfahrens in gutem Gedächtnis. Für Günzburg in besonderem Maß, aber auch für Altdorf und Stockach ist zudem ein politisches Interesse der Stadträte daran deutlich, den mit ihnen um die Gerichtsherrschaft konkurrierenden Lokalbeamten eine populistische Nutzung von Jurisdiktionsbefugnissen möglichst zu verwehren. Die verfolgungsbereiten Stadträte Hohenbergs waren erheblich personalstärker als die des übrigen Schwäbisch-Österreich: In Horb hatte der Stadtrat 60, in Rottenburg 48, in Oberndorf 24 Mitglieder, in Altdorf – wo die Herrschaft einen Teil der Ratssitze vergab –, Stockach und Günzburg zählten die Räte nur je zwölf Mitglieder, ohne daß die Gesamtbevölkerungszahl proportional kleiner gewesen wäre. Wird man die zuletzt genannten Räte eher als Gremien wirtschaftlich abgesicherter Eliten ansprechen können, so bestand in Hohenberg zwischen den Räten und der sich von Hexen intensiv bedroht fühlenden Bevölkerung personelle Teilidentität und partielle Interessenkongruenz in weit höherem Maß.

Die Hohenberger Hexenprozesse müssen also insgesamt als populäre Verfolgungen betrachtet werden, die nicht von adligen oder kirchlichen Obrigkeiten der Bevölkerung oktroyiert wurden, sondern ihren eigenen Forderungen entsprachen und von diesen partiell diktiert wurden. Populäres Verfolgungsbegehren zeigte sich auch in Nellenburg, der Landvogtei Schwaben und Burgau, war jedoch weniger intensiv und hat sich gegen die kritische Haltung von Beamten und Stadträten nicht durchsetzten können.

Trotz des gegenreformatorischen Interesses der Innsbrucker Regierung und der massiven Präsenz von Klöstern und Laienbruderschaften spielte die katholische Kirche eine geringe Rolle bei den schwäbisch-österreichischen Verfolgungen. Generell kann festgestellt werden, daß die weltlichen Behörden keinen kirchlichen Einfluß wünschten und die kirchlichen Stellen ihrerseits nicht an den Verfolgungen interessiert waren. Bei den Ermittlungen wegen magischen Mißbrauchs von Hostien gegen Marquart von Freyberg verweigerte der Bischof von Augsburg positiv seine Mitwirkung bei einem strafrechtlichen Verfahren, ohne ein kirchliches einzuleiten; die Dillinger Räte empfahlen 1623 gegen »Verruefte Persohnen« aus Burgau Ermahnungen und Kirchenstrafen, die weltlichen Behörden sollten erst bei dauerhafter Widersetzlichkeit zugezogen werden[35]. Es ist bezeichnend, daß im Fall der Christina Rauscher positive Gutachten einer Konstanzer geistlichen Kommission 1600 und 1605 von den lokalen Verfolgungsbefürwortern ignoriert werden konnten. Geistliche wurden mehrfach als Sachverständige in Verfahren gegen Kinder herangezogen, ihre Empfehlungen lauteten stets auf Aufnahme ins Spital zur Überwachung und christlichen Erziehung. Unter dem Einfluß Spees kam es zu kirchlichem Widerstand gegen die Hexenprozesse. Der Oberndorfer Priester Dr. Justus Haußmann hielt 1636 eine kritische Predigt, in der er an Stelle zweier flüchtiger Hexen, deren Beichtvater er gewesen war, ihre Geständnisse widerrief[36]. In einer privaten Notiz setzte sich Haußmann mit der *Cautio criminalis* auseinander und äußerte sich in ihrem Sinn kritisch gegenüber Hexenmal, Folterpraxis und Besagungen.

Die Beendigung der Hexenverfolgungen in Schwäbisch-Österreich war Funktion des wachsenden Einflusses der Innsbrucker Zentralregierung, die die Prozesse zunehmend reglementierte. Besonders deutlich wird diese Entwicklung in Hohenberg. Durch sporadische Anfragen der Beamten bei unklarer Rechtslage und Petitionen von Parteiungen in den Städten hatte sich die Innsbrucker Zentralregierung immer wieder zu Hohenberger Hexenprozessen geäußert, ohne dabei allerdings je eine rein reaktive Haltung abzulegen. Die Versuche der Regierung, die lokale Prozeßautonomie in Hohenberg einzuschränken und die Regelungen der *Carolina* durchzusetzen, scheiterten zunächst weitgehend. Die lokalen Beamten führten lange Verfahrensreihen durch, ohne daß Innsbruck darüber auch nur informiert wurde. Wenn sich Prozeßopfer nach Innsbruck wandten, wurde das richtig als Untergrabung der lokalen Autorität gesehen und von den Räten mit Sanktionen, auch mit Hexereianklage, beantwortet. Hexenprozesse erscheinen also sowohl als Mittel zur Durchsetzung lokaler Selbständigkeitsbestrebungen als auch als deren Ausdruck. Offiziell überboten wurde die erzherzogliche Macht nur einmal durch einen Eingriff des Kaisers zugunsten der Adligen Agatha von Sontheim.

Wesentliche Einschnitte für die Hohenberger Hexenprozeßpraxis waren die Visitationen von 1605, die sich ausführlich mit den Hexenprozessen im Umfeld von Wendler von Bregenroth beschäftigten, und 1607, zu deren offiziellen Auftrag es gehörte, das Verfahren gegen Christina Rauscher zu untersuchen[37]. In beiden Städten wurden einschneidende Maßnahmen ergriffen: Wendler wurde wegen Korruption, sein Schultheiß wegen Mißbrauchs der Hexe Maria Ulmerin verhaftet, die verantwortlichen Beamten in Horb wurden suspendiert. Besonders die im Interrogatorium des Horber Schultheißen Veser formulierten Fragen enthalten alle Kritikpunkte, die verfahrensintern gegen Hexenprozesse insgesamt vorgebracht werden können. In beiden Städten wurden die der Korruption bezichtigten Richter und Teile der Räte durch von den Kommissaren ausgewählte Personen ersetzt. Diese Machtdemonstration der Zentralregierung enthauptete in beiden Städten die für Hexenprozesse verantwortlichen Institutionen. Es wurde unmißverständlich signalisiert, daß »schlechte Administration der Iustitia« gerade beim Hexereidelikt für die Verantwortlichen Folgen hatte. Rottenburg, das Zentrum, worauf sich der Rest der Grafschaft vordem hatte orientieren sollen, blieb bis 1650 verpflichtet, alle Hexenprozesse in Innsbruck zur Urteilsfindung vorzulegen, was dem Ende der lokalen Autonomie bei Magieverfahren gleichkam. Direkte Frucht der Visitationen waren die Hohenberger Policeyordnungen, die zwischen 1607 und 1609 für die ganze Grafschaft verbindlich wurden. Sie untersagten das öffentliche Verlesen von Besagungen in Urgichten und verpflichteten zur Vorsicht beim Gebrauch der Folter. 1615 regelte Karl von Burgau die Frage der Verfahrenskosten für

Hohenberg verbindlich: Falls die Verurteilte mindestens drei Kinder hat, war ein Kindsteil »für Atzung und alles« zu beschlagnahmen, wenn weniger als drei Kinder vorhanden sind, wurde pauschal ein Drittel der Hinterlassenschaft eingezogen. Vor diesem administrativen Hintergrund konnten auch die agrarischen und politischen Krisen der ersten Hälfte des 17. Jahrhunderts, die Hohenberg einem erheblich größeren Druck aussetzten, als er um die Jahrhundertwende bestanden hatte, trotz nach wie vor deutlicher Hexenfurcht kaum mehr Prozesse auslösen.

Eine weitere Einflußmöglichkeit realisierte die herzogliche Regierung in Burgau. Eine Häufung von Besagungen 1630/31 hatte dort große Schwierigkeiten in der Prozeßadministration geschaffen, da vor Ort kompetente Juristen fehlten bzw. für die Teilnahme an einem Hexenprozeß hohe Honorare forderten. Die Innsbrucker Regierung stellte daraufhin im Dezember 1631 den ehemaligen Offenburger Stadtsyndikus Dr. Leonhard Neusesser als Hexenkommissar für die Markgrafschaft Burgau an[38]. Die Anstellung eines Hexenkommissars war hier nicht die administrative Verdichtung eines Verfolgungswunsches, sondern Funktion des Bestrebens der Innsbrucker Zentrale, die Verfahren zu kontrollieren. 1635 bat Neusesser um Entlassung, ohne daß sich ein Hexenprozeß in seiner Amtszeit nachweisen ließe. Darüber hinaus hat sich die Hexenverfolgung in Schwäbisch-Österreich nicht zu einem Amt verdichten können, es läßt sich lediglich 1670 in Horb »Hexenfanger« als Titel eines Stadtknechts nachweisen[39].

Die Instruktion zur Führung von Hexenprozessen aus dem Jahr 1637 kam zu spät, als daß sie in Schwäbisch-Österreich noch hätte signifikanten Einfluß gewinnen können[40]. Ab dem Ende der 1650er Jahre zeigten sich zwei neue Tendenzen in der Behandlung des Hexereidelikts durch die Innsbrucker Regierung[41]. Innsbruck forderte generell in jedem Hexenprozeß einen »Defensor«, der nach Art eines Pflichtverteidigers von Amts wegen und sofort bei Prozeßbeginn tätig werden sollte. Hinzu kam eine »Pastoralisierung« des Hexenprozesses: Dem Selbstverständnis als christliche Obrigkeit entsprechend wurde Innsbrucks Hauptanliegen nicht Bestrafung, sondern Bekehrung der überführten Hexe. Hexerei verwandelte sich zurück zur *haeresis*[42]. Am Ende der Verfolgungen war Innsbruck bereit, die reuige, dem Teufel widersagende Hexe freizulassen. Wurde diese Umkehr jedoch verweigert, wurde selbst bei einem Kind auf Exekution erkannt. Die Auffassung von Hexerei als Glaubensdelikt, weniger als »objektiv wirksamer« Schadenszauber, zusammen mit der Tätigkeit eines Verteidigers machte eine Verurteilung sehr schwierig. Ohne daß der Hexenglaube hinterfragt wurde, mußte das Verbrechen letztlich aus dem Blick der Strafjustiz verschwinden.

Anmerkungen

1 Zu den Hexenverfolgungen Schwäbisch-Österreichs habe ich mehrere Artikel und eine Monographie vorgelegt: Johannes DILLINGER, »Böse Leute«. Hexenverfolgungen in Schwäbisch-Österreich und Kurtrier im Vergleich (Trierer Hexenprozesse. Quellen und Darstellungen, Bd. 5), Trier 1999; DERS., Hexenverfolgungen in der Grafschaft Hohenberg, in: Johannes DILLINGER/Thomas FRITZ/Wolfgang MÄHRLE, Zum Feuer verdammt (Hexenforschung, Bd. 2), Stuttgart 1998, S. 1–161.

2 HStA Stuttgart, B 29, Bü 24; Karl Otto MÜLLER, Die Musterregister der Grafschaft Hohenberg, in: Württembergische Jahrbücher für Statistik und Landeskunde (1915), S. 135–179, hier: S. 161.

3 Adalbert NAGEL, Altdorf-Weingarten im Wandel der Zeiten, in: Altdorf-Weingarten. Ein Heimatbuch, hrsg. von der Stadt Weingarten, Ravensburg 1960, S. 49–123, hier: S. 84f.

4 Hans-Joachim SCHUSTER, Agrarverfassung, Wirtschaft und Sozialstruktur der nellenburgischen Kameral-landschaft im 17., 18. und frühen 19. Jahrhundert (Hegau-Bibliothek, Bd. 10), Konstanz 1988, S. 34.

5 StA Augsburg, Vorderösterreich und Burgau MüB, Nr. 27, fol. 84^{r}.

6 Angegeben wurde jeweils das Datum der Urteilsverkündung. Nicht gewertet wurden Schwäbisch-Österreich von der zeitgenössischen Sensationsliteratur nachweislich falsch zugeschriebene Verfahren und Schatzgräberprozesse. Hieraus ergeben sich Abweichungen zur Zählung für Burgau bei Wolfgang BEHRINGER, Hexenverfolgung in Bayern, München 1987, S. 435, 468.

7 Jakob BARTH, Geschichte der Stadt Stockach im Hegau bis zum Jahr 1810, Stockach 1894, S. 26; StA Augsburg, VÖ Lit. 634, Burgauer Jurisdiktionsdifferenzen 1579–1588, fol. 245^{r}, 260^{r-v}, 326^{r}, 365^{v}.

8 Andreas BLAUERT, Frühe Hexenverfolgungen, Hamburg 1989, S. 109, 116f.

9 GLA Karlsruhe, 67/738, fol. 24^{r}–32^{v}, 202^{v}; HStA Stuttgart, B 17, Bd. 29, fol. 151^{v}–152^{v}, 159^{v}–160^{r}, 369^{v}, B 37a, Bü 118; LA Innsbruck, Geheimer Rat, Hofregistratur, Aktenserie, Einlauf 1630, Karton 120.

10 Das folgende nach Franz QUARTHAL, Zur Wirtschaftsgeschichte der österreichischen Städte am oberen Neckar, in: DERS. (Hrsg.), Zwischen Schwarzwald und Schwäbischer Alb, Sigmaringen 1984, S. 393–446. Statistisches Material nach MÜLLER (wie Anm. 2), S. 146–152.

11 GLA Karlsruhe, 65/728.

12 Percy Stafford ALLEN (Hrsg.), Opus epistolarum Erasmi Roterdami, 12 Bde., Oxford 1906–1958, hier: Bd. 10, Nr. 2846, S. 275, Nr. 2877, S. 316; DILLINGER, Hohenberg (wie Anm. 1), S. 32–37; DERS., »Böse Leute« (wie Anm. 1), S. 180f.

13 StadtA Rottenburg, A 22, Nr. 1, S. 773, 796, 802, 808f., 815.

14 StadtA Oberndorf, A 130.

15 HStA Stuttgart, B 41, Bd. 9, ohne Seitenzählung.

16 DILLINGER, »Böse Leute« (wie Anm. 1), S. 300–305. Der mehrfach mit Hexenprozessen befaßte schwäbisch-österreichische Verwaltungsjurist Keller lehnte trotz grundsätzlicher Befürwortung der Verfolgungen Konfiskationen ab (vgl. Adam KELLER, De officiis juridico-politicis chiragogici libri tres, Konstanz 1607, S. 432, 531–533).

17 Keith THOMAS, Religion and the decline of magic, Harmondsworth ^{4}1991, S. 659–667; vgl. auch Alan MACFARLANE, Witchcraft in Tudor and Stuart England, London 1970, ND Prospect Hights 1991, S. 172–176, 195–199.

18 H.C. Erik MIDELFORT, Witch hunting in Southwestern Germany, Stanford 1972, S. 190–194.

19 Johannes DILLINGER, Hexenprozesse in Horb (Veröffentlichungen des Kultur- und Museumsvereins Horb, Bd. 11), Horb 1994, passim; DERS., »Böse Leute« (wie Anm. 1), S. 206–229. Wörtliches Zitat: LA Innsbruck, Hs 2402, fol. 152.

20 HStA Stuttgart, B 37a, Bü 118.

21 LA Innsbruck, Hs 2402, fol. 368.

22 DILLINGER, »Böse Leute« (wie Anm. 1), S. 151–156.

23 LA Innsbruck, Hs 1390, fol. 87^{r}.

24 Das folgende nach DILLINGER, »Böse Leute« (wie Anm. 1), S. 234–244; DERS., Hohenberg (wie Anm. 1), S. 81–93.

25 HStA Stuttgart, B 37a, Bü 10, Visitationsprotokoll 1605, fol. 14.

26 LA Innsbruck, Hs 1390, fol. 131^{r}.

27 LA Innsbruck, Hs 1390, fol. 109^{r}.

28 DILLINGER, »Böse Leute« (wie Anm. 1), S. 161–168.

29 DILLINGER, Hohenberg (wie Anm. 1), S. 122–130.

30 MIDELFORT (wie Anm. 18), S. 58–64, 190–194. Zur Problematik von Hexenprozessen in Städten vgl. Johannes DILLINGER, Hexenverfolgungen in Städten, in: Gunther FRANZ/Franz IRSIGLER (Hrsg.), Methoden und Konzepte der historischen Hexenforschung (Trierer Hexenprozesse. Quellen und Darstellungen, Bd. 4), Trier 1998, S. 129–165.

31 StadtA Günzburg, 5.276.

32 MIDELFORT (wie Anm. 18), S. 82.

33 Vgl. dazu BEHRINGER (wie Anm. 6), S. 311f., 314, 332f.; vgl. zu Ulm die Artikel von Bernd Schlaier und Wolfgang Mährle in diesem Band.

34 StA Augsburg, VÖ Lit. 649, fol. 480^{r-v}, Lit 650, fol. 38^{r}, 39^{r}–44^{r}, 53^{v}–54^{r}; StadtA Günzburg, 5.276.

35 LA Innsbruck, Geheimer Rat, Hofregistratur, Aktenserie, Regimentssachen 1603, Karton 5; StA Ausgburg, Hochstift Augsburg, Neuburger Abgabe, Akten 1221, Protocollum Aulicum 1623, fol. 335^{r-v}.

36 Vgl. ausführlich Johannes DILLINGER, »Nemini non ad manus adesse deberet Cautio illa Criminalis«. Eine frühe Spee-Rezeption in der dörflichen Prozeßpraxis Südwestdeutschlands, in: Gunther FRANZ/Franz IRSIGLER (Hrsg.), Methoden und Konzepte der historischen Hexenforschung (Trierer Hexenprozesse. Quellen und Darstellungen, Bd. 4), Trier 1998, S. 277–286.

37 Das folgende nach DILLINGER, Hohenberg (wie Anm. 1), S. 112–122.

38 DILLINGER, »Böse Leute« (wie Anm. 1), S. 400–403.

39 StadtA Horb, B 3, S. 225.

40 Vgl. dazu den Artikel von Sabine Schleichert in diesem Band.

41 DILLINGER, »Böse Leute« (wie Anm. 1), S. 408–416.

42 HStA Stuttgart, B 17, Bd. 35, fol. 257^{r}.

Casimir Bumiller

Die Grafschaften und Fürstentümer Hohenzollern

1. Kleine Territorialgeschichte Hohenzollerns

Die beiden Fürstentümer Hohenzollern-Hechingen und Hohenzollern-Sigmaringen waren die einzigen Territorien des deutschen Südwestens, die neben Baden und Württemberg die politische Flurbereinigung Napoleons überlebt haben. Das könnte die Vermutung nahelegen, es habe sich bei Hohenzollern nächst Baden und Württemberg um das bedeutendste staatliche Gebilde Südwestdeutschlands gehandelt. Dies ist aber nicht der Fall. Die beiden Kleinstaaten verdankten ihr politisches Überleben ihrem bedingungslosen Anschluß an Napoleon in der Rheinbund-Akte von 1806; eine wichtige Voraussetzung der erfolgreichen diplomatischen Verhandlungen im Vorfeld war die Tatsache, daß die Gemahlin Fürst Anton Aloys' von Hohenzollern-Sigmaringen, Amalie Zephyrine, als Vertraute von Napoleons Frau Josephine de Beauharnais in Paris lebte und dort ihren ganzen Einfluß zugunsten Hohenzollerns geltend machte[1].

Tatsächlich bildeten die beiden Fürstentümer Hohenzollern-Sigmaringen und Hohenzollern-Hechingen auf der politischen Karte des Alten Reiches kleine, wirtschaftlich kaum lebensfähige Staaten. Ihr politisches Überleben verdankten sie einerseits der Nähe zum habsburgischen Kaiserhaus, andererseits aber auch der Protektion durch ihre brandenburg-preußischen Vettern in Berlin. Nach der Revolution von 1848 dankten die beiden Fürsten aus Enttäuschung über ihre aufmüpfigen Untertanen folgerichtig zugunsten ihrer Berliner Verwandten ab: Hohenzollern wurde 1850 zu einer preußischen Provinz[2].

Markiert dieses Datum das Ende dieser souveränen Staatswesen, so reicht die Geschichte des Grafenhauses Hohenzollern, dem durch Abtrennung einer Linie im 13. Jahrhundert die Burggrafen von Nürnberg, die Kurfürsten von Brandenburg und schließlich die preußischen Könige und Kaiser entstammten, ins 11. Jahrhundert zurück. Ausgehend von der Burg Zollern als Machtzentrum am nördlichen Rand der Schwäbischen Alb erreichten die Zollergrafen schon im hohen Mittelalter einen Höhepunkt ihrer Herrschaftsbildung. Nach mehreren Erbteilungen und einem verheerenden Krieg zwischen zwei gräflichen Brüdern Anfang des 15. Jahrhunderts geriet die Herrschaft jedoch an den Rand des Ruins. Das Ausscheiden eines der beiden Kontrahenten ermöglichte die Rekonsolidierung der Herrschaft auf einer sehr schmalen territorialen Basis. Die einzige Stadt der Grafschaft, Hechingen, war seit der Zerstörung der Burg Zollern 1423 Residenz der Grafen. Erst am Ende des 15. Jahrhunderts kam es zum Wiederaufstieg des Hauses[3].

Graf Eitelfriedrich II. (gest. 1512), der in der Umgebung Kaiser Maximilians I. großen Einfluß hatte, gelang 1497 im Austausch mit schweizerischen Besitzungen der Erwerb der Herrschaft Haigerloch. Konnten seine Söhne durch Aufkauf benachbarter Adelsherrschaften das Territorium weiter arrondieren, so wandte sich der Enkel Jos Nikolaus II. (1538–1558) dem inneren Ausbau der Landesherrschaft zu: Auf ihn geht eine umfassende Verwaltungsreform und die Landesordnung von 1550 zurück[4].

Dessen Vetter Karl I. von Hohenzollern war bereits im Jahr 1535 nach dem Aussterben der Grafen von Werdenberg aufgrund einer günstigen Verwandtschaftskonstellation in den Besitz der Grafschaften Sigmaringen und Veringen gelangt. Als 1558 in Hechingen Graf Jos Nikolaus II.

kinderlos starb, vereinigte Karl I. (1535/58–1576) in seiner Hand ein stattliches Herrschaftsgebilde, das von der oberen Donau über die Schwäbische Alb hinweg bis zum Neckar reichte. Die Grafschaft Hohenzollern besaß damals die größte Ausdehnung, derer sich je ein Zollergraf erfreuen konnte.

Trotz des damals bereits ausgebildeten Grundsatzes der Primogenitur im Hausrecht der Hohenzollern war Karl I. am Ende seines Lebens gezwungen, seine Herrschaft unter drei seiner Söhne aufzuteilen: Eitelfriedrich IV. (I.) erhielt die Stammgrafschaft Hohenzollern-Hechingen, Karl II. erbte Sigmaringen und Veringen, und Graf Christoph gab sich mit den kleinsten Herrschaften Haigerloch und Werstein zufrieden. Als die Linie Hohenzollern-Haigerloch 1634 mit Graf Karl ausstarb, fielen Haigerloch und Werstein an Hohenzollern-Sigmaringen, das fortan das größere der beiden Fürstentümer blieb. Mit der Erhebung in den Fürstenstand 1623 – Anerkennung für die entschiedene katholische Haltung – rückten die beiden Grafen Johann Georg von Hohenzollern-Hechingen und Johann von Hohenzollern-Sigmaringen in die ersten Kreise des europäischen Hochadels auf. Diesem Rang und dem damit verbundenen Repräsentationsbedarf entsprachen die sozialen und wirtschaftlichen Grundlagen des Landes jedoch in keiner Weise[5].

2. Glanz und Elend eines Duodezfürstentums im Zeitalter der Renaissance

Das 16. Jahrhundert war kulturgeschichtlich betrachtet zweifellos die glanzvollste Epoche der hohenzollerischen Geschichte, gekennzeichnet durch eine umfangreiche Bautätigkeit und die Anstellung und Förderung hochrangiger Künstler aus allen Bereichen der Kunst.

Doch das Kunst- und Bauprogramm der Grafen, besonders Eitelfriedrichs I. von Hohenzollern-Hechingen, überforderte die wirtschaftliche Kraft seines Territoriums maßlos. Der Graf mochte in frühabsolutistischer Weise seinen Zugriff auf das Land und die Menschen intensivieren, die Steuern und Abgaben erhöhen – die rund 6.000 Untertanen, von denen etwa 1.000 in der Hauptstadt Hechingen lebten, konnten die Zeche ihres Landesherrn nicht bezahlen. Es ist zwar aus den erhaltenen Rechnungsbüchern noch nicht ermittelt worden, was das Bau- und Kunstprogramm des Grafen Ende des 16. Jahrhunderts tatsächlich verschlungen hat. Doch die Tatsache, daß er dem Land nach seinem Tod 1605 eine Schuldenlast von 182.000 Gulden hinterließ, läßt keinen Zweifel an der Unverhältnismäßigkeit seines Repräsentationsbedürfnisses.

Es ist insofern kein Zufall, daß sich ausgerechnet in der Regierungszeit Eitelfriedrichs I. (1576–1605) die gesellschaftlichen Widersprüche in heftigen Konflikten äußerten, die in ihrem inneren Zusammenhang noch nicht hinreichend untersucht sind. So beendete der kunstsinnige Zollerngraf, der sich der Gegenreformation verschrieben hatte, gleich bei Regierungsantritt 1576 die Existenz der (ersten) jüdischen Gemeinde in Hechingen, die sich hier drei Generationen lang unbehelligt hatte entwickeln können[6]. Weiterhin gibt es Hinweise, daß er in großem Stil arme, aufmüpfige oder delinquente Untertanen aus dem Land verwies[7]. Bereits 1584 sah sich Eitelfriedrich mit dem Aufstand der Gemeinde Owingen konfrontiert, die sich aus scheinbar nichtigem Anlaß gegen die Herrschaft erhob. Dies war nur der Auftakt zu einer Reihe von 15 Revolten, die die Grafschaft Hohenzollern-Hechingen bis 1796 erschüttern sollten. In den hier interessierenden Zeitraum fallen die Rebellionen von 1605, 1619, 1623 und 1658[8].

Schließlich beginnt in der Regierungszeit Eitelfriedrichs I. auch die Hexenverfolgung, wenn man von wenigen Vorläufern absieht. Gerade das Jahr 1598, in dem der Graf mit der Hochzeit seines Sohnes und rund tausend geladenen Gästen den Abschluß seines Bauprogramms feierte, markiert einen der Höhepunkte der Hexenverfolgung in Hohenzollern-Hechingen.

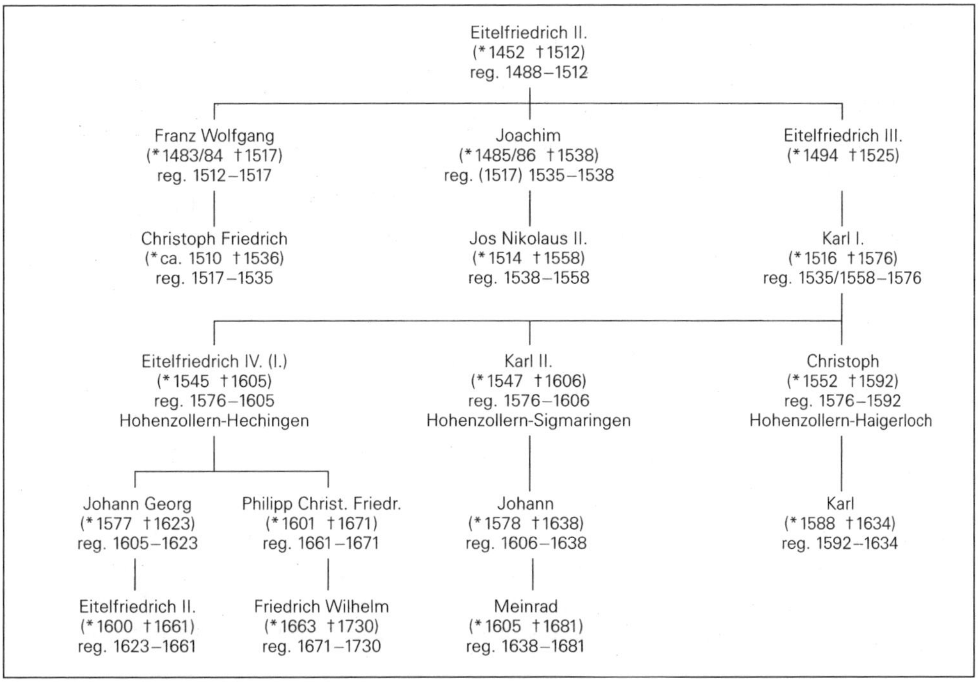

Abb. 24: Stammtafel der Grafen und Fürsten von Hohenzollern im 16. und 17. Jahrhundert

3. Zum Stand der Hexenforschung in Hohenzollern

Wie die territorialgeschichtliche Einleitung gezeigt hat, verteilt sich die Hexenverfolgung in Hohenzollern auf drei verschiedene Herrschaften: Hohenzollern-Haigerloch (1576–1634), Hohenzollern-Hechingen und Hohenzollern-Sigmaringen. In der Ende des 19. Jahrhunderts einsetzenden hohenzollerischen Hexenforschung hat es sich eingebürgert, das Untersuchungsgebiet um einige Herrschaften zu erweitern, die erst 1806 zu Hohenzollern gekommen sind (fürstenbergische Herrschaft Trochtelfingen, Spethsche Ämter Gammertingen und Hettingen, Thurn und Taxissches, vormals Stift Buchauisches Amt Straßberg). Da Hohenzollern-Hechingen im umrissenen Gesamtgebiet mit Abstand am heftigsten von der Hexenverfolgung betroffen war, wird diese 1623 gefürstete Grafschaft im Mittelpunkt des Interesses stehen.

Die Kriminalitätsforschung setzte in Hohenzollern mit zwei Beiträgen von 1873 recht früh ein. Der damalige Hechinger Kreisrichter Julius Cramer behandelte in seiner heute noch lesenswerten Darstellung der hohenzollerischen Geschichte ausführlich rechtsgeschichtliche Fragen und teilte im Zusammenhang kriminalgeschichtlicher Erörterungen auch Daten zur Hexenverfolgung mit. Die Urgicht einer Adelheid Staußin aus einem Haigerlocher Hexenprozeß von 1615 ist dort vollständig abgedruckt[9]. Gleichzeitig befaßte sich auch der Fürstliche Archivar Eugen Schnell in Sigmaringen mit der Geschichte der hohenzollerischen Kriminaljustiz, benannte aber nur für den Sigmaringer Landesteil Hexenprozesse[10]. Die von beiden Autoren eingeschlagene Richtung einer Gesamtbetrachtung der hohenzollerischen *Criminalia* hat jedoch bis heute – wohl infolge der Materialfülle – keine Fortsetzung gefunden.

Ebenfalls früh machte der Hechinger Rektor Theodor Thele durch eine Edition die Urgicht eines Hechinger Hexenprozesses von 1648 (Anna Künzlerin aus Jungingen) für die Forschung zugänglich[11]. Aber auch die Quellenedition zur Hexenforschung blieb in Hohenzollern in diesen bescheidenen Anfängen stecken. Für die konsequente Herausgabe von prozessualen Quellentexten fehlten sowohl die Erarbeitung editorischer Grundsätze wie auch eine umfassendere Erforschung des politischen, juristischen und sozialen Umfeldes der Prozesse. Die unkommentierte Veröffentlichung eines einzelnen Protokolls machte aber damals wie heute keinen Sinn.

Es vergingen 50 Jahre, bis der Sigmaringer Archivar Gustav Hebeisen 31 Hexenprozesse in Hohenzollern-Hechingen aus dem Zeitraum zwischen 1576 und 1660 mitteilte[12]. Er begründete damit die »statistische« Methode, die unter weitgehendem Verzicht auf eine inhaltliche Auseinandersetzung eine vollständige Auflistung der Hexenprozesse anstrebte. Ende der 30er Jahre schilderte Willibald Zimmermann teils mit Aktenauszügen drei Hexenprozesse aus der Herrschaft Werstein[13].

Die Nachkriegszeit brachte lange keine deutlichen Fortschritte in der hohenzollerischen Hexenforschung. Ein Anonymus lieferte in einem kleinen Beitrag allerdings Hinweise auf mehrere Fälle von Hexerei und Hexereiverdacht in dem Dorf Owingen, die insofern von Interesse sind, als sie nicht Kriminalakten, sondern offensichtlich den hohenzollern-hechingischen Audienzprotokollen entnommen sind[14]. Das war ein erster Schritt in Richtung Einbeziehung benachbarter Quellengattungen, um so ein vollständigeres Bild von der Hexenverfolgung in Hohenzollern zu erhalten. Der Pfarrer und Archivar Johann Adam Kraus behandelte die Hexenverfolgung der benachbarten fürstenbergischen Herrschaft Trochtelfingen[15]. Den Höhepunkt der »statistischen« Hexenforschung in Hohenzollern bildete die kommentarlose Auflistung von mehr als hundert hohenzollerischen Hexenprozessen ohne konkrete Quellenangaben ebenfalls durch Kraus im Jahr 1967[16].

Inzwischen hatte allerdings Rolf Burkarth mit seiner Reutlinger Zulassungsarbeit von 1965 einen neuen Forschungsstand erreicht[17]. Er setzte sich erstmals etwas systematischer unter rechtsgeschichtlichen, volkskundlichen und in Ansätzen sozialgeschichtlichen Gesichtspunkten mit hohenzollerischen Hexenprozessen auseinander. Seine Falliste kennt allerdings nur 94 Hexenprozesse insgesamt und lediglich 35 Fälle in Hohenzollern-Hechingen. Burkarth wurde mit seiner Arbeit Hauptgewährsmann in Hohenzollern für H.C. Erik Midelforts grundlegendes Werk *Witch Hunting in Southwestern Germany* von 1972, dem wir den wichtigsten Impuls für die moderne Hexenforschung in Südwestdeutschland verdanken[18]. Am Beispiel Hohenzollerns wird allerdings deutlich, daß Midelfort bei seiner Bestandsaufnahme in einzelnen Regionen einen sehr unbefriedigenden Forschungsstand antraf und seine Zahlen, soweit er auf Literatur zurückgriff, zwangsläufig sehr unvollständig blieben.

Ausgehend von dieser immer noch unbefriedigenden Situation habe ich 1983 erstmals versucht, den Forschungsstand zusammenzufassen und gleichzeitig neue Quellen der Hexenforschung in Hohenzollern zu erschließen[19]. Mir war bei kriminalgeschichtlichen Studien im Staatsarchiv Sigmaringen der Quellenwert der Urfehden auch für die Hexenforschung aufgefallen. Dort stieß ich immer wieder auf Fälle von Hexereiverdacht, die aber nicht zu einem regelrechten Verfahren führten, sondern für die Beschuldigten mit einer Urfehde endeten, die ihnen Hausarrest, Landesverweis oder andere Strafen auferlegte. Die Erkenntnis, daß die Liste der in Hohenzollern bekannten Hexen durch Einbeziehung der Urfehden erheblich erweitert werden konnte, führte auch zu Konsequenzen bei der Definition eines Opfers der Hexenverfolgung. Nach meiner Ansicht können unter Opfern der Hexenverfolgung nicht nur Verdächtigte, gegen die ein regulärer Prozeß eröffnet wurde, oder gar nur zum Tod verurteilte Personen gefaßt werden, sondern es müssen alle je unter Hexereiverdacht geratene Frauen und Männer mit berücksichtigt werden. Nur so wird das wahre Ausmaß des »Hexenwahns« in einer bestimmten Umgebung faßbar. In diesem Sinne dürften die Urfehdenbestände der Archive auch für andere Territorien noch erhebliches Material bereithalten.

Im übrigen läßt sich durch Einbeziehung der Urfehden auch die strikte Trennung zwischen Zauberei und Hexerei, die Schormann vorschlug, nicht ohne weiteres einhalten[20]. Zwar ist Zauberei nur ein Bestandteil des Hexereibegriffs, der auch losgelöst auftreten kann, aber die Urfehdenüberlieferung zwingt dazu, einen dynamischeren Übergang von Zauberei zu Hexerei vorauszusetzen. Öfters ist bei Sichtung der Urfehden zu beobachten, daß eine als Hexe hingerichtete Frau bereits früher einmal in Zaubereiverdacht gestanden hatte, wie z.B. die im Jahr 1610 in Hechingen hingerichtete Margaretha Hirrlingerin aus dem Dorf Weilheim, die nach einer Urfehde von 1604 schon einmal unter Verdacht geraten war[21]. Die Hinzuziehung der Urfehden kann insofern die »Laufbahn« einer Frau von der Zauberin zur Hexe, aber auch die lange Vorlaufzeit der Hexenprozesse sichtbar machen.

Eine weitere, die Prozeßakten ergänzende Quelle sind in Hohenzollern übrigens die sogenannten Audienzprotokolle[22]. Im Jahr 1591 beklagte sich darin ein Jerg Koler aus dem Dorf Owingen im Hechingischen, dessen Frau als Hexe verbrannt worden war (Prozeßakten von 1589), daß nun auch seine kleine Tochter als Hexe bezichtigt werde[23]. Solche Notizen können im Gesamtzusammenhang einer Verfolgungswelle überaus wertvoll sein.

Erscheint es also für die künftige Hexenforschung notwendig, über die klassischen Kriminalquellen hinaus weitere Quellengattungen zu erschließen, so ist doch zu erwähnen, daß in Hohenzollern-Hechingen allein schon die vollständige Ermittlung der Hexenprozesse schwierig ist. Es gibt im Staatsarchiv Sigmaringen keinen gesonderten Bestand Hexenprozesse. Diese sind vielmehr in die umfangreichen Kriminalbestände eingegliedert, innerhalb derer es nur eine oberflächliche chronologische Ordnung gibt. Nicht nur die Chronologie der Akten ist durchbrochen, auch sachlich sind sie häufig auseinandergerissen. Von vielen Hexenprozessen existieren nur Verhörprotokolle, Zeugenaussagen, Urgichten oder Urteile allein, in anderen Fällen sind die zu einem einzigen Fall gehörigen Stücke auf bis zu vier Fundstellen verteilt und müssen über eingehende inhaltliche Analysen als zusammengehörig erkannt werden[24]. Dies mag ungefähr andeuten, warum sich die hohenzollerische Hexenforschung bis heute auf einem vergleichsweise bescheidenen Stand befindet, warum es andererseits aber unabdingbar erscheint, die Hexenprozesse hier langfristig doch wieder im Gesamtzusammenhang der Kriminalakten zu betrachten, wie dies Eugen Schnell und Julius Cramer bereits 1873 angedacht hatten.

4. Hexenverfolgung in Hohenzollern: Chronologie und regionale Verteilung

	Hohenzollern-Hechingen	Hohenzollern-Haigerloch und Werstein	Herrschaft Trochtelfingen	Herrschaft Gammertingen	Hohenzollern-Sigmaringen-Veringen	Hohenzollern-Sigmaringen-Sigmaringen	Herrschaft Straßberg
1491					1		
1540	1						
1551	1						
1568	1						
1576	1						
1577	1						
1583	5						
1588	2		1				
1589	5	2					

	Hohenzollern-Hechingen	Hohenzollern-Haigerloch und Werstein	Herrschaft Trochtelfingen	Herrschaft Gammertingen	Hohenzollern-Sigmaringen-Veringen	Hohenzollern-Sigmaringen-Sigmaringen	Herrschaft Straßberg
1590	2						
1591	2						
1592		1					
1593		1					
1596			10				
1598	5	3					
1603		1					
1604	4						
1605		1					
1609	2						
1610	14	2					
1611					1		
1612		2					
1613		1					
1614		1					
1615	2	3			1		
1616	2				1		
1617		4					
um 1620	2						
1625		1					
1626	4	1					
1627	7						
1629		2					
1630		6					
um 1640	1						
1642	1						
1643	4						
1646	1						
1648	4						
1649	1					1	
1650	2						
1651		1					
1652		2					
1653	3						
1654	1						
1657				1			
1658				1			
1660				1			
1663	1					1	
1665						2	
1666						3	
1667	2						
1668						1	
1669	2						
1670						1	
1679						2	
1680					1		
1742/46			1				
1743							1

4.1 Hohenzollern-Hechingen

Wie die Tabelle zeigt, fällt im Untersuchungsgebiet die Grafschaft Hohenzollern-Hechingen nach Dauer und Ausmaß der Hexenverfolgung deutlich heraus. Mit 86 Opfern steht das kleine, am Anfang der Verfolgung (um 1550) rund 5.000, am Ende (um 1650) kriegsbedingt nur noch etwa 4.000 Einwohner zählende Territorium singulär dar und schließt sich quantitativ und vom Erscheinungsbild den Gebieten starker Hexenverfolgung des Neckarraums (Hohenberg, Rottweil, Württemberg) an[25]. Die Verfolgung beginnt zögernd um 1550 mit vereinzelten Anklagen und führt – nach einer chronikalen Überlieferung – nur in einem Fall zu einer Verbrennung[26]. Die Behörden scheinen wenig vorbereitet gewesen zu sein und gehen zurückhaltend mit den verdächtigten Frauen um: Viermal bis 1577 kommen solche mit einer Urfehde davon. Erst in den 80er und 90er Jahren kommt es zu Massenprozessen mit Hinrichtungen, wobei die Jahre 1583, 1589 und 1598 herausragen. Mit nochmals vier Prozessen im Jahr 1604 endet die Regierungszeit Graf Eitelfriedrichs I., die insgesamt 22 Angeklagte vor Gericht und davon 16 auf den Scheiterhaufen brachte.

Unter seinem Sohn, Graf Johann Georg, kommt es 1609/10 mit insgesamt 16 Opfern zum absoluten Höhepunkt der Hexenverfolgung in Hechingen. Mit sechs weiteren Prozessen fordert seine Regierungszeit ebenfalls 22 Hexenopfer insgesamt.

Einen weiteren Höhepunkt erreicht die Hexenverfolgung in Hechingen 1626/27 unter Eitelfriedrich II. mit elf Anklagen, und auch die 40er Jahre sind durch eine stetige Serie von Hexenprozessen geprägt, die 1654 abbricht. Die Prozesse der 60er Jahre, darunter 1663 eine Anklage gegen zwei junge Schwestern, enden nicht mehr mit Todesurteilen. Im Fall der Mädchen Anna Maria und Christine Hartung aus Hechingen liegt ein Rechtsgutachten der Universität Tübingen vor[27]. Dies und die Tatsache, daß keine Todesurteile mehr gesprochen wurden, zeigt, daß man in Hechingen wieder vorsichtiger im Umgang mit dem Hexereidelikt geworden war.

Eine statistische Beobachtung an den Hechinger Hexenprozessen soll noch hervorgehoben werden. Gerade durch die Heranziehung der Urfehden wird deutlich, daß die Hexenverfolgung nicht zwangsläufig zur Verurteilung führen mußte, sondern daß in einem statistisch relevanten Anteil die Beklagten mit dem Leben davonkamen. Nachweislich wurden 19 Frauen freigesprochen bzw. auf eine Urfehde hin entlassen. In 29 Fällen bleibt der Ausgang des Verfahrens offen, da Urteile nicht überliefert sind. Wenn man jedoch voraussetzt, daß eine Urgicht, also das letztendliche Bekenntnis einer Angeklagten in aller Regel zur Verurteilung führte, so dürften die meisten dieser offenen Fälle mit einem Todesurteil geendet haben. Als Erkenntnis bleibt dennoch: Wenn nur einige der ungeklärten Fälle mit einem Freispruch endeten, so kamen immerhin etwa ein Viertel aller der Hexerei verdächtigten Personen in Hohenzollern-Hechingen mit dem Leben davon. Das scheint mir, vorsichtig interpretiert, zumindest darauf hinzuweisen, daß die Hechinger Richter nicht allzu leichtfertig mit dem Hexereiverdacht umgingen.

4.2 Hohenzollern-Haigerloch

Von den übrigen betrachteten Herrschaften zeigt nur noch die Grafschaft Hohenzollern-Haigerloch, was Laufdauer und Intensität der Hexenverfolgung angeht, eine gewisse Ähnlichkeit mit Hechingen. Die Gesamtzahl der Opfer liegt allerdings mit 35 bekannten Hexen deutlich unter der Hechinger Marke. Die Herrschaften Haigerloch und Werstein beherbergten aber mit kaum 3.000 Einwohnern um 1550 deutlich weniger Untertanen. Die Hexenprozesse fallen beinahe ausschließlich in die Regierungszeit von Graf Karl (1592–1634), vier weitere betreffen die Jahre 1651/52, als Haigerloch und Werstein bereits zu Hohenzollern-Sigmaringen gehörten. Höhepunkte bildeten die Jahre 1617 (vier Fälle), 1626 (mehrere Angeklagte in unklarer Zahl) und

1630. Diese Jahre zeigen keine erkennbaren äußeren oder inhaltlichen Übereinstimmungen mit den Wellen der Verfolgung in Hechingen, so daß in den beiden benachbarten Grafschaften wohl von jeweils eigenen Ursachen und Gesetzmäßigkeiten ausgegangen werden muß.

Auch in Haigerloch und Werstein kamen übrigens nach Ausweis der Urfehden mindestens acht von 35 Angeklagten mit dem Leben davon.

4.3 Herrschaft Trochtelfingen

Gegenüber Hohenzollern-Hechingen und Hohenzollern-Haigerloch, wo über einen längeren Zeitraum Hexenverfolgung virulent blieb (100 bzw. 60 Jahre lang), zeichnen sich die übrigen betrachteten Gebiete durch eine relativ punktuelle Hexenverfolgung aus. Die zur Grafschaft Fürstenberg gehörige Herrschaft Trochtelfingen sah nur an zwei Tagen des Jahres 1596 die Scheiterhaufen brennen, wenn man von dem Auftakt des Jahres 1588 absieht. Es handelte sich um einen Massenprozeß, dessen elf Opfer aus den drei Orten Melchingen, Salmendingen und Ringingen alle miteinander im Zusammenhang standen.

Der späte Trochtelfinger Prozeß gegen die Nonne Maria Knör 1742 bis 1746 fällt bereits aus dem Rahmen der klassischen Hexenprozesse[28].

4.4 Spethsche Herrschaft Gammertingen

Die freiherrlich Spethsche Herrschaft Gammertingen erlebte nur drei Hexenprozesse in den Jahren 1657, 1658 und 1660, die alle mit dem Todesurteil endeten (in zwei Fällen zum Schwert begnadigt). Der erste Prozeß gegen die 70jährige Anna Unmut löste den folgenden gegen den 60jährigen Witwer Johann Schmid aus (beide aus Feldhausen). Der letzte Prozeß von 1660 gegen die 63jährige Agatha Vögtlin aus Gammertingen scheint dagegen nicht mit den beiden vorangegangenen Verfahren zusammenzuhängen[29].

4.5 Hohenzollern-Sigmaringen

Auch in der zu Hohenzollern-Sigmaringen gehörigen Grafschaft Veringen verdichtete sich die Hexenverfolgung auf drei Prozesse in den Jahren 1610, 1614 und 1615. Die Stadt Veringen erlebte allerdings bereits im Jahr 1491, rund 60 Jahre vor dem Einsetzen der großen Hexenverfolgung, den frühesten Hexenprozeß der betrachteten Region, und sie inszenierte 1686 einen der letzten spektakulären Prozesse gegen Anna Kramerin genannt Bader-Ann[30].

Um mit dem südlichsten Teil des Untersuchungsraums Hohenzollern-Sigmaringen abzuschließen, so fällt auch hier eine Konzentration der Hexenprozesse auf die späten Jahre von 1663 bis 1679 auf. Das heißt, in Sigmaringen begannen die Scheiterhaufen zu brennen, als sie in Hechingen gerade erloschen. Wie in anderen späten Verfolgungswellen (z.B. Reutlingen und Esslingen) treten jetzt Prozesse gegen Kinder in den Vordergrund. Vier von den zehn Opfern in Sigmaringen waren Kinder[31].

4.6 Herrschaft Straßberg

Daß der Straßberger Prozeß von 1743 gelegentlich als »der letzte hohenzollerische Hexenprozeß« apostrophiert wird, ist territorialgeschichtlich abwegig. Das Verfahren gegen Katharina Geiger, das kürzlich von Walter Hutter ausführlich in seinem sozialen Zusammenhang dokumentiert wurde, war der einzige Hexenprozeß in der Stift Buchauischen Exklave, die erst 1806 Hohenzollern-Sigmaringen einverleibt wurde[32]. Der späte, vollständig überlieferte Prozeß gegen die 59jährige, verkrüppelte und an Depressionen leidende Frau, die mit ihrem Mann in schlechten Eheverhältnissen lebte, folgte inhaltlich und formal auffällig genau dem klassischen Prozeßmuster des 17. Jahrhunderts.

Insgesamt läßt sich feststellen – immer vorausgesetzt, daß wir nicht mit größeren Quellenverlusten in Hohenzollern-Sigmaringen und in Gammertingen zu rechnen haben –, daß die Hexenverfolgung im Süden des Untersuchungsgebiets nicht im selben Maße grassierte wie im Norden. Eine Deutung dieses Befunds muß vorläufig offen bleiben.

4.7 Verteilung der Hexenverfolgung nach Orten

Hohenzollern-Sigmaringen mit Grafschaft Veringen

Engelswies	5
Sigmaringen	2
Veringen	2
Egelfingen	2
Billafingen	1
Laiz	1
Vilsingen	1
Auswärtige	2
Gesamt	16

Herrschaft Trochtelfingen (Fürstenberg)

Melchingen	4
Salmendingen	4
Ringingen	2
Trochtelfingen	1
Auswärtige	1
Gesamt	12

Hohenzollern-Hechingen

Hechingen	29
Rangendingen	20
Jungingen	8
Weilheim	6
Owingen	5
Hausen i.K.	3
Burladingen	2
Grosselfingen	2
Hörschwag	2
Beuren	2
Stein	1
Sickingen	1
Thanheim	1
Wessingen	1
Boll	1
Auswärtige	2
Gesamt	86

Hohenzollern-Haigerloch u. Werstein

Gruol	6
Imnau	6
Empfingen	5
Haigerloch	4
Heiligenzimmern	3
Trillfingen	3
Stetten b. Haig.	3
Bittelbronn	2
Bietenhausen	1
Höfendorf	1
Betra	1
Auswärtige	1
Gesamt	36

Spethsche Herrschaft Gammertingen

Feldhausen	2
Gammertingen	1
Gesamt	3

5. Zum Profil der Hexenopfer

5.1 Geschlecht

Unter den 154 faßbaren Verfolgungsopfern des Untersuchungsgebiets finden sich nur neun Männer, das sind etwa 5,8%. Die männlichen Angeklagten verteilen sich auf die einzelnen Herrschaften wie folgt: Hechingen drei, Sigmaringen und Haigerloch je zwei (in Sigmaringen Kinder), Trochtelfingen und Gammertingen je ein der Zauberei und Hexenmeisterei Verdächtigter. Vier Männer wurden zum Tode durch das Schwert verurteilt. Der als Zauberer verdächtigte Jerg Sahm aus Steinhofen (Hohenzollern-Hechingen) beging 1616 im Gefängnis Selbstmord[33]. Von dem 1649 in Hechingen des Teufelspakts angeklagten Hans Kipft genannt Uhle existiert lediglich ein Aussageprotokoll auf der Grundlage eines Interrogatoriums[34]. Der ebenfalls der Zauberei verdächtigte Steinmetz Hans Erdtrich aus Gruol (Hohenzollern-Haigerloch) kam 1613 mit einer Urfehde davon: Er verpflichtete sich zu einer Strafwallfahrt nach Santiago de Compostela[35].

5.2 Soziales Profil

Was den Stand der als Hexen Verfolgten angeht, lassen sich relativ klare Aussagen treffen, ohne daß dies vorläufig statistisch exakt abgesichert wäre: Der überwiegende Teil der angeklagten Frauen stammte aus den unteren Bevölkerungsschichten. Als Opfer der Hexenverfolgung boten sich auf den Dörfern und in den wenigen Kleinstädten ärmere, wirtschaftlich und sozial an den Rand gedrängte Personen an. Auffällig oft erscheinen diese als Heilkundige, selten dagegen (nur zweimal) als Hebammen[36].

Häufig stehen Witwen als Hexen vor Gericht. Der mehr als dreißigmal genannte Witwenstand der angeklagten Frauen verweist auf zweierlei: Zum einen deutet allein diese Tatsache an, daß wir uns einen Großteil der Frauen als mittleren oder höheren Alters vorstellen müssen – mehrfach werden sogar Frauen von über 70 Jahren gefoltert und hingerichtet[37]. Zum andern weist der Witwenstand vieler Hexen darauf hin, daß gerade alleinstehende Frauen ohne Rückhalt in Ehe und Familie zur Zielscheibe sozialer Aggressionen werden konnten.

Diese Wirkung wird durch ein weiteres auffällig häufiges Merkmal noch verstärkt: Ein Großteil der Hexen erweist sich als eingeheiratet, also aus der näheren oder weiteren Umgebung zugezogen. Auch diese Tatsache ist noch nicht exakt bezifferbar, aber durch eindeutige Indizien belegt: Alle acht Hexen des Dorfes Jungingen (Hohenzollern-Hechingen) waren Fremde[38]. Die in Sigmaringen und Hechingen in den 1660er Jahren angeklagten Kinderhexen und ihre Eltern stammten aus der Schweiz[39]. Eine Reihe der 1596 in Trochtelfingen hingerichteten Hexen, so die Melchinger Adlerwirtin Katharina Memlerin und der Schneider Georg Bressamer, stammten von auswärts[40]. Schließlich war Anna Kramerin, die letzte Veringer Hexe, eine gebürtige Kölnerin und zum Zeitpunkt ihres Prozesses 1680 verwitwet. Die Beispiele könnten beliebig fortgesetzt werden.

Hinter dieser Beobachtung verbirgt sich ein weitreichendes, aber bisher wenig beachtetes geschlechtsspezifisches Mobilitätsmerkmal: die Tatsache, daß (zumindest in der betrachteten Region) während des späten Mittelalters und der Frühen Neuzeit überwiegend die Frauen ihren Männern in deren Geburtsorte folgten. Frauen unterlagen bei ihrer Verheiratung offensichtlich einer höheren Mobilität als Männer. Wenn sich diese Beobachtung, die bisher nur durch punktuelle Belege gestützt werden kann[41], durch gezielte Untersuchungen statistisch verdichten ließe, so würde dies eine zusätzliche Erklärung liefern, warum hauptsächlich Frauen als Hexen verfolgt wurden.

Frauen gerieten bei ihrer Verheiratung, auch wenn sie nur ins Nachbardorf verzogen, in eine potentiell abwartende bis feindselige Atmosphäre. Wenn es ihnen nicht gelang, sich durch Wohlverhalten oder positive soziale Eigenschaften zu integrieren, waren sie bei einer etwaigen Verwitwung ohne jeglichen Rückhalt in Ehe, Familie und Sippe. Im Zusammenwirken von auffälligen persönlichen Merkmalen (Eigenbrötlerei, Gebrechlichkeit, »Blödigkeit«, Heilkundigkeit), bestimmten kritischen Konstellationen ihrer sozialen Umgebung (nachbarschaftlicher Streit, ehebrecherische Verbindungen) und Krisensituationen höherer Gewalt (Krankheitsfälle,

Unwetterschäden, Kriegseinwirkungen) konnten solche Frauen durch ihre Umgebung in die Rolle der Hexe gezwungen werden.

Kinder

Kinder spielten übrigens in der hohenzollerischen Hexenverfolgung nur am Rande eine Rolle. Erst ganz am Ende der Hauptverfolgungsphase standen in Hechingen 1663 zwei, in Sigmaringen 1668, 1670 und von 1676 bis 1679 insgesamt vier Kinder (zwei Mädchen, zwei Jungen) vor Gericht. Ein Junge und ein Mädchen wurden in Sigmaringen hingerichtet, ein Junge starb im Gefängnis, ein Mädchen kam mit dem Leben davon[42]. Im Fall des 6jährigen Hechinger Mädchens Anna Maria Hartung riet ein Tübinger Rechtsgutachten von der Fortsetzung des Verfahrens ab[43].

Personen höheren Standes

Wenn die Hauptmasse der in Hohenzollern als Hexen verfolgten Personen eher den unteren sozialen Schichten zugeordnet werden kann, so machte die Hexenverfolgung doch auch vor den gehobenen Ständen nicht Halt. Allein in Hohenzollern-Hechingen standen mindestens sechs Ehefrauen oder Angehörige von Amtspersonen als Hexen vor Gericht. Schon in dem frühen Prozeß von 1583 wurde Katharina, die Frau des damaligen Hechinger Schultheißen Caspar Hindenlang, zum Tod verurteilt[44]. 1643 wurde die 75jährige Anna Kadis, Witwe des früheren zollerischen Untervogts Sartorius, die Kinderfrau im Haus Hohenzollern gewesen war, als Hexe verbrannt[45]. Fürst Eitelfriedrich II. von Hohenzollern-Hechingen persönlich nahm seine frühere Kinderfrau ins Verhör. Im selben Jahr starb auch Katharina Zieglerin, die Witwe des Hechinger Hofmalers Martin Frieß, auf dem Scheiterhaufen[46]. Im Fall der Anna Rieckherin aus Jungingen, Frau des dortigen Aftervogts (Stellvertreter des Dorfvogts), scheint die relativ herausgehobene gesellschaftliche Stellung neben ihrer persönlichen Kraft dazu beigetragen zu haben, daß sie 1653 einer Verurteilung entging[47].

6. Das Gerichtsverfahren

6.1 Einleitung des Verfahrens: Zur Rolle der Gemeinden

Deutete sich oben schon an, daß die Obrigkeiten nicht wahllos und leichtfertig Hexenprozesse eingeleitet haben, so läßt sich dies bei Betrachtung einzelner Prozesse noch deutlicher zeigen. Die Behörden zeigten sich bei Denunziationen aus der Bevölkerung zurückhaltend bis ablehnend. Drei Hexenprozesse gegen Frauen aus Jungingen (Hohenzollern-Hechingen) 1627, 1648 und 1653 hatten jeweils eine Vorlaufzeit von rund zehn Jahren, bis das Hechinger Gericht dem Strafverfolgungsbegehren aus der Bevölkerung nachgab. In einem Fall wurde der Denunziant sogar mit einer Strafe belegt[48]. Erst wenn genügend Indizien vorgelegt werden konnten, trat das Gericht auf den Plan und führte vor Ort Zeugenvernehmungen durch, die bei überzeugender Beweiskraft zur Verhaftung des oder der Beschuldigten führten.

Auch in Hohenzollern-Sigmaringen sah sich das Gericht im Jahr 1676 trotz der Selbstbezichtigungen des Geschwisterpaares Maria und Hans Sterck nicht bemüßigt, das Hexereiverfahren zu eröffnen, sondern schickte die verwahrlosten Kinder zu den Pflegeeltern in ihr Dorf Engelswies zurück. Erst der massive Eingriff der vorderösterreichischen Regierung – Engelswies gehörte zur österreichischen Herrschaft Gutenstein, unterstand aber der hohenzollerischen Hochgerichtsbarkeit – führte zu einem regulären Hexenprozeß[49].

Die abwartende bis ablehnende Haltung der Gerichte im Vorfeld der jeweiligen Verfahren zeugt indes nicht zwangsläufig von Skepsis gegenüber dem Hexenglauben. Gerichte, Amtleute und Regenten teilten die herrschende Hexenfurcht und die gültigen Rechtsvorstellungen, doch scheint es unter den Grafen und Fürsten des Hauses Hohenzollern und ihren Richtern und Amtleuten keine fanatischen Hexenverfolger gegeben zu haben[50]. In Sigmaringen ist möglicherweise die beinahe andauernde Abwesenheit der Fürsten Johann und Meinrad I., die in bayerischen Diensten standen, für das geringe Ausmaß der Hexenverfolgung verantwortlich. Das Sigmaringer Gericht war offensichtlich nicht nur bei der Einleitung von Hexereiverfahren recht träge[51].

Abb. 25: »Hexenhemd« aus dem hohenzollerischen Veringenstadt (17. Jh.): Als Schandkleid bei Folter und Hinrichtung getragen, ist dieses Exemplar wohl deshalb erhalten geblieben, weil seine vermutliche Trägerin, die 1680 wegen Hexerei hingerichtete »Bader-Ann« (Anna Kohler), enthauptet wurde und man das Hemd nicht mit der Leiche verbrannte.

Besonders im Fürstentum Hohenzollern-Hechingen ist die Rolle der Bevölkerung und der Gemeinden bei der Eröffnung von Hexereiverfahren hervorzuheben. Im Jahr 1615 bedrängten fünf Gemeinden den Grafen Johann Georg, mehr zur »Ausrottung des Unkrauts der Hexen« zu tun. Gemeint war ein energischeres Vorgehen gegen zwei Frauen aus Owingen, Barbara Beck und Agnes Mauser, die trotz Folter nichts gestehen wollten. Johann Georg entließ die beiden Verdächtigten – verfahrensmäßig korrekt – in die Freiheit. 1627 war es die Gemeinde Grosselfingen, die in einer Eingabe an Fürst Eitelfriedrich von Hohenzollern-Hechingen die Aufforderung, gegen Hexen vorzugehen, etwas verklausuliert mit der Möglichkeit einer Steuerverweigerung verquickte[52]. Auch im Dorf Jungingen kamen die Anstöße zu den Untersuchungen in Sachen Hexerei regelmäßig von einzelnen Bürgern und von der Gemeinde[53].

Die Beispiele zeigen, daß man in Hohenzollern zwar nicht, wie in verschiedenen westdeutschen Territorien, von regelrechten »Hexenausschüssen« sprechen kann, aber es scheint so, als ob hier immer wieder ganze Gemeinden oder doch Mehrheiten von Gemeindeversammlungen im Ruf nach Hexenverfolgung ein Ventil zur Dämpfung innerdörflicher Konflikte gesehen hätten. Und gerade die Grafen und Fürsten von Hohenzollern-Hechingen, die sich einem latent schwelenden Konflikt mit ihren Untertanen gegenüber sahen, scheinen diesem Ruf immer wieder entgegengekommen zu sein. Die eigenwillige Doppelung der Konfliktstrukturen in diesem

Territorium – die innerdörflichen Konflikte zwischen den sich oligarchisch gebärdenden bäuerlichen Oberschichten und der übrigen Bevölkerung und der schwelende Streit der gesamten Untertanenschaft mit der Herrschaft – ist als potentiell verstärkende Kraft der Hexenverfolgung noch nicht untersucht worden[54].

Allerdings verloren derlei Interventionen von Gemeinden gegen Ende des 17. Jahrhunderts an Überzeugungskraft. Als die Gemeinde Burladingen (Hohenzollern-Hechingen) 1688 in einem Memoriale die Anklage gegen eine bestimmte Frau verlangte, zeigte dies in Hechingen keine Wirkung mehr. Am 6. Juli des Jahres war es zu einem schweren Unwetter gekommen. Eine gewisse Greth war tags zuvor, Ringelblumen sammelnd, übers Feld gegangen und so »auf den Argwohn gefallen, sie [...] müeste nothwendig dieses Wetter gemacht haben«. Ein Mädchen sagte in der Gemeindeversammlung zu Greth: »Du bist vnd bleibst ein Hex ...«[55] Die Quelle zeigt, daß die Impulse zur Hexenverfolgung als Krisenbewältigungsstrategie einer bäuerlichen Bevölkerung unvermindert weiterbestanden, nachdem die Richter unter dem Eindruck der Rechtsdebatte längst nachdenklich geworden waren.

6.2 Peinliches Verfahren im Sinne der Carolina

Am Beispiel von Hohenzollern-Hechingen kann das Gerichtswesen auch der übrigen Herrschaften veranschaulicht werden. Die Malefizgerichtsbarkeit der Grafschaft lag beim Stadtgericht Hechingen. Dieses bestand aus dem Schultheißen und zwölf Richtern. Der Schultheiß wurde vom Grafen als herrschaftlicher Beamter an die Spitze von Stadtverwaltung und Gericht gesetzt. Die zwölf Richter wurden im Kooptationsverfahren aus der bürgerlichen Oberschicht der Stadt gewählt. Das Stadtgericht war in peinlichen Sachen erste und letzte Instanz, eine Appellation war nicht vorgesehen[56]. Das Hechinger Gericht tagte durch kaiserliches Privileg von 1513 im Inneren des Rathauses, nur das Urteil mußte öffentlich im Freien verkündet werden.

Soweit sich dies aus den selten vollständig erhaltenen Kriminalakten erkennen läßt, hat sich das Hechinger Gericht in Hexenprozessen durchaus an die Vorgaben der Carolina gehalten. Hatte man sich von den hinreichenden Indizien einer Denunziation überzeugt, erfolgte die Verhaftung durch Stadtknechte. In aller Regel wurde versucht, »kurzen Prozeß« zu machen: Von der Verhaftung bis zur Verurteilung vergingen oft nur wenige Wochen oder Tage. Zeugenvernehmungen, Verhör der Verdächtigten, Gegenüberstellungen von Zeugen und Delinquentinnen gehörten zum üblichen Verfahren. Wie sich die Richter auf die Befragungen vorbereiteten, ist selten erkennbar: Kaum einmal sind die Interrogatoria erhalten[57]. Die Folter, meist in der Form des Aufziehens, wurde regelmäßig angewandt und brachte in den meisten Fällen das erwartete Geständnis. Selten hatten die Angeklagten die körperliche Konstitution und die Willensstärke, der Tortur zu widerstehen – es sei an die oben erwähnten Fälle aus Owingen 1615 und Jungingen 1653 erinnert.

6.3 Geständnisse

Die unter der Tortur erhaltenen (und oft mehrfach widerrufenen) Geständnisse mündeten, wenn der Wille der Frauen nach wiederholter Folter gebrochen war und sie sich in ihr Schicksal ergaben, in die Urgicht, die Reinschrift der Geständnispunkte. Die Urgicht galt als rechtskräftige Grundlage für die Urteilsfindung, wenn sie vor sieben Zeugen, meist Angehörigen des Gerichts, erfolgte, also »besiebnet« wurde. Da eine Urgicht in aller Regel das Todesurteil nach sich zog, kann auch in Fällen, wo das Urteil selbst nicht erhalten ist, bei einer vorliegenden »Besiebnung« von der Hinrichtung der Angeklagten ausgegangen werden. Der übliche Urteilsspruch lautete auf den Feuertod, in wenigen Fällen, immer jedoch bei den Männern, erfolgte eine Begnadigung zum Schwert vor dem Verbrennen des Körpers.

In allen Urgichten finden wir das typische, zum Stereotyp ausgebildete Hexereidelikt mit Teufelspakt, Teufelsbuhlschaft, Hexensabbat und Schadenzauber. Aus diesen von der Fiktion des gelehrten Hexenbegriffs geprägten Aussagen sind die Elemente realen Wahrheitsgehalts bekanntlich schwer herauszufiltern. Anlaß eines Prozesses ist in aller Regel eine kollektive oder individuelle Schädigung der Dorfgemeinschaft oder eines einzelnen wie Hagelschäden, Viehsterben oder spektakuläre Todesfälle. Diese verweisen auf tatsächliche Ereignisse in der Geschichte des Dorfes oder bestimmter Familien. Auch das häufige Zursprachekommen der Hexensalbe hat zu Spekulationen über eine besondere Tradition der Salbenherstellung im Hohenzollerischen geführt[58].

Bei aller Stereotypie lassen die Protokolle immer wieder Raum für recht individuelle, auf die Person der Angeklagten bezogene und sie charakterisierende Elemente, so etwa bei Katharina, der Frau des Hechinger Schultheißen Hindenlang, die nach dem Geständnis zweier Mitangeklagter von 1583 beim Sabbat immer als extravagante Dame erschien[59]. Typisch für die Geständnisse ist, daß der Teufel die Angeklagten in trauriger, bedrückter Stimmung oder in persönlichen Krisensituationen heimgesucht habe. Der krisenhafte Reifungsprozeß der Pubertät, psychische Ausnahmesituationen, Melancholie und Depressionen sind Einfallstore des »bösen Feindes« für sein unheilvolles Wirken in den Menschen. Mögen solche Deutungsmuster auch Bestandteil des gelehrten Hexenbegriffs sein, die den Angeklagten vom Richter als entlastende Momente angeboten wurden, so liefern die diesbezüglichen Aussagen doch regelmäßig Hinweise auf tatsächliche biographische Fakten und charakterliche Züge der Angeklagten.

6.4 Besagungen

Die Erwähnung oder Denunziation anderer Frauen und Männer als Hexen in den Geständnissen ist in der Hexenforschung als Besagung bekannt. Solchen Besagungen kommt als Auslöser für epidemieartige Verfolgungswellen eine zentrale Bedeutung zu. Selbstverständlich ist die Besagung auch ein typisches Element der hohenzollerischen Hexenprozesse und für die bekannten Verdichtungen von Anklagen in bestimmten Jahren verantwortlich.

Besagungen waren wirksam im schon genannten Fall von 1583, in den mehrfach erwähnten Prozessen gegen Junginger Frauen, aber auch in den Prozessen gegen Rangendinger Frauen, wo in zwei Wellen von 1598 und 1610 gegen insgesamt 18 Frauen ermittelt wurde. Auch die ersten beiden Prozesse in Gammertingen 1657/58 hingen durch eine Besagung miteinander zusammen, ebenso die Trochtelfinger Prozeßserie von 1596.

Eine besondere Form der Besagung ist die innerhalb der eigenen Verwandtschaft. So behauptete die 6jährige Maria Hartung 1663 in Hechingen, sie und ihre Schwester hätten die Hexerei bei ihrer Mutter Rosina gelernt, was diese um so tiefer in Gefahr brachte, als sie tatsächlich zehn Jahre zuvor schon einmal in Verdacht geraten und gefoltert worden war. Ein Tübinger Rechtsgutachten rettete diesmal die Mutter vor erneuter Verfolgung[60]. Die Verwandtschaft zu einer einmal verdächtigten oder gar hingerichteten Hexe konnte verheerende Folgen haben. So scheinen in den Sigmaringer Prozessen ganze Filiationen von Zauberkundigen auf, und die Kinder haben keinerlei Scheu, die Herkunft ihrer Zauberkunst zu offenbaren[61]. Einen Fall von »Weitervererbung« des Hexereiverdachts im Dorf Owingen haben wir oben schon erwähnt[62].

6.5 Formen von Kritik und Zweifel

Der mehrfach erwähnte Prozeß von 1583 hat seine Brisanz erst durch die Kombination verschiedener Quellen und die Einbeziehung einer Urfehde offenbart. Spektakulär war der Fall, weil eines der Opfer die Frau des damaligen Hechinger Schultheißen Caspar Hindenlang war. Nach ihrer Hinrichtung hatte sich Hindenlang öffentlich im Wirtshaus über das Verfahren gegen seine Gattin beklagt: Man habe »meiner Haußfrawenn Vnrecht vnnd Zuvihll« angetan, sie sei »mitt vngebührlichenn mittelnn Zu der Bekhandtnuß« gedrungen worden. Der Schultheiß landete daraufhin selbst im Gefängnis und wurde auf eine Urfehde hin freigelassen; offensichtlich wurde er bald darauf auch seines Amtes enthoben[63].

Die Tatsache, daß er selbst Schultheiß, also (nach dem Grafen) oberster Richter des Landes war, macht seine öffentlich vorgetragene Klage so interessant. Wenn er über »ungebührliche Mittel« bei der Geständnisermittlung spricht – wobei er wohl an die Folter gedacht haben dürfte –, so ist dies als eine ernsthafte Kritik an der Hexenprozeßführung aus dem Mund eines Berufenen zu werten. Daß Hindenlang so nachhaltig mundtot gemacht wurde, verdeutlicht, daß hier jeder Funke von Widerstand gegen die beginnende Hexenverfolgung im Keim erstickt werden sollte. Dies relativiert wiederum unsere frühere Einschätzung von dem zurückhaltenden Umgang der hohenzollerischen Behörden mit dem Hexereidelikt. Tatsächlich sind in Hechingen Prozesse nicht leichtfertig eröffnet worden. Wenn aber »auff gnugsame Inditia« hin ein Verfahren in Gang gekommen war, dann wurde es meist unerbittlich zu Ende gebracht.

Ein zweiter Fall von Kritik am Umgang mit dem Zauberei- und Hexereidelikt aus dem Jahr 1616 ist etwas anders gelagert[64]. Der neue Franziskanerprediger wandte sich am 14. August 1616 in der Pfarrkirche Hechingen »gantz ärgerlich wider die Oberkheit«, sie trage Schuld, daß der verurteilte, aber »unjustificirt im Turm« gelegene Zauberer Georg Sahm sich selbst entleibt habe. Die Obrigkeit habe versäumt, dem Gefangenen, der sein Leben verwirkt hatte, »Eiße band anlegen (zu) lassen, dann so er verzweifelt [Selbstmord begeht], Ist kheine Hoffnung mehr seiner Seeligkeit, welches Hechlich zu bedauern, das allso ein Seel verdambt seye«. Es ging dem Franziskaner also nicht um eine Kritik an der Hexenverfolgung, sondern um die Möglichkeit der Seelenrettung bei Verurteilten. Dennoch löste seine Predigt am Hechinger Hof größere Aufregung und Rechtfertigungsbemühungen aus.

Mit gewissen Einschränkungen kann man die Inanspruchnahme gutachterlicher Hilfe als Indiz für aufkommende Zweifel an der Hexenprozeßführung gelten lassen. Natürlich ging es auch hier nicht um grundsätzliche Zweifel an der Wahrhaftigkeit des Hexereidelikts, sondern um gewisse Verfahrensfragen. In Hohenzollern-Hechingen sind zwei solche Fälle bekannt. Der erste betrifft die über 80jährige Bärbelin aus Hechingen, Althans Stotzen Frau, die 1626 verhört wurde. In dem Gutachten der Universität Tübingen ging es wohl um die Zulässigkeit der Tortur bei dieser Greisin[65].

Das zweite Gutachten betrifft die 6jährige Anna Maria Hartung, die 1663 wegen ihrer Selbstbezichtigungen vor Gericht stand. Das Gutachten Dr. Johann Andreas Fromanns in Tübingen behandelt die Fragen, wie die weitere Examination gegen das Kind vonstatten gehen soll, ob ihre Aussage, sie habe die Hexerei von der Mutter Rosina gelernt, ausreiche, um diese erneut einzuziehen und zu foltern, und wie man mit einer weiteren von ihr besagten Person umgehen solle. Fromann plädiert wegen des allzu geringen Alters des Mädchens dafür, es einem »Gottsfürchtigen haußVatter« anzuvertrauen, der aber darauf achten solle, ob nicht doch noch Indizien für Hexerei an ihm wahrzunehmen seien. Da ihrer kindlichen Aussage nicht ganz zu trauen sei, könne gegen ihre Mutter und gegen die dritte Person vorerst nichts unternommen werden, sie seien aber doch zu observieren[66].

7. Der soziale Kern der Hexenverfolgung

Einen deutlichen Fortschritt für die hohenzollerische Hexenforschung brachte die Dissertation von Olivia Hochstrasser[67]. Eingebettet in eine Hausgeschichte befaßt sie sich eingehend mit vier Hexenprozessen gegen Frauen aus dem Dorf Jungingen (Hohenzollern-Hechingen) im 17. Jahrhundert. Durch Einbeziehung des gesamten erhaltenen Quellenmaterials zu diesem Ort erschließt sich ein innerer Zusammenhang zwischen vier Prozessen von 1627, 1648 und 1653, der allein durch Betrachtung der fragmentarischen Prozeßquellen nicht zu erkennen gewesen wäre.

Der gemeinsame Fluchtpunkt aller vier Prozesse sind die Familienväter einer bestimmten dörflichen Oberschichtenfamilie, die jeweils die Mechanismen der Verdächtigung und der Verfolgung gegen die vier Frauen in Gang brachten. Anlaß war zweimal der Tod eines Kindes in der Familie, für den bestimmte, hierfür prädestinierte Frauen des Dorfes verantwortlich gemacht wurden. Ein weiteres Motiv spielte zusätzlich herein: Zu zwei der als Hexen angeklagten Frauen hatte der Protagonist dieser Geschichte, Jacob Grösser, in zurückliegender Zeit ein außereheliches sexuelles Verhältnis gehabt. Er nutzte und schürte die allgemeine Verschreiung der »Hexen«, um in ihrer Hinrichtung den Tod der Kinder zu sühnen, darüber hinaus aber auch, um sich der »Quelle« und des Objekts seiner Begierde wie auch seiner eigenen Verantwortung für die zurückliegende Schuld projektiv zu entledigen.

So ließen sich in diesem Fall einmal jenseits der üblichen Anlässe für Hexenverfolgung, der materiellen Schädigung der Dorfgemeinschaft durch Unwetter und Viehschäden, die natürlich auch hier vorlagen, persönliche sexuelle Motive der Hexenverfolger herausfiltern, die von der kollektiven Motivlage des Dorfes nur überlagert waren. Hinzu kommt als soziales Merkmal dieses Verfolgungsfalles, daß eine bestimmte Gruppe der bäuerlichen Oberschicht einschließlich des Dorfvogtes den Prozeß vorantrieb, während die als »Hexen« verschrieenen Frauen tendenziell der untersten sozialen Schicht bzw. einem Spektrum von Außenseiterinnen angehörten. Gleichzeitig entgeht dieser mikrohistorische Zugriff der Gefahr, solche Erkenntnisse zu pauschalisieren: Es gelingt dieser Methode, plausibel zu machen, warum in einer solchen Konstellation unterschiedlicher Motivationsebenen auch eine Frau der bäuerlichen Oberschicht Opfer der Verfolgung werden, warum diese aber einer Verurteilung entgehen kann.

Diese Differenzierung unseres Wissens um die sozialen Entstehungsherde der Hexenverfolgung erscheint mir als ein wichtiges künftiges Forschungsanliegen. So selbstverständlich auf der einen Seite die allgemeinen Rahmenbedingungen der Hexenverfolgung weiter erforscht werden müssen, so zwingend erscheint es mir, den Blick gleichzeitig genauer auf die kleinen sozialen Einheiten zu richten, in denen Raum, Atmosphäre und Motive konkreter Hexenverfolgung entstanden. Denn so unabdingbar die Ausbildung des Hexenbegriffs bei den Juristen der Frühen Neuzeit Voraussetzung für die Prozeßführung war, so sicher ist es, daß ohne ein bestimmtes Motiv keine Nachbarin als »Hexe« denunziert wurde. Solche Komplexe von kollektiven und individuellen Motiven können nur durch Mikroforschung am sozialen Kern der Hexenverfolgung, einer konkreten Dorfgenossenschaft oder städtischen Gesellschaft ermittelt werden.

8. Desiderata aus dem Blickwinkel der hohenzollerischen Hexenforschung

Aus der Sicht der hohenzollerischen Hexenforschung ergeben sich aus den mitgeteilten Forschungsergebnissen drei Anregungen für die künftige Forschung:

Erstens erscheint es mir wichtig, die Hexenforschung wieder in eine allgemeine Kriminalitätsforschung einzubetten. Damit wird zwar das *crimen exceptum* der Hexerei seiner exponierten Stellung in der Forschung der letzten dreißig Jahre beraubt. Das hat aber den Vorteil, daß sein realer historischer Stellenwert innerhalb der Delinquenz eines bestimmten Territoriums erkennbar wird.

Zweitens plädiere ich für Erweiterung des Quellenmaterials über die rechtsgeschichtlichen Quellen hinaus, um potentiell der Totalität des Entstehungsprozesses einer bestimmten Hexenverfolgung in einem konkreten Raum auf die Spur zu kommen. So wäre es vorstellbar, einmal die Hexenverfolgung des Dorfes Rangendingen (Hohenzollern-Hechingen) mit seinen 20 Opfern in den Jahren 1598, 1610 und 1627 auf der gesamten historischen Quellenbasis zu bearbeiten, wo übrigens auch die sonst erhaltenen Kriminalakten von heftigen sozialen Erschütterungen zeugen. Überhaupt erscheint gerade für das kleine Fürstentum Hohenzollern-Hechingen eine Gesamtsichtung der Kriminalbestände unter Bezug auf die soziale und politische Geschichte machbar und vielversprechend.

Drittens wird die vorgeschlagene mikrogeschichtliche Hinwendung zu kleinen und kleinsten sozialen Einheiten nicht umhin können, noch einen Schritt weiter zu gehen und psychohistorische bzw. psychoanalytische Ansätze zu erproben. Um Mißverständnissen vorzubeugen: Dieses Plädoyer für die Erforschung der kleinen Welten und der Innenwelten ist nicht so zu verstehen, daß hiermit oder hiermit allein das Phänomen Hexenverfolgung erklärt werden könnte, es geht nur darum, diesem Ansatz seinen angemessenen Stellenwert in der Hexenforschung zuzuweisen[68].

Die allgemeinen historischen Voraussetzungen – die theologischen, juristischen und politischen auf Seiten der Kirche, des Staates und der Obrigkeiten, die demographischen, sozioökonomischen und mentalen auf Seiten der Bevölkerung – zimmerten lediglich die Bühne für die Hexenverfolgung als Abstraktum. Die dort konkret abgeurteilten Hexen wurden jedoch produziert aus einer bestimmbaren sozioökonomischen und sozialpsychologischen Situation eines bestimmten Dorfes, einer bestimmten Stadt oder Herrschaft und der individuellen psychologischen Verfassung des/der jeweiligen Denunzianten. Beide Seiten des Tableaus müssen erforscht werden. Nur: Wo es kein Motiv für die Denunziation einer Hexe gab, gab es auch keine Verfolgung, ob die globalen Rahmenbedingungen gegeben waren oder nicht.

Anmerkungen

1 Wilfried Schöntag, »... dass die Rheinbunds-Acte das Fürstenhaus grösser, mächtiger und reicher – das Land aber unfreier und ärmer gemacht hat ...«. Die Fürstentümer Hohenzollern-Hechingen und Hohenzollern-Sigmaringen im Zeitalter Napoleons, in: Baden und Württemberg im Zeitalter Napoleons, Ausstellungskatalog, Stuttgart 1987, Bd. 2, S. 81–102; Casimir Bumiller, Der »Sonderfall Hohenzollern«. Die hohenzollerischen Fürstentümer – Säkularisation und Mediatisierung, in: Hans Ulrich Rudolf u.a. (Hrsg.), Alte Klöster – neue Herren. Die Säkularisation im deutschen Südwesten 1803, Ostfildern 2003, Bd. 2,2, S. 893–906.

2 Eberhard Gönner, Die Revolution von 1848/49 in den hohenzollerischen Fürstentümern und deren Anschluß an Preußen, Hechingen 1952.

3 Hans Jänichen, Zur Geschichte der ältesten Zollern, in: Hohenzollerische Jahreshefte 21 (1961), S. 10–22; Peter Manns, Geschichte der Grafschaft Hohenzollern im 15. und 16. Jahrhundert (1401 bis 1605), Hechingen 1897; Casimir Bumiller, Studien zur Sozialgeschichte der Grafschaft Zollern im Spätmittelalter (Arbeiten zur Landeskunde Hohenzollerns, Bd. 14), Sigmaringen 1990; Wilfried Schöntag, Die Herrschaftsbildungen der Grafen von Zollern vom 12. bis zur Mitte des 16. Jahrhunderts, in: Zeitschrift für Hohenzollerische Geschichte 32 (1996), S. 167–228.

4 Johannes Heim, Die Landes-, Grund- und Leibherrschaft der Grafen von Zollern im 16. Jahrhundert, Diss. masch. Freiburg i.Br. 1922; Karl-Friedrich Eisele, Studien zur Geschichte der Grafschaft Zollern und ihrer Nachbarn (Arbeiten zur Landeskunde Hohenzollerns, Bd. 3), Stuttgart 1956.

5 Zur hohenzollerischen Erbteilung von 1576 siehe Wolfram Ulshöfer, Das Hausrecht der Grafen von Zollern (Arbeiten zur Landeskunde Hohenzollerns, Bd. 8), Sigmaringen 1969; Walter Bernhardt, Die hohenzollerische Erbteilung im Jahre 1576, in: Zeitschrift für Hohenzollerische Geschichte 12 (1976), S. 9–28. Zu einzelnen Grafenpersönlichkeiten der Häuser Hohenzollern-Hechingen und Hohenzollern-Sigmaringen siehe Manns (wie Anm. 3); Johannes Maier, Charakteristische Profile der Grafen und Fürsten von Hohenzollern-Sigmaringen bis zu dem Fürsten Carl, in: Hohenzollerische Jahreshefte 10 (1950), S. 12–37. Zur gegenreformatorischen Politik der Zollergrafen siehe Gustav Hebeisen, Die Bedeutung der ersten Fürsten von Hohenzollern und des

Kardinals Eitel Friedrich für die katholische Bewegung Deutschlands ihrer Zeit, in: Mitteilungen des Vereins für Geschichte und Altertumskunde in Hohenzollern 54–57 (1920–1923), S. 1–184; Manfred HUBER, Die Durchführung der tridentinischen Reform in Hohenzollern (1567–1648), Diss. Tübingen 1963.

6 Casimir BUMILLER, Die jüdische Gemeinde Hechingen im 16. Jahrhundert, in: Zeitschrift für Hohenzollerische Geschichte 24/25 (1988/89), S. 159–184.

7 Bis zum Jahr 1590 hatte Eitelfriedrich insgesamt 76 Personen aus mehr als 20 Orten der Grafschaft ausgewiesen, 1590 erfolgte eine Überprüfung, ob auch alle Ausgewiesenen noch außer Landes waren (StA Sigmaringen, Ho 1, Nr. 931, fol. 162f.). Vgl. dazu Casimir BUMILLER, Eine »untertänige Supplikation an den gnädigen herren Grafen« von 1591, in: Hohenzollerische Heimat 36 (1986), S. 10–12.

8 Eberhard ELBS, Owingen 1584. Der erste Aufstand in der Grafschaft Zollern, in: Zeitschrift für Hohenzollerische Geschichte 17 (1981), S. 9–127; Julius CRAMER, Die Grafschaft Hohenzollern 1400 bis 1850. Ein Bild deutscher Volkszustände, Stuttgart 1873, 3. Buch; Ulrich BERGEMANN, Die Geschichte der landesherrlichen Jagdhoheit in der Grafschaft Zollern, in: Hohenzollerische Jahreshefte 24 (1964), S. 133–296; Volker PRESS, Von den Bauernrevolten des 16. zur konstitutionellen Verfassung des 19. Jahrhunderts. Die Untertanenkonflikte in Hohenzollern-Hechingen und ihre Lösungen, in: Hermann WEBER (Hrsg.), Politische Ordnungen und soziale Kräfte im Alten Reich, Wiesbaden 1980, S. 85–112; Winfried SCHULZE, Bäuerlicher Widerstand und feudale Herrschaft in der frühen Neuzeit, Stuttgart 1980, S. 178ff., 192ff., 208ff., 214ff.

9 CRAMER (wie Anm. 8), S. 152–155.

10 Eugen SCHNELL, Zur Geschichte der Criminal-Justiz und besonders der Hexenprozesse in Hohenzollern, in: Mitteilungen des Vereins für Geschichte und Altertumskunde in Hohenzollern 7 (1873/74), S. 69–99.

11 Theodor THELE, Ein Hexenprozeß zu Hechingen a. 1648, in: Mitteilungen des Vereins für Geschichte und Altertumskunde in Hohenzollern 15 (1881/82), S. 32–42. Ein Anonymus edierte später eine weitere Urgicht: Eine Hexe von Jungingen, in: Zollerheimat 6 (1937), S. 39.

12 Gustav HEBEISEN, Hexenprozesse aus Hohenzollern-Hechingen, in: Hohenzollerisches Heimatblatt 4,1 (1931), 5,1 und 5,2 (1932), 6,1 (1933); DERS., Kosten-Verzeichnis über die Hinrichtung zweier Hexen in Haigerloch, in: Mitteilungen des Vereins für Geschichte und Altertumskunde in Hohenzollern 60 (1926), S. 89–91.

13 Willibald ZIMMERMANN, Die Empfinger Opfer des Hexenwahns, in: Zollerheimat 8 (1939), S. 60–63, 65–67.

14 ANONYMUS, Hexen in Hohenzollern-Hechingen, in: Hohenzollerische Heimat 2 (1952), S. 54f. Bereits früher teilte ein Anonymus in der Zollerheimat 7 (1938), S. 96, einen Audienzprotokoll-Eintrag vom 16. Juni 1590 mit, worin die Nachkommen der jüngst verbrannten Hexe Capel-Ann aus Stein im Hechingischen um deren Erbe bitten. Originalakten zu einem entsprechenden Prozeß sind bisher nicht ans Tageslicht gekommen.

15 Johann Adam KRAUS, Ortsgeschichte von Ringingen, in: Hohenzollerische Jahreshefte 21 (1961), S. 79–82. Kraus war im Tagebuch des Tübinger Gräzisten Martin Crusius (1526–1607) auf dessen Notizen zu den Trochtelfinger Prozessen von 1596 gestoßen (vgl. DERS., Hohenzollerisches aus dem Tagebuch des Martin Crusius, in: Zollerheimat 7 [1938], S. 29). Matthias HEINZELMANN, Aus dem Hexenprozeß der Adlerwirtin Katharina Memlerin von Melchingen, in: Hohenzollerische Heimat 5 (1955), S. 50–53, verarbeitete den spektakulärsten der Trochtelfinger Prozesse zu einer rührseligen Geschichte, angereichert mit Originalzitaten.

16 Johann Adam KRAUS, Opfer des Hexenwahns in Hohenzollern, in: Hohenzollerische Heimat 17 (1967), S. 1–3.

17 Rolf BURKARTH, Hexenprozesse in Hohenzollern, Zulassungsarbeit für das Lehramt an Volksschulen, Reutlingen 1965.

18 H.C. Erik MIDELFORT, Witch-Hunting in Southwestern Germany, Stanford 1972.

19 Casimir BUMILLER, »Ich bin des Teufels, wann er nur käm und holte mich.« Zur Geschichte der Hexenverfolgung in Hohenzollern, in: Hohenzollerische Heimat 33 (1983), S. 2–7.

20 Gerhard SCHORMANN, Hexenprozesse in Deutschland, Göttingen 1981, S. 22ff.

21 BUMILLER, »Ich bin des Teufels« (wie Anm. 19), S. 5.

22 Zu Bedeutung und Aussagewert der Audienzprotokolle vgl. Casimir BUMILLER, Die Junginger Audienzprotokolle von 1600 bis 1625. Eine dörfliche Gesellschaft am Vorabend des Dreißigjährigen Krieges, in: Zeitschrift für Hohenzollerische Geschichte 20 (1984), S. 17–46.

23 ANONYMUS, Hexen in Hohenzollern-Hechingen (wie Anm. 14), S. 55; vgl. KRAUS, Opfer des Hexenwahns (wie Anm. 16), S. 1.

24 So z.B. in einem Hechinger Prozeß von 1583 (vgl. Casimir BUMILLER, Der Schultheiß und seine Frau, die Hexe, in: Hohenzollerische Heimat 38 [1988], S. 34–37).

25 Die von den früheren Angaben abweichenden Zahlen (BUMILLER, »Ich bin des Teufels« [wie Anm. 19]) beruhen auf erneuter Sichtung der Quellen. Zu den Einwohnerzahlen vgl. BUMILLER, Studien (wie Anm. 3), S. 197.

26 Paul HERRMANN (Hrsg.), Zimmerische Chronik. Nach der von Karl BARACK besorgten zweiten Auflage, Meersburg/Leipzig [1932], Bd. 4, S. 311. Die Chronik nennt keine Jahreszahl, legt aber die Verbrennung einer Ursula, Frau des Schäfer-Michels aus Burladingen, in die Regierungszeit Jos Nikolaus' II. von Zollern (1538–1558).

27 Universitätsarchiv Tübingen, Consilia Tubingensia 84, S. 771–781. Den Hinweis verdanke ich Frau Sabine Lohr, Rottenburg.

28 R. BURKARTH (wie Anm. 17), S. 21f.

29 Herbert BURKARTH, Geschichte der Herrschaft Gammertingen-Hettingen, Sigmaringen 1983, S. 118–120.

30 R. BURKARTH (wie Anm. 17), S. 18; Sebastian LOCHER, Die Baderann von Veringenstadt, in: Mitteilungen des Vereins für Geschichte und Altertumskunde in Hohenzollern 10 (1876/77), S. 6–28; Josef BOGENSCHÜTZ, Der Hexenprozeß von Veringen, Sigmaringen 1902; Joseph HALM, Die Bader-Ann von Veringenstadt, in: Hohenzollerische Heimat 4 (1954), S. 52.

31 Die Sigmaringer Kinderprozesse wurden bearbeitet von Maren KUHN-REHFUS, Mit dem greulichen Laster der Hexerei angesteckte Kinder. Kinderhexenprozesse in Sigmaringen im 17. Jahrhundert, in: Wolfgang SCHMIERER u.a. (Hrsg.), Aus Südwestdeutscher Geschichte. Festschrift für Hans-Martin Maurer, Stuttgart 1994, S. 428–446.

32 Walter HUTTER, »Weil ich so ein heilloser Kripel bin.« Der Prozeß gegen Katharina Geiger aus Straßberg wegen Hexerei und Zauberei im Jahre 1743, in: 1150 Jahre Straßberg, hrsg. von der Gemeinde Straßberg, Straßberg 1993, S. 69–89.

33 StA Sigmaringen, Ho 1, Nr. 882, fol. 99f.

34 StA Sigmaringen, Ho 1, Nr. 932, fol. 376ff.

35 BUMILLER, »Ich bin des Teufels« (wie Anm. 19), S. 3.

36 Ebd., S. 4, 5.

37 KRAUS, Opfer des Hexenwahns (wie Anm. 16), S. 2f.; H. BURKARTH (wie Anm. 29).

38 Olivia HOCHSTRASSER, Ein Haus und seine Menschen. Ein Versuch zum Verhältnis von Mikroforschung und Sozialgeschichte, Tübingen 1993, S. 141ff.

39 Zu Sigmaringen vgl. KUHN-REHFUS (wie Anm. 31), zu Hechingen wie Anm. 27.

40 KRAUS, Ringingen (wie Anm. 15), S. 79f.

41 BUMILLER, Audienzprotokolle (wie Anm. 22), S. 18f.

42 R. BURKARTH (wie Anm. 17), S. 32ff.; KUHN-REHFUS (wie Anm. 31).

43 Wie Anm. 27.

44 Wie Anm. 24.

45 R. BURKARTH (wie Anm. 17), S. 30.

46 KRAUS, Opfer des Hexenwahns (wie Anm. 16), S. 2.

47 HOCHSTRASSER (wie Anm. 38).

48 Ebd.

49 KUHN-REHFUS (wie Anm. 31).

50 Diese Aussage kann nur noch eingeschränkt aufrecht erhalten werden, seit Dieter Bulach seine ausgezeichnete Studie über die pathologische Hexenfurcht Fürst Eitelfriedrichs II. vorgelegt hat: Dieter BULACH, Der Fürst und »seine« Hexe. Die Verfolgung einer Hechinger Weißgerberin durch Eitel Friedrich II., Fürst von Hohenzollern-Hechingen (reg. 1623–1661), in: Zeitschrift für Hohenzollerische Geschichte 38/39 (2002/03), S. 353–467.

51 MAIER (wie Anm. 5), S. 21ff.

52 R. BURKARTH (wie Anm. 17), S. 30, 31f.; vgl. Thea KOSS, »Böse Weiber« – Frauenkriminalität im 16. und 17. Jahrhundert, in: Grosselfingen. Ein Rundgang durch die Geschichte der Gemeinde 1296–1996, hrsg. von der Gemeinde Grosselfingen, Grosselfingen 1995, S. 80–89.

53 BUMILLER, »Ich bin des Teufels« (wie Anm. 19), S. 5f.; HOCHSTRASSER (wie Anm. 38).

54 Vgl. BUMILLER, Audienzprotokolle (wie Anm. 22), S. 38ff.

55 StA Sigmaringen, Ho 1, Nr. 902; vgl. R. BURKARTH (wie Anm. 17), S. 38.

56 Zur Gerichtsbarkeit der Grafschaft Zollern und angrenzender Herrschaften vgl. EISELE (wie Anm. 4), S. 11f. Die Quelle, aus der sich Gerichts- und Ämterbesetzung in Hohenzollern-Hechingen während der hier interessierenden Zeit ermitteln lassen, sind die Jahrgerichtsprotokolle von 1556 bis 1665 (StA Sigmaringen, Ho 1, Nr. 1503–1508). Den ersten Band eröffnete der damalige Kammerschreiber und Schultheiß Berthold Hagen (StA Sigmaringen, Ho 1, Nr. 1503, fol. 1r) mit folgendem programmatischen Gedicht:

»Her der Richter stehe dem Rechten bey
Als ob heut der Jüngst tag seih
Wiltu Richten so Richt Recht
Den got ist dein Her vnd du sein Knecht
Wie du würdest Richten mich
Also wirdet got vrtailen dich
Richt nicht nach ains Jeden Clag
Hör vor was der ander sag
Dan wie die Sonn den Schnee vertreibt
Also vnser Kainer vff erden pleibt.«

57 Wie Anm. 34.

58 R. BURKARTH (wie Anm. 17), S. 71ff. Zu den Geständnisinhalten siehe auch HOCHSTRASSER (wie Anm. 38), S. 149ff. Eine besonders umfangreiche Urgicht bei THELE (wie Anm. 11).

59 BUMILLER, Schultheiß (wie Anm. 24), S. 36.

60 KRAUS, Opfer des Hexenwahns (wie Anm. 16), S. 2, Gutachten wie Anm. 27.

61 KUHN-REHFUS (wie Anm. 31).

62 Vgl. Anm. 23, 14.
63 BUMILLER, Schultheiß (wie Anm. 24).
64 Wie Anm. 33.
65 KRAUS, Opfer des Hexenwahns (wie Anm. 16), S. 2. Den Lagerort des Originalgutachtens konnte ich nicht ermitteln.
66 Wie Anm. 27. Daß aber auch in Kinderprozessen nicht grundsätzlich mit »liberalen« Gutachten zu rechnen war, zeigt noch der Fall der in Sigmaringen angeklagten Maria Sterck, zu dem im Jahr 1679 eine Stellungnahme vom Oberamtmann des Stifts Buchau erbeten wurde. Dieser plädierte auf eine Hinrichtung der knapp Elfjährigen, weil die Bosheit ihrer Hexenkunst über ihr geringes Alter zu stellen sei (vgl. KUHN-REHFUS [wie Anm. 31]).
67 Wie Anm. 38.
68 Vgl. Ingrid AHRENDT-SCHULTE, Schadenzauber und Konflikte. Sozialgeschichte von Frauen im Spiegel der Hexenprozesse des 16. Jahrhunderts in der Grafschaft Lippe, in: Heide WUNDER/Christine VANJA (Hrsg.), Wandel der Geschlechterbeziehungen zu Beginn der Neuzeit, Frankfurt a.M. 1991, S. 198–228; Peter KRIEDTE, Die Hexen und ihre Ankläger. Zu den lokalen Voraussetzungen der Hexenverfolgungen in der frühen Neuzeit – Ein Forschungsbericht, in: Zeitschrift für Historische Forschung 14 (1987), S. 47–71; Rainer WALZ, Der Hexenwahn vor dem Hintergrund dörflicher Kommunikation, in: Zeitschrift für Volkskunde 82 (1986), S. 1–18; DERS., Der Hexenwahn im Alltag. Der Umgang mit verdächtigen Frauen, in: Geschichte in Wissenschaft und Unterricht 43 (1992), S. 157–168; Casimir BUMILLER, Hexenforschung und Psychoanalyse. Versuch einer Annäherung an des Pudels Kern, in: Ralph FRENKEN/Martin RHEINHEIMER (Hrsg.), Die Psychohistorie des Erlebens, Kiel 2000, S. 325–343.

Elisabeth Schraut

Grafschaft Hohenlohe

Hohenlohe, seit Beginn des 20. Jahrhunderts vor allem als geographischer Begriff für den nördlich von Schwäbisch Hall gelegenen Teil Württembergisch Frankens gebraucht, bezeichnet historisch das Gebiet, das die Grafen bzw. Fürsten von Hohenlohe bis 1806 regierten[1]. Die wechselvolle Geschichte des Territoriums kann an dieser Stelle nur in groben Umrissen angedeutet werden. Wichtigstes Ereignis in der Frühen Neuzeit war die sogenannte »Hauptlandesteilung« in den Jahren von 1553 bis 1555. Nach dem Tod Georgs I. sowie seines kinderlosen Bruders Albrecht III. 1551 bildeten sich zwei Besitz- und Herrschaftskomplexe heraus. Der älteste Sohn Ludwig Casimir (gest. 1568) übernahm Schloß und Amt Neuenstein und die Ämter Döttingen, Forchtenberg, Hollenbach, Ingelfingen, Kirchensall, (Langen-)Beutingen, Michelbach am Wald, Zweiflingen sowie den Anteil an den Kondominaten Künzelsau und Niedernhall. Sein jüngerer Halbbruder Eberhard (gest. 1570) residierte in Waldenburg. Außer Waldenburg fielen ihm die Ämter und Schlösser Adolzfurt, Bartenstein, Kupferzell, Mainhardt, Pfedelbach, Sindringen und Schillingsfürst zu. Gemeinsam blieb die Stadt Öhringen[2]. Beide Hauptlinien, die Neuensteiner und die Waldenburger, teilten sich in den folgenden Jahrhunderten mehrfach, beerbten sich aber nicht mehr wechselseitig und nahmen unterschiedliche Entwicklungen. Ideell freilich blieben die Teilherrschaften durch die Erbeinigung von 1511, die jeder volljährige Hohenlohe beschwören mußte, verbunden. Nach zögerlichen Anfängen führten die Grafen von Hohenlohe ab 1556 unter dem Einfluß Herzog Christophs von Württemberg die Reformation ein. Damit entstand ein geschlossenes protestantisches Territorium, das im Norden an die katholischen Gebiete des Erzstifts Mainz, des Deutschen Ordens um Mergentheim und des Hochstifts Würzburg angrenzte.

In den verschiedenen Herrschaftsgebieten Hohenlohes galt einheitliches Recht, die Grundlage bildete dabei die *Carolina*. Wo Zentgerichte bestanden, wie in Forchtenberg, Weikersheim und Langenburg, übten diese die Hochgerichtsbarkeit aus[3]. Wo solche nicht existierten, traten landesherrliche Gerichte an ihre Stelle. In den Kondominaten, wie z.B. Künzelsau, waren einstimmige Urteile der verschiedenen Ganerben nötig.

Hohenlohe war bis zum Ende des 18. Jahrhunderts ein fast ausschließlich agrarisch strukturiertes Gebiet, in dem der Ackerbau mit dem Anbauprinzip der Dreifelderwirtschaft vorherrschend war. Zu Viehzucht in größerem Stil kam es erst, nachdem im 18. Jahrhundert die Stallfütterung eingeführt worden war. Natürliche Vorkommen gab es nur in Form von Salzquellen im Kochertal, wirtschaftlich genutzt wurden auch die Steinbrüche.

Die hohenlohischen Bauern waren Leibeigene, ihre Abgaben betrugen pro Jahr durchschnittlich 30% des Ertrags und 1% des Vermögens. In Hohenlohe galt das Anerbenrecht, das heißt, der älteste Sohn erbte den Hof. In den Dörfern hatte sich das übliche Handwerk entwickelt. Parlamentarische Vertretungen oder landständische Organisationen gab es in Hohenlohe nicht[4].

Während in einem Teil der hohenlohischen Archive, besonders in denen der Waldenburger Linie, sämtliche Kriminalakten spätestens zu Beginn des 19. Jahrhunderts ausgesondert wurden, blieben für den Neuensteiner Landesteil insbesondere die Archive Weikersheim und Langenburg fast vollständig erhalten. Hexenprozeßakten sind daher fast ausnahmslos nur aus diesen Gebieten überliefert[5]. Daraus darf freilich nicht geschlossen werden, daß es in den anderen Landesteilen keine Hexenprozesse gegeben hätte. Noch 1847 enthielten beispielsweise die Akten des Zentgerichts Niederstetten sehr viele Hexenprozesse[6]. Von einem Prozeß im Jahr 1591 in Niederstetten berichtete Karl Walcher[7]. Heute ist aber nur noch ein einziger Fall aktenmäßig belegt, der 1676 Niederstetten, das seit 1641 freilich zur Herrschaft der Grafen von Hatzfeld gehörte, betraf[8]. Die folgenden Ausführungen beziehen sich aufgrund der Quellenlage daher nur auf den Neuensteiner Landesteil.

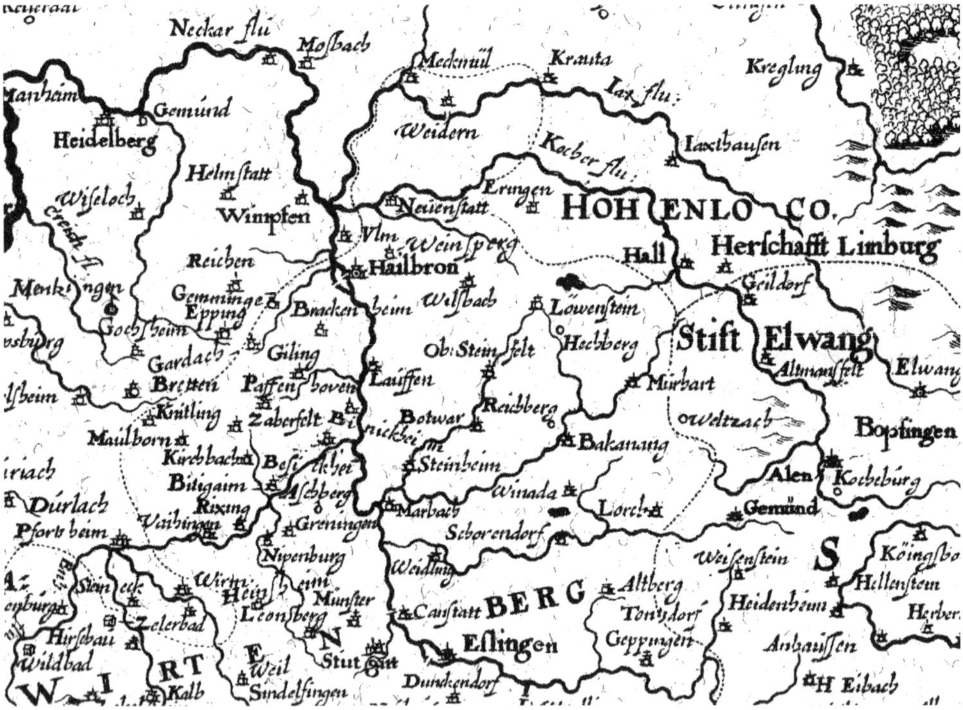

Abb. 26: Detail aus der Übersichtskarte der »Topographia Sueviae« von Matthäus Merian, 1643

Die Hexenprozesse im Hohenloher Raum wurden bisher nicht systematisch untersucht. H.C. Erik Midelfort listete im Anhang zu seiner grundlegenden Studie über die *Hexenverfolgung im deutschen Südwesten* einige Fälle in Niedernhall in den Jahren 1582, 1592/93 sowie von 1612 bis 1614 auf, bei denen insgesamt sieben Todesopfer zu beklagen waren[9]. Auf August Willburger basierend, berichtete er zudem über 14 wegen Hexerei hingerichtete Personen in Ingelfingen[10]. Die Archivbestände des Hohenlohe-Zentralarchivs in Neuenstein wurden erstmals im Rahmen der 1988 in Schwäbisch Hall veranstalteten Hexenausstellung gesichtet. Herta Beutter stellte dabei eine Liste auf, nach der insgesamt 81 Personen wegen Hexerei angeklagt waren, von denen 37 nachweislich zum Tode verurteilt wurden[11]. Die folgenden Ausführungen basieren im wesentlichen auf diesen Vorarbeiten, versuchen freilich die regionalen und geschlechtsspezifischen Eigenheiten der Hexenverfolgungen des Hohenloher Raums deutlicher als bisher herauszuarbeiten.

Prozesse wegen Hexerei fanden im Neuensteiner Landesteil von der zweiten Hälfte des 16. bis in die Mitte des 18. Jahrhunderts statt. In diesem Zeitraum lassen sich ausgeprägte zeitliche und örtliche Schwerpunkte feststellen. Während in der Stadt Künzelsau zwar 1571 die frühesten

Prozesse stattfanden, blieb das Ganerbiat in der folgenden Zeit von Hexenprozessen weitgehend frei. Regelrechte Hexenverfolgungen fanden 1592 in größerer Zahl in Ingelfingen und Umgebung sowie 1592/93 im Kondominat Niedernhall statt, wo auch von 1612 bis 1614 nochmals Hexen verfolgt wurden. In der ersten Hälfte des 17. Jahrhunderts wurden Hexenprozesse vor allem in der Stadt Forchtenberg geführt, nach dem Dreißigjährigen Krieg konzentrierten sich die Hexereifälle hingegen um Langenburg.

Zum ersten Hexenprozeß in Hohenlohe kam es 1571 im Kondominat Künzelsau, als sich Barbara Hohbach, der vorgeworfen wurde, Impotenz verursacht zu haben, gegen diese Nachrede wehrte und vom Gericht zu Künzelsau eine Untersuchung verlangte. Das Gericht erbat von den Ganerben eine Entscheidung dieses Falls. Während das Erzstift Mainz, das Hochstift Würzburg, die Reichsstadt Hall und die Herren von Stetten vorschlugen, die Beschuldigte gefangenzusetzen und peinlich zu verhören, lehnte die Regentin der Grafschaft Hohenlohe-Neuenstein, Anna, geb. von Solms, diesen Vorschlag ab. Der Ausgang dieses Verfahrens wegen Schadenzaubers ist nicht überliefert; da die Urteile jedoch, wie bereits erwähnt, im Ganerbiat einstimmig gefällt werden mußten, kam es wohl nicht zu einer Verurteilung[12]. Aus demselben Grund stand auch die Tochter der Beschuldigten vor Gericht.

Insgesamt wurden in Künzelsau nach diesen frühen Prozessen noch vier weitere Personen wegen Hexerei belangt: 1613 wurde einer Frau Schadenzauber (Verursachung von Krankheit und Impotenz) vorgeworfen, diese jedoch nicht verurteilt und wieder freigelassen. Danach kam es erst zu Beginn des 18. Jahrhunderts noch einmal zu Hexenprozessen. 1703 wurde einem Mann, der möglicherweise aus Künzelsau stammte, der Gebrauch von Zaubermitteln vorgeworfen, 1722 eine Frau der Hexerei angeklagt, und 1751/52 wurde der Künzelsauer Ochsenwirt beschuldigt, einen Pakt mit dem Satan geschlossen zu haben. Da für diese drei Fälle die Akten fehlen, lassen sich keine genaueren Aufschlüsse über diese Verfahren gewinnen[13].

1. Die ersten Verfolgungen auf der Grundlage des elaborierten Hexenbegriffs 1592

Nach einem »frühen« Prozeß 1589, von dem eine Criesbacherin betroffen gewesen war, kam es erstmals 1592 in Ingelfingen und den umliegenden Orten Criesbach, Crispenhofen und Dörrenzimmern zu regelrechten Hexenverfolgungen[14]. Insgesamt waren davon 21 Personen betroffen. Wie auch andernorts um diese Zeit trat ein Mann, der Hirte Andreas Schleierbach aus Dörrenzimmern, auf, der von sich behauptete, Hexen erkennen zu können. Fast alle 20 der von dieser Prozeßwelle betroffenen Frauen wurden von ihm besagt und beschuldigten sich im Verlauf der Verhöre gegenseitig, bis schließlich Andreas Schleierbach selbst in die Mühlen der Justiz geriet. Bei diesen Prozessen wurde erstmals in Hohenlohe der elaborierte Hexenbegriff zugrundegelegt. Vorgeworfen wurde den Beklagten Teufelspakt, Teufelsbuhlschaft, Teilnahme am Hexentanz, Schadenzauber an Mensch und Vieh, außerdem Leichenschändung, Hostienschändung, Diebstahl und Mord. Von den zwanzig der Hexerei angeklagten Frauen wurden wahrscheinlich 15 zum Tode verurteilt, vier wurden freigelassen, in einem Fall ist der Ausgang unbekannt. Der Prozeß gegen den Hirten Schleierbach wegen Zauberei und Teufelspakt endete wohl ebenfalls mit einem Todesurteil. 1613 fand ein letzter Prozeß gegen eine Crispenhoferin statt, in dem es um »Kräuterwerk« ging; er endete mit der Freilassung der Angeklagten.

Am Ausgang des 16. Jahrhunderts war auch die Stadt Niedernhall, hohenlohisches Kondominat mit dem Erzstift Mainz, in größerem Ausmaß von Hexenprozessen betroffen. Auch hier hatte es einen »frühen« Einzelfall gegeben, bei dem 1580 ein Mann, Wendel Dumpel, des Diebstahls und der Zauberei angeklagt war. Ihm gelang die Flucht aus dem Gefängnis. 1592, in demselben Jahr, als in Ingelfingen eine Prozeßwelle rollte, begann auch in Niedernhall eine Serie von insgesamt zehn Prozessen, die auf dem elaborierten Hexenbegriff basierten[15]. Die erste Angeklagte, Appollonia Trüb, war von ihrem Ehemann Hans denunziert worden. Das Gericht warf ihr Teufelsbuhlschaft, Wettermachen, Ausfahrt zu Tänzen sowie Diebstahl vor. Hans Trüb denunzierte jedoch nicht nur seine Ehefrau, sondern drei weitere Frauen, darunter zwei Frauen von Gerichtsangehörigen, bis er schließlich selbst der Zauberei und Wahrsagerei angeklagt wurde. Sieben der insgesamt neun angeklagten Frauen wurden zum Tode verurteilt, eine Frau, die nur des Wettermachens, also des Schadenzaubers, beschuldigt worden war, sowie eine weitere wurden freigelassen. Hans Trüb starb im Gefängnis.

Ebenfalls 1592 wurde der Vorwurf der Zauberei gegen die bereits erwähnte Gräfin Anna, Regentin der Grafschaft Hohenlohe-Neuenstein, aktenkundig. Appollonia Trüb hatte im Verhör ausgesagt, ihr Mann Hans Trüb habe im Auftrag der Gräfin zu nächtlicher Stunde Kräuter und Wurzeln ausgegraben sowie junge Rauchschwalben gefangen, die die Gräfin für ihre Zauberei benötigte. Diese Beschuldigung brachte den Niedernhaller Schultheiß Bartholomäus Keller in Schwierigkeiten. Wie sollte er sich verhalten? Er entschloß sich, ein Gutachten des Weikersheimer Rechtsgelehrten Ludwig Casimir Hugwerner einzuholen. Dieser wies den Verdacht als unbegründet zurück, da die heilkundige Gräfin die Kräuter und Wurzeln für ihre Apotheke benötige und die jungen Schwalben in der Medizin als Mittel gegen die »fallende Sucht« verwendet würden. Daraufhin wurde der Fall nicht weiterverfolgt[16]. Ihre ausgeprägten naturwissenschaftlichen Interessen und Kenntnisse der Heilkunde – Anna von Hohenlohe-Neuenstein stellte selbst Rezepturen zusammen, unternahm medizinische Versuche und verfaßte ein Arzneibuch[17] – hatten auch die Regentin in den Ruch der Zauberei gebracht. Zwei Gerichtsangehörige, deren Frauen bereits als Hexen hingerichtet worden waren, wurden, vielleicht aus Rache, ebenfalls von Hans Trüb besagt. 1593/94 wurde ihnen wegen Zauberei der Prozeß gemacht; in diesen beiden Fällen ist das Urteil jedoch nicht überliefert.

Von 1612 bis 1614 kam es erneut zu Prozessen in Niedernhall, deren Beginn auf eine Besagung aus der Prozeßwelle von 1592/93 zurückging[18]. Allen vier Prozessen lag der elaborierte Hexenbegriff zugrunde, alle vier Beklagten, drei Frauen und ein Mann, bezahlten die Anschuldigung mit dem Tode. Ungewöhnlich ist an diesem Fall, daß auch die Anklage gegen den Mann auf dem elaborierten Hexenbegriff beruhte, der im Hohenloher Raum ansonsten ausschließlich auf Frauen angewendet wurde[19].

Schließlich kam es in Niedernhall noch zu zwei späten Hexereibeschuldigungen: 1630 wurde ein gewisser Johann Kreß von Pfarrer M. Veit Knörr des Segensprechens beschuldigt, was auf konfessionelle Konflikte hinweist; allerdings wurde hier vermutlich kein Verfahren eingeleitet. 1713/14 wurde ein Mann wegen Schatzgräberei und Geisterbeschwörung besagt und zu einer Woche Haft bei Wasser und Brot verurteilt[20]. Der elaborierte Hexenbegriff spielte bei diesen späten Beschuldigungen allerdings keine Rolle mehr. Zwischen 1580 und 1713/14 standen somit 19 Personen aus Niedernhall wegen Hexerei vor Gericht, von denen elf, zehn Frauen und ein Mann, zum Tod verurteilt wurden.

1592/93, nach dem Beginn der Verfolgungen in Niedernhall, kam es auch zu Anklagen gegen drei Frauen aus dem benachbarten Weißbach. Die erste der Beschuldigten, Eva Hermann, war nicht nur von einem Mann, sondern auch von vier in Niedernhall als Hexen hingerichteten Frauen besagt worden und beschuldigte ihrerseits im Verhör die beiden anderen Frauen, von denen eine die Ehefrau eines Wirts, die andere die Ehefrau eines Hirten war. Zwei dieser Frauen wurden verbrannt, die dritte beging im Gefängnis Selbstmord. Zu einem weiteren Verfahren kam es in Weißbach noch einmal 1596/98. Zwei Männer hatten Grete, die Ehefrau des Jakob Schmied, der Wettermacherei verdächtigt. Dieser Prozeß, bei dem die Folter nicht angewandt wurde, endete mit einem Freispruch[21].

2. Soziales Konfliktpotential in Forchtenberg im Mittelpunkt: die Künstlerfamilie Kern

Als es in der ersten Hälfte des 17. Jahrhunderts in Forchtenberg erstmals zu Hexenprozessen kam, war davon vor allem die Künstlerfamilie Kern betroffen. Allein in fünf der elf Verfahren ging es um Mitglieder dieser Familie, gegen die zwischen 1616 und 1637/39 die Hexereibezichtigungen nicht abrissen.

Der Forchtenberger Bürger Michael Kern d.Ä. (ca. 1555–1634), erfolgreicher Steinmetz und Werkmeister, bekleidete auch öffentliche Ämter, so als Gerichtsmann und Bürgermeister. Aus seiner Ehe mit Apollonia, geb. Hartmann, gingen sieben Kinder hervor, vier Söhne und drei Töchter. Der älteste Sohn Michael d.J. (1580–1649) war seit 1610 faktisch hohenlohischer Hofbildhauer und betraut mit allen einschlägigen Arbeiten an den Höfen in Neuenstein, Weikersheim und Langenburg. Weitere Privilegien garantierten ihm Steuerfreiheit auf 1.000 Gulden Vermögen auf Lebenszeit sowie Zunftfreiheit. Neben seinen Arbeiten für die Grafen von Hohenlohe führte Michael auch Aufträge für die Würzburger und Bamberger Fürstbischöfe aus, und selbst König Ferdinand von Ungarn und Böhmen gehörte zu seinen Auftraggebern[22]. 1634 war Michael Kern d.J. mit 1.800 Gulden Vermögen mit Abstand der reichste Mann Forchtenbergs; zeitweilig bekleidete er – wie zuvor sein Vater – auch das Amt eines Bürgermeisters. Auch die Brüder Georg (1583–vor 1643), Leonhard (1588–1662) und Peter (1594–1638) wurden zu Baumeistern bzw. Bildhauern ausgebildet. Georg trat in hohenlohische Dienste, Leonhard, seit 1620 in Schwäbisch Hall ansässig, wurde einer der berühmtesten deutschen Bildhauer seiner Zeit. Seine kunstvollen Kleinplastiken aus Alabaster, Holz und Elfenbein waren gefragte Sammlerstücke für die Kunstkammern der Höfe ganz Europas[23]. Der jüngste Bruder Peter wirkte als Bildhauer in Koblenz[24].

Die Künstlerfamilie Kern befand sich daher sowohl in ökonomischer Hinsicht, aber auch was Rang und Reichweite sozialer Kontakte betraf, in Forchtenberg in einer außerordentlich exponierten Position und zog dementsprechend große Aufmerksamkeit auf sich.

Als 1616 in Forchtenberg erstmals Hexerei vor Gericht verhandelt wurde, war unter den drei beschuldigten Frauen auch die Tochter Michael Kerns d.Ä., Barbara Leuz, der die Anzauberung einer Krankheit angelastet wurde. Im selben Jahr bezichtigte der Schreiner Sebastian Schrot im Verlauf von Streitigkeiten Michael Kern d.Ä. sowie seine Söhne Michael d.J. und Georg der Hexerei. Kaum war dieses Verfahren 1620 beendet, folgte das nächste. 1621 hatte Lukretia, Ehefrau des Forchtenberger Kellers Philipp Schüler, in trunkenem Zustand geäußert, die Familie Kern (Michael d.Ä., seine Frau Apollonia, die Söhne Michael d.J., Georg und Peter) seien »Unholden und zauberische Hexenleütt« und sie wolle sie brennen sehen. Dem anwesenden Pfarrer Elias Hofmann warf sie außerdem vor, unwürdigen Leuten das Abendmahl zu reichen, und führte dabei auch Leonhard Kern in Hall an. Michael Kern d.J. ließ sich diese Beschuldigungen nicht bieten und strengte ein Verfahren an, das mit dem Widerruf Lukretias endete. Doch die Hexereiverdächtigungen ließen nicht nach. 1627 bezichtigte der Spielmann Bernhard Schmötzer Michael Kern d.Ä. als »Unhold«, und 1637 beschuldigte die Seilerswitwe Kolb Michael d.J., im Verlauf von tätlich ausgetragenen Streitigkeiten wegen seiner Tochter Susanne der Hexerei[25].

Möglicherweise lassen sich diese Anschuldigungen gegen die Künstlerfamilie Kern durch das von Rainer Walz in die Hexenforschung eingeführte Modell des Anthropologen G.M. Forster erklären, wonach die bäuerliche Mentalität den Zuwachs der Gütermenge nicht kannte, sondern von einer Summenkonstanz ausging – der Gewinn des einen daher als Verlust des anderen interpretiert wurde. Demnach würden die armen Leute den Reichtum der anderen »bezahlen«, dies träfe bei den Kerns dann wegen ihrer wirtschaftlich und sozial äußerst exponierten Situation in ganz besonderem Maße zu[26]. Doch es war nicht nur der – im lokalen Vergleich – unermeßliche

Reichtum der Familie, der zu diesen Konflikten führte, sondern auch das selbstbewußte Auftreten, das als hochmütig und eingebildet empfunden wurde. Sebastian Schrot sagte 1616 aus, daß »sie [...] inn dieser gantzen Handlung auf ihre grose Reichthumb, Gellt und Guet hochmütiglich trotzen und pochen«[27] würden.

Abb. 27: *Eine Mutter verheiratet ihre Tochter mit dem Satan und wird hingerichtet, Illustrationen zu Hexenprozessen in Bern 1568; Zürich, Wickiana (16. Jh.)*

Abgesehen von den Mitgliedern der Familie Kern standen in Forchtenberg sechs weitere Personen wegen Hexerei vor Gericht, vier Frauen und zwei Männer; zu einem Todesurteil kam es in keinem Fall. Zu den frühesten wegen Hexerei in Forchtenberg beschuldigten Personen gehörte – neben den Kerns – Barbara Kuhn, die 1617 von ihrem Ehemann der Anzauberung von Krankheiten und von Pfarrer Elias Hofmann der Hinzuziehung eines schöntalischen, d.h. katholischen Segensprechers beschuldigt worden war. Trotz dreieinhalbstündiger Folter legte sie kein Geständnis ab, überlebte aber die Tortur nicht[28]. Über 20 Jahre später, 1640, wurde ihr Ehemann Michael Kuhn, damals Bürgermeister von Forchtenberg, selbst als Unholden- und Hexenmann beschuldigt, aber freigesprochen.

Die Hexereivorwürfe in Forchtenberg zwischen 1616 und 1656 waren, jedenfalls soweit sie gerichtskundig wurden, vor allem ein Oberschichtenphänomen. Neben den Kerns, von denen in fünf Prozessen sieben Familienmitglieder, dabei allein Michael Kern d.Ä. und Michael Kern d.J. jeweils dreimal, der Hexerei bezichtigt wurden, galten die Beschuldigungen in zwei weiteren Fällen ebenfalls Mitgliedern der lokalen Führungsschicht, so daß von insgesamt 13 beschuldigten Personen nur vier nicht der oberen sozialen Schicht zuzurechnen sind[29].

3. Späte Prozesse in Langenburg

Nach der Mitte des 17. Jahrhunderts, in den Jahren um 1670, war vor allem der Raum Langenburg mit den Orten Unterregenbach[30], Ruppertshofen, Atzenrod und Hürden sowie die Stadt Langenburg selbst von Hexenprozessen betroffen. Nach einer für dieses Gebiet »frühen« Anklage gegen den Bächlinger Hans Albrecht 1604/05 wegen Wettermachens, kam es hier um 1670 noch zu Hinrichtungen. Von zehn der Hexerei angeklagten Personen, acht Frauen und zwei Männer, wurden im Jahrzehnt zwischen 1668 und 1678 fünf Frauen zum Tode verurteilt. Von den zehn Angeklagten gehörten freilich allein fünf zur Familie der Müllerin von Hürden: Eine Familie stand vor Gericht.

1672 hatte der Ehemann der verstorbenen Anna Feßler die Müllerin zu Hürden, Elisabeth Schmieg, sowie deren Tochter des Giftmords an seiner Frau beschuldigt. Während die Mutter, der außerdem als weitere Delikte Schadenzauber und Teufelspakt vorgeworfen wurden, unter der Folter ein Geständnis ablegte und zum Tod durch Erdrosselung am Pfahl und anschließender Verbrennung verurteilt wurde, kam die Tochter mit Landesverweisung davon. Elisabeth Schmieg wiederum hatte ihren Ehemann Hans Müller der Zauberei und des versuchten Giftmords an der Tochter bezichtigt; des Mordes an der Schwester waren außerdem der Sohn Michael Schmieg und seine Braut Barbara Fleischbeck aus Geddelsbach beschuldigt worden. Vater und Sohn gelang die Flucht aus dem Gefängnis in Langenburg, die Braut wurde mit Landesverweisung bestraft[31].

Ein besonders krasser Fall von Instrumentalisierung des Hexereivorwurfs betraf 1677/78 Eva Maria Kutterolf aus Langenburg. Im Frühjahr 1677 verbreitete die Frau des Seilers Kaspar Reifenschmied das Gerücht, Eva Maria Kutterolf »hab ihr ein Schuß« gegeben, wodurch ihr Gesicht stark angeschwollen wäre. Eva Marias Mann, der Weber Hans Kutterolf, bat daraufhin um eine Untersuchung der Vorwürfe. Er war sich dabei seiner infamen Sache sicher: Noch bevor es zu einem Urteil kam, verkaufte er die wenigen Habseligkeiten seiner Frau. Ein von der Universität Altdorf eingeholtes Gutachten empfahl jedoch die Freilassung der Angeklagten, da die Motive der Anklage zu durchsichtig seien. Der Ehemann wurde daraufhin zu einem Jahr Landesverweisung verurteilt, die Angeklagte freigelassen[32].

Schließlich ist aus dem Jahr 1674 ein Einzelfall überliefert, bei dem der ehemalige Schulmeister von Hermuthausen wegen zauberischem Segensprechen, Teufelspakt, Unzucht und Sodomie vor Gericht stand. Er wurde enthauptet und anschließend verbrannt.

4. Männer und Frauen in den Hexenprozessen Hohenlohes

Insgesamt waren in Hohenlohe-Neuenstein 81 Personen wegen Hexerei angeklagt: 60 Frauen und 21 Männer. Welchen Part spielten dabei Männer und Frauen? Gibt es geschlechtsspezifische Unterschiede bei Männern und Frauen in der Rolle als Besager bzw. Besagerinnen und als Opfer (auf die Rolle von Männern als Richter und Henker soll hier nicht eingegangen werden)[33]?

Männer waren am Beginn der Verfolgungswelle Auslöser von Hexenprozessen, wie der Hirte Hans Schleierbach für die Ingelfinger Prozesse oder Hans Trüb in Niedernhall. Unterschiede zwischen Männern und Frauen lassen sich in der Besagungspraxis feststellen: 1592 besagten Männer, als Hexenfinder oder Wahrsager, Frauen außerhalb von Prozessen, d.h. ohne Anwendung von Folter, aus freien Stücken. Auch in den späteren Jahren gingen Denunziationen außerhalb der Tortur immer wieder von Männern aus und richteten sich – von Sonderfällen abgesehen – gegen Frauen. Männer beschuldigten in einigen Fällen ihre Ehefrauen, so 1592 Hans Trüb, 1617 der Forchtenberger Michael Kuhn und 1677 schließlich Hans Kutterolf in Langenburg: Dahinter stand die Absicht, die Ehefrauen loszuwerden, einmal sogar so offenkundig, daß das Gericht die Angeklagte freisprach. Frauen hingegen besagten Frauen in aller Regel nur während des peinlichen Verhörs, also gezwungenermaßen. Auch hier gibt es eine Ausnahme: Brigitta Brenz, eine der 1592 in Ingelfingen beschuldigten Frauen, legte als eine der wenigen Angeklagten bereits im gütlichen Verhör ein Geständnis ab und besagte mit ihrer Aussage auch weitere Frauen.

Männer wurden zu Beginn der Verfolgungen in Hohenlohe nur in wenigen Ausnahmefällen wegen Hexerei angeklagt. In der ersten Verfolgungswelle 1592/93 gerieten in der Tat nur zwei Männer in Verdacht: der Hirte Hans Schleierbach aus Dörrenzimmern, der sich als Hexenfinder ausgegeben und die Prozesse in Ingelfingen und Umgebung ausgelöst hatte, sowie Hans Trüb aus Niedernhall. Erst seit dem 17. Jahrhundert wurden – wie auch andernorts – die Vorstellungen von der »weiblichen Hexe« aufgebrochen und zunehmend auch Männer verdächtigt: in Hohenlohe in diesem Zeitraum immerhin 16. Die Anklagen gegen Männer waren aber – mit einer Ausnahme – nicht vom elaborierten Hexenbegriff bestimmt: Hexenflug und Hexentanz wurden noch immer als weibliche Delikte betrachtet. Hinter den Anschuldigungen gegen Männer verbarg sich zu einem beträchtlichen Teil – wie bei der Künstlerfamilie Kern – soziales Konfliktpotential oder möglicherweise auch Rache, wie bei den Anschuldigungen gegen die Gerichtsangehörigen, also weniger der Vorwurf der Ausübung von volksmagischen oder heilkundlichen Praktiken. Soweit die männlichen Beschuldigten nicht der Oberschicht der örtlichen Gesellschaft angehörten, wurde ihnen Zauberei bis hin zum Giftmord, Wettermachen, Segensprechen, Schatzgräberei, aber auch Unzucht und Sodomie vorgeworfen. Schadenzauber war also ein Delikt, weswegen Männer und Frauen verdächtigt wurden, bei Frauen kamen aber in aller Regel die anderen Bestandteile des elaborierten Hexenbegriffs hinzu, nicht so bei Männern.

Zum Tode verurteilt wurden insgesamt 37 der 81 in Hexenprozesse verwickelten Personen, das sind ca. 45,7%. Von den 37 Toten waren 34 weiblichen und nur 3 männlichen Geschlechts. Obwohl die Männer also ca. 25% der Angeklagten stellten, waren sie nur zu weniger als 10% von den Todesurteilen betroffen.

Fragt man nach den Ursachen, warum Frauen bei den Todesurteilen überrepräsentiert waren, so gibt es mehrere Erklärungsansätze. Soweit wir wissen, wurden keine männlichen Angehörigen der lokalen Oberschichten zum Tode verurteilt: Damit sind in Forchtenberg bereits sieben Männer, vor allem die Mitglieder der Künstlerfamilie Kern, ausgeschieden. Frauen – so die Ehefrauen der beiden Gerichtsangehörigen – bewahrte ihre soziale Position hingegen nicht vor einem Todesurteil. Der elaborierte Hexenbegriff wurde mit einer Ausnahme nicht auf Männer angewandt, damit war für einen Mann die Gefahr, zum Tode verurteilt zu werden, offenbar geringer. Der einzige Mann, Hans Heffner, der 1613/14 auch der Teufelsbuhlschaft, der Teilnahme am Hexensabbat etc. beschuldigt wurde, wurde hingerichtet. Männer waren im 17. Jahrhundert überdurchschnittlich oft in Einzelfällen angeklagt, die nicht auf Besagungen aus anderen Verhören zurückgingen. Die Wahrscheinlichkeit einer Hinrichtung war in den Massenprozessen jedoch überall größer. Schließlich gelang einigen Männern – aus welchen Gründen auch immer – die Flucht aus dem Gefängnis, Frauen hingegen nie.

Betrachtet man die Verfolgungsintensität – Kriterium ist die Zahl der Hinrichtungen –, so wird deutlich, daß die meisten Hinrichtungen in Hohenlohe vor 1600, genauer in den Jahren 1592/93, stattfanden. Auf diesen Zeitraum entfielen 27 der 37 Hinrichtungen, das sind ca. 73%. Zwischen 1601 und 1650 gab es in den Jahren von 1612 bis 1614 vier Todesopfer in Hexenprozessen (ca. 10,8%) und zwischen 1651 und 1700, genauer zwischen 1668 und 1674, sechs Todesopfer (ca. 18,9%).

Vergleicht man diese statistischen Daten mit denen der süddeutschen Großregionen Südostdeutschland, Südwestdeutschland und Franken, in deren Schnittstelle Hohenlohe liegt, so findet sich die größte Ähnlichkeit bezüglich der Verfolgungsintensität mit Südostdeutschland, wo die Mehrzahl der Todesopfer (55%) ebenfalls vor 1600 zu beklagen war[34].

Keine Auswirkungen auf die Einleitung von Hexenprozessen in Hohenlohe hatte – erstaunlicherweise – die Verfolgungswelle der Jahre von 1628 bis 1630, die in Südwestdeutschland die größte Anzahl von Todesopfern forderte und den Höhepunkt der Verfolgungen im nördlich angrenzenden Deutschordensgebiet Mergentheim und dem Hochstift Würzburg, wie überhaupt in Franken, darstellte.

Anmerkungen

1 Gerhard Taddey, Hohenlohe. Herrschaft – Grafschaft – Fürstentum, in: Norbert Michels, Ansichten aus Hohenlohe. Graphiken aus vier Jahrhunderten, Sigmaringen 1990, S. 11–17.

2 Taddey, Hohenlohe (wie Anm. 1), S. 13.

3 Hansjoerg Heinrich, Die Tätigkeit der Zentgerichte in Hohenlohe seit dem späten Mittelalter, Diss. Tübingen 1965.

4 Gerhard Taddey, Hohenlohe. Ein geschichtlicher Überblick, in: Otto Bauschert (Hrsg.), Hohenlohe, Stuttgart u.a. 1993, S. 21–53, hier: S. 27–40.

5 Hexenwahn und Hexenverfolgung in und um Schwäbisch Hall (Ausstellungskatalog Hällisch-Fränkisches Museum), Schwäbisch Hall 1988, ND 2000, S. 70.

6 Beschreibung des Oberamts Gerabronn, hrsg. von dem königlich statistischen Bureau, Stuttgart 1847, S. 179.

7 Karl Walcher, Ein Hexenprozeß im Jahr 1591, in: Württembergische Vierteljahrshefte für Landesgeschichte NF 1 (1892), S. 345–353; siehe auch August Willburger, Hexenverfolgung in Württemberg, in: Rottenburger Monatsschrift für praktische Theologie 13 (1929/30), S. 135–145, 167–173, hier: S. 139; H.C. Erik Midelfort, Witch Hunting in Southwestern Germany 1562–1684. The social and intellectual foundations, Stanford 1972, S. 207.

8 Elisabeth Schraut, Niederstetten 1676. Barbara Emmert aus Dunzendorf und ihre Mutter Dorothea, genannt Schopfendöra, werden der Hexerei verdächtigt, in: 650 Jahre Niederstetten, hrsg. von der Stadt Niederstetten, Schwäbisch Hall 1991, S. 158–165.

9 Midelfort (wie Anm. 7), S. 205, 208, 212f.

10 Willburger (wie Anm. 7), S. 139; Midelfort (wie Anm. 7), S. 208.

11 Hexenwahn und Hexenverfolgung (wie Anm. 5), S. 68–91, 138–162.

12 Ebd., S. 70f., 138f.

13 Ebd., S. 156.

14 Jürgen Hermann Rauser, Das Sonderbeispiel Hexenwahn, in: ders. (Hrsg.), Ingelfinger Heimatbuch (Heimatbücherei Hohenlohekreis, Bd. 2), Ingelfingen 1980, S. 105–110; Hexenwahn und Hexenverfolgung (wie Anm. 5), S. 138ff.

15 Jürgen Hermann Rauser, Ein Niedernhaller Hexenprozeß im Jahre 1592, in: ders. (Hrsg.), Niedernhaller Heimatbuch (Heimatbücherei Hohenlohekreis, Bd. 7), Niedernhall 1981, S. 100–106; Hexenwahn und Hexenverfolgung (wie Anm. 5), S. 142ff.

16 Hexenwahn und Hexenverfolgung (wie Anm. 5), S. 71–74.

17 Marianne Schumm, Fürstliche Frauen als Apothekerinnen, in: Württembergisch Franken 69 (1985), S. 99–125.

18 Alfred Bachmeister, Zur Geschichte der Hexenprozesse, in: Württembergische Vierteljahrshefte für Landesgeschichte 9 (1886), S. 282–292 (Niedernhall: Susanna Lung 1612).

19 Hexenwahn und Hexenverfolgung (wie Anm. 5), S. 150f.

20 Ebd., S. 152f., 156f.

21 Günther Dürr, Die Hexe von Weißbach, in: Karl Schumm (Hrsg.), Aus der Kirchengeschichte von Weißbach, Schorndorf [1959], S. 20–28; ders., Die Hexen von Weißbach (1592/93), in: Jürgen Hermann Rauser (Hrsg.), Weißbacher Heimatbuch (Heimatbücherei Hohenlohekreis, Bd. 10), Weißbach 1982, S. 218–222; Hexenwahn und Hexenverfolgung (wie Anm. 5), S. 148f.

22 Vera Schneider, Vergleich der Hohenloher Grafen und der Würzburger und Bamberger Fürstbischöfe als Auftraggeber am Beispiel des Bildhauers Michael Kern (1580–1649), in: Harald Siebenmorgen (Hrsg.), Hofkunst in Hohenlohe (Forschungen aus Württembergisch-Franken, Bd. 44), Sigmaringen 1996, S. 87–98.

23 Harald Siebenmorgen (Hrsg.), Leonhard Kern (1588–1662). Meisterwerke der Bildhauerei für die Kunstkammern Europas, Sigmaringen 1988; ders. (Hrsg.), Leonhard Kern. Neue Forschungsbeiträge, Sigmaringen 1990.

24 Gustav Gellichsheimer, Der Koblenzer Bildhauer Peter Kern, in: Württembergisch-Franken 68 (1984), S. 113–138.

25 Hexenwahn und Hexenverfolgung (wie Anm. 5), S. 150–153; Herta BEUTTER, »Ein kunstlich geschwinder Bildhauer, alles Lobs und Ehren werth«. Biographische Notizen zu Leonhard und Amalia Kern, in: SIEBENMORGEN, Meisterwerke der Bildhauerei (wie Anm. 23), S. 15–30, hier: S. 19f.

26 Rainer WALZ, Der Hexenwahn vor dem Hintergrund dörflicher Kommunikation, in: Zeitschrift für Volkskunde 82 (1986), S. 1–18, hier: S. 4.

27 BEUTTER (wie Anm. 25), S. 20.

28 MÜLLER, Hexenprozeß in Forchtenberg 1617, in: Hohenloher Chronik 22,1 (1974), S. 1f.

29 W. MÜLLER, Das Beispiel Hexenwahn, in: Jürgen Hermann RAUSER (Hrsg.), Forchtenberger Heimatbuch (Heimatbücherei Hohenlohekreis, Bd. 12), Forchtenberg 1983, S. 98–100; Hexenwahn und Hexenverfolgung (wie Anm. 5), S. 150–153.

30 BÜRGER, Beitrag zum Hexenwesen, in: Württembergisch-Franken 8,3 (1870), S. 502–504.

31 Hexenwahn und Hexenverfolgung (wie Anm. 5), S. 86–88, 154f.

32 Ebd., S. 89–91.

33 Vgl. Eva LABOUVIE, Männer im Hexenprozeß. Zur Sozialanthropologie eines »männlichen« Verständnisses von Magie und Hexerei, in: Geschichte und Gesellschaft 16 (1990), S. 56–78.

34 Wolfgang BEHRINGER, Hexenverfolgung in Bayern, München 1987.

Elmar Weiss

Grafschaft Wertheim

1. Herrschaftsgeschichte

Die Grafschaft Wertheim existierte bis 1806, verlor im Zuge der napoleonischen Neuordnung des Deutschen Reiches ihre Selbständigkeit und wurde dem Königreich Bayern und dem Großherzogtum Baden zugeschlagen. Zwei Geschlechter hatten im wesentlichen ihre Geschichte bestimmt: die Grafen von Wertheim und die Grafen zu Löwenstein[1].

Im Jahre 1556 endete das Geschlecht der Grafen von Wertheim, das die Grafschaft über fünf Jahrhunderte innegehabt hatte. Ihm war es im Mittelalter gelungen, sich im Spannungsfeld zwischen Mainz und Würzburg zu behaupten. Recht früh, schon ab 1522, war durch Graf Georg II. in der Grafschaft die Reformation eingeführt worden. Da das gräfliche Gebiet schließlich von katholischen Fürstbistümern umgeben war, konnte dies zu Problemen führen, wenn sich die Frage der Erbfolge stellte, weil die Grafen von Wertheim eine Reihe von würzburgischen Lehen besaßen.

Die Rechtsnachfolger, die Grafen von Stolberg, dann deren Schwiegersöhne, die Grafen von Manderscheid, später die katholischen Freiherren von Krichingen sowie die Grafen zu Löwenstein und Eberstein, die zunächst eine abwechselnde, dann eine gemeinschaftliche Regierung der Grafschaft praktizierten, hatten sich denn auch besonders in der Zeit der Gegenreformation mit dem Fürstbistum Würzburg auseinanderzusetzen, das zunächst einmal 1571 die Restitution des Klosters Bronnbach erwirkte. 1561 war bereits die Propstei Holzkirchen an Fulda zurückgegeben worden. Die Kartause Grünau konnte dagegen erst im Dreißigjährigen Krieg (1635) wiederbelebt werden.

Als schließlich Graf Ludwig von Löwenstein 1598 die Grafschaft an sich brachte, sah der Würzburger Fürstbischof Julius Echter die Gelegenheit zur Abrechnung gekommen. Diese Ereignisse sind als »Würzburger Fehde« in die fränkische Geschichte eingegangen[2]. Die Auseinandersetzung endete mit einem Mißerfolg für den Löwensteiner. Die Grafschaft verlor in dieser kriegerischen Auseinandersetzung weite Teile, so u.a. die Ämter Freudenberg und Schweinberg, die im Dezember 1598 von dem katholischen Freiherrn Wilhelm von Krichingen, der nach Auffassung des Würzburger Fürstbischofs alleiniger rechtmäßiger Inhaber der hochstiftischen Lehen war, eingenommen wurden. 1600 wurde Hardheim von würzburgischen Truppen besetzt. Dies hatte auch für die Gegenreformation bedeutsame Folgen: Freudenberg, Schweinberg, Hardheim und andere wurden seit 1612 rekatholisiert. Wertheim selbst blieb davon so lange unberührt, bis 1621 Graf Johann Diedrich von Löwenstein zum Katholizismus konvertierte und damit die katholische Linie der Löwensteiner begründete. Allerdings wirkte sich der Übertritt im ersten Jahrzehnt nicht aus.

Der Dreißigjährige Krieg bot aber insgesamt die Möglichkeit, die konfessionelle Frage neu aufzurollen. 1627 überfielen würzburgische Truppen Dörlesberg, 1628 Reicholzheim und vertrieben die protestantischen Pfarrer. In der Schwedischen Zeit (1632–1634) wurden diese wieder in ihre Ämter eingesetzt. Auch die nun wieder wertheimischen Orte, die Würzburg an sich gerissen hatte, wurden wieder protestantisch, allerdings nur für drei Jahre. Die Bestimmung des

Westfälischen Friedens, 1624 als das Normaljahr in konfessioneller Hinsicht zu betrachten, bedeutete die Herausgabe von Reicholzheim, Dörlesberg und Nassig an die Grafschaft durch das Kloster Bronnbach, das diese als Klosterdörfer innegehabt hatte. Letzteres gab sich damit allerdings nicht zufrieden: 1673 erreichte es die Rückgabe von Reicholzheim und Dörlesberg, deren Bewohner erneut ihre Konfession wechseln mußten.

Gerade dieser konfessionelle Hintergrund ist hinsichtlich der Hexenprozesse interessant, weil – vielleicht überraschenderweise – keine unterschiedlichen Auffassungen bezüglich der Zauberei bei den verschiedenen Konfessionen festzustellen sind.

2. Überblick über die Hexenprozesse und Hexenjagden

Eine genau quantifizierbare Übersicht der Hexenbeschuldigungen, Hexenjagden und -prozesse ist aufgrund der Quellenlage nicht möglich. Die diesbezüglichen Akten lagern hauptsächlich im Staatsarchiv Wertheim, jedoch ist ein großer Teil der im dortigen alten Repertorium 16i verzeichneten Hexenakten verlorengegangen. Es ist aber davon auszugehen, daß die Phasen der schlimmsten Hexenjagden wenigstens teilweise aktenmäßig belegt sind[3].

Die ersten feststellbaren Verfolgungen von Hexen und Zauberern in der Grafschaft Wertheim sind in der zweiten Hälfte des 16. Jahrhunderts vor sich gegangen. Im Amt Freudenberg begann die gefährliche Hexenjagd im Jahre 1590. Schon im Mai 1578 war Margaretha Müssig von der alten Löhrin als Zauberin öfters beschrieen worden, so daß selbst die Kinder auf den Gassen davon gesungen hätten[4]. Wie die Angelegenheit ausging und ob überhaupt ein Prozeß geführt wurde, ist nicht überliefert. Bemerkenswert erscheint hier, daß Margaretha Müssig selbst mit einer Verleumdungsklage gegen diese Beschuldigung vorging. Offensichtlich war zu dieser Zeit die Gefährlichkeit eines Hexenprozesses nicht allzu hoch eingeschätzt worden.

Über die Freudenberger Hexenprozesse in den Jahren zwischen 1590 und 1593 sind zahlreiche Akten vorhanden[5]. Eine Anzeige Freudenberger Bürger hatte sechs Frauen und zwei Männer vor das »Malefitz- und peinlich Halsgericht« gebracht. Aus diesem Prozeß entwickelten sich dann weitere Verfahren, darunter auch der bekannte Prozeß gegen die alte Löhrin. Am 23. November 1591 wurden weitere fünf Frauen »justifiziert«, am 23. Oktober 1592 sieben Personen (sechs Frauen, ein Mann).

Von den nachfolgenden Freudenberger Hexenjagden, nunmehr unter würzburgischer Herrschaft, sind keine ausführlichen Akten erhalten geblieben, obwohl die Zahl der Opfer in den Jahren 1616/17 mit über achtzig hingerichteten Frauen und Männern sehr hoch war.

Das gilt auch für die offensichtlich letzte Phase um das Jahr 1627, die in der *Druten Zeitung*, 1627 in Schmalkalden veröffentlicht, festgehalten ist[6]. Hier wird die Freudenberger Hebamme zitiert, daß sie wohl hundert kleine Kinder umgebracht habe – eine Behauptung, die durch keine Fakten gestützt wird. Ausführliche Angaben zu diesen Prozessen liegen auch hier nicht vor. 1626 war bereits Hans Steinbach verbrannt worden. 1632 wurden erneut mehrere Personen hingerichtet. Mindestens 150 Frauen und Männer waren das Opfer von Hexenprozessen allein im Zentbezirk Freudenberg[7].

In der übrigen Grafschaft Wertheim sind erst im 17. Jahrhundert Hexenanklagen, Beschuldigungen und Hexenprozesse festzustellen. Allerdings wird 1590 ein Prozeß gegen das »der Hexery willen eingezogenen Hanns Sauer Eheweib« registriert[8]. Wahrscheinlich handelt es sich um eine Frau aus Kreuzwertheim. Das würde allerdings auch für Hexenprozesse in Wertheim zur Zeit der Freudenberger Prozesse sprechen.

1602 wurde in Urphar und einer Reihe weiterer wertheimischer Orte ein Bund gegen die Hexen geschlossen. 1609 verklagte Kaspar Ziegler von Sonderrieth einen gewissen Rott, weil dieser

Zieglers Frau als Hexe bezeichnet hatte[9]. 1611 gab es eine Hexenbeschuldigung in Kembach[10]. 1616 wurden erneut Bünde gegen Hexen geschlossen, unter anderem in den wertheimischen Dörfern Niklashausen und Höhefeld. Im selben Jahr kam es im Zusammenhang mit diesen Ereignissen auch zur Einziehung zweier Wenkheimer Frauen, die würzburgische Zentuntertanen waren und vor der Zent Remlingen verhandelt wurden[11]. Aus dem Jahr 1626 ist ein Fall von Lynchjustiz (»Selbstjustiz«) in Urphar an einer als Hexe angesehenen Frau bekannt. Erstaunlich sind hier die Parallelen zu Vorgängen in Grünsfeld, Oberlauda, Königshofen und im Bauland im selben Jahr. 1628 reichte der Wertheimer Schlosser Burkhard Paul eine Klage gegen Anna Hertz ein, die seine Stieftochter der Hexerei beschuldigt hatte[12]. 1629 begann (nach der Aktenlage) in der Stadt Wertheim das Hexenbrennen. Ausgangspunkt waren Beschuldigungen durch Kinder. Insgesamt siebzig Frauen und Männer gerieten in den Verdacht, Hexen oder Zauberer zu sein. Am 7. Mai 1629 wurden fünf Frauen und ein Mann hingerichtet, am 24. Juli 1629 weitere vier Frauen. Zwischen 1630 und 1632 sind zwei Hinrichtungen bekannt.

Auch in der Schwedenzeit gab es kein Nachlassen der Hexenprozesse. 1633 können fünf justifizierte Personen in Michelrieth (vier Frauen und ein Mann) festgestellt werden. In der Grafschaft wurden weitere 60 Personen beschuldigt, elf davon hingerichtet. Hierbei muß berücksichtigt werden, daß die Schwedenzeit die Rückgabe ehemals wertheimischer Orte gebracht hatte.

1634	sechzehn Hinrichtungen (wieder wurden »infizierte« Kinder ins Spital gebracht)
1639	eine Hinrichtung
1640	eine Hinrichtung
1641	zwei Hinrichtungen
1642	vier Hinrichtungen, achtzehn Anklagen
1643	drei Hinrichtungen, mindestens acht Anklagen
1644	vier Hinrichtungen, darunter das Ehepaar Hotz (wieder waren Kinder Auslöser von Prozessen[13])
1648	Schultheiß Adelmann von Sonderriet veranlaßte Untersuchungen gegen Hexen: vier Erwachsene und zwei Kinder waren betroffen.

Bis zum Ende des Dreißigjährigen Krieges fanden demnach immer wieder Prozesse statt. In den einundzwanzig Jahren wurden mehr als fünfzig namentlich bekannte Frauen und Männer in Wertheim als Hexen und Hexer hingerichtet. Bemerkenswert erscheint, daß die umliegenden würzburgischen und mainzischen Gebiete die Schwerpunkte ihrer Hexenprozesse zeitlich früher haben.

In Wertheim wurden 1690 noch zwei Prozesse geführt: Beim Prozeß gegen eine Frau aus Höhefeld spielte wieder einmal die Aussage eines Kindes eine entscheidende Rolle. Ein zehnjähriger Junge, der Schüler der Wertheimer Lateinschule war, hatte erklärt, seine Stiefmutter habe ihn zur Zauberei verführt. Noch einmal wurde das ganze Arsenal an Hexenvorstellungen ausgeschöpft[14]. Im anderen Fall wollte Kanzleidirektor Scheerbaum eine Frau peinlich befragen lassen, ob sie sich zu Dertingen, als des Baders Hansen Knecht dort auf dem Feld gearbeitet habe, einmal in eine Katze verwandelt und ihn gestreichelt habe. Bei beiden Verfahren scheint den Beschuldigten die Flucht gelungen zu sein.

3. Die Haltung der Bevölkerung zu Zauberei und Hexenprozessen

Einen punktuellen Einblick in die allgemeine Situation in der Grafschaft bietet ein Visitationsbericht über die wertheimischen Landpfarreien von 1621, der das Ergebnis von Befragungen bei einer Bereisung der Pfarreien festhält[15]. Obwohl die Fragstücke der »Wertheimer Agende« von 1563 unter Punkt 5 »Zauberei« anführten, ist die Ausbeute in dieser Hinsicht 1621 recht mager. Dieser Punkt wird nur in vier Orten aufgeführt, was allerdings nicht unbedingt etwas besagen muß. Auffälligerweise wurde von den visitierenden Geistlichen überall die Frage nach der Hebamme bzw. dem Ammenfräulein gestellt, die in den Fragstücken nicht explizit erwähnt wird. Wo keine Hebamme angestellt war, mußte eine gut beleumdete Frau für dieses Amt benannt werden. Da Hebammen in den Freudenberger und auch später in den Wertheimer Hexenprozessen eine Rolle spielten, ist die »fürsorgliche« Haltung verständlich.

Die Reformation hatte einen verstärkten Kampf gegen abergläubische Praktiken gebracht, die man zu unterbinden trachtete. So fanden diese bei den Visitatoren besonders großes Interesse. In Schollbrunn vermerkte der Pfarrer, daß das Segensprechen allgemein sei. Der Pfarrer von Dörlesberg suchte selber einen weisen Mann auf. In Niklashausen stellte man Leute fest, die zur Wahrsagerin in Külsheim gingen und ihre Kinder zu ihr trugen. Die Mutter eines kranken Kindes berichtete, daß diese Wahrsagerin ihr nur zu allgemein bekannten Kräutern geraten habe, welche sie dann selbst gesammelt hatte und die auch geholfen hätten. Über den Schulmeister heißt es, daß er Wettersegen spreche und den Jungen auch Briefe gegen »Hauen und Stechen« gebe.

Von Höhefeld wurden zwei Männer angeführt, die »zur weiysen Frauen geloffen« seien, um zu erfahren, wo ihr Pflegesohn sich aufhalte. Von Margaretha Mathei Helbichs Hausfrau wird schließlich festgehalten, daß sie Segen spreche: »Und wil noch recht darzu haben«, registrierten die verwunderten Visitatoren.

Bemerkenswert ist schließlich eine Eintragung in Kreuzwertheim. Peter Staub gebrauche allerhand »unordentliche unchristliche Mittel zu Arzneien, sonderlich das verlorne Mannrecht widerzubringen [...] Vermeint noch recht darzu haben.« Es wird nicht erwähnt, daß es sich bei Peter Staub um den Wertheimer Scharfrichter handelt. Peter Staub ist bei seinem Treiben unbehelligt geblieben. Michael Bundschuh von Reicholzheim versprach ihm 200 Gulden Belohnung, wenn seine Arzneien Erfolg hätten. Besagter Bundschuh wollte auch für 40 Taler von einer Dörlesberger Frau die Teufelskunst erlernen. Zu diesem Zweck hatte er einige Bücher gekauft, die ihm aber vom Abt von Bronnbach weggenommen wurden[16].

Eine Reihe von Plätzen und Orten galten als Treffpunkte der Hexen. Beim Pulverturm auf der Zitadelle der Burg Wertheim stand zum Beispiel der sogenannte »Hexenbaum«, dessen Krone wie ein Korb geflochten war.

Daß die Angst der Bevölkerung vor Hexen und Zauberern allgemein verbreitet war, zeigen sowohl die Freudenberger als auch die Wertheimer Prozesse, die auf Petitionen der Bevölkerung zurückzuführen sind. Als besonders aufschlußreich erweisen sich die Vorgänge in Freudenberg. Dort wurde nicht nur die Prozeßlawine durch örtliche Initiativen in Gang gebracht, sondern auch eine Zeitlang am Leben erhalten. Etliche Jahre hätten Hexen Schaden an Mensch, Vieh und Früchten angerichtet, heißt es in einer Petition vom 30. Juli 1590 an den Grafen Ludwig zu Löwenstein. Die Obrigkeit und der Landesherr wurden darin »supplicirend« ersucht und gebeten, das Übel und die teuflische Kunst gebührend unter Strafe zu stellen und die Untertanen vor dem täglich zunehmenden Ungeziefer zu schützen. Diese Supplikation verfehlte ihre Wirkung nicht: Sechs Frauen und zwei Männer (einer der Männer war der Spielmann Andreas Burk, der aus Klingenberg stammte) wurden daraufhin festgesetzt.

Nach den ersten Hinrichtungen wurde die Herrschaft in weiteren Supplikationen ersucht, mit der Ausrottung des Lasters fortzufahren. Um ihre Eingaben abzusichern, fanden mehrmals Befragungen statt. Jeder Bürger wurde zum »Hexenhandel« von den zuständigen Viertelmeistern gehört. Jede Aussage wurde öffentlich protokolliert. Das Ergebnis war voraussehbar, die soziale Kontrolle wirkte. Alle stimmten für die Fortführung der Prozesse, vor allem diejenigen, deren Angehörige hingerichtet worden waren, sprachen sich eindeutig dafür aus. Auch sind selten sprachliche Abweichungen in den Antworten festzustellen. Die meisten erklärten, sie seien der Meinung des Vorredners, man solle niemanden verschonen, es treffe gleich, wen es wolle, reich oder arm. Nur der Schreiber Lukas Stapf, der die Aussagen »im ersten Viertel der oberen Seiten« protokollierte, war zurückhaltend und vermerkt sein Votum, man solle fortfahren mit der Verfolgung, »jedoch mit dem Geding, Ihren Gnaden kein Ziel oder maaß zu setzen«[17].

Ein etwas anderes Bild ergab sich am 8. Mai 1593, als auf Geheiß des Grafen Ludwig von Löwenstein jeder Bürger wegen des Hexenhandels verhört wurde, da der Graf wissen wollte, »wie die Bürger gesinnet seien«[18].

Der Druck der Basis auf die Obrigkeit war in der Grafschaft Wertheim insgesamt recht groß. Das spricht für eine Zurückhaltung der Behörden bei Hexenanklagen. Ob aus Gründen der Vernunft oder aus Angst, sei dahingestellt. Von der Wertheimer Obrigkeit jedenfalls wurden die Petitionen, das Zusammenrotten und natürlich noch mehr die regelrechten Hexenjagden als ein gefährlicher Eingriff in ihre Zuständigkeit, für Recht und Ordnung zu sorgen, angesehen.

Interessant in diesem Zusammenhang ist die Gründung eines Bundes gegen die Hexen im Jahre 1602. Hierüber sind ausführliche Berichte erhalten geblieben[19]. Aus ihnen geht hervor, daß die Hexenangst allgemein war – Aussagen wie: Die Weiber zu Lindelbach seien alle Hexen, fanden in der Bevölkerung große Aufmerksamkeit und erregten beträchtliche Unruhe. Auslösendes Moment aber waren Hexenprozesse in der mainzischen Oberamtsstadt Tauberbischofsheim gewesen: »Das Verbrennen zu Bischofsheim hab ihnen Anleitung darzu geben«, gestanden die Initiatoren des Hexenbundes freimütig. Der Zeitpunkt des Zusammenschlusses im Spätherbst des Jahres 1602 ist bemerkenswert. Die Weinernte war wieder einmal schlecht ausgefallen, wie in den beiden Jahren zuvor. Bei der Abhörung der Urpharer Rechnung durch den Schultheißen im Wirtshaus des Georg Hein am Burkhardstag (14. Oktober) trugen etwa dreißig Urpharer Männer einen Stab herein, der schon einige Kerben aufwies. 68 Personen hätten sich bereits miteinander verbunden. Die Anwesenden wurden aufgefordert, ebenfalls Kerben als Zeichen der Zustimmung in den Stab zu schneiden. Dem Schultheiß wurde vorgehalten, daß er nicht der Herrschaft Schaden und Nachteil wahre, da er in Hexensachen nicht die Initiative ergreife. Man wisse doch, die Hexen seien »schedliche Leut«. In anderen Herrschaften habe man bereits angefangen, das Übel auszurotten, so solle man auch hier endlich beginnen. Der Schultheiß verwies darauf, es stehe der Herrschaft und nicht den Untertanen die Verfolgung von Untaten zu. Davon ließen sich die Männer wenig beeindrucken. Sie sahen sich einig mit der Bevölkerung der umliegenden Dorfschaften. Sie ließen den Schultheißen wissen, nicht nur in Urphar, sondern auch in Lindelbach, Reicholzheim, Grünenwört, Bettingen, Bestenheid, Dertingen und Dietenhan hätten sich die Leute verbunden, keine Abgaben mehr zu leisten, wenn die Hexenleute nicht aufgegriffen würden. Die schweren Schäden, welche die Hexen in den Weinbergen angerichtet hätten, ließen ihnen keine andere Wahl. Kein Wunder, daß die Obrigkeit nervös reagierte und langwierige Untersuchungen anstellte, um die Rädelsführer herauszufinden. Allerdings forderte sie auch Beweise für die Hexenbeschuldigungen. Die Betroffenen wehrten sich mit Klagen gegen derartige Vorwürfe. Die Beklagten wurden schließlich in den »Spitzen Turm« geworfen, da sie den Beweis der Zauberei nicht führen konnten. Trotzdem reichten sie, nachdem sie freigelassen worden waren, ihrerseits eine Klage gegen die »Hexen« ein. Über den Ausgang ist nichts bekannt.

Noch deutlicher als 1602 wurden im Jahre 1616 »Mißwachs« und Unwetter zum Anlaß, nach Hexen als Stifterinnen dieses Unheils zu fahnden. Als am 25. Mai 1616 ein schreckliches Gewitter über das untere Taubertal in der Gegend von Gamburg niederging, strömten wie in mainzischen und grünsfeldischen Orten auch die Bewohner der beiden wertheimischen Orte Niklashausen und Höhefeld auf dem Dorfplatz zusammen und schworen, nicht von einander zu lassen, man rotte denn das Unkraut des Teufelsunwesens aus. Im Gegensatz zu anderen Orten wurden jedoch dort keine Verdächtigen aufgespürt und festgenommen. Man appellierte an die Wertheimer Obrigkeit, das Übel auszurotten. Die Reaktion ist nicht mehr überliefert[20]. Ende Mai wurden im Gefolge dieser Hexenjagd auch in Wenkheim zwei Frauen festgenommen und dem Zentgericht in Remlingen überstellt.

Ein Fall von Selbstjustiz ist aus dem Jahre 1626 aktenkundig[21]. Eine Frau, die schon in Wertheim in einer Heckenwirtschaft als »entlauffene Hexe« mit Kot und Steinen traktiert und zum Eicheler Tor hinausgejagt worden war, wurde von Urpharer und Lindelbacher Jugendlichen nach Bettingen getrieben, mit Pfählen geschlagen und mit Steinen beworfen. Der betenden Frau wurde schließlich ein Pfahl in den Mund gestoßen. Gefesselt wurde sie ohnmächtig in den Main geworfen. Der Schultheiß von Bettingen berichtete nach Wertheim, daß eine Frau nachts durch Soldatenjungen erschlagen und in den Main geworfen worden sei. Zentgraf Agricola, der die Untersuchungen leitete, fand aber die Wahrheit heraus: Er konnte kein Zeichen einer Hexe an ihr finden, ihr Anblick sei »zue erbarmen gewest«. Im selben Jahr kam es auch in der Taubergegend und im Odenwald zu Hexenjagden und zu weiteren Fällen von Lynchjustiz. Die Akten schweigen auch hier über die Haltung der Obrigkeit.

Daß die Wertheimer Obrigkeit schließlich selbst gegen Hexen vorging, ist auf eine von den drei Wertheimer Geistlichen redigierte Petition von 13 Wertheimer Bürgern an Weihnachten 1628 zurückzuführen. Die Untergangsstimmung im Dreißigjährigen Krieg wird hier artikuliert. Der Teufel sei in diesen Zeiten »vor dem letzten End der Welt gleichsam ledig«. »In unserem Frankenlande« hätten seine Helfer, die Hexen, Ungewitter, Hagel, Frost und anderes bewirkt, was die in der Nachbarschaft hingerichteten Hexen und Milchdiebinnen bekannt hätten. Der arme Mann werde um Haus und Hof gebracht. Insbesondere aber wird Wertheim betreffend beklagt, daß die Hexen und Zauberer die Jugend verderben, weshalb die Obrigkeit eingreifen müsse. Zwei Kinder des Wertheimer Bürgers und Schlotfegers Barthel Klein, der zehnjährige Hans und der fünfjährige Daniel, hatten durch Erzählungen über Hexerei Untersuchungen ausgelöst. Die Phantasien, die von den Kindern entwickelt und von ihnen auch weiter erzählt wurden, haben offensichtlich mehrfach bei den Jungen und Mädchen in Wertheim und Umgebung hysterische Reaktionen ausgelöst, die sich vor allem in Angstträumen äußerten. Diese wiederum wurden als Beweis des Wirkens des bösen Feindes angesehen und führten immer wieder zu Prozessen.

Auch 1629 ist ein Hereinwirken der Prozesse in der Umgebung festzustellen. In jener Zeit loderten vor allem in der Stadt Würzburg viele Scheiterhaufen. Während dort aber bereits 1629 die Hexenprozesse zu einem Ende kamen, begannen sie erst jetzt in Wertheim.

Offensichtlich war ein großer Teil der Bevölkerung dann mit der Art, wie die Prozesse geführt wurden, keineswegs zufrieden und wählte Pasquillen, Schmähschriften in Prosa oder Gedichtform, als eine recht variationsreiche Ausdrucksform ihres Unbehagens und Protestes. Beispiele solcher sehr ironisch gehaltenen Lieder, die in Wertheim gesungen und kolportiert wurden, sind erhalten geblieben. Sie repräsentieren des Volkes Stimme und sind nicht nur ein Beleg für den allgemeinen Volksglauben, sondern auch ein Ventil für die Angst der Bevölkerung, gleichzeitig auch eine Anklage gegen die Obrigkeit, weil diese sich zurückhaltend zeigte und nicht so aktiv bei der Hexenverfolgung war, wie es die Bevölkerung eigentlich erwartete.

Aber nicht nur Angstmotive führten zur Hexenjagd, sondern auch andere Motive: Sozialneid als Triebfeder ist bei der Pasquille über den Metzger Hans Stark offenkundig. Der Scharfrichter solle ihm die rote Haube vor die Augen binden, »daß er die armen leut nicht mer auß thuht saugen«[22].

Auch zur Zeit des Prozesses gegen die Wirtsleute Hotz in den Jahren nach 1642 waren wieder solche Liedgedichte und Schmähschriften im Umlauf. Wieder wurden die Richter verhöhnt, sie ließen des Gewinns wegen die Zauberer leben. Man gebe den Hexen sogar »salva guardia«. Die Grafen wurden aufgefordert, die Laster zu strafen, sonst würden die unschuldigen Kinder »Rach und Weh schreien in Himmel rein«.

Ein Spottgedicht richtete sich 1630 namentlich gegen Dr. Bünting, den Vorsitzenden des Gerichts. Er habe sich korrumpieren lassen und zeige sich sehr parteiisch[23]. Die Obrigkeit reagierte nervös auf diese subversiven Anklagen. Eingehende Untersuchungen wurden vor allem 1630 angestellt, und man ging gegen die »Pasquillanten« vor. Man machte den Barbier Haas als Quelle fest. 98 Namen von Wertheimer Bürgern, die Pasquillen entweder verfaßt oder verbreitet hatten, sind in einer Akte verzeichnet. Gerade diese volkstümliche Protestform scheint eine beträchtliche Schubkraft bei den Wertheimer Hexenprozessen entwickelt zu haben.

Über den Widerstand innerhalb der Bevölkerung gegen die Hexenprozesse ist wenig bekannt geworden. Die Befragung in Freudenberg 1593 gibt allerdings Hinweise hierauf, wie dies auch teilweise die Beschwerden gegen Dr. Bünting in den Jahren 1629/30 offenbaren.

4. Die Obrigkeit und der Hexenwahn

Daß bei den Freudenberger Hexenprozessen in den Jahren nach 1590 Graf Ludwig zu Löwenstein offensichtlich bisweilen selbst anwesend war, kann als Versuch gewertet werden, sich selbst ein Bild von den Prozessen und den Angeklagten zu machen und eine ordnungsgemäße juristische Durchführung sicherzustellen. Daß es zu Hinrichtungen kam, beweist, daß die Grafen die Hexenanklagen offensichtlich als begründet ansahen. Hierin unterschieden sie sich nicht von anderen Fürsten ihrer Zeit: Auch von den Wertheimer Grafen wird berichtet, daß sie sich mit Alchemie, Astrologie und Magie beschäftigten und sich mit Amuletten gegen Unheil zu schützen suchten. Insofern paßten die Hexenprozesse auch in ihr Weltbild[24].

Auffällig ist jedoch, daß, obwohl im Hexenglauben befangen, sie eine bemerkenswerte Zurückhaltung bei der Einleitung von Verfahren gegen vermeintliche Hexen an den Tag legten. Die Unkontrollierbarkeit der Prozesse, wenn sie einmal in Gang gekommen waren, scheint als Sorge mitgespielt zu haben. Der Hauptgrund dürfte darin zu suchen sein, daß die Wertheimer Grafen weder die Selbstjustiz der Bevölkerung dulden konnten noch sich selbst zum Büttel der Untertanen machen lassen wollten. Die Hexenjagd von 1602 in Urphar und Umgebung wurden als »ufruhr«, als ein »rottiren« angesehen.

Im aufschlußreichen Wertheimer »Gegenbericht« von 1616/17 kommt eine außergewöhnlich distanzierte und recht ironische Haltung zu den Freudenberger Hexenprozessen unter würzburgischer Herrschaft zum Ausdruck: 1616 habe man, so heißt es dort, »Fiscalen an das unholdselige Hexen werck angespannt«. Man habe in Freudenberg ungefähr fünfzig Personen, darunter die vermögendsten beiderlei Geschlechts, verbrannt und einen guten Teil deren Vermögens dem Fiskus adsignieren lassen. Abschließend steht die sarkastische Bemerkung: »ist leichtsam zu ermessen, daß es keine geringe Beuth gesetzt, sondern bey diesen abscheuliche Fewer Lucrio Deo uff unserer lieben Frauen Berg ohne Zweifel viel tausendt Gulden geopfert worden.«[25] Wahrscheinlich haben die Freudenberger Prozesse eine retardierende Wirkung auf die Haltung der

Wertheimer Obrigkeit gehabt, denn erst 1629 hat sich in Wertheim die Volksmeinung durchgesetzt.

Dr. Reinhard, Hofmeister des katholischen Grafen Johann Dietrich, hatte schon 1628 vermerkt, daß sich im Wertheimer Gericht atmosphärisch etwas verändert hätte: »Seither meines Abwesens haben die anwesenden Herren sich aufs Hexenwerk gericht, wöllen mit ernst dran und brennen.« Dieses Gefühl trog nicht: Man ging ans Brennen. Auch Dr. Reinhard nahm an diesen Prozessen teil und konnte diese wohl auch nicht verhindern. Allerdings äußerte er zum Beispiel beim Verfahren des Daniel Klein Bedenken, daß man Leute aufgrund von Aussagen von Kindern ins Gefängnis werfe. Der Junge variiere im Reden, gab er zu bedenken. Aber seine Bedenken hatten keine sichtbare Wirkung.

Abb. 28: Wetterzauber, aus: »Die Emeis« des Straßburger Predigers Johannes Geiler von Kaysersberg, Straßburg 1516

Der evangelische Graf Wolfgang Ernst zu Löwenstein schaltete sich vor allem 1629/30 sehr stark in die Untersuchungen ein, gab Anweisungen, wie zu verfahren sei, und ermahnte das Gericht, die Prozesse ohne Ansehen der Person zu führen. Das zielte gegen Dr. Bünting, den Vorsitzenden des Gerichts, der in die Schußlinie der Wertheimer Bevölkerung geraten war. In einem Brief vom 22. Mai 1629 tadelte Wolfgang Ernst von Löwenstein den Richter, weil er Exekutionen hatte durchführen lassen, ohne die Entscheidung des Grafen eingeholt zu haben. Da Gnad und Strafe der Herrschaft zustehe, werde er, solange er am Leben sei, das Zepter nicht an ihn übergeben[26].

Graf Johann Dietrich seinerseits wollte sich nicht mehr an den Hexenprozessen beteiligen, wenn nicht die Prozeßführung und Protokollverwahrung geändert würden. Der Wertheimer Graf hatte klar erkannt, daß die Hexenprozesse sich selbst nährten. Die Auswirkung seiner Erkenntnis ist nicht verifizierbar. Auch beim Prozeß gegen das Ehepaar Hotz führten die gräflichen Bedenken nicht zu einer Revision des Urteils.

5. Die Rolle der Geistlichkeit bei den Hexenprozessen

Ein auffälliges Phänomen bei den Hexenprozessen in der Grafschaft Wertheim ist die aktive Mitwirkung der Geistlichen bei der Einleitung und Fortführung der Hexenprozesse. Bereits in der ersten Phase der Verfolgung vor dem Zentgericht Freudenberg spielten die Geistlichen eine große Rolle.

Der Freudenberger Pfarrer Johannes Leykauff, der auch bei Verhören zugegen war und die Angeklagten zu Geständnissen bewegen wollte, sah in den Hexen das Wirken des Erbfeinds des menschlichen Geschlechts und befürchtete einen »Abbruch der Herden Christi«, wenn nicht durch Predigten, Ermahnung und Unterrichtung der Jugend vorgebeugt werde. Es ist zu bezweifeln, daß Leykauff die nötige Kompetenz hierzu besaß. Noch 1598 sollte die alte Löhrin erklären: »Wann nur der Pfarrer nit die Brennde so geschürt hette.«

Wie sehr die Obrigkeit die geistliche Assistenz in der Hexenfrage wünschte, beweist die Einbestellung von acht Geistlichen nach Freudenberg am 23. Oktober 1591. Die Geistlichen sollten die Angeklagten noch einmal verhören und ihre Geständnisse selbst hören und bestätigen sowie ihnen dann das Abendmahl reichen[27]. Das Gericht fällte noch am selben Tag die Todesurteile.

Auch ein eigenhändiges Briefkonzept des Grafen Ludwig III. zu Löwenstein an Graf Dietrich von Manderscheid wegen besserer Pfarrbetreuung in dem vom Hexenunwesen betroffenen Freudenberg vom 26. Oktober 1591 zeigt auf, welche Rolle der Geistlichkeit bei der Bekämpfung des Hexenunwesens zugemessen wurde. In diesem Fall hatte man das richtige Gespür, daß der damalige Freudenberger Pfarrer Leykauff eine böse Rolle bei dem ganzen Geschehen gespielt hatte. Margaretha Löhr hatte ihn in ihren Verhören direkt und ausführlich beschuldigt, sie zu ihren Aussagen gebracht zu haben. Auch in anderen Prozessen spielten Geistliche eine unrühmliche Rolle.

Die Geistlichen begriffen sich als ein Teil des Herrschaftssystems, zu dessen Aufrechterhaltung nicht nur die Festigung des Glaubens im allgemeinen, sondern auch die Bekämpfung der Zauberei im besonderen nötig war. Zu den Auffälligkeiten der Freudenberger und Wertheimer Prozesse gehört, daß die Geistlichen nicht nur seelsorgerliche Aufgaben bei den Untersuchungen hatten, indem sie den Verurteilten die Beichte abnahmen und das Abendmahl reichten oder Exorzismus betrieben, sondern daß sie auch Teil der Obrigkeit waren und selbst Gerichtsverfahren in Gang brachten, wie 1633 Pfarrer Ulrich Rößler in Reicholzheim, der gegen Michael Bundschuh und Consorten unaufgefordert eigene Verhöre anstellte. Auch Pfarrer Antonius Knoll von Bettingen unternahm gerichtliche Untersuchungen, andere Geistliche waren sogar bei Folterungen zugegen. Ihr aktives Mitwirken an der Verurteilung der Beschuldigten läßt sie zu Handlangern der Justiz und der Volksmeinung werden. Daran änderte sich nichts, als katholische Geistliche in Wertheim tätig waren. Auch sie wurden zu Verhören herangezogen. Im Falle des Ehepaares Hotz zielten ihre Bemühungen darauf, die beiden zum Geständnis zu bringen. Bisweilen wurde von den Angeklagten sowohl die lutherische als auch die katholische Geistlichkeit angerufen.

Es verwundert nicht, daß zu Beginn der Hexenprozesse von 1628 die drei Wertheimer Geistlichen mit der Redigierung einer Petition von dreizehn Bürgern beauftragt worden waren. Im Gegensatz zu den Wertheimer Grafen, die zumindest Zurückhaltung zeigten, schürten sie die Angst, vor allem auch durch ihre Predigten, und halfen mit, daß es zum Hexenbrennen kam. Der Hexen- und der Teufelsglauben wurde keiner kritischen Untersuchung unterzogen. Das geht auch aus einem Konsistorialgutachten aus dem Jahre 1629 hervor[28].

Die der Hexerei verdächtigten Kinder wurden nicht mehr zum Kirchengebet zugelassen und offensichtlich auch deren Eltern nicht. Die Pfarrer erhoben sich nicht über das religiöse Niveau ihrer anvertrauten Pfarrkindern und vertraten Ungereimtheiten sowie artikulierten Ängste, die sich im Verhalten der Gläubigen widerspiegelten. Ein bezeichnendes Beispiel hierfür gibt Philipp Stolzenberger, Pfarrer in Hasloch, der 1630 nach Wertheim berichtete, der Teufel habe ihn im Gottesdienst einmal am Chorhemd gezupft und am ganzen Körper wie mit Nadel- und Mükkenstichen »gestipft«, und beim Gesang »Erhalt uns, Herr bei Deinem Wort« habe er deutlich gefühlt, wie der Satan sich wie ein Wurm unter seinen Füßen gekrümmt habe[29]. Andere Pfarrer gingen selbst zu weisen Leuten, um sich kurieren zu lassen, wie zum Beispiel der Pfarrer von Dörlesberg.

Von den Geistlichen war demnach kein Widerstand gegen die Hexenprozesse zu erwarten. Auch für die katholischen Geistlichen trifft das 1644 zu. Als Teil des Überwachungssystems und als Verfechter der Existenz von Hexen wirkte die Geistlichkeit eher als Schubkraft für weitere Untersuchungen.

Dasselbe ist auch bei den Lehrern festzustellen. Ihnen kam angesichts der vielen Hexenbeschuldigungen und Prozesse, die durch Kinder in Freudenberg, Bettingen und Wertheim ausgelöst wurden, ebenfalls eine gewichtige Rolle zu. Auch den Lehrern war als Aufgabe zugedacht, für die religiöse Bildung der Kinder zu sorgen. Schulmeister, die zur Bekämpfung des Hexenwerks herangezogen wurden, hatten einen Eid zu leisten, daß sie die ihnen untergegebenen Schüler früh und spät zum Gebet anhalten, aber auch »Kundtschafft pflegen« würden, wie es mit der Zauberei unter den Jugendlichen beschaffen sei. Die Lehrer nahmen die Aufgabe sehr ernst, weshalb sie immer wieder fündig wurden. Sie meldeten selbst Angaben von fünfjährigen Kindern an die Obrigkeit. Ganze Schulklassen wurden überwacht und galten als verseucht. Auch unter der Lehrerschaft meldeten sich keine kritischen Stimmen zu Wort. Der Rektor der Lateinschule, Antonius Knoll, der später als Pfarrer in Bettingen ebenfalls als Hexenjäger wirkte, forderte sogar das obrigkeitliche Recht, d.h. die Justifizierung seines eigenen Sohnes, der ebenfalls der Hexerei verdächtig war, zur Rettung seiner Seele[30].

6. Die Prozesse

Die Prozesse in Freudenberg fanden vor dem Halsgericht mit dem Schultheißen als Vorsitzenden statt. Bei den Verhören und Folterungen waren normalerweise vier Räte sowie der Amtmann und der Schultheiß, bisweilen auch der Pfarrer zugegen. Das Gericht in Wertheim war »hochkarätig« mit zwei Juristen, dem Zentgrafen und Zentschreiber sowie Schöffen besetzt. Auch hier wirkten der Superintendent und die Geistlichkeit bei Verhören mit.

Es ließ sich nicht feststellen, wie viele Besagungen für eine Festnahme und die Einleitung eines Verfahrens notwendig waren. Im Falle des Ehepaars Hotz waren bereits 1629 fünf Beschuldigungen geäußert worden. 1634 wurde das Paar zweimal besagt. Erst drei weitere Besagungen führten 1642 zur Festnahme von Johann Hotz. Seine Ehefrau Anna war gar zwanzigmal beschuldigt worden.

Die Anklagepunkte bei den Wertheimer Hexenprozessen sind ähnlich wie bei den Prozessen in der Umgebung. Die Überprüfung der religiösen Haltung und Praxis steht meist an erster Stelle: Ob die Angeklagten zum Abendmahl gingen und die Predigten hörten. Der Teufelspakt oder die Taufe durch den Teufel spielt eine ebenso wichtige Rolle. Wettermachen, Schaden an Mensch und Vieh u.a. durch Hexenschmier, Hexentänze und Hexenplätze und die Frage nach Komplizen kommen hinzu. Die Aussagen sind schon bei den Freudenberger Prozessen schablonenhaft und unterscheiden sich kaum, selbst bei denen der Kinder nicht. Daß die Kinder sehr wohl die allgemein gängigen Hexenvorstellungen und auch die kolportierten Rituale kannten, zeigt sich in vielerlei Hinsicht. So wußte der zehnjährige Knabe Johann Zink aus Bettingen nicht nur die weitverbreitete Taufformel »Ich stehe allhier auf dem Mist und verschwöre den Herrn Jesum Christ«[31], sondern verbreitete auch Angst mit einem Gürtel, der, wie er behauptete, es ihm erlaube, sich in einen Hasen zu verwandeln[32]. Außerdem nannte er die Leute, die ihn verführt hätten. Der Teufel habe große schwarze Augen gehabt, sein Gesicht sei schwarz wie Tinte gewesen, er habe krumme Hände und Gäulsfüße gehabt sowie zwei Hörner, krumm wie Bockshörner. Lorenz Bocksbruder habe der Teufel geheißen, sagte 1629 der zehnjährige Hans Klein aus.

Auch die Schilderungen der Hexentänze sind im Grunde eintönig. Da fällt schon eine Freudenberger Angeklagte auf, die eine Festlichkeit in der Walpurgisnacht »ihren Reichstag« nennt oder von einer »Miltenberger Hexenkönigin« spricht. Die Leichen ungetaufter Kinder wurden angeblich ausgegraben und mit Katzenhirn, Schmeißfliegen und den Hostien zur Schmier verarbeitet. Außerdem gestanden die angeklagten Frauen meist, daß sie schon in ihrer Jugend meist durch ihre Mutter zur Hexerei verführt worden seien.

Die Geständnisse, die von der Bevölkerung gierig aufgenommen wurden, bewirkten eine zunehmende Übereinstimmung bei den Aussagen. Deshalb bestand Graf Johann Dietrich zu Löwenstein auf einer strengeren Verwahrung der Protokolle. Bei so vielen Beteiligten war aber eine Geheimhaltung unmöglich. Hinzu kam, daß bei den Hinrichtungen im Würzburgischen und im Mainzischen die Urgichten der Verurteilten öffentlich verlesen wurden. Deshalb bewirkte die Anordnung des Grafen auch in den folgenden Prozessen nichts.

Die Prozesse verliefen nach den Regeln der *Carolina*. Ein klagender Anwalt trug die Beschuldigungen gegen die Beklagten vor. Jeder angeklagten Person war ein »zugeordneter Beistand«, ein Prokurator, bestimmt. Er diente jedoch in der Regel dem Gericht, weil auch er meist von der Schuld der Angeklagten überzeugt war. Aber es gab auch Ausnahmen. Die Defensionsschrift des Prokurators Andreas Bopp von Miltenberg ist hierfür ein Beleg: Bopp verteidigte in einem Freudenberger Prozeß Margaretha Grimm. Seine Ausführungen zur Folter zeigen, daß damals nüchtern denkende Menschen sehr wohl den Foltermechanismus durchschauten. Sein Hinweis, daß nach Artikel 20 der *Carolina* Richter, die leichtfertig die peinliche Frage anordneten, für Schmerzen, Kosten und Schaden »Ergötzung« schuldig seien, läßt erkennen, daß die Gerichte den an sich vorgeschriebenen rechtlichen Rahmen oftmals überschritten.

Die Rolle der Tortur wird besonders drastisch durch die genaue Protokollierung der Freudenberger, aber auch der Wertheimer Prozesse belegt. Es wurden Streckfolter, Beinschrauben und Daumenschrauben angewandt. Die Folter brachte immer das gewünschte Ergebnis, wenn auch die Geständnisse oft widerrufen wurden. Interessanterweise gestand bereits beim ersten feststellbaren Freudenberger Hexenprozeß die Angeklagte Barbara Zinn gütlich. Die Qualen der Tortur waren demnach bereits bekannt. In einer Reihe von Fällen genügte denn auch schon die Androhung der Folter. 1642 erklärte Anna Maria Schump, da sie aber sollte gemartert werden, wolle sie lieber sagen, sie sei eine Hexe. Auch der Kettenwirt Johann Hotz ließ vernehmen, wenn er in der Tortur bekennen werde, tue er es wider sein Gewissen[33]. Er sei kein eiserner Mensch. Seine Ehefrau hielt ihren Inquisitoren entgegen, ob man keine andere Mittel habe, die Leute zur Wahrheit zu bringen als das grausame Martern. Auf die Frage, warum sie einen Pfarrer wünsche, antwortete sie, sie wolle ihn fragen, ob sie auch mit gutem Gewissen sagen könne, so sie gefragt werde, daß sie das und ein anderes getan habe, wenngleich es nicht wahr sei. Anna Hotz schrieb auch mit Kohle auf einen Zettel, daß sie unschuldig sei, damit die Leute nach ihrem Tod wüßten, daß ihr Unrecht geschehen sei. Beide Eheleute gestanden zur Irritation des Gerichts ohne Folter. Die Wertheimer Richter behaupteten deshalb in einem Schreiben auf die Anfrage des Wertheimer Grafen (Johann Dietrich?), ob einer auch ohne Folter justifiziert werden dürfe, daß die Aussagen, die beim Anblick der Folterwerkzeuge gemacht würden, gleichbedeutend mit den unter der Folter gemachten seien, was den Grafen zur eigenhändigen Marginalie veranlaßte, daß »diese opinion der Vernunft zuwider und mit den Haaren herbeigezogen« sei. Um die Sache rechtswissenschaftlich abzusichern, ging man Universitäten um Gutachten an, so 1644 die juristischen

Fakultäten in Ingolstadt und Marburg. Nur die in fast unverständlicher Juristensprache gehaltene Marburger Antwort ist erhalten geblieben. Die Doctores befürworten dabei die Folterung des Ehepaars Hotz[34].

Den in die Hexenprozesse verwickelten Kindern wurde »Castigation« angedroht, sie wurden mit Ruten gezüchtigt und mit sonstigen Schlägen traktiert, wenn sie mit ihren Aussagen zögerlich waren. Den allgemeinen Folterungen scheinen sie jedoch nicht unterworfen worden zu sein.

Gegen die Folter regte sich 1630 in Wertheim Protest. Dr. Bünting verwahrte sich gegen die Vorwürfe. Die Klage gegen die Folterungen komme von den Lediggängern und Pflastertretern, welche das Gefängnis umlagerten, die das Schreien der Gefolterten hörten oder die Gefolterten sahen, wenn sie zum Gefängnis zurückgeführt wurden. Der ironische Rechtfertigungsbrief Büntings ist voll von Sadismen, ein Hinweis darauf, daß es ohne Richter dieser Mentalitätsstruktur eine solche Ausweitung der Prozesse nicht gegeben hätte.

Die Angeklagten in den Wertheimer und Freudenberger Prozessen gehörten nicht einem bestimmten sozialen Stand an. Sie sind allerdings eher im »mittleren und oberen« als im »untersten« sozialen Milieu zu suchen. Eine konfessionelle Zuordnung ist in Wertheim nicht möglich. Zunächst scheinen Witwen über fünfzig Jahre besonders gefährdet gewesen zu sein, aber selbst da ist die Aktenlage nicht eindeutig. Vereinzelt lag Epilepsie oder ein anderes körperliches Gebrechen vor. Auch die Hebammen fehlen nicht. Aber selbst solche Fälle sprechen nicht gegen die Feststellung, daß praktisch jeder in den Verdacht und in die Fänge der Hexenjäger geraten konnte.

Auffällig ist die Zahl der »infizierten« Kinder, die immer wieder Prozesse auslösten. Sie fungierten zwar als Belastungszeugen und wurden, um dieses Ziel zu erreichen, auch gezüchtigt, aber sie wurden nur Umerziehungsmaßnahmen im Spital (so in den Jahren 1629, 1634 und 1643/44) unterworfen, was freilich nicht zur Besserung führte, wie ihre Betreuer feststellten. 1634 berichtete der mit der Beaufsichtigung und Besserung der »infizierten« Kinder im Krankenhaus beauftragte Schulmeister Johann Schildtbach aus Erlenbach über die Fruchtlosigkeit seiner Bemühungen: Obwohl er die besagten Kinder ständig kontrolliere und diese auch körperlich anwesend seien, könne er eine »Ausfahrt« nicht verhindern. Er beantragte seine Abberufung, da ihm und den Seinen große Gefahr drohe[35].

Im Gegensatz zu Würzburg hat Wertheim die Kinder nicht hinrichten lassen. Urteile gegen Kinder liegen jedenfalls nicht vor. Die Urteile gegen Erwachsene beinhalten allerdings die Todesstrafe. Am Anfang wurden die Angeklagten lebendig verbrannt, später aber meist zuerst mit dem Schwert gerichtet und erst anschließend verbrannt.

Ein bemerkenswerter Fall einer Errettung vor dem Flammentod ereignete sich 1591 in Freudenberg. Die alte Löhrin klagte auf dem Weg zur Gerichtsstätte dem Repräsentanten des Grafen, Dr. Sander, daß sie nicht schuldig sei, daß der Pfarrer sie zu allen Aussagen gebracht habe. Da wurde Dr. Sander vom Amtmann ein Brief (vom Grafen?) zugeschoben, worauf die Löhrin wieder zurück aufs Rathaus geführt wurde, zum Leidwesen des Amtmannes, der ihr drohte, er werde sie dünn werden lassen. Was in dem Brief stand, läßt sich nicht eruieren. Er könnte das Ergebnis von Eingaben der Verwandtschaft an die Herrschaft gewesen sein. Die Löhrin wurde weiterhin in Haft gehalten. Ihrer mehrfachen Bitte, des Landes verwiesen zu werden, wurde nicht entsprochen. 1598 ist sie immer noch im Gefängnis, aus dem sie mehrmals zu fliehen versuchte. Man lasse Hund oder Katze nicht vor Hunger sterben, erklärte sie damals ihren Bewachern. Sie wolle gestehen, wenn sie zu essen bekomme, wenn sie auch nichts wisse[36]. Ungebrochen erlebte sie aber im selben Jahre ihre Freilassung nach der Einnahme Freudenbergs durch den Herrn von Krichingen.

Es gibt nur sehr wenige Fälle, wo Angeklagte bzw. Abgeurteilte wieder freikamen. Die Verwahrung im Gefängnis scheint in Wertheim genauer gehandhabt worden zu sein als anderswo, denn nur zwei Frauen gelang die Flucht. Sie wurden aber auf mainzischem Gebiet wieder eingefangen. Auch Selbstmorde sind in Freudenberg und Wertheim vorgekommen. Als Hexengefängnisse dienten in Freudenberg die »alte carceres uff dem eingegangenen Schloß«.

Auch wurden nur wenige freigesprochen oder entlassen. Sie wurden aus Stadt und Grafschaft verwiesen. Margarethe Klein wurde auf Bitten ihres Mannes freigelassen, obwohl sie gestanden hatte. Sie mußte Urfehde schwören und versprechen, außer Landes zu gehen und über den Prozeß zu schweigen[37]. Im Normalfall wurden die Angeklagten zum Tod verurteilt.

Eingaben von seiten der Verwandtschaft sind öfters registriert, jedoch wird die Anklage darin selten bestritten. Meistens geht es um ein Begräbnis im Kirchhof oder um Erbschaftsfragen. Nur wenige Angehörige wagten es, offen Stellung zu beziehen, so der Ehemann Stefan Schumpp in Wertheim oder der Schwager des Kettenwirts 1643, wenn auch ohne Erfolg. Letzterer wurde wegen seiner Kritik gerichtlich verhört[38].

Was die Prozeßkosten und die Vermögenskonfiskationen angeht, liegen detaillierte Angaben nicht vor. Es wird keine Gesamtsumme angegeben. Meist heißt es nur lapidar, Hab und Gut seien konfisziert und der Herrschaft zugeteilt worden. Daß die Prozesse für die Herrschaft ein lukratives Geschäft gewesen sind, läßt sich bezweifeln. Nutznießer der Prozesse gab es allerdings genug: Der Scharfrichter, aber auch die sonst am Prozeß Beteiligten – und hier insbesondere die Wirte, die die Verhafteten mit Nahrung versorgten – konnten nicht klagen. Ein besonderer Ausgabeposten ist der Schmaus nach der Hinrichtung. An diesem Essen nahmen neben den Amtspersonen auch die Geistlichen und Schulmeister teil.

Die Freudenberger Hexenprozesse zeigen, daß es nicht leicht war, einen willigen Scharfrichter zu finden. Nach den ersten Hinrichtungen im Jahre 1590, für die dem »Meister« (Meister Klaus von Kreuzwertheim) 88 Gulden gezahlt wurden, begab sich der Freudenberger Schultheiß auf die Suche nach einem neuen Henker. Der Miltenberger Nachrichter verlangte die im Mainzischen üblichen 10 Gulden für eine Hinrichtung. Hinzu kamen die Gebühren für die Folterungen. Die Stelle wurde dann mit Nikolaus Pflaum, dem Meister von Landau, besetzt, der über mehrere Jahre in Freudenberg tätig war. In Wertheim tat Meister Peter von Kreuzwertheim seinen Dienst. »Der Meister von Kreuz« wurde 1634 auch nach Remlingen gerufen[39].

Einzelne Hexenprozesse wurden auch nach dem Ende des Dreißigjährigen Krieges geführt. In einer gräflichen Verordnung gegen die Zauberei und das Hexenwesen vom 3. Februar 1649 wurde Klage geführt, daß Manns- und Weibspersonen sowie Kinder bereits im Alter von vier Jahren vom Laster des Hexenwesens befallen seien, wodurch Gott aufs höchste beleidigt werde. Es müßten alle Mittel angewandt werden, um dem Laster zu wehren. Den Geistlichen in Stadt und Land wurde aufgetragen, eifrig zu predigen, damit das teuflische Laster zum Nutzen der Seelen abgewehrt werden könnte[40]. Die Einwirkung von außen, die immer wieder zu Petitionen und Hexenprozessen in der Grafschaft Wertheim geführt hatten, gab es, was die würzburgischen Gebiete angeht, schon seit 1629 nicht mehr, da dort in jenem Jahr die Prozesse sistiert und die Gefangenen entlassen worden waren.

Der Hexenglaube und die damit zusammenhängenden Vorstellungen sind in der Folgezeit durchaus noch präsent. So haben noch 1690 Hexenprozesse in Wertheim stattgefunden. Es scheint, daß es sich hier um die letzten typischen Hexenprozesse im Main-Taubergebiet handelt.

Anmerkungen

1 Hermann Ehmer, Geschichte der Grafschaft Wertheim, Buchheim 1989.

2 Erich Langguth, Vom Besitzstand der Grafschaft Wertheim, in: Main-Tauber-Post (29. September 1954).

3 Die vor kurzem im StA Wertheim aufgefundenen Hexenakten bieten, was die Grafschaft Wertheim angeht, Ergänzungen im Detail und untermauern die bisherigen Forschungsergebnisse (siehe u.a. StA Wertheim, G, Rep. 102, AN 338).

4 Erich Langguth, Johann Leykauff (II), lutherischer Pfarrer zu Freudenberg (1559–1603), und sein Nachfolger Philipp Henrici (1604–1612). Eine Monographie zur Wertheimer Kirchengeschichte, in: Wertheimer Jahrbuch (1990/91), S. 41–82, hier: S. 53ff.

5 Eugen Mey, Geschichte der Stadt Freudenberg, Bühl 1908, ND 1985. Mey hat allerdings nur einen Teil der Akten ausgewertet. Ausführlich berichtet über einige Freudenberger Prozesse auch Johann Diefenbach, Der Hexenwahn vor und nach der Glaubensspaltung in Deutschland, Mainz 1886, ND 1985. Vgl. dazu StA Wertheim, -G- Rep. 56: Freudenberg, Nr. 19, -G- Rep. 57 N: Klagesachen, Nr. 99, -R- Rep. 16i, Nr. 2.

6 Gabriele Becker u.a. (Hrsg.), Aus der Zeit der Verzweiflung. Zur Genese und Aktualität des Hexenbildes, Frankfurt a.M. 1977, S. 400ff.

7 Mey (wie Anm. 5), S. 179.

8 StA Wertheim, -R- Rep. 16i, Nr. 47. Die Akte selbst ist nicht mehr vorhanden.

9 StA Wertheim, -S- I M 104.

10 StA Wertheim, -G- AN K 56.

11 StA Wertheim, -G- AN K 355. Wenkheim war damals noch als wertheimisches Lehen im Besitz der Herren Hund von Wenkheim.

12 StA Wertheim, -S- I M 198.

13 StA Wertheim, -R- Rep. 16i, Nr. 2.

14 StA Wertheim, K 98 (Historischer Verein Alt-Wertheim), -R- Rep. 16i, Nr. 152.

15 Gustav Rommel, Die Kirchenvisitation auf den Landorten der Grafschaft Wertheim im Jahr 1621, in: Jahrbuch des Historischen Vereins Alt-Wertheim (1926), S. 39–57.

16 Gustav Rommel, Beiträge zur Geschichte des Hexenwesens in der Grafschaft Wertheim, in: Jahrbuch des Historischen Vereins Alt-Wertheim (1938/39), S. 10–25, hier: S. 17.

17 StA Wertheim, -G- Rep. 57 N: Klagesachen, Nr. 99.

18 StA Wertheim, -G- Rep. 57: Freudenberg, Nr. 19.

19 StA Wertheim, -G- Amtsbuch 1600–1603, S. 280, 315ff., 321, 324, 338, 340, 343ff., 368ff., 412, 416, 429, 445, 467, 496, 499.

20 Archiv des Juliusspitals Würzburg, Akten Nr. 13 173; StA Würzburg, MRA Cent K210/166.

21 StA Wertheim, -G- AN K 56.

22 StA Wertheim, -G- AN K 56.

23 StA Wertheim, -G- Rep. 57 N, Nr. 10.

24 Vgl. Diefenbach (wie Anm. 5), S. 11. Der katholische Graf Johann Dietrich macht hier allerdings eine Ausnahme. Jedoch verhinderte er die Hexenprozesse nicht.

25 Wohlgegründeter Gegenbericht mit ahngeheffter Warhaffter information auff den vor der Zeit durch die Bischoffliche Würtzburgische Räthe wieder die Herren Graven zu Löwenstein und Wertheimb außgesprengten Vermeinten bericht ..., Wertheim 1617/18.

26 Siehe hierzu neuerdings Robert Maier, Hexenverfolgung im Kondominat. Die Grafschaft Wertheim um 1630, in: Mainfränkisches Jahrbuch für Geschichte und Kunst 54 (2000), S. 70–82.

27 Langguth, Johann Leykauff (wie Anm. 4), S. 60.

28 StA Wertheim, -G- AN, Nr. 56.

29 Rommel, Kirchenvisitation (wie Anm. 15), S. 56.

30 StA Wertheim, -R- Rep. 16i, Nr. 2, 84.

31 Diese Taufformel wird auch in einem Prozeß (Schump 1642) gebracht.

32 Dieser Gürtel findet sich noch heute bei den Akten im Staatsarchiv Wertheim unter -G- AN K 56.

33 StA Wertheim, -R- Rep. 16i, Nr. 84. Die Untersuchungen gegen das Ehepaar Hotz sind ausführlich bei Diefenbach (wie Anm. 5), S. 66ff., dargestellt.

34 StA Wertheim, -R- Rep. 16i, Nr. 83.

35 StA Wertheim, -R- Rep. 16i, Nr. 76.

36 StA Wertheim, -G- Rep. 57: Freudenberg, Nr. 19.

37 StA Wertheim, -G- Rep. 57 N, Nr. 5.

38 StA Wertheim, -G- Rep. 57, Nr. 84.

39 StA Wertheim, -F- Rep. 50a, Nr. 834.

40 StA Wertheim, -F- Rep. 88, Nr. 252.

Elmar Weiss

Erzstift Mainz

(südwestdeutsche Gebiete)

Wie problematisch eine auch nur annähernde Schätzung der Anzahl der Opfer von Hexenprozessen in einer bestimmten Region ist, zeigt sich in den ehemals mainzischen Gebieten im nördlichen Teil Baden-Württembergs, im Main-Tauber-Kreis, Neckar-Odenwald-Kreis, Hohenlohe-Kreis und im Kreis Heilbronn. Die Rede ist von den beiden ehemaligen mainzischen Oberamtsstädten (Tauber-)Bischofsheim mit den beiden Amtskellereien Külsheim und Königshofen und Krautheim mit den Kellereien Ballenberg und Neudenau sowie den ehemals zum Oberamt Amorbach zählenden Kellereien Walldürn, Buchen, Mudau und Osterburken. Diese Orte gehörten alle zum Oberstift Aschaffenburg.

Was die kirchliche Zugehörigkeit angeht, so ist eine Gemengelage festzustellen. Nur das »Kapitel Taubergau« mit dem Hauptort Tauberbischofsheim war Teil der mainzischen Erzdiözese. Walldürn[1], Buchen, Mudau und Osterburken waren seit Bonifatius' Zeiten als »Landkapitel Odenwald« der würzburgischen Diözese zugeteilt, ebenso Krautheim, seit 1591 ein eigenes Dekanat (vorher Ingelfingen), sowie Neudenau, das zum Kapitel Weinsberg gehörte. Die Reformation hat in den adeligen Grundherrschaften derer von Adelsheim, von Rosenberg und der Rüdt[2] seit Mitte des 16. Jahrhunderts endgültig Fuß gefaßt. Die Gegenreformation in den mainzischen Städten und Dörfern war erst zu Beginn des 17. Jahrhunderts erfolgreich. In der ersten Phase der Hexenprozesse war die konfessionelle Gliederung des Gebiets noch nicht abgeschlossen. Von der unterschiedlichen Konfessionszugehörigkeit unberührt blieb die Zugehörigkeit zu den Zenten, die allesamt in der Hand des Mainzer Kurfürsten verblieben.

1. Übersicht über die feststellbaren Hexenprozesse und die Quellenlage

Obwohl vor den Zentgerichten Ballenberg, Neudenau, Osterburken, Buchen, Mudau, Walldürn, Külsheim, Tauberbischofsheim und Königshofen mehrere hundert Hexenprozesse stattgefunden haben dürften, ist nur ein kleiner Bruchteil von Akten und Hinweisen erhalten geblieben. So sind über die Tauberbischofsheimer Hexenprozesse überhaupt keine Akten mehr vorhanden, obwohl diese Zent nach der Volkstradition ein Schwerpunktort der Hexenprozesse im Taubertal gewesen sein muß, was sich auch aus Hinweisen in Prozessen der umliegenden Zenten erhärten läßt.

In der Zent Mudau, so wird von dem zeitgenössischen protestantischen Prediger David Meder[3] in seinen 1605 in Leipzig publizierten *Acht Hexenpredigten* berichtet, habe es zur Regierungszeit des Kurfürsten Adam von Bicken (1601–1604) 300 Hinrichtungen gegeben: »Was ist auch für ein Jammer im Bistumb Meintz nur im Ampte Mutich und unter dem Kloster Ammerbach befunden worden? Hat man nicht in die 300. Personen schuldig gefunden und gestrafft? Wie die Seulen, daran sie verbrandt sind, noch für augen stehen ...«. Bereits zuvor, um 1593, hatten in dieser Zent Hexenprozesse stattgefunden, denen selbst der Schultheiß von Mudau zum Opfer gefallen war. Dies ergibt sich aus einer Aussage in einem Freudenberger Hexenprozeß[4].

Zwischen 1626 und 1629 forderten die Hexenprozesse in der Zent Mudau weitere rund 100 Opfer[5]. Auch hier fehlen Akten, um diese Zahl abzusichern. Das ist kein Wunder, denn schon zu Zeiten der Hexenprozesse sind zum Beispiel in Neudenau, Buchen und Walldürn schriftliche Zeugnissen beiseite geschafft worden. Viele sind auch erst in unserer Zeit verlorengegangen, teils durch Kriegseinwirkung, teils durch andere Umstände. Huffschmid, der für seinen im Jahre 1859 veröffentlichten Aufsatz *Zur Criminalstatistik des Odenwalds im XVI. und XVII. Jahrhundert*[6] noch umfangreiche Akten des ehemaligen mainzischen Oberamts Amorbach im Hofgerichtsarchiv in Mannheim hatte einsehen können, fand »Verzeichnisse von Verdächtigen, Eingezogenen, Entflohenen, so wie Beschreibungen der Anklagepunkte«[7]. Leider hat er nur wenige ausgewertet[8]. Die meisten dieser Akten sind heute nicht mehr vorhanden.

Die Quellenlage in der Zent Ballenberg, zu der auch Krautheim gehörte, ist ebenfalls recht dürftig. Die übrigen Orte bieten zumindest für bestimmte Phasen der Hexenverfolgungen ausführlichere Einblicke. Daraus ergibt sich eine nachweisbare Verfolgungszeit von 1570 bis 1649 mit Schwerpunkten in den Jahren von 1590 bis 1594, um 1602 und um 1626ff. Die Hauptphasen finden im übrigen Entsprechungen in angrenzenden würzburgischen Gebieten. Dort gab es allerdings um 1616 einen weiteren Höhepunkt der Hexenprozesse.

Interessanterweise sind über die letzte Phase die wenigsten Akten erhalten geblieben. Trotzdem läßt sich ein Überblick über die Prozesse in mainzischen Gebieten gewinnen, wie neuere Veröffentlichungen über Hexenprozesse im Kurfürstentum Mainz zeigen[9]. Aus dem Berichtsgebiet liegen außerdem Einzeluntersuchungen über Buchener[10], Osterburkener[11] und Külsheimer[12] Hexenprozesse vor. Da auch ausführliche Detaildarstellungen über die Hexenprozesse in den mainzischen Ämtern Miltenberg[13] und Alzenau[14] erstellt wurden, ergeben sich einige zusätzliche Aussagen, die im übrigen die Untersuchungsergebnisse im obengenannten Gebiet bestätigen.

Hexenbeschuldigungen hat es schon vor den bisher festgestellten Prozessen gegeben, z.B. 1547 in Buchen, als Hans von Rinschheim zur Schöffenbuße verurteilt wurde, weil er eine Frau eine »althe zeyberinne« gescholten hatte. Auch nachdem keine Prozesse mehr gegen Hexen durchgeführt wurden, gab es Hexereibeschuldigungen. Diese führten allerdings schlimmstenfalls zu Verleumdungsklagen, wie z.B. ein Fall in Buchen 1680 zeigt[15].

Im folgenden werden nur typische Hexenprozesse aufgeführt:

1570/71	Buchen (Altheim): 1 Frau
1573	Ballenberg: 1 Mann (Ausgang ungewiß)
	Mudau: Zahl unbestimmt (unter den Hingerichteten der Schultheiß von Mudau)
	Galmbach: Margaretha Habeckern[16] (Jahreszahl unsicher)
	Reisenbach: Katharina Lengenfelder[17] (Jahreszahl unsicher)
1592	Krautheim: 8 Frauen durch den Heilbronner Nachrichter hingerichtet
	Oberwittstadt: 4 Frauen hingerichtet
	Walldürn: 2 Frauen
	Buchen: 8 Frauen (je 1 Frau aus Seckach, Schlierstadt, Zimmerner Mühle)
1593	Buchen: 3 Frauen (davon 2 aus Hainstadt), mehrere Bödigheimer Frauen
	Ballenberg: 8 Personen
	Walldürn: 2 Personen (angeklagt)
1593/94	Neudenau: 7 Frauen angeklagt (3 hingerichtet, darunter eine in Mainz, wohin sie sich geflüchtet hatte, 2 gestorben, 2 freigelassen)
	Osterburken (und Adelsheim u.a.): 17 angeklagt (12 hingerichtet, 2 unbekannter Ausgang, 2 flüchtig, 1 freigelassen)
1595	Adelsheim: 1 Frau (wahrscheinlich hingerichtet)[18]
	Külsheim: Zahl unbestimmt

1597	Bödigheim: 2 Frauen
1601–1603	Tauberbischofsheim: unbestimmte Anzahl von Angeklagten und Hingerichteten
	Königshofen[19]
	Mudau: Witwe aus Unterscheidental verbrannt (insgesamt sollen 300 hingerichtet worden sein)
1602	Buchen: 1 Frau
	Walldürn: 2 Frauen (hingerichtet?)
1603	Neudenau: unbestimmte Anzahl
1611	Külsheim: 1 Frau hingerichtet
1613	Buchen: 6 Personen angeklagt
1616	Tauberbischofsheim: mehrere Frauen in der Zent von der Bevölkerung festgesetzt
1617	überwies der Keller von Tauberbischofsheim 150 Gulden »Hexengeld«[20]
1617/18	Walldürn: u.a. der Schuster Dürrleber angeklagt und hingerichtet (?)
1626	Buchen: 1 Frau in Gerichtstetten erschlagen
	Götzingen: 1 Mann (Ausgang ungewiß)
	Königshofen: Volksbewegung gegen Hexen
1626/27	Buchen: 1 Frau aus Bödigheim hingerichtet
	In der Zent Mudau 1626ff. insgesamt ca. 100 Personen
1627	Königshofen: unbestimmte Zahl
	Neudenau: unbestimmte Zahl
1628	Königshofen
1629	Mudau: 15 Frauen, 6 Männer hingerichtet[21]
1641/42	Buchen: 1 Frau (besteht Folterung und wird freigelassen)
	Walldürn: 1 Frau (Maria Buch) angeklagt, flüchtig
1648/49	Walldürn: erneuter Prozeß gegen Maria Buch, schließlich freigelassen

2. Hexenglaube und Hexenangst

Auf der Suche nach Ursachen für die Entstehung von Hexenjagden wird der allgemeine Hexenglaube wie überall als Voraussetzung gesehen werden müssen. Diese Vorstellungen und die daraus resultierende Angst waren wie der Wunsch, sich gegen die dunklen Mächte zu schützen, latent immer vorhanden. Gegen Unglück im Haus suchte man sich durch Anbringung von Abwehrbildern an der Giebelfront oder an einem Erker zu schützen. Dafür gibt es vor allem in Buchen eine Reihe von Belegen, von denen der »Blecker« der berühmteste ist.

Im Weiler Ünglert, einem Teilort Mudaus, steht ein Bildstock, der in seiner Nische eine naiv gestaltete Christusfigur zeigt. Am Sockel des Bildstocks, der vom Ende des 16. Jahrhunderts stammen dürfte, befindet sich ein Pentagramm, das dort wohl als Abwehrzeichen gegen Hexen und Zauberer angebracht wurde. Christliche Symbolik verschmilzt hier nahtlos mit heidnischem Brauchtum. Christus und Drudenfuß versprechen Erlösung von den Ängsten.

Wie in einer ländlichen Gegend nicht unerwartet, sind Wetterkatastrophen und Schaden am Vieh Grund genug, nach mißgünstigen Schuldigen zu suchen. Die schadenstiftende Hexe war so sehr ins allgemeine Bewußtsein eingedrungen, daß bei Naturereignissen nur wenige keinen Zusammenhang mit Hexen und Zauberern sahen. Allerdings waren die im Volk vorhandenen Auffassungen recht diffus. Es ist deshalb schwer, den Grad der Rezeption der Hexenlehre des *Hexenhammers* im Odenwaldgebiet zu erfassen. Die Grundbestandteile Pakt mit dem Teufel, Verunehrung des Abendmahles, Hexentänze und vor allem der Schadenszauber dürften jedoch geläufig gewesen sein.

Die Grenzen von guter und schädlicher Zauberei erscheinen fließend. Wie aus den Akten hervorgeht, wurden bei persönlichen Nöten Wahrsager und Segensprecherinnen und -sprecher ebenso konsultiert wie »heilkundige« Menschen, »weise« Frauen und Männer. Der Schmied von Berolzheim wurde z.B. wegen seiner Salbe von Buchener Bürgerinnen und Bürgern aufgesucht. Neudenauer Bürger erbaten sich Hilfe vom »weisen« Mann aus Obergrießheim. Auch von Amuletten versprach man sich Schadensabwendung. Bisweilen erfüllten auch Wallfahrten nach Bronnbach, Oberwittighausen, Walldürn und zum Engelberg bei Miltenberg diese Funktion. Selbst die Hagelfeiertage gehören in diesen Zusammenhang.

Man kann sich darüber streiten, ob die Einordnung dieses volkstümlichen Aberglaubens in den Hexenglauben als unzulässig anzusehen ist oder nicht, jedenfalls ist er unzweifelhaft Bestandteil der kollektiven Überzeugung, daß das Schicksal auf irgendeine Weise beeinflußt, wenn nicht gar erzwungen werden kann. Zwar brachte die Reformation im Bauland und Odenwald einen verstärkten Kampf gegen abergläubische Praktiken, aber häufig ist bei dieser Auseinandersetzung schwer zu entscheiden, ob nicht die Anhänglichkeit an die alte Religion als Aberglaube abqualifiziert wird.

Als Umschlagplätze für Meinungen, Informationen über Wahrsager und Segenskundige, Berichte über gute und schädliche Zauberei, über der Hexerei verdächtige Personen und schließlich über die Hexenprozesse sowie vor allem über die »Geständnisse« der Verurteilten und die Hinrichtungen selbst werden die Wirtshäuser und die Spinnstuben genannt, wo man sich zur Arbeit und Unterhaltung traf und auch die Pasquillen über das Zeitgeschehen kolportiert wurden. In Miltenberg wurden 1594 die Spinnstuben verboten. Auch für die Zent Buchen[22] und in Walldürn[23] sind Fälle bekannt, wo gegen Pasquillanten gerichtlich vorgegangen wurde. Allerdings sind die Pasquillen nicht mehr erhalten. Im Vergleich zum Taubertal sind keine Eigenausprägungen in bezug auf den Hexenglauben oder die Hexenverfolgung festzustellen.

Das ständige Suchen nach Schuldigen mußte zwangsläufig zu regelrechten Jagden führen. Die Hexenjagden waren Ausfluß der Überzeugung, daß ein ganzes Heer von Hexen und Zauberern am Werk sei, gegen das man sich nur gemeinsam wehren könne. Dabei wurden die Ängste um so bedrohlicher, als die Hexen ihr Unwesen im Geheimen trieben. Der Nachbar, der Verwandte, die eigene Ehefrau oder Tochter oder der eigene Ehemann konnte Hexe oder Zauberer sein. Das hatte fatale Auswirkungen auf das familiäre Zusammenleben vor allem in Zeiten einer Prozeßlawine. Familiäre Bindungen konnten den Belastungen häufig nicht standhalten. Selbst freigelassene Ehefrauen wurden manchmal nicht mehr aufgenommen. Die prekäre Situation wurde 1616 vom Gamburger Amtskeller Löffler einfühlsam artikuliert, der in einem Bericht an seinen Herrn feststellte: »es geb der meiste theil ihre weiber selbst gutwilig zum feyr, wan sie solche zauberische undugenden hinder ihnen wüßtn. Gott behüdt einen jeden ehrliebenden haussvatter sein weib und kindt, so mit dissem laster nicht behafft, vor falschen Zungen, allem ubel und laidt.«[24]

3. Die Hexenjagden

Bereits der erste feststellbare Prozeß im Jahre 1570 gegen eine Frau aus Altheim in der Zent Buchen zeigt als Charakteristikum aller Hexenprozesse im Odenwald und Taubertal auf, daß die Anzeigen aus der Bevölkerung kamen. Es lassen sich direkte Verbindungen zwischen Katastrophen und Hexenprozessen nachweisen. So beginnen Hexenprozesse 1593 nach einer Viehseuche in Neudenau, nach einem Unwetter in Osterburken oder 1616 nach Unwetterkatastrophen im Taubertal. Die Hauptphasen von 1600 bis 1602 und um 1626 folgen Zeiten von Mißernten und Hungersnöten. Im letzten Fall kommt erschwerend noch der Krieg hinzu, den der Bischof von

Würzburg für die Hexenjagden im Taubertal verantwortlich machte[25]. Die auffällige Gleichzeitigkeit der Verfolgungen im Odenwald und im Taubergebiet hat damit eine plausible Erklärung.

Sich gegen die Hexen zur Wehr zu setzen, erschien den meisten Menschen jener Zeit zwingend geboten. In Supplikationen wandten sich viele Gruppen und auch »gemeine Bürgerschaften« an den Mainzer Kurfürsten. Im November 1592 richteten die Zent und die Schöffen von Mudau eine Bittschrift an den mainzischen Marschall, den Amtmann und den Rat zu Amorbach sowie an die Räte von Buchen und Walldürn, wo ebenfalls die Jagd auf Hexen und Zauberer im Gang war[26]. »Des teufels geschmeiß an etlichen Orten, bei waß iezmahls auch ausbrüchig« solle ausgerottet werden, lassen sie verlauten und bitten darum, verdächtige Weibspersonen zu verhaften und durch den Scharfrichter examinieren zu lassen: »Wir also von solchen Teufelß gesind gesichhert, und bei unser armen weib und kindern erhalten werden möchten.« Sie forderten insbesondere, daß mit den Reichen ebenso verfahren werden solle wie mit den Armen; ja man möchte die Reichen zuoberst »uff die feurs Pforten« setzen.

Weitere Supplikationen folgten, so 1593 von Adelsheim und Buchen. Letztere war vom Buchener Stadtschreiber manipuliert, d.h. verschärft worden. Am 3. Oktober 1593 richtete die »gantze Bürgerschafft« Osterburkens eine Supplikation an den Kurfürsten, weil eine Frau gegen Urfehde freigelassen worden war[27]. 1594 bildete sich ein Zwölferausschuß, der in einer Petition die Wiederaufnahme der Prozesse forderte. Anführer war Veltin Walch, der erklärte, da seine Frau justifiziert worden sei, müsse dies auch mit anderen geschehen. Als auf Geheiß der Weltlichen Räte Nachforschungen angestellt wurden, wer die eingereichte Supplikation unterstützt habe, zeigte sich, daß die Initiatoren des Bürgerausschusses nur einen Teil der Osterburkener Bürgerschaft repräsentierte.

Besonders petitionsfreudig zeigte sich Neudenau[28]. Am 13. Januar 1593 klagte die »Gemeine Bürgerschaft Zue Neydenaw«, daß Kinder und Alte, Vieh und Früchte großen Schaden erlitten hätten. Die Ärzte, die man konsultiert habe, so ließen sie wissen, hätten Hinweise auf Hexen gefunden. Wegen der vielen Schadensfälle müßten mehrere Personen in Neudenau ihr Unwesen treiben. Man beachte dabei die Absicherung der Beschuldigungen durch Experten. Am 23. April 1593 protestierte die »Gemeine Bürgerschaft« in einer Supplikation, daß die Freilassung einer Verdächtigen verfügt worden sei, ohne daß diese zuvor der Folter unterzogen worden sei. Ende November 1593 erfolgte eine neuerliche Eingabe, weil noch nicht alle Unholde bestraft worden seien. 138 Bürger standen hinter dieser Petition, und die Viertelmeister hatten zwei Batzen als »anclag gelt« eingesammelt. Zwei Neudenauer Bürger waren eigens nach Aschaffenburg zu »Procurator Johannes« gereist, um die Supplikation anfertigen zu lassen, die dann von der Bürgerschaft gutgeheißen wurde. Auch aus den Jahren 1603 und 1627 sind Bittschriften aus Neudenau bekannt. 1648 verfaßten 20 Bürger zu Walldürn eine Eingabe, um die Hinrichtung einer inhaftierten Frau zu erreichen[29].

Die Supplikationen unterscheiden sich inhaltlich kaum und nähern sich auch sprachlich an. Sie sind jedoch kein genaues Spiegelbild der öffentlichen Meinung in einer Gemeinde. Dies wird punktuell deutlich bei den Vorgängen in Osterburken 1594 und vor allem 1648 in Walldürn. Als treibende Kräfte zur Fortsetzung der Prozesse scheinen die Ehemänner von hingerichteten Frauen aufgetreten zu sein. Der Ausruf eines Bucheners, alle diejenigen, denen »man ihre weiber verbrandt hab«, sollten darauf bestehen, daß zwei der Hexerei Verdächtige eingezogen würden, steht ja nicht allein da[30].

In einer Reihe von Supplikationen ist ein rebellischer Grundton gegen die mainzische Obrigkeit unüberhörbar. Da die Obrigkeit nach Meinung eines großen Teils der Bevölkerung nicht genug gegen das Hexenunwesen unternahm, verknüpfte sich die Forderung, gegen die Hexen vorzugehen, bald mit der Drohung, keine Frohnden mehr zu leisten. Diese sollte 1602 in Buchen exerziert werden, wenn die Hexen, die man zuvor ergriffen hatte und die vom Amtskeller wieder freigelassen worden waren, nicht erneut festgesetzt würden. Man forderte auch die Absetzung der Viertelmeister; außerdem sollte der Amtskeller verjagt oder besser aufgehängt werden. Scharen Buchener Bürger zogen schließlich nach Mainz, um sich in einer Supplikation über den Amtskeller zu beklagen und die Einziehung einer Hexe zu erreichen. Die Petenten wurden auf Anordnung des Kurfürsten eingesperrt. Auf dem Weg zur Ableistung der Urfehde gelang es ihnen jedoch zu fliehen, was dem Amtskeller einen scharfen Verweis des Kurfürsten eintrug.

In Walldürn wiegelte ein Bürger namens Marx die Bewohner auf, indem er behauptete, man wolle die Frommen aus der Stadt treiben und das Unkraut hegen[31]. Die halbe Bürgerschaft – nach Darstellung des Amtskellers »meist ohnvermögende und halsstarrige Gesellen« – habe sich daraufhin mit Prügeln und Steinen bewaffnet, um den der Hexerei verdächtigten Schuhmacher Lorenz Dörrleber zu fangen und verbrennen zu lassen. Jener zog allerdings geschickt seinen Hals mit der Behauptung aus der Schlinge, der Zentgraf habe seine Gestalt angenommen und sei in derselben auf dem Hexenplatz auf dem Himmelsberge gesehen worden. Eine Reihe von Anführern forderte daraufhin, daß der Zentgraf gesteinigt werden sollte. Dem Amtskeller gelang es, die Ruhe wieder herzustellen. Der Schuhmacher wurde wegen Beleidigung des Zentgrafen mit 200 Talern Geldstrafe belegt und aus der Stadt verwiesen[32].

Eine ähnliche Grundstimmung ist 1616 im Taubertal bei der großen Hexenjagd festzustellen. Ausgelöst durch Unwetter schlossen sich viele Bewohner von Külsheim, Gamburg, Uissigheim, Hochausen, Impfingen etc. zusammen und schworen, nicht eher zu ruhen, bis die Hexen festgesetzt seien. Eine enorme Schubkraft entwickelten jeweils die Nachrichten von Hexenprozessen in anderen Herrschaftsgebieten. Das eigenmächtige Vorgehen seiner Gamburger Untertanen 1616 entschuldigte Schweickart von und zu Sickingen in einem Schreiben an den Kurfürsten von Mainz mit dem Einschreiten der benachbarten Herrschaften wider die Hexen, der deutschmeisterischen Regierung zu Mergentheim und der Grafen von Hohenlohe. Es seien »sonderlich aber im Stift Würtzburg eine ziemliche Anzahl justificirt und verbrendt worden, der ursach sie ihnen eingebildet, es würde nicht zu Unrecht gethan sein, wann sie solche schädliche Leutt bepfangen«[33]. Die selbsternannten Hexenjäger im Taubertal nahmen verdächtigte Frauen selbst gefangen, brachten sie in Gefängnisse, richteten sie aber nicht selbst. Nach ihrem Verständnis verrichteten sie nur »Bütteldienste« für die Obrigkeit.

Eine Zuspitzung sollte zehn Jahre später zur Zeit des 30jährigen Krieges erfolgen. In Gerichtstetten in der Zent Buchen wurde 1626 eine Frau auf dem Feld von Hexenjägern erschlagen. Die Tat findet im selben Jahr Entsprechungen in Lauda, Grünsfeld, Königshofen im Taubertal und in Urphar im Wertheimischen. Diese Fälle von Lynchjustiz sollten der Auftakt zur schlimmsten Phase der Hexenverfolgung von 1626 bis 1629 sein. Dann ist allerdings der Höhepunkt der Hexenjagden erreicht.

In der zweiten Phase des Dreißigjährigen Krieges kommt es nur noch vereinzelt zu Hexenprozessen im Odenwald. Der letzte Prozeß 1648/49 gegen eine Walldürner Frau wurde trotz örtlicher Initiativen, die auf eine Hinrichtung drängten, nicht mehr zu Ende geführt. Daß außer den Supplikationen von Angehörigen, Verwandten und Freunden keine allgemeinen Petitionen gegen die Hexenjagden festzustellen sind, lag wohl an der Gefährlichkeit einer solchen Aktion.

4. Die Haltung der Obrigkeit

Es läßt sich nicht bestreiten, daß die mainzische Obrigkeit selbst im Hexenglauben tief befangen war, denn sonst wäre es trotz der vielen Petitionen und Aktionen der Bevölkerung nicht zu der Massenhaftigkeit der Hexenprozesse gekommen. Auf der einen Seite dürften die in den Eingaben formulierten Befürchtungen und Feststellungen durchaus den Vorstellungen der Weltlichen Räte in Mainz entsprochen haben, auf der anderen Seite mußten sie aber die Hetze und die Übergriffe gegen verdächtige Personen als einen Eingriff in ihre eigene Zuständigkeit erfahren.

Die Supplikationen wurden denn auch als »ungehorsame wiedersezlichkeit« und insbesondere die Zusammenkünfte der Petenten als verbotenes Rottieren und als Aufwiegelei angesehen. Man vermutete z.B. in Neudenau und Osterburken einige Rädelsführer, »so nur zu gemeinem unwesen lust tragen«. In Neudenau wurde 1627 einer der Initiatoren, vom Amtskeller Leonhardt Reichardt »ein rechter uffwikheler« genannt, mit einem seiner Komplizen verhaftet. Noch eindeutiger war natürlich die Reaktion auf eigenmächtige Festnahmen oder bei Fällen der Lynchjustiz. Die Gemeinde Impfingen in der Zent Tauberbischofsheim wurde 1616 wegen der Gefangennahme zweier der Hexerei verdächtigter Frauen mit 300 Gulden Strafe belegt, weil sie zu dieser Maßnahme nicht autorisiert war. Gegen diejenigen, die sich der Lynchjustiz schuldig gemacht hatten, wurden Gerichtsverfahren eingeleitet. Die Weltlichen Räte in Mainz haben die Hexenprozesse jedoch nicht verhindert, und sie waren es letztlich, die bei aller Zurückhaltung die Prozeßlawine zu verantworten hatten. Sie wurden ausführlich informiert, wie die noch vorhandenen Akten beweisen, und gaben die entsprechenden Anweisungen. Diese wurden nicht immer befolgt. Dies zeigt sich schon beim ersten feststellbaren Prozeß 1570/71 gegen Elisabeth Schmidt aus Altheim in der Zent Buchen[34]: Die Weltlichen Räte hatten ein Verhör nur »unaufgezogen«, aber unter Bedrohung mit dem Scharfrichter angeordnet und, als aber die Frau nicht zu einem Geständnis bereit war, bestimmt, sie gegen Urfehde freizulassen. Der Amtmann von Amorbach kümmerte sich jedoch nicht um die Anordnung und ließ die Angeklagte foltern, wenn auch ohne Erfolg. Auch eine finanzielle Entschädigung nach ihrer Entlassung wurde durch den Amtmann verhindert. Solche direkten Übertretungen der Befehle sind kaum aktenkundig geworden. Die Akten erlauben allerdings Aussagen darüber, wie die unterschiedliche Haltung der Obrigkeit sich auf die Hexenprozesse ausgewirkt hat. Dies soll am Beispiel der Amtskeller Peter Erstenberger von Külsheim, Philipp Löffler von Gamburg, Jeremias Lieb von Neudenau sowie des Amtskellers von Buchen im Jahre 1602 dargelegt werden.

Unter Peter Erstenberger, der während der schlimmsten Phase der Hexenprozesse in Franken Amtskeller in Külsheim war, wurde nur eine Person als Hexe hingerichtet. 1616 wurden die von den Hexenbünden inhaftierten Frauen von ihm wieder auf freien Fuß gesetzt. Gegen die aufreizenden Predigten zweier Külsheimer Pfarrer setzte er sich energisch zur Wehr und erreichte deren Abberufung. Erstenbergers skeptische Haltung gegen die Hexenprozesse war in der Bevölkerung bekannt, weshalb die Gamburger eine Auslieferung der von ihnen festgesetzten Hexen an das Zentgericht Külsheim ablehnten. Seine nächsten Verwandten konnte er jedoch nicht vor dem Scheiterhaufen in Miltenberg und Prozelten retten.

Keller Löffler von Gamburg, der zwar an Astrologie glaubt, ist sich bei den Hexen nicht so sicher. In einem Brief an seinen Herrn Schweickart von und zu Sickingen schreibt er, nun habe er zwar in seinem Kalender gesehen und befunden, daß im Monat Mai allerlei böse Aspekte der Planeten verzeichnet und dabei geschrieben sei, daß man böser und schlechter Zeitung zu gewärtigen habe. Ob es nun auf natürliche Weise, wegen Zusammenfügung allerhand böser Zeichen, also in des Himmels Lauf seine Regierung habe oder aber, daß solche Wetter, allein von Zauberinnen oder Hexen, daran die Katholischen oder Papisten ihren Glauben hätten, gemacht werden könnten, sei ihm zu hoch, davon zu reden oder zu schreiben, darüber sollten Gelehrte ihr Iudizium geben. Obwohl ihm das »zu hoch« ist, versteht Löffler die Ängste der Untertanen, da er selbst doch an Hexen glaubt, wie sich im weiteren Verlauf des Briefwechsels herausstellt. Er betrachtet die verhafteten Frauen als Teufelskinder und fordert nach anfänglichem Zögern schließlich selbst deren Verbrennung[35].

Der Amtskeller von Buchen 1602 verhielt sich den Hexenbeschuldigungen gegenüber zurückhaltend. Obwohl er gegen die Hexenjäger vorging, gelang ihm ihre Disziplinierung nicht. Deshalb kamen die Verfahren vor dem Zentgericht in Buchen in Gang.

Wenn die Prozesse einmal angefangen hatten, war die Einflußmöglichkeit der lokalen Obrigkeit ohnehin relativ gering, weil dann die Weltlichen Räte in Mainz den Fortgang bestimmten. Eine bemerkenswerte Ausnahme läßt sich festmachen: Amtskeller Jeremias Lieb in Neudenau. Hatte sich Lieb im Juli 1593 noch von dem Ehemann einer Angeklagten mit Recht den Vorwurf »Unholden-Keller« gefallen lassen müssen, beschönigte er im August 1594 Verdachtsmomente und unterschlug wichtige Aussagen gegen eine andere Frau, die dann auch tatsächlich freikam. 1627 wurden sogar Untersuchungen angestellt, weil Keller Jeremias Lieb Akten hatte verschwinden lassen. Bei Keller Lieb ist ein Lernprozeß festzustellen, der in dieser Deutlichkeit sonst nicht sichtbar wird.

In einem Gebiet, in dem es eine Reihe von adeligen Grundherrschaften gab, stellt sich auch die Frage nach dem Verhalten der Grundherren gegenüber Hexenprozessen. Hier liegen einige Stellungnahmen vor.

Freiherr Ludwig von Adelsheim und der Würzburger Marschall Freiherr von Morsum richteten eine Beschwerde an den Mainzer Kurfürsten Wolfgang, daß mainzische Diener nachts in ritterschaftliche Gebiete eingefallen seien, fremde Untertanen weggeschleppt, unschuldige Personen schändlich gemartert und den Nachlaß der hingerichteten Frauen konfisziert hätten, ja Familienmitglieder, die sich beschwerten, noch in den Turm geworfen hätten. Wenn seine kurfürstliche Gnaden den Leuten alles wegnähme, bliebe für sie, die Edelleute, nichts mehr übrig. Dieses Schreiben steht im Zusammenhang mit den Hexenprozessen vor dem Osterburkener Zentgericht 1593. »Von der gantzen gemein« war 1593 vom Gericht in Adelsheim die als Unholdin angeklagte Frau Margareta Kühner festgesetzt worden. Vor ihrer Überstellung an das Zentgericht in Osterburken verlangte aber der Junker von Adelsheim, an den Verhören teilnehmen zu dürfen. Außerdem sollte das Zentgericht auf Güterkonfiskation verzichten. Darauf wollten die Weltlichen Räte nicht eingehen und bestanden in der Frage der Güterkonfiskation auf dem »Kindsteil«, den sie bisher in ähnlich gelagerten Fällen in Mudau, Amorbach und Buchen eingezogen hätten, ohne Proteste von seiten der Rosenberger und anderer Herren erfahren zu haben[36]. Die Rüdt hatten allerdings auch dagegen protestiert, daß ein Kindsteil statt bisher vier Pfennige vom Zentgericht Buchen erhoben würde[37]. Auch der Bischof von Würzburg hatte den Mainzer Kurfürsten aufgefordert, es beim alten Herkommen zu lassen.

Jedenfalls ist keine prinzipielle Gegnerschaft der Adeligen dieses Gebiets gegen Hexenprozesse festzustellen, auch bei den Rüdt[38] und den Rosenbergern nicht. Im Gegenteil, auch sie wollten das Laster der Zauberei ausrotten[39]. Den Adeligen ging es bei ihren Einsprüchen gegen die Prozesse in erster Linie um die Konfiskationen, nicht um die Sistierung der Prozesse aus einer Ablehnung des Hexenglaubens heraus. Der Adelsheimer Freiherr hatte 1593 selbst zwei Adelsheimer Frauen wider das Zentrecht in Adelsheim hinrichten lassen.

5. Die Haltung der Geistlichkeit

Man hat mit Recht darauf hingewiesen[40], daß der *Hexenhammer* und Publikationen ähnlicher Art schon wegen der lateinischen Sprache im Grunde nur den Gebildeten, insbesondere den Theologen und Juristen, zugänglich gewesen seien. Die Verbreitung der Hexenlehre ist denn auch ohne das Mitwirken der Geistlichen nicht denkbar. Auch die Bischöfe waren zumeist im Hexenglauben befangen, wie das herausragende Beispiel des sonst so bemerkenswerten Würzburger

Fürstbischofs Julius Echter belegt. Inwieweit sich seine Haltung in den seiner Diözese unterstehenden Pfarreien auswirkte, läßt sich nicht eruieren.

Von der geistlichen Obrigkeit in Mainz bzw. Aschaffenburg wurde die Hexengefahr ebenfalls als bedrohlich eingeschätzt: 1594 wurde eine Gebetswoche gegen die heraufziehende Hexengefahr angeordnet. 1615 wurde zu einem dreitägigen Fasten und zu Bittprozessionen aufgerufen. Auch die Kirchenordnung vom selben Jahr nimmt sich der Zauberei und des Hexenwerks an und empfiehlt den Gläubigen das heilige »Sakrament des Altars zu besserer Widerbringung ihrer Leibsgesundheit oder in Gefahr derselben zu Erlangung ihres ewigen Heilß versehen lassen«[41]. Daß diese seelsorgerliche Maßnahmen nicht nur zur Beruhigung, sondern zu starker Beunruhigung führten, läßt sich denken.

Die Haltung der einzelnen Geistlichen zum Hexenglauben ist nur punktuell faßbar. Ihr Einfluß auf das Ingangkommen der Hexenprozesse ist trotzdem schwerlich zu unterschätzen. Man wird nicht fehlgehen, wenn man annimmt, daß die meisten Pfarrer an die Existenz von Hexen glaubten und dementsprechend ihren Gläubigen predigten. Allerdings heizten sie damit den Glauben an Hexen und Zauberer erst recht an, wie das Beispiel Külsheim zeigt, wo Amtskeller Erstenberger zweimal die Abberufung eines fanatischen Pfarrers erreichte.

1611 predigte Pfarrer Nicolaus Göll, »von außreutung der unfruchtbaren geistlichen baum, sondernlichen auch des Zauberej Lasters anregung gethun«, und unterstützte aufwieglerische Külsheimer bei ihrer Kritik an der Obrigkeit. 1616 forderte Pfarrer Philippus Sylvius, »SS Theologiae Licentiatus«, in seinen Predigten erneut die Ausrottung des verfluchten abscheulichen Zaubereilasters. Es steckten einige in dem Wahn, es gebe keine Zauberer, und diese glaubten auch nicht, daß die Hexen Kiesel und Wetter machen könnten. Weil ihm als der christlichen Obrigkeit daran liege, solche verdammten Laster öffentlich zu strafen, wolle er aus der Heiligen Schrift, aber auch nach dem geistlichen und weltlichen Recht beweisen, daß Zauberer und Zauberinnen auch Kiesel und andere Wetter machten und damit nicht allein den Menschen, sondern auch dem Vieh, den Früchten, Äckern, Wiesen, Bäumen und Weingärten unzählige Schäden zufügen könnten, »wie für dißmals auch augenscheinlich alhir zu sehen sei«. Wenn die Obrigkeit kein Gefallen trage, solcher Laster zu strafen, und geschehen lasse, daß der Teufelskinder also viel werden, dann müsse er seine Stimme erheben und fordern, daß gemäß der Heiligen Schrift und der *Halsgerichtsordnung* Karls V. vorgegangen werde. Er werde weiter darüber predigen, da dafür die Zeit in einer einzigen Predigt zu kurz sei. Trotz Einspruchs des Amtskellers predigte er tatsächlich bis zu seiner Ablösung weiter gegen die Zauberer, deren Bestrafung wie bei Mördern, Dieben und Räubern er forderte. Er berief sich dabei zwar nicht auf den *Hexenhammer*, aber auf den *Tractatus de Confessionibus Maleficorum et Sagarum* des Trierer Weihbischofs Binsfeld.

In den Akten findet sich auch ein interessanter Beleg des Volksprotestes gegen einen allzu leichtfertigen Buchener Pfarrer beim Oberamtmann in Amorbach (1642). Es sei ärgerlich zu vernehmen, wenn man den Pfarrer von der Kanzel sagen höre, daß alle, die vor Beendigung der Predigt aus der Kirche liefen, lauter Hexenleute seien[42].

Manche Pfarrer befaßten sich selbst mit »guter Zauberei«. So wanderten Hilfesuchende Ende des 16. Jahrhunderts zum Pfarrer nach Hundheim, der ihnen Amulette zum Schutz gegen dunkle Mächte und zur Erkennung von Hexen und Zauberern gab. In den *Specialia Interrogatoria* wird unter Punkt 6 die Frage gestellt, ob die Angeklagten ein »klein Agnus Dei« bei sich trügen, was als vorteilhaft für die Beschuldigten gewertet wurde. Dies zeigt, daß geistliche Amulette offensichtlich gang und gäbe und sogar erwünscht waren.

Der Geistliche Caspar Franz, Pfarrer von Ballenberg, geriet 1573 als »geistlicher Zauberer« selbst in die Maschinerie der Justiz. Er hatte angeblich mit zauberischen Mitteln seine Dienstmagd verführt und das gemeinsame Kind umgebracht. Der Ausgang dieses Prozesses ist mangels archivalischer Belege unbekannt[43].

Die Rolle der dem mainzischen Ordinariat unterstehenden Geistlichkeit beschränkte sich nach dem Willen der Obrigkeit bei den Hexenprozessen auf seelsorgerliche Maßnahmen. So wurde vor Beginn der Untersuchungen ein Exorzismus bei den Angeklagten durchgeführt. Ansonsten wurden die Geistlichen erst nach der Verurteilung und bei der Hinrichtung als seelischer Beistand tätig. Daß die Behörden während der Inhaftierungszeit einen Besuch der Geistlichen nicht gern gesehen hätten, weil sonst die Gefahr eines Widerrufs zu groß geworden wäre, läßt sich für den Odenwald und das Taubertal nicht belegen. Besuche von Pfarrern bei Inhaftierten sind jedenfalls vorgekommen. In Osterburken wird bei einer Frau mißbilligend vermerkt, daß sie zweimal mit dem Pfarrer nicht habe beten wollen.

Daß Pfarrer entgegen dem üblichen Brauch und auch entgegen dem Kirchenrecht bei den Hexenprozessen gerichtliche Aufgaben übernahmen, geht allerdings auch aus den Akten hervor. Der Pfarrer von Neudenau war 1593 zumindest bei einem Verhör anwesend. In Gamburg (1616) scheint der Pfarrer sogar selbst als Inquisitor aufgetreten zu sein. Er hat seine Verhöre protokolliert, um eine Verurteilung der Verhafteten zu erreichen. In Walldürn (1642) versuchte der Pfarrer, eine angeklagte Frau zu einem Geständnis zu bewegen. Diese Pfarrer sahen ihre Pflicht darin, das Hexenwesen ausrotten zu helfen. Ob das Verhalten des Neudenauer und des Walldürner Pfarrers darauf zurückzuführen war, daß sie dem Ordinariat in Würzburg unterstanden, muß Spekulation bleiben.

Insgesamt läßt sich feststellen, daß anders als in der Grafschaft Wertheim die Geistlichkeit in den mainzischen Pfarreien nicht direkt am juristischen Fortgang der Hexenprozesse beteiligt war.

Inwieweit in mainzischen Gebieten die Gegenreformation in die Hexenprozesse hineinspielte, läßt sich wegen der Aktenlage nur schwer beantworten. Dabei ging es keinesfalls um die zielgerichtete physische Liquidierung Andersgläubiger. Allerdings bestand doch die Gefahr, als Andersgläubiger leichter in die Hexenprozesse hineingezogen zu werden. In Miltenberg läßt sich ein solches Spannungsverhältnis belegen. Anzeichen scheint es auch 1611 in Külsheim gegeben zu haben. Es ist vor allem nicht auszuschließen, daß die Gefährdung der von auswärts Zugezogenen dann besonders groß war, wenn sie aus protestantischen Orten stammten. Dafür gibt es Hinweise in Buchen und in Neudenau, die allerdings durch Spezialuntersuchungen noch erhärtet werden müßten.

6. Das Gerichtsverfahren

Die Hexenprozesse in den mainzischen Gebieten Frankens fanden vor dem jeweiligen Zentgericht statt, das vom Amtmann bzw. dem Amtskeller als dessen Stellvertreter geleitet wurde. In Osterburken (1593) führte der Zentgraf den Vorsitz und leitete die Untersuchungen. Als Beisitzer fungierten die Zentschöffen, deren Zahl je nach Größe des Zentbezirks variierte.

Über die Gefängnisse wird in den Akten nicht viel ausgesagt. In Tauberbischofsheim und auch in Külsheim hat die mündliche Tradition einen Turm an der Stadtmauer als »Hexenturm« überliefert. In Neudenau diente »ein stüblin uf dem Rathauß« als Gefängnis.

Mehreren ist die Flucht aus den Gefängnissen gelungen. Fast überall sind solche Fälle vermerkt. Zwei Osterburkener Frauen konnten 1593 fliehen; die eine wurde aber wieder eingefangen. Aus Neudenau sind ebenfalls Fälle aktenkundig. Die Massenflucht der Hexenjäger in Buchen gehört zwar nicht ganz hierher, aber alle erfolgreichen Fluchtversuche scheinen nicht ohne Helfershelfer vonstatten gegangen zu sein. Auch eine Reihe von Todesfällen in Gefängnissen ist registriert. Ob die Inhaftierten an den Folgen der Tortur oder aufgrund der extremen seelischen Situation, an Krankheit oder an den Haftbedingungen gestorben sind oder Selbstmord begangen haben, läßt sich dabei nicht immer zweifelsfrei feststellen. Die Erdbestattung dieser Angeklagten wurde im Gegensatz zur Praxis in der Grafschaft Wertheim immer abgelehnt.

Das einzelne Zentgericht war, was die Einleitung und die Durchführung der Prozesse anging, nicht unabhängig. Die Prozesse konnten offiziell erst auf Anweisung der Mainzer Weltlichen Räte eingeleitet werden. Die Festnahme erfolgte zunächst aufgrund örtlicher Initiative. Dabei war die Zahl der notwendigen Bezichtigungen recht unterschiedlich. Es ist schwer zu erkennen, warum bei manchen Angeklagten drei, bei anderen sieben oder neun Besagungen erforderlich waren. Die Zahl war offensichtlich nicht festgelegt. Zunächst genügten bloße Bezichtigungen, später führten Besagungen ohne Indizien nicht mehr so ohne weiteres zu Festnahmen.

Die dauernde Festsetzung verfügten dann die Weltlichen Räte, die sich anhand der Berichte des Gerichts informierten und dann auch die Verhöre anordneten. Selbst die Gegenüberstellungen waren im Grunde von den Weltlichen Räten anzuordnen. Diesem Gebot wurde einige Male eigenmächtig zuwidergehandelt, zumal die Angeklagten gerade auf der sofortigen Gegenüberstellung immer wieder bestanden.

Man kann nicht sagen, daß es sich die Weltlichen Räte leicht gemacht haben. Der umfangreiche Briefwechsel zwischen dem Vorsitzenden des Zentgerichts und Mainz beweist das. Die Räte kümmerten sich auch um Details, ordneten zusätzliche Untersuchungen an und sorgten auch für einen Austausch wichtiger »zauberischer Aussagen«. So wurden »Extracte zauberischer Aussagen« von den Freudenberger Prozessen im Rahmen der Amtshilfe von Würzburg nach Mainz gegeben, außerdem wurden auch flüchtige Hexen aus Freudenberg an die würzburgischen Behörden ausgeliefert[44]. Im Falle der Königshofener Prozesse (1601ff.) wurden Beschuldigungen gegen Laudaer und Gerlachsheimer Frauen vom Tauberbischofsheimer Amtmann von der Gablontz an den fürstbischöflichen Hof in Würzburg geschickt[45].

Man suchte eine Einheitlichkeit bei den Anklagepunkten zu erreichen, indem man seit 1612 ein Interrogationsschema (*Interrogatoria Generalia*) vorschrieb[46]. Aber auch schon zuvor waren die Anklagepunkte gleich: Teufelsbuhlschaft, Schadenszauber an Mensch und Vieh, Wettermachen und Hexentanz. Die Geständnisse der angeklagten Frauen und Männer sind stereotyp. Eigenständige Ausprägungen sind selten. Man hat den Eindruck, als ob die Antworten schon durch die Fragestellung vorgegeben waren. Am ehesten fallen die Bezeichnungen des Teufels aus dem Rahmen: Hämerle bzw. Meister Hemerlin, Federstrauß, Juxte Hütlein, Kobichß, Fedle und Grünwald. Es ist wahrscheinlich, daß die Bezeichnungen zum Teil eigene Erfindungen der Angeklagten widerspiegeln.

Der Buhllohn wird sowohl in echtem Geld (z.B. ein Batzen und ein Goldtaler) als auch in Geld entgolten, das sich später als Pferdemist herausstellte. Die »Hexenschmier« wird aus ungetauften Kinderleichen hergestellt. Die Hexenkatzen spielen vor allem in Neudenau eine Rolle. Auch der Ausdruck »Milchdiebin« kommt immer wieder vor. »Milchdiebin« wird zwar immer für »Hexe« gebraucht, wird aber nicht näher definiert. Im Fränkischen herrschte die Überzeugung, daß sich Frauen in Kohlweißlinge verwandeln und dann die Milch vom Euter der Kuh einsaugen könnten. Man findet aber auch die Vorstellung, daß mit Hilfe einer Axt die Milch von der Hexe auch von Ferne in einen Kübel geleitet werden könnte. In Osterburken sagte die Angeklagte Margaretha Walch aus, sie habe den Kühen mit einem Stock über den Rücken gestrichen und ihnen damit die Milch genommen.

Von Königshofen ist das Lied »Stumpfig ist der Hund« überliefert, das auch anderswo, z.B. in der leuchtenbergischen Herrschaft Grünsfeld, in den Prozessen erwähnt wird[47].

Daß die Schilderungen des Geschlechtsverkehrs mit dem Teufel ausführlicher sind, scheint eher auf voyeuristisches Interesse der Befragenden zurückzugehen, als daß sie sich ohne weiteres auf einen biographischen Hintergrund der Angeklagten projizieren ließen.

Das Verfahren wurde nach der *Carolina* durchgeführt. Nur auf Befehl der Weltlichen Räte durfte schließlich auch die Tortur angewandt werden. Auch das Endurteil und eine etwaige Hinrichtung wurde dem Zentgericht vorgeschrieben. Der »peinliche Gerichtstag« war letztendlich nur ein Schauspiel, bei dem die Geständnisse und das Todesurteil öffentlich verlesen wurden, bevor die Hinrichtung vollzogen wurde. Überraschenderweise nutzte 1594 die Neudenauerin Salome Pfeffer ihren Hinrichtungstag als Gelegenheit, vor der versammelten Zuschauermenge die Hinrichtung dreier weiterer Neudenauer Frauen lautstark zu fordern.

Die Anklage des klagenden Anwalts, der die Obrigkeit vertrat, erscheint meist formelhaft. Die Bestrafung der Vergehen wird immer mit der *Carolina* begründet. Auch bei den Verteidigern sind schematische Plädoyers üblich. Sie baten meist um Milde und verwiesen darauf, daß kein Schaden verursacht worden sei. Nur bei Anwälten, die von den betroffenen Familien beauftragt worden waren, wie zum Beispiel die Doktoren Schwarzenberger und Samer im Falle der Ehefrau des Claus von Stetten in Buchen, kam es zu ernsthaften Versuchen, die Angeklagten mit juristischer Argumentation zu retten. Die vom Gericht bestellten Verteidiger – meist normale Bürger – waren, so hat es den Anschein, von der Schuld der Angeklagten ohnehin überzeugt.

Die Folter brachte auch an den mainzischen Zentgerichten die Ergebnisse, die man haben wollte. Folterwerkzeuge waren die Fuß- und Beinschrauben, auch »Krebs« genannt, und die Seilfolter. Zur Folter wurde dann geschritten, wenn die gütliche Frage oder die Androhung der Folter nicht zu einem Geständnis führte. Als Höchstdauer für die Anwendung der Folter war eine halbe Stunde vorgeschrieben. Daß diese Zeitdauer, die auch nach der Zahl der möglichen *Pater noster* berechnet wurde, bisweilen beträchtlich überschritten wurde, zeigt der Fall einer Neudenauer Frau (der Schmidtbenderin), die einige Stunden lang gefoltert wurde, allerdings ohne zu gestehen. Bestand eine gefangene Person zweimal die Tortur, war sie eigentlich vom Verdacht befreit und mußte gegen Urfehde entlassen werden. Auch diese Vorschrift wurde von den örtlichen Untersuchungsrichtern nicht immer strikt eingehalten. In Osterburken wurde 1593 Appollonia Dockes fünfmal peinlich verhört, bevor man sie endlich freiließ. Trotz Ableistung der Urfehde konnten die Freigelassenen, die die Gerichtskosten in jedem Fall zu tragen hatten, wieder eingezogen werden, sobald es weitere Besagungen gab oder neue Verdachtsmomente auftraten. Das war bei den meisten der Fall.

Exzessiv wurde die Folter vor allem dann eingesetzt, wenn die Angeklagten ihre Geständnisse widerriefen, was bei mehr als der Hälfte vorkam. »Wankelmütige« Angeklagte wie zum Beispiel die Ehefrau des Claus von Stetten 1593 in Buchen wurden vom Gericht als eine Beleidigung angesehen. Man könne der Angeklagten nicht gestatten, erklärte das Zentgericht, dem Gericht »wie man sagt, ein wechsin nasen zu tröhen«.

Auch die Zentgerichte standen im Widerstreit der verschiedenen Interessen. Ein Teil der Öffentlichkeit drängte auf Verurteilung und Fortführung der Prozesse. Als zum Beispiel 1613 Hans Walter in Buchen freigelassen wurde, richtete sich der Volkszorn gegen den Amtskeller. Der stärksten Kritik waren die Gerichte aber von seiten der Verwandten ausgesetzt, was im Falle einer Frau in Osterburken sogar zu tätlichen Angriffen auf den Zentgrafen führte.

Die Verurteilten wurden Ende des 16. Jahrhunderts lebendig verbrannt. Eine Form der Abmilderung ist 1594 in Neudenau belegt, wo den Todeskandidaten ein Pulversäckchen um den Hals gebunden wurde, um den Todeskampf abzukürzen. Seit 1614 scheinen in den mainzischen Gebieten die verurteilten Hexen und Zauberer erst enthauptet oder erwürgt und dann verbrannt worden zu sein.

Die Konfiskationen (meist ein Kindsteil) reichten bei den Fällen, die schriftlich belegt sind, kaum aus, die Gerichtskosten zu begleichen. Ein fiskalisches Interesse an den Hexenprozessen konnte die mainzische Obrigkeit also gar nicht haben. Die Nutznießer waren allerdings alle die an den Verfahren unmittelbar Beteiligten wie Amtmann, Keller, Schöffen, Schreiber und Amtsdiener, ganz zu schweigen vom Scharfrichter. Die Güterkonfiskation hat die betroffenen Familien oft in den Ruin geführt, wie nicht nur aus den Bittschriften um Reduzierung der finanziellen Forderungen hervorgeht.

Die Angeklagten bzw. deren Angehörige hatten die Mahlzeiten im Gefängnis sowie die Botengänge, Schreibgebühren und die Taxe für die Wächter, Scharfrichter und das Gericht zu zahlen. Selbst die im Anschluß an die Hinrichtung stattfindende Mahlzeit von Gericht, Geistlichkeit, Schreiber etc. war ein gewichtiger Posten. Dabei konnte man sich nicht einmal sicher sein, daß überhöhte Forderungen gestellt wurden. Der Scharfrichter von Heilbronn zum Beispiel verlangte für die Folterung und die Hinrichtung von acht Frauen in Krautheim 1592 die Summe von 250 Gulden, was von den Krautheimern als überhöht angesehen wurde.

Die Auflistung des tatsächlichen Besitzes erfolgte minutiös und gründlich, wie entsprechende Aufstellungen in Neudenau zeigen[48]. Leider sind solche Aufstellungen höchst selten, so daß sich mangels genügenden statistischen Materials repräsentative Aussagen über den Sozialstatus der von den Hexenprozessen betroffenen Personen nicht machen lassen. Daß aber eine Reihe von Opfern aus den ländlichen Führungsschichten stammt, ist augenfällig. Die Beispiele des Schultheißen von Mudau, der Frau des Claus von Stetten, der Frauen von Ratsherren in Buchen, der Frau des Schultheißen von Marbach etc. belegen ein Aggressionspotential, das eine bezeichnende Komponente ländlichen Soziallebens darstellt.

Außer den Hebammen waren auch die gesellschaftlichen Außenseiter gefährdet, z.B. in Külsheim und Neudenau. Bei der »Alten Stadtschreiberin« in Neudenau wird auf das abscheuliche Aussehen, als wenn sie mit Aussatz beladen wäre, verwiesen. Daß im Vergleich zu anderen mainzischen Gebieten der Anteil der angeklagten Männer recht gering erscheint, könnte an der Quellenlage liegen. Die Akten für die Phase von 1626 bis 1629 fehlen fast ganz. In Mudau und Königshofen wird ausdrücklich auf hingerichtete Männer verwiesen.

Interessant ist, daß Prozesse gegen Kinder überhaupt nicht, Klagen wegen zauberischer Kinder erst 1642 und 1648 in Walldürn aktenkundig geworden sind.

7. Ende der Hexenprozesse

In der Zeit zwischen 1630 und 1641 gab es offensichtlich eine Pause bei den Hexenprozessen. Die Wirren des Krieges ermöglichten der einen oder anderen Inhaftierten die Flucht. Diese konnten allerdings noch nach Jahren nicht davor sicher sein, nicht erneut festgesetzt zu werden. 1629 war in Amorbach die 20jährige Margaretha, der alten Glöcknerin Tochter, von fünf später justifizierten Frauen als Hexe beschuldigt worden. Auch ihre Mutter war zweimal beschrien, ihre Großmutter gar 1601 in Amorbach verbrannt worden. Ihrer drohenden bereits geplanten Verhaftung entging Margaretha kurz vor dem Einfall der Schweden durch Flucht. Sie ließ sich schließlich in Buchen nieder, wo sie in zweiter Ehe Hans Müller heiratete. Wie sehr sie aber weiterhin gefährdet war, zeigte sich 1641, als die Bürgerschaft in Amorbach sich beklagte, daß Margaretha nicht eingezogen werde[49]. Die Weltlichen Räte sahen sich schließlich veranlaßt, tätig zu werden, und ordneten am 12. September 1641 die Verhaftung an, da »alle Indizien zur Captur vorhanden«. Margaretha, die zu diesem Zeitpunkt schwanger war, wurde zunächst gütlich befragt: Sie wisse sich unschuldig. Erst als sie durch einen Sturz »von der Stafel« ihr Kind verloren hatte, ordneten die Weltlichen Räte am 9. April 1642 eine ernstliche Examinierung mit Vorstellung des Scharfrichters an. Falls dies nichts nutze, sollten als erste Stufe der Tortur Beinschrauben angesetzt werden. Am 23. April 1642 war es so weit: Am Vormittag jenes Tages wurde sie nach der »Erklärung der Instrumente [...] gradatim mit der Peinschrauben« gefoltert. Margaretha blieb standhaft, rief zum Erstaunen der Peiniger nach Gott und gestand nicht. Nachmittags wurden ihr erneut die Folterwerkzeuge gezeigt, aber sie wurde nur gütlich befragt. Am 12. Mai 1642 ordneten die Weltlichen Räte die »völlige tortur« (Streckfolter) an, die im Juni vorgenommen wurde, wieder ohne Erfolg: »Die beede Tortur vorgenommen, ist doch alles vergeblich gewesen«, heißt es bedauernd im Inquisitionsprotokoll. Deshalb wurden ihr im September vom Scharfrichter die Haare abgenommen, um nach verborgenen Indizien zu suchen, und erneut Beinschrauben angesetzt. Schließlich wurde die völlige Tortur durchgeführt. Nach dem gütlichen Verhör befaßte sich der Pfarrer mit ihr und redete ihr zu, doch zu bekennen. Sie habe zu ihm gesagt, erklärte der Pfarrer nach der Unterredung, sie sei mit dem Laster behaftet. Eine solche Aussage ist allerdings sehr unwahrscheinlich, denn als Margareta Müller am selben Nachmittag die Beinschrauben angesetzt bekam, beteuerte sie, sie sei keine Hexe: »wie sie dann ein Ding sagen solle, wann sie Ihr lebtag nichts davon wisse.« Die Tortur war wieder erfolglos, die Frau gestand nichts. Daraufhin ordneten am 8. November 1642 die Weltlichen Räte die Freilassung Margarethas gegen Erstattung der Unkosten an.

Dieser Prozeß unterscheidet sich nicht von früheren Verfahren. Dies scheint auch zunächst bei einem Walldürner Prozeß 1642 der Fall gewesen zu sein, der vor dem Oberamt in Amorbach geführt wurde. Durch ein »Mägtlein von 9 Jahren«, das angab, das Hexenwerk zu können, und durch die Mitteilung des Zentgrafen von Walldürn, »daß die Kindter ohne allen scheu einander uf der gassen (Hexerei) lernen«, wurden im März 1642 umfangreiche Untersuchungen durch das Oberamt ausgelöst, in dessen Verlauf das Mädchen in die Obhut der Kapuzinerpatres gegeben und eine andere Einwohnerin namens Maria Buch gefänglich eingezogen wurde[50]. Diese gestand offensichtlich ohne Folterung, daß sie mit dem Laster der Zauberei behaftet sei. Sie sagte alles aus, was die Inquisitoren von ihr wissen wollten. Ihre Aussagen unterscheiden sich nicht von denen früherer Prozesse. Sie habe zwar kein Wetter gemacht, aber an den Hexentänzen teilgenommen. Der Teufel sei ein langer kohlschwarzer Mann gewesen mit einem grünen Kleid und einem spitzen Hut. Sie sei auf einem Stecken zur Taufe geführt worden und habe zweimal mit dem Teufel gebuhlt, der dabei sehr kalt gewesen sei. Sie nannte schließlich etwa 60 Komplizinnen und Komplizen, was zu geheimen Untersuchungen gegen neun weitere Walldürner Personen führte. Da ihre Aussagen teilweise variierten, wurde die völlige Tortur angeordnet und auch im August 1642 durchgeführt, wobei sie ihr Geständnis wiederholte. Interessant ist, daß man Variationen in der Aussage jetzt eine andere Bedeutung beimaß. Zwar wurden auch früher Abweichungen in den Aussagen festgestellt, aber als Täuschungsmanöver abgetan.

Maria Buch hatte Glück, denn französische Soldaten, die vier Monate später Walldürn besetzten, ließen sie frei, worauf sie flüchtete. Sie glaubte kurz vor Ende des Dreißigjährigen Krieges, sicher zu sein, beschloß, nach Walldürn zurückzukehren, wurde aber bereits in Gerolzahn ergriffen und erneut ins Gefängnis geworfen. Bei den ersten Verhören bestätigte sie die meisten Aussagen des früheren Prozesses, nannte wieder Komplizen, tote und noch lebende. Daß sie trotz Geständnis nicht justifiziert wurde, erregte eine Reihe Walldürner Bürger. Zwanzig an der Zahl wandten sich am 1. Dezember 1648 an den seit 1647 auch als Kurfürst von Mainz amtierenden Würzburger Fürstbischof Johann Philipp von Schönborn. Die Verhaftete sei »eben noch die Hex alß wie vor 6 und mehr Jahren«, geben sie zu bedenken. »Alhiesiges Stättlein ja gar auch die Schul besorglich mit der Zauberey auch sehr beschmeißt, So auß deme abzunemmen, weilen wie bekannt und statt kundig, innerhalb jahrs frist etliche menschen alhir, der massen verhext und bezaubert worden, das Sie theilß verkrumbt und erlambt, theils auch das leben gar dar vür eingebüßt haben.«

Seit Menschengedenken sei hier niemand hingerichtet worden, andernorts habe man das getan. Die Zauberei müsse ausgerottet werden, »das Himmelreich vermehret: der höllische Zugang aber vermindert« werden.

Maria Buch wurde die nächsten Monate nicht freigelassen. Am 18. Oktober 1649 appellierten die Erben an den Fürstbischof, der am 5. November 1649 dem Amtmann in Amorbach mitteilte, die Akten seien mangelhaft, außerdem fehlten etliche Schriften, so daß »darauf kein in Rechten bestendiges fundament zu sezen seye«. Deshalb dürfe es auch keine weitere Tortur mehr geben, die Verhaftete müsse freigelassen werden. Die Kapuziner sollten sich ihrer annehmen. Daß der Kurfürst selbst unterzeichnete und nicht die Weltlichen Räte, ist bemerkenswert[51].

Damit endet, so weit sich abschätzen läßt, der letzte Hexenprozeß im Odenwald. Die rationalere und genauere Betrachtung der Protokolle und Aussagen durch den Kurfürsten führte dazu, daß die Hexenbeschuldigungen nicht mehr dieselbe Gefährlichkeit entwickeln konnten wie früher. Der Glauben an Hexen in der Bevölkerung war allerdings weiterhin existent und trat immer wieder recht augenscheinlich auf. Die weltliche Obrigkeit aber war immer mehr dem Geist des Rationalismus und der Aufklärung verpflichtet.

Ob die Haltung des Kurfürsten auf den Einfluß Friedrichs von Spee zurückzuführen ist oder auf die Eindrücke, welche die französische Rechtsprechung bezüglich der Folter bei ihm hinterlassen hatte, soll hier nicht erörtert werden. Tatsache ist, daß der Fürstbischof auch die Juristenfakultäten von Mainz und Erfurt nachhaltig beeinflußte, was nicht ohne Eindruck bei den Weltlichen Räten blieb.

Die veränderte Situation zeigte sich 1667 in der Amtsstadt Amorbach. Dort artikulierte sich erneut der »Volkszorn« gegen Hexen und erreichte auch, daß der Oberamtmann einige Frauen tatsächlich einzog, der Mainzer Kurfürst aber ordnete die Freilassung an. Auch hier wird offenbar: Je mehr die Chancen einer Petition oder eines öffentlichen Aufbegehrens gegen angebliche Hexen durch eine ablehnende Haltung der Obrigkeit, Verfahren einzuleiten, abnahmen, desto geringer wurde auch die Gefährlichkeit solcher Aktionen. Hexenjagden wurde damit der Boden entzogen.

Anmerkungen

1 Bis zum Pfarreienaustausch im Jahre 1656.

2 Helmut NEUMAIER, Reformation und Gegenreformation im Bauland (Forschungen aus Württembergisch Franken, Bd. 13), Würzburg 1978.

3 David MEDER, Acht Hexenpredigten darinn von des Teuffels Mord Kindern / der Hexen / Unholden, Leipzig 1605.

4 StA Wertheim, -G- Rep. 57: Freudenberg, Nr. 19.

5 Horst Heinrich GEBHARD, Hexenprozesse im Kurfürstentum Mainz des 17. Jahrhunderts (Veröffentlichungen des Geschichts- und Kunstvereins Aschaffenburg e.V., Bd. 31), Aschaffenburg 1989.

6 E.Ph. HUFFSCHMID, Zur Criminalstatistik des Odenwalds im XVI. und XVII. Jahrhundert, in: Zeitschrift für deutsche Kulturgeschichte 4 (1859), S. 409–434.

7 Ebd., S. 426.

8 Die Akten stammten von der mainzischen Kanzlei zu Aschaffenburg, von wo sie an die leiningensche Justizkanzlei in Walldürn gelangten und schließlich dem Hofgericht in Mannheim überstellt wurden. Ende des 19. Jahrhunderts kam der größte Teil dieser Akten ins GLA Karlsruhe, wo allerdings nur ein geringer Teil ausfindig gemacht werden konnte. Die anderen Akten scheinen im Zweiten Weltkrieg einem Bombenangriff auf Mannheim zum Opfer gefallen zu sein.

9 Herbert POHL, Hexenglaube und Hexenverfolgung im Kurfürstentum Mainz. Ein Beitrag zur Hexenfrage im 16. und beginnenden 17. Jahrhundert (Geschichtliche Landeskunde, Bd. 32), Stuttgart 1988. Die fast unveränderte zweite Auflage mit dem Titel: Zauberglaube und Hexenangst im Kurfürstentum Mainz. Ein Beitrag zur Hexenfrage im 16. und beginnenden 17. Jahrhundert (Hexenforschung, Bd. 3), Stuttgart 1998, bringt nichts Neues.

10 Elmar WEISS, Die Hexenverfolgungen in der mainzischen Zent Buchen, in: Rainer TRUNK/Helmut BROSCH/Karl LEHRER (Hrsg.), 700 Jahre Stadt Buchen, Buchen 1980, S. 117–131.

11 Helmut NEUMAIER, Hexenwahn im badischen Frankenland, in: Württembergisch Franken 50 (1976), S. 264–277.

12 Elmar WEISS, Hexenwahn, Hexenjagd und Hexenprozesse, in: DERS./Irmtraut EDELMANN/Helmuth LAUF, Geschichte der Brunnenstadt Külsheim, Bd. 1, Külsheim 1992, S. 130–141.

13 Wilhelm Otto KELLER (Hrsg.), Hexer und Hexen in Miltenberg und der Cent Bürgstadt, Miltenberg 1989.

14 Christian GREBNER, Hexenprozesse im Freigericht Alzenau (1601–1605), in: Aschaffenburger Jahrbuch 6 (1979), S. 141–240.
15 WEISS, Buchen (wie Anm. 10), S. 131.
16 HUFFSCHMID (wie Anm. 6), S. 427.
17 Ebd., S. 426.
18 StA Würzburg, MRA Klubbisten 365, fol. 33r.
19 StA Würzburg, MRA Lade 617 H 798, Hist. Saal VII 25/374, fol. 192–207r.
20 StA Würzburg, R 33 312.
21 StA Würzburg, G 18 890.
22 FLA (Fürstlich Leiningensches Archiv) Amorbach, A 7/24/3, Faszikel nicht erhalten. 1617 wurde Endres Hettinger von Götzingen wegen einer Pasquille belangt.
23 FLA Amorbach, A7/24/1, Lorentz Dürrlebern Schuhmachern, in sachen beschuldigter zauberey und wid ihn gemachter Pasquillen 1617 und 1618.
24 Archiv des Juliusspitals Würzburg, Akten Nr. 13 173.
25 Elmar WEISS, Geschichte der Stadt Grünsfeld, Grünsfeld [2]1993, S. 370ff.
26 GLA Karlsruhe, 229/13950.
27 StA Würzburg, MRA Fragmente K 598/62.
28 Alle Supplikationen in FLA Amorbach, 3/30/1a.
29 StA Würzburg, G 18890.
30 GLA Karlsruhe, 229/13950.
31 HUFFSCHMID (wie Anm. 6), S. 430ff.
32 FLA Amorbach, A 7/24/1. Nach diesem Repertoriumseintrag fanden diese Ereignisse in den Jahren 1617/18 statt.
33 Archiv des Juliusspitals Würzburg, Akten Nr. 13 173.
34 HUFFSCHMID (wie Anm. 6), S. 423ff.
35 Archiv des Juliusspitals Würzburg, Akten Nr. 13 173.
36 Dies läßt im übrigen auf vorhergehende Prozesse schließen, die nicht aktenkundig geworden sind.
37 StA Würzburg, Miscellanea 2880.
38 POHL (wie Anm. 9), S. 90f.
39 GLA Karlsruhe, 69 Rüdt von Collenberg, A 1946.
40 Gerhard SCHORMANN, Hexenprozesse in Deutschland, Göttingen 1981, S. 32.
41 POHL (wie Anm. 9), S. 10.
42 August BREUNIG, Kurze Geschichte der Stadt und Pfarrei Buchen, in: Freiburger Diözesan-Archiv 13 (1880), S. 27–76, hier: S. 47.
43 HUFFSCHMID (wie Anm. 6), S. 415ff.
44 StA Würzburg, IB 84, fol. 304rff., 317ff., 340v.
45 StA Würzburg, Hist. Saal VII 25/374, fol. 192ff.
46 StA Würzburg, G 18 890.
47 StA Würzburg, Hist. Saal 25/374, fol. 201r, 205r; vgl. auch WEISS, Grünsfeld (wie Anm. 25), S. 381. Das Lied lautet:
»Solte der hundt nit stumpfet sein,
kreucht zum hünerloch auss und ein,
stumpfet ist der hundt.«
48 FLA Amorbach, 3/30/1a.
49 StA Würzburg, MK G 18 890.
50 StA Würzburg, MK G 18 890.
51 Das hängt mit der Würzburger Praxis zusammen. Der Fürstbischof übte dort die höchste Gerichtsgewalt selbst aus.

Wolfgang Behringer

Hochstift Augsburg

Das Hochstift Augsburg gehört zu jenen kleinen Territorien des Heiligen Römischen Reiches, deren Geschichte wenig erforscht ist: Weder über die politische noch über die Wirtschafts- oder Sozialgeschichte dieses geistlichen Territoriums wissen wir sonderlich viel, ebenso bleibt die Prosopographie der meisten Beamten und Geistlichen, von den regierenden Bischöfen selbst abgesehen, weitgehend im Dunkeln.

Die Forschungslage muß man insofern als unbefriedigend bezeichnen, als das Hochstift Augsburg im 16. Jahrhundert streckenweise eine politische Schlüsselrolle in der deutschen Geschichte spielte: Bischof Otto Truchseß von Waldburg (1543–1573) gehörte zu den frühesten und eifrigsten Verfechtern einer Politik der katholischen Gegenreformation, und in mehr oder minder großem Maße kann man dies auch von seinen nächsten Nachfolgern behaupten, bis hin zu dem nicht unbedeutenden Bischof Heinrich V. von Knöringen (1598–1646)[1]. Diese Bischöfe waren große Streiter vor dem Herrn; Papst Urban VIII. rechnete den Augsburger Bischof zu jener Gruppe deutscher Hardliner, die er verächtlich als »Zelanti« bezeichnete: Für ihre Ideologie waren sie bereit, über Leichen zu gehen, im Krieg oder im Frieden[2]. So verwundert es vielleicht gar nicht, daß die Bischöfe von Augsburg nicht nur bei der Gegenreformation, sondern auch bei der Hexenverfolgung in Süddeutschland eine Schlüsselrolle spielten[3].

Von seiner politischen Struktur war das Hochstift ein durchaus durchschnittliches geistliches Territorium: Das überwiegend aus Adeligen der Region zusammengesetzte Domkapitel wählte den Bischof aus seinen Reihen, der dann auf Lebenszeit relativ unbehelligt von der Mitsprache irgendwelcher anderer Gremien mit Hilfe seiner Administration regierte.

Das Territorium war unterteilt in ca. 15 Verwaltungsbezirke, die sogenannten Land- oder Pfleggerichte, die die Besitzungen des Bischofs nach einem relativ erfolgreichen Territorialisierungsprozeß im Spätmittelalter regional zusammenfaßten. Der Landeshoheit des Bischofs unterstanden auch die Besitzungen des Augsburger Domkapitels und einiger inkorporierter Klöster.

Nicht einmal hunderttausend Einwohner zählte das kleine Territorium von etwa 45 Quadratmeilen Größe (1 Meile = 7,5 km), das sich entlang von Lech und Iller vom Oberstdorfer Talbecken im Süden bis nach Norden an die Ufer der Donau erstreckte. Dort grenzte es an das Fürstentum Pfalz-Neuburg, im Osten an das große Herzogtum Bayern, im Westen und Norden an eine Vielzahl von Kleinterritorien, deren größte die Grafschaft Königsegg-Rothenfels und das Fürststift Kempten waren.

Das Hochstift Augsburg war kein geschlossener Flächenstaat wie die Grafschaft Tirol jenseits der Allgäuer Alpen oder Bayern, sondern ein Konglomerat von bischöflichen Besitzungen, erworben mit unterschiedlichen Rechtstiteln und unterbrochen durch konkurrierende Besitztitel von Klöstern, Rittern und Städten.

Wie ein Dorn im Fleisch des Hochstifts saß vor allem die mächtige Reichsstadt Augsburg mit ihren fast fünfzigtausend Einwohnern, die Stadt der Fugger und Welser, die sich seit langem von der Gewalt des Bischofs emanzipiert hatte und ihm an Finanzkraft weit überlegen war. Der Bischof hatte wegen ihrer Widersetzlichkeit Augsburg verlassen und seine Residenz nach Dillingen an der Donau verlegt. Dort wurde auch eine kleine Universität mit theologisch-philosophischer Fakultät eingerichtet, weil die Bildungseinrichtungen der mehrheitlich evangelisch gewordenen Reichsstadt im Zeitalter der Reformation suspekt erschienen[4].

Abb. 29: Dillingen, Stich aus der »Topographia Sueviae« von Matthäus Merian, 1643

Politisch war die Situation der Augsburger Bischöfe nicht einfach: Im Süden des Territoriums die selbstbewußten Allgäuer Bauern mit ihren regelmäßigen Rebellionen, im Westen und Norden »ketzerische« Nachbarn, im Osten der zwar katholische, aber übermächtige Herzog von Bayern mit seinen ewigen Expansionsgelüsten, der den Augsburger Bischof wohl zu gerne auf seine geistlichen Funktionen beschränkt hätte. Umgeben zu sein von einer Welt von Feinden – so mochte es Bischof Otto Truchseß von Waldburg erscheinen, der noch vor Abschluß des Konzils von Trient in Zusammenarbeit mit Petrus Canisius SJ (1521–1597) mit einer aktiven Gegenreformation in seiner Diözese und seinem Territorium begann. Die Landesuniversität Dillingen unterstellte er 1563 den Jesuiten. Hier lehrte in den 1570er Jahren der berühmte Gregor von Valencia SJ (1551–1603), bevor er an die wichtigere katholische Universität Ingolstadt abberufen wurde. Canisius, der Ordensprovinzial der oberdeutschen Jesuiten, war Domprediger in Augsburg, und er war es, der in dieser gemischtkonfessionellen süddeutschen Metropole von der Kanzel herab dem katholischen Drittel der Einwohnerschaft die Kunde von den großen Hexenverfolgungen in der Herrschaft Wiesensteig verbreitete[5], der größten Hexenverfolgung seit den Tagen der Ravensburger Verfolgung durch den Verfasser des *Hexenhammers*, Heinrich Cramer/Institoris, in den frühen 1480er Jahren. Am Beispiel des Wirkens von Canisius in Augsburg kann man sehen, wie in der Diözese ideologisch der Boden für die späteren Hexenverfolgungen bereitet wurde[6].

Als symptomatisch kann man die Situation zur Zeit der ersten bisher nachweisbaren Hexenhinrichtung im Hochstift bezeichnen. Nach der großen Hungerskrise Anfang der 1570er Jahre grassierten auch »sterbleuff« (durch Seuchen hervorgerufene Häufung von Todesfällen) in der Hauptstadt des Hochstifts[7]. Wenig später wurde nach Hexen gesucht.

Das erste Opfer war Anna Schneiderin aus Dillingen, genannt »die schwarze Schneiderin«. Ihre Verbrennung am 24. Januar 1575 fiel in die Regierungszeit des Bischofs Johann Eglof von Knöringen (1573–1575), der seit seiner Wahl ständig gekränkelt hatte und dies einer Legende nach auf das Wirken von Hexen zurückführte[8]. Manches spricht für diese Version, denn tatsächlich wurde seit 1574 in der bischöflichen Hauptstadt ein langwieriger Hexenprozeß durchgeführt, der kurz vor dem Tod des Bischofs mit einer Hinrichtung endete – in demselben Jahr 1575 übrigens, als in Dillingen die *Marianische Congregation* gegründet wurde. Maria galt bekanntermaßen als christliche Gegenspielerin der bösen Hexen, sie konnte ihren »Schutzmantel« über Bedrängte breiten, und sie stellte natürlich auch in struktureller Hinsicht ein archetypisches Gegenstück zur Hexe auf der Skala einer weiblichen Anthropologie dar. Der für das Hochstift Augsburg beispielgebende Dillinger Hexenprozeß läßt sich anhand der Hofratsprotokolle des Hochstifts nachvollziehen, während ein weiterer Hexenprozeß im südlichsten Gerichtsbezirk des Territoriums, dem Pfleggericht Rettenberg, lediglich kurz Erwähnung findet[9].

Bischof Marquard vom Berg (1575–1591), ein Adeliger aus der Ulmer Gegend und strikter Anhänger der Gegenreformation[10], ging quasi mit der Erbschaft dieser ersten Dillinger Hexenhinrichtung in seine Amtszeit. Drei weitere Frauen saßen noch bis 1576 im Dillinger Gefängnis, eine fünfte, »die alte Fritzin«, ließ der Bischof 1579 vermutlich verbrennen.

Marquard vom Berg sollte sich binnen weniger Jahre zum »Hexenbischof« von Augsburg entwickeln: Während seiner kurzen Amtszeit wurden mehr Menschen im Hochstift als Hexen verbrannt als jemals zuvor oder danach. Dabei wäre die These sicher verfehlt, der Bischof habe gezielt Hexenverfolgungen zu irgendwelchen politischen oder sonstigen Zwecken inszeniert, etwa zur Durchsetzung der Gegenreformation. Ziemlich eindeutig ergibt sich sowohl aus den teilweise erhaltenen Prozeßakten als auch aus den Hofratsprotokollen, daß nach einigen Jahren ohne Hexenprozesse der Anstoß zur Durchführung der Verfolgungen aus der Bevölkerung kam. Im Unterschied zu früher stießen diese Anfragen »von unten« allerdings Mitte der 1580er Jahre auf eine verfolgungsbereite Obrigkeit (Bischof, Regierung, Universität und Domkapitel), die bereit war, in großem Stil und systematisch nach Hexen zu suchen. Dies lassen die jeweiligen Reaktionen des Hofrats auf Anfragen aus den Landgerichten erkennen: Im Pfleggericht Rettenberg-Sonthofen sollte sich der Pfleger zu Beginn der Verfolgung 1586 erkundigen, wo ein Scharfrichter zu finden sei, der sich auf »dergleichen persohnen Torquierung« verstehe – man vertraute nicht den unerfahrenen eigenen Scharfrichtern in Schwabmünchen oder Sonthofen, sondern wollte erfahrene Spezialisten, um einen Erfolg der Tortur zu garantieren[11].

Die große Katastrophe der beinahe landesweiten Hexenverfolgung begann für das Hochstift Mitte der 1580er Jahre, also während jener mittlerweile bekannten Jahre der qualitativen Verschlechterung der Lebenssituation, als die kühle Witterung der »Kleinen Eiszeit« Jahr für Jahr Mißernten hervorrief, die ihrerseits zu Preissteigerungen führten und über Mangelernährung unbekannte Krankheiten bewirkten, auf jeden Fall aber den Pegel der sozialen Spannungen rapide ansteigen ließen[12]. 1586 grassierten wieder im ganzen Hochstift »sterbleuff«, das Augsburger Domkapitel war wegen Seuchengefahr nach Füssen umgezogen, doch auch am Gebirgsrand, speziell in der Pflege Rettenberg, begannen »sterbleuff«[13]. Unter solchen Bedingungen beschäftigten sich die Leute intensiver mit Hexereiverdächtigungen als sonst.

Die Hexenverfolgungen im Hochstift begannen unter spektakulären Bedingungen: Der Heiler und Hexenfinder Chonrad Stoeckhlin (1549–1587), Gemeinde-Roßhirt von Oberstdorf, hatte seit Jahren innerhalb der lokalen Volkskultur Hexereiverdächtigungen ausgesprochen und offenbar die daraus entstandenen Konflikte zur Zufriedenheit der beteiligten Parteien beigelegt. Üblicherweise wurden Hexen zur Zurücknahme ihres Schadenzaubers gezwungen. 1586 hatte sich jedoch die von ihm beschuldigte Anna Enzensbergerin (1526–1586) durch Flucht diesem Ansinnen entzogen und dadurch die Aufmerksamkeit der Obrigkeit erregt. Nach ihrer Rückkehr wurde sie gefangengenommen und der Fall der Regierung in Dillingen berichtet. Diese befahl, auch den »witch doctor« Stoeckhlin gefangenzunehmen und zu befragen. Die Berichte des Roßhirten über seine ekstatischen Visionen, seine nächtlichen Flüge mit der »Nachtschar« waren es dann offenbar, die die Phantasie der Juristen beflügelten und zusammen mit der Verfolgungsstimmung in der Bevölkerung zu jener ersten größeren Hexenverfolgung des Hochstifts führten, der in Oberstdorf 1586/87 ca. 25 Personen zum Opfer fielen[14].

Die Hexenverfolgungen im Hochstift Augsburg wurden von der Regierung in Dillingen dirigiert. Die Hochstiftsregierung unter Kanzler Dr. Thomas Seld (1584–1591) gab den Befehl zur Inhaftierung und Tortur Chonrad Stoeckhlins und lenkte den Prozeß durch ausführliche Interrogatoria von bis zu 146 Fragen.

Die Juristen des Bischofs orientierten sich in den 1580er Jahren an dem epochalen Werk *De magorum daemonomania* des französischen Juristen Jean Bodin (1530–1596)[15], ins Deutsche übersetzt durch den Straßburger Juristen und Schriftsteller Johann Fischart (1546–1590), was man daran erkennt, daß sie den nur bei Bodin/Fischart gebräuchlichen Begriff vom »Hexen-Reichstag« verwandten[16]. Zu Prozeßbeginn war dies die aktuellste Literatur zur Thematik. Mit diesem theoretischen Hilfsmittel war es den Juristen in der Regierung ein leichtes, die Aussagen Stoeckhlins über ekstatische Ausfahrten als Hexenflüge zu identifizieren und dies mit Einsatz der Folter durch das Gericht Rettenberg – und mit Hilfe des weithin berühmten Scharfrichters von Biberach – verifizieren zu lassen[17].

Die sich über ein Jahr hinziehende Verfolgung im Gericht Rettenberg wurde offenbar als Erfolg empfunden, denn beim Auftauchen gravierender Hexereivorwürfe im nächsten Gericht nahm man diese Verfolgung als Muster. Bei der 1589 beginnenden Verfolgung in der Straßvogtei (Gerichtsort Schwabmünchen) kalkulierte man bereits von Anfang an die Dynamik der Verfolgung ein und begann mit dem Bau zusätzlicher Gefängnisse. Daß der Bischof einen auswärtigen Scharfrichter, der auf Hexenprozesse spezialisiert war, gleich für ein ganzes Jahr engagierte, wie die Fugger-Zeitungen berichteten, signalisiert deutlich die Absichten der Regierung in Dillingen[18].

Seit 1586 fanden im Hochstift Augsburg in wenigen Jahren mehrere große Hexenverfolgungen statt, von Dillingen und Wittislingen im Norden bis Sonthofen im Süden. Das Hochstift Augsburg lieferte damit ein regionales Paradigma, wie ein anonymer Panegyriker des Bischofs nicht versäumte festzuhalten: »Marquard vom Berg [...] ain Anfenger dieser Sachen war, der Hexin hat er one Zaal, vil durch das feur verheeren lohn.«[19]

Soweit der Blick von außen. Die Überlieferungssituation für die einzelnen Verfolgungen ist im Hochstift Augsburg sehr unterschiedlich. Mit Hilfe der Hofratsprotokolle läßt sich nur ein grober Überblick gewinnen, da die Hexenprozesse bereits während der ersten größeren Verfolgung gesondert von der allgemeinen Kriminaljustiz behandelt wurden und auch die dazugehörige Korrespondenz separat aufbewahrt wurde. Von der Rettenberg-Sonthofener Verfolgung besitzen wir daneben nur den zentralen Prozeßakt Chonrad Stoeckhlins. Über die Hexenprozesse in Dillingen erfahren wir relativ viel, weil sie mit den Prozessen im benachbarten Pfalz-Neuburgischen Lauingen in Zusammenhang standen und von dort eine Parallelüberlieferung existiert[20]. Korrespondiert werden mußte auch wegen weiterer Hexenprozesse in Ortschaften mit geteilter Gerichtsbarkeit. Korrespondenzpartner waren hier beispielsweise die Klöster Donaualtheim, Kaisheim und Heilig-Kreuz in Donauwörth. Ebenso traten bei den Hexenprozessen im Gericht Wittislingen staatsrechtliche Probleme mit dem lutherischen Pfalz-Neuburg auf. Über die Schwabmünchner Prozesse erfahren wir besonders viel durch den Umstand, daß die Grafen Fugger dort über Besitz verfügten und regelmäßig in den handschriftlichen sogenannten *Fugger-Zeitungen* darüber berichtet wird[21]. Außerdem existieren detaillierte Abrechnungen des lokalen Scharfrichters[22], und es ergaben sich Konflikte mit der benachbarten großen Reichsstadt Augsburg, die keineswegs gewillt war, durch Besagungen aus der Straßvogtei die Hexenverfolgung in die eigenen Mauern tragen zu lassen[23].

Zusammen mit den Hofratsprotokollen besitzen wir also vier Parallelüberlieferungen für die Prozesse in der Straßvogtei. Das Ausmaß der Oberdorfer Verfolgung kennen wir dagegen nur deshalb genau, weil eine Liste aller 68 Hingerichteten nach Abschluß der Verfolgung angefertigt wurde und erhalten blieb[24].

So muß man sich darüber im klaren sein, daß man einerseits durch die Vielzahl der Quellen eine relativ dichte Überlieferung besitzt, die in manchen Fällen sogar eine Rekonstruktion der Prozeßanlässe und ihres äußeren Ablaufs ermöglicht, andererseits große Lücken bestehen, die eine Auswertung nach soziologischen Kriterien oder im Hinblick auf sozialanthropologische Fragestellungen sehr erschwert. Lediglich bezüglich der Geschlechterverteilung ist eine klare Aussage möglich: Der die ganze Verfolgungswelle auslösende Chonrad Stoeckhlin war der einzige Mann, der in den Verfolgungen um 1590 wegen Hexerei im Hochstift Augsburg hingerichtet wurde, ein weiterer Mann entzog sich durch Flucht. Der die Schwabmünchner Verfolgung auslösende Knabe wurde wegen Minderjährigkeit nicht belangt. Im Pfleggericht Rettenberg wurden mindestens 25 Frauen als Hexen verbrannt (bzw. starben bereits während der Haftzeit, wobei ihre Leichen dann auf den Scheiterhaufen gelegt wurden); etwa ebenso viele weitere Frauen wurden als verdächtig genannt, teilweise auch inhaftiert, aber letztlich freigesprochen bzw. gegen Urfehdeschwur freigelassen. In der bischöflichen Hauptstadt Dillingen wurden von 1587 bis 1591 mindestens 17 Frauen als Hexen verbrannt. In den Pfleggerichten Bobingen, Wehringen und der Straßvogtei (Gerichtsort Schwabmünchen) werden von 1589 bis 1591 die Namen von 45 verdächtigten Frauen genannt, von denen 29 nachweislich als Hexen verbrannt wurden. Im Pfleggericht Oberdorf wurden von 1590 bis 1592 genau 68 Frauen als Hexen verbrannt, die Zahl der darüber hinaus Verdächtigten ist unbekannt. Unter den Hingerichteten befanden sich auch mehrere Frauen aus den Pfleggerichten Helmishofen und Nesselwang, die nach Oberdorf überführt worden waren. Auch in Füssen saß eine Frau wegen Hexereiverdachts in Haft, ihr Schicksal bleibt unklar. Betroffen waren auch die Hochgerichte des Domkapitels Augsburg: 1590 wurden im Pfleggericht Zusmarshausen drei Frauen als Hexen verbrannt. Im Pfleggericht Dinkelscherben (Gerichtsort Großaitingen), wurden 1590 eine oder zwei Frauen als Hexen verbrannt, dann noch einmal 1599 und 1600[25]. Mehr als 99% aller Hingerichteten im Hochstift Augsburg während der Verfolgungswelle der Jahre um 1590 waren also weiblichen Geschlechts.

Welche weiteren Aussagen können wir über die Prozeßopfer treffen?

Zunächst einmal muß man festhalten, daß einige von ihnen tatsächlich wegen Hexerei allgemein im Verdacht standen. Allgemein, das bedeutete primär: bei ihren Nachbarinnen, wie ein aufsehenerregender Vorfall in Hindelang im Jahre 1583 zeigte: Eine Frau beschuldigte ihre Nachbarin vor versammelter Pfarrgemeinde an einem Sonntag in der Kirche, ihren Sohn krankgehext zu haben. Dieser Anklage ließ sie eine Vorladung vor Gottes Gericht in das »Tal Josaphat« folgen[26].

Vieles spricht dafür, daß jene Frauen, die zu Beginn der jeweiligen Hexenverfolgungen beschuldigt wurden, ebenfalls bereits mit einem gravierenden Verdacht leben mußten: Die Funktion von »witch doctors«, wie dem Oberstdorfer Roßhirten Stoeckhlin, bestand ja darin, solche Verdächtigungen zu bestärken. Auch der Knabe Veit Vischer in Schwabmünchen bestätigte wahrscheinlich umlaufende Gerüchte.

Schwieriger ist bereits die Frage zu beantworten, inwieweit die zu Beginn der Oberdorfer Verfolgung durch »Hexen« aus der benachbarten Ritterherrschaft Osterzell beschuldigten Frauen auch lokal in Verruf waren. Ein Wunder wäre dies nicht gewesen, denn solche Hexereiverdächtigungen waren latent vorhanden und wurden in Zeiten vermehrter Konflikte aktualisiert. Zu Beginn der Prozesse wurden nicht selten Frauen beschuldigt, die bereits seit Jahrzehnten im Ruf der Zauberei standen oder bei denen sogar schon die Vorfahren, Mutter und Großmutter, denselben Ruf gehabt hatten.

Hingewiesen werden muß auf den Fall einer jungen Frau, die sich selbst der Hexerei bezichtigte und dem Gericht auslieferte. Das Gericht behandelte ihren Fall sehr vorsichtig. Offenbar wurde sie nicht hingerichtet.

Bei der soziologischen Einschätzung der Verdächtigungen sind, wie erwähnt, durch den Charakter des Quellenmaterials Grenzen gesetzt. Immerhin läßt sich auch hier erkennen, daß sich die zunächst beschuldigten Frauen in ihrem Sozialprofil deutlich von den später beschuldigten Frauen unterschieden: Alte und zu Randgruppen gehörende Personen wie Anna Enzensbergerin oder Barbara Luzin, die zuerst in den Sog der Oberstdorfer Hexenprozesse gerieten, hatten in der Gemeinde sicher eine andere Stellung als die Bäuerinnen von den fürstbischöflichen Maierhöfen, die später von der Verfolgung erfaßt wurden. In Bobingen, dem Ursprungsort der Verfolgung in der Straßvogtei, griff die Verfolgung bemerkenswert schnell von der zuerst beschuldigten Ursula Leserin («Creutz-Ursel«) oder der als »arm« bezeichneten Witwe Anna Schelckhlin auf Bäuerinnen über, die in den Fugger-Zeitungen explizit als »reich« bezeichnet wurden, beispielsweise die im August 1589 in der Haft verstorbene Anna Enslin oder die im folgenden Monat verstorbene Gertraud Grueberin. 1590 war man bereits bei der lokalen Oberschicht angelangt, als es die »reichen Wirtinnen« von Bobingen und Wehringen erwischte.

Bei aller Spärlichkeit der Informationen, die wir über die Schwabmünchner Verfolgung besitzen, bestätigt sich hier doch exemplarisch das Grundmuster der »geographischen und sozialen Expansion der Verfolgung«: Von Bobingen breiteten sich die Beschuldigungen in die benachbarten bischöflichen Gerichte nach Wehringen, Göggingen und Schwabmünchen aus, ins domkapitelische Kleinaitingen und sogar in die Reichsstadt Augsburg. Von Personen, die am Rande der Gesellschaft lebten, gelangte man in wenigen Wochen bis zum Dorfhonoratiorentum, allerdings noch limitiert durch eine strikte Geschlechtsgrenze[27].

Mit an Zynismus grenzender Drastik kommentierte der Korrespondent der Fugger das Muster der »sozialen Expansion«, inklusive seiner Grenzen: Er schrieb 1590 über die öffentliche Meinung in Schwabmünchen, man sage

> »wann sye die unfletigen und Hesslichen hinweg gebelzt, wöllen sy hernach an den Schönen anfangen. Under diesen [zuletzt verhafteten] vieren soll eine vermögliche Wirtin sein. Will der Bischoff Inn seinem Gebieth daß unzyffer alles ausrotten (in massen er Zu Dillingen auch wieder anheben solle), Würdet er wol ein weil Zuschaffen und Zu brennen gnueg haben, Und zu Letst vielleicht auch vil vom Adel Inn güldin Kettinen gelangen werden. Aber wanns so weit kommen will, so Lauffet man gemainigelich wieder hinder sich.«[28]

Nach der Überführung der jeweils »ersten Hexe« kam es darauf an, ob sich das Gericht auf den Mechanismus von Denunziation und Tortur einließ oder nicht. Diese Entscheidung traf im Hochstift zentral der Hofrat. Zwischen 1586 und 1592 fiel diese Entscheidung häufig positiv aus.

Eine hochstiftische Besonderheit war dabei die Härte, mit der die Tortur durchgeführt werden konnte. Dem berühmten Biberacher Scharfrichter und Hexenspezialisten, den die hochstiftische Administration gewähren ließ, wird es zuzuschreiben sein, daß derart viele Frauen bereits während der Haft, also vor ihrer Hinrichtung, verstarben. Auch Chonrad Stoeckhlin wurde stundenlang in einer derart grauenhaften Weise gefoltert, wie es auch damals bei einem geregelten Gerichtsverfahren nicht hätte möglich sein dürfen: In einer stundenlangen Prozedur wurde ihm mit entzündetem Branntwein, Schießpulver und Pech »von der Schamb biß zu dem Haubt die Haut abgebrennt«, eine Tortur, die Stoeckhlin beinahe nicht überlebt hätte[29]. Obwohl die Prozedur im Protokoll vermerkt war, nahmen die gelehrten Räte und der Bischof in Dillingen daran keinen Anstoß.

In Sonthofen verstarben allein acht der ca. 25 als Hexen verurteilten Frauen bereits in Haft, also etwa ein Drittel der Geständigen. Zum Teil mag dies an ihrem hohen Alter und den ungünstigen Haftbedingungen auf Burg Fluhenstein gelegen haben. Doch selbst im Vergleich zu anderen Hexenprozessen ist dieser Tatbestand auffällig.

Daß die Geständnisse der Hexen zahlreiche Stereotype enthalten und diese auf die Erzwingung durch die Folter zurückzuführen waren, ist allgemein bekannt. Eine regionale Besonderheit des Hexenstereotyps war im deutschen Südwesten der Flug der Hexen zum Heuberg. Mit ziemlicher Sicherheit kam diese Vorstellung durch den Biberacher Scharfrichter ins Hochstift Augsburg, der also – wie die Theologen und Juristen – den Inhalt der Geständnisse beeinflussen konnte. Seine anhaltende Präsenz im Hochstift garantierte die Durchsetzung der Heuberg-Vorstellung, während im benachbarten bayrischen Schongau nach seinem Abzug regionale Varianten – Auerberg und Peißenberg – die Oberhand gewannen[30].

Abb. 30: Folter, aus: Hermann Löher, »Wemütige Klage der Frommen Unschültigen«, Amsterdam 1676

Die Relationen der Geschehnisse im Hochstift Augsburg werden deutlich, wenn man in Betracht zieht, daß sich in dem kleinen geistlichen Territorium in absoluten Zahlen mehr Hexenhinrichtungen nachweisen lassen als in dem zehnmal so großen und zehnmal so bevölkerungsreichen Herzogtum Bayern. Die Dillinger Hexenverfolgungen dienten in anderen Territorien, allen voran dem großen benachbarten Herzogtum Bayern, den Verfolgungsparteien als Vorbild. Abschriften von Urgichten der in Dillingen verbrannten Frauen finden sich noch heute in Beständen der fränkischen Reichsstadt Weißenburg, der schwäbischen Grafen Waldburg-Wolfegg, der bayrischen Hauptstadt München und der Fugger-Zeitungen. Der Fall der 1587 verbrannten Dillinger Patrizierin Margarethe Kellerin diente zusammen mit dem Trierer Fall des Dr. Flade als Präzedenzfall für die Verbrennung einer Person höheren Standes[31].

Kennzeichnend für die Dillinger Verhältnisse ist nun, daß diese paradigmatische Bedeutung auch in der Folgezeit nicht verlorenging. Zwar ebbten wie überall im Süden die Verfolgungen nach 1592 ab, doch bereits 1597 begann eine neue Hinrichtungswelle, bei deren Durchführung sich Bischof und Domkapitel im übrigen völlig einig waren, wie aus einer Korrespondenz hervorgeht[32]. Eine Verfolgungswelle in den Jahren 1612/13, bei der neuerlich mindestens 18 Personen als Hexen verbrannt wurden, darunter eine Susanna Seyzin mit 2000 Gulden Nachlaß, sicherte dem Hochstift Augsburg anhaltende Beachtung in den Nachbarterritorien. Die Verfolgungspartei in München lud 1615 sogar den Dillinger Hexenkommissar und Hofrat Dr. Paulus zum Ackher zu Konsultationen nach München ein[33].

In den frühen 1620er Jahren schließlich gelang der hochstiftischen Justizadministration die Durchbrechung eines weiteren Tabus: In löblicher Beachtung des römischrechtlichen Gleichheitsgedankens wurden seit 1621 auch wieder Männer als Hexen hingerichtet, mit Conrad Schmid im Dezember 1624 schließlich sogar ein Ratsherr der Hauptstadt Dillingen.

Die Diskussionen um die Hexenprozesse im Dillinger Hofrat in den 1620er Jahren, die man den Hofratsprotokollen entnehmen kann, offenbaren die ganze Tristesse der bischöflichen Regierung in dieser Zeit. Unter Heinrich V. von Knöringen gab es keine prinzipielle Opposition gegen Hexenverfolgungen, wie dies etwa im benachbarten Bayern der Fall war, wo Juristen der Universität Ingolstadt, Adelige im Gefolge des Landschaftskanzlers Johann Georg Herwarth oder Jesuiten unter dem Schutzmantel des berühmten Adam Tanner SJ[34] gegen jeden Versuch, weitere Hexenverfolgungen zu beginnen, Widerstand leisteten. Im Hochstift Augsburg liefen in den 1620er Jahren Diskussionen stets nach demselben Muster ab: Der bedächtigere Hochstiftskanzler Dr. Mathäus Wanner und der gelehrte Rat Dr. Knor stimmten eher gegen zusätzliche Torturen und Verbrennungen, der zelantische Dr. zum Ackher und der Adelige Johann von Gemmingen stets dafür, doch mußte die bedächtigere Richtung sehr vorsichtig und defensiv argumentieren und konnte sich im konkreten Einzelfall selten durchsetzen[35].

Immerhin scheint der hinhaltende Widerstand einer Gruppe gelehrter Räte im Hofrat doch bewirkt zu haben, daß die große Verfolgungswelle der späten 1620er Jahre am Hochstift Augsburg ohne größere Hinrichtungswellen vorüberging, wenn auch allenthalben – speziell 1629 – nach Zauberern gefahndet wurde. Noch während der Regierungszeit Heinrichs von Knöringen gelang also eine dramatische Eindämmung der Hexenprozesse. Möglicherweise hat hier auch das Wirken von Jesuiten an der Dillinger Hochschule eine Rolle gespielt. Das Beispiel des Bernhard Frey SJ (1606–1685) aus Oberstdorf im Allgäu, später Beichtvater des bayrischen Kurfürsten Ferdinand Maria, zeigt doch die Breitenwirkung der von Adam Tanner und Friedrich Spee geübten Kritik an den Hexenverfolgungen auch bei Untertanen des Bischofs von Augsburg[36].

Die Eindämmung der Hexenverfolgungen hatte auch nach dem Ende des Dreißigjährigen Krieges Bestand, und dies ist um so kurioser, als jetzt in der vorher weitgehend resistenten Reichsstadt Augsburg eine Serie von Hexenhinrichtungen einsetzte, die bis 1699 andauerte und insgesamt 17 Menschen das Leben kostete. Ähnliches ereignete sich in einigen protestantischen Reichsstädten. Aus dem katholischen Hochstift sind während dieser Periode bisher keine vergleichbaren Ereignisse bekanntgeworden.

Anders stellten sich die Verhältnisse im Jahrhundert der Aufklärung dar. Während protestantische Reichsstädte wie Memmingen oder Nürnberg, aber auch das gemischtkonfessionelle Augsburg Hexenhinrichtungen jetzt praktisch einstellten, erlebten sie in den katholischen Territorien des Südens geradezu einen Neubeginn. Wie im Hochstift Freising erreichten die Hexenprozesse auch im Hochstift Augsburg in den 1720er Jahren einen neuen Höhepunkt, allerdings in weit geringeren Dimensionen als im späten 16. Jahrhundert: In Schwabmünchen kam es 1721 zu einer Hexenhinrichtung, 1728 wurde in Bobingen und Schwabmünchen gar gegen 14 Personen prozessiert, von denen vier wegen Hexerei hingerichtet wurden[37]. 1745 schließlich wurde unter Fürstbischof Joseph von Hessen (1740–1768) in der bischöflichen Hauptstadt Dillingen – und im gesamten Hochstift – letztmals eine Person wegen Hexerei exekutiert: Barbara Zielhauserin[38]. Erst unter seinem Nachfolger, dem aufgeklärten Clemens Wenzeslaus von Sachsen (1768–1812), fand dieser Spuk naturgemäß sein Ende.

Anmerkungen

1 Friedrich ZOEPFL, Das Bistum Augsburg und seine Bischöfe, Augsburg 1956; Romuald BAUERREISS, Kirchengeschichte Bayerns, Bd. 6: Das sechzehnte Jahrhundert, Augsburg 1965, S. 226f.; Walter BRANDMÜLLER (Hrsg.), Handbuch der Bayerischen Kirchengeschichte, Bd. 2: Von der Glaubensspaltung bis zur Säkularisation, St. Ottilien 1993, darin die Beiträge von Wolfgang WÜST über Schwaben, S. 65–122, 357–390.

2 Robert BIRELEY, Maximilian II., Adam Contzen SJ und die Gegenreformation in Deutschland 1624–1635, Göttingen 1975, S. 143, 152–156, speziell zu Knöringen S. 226; DERS., Religion and Politics in the Age of the Counterreformation. Emperor Ferdinand II., William Lamormaini SJ and the Formation of Imperial Policy, Chapel Hill 1981, S. 23.

3 Wolfgang BEHRINGER, Hexenverfolgung in Bayern. Volksmagie, Glaubenseifer und Staatsräson in der frühen Neuzeit, München 1987, S. 130–137 und Index.

4 Augsburg Hochstift, in: Gerhard KÖBLER, Historisches Lexikon der deutschen Länder. Die deutschen Territorien vom Mittelalter bis zur Gegenwart, München ²1989, S. 22f.; Adolf LAYER, Geistliche Herrschaftsbereiche, in: Max SPINDLER (Hrsg.), Handbuch der Bayerischen Geschichte, Bd. 3, München ²1979, § 111: Hochstift und Domkapitel Augsburg, S. 949–962.

5 Der Text des berühmten Flugblatts und der Brief des Canisius darüber sind abgedruckt in: Wolfgang BEHRINGER (Hrsg.), Hexen und Hexenprozesse in Deutschland, München 1988, ²1993, S. 137–139.

6 Johannes JANSSEN/Ludwig PASTOR, Culturzustände des deutschen Volkes seit dem Ausgang des Mittelalters bis zum Beginn des Dreißigjährigen Krieges (Geschichte des deutschen Volkes, Bd. 8), Freiburg i.Br. 1894, S. 652f.; Bernhard DUHR, Geschichte der Jesuiten in den Ländern deutscher Zunge, 4 Bde., Freiburg i.Br. 1907–1928, hier: Bd. 1, S. 731ff., Bd. 2, S. 499ff., Bd. 3, S. 751–766.

7 StA Augsburg, Hochstift Augsburg, Neuburger Abgabe, Akten Nr. 1187 (Hofratsprotokoll 1574), fol. 260.

8 Friedrich ZOEPFL, Hexenwahn und Hexenverfolgung in Dillingen, in: Zeitschrift für Bayerische Landesgeschichte 27 (1964), S. 235–244, hier: S. 240.

9 StA Augsburg, Hochstift Augsburg, Neuburger Abgabe, Akten, Nr. 1187, 1188.

10 Otto BUCHER, Bischof Marquard vom Berg 1575–1591, in: Zeitschrift für Bayerische Landesgeschichte 20 (1957), S. 1–52.

11 StA Augsburg, Hochstift Augsburg, Neuburger Abgabe, Akten Nr. 1199 (Hofratsprotokoll von 1586), fol. 413ᵛ.

12 Wolfgang BEHRINGER, Das Wetter, der Hunger, die Angst. Gründe der europäischen Hexenverfolgungen in Klima-, Sozial- und Mentalitätsgeschichte. Das Beispiel Süddeutschlands, in: Gábor KLANICZAY/Éva PÓCS (Hrsg.), Witch Beliefs and Witch-hunting in Central and Eastern Europe (Acta Ethnographica Hungarica. An International Journal of Ethnography, Bd. 37), Budapest 1991/92, S. 25–48.

13 StA Augsburg, Hochstift Augsburg, Neuburger Abgabe, Akten Nr. 1199, fol. 39ᵛ–40.

14 Wolfgang BEHRINGER, Chonrad Stoeckhlin und die Nachtschar. Eine Geschichte aus der frühen Neuzeit, München 1994.

15 Ursula LANGE, Untersuchungen zu Bodins Demonomanie, Frankfurt a.M. 1970.

16 Jean BODIN, De magorum daemonomania. Vom ausgelasnen Wütigen Teufelsheer, allerhand Zauberern / Hexen und Hexenmeistern / Unholden / Teuffelsbeschwerern / Warsagern [...], Straßburg 1591 (Erstausgabe französisch 1580, lateinisch 1581, erste deutsche Übersetzung von Johann Fischart 1586, zitiert nach der erweiterten Ausgabe von 1591), S. 109; StA Augsburg, Hochstift Augsburg, Neuburger Abgabe, Akten Nr. 6737, Interrogatoria auf Konrad Stoeckhlin (146 Fragen), undatiert, Frage 96.

17 BEHRINGER, Hexenverfolgung Bayern (wie Anm. 3), S. 132; Jutta NOVOSADTKO, Scharfrichter und Abdecker in Bayern (1500–1800). Der Alltag zweier unehrlicher Berufe in Theorie, Literatur und Sozialgeschichte, Diss. Essen 1992.

18 BEHRINGER, Hexenverfolgung Bayern (wie Anm. 3), S. 133f., 136.

19 Österreichische Nationalbibliothek Wien, Cod. 8963, fol. 751f.

20 HStA München, Hexenakten 16.

21 Österreichische Nationalbibliothek Wien, Cod. 8962ff.

22 StA Augsburg, Hochstift Augsburg, Neuburger Abgabe, Akten Nr. 2816.

23 StadtA Augsburg, Bestand Reichsstadt Nr. 45, Ratsprotokolle 1587–1590, fol. 340–347 passim; StadtA Augsburg, Urgichtenakten 1590c, VII,4; BEHRINGER, Hexenverfolgung Bayern (wie Anm. 3), S. 136.

24 StA Augsburg, ehemals StA Neuburg, Gerichtsbuch Oberdorf 1576–1596, fol. 148–162.

25 BEHRINGER, Hexenverfolgung Bayern (wie Anm. 3), S. 436–440.

26 BEHRINGER, Stoeckhlin (wie Anm. 14), S. 97.

27 BEHRINGER, Hexenverfolgung Bayern (wie Anm. 3), S. 133–136, 198–203.

28 Ebd., S. 205.

29 Vgl. dazu ebd., S. 131f.

30 Ebd., S. 132, 144, 191, 417.

31 Ebd., S. 130, 133.

32 HStA München, Hexenakten 15 1/2.

33 BEHRINGER, Hexenverfolgung Bayern (wie Anm. 3), S. 130, 141, 239, 258, 309, 323, 330.

34 Wolfgang BEHRINGER, Zur Haltung Adam Tanners in der Hexenfrage. Die Entstehung einer Argumentationsstrategie in ihrem gesellschaftlichen Kontext, in: Hartmut LEHMANN/Otto ULBRICHT (Hrsg.), Vom Unfug des Hexen-Processes. Gegner der Hexenverfolgung von Johann Weyer bis Friedrich Spee, Wiesbaden 1992, S. 161–186.

35 BEHRINGER, Hexenverfolgung Bayern (wie Anm. 3), S. 323, nach: StA Augsburg, Hochstift Augsburg, Neuburger Abgabe, Akten Nr. 1219–1225.

36 BEHRINGER, Hexenverfolgung Bayern (wie Anm. 3), S. 257, 333, 367.

37 HStA München, Hexenakten 13, 14a–d, 14 1/2.

38 StA Augsburg, Hochstift Augsburg, Neuburger Abgabe, Akten Nr. 800.

Wolfgang Zimmermann

Hochstift Konstanz

I.

Das Bistum Konstanz war die größte Diözese im Heiligen Römischen Reich. Sie umfaßte einen Großteil des heutigen Bundeslandes Baden-Württemberg, die nördliche Eidgenossenschaft sowie Teile von Vorarlberg. Das Hochstift aber, also der Raum, in dem der Bischof die Rechte eines Landesherrn für sich beanspruchte, erreichte nie die Größe vergleichbarer bischöflicher Territorien. Die wenigen Besitzungen konzentrierten sich im westlichen Bodenseeraum. Einen Schwerpunkt bildeten die Gebiete um die Städte Markdorf und Meersburg am Nordufer des Sees. Wichtige eidgenössische Teile des Hochstiftes lagen im Thurgau um Arbon und Bischofszell. Der Untersee, der südwestliche Ausläufer des Bodensees, war größtenteils von bischöflichen Dörfern umgeben, auch die Insel Reichenau gehörte zum Hochstift. Weitere Besitzungen lagen verstreut am Hochrhein[1].

Eine Reihe territorialer Veränderungen im ausgehenden 15. und in der ersten Hälfte des 16. Jahrhunderts gab dem Hochstift die Gestalt, die es in groben Zügen bis zum Ende des Alten Reiches behalten sollte. Besonders zu nennen wäre hier der Erwerb der Herrschaft Bohlingen bei Singen (1497) sowie der Vogtei auf der Höri (1448/1535). Von großer Bedeutung war zudem die Inkorporation der Propstei Öhningen (1534/35) sowie der Abtei Reichenau (1540/41) in das Hochstift. Besonders im Fall der Reichenau war mit diesem Schritt der Übergang umfassender Nieder- und Hochgerichtsrechte auf der Insel selbst und in mehreren Dörfern auf dem nahen Festland vom Reichenauer Abt auf den Bischof verbunden.

Trotz dieser bescheidenen Konsolidierung des hochstiftischen Gebiets gelang es den Konstanzer Bischöfen nur ansatzweise, ein Territorium im modernen Sinn aufzubauen. Denn in vielen Teilen der Herrschaft lagen die Hochgerichtsrechte nicht in Händen des Bischofs oder waren zumindest umstritten. Im westlichen Bodenseegebiet konnte der Bischof nur allmählich diese Rechte von der österreichischen Landgrafschaft Nellenburg erwerben. Am Nordufer konnte sich Konstanz erst spät gegen die Fürstenberger durchsetzen. Diese hatten 1534 mit dem Erbe der Landgrafschaft Heiligenberg auch deren Ansprüche auf das Hochgericht im Bereich der Obervogtei Meersburg übernommen[2]. Eine endgültige Regelung konnte erst im späten 18. Jahrhundert (1779) zugunsten des Hochstiftes gefunden werden, als der Bischof auch in dem sogenannten äußeren Etter der Obervogtei die hohe Gerichtsbarkeit erwerben konnte, während die bischöfliche Residenzstadt schon seit dem 14. Jahrhundert nicht mehr dem Heiligenberger Landgericht unterstand. Auch in Markdorf lag die Gerichtsbarkeit traditionell in den Händen der Stadtherrn[3]. Dennoch mußten jeweils mit den Städten Regelungen getroffen werden, um deren verbrieften Anspruch auf den Blutbann zumindest nominell zu wahren. Eine Expansion bischöflicher Hoheitsrechte am Südufer des Bodensees war durch die endgültige Loslösung der Eidgenossenschaft vom Reich unmöglich geworden. Hier galt es nur, den Status quo zu sichern[4].

Im Innern war das Hochstift in Ämter, sogenannte Obervogteien, untergliedert, denen jeweils ein Obervogt vorstand. Die Ausbildung einer zeitgemäßen Zentralregierung in Meersburg – seit 1551 endgültig Residenz der Konstanzer Bischöfe – läßt sich aufgrund der schwierigen

Quellenlage nur skizzenartig nachzeichnen[5]. Neben dem schon für das Mittelalter belegten bischöflichen Hofgericht, das nach dessen Sitzungsort auch Pfalzgericht genannt wurde, wurden unter Kardinal Andreas von Österreich (1589–1600) ein geistlicher und weltlicher Rat aus älteren Vorgängergremien gebildet. Besonders der weltliche Rat stand in Konkurrenz zum älteren Hofgericht. Tatsächlich konnte er im Verlauf des 17. Jahrhunderts wichtige Kompetenzen des Hofgerichtes übernehmen. Er wurde zur einzigen Instanz für Malefizfälle, zudem auch zur Appellationsinstanz für die Niedergerichte des Hochstiftes. Allerdings blieb für die Gebiete in der Eidgenossenschaft weiterhin das ad hoc zusammengerufene Hofgericht zuständig.

Diese territorialen und verwaltungsmäßigen Veränderungen schufen den institutionell-herrschaftlichen Rahmen für die Hexenverfolgungen im Hochstift. Das bischöfliche Territorium befand sich im 16. und 17. Jahrhundert in einer Phase der Konsolidierung, die nach außen hin Auseinandersetzungen mit den Ansprüchen benachbarter Herrschaften (Nellenburg, Heiligenberg) zur Folge hatte. Der Aufbau einer festen Zentralverwaltung seit dem Ende des 16. Jahrhunderts band die neu erworbenen Herrschaften eng an das Hochstift, es wurden aber auch die Freiheiten der beiden Städte Meersburg und Markdorf besonders im Bereich der Hochgerichtsbarkeit massiv eingeschränkt.

Die Frage nach der gerichtlichen Verfolgung von Hexerei war somit auch eine Frage nach der Durchsetzbarkeit der bischöflichen Hoheitsrechte nach innen und außen. Daß darüber hinaus der Doppelrolle des Konstanzer Bischofs als Landesherr des Hochstiftes und als Oberhaupt der gesamten Diözese in der Frage der Bewertung und Verfolgung von Hexerei eine große Bedeutung zukam, steht außer Frage.

II.

Die Chronologie der Hexenprozesse im Hochstift Konstanz deckt sich im 16. Jahrhundert mit den für ganz Deutschland festzustellenden Verfolgungswellen, die sich, von einigen kleineren Zeitverschiebungen abgesehen, auch für das Bodenseegebiet nachweisen lassen[6]. Im Kontext der Ausbildung der zeitgenössischen Dämonologie in der Mitte des 15. Jahrhunderts wurden auch der bischöfliche Hof und das Hochstift von der Debatte um das Hexenwesen berührt.

Das Geständnis der 1450 in Luzern hingerichteten Else von Meersburg führt in ihre Heimat an den Bodensee zurück, auch wenn das Gerichtsverfahren in keinem Zusammenhang mit dem bischöflichen Territorium stand. Die angeklagte Frau bekannte, sich in ihrer Jugend zusammen mit einer anderen Meersburgerin, Else Schiesserin, dem Teufel ergeben zu haben. Gemeinsam mit ihrer Lehrmeisterin habe sie Hagel und Unwetter über Konstanz und Meersburg niedergehen lassen[7]. Die Urgicht, zeitlich in die Frühphase der Hexenverfolgung einzuordnen, weist mit dem Geständnis des Schadenzaubers, verbunden mit einer Verschreibung an den Teufel sowie mit der Angabe weiterer Frauen als Komplizinnen, schon alle wichtigen Merkmale des Hexenglaubens auf[8]. Aus der Sicht der Luzerner Richter gehörten die Reichsstadt Konstanz und die bischöfliche Stadt Meersburg in den Raum, in der die Hexensekte ihr Unwesen trieb.

Auch die zweite Phase in der Verbreitung des Hexenglaubens, die ihren Höhepunkt in der Veröffentlichung des *Hexenhammers* (1487) fand, hinterließ ihre Spuren am bischöflichen Hof. Der Dominikaner Heinrich Institoris berichtet im zweiten Teil dieser Schrift über zahlreiche Hinrichtungen – er nennt die Zahl 48 –, die in den letzten fünf Jahren in der Diözese Konstanz und der Stadt Ravensburg stattgefunden hätten[9]. Ob Institoris bei seinem Aufenthalt in Oberdeutschland und Tirol auch Beziehungen zur bischöflichen Residenz knüpfte, läßt sich nicht klären. Es ist jedoch auffallend, daß zwei Jahre nach Erscheinen des *Hexenhammers* ein Bediensteter des Bischofs, Ulrich Molitoris, mit dem Traktat *De laniis et phitonicis mulieribus* ebenfalls die Frage des

Hexenwesens und dessen Verfolgung erörterte[10], auch wenn sich seine angeführten Beispiele auf Prozesse in der Reichsstadt Konstanz und nicht auf solche im Hochstift bezogen[11]. Molitoris, seit 1479 Notar am bischöflichen Gericht, widmete die Schrift Herzog Sigismund von Tirol, der ihn 1487 zu seinem Rat ernannt hatte. Nicht zuletzt durch das Wirken von Institoris in Innsbruck war auch in Tirol die Verfolgung von Hexen zu einem öffentlichen Thema geworden.

Nach Molitoris bestand das Verbrechen der Hexerei im Abfall vom christlichen Glauben, nicht im konkreten Schadenzauber, der seiner Meinung nach in Wirklichkeit ein Werk des Teufels und nicht der Angeklagten sei. Dennoch plädierte Molitoris für die Hinrichtung überführter Hexen. Der Traktat, der zwischen 1490 und 1520 in acht lateinischen und fünf deutschen Ausgaben auf den Markt kam und später auch als Anhang dem *Hexenhammer* beigegeben wurde, blieb bis ins 17. Jahrhundert eine der zentralen Schriften über das Hexenwesen.

Der Fall des Rudi Schellenbaur aus Winterthur zeigt, daß neben der gelehrten Dämonologie des *Hexenhammers* oder der Schrift Molitoris' eine breite Schicht volkstümlicher Magie existierte, die kaum in den Quellen greifbar wird. Schellenbaur war 1505 vom Reichenauer Abt wegen Zauberei in Haft genommen worden. Der Mann hatte ein vierblättriges Kleeblatt mit Wachs vermengt und in Markelfingen (bei Radolfzell) unter das Altartuch des Fronaltars gelegt, damit darauf eine Messe gelesen würde[12]. Das Heilige, in der Meßfeier präsent gemacht, sollte auf die Masse übertragen und in dieser »konservierten« Form für den Alltag nutzbar gemacht werden.

Die Hinrichtung von zwei Frauen aus dem Dorf Iznang, das zur Hälfte zur Herrschaft Bohlingen gehörte, fand noch vor dem Erwerb dieses Gebietes durch den Konstanzer Bischof (1497) statt[13]. Weitere Nachrichten über Hinrichtungen fehlen für die nächsten Jahre. Wie auch in anderen Regionen des Reiches trat das Phänomen der Hexenverfolgungen zu Beginn des 16. Jahrhunderts in den Hintergrund.

III.

Ein Verzeichnis von Malefizfällen, die sich in den Jahren von 1450 bis 1590 auf dem Territorium der Abtei Reichenau, seit 1540 bischöfliches Obervogteiamt, ereigneten, spiegelt in geraffter Weise die Entwicklung der Hexenprozesse in der zweiten Hälfte des 16. Jahrhunderts wider[14]. Die erste Hexenverbrennung im Jahr 1557 blieb ein isoliertes Ereignis. Nach 1575 häufen sich jedoch die Nachrichten über Hinrichtungen: 1575 zwei Frauen, 1579 drei Frauen und ein Mann, 1581 in zwei Verfahren wiederum drei Frauen. Mit den Nachrichten über die Hinrichtung je einer Frau in den Jahren 1585, 1586 und 1590 brechen die Nachrichten über Hexenverfolgungen in der Obervogtei Reichenau zunächst ab.

Der Überblick macht deutlich, daß sich in der zweiten Hälfte des 16. Jahrhunderts das Hexenbild im Bereich der ländlich geprägten Obervogtei Reichenau auf das weibliche Geschlecht verengt hatte. Der Reichenauer Georg Frey (oft auch Wagenmann genannt), der 1579 hingerichtet wurde, blieb eine singuläre Ausnahme, die sich aus dem ungewöhnlichen Verlauf des Prozesses ergeben hatte[15]: Frey war unter dem Verdacht, einen Diebstahl begangen zu haben, verhaftet worden. Zudem wurde schon seit längerem vermutet, er besitze Falschgeld. In seiner Verteidigung versuchte der Mann, das gängige Hexenbild zu seinen Gunsten einzusetzen. Er sei von einer Frau auf der Insel Reichenau angesprochen worden, ob er denn nicht Geld brauche. Als er dies bejaht habe, wurde er von der Hexe zum Sabbat auf den Heuberg geführt. Dort erhielt er die Münzen, nachdem er den anwesenden Frauen – er nannte dabei 13 Namen – gepredigt hatte. Die weiteren Topoi des Hexensabbats fehlen in der Schilderung Freys nicht. Die Verteidigungsstrategie scheiterte: Der Mann wurde nach seiner als Verführung hochstilisierten Selbstbezichtigung zusammen mit drei Frauen hingerichtet.

Die weiteren Verfahren blieben auf Einzelpersonen beschränkt. Die Hinrichtung von zwei Frauen in Allensbach (1581) ergab sich aus einer besonderen Situation: Die zunächst inhaftierte Dorothea Weltschinger starb in der Haft. Nachdem ihre Tochter Ursula sie mit weiteren Aussagen stark belastet hatte, grub man den bereits bestatteten Leichnam wieder aus, um ihn dann zu verbrennen. Selbst am Körper der Toten konnte ihr Vergehen in der angemessenen Form gesühnt werden. Durch die Aussage gegen ihre Mutter hatte sich aber auch die Tochter selbst der Hexerei verdächtig gemacht. Sie wurde zusammen mit ihrer toten Mutter verbrannt.

Der Schwerpunkt der Reichenauer Hexenprozesse zwischen 1575 und 1590 liegt etwa zeitgleich mit den Verfolgungen in der bischöflichen Residenz Meersburg[16]. Die kleine Stadt wurde zwischen 1577 und 1581 von drei Verfolgungswellen heimgesucht: 1577 wurden vier Frauen hingerichtet, 1579 waren es drei Opfer, wiederum nur Frauen. In einem letzten Verfahren wurden 1581 erneut vier Frauen verbrannt. Die Opfer waren nach Aussage der nur spärlich überlieferten Quellen alle fest in die Meersburger Gesellschaft integriert, es wurden keine Außenseiter hingerichtet.

Der Hexereivorwurf betraf in einem Verfahren sogar Angehörige der politischen Elite der Kleinstadt. Martin Benz, der Stiefbruder der 1579 hingerichteten Ursula Benz, war bald nach seiner Einbürgerung (1573) zum Nachfolger des im selben Jahr verstorbenen Stadtschreibers Christof Nebel ernannt worden. Er heiratete auch die Witwe Nebels, Elisabeth. Die Verschwägerung der beiden Familien Benz und Nebel führte dazu, daß nach der Hinrichtung von Ursula Benz auch ihre Schwägerin in den Verdacht der Hexerei geriet. Ihr relativer Wohlstand ermöglichte es ihr jedoch, sich der drohenden Hinrichtung durch Flucht zu entziehen. Die angestrebte Konfiskation ihres Vermögens wurde durch den Einspruch der Familie, vor allem aber auch durch ein Rechtsgutachten der Universität Tübingen abgewendet[17].

Die Meersburger Hinrichtungen waren im Gegensatz zu den Reichenauer Verfahren keine Einzelprozesse. Es handelte sich vielmehr um sogenannte »kleine Hexenpaniken« (*small panics*), die für viele Regionen typisch waren. In ihnen wurden zumindest zwei Personen unter dem Vorwurf, sie hätten sich verschworen, um Schadenzauber auszuüben, vor Gericht gebracht.

Die zeitgleichen Hexenverfolgungen in der Obervogtei Reichenau, in der angrenzenden Landgrafschaft Heiligenberg, der nahen Reichsstadt Überlingen sowie der Stadt Konstanz beeinflußten die Meersburger Hinrichtungen. Zugleich erhielten die Nachbarn durch sie auch neue Impulse für weitere Prozesse[18]. Die Verfolgungsmuster glichen sich: Es handelte sich – außer in der Obervogtei Reichenau – jeweils um *small panics*, die Opfer waren ausschließlich Frauen. Die Beispiele der Konstanzer Hinrichtungen zeigen zudem, daß in den dortigen Geständnissen explizit Bezug auf die Meersburger Ereignisse genommen wurde. So gaben etwa in Konstanz inhaftierte Frauen Meersburgerinnen, die bereits hingerichtet worden waren, als ihre Mittäterinnen an. Andere Konstanzerinnen behaupteten, daß diese ihnen Schaden zugefügt hätten[19].

Die Reichenauer und Meersburger Hexenverfolgungen zwischen 1575 und 1590 waren Teil einer größeren Verfolgungswelle im westlichen Bodenseegebiet, die sich ihrerseits wiederum nahtlos in die allgemeine Entwicklung in Südwestdeutschland einpaßte. Die Jahrzehnte zwischen 1570 und 1590 bildeten einen ersten großen Höhepunkt, der um 1590 auch Bayern erreichte[20]. Am Bodensee trat zur selben Zeit ein weiteres Phänomen auf, das Rückschlüsse auf die Ursache der Verfolgungswelle zuläßt: In zahlreichen Städten[21], auch in Allensbach in der Obervogtei Reichenau[22], verbreiteten sich Gerüchte über herumziehende Mordbrennerbanden. Unter der Folter erzwungene Geständnisse berichten einzelne Greueltaten, die in ihrer Struktur den Geständnissen der Hexen glichen. Das Gefühl der Bedrohung der gesellschaftlichen Ordnung war allgegenwärtig; daß es ein Reflex auf eine allgemeine Krise war, die sich als sogenannte Krise des 16. Jahrhunderts in Hungersnöten, Teuerungen und ähnlichen Phänomenen äußerte, erscheint durchaus plausibel[23].

Lokale Ereignisse können somit nur als Auslöser für die Hinrichtungen gedeutet werden, nicht jedoch als tieferliegende Ursache. Das enge Geflecht von Besagungen ließ die Hexenfurcht in dem territorial zersplitterten Bodenseegebiet von Herrschaft zu Herrschaft springen. Der Austausch von Scharfrichtern erleichterte die Verbreitung von Informationen. Einzelne Personen, wie der häufig erwähnte Senn des Thurgauer Stiftes Kreuzlingen bei Konstanz, die im Ruf standen, die Verhexungen und deren Täter sofort diagnostizieren zu können, waren nicht unerheblich daran beteiligt, Beschuldigungen gezielt in Umlauf zu bringen. Im Hochstift wurden die Hexenverfolgungen in jenen Jahren durch eine besondere politische Konstellation erleichtert: Der Konstanzer Bischof, Kardinal Mark Sittich von Hohenems (1561–1589), hielt sich seit 1569 ausschließlich in Rom auf. Seine Funktionen als Landesherr des Hochstiftes wurden seit 1572 von Stephan Wolgemuoth, dem weltlichen Statthalter des Bischofs, wahrgenommen. Die Jahre bis zur Resignation des Kardinals (1589) waren durch eine fast unumschränkte Alleinherrschaft Wolgemuoths, der zugleich Obervogt von Meersburg war, gekennzeichnet. Die Schwäche der bischöflichen Zentralverwaltung machte ein energisches Gegensteuern gegen die sich im Bodenseeraum ausbreitende Verfolgungswelle unmöglich. Das Hochstift paßte sich nahtlos in seine Umgebung ein.

IV.

Ein ganz anderes Bild zeigen hingegen die Entwicklungen in der ersten Hälfte des 17. Jahrhunderts. Die heillos zersplitterte archivalische Überlieferung der Konstanzer Bischöfe und des Hochstiftes[24] läßt keinen genauen Überblick über die geographische und zeitliche Streuung der Hexenverfolgungen in jenen Jahrzehnten zu. Nachrichten über die Hinrichtung von der Hexerei verdächtigten Frauen sind äußerst spärlich. Dennoch gehörten Hexereibeschuldigungen weiterhin zum dörflichen Alltag. Wie solche Vorwürfe entstehen konnten und wie damit umgegangen wurde, zeigen die lückenhaft überlieferten Gerichtsprotokolle der Obervogtei Reichenau[25].

Der Großteil solcher Verleumdungen entstand aus alltäglichen Streitereien. Zumeist entwikkelte sich ein heftiger Wortwechsel, die Kontrahenten oder Kontrahentinnen pendelten sich in ihren Beleidigungen gegenseitig hoch, um dann im Vorwurf, eine der Streitenden sei eine Hexe, das Gespräch abzubrechen[26].

Der Wortwechsel zwischen den beiden Reichenauern Rudolf Werlin und seiner Schwägerin Fortunata Wienzin, der Witwe seines Bruders, ist der typische Fall eines solchen Dialogs[27]. Das Repertoire der Beschimpfungen der Frau gegen ihren Schwager umfaßte die gesamte Palette möglicher Beleidigungen. Er sei ein »schelm, dieb, hundtsfudt«. Mit der Behauptung, er sei ein »Laur«, griff die Frau einen Begriff auf, der nur im engen Geflecht dörflicher Kommunikation zu verstehen war. »Laur« war der Spitzname eines hingerichteten Verbrechers, der eigentlich Lorenz Weltin hieß. Die Replik des Geschmähten war knapp, in ihrer Schärfe kam sie jedoch den Attakken der Frau gleich: Deren Familie sei »nichts rechts«, sie selbst sei »ain hexen«.

Andere Wortwechsel glichen dem geschilderten, zuweilen konnten die Beschimpfungen in »konditionellen Selbstbezichtigungen« eskalieren[28]. Der Dialog zweier Frauen aus Wollmatingen, der Ehefrau des Hans Birckhofer und der des jungen Georg Stadelhofers, gipfelte in dem Satz der Birckhoferin: »haist du mich ain unholden, habs ich von dir gelernet.«[29]

Obwohl in den Verhören immer betont wurde, die Schmähungen seien »uß grosser hiz und zorn« ausgesprochen worden[30], wurden solche Hexereibezichtigungen durchaus rational eingesetzt, um sich gegenseitig auszugrenzen, den Gesprächspartner seiner sozialen Integrität zu berauben und seine eigene Stellung in der dörflichen Gesellschaft zu festigen.

Die Beschuldigungen lösten Einzelpersonen aus dem dörflichen Alltag heraus, die unter Umständen in späterer Zeit dann bei Unglücksfällen als mögliche Verursacherinnen eines individuellen Unglücks benannt werden konnten. Das Dorf schuf sich so ein Potential möglicher Hexen.

Abb. 31: Ein Schuh wird verhext, aus dem Traktat »De lamiis« des Konstanzer Juristen Ulrich Molitor, 1489 (hier die Ausgabe Köln 1499)

Wortgefechte, in denen neben der verbalen Hexereibeschuldigung zugleich ein konkreter Schadenzauber als »Beweis« des Vorwurfs geschildert wurde, gefährdeten die Betroffenen unmittelbar. So warf der Reichenauer Hans Werli 1615 der Tochter seines Nachbarn Marte Böler vor, sie habe seine Tochter angegriffen, worauf sie verstorben sei[31]. 1638 klagte die Markelfingerin Lisabetha Schirmerin, die Witwe des Christian Rott, gegen Matthäus Rott, er habe sie eine Hexe genannt. Dieser konterte mit der Aufzählung mehrerer vermeintlicher Fälle von Schadenzauber durch die Klägerin. Unterstützung fand er zudem bei weiteren Dörflern. Auch der örtliche Ammann hatte sich schon ähnlich über die Frau geäußert[32]. Der Obervogt leitete darauf umfangreichere Untersuchungen ein, über deren Ausgang keine Nachrichten vorliegen.

Eine neue Ebene lokaler Hexereibeschuldigungen wurde erreicht, wenn sich die Gemeinde oder zumindest größere Gruppen in ihr diesen Vorwurf zu eigen machten. Dies geschah zumeist dann, wenn die ganze Gemeinde durch einen Unglücksfall wie etwa ein Unwetter betroffen wurde. So klagte 1612 die Gemeinde Allensbach vor dem Obervogt über die Witwe des Hans Fröhlich. Der verstorbene Mann hatte sich in der kurz vorhergegangenen Pestwelle (1611) als Totengräber im Ort anstellen lassen, seine Frau hatte Kranke gepflegt. Nach dem Tod ihres Mannes war sie mit ihrem Schwager in Erbstreitigkeiten geraten. Sie geriet im Ort in völlige Isolation. Die Schilderung der Gemeinde, die Witwe lebe mit ihren zwei Kindern in »müessiggang« und »faulhait« und habe zudem an Ostern nicht gebeichtet und die Kommunion empfangen, grenzte die Frau aus der dörflichen Gesellschaft aus, da sie sich nicht dem dörflichen Normenkodex unterstellte. Dennoch wünschte die Gemeinde zunächst nur ihre Ausweisung, wiewohl betont wurde, die Frau habe »ainen schlechten namen«[33]. Bald darauf ging jedoch ein Unwetter über Allensbach nieder, das von der Gemeinde sofort der Fröhlichin zugeschrieben wurde. Der Grundstein für einen Hexenprozeß war gelegt, auch wenn er vermutlich von der Obrigkeit nicht aufgenommen wurde[34].

Die Protokolle der Reichenauer Obervogtei machen deutlich, daß die Hexenprozesse ihren Ursprung in den Gemeinden selbst hatten und nicht von der Obrigkeit initiiert wurden. Am deutlichsten wird dies im Fall der Elsa Bierbömerin aus Markelfingen[35]. Im Mai des Jahres 1609 wurde die Frau von der ganzen Gemeinde der Hexerei bezichtigt. Der Obervogt ließ die Frau auf der Reichenau inhaftieren. Die Verhöre offenbarten die üblichen Vorwürfe des Schadenzaubers, zugleich tritt plastisch das Leben einer Frau zutage, die über lange Zeit hinweg (ein Zeuge schätzte 18 Jahre) im Dorf im Ruf einer Hexe gelebt hatte. Auslöser für die Verhaftung war jedoch erst ein Unwetter gewesen, das großen Schaden in dem Dorf am Bodenseeufer angerichtet hatte. Ihre Armut hatte nach eigener Aussage zuvor einen Wegzug unmöglich gemacht.

Als »Kronzeugen« für die Beschuldigungen der Markelfinger Einwohner wurden der Überlinger Scharfrichter und ein Thurgauer namens Senn genannt, die als erfahrene Heiler auch die Ursachen ungewöhnlicher Erkrankungen diagnostizieren konnten. Die schwache soziale Stellung der Frau – ihr Mann hatte sie verlassen, selbst die inzwischen verstorbene Stiefmutter hatte sie der Hexerei bezichtigt – machte sie angreifbar. Sogar der Dorfpfarrer hatte nach dem Unwetter kaum verdeckt Maßnahmen der Obrigkeit gefordert, indem er »in gemein von gemeltem laydigen wetter geredt und under anderem gesagt, jederman halte darfür, es khome von bösen leüthen, man solte diß unkraut außreüthen, die fürgesezte deß fleckhens darzuethuen und die sach der oberkheit anzaigen«.

Die Meersburger Zentralregierung gab jedoch nicht der Petition der Gemeinde nach. Sie verweigerte eine Verurteilung der Frau, zumal diese die Vorwürfe geleugnet hatte. In der abschließenden Resolution ging der weltliche Rat noch bedeutend weiter: Der Behauptung, das Unwetter sei durch eine Hexe verursacht worden, erteilte Meersburg eine Absage. Die Gemeinde selbst habe sich den Zorn Gottes zugezogen und als dessen Folge das Unwetter heraufbeschworen, weil viele Markelfinger auf die volksmagischen Praktiken des Überlinger Henkers und eines Hirten vertraut hätten. Deren Handeln sei jedoch gegen die Satzungen des christlichen Glaubens und der katholischen Kirche. Deshalb wurde deren Besuch durch Untertanen des Hochstiftes unter Strafe gestellt. Dem Pfarrer, der durch seine Predigt der Deutung des Unwetters als Hexenwerk unter »gemeinem einfeltigen pöbel« noch weitere Verbreitung verschafft hatte, wurde ein Verfahren durch den Generalvikar angedroht.

Der weltliche Rat, kaum zwei Jahrzehnte zuvor durch Kardinal Andreas von Österreich neu errichtet worden, demonstrierte in seinem Vorgehen landesherrliche Stärke gegen die drängenden Forderungen der Gemeinde und der lokalen Obrigkeit. Die Zentralregierung nutzte die Petition Markelfingens gegen die Gemeinde für ihre eigenen Ziele, indem Meersburg die traditionellen Maßnahmen der bekannten Heiler (Scharfrichter und Senn) unter Strafe stellte. Nicht der Hexenprozeß diente der Verdrängung volksmagischer Praktiken, sondern dessen Verweigerung.

Die einsetzende katholische Reform hatte seit dem Regierungsantritt von Kardinal Andreas von Österreich auch in der Konstanzer Diözese und im Hochstift Fuß gefaßt. Die Stellung der Obrigkeit wurde gestärkt, der Druck auf die Bevölkerung erhöht. Konflikte mit den Gemeinden ergaben sich nicht nur im Fall des Hexenprozesses von 1609. Ein Jahr zuvor hatte sich die Gemeinde Reichenau über ihren Obervogt beschwert, »dz die unzucht vom obervogt zue scharpff gestrafft werde«[36]. Die Antwort des weltlichen Rates war eindeutig: »wann sy widerkhomen, [solle man] inen ain guott capittel lesen, sollen sich helten, dz es khainer straf bedürffe.« Wenige Jahre später (1611) erhielt der Reichenauer Obervogt erneut Rückendeckung aus Meersburg: In der Obervogtei hatten »Gotteslästerer«, also Menschen, die geflucht hatten oder in unangemessener Form den Namen Gottes oder anderer heiliger Dinge in den Mund genommen hatten, in der Kirche eine Kerze aufzustellen, »anderen zum exempel«[37]. Die Praxis der lokalen Obrigkeit wurde durch Meersburg gutgeheißen, ein noch schärferes Mandat in Aussicht gestellt.

Auch eine verweigerte Hexenhinrichtung konnte so in der Absicht der Obrigkeit liegen, die Untertanen im Sinne des konfessionellen Zeitalters zu disziplinieren. Hexenprozesse konnten für die jeweils eigenen Ziele variabel eingesetzt werden. Dem Reichenauer Obervogt dienten die Hexereiklagen als Vorwand, um regulierend in den dörflichen Alltag einzugreifen. Eine obrigkeitliche Intervention wurde von ihm erwartet. Entweder forderten die Kläger die Verurteilung der Beschuldigten, oder die der Hexerei bezichtigten Frauen oder deren Familien suchten Schutz gegen solche Vorwürfe. Als 1611 der Obervogt die Beleidigungsklage der Familie Birckhofer gegen die Frau des jungen Georg Stadelhofer nicht sofort zugunsten des Klägers entschied, ließ Birckhofer im Dorf vernehmen, er werde »von inen, den fürgesezten, undertruckht, möge nichts bei inen erhalten«[38]. In seinen Urteilen entschied sich der Obervogt immer zugunsten der Beschuldigten. Nur in dem oben geschilderten Fall der Schirmerin ließ er Nachforschungen über den angeblichen Schadenzauber der Frau durchführen. Sonst lag es der Obrigkeit daran, die Konflikte im Dorf durch Unterdrückung solcher Beschuldigungen zu unterbinden. In dem breit geschilderten Fall der Elsa Bierbömerin wischte der Meersburger weltliche Rat die Forderungen nach der Hinrichtung der Frau lapidar vom Tisch: Die Frau sei bei »ermelter gemaindt oder deren particular-personen« tief »verhasset«. Der Hexereivorwurf ließe sich daraus ableiten. Die Befunde der Reichenauer Verhörprotokolle geben dem Rat recht.

V.

Die mangelnde Verfolgungsbereitschaft bedeutete nicht, daß in der ersten Hälfte des 17. Jahrhunderts keine Hexen im Hochstift hingerichtet wurden. In der Stadt Markdorf wurden um 1616 »etliche unserer alhiesiger« Mitbürgerinnen als Hexen hingerichtet, wie aus einem Schreiben der städtischen Obrigkeit hervorgeht, ohne daß die genaueren Umstände des Verfahrens bekannt wären. Im anschließenden Streit zwischen Stadt und bischöflicher Obrigkeit über die völlige Konfiskation des Vermögens der Opfer konnte sich Markdorf – unterstützt durch ein von Jakob Gretser vermitteltes Gutachten der Universität Ingolstadt – gegen den Landesherrn durchsetzen[39]. Der spektakuläre Fall einer Dominikanerin des Konstanzer Klosters St. Peter an der Fahr, die sich selbst der Hexerei bezichtigt hatte, erregte 1637 überregionales Aufsehen. Der Bischof ließ die Frau verkleidet aus der österreichischen Stadt herausbringen und wenige Kilometer vor deren Grenzen in Hegne im Bereich des Hochstiftes hinrichten[40]. Aus der Obervogtei Bohlingen wurde 1605 der Konstanzer Scharfrichter zur Durchführung der Folter erbeten. Indizien sprechen auch hier für einen Hexenprozeß[41]. Offen ist auch der Ausgang der Untersuchungen gegen die Reichenauerin Catharina Bluemin, die Witwe des Marx Bülin, die mehrere Tage unter der Folter verhört wurde, »dieweil sye nit mit der sprach herausser gewölt«[42]. Die Frau, offensichtlich zu einem Geständnis bereit, verstrickte sich bei dem Versuch, sich glaubhaft als Hexe zu präsentieren, in zahlreichen Widersprüchen. Die von ihr als Komplizinnen angegebenen Frauen – es waren immerhin fünf Namen – leugneten die Anschuldigungen. Sie erschienen auch der Obrigkeit als nicht verdächtig. Der Versuch der Bluemin, sich als Verbündete der 1579 hingerichteten Reichenauer Frauen darzustellen (siehe oben), scheiterte an chronologischen Unstimmigkeiten. Außerdem widersprachen ihre Schilderungen den Geständnissen des Jahres 1579. Ein angeblich von ihr herbeigezaubertes Unwetter hatte den gesamten Bodenseeraum getroffen, konnte also nicht von der Frau herrühren. Ihre Behauptung, sie habe an Ostern die Kommunion nicht schlucken können, sondern daheim in einer Truhe verborgen, bewegte sich im Rahmen der üblichen Topoi. Die Nachforschungen des Obervogtes deckten aber auch diese Aussage als unzutreffend auf. Die Truhe im Haus der Angeklagten war leer. Die Klischees der Dämonologie – Hexensabbat und Verleugnung Gottes – waren der Frau fremd. Die Angeklagte war nicht in der Lage, ihre Aussagen in plausibler Form an die Erwartungen der Obrigkeit anzupassen. Die Glosse am Rand der besagten Aussage offenbart die Sackgasse, in die das Verhör geraten war: »Als sye auff disen puncten gefragt, warumb sye der oberkhaith disen ungrundt anzaigt, hat sye geantwort, hab ettwas müessen sagen, dan man irr nit glauben wöllen, dz sye dz h. sacrament hab khonden empfahen.« Das Verhör war gescheitert, da die Angeklagte entgegen ihrer eigentlichen Intention die eigene Aussage als Zugeständnis an die Obrigkeit und an deren gefordertes Hexenbild aufgedeckt hatte. Der Ausgang des Verfahrens ist unbekannt. Sein Verlauf könnte jedoch für einen Freispruch sprechen.

In der ersten Hälfte des 17. Jahrhunderts war die Verfolgung von Hexen kein zentrales Thema im Hochstift. Dazu trug in erster Linie das Verhalten der lokalen Obervögte und der Meersburger Zentralregierung bei. Die Wellen von Prozessen im Bodenseegebiet zwischen 1605 und 1630 hatten sich nicht auf das Hochstift ausgedehnt, auch wenn derartige Beschuldigungen in den Gemeinden bei einer entsprechenden obrigkeitlichen Verfolgungsbereitschaft genügend Ansatzpunkte dafür geboten hätten.

VI.

Die letzte Phase in der Diskussion über die Macht des Teufels und die Gefahren der Hexerei fand nicht in Verfahren vor Gericht statt, sondern war Teil einer größeren, umfassenderen Auseinandersetzung, die von Wolfgang Behringer als »katholische Schlußdiskussion« bezeichnet wurde[43]. Konservative Theologen, die zum Teil starken Rückhalt in verschiedenen Ordensgemeinschaften fanden, betonten weiterhin die Existenz von Hexen und votierten für deren Verfolgung. Von der Aufklärung beeinflußte Theologen und Publizisten kämpften mit Vehemenz dagegen an. Die vor allem in Bayern in der zweiten Hälfte des 18. Jahrhunderts geführte Diskussion erhielt neue Nahrung durch das Auftreten des Exorzisten Johann Joseph Gassner (1727–1779)[44]. Der Vorarlberger Geistliche ging davon aus, daß ein Großteil aller Krankheiten auf den Einfluß des Teufels oder von Dämonen zurückzuführen sei. Spektakulär inszenierte Heilerfolge schienen ihm recht zu geben. Einladungen des Salemer Abtes und der Grafen von Königsegg führten ihn 1774 auch in die Konstanzer Diözese und in das Hochstift. Beim Konstanzer Bischof, Kardinal Franz Konrad von Rodt (1750–1775), stieß Gassner auf Ablehnung[45]. Auch eine Audienz des Geistlichen änderte nicht die Meinung des Kardinals, der sich in mehreren Schreiben deutlich von den Praktiken Gassners distanzierte. Die Briefe, von Ferdinand Sterzinger, einem aufgeklärten Theatinermönch, auch bald publiziert, stellten den Konstanzer Bischof auf die Seite der Aufklärung. Diese Tradition wurde vom Bruder und Nachfolger im Bischofsamt, Maximilian Christoph von Rodt (1775–1800), fortgesetzt. Das 1781 erschienene *Konstanzer Benedictionale* spiegelt die Erfahrungen mit dem Exorzisten Gassner noch deutlich wider[46]. Exorzismen und Benediktionen wurden eingeschränkt, vor Mißbrauch wurde gewarnt. Kirchliche Segnungen wurden scharf von magischen Praktiken abgegrenzt. Der Glaube des Bittenden und nicht allein der Segensspruch war für eine wirksame Benediktion bedeutsam. Der Exorzismus wurde kritisch hinterfragt. Das *Benedictionale* betont ausdrücklich, daß zunächst natürliche Ursachen für mögliche Erkrankungen in Betracht gezogen werden sollten. Das Konstanzer Bistum distanzierte sich somit prononciert von denjenigen theologischen Kräften, die weiterhin den Teufel, Dämonen und Hexen als zentrale Deutungskategorie menschlichen Unglücks betonten. Die Bedenken des bischöflichen Kommissars im Kanton Uri gegen das erneuerte *Benedictionale* weisen darauf hin, daß die traditionelle Praxis im Klerus und nach dessen Urteil auch im Volk weiterhin fest verhaftet war. Sie fanden jedoch am bischöflichen Hof kein Gehör.

Die Einflüsse der Aufklärung, denen sich die Konstanzer Bischöfe im letzten Viertel des 18. Jahrhunderts nicht verschlossen, ließen Hexenverfolgungen endgültig auch auf theoretischer Ebene zum Anachronismus werden.

VII.

Zwar läßt die schlechte Quellenlage kein endgültiges Urteil über das Ausmaß der Hexenverfolgungen im Hochstift Konstanz zu; die überlieferten Nachrichten weisen jedoch deutlich auf zwei Phasen hin. In den Jahrzehnten zwischen 1570 und 1590 unterschied sich das Hochstift nicht von seinen Nachbarterritorien. Die Hinrichtungen in Meersburg und in der Obervogtei Reichenau fanden zeitgleich mit Verfolgungen im übrigen Bodenseegebiet statt. In der ersten Hälfte des 17. Jahrhunderts sind jedoch kaum noch Verurteilungen im bischöflichen Territorium belegt, obwohl die Gerichtsprotokolle der Obervogtei Reichenau zeigen, daß Hexereibeschuldigungen weiterhin zum dörflichen Alltag gehörten. Die Obrigkeit weigerte sich jedoch, den vorgebrachten Petitionen der Gemeinden nach Hinrichtungen nachzukommen. Die mangelnde Verfolgungsbereitschaft der bischöflichen Regierung unterband Prozesse und Verurteilungen. Die Stärkung der zentralen Verwaltung des Hochstiftes durch die Bildung des weltlichen Rates am Ende des 16. Jahrhunderts hatte dafür den institutionellen Rückhalt geschaffen.

Das Hochstift Konstanz belegt somit die These, daß die erhöhte Bereitschaft geistlicher Territorien zu Hexenverfolgungen nicht so sehr auf gesteigerte Verfolgungswünsche der Landesherren zurückzuführen ist, sondern vielmehr auf »strukturelle Defizite« dieser Territorien[47]. Die Festigung der Konstanzer Zentralregierung erschwerte es den Untertanen, ihre Verfolgungswünsche durchzusetzen. Auch die Verweigerung von Hexenprozessen kann als Intensivierung von Herrschaft als Teil einer umfassenderen Sozialdisziplinierung gedeutet werden.

Anmerkungen

1 Zur Geschichte des Hochstiftes in der Frühen Neuzeit siehe Marlene FLEISCHHAUER, Das geistliche Fürstentum Konstanz beim Uebergang an Baden (Heidelberger Abhandlungen, Bd. 66), Heidelberg 1934; Anneliese MÜLLER, Hochstift Konstanz, in: Meinrad SCHAAB u.a., Entwicklung ausgewählter geistlicher Territorien in Südwestdeutschland (Historischer Atlas von Baden-Württemberg. Erläuterungen, Bd. VI,8), Stuttgart 1977, S. 1–26, hier: S. 12–16; Der Landkreis Konstanz. Amtliche Kreisbeschreibung, hrsg. von der Staatlichen Archivverwaltung Baden-Württemberg, 4 Bde., Konstanz/Sigmaringen 1968–1984; Elmar L. KUHN u.a. (Hrsg.), Die Bischöfe von Konstanz, Bd 1: Geschichte, Friedrichshafen 1988, S. 160–248; Werner KUNDERT, Weltliches Herrschaftsgebiet, in: Franz Xaver BISCHOF (Bearb.), Das Bistum Konstanz, das Erzbistum Mainz, das Bistum St. Gallen (Helvetia Sacra, Abt. 1, Bd. 2,1), Basel 1993, S. 54–83. Den Forschungsstand zusammenfassend: Franz Xaxer BISCHOF, »Wir fanden ein aeüßerst schoenes, fruchtbares Land und gar manches weit besser, als wir es erwartet hatten ...«. Das Ende von Hochstift und Bistum Konstanz und der rechtsrheinischen Teile der Hochstifte Basel und Straßburg, in: Hans Ulrich RUDOLF (Hrsg.), Alte Klöster – Neue Herren. Die Säkularisation im deutschen Südwesten 1803, Bd. 2,1: Aufsätze. Vorgeschichte und Verlauf der Säkularisation, Ostfildern 2003, S. 347–361.

2 Berthold WIDEMANN, Die Verfassung und Verwaltung der Stadt Meersburg in der Zeit vom 16. bis zum 18. Jahrhundert, Diss. masch. Freiburg i.Br. 1958, S. 53–57; Franz GÖTZ, Die Stadt Meersburg, in: KUHN (wie Anm. 1), S. 331–336.

3 Hasso PRAHL, Die Stadt Markdorf im Linzgau. Verfassung und Verwaltung vom 13. bis zum 16. Jahrhundert (Veröffentlichungen der Kommission für geschichtliche Landeskunde in Baden-Württemberg, Reihe B: Darstellungen, Bd. 34), Stuttgart 1965, S. 94–109.

4 Die Hexenprozesse im Schweizer Teil des Hochstiftes bleiben im folgenden unberücksichtigt.

5 Vgl. die beiden Artikel von Georg WIELAND, Ratsgremien und Hofgericht in der weltlichen Zentralverwaltung, in: KUHN (wie Anm. 1), S. 160–178, und Bernd OTTNAD, Kanzleramt und Kanzler, in: KUHN (wie Anm. 1), S. 179–188.

6 Vgl. die tabellarische Übersicht bei Wolfgang ZIMMERMANN, Teufelsglaube und Hexenverfolgungen in Konstanz 1546–1548, in: Schriften des Vereins für Geschichte des Bodensees und seiner Umgebung 106 (1988), S. 29–57, hier: S. 52–56; zum Spätmittelalter vgl. Annette VON LAER, Die spätmittelalterlichen Hexenprozesse in Konstanz und Umgebung, in: Schriften des Vereins für Geschichte des Bodensees und seiner Umgebung 106 (1988), S. 13–27.

7 Text bei Joseph HANSEN, Quellen und Untersuchungen zur Geschichte des Hexenwahns und der Hexenverfolgung im Mittelalter, Bonn 1901, ND Hildesheim 1963, S. 554.

8 Zur Einordnung des Verfahrens siehe Andreas BLAUERT, Frühe Hexenverfolgungen. Ketzer-, Zauberei- und Hexenprozesse des 15. Jahrhunderts (Sozialgeschichtliche Bibliothek bei Janus, Bd. 5), Hamburg 1989, S. 68–70; jetzt auch Andreas SCHMAUDER (Hrsg.), Frühe Hexenverfolgung in Ravensburg und am Bodensee (Historische Stadt Ravensburg, Bd. 2), Konstanz 2001.

9 Malleus Maleficarum II, q. 1, c. 4.

10 Zu Molitoris vgl. Jörg MAUZ, Ulrich Molitoris. Ein süddeutscher Humanist und Rechtsgelehrter, Wien 1992, bes. S. 75–87 (ausführlicher seine Diss. masch. Konstanz 1983, 3 Bde., mit Transkription der Schrift); knapp: Helmut MAURER, Geschichte der Stadt Konstanz, Bd. 2: Konstanz im Mittelalter. Vom Konzil bis zum Beginn des 16. Jahrhunderts, Konstanz 1989, S. 163–166; Peter ASSION, Art. Molitoris, Ulrich, in: Die deutsche Literatur des Mittelalters. Verfasserlexikon, Bd. 6, Berlin/New York [2]1987, Sp. 637–645.

11 MAUZ (wie Anm 10), S. 80.

12 GLA Karlsruhe, 5/14098.

13 Heinrich WEISSMANN, Geschichte des Dorfes und der ehemaligen Herrschaft Bohlingen im Hegau, Freiburg i.Br. 1915, S. 54 (Quellenzitat ohne Beleg). Eine dritte Frau war begnadigt worden, da sie schwanger war. Der Prozeß fand in Stockach in der Landgrafschaft Nellenburg statt. Diese reklamierte schon zu dieser Zeit die Hochgerichtsbarkeit gegen die damaligen Inhaber der Herrschaft, die Grafen von Sulz, für sich (vgl. Kreisbeschreibung Konstanz [wie Anm. 1], Bd. 4, S. 166).

14 GLA Karlsruhe, 61/14875. Die Zusammenstellung war vermutlich nach dem Regierungsantritt von Kardinal Andreas von Österreich (1590) erstellt worden und sollte die Ansprüche der österreichischen Landgrafschaft Nellenburg auf Ausübung der hohen Gerichtsbarkeit in der Obervogtei Reichenau abwehren.

15 Schilderung des Verfahrens aus der Sicht des Meersburger Obervogtes und bischöflichen Statthalters Stephan Wolgemuoth in: StadtA Konstanz, B II 47a, o.P. (21. August 1577); Korrespondenzen mit der Stadt Überlingen, wohin sich Frey geflüchtet hatte, und mit der Landgrafschaft Heiligenberg in: GLA Karlsruhe, 96/1336.

16 Alexandra MAHL, Die Hexenverfolgungen in Meersburg und ihr historischer Kontext, Staatsexamensarbeit Konstanz 1989.

17 Das Gutachten von Nicolaus Varnbühler wird im Stadtarchiv Meersburg verwahrt. Der weltliche Rat des Bistums entschied im Fall der 1586 verbrannten Dorothea Kellerin von Wollmatingen zugunsten der Familie. Der überwiegende Teil des Nachlasses wurde den nächsten Verwandten zuerkannt (GLA Karlsruhe, 61/7323, fol. 49^r [23. Juli 1586]).

18 Zusammenstellung bei ZIMMERMANN, Teufelsglaube (wie Anm. 6) , S. 52f.

19 Zu den Konstanzer Verfahren siehe Wolfgang ZIMMERMANN, Konstanz in den Jahren von 1548–1733, in: Martin BURKHARDT/Wolfgang DOBRAS/DERS., Geschichte der Stadt Konstanz, Bd. 3: Konstanz in der frühen Neuzeit. Reformation, Verlust der Reichsfreiheit, Österreichische Zeit, Konstanz 1991, S. 147–312, hier: S. 282–284; vgl. zu den Beschuldigungen gegen Meersburger Angeklagte außerdem StadtA Konstanz, Missiven 1575–1577 (21. August 1577).

20 Zu Südwestdeutschland siehe H.C. Erik MIDELFORT, Witch Hunting in Southwestern Germany 1562–1684. The Social and Intellectual Foundations, Stanford 1972, S. 32; zu Bayern siehe Wolfgang BEHRINGER, Hexenverfolgung in Bayern. Volksmagie, Glaubenseifer und Staatsräson in der Frühen Neuzeit, München 1987, Kap. III.

21 Zu Konstanz (mit zahlreichen Belegen) siehe ZIMMERMANN, Konstanz (wie Anm. 19), S. 278; vgl. allgemein Monika SPICKER-BECK, Räuber, Mordbrenner, umschweifendes Gesind. Zur Kriminalität im 16. Jahrhundert (Rombach Wissenschaft. Reihe Historiae, Bd. 8), Freiburg i.Br. 1995.

22 1583 wurden in Allensbach vier Frauen und zwei Männer hingerichtet. Es handelte sich dabei um zwei verschwägerte Ehepaare und deren Töchter. Ihre acht weiteren Kinder wurden wohl freigelassen. Die Frauen wurden verbrannt, die Männer auf das Rad geflochten. Sie werden in den Quellen als Mordbrenner bezeichnet (GLA Karlsruhe, 61/14875, 5/9477 [1. Dezember 1582]).

23 Vgl. dazu BEHRINGER (wie Anm. 20), S. 419–430; Hartmut LEHMANN, Hintergrund und Ursachen des Höhepunktes der europäischen Hexenverfolgung in den Jahrzehnten um 1600, in: Sönke LORENZ/Dieter R. BAUER (Hrsg.), Hexenverfolgung. Beiträge zur Forschung – unter besonderer Berücksichtigung des südwestdeutschen Raums (Quellen und Forschungen zur europäischen Ethnologie, Bd. 15), Würzburg 1995, S. 359–373.

24 Vgl. dazu Bernd OTTNAD, Die Archive der Bischöfe von Konstanz, in: Freiburger Diözesanarchiv 94 (1974), S. 270–516.
25 Der erste überlieferte Band betrifft die Jahre von 1610 bis 1614. Die zeitgenössische Registraturzählung weist ihn jedoch schon als vierten Band der Protokollserie aus. Die ersten drei Bände ebenso wie die Bände 6 und 7 müssen als verloren gelten (vgl. GLA Karlsruhe, 61/10384 [1610–1614], 10385 [1614–1630], 10386 [1635–1650]).
26 Eindrücklich analysiert von Walter RUMMEL, Bauern, Herren und Hexen. Studien zur Sozialgeschichte sponheimischer und kurtrierischer Hexenprozesse 1574–1664 (Kritische Studien zur Geschichtswissenschaft, Bd. 94), Göttingen 1991, S. 313–315.
27 GLA Karlsruhe, 61/10386, fol. 53^{v}–56^{r} (17. Oktober 1637).
28 RUMMEL (wie Anm. 26), S. 314.
29 GLA Karlsruhe, 61/10384, S. 168 (9. August 1611).
30 GLA Karlsruhe, 61/10385, S. 125 (April 1617).
31 GLA Karlsruhe, 61/10385, S. 58, 60f.
32 GLA Karlsruhe, 61/10386, fol. 71^{v}–72^{r}.
33 GLA Karlsruhe, 61/10384, S. 322.
34 GLA Karlsruhe, 82a/396. Die Antwort des weltlichen Rates ist verloren.
35 GLA Karlsruhe, 82a/396. Zum Dorf Markelfingen vgl. Kreisbeschreibung Konstanz (wie Anm. 1), Bd. 4, S. 62f.
36 GLA Karlsruhe, 61/7325, fol. 37^{r} (2. Oktober 1608), fol. 17^{v} (22. Juni 1607).
37 GLA Karlsruhe, 61/7325, fol. 69^{v} (22. Januar 1611).
38 GLA Karlsruhe, 61/10384, S. 171.
39 Vgl. dazu Bernhard OSSWALD, Hexenverfolgung in Markdorf. Eine Erinnerung an die im Jahr 1616 verbrannten Frauen, in: Markdorfer Begegnungen. Frauen und Männer aus sechs Jahrhunderten, hrsg. von der Stadt Markdorf (Beiträge zur Geschichte der Stadt Markdorf, Bd. 3), Tettnang 2000, S. 229–244, 343.
40 StadtA Konstanz, K II Fasz. 36; Tiroler LandesA Innsbruck, Hofregistratur, Reihe E, Fasz. 36 (6. Juli 1637).
41 StadtA Konstanz, Kirchensachen Fasz. 57/4, fol. 70f.
42 GLA Karlsruhe, 96/1337 (unvollständig).
43 BEHRINGER (wie Anm. 20), S. 366–399; DERS., Der »Bayerische Hexenhammer«. Die Debatte am Ende der Hexenprozesse in Deutschland, in: Sönke LORENZ/Dieter R. BAUER (Hrsg.), Das Ende der Hexenverfolgung (Hexenforschung, Bd. 1), Stuttgart 1995, S. 287–313.
44 Josef HANAUER, Der Teufelsbanner und Wunderheiler Johann Joseph Gassner (1727–1779), in: Beiträge zur Geschichte des Bistums Regensburg 19 (1985), S. 305–545 (mit Literatur); BEHRINGER (wie Anm. 20), S. 304–307.
45 Georg PFEILSCHIFTER, Des Exorzisten Gassners Tätigkeit in der Konstanzer Diözese im Jahre 1774, in: Historisches Jahrbuch 52 (1932) S. 401–441.
46 Dazu ausführlich Andrea POLONYI, »Aufklärung« im Bistum Konstanz vor Ignaz Heinrich von Wessenberg? Beobachtungen zur Kirchenreform unter Bischof Maximilian Christoph von Rodt (1775–1800), in: Rottenburger Jahrbuch für Kirchengeschichte 10 (1991), S. 203–213.
47 RUMMEL (wie Anm. 26), S. 16. Dazu gehören etwa die mangelnde dynastische Kontinuität oder die oft zu konstatierende Schwäche der Zentralgewalt.

Wolfgang Mährle

Fürstpropstei Ellwangen[1]

Die Hexenverfolgungen in der Fürstpropstei Ellwangen nehmen im schwäbischen Raum eine Sonderstellung ein. Sowohl die absolute Zahl von ca. 450 Prozeßopfern als auch die zeitweilige Intensität der Verfahrensführung sind ohne Parallele. Ähnliche Muster der Verfolgung wie im Ellwanger Stift lassen sich in Süddeutschland lediglich in den Prozeßserien der fränkischen Hochstifte Würzburg, Bamberg und Eichstätt sowie in Kurmainz nachweisen.

Die Bedeutung der Ellwanger Verfahren im überregionalen Kontext leitet sich insbesondere aus der Chronologie der großen süddeutschen Hexenverfolgungen ab. Prozesse wegen Hexerei wurden in der Fürstpropstei – von wenigen Einzelverfahren abgesehen – ausschließlich in den Jahren 1588 und zwischen 1611 und 1618 durchgeführt. Damit lag im Stift der Höhepunkt der Verfolgungen relativ früh. Die Ellwanger Prozeßserien erlangten deshalb nicht nur eine lokale bzw. regionale, sondern – besonders im Hinblick auf die Herausbildung und Verbreitung von Verfolgungsparadigmen – auch eine überregionale Bedeutung.

I.

Das Ellwanger Stift war im Jahre 1460 aus einem säkularisierten Benediktinerkloster hervorgegangen, dessen Wurzeln bis ins 8. Jahrhundert zurückreichten. Anfangs in starker Abhängigkeit von den württembergischen Schirmherren, hatte sich der Handlungsspielraum der Ellwanger Fürstpröpste im 16. Jahrhundert nicht zuletzt durch die Konfessionalisierung der Reichspolitik erweitert. Schon während der Regierungszeit Kardinal Ottos Truchseß von Waldburg (1552–1573) wurde der württembergische Einfluß im Stift fast vollständig abgelöst, und die Propstei erlangte unter dem Schutz von Kaiser und Reichsverfassung eine relativ große politische Autonomie.

Ab der Mitte des 16. Jahrhunderts begann im Ellwanger Stift der epochale Prozeß der Konfessionalisierung. Die Politik des Fürstpropstes Otto Truchseß von Waldburg zielte auf die Wiederherstellung der geschlossenen Katholizität der Propstei, die im Reformationszeitalter verlorengegangen war. Doch entfalteten sich die Impulse zur konfessionellen Durchdringung des Stiftsterritoriums erst unter den Fürstpröpsten Wolfgang von Hausen (1584–1603) und Johann Christoph I. von Westerstetten (1603–1613) in ihrer ganzen Kraft. Diese betrieben mit Hilfe der Dillinger Jesuiten eine aktive Konfessionalisierungspolitik, die deutlich sozialdisziplinierende Tendenzen widerspiegelte und auf lange Sicht die Ellwanger Gesellschaft veränderte.

Einem Transformationsprozeß unterlag im 16. Jahrhundert auch die fürstpröpstliche Strafrechtspflege. Die Rezeption des römischen Rechts im Reich führte im Ellwanger Stift nicht nur zu einer Verwissenschaftlichung und Entformalisierung von Rechtsvorstellungen, sondern bewirkte auch eine weitgehende Zentralisierung der fürstpröpstlichen Jurisdiktion. Kompetenzen für die Einleitung und Durchführung von Malefizprozessen konzentrierten sich zumindest schon ab der ersten Hälfte des 16. Jahrhunderts in den Händen der zum Teil juristisch gebildeten fürstlichen Hofräte; demgegenüber fällten die Schöffengerichte an den fürstpröpstlichen Hochgerichtsstätten Ellwangen und Bühlertann nur mehr formal Urteile. Für die Durchführung von Hexenprozessen war diese Entwicklung insofern von Bedeutung, als Hexereivorwürfe in der Fürstpropstei ausschließlich am Ellwanger Hochgericht unter der Leitung fürstlicher Räte verhandelt wurden. Verdächtige Personen aus den sieben Landämtern des Stiftsterritoriums wurden zur strafrechtlichen Inquisition stets in die Ellwanger Gefängnisse auf dem Schloß bzw. – seit Beginn des 17. Jahrhunderts – in die städtische Büttelei überstellt.

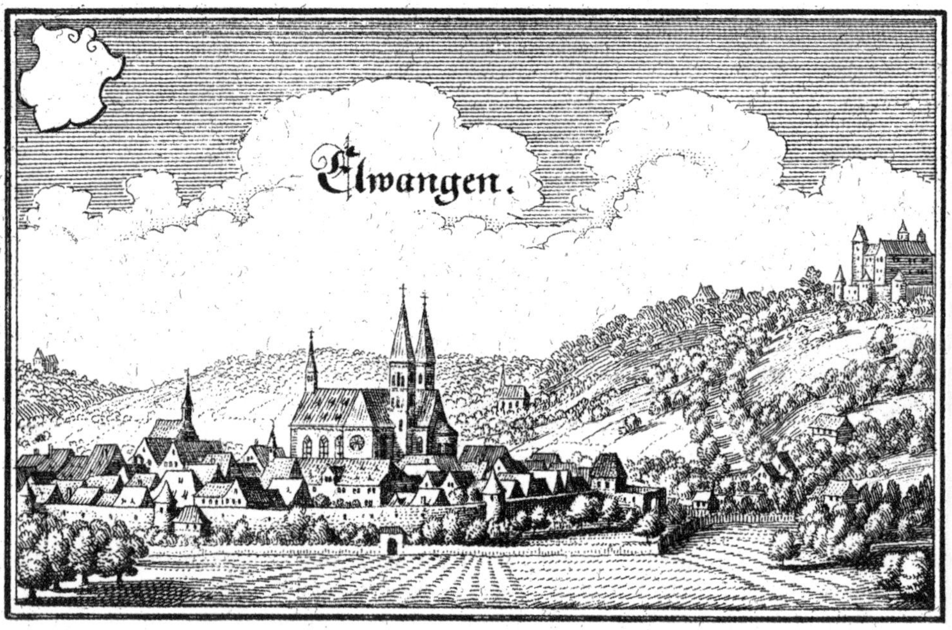

Abb. 32: Ellwangen, Stich aus der »Topographia Sueviae« von Matthäus Merian, 1643

II.

Die ersten Hexenprozesse in der Fürstpropstei Ellwangen fanden im Jahre 1588 während der Regierungszeit des Fürstpropstes Wolfgang von Hausen statt. Sie erstreckten sich über einen Zeitraum von vier Monaten und forderten mindestens 17, vielleicht sogar bis zu 20 Menschenleben. Die Verfahren stehen – überregional betrachtet – im Kontext einer gesteigerten Prozeßtätigkeit; diese hatte im elsässisch-lothringischen und südwestdeutschen Raum eingesetzt und seit 1587 auch Ostschwaben erfaßt. Besonders im Hochstift Augsburg war es zur Ausbildung von Verfolgungszentren (Dillingen, Sonthofen-Rettenberg) gekommen.

Der Beginn der Prozesse im Jahre 1588 war deutlich vom Zusammenwirken außer- und innerterritorialer Impulse bestimmt. Wirkte einerseits die Durchführung von Hexereiverfahren außerhalb der Propstei aktivierend auf die Verfolgungsbereitschaft der Ellwanger Regierung, so gründete die eigentliche Legitimitätsstiftung der Verfahren dennoch in spezifischen Ereignissen, die sich im Stift zutrugen. Zum indirekten Auslöser der Prozesse wurde im August 1588 die Durchführung einer fürstpröpstlichen Inquisition, der die Untersuchung von nächtlichen Zechereien in Ellwanger Bürgerhäusern oblag und die dabei eine Reihe von Personen, unter ihnen auch den 17jährigen Jacob Sinai, in Strafverfahren verwickelte.

Dieser Jacob Sinai, zunächst offenbar nur eine Randfigur der Untersuchungen, wurde im Laufe des gegen ihn eingeleiteten Strafprozesses zum Auslöser der ersten Ellwanger Hexenverfolgung. Als er gegen Ende August seine eigene Mutter Margretha als Hexe denunzierte, vielleicht weil er sich davon seine Freilassung versprach, genügte diese Beschuldigung zur Mobilisierung der fürstpröpstlichen Verfolgungsbereitschaft. Auf der Basis der vorgebrachten Besagung wurden Hexenprozesse gegen die denunzierte Frau und später gegen zwei weitere Personen eingeleitet, die die Ellwanger Verfolgungswelle in Gang brachten.

Die immanenten Mechanismen und die äußeren Folgewirkungen der Ellwanger Prozeßserie von 1588 lassen sich zum Teil nur mehr skizzenhaft rekonstruieren. Alle vorliegenden Informationen verweisen jedoch auf eine weitgehende Einbindung der Ellwanger Verfolgungsmuster in überregional gültige Prozeßparadigmen während der Jahre um 1590. Diese Kongruenz von Verfolgungspraktiken und -wirkungen spiegelt einen Austausch von Prozeßmustern über territoriale Grenzen hinweg wider. Die Angleichung der strafrechtlichen Vorgehensweise bei Hexenprozessen wurde insbesondere durch von Ort zu Ort ziehende Scharfrichter, die ausschließlich zur Durchführung dieser Prozesse eingesetzt wurden, bewirkt.

In der Fürstpropstei Ellwangen war, wie in vielen anderen Territorien Ostschwabens, der Biberacher Henker Hans Vollmair mit der Durchführung von Folterung und Hinrichtung der Beklagten betraut. Die Anforderung des fremden Scharfrichters durch die Ellwanger Regierung, die bereits unmittelbar zu Beginn der Prozesse (Mitte August 1588) erfolgte, hatte zwei Gründe: Zum einen verfügte das Ellwanger Hochgericht bis in die 1620er Jahre über keinen eigenen Scharfrichter und war allein aus diesem Grund auf die Dienste eines ortsfremden Henkers angewiesen. Zum anderen hatte sich gerade Hans Vollmair in den spektakulären Verfahren im Stift Obermarchtal (1585/86) und im Hochstift Augsburg (ab 1587) einen Ruf als »Experte« für die Durchführung von Hexenprozessen erworben.

In den Verfahren in der Fürstpropstei Ellwangen erlangte der Biberacher Henker sehr rasch auch gegenüber den mit der Prozeßleitung betrauten fürstpröpstlichen Räten eine dominante Position. Diese fand ihren deutlichen Niederschlag in einer weitestgehenden Umsetzung der von ihm forcierten Prozeßpraktiken, die im Widerspruch zum gültigen Reichsrecht standen. Geführt wurde in Ellwangen ein sogenannter *processus extraordinarius*. Signifikant für diese Prozeßform war einerseits die radikale Beschneidung der Verteidigungsmöglichkeiten der Angeklagten, vor allem durch massiven und unregulierten Foltereinsatz, andererseits die Herabsetzung der indizienrechtlichen Kriterien für die Inhaftierung und Folterung von Verdächtigten. Als *indicium ad capturam* genügte in Ellwangen allein das Vorliegen einer Besagung, zur Folterung der Beklagten mußte die Fixierung des sogenannten »Hexenmals« durch den Scharfrichter hinzutreten. In den wenigen Fällen, in denen kein Hexenmal gefunden wurde, wurde eine Entbindung von der Instanz – *absolutio ab instantia* – verfügt.

Die Unterwerfung der Beklagten unter die Tortur hat in der Fürstpropstei 1588 in allen bekannten Fällen entweder zum Tod der Verdächtigten in der Haft oder zum Geständnis der Hexereivorwürfe geführt. Die Geständnisse der Delinquenten lassen dabei eine Verfahrensführung auf der Basis des elaborierten Hexenbegriffes erkennen. Alle obligatorischen Bestandteile dieses Begriffes sind in den ausgefertigten Urgichten enthalten: Teufelspakt, Teufelsbuhlschaft, Hexenflug, Hexensabbat sowie Schadenzauber.

Charakteristisch für die fürstpröpstliche Prozeßpraxis ist daneben eine große Zahl von Besagungen in allen Verfahren, die zu einer gewaltigen Ausdehnung des verdächtigten Personenkreises führte. Durch die Vielzahl der vorliegenden Denunziationen wurde die prozessuale Verwertbarkeit des Besagungsindizes reduziert. Dies machte prozeßsteuernde Eingriffe nötig, vor allem die Selektion der zu inhaftierenden Personen aus dem großen Kreis der Besagten.

Auf das Geständnis der Beklagten folgte ihre Besiebnung, d.h. ihre formale Überführung durch sieben Mitglieder des Ellwanger Stadtgerichts. Anschließend wurde der offizielle Urteilsspruch gefällt, der stets auf Hinrichtung durch das Feuer lautete. Zumindest in einigen Fällen, vielleicht sogar durchgehend, wurden die verkündeten Urteile jedoch von Fürstpropst Wolfgang von Hausen, dem ein Begnadigungsrecht zustand, abgemildert und vor der Verbrennung des Körpers die Enthauptung bzw. Strangulierung der verurteilten Personen vorgenommen. Damit sollte in erster Linie ein reibungsloser Vollzug der Hinrichtung gewährleistet werden. Nach der erfolgten Exekution wurden in Ellwangen von den Hinterbliebenen Konfiskationsgelder einbehalten, die aller Wahrscheinlichkeit nach die Höhe von »Kindsteilen«, d.h. Erbanteilen eines Erben, hatten.

Unklar ist die genaue Zahl der 1588 erfolgten Hinrichtungen sowie Einzelheiten über die Opferstruktur der Verfahren. Aus den vorliegenden Dokumenten lassen sich mindestens 17 Opfer nachweisen, im Text einer zeitgenössischen Hexenzeitung ist dagegen von 20 Exekutionen die Rede. Die dortigen Informationen sind allerdings sehr disparat und nicht eindeutig auf die Ellwanger Verfolgungen bezogen. Typisch hinsichtlich der Opferstruktur ist eine zunehmende Entspezifizierung des Opferkreises, die in späteren Verfolgungsphasen wirksam wurde. Sie führte zu einem Bedeutungsverlust des dämonologischen Hexenstereotyps der alten zauberischen Frau, das zu Beginn der Verfolgung noch deutlich prozeßrelevant war. Mit fortschreitender Verfolgungsdauer wurden in Ellwangen auch viele jüngere Personen hingerichtet. Nicht selten gerieten sie aufgrund verwandtschaftlicher Bindungen oder engen sozialen Kontaktes mit bereits hingerichteten oder inhaftierten Personen in das Räderwerk der Verfahren.

Die zunehmende Entspezifizierung des Opferkreises führte zu einer sozialen Ausdehnung der Verfolgung, die spätestens ab November 1588 greifbar wird. Sie findet ihren deutlichsten Ausdruck in der am 12. November 1588 vollzogenen Hinrichtung der Regina Würzburgerin, der Witwe des ehemaligen kapitelischen Syndikus Magister Andreas Würzburger, sowie in der Anfang Dezember erfolgten Exekution der Eva Boserin, der Frau des Ellwanger Stadtschreibers Michael Boser.

Begrenzt wurde die Ausweitung des Opferkreises in geschlechtsspezifischer und geographischer Hinsicht: Der Verfolgungswelle des Jahres 1588 fiel nur ein Mann zum Opfer, alle bekannten hingerichteten Personen stammten, mit ebenfalls nur einer Ausnahme, aus der fürstpröpstlichen Residenzstadt Ellwangen.

Die soziale Expansion der Verfolgung hatte in der Fürstpropstei wie in vielen anderen Territorien entscheidenden Anteil an der Delegitimierung der Prozeßpraxis. Daneben dürfte es in Ellwangen insbesondere zum Konsensbruch über das den Verfahren zugrundeliegende Indizienrecht gekommen sein. Da die massenweise Ausstreuung von Denunziationen während der Verfolgung bewirkte, daß die »Hexenproduktion« der Prozesse stets die Zahl der Hexenhinrichtungen überstieg, lag der Ellwanger Prozeßserie letztlich eine aporetische Verfolgungsstruktur zugrunde; ihr im Sinne der Strafjustiz »erfolgreicher« Abschluß war völlig unmöglich.

Die Delegitimierung der Prozesse führte in Ellwangen bereits im Dezember 1588, nach nur viermonatiger Verfolgungsdauer, zur Einstellung der Verfahren. Persönliche Impulse hierfür dürften insbesondere vom fürstpröpstlichen Kanzler Johann Hildenbrand ausgegangen sein, der den Verfahren von Beginn an beigewohnt hatte, gegen Ende des Jahres 1588 jedoch auf ihren Abbruch drängte.

III.

Die frühzeitige Einstellung der Verfahren verhinderte, daß von den Ellwanger Prozessen des Jahres 1588 entscheidende überregionale Impulse ausgingen. Eine solche über Südwestdeutschland hinausweisende Relevanz erlangte erst eine zweite Ellwanger Prozeßserie, die das Stift zwischen 1611 und 1618, während der Regierungszeit der Fürstpröpste Johann Christoph I. von Westerstetten (1603–1613) und Johann Christoph II. von Freyberg und Eisenberg (1613–1620), erschütterte.

Die Auslösung dieser zweiten Ellwanger Hexenverfolgungswelle war weniger als diejenige des Jahres 1588 vom Vorbildcharakter außerellwangischer Prozeßserien bestimmt. Vielmehr traten die Wirkungen einer zunehmenden Konfessionalisierung des zeitgenössischen Hexendiskurses zutage, die sich in Süddeutschland nach 1590 greifen lassen. Sie führten zu einer Differenzierung der realen Verfolgungspraktiken: Dem Rückgang der Verfahren in protestantischen Territorien und Städten stand im deutschen Südwesten eine deutlich gesteigerte Verfolgungsbereitschaft in vielen katholischen Herrschaften gegenüber. Im Ellwanger Stift repräsentierte der tridentinisch geprägte Fürstpropst Johann Christoph I. von Westerstetten diese neuartige Verbindung von konfessionellen Prämissen und Hexenverfolgung. Er ließ nicht nur in der Propstei, sondern in seiner späteren Funktion als Bischof von Eichstätt (1613–1637) auch im dortigen Hochstift große Prozeßserien durchführen.

Die Genese der Verfahren im Jahre 1611 resultierte aus einer ähnlichen Konstellation wie diejenige im Jahre 1588. Legitimationsstiftend für die Prozeßeinleitung wirkte wiederum ein skandalöser Vorfall, der sich diesmal aus dem Verdacht einer geplanten Hostienschändung ableitete. Im Brennpunkt der Vorwürfe stand die 70jährige Barbara Rüfin aus Rindelbach, die im Ostergottesdienst des Jahres 1611 die ihr vom Priester gereichte Hostie aus dem Mund genommen hatte. Die alte Frau hatte durch diese offensichtliche Verschmähung des Leibes Christi einen Hexereiverdacht auf sich gelenkt, der zusätzlich genährt wurde durch Verdächtigungen, die in ihrem Heimatdorf schon lange Jahre kursierten.

Die sich verdichtenden Verdachtsmomente gegen Barbara Rüfin mobilisierten im April 1611 relativ rasch den Verfolgungswillen der fürstpröpstlichen Regierung. Schon am 7. April wurde die Verdächtigte durch den kapitelischen Amtmann beziehungsweise durch die fürstlichen Büttel verhaftet, wenig später ein Hexenprozeß gegen sie eingeleitet. Dieser Prozess endete nach gewissen Anlaufschwierigkeiten mit der Ablegung eines umfassenden Geständnisses, das die Besagung einiger »Gespielen« enthielt und dadurch die Einleitung weiterer Verfahren und schließlich einer größeren Verfolgungswelle ermöglichte.

Die Dauer der Ellwanger Prozeßserie von 1611 bis 1618 wie auch vor allem die zeitweilige Intensität der Verfahren spiegelten einen ausgeprägten Verfolgungswillen der fürstpröpstlichen Regierung wider. Dieser absorbierte bzw. überlagerte alle Verfolgungsimpulse aus der stiftischen Bevölkerung und führte in den Jahren 1611/12 zur Hinrichtung von knapp 300 Menschen. Erst nach dem Wechsel der Propstei auf Fürstpropst Johann Christoph II. von Freyberg und Eisenberg zeigte sich ein Abflauen der fürstpröpstlichen Verfolgungsbereitschaft. Doch wurden auch unter dem neuen Propst, der im ersten Halbjahr 1613 ein vollständiges Hinrichtungsmoratorium verfügt hatte, bis ins Jahr 1618 noch über 100 Personen exekutiert.

Die besonders in den beiden ersten Prozeßjahren feststellbare Intensität der Ellwanger Hexenverfolgung wurde ermöglicht durch eine gegenüber 1588 teilweise veränderte Durchführung der Verfahren. Folgenschwer für die Prozeßpraxis war einerseits die Einsetzung einer ständig mit der Verfahrensführung betrauten Hexendeputation, die bereits Ende Mai 1611 verfügt wurde. Diese Deputation konstituierte sich aus zwei fürstlichen Räten, dem Hofmeister Arnold von Wolffen zu Wöllstein und dem weltlichen Rat Dr. Carl Kibler. Sie stellte gleichsam eine institutionelle Verfestigung des fürstpröpstlichen Verfolgungswillens dar und wirkte dynamisierend auf die Prozeßpraxis. Hexenprozesse wurden unter den neuen Vorzeichen sehr rasch zu einem Karriereinstrument für die deputierten Hofräte.

Auch die nahezu ständige Anwesenheit von zwei Scharfrichtern ermöglichte eine Beschleunigung der Verfahren. Mit der Folterung und Hinrichtung von Beklagten waren ab Mai 1611 der Marktoberdorfer Scharfrichter Hans Gruber sowie der Ellwanger Abdecker Wolff Rörlin betraut. Nach dem Ausscheiden Hans Grubers im August 1611 trat der Bühlertanner Scharfrichter Georg Trexler an seine Stelle. Keiner der eingesetzten Scharfrichter erlangte jedoch einen Einfluß auf die Verfahrensführung, der mit dem des Biberacher Henkers Hans Vollmair im Jahre 1588 vergleichbar gewesen wäre. Den Räten der fürstpröpstlichen Hexendeputation gelang es stets, die Praktiken der Henker im Sinne eigener Prozeßintentionen zu steuern.

Abb. 33: Johann Christoph von Westerstetten, Fürstpropst von Ellwangen (1603–1613), Bischof von Eichstätt

Komplementär zu diesen organisatorischen Veränderungen unterlag auch die juristische Durchführung der Ellwanger Hexenprozesse einer Transformation. Wichtig waren insbesondere Neuregelungen im Indizienrecht, die die Einleitung der Verfahren im Vergleich zur Verfolgungswelle von 1588 erleichterten. Die Ablösung des Hexenmals als *indicium ad torturam* und die alleinige Gründung der Prozesse auf dem Indiz der Besagung hob dabei letzte Möglichkeiten der inhaftierten Personen zur Freilassung bzw. zur *absolutio ab instantia* vor dem Foltereinsatz auf.

Die Veränderungen im Indizienrecht fanden schon unmittelbar zu Beginn der Verfolgung Eingang in die Ellwanger Hexenprozesse. Deren Durchführung unterlag gleichzeitig einem zunehmenden Standardisierungsprozeß: Verfahrens- und Geständnisformen wurden weitgehend vereinheitlicht und dadurch eine reibungslosere Abwicklung der Prozesse garantiert.

Diese Entwicklungen sowie nicht zuletzt auch die große Sicherheit der Ellwanger Haftstätten ließen den Beklagten der Ellwanger Hexenprozesse praktisch keine Überlebenschance. Während der gesamten Verfolgungswelle überlebte von den in der Propstei vor Gericht stehenden Personen nur eine einzige das gegen sie eingeleitete Verfahren. Es handelte sich dabei um den Ellwanger Bäcker Caspar Pfitzer, dem im Jahre 1612 die Flucht aus der Haft gelang.

Die Opferstruktur der Verfahren wurde maßgeblich bestimmt durch die Folgewirkungen prozeßsteuernder Eingriffe, die im Vergleich zu 1588 verstärkt zur Geltung kamen. Sie waren durch die Dimension der Ellwanger Verfolgungswelle zwischen 1611 und 1618 unvermeidlich. Die entscheidenden Impulse zur Prozeßsteuerung gingen dabei von den fürstlichen Räten der Hexendeputation aus. Diesen oblag nicht allein die Auswahl der zu inhaftierenden Personen aus dem gegenüber 1588 noch größeren Kreis der Besagten, sondern sie wirkten im Unterschied zur ersten Ellwanger Verfolgungswelle auch auf die Besagungspraxis der Verfahren regulierend ein.

Die Prozeßsteuerung der deputierten Räte orientierte sich in erster Linie an der Vorstellung enger verwandtschaftlicher bzw. sozialer Bindungen zwischen den Opfern. Besagungen der Inhaftierten wurden unter diesen Vorzeichen in den Ellwanger Hexenprozessen immer wieder auf bereits von Hinrichtungen betroffene Personenkreise zurückgelenkt, die Prozeßstruktur der bereits von Hinrichtungen betroffene Personenkreise zurückgelenkt, die Prozeßstruktur der Verfolgungswelle war in dominanter Weise von Hexenfamilien- und Hausgenossenprozessen geprägt.

Die Konsequenzen dieser prozeßsteuernden Mechanismen in den Ellwanger Verfahren waren weitreichend. Sie bewirkten einen starken Bedeutungsverlust des dämonologischen Hexenstereotyps der alten Frau und eine nahezu vollständige Entspezifizierung der in die Verfahren involvierten Personenkreise. Diese Entwicklung wurde allein durch das Kriterium der Verwandtschaft bzw. der engen sozialen Bindung zwischen den Opfern begrenzt.

Dementsprechend wurden vor allem in den späteren Verfolgungsphasen Personen nahezu jeden Alters, Geschlechts und Standes hingerichtet. Im Unterschied zur Prozeßserie von 1588 machte die soziale Ausweitung der Verfahren auch vor Angehörigen des männlichen Geschlechts, ja sogar vor geistlichen Personen nicht mehr halt. Insgesamt stellten die Männer während der Prozeßserie einen Opferanteil von ca. 20%. Nur Kinder unter 14 Jahren sowie die Familien der höchsten weltlichen und geistlichen Repräsentanten des Stifts blieben von der Verfolgung verschont.

Auch in ökonomischer Hinsicht wurde die Ellwanger Gesellschaft während der gesamten Verfolgungswelle vertikal geschnitten. Darauf verweisen zumindest die punktuellen Hinweise, die sich aus den nur lückenhaft überlieferten Konfiskationsdokumenten ableiten lassen.

Die Praxis der Ellwanger Hexenfamilien- und Hausgenossenprozesse erklärt auch die territoriale Verteilung der Prozeßopfer. Die Rücklenkung von Besagungen auf bereits von der Verfolgung betroffene Personenkreise begrenzte die geographische Expansion der Verfahren und führte zur Konzentration der Prozesse an einigen wenigen Orten. Zentren der Verfolgung waren vor allem die Stadt Ellwangen sowie das sie umschließende fürstpröpstliche Ammanamt. Von dort stammten ca. 85% der Prozeßopfer, deren Heimatort bekannt ist. Daneben war das östlich von Ellwangen gelegene Amt Rötlen von einer größeren Zahl von Verfahren betroffen sowie das Amt Tannenburg im Nordwesten der Propstei, in dem sich ein eigener Besagungskreis ausbildete, der keine Überschneidungen mit den Ellwanger Denunziationen aufwies. Aus den anderen Landämtern der Propstei, insbesondere aus dem Süden des Stiftsterritoriums, stammten dagegen nur ganz wenige Opfer der Verfahren.

Die exakte Reichweite des in der Ellwanger Prozeßserie dominanten Verfolgungsmusters der Hexenfamilien- und Hausgenossenprozesse läßt sich aus den vorliegenden Dokumenten nicht bestimmen. Seine offene Durchbrechung zeigt sich indessen nur in einigen Fällen. Abweichend vom vorherrschenden Paradigma wurden etwa auch in späteren Verfolgungsphasen noch Personen in die Verfahren verwickelt, die dem traditionellen Hexenstereotyp der alten Frau entsprachen. Daneben gibt es in den Ellwanger Verfolgungen zwei Sondergruppen von Prozeßopfern, deren Einbeziehung in die Hexenprozesse aus je spezifischen Gründen erfolgte: Die erste bildeten die Musikanten des Stiftsterritoriums, die dreizehn Opfer der Prozeßserie stellten und denen ihr hoher Bekanntheitsgrad in breiten Bevölkerungsschichten zum Verhängnis wurde. Die zweite Gruppe rekrutierte sich aus Personen, die wegen real begangener Verbrechen in Ellwangen vor Gericht standen und deren Verfahren im Laufe der strafrechtlichen Inquisition in Hexenprozesse umgewandelt wurden.

Signifikant für die Ellwanger Verfahrenspraxis war die langjährige Kontinuität der Verfolgungsbereitschaft innerhalb der ellwangischen Regierung. Der fürstpröpstliche Wille zur Durchführung von Hexenprozessen wurde nicht durch entschlossenen Widerstand in Frage gestellt. Wurde die Gegenwehr der Beklagten in nahezu allen Fällen durch massiven Einsatz der Folter gebrochen, so sind aus dem Stiftsterritorium nur sehr geringe Impulse zur Opposition gegen die Hexenverfolgungen erkennbar. Zwar gibt es deutliche Signale für eine früh einsetzende Delegitimierung der Verfahren in der Ellwanger Einwohnerschaft, doch hat sich diese nach den vorliegenden Zeugnissen nur in gelegentlichen Schmähungen der Obrigkeit niedergeschlagen. Auch das Stiftskapitel hat zu keinem Zeitpunkt prinzipiell gegen die Verfahren opponiert. Die Interessen der Chorherren beschränkten sich in der Frage der Hexenprozesse auf die Wahrung von kapitelischen Gerechtsamen, waren also inhaltlich extrem begrenzt.

Die mangelnden Impulse zum Widerstand innerhalb des Stifts wurden in Ellwangen auch nie durch die Folgewirkungen außerterritorialer Eingriffe kompensiert. Widerstand von außerhalb der Propstei ist nur in einem einzigen Fall überliefert, als im Jahre 1618 ein Protestschreiben aus der benachbarten Grafschaft Oettingen in Ellwangen anlangte. Zu einer wirksamen Verknüpfung des inner- und außerstiftischen Widerstands ist es jedoch während der großen Ellwanger Prozeßserie zwischen 1611 und 1618 nie gekommen.

Die mangelnde Durchschlagskraft des Widerstands gegen die Ellwanger Hexenverfolgungen ermöglichte eine langjährige Fortdauer der Verfahren. Die Prozesse wurden von zeitgenössischen katholischen Intellektuellen (z.B. dem Jesuiten Jacob Gretser) gerechtfertigt, empfingen jedoch ihre entscheidenden Impulse aus dem Stift selbst. Dort wurde die Legitimität der Prozesse innerhalb der fürstpröpstlichen Regierung nur sehr allmählich erschüttert. Besonders eine Reihe von sogenannten »gutwilligen« Geständnissen und zwei Selbstbezichtigungen haben den Glauben an die Richtigkeit des strafrechtlichen Vorgehens jahrelang gestützt.

Daneben entfaltete die Verfolgung eine Eigendynamik, die maßgeblich in materiellen Interessen begründet lag. Finanziellen Nutzen aus den Verfahren zog einerseits die fürstpröpstliche Regierung, die durch die Konfiskationspraxis Strafgelder einstrich. Wichtig für die Fortführung der Prozesse war daneben die katalytische Funktion von Personen im Umfeld der Verfahren, deren materielle Existenz eng an diese gebunden war. Zu verweisen ist in diesem Zusammenhang auf die Interessen der in den Hexenprozessen eingesetzten Scharfrichter, deren Einkommen auf dem Höhepunkt der Verfolgung selbst diejenigen der höchstbesoldeten fürstpröpstlichen Räte übertrafen. Daneben profitierten auch die fürstlichen Räte der Hexendeputation von der Fortführung der Prozesse; in ihrem Fall verbanden sich direkte materielle Interessen mit karrieristischen Ansprüchen. Eine zentrale Rolle hinsichtlich der Katalyse der Verfahren spielten indes die Ellwanger Gefängniswächter. Diese erpreßten nicht nur die Beklagten im großen Stil, sondern machten durch Einflüsterungen von Besagungen und Geständnispunkten deren weitgehende Homogenisierung und damit das Funktionieren der Ellwanger Verfolgungsmechanismen erst möglich.

Die langjährige Kontinuität der fürstpröpstlichen Verfolgungsbereitschaft wirkte ab 1613 auch über die Grenzen der Propstei hinaus. In diesem Jahr, als nach dem Regierungsantritt des Fürstpropstes Johann Christoph II. von Freyberg und Eisenberg im Stift ein mehrmonatiges Moratorium der Hexenprozesse in Kraft trat, versuchten die fürstpröpstlichen Räte, die Verfahren systematisch zu exportieren. Sie versandten Besagungslisten außerellwangischer Personen, die im Stift denunziert worden waren, und bewilligten die Entleihung des Ellwanger Scharfrichters Wolff Rörlin an andere Reichsstände. Diese Anstrengungen führten indes nur zu einem geringen Erfolg. Zwar fanden unter ellwangischem Einfluß ab 1613 in der Deutschordenslandkomturei Ellingen sowie in den Reichsstädten Dinkelsbühl, Aalen und Schwäbisch Gmünd Hexenprozesse statt, doch kam es nirgendwo zur Übernahme des ellwangischen Verfolgungsparadigmas. Andere Territorien haben offenbar überhaupt nicht auf die fürstpröpstlichen Initiativen reagiert.

Das weitgehende Scheitern des regionalen Exports der Ellwanger Prozeßserie verblaßte indes vor ihren indirekten Folgewirkungen. Im überregionalen Kontext der süddeutschen Hexenverfolgung bedeuteten die Verfahren im Stift die Einführung eines neuen Verfolgungsparadigmas, das rasch in anderen Territorien Vorbildcharakter erlangte. Ihre größte Wirksamkeit entfalteten die Ellwanger Prozeßpraktiken im Fränkischen. Als im Jahre 1616 die großen Hexenverfolgungen in den Hochstiften Bamberg, Würzburg und Eichstätt begannen, orientierten sich die dortigen prozeßführenden Instanzen von Beginn an an den Ellwanger Verfolgungsmustern. Dies galt sowohl im Hinblick auf die organisatorische als auch auf die juristische Durchführung der Verfahren. In Franken freilich wurde das in der Fürstpropstei entwickelte Verfolgungsparadigma in seiner strafrechtlichen Effizienz noch gesteigert, so daß die dortigen Massenprozesse in den 1620er Jahren die Dimensionen der Ellwanger Prozeßserie noch übertrafen.

Bevor allerdings die Hexenverfolgungen in Franken ihren Höhepunkt erreichten, kam es in Ellwangen im Jahre 1618 zur Einstellung der Verfahren. Der Abbruch der Verfolgung war die Folge einer zunehmenden Delegitimierung der Prozesse, die in späteren Verfolgungsphasen auch auf die verfahrensleitende Schicht der Ellwanger Räte übergegriffen hatte. Evident wurden wie schon im Jahre 1588 die strukturellen Aporien einer Prozeßführung auf dem Indiz der Besagung. Daneben trat im Jahre 1618 die soziale Dysfunktionalität der Verfolgung hervor. Die Hinrichtung breitester Bevölkerungsschichten hatte nicht nur zu einem gewaltigen demographischen Einschnitt, vor allem in der fürstpröpstlichen Residenzstadt Ellwangen, geführt, sondern auch jedes soziale Vertrauen im Stift zerstört. Auch die abrupten ökonomischen Umschichtungen, die durch die fürstpröpstliche Konfiskationspraxis bedingt waren, wirkten destabilisierend auf das gesellschaftliche Gesamtsystem. Doch war im Jahre 1618 nicht zuletzt die metaphysische »Legitimation« der Verfolgung gebrochen. Der menschliche Versuch, mittels des Hexenprozesses das absolut Böse (den Teufel) zu bekämpfen, hatte sich im Verlauf der Ellwanger Verfahren als illusionär erwiesen.

Die Rücknahme der metaphysischen Ansprüche an die Verfolgung versinnbildlichte sich im Jahre 1614 in einer eigenartigen gedanklichen Konstruktion, die in ihrer Konsequenz den gesamten Hexenprozeß in Frage stellte. Damals tauchte in einigen Aussagen die Vorstellung eines sogenannten »Teufelspalastes« auf; in diesen zogen die in Ellwangen verurteilten »Hexen« angeblich nach ihrer Hinrichtung ein und setzten mit ihren noch lebenden »Gespielen« ihr teuflisches Treiben fort. Vor diesem Gedankengebäude wurde die fürstpröpstliche Hexenjustiz zur Farce. Weder war sie imstande, Schaden von der stiftischen Gesellschaft abzuwenden, noch rettete sie das Seelenheil der bereits Verführten.

IV.

Nach dem Ende der großen Ellwanger Verfolgungswelle der Jahre zwischen 1611 und 1618 zeigte sich in der Fürstpropstei eine hochgradige Resistenz gegen die Einleitung weiterer Prozeßserien. Die vehemente Ablehnung von Hexenverfolgungen im Ellwanger Stift ist insbesondere vor dem Hintergrund der Prozeßkulmination in den fränkischen Hochstiften Bamberg, Würzburg und Eichstätt erstaunlich. Zwar fanden in Ellwangen noch bis ins Jahr 1694 einzelne, im ganzen fünf Verfahren statt, in die ca. 15 Personen verwickelt waren, jedoch wurden nur mehr in den Jahren 1622 und 1627 zwei Todesurteile vollstreckt.

Der drastische Rückgang der Verfahren in der Fürstpropstei Ellwangen nach 1618 dürfte zwei Ursachen haben. Verhinderte die Delegitimierung der Verfahren während der großen Prozeßwelle zwischen 1611 und 1618 ihre unmittelbare Wiederaufnahme, so wurde die Ablehnung von Hexenprozessen ab ca. 1630 auch durch eine überregionale Entwicklung unterstützt. Nach dem Zusammenbruch der Massenprozesse in Franken (um 1630/31) endete in Süddeutschland die Zeit der großen Hexenverfolgungen und es setzte der Prozeß einer Entkonfessionalisierung der Hexenfrage ein. Die deutliche Reduktion der Verfahren, die sich am Ausgang des konfessionalen Zeitalters im Heiligen Römischen Reich beobachten läßt, betraf insbesondere die geistlichen Fürstentümer; dort lebten die Prozesse auch nach den Wirren des 30jährigen Krieges nicht wieder im früheren Maße auf. Das Zerbrechen von konfessionsgebundenen Weltdeutungsmustern zeitigte demnach aus der Perspektive der Hexenforschung positive Konsequenzen, die sich in einer erheblichen Abschwächung der Verfolgungsdynamik manifestierten. Sie gründeten auf der Rückführung der Hexenthematik auf eine juristische Diskussionsebene und damit letztlich auf der Minderung ihrer Bedeutung für große Kreise der frühneuzeitlichen Eliten.

Anmerkung

1 Die vorliegende Arbeit faßt wesentliche Aspekte einer Studie zusammen, die ich im Mai 1994 als Zulassungsarbeit für das Lehramt an Gymnasien beim Historischen Seminar der Universität Tübingen eingereicht habe. Die Zulassungsarbeit wurde in leicht veränderter Form unter folgendem Titel publiziert: Wolfgang MÄHRLE, »O wehe der armen seelen«. Hexenverfolgungen in der Fürstpropstei Ellwangen (1588–1694), in: Johannes DILLINGER/Thomas FRITZ/Wolfgang MÄHRLE, Zum Feuer verdammt. Die Hexenverfolgungen in der Grafschaft Hohenberg, der Reichsstadt Reutlingen und der Fürstpropstei Ellwangen (Hexenforschung, Bd. 2), Stuttgart 1998, S. 325–500. Hinsichtlich der wissenschaftlichen Belege verweise ich auf diese Veröffentlichung. Zeitgleich mit meiner Publikation erschien die Studie von Hans GEBHARD, Die Pfitzerin, eine von vielen hingerichteten Ellwanger »Hexen«, Ellwangen 1998. Diese Veröffentlichung wendet sich an ein breiteres Publikum.

Karin Wohlschlegel

Deutschordenskommende Mergentheim

Neben den in der neueren Hexenforschung[1] bereits bekannten fränkischen Hexenverfolgungsgebieten wie den Hochstiften Würzburg und Bamberg gehörte auch die Deutschordenskommende Mergentheim zu den Gebieten, in denen es größere Hexenverfolgungswellen gab. Die besonders »rationell« durchgeführten Hexenprozesse und deren außerordentlich gute Dokumentation machen Mergentheim für die Hexenforschung interessant.

1. Kurzer Abriß der Territorialgeschichte Mergentheims

Mergentheim wurde in seiner Territorialgeschichte ab 1219 vom Deutschen Orden[2], der 1190 während des dritten Kreuzzuges gegründet worden war, stark geprägt[3]. Das Gebiet um die erstmals 1058 urkundlich erwähnte »Grafschaft Mergintaim«, innerhalb des Taubergaus gelegen, wurde dem Deutschen Orden 1219 von den Brüdern Andreas, Heinrich und Friedrich zu Hohenlohe nach ihrer erfolgreichen Teilnahme am fünften Kreuzzug im Jahre 1217 geschenkt[4]. Damit legte das Haus Hohenlohe den Grundstein für die Deutschordenskommende Mergentheim. Dasselbe Haus hatte bereits 1207 dem ebenfalls während der Kreuzzüge gegründeten Johanniterorden die Pfarrkirche und Grundbesitz geschenkt; Besitzungen des Johanniterordens können in Mergentheim bis 1554 urkundlich nachgewiesen werden[5]. Neben dem Johanniterorden und dem Ortsadel war außerdem das Bistum Würzburg ein wichtiger Grundbesitzer in dem kirchlich zur Diözese Würzburg gehörenden Mergentheim[6]. Die Gerichtsverfassung in Mergentheim geht auf die Zeit der Inbesitznahme durch die Franken zurück. So sind aus dem 8. Jahrhundert die *Centenen* erhalten geblieben, die zugleich Gerichtssprengel und Verwaltungsbezirke waren[7]. Die Menschen der *Centenen* waren persönlich frei, bildeten einen Truppenkörper und eine geschlossene Gerichtsgemeinde. Die Zentgerichtsbarkeit in Mergentheim wurde 1219 vom Deutschen Orden übernommen und bestand bis 1796[8].

Spätestens seit der Mitte des 14. Jahrhunderts wurden die Geschicke der Stadt und ihrer Umgebung vom Deutschen Orden maßgeblich durch Zukäufe vom Mergentheimer Ortsadel und anderen Grundherren sowie dem Johanniterorden bestimmt[9]. Mit der Stadterhebung Mergentheims am 2. Juli 1340 durch Kaiser Ludwig den Bayern wurden zudem die bis dahin umstrittenen Machtverhältnisse zugunsten des Deutschen Ordens geklärt, da dieser die Oberhoheit und die Gerichtsbarkeit erhielt. Die Stadt Mergentheim und deren Bürger mußten dem Deutschen Orden huldigen, alle Rechte und Freiheiten gingen auf den Orden über[10]. Dieser konnte durch den Komtur, den obersten Beamten der Kommende Mergentheim, die Richter und Räte der Stadt uneingeschränkt ein- und absetzen sowie Gebote und Gesetze erlassen. Mit den Stadtprivilegien wurde auch das Recht der freien Reichsstadt Gelnhausen verliehen[11]. Die Mergentheimer Richter wurden in Zweifelsfällen an den dortigen Oberhof, ab 1415 an den Oberhof in Wimpfen am Nekkar verwiesen[12].

Trotz der offensichtlich klaren Machtverhältnisse gab es weiterhin Auseinandersetzungen zwischen dem Johanniterorden, dem Ortsadel und dem Deutschen Orden.

Zeitgleich mit dem Machtzuwachs ab der Mitte des 14. Jahrhunderts begannen auch die finanziellen Schwierigkeiten des Deutschen Ordens in Mergentheim; diese wurden durch den Bauernkrieg (1525) und den 30jährigen Krieg (1618–1648) noch verstärkt[13]. Hinzu kam nach der Erhebung des Deutschmeisters in den Reichsfürstenstand durch Kaiser Maximilian im Jahre 1495 die Verpflichtung zur Unterhaltung der kaiserlichen Truppen[14]. 1606 klagte der Hochmeister, daß die Mittel u.a. durch den Türkenkrieg erschöpft seien und weitere Lasten nicht mehr getragen werden könnten[15].

Im Frühjahr 1524 schloß sich die Deutschordenskommende Mergentheim angesichts der sich ankündigenden Bauernunruhen dem Schwäbischen Bund an. Die Zerstörungen durch die Bauern waren groß, die Bestrafung durch die Deutschordensregierung fiel relativ milde aus. Als Folge des Bauernaufstandes von 1525 wurde – allerdings erst 1537 – mit der Justizreform des Deutschen Ordens die Leibeigenschaft abgeschafft[16] und zugleich die Appellationsordnung eingeführt, die bei den Mergentheimer Hexenprozessen eine wichtige Rolle gespielt hat[17]. Die Appellationsordnung bestimmte ein summarisches Prozeßverfahren, bei dem gegen mehrere Personen gleichzeitig verhandelt wurde. Diese Verfahrensweise wurde mit den niedrigeren Prozeßkosten begründet. Weiter wurde das Recht auf Appellation (Berufung) innerhalb einer Zehntagesfrist eingeräumt; diese Frist konnte nicht gekürzt oder verlängert werden. Die Verurteilten mußten ihre Haftunterbringung selbst finanzieren. Von den Angehörigen der Hingerichteten wurden individuell festgelegte Geldsummen konfisziert.

Fünf Jahre zuvor war auf dem Regensburger Reichstag die *Constitutio Criminalis Carolina*, die *Peinliche Gerichtsordnung Kaiser Karls V.*, angenommen worden. Zur verbindlichen Rechtspraxis wurde damit der Inquisitionsprozeß, bei dem die Untersuchung einer Straftat von Amts wegen und schriftlich geführt wurde. Den Reichsfürsten wurde in der *Carolina* die Gültigkeit von Partikularrechten bestätigt. Für Mergentheim traf dies auf die 1537 eingeführte Appellationsordnung zu. Nach der *Carolina* wurde die Anwendung der Folter sowie deren Art und Dauer der »ermessung eyns guten vernünfftigen Richters« überlassen[18]. Bei den Mergentheimer Hexenprozessen wurde jedoch so lange gefoltert, bis die Verhafteten alle »Vorwürfe« gestanden.

Nach dem Verlust des Ursprungslandes Preußen in den Jahren zwischen 1466 und 1525[19] und der Zerstörung der Burg Horneck im Bauernkrieg verlegte der Deutsche Orden die Residenz des Deutschmeisters nach Mergentheim[20]. Nach dem Übertritt des damaligen Hochmeisters Albrecht von Brandenburg im Jahre 1525 zum Protestantismus und seiner Belehnung mit Preußen als einem weltlichen Lehen durch den polnischen König erlosch das Hochmeistertum in seiner alten Form. Mit dem Verlust des Ordenslandes Preußen verlagerte sich der Schwerpunkt des Ordens ins Reich, insbesondere nach Mergentheim. Durch ein kaiserliches Privileg wurden die Ämter des Hochmeisters und des Deutschmeisters ab 1527 in Personalunion geführt[21].

Die Zeit der Reformation und der Gegenreformation hat auch in Mergentheim Spuren hinterlassen. Während des Schmalkaldischen Krieges wurden im Jahre 1552 in der Deutschordenskommende Mergentheim die Burg Neuhaus zerstört und die Ortschaften Igersheim und Markelsheim geplündert[22]. Besonders ab 1621, beginnend mit dem Durchzug des Grafen Mansfeld, war das Gebiet um Mergentheim stark von Truppendurchzügen, Plünderungen, Hunger, Pest und Teuerung betroffen. Hervorzuheben ist dabei das Jahr 1626, in dem die Bevölkerung mit der von den Soldaten eingeschleppten Beulenpest zu kämpfen hatte; große Teile der Bevölkerung fielen ihr zum Opfer, besonders im Nachbarort Markelsheim, wo mit 600 Personen die Hälfte der Einwohner starb[23]. Schon 1624 war durch die Pest in Mergentheim selbst eine ganze Straße, die Mühlwehrgasse, ausgestorben. Kurze Zeit nach diesen Pestkatastrophen kam es in der Deutschordenskommende Mergentheim zur größten Hexenverfolgungswelle, die von 1628 bis 1631 dauerte.

Inmitten des 30jährigen Krieges besetzten die Schweden Mergentheim; von 1631 bis 1634 unterstand es dem schwedischen General Horn. 1633/34 wurde vorübergehend eine evangelische Pfarrei eingerichtet[24]. Nach der Schlacht bei Nördlingen (1634) konnte die 1631 geflohene Deutschordensregierung nach Mergentheim zurückkehren und wurde wieder die katholische Lehre in der Stadtkirche gepredigt. Bis 1809 gehörte Mergentheim wieder dem Deutschen Orden. Dann wurde es württembergisch; der Orden verlegte seinen Sitz nach Wien.

2. Chronologie der Hexenprozesse in Mergentheim

2.1 Quellenlage

Die Quellenlage für das Gebiet der Deutschordenskommende Mergentheim ist außerordentlich gut. In H.C. Erik Midelforts zusammenfassender Studie über die *Hexenverfolgung in Südwestdeutschland* wurde zum ersten Mal versucht, einen Gesamtüberblick über das Ausmaß der Hexenverfolgung in Mergentheim zu geben[25]; dies konnte, wie die unten aufgeführte Tabelle zeigt, nur ansatzweise geleistet werden. Alle bis dahin veröffentlichten Hinweise auf Hexenprozesse befaßten sich lediglich mit der letzten Hexenverfolgungswelle von 1628 bis 1631, wobei sie nur vereinzelte Details wie die Kostenaufstellung für den Henker etc. auflisteten[26].

Zeitraum	verdächtigt	hingerichtet	Zeitraum	verdächtigt	hingerichtet
1539	3	?	1616/17	5+	?
1562/63	1	?	1620		?
1575	1	?	1624	1	?
1582	1	?	1627		?
1584	*	?	1628		17
1586		*	1629		94
1586/87		7	1630		13
1589		?	1631		1
1589–1592		**	1651/52	*	?
1600–1602	**	?	1662–1665		?
1604/05		?			

Tab. 1: Midelforts Appendix
** = mindestens 3 Personen; ** = viele Personen; ? = Urteil unbekannt; + = mehr Personen als angegeben*

Innerhalb des Bestandes »Straf- und Prozeßsachen der Deutschordensresidenz Mergentheim« sind die Hexenprozesse zwischen 1539 und 1665 im Staatsarchiv Ludwigsburg überliefert[27]. Über die Hälfte des Aktenmaterials besteht aus den Prozeßakten der letzten Verfolgungswelle von 1628 bis 1631[28]. Die Unterlagen des Mergentheimer Pfarrarchivs wurden vom Stadtpfarrer Michael Fabri, der unter der Schwedenherrschaft zum protestantischen Glauben übergetreten war, nach der Rückkehr des Deutschordensmeisters Johann Caspar von Stadion am 5. Oktober 1634 verbrannt[29].

Wichtige Informationen bietet die »Hexenkartothek«, die Heinrich Himmler in den Jahren von 1935 bis 1944 von acht Mitarbeitern des »H-Sonderauftrags« erstellen ließ[30]. Für Mergentheim war dies der Bearbeiter »Wz«; er hat für den Regierungsbezirk des Deutschen Ordens in Mergentheim 635 Karteikarten angelegt[31]. Hilfreich ist die »Hexenkartothek« – zumindest für Mergentheim – im Hinblick auf statistische Aussagen wie die Anzahl der Hinrichtungen und einige biographische Daten der verdächtigten Personen. Bis jetzt ist sie noch die einzige Quelle, die die Gesamtanzahl der als Hexen verfolgten Personen in Mergentheim annähernd nennt[32].

Nach der »Hexenkartothek« sind in der Deutschordenskommende Mergentheim zwischen 1450 und 1665 584 Verhaftungen aufgrund von Hexereiverdacht belegt, davon wurden 387 Personen hingerichtet, von 93 Personen ist das Urteil unbekannt, 27 Personen wurden entlassen, acht Personen starben während der Haft[33]. Bei den 584 Verhafteten sind insgesamt 91 Männer verzeichnet.

Die in der »Hexenkartothek« aufgeführten Verfolgungswellen mit jeweils über 50 Verhaftungen fanden in den Jahren 1590/91, 1601/02, 1617/18 und zwischen 1628 und 1631 statt. Diese Zahlen korrespondieren zeitlich mit den großen Hexenverfolgungswellen in Europa. In Mergentheim fehlen die erste große Hexenverfolgungswelle um 1560 und die letzte große in den 1650/60er Jahren – eine Parallele zu den meisten südwestdeutschen Territorien[34]. Für Mergentheim ist der erste Hexenprozeß für das Jahr 1540 belegt[35], das letzte dokumentierte Verfahren wurde 1665 geführt[36]. Massenhafte Verfolgungen fanden auf dem Höhepunkt der europäischen Hexenverfolgung in den Jahren zwischen 1590 und 1631 statt.

Zeitraum	Verhaftungen			Exekutionen			Urteil unbekannt			Entlassungen			gestorben		
	F	M	ges.	F	M	ges.	F	M	ges.	F	M	ges.	F	M	ges.
1450		1	1					1	1						
1539–1544	3	1	4				3	1	4						
1586	2		2				2		2						
1589	4		4				4		4						
1590/91	68		68	9		9	52		52	7		7			
1594/95	5		5	2		2	3		3						
1599	1		1				1		1						
1601/02	49	3	52	40	3	43	9		9						
1615/16	7		7	6		6	1		1						
1617/18	181	32	213	173	27	200	**5**	**5**	**10**						
1620/21	21	3	19	5		5	3	3	6	7		7	1		1
1628–1631	156	49	205	98	24	122				6	4	10	4		4
1638		1	1								1	1			
1663–1665		1	1	2		2				1	1	2			
Summe	493	91	584	333	54	387	83	10	93	21	6	27	8		8

Tab. 2: Hexenkartothek[37]
Die fetten Zahlen bedeuten, daß in den Karteikarten »10 FM« eingetragen wurde; sie wurden in der Tabelle auf je 5 Männer und Frauen aufgeteilt. Zwischen 1628 und 1631 ist ein Mann geflohen, er ist der Kategorie »Entlassungen« zugeordnet.

2.2 Die Hexenverfolgungen der Jahre von 1628 bis 1631

Für die Jahre von 1628 bis 1631 können an dieser Stelle exakte Aussagen getroffen werden. Zuerst muß gesagt werden, daß die Angaben der »Hexenkartothek« mit 205 in diesem Zeitraum angeklagten Personen zu hoch gegriffen sind. Aus meinen eigenen Recherchen, die sich auf eine »Hexenliste« stützen[38], ergeben sich folgende Zahlen: Insgesamt wurden 136 Personen innerhalb der Deutschordenskommende Mergentheim der Hexerei beschuldigt, verhaftet, in das Gefängnis auf die Burg Neuhaus gebracht und dort peinlich verhört[39]. Aus der Stadt Mergentheim stammten demnach 43, aus dem Nachbarort Markelsheim[40] 83, aus den benachbarten Dörfern Igersheim[41] und Apfelbach[42] je vier und aus Neunkirchen[43] zwei Personen.

Das Alter der angeklagten Personen lag zwischen elf und siebzig Jahren. Unter den Verhafteten waren vier Jungen, die unter 20 Jahre alt waren; alle vier hatten Verwandte, die zuvor als Hexen hingerichtet worden waren. Das Alter der Frauen variierte zwischen 30 und 70 Jahren, das der Männer zwischen 11 und 60 Jahren. In der Stadt Mergentheim waren von den weiblichen Angeklagten 28 Frauen verheiratet und neun verwitwet. Die als Hexen verdächtigten Frauen aus den Nachbardörfern waren je zur Hälfte verheiratet bzw. verwitwet, ihr Alter lag zwischen 50 und 60

Jahren. Mit diesen Angaben wird klar, daß für die Deutschordenskommende Mergentheim das Stereotyp der alten alleinstehenden Frauen als verfolgte Personengruppe nicht greift[44]. Auch Hebammen werden nicht genannt, aufgeführt wird eine Amme[45]. Es wurden Frauen, Männer und Kinder verfolgt. In Mergentheim und Markelsheim wurden vergleichsweise viele Männer (20,6%) verfolgt[46], während in den kleineren Nachbardörfern nur Frauen angeklagt wurden.

Zeitraum	Verhaftungen			Exekutionen			Entlassungen			gestorben		
	F	M	ges.	F	M	ges.	F	M	ges.	F	M	ges.
1628	21	1	22	16	1	17						
1629	78	20	98	75	17	92		1	1	4	4	
1630	9	5	14	8	5	13	5	2	7			
1631		2	2		1	1	1	1	2			
Summe	108	28	136	98	24	122	6	4	10	4		4

Tab. 3: »Hexenliste« für die Jahre von 1628 bis 1631

Die Opfer kamen aus allen sozialen Schichten der Bevölkerung. Kleriker und Adlige allerdings blieben hier im Gegensatz zu den Nachbarterritorien Würzburg[47] und Bamberg[48] verschont. Die biographischen Angaben können größtenteils den Verhörprotokollen entnommen werden; so kann man sich ein Bild der sozialen Struktur der Gruppe der Angeklagten machen. Den Berufsbezeichnungen nach handelte es sich zumeist um Personen des öffentlichen Lebens – viele der Frauen kamen aus Bürgermeister- und Handwerkerfamilien. Einen großen Anteil hatten die Wirtsfamilien[49]. Interessant ist in Mergentheim, daß einige Personen, die zuerst an den Hexenprozessen verdienten[50], im Laufe der Verfolgungswelle selbst beschuldigt und hingerichtet wurden, wie der Fall des Hirschenwirtes Thomas Schreiber sehr deutlich zeigt[51].

3. Wie kam es zu Hexereiverdächtigungen in Mergentheim?

3.1 Die Verfolgungen in Mergentheim von 1539 bis 1665

Bei der Frage nach den Hintergründen der europäischen Hexenverfolgungen werden in der neueren Hexenforschung mehrere Thesen diskutiert. So beispielsweise die Klimaverschlechterung und der daraus resultierende sinkende Lebensstandard um 1560, begleitet von Mißernten, Hungersnöten und Seuchen ab 1580. Um 1600 folgte eine schwere Agrardepression, die ökonomische Entwicklung stagnierte, die politischen Spannungen wuchsen. Durch die Glaubenskämpfe, bedingt durch Reformation und Gegenreformation, wurde die Bevölkerung verunsichert[52]. Die Gründe für eine Hexenverfolgungswelle können in diesem Gesamtkontext gesehen werden, müssen aber immer anhand der territorialen Strukturen überprüft werden.

Die meisten dieser Aspekte kommen in Mergentheim zum Tragen. Die Rolle von Trägerschichten und treibenden Kräften der Verfolgung kann bis jetzt jedoch nur zum Teil beantwortet werden. Für den gesamten Zeitraum der Verfolgungen können nur Vermutungen aufgestellt, für die letzte Verfolgungswelle aber erste Ergebnisse vorgestellt werden.

Die Regierung in Mergentheim wurde während der Hexenverfolgungswellen von folgenden Hoch- und Deutschmeistern gestellt: Erzherzog Maximilian von Österreich (1588–1618), Erzherzog Karl von Österreich (1618–1624), Johann Eustach von Westernach (1625–1627) und Johann Caspar von Stadion (1627–1641); alle waren eng verbunden mit dem Haus Habsburg. Inwieweit persönliche Motive und die schwierige politische und konfessionelle Situation die Einstellung der Regierenden zur Hexenverfolgung geprägt haben, ist noch nicht untersucht worden. Auch über die Rolle der Geistlichkeit in Mergentheim ist nichts bekannt. Mergentheim geriet durch den Übertritt der benachbarten weltlichen Herren zum Protestantismus in eine gewisse Isolation und könnte dadurch verunsichert worden sein[53]. Unterstützt wird diese Vermutung durch die Ansiedlung der Kapuziner in Mergentheim im Jahre 1628, die neben den Jesuiten, deren Ansiedlung zuvor zweimal gescheitert war (zuletzt im Jahre 1627[54]), dafür bekannt sind, großen Einfluß auf die Gegenreformation gehabt zu haben. Der streng katholische Johann Caspar von Stadion war durch die Konfessionskriege tief geprägt.

Abb. 34: Johann Caspar von Stadion, Hochmeister des Deutschen Ordens (1627–1641)

Unterstützung fand die Deutschordensregierung bei den benachbarten Hochstiften Würzburg und Bamberg, deren Fürstbischöfe – ebenfalls eifrige Anhänger der Gegenreformation – durch ihre eindeutige Haltung zu den Hexenprozessen, besonders in den Jahren von 1627 bis 1631, Mergentheim stark beeinflußt haben; hier könnte es sich auch um eine Vorbildwirkung gehandelt haben[55]. So wurde 1627 die aus Bamberg stammende Katharina Haan dort als Hexe verbrannt, weil ihre Mutter zuvor in Mergentheim der Hexerei überführt worden war[56], und in Würzburg wurde ein Untertan der Deutschordensregierung 1628 als Hexe hingerichtet.

Ein wichtiges Moment für die Hexenverfolgung in Mergentheim dürften die Konfiskationen gewesen sein. So ist belegt, daß 1593 der Ausbau des Mergentheimer Kirchturms zu einem Teil mit den sogenannten »Hexengeldern« finanziert wurde[57]. Es fällt auf, daß auf dem Höhepunkt der Hexenverfolgung zahlreiche Baumaßnahmen in der Residenzstadt Mergentheim vorgenommen wurden[58]: 1564 Bau des Rathauses, Ende des 16. und Anfang des 17. Jahrhunderts Umbau des Deutschordensschlosses, 1606 Einrichtung eines Deutschordens-Priesterseminars in Mergentheim, 1628 Torbau und Bau des Kapuzinerklosters südlich vor der Stadt[59]. Nachgewiesen ist die Finanzierung des Spitalausbaus durch »Hexengelder«: 1601 erhielt das Spital das Vermögen der als Hexe verbrannten Witwe Grosmann im Wert von 1.200 Gulden, 1617 weitere 1.000 Gulden Strafgelder und 1629 vom Deutschmeister 6.000 Gulden als Schenkung zum Grundstock[60]. In einem Dekret vom 9. Januar 1629 gibt von Stadion seine Einstellung bezüglich der Konfiskation bekannt: Er habe nach der kaiserlichen Gesetzgebung und der *Carolina* sowie den gerichtlich ausgesprochenen und publizierten Urteilen das Recht zu konfiszieren. Er betonte, daß er das gesamte Vermögen der Hingerichteten dem Fiskus anheim fallen lassen könne, dies aber wegen der Kinder und anderen Umständen »gnedigst moderirt« hatte; bei sehr reichen Familien befahl er, »ohne alle ferner interposition oder moderation einzutreiben«[61]. Das Motiv der Habsucht ist besonders bei den Richtern und den mit Hexenprozessen befaßten Ratsmitglieder zu bemerken. Der für die Mergentheimer Hexenprozesse ab 1628 eingesetzte Dr. Vasoldt zum Beispiel hatte bereits in Bamberg gezeigt, daß er aus finanziellen Gründen versuchte, die Hexenprozesse weiterzubetreiben[62].

Nach den Spezifikationen (Auflistungen der Vermögenswerte) haben sich die Hexenprozesse von 1628 bis 1631 weitgehend selbst getragen, d.h. den Kosten für die Hexenprozeßführung wurden entsprechende Konfiskationsforderungen gegenübergestellt. Aus verschiedenen Protokollen ist ersichtlich, wie gut die beteiligten Personen an den Hexenprozessen verdienten: Der Malefizschreiber Buchner wurde vom konfiszierten »Hexengeld« bezahlt, der Amtmann von Neuhaus bat, für jede Hexenperson, die ihre »delicta« (Verbrechen) bekenne, pro Tag 18 oder 16 Kreuzer verrechnen zu dürfen, und beklagte sich zugleich, daß er wegen Dr. Vasoldt schlechte Gewinne habe. Weiter wurde bestimmt, daß der Hauskomtur von dem konfiszierten Geld den Scharfrichter und alle anderen Personen bezahlen und das restliche Geld dem fürstlichen Rentmeister gegen Quittung zustellen sollte[63].

Durch die »Besagung«, d.h. die Nennung weiterer »Hexen« unter der Folter, konnte in Mergentheim eine umfassende Hexenverfolgung eingeleitet und fortgeführt werden[64]. Die Besagungen wurden als Indiz gewertet, so daß ohne weitere Beweise Personen nach dreimaliger Besagung als Hexen verhaftet und verurteilt werden konnten. Nur ganz wenige Personen haben trotz der Anwendung der Folter keine weiteren Personen denunziert und wurden für ihre Hartnäckigkeit mit der Entlassung »belohnt«. Fast jede Verhaftung zog somit in einer Art »Schneeballsystem« zahlreiche weitere Verhaftungen nach sich. Mit den Besagungen konnte eine Verfolgungswelle unendlich fortgesetzt werden, sofern sie nicht durch äußere Einflüsse abgebrochen wurde.

Der interessanteste Punkt ist die Beobachtung, daß in Mergentheim immer dieselben Personenkreise von den Hexenverfolgungen betroffen waren und man es hier mit sogenannten »Hexenfamilien« zu tun hat. Für die letzte Hexenverfolgungswelle gibt es einige Beispiele dafür, z.B. die Familien Kolbenschlag, Reichardt und Matzet; allein die Familie Weit aus Markelsheim hatte acht Opfer zu beklagen[65]. So konnten, wie auch in anderen Verfolgungsgebieten, Personen, die in einer früheren Verfolgungswelle als Hexen verdächtigt worden waren, erneut als Hexen verhaftet werden. Aber auch Denunziationen aus früheren Verfolgungswellen wurden Jahre später wieder herangezogen[66]. Anhand des überlieferten Quellenmaterials ist es möglich, die sozialen Strukturen der betroffenen Gruppen herauszuarbeiten. Interessant ist hierbei, ob nachbarschaftliche, verwandtschaftliche und wirtschaftliche Konflikte eine Rolle gespielt haben[67]. »Ein wegen der gesellschaftlichen Stellung besonders auffallendes Opfer böser Weiberzungen war die Witwe des 1609 verstorbenen Deutschordenskanzlers Leonhard Kirchheimer.«[68] Dieser Hexenprozeß wurde im Jahre 1626 geführt; die Frau wurde geköpft und anschließend verbrannt[69]. Hier wird deutlich, daß einige Personen auf den Reichtum der alleinstehenden Frau neidisch waren.

Interessant sind darüber hinaus die klimatischen Verhältnisse mit den daraus resultierenden Unwettern, von denen Mergentheim ebenso betroffen war wie viele andere Verfolgungsgebiete. Gerade 1626 war ein schlimmes Jahr für die Deutschordensregierung: Zuerst herrschte in Markelsheim die Beulenpest, wobei es allerdings nicht mehr dem neuesten wissenschaftlichen Stand entspricht, destabilisierte gesellschaftliche Verhältnisse, ausgelöst durch die periodisch auftretenden Seuchen wie die Pest, als alleinige Ursache für Hexenverfolgungen anzunehmen[70]. Nach der Pest verursachte ein Hagelwetter großen Schaden vor allem in den Weinbergen; Truppendurchmärsche verschlechterten die Situation noch weiter. Trotz dieser Vorkommnisse sind zumindest in der letzten Verfolgungswelle keine Anschuldigungen aus der Bevölkerung bekannt, aufgrund deren Personen als Hexen verfolgt und somit für die Katastrophen verantwortlich gemacht werden sollten.

Auf der Basis volkstümlicher Glaubensvorstellungen geführte Hexenprozesse sind für Mergentheim ebenfalls belegt. Interessanterweise sind diese Prozesse Einzelprozesse geblieben. So wurden z.B. in den zehn Jahren vor der letzten großen Hexenverfolgungswelle Personen wegen eines unerklärlichen Milchdiebstahls und dem seltsamen Treiben einer Katze verhaftet[71]. Der Ausgang der Prozesse ist nur zum Teil bekannt. Auch in den Jahren nach 1631 bis 1665 kam es noch zu vereinzelten Anklagen wegen Hexerei, die nicht mit der Verbrennung der angeklagten Personen endeten.

3.2 Verlauf der letzten und größten Hexenverfolgungswelle von 1628 bis 1631

Der Beginn der letzten Verfolgungswelle soll am Beispiel der Familie Reichardt aus der Mergentheimer Nachbargemeinde Markelsheim dargestellt werden.

Bernhardt Reichardt war Bürgermeister von Markelsheim und sehr vermögend. Seinen neunjährigen Sohn Johann Bernhardt ließ er in der Schule im Neuen Münster zu Würzburg unterrichten. Ende 1627 kamen ihm Gerüchte zu Ohren, daß sein Sohn der Hexerei verdächtigt werden könnte[72]. Er versuchte, seinen Sohn zu retten, indem er ihn von Würzburg nach Dettelbach auf die Schule schickte. Doch die Würzburger Hexenverfolger ließen von ihrem Verdacht nicht ab. Nach Absprache mit dem Hoch- und Deutschmeister von Stadion wurde der Junge nach Würzburg ausgeliefert, dort ohne vorherige Zustimmung der Deutschordensregierung verurteilt und am 8. Mai 1628 mit folgender Begründung hingerichtet: »ermelter Juhng Uf dieser Weldt bei lengerem leben mehr schedlich als nützlich sein können ...«[73]

Nach Erhalt des Extraktes (Auszug des Prozeßprotokolles) aus Würzburg, in dem der Junge Konvente (Hexenzusammenkünfte) in Markelsheim beschrieb und dort einen Jungen verführt haben sollte, sah sich die Deutschordensregierung durch zusätzliche Gerüchte, in Mergentheim könnte ebenfalls Hexerei ausgeübt werden, veranlaßt, die Vorgänge genauer untersuchen zu lassen. Johann Caspar von Stadion ließ im Sommer 1628 in Würzburg bei Fürstbischof Philipp Adolph von Ehrenberg (1623–1631) anfragen, wie das »hoch scheidliche und abscheuliche laster der Hexerey auß Unserem gebieth«[74] zu vertreiben sei und ob von Würzburger Prozessen Denunziationen für das Deutschordensgebiet vorliegen. Die Antwort war, bis auf den Fall Reichardt, negativ.

Der Briefwechsel mit der Regierung in Bamberg war für die Deutschordensregierung aussagekräftiger[75]. Der Bischof zu Bamberg, Johann Georg II. Fuchs zu Dornheim (1623–1633), berichtete in einem Schreiben vom 11. Juli 1628 von einem nürnbergischen Extrakt, in dem die Ausrottung von Hexen in Mergentheim gefordert wird. Zugleich wird der Deutschordensregierung Hilfe angeboten, worauf von Stadion am 23. Juli 1628 dem Bamberger Bischof schrieb, daß »Gottes Zorn über landt Und leut provociert Würdt«, wenn nichts getan würde und Gott die Obrigkeit für die Ausrottung belohnen werde. Da in Mergentheim die in Hexenprozessen bewanderten Räte für die alltäglichen Aufgaben gebraucht wurden, bat von Stadion um eine zeitlich befristete Unterstützung aus Bamberg. Die Bamberger entsandten daraufhin den bambergisch-bischöflichen Rat, Doktor beider Rechte und »erfolgreichen« Hexenjäger Ernst Vasoldt, und den Protokollisten Hans Buchner nach Mergentheim, nachdem diesen eine gebührliche Entlohnung zugesichert worden war. In Bamberg hatte sich das scharfe Vorgehen Vasoldts besonders darin gezeigt, daß er verhindert hatte, daß den Angeklagten ihre Aussagen nochmals vorgelesen wurden und sie somit ihre Besagungen nicht widerrufen konnten[76].

Vasoldt war von Anfang September bis zum 12. Dezember 1628 in Mergentheim, während Buchner bis zum letzten Prozeß blieb. Vasoldts Wirken ist den akribisch angelegten Hexenlisten zu entnehmen und mit seinen eigenen Rechnungen genauestens belegt[77]. Auch nach seinem Abschied aus Mergentheim, der genehmigt wurde, obwohl seine Präsenz weiterhin gewünscht war, konnte sein Werk »wirkungsvoll« fortgesetzt werden.

Gekoppelt mit der Initiierung von »oben« und der Anstellung des auswärtigen »Hexenjägers« Vasoldt, der den gelehrten Hexenprozeß auf der Grundlage des *Hexenhammers* in Mergentheim durchführte – schon 1601 war mit Dr. Pappenberger ein auswärtiger Hexengelehrter in Mergentheim am Werk[78] –, konnte der letzte große Massenprozeß im September 1628 beginnen. Vasoldt veranlaßte sofort die Erstellung von Denunziations- und Hexenlisten, wozu alte Angaben aus der vorhergehenden Welle von 1617/18 herangezogen wurden. Wichtig bleibt zu vermerken, daß die Namen aus den vorangegangenen Prozessen während den Verfolgungen von 1628 bis 1631 teilweise wieder als Verfolger und/oder Verfolgte auftauchten.

Kurz darauf, vom 14. bis zum 25. September 1628, wurden die ersten fünf Frauen aus den Nachbarorten Markelsheim, Neunkirchen und Apfelbach, die schon des längeren unter dem Verdacht der Hexerei standen, verhaftet. Unter diesen war auch die Mutter des neunjährigen Jungen Johann Reichardt, Margaretha Reichardt[79].

Von nun an nahm der Massenprozeß seinen verhängnisvollen Lauf. Mit Hilfe der Folter wurden die verhafteten Personen als »Hexen« überführt, und mit den erpreßten Denunziationsaussagen konnten weitere Verfahren eingeleitet werden.

Dieses System wurde nach Bedarf von »oben« durchbrochen, sobald eine fehlende dritte Denunziation dringend für eine gewünschte Verhaftung benötigt wurde. Dieses Vorgehen ist in den Anweisungen des Hofratkollegiums unter dem Vorsitz des Hoch- und Deutschmeisters von Stadion dokumentiert[80]. Etwa zwei Jahre lang wurden aufgrund der beschriebenen Strukturen die Hexenprozesse »reibungslos« fortgeführt.

4. Prozeßführung in den Jahren von 1628 bis 1631

Bis zum Anfang des 19. Jahrhunderts wurden die zwei gerichtlichen Instanzen, das Stadtgericht und der Hofrat (Regierung des Meistertums), in der Prozeßpraxis nicht immer klar auseinandergehalten. Die Trennung der zwei gerichtlichen Instanzen wurde teilweise aufgehoben, d.h. die Erstinstanz des Stadt- bzw. des Zentgerichts wurde in die Zweitinstanz des Hofgerichts integriert[81].

Das Mergentheimer Gericht war in den vier Jahren der letzten großen Hexenverfolgung relativ einheitlich besetzt. Nach dem Weggang Vasoldts übernahm der Hauskomtur und Doktor beider Rechte, Stephan Baumann, die Prozeßführung bis zum letzten Prozeß 1631. Der Malefizschreiber Johann Buchner war bei jedem der 136 Prozesse anwesend. Die Anzahl der beteiligten Amtleute variierte zwischen drei und sechs Personen. Bei komplizierteren Fällen waren zumeist mehr Amtleute anwesend. Ebenso wohnten der Bürgermeister und Schöffe Johann Braun und ein Schöffe Georg fast allen Prozessen bei[82].

Die Anwendung der Appellationsordnung von 1537 in den Hexenprozessen war ein wichtiger Faktor für ein Funktionieren im Sinne der Befürworter der Hexenprozesse. Die Verfahren wurden summarisch geführt; es wurden immer mehrere Personen gleichzeitig verhaftet und auch hingerichtet. Zudem gingen die Verfolgungen in den betroffenen Orten blockweise vonstatten. So wurden einige Wochen nur Markelsheimer, dann wieder nur Mergentheimer Personen verhaftet, dazwischen einige wenige Personen aus den Nachbardörfern Igersheim, Neunkirchen und Apfelbach. Die Denunziations- und Komplizenangaben blieben dabei ebenfalls in den meisten Fällen innerhalb des Heimatortes sowie größtenteils auch in derselben gesellschaftlichen Schicht, d.h. daß zum Beispiel eine Mergentheimer Bürgersfrau nur Bürgersfrauen aus Mergentheim angab. Die meisten Prozesse dauerten im Durchschnitt nur vier bis fünf Verhandlungstage, die Haftdauer selbst betrug ca. zehn Tage. Ausnahmen bildeten die Fälle, in denen die Personen nach einer Haftdauer von zwei Wochen bis zu anderthalb Jahren entlassen werden mußten.

In den vier Jahren zwischen 1628 und 1631 sind Supplikationen (Bittschriften) der Angehörigen nur für den Hirschenwirt Thomas Schreiber bekannt, aber auch er wurde hingerichtet. Die extrem kurze Verfahrensdauer und größtenteils wohl auch die Angst der Verwandten, selbst verfolgt zu werden, können als Gründe für die fehlenden Bittschriften gelten[83]. Bezüglich der obrigkeitlichen Konfiskationsforderungen gingen demgegenüber wesentlich mehr Bittschriften der Erben bei der Deutschordensregierung ein[84]. Die Anforderung einer Abschrift des Verhörprotokolles und das Einsetzen eines Advokaten für die Verteidigung des Angeklagten ist in allen 136 Fällen nicht bekannt, obwohl dies nach der Appellationsordnung möglich gewesen wäre. Juristische Gutachten, die in vielen anderen Verfolgungsgebieten erstellt wurden, sind für Mergentheim ebenfalls nicht bekannt[85].

Die Verhöre selbst wurden in allen 136 Fällen immer nach demselben Schema geführt und ließen den Angeklagten wenig Raum für persönliche oder abweichende Äußerungen. Das typische Verhörprotokoll war wie folgt aufgebaut: Am Tag der Verhaftung, der zugleich erster Verhandlungstag war, wurden die Verdächtigen frühmorgens von zu Hause abgeholt, auf die Burg Neuhaus, das Gefängnis außerhalb der Stadt, gebracht und dem Gericht vorgeführt.

Der erste Teil der Aussage enthält oft die einzigen persönlichen Angaben. Anfangs waren die Angeklagten über den Grund ihrer Verhaftung nicht informiert worden und reagierten dementsprechend verwirrt. Später, nachdem die Vorgänge allgemein bekannt waren und in der Stadt Gerüchte über die Hexenprozesse kursierten, gaben die Angeklagten sofort zu Protokoll, daß sie keine Hexen seien. In einigen Fällen kommen dabei andere Delikte, meistens Ehebruch, zur Sprache. Anschließend wurden nach dem Interrogationsschema (vorgegebener Fragekatalog) fast allen Verhafteten dieselben Fragen gestellt. Die Fragen sind in den durchschnittlich ca. sechs Seiten umfassenden Verhörprotokollen nicht notiert worden, auch eine Numerierung liegt nicht vor. Aus den Hofratsprotokollen, in denen die Besprechungsergebnisse der Deutschordensregierung festgehalten wurden, wird ersichtlich, daß zu bestimmten Zeiten Wert darauf gelegt wurde, detaillierte Antworten zu erhalten, zum Beispiel welche Farbe die Lichter beim Hexensabbat hatten oder was es zu Essen und zu Trinken gab[86]. Die Fragen der Richter basierten größtenteils auf dem theoretischen Begriff der »Hexe«, wie er im *Hexenhammer* definiert wurde. Dementsprechend ließen sich die Richter die Merkmale einer typischen Hexe (Hexenpakt, Teufelsbuhlschaft, Hexenflug, Hexensabbat) immer wieder bestätigen. Hauptaspekte der Aussagen waren:

- wann, wo und von wem die Verdächtigten zur Hexerei verführt wurden;
- mit wem sie Buhlschaft hatten;
- ausführliche Schilderung des Hexensabbats und die Nennung der Versammlungsorte, die meistens mit realen topographischen Orten übereinstimmt;
- Aufzählung von Komplizen, die am Hexentanz teilgenommen hatten;
- Beschreibung des Schadenzaubers, wobei der Wetterschaden eine große Rolle spielte, unter Hinweis auf ein Unwetter von 1626, bei dem der Weinberg des Deutschordenskanzlers vernichtet worden war.

Zwischen den einzelnen Aussagen wurden die Angeklagten immer wieder gefoltert. Dabei wurde die Folterungsart und -dauer exakt notiert. Aus den Aufzeichnungen der Prozeßprotokolle kann eindeutig festgestellt werden, daß in Mergentheim die Anwendung der Folter bei weitem das von der *Carolina* erlaubte Maß überschritten hat.

Um die Angeklagten verurteilen zu können, mußten sie ihre Aussage dreimal bestätigen. Die Urteilsverkündung bestand nur aus der »Anmeldung des endlichen Rechtstages«, dem Tag der

Hinrichtung. Die meisten Verurteilten wurden vor der Verbrennung durch das Schwert hingerichtet. Einige Personen wurden allerdings während dieser vier Jahre aufgrund ihres »Revocierens« (Widerruf des Geständnisses) bei lebendigem Leib verbrannt.

Den Verhörprotokollen waren die »Denunziationsextrakte« mit den zusammengefaßten Aussagen der Personen, die die verurteilte Person besagt hatten, beigelegt. Vereinzelt sind »Dispositionen«, in der Art eines Testaments, angefügt, in denen die Angeklagten ihre letzten Anweisungen an ihre Angehörigen notieren ließen. Dabei wurde erwartet, daß der größte Teil des Vermögens kirchlichen Einrichtungen gespendet wurde und nur ein kleiner Teil an die Familie ging.

Zwischen diesem festgelegten Frageschema kam in einzelnen Fällen der Charakter der Angeklagten durch abweichende Antworten zum Ausdruck. Bei zwei Personen aus Mergentheim kann dies eindrücklich in den Protokollen nachgelesen werden: Thomas Schreiber und Anna Matzet, die beide 1629, also auf dem Höhepunkt der Verfolgungen, verhaftet und hingerichtet wurden.

Abb. 35: Hexenlebenslauf: Vom Teufelspakt zur Hinrichtung, aus: Ulrich Tengler, Der neü Layenspiegel, Augsburg 1511

5. Das Ende der Hexenverfolgungen in Mergentheim

Bis Ende 1629 geht die Kurve der Verhaftungen steil nach oben, erst dann beginnt die Verfolgungswelle allmählich abzuflauen. Wurden 1628 noch insgesamt 22 Personen verhaftet, waren es 1629 98, 1630 noch 14 und im letzten Jahr nur noch zwei Personen.

Was die Gründe für die Beendigung der Hexenverfolgung in der Deutschordenskommende Mergentheim im Jahr 1631 angeht, so kann der schwedische Einmarsch im selben Jahr dafür nicht verantwortlich gemacht werden. Denn während in Bamberg der Einzug der Schweden die dortige Hexenverfolgung 1630 beendete[87], zogen die Schweden in Mergentheim erst Ende 1631 ein; der letzte Prozeß fand hier jedoch bereits im Februar 1631 statt, also eine geraume Zeit zuvor.

Dagegen wäre zu fragen, inwieweit sich die Beendigung der Verfolgungen in Bamberg und Würzburg auf Mergentheim ausgewirkt haben. Das Ende der Hexenverfolgung in Würzburg kommt in den von mir untersuchten Mergentheimer Akten zwar nicht explizit zum Ausdruck; Auswirkungen, besonders der Spruch des Reichskammergerichtes von 1631[88], der die Hexenprozesse in Würzburg beendet hatte, können aber nicht ausgeschlossen werden.

Von August bis Oktober 1630 unternahm von Stadion eine Reise zum Kurfürstentag nach Regensburg, auf dem die Bamberger Hexenprozesse aufgrund ihrer unmenschlichen Durchführung ins Gerede kamen[89]. Sind äußere Einflüsse für den Beginn der Hexenverfolgungswelle spürbar, so könnte auch die immer stärker werdende Kritik im Reich einen Einfluß auf die Beendigung der Verfolgungen im Gebiet des Deutschen Ordens gehabt haben. Schließlich scheint aber vor allem die These H.C. Erik Midelforts, daß eine Hexenverfolgung vielfach durch eine »Vertrauenskrise« beendet wurde, auf Mergentheim zuzutreffen. Ich möchte die »Vertrauenskrise« aber nicht wie Midelfort an dem Fall des Thomas Schreiber belegen, da er, wie bereits erwähnt, eine Ausnahme bildete, sondern an dem Fall der Anna Matzet.

Anna Matzet war in Mergentheim mit dem Krämer Peter Matzet, der »Welsche Peter« genannt, verheiratet; die beiden hatten fünf Kinder: drei Söhne und zwei Töchter. Aus der »Taxatio« (Steuerschätzung) von 1628 ist ersichtlich, daß die Familie vermögend war. Anna Matzet wurde am 16. Juli 1629 verhaftet; ihr Alter ist leider nicht bekannt.

In den Hofratsprotokollen ist zu diesem Fall keine besondere Bemerkung verzeichnet; der Grund für ihre Verhaftung dürfte in dem 1629 noch perfekt funktionierenden Prozeßverfahren zu suchen sein. Eine Schwester und ein Bruder sollen als Hexen verurteilt worden sein, von ihnen sind die Namen jedoch nicht bekannt.

Doch schon beim ersten Verhör wird deutlich, daß sich Anna Matzet nicht in das vorgegebene Schema einpressen ließ. Zuerst erwähnt sie das Gerücht, »wer aufs Neuhaus komme, komme nicht mehr herunter«. Dieses Gerücht reiht sich in weitere ein, in denen zum Ausdruck kommt, daß die Hexenprozesse immer mit der Hinrichtung enden müssen, egal ob jemand schuldig ist oder nicht. Die Existenz von Hexen wird bei ihren Ausführungen nicht grundsätzlich angezweifelt, nur für sich selbst weist sie den Vorwurf zurück, eine Hexe zu sein.

Anna Matzet setzt den Dialog mit dem Juristen Dr. Bauman, dem Nachfolger von Dr. Vasoldt aus Bamberg, fort und fragt, ob man einen auch hole, wenn man Vermögen habe. Sie ist zudem der Überzeugung, wenn sie eine Hexe sei, müsse die ganze Welt brennen. Hierzu gibt ein weiteres Gerücht Aufschluß über die Stimmungslage in der Stadt Mergentheim, das besagt, daß selbst die Jungfrau Maria nicht mehr vom Neuhaus lebendig zurückkäme.

Als ihr der Denunziationsextrakt vorgelesen wird, fragt sie nur, wer dies erdichtet habe, und ist der Meinung, das könne nur Gaukelwerk sein. Auch die Glaubwürdigkeit der Examinatoren (Richter) zweifelt sie an, denn wenn diese in den Himmel kämen, kämen alle in den Himmel.

Aber damit nicht genug, sie hat auch den Mut, den Schöffen Georg Schneider nach dessen einen Monat zuvor als Hexe verbrannter Frau zu fragen, worauf sie keine Antwort erhält. Nach Anwendung der Folter gibt auch sie die geforderten Antworten, doch diese geben zugleich auch einen Einblick in ihre eigenen Nachbarschaftskonflikte mit der neuen Krämerin, der Frau des Schöffen Hans Braun. Braun will daraufhin die Rücknahme dieser Aussage erreichen, um eine direkte Folge für sich selbst abzuwenden. Er gibt an, daß Anna Matzet nur neidisch sei, weil er ein größeres Vermögen habe als sie.

Die Aussage der Anna Matzet scheint Methode zu haben; sie gibt als »Complices« allesamt angesehene Bürgersfrauen und die Frau des Deutschordensrentmeisters an. Damit hat sie die Verfolgungswelle bis in den Kreis der Hexenverfolger selbst ausgedehnt. Ihr couragiertes Auftreten, das die Richter in Verlegenheit brachte, das Erwähnen von Frauen von Richtern, die als Hexen verurteilt worden waren, und die Erwähnung von Gerüchten können nach dem schon kurz zuvor kompliziert verlaufenen Fall des Thomas Schreiber die »Vertrauenskrise« endgültig auch in den Reihen der Hexenverfolger ausgelöst haben, nachdem das Vertrauen der Bevölkerung in die rechtmäßige Prozeßführung bereits stark nachgelassen hatte.

Erwähnt werden muß noch das traurige Ende der Anna Matzet, die trotz heftigstem Widerstand wie die meisten verhafteten Personen den Flammen zum Opfer fiel. Ihr jüngster Sohn Paul, den sie in einem Brief ihrem Schwiegersohn Kolbenschlag[90], dessen Familie ebenfalls in diesen Jahren von der Hexenverfolgung stark betroffen war, ans Herz legte, wurde im Januar 1631 wegen Hexereiverdachts verhaftet, aber nach zwei Wochen ins Spital entlassen.

Nach der Hinrichtung der Anna Matzet am 28. Juli 1629 nahmen die Verhaftungen ab und die Entlassungen zu. Die letzte Hinrichtung fand am 10. Februar 1631 statt. Nachfolgend gab es nur noch vereinzelte Prozesse[91], in denen volkstümliche Vorstellungen von Hexerei zum Ausdruck kamen; sie endeten endgültig im Jahre 1665 mit einem einzelnen Hexenprozeß. Dabei wurden keine Hinrichtungen mehr vollzogen.

Anmerkungen

1 Wolfgang BEHRINGER, Hexenverfolgung in Bayern. Volksmagie, Glaubenseifer und Staatsräson in der Frühen Neuzeit, München 1987, ²1988; Richard VAN DÜLMEN (Hrsg.), Hexenwelten, München 1987; Gerhard SCHORMANN, Hexenprozesse in Deutschland, Göttingen ²1987; Gerd SCHWERHOFF, Rationalität im Wahn. Zum gelehrten Diskurs über Hexen in der frühen Neuzeit, in: Saeculum 37 (1986), S. 45–82, dort ist die neuere Sekundärliteratur enthalten; ein im Jahr 1993 erschienenes Buch von Bruno GLOGER/Walter ZÖLLNER, Teufelsglaube und Hexenwahn, Leipzig 1993, hat die neuere Hexenforschung noch nicht wahrgenommen.

2 Vgl. Beschreibung des Oberamtes Mergentheim, hrsg. von dem königlich statistischen topographischen Bureau, Stuttgart 1880, S. 258 (im folgenden: OAB Mergentheim). Der Hochmeister des Deutschen Ordens hatte seinen Sitz in Preußen, der Deutschmeister war als Vertreter des Hochmeisters für die Ordensniederlassungen im Reich verantwortlich. Er hatte die Aufsicht über die zwölf Balleien, die von einem Landkomtur geführt wurden. Die Balleien wiederum waren in Kommenden (Ordenshaus mit Besitz) aufgeteilt, deren erster Beamter der Komtur war. Das Ordenshaus selbst wurde von Beamten verwaltet. Weitere Literatur zum Deutschen Orden: Hans Hubert HOFFMANN, Staat des Deutschmeisters (Studien zur bayerischen Verfassungs- und Sozialgeschichte, Bd. 3), München 1964; Johannes VOIGT, Geschichte des Deutschen Ritterordens in seinen 12 Balleien in Deutschland, 2 Bde., Berlin 1857/59; Dieter WOJTECKI, Deutscher Orden. Kommenden in Franken, in: Jahrbuch des Historischen Vereins für Württembergisch-Franken 60 (1976), S. 55–113; Marian TUMLER/Udo ARNOLD, Der Deutsche Orden vom Ursprung bis zur Gegenwart, Bonn 1974; Klemens WIESER (Hrsg.), 8 Jahrhunderte Deutscher Orden, Bad Godesberg 1967.

3 Eine umfassende Darstellung der Geschichte Mergentheims stammt von Ottmar Friedrich Heinrich SCHÖNHUTH, Chronik der vormaligen Deutschordens-Stadt Mergentheim, aus urkundlichen Quellen herausgegeben, Mergentheim 1857.

4 Vgl. Konrad THEISS/Herrmann BAUHAUER (Hrsg.), Der Kreis Mergentheim (Heimat und Arbeit), Aalen 1966, S. 134; Max MILLER/Gerhard TADDEY (Hrsg.), Handbuch der historischen Stätten Deutschlands, Bd. 6: Baden-Württemberg, Stuttgart ²1980, S. 41; OAB Mergentheim (wie Anm. 2), S. 361.

5 Bis zum Verkauf an den Deutschen Orden im Jahr 1554 war der Johanniterorden Mitherr des Ortes und Inhaber eines Spitals (vgl. hierzu: Das Land Baden-Württemberg. Amtliche Beschreibung nach Kreisen und Gemein-

den, hrsg. von der Landesarchivdirektion Baden-Württemberg, Bd. 4, S. 282; OAB Mergentheim [wie Anm. 2], S. 261).

6 OAB Mergentheim (wie Anm. 2), S. 255, 270.

7 Nach Franz DIEHM, Geschichte der Stadt Mergentheim. Äußeres Schicksal und innere Verhältnisse, Bad Mergentheim 1963, S. 24, entwickelten sich die Centenen aus der Organisation des spätrömischen Heeres, in dem der Befehlshaber einer Truppe *Centenarius* hieß und der Bezirk, in dem sich die Truppe ansiedelte, *Centena* genannt wurde. In der fränkischen Zeit war die *Centena* keine Hundertschaft (*centum* = Hundert) mehr, sondern eine fränkische Militärsiedlung.

8 Nach DIEHM (wie Anm. 7), S. 24, sind Verfassungen der Zentgerichtsbarkeit ab dem 15. Jahrhundert aus den Akten bekannt (vgl. auch THEISS/BAUHAUER [wie Anm. 4], S. 110).

9 DIEHM (wie Anm. 7), S. 29.

10 Vgl. ebd., S. 38, 49–61.

11 Das Land Baden-Württemberg (wie Anm. 5), S. 282.

12 DIEHM (wie Anm. 7), S. 42; THEISS/BAUHAUER (wie Anm. 4), S. 121; Alois SEILER, Der Deutsche Orden als Stadtherr im Reich. Das Beispiel »Mergentheim«, in: Udo ARNOLD (Hrsg.), Stadt und Orden (Quellen und Studien zur Geschichte des Deutschen Ordens, Bd. 44), Marburg 1993, S. 177–181.

13 OAB Mergentheim (wie Anm. 2), S. 267.

14 Ebd., S. 258; Hans-Georg BOEHM, Die Deutschordens-Ballei Franken (Schriftenreihe der Historischen Deutschorden-Compagnie Bad Mergentheim, Bd. 5), Bad Mergentheim 1988, S. 3, gibt das Jahr 1494 an.

15 OAB Mergentheim (wie Anm. 2), S. 267.

16 DIEHM (wie Anm. 7), S. 59, 61; Gustav Adolf RENZ, Freigabe der Mergentheimer Bürger aus der Leibeigenschaft des Deutschen Ordens (1537), in: Fränkische Chronik 13 (1930), S. 49f.

17 Fritjof SPERLING, Gerichtsorganisation und Prozeßpraxis des Mergentheimer Stadtgerichts unter dem Deutschen Orden von 1784 bis 1801, Würzburg 1981, S. 386–417. Rückschlüsse auf das 16./17. Jahrhundert sind möglich.

18 Gustav RADBRUCH/Arthur KAUFMANN (Hrsg.), Die Peinliche Gerichtsordnung Kaiser Karls V. von 1532 (Carolina), Stuttgart [6]1984, S. 58. Im 58. Artikel wird zudem bestimmt, daß die Aussagen unter der Folter nicht notiert werden dürften.

19 Der Deutsche Orden hatte von 1226 bis 1283 gewaltsam das Land der unabhängigen Preußen erobert. Die Blütezeit des Ordens als Militär-, Handels- und Finanzmacht war das 14. Jahrhundert. Im Thorner Frieden von 1466 wurde der Verlust der östlichen Ordensgebiete konstatiert.

20 Mergentheim als deutschmeisterliche Residenz war zunächst Teil der Ballei Franken. Die Kommende wurde später ausgegliedert und direkt dem Deutschmeister zugeordnet. Mit anderen Kommenden gehörte sie zum sogenannten Meistertum (vgl. BOEHM [wie Anm. 14]).

21 DIEHM (wie Anm. 7), S. 58: Der offizielle Titel hieß »Administrator des Hochmeistertums in Preußen Meister in teutschen und welschen Landen«.

22 Konrad SEIFRIZ, Markelsheim wie es war und ist. Ortsgeschichte der ehemaligen Deutschordensgemeinde Markelsheim an der Tauber, Mergentheim 1924, S. 26.

23 OAB Mergentheim (wie Anm. 2), S. 289f.; SCHÖNHUTH (wie Anm. 3), S. 76.

24 Vgl. OAB Mergentheim (wie Anm. 2), S. 291–293; Das Land Baden-Württemberg (wie Anm. 5), S. 283.

25 H.C. Erik MIDELFORT, Witch Hunting in South-Western Germany 1582–1684. The Social and Intellectual Foundations, Stanford 1972.

26 OAB Mergentheim (wie Anm. 2), S. 301f.; die weiteren Veröffentlichungen beziehen sich auf die Angaben der Oberamtsbeschreibung, wobei immer dieselben Details aufgezählt werden! Elmar Weiß und H.C. Erik Midelfort werteten zum ersten Mal neue Quellen aus.

27 StA Ludwigsburg, B 262 (2,2 lfm.), Bü 39–115; im StadtA Mergentheimer sind keine zusätzlichen Archivalien erhalten.

28 StA Ludwigsburg, B 262, Bü 75–114.

29 SCHÖNHUTH (wie Anm. 3), S. 81.

30 Zu Himmlers »Hexenkartothek« vgl. SCHORMANN (wie Anm. 1), S. 8–15. Siehe auch Barbara SCHIER, Hexenwahn-Interpretation im »Dritten Reich«, in: Sönke LORENZ u.a. (Hrsg.), Himmlers Hexenkartothek. Das Interesse des Nationalsozialismus an der Hexenverfolgung (Hexenforschung, Bd. 4), Bielefeld 1999, [2]2000, S. 1–17. Dieser Band geht zurück auf eine vom AKIH (Arbeitskreis Interdisziplinäre Hexenforschung) im Frühjahr 1988 veranstaltete Tagung.

31 Nach mündlicher Information von Walter Rummel, Trier, heißt der Bearbeiter Wenzel. Im BA, Außenstelle Frankfurt, sind die Karteikarten der »Hexenkartothek« auf Mikrofilmen einsehbar (Signatur: Fsg. 2/1-F, Film 27, Nr. 1792–1794).

32 Thema meiner Magisterarbeit, die im Dezember 1989 in Stuttgart abgeschlossen wurde, ist die *Hexenverfolgung in Mergentheim. Auswertung der Verhörprotokolle aus den Jahren 1628–1631.*

33 In den 635 Karteikarten sind einige Personen doppelt aufgeführt. Deshalb entsprechen die 584 Personen der Gesamtsumme.

34 SCHORMANN (wie Anm. 1), S. 70

35 Laut der »Hexenkartothek« fand der erste Hexenprozeß bereits im Jahre 1450 statt – für diesen Zeitraum sind allerdings keine Unterlagen überliefert. Midelfort (wie Anm. 25) gibt in seinem Appendix als frühesten Termin für einen Hexenprozeß das Jahr 1539 an (siehe StA Ludwigsburg, B 262).

36 Siehe »Hexenkartothek« und Midelforts Appendix; nach den Unterlagen im StA Ludwigsburg, B 262, Bü 115, fanden danach keine Hinrichtungen mehr statt.

37 Midelfort (wie Anm. 25), S. 200–224.

38 StA Ludwigsburg, B 262, Bü 75: In einem Heft sind alle 136 Personen ohne Numerierung chronologisch aufgeführt. Diese »Hexenliste«, in der die Namen, Vornamen, der Familienstand und der Wohnort der Verhafteten aufgelistet wurden, war die Grundlage für die Untersuchungen meiner Magisterarbeit.

39 Bis ins 18. Jahrhundert diente die Burg Neuhaus den Hoch- und Deutschmeistern zeitweise als Residenz. Die von der Zent Markelsheim stammende Hochgerichtsbarkeit wurde nach Neuhaus verlegt. Die Burg war Gefängnis und im 16./17. Jahrhundert Hinrichtungsstätte bei zahlreichen Hexenprozessen (vgl. Das Land Baden-Württemberg [wie Anm. 5], S. 293). Siehe auch: Ueber die Burg Neuhaus, wie sie an den Deutschen Orden gekommen. Nach urkundlichen Berichten, in: Zeitschrift des Historischen Vereins für das wirttembergische Franken 5 (1851), S. 16–18.

40 Markelsheim, zuvor würzburgisches Lehen, kam 1411 gemeinsam mit der Burg Neuhaus an den Deutschen Orden (vgl. Das Land Baden-Württemberg [wie Anm. 5], S. 286). Der Leiter des Deutschordensamtes Neuhaus war zugleich Vorsitzender des Markelsheimer Zentgerichts.

41 Igersheim kam 1411 zum Deutschen Orden; es gehörte zum Deutschordensamt Neuhaus.

42 Apfelbach kam 1414 an den Deutschen Orden; die Kirche war eine Filiale der Pfarrei Markelsheim.

43 Neunkirchen war würzburgisches Lehen; die Zenthoheit lag beim Deutschen Orden in Markelsheim. Nach Einführung der Reformation und Abwehr der Gegenreformation gehörten die Katholiken zur Pfarrei Mergentheim.

44 Gunnar Heinsohn/Otto Steiger, Die Vernichtung der weisen Frauen. Beiträge zur Theorie und Geschichte von Bevölkerung und Kindheit (Hexenverfolgung, Kinderwelten, Bevölkerungswissenschaft, Menschenproduktion), München [2]1985.

45 StA Ludwigsburg, B 262, Bü 105. Es handelt sich um das »Ammenfräulein« Barbara Geuberin aus dem Dorf Apfelbach, die 240 Kinder aufgezogen hatte.

46 In der vorangegangenen Hexenverfolgungswelle von 1617/18 wurden von insgesamt 213 Personen 23 Männer verhaftet (15%).

47 Harald Schwillus, Kleriker im Hexenprozeß. Geistliche als Opfer der Hexenprozesse des 16. und 17. Jahrhunderts in Deutschland (Forschungen zur fränkischen Kirchen- und Theologiegeschichte, Bd. 16), Würzburg 1992.

48 Andrea Renczes, Wie löscht man eine Familie aus? Eine Analyse Bamberger Hexenprozesse (Forum Sozialgeschichte, Bd. 1), Pfaffenweiler 1990; Britta Gehm, Die Hexenverfolgung im Hochstift Bamberg und das Eingreifen des Reichshofrates zu ihrer Beendigung, Hildesheim 2000.

49 Midelfort (wie Anm. 25), S. 195, stellt die These auf, daß in Südwestdeutschland in erster Linie Hebammen und Wirte von der Hexenverfolgung betroffen waren. Für Mergentheim trifft dies für den Personenkreis der Wirtsfamilien zu.

50 Folgende Handwerker verdienten an den Hexenprozessen: Schreiner, Zimmermann, Schröter, Bauermeister, Ziegler, Wagner und Schmied.

51 Dieser Fall ist wegen der herausragenden Rolle, die er in der letzten Verfolgungswelle in Mergentheim spielte, mehrfach beschrieben worden (Midelfort [wie Anm. 25], S. 150–154; Elmar Weiss, Thomas Schreiber – ein Streiter gegen den Hexenwahn in Mergentheim, in: Mainfränkisches Jahrbuch für Geschichte und Kunst 38 [1986], S. 131–141).

52 Schwillus (wie Anm. 47), S. 543.

53 Theiss/Bauhauer (wie Anm. 4), S. 123.

54 OAB Mergentheim (wie Anm. 2), S. 414.

55 Vgl. Schormann (wie Anm. 1), S. 60f.

56 Weiss (wie Anm. 51), S. 132; Renczes (wie Anm. 48), S. 50f.

57 OAB Mergentheim (wie Anm. 2), S. 414.

58 Aufzählung ebd., S. 282f.; siehe auch Emil Raupp, Die Bautätigkeit des Deutschen Orden in seiner ehemaligen Residenzstadt Mergentheim, Würzburg 1975. Mergentheim wurde seit 1525 allerdings permanent als Residenz für den Deutschen Ritterorden ausgebaut, so daß ein direkter Zusammenhang vorsichtig bewertet werden muß. Immerhin sind einige »Hexengelder« in die Bauten eingeflossen.

59 Bernhard Demel, Der Deutsche Orden und die Kapuziner in Mergentheim (1628–1809) und in Neckarsulm (1638/63–1805), in: Jahrbuch des Historischen Vereins für Württembergisch Franken 63 (1979), S. 47–87.

60 OAB Mergentheim (wie Anm. 2), S. 423.

61 StA Ludwigsburg, B 262, Bü 110.

62 Renczes (wie Anm. 48), S. 142f.

63 StA Ludwigsburg, B 262, Bü 110.

64 Besagungslisten wurden auch in anderen Territorien geführt (siehe SCHORMANN [wie Anm. 1], S. 64). Nach der *Carolina* reichte die Besagung allein nicht für die Verhaftung einer »Hexe« aus.
65 StA Ludwigsburg, B 262, verschiedene Bü; alle Personennamen der Familie Weit sind in der »Hexenliste« (Bü 75) aufgeführt (Nr. 6, 52, 60, 61, 88, 107, 112, 134).
66 In einer undatierten, aber wahrscheinlich von 1628 stammenden Liste werden Denunzianten, die bereits zwischen 1617 und 1619 als Hexen hingerichtet wurden, für die neue Verhaftungswelle herangezogen (vgl. StA Ludwigsburg, B 262, Bü 90).
67 Dieser Aspekt konnte bisher noch nicht anhand der Quellen überprüft werden.
68 OAB Mergentheim (wie Anm. 2), S. 301; DIEHM (wie Anm. 7), S. 111f.
69 Von Renczes wird eine familiäre Verbindung mit der Kanzlerfamilie Haan in Bamberg vermutet (siehe RENCZES [wie Anm. 48], S. 50f.).
70 Vgl. Bernd THIESER, Die Oberpfalz im Zusammenhang des Hexenprozeßgeschehens im Süddeutschen Raum während des 16. und 17. Jahrhunderts, Bayreuth ^{2}1992, S. 66–75.
71 StA Ludwigsburg, B 262, Bü 94.
72 Von Ende Juni bis Oktober 1628 wurden einige Inquisitionsprozesse, zumeist mit Kindern, geführt, deren Urteil nicht bekannt ist; dabei wurden eher volkstümliche Hexenvorstellungen zur Sprache gebracht (vgl. MIDELFORT [wie Anm. 25], S. 144; StA Ludwigsburg, B 262, Bü 91).
73 Der Schriftwechsel zwischen dem Würzburger Bischof Philipp Adolph von Ehrenberg und dem Deutsch- und Hochmeister Johann Caspar von Stadion zu diesem Fall ist im StA Ludwigsburg, B 262, Bü 95, erhalten.
74 StA Ludwigsburg, B 262, Bü 110; in diesem Büschel ist der Briefwechsel von Juli bis Dezember 1628 mit den Regierungen in Würzburg und in Bamberg bezüglich der beginnenden Hexenverfolgung dokumentiert.
75 StA Ludwigsburg, B 262, Bü 95.
76 RENCZES (wie Anm. 48), S. 141f.; nach P. WITTMANN, Die Bamberger Hexen-Justiz 1595–1631, in: Archiv für Katholisches Kirchenrecht 50 (1883), S. 177–223, hier: S. 187.
77 StA Ludwigsburg, B 262, Bü 69; WEISS (wie Anm. 51), S. 132. Die Kosten betrugen insgesamt 570 Gulden und 45 Kreuzer.
78 StA Ludwigsburg, B 262, Bü 69.
79 Margaretha Reichhardt ist die Nr. 5 der »Hexenliste« (StA Ludwigsburg, B 262, Bü 75).
80 StA Ludwigsburg, B 262, Bü 95.
81 Die genaue Abgrenzung der Zuständigkeit der beiden Instanzen in der Zeit der Hexenverfolgung wurde bisher noch nicht untersucht (siehe SPERLING [wie Anm. 17]).
82 Der Nachname Georgs ist nicht angegeben, es könnte sich jedoch um den später erwähnten Georg Schneider handeln.
83 Im Fall der Fuchsenwirtin Ursula Ruffina Hecklin, die 1624 als Hexe verhaftet wurde, sind einige Bittschriften erhalten (siehe StA Ludwigsburg, B 262, Bü 74). In den Prozeßprotokollen für die Jahre von 1628 bis 1631 werden Supplikationen nie erwähnt. Ein Verlust von Akten, in denen Bittschriften abgelegt wurden, ist nicht anzunehmen.
84 StA Ludwigsburg, B 262, verschiedene Bü, v.a. 84, 85, 92.
85 Lediglich aus dem Jahr 1601 ist die Anforderung eines Gutachtens bekannt (vgl. Wolfgang BEHRINGER, Hexenprozesse und Hexendiskussion in Südostdeutschland, München 1987, S. 267).
86 StA Ludwigsburg, B 262, Bü 95.
87 In einigen anderen Gebieten (Würzburg, Kurmainz) endeten die Hexenprozesse ebenfalls mit dem Einmarsch der Schweden (siehe dazu SCHORMANN [wie Anm. 1], S. 54, 63).
88 Hartmut Heinrich KUNSTMANN, Zauberwahn und Hexenprozeß in der Reichsstadt Nürnberg, Diss. Nürnberg 1970, S. 16.
89 Wolfgang BEHRINGER (Hrsg.), Hexen und Hexenprozesse, München ^{2}1993, S. 388f.
90 StA Ludwigsburg, B 262, Bü 98.
91 StA Ludwigsburg, B 262, Bü 113–115.

Gisela Vöhringer-Rubröder

Reichsstadt Esslingen

1. Zur Geschichte Esslingens

Esslingen am Neckar, unweit von Stuttgart gelegen, war zur Zeit der Hexenprozesse eine – folgt man der Esslinger Geschichtsschreibung[1] – im Niedergang begriffene freie Reichsstadt mit einer protestantischen Obrigkeit. Sie lag mitten im württembergischen Gebiet, ein Umstand, der für ihre Geschichte nicht ohne Bedeutung war und ihre nur mäßige territoriale Ausdehnung erklärt.

Schon im frühen Mittelalter war Esslingen als klosterähnliche Anlage an der schmalsten Neckartalstelle entstanden, an der eine aus fränkischer Zeit stammende Straße den Fluß überqueren mußte und konnte. So ist auch die Esslinger Brücke eine der ältesten und größten Brückenbauten nördlich der Alpen. Diese Straße war während des gesamten Mittelalters und auch noch in der frühen Neuzeit stark frequentiert, da sie nicht nur als Handelsstraße für den Neckarraum wichtig war, sondern den Norden und Süden des Alten Reiches miteinander verband.

Den Aufstieg vom schon früh urkundlich erwähnten Marktflecken Esslingen (866) zur freien Reichsstadt verdankt Esslingen vor allem den Staufern, die den Ort zunächst als Verwaltungsmittelpunkt für die Region nutzten und spätestens zu Beginn des 13. Jahrhunderts zur Stadt, wenig später zur freien Reichsstadt erhoben. Leider gibt es keine Urkunden von diesen Vorgängen, so daß eine genaue Datierung nicht zu ermitteln ist.

Wichtiger als die genauen Daten sind jedoch die Rechte und Pflichten, die die Reichsunmittelbarkeit der Stadt eintrugen[2]. Denn damit war die Stadt nur dem Reich und seinem Oberhaupt, dem Kaiser oder König, untertan und schuldete nur diesem Steuern, Heeresdienst und Gehorsam. Darüber hinaus war nun der Weg für den Auf- und Ausbau der städtischen Selbstverwaltung geebnet, was nicht zuletzt in den Privilegien sichtbar wird, die der Stadt nach und nach zuteil wurden[3].

In Esslingen läßt sich am Beispiel der Gerichtsbarkeit, der eine zentrale Bedeutung unter den mittelalterlichen Herrschaftsrechten zukam, gut beobachten, wie Rechte des Reiches allmählich in städtische Hände gelangten, so daß zur Zeit der Hexenprozesse schließlich die Rechtsprechung ganz von städtischen Organen ausgeführt wurde.

Das wichtigste Amt in der Stadt nach Erlangung des Stadtrechts war das des Reichsschultheißen, der als Stellvertreter des Reichsoberhauptes im städtischen Schöffengericht den Vorsitz führte und somit die Funktion des Vogts übernahm. Zunächst hatte dieses Gericht jedoch nur die niedere Gerichtsbarkeit inne. Daneben war der Reichsschultheiß mit den maßgeblichen Aufgaben der städtischen Verwaltung, insbesondere der Leitung des Markt- und Gewerbewesens, der Ausübung der Polizeigewalt und der Wahrnehmung der fiskalischen Rechte des Reiches betraut[4]. 1338 wurde dieses Amt jedoch an die Grafen von Württemberg verpfändet, denen dieser reichsstädtische Fremdkörper inmitten ihres Territoriums ein Dorn im Auge war. Allerdings konnten es die Esslinger schon Ende desselben Jahrhunderts wieder auslösen. Bis zum Ende des 14. Jahrhunderts verlor das Schultheißenamt zugunsten des städtischen Bürgermeisteramtes immer mehr an Gewicht. Das vom Schultheiß geführte Stadtgericht mußte sich allmählich einer eigenen Ratsgerichtsbarkeit unterordnen. Die Vorzeichen der Gewichtung von Stadt und Reich hatten sich also umgekehrt, Gericht und Verwaltung lagen nun in städtischer Hand.

Zwei wichtige Privilegien runden das Bild des weitgehend autarken Gemeinwesens ab: Das Recht der hohen Gerichtsbarkeit, das schließlich im Blutbann gipfelte, und das 1506 erteilte Privileg über die beschränkte Appellation, dessen Weiterentwicklung schließlich den Ausschluß des Reichskammergerichts als erster Instanz (1541) zumindest formell festlegte. Damit war der Rat für die Esslinger die oberste Gerichtsinstanz. Eine gewisse Einschränkung erfuhr diese Machtfülle nur durch das Einholen von Gutachten, an deren Weisungen man im allgemeinen gebunden war[5].

Die Blutgerichtsbarkeit bezog sich auf das Recht, auch peinliche Prozesse, die mit Strafen an Leib und Leben endeten, zu führen[6]. Dieses Recht erhielt die Stadt in der zweiten Hälfte des 14. Jahrhunderts. Der Kleine Rat, der das wichtigere Gremium darstellte, berief in peinlichen Rechtsfällen den Großen Rat ein. Todesstrafen wurden vom Großen und Kleinen Rat ausgesprochen. Die Esslinger Gerichtsbarkeit, einschließlich der hohen Gerichtsbarkeit, erstreckte sich im 15. Jahrhundert, nachdem mit Württemberg ein Ausgleich gelungen und Klarheit über die Besitzverhältnisse geschaffen worden waren (1399), auch auf die Spitaldörfer Deizisau, Vaihingen und Möhringen sowie auf einige weitere kleine Filialdörfer, die in unmittelbarer Nähe der Stadt lagen[7].

Dem innenpolitischen Erstarken der Stadt im 14. und 15. Jahrhundert entsprach Esslingens außenpolitische Bedeutung in den Städtebünden, die sich im Hinblick auf die mächtiger werdenden Territorialherren in wechselnden Konstellationen bildeten. Esslingen zeigte sich hier oft als führende oder zumindest treibende Kraft, was sicher auch in den zahlreichen Konflikten mit den württembergischen Nachbarn eine Erklärung findet. Gleichermaßen als reges Gemeinwesen sieht man Esslingen im Mittelalter in Handel und Wirtschaft.

Das 16. Jahrhundert schließlich brachte nicht nur die Reformation nach Esslingen, gleichzeitig zeichnete sich auch ein wirtschaftlicher und politischer Niedergang ab, der Esslingens Geschichte bis zur Übernahme als Oberamtsstadt durch die Württemberger (1803) kennzeichnete. Der Versuch Kaiser Karls V., bei seinem Aufenthalt in Esslingen 1548 die Reformation wieder rückgängig zu machen, und seine gleichzeitige, ebenfalls nur gegen den Widerstand der Esslinger durchgeführte Verfassungsreform zeigten ein vorher kaum gekanntes Eingreifen des Reiches in die Esslinger Angelegenheiten. Esslingen kehrte zwar schon bald nach der Abreise Karls wieder zu seinem längst etablierten Luthertum zurück, die neue Verfassung mußte jedoch akzeptiert werden.

2. Die Esslinger Hexenprozesse

Aus Esslingen sind für eine Zeit von 125 Jahren (1541–1666) etwa 75 Hexenprozesse gegen 72 Personen bekannt[8]. Die Prozesse verteilen sich jedoch nicht gleichmäßig über den gesamten Zeitraum, sondern differieren in Intensität und Ausmaß, so daß sich eine Einteilung in drei Phasen anbietet. Im folgenden werden diejenigen Prozesse, die für das Verständnis der Ursachen, Anlässe und Hintergründe bedeutsam sind, dargestellt.

2.1 Erste Phase von 1541 bis 1563

In der Übersicht zeigt sich die erste Phase als kontinuierliche Steigerung der allgemeinen Annahme von der Realität des Hexereidelikts. Sie gipfelt und endet schließlich in der ersten Esslinger Hexenverbrennung.

Esslingens erste Konfrontation mit dem Hexereidelikt fand zu einem Zeitpunkt statt, als in anderen protestantischen Gebieten noch keine Hexenprozesse geführt wurden. Die Akten der ersten beiden Prozesse (1541 und 1543) sind nur fragmentarisch erhalten[9]. Auch das Blutbuch, das allem Anschein nach in dieser Zeit regelmäßig geführt wurde, schweigt zu den Vorgängen, so daß wohl auf einen für die angeklagten Frauen günstigen Ausgang geschlossen werden darf.

Der nächste bei den Akten befindliche Prozeß kann nicht eigentlich den Hexenprozessen zugerechnet werden, zeigt aber die Präsenz von magischen Vorstellungen in dieser Zeit. 1544 wurde ein Mann wegen des Verdachts der Brandstiftung aufgegriffen. Es fiel ihm schwer, seine Unschuld und Rechtschaffenheit zu beteuern. Auf verdächtige Utensilien befragt, die er bei sich trug, fiel ihm so auch nur ein, daß diese Dinge Zauberkraft hätten. Der Prozeß endete jedoch, bevor diese Aussage zum Tragen kommen konnte, mit dem Selbstmord des Angeklagten.

Daß von seiten der Esslinger Obrigkeit die Vorstellungen der Bevölkerung von Hexerei nicht geteilt wurden, führt der nächste Prozeß von 1551 vor Augen. Eine heilkundige Frau bezichtigte und verklagte Berchta Bul, die Frau des Schreiners, der Hexerei. Sie hatte sich nämlich vergebens um die Gesundung eines Kindes bemüht und war dann zu dem Schluß gekommen, daß die Krankheit nicht natürlichen Ursprungs sei, also auch nicht mit herkömmlichen Mitteln und Therapien geheilt werden könne. Der Rat schenkte ihr jedoch keinen Glauben, sondern verbat ihr weitere Anschuldigungen und Verdächtigungen gegen die »Schreinerin«. Schließlich wurde ihr, da sie weiterhin die Schreinersfrau in Verruf zu bringen suchte, wegen Verleumdung die Zunge abgeschnitten.

Was alles für möglich gehalten wurde und welche Kuriositäten die Wundergläubigkeit der Zeit zuließ, dokumentiert nicht zuletzt der Fall der Anna Ulmer (1551), der nicht umsonst weit über die Esslinger Grenzen hinaus bekannt und berühmt geworden war. Anna hatte sich drei oder vier Jahre zuvor über den Anblick eines epileptischen Buben so erschreckt, daß ihr Bauch davon anschwoll. Da die Mutter das Mitleid und vor allem die milden Gaben ihrer Mitmenschen sehr genoß, sorgte sie dafür, daß der »Bauch« nicht wieder verschwand, indem sie den Leibesumfang der Tochter mittels verschiedenartiger Materialien künstlich vergrößerte, so daß er im Lauf der Jahre immer ungeheuerlicher wurde, Geräusche von sich gab und allerlei Flüssigkeiten ausschied.

Bedenkt man, wie lange der Schwindel geglaubt und bestaunt wurde und daß sogar die kaiserlichen Leibärzte, die während des Aufenthalts Karls V. in Esslingen Gelegenheit hatten, dieses Mirakel zu betrachten, keinen Rat wußten, war das Spektakel von der Mutter doch immerhin ganz geschickt eingefädelt worden. Irgendwann war dem Rat das Treiben dann doch zu bunt geworden. Bezeichnend für seine Skepsis derartigen Phänomenen gegenüber schritt man zur Tat und schickte den Esslinger Stadtarzt samt Altbürgermeister und drei Scherern zu Anna. Ohne lange Umstände wurde der Bauch so gründlich untersucht, wie es nie zuvor geschehen war, und dem Zauber somit ein Ende gemacht. Allerdings erstaunt es nun doch, daß Mutter und Tochter der Hexerei beschuldigt wurden. Zumindest die Mutter gestand, den Plan für diesen handfesten Betrug der Mitwirkung des Teufels zu verdanken, mit dem sie zuvor paktiert hatte. Sie wurde auf dem Scheiterhaufen als Hexe verbrannt, samt den Trümmern ihres Hauses, das man zuvor abgerissen hatte.

Zehn Jahre lang hört man nun nichts mehr von »Hex- und Zauberey« in Esslingen, obwohl abergläubische Vorstellungen und die Wirklichkeit magischer und teuflischer Kräfte im Volksglauben sicher ihren festen Platz hatten. Vor allem, als es den Esslingern schlechter ging, weil einige Mißernten den Wohlstand erheblich schmälerten, verstärkten sich – wie anderswo auch – die Tendenzen, solches nicht einfach ungünstigen Umständen zuzuschreiben, sondern dahinter das Wirken teuflischer Kräfte zu vermuten. Als am 3. August 1562 wieder ein schweres Hagelunwetter die Ernte in der Gegend verwüstete, folgte man dem Geistlichen Thomas Kirchmair nur zu gern, der wider die Hexen predigte, denen man all das Unglück zu verdanken hätte und gegen die endlich etwas unternommen werden müsse. Der Rat allerdings verbat derartige Stellungnahmen, konnte aber damit die Esslinger nicht von ihrem Hexenglauben abbringen, zumal in anderen Herrschaften der Umgebung schon Hexenprozesse geführt wurden.

Als nun bei einer Hochzeit einige Gäste eine Frau auf dem Dach des Nachbarhauses bemerkten, die anschließend zur Fensterscheibe hereinschaute, war einigen sofort klar, daß es sich hierbei um eine Hexe handeln mußte. In der schwarzen Katze, die dann durch die Stube sprang, erkannten manche eben jene »Schreinerin«, die schon 1551 der Hexerei bezichtigt worden war. Da für ein ordentliches Verfahren keine stichhaltigen Anklagepunkte vorlagen, konnte sich der Rat nur schwerlich zu einem Vorgehen gegen diese vermeintliche Hexe durchringen. Der Kleine Rat berief den Großen Rat ein, um dessen Einverständnis zur Inhaftierung der Verdächtigten einzuholen. Nach der dritten Umfrage hatte man dann endlich die notwendige Mehrheit, um eine Verhaftung der Berchta Bul zu veranlassen. Mit ihr wurde auch eine zweite Frau verhaftet, die ebenfalls als Hexe verschrien war und von ihrer angeheirateten Verwandtschaft zusätzlich beschuldigt wurde.

So zögernd, wie der Rat diesen Schritt unternommen hatte, ging das Verfahren weiter. Dem Rat war durchaus klar, was geschehen konnte, wenn man dem Drängen des Volkes nach Sanktionen gegen übelbeleumdete Leute zu einfach nachgab, ganz abgesehen davon, daß die Rechtmäßigkeit des Vorgehens doch recht zweifelhaft war. Die Obrigkeiten von Wiesensteig und Stuttgart wurden befragt, ob sie von diesen Frauen gehört hätten, da dort die Scheiterhaufen schon brannten. Diese bestätigten allerdings die Annahme, daß es sich hier um Hexen handelte und nannten noch eine dritte Esslinger Unholdin. Auch diese Frau wurde gefangengenommen und verhört. Da jedoch alle drei trotz Folter nicht geständig waren, griff man schließlich auch auf auswärtige Nachrichter zurück, die in Hexendingen schon erfahrener waren[10]. Doch auch diese konnten keine der Angeklagten zu einem Geständnis bewegen, so daß ein Freispruch unumgänglich wurde (16. Dezember 1562).

Freispruch – das bedeutete, daß die nun ja erwiesenermaßen zu Unrecht Beklagten und Gefolterten eine Urfehde schwören mußten, in der sie jedoch erklärten, sich nicht an irgendwelchen am Prozeß beteiligten Personen zu rächen. Wie sie ansonsten weiter mit den Folgen des Prozesses (körperliche Beschwerden durch Tortur, Verlust des sozialen Ansehens) lebten, war für die damalige Justiz nicht mehr von Belang. Der Freispruch empörte nicht nur die Esslinger Bevölkerung; auch Graf Ulrich von Helfenstein, ein berüchtigter Hexenverfolger, der schon während des Prozesses das Esslinger Geschehen gespannt verfolgt hatte, konnte nicht verstehen, weshalb die Esslinger die Hexen wieder laufengelassen hatten.

So scheint es, als ob der nächste Prozeß, den der Esslinger Rat gegen eine Hexe anstrengte, jenen von der Öffentlichkeit geforderten Blutzoll endlich erbrachte. Der Prozeß wurde verhältnismäßig schnell abgewickelt: Mitte Januar 1563, einen Monat nach der Freilassung der drei Frauen, wurde die Wagenbarbel aus dem Hainbach verhaftet. In den Akten wird sie als sonderliche Frau beschrieben, die versuchte, sich bei ihren Mitmenschen beliebt zu machen, weil sie merkte, daß diese sich vor ihr fürchteten und ungern mit ihr verkehrten. Aber dieses Bemühen machte sie wohl erst recht verdächtig. Von Beruf war sie Hebamme, doch hat dieser Umstand für die Esslinger wohl kaum eine Rolle gespielt. Im Blutbuch finden sich durchaus auch aus dieser Zeit Prozesse gegen Hebammen, die schlimme Fehler bei der Geburtshilfe gemacht hatten, deshalb jedoch keinesfalls mit Hexerei in Verbindung gebracht, sondern in einem ordentlichen Verfahren abgeurteilt worden waren[11]. Für die Verdächtigung der Wagenbarbel war vor allem ihr merkwürdiges Verhalten ausschlaggebend.

War der Prozeß gegen die drei Frauen nur schleppend vorangekommen, so zeigt die Geschwindigkeit und Zielstrebigkeit, mit der nun verhört und weit über das zulässige Maß hinaus gefoltert wurde, daß es im Grunde genommen für die Wagenbarbel kein Entrinnen mehr gab. Es bedurfte nun auch keiner Korrespondenzen mit hexenkundigen Nachbarn mehr oder der Mithilfe auswärtiger Nachrichter.

Mit der Verbrennung der Wagenbarbel endet die erste Phase der Esslinger Hexenprozesse. Zwei von ihr unter der Folter besagte Frauen wurden, da die Wagenbarbel diese Aussagen ebenfalls unter Tortur widerrief, wieder freigelassen. Dreißig Jahre lang gab es nun keine Hexenprozesse mehr in Esslingen.

2.2 Zweite Phase von 1596 bis 1630

Auch in der zweiten Phase fanden nur vereinzelt Prozesse statt. Es wurden sieben Unholde, allesamt übelbeleumdete Leute, angeklagt. Allerdings änderte sich das Hexenbild insofern, als bei den Prozessen Ende der zwanziger Jahre (1627–1630) fast ausschließlich ältere Männer (ab 55 Jahre) vor Gericht gestellt wurden. Die Urgichten berichten neben Teufelsbuhlschaft und Zauberei von Sodomie, Blutschande, Vergewaltigung und Giftmord. Bis auf einen wurden alle zum Tod durch das Feuer verurteilt. Diesen einen jedoch rettete der Kniefall von 15 Jungfrauen am Tag der Urteilsvollstreckung. Der Rat beschloß daraufhin, die ihm ursprünglich zugedachte Schwertstrafe in ewige Verbannung umzuwandeln[12].

Doch zuvor wurde im Sommer 1596 Walpurga Hoppenhans »gefänglich eingezogen«. Sie galt als leichtfertige Person, die es mit den Sitten und Regeln nicht allzu genau nahm. Von verschiedenen Nachbarn war sie angeklagt worden, allerlei Leute krank und teilweise auch wieder gesund gemacht zu haben. Nach den Aussagen in den Protokollen hatte sie ihre Scherze etwas zu leichtsinnig getrieben, so daß sie nun alle Mühe hatte, die Anschuldigungen zu widerlegen. Wie bei den ersten Esslinger Prozessen wandte sich der Rat an auswärtige Hexenkapazitäten. Doch weder ein Vorgehen gemäß den Ratschlägen aus Nördlingen noch der Biberacher Nachrichter, der sich vor allem als Kenner von Hexenmalen hervortat, konnten die Walpurga der Hexerei überführen. Im Gegenteil, der Superintendent mußte zugeben, daß ihre Kenntnisse des Katechismus und ihre Fertigkeit zu beten durchaus nicht zu einer Hexe paßten. Am 26. August, also zwei Monate nach ihrer Verhaftung, wurde sie gegen eine Urfehde wieder freigelassen, nachdem sie trotz Folter nicht zu einem Geständnis zu bewegen war. Der Fall zeigt, daß die Esslinger Obrigkeit sich an die gängigen Verfahrensnormen hielt.

Dies bezeugen auch die insgesamt drei Prozesse gegen Margareta Harscher aus Vaihingen, die 1602, 1604 und 1612 auf Betreiben der Dorfbewohner verhaftet und verhört wurde. Auch sie scheint nicht recht ins Dorf gepaßt zu haben, war zudem nicht gerade vermögend und eignete sich bestens als Sündenbock, dem man allerlei Mißgeschick und Unglück, das sich im Dorf ereignete, anhängen konnte. Der Dorfschultheiß, als erster befragt, hielt nicht viel von dem Geschwätz, ebenso bescheinigte der Geistliche, daß sie oft in die Kirche und zum Abendmahl ging, wenn er auch nicht verstehen konnte, daß sie den Harscher geheiratet hatte, dem seine vorige Frau davongelaufen war. Ausschlaggebend für das glimpfliche Davonkommen der Harscherin war schließlich das theologische Gutachten der Esslinger Geistlichen (Christoph Hermann, Lucas Osiander, Martin Kegerlin, Joachim Pinkisser), das zwar den Lebenswandel der Harscherin rügte, noch mehr aber den Aberglauben der sie anklagenden Leute. Diese seien selbst Werkzeuge des Teufels, indem sie derartige Verdächtigungen gegen andere vorbrachten.

Obwohl im zweiten Prozeß das Gericht geneigt war, der Sache nun doch mittels Tortur auf den Grund zu gehen, behielt das theologische Gutachten die Oberhand. Wieder wurde Margareta Harscher nach Beschwören der alten Urfehde auf freien Fuß gesetzt. Als sie schließlich nach acht Jahren erneut vorgeführt wurde – ihre Nachbarn hatten sie wieder angezeigt –, verzichtete man auf die Stellungnahme der Geistlichkeit und ließ sie foltern, wobei auch die alten Anklagepunkte wiederaufgenommen wurden. Doch Margareta blieb bei der Beteuerung ihrer Unschuld, und so mußte sie ein drittes Mal auf freien Fuß gesetzt werden. Danach hört man nichts mehr von ihr.

Auch der Prozeß gegen den Geisterbanner Martin Schreyer führt exemplarisch das latente Vorhandensein okkulten Gedankenguts vor. 1626 wurde er vor das Gericht zitiert, weil aus Ruit eine Anzeige erstattet worden war, nach welcher er sich dort am Geist des verstorbenen Altbürgermeisters versucht hatte. Über sechzig Jahre alt, des Schreibens und Lesens unkundig, hatte er sich seit langer Zeit im Geisterbannen geübt, da – so seine Aussage – schon bei seiner verstorbenen Frau nicht alles mit rechten Dingen zugegangen war. Weil ihm jedoch keine Verbindung zu schädigenden Zaubereien und Hexenpraktiken nachgewiesen werden konnte, wurde er am 25. Januar 1627 gegen Beschwörung einer Urfehde entlassen.

Mit den nun folgenden, schon oben erwähnten Prozessen endete die zweite Phase. Weitere Anklagen wegen Hexerei verliefen im Sande, weil nun die Geistlichkeit in Gestalt des Superintendenten Tobias Wagner sich massiv in die Vorgänge einmischte und weitere Prozesse zu verhindern wußte.

2.3 Dritte Phase von 1662 bis 1666

In der dritten Phase erlebte Esslingen eine der größten Hexenverfolgungen des südwestdeutschen Raumes. In dieser Zeit lähmten Angst und Schrecken das Leben in der Stadt und vor allem in den Spitaldörfern Vaihingen und Möhringen. Die Vielzahl der Prozesse und der Inhaftierten sprengte schon 1663 die Kapazität des Esslinger Gefängnisses, so daß es um das damals leerstehende Augustinerkloster erweitert wurde, das man durch einen Gang mit dem Folterturm verband. Zwanzig neue Turmhüter wurden eingestellt, von denen aber ein Teil im Dezember 1663 wegen der hohen Kosten und weil sie »nur Verwirrung und Ungelegenheit verursachten« wieder entlassen wurde[13]. Das Blutbuch berichtet von zwei Kerkermeistern, die wegen Bestechlichkeit und Fluchthilfe verbannt wurden[14]. Im August 1665 mußte das Personal wieder um vier Wächter aufgestockt werden. Auch erließ der Rat schon nach den ersten beiden Hinrichtungen eine neue *Ordnung so bey Execution der Maleficanten zu observiren*[15], die vom 23. März 1663 datiert und die Hinrichtungen einem strengen Reglement unterwerfen sollte, nachdem es verschiedentlich zu Unruhen gekommen war.

Den Anlaß für diese Prozeßwelle gab ein siebzehnjähriger Bursche, Hans Elsäßer aus Vaihingen, der bei der Kirchweih im Juni 1662 die Gerüchte, die über ihn und einen ehemaligen Knecht seines Vaters im Umlauf waren, nicht nur bestätigt hatte, sondern gleich von Teufelspakt und Ausfahrten zu erzählen wußte. Die Vaihinger Obrigkeit ließ ihn festnehmen und leitete ihn an das Esslinger Gericht weiter. Dort wurde der Fall dem neuen Ratsadvokaten Daniel Hauff übergeben. Damit die Sache rasch aufgeklärt werden konnte, stattete man diesen mit weitreichenden Vollmachten aus – ein Vorgang, der sich in der Folge als höchst verhängnisvoll erweisen sollte.

Elsäßer berichtete auch in den weiteren Verhören bereitwillig von Ausfahrten zum Hexensabbat und schilderte detailliert die Teufelsbuhlschaft. Überlegungen, daß hinter diesen Geschichten die homosexuellen Mißhandlungen des jungen Elsäßers durch den Knecht Jörg Scheffel steckten, stellt Günter Jerouschek an[16]. Scheffel und dessen sexuelle Ausschweifungen, an denen Elsäßer teilnehmen mußte, waren demnach Vorbild für dessen Teufelsphantasien, über die Elsäßer seine Schuldgefühle zu kompensieren versuchte. Elsäßer erzählte immer mehr und immer schauerlichere Geschichten, die sich teilweise sogar widersprachen, was jedoch die Inquisitoren nur am Rande störte. Die Drohung mit der Folter brachte schließlich auch alle Geständnisse, die Elsäßer wohl sonst nicht gemacht hätte. Dazu gehören der Schadenszauber, der nach der *Carolina* ja für eine rechtmäßige Verurteilung ausschlaggebend war, und die Besagung weiterer Hexen und Zauberer, die er auf dem Hexensabbat gesehen hatte oder von denen er sonst wußte. Elsäßer denunzierte vier Vaihinger Dorfbewohner, die er bei der Gegenüberstellung beschwor, doch ja zu gestehen.

Bis jetzt war man in juristischen Fragen den Konsultationen Tübingens gefolgt, die – unter der Kanzlerschaft Tobias Wagners – allerdings das Hexereidelikt mit einiger Skepsis behandelten und jeden derartigen Prozeß im Keim erstickt hatten. Der Kunstgriff, zusätzlich die Straßburger Juristenfakultät zu befragen, erwies sich als voller Erfolg, so daß von dieser Möglichkeit, die Tübinger Gutachten zu umgehen, im weiteren Verlauf der Prozesse noch oft Gebrauch gemacht wurde.

Den Prozeß gegen Elsäßer monierten die Tübinger als unvorschriftsmäßig, da die Zeugenaussagen ohne Verteidigung zustande gekommen waren. Darüber hinaus lehnten sie eine Zuhilfenahme der Tortur ab, da der Angeklagte ja geständig sei, was den Esslingern nun gar nicht recht war. Dagegen kam von Straßburg die gewünschte Auskunft, daß Elsäßer wirklich überführt sei und auf dem Scheiterhaufen verbrannt werden sollte, in Anbetracht seiner Jugend die Strafe jedoch gemildert werden könne. Man solle von einer Verbrennung bei lebendigem Leibe absehen und ihn statt dessen mit dem Schwert richten und den Leichnam anschließend verbrennen. So weit war man Anfang September. Bis zur Hinrichtung Elsäßers dauerte es jedoch noch drei Monate, da er als Zeuge gegen die von ihm besagten Personen noch gebraucht wurde. Diese waren, nach vielen Verhören, Foltern und Konfrontationen ebenfalls mürbe geworden und hatten umfangreiche Geständnisse abgelegt, wie in den Urgichten nachzulesen ist. Die Hinrichtungen fanden im März und im Mai statt. Eine der Besagten, das Haischen-Annelin, war verstorben, ehe der Prozeß gegen sie noch richtig begonnen hatte, und auf dem Vaihinger Friedhof begraben worden. Doch hatte das Drängen der Inquisitoren auf die Besagung weiterer »Hexen« mittlerweile schon zur Verhaftung einer Reihe weiterer Vaihinger und Möhringer Dorfbewohner geführt. Der Hexenbrand war nicht mehr aufzuhalten.

Folgende Charakteristika kennzeichnen den weiteren Verlauf der 3. Phase: (1) Die Besagungen spielten in der dritten Phase eine besonders wichtige Rolle. Erst durch sie konnten sich die Prozesse in diesem Maße ausweiten. Jeder Angeklagte, war er erst einmal geständig, mußte weitere Hexen angeben. Alle Urgichten enthalten an vorderster Stelle die Punkte, wann und von wem die Hexerei gelernt worden war, und des weiteren, wen der Inquirierte unterrichtet hatte. Hauff ging dabei wohl von der Annahme aus, daß insbesondere innerhalb der Familien die Zauberkunst weitergegeben wurde, so daß sich dort die Suche nach weiteren Unholden lohnte.

(2) Von daher sind auch die zahlreichen familiären Verflechtungen zu verstehen. Die Verhaftung eines Angehörigen stellte immer auch eine Bedrohung für die anderen Familienmitglieder dar, da die Angeklagten oft über jedes zulässige Maß hinaus gefoltert wurden und schließlich alles, was man von ihnen wissen wollte, gestanden. Ein erschütterndes Beispiel bietet die Konfrontation der Mogglenschwestern. Beide waren von Elsäßer denunziert worden. Nachdem die Mogglen-Ketter auf der Folter schließlich geständig war und auch ihre Schwester besagt hatte, versuchte sie in der folgenden Gegenüberstellung diese vor der Folter zu bewahren, indem sie ihr praktisch das geforderte Geständnis vorformulierte[17].

(3) Auffällig ist das im Durchschnitt hohe Alter der Angeklagten. Gerade bei den frühen Verhaftungen 1662/63 wurden zahlreiche über siebzigjährige Personen verurteilt. Dabei – so Jerouschek[18] – gestanden gerade die alten Frauen auf der Folter seltener als jüngere oder Männer. Viele jüngere wurden erst verhaftet, nachdem ein sehr viel älteres Familienmitglied zur Besagung gezwungen worden war.

(4) Der Männeranteil bei den Angeklagten und Verurteilten liegt in Esslingen besonders hoch. Für die dritte Phase lassen sich 30 Prozesse gegen Männer ermitteln, wobei jedoch festzu-

halten ist, daß etwa zwei Drittel der Namen, die nach dem jähen Ende der Prozesse noch auf der schwarzen Liste standen, Frauen betrafen[19]. Gibt man sich statistischen Ermittlungen hin, so kann man erkennen, daß sogar mehr Männer als Frauen hingerichtet wurden (12 Frauen gegenüber 20 Männern). Einen Freispruch oder ein anderes Urteil erhielten 22 Frauen und nur 10 Männer. Allerdings versperren derartige Auszählungen oft den Blick auf die Hintergründe und Ursachen. Esslingen ist wohl ein Sonderfall, wenn man das Hexereidelikt in Anlehnung an den *Hexenhammer* als ein typisch weibliches Delikt betrachtet. Sicher ist Esslingen aber nicht mehr so weit vom üblichen Hexenmuster entfernt, legt man soziale Maßstäbe als Grundlage für die Wahrscheinlichkeit, in Hexereiverdacht zu geraten, an.

Das prominenteste Opfer der Hexenprozesse war sicher Michael Haisch aus Vaihingen, der zwar nach Aussage der Dorfoberen im weiten Umkreis verschrien war, aber doch immerhin vierzig Jahre im Dorfgericht gesessen hatte, davon zehn Jahre als Bürgermeister und zwanzig Jahre als Zuchtmeister. Dieser wollte seinem verhafteten Schwiegersohn einen Brief zukommen lassen, in welchem er ihn bat, doch seine Angehörigen zu verschonen. Das Schreiben wurde jedoch abgefangen und Haisch selber angeklagt. Er mußte schließlich seinen Sohn besagen, der ebenfalls der Hexerei überführt und zum Tode verurteilt wurde. Seine Frau hatte sich gleich bei seiner Verhaftung in unmißverständlicher Weise von ihm distanziert.

Zu den Kügelchen, die in der Blase eines geschlachteten Ochsen gefunden worden waren, erklärte Haisch, daß er im Sommer 1662 runden ganzen Schwefel zusammen mit einer Salbe unter Anrufung des Teufels in drei Ameisenhaufen verbrannt hatte und die so entstandenen Kügelchen seinem Ochsen ins Trinkwasser gegeben hatte[20].

(5) Aber auch neun Kinder und Jugendliche wurden als Zeugen und Verdächtige befragt. Das Tübinger Gutachten, wie üblich die Esslinger Prozeßführung rügend, forderte Hauff nun sogar zum Widerspruch heraus. In einem Schreiben unternahm er es, seinerseits die Tübinger Juristen zu kritisieren.

(6) Die Prozesse betrafen fast nur Dorfbewohner aus Vaihingen und Möhringen. Eine Ausnahme bildet die Selbstbezichtigung einer Weingärtnersfamilie aus dem Hainbach, die bis auf die Tochter, die sich der Verhaftung durch Flucht entzog, auf dem Scheiterhaufen endete.

(7) Als die Prozesse auf das Esslinger Stadtgebiet überzugreifen drohten, provozierte dies endlich den Widerstand des Rats, der allerdings kaum mehr Möglichkeiten hatte, in das Geschehen einzugreifen.

Den Ausschlag gab wohl u.a. die Verhaftung der Sara Schauer, die als Ehefrau eines Mitglieds des Großen Rats der Esslinger Oberschicht angehörte. Sie stand schon 1657 im Verdacht, eine Hexe zu sein. Ihr Ehemann Johann Schauer stellte sich damals aber vor sie und drohte den Verleumdern mit einer Anzeige. Schon Anfang 1663 hatte Hauff seine Recherchen bezüglich Sara aufgenommen, von Tübingen aber einen ganz und gar abschlägigen Bescheid für ein weiteres Vorgehen erhalten. Auch die Straßburger Juristen hatten eine Verhaftung abgelehnt, zumal ihnen mit den Akten auch das Tübinger Gutachten zugesandt worden war und sie so auf die sehr viel restriktivere Spruchpraxis ihrer Tübinger Kollegen aufmerksam gemacht worden waren. Trotzdem meinte Hauff im Sommer 1665 genug belastende Aussagen gegen Sara zu haben und ließ sie schließlich doch in Haft nehmen. Es bleibt ungewiß, ob Sara auch dann mit dem Leben davongekommen wäre, wenn Hauff nicht bald darauf, im September 1665, erkrankt und schließlich gestorben wäre[21].

(8) Von etwa 60 Prozessen endeten 32 mit dem Tod durch das Feuer. Strafmildernd wurde dabei der Schwerttod (29 mal) oder das Anhängen von Pulversäckchen (3 mal) beschlossen. Der »endliche Rechtstag« folgte dem üblichen öffentlichen Ritual[22]: Die Verurteilten wurden vom Turm herab vor das Rathaus geführt, wo nach Verlesung von Geständnis (Urgicht) und Urteil der Stab gebrochen und dem »armen Sünder« vor die Füße geworfen wurde. Sodann führte der

Scharfrichter den Verurteilten unter dem Geleit von Geistlichen, dem Stadtammann und einer bewaffneten Mannschaft zum Richtplatz, wobei die Verurteilten an festgelegten Orten noch mit glühenden Zangen gezwickt wurden. Teilweise wurden sie auch zum Richtplatz geschleift oder auf einer eigens gefertigten Karre hinausgeführt.

Das Ende der Prozesse markierte Hauffs Tod am 25. Oktober 1665. Die anstehenden Prozesse wurden noch zu Ende geführt, doch war damit die Zeit der Hexenverfolgungen in Esslingen endgültig vorbei.

Abb. 36: Der Esslinger Hexenjäger Daniel Hauff (1629-1665)

3. Gerichtsverfahren und Behördenorganisation

Nach den Bestimmungen der *Carolina* waren mindestens zwei unbeleumdete Zeugen notwendig, um eine Anklage vor Gericht zu bringen. In den Prozessen der ersten und zweiten Phase war dies zwar teilweise der Fall, doch finden sich immer, wenn ein Hexenprozeß der Obrigkeit opportun erschien (beispielsweise 1562), auch Ausnahmen. Wie in der dritten Phase wurde dann die Rechtmäßigkeit der Verfahren aus den vagen Vorgaben für Ausnahmeverbrechen und heimliche Verbrechen, zu denen das Hexereidelikt zählte, abgeleitet. Für diese Art von Verbrechen konnte die Indizienschwelle weit niedriger angesetzt werden, so daß auch die Besagungen Angeklagter als belastende Aussagen galten. Daß dieser Umstand von einem gelernten Juristen vom Schlage Daniel Hauffs ausgenutzt werden konnte, liegt auf der Hand. Ebenso öffneten die unbestimmten Angaben zu Art und Ausmaß der Tortur, die nach Art. 58 in das vernünftige Ermessen des Richters fielen, einer Willkürjustiz Tür und Tor. Was in jenen dreieinhalb Jahren in Esslingen geschah, wie der übermäßige Gebrauch der Folter zur Erpressung von Geständnissen und vor allem zu den erzwungenen Besagungen weiterer Hexenleute führte, war sicher nicht im Sinne der *Carolina*.

Wenn auch alle Urgichten den nach Art. 109 der *Carolina* für das Zaubereiverbrechen unabdingbaren Schadenszauber enthalten, so bleibt doch die Fragwürdigkeit des erzwungenen Geständnisses, das ja, sollte es rechtsgültig werden, in gütlicher Befragung wiederholt werden mußte. Diese gütliche Befragung fand jedoch in der Regel im Beisein des Nachrichters statt, und die Drohung mit der Tortur reichte, um das zuvor unter der Folter erzwungene Geständnis »freiwillig« zu wiederholen[23].

Die Frage, warum der Rat als oberste Gerichtsinstanz nicht in der Lage war, dem angestellten Ratsadvokaten Hauff Einhalt zu gebieten, führt zur Betrachtung der Behördenorganisation[24], wie sie die Verfassungsreform von 1552 festgelegt hatte. Die Regierungsgewalt war im wesentlichen auf den neu geschaffenen Geheimen Rat (bestehend aus den drei Bürgermeistern und zwei weiteren Mitgliedern des Kleinen Rats) verlagert worden, der gleichzeitig mit sieben Mitgliedern des Kleinen Rats (Gesamtstärke 21 Ratsherren) auch das Richterkollegium bildete, dem der Stadtammann weiterhin als Vorsitzender des Stadtgerichts vorstand. Auch das Einungergericht[25], dem unter anderem die Untersuchung der peinlichen Rechtsfälle oblag, das also den Zeugenvernehmungen und Verhören bei den Hexenprozessen zumindest beiwohnte, war mit drei im Turnus wechselnden Mitgliedern des Kleinen Rats besetzt. Damit aber wurden die wichtigsten Ämter in Regierung und Rechtsprechung in Personalunion geführt – was freilich für die damalige Zeit keine Besonderheit darstellte, sich aber über die zusätzliche Machtkonzentration auf die Geheimen negativ auswirken konnte.

Die Machtfülle des Geheimen Rats schlug sich auch in der Befugnis nieder, den Kleinen Rat nach Gutdünken einzuberufen. Die Regierungsgeschäfte sowie die Rechtsangelegenheiten liefen zunächst durch seine Hände. Ihm waren auch die Stadtbediensteten verantwortlich, wie eben der Ratsadvokat Hauff, dessen Vorgehen zumindest anfänglich von den Geheimen protegiert wurde.

Die Verflechtungen von Regierung und Gericht lassen auch die Annahme zu, daß letztendlich der Kleine und vor allem der Große Rat, in deren Name ja die Urteile ergingen, de facto bei der Rechtsprechung ebenso kompetenzlos waren wie bei der Verwaltung der Stadt.

4. Gründe für den Beginn der Verfolgung und Verlaufsanalyse

Fragt man nach den Gründen für die Hexenprozesse, so muß man Anlaß und Ursache trennen. Als Ursache sind für Esslingen zunächst die zu allen Zeiten latent vorhandenen magischen Vorstellungen zu nennen, die dann vor allem in den kleinen Spital- und Filialdörfern in Zeiten allgemeiner wirtschaftlicher Not oder individueller Sorgen und Kümmernisse gepaart mit der nur allzu menschlichen Neigung, Unglück auf einen greifbaren Sündenbock als Verursacher zurückzuführen, eben jene Verdächtigungen und Anzeigen hervorbrachten.

Daß dies jedoch keine Besonderheit des dörflichen Lebens war, sondern die Stadtbewohner gleichermaßen betraf, zeigen gerade die Prozesse der **ersten Phase**, in die – mit Ausnahme der Wagenbarbel, die aus Hainbach stammte – nur Esslinger Frauen verwickelt waren. Der Anlaß für die Verhaftung der drei Frauen ist sicherlich in dem berühmten Hagelunwetter des Sommers 1562 zu sehen, das wieder einmal die Ernte vernichtet hatte und in Verbindung mit den Predigten des Pfarrers Thomas Kirchmair wider die Hexen und Unholden die abergläubischen Vorstellungen erst recht in Realitätsnähe rückte. Die laute, Autorität besitzende Stimme der Geistlichkeit ließ dem Rat kaum eine andere Möglichkeit, als nachzugeben und sich der Sache anzunehmen. Hanebüchen und jeder juristischen Grundlage entbehrend waren allerdings die Vorwände, mit denen man die drei Frauen verhaftete. Möglicherweise wurde die Esslinger Obrigkeit auch durch die Tatsache, daß in anderen umliegenden Herrschaftsgebieten schon Hexenprozesse geführt wurden, dazu bewegt, dem Drängen des Volkszorns nach Rache an den Hexen nachzugeben, obwohl man sich der Tragweite, sicherlich auch der Unrechtmäßigkeit solchen Handelns durchaus bewußt war. Auf diese Möglichkeit weisen auch die Anfragen in anderen Herrschaften und die Hinzuziehung auswärtiger Nachrichter bei den Folterverhören hin. Allerdings hatte man nun erst recht die Aufmerksamkeit erregt, und so nimmt es nicht Wunder, daß, nachdem diese Prozesse ergebnislos verlaufen waren, der nächste Prozeß gegen die Wagenbarbel einen anderen Ausgang finden mußte. Wie bei der Verhaftung der drei Frauen fehlten auch hier zunächst die in der *Carolina* geforderten Zeugen, doch konnten gegen sie rasch einige Vorwürfe zusammengetragen werden, weil sie ohnehin unbeliebt war. Den lästigen Prediger Kirchmair entließ man zum 21. Januar 1563, da er »lekerbuben und henckern mer glob, dann aim rath«[26]. Nun konnte man wieder zur Tagesordnung übergehen und war wahrscheinlich darauf bedacht, die Ruhe der Stadt nicht mehr von Hexen und Hexenjägern stören zu lassen.

Für die **zweite Phase** der Esslinger Hexenprozesse sind die auslösenden Momente nicht so eindeutig zu bestimmen. Im Prozeß gegen die Walpurga Hoppenhans ebenso wie bei der dreimaligen Verhaftung der Margareta Harscher kam vor allem das Unschickliche oder Absonderliche der Angeklagten zum Tragen, das sie den Nachbarn verdächtig machte, wobei die von der *Carolina* geforderten Anklagepunkte erbracht wurden. Doch zeigt gerade der Fall der Harscherin, wie Obrigkeit und Geistlichkeit wieder – diesmal allerdings unter umgekehrten Vorzeichen – um das entscheidende Votum rangen. Mäßigend wirkte in dieser Phase hauptsächlich der Superintendent Tobias Wagner – eine allseits anerkannte Autorität, der zu Beginn seiner Esslinger Seelsorgerlaufbahn die 1627 und 1628 verurteilten Männer auf dem Weg zum Richtplatz begleitet hatte – mit seiner Auffassung, daß der Teufel vornehmlich in den Köpfen der Leute wirke und deshalb geistlicher Zuspruch eher angebracht sei als eine Bestrafung durch weltliche Gerichte. Unter seiner Ägide fanden in Esslingen keine Hexenprozesse statt.

Den Anlaß für die **dritte Phase** gab die oben beschriebene Verhaftung des Hans Elsäßer. Vielleicht wäre auch diese Anklage im Sande verlaufen, da die Tübinger Juristen – wie gewohnt – Lebensüberdruß und Schwermut des Jungen für seine Aussagen verantwortlich machten. Doch hatte gerade erst am 8. Juli 1622, also knapp zwei Wochen nach der Verhaftung Elsäßers, Daniel Hauff als neuer Ratsadvokat sein Amt angetreten. Dieser drängte in einem Rechtsgutachten auf die Verhaftung der von Elsäßer Besagten und brachte den Stein damit vollends ins Rollen. Seinem Eifer und der Unfähigkeit des Rats, ihm Einhalt zu gebieten, ist die Prozeßlawine zuzuschreiben, die nun über die Dörfer Vaihingen und Möhringen hereinbrach. Einzig das Institut der Aktenversendung an die juristischen Fakultäten hatte eine, wenn auch streckenweise nur mäßig hemmende, Wirkung.

5. Volksmagische Vorstellungen und Abweichungen vom elaborierten Hexenbegriff

Kernstück der Anklage war auch in Esslingen der von der *Carolina* festgelegte Schadenszauber, der jedoch immer mit einem Teufelspakt verbunden war. Das krankmachende Schulter- oder Achselklopfen findet sich zu allen Zeiten. Diese verhexende Berührung erfolgte bei Kindern häufig über das Streicheln des Kopfes, eine Geste, die sicher alltäglich war und ist. Vor allem in der dritten Phase wurde auch der Gebrauch von Hexensalben, Teufelswurzeln und -kräutern zum Schadenszauber oder zur eigenen Verwendung (Ausfahrt, »Liebeszauber«, Verwandlung u.a.) angegeben. Mensch und Vieh habe man damit krank gemacht oder sogar getötet, Früh- und Fehlgeburten provoziert. Das Vernichten der Ernten durch Wettermachen (Frost, Stürme, Hagel, Nebel) oder Pflanzenkrankheiten (Mehltau) und das Zaubern von Schädlingen (Raupen, Flöhe, Läuse, Maikäfer, Mäuse, Schwarzwild) hat ebenfalls einen hohen Stellenwert und entspricht damit wahrscheinlich der Wirklichkeit der herrschenden landwirtschaftlichen Probleme. Hierher gehört auch der Milchzauber, wobei die Geschädigten den Verursacher ausfindig zu machen suchten, indem sie die Milch ins Stroh molken, was bei der betreffenden Hexe rote Striemen im Gesicht hervorrufen sollte.

Auch der Teufelspakt ist fester Bestandteil der Geständnisse. Blutsverschreibung und Teufelsbuhlschaft gehörten dazu, teilweise die Taufe und Bezeichnung durch den Satan, weshalb die Nachrichter bei der Inquisition regelmäßig nach Teufelsmalen suchten. Zum Hexensabbat ritten die Esslinger Hexen auf Katzen, Stecken und Gabeln. Er fand meist auf dem Heuberg auf der Schwäbischen Alb statt, wo man tanzte, schmauste und sich sexuellen Ausschweifungen hingab. Die Frage nach den Ausfahrten findet sich in annähernd allen Urgichten der dritten Phase, war sie doch Voraussetzung für die Nachfrage der Inquisitoren nach Bekannten, die man dort gesehen hatte, also eine der Möglichkeiten, weitere Namen von Unholden zu erhalten. Da Hauff wohl von einer ganzen Hexenverschwörung ausging, mußten die Angeklagten immer auch bekennen, von wem sie die Hexerei gelernt und wen sie diese gelehrt hatten.

Verwandlungen in Wildschwein, Bock, Geiß, Schneegans, Hase, Hirsch, Hund, Katze oder Fuchs gehörten ebenso zu den Vorstellungen, die man sich von den Hexenkünsten machte, wie die Fähigkeit, sich unsichtbar oder fest (unverletzlich) zu machen, Reiter zu bannen und das Fahren in fremde Keller, wo man sich am Wein gütlich tat. Auffallend häufig wird auch von persönlichen Teufeln erzählt, die den Hexen Helfer und Begleiter waren. Sie trugen Namen wie Cläßlin, Kräutlin, Hans-Ulrich, Fridrich, Jerg, Michelin, Jacob, Caspar, Stophel, Hanßelen, Conrad, Paulin.

Selbstverständlich gehörte zum Hexenwesen auch die Unzucht in allen denkbaren Formen. Nicht nur der Hexensabbat, auch das tägliche Leben war geprägt von Sodomie, Hurerei, Vergewaltigung, Blutschande und sexuellem Mißbrauch von Kindern.

Hinzuweisen ist an dieser Stelle auch auf okkulte Praktiken im Umfeld der Hexenprozesse: Geisterbannerei, Hokuspokus mit Galgenstricken, die Passauer böse Kunst, mittels derer die Kugeln treffsicher gemacht werden sollten, umgedrehte Besen hinter Türen, die die Hexe hindern sollten, vorwärts aus dem Haus zu treten, womit man sie entlarven und überführen wollte, und allerlei weitere magische Handlungen, Sprüche und Beschwörungen sind in den Quellen überliefert. Nicht zuletzt zeigt auch das Beispiel der Anna Ulmer, daß doch recht vieles für möglich gehalten wurde.

6. Das Ende der Verfolgungen

Die Gründe für den Abbruch der Prozesse in den ersten beiden Phasen wurden schon weiter oben ausgeführt. Bleibt noch das definitive Ende der Esslinger Hexenverfolgung in der dritten Phase zu untersuchen.

So jäh, wie mit dem Auftauchen Hauffs die Scheiterhaufen aufloderten, so jäh fanden die Prozesse mit dem Tod Hauffs 1665 ein Ende. Nur die noch laufenden Verfahren wurden gemäß den vorliegenden Rechtsgutachten zu Ende geführt, aber es wurden keine weiteren Verhaftungen vorgenommen, obwohl Hauffs Nachlaß eine lange Liste mit 150 Namen von Verdächtigen enthielt[27]. Jerouschek stellt die Vermutung an, daß Hauff womöglich einem vom Rat angezettelten »Veneficium« (Giftmord) zum Opfer gefallen ist, nachdem er keine Anstalten gemacht hatte, die Prozesse zu beenden, obwohl der Rat ihm den Aufstieg zum Geheimen in Aussicht gestellt hatte. Allerdings war dieses verlockende Angebot eben an die Beendigung der Prozesse geknüpft. Weshalb Hauff dieses Angebot ausschlug und weiterhin fanatisch vermeintliche Hexen verhaftete und verhörte, kann nicht hinreichend erklärt werden. Jerouschek meint, er habe »sein Faustpfand (nämlich die Prozesse) nicht aus der Hand geben« wollen, »solange er nicht in Amt und Würden inauguriert war«[28]. Denkbar wäre aber auch, daß Hauff mittlerweile so in die Prozesse verstrickt und tatsächlich einer Art Wahn verfallen war, daß er einfach nicht mehr aufhören konnte, da ihm jede Möglichkeit, sein Tun zu reflektieren, genommen war, andernfalls er ja hätte eingestehen müssen, daß er all die Jahre von einem Justizirrtum zum anderen gefoltert hatte.

Wie auch immer der Tod Hauffs zustande gekommen war, so weisen doch verschiedene Versuche des Rats, ihm ins Handwerk zu pfuschen, darauf hin, daß man dort mit seinem Vorgehen nicht mehr einverstanden war, insbesondere als Hauff Anstalten machte, den Prozeß auch auf die Stadt Esslingen auszudehnen und darüber hinaus die Situation selbst für Angehörige der Oberschicht bedrohlich zu werden drohte. So fügte man dem Aktenbündel, das nach Straßburg versandt wurde, das Rechtsgutachten der Tübinger Kollegen bei, das – wie üblich – sehr viel restriktivere Maßnahmen vorsah, als Hauff lieb war, worauf Straßburg wohl erst von der doppelten Ratsuche der Esslinger erfuhr und sich ebenfalls einer vorsichtigeren Spruchpraxis bediente. Hierher gehört auch die Zuweisung des Mitte 1665 in die Dienste der Stadt getretenen Johann Philipp Weickersreuther zum Hexensondergericht, wo er als »Aufpasser«[29] mäßigend wirken sollte, was aber wohl kaum der Fall war.

Betrachtet man den gesamten Zeitraum der Hexenprozesse, so findet man in Esslingen ein vielfältiges Beispiel für das Zusammenwirken unterschiedlichster Faktoren, deren jeweiliges Gewicht ausschlaggebend für den Verlauf und die Intensität der Hexenprozesse war. Zeiten, in denen starke Autoritäten vom Schlage Tobias Wagners solche Prozesse unmöglich machten, wechseln ab mit Zeiten, in denen Hexenjäger wie Hauff weitgehend unbehelligt ihrem grausamen Geschäft nachgehen konnten. Es zeigt sich auch, daß die Volksmeinung immer stark von okkulten und magischen Vorstellungen geprägt war, die bei einer entsprechenden Konstellation in Oberschicht und Geistlichkeit voll zum Tragen kam. Die Beschäftigung mit den historischen Hexenprozessen hat von daher durchaus auch eine Bedeutung für die heutige Zeit, wenn es darum geht, irrationalen Gefühlen und Meinungen gegenüber andersartigen, fremden Menschen mit eindeutigen, unverletzbaren Gesetzen zu begegnen.

Anmerkungen

1 Vgl. Otto BORST, Geschichte der Stadt Esslingen am Neckar, Esslingen 1977; Karl PFAFF, Geschichte der Reichsstadt Eßlingen, 2 Bde., Esslingen 1840, ²1852.

2 Vgl. Klaus-Jürgen KNOSPE, Der Rat der Reichsstadt Eßlingen, Diss. masch. Tübingen 1960, S. 1f. Spätestens 1219 siegelt die Stadt als *universitas populi de Esselingen*. Esslingen als »freie Stadt des Reiches« wird von Karl HARBARTH, Grundzüge der Verfassungsentwicklung in Esslingen und Stuttgart, Diss. masch. Heidelberg 1951, S. 13ff., auf das Jahr 1232 datiert. Zu Entstehung und Geschichte der Reichsstädte vgl. auch Friedrich METZ, Die Reichsstädte, in: Hermann AUBIN (Hrsg.), Beiträge zur Wirtschafts- und Stadtgeschichte. Festschrift für Hektor Ammann, Wiesbaden 1965, S. 29–54.

3 Z.B. das Recht der Gesetzgebung, der Aufnahme von Bürgern und Juden, der Besteuerung, der hohen und peinlichen Gerichtsbarkeit, des Blutbanns, die Befreiung von fremden Gerichten, das Privileg *de non appellando*.

4 Vgl. Horst RABE, Der Rat der niederschwäbischen Reichsstädte. Rechtsgeschichtliche Untersuchungen über die Ratsverfassung der Reichsstädte Niederschwabens bis zum Ausgang der Zunftbewegungen im Rahmen der oberdeutschen Reichs- und Bischofsstädte (Forschungen zur deutschen Rechtsgeschichte, Bd. 4), Köln 1966, S. 201ff.

5 Vgl. hierzu auch die Abschnitte 2 und 3 in diesem Aufsatz sowie Sönke LORENZ, Aktenversendung und Hexenprozeß. Dargestellt am Beispiel der Juristenfakultäten Rostock und Greifswald (1570/82–1630), Bd. 1, Frankfurt a.M. 1982.

6 RABE (wie Anm. 4), S. 210. Die hohe Gerichtsbarkeit ist, so Rabe, schon 1319 für das Schultheißengericht bezeugt, dagegen kann erst ab Mitte des 14. Jahrhunderts auch von einer Übertragung des Blutbanns auf den Schultheißen bzw. Ammann ausgegangen werden.

7 Die Spitaldörfer blieben zwar formell in den Händen des Esslinger St. Katharinen-Hospitals, doch war Esslingen als Territorialherr auch hier für die Rechtsprechung zuständig (vgl. BORST [wie Anm. 1], S. 105ff.).

8 Diese Zahlen sind der neuesten und umfangreichsten Forschungsarbeit zu den Esslinger Hexenprozessen entnommen (Günter JEROUSCHEK, Die Hexen und ihr Prozeß. Die Hexenverfolgung in der Reichsstadt Esslingen, Esslingen 1992, S. 286ff.). Eine sehr viel ältere Darstellung stammt von Karl PFAFF, Die Hexenprocesse zu Eßlingen im sechszehenten und siebenzehenten Jahrhundert, in: Zeitschrift für deutsche Culturgeschichte 1 (1856), S. 253–271, 283–294, 347–371, 441–462. Die Auszählung dieses Aufsatzes ergibt einige Prozesse mehr, doch muß dabei berücksichtigt werden, daß dies auch davon abhängt, welche Prozesse ein Autor den

Hexenprozessen zurechnet. So findet sich beispielsweise bei den Hexenprozeßakten der Fall des 1544 wegen vermuteter Brandstiftung verhafteten Bickelhering, der jedoch kaum als Hexenprozeß bezeichnet werden kann. Probleme der Zurechnung gibt es auch beim Anna-Ulmer-Prozeß, bei Segensprecherprozessen, beim jähen Ende der Hexenprozesse 1666. Der folgenden Darstellung liegen die genannten Arbeiten sowie meine eigene Untersuchung der Hexenprozesse anhand des Esslinger Blutbuchs zugrunde (Gisela VÖHRINGER-RUBRÖDER, Hexenverfolgung in der Reichsstadt Esslingen, in: Sönke LORENZ/Dieter R. BAUER [Hrsg.], Hexenverfolgung. Beiträge zur Forschung – unter besonderer Berücksichtigung des südwestdeutschen Raumes [Quellen und Forschungen zur Europäischen Ethnologie, Bd. 15], Würzburg 1995, S. 141–158).

9 Die Akten liegen im StadtA Esslingen, Fasz. 50–56. Weitere Quellen sind das zweibändige Esslinger Blutbuch, das im StA Ludwigsburg zu finden ist (B 169, Bü 119), die Ratsprotokolle (ebenfalls in Esslingen) und Gutachten, die im UA Tübingen lagern.

10 Dem Henker kam über die Hinrichtung der Verurteilten hinaus auch die ebenfalls ehrenrührige Aufgabe zu, die Tortur auszuführen.

11 StA Ludwigsburg, B 169, Bü 119, Esslinger Blutbuch, Bd 1, fol. 211^{r}: Anna Paulin Zimmermann, Hebamme, wird am 20. April 1570 aus Esslingen verbannt, weil sie ein Messer zur Geburtshilfe benutzt und dabei dem Kind einen Arm abgeschnitten hatte; Bd. 2, fol. 4^{v}: Anna Dionison Becklin, Hebamme, verletzte Mutter und Kind bei der Geburt tödlich, hatte auch ansonsten nicht ordentlich gearbeitet und wurde am 26. Januar 1602 verbannt. Ihrer Bitte um Wiederaufnahme in die Stadt wurde allerdings schon am 15. Februar 1602 entsprochen. Sie erhielt Hausarrest und durfte nur zur Predigt in die Kirche gehen.

12 Interessanterweise war ihm schon bei der Strafzumessung Milde widerfahren. Die übliche Strafe bei Hexerei war das Verbrennen bei lebendigem Leibe. Der Rat hatte ein milderes Urteil, nämlich die Schwertstrafe verhängt. Die Hintergründe lassen sich nicht mehr rekonstruieren (vgl. JEROUSCHEK, Hexen [wie Anm. 8], S. 118).

13 PFAFF, Hexenprocesse (wie Anm. 8), S. 348f.

14 StA Ludwigsburg, B 169, Bü 119, Esslinger Blutbuch, Bd. 2, fol. 145^{r}–147^{v}.

15 StA Ludwigsburg, B 169, Bü 119, Esslinger Blutbuch, Bd. 2, fol. II^{r}–IV^{v}.

16 JEROUSCHEK, Hexen (wie Anm. 8), S. 140.

17 Vgl. ebd., S. 165.

18 Ebd., S. 290.

19 Ebd., S. 288.

20 Ebd., S. 212.

21 Ebd., S. 247.

22 Vgl. hierzu auch Richard VAN DÜLMEN, Theater des Schreckens. Gerichtspraxis und Strafrituale in der frühen Neuzeit, München 1985.

23 Dies wird in den Urgichten durch die Redewendung »hat in peinlicher und gütlicher Examination bekannt und darauf bestanden« ausgedrückt.

24 Vgl. HARBARTH (wie Anm. 2), S. 92ff.

25 Die Einunger waren ihrem Herkommen nach zunächst für die Schlichtung von Streitigkeiten zuständig. Als Rechtsprechungsorgan des Rats zur Aburteilung kleinerer Delikte sowie zur Regelung sich daraus ergebender zivilrechtlicher Ansprüche hatten sie daher eine Art Friedensgerichtsbarkeit auszuüben (vgl. KNOSPE [wie Anm. 2], S. 146ff.).

26 Zitiert nach JEROUSCHEK, Hexen (wie Anm. 8), S. 87.

27 Vgl. ebd., S. 254, 259.

28 Günter JEROUSCHEK, Der Hexenprozeß als politisches Machtinstrument. Der mysteriöse Tod des Hexeninquisitors lic. jur. Daniel Hauff und das Ende der Hexenverfolgung in Esslingen. Überlegungen zur Psychohistorie der Hexenverfolgungen, in: Esslinger Studien 30 (1991), S. 103–114, hier: S. 108.

29 Ebd.

THOMAS FRITZ

Reichsstadt Reutlingen[1]

I.

Die Stadt Reutlingen[2] war eine staufische Gründung des 13. Jahrhunderts. Seit 1235 wurde sie von der Reichsburg Achalm aus verwaltet, deren Burgvogt den königlichen Schultheißen in der Stadt ernannte. Durch diesen wurden die Regalien wie Zölle, Mühlgelder usw. eingezogen. 1456 wurden alle diese Rechte an die Stadt verpachtet, und im Jahr 1500 erfolgte durch Kaiser Maximilian I. schließlich die endgültige Verpfändung des Schultheißenamtes und der Reichseinkünfte.

Schon Ende des 13. Jahrhunderts war der königliche Schultheiß politisch gegenüber der Bürgerschaft allmählich zurückgetreten. Die von den Bürgern ernannten Bürgermeister hatten die Leitung des Gemeinwesens übernommen. Die »Bürgerschaft« bedeutet für das 13. und 14. Jahrhundert ein Patriziat, das sich aus Großkaufleuten, Ministerialen und dem niederen Adel der Umgebung zusammensetzte. Den patrizischen Familien standen die übrigen Einwohner gegenüber – meist Handwerker und Kleinhändler, die sich bereits Ende des 13. Jahrhunderts in Zünften organisiert hatten. Im Verlauf des 14. Jahrhunderts war es diesen Zünften gelungen, sich politisch gegen das Patriziat durchzusetzen und es vollständig aus der Stadt zu drängen.

Ebenfalls im Spätmittelalter hatte Reutlingen noch einige umliegende Dörfer erworben: Gomaringen, Hinterweiler, Wannweil, Betzingen, Ohmenhausen, Stockach und Bronnweiler. Allerdings mußten Gomaringen und Hinterweiler im Jahre 1645 aufgrund drückender Schuldenlasten an Herzog Eberhard III. von Württemberg verkauft werden.

Die Einwohnerzahl Reutlingens belief sich im Jahr 1600 auf rund 5.000 Personen[3]. Hinzu kamen nochmals etwa 1.500 Bewohner aus den sieben Dörfern. Damit nahm Reutlingen unter den Reichsstädten eine mittlere Stellung ein – trotz der vergleichsweise geringen Ausdehnung des städtischen Territoriums.

Geographisch und politisch bildete Reutlingen eine Exklave im Herzogtum Württemberg. Das Verhältnis zum übermächtigen Nachbarn war zwiespältig. Einerseits bestand durch die lutherische Konfession seit der ersten Hälfte des 16. Jahrhunderts eine gemeinsame Basis, andererseits sprachen wirtschaftliche und machtpolitische Interessen der württembergischen Grafen gegen ein allzu gutes Verhältnis zu Reutlingen. So kam es im 16. und 17. Jahrhundert immer wieder zu Spannungen.

Die Zünfte waren in der Stadt nicht nur in politischer, sondern auch in wirtschaftlicher Hinsicht maßgeblich[4]. Es gab insgesamt zwölf Zünfte: Weingärtner, Bäcker, Tucher, Küfer, Schmiede, Schneider, Karcher, Krämer, Metzger, Weber/Kürschner, Schuster und Gerber. Die Stadt profitierte vor allem von ihrer Rolle als zentralem Marktort mit regionaler Bedeutung[5]. Reutlingen war für zahlreiche umliegende, meist württembergische Dörfer der mittleren und westlichen Alb sowie teilweise des oberen Neckarraums ein Handels- und Marktzentrum. Allerdings hatte die Stadt in der zweiten Hälfte des 16. Jahrhunderts den Höhepunkt ihrer wirtschaftlichen Entwicklung bereits überschritten. Es ist in dieser Zeit vor allem ein Niedergang des Weinbaus und des Textilgewerbes zu beobachten.

Die soziale Differenzierung scheint in Reutlingen nicht sehr stark ausgeprägt gewesen zu sein[6]. Es finden sich Mitte des 16. Jahrhunderts in der Mehrzahl mittlere und kleinere Vermögen in der Stadt. Große Vermögen lassen sich dagegen kaum feststellen. Dieser Umstand erklärt sich durch das Fehlen einer Großkaufmannschaft bzw. eines Patriziats.

Allerdings sorgten der wirtschaftliche Niedergang und eine Schuldenkrise – verschärft durch den Dreißigjährigen Krieg – für eine zunehmende Verarmung der Bürgerschaft im 17. Jahrhundert[7], die sich in zunehmenden politischen Spannungen in Rat und Bürgerschaft der Stadt niederschlug.

II.

Das Reutlinger Gericht war – wie in den meisten oberdeutschen Städten – mit dem Rat identisch. Gericht und Rat wurden alljährlich entsprechend der spätmittelalterlichen Wahlverfassung gewählt. Diese nach dem Schmalkaldischen Krieg wieder einzuführen, war den Reutlingern 1576 von Kaiser Maximilian II. erlaubt worden[8]. Damit nahm die Stadt unter den Reichsstädten Südwestdeutschlands in der Frühen Neuzeit eine besondere Stellung ein, denn in den übrigen Reichsstädten waren die von Kaiser Karl V. oktroyierten, patrizisch orientierten Ratsverfassungen meist beibehalten worden.

Die zünftische Verfassung Reutlingens hatte auf den Verlauf der dortigen Hexenverfolgungen großen Einfluß. Darum soll hier kurz der alljährliche Ablauf der Ratswahlen dargestellt werden[9]: Der Rat wurde in der sogenannten »Wahlwoche«, beginnend am Sonntag nach St. Ulrich (4. Juli), neu gewählt. Dabei wählten die zwölf Zünfte zunächst ihre Zunftmeister und diese wiederum zusammen mit den letztjährigen Stadtrichtern ein Wahlkollegium. Diese sogenannten »Siebener« wählten die zwölf neuen Stadtrichter und vier »Alte Herren«, die dann zusammen mit den Zunftmeistern den neuen Rat bildeten. Der erste Stadtrichter wurde Amtsbürgermeister, die beiden nachfolgenden Richter wurden Zweiter und Dritter Bürgermeister. Diese drei Bürgermeister stellten zusammen mit den beiden ersten Zunftmeistern, die die Schultheißenämter innehatten, die wichtigsten Machtträger dar.

Allerdings darf man sich dieses komplizierte Wahlsystem, das hier nur stark vereinfacht dargestellt werden kann, in der Realität nicht allzu demokratisch vorstellen. Denn meistens wurden jedes Jahr dieselben Personen wiedergewählt. Ein Ausscheiden aus Amt und Würden war oft lediglich altersbedingt. Auch entstammten die Ratsmitglieder in der Regel bestimmten alteingesessenen und einigermaßen wohlhabenden Familien[10]. Außerdem war es allgemein üblich, daß die drei Bürgermeister jedes Jahr rotierten, so daß eine Art »Triumvirat« entstand, das die Stadt zusammen mit dem für die Wahlen entscheidenden Ersten Schultheißen oft jahrelang zu beherrschen vermochte.

Hin und wieder nahmen jedoch die Wahlen einen unerwarteten Verlauf und führten zum Sturz bestimmter Ratsmitglieder. Solche »Abwahlen« waren stets ein sicheres Zeichen für eine politische Krise, in der sich sowohl ein Generationswechsel als auch ein Parteienkampf ausdrükken konnte. In solchen Phasen politischer Instabilität sahen sich die um die Macht kämpfenden Ratsmitglieder – insbesondere kurz vor anstehenden Wahlterminen – öfters gezwungen, verstärkt auf die Stimmungen in der Bürgerschaft Rücksicht zu nehmen. Sie konnten dann zuweilen auch populäre bzw. populistische Entscheidungen treffen, um die eigene Ausgangsposition bei den Wahlen zu verbessern. Dies konnte sich verhängnisvollerweise mit der Problematik der Hexenprozesse vermischen.

Die Strafrechtspflege lag ausschließlich in den Händen des Rats. Einfache Fälle wurden im Rat diskutiert, dann nach einer »Umfrage« eine Mehrheitsentscheidung gefällt. In juristisch komplizierteren Prozessen wurde bisweilen ein Gutachten bei einer juristischen Fakultät eingeholt, vorzugsweise an der nur 15km entfernten Universität Tübingen. Im Fall von Hexenprozessen wurde dieses Verfahren allerdings nur angewandt, wenn sich im Rat selbst Zweifel über die Rechtmäßigkeit der Verfahren einstellten.

Die *Carolina* bildete seit 1532 die juristische Grundlage des Strafrechts. Die Mitarbeit des juristisch geschulten Stadtsyndikus ist selten greifbar, und wenn doch, so spielte er höchstens eine beratende Rolle[11].

Mit der konkreten Prozeßführung (Zeugenbefragungen, Verhöre der Verdächtigten usw.) waren meist zwei »Commissare« beauftragt, die aus den Reihen der Räte ernannt wurden. In den Hexenprozessen nahmen diese Männer eine zentrale Stellung ein: nicht nur weil sie die Aussagen für den Rat filterten, indem sie die Ergebnisse ihrer Verhöre in sogenannten »Referaten« vortrugen, sondern auch weil sie weitgehend die Härte der angewandten Folter bestimmten, die für den Ausgang von Hexenprozessen immer eine zentrale Rolle spielte. Der Rat erließ dann hauptsächlich auf der Basis der Referate dieser »Commissare« seine Interlokute und Urteile.

III.

Die Hexenverfolgungen[12] in der Reichsstadt Reutlingen erstreckten sich über einen Zeitraum von fast genau hundert Jahren (1565–1667) und kosteten mindestens 53 Menschen das Leben. Die Prozesse konzentrierten sich in fünf Verfolgungswellen, die jeweils im Abstand von ca. 30 Jahren aufeinanderfolgten (1565, 1603, 1633, 1660/61 und 1665/67) und dabei in der Regel sechs bis acht Opfer forderten.

Der Frauenanteil unter den Hingerichteten betrug 83%. Von den insgesamt wegen Hexerei geführten Prozessen endeten 68% mit Todesurteilen oder mit dem Tod des Beklagten in der Haft, wobei die Überlebenschance für Frauen in den Prozessen etwas höher lag als für Männer. Die wieder freigelassenen Beklagten mußten in der Regel Urfehde schwören und wurden für eine gewisse Zeit unter Hausarrest gestellt. Kinder unter 18 Jahren wurden nicht hingerichtet, auch wenn sie, wie in einigen Fällen geschehen, freiwillig gestanden, an Hexentänzen teilgenommen zu haben. Kinder spielten vor allem während der letzten Verfolgungswelle 1665/67 als Belastungszeugen eine entscheidende und prozeßauslösende Rolle[13].

Auffällig ist vor allem die Schwere der letzten Verfolgungswellen von 1660/61 und 1665/67, denen insgesamt 25 Menschen zum Opfer fielen – also annähernd so viele wie in den knapp hundert Jahren zuvor. Auch im überregionalen Vergleich fanden diese letzten Verfolgungen relativ spät statt[14]. Diese Beobachtung fällt um so mehr auf, als die nicht weit entfernte Reichsstadt Esslingen ebenfalls in den 1660er Jahren eine schwere Verfolgung erlebte[15]. Vor allem die drükkende Schulden- und Wirtschaftskrise[16], die zu einer Verarmung der Bevölkerung nach dem Dreißigjährigen Krieg geführt hatte, scheint eine ursächliche Wirkung gehabt zu haben. Andererseits ist nicht zu übersehen, daß die Verfolgungen in den beiden Reichsstädten unter verschiedenen politischen und sozialen Voraussetzungen stattgefunden haben. Allerdings wären noch genauere Untersuchungen über diese Zusammenhänge nötig.

Zwischen den vier großen Verfolgungswellen wurden einige Einzelprozesse wegen Hexerei geführt. Allerdings wichen diese Fälle fast immer vom herkömmlichen Schema ab und nahmen gegenüber den vier größeren Verfolgungen eine Sonderstellung ein: In der Regel handelte es sich bei den Beschuldigten um geistig Verwirrte[17] oder gewöhnliche Straftäter[18], deren Delikt erst im Verlauf des Verfahrens vor dem Hintergrund der Hexerei gedeutet wurde.

Bezüglich der Opfer kann man feststellen, daß die Prozesse bis in die 1630er Jahre nur Frauen betrafen. Anscheinend war der Hexereiglaube anfangs auf das weibliche Geschlecht fixiert.

Die Hingerichteten waren meist alt und arm, oft auch Witwen. Der Verdacht gegen sie war in der Regel schon viele Jahre oder gar Jahrzehnte alt und kursierte meist unter den Menschen ihrer unmittelbaren Nachbarschaft – sozusagen in der »Gasse«. Verdächtigungen wurden vor allem noch im familiären Milieu geäußert. Meist war ein ungeliebtes Familienmitglied das Ziel von Anschuldigungen.

Durch Hexereivorwürfe besonders gefährdet waren auch die Nachkommen von hingerichteten Hexen. Hier spielte die Vorstellung, daß die Hexen gerne ihre eigenen Kinder und Enkel dem Teufel übergaben, eine verhängnisvolle Rolle.

Der üble Leumund der so Denunzierten war oft durch moralische Verfehlungen in jüngeren Jahren, wie beispielsweise sexuelle Promiskuität oder Diebstähle mit ausgelöst worden. Später wurden dann oftmals den betreffenden Personen nicht direkt erklärbare oder verdächtige Begebenheiten (plötzlicher Kindstod, seltene Krankheiten usw.) kumulativ zur Last gelegt, wodurch sich ihr Ruf immer weiter verschlechterte und der gehegte Hexereiverdacht zirkulär verfestigte. Die Belastungszeugen, die sich durch einen Schadenzauber geschädigt fühlten, waren in den Prozessen subjektiv vollkommen überzeugt, daß die von ihnen Denunzierten tatsächlich Hexen seien. Allerdings finden sich auch immer wieder Zeugen, die sich auch vor Gericht nicht festlegen mochten und lediglich ihre Beobachtungen wiedergaben, ohne über die Angeklagte Kommentare abzugeben. Diese Zeugen standen meist in keinem engeren familiären Verhältnis zu den vermeintlich durch Zauberei Geschädigten. Die umlaufenden Hexereiverdächtigungen scheinen im sozialen Gefüge der Bürger eine relativ konstante Größe gewesen zu sein.

In der Praxis der Reutlinger Hexenprozesse war neben dem »gemeinen Geschrei«, wie es in den Akten heißt, vor allem der Nachweis konkreter Schadenzauber der Beklagten von zentraler Bedeutung für die Legitimierung von Strafverfahren. Da aber ein Beweis im juristischen Sinne bei Hexereidelikten nicht möglich war, mußte der Verdacht durch möglichst viele und glaubwürdige Zeugenaussagen zumindest sehr wahrscheinlich gemacht werden, so daß die Verdachtsmomente schließlich für juristische Laien wie ein Beweis wirken konnten.

Die Vorgehensweise war folgende: Zuerst beschloß der Rat, daß die »Commissare« Erkundigungen über eine verdächtigte Person einziehen sollten. Diese veranstalteten dann eine Zeugeninquisition, bei der alle, die etwas Verdächtiges über die Betreffenden wußten, aufgefordert waren, sich zu melden. Anhand dieser Aussagen wurden dann weitere Zeugen vernommen, um bestimmte Anschuldigungen auf ihre Glaubwürdigkeit hin zu überprüfen. Die Beweisanforderungen waren damit vergleichsweise hoch.

Dies wird auch daran deutlich, daß eine Besagung durch die »erste Hexe« zwar als ein starkes zusätzliches Indiz galt, aber niemals allein ausschlaggebend für die Einleitung eines Verfahrens war[19]. Allgemein läßt sich feststellen, daß vor allem die subjektive Überzeugung der Richter und »Commissare« entscheidend dafür war, ob aus der Fülle der Verdächtigungen heraus gegen eine bestimmte Person ein Verfahren eröffnet wurde oder nicht; man mußte es den Betreffenden »zutrauen« können, daß sie mit dem Teufel im Bunde waren.

Auch die Frage, ob überhaupt eine Verfolgung beginnen sollte, hing entscheidend von der Haltung der Obrigkeit ab. Offensichtlich war man nur zu bestimmten Zeiten und unter bestimmten Umständen bereit, Hexenprozesse zu führen. Dazu aber mußten die strengen Beweisanforderungen der *Carolina* durch die Annahme minderer Beweise und den uneingeschränkten Einsatz der Folter umgangen werden. Allerdings ließen sich die permanenten Rechtsbeugungen, die zu den unvermeidlichen Begleitern von Hexenprozessen gehörten, nie lange aufrecht erhalten und führten regelmäßig – meist nach drei bis vier Monaten – zu ihrer Einstellung.

IV.

Die erste Serie von Hexenprozessen fand im Jahre 1565 statt. Ihr fielen von Mai bis Oktober acht Frauen zum Opfer. Die Anklagepunkte entsprachen dem elaborierten Hexenbegriff[20]. Allen Urgichten gemeinsam war das Bekenntnis, durch Wetterzauber Hagel und Reif verursacht und dadurch mehrere Ernten in den letzten Jahren schwer geschädigt zu haben[21]. Dies legt den Schluß nahe, daß ernteschädliche Witterungsverhältnisse diese erste Verfolgungswelle ausgelöst haben.

Das plötzliche Auftreten von Hexenprozessen ist dennoch aus zwei Gründen überraschend: Zum einen hatte die Reutlinger Obrigkeit bis dahin bei Schadenzaubervorwürfen, die in der Bürgerschaft schon früher aufgetaucht waren, in der Regel gar nicht oder nur sehr vorsichtig nachgeforscht. So waren beispielsweise im Jahr 1530 zwei Frauen trotz des starken Verdachts der Hexerei unbeschadet wieder aus der Haft entlassen worden[22]. Zum anderen hatte nur drei Jahre zuvor der berühmte Reformator Reutlingens, Matthäus Alber[23], in Tübingen eine kritische Predigt gehalten, die er später auch drucken ließ[24]. Darin hatte er den im Volk teilweise verbreiteten Glauben an die Fähigkeit der Hexen, Unwetter herbeizaubern zu können, scharf kritisiert – also genau die maßgeblichen Anklagepunkte bei den Hexenprozessen in Reutlingen nur drei Jahre später. Außerdem warnte Alber die Obrigkeit vor übertriebener Leichtgläubigkeit gegenüber Gerüchten und vor falschem Eifer bei der Verfolgung von Hexen.

Daß die Meinung dieses in Reutlingen außerordentlich hochangesehenen Mannes nur wenige Jahre später so völlig ignoriert wurde, deutet darauf hin, daß der Hexenglaube in den 1560er Jahren relativ schnell und stark an Überzeugungskraft gewonnen haben muß. Dabei scheinen vor allem die Verfolgungen im nicht weit entfernten Wiesensteig in der Grafschaft Helfenstein im Jahre 1562 eine starke Vorbildfunktion gehabt zu haben[25]. Eine Beobachtung, die auch für Hexenprozesse in anderen Reichsstädten wie Esslingen[26] und Ulm[27] gemacht werden kann.

Eine weitere Ursache für die plötzliche Übernahme des elaborierten Hexenbegriffs mag in der angesprochenen allgemeinen Verschlechterung der wirtschaftlichen Bedingungen in der Stadt gelegen haben. Aufgrund der für die Prozesse von 1565 charakteristischen Betonung des Wettermachens darf geschlossen werden, daß vor allem die schweren Einbußen beim Weinbau eine prozeßfördernde Rolle gespielt haben.

Während der ersten Verfolgungswelle von 1565 scheinen dem Rat allerdings bereits nach den ersten fünf Hinrichtungen starke Zweifel über das weitere Vorgehen gekommen zu sein, wie eine Anfrage bei der Geistlichkeit der Stadt vom 22. Juni zeigt[28]. Darin begehrte man zu wissen, ob den Besagungen der bereits hingerichteten Hexen Glauben zu schenken sei. Den Hintergrund dieses Schreibens bildete wahrscheinlich einerseits die Tatsache, daß mit den bereits hingerichteten Frauen das Potential an »Hauptverdächtigten«, die dem Hexenstereotyp entsprachen, bereits weitgehend erschöpft war. Andererseits jedoch hatte man diesen eine lange Liste mit weiteren vermeintlichen Hexen abgepreßt, in der nun auch einige bisher unbescholtene Bürgerinnen angeführt wurden. Dadurch war im Rat offensichtlich eine Phase des kritischen Nachdenkens eingetreten, die dann relativ rasch zum Stillstand der Prozeßwellen führte.

Während der zweiten Verfolgungswelle von 1603 wurden sieben Frauen hingerichtet. Auch hier ist wieder ein konkreter, aber diesmal völlig anders gearteter Anlaß zu beobachten: Im Winter 1593 war es zu mehreren Bränden in der Stadt gekommen, deren Begleitumstände auf Brandstiftung schließen ließen. In diesem Zusammenhang wurden rasch Beschuldigungen gegen einige Frauen laut, sie seien Hexen und hätten die Feuer gelegt[29]. Interessanterweise hatte damals die Obrigkeit allerdings keine neuen Prozesse eingeleitet, wie es die aufgebrachte Bürgerschaft von ihr verlangt hatte. Ein Blick auf die Ratslisten erhellt möglicherweise die Ursache[30]: Im Jahr 1593 saßen mit Georg Gayler, Georg Weiß, Thomas Knapp u.a. Männer in führenden Positionen im Rat, die die Verfolgungen von 1565 politisch sozusagen im »zweiten Glied«, sprich auf den hinteren Ratsbänken, miterlebt hatten. 1593 waren diese Leute, in Erinnerung an die schlechten Erfahrungen von damals, keineswegs bereit, sich wiederum auf die problematischen Hexenprozesse einzulassen und irreguläre Strafverfahren zu führen. Zwar waren drei Frauen verhaftet und verhört worden, aber es wurde lediglich die »Territion« gegen sie angewandt[31]. Nachdem alle drei Beschuldigten diesen noch vergleichsweise harmlosen ersten Grad der Folter überstanden hatten, ohne ein Geständnis abzulegen, ließ man sie wieder frei.

Bis 1603 aber war diese Führungsgruppe im Rat innerhalb von nur zwei Jahren altershalber abgelöst und durch eine neue und jüngere Generation von Räten ersetzt worden. Wohl kaum zufällig begannen die neuerlichen Verfolgungen unmittelbar nach dieser Wachablösung an der Führungsspitze der Stadt. Es kann deutlich beobachtet werden, wie die jüngeren Ratsmitglieder, unzufrieden mit dem Ausgang der Inquisitionen von 1593, eine Aufklärung der mysteriösen Vorgänge vor 10 Jahren anstrebten und erneut die damals beschuldigten Frauen – sofern sie noch lebten – als Hexen anklagten.

Eine gewisse Neigung, sich damit auch vor der Bevölkerung zu profilieren und die eigene Position beim Kampf um die Neuverteilung der Macht zu verbessern, mag dabei ebenfalls ein Motiv für die Einleitung von Verfahren gewesen sein. Dafür spricht jedenfalls der Umstand, daß die Prozesse – wie bei allen späteren Verfolgungswellen – kurz vor dem Wahltermin im Juli eingeleitet worden waren, sowie die Tatsache, daß bei der Ratswahl im Juli 1603 der Ratsherr Paulus Klem erstmals Amtsbürgermeister wurde, der sich vehement für die Verfolgung eingesetzt hatte.

Im Jahr 1633 schließlich wurden in einer dritten Verfolgungswelle sechs Frauen hingerichtet. Auslöser für diese Prozeßserie war das Verfahren gegen Anna, die Witwe des Theis Groner von Ohmenhausen. Starke Indizien sprachen dafür, daß sie ihre drei Ehemänner mit Arsen vergiftet hatte[32]. Das Verfahren gegen sie mündete jedoch in einen Hexenprozeß, der sich zu einer umfangreichen Verfolgung ausweitete.

Im Rat hatte diesmal ein Generationswechsel bereits um 1630 begonnen, so daß man diese Prozesse nicht in unmittelbaren Zusammenhang mit politischen Machtkämpfen bringen kann. Allerdings bedurfte es bei den neuen, noch unerfahrenen Bürgermeistern Ludwig Sommer, Hans Georg Kindsvatter und Kilian Köngott anscheinend nur eines auslösenden Moments – diesmal einer Giftmörderin –, um eine Verfolgung ins Rollen zu bringen. Dazu ist zu bemerken, daß die Wirren des Dreißigjährigen Krieges in dieser Zeit zu einer großen personellen Fluktuation im Rat geführt hatten, wodurch das politische System der Stadt augenscheinlich instabiler geworden war; eine Tatsache, die den Ausbruch von Hexenverfolgungen aus den angesprochenen Mechanismen heraus begünstigte. Dies paßt auch gut zu der Beobachtung, daß nach 1633 noch mehrere Einzelprozesse stattfanden. Es zeigten sich dabei deutlich die Bestrebungen einzelner Ratsmitglieder, vor allem bei dem Ratsherren Abraham Zendel, der nie den Sprung an die politische Spitze geschafft hatte, eine neue Verfolgungswelle einzuleiten. Anscheinend konnte dieses Vorhaben jedoch durch die inzwischen etablierten Bürgermeister Matthäus Beger, Josua Kurz und Samuel Clewer und unter der tatkräftigen Unterstützung des engagierten Syndikus Johann Wendel Kurrer rasch wieder eingedämmt werden.

Die letzte Verfolgungswelle zerfällt zeitlich in die zwei Abschnitte 1660/61 und 1665/67. Beide hängen jedoch eng miteinander zusammen.

1660/61 wurden neun Menschen wegen Hexerei hingerichtet. Die Verfolgung war durch den Prozeß gegen die siebzigjährige Margarethe Osswald, Teufels Gretha genannt, ausgelöst worden[33]. Das Verfahren weitete sich aber schnell zu einer Prozeßserie nach bekanntem Muster aus.

Wiederum hatten die Prozesse im Mai, also unmittelbar vor dem entscheidenden Wahltermin im Juli, begonnen. Sie wurden vor allem von dem ehrgeizigen Schuhmacherzunftmeister Johann Philipp Laubenberger und dem Amtsbürgermeister von 1659/60, Conrad Felchlin, angetrieben, die die Verhöre als »Commissare« leiteten. Vor allem Laubenberger zählte dann auch zu den Gewinnern der Ratswahlen von 1660, aus denen er als Zweiter Schultheiß hervorging[34]. Wiederum ist in dieser Zeit ein deutlicher Generationswechsel zu beobachten. Die »Kriegsgeneration« um die Bürgermeister Matthäus Beger, Balthasar Lumpp und Franz Helbling, die die Stadt durch die kritische Spätphase des Dreißigjährigen Kriegs geführt und kein besonderes Interesse an Hexenverfolgungen gezeigt hatte, trat allmählich zurück. Wieder einmal mußte das politische Erbe neu verteilt werden.

Allerdings hatte sich Laubenberger 1660 mit seinen forcierten Hexenprozessen nicht nur Freunde geschaffen: Zwischen 1661 und 1665 mußte er im Rat eine empfindliche politische Niederlage einstecken. Seine Hauptgegenspieler waren der angesehene Apotheker und Ratsherr Heinrich Efferen, der Erste Schultheiß Sebastian Wucherer und der Bürgermeister Johann Schmidt. Diese hatten schon den Hexenprozessen von 1660/61 äußerst reserviert gegenübergestanden, damals aber nicht genug Einfluß besessen, um sie gänzlich verhindern zu können. Erst als es im Zusammenhang mit den Verfahren zu einigen Skandalen gekommen war, gelang es, sie Anfang 1661 einzudämmen. Der Einfluß Laubenbergers im Rat war dadurch und durch andere politische Ungeschicklichkeiten in den folgenden Jahren schwer angeschlagen, und er trat in der Ratshierarchie immer weiter zurück.

Da bot sich ihm im Jahr 1665 eine einmalige Gelegenheit, das verlorene politische Terrain wiedergutzumachen: Ein Knabe namens Urban Helbling behauptete, vom Teufel besessen zu sein, und denunzierte zahlreiche Bürger, indem er angab, sie auf verschiedenen Hexentänzen gesehen zu haben[35]. Diese Vorwürfe erregten die Gemüter der Bevölkerung sofort aufs äußerste, ja man drohte sogar mit Lynchjustiz, falls keine Untersuchungen gegen die von dem Knaben beschuldigten Personen eingeleitet würden[36]. Der Rat gab diesem Drängen schließlich nach, und Laubenberger verstand es geschickt, dies zu seinem Vorteil auszunutzen: Er ließ sich wiederum das Amt eines »Commissars« übertragen und leitete zusammen mit einigen Gleichgesinnten aus dem Rat die Prozesse bald im Sinne der Bürgerschaft. Das Ergebnis war die letzte (und härteste) Hexenverfolgung in der Geschichte Reutlingens, der allein 1665 14 Menschen zum Opfer fielen.

Das Prestige, das Laubenberger dadurch in der Bevölkerung gewann, katapultierte ihn bei den Ratswahlen im Sommer 1665 auf den Sitz des Amtsbürgermeisters. Gleichzeitig gelang es seinen Anhängern, die wichtigsten Positionen im Rat zu besetzen. Die Gegner Laubenbergers (und der Hexenprozesse) dagegen wurden politisch völlig entmachtet. Im Falle von Laubenbergers Hauptrivalen Heinrich Efferen gelang es sogar, ihn aus der Stadt zu vertreiben. Laubenberger und seine Anhänger hatten dazu gezielt andere beklagte Frauen auf der Folter gedrängt, Efferens Ehefrau als Gespielin zu besagen[37]. Dadurch war innerhalb kürzester Zeit auch der Ruf des Ehemanns in der Bürgerschaft ruiniert worden.

Allerdings scheinen auch Laubenberger, nachdem er sich die Macht gesichert hatte, rasch Zweifel angesichts der Umstände der Prozesse gekommen zu sein – die er natürlich besser kannte als jeder andere. Er machte eine Wandlung vom »Saulus zum Paulus« in der Hexenfrage durch, die sich eindrucksvoll in der Reutlinger Chronik des Lorentius Hofstetter dokumentiert[38]. Darin hat der Chronist einige zustimmend kommentierende Randbemerkungen Laubenbergers zu den Thesen des Hexenverfolgungsgegners Johann Matthäus Meyfart in dessen Buch *Christliche Erinnerung*[39] aufgezeichnet. Im Jahr 1666 ist dann deutlich zu beobachten, wie Laubenberger sich bemühte, die noch laufenden Prozesse einzudämmen[40]. Er hielt sich dabei aber geschickt im Hintergrund, wohl weil ihm ein allzu offensichtlich zur Schau getragener Sinneswandel politisch nicht gut bekommen wäre. Die Hexenprozesse endeten im Jahr 1667 in Reutlingen endgültig. Johann Philipp Laubenberger gelang es, die Stadt noch bis zu seinem Tod im Jahre 1683 zu beherrschen.

Zwar kam es im späten 17. und im 18. Jahrhundert noch zu verschiedenen Zaubereiprozessen, aber diese bewegten sich im Rahmen der Bekämpfung von konkreten Zaubereiversuchen, wie sie für diese Zeit weithin üblich waren – beispielsweise die Suche nach verborgenen Schätzen unter Zuhilferufung von Geistern[41].

Der volksmagische Glauben[42] scheint sich aber trotz der endgültigen Beendigung der Hexenverfolgungen durch die Obrigkeit im Jahr 1667 in Reutlingen und Umgebung ungebrochen erhalten zu haben. Noch im Jahr 1893 vermeldet die Oberamtsbeschreibung von Reutlingen: »Der Hexenglaube ist noch ziemlich verbreitet und in der Stadt Reutlingen selbst vielleicht noch mehr als auf dem Lande.«[43]

Es hat fast den Anschein, als ob die Bevölkerung nach den sozial verheerenden Ausbrüchen der obrigkeitlichen Hexenverfolgungen wieder zu ihrer gewohnten volksmagischen Sicht der Dinge zurückgekehrt wäre. Jedenfalls dürften die Verfasser der Oberamtsbeschreibung die Mentalität der Bevölkerung zu ihrer Zeit in bezug auf Hexen sehr genau erfaßt haben, wenn sie weiterhin feststellen: »Unter der Oberfläche lebt noch vieles fort, und mancher, der sich für aufgeklärt hält, merkt nicht, daß er noch dick im alten Aberglauben steckt. ›Ich glaube an keine Hexen‹, meinte sehr naiv ein Bauer aus H[interweiler?], ›aber daß mir eine etwas anthun kann, daß glaub ich, denn ich hab's erfahren!‹«[44]

V.

Es bleibt festzuhalten, daß in dem gesamten Zeitraum von rund 100 Jahren die Jahre ohne Hexenprozesse in Reutlingen dennoch die Regel waren.

Wenn nun aber die Hexenprozesse damit den Charakter des Außergewöhnlichen hatten, mußte ihrem Beginn unabdingbar jeweils ein politischer Willensbildungsprozeß vorausgegangen sein. Die akuten Anlässe mochten im Lauf der Jahrzehnte gewechselt haben, das strukturelle Zentrum der Entscheidung aber blieb stets dasselbe, und das war der Rat.

Durch die Rückkehr zur zünftischen Verfassung im Jahr 1576 mit ihren alljährlichen Ratswahlen war ein systemimmanenter potentieller Destabilisierungsfaktor in das politische Leben der Kommune eingebaut worden. Zwar gab es auch in Reutlingen Tendenzen zur Oligarchisierung durch die ratsnahen Familien, aber diese Bestrebungen konnten sich in der Frühen Neuzeit nicht mehr völlig durchsetzen. So bildete sich ein typisches Reutlinger Phänomen heraus: Normalerweise entwickelte sich unter der eher unauffälligen Herrschaft einer Führungsspitze eine personell über viele Jahre und Jahrzehnte hinweg politisch relativ stabile Struktur im Rat. Wenn jedoch diese Führungsschicht aus Altersgründen oder aufgrund politischer Fehler Auflösungserscheinungen zeigte, so ergaben sich fast automatisch Spannungen, die aus dem Kampf der Jüngeren um die Nachfolge resultierten – der Ausgang der jährlichen Ratswahlen war dann plötzlich wieder offen und wurde damit zu einem entscheidenden politischen Faktor.

Es kann meines Erachtens kein Zufall sein, daß der Beginn der größeren Prozeßserien in Reutlingen stets mit dem Abtritt einer älteren Generation von Führungspersönlichkeiten im Rat zusammenfiel oder zumindest – wie 1633 – bald danach zu beobachten war.

Es läßt sich weiterhin erkennen, daß ungefähr jede zweite Generation von Räten eine Hexenverfolgung durchgeführt hat, wobei für eine Altersgruppe von Räten ungefähr 15 Jahre politischer Aktivität angesetzt werden kann. Wenn diese dann durch strukturelle Ursachen zum Abbruch ihrer Ratstätigkeit gezwungen wurden, sollten sie, durch den Schaden anscheinend klüger geworden, zu ihren Lebzeiten nie wieder Hexenprozesse zulassen. Auch die nächste, jüngere Altersgruppe von Räten, die zur Zeit einer Verfolgung sozusagen als »Hinterbänkler« im Magistrat saß, scheint durch solche Erfahrungen geprägt worden zu sein. Jedenfalls ist es bemerkenswert, daß auch diese Generation nicht zu Verfolgungen neigte, wenn sie dann schließlich an die Macht gelangt war. Erst die übernächste Altersgruppe von Räten tendierte zur Eröffnung neuerlicher Prozeßserien. Diese Generation hatte die letzten Verfolgungen, die dann in der Regel wie beschrieben bereits ungefähr 30 Jahre zurücklagen, allenfalls noch als Kinder erlebt.

Eine Ausnahme dieses Schemas bildete lediglich die Verfolgung von 1665. In diesem Fall kann man jedoch in dem Schuhmacherzunftmeister Laubenberger eine Gestalt erkennen, die allein dank ihrer persönlichen, politischen und zweifellos auch charismatischen Fähigkeiten eine prozeßauslösende Kraft hatte gewinnen können.

Insbesondere zu Beginn der letzten Prozeßserien in Reutlingen zwischen 1660 und 1665 ist deutlich zu beobachten, daß der Abtritt einer alten Generation von Räten unter den jungen Nachrückern einen harten und rücksichtslosen Machtkampf auslöste. Es entstanden feindliche Parteiungen und Bündnisse, die das politische System der Stadt polarisierten und destabilisierten. In dieser Situation stießen die Begehrlichkeiten einer unerfahrenen Generation von Räten auf die Wünsche der Bürgerschaft nach einer »starken Führung«. An dieser Stelle konnte sich unter bestimmten Bedingungen ein rigides Vorgehen gegen Hexen als Beweis von Führungsstärke politisch bezahlt machen. Langfristig gesehen überwogen jedoch aufgrund der über einen längeren Zeitraum hinweg sozial stets destruktiv wirkenden Hexenprozesse die Nachteile für das Gemeinwesen. Früher oder später setzte sich immer die »Staatsräson« wieder durch, die zum Abbruch der Verfolgungen führte. Falls die kurzfristigen Nutznießer der Prozesse dies rechtzeitig erkannten, konnte sich, wie das Beispiel Laubenberger zeigt, politisch gesehen der Einsatz für Verfolgungen durchaus bezahlt machen. Dies war aber eher die Ausnahme. Die Beispiele von exponierten Verfolgungsbefürwortern wie Abraham Zendel (in den Jahren nach 1633) oder Paulus Klem (1603), die nach der Beendigung von Prozeßserien ihren politischen Abstieg erleben mußten, belegen dies deutlich.

So muß man feststellen, daß das Zunftwahlsystem der Reichsstadt Reutlingen sich unter bestimmten Bedingungen begünstigend auf den Ausbruch von Hexenverfolgungen ausgewirkt hat. Denn dieses System führte die Obrigkeit in periodischen Abständen in eine Krise, die sie zwang, auf populäre Wünsche nach Verfolgungen Rücksicht zu nehmen. Von dieser Seite betrachtet sind die Hexenprozesse in Reutlingen damit spezifischer Ausdruck des politischen Systems.

Anmerkungen

1 Der vorliegende Aufsatz stellt die Zusammenfassung einer Magisterarbeit dar, die im September 1993 an der Universität Tübingen eingereicht wurde. Angeregt und hilfreich betreut wurde sie von Herrn Prof. Dr. Sönke Lorenz, dem ich zu großem Dank verpflichtet bin. Dank gebührt auch dem Leiter des Reutlinger Stadtarchivs, Herrn Dr. Gemeinhardt, seinen Mitarbeitern Herrn Brühl und Herrn Kromberger sowie den Tübinger »Hexenforschern« für Hilfestellungen und Anregungen. Der wissenschaftliche Apparat beschränkt sich auf die wichtigsten Quellen- und Literaturangaben, ausführlicher: Thomas Fritz, Hexenverfolgungen in der Reichsstadt Reutlingen, in: Johannes Dillinger/ders./Wolfgang Mährle, Zum Feuer verdammt. Die Hexenverfolgungen in der Grafschaft Hohenberg, der Reichsstadt Reutlingen und der Fürstpropstei Ellwangen (Hexenforschung, Bd. 2), Stuttgart 1998, S. 163–324.

2 Christoph Friedrich Gayler, Historische Denkwürdigkeiten der ehemaligen Freien Reichsstadt Reutlingen izt Königlich Württembergischen Kreisstadt Reutlingen, 2 Bde., Reutlingen 1840/45; Beschreibung des Oberamts Reutlingen, hrsg. vom Königlichen Statistischen Landesamt, Stuttgart 1893; Herbert Kopp, Reutlingen, in: Erich Keyser (Hrsg.), Württembergisches Städtebuch, Stuttgart 1962, S. 408–417; Paul Schwarz/Heinz Dieter Schmid (Hrsg.), Reutlingen. Aus der Geschichte einer Stadt, Reutlingen 1973.

3 Gayler (wie Anm. 2), hier: Bd. 2, S. 19.

4 Rudolf Wittmann, Die Entwicklung der wirtschaftlichen Verhältnisse der Freien Reichsstadt Reutlingen 1648–1803, Diss. Heidelberg 1927.

5 Willi Boelcke, Zur mittelalterlichen und frühneuzeitlichen Wirtschaftsgeschichte der Reichsstadt Reutlingen, in: Reutlinger Geschichtsblätter 29 (1990), S. 179–216, hier: S. 201.

6 Renate Mayer, Die Sozialstruktur der Reichsstadt Reutlingen nach der Türkensteuerliste von 1542, Zulassungsarbeit masch. Reutlingen 1979, S. 103–120.

7 Klaus-Peter Lütcke, Das Haushalts- und Rechnungswesen der Freien Reichsstadt Reutlingen im 18. Jahrhundert, Diss. masch. Tübingen 1980, S. 541.

8 Gayler (wie Anm. 2), hier: Bd. 1, S. 517f., 556ff.

9 Vgl. Gerhard FISCHER, Die Verfassung der Freien Reichsstadt Reutlingen ab 1500 und das Strafrecht, Diss. masch. Tübingen 1959.
10 Einen Überblick über die wichtigsten Familien gibt Gottfried MAIER, Alt-Reutlinger Familien, 2 Bde., Reutlingen 1922/27.
11 FISCHER (wie Anm. 9), S. 131.
12 Das Quellenmaterial zu den Hexenverfolgungen in Reutlingen liegt zum überwiegenden Teil im StadtA Reutlingen. Einige Dokumente finden sich darüber hinaus noch im HStA Stuttgart und im Universitätsarchiv Tübingen. Eine zentrale Quelle ist Lorentius HOFSTETTER, Reutlinger Chronic von Ursprung der Stadt und was sich Merkwürdiges zugetragen bis 1691, bearb. von Paul SCHWARZ, in: Reutlinger Geschichtsblätter 20/21 (1981/82), S. 1–483. Darüber hinaus ist an Sekundärliteratur zu den Reutlinger Hexenverfolgungen zu nennen: F. HONECKER, Hexenprozesse im alten Reutlingen, in: Reutlinger Heimatschriften 3, S. 3–47; Gabriele SCHENKER, Die Hexenprozesse in Reutlingen im 16. und 17. Jahrhundert, Zulassungsarbeit masch. Reutlingen 1971; Inge SCHÖCK, Hexenglaube in der Gegenwart. Empirische Untersuchungen in Südwestdeutschland, Tübingen 1978; Hartwig WEBER, Kinderhexenprozesse, Frankfurt a.M. 1991.
13 SCHÖCK (wie Anm. 12), S. 80; WEBER (wie Anm. 12), S. 57ff.
14 H.C. Erik MIDELFORT, Witch Hunting in Southwestern Germany 1562–1684. The Social and Intellectual Foundations, Stanford 1972, S. 154.
15 Günter JEROUSCHEK, Die Hexen und ihr Prozeß. Die Hexenverfolgung in der Reichsstadt Esslingen, Sigmaringen 1992.
16 Für Reutlingen vgl. vor allem LÜTCKE (wie Anm. 7), WITTMANN (wie Anm. 4).
17 Fall der am 23. August 1644 hingerichteten Magd des Reutlinger Siechenhauses Catharina Schmid (StadtA Reutlingen, K 7779–7789).
18 Fall des am 11. August 1637 hingerichteten Raubmörders und Diebs Peter Ammer (StadtA Reutlingen, K 7640–7644).
19 Wolfgang BEHRINGER, Hexenverfolgungen in Bayern. Volksmagie, Glaubenseifer und Staatsräson in der Frühen Neuzeit, München 1987, S. 169–195, 338.
20 Ebd., S. 15.
21 StadtA Reutlingen, K 7729–7736.
22 StadtA Reutlingen, Blutbuch, 16. August 1530.
23 Jörg JUNGMAYR, Art. Matthäus Alber, in: Hans-Gert ROLOFF (Hrsg.), Die Deutsche Literatur. Biographisches und bibliographisches Lexikon, Reihe II, Abt. A, Bd. 1, Bern 1991, S. 983–990. Benutzt wurde ein Separatdruck.
24 Matthäus ALBER/Wilhelm BIDEMBACH, Ein Summa etlicher Predigen vom Hagel und Unholden [...] sehr nutzlich und tröstlich in dieser zeit zu lesen, Tübingen 1562.
25 StadtA Reutlingen, A1 13330.
26 JEROUSCHEK (wie Anm. 15), S. 77.
27 BEHRINGER (wie Anm. 19), S. 156.
28 StadtA Reutlingen, K 7728.
29 HOFSTETTER (wie Anm. 12), S. 205.
30 Die Ratslisten finden sich bei Matthäus BEGER, Pax Publica, handschr. in: StadtA Reutlingen (Ratslisten ab 1578), A1 7087 (Ratslisten ab 1643).
31 StadtA Reutlingen, A1 14240, A1 14238, K 7379, K 7738, K 7739.
32 StadtA Reutlingen, K 7754, K 7755.
33 StadtA Reutlingen, K 7797.
34 SCHÖCK (wie Anm. 12), S. 76.
35 HOFSTETTER (wie Anm. 12), S. 600, 604f.
36 StadtA Reutlingen, Ratsprotokolle 1663–1666, Sitzungen vom 3. und 10. Mai 1665.
37 HStA Stuttgart, A 209, Bü 769. In einem Brief vom 18. Oktober 1665 bedankte sich Heinrich Efferen bei Herzog Eberhard III. von Württemberg für dessen gewährten Schutz und schilderte ihm, wie seine Frau in den Verdacht der Hexerei geraten war.
38 HOFSTETTER (wie Anm. 12), S. 703–707.
39 Johann Matthäus MEYFART, Christliche Erinnerung, An gewaltige Regenten, vnd Gewissenhafte Praedicanten, wie das abscheuliche Laster der Hexerey mit Ernst auszurotten, aber in Verfolgung desselbigen auff Cantzeln vnd Gerichtsheusern sehr bescheidentlich zu handeln sey, Erfurt 1635.
40 StadtA Reutlingen, Ratsprotokolle 1663–1666, Sitzung vom 2. November 1665. Auf dieser Ratssitzung wird Laubenbergers Obstruktionspolitik erstmals sichtbar.
41 StadtA Reutlingen, A1 14358a/b, A1 14559, A1 14584.
42 BEHRINGER (wie Anm. 19), S. 71–96. Zur Kritik daran vgl. Walter RUMMEL, Bauern, Herren und Hexen. Studie zur Sozialgeschichte sponheimischer und kurtrierischer Hexenprozesse 1574–1664, Göttingen 1991, S. 18f.
43 Beschreibung des Oberamts Reutlingen (wie Anm. 2), S. 157f.
44 Ebd., S. 158.

Mario R. Zeck

Reichsstadt Rottweil

Zur Reichsstadt Rottweil gehörte im 17. und 18. Jahrhundert ein Territorium mit einer Größe von ca. 220 Quadratkilometern[1]. Insgesamt zählten 27 Dörfer dazu, die zwischen dem ausgehenden 14. Jahrhundert bis zum Ende des 16. Jahrhunderts zu Rottweil kamen. Diese Dörfer wurden zu folgenden Zeitpunkten erworben: Sinkingen (1377), Zimmern ob Rottweil (1405), Dietingen, Irslingen (1411), Deißlingen (1407 bzw. 1429), Dunningen (1435), Göllsdorf (1466), Dauchingen, Mühlhausen (1479), Fischbach (1488), Weilersbach (1509), Herrenzimmern, Talhausen, Villingendorf (1513), Feckenhausen (1514), Epfendorf (1527), Horgen (1531), Hochmössingen, Winzeln (1535), Bösingen (1539), Seedorf (1595), Niedereschach und Stetten (1598 bzw. 1603); für die ebenfalls zur Reichsstadt gehörigen Dörfer Neufra, Böhringen, Balgheim und Kappel ist der Erwerbszeitpunkt nicht bekannt[2]. Damit verfügte Rottweil nach Ulm über das größte reichsstädtische Territorium in Schwaben[3]. Neben seiner Bedeutung als Verwaltungsmittelpunkt war das katholische Rottweil Sitz des Kaiserlichen Hofgerichts, weshalb sich ungewöhnlich viele Juristen in der Stadt aufhielten. Daneben war Rottweil ein Zentrum der Tuch- und Metallwarenproduktion[4]. Die Dörfer seines Territoriums dagegen waren reine Bauerndörfer, deren wirtschaftliche und soziale Struktur daher ausschließlich agrarisch geprägt war[5]. Im ausgehenden Mittelalter und in der frühen Neuzeit zählte Rottweils anwachsende Einwohnerschaft etwa 5.100 Personen[6]. Nur während des Dreißigjährigen Krieges, der dem oberen Neckarraum und dem benachbarten Herzogtum Württemberg erhebliche Verwüstungen brachte, nahm die Rottweiler Bevölkerung noch einmal durch Seuchen, Hunger, Flucht und Kämpfe um mehr als die Hälfte ab[7]. Dabei hatte eine von Soldaten und Flüchtlingen verbreitete Seuche in den Jahren zwischen 1632 und 1636 besonders verheerende Auswirkungen. Ein Drittel bis etwa die Hälfte der Bevölkerung fiel ihr zum Opfer.

Die »Freie Pürsch«, der räumliche Bereich, für den die Gerichte der Stadt Rottweil zuständig waren, umfaßte das Gebiet der ehemaligen Reichsvogtei Rottweil. Allerdings stellte dieser Gerichtsbezirk nie ein geschlossenes Territorium dar[8]. Es gab Gebiete, in denen die Stadt die hohe und niedere Gerichtsbarkeit innehatte, ebenso solche, in denen sie nur die hohe bzw. nur die niedere Gerichtsbarkeit besaß, und schließlich Gebiete, die zwar innerhalb der Pürsch lagen, in denen aber der Stadt die Ausübung der Hochgerichtsbarkeit nicht zustand. Dies gilt beispielsweise für die Neckarburg und zeitweise für das Gebiet der Herren von Zimmern. Die Grenzen des Rottweiler Pürschgebietes waren nicht eindeutig festgelegt und daher lange Zeit umstritten. Es gab langwährende Grenzstreitigkeiten mit Villingen, St. Georgen, Schramberg und Oberndorf. Die Folge davon waren eine Reihe komplizierter Sonderbestimmungen hinsichtlich der Ausübung der Hochgerichtsbarkeit in den davon betroffenen Grenzdörfern. So sollte etwa im Flecken Kappel die Hochgerichtsbarkeit im jährlichen Wechsel von Rottweil und Villingen ausgeübt werden. In Teilen der Ortschaften Weilersbach, Obereschach, Neuhausen, Sommertshausen und Mönchweiler verlor Rottweil ebenfalls die hohe Gerichtsbarkeit an Villingen[9]. Die Blutgerichtsbarkeit über die Exklave Balgheim stand dem österreichischen Oberhohenberg, die des Dorfes Mühlhausen der Herrschaft Fürstenberg zu[10]. Für einige nördliche Dörfer des Territoriums galt die Regelung mit Oberndorf, daß derjenige, der die Straftäter zuerst ergriff, das Recht zur Ausübung der Hochgerichtsbarkeit haben sollte. Besondere Schwierigkeiten ergaben sich mit dem Kloster Rottenmünster[11]. Zwistigkeiten mit Rottweil führten dazu, daß Kaiser Matthias 1619 dem Stadtgericht die Blutgerichtsbarkeit, die es bis dato innehatte, entzog. Die Rottenmünsterschen Blutgerichtsfälle wurden daraufhin an das Kaiserliche Hofgericht verwiesen. 1624 schließlich belehnte Ferdinand II. das Kloster mit der Blutgerichtsbarkeit; dies galt, bis Rottenmünster 1651 das Exekutionsrecht für Vergehen, die mit dem Leben gebüßt wurden, erneut an Rottweil abtrat.

Wann in dieser Stadt zum ersten Mal Hexenprozesse durchgeführt wurden, ist unbekannt[12]. Den ersten Hinweis darauf gibt Paracelsus von Hohenheim, der 1525 mehrere Wochen in Rottweil war und dort auch praktizierte[13]. Er erwähnt Rottweil neben Wasserburg, Passau und Eger als eine der Städte mit besonders gut entwickelten Kenntnissen über das Hexenwesen. Gleichzeitig berichtet er, daß zur Zeit seines Aufenthaltes in Rottweil »eine solche hex gefenglich ist eingezogen gewesen« und »daß sie im traum oft und vil den geist gerufen« habe[14]. Etwa anderthalb Jahrzehnte später verfaßte der Rottweiler Magister Johannes Spreter, ein in der Rottweiler und Konstanzer Reformationsgeschichte bedeutender Vertreter der neuen Lehre, sein um 1540 in Basel gedrucktes *Hexen / Büchlein, das ist, ware entdeckung und erklärung oder Declaration fürnämlicher artikel der Zauberey, und was / von Zauberern, Unholden (Hengsten) Nachtschaden / Schützen / Auch Hexen händel, art, thun, lassen, wesen, bulschafften, artzney [...] zu halten sey*. Unter anderem erwähnt er hier den benachbarten Heuberg, wo sich Unholdkinder und Hexenfeste gefunden hätten[15].

Um Verlauf und Ausmaß der Hexenverfolgungen in Rottweil untersuchen zu können, muß zuerst die Quellensituation geklärt werden: Zur Verfügung stehen in erster Linie die im Stadtarchiv Rottweil vorhandenen Urgichten der hingerichteten Personen, die zwar noch in großer Anzahl, leider aber nicht mehr vollständig erhalten sind[16]. Wird der jetzt noch vorhandene Bestand mit dem um 1588 von dem Rottweiler Ratsherrn Wilhelm Armbruster angelegten *Protocollum aller Urgichten*[17] – eine chronologische Zusammenfassung der um die Wende des 16. Jahrhunderts in der Rottweiler Stadtkanzlei noch vorhandenen Urgichten – verglichen, so zeigt sich, daß zu dessen Entstehungszeitpunkt noch erheblich mehr Urgichten vorhanden gewesen sein müssen. Die erhaltenen Urgichten setzen erst 1561 ein, wohingegen das *Protocollum* bereits um 1546 eine auffällige Zunahme von Urgichten zum Feuertode verurteilter Frauen aufweist. Das *Protocollum* gibt zu diesem Zeitpunkt den Grund der Hinrichtung noch nicht an, doch handelt es sich bei den Hingerichteten mit größter Wahrscheinlichkeit um Frauen, die der Hexerei für schuldig befunden worden waren, da außer dem Hexereidelikt nur noch Brandstiftung und Sodomie mit dieser Hinrichtungsart geahndet wurden, wobei die verhältnismäßig große Anzahl der Fälle diese Annahme nicht zuläßt. Neben den Urgichten sind die Stadtrechnungsbücher heranzuziehen. Auch hier fehlen ganze Jahrgänge, zudem sind sie lückenhaft geführt. Dennoch enthalten sie wertvolle Informationen über die Besoldung des Scharfrichters und der Turmwächter, die Kosten der Haft und der peinlichen Verhöre sowie Hinweise auf Personen, die in der Haft verstorben waren. Als letzte der wesentlichsten Quellen sind die Ratsprotokolle zu erwähnen. Diese enthalten Hinweise auf inhaftierte Personen, auf den Stand der jeweiligen Untersuchungen und Beschlüsse, diese bei Verweigerung eines Geständnisses bis zu einem Ergebnis weiterzuführen. Die Eintragungen hinsichtlich Personen, die der Hexerei verdächtigt wurden, sind allerdings spärlich und keineswegs vollständig. Die Verhörprotokolle sind nicht mehr erhalten. Die vorliegende Untersuchung basiert größtenteils auf den vorgestellten Materialien, die sich zumindest teilweise ergänzen und zu den im folgenden auszuführenden Ergebnissen geführt haben. Dabei sind die errechneten Zahlen wegen der Lückenhaftigkeit der Quellen Mindestwerte.

Es ist ungewiß, ob die Hexenverfolgungen aus einem benachbarten Territorium nach Rottweil übergegriffen haben. Dennoch ist eine Süd-Nord-Wanderung am wahrscheinlichsten[18], da die Schweiz sowie die Gegenden am Bodensee und Oberrhein bereits während des 15. Jahrhunderts als Zentren bzw. Vorreiter der Entstehung des »Hexenwahns« in Europa gelten können[19]. So gab es auf vielerlei Gebieten Beziehungen der Reichsstadt zur Eidgenossenschaft, die in ihrer Gesamtheit eine solche »Wanderungstheorie« stützen dürften, wobei – wie Andreas Blauert es formuliert – berücksichtigt werden muß, daß die Geschichte der zunehmenden Verbreitung von Hexenprozessen diejenige ständiger Ausdifferenzierung und nicht die stereotyper Weitervermittlung ist[20].

Das *Protocollum* von Rottweil berichtet über erste Hinrichtungen im Jahr 1546. Walburga Zimmermännin von Rottenburg, Ottilia Pöttin und Agatha Seyfridin, beide von Rottweil, sind »uff montag nach dem suntag laetare anno 1546 mit dem feuer gericht worden«. Das Delikt der Hexerei wird zum ersten Mal in der Urgicht der Catharina Höhnmeyerin erwähnt, die am 26. Juli 1561 hingerichtet wurde[21]. Durch die Quellen sind die nächsten Verfahren erst für das Jahr 1566 zu belegen, jedoch meldet die *Villinger Chronik* bereits für das Jahr 1563 die Verbrennung von acht Frauen in Rottweil, eine Behauptung, die aufgrund der beschriebenen Quellenlage weder bestätigt noch als falsch bezeichnet werden kann[22]. Das gleiche gilt für die Angaben in einer anonymen Flugschrift aus dem Jahre 1580 mit dem Titel *Zwo Newe Zeitung, was man für Hexen oder Unholden verbrendt hat*, die bekannt gibt: »zu Rottweil thet man verbrennen balde / der Hexen ein guten theil / der waren bey dreysig in der Summ / die haben vil kleiner Kinder / jaemerlich gebracht umb«[23]. Dagegen sind allerdings durch die Urgichten lediglich sechs Hinrichtungen für 1580 belegt, insgesamt dürften es aber zwischen 1560 und 1580 tatsächlich fast 30 Hinrichtungen gewesen sein. Eine verstärkte Verfolgung setzte 1571 ein, mit einem ersten Höhepunkt von elf Hinrichtungen im Jahre 1572 und einem Maximum für das 16. Jahrhundert von 14 Hinrichtungen im Jahre 1581. Mit Ausnahme des Jahres 1578 ist zwischen 1571 und 1607 kein Jahr ohne Hinrichtung nachzuweisen. Die meisten Verfahren und Exekutionen wurden in der Periode zwischen 1579 und 1598 durchgeführt, in der mindestens 113 Personen auf dem Scheiterhaufen starben. Das 17. Jahrhundert weist dagegen keine zusammenhängenden Verfolgungsperioden, sondern vielmehr einzelne Verfolgungsspitzen auf: so etwa das Jahr 1602 mit zehn, 1604 mit acht, 1609 mit sieben, 1616 mit elf, 1624 mit acht und schließlich, der absolute Höhepunkt in der Geschichte der Rottweiler Hexenprozesse, das Jahr 1629 mit 20 Hinrichtungen. Für die Jahre der großen Seuche zwischen 1632 und 1636 sind keine Prozesse nachzuweisen.

Insgesamt sind für Rottweil 287 Verfahren wegen Hexerei, Zauberei oder Magie bekannt. Davon betroffen waren 234 Frauen und 53 Männer. 266 der Angeklagten wurden dabei zum Tode verurteilt und hingerichtet. Daß auch Kinder in die Prozesse verwickelt waren, belegen einige Eintragungen in den Stadtrechnungsbüchern über die Verpflegungskosten von inhaftierten Mädchen. Auch wird in einem Prozeß in Horb gegen Christina Rauscher ein Rottweiler Knabe erwähnt, dessen Besagungen um 1605 zu einer Verhaftungswelle in Rottweil führten[24]. Bei den Frauen war Hexerei das ausschließliche Delikt. In ganz seltenen Fällen kamen Unzucht und Ehebruch als strafverschärfende Umstände hinzu. Sie wurden mit dem Feuertod bestraft, bei einer Begnadigung zuvor enthauptet oder in den äußerst seltenen Fällen von Strafverschärfung zuvor mit glühenden Zangen traktiert. Bei den 53 Männern dagegen ist in 19 Fällen der Vorwurf der Zauberei und Magie gepaart mit Delikten wie Unzucht, Bestialität, Diebstahl und/oder Mord. In solchen Fällen wurden sie zu erheblich härteren Todesstrafen verurteilt. So wurde etwa Hans Hirt von Dauchingen am 3. Juli 1630 wegen Mißhandlungen, Diebstahl, Mord, Magie und Bestialität zum Tode verurteilt, vor der Verbrennung zuerst gerädert und stranguliert[25]. In die Gesamtzahl der Verfahren und Hinrichtungen nicht einbezogen sind diejenigen Opfer aus Dörfern, in denen Rottweil zwar die Hochgerichtsbarkeit innehatte, denen aber aufgrund einer besonderen Regelung mit Oberndorf daselbst der Prozeß gemacht wurde. Dies gilt vor allem für die zahlreichen Angeklagten aus den Dörfern Winzeln, Altoberndorf oder Hochmössingen.

Auch diejenigen Fälle, die in Verbindung mit einem Kindsmord stehen und die auf »Einflüsterungen des bösen Geistes« zurückgeführt wurden, sind nicht miteinbezogen. Die Kindsmörderinnen wurden ertränkt. Das »Schwemmen« erfolgte unterhalb von Angstdorf in der Nähe der Spitalmühle[26].

Wird nach dem Herkunftsort der Delinquenten gefragt, so zeigt sich, daß lediglich 61 aus Rottweil und der nahegelegenen Altstadt stammten. 117 kamen aus den Dörfern des Rottweiler Territoriums und 67 aus anderen Herrschaftsgebieten. In 44 Fällen ist der Heimatort nicht feststellbar. Damit wurde in Rottweil einer verhältnismäßig großen Anzahl von Fremden der Prozeß in Hexereidelikten gemacht. Dennoch waren nie Zigeuner in Rottweiler Hexenprozesse verwikkelt, obwohl es gerade hier um 1580 zwischen Zigeunern und der einheimischen Bevölkerung zu Problemen kam[27]. Bei der quantitativen Verteilung der Opfer aus Rottweil selbst und seinem Territorium wird von der Verfolgungsintensität her ein Stadt-Land-Gefälle deutlich. Dementsprechend war die Landbevölkerung einem höheren Verfolgungsrisiko ausgesetzt als die Stadtbevölkerung, das bedeutet, daß offenbar gegen Bürger der Stadt bei Denunziationen weitaus seltener vorgegangen wurde als gegen Angehörige der Landbevölkerung, Fremde oder Umherziehende[28].

Bei einer Untersuchung der sozialen Herkunft und Situation der Angeklagten wird deutlich, daß die Mehrzahl der Opfer aus den ärmeren Schichten der dörflichen bzw. städtischen Gesellschaft stammte; viele davon waren ohne festen Wohnsitz oder weilten nur vorübergehend in Rottweil. Sie sind daher in den Steuerbüchern nicht zu finden. Eine Ausnahme findet sich im Steuerbuch von 1626, wo unter »Sanct Foßau der Ort« folgender Eintrag zu finden ist: »Oschwald Bürcken weib ist verbrennt und wegen hexerey iustifiziert worden, Gott sey der Seelen gnädig und barmherzig; hat nichts hinterlassen.« Während die männlichen Angeklagten oftmals durch andere Straftaten auffällig wurden und selten verheiratet waren, handelte es sich bei den weiblichen Angeklagten in vielen Fällen um Frauen, die ihren Ehepartner verloren hatten und an der Armutsgrenze lebten.

Allein zuständig für alle Malefizfälle in der Stadt Rottweil und in deren außerstädtischem Gerichtsbezirk war der Magistrat. Dieser vereinigte seit dem 15. und 16. Jahrhundert Funktionen und Zuständigkeiten des älteren und mit dörflichen Urteilssprechern besetzten Pürschgerichts in sich[29]. Er war Inhaber aller landesherrlichen und obrigkeitlichen Rechte, zugleich Gerichtsherr und erste sowie letzte Instanz bei Zivil- und Strafsachen. Die peinliche Gerichtsbarkeit wurde unmittelbar von ihm ausgeübt. Der Rat bestand aus den Assessoren (Beisitzern) des Kaiserlichen Hofgerichtes und den Vertretern der Zünfte sowie dem Stadtsyndikus[30]. Dabei wechselte die Zahl der Räte im Lauf der Jahre. Die Assessoren waren meist studierte Leute, häufig ausgebildete Juristen. Auch der reichsstädtische Syndikus, der im Rang zwischen den Assessoren und den Zunftmeistern stand, sollte *Doctor Iuris*, zumindest aber *Licentiat* der Rechte sein; seit der frühen Neuzeit wurden die Ämter auf Lebenszeit vergeben. Innerhalb des Rates gab es die Einrichtung der »Herren Fünf« und der »Herren Sieben«. Fünf Ratsmitglieder, die »Herren Fünf«, bestehend aus Bürgermeister, Schultheiß, den zwei jüngsten Zunftmitgliedern sowie einem weiteren von ihnen gewählten Zunftmeister, beriefen einen Hochgerichtsassessor und sechs Zunftmeister, die »Herren Sieben«, zum reichsstädtischen Wahlausschuß für das kommende Jahr. Die Namen dieser »Herren Fünf« und »Herren Sieben« finden sich für jedes Jahr in den Ratsprotokollen der Stadt verzeichnet[31]. Nicht zuständig für die Stadt und ihr Territorium war das Kaiserliche Hofgericht. Dennoch war sein Einfluß auf das reichsstädtische Gerichtswesen nicht unerheblich, da Rottweiler Ratsherren am Hofgericht Recht sprachen und die Geschäfte des Hofgerichts von städtischen Bediensteten erledigt wurden.

Die Strafprozesse, die vor dem Magistrat verhandelt wurden, waren Inquisitionsverfahren, d.h. die Einleitung eines Strafverfahrens ist nicht von dem Formalakt der Anklage abhängig, sondern ohne Formgebundenheit der obrigkeitlichen Initiative überlassen. So gab es in der Regel keinen besonderen Ankläger[32]. Der Rat war dabei sowohl untersuchendes als auch urteilendes Gremium. Doch gab es hier Ausnahmen: 1566 klagte Hans Nagoldt von Dunningen vor dem Rat gegen seine Frau Margret Schwartzin, die »eine der bösen weyber« sei, es sei »kain Christen Bluotstropfen an Ir wa man sy fenglich annemen die strenge mit Ir gebrauche ...«[33]. Er hatte allerdings mit seiner Klage wenig Erfolg. Denn neben seiner Frau wurde auch er gefangengesetzt, und nachdem die Anschuldigung gegen seine Frau untersucht und als nicht gerechtfertigt befunden worden waren, wurde diese wieder freigelassen. Er dagegen mußte öffentlich bekennen, daß er »an obgemelten reden unbedechtlich, frefenlich muotwillig und strefflich mißhandlet, und vorgemelter meiner Hausfrawen darmit Unrecht gethan«. Anschließend mußte er Urfehde schwören. Offenbar erkannte der Rat die Gefahr, die diese Art von Anschuldigungen gegen mißliebige Personen mit sich brachte. Denn die Opfer der Hexenprozesse wurden meist durch Besagungen, die während der Folter erpreßt worden waren, belastet. Bevor der Rat über ein Urteil entschied, wurde der Fall von dem städtischen Ausschuß, von den Deputierten zur Malefiz oder von den »Herren Fünf« untersucht. Dabei ist nicht klar, ob diese Deputiertengruppe aus einer Ratskommission entstanden war, die regelmäßig zur Untersuchung der Delinquenten abgeordnet wurde, oder ob sie auf das alte Amt der oben genannten fünf geheimen Räte zurückzuführen ist. Dieser Ausschuß unterrichtete den Magistrat anschließend vom Ergebnis der Untersuchung. Der Magistrat fällte daraufhin entweder das Urteil oder bat eine auswärtige Juristenfakultät – Freiburg oder Tübingen – um ein rechtliches Gutachten[34]. Ähnlich wie in anderen Reichsstädten (z.B. Ulm) gab es in Rottweil keine Revision oder ein anderes Rechtsmittel gegen Entscheidungen des Rottweiler Rates in Strafsachen. Die Urteile wurden von dem Scharfrichter aus der Altstadt vollstreckt. Begnadigungen gab es äußerst selten, und wenn, dann in Form einer Umwandlung des Todesurteils in eine Freiheitsstrafe, die nur unter dem Druck einer äußerst schwierigen Situation für die zurückbleibenden Familienmitglieder gewährt wurde. So richteten 1592 die Verwandten und Schwäger der Anna Weyland, Witwe des Christian Schuler, eine Supplikation an die »Herren Fünf«, man möge dieselbe doch um ihrer kleinen Kinder willen aus der bereits anderthalb Jahre währenden Untersuchungshaft entlassen, da ihre Kinder seither »mit unwiederbringlichem Schaden, öd und wüst lügen, und ganz zerstreuet herumgehen«[35]. Es wurde daher darum gebeten, dieselbe zur Haushaltung auf Urfehde zu entlassen, besonders da man erfahren habe, daß für sie »ain eingezwungen finster eng blockheuslein erbawen worden«. Dieser Bittschrift wurde allerdings nur mit Hafterleichterung entsprochen. In einem anderen Fall entschied der Rat, die »aingezogne Person«, da sie, »zum höchsten verleumbt«, »in khainen weg auf freyen fuoß zu stellen«. Weiterhin wurde »von einem Ers. Rath decretiert, das erstberierte Person das gevängnuß erlassen, in Ir hauß in der Alten Statt ahn ein khettin versorget und gelegt, auch von irem man [...] mit narung und anderm underhalten werden soll«[36].

Wenn eine Person als Hexe denunziert und verschrieen war, wurde sie in Haft genommen. Dementsprechend war der Leumund von besonderer Bedeutung, und zwar sowohl der der Verdächtigen als auch – zumindest de iure – der Verdächtigenden. Die Verhaftungen konnten, sofern sie in den umliegenden Dörfern des Pürschbezirkes vorgenommen wurden, durchaus kostspielig sein, da zuweilen ein Aufgebot von 53 bis zu 200 Mann zu Roß und zu Fuß dafür herangezogen wurde[37]. Solche Verhaftungen verliefen auch nicht immer ohne Widerstand. Als im November 1589 Margaretha Rall aus Lackendorf in Abwesenheit ihres Mannes nach Rottweil abgeführt und ihr der Prozeß gemacht wurde, der sie auf den Scheiterhaufen brachte, kam ihr Mann mit einer »Tachsgabel« bewaffnet in die Stadt. Dort hatte er »die Stattknecht mit fürgenomnem Trutz und Hochmuth angeredt, sie hetten mein Hausfraw gefangen, und wan ich anheimsch, und iren zehen gewesen, wüesten sy, sie nit gefangen haben, oder ich wolt mit inen verrißen worden sein, wels auch vor dem Kayser verclagen, und man solte nur sehen, was man gethan ...«[38] Doch auch hier endete der Widerstand mit Inhaftierung. Der Ehemann Gall Wellhaber wurde, nachdem er Urfehde geschworen hatte, wieder entlassen.

Dem Vollzug der Untersuchungs- bzw. Beugehaft diente die »Eintürmung«. Demgegenüber wurden kurzfristige Freiheitsstrafen im »Kuentzloch« abgesessen, das sich im Rottweiler Spital befand. Daß dieses Einsitzen im »Kuentzloch« offenbar bereits auch als Drohmittel wirken konnte, zeigt der Fall der Anna Brenneysin. Diese wurde, nachdem die »verordneten nichts bringen khönden, darneben aber vermerckhen das berürtte Anna ain großen grewel ab das Cuntzen loch« hätte, zum Erpressen eines Geständnisses »darin gelegt«[39]. Personen, die der Hexerei angeklagt waren, wurden auf dem Hochturm, dem Roten Turm beim Neutor oder dem Schwarzen Tor eingekerkert und von der erwähnten Ratskommission nach einem festen Fragekatalog verhört und gefoltert[40]. Starb jemand in der Haft, sei es durch Erschöpfung oder durch Selbstmord, wie etwa im Falle des »mädlins so sich selbst erhenckt«[41], so wurde die Leiche unter dem Galgen verbrannt und begraben. Der Galgenplatz befand sich an der alten Zimmerer Straße.

Das Verhör selbst wurde zunächst gütlich geführt. Dabei wurden mitunter Geistliche herangezogen, die die Verdächtigen durch starkes Zureden zu einem Geständnis bewegen sollten[42]. Führte dies nicht zu einem Ergebnis, wurde mit dem peinlichen Verhör begonnen. Die Tortur wurde in Rottweil mit dem »Tommeleisen«[43], der Daumenschraube, und mit dem Instrument der »Waage«, dem sogenannten Aufziehen, durchgeführt[44]. Der angeklagten Person wurden dabei zunächst die Hände auf dem Rücken zusammengebunden, worauf sie an einem Seil mit einem Flaschenzug aufgezogen wurde. Führte dies ebenfalls nicht zu dem gewünschten Geständnis, wurde ihr ein kleiner und im nächsten Schritt ein großer Stein angehängt. Dementsprechend hatte die Tortur drei Grade. Diese Prozedur wird in einem Protokollauszug geschildert, der der Urgicht eines der letzten tödlich verlaufenen Hexenprozesse in Rottweil angeheftet ist. Katharina Weissin von Epfendorf hat 1648 »auf gütliches zureden immer geantwortet wisse nichts, ungeachtet sie an der Tortur gesagt wenn man sie herunterlasse, wolle sie alles sagen was sie wisse, derwegen sie wieder mit dem kleinen Steinen ufgezogen – versprochen, wolle alles sagen, darauf sie herunter und ihr die Hand ledig gelassen, und da man ihr die beide Stein vor Augen gelegt und gedroht sie damit ufziehen zu lassen, hat sie endlich bekennt, daß sie vom bösen Geist geschlagen worden, weil sie nit thun wollen was er gewollt, weil sie denn abermals halssterrig gewesen als zuvor, sind ihr die beede Steine angehenkt, und sie darmit ufgezogen worden, wo sie denn alles zu sagen versprochen und sie heruntergelassen worden ...«[45]. Es ist offensichtlich, daß nur in seltenen Fällen der Widerstand des Opfers ungebrochen blieb. Die in der Verzweiflung abgelegten Besagungen wurden später daher auch häufig widerrufen. So bekannte etwa Marianna Scheirlin aus der Altstadt um 1596, sie »habe die drei Weibsbilder nur aus Haß und Neid angegeben, seyen unschuldig«[46]. Margaretha Röttlin widerrief 1583, »daß sie von angebner Elsbetha Häsin der goldtschmiedin nichts dan alls das liebes und gutes wissen, auch dieselbig bezichtigter Hexerey halben frey ledig seye«[47]. War das gewünschte Geständnis schließlich abgelegt, wurde es dem Magistrat vorgelegt und »in consilio verlesen«, worauf dieser nach der *Peinlichen Halsgerichtsordnung* Karls V., der *Constitutio Criminalis Carolina*, sein Urteil sprach. In den Urgichten, in denen die Geständnisse der Verurteilten niedergeschrieben wurden, ist regelmäßig folgender Vermerk zu finden: »uf solch gethane bekandtnus und begangene mißhandlungen, hat Iro ein Ersamer Rath ein unrecht erkandt, derowegen zu Iro mit dem Feuer vom leben zum Todt gericht, der Leib zu Pulver und eschen verbrennt, und die Exekution bis künftig Samstag vorgenommen werden soll.«[48]

Die Geständnisse, die im Verlauf einer Tortur abgelegt wurden, sind vergleichsweise stereotyp. Nach ihnen liegt das erste Zusammentreffen mit dem »bösen Geist« stets mehrere Jahre zurück, und die betroffenen Personen befanden sich immer in einer schwierigen Lebenssituation. Sie waren entweder verwitwet, verarmt und/oder wurden von ihrem Mann »übel gehalten«

und geschlagen. In dieser Situation begegneten sie dem Teufel in Gestalt eines Mannes, selten in Gestalt einer Frau. Dieser war in der Regel schwarz, grün oder gelb gekleidet, hatte einen Federbusch am Hut und trat zuweilen mit Bocks-, Ochsen- oder Kuhfüßen auf. Er trug Namen wie Haus- und Vegetationsgeister und nennt sich meist Gräßle, Hämmerle, Hölderlin, schwarzer Caspar, Kreutle und Kurzwädlin, aber auch Satanas, Belzebub, Belzebokh oder Elzenbokh. Der Teufel versprach den Personen zu helfen, so sie Gott, Maria und alle Heiligen verleugneten. Bis zu dem gewünschten Ergebnis mußte er oft mehrere Anläufe nehmen. War dies geschehen, gab er Geld, das sich aber später stets zu »Hafenscherben« oder Kot verwandelte. Oft hatte er Geschlechtsverkehr mit den betroffenen Personen, der als »weder kalt noch warm« geschildert wird[49]. Salomea Herderin gibt an, »es sei kurtz zugangen«[50]. Catharina Weissin bekennt, »als sie der böse Feind beschlaffen, seye es gantz kalt gewesen«[51]. Petronella Reim aus Drolfingen gab in diesem Zusammenhang 1572 an, daß der Teufel sie nach einiger Zeit mit den Worten verstoßen habe: »Trolle dich nur, ich will deiner nicht mehr, denn ich habe der jungen schönen Mädchen genug.«[52] In unregelmäßigen Zeitabständen tauchte er immer wieder auf, stellte einen Besen, Stock, Hund oder Katze zur Verfügung, auf denen mit den Worten »Wohl aus und an, stoß nirgends an«[53], »Hinaus in Teufels Namen, wohlaus und rag niemen an«[54], »Laß gehn, laß gehn«[55], eine Fahrt zum Hexentanz, »gleichsam einer Windsbraut«[56], unternommen wird. Catharina Weissin etwa erklärt, sie »habe das Kätzin gesalbet mit einer Salbe vom Teufel. Sie habe die Salbe gemachet und der bös feunt hab Ihro geholffen und Sachen darjne geben, so blau weiß, und grien gewesen. Es seien diejenigen, so beim tanz gewesen, uf Hunden, Katzen, Gaissen und Gabeln daher gefahren.«[57] Der Tanz fand auf dem Bollershof, dem Höllenstein, beim Harzwald, meist aber auf dem benachbarten Heuberg statt. Dort angekommen, fand sich meist eine größere Gesellschaft bei Musik und Tanz zusammen. Es wurde reichlich gegessen und getrunken; bis auf Salz und Brot waren alle Speisen vorhanden. Regelmäßig verlangte der Teufel bei diesen Zusammenkünften, auch Schadenzauber zu verüben. Dies geschah meist, indem er der »Hexe« einen Stock gab, mit der diese im Namen des bösen Geistes ein Haustier (meist eine Kuh, ein Schwein, Pferd oder eine Ziege) schlug, worauf es lahm oder krank wurde, bisweilen auch starb. Menschen wurden im Namen des bösen Geistes angeblasen oder es wurde ihnen Spinnenhirn ins Essen gegeben. Auch von Verwandlungen von Personen in Tiere, etwa in ein Schaf oder in eine Katze, wird berichtet. Weigerte sich die »Hexe«, den Befehlen des Teufels Folge zu leisten, wurde sie übel traktiert und mit körperlicher Gewalt dazu gezwungen. Ein wesentlicher Bestandteil des Schadenzaubers war der Wetterzauber. Der Teufel gab den Frauen einen »Hafen« mit der Aufforderung, »hineinzuharnen«. War dies geschehen, wurde der Topf umgeworfen, und es folgte ein Unwetter mit Wind, Regen und Hagel, das die Ernte verdarb oder zumindest großen Schaden auf dem Feld anrichtete. So und ähnlich lauten die Aussagen, die sich in den Urgichten finden.

Von besonderem Interesse waren Aussagen und vor allem Besagungen dann, wenn darin Personen aus anderen Territorien genannt wurden. In diesen Fällen wurden Abschriften der Geständnisse an die zuständigen Obrigkeiten verschickt, einerseits, um weitere Informationen zu den untersuchten Fällen zu erhalten, andererseits, um den jeweils anderen Behörden den Zugriff auf ihre gegebenenfalls verdächtigen Personen zu erleichtern. Da solche Schreiben aus Tuttlingen[58], Dornhan[59], Oberndorf[60] und Villingen[61] erhalten sind, kann eine Amtshilfe dieser Art zwischen den verschiedenen Herrschaften hinsichtlich der Hexenverfolgung somit nachgewiesen werden. Das um 1590 verfaßte Schreiben der Stadt Villingen auf eine Anfrage der Stadt Rottweil bezüglich einer »verdächtigen Weibsperson« und ihrer Besagungen enthält daher gleichzeitig den Hinweis, daß der Villinger Scharfrichter Meister Peter Leyrer, genannt Stierherten, »solche verzweifelte Leut«, gemeint sind die Hexen, »wann sie ihm eigentlich zu ersehen werden, an ihren vom bösen Feind hinterlassenen Mählern und Zeichen erkennen soll, ob sie generis veneficii oder nit« sind. Weiterhin bietet Villingen der Stadt Rottweil an, ihren Scharfrichter gegebenenfalls zur Verfügung zu stellen: »Wenn aber Ir in für euch selbsten getraut zu erweichen, daß Er euch zu gefallen sich brauchen, und zu euch verfügen will; soll es ime unserthalb nit abgeschlagen seyn.«

Nach 1631 nahm die Zahl der Hexenprozesse in Rottweil rapide ab. Dies mag wohl auch mit den Kriegseinwirkungen und der drastischen Verringerung der Bevölkerung zu tun haben. Die demographische Entwicklung, d.h. der enorme Einbruch der Bevölkerung durch Kriege, Hungersnöte und Seuchen, dürfte die Ursache hierfür sein[62]. Krieg, Mißernten und Seuchen nehmen in den Jahren nach 1631 ein solches Ausmaß an, daß die Durchführung von Hexenprozessen wenn nicht unmöglich, so doch in hohem Maße erschwert wird. Nach der ersten württembergischen Belagerung im Jahre 1633 wurde Rottweil von mehreren Seuchenzügen heimgesucht. Bis Ende 1635 starben insgesamt 675 Bürger[63]. In den Ratsprotokollen findet sich im März 1634 nach 303 Toten der Eintrag, daß bereits die »halbe bürgerschaft seeliglich abgestorben« sei[64]. Es sollten zudem bis Dezember 1635 noch weitere 375 Seuchenopfer folgen[65]. Der nächste Prozeß fand erst wieder 1643 gegen Ursula, genannt das »Hausemer Weible«, statt, die »über ausgestandene tortur auch auf starckes zusprechen gaistlicher und erinnerung Herren Mathie Molitoris Predigers in unser lieben Frawen Capellen dennoch nichts bekhennen wollen«[66].

Überhaupt ergibt eine Untersuchung von Rolle und Einfluß der Kirche auf den Verlauf der Verfolgungen, daß diese in der Reichsstadt und ihrem Territorium kaum involviert war. Angehörige der Kapuziner traten zuweilen auch über die Stadtgrenzen hinaus als Seelsorger und Beichtväter der Verurteilten auf. Die Dominikaner sind im Zusammenhang mit Hexenprozessen gar nicht in den Quellen erwähnt; ebensowenig die Jesuiten, die sich erst 1652 in Rottweil niederließen.

Das »Hausemer Weible« wurde aus der Haft entlassen, mußte Urfehde schwören und wurde des Landes verwiesen. 1648 folgte ein weiterer Prozeß, diesmal jedoch mit tödlichem Verlauf: Die Rottweilerin Katharina Weissin wurde der Hexerei für schuldig befunden und hingerichtet; gleichzeitig aber wurde Maria Bartin aus Epfendorf aus dem Gefängnis mit der Auflage entlassen, sich künftig »gebürlich und unargwöhnisch«[67] zu verhalten. Elf Jahre später, 1659, wurde das letzte tödlich endende Verfahren wegen Hexerei in Rottweil eingeleitet. Dabei war das Delikt der Magie im Fall des betroffenen Hans Winckhler bereits untergeordnet, Diebstahl und Sodomie gaben beim Urteil den Ausschlag. 1661 wurde Georg Sautter, evangelischer Konfession und aus Oberzell stammend, wegen Zauberei zum Tode verurteilt, aber »aus fürbit der gaistlichen« auf Lebenszeit in linksrheinisches Gebiet verbannt[68]. Spätestens seit diesem Zeitpunkt war der Landesverweis die übliche Strafe für auffällige Personen. So auch im Fall der Kunigunde Bantlin, der Ehefrau des Michel Lasen von Epfendorf, die 1676 eingekerkert wurde, weil sie sich der Hexerei verdächtig gemacht hatte. Nachdem ein juristisches Gutachten angefertigt worden war, beschloß der Rat, »sie Kunigunda über bereits lange Zeit ausgestandene gefangenschaft des Thurms für dismahlen zu entlassen, doch mit dem anhang, das sie sowohl für die angegriffene Magt Arztlohn, als auch die Inquisitions- und atzungskosten, fürgewendten einreden unverhendert, abzurichten und zu bezalen schuldig sein, auch fürohin sich besser in obacht nemen solle«. Kunigunde Bantlin war mit diesem Entscheid jedoch nicht einverstanden. Sie gab dem Stadtknecht, der den Entscheid des Rates überbrachte, zur Antwort, »das sie die Kösten nit bezalen wolle, wan sie solche bezalte, so miesse sie ein Hex sein, und einen Nachtschaden gethan haben, wan meine Herren ihre Händ in ihrem unschuldigen blut wäschen wöllen, so mögen sie es tun«[69]. Sie wurde daraufhin für drei Jahre aus der Stadt und dem dazugehörigen Territorium verwiesen und von den Bannwarten zur Grenze geführt. 1701 wurde noch einmal versucht, eine alte Frau namens Anna Keller, das »Pumpel-Annele« genannt, auf den Scheiterhaufen zu bringen[70]. Diese klagte zunächst gegen die »Blaicherin«, dieselbe habe sie dreimal gebeten, ihr zu helfen, ganz so, wie man es bei Hexen tue. Sie bat den Rat, ihr wieder zu ihrem ehrlichen Namen zu verhelfen[71]. Hinzu kam, daß der Sohn der Anna Keller zur gleichen Zeit in Verdacht stand, »er könne mäus machen«. Dies genügte, um die Frau in den Turm zu bringen, zu verhören und zu foltern, zumal sich zusätzlich »einige nahe indicia gezeigt« hätten. Trotz sechstägiger Tortur, währenddessen sie »kein Schmertz empfunden«[72] hätte, und obwohl man ihr »geweyhte sachen« eingab, um sie zu einem Geständnis zu bewegen, blieb die Untersuchung ohne Ergebnis. Anna Keller wurde entlassen, mußte Urfehde schwören und zusammmen mit ihrem Mann das Rottweiler Gebiet für immer verlassen. Damit fanden die Hexenprozesse in Rottweil endgültig ein Ende.

Anmerkungen

1 Ernst Edwin WEBER, Städtische Herrschaft und bäuerliche Untertanen in Alltag und Konflikt. Die Reichsstadt Rottweil und ihre Landschaft vom 30jährigen Krieg bis zur Mediatisierung, Rottweil 1992, S. 99.
2 Ebd., S. 74.
3 Adolf LAUFS, Die Verfassung und Verwaltung der Stadt Rottweil, Stuttgart 1963, S. 112.
4 Vgl. hierzu auch H.C. Erik MIDELFORT, Witch Hunting in South-Western Germany 1562–1684, Stanford 1972, S. 93.
5 WEBER (wie Anm. 1), S. 208.
6 Vgl. MIDELFORT, Witch Hunting (wie Anm. 4), S. 93.
7 WEBER (wie Anm. 1), S. 223.
8 Jörg LEIST, Reichsstadt Rottweil. Studien zur Stadt- und Gerichtsverfassung bis zum Jahre 1546, Rottweil 1962, S. 159.
9 Josef Adolf MERCKLE, Das Territorium der Reichsstadt Rottweil in seiner Entwicklung bis zum Schluß des 16. Jahrhunderts, Stuttgart 1913, S. 90.
10 WEBER (wie Anm. 1), S. 99.
11 Vgl. hierzu Margareta REICHENMILLER, Das ehemalige Reichsstift und Zisterzienserinnenkloster Rottenmünster, Diss. Stuttgart 1964, S. 39ff.
12 Ausführlich zu dieser Thematik Mario ZECK, »Im Rauch gehn Himmel geschuggt«. Hexenverfolgungen in der Reichsstadt Rottweil, Stuttgart 2000.
13 Zu Paracelsus und Spreter freundliche Hinweise von Winfried Hecht.
14 Vgl. hierzu Karl GREINER, Paracelsus im Lande seiner Väter (Salzburger Beiträge zur Paracelsusforschung, Bd. 2), Salzburg 1961, S. 14ff.
15 Näheres zu Person und Wirken von Johannes Spreter bei Gustav BOSSERT, Johann Spreter von Rottweil, in: Blätter für Württembergische Kirchengeschichte NF 5 (1911), S. 103–125.
16 Exzerpte einiger Urgichten wurden veröffentlicht bei Heinrich RUCKGABER, Die Hexenprozesse zu Rottweil am Neckar, in: Württembergische Jahrbücher für vaterländische Geschichte, Geographie, Statistik und Topographie 1 (1838), S. 174–196.
17 StadtA Rottweil, Criminalia II, Abteilung I, Lade III, Faszikel 5, Nr. 1 (im folgenden zitiert als StadtA Rottweil, II/I/III/5/1).
18 Hier könnte ein Vergleich der Aussagen von z.B. Luzerner Hexen mit solchen von Rottweil weiterhelfen. Eine flächendeckende Analyse der Geständnisse könnte Gemeinsamkeiten oder Unterschiede etwa im Hinblick auf Vorstellungen von Hexenflug, Schadenzauber, Hexentanz etc. sowie Auftauchen dieser Elemente mit zeitlichen Verschiebungen ergeben (vgl. z.B. Eduard HOFFMANN-KRAYER, Luzerner Akten zum Hexen- und Zauberwesen, in: Schweizerisches Archiv für Volkskunde 3 [1899], S. 22–40, 81–122, 189–224, 291–329).
19 Andreas BLAUERT, Frühe Hexenverfolgungen in der Schweiz, am Bodensee und am Oberrhein, in: Sönke LORENZ (Hrsg.), Hexen und Hexenverfolgungen im deutschen Südwesten, Aufsatzband, Ostfildern 1994, S. 59-66, hier: S. 59.
20 Andreas BLAUERT, Die Erforschung der Anfänge der europäischen Hexenverfolgungen, in: DERS. (Hrsg.), Ketzer, Zauberer und Hexen. Die Anfänge der europäischen Hexenverfolgungen, Frankfurt a.M. 1990, S. 7–42, hier: S. 21. Zu den Beziehungen zwischen Rottweil und der Schweiz vgl. Winfried HECHT, Eine Freundschaft durch die Jahrhunderte. Die Schweizer Eidgenossenschaft und Rottweil, Rottweil [3]1979. Des weiteren vgl. Paul KLÄUI, Rottweil und die Eidgenossenschaft, in: Zeitschrift für Württembergische Landesgeschichte 18 (1959), S. 1–14.
21 StadtA Rottweil, II/I/V/8/3.
22 Villinger Chronik, in: Franz Josef MONE (Hrsg.), Quellensammlung der badischen Landesgeschichte, Bd. 2, Karlsruhe 1854, S. 80–118, hier: S. 116.
23 Abgedruckt bei Wolfgang BEHRINGER (Hrsg.), Hexen und Hexenprozesse, München 1988, S. 159.

24 Vgl. StadtA Horb, A 312: »Designatio expensarum (1599–1616)« (freundlicher Hinweis von Johannes Dillinger).
25 StadtA Rottweil, II/I/V/18/4.
26 LEIST (wie Anm. 8), S. 168.
27 H.C. Erik MIDELFORT, The Social Position of the Witch in Southwestern Germany, in: Max MARWICK (Hrsg.), Witchcraft and Sorcery, St. Ives [2]1982, S. 174–187, hier: S. 187.
28 In diesem Punkt werden für die Rottweiler Verhältnisse die Sozialdisziplinierungs- und Domestikationshypothesen, vertreten von Robert MUCHEMBLED, Kultur des Volkes – Kultur der Eliten. Die Geschichte einer erfolgreichen Verdrängung, Stuttgart 1982, und Christina LARNER, Enemies of God. The Witch-hunt in Scotland, Baltimore 1981, bestätigt.
29 WEBER (wie Anm. 1), S. 102.
30 Vgl. LAUFS (wie Anm. 3), S. 33.
31 Ebd., S. 76.
32 Heinrich HENKEL, Strafverfahrensrecht. Ein Lehrbuch, Stuttgart/Köln 1953, S. 22.
33 StadtA Rottweil, II/IV/6/4.
34 Vgl. den Eintrag im Ratsprotokoll vom 21. Juli 1592.
35 StadtA Rottweil, II/I/III/4/27.
36 Ratsprotokoll vom 27. Oktober 1587.
37 Vgl. die Eintragungen im *Protocollum aller Urgichten* (StadtA Rottweil, II/I/III/5/1) über die Urgichten der Agnesa Lepschin und Margaretha Friesin, beide aus Seedorf, vom 17. Oktober 1587.
38 StadtA Rottweil, II/I/V/9/39.
39 Ratsprotokoll vom Zinstag nach Bartholomei 1590.
40 Vgl. hierzu auch Winfried HECHT, Der Hexenprozeß gegen das Pumpel-Annele im Jahre 1701, in: Rottweiler Heimatblätter (Beilage zum Schwarzwälder Volksfreund) 36,2 (1975), S. 3.
41 Vgl. den Eintrag im Stadtrechnungsbuch von 1626, S. 77.
42 Vgl. Ratsprotokoll vom 3. September 1643.
43 Vgl. Ratsprotokoll vom 21. Juni 1594.
44 Carl von LANGEN, Beiträge zur Geschichte der Stadt Rottweil am Neckar, Rottweil 1821, S. 121.
45 StadtA Rottweil, II/I/V/95.
46 StadtA Rottweil, II/I/III/4/14.
47 Ratsprotokoll vom 25. September 1583.
48 Vgl. z.B. StadtA Rottweil, II/I/V/8/57.
49 StadtA Rottweil, II/I/V/9/39.
50 StadtA Rottweil, II/I/III/4/2.
51 StadtA Rottweil, II/I/V/8/95.
52 StadtA Rottweil, II/I/V/8/8.
53 StadtA Rottweil, II/I/V/8/59.
54 StadtA Rottweil, II/I/III/4/20.
55 StadtA Rottweil, II/I/V/15/5.
56 StadtA Rottweil, II/I/V/8/59.
57 StadtA Rottweil, II/I/V/8/95.
58 StadtA Rottweil, II/I/III/4/28.
59 StadtA Rottweil, II/I/V/16/13a.
60 StadtA Rottweil, II/I/V/8/63.
61 StadtA Rottweil, II/I/III/4/7.
62 Vgl. hierzu Nikolaus GEISELHART, Zur Geschichte der Reichsstadt Rottweil im 30jährigen Kriege (Rottweiler Gymnasialprogramme), Rottweil 1899.
63 Thomas KNUBBEN, Untersuchungen zu den Lebensverhältnissen in Rottweil im 17. Jahrhundert aufgrund von Nachlaßverzeichnissen, Magisterarbeit Tübingen 1983, S. 180.
64 Ratsprotokoll vom 10. März 1634.
65 Ratsprotokoll vom 11. September 1635.
66 Ratsprotokoll vom 3. September 1643.
67 Ratsprotokoll vom 22. Oktober 1648.
68 StadtA Rottweil, II/I/V/3.
69 Ratsprotokoll vom 15. Mai 1676.
70 Vgl. HECHT, Pumpel-Annele (wie Anm. 40), S. 3.
71 Ratsprotokoll vom 17. Januar 1701.
72 Ratsprotokoll vom 15. Februar 1701.

Klaus Graf

Reichsstadt Schwäbisch Gmünd

Man solle ihnen den Kopf abschlagen, wenn der Heckenschlupfer und seine Magd keine Hexen seien – der Kleckle und der Jäger, die nach einem verheerenden Unwetter am 8. Juli 1613 zum Haus des Bürgermeisters Debler gelaufen waren, um die Schuldigen anzuzeigen, waren sich ihrer Sache ganz sicher. Sie bürgten mit ihrem eigenen Leben. Bereits am 13. Juni des Jahres hatte ein »schröckliches Donnerwetter« schwere Schäden angerichtet. Etwa zwei Wochen nach dem zweiten Unwetter verhaftete man vier Beschuldigte. Noch im Juli half die protestantische Nachbarreichsstadt Aalen mit dem erfolterten Geständnis einer angeblichen Gmünder Hexe, die, von einer anderen Frau verführt, mit weiteren Teilnehmern zu teuflischen Tänzen ausgefahren sei. Sie habe geholfen, zwei schreckliche Wetter zu machen. Ebenfalls Amtshilfe leistete die Regierung der Fürstpropstei Ellwangen, die damals eine besonders intensive Verfolgung durchführte und es gern sah, wenn auch in der Nachbarschaft hart gegen Hexen durchgegriffen wurde. Sie lieh wiederholt ihren Nachrichter aus.

Am 10. August fand man eine Beschuldigte tot im Turm auf. Ihr Körper wurde wie der einer Hexe verbrannt. Noch aber zögerte der Rat. Am 10. September wurden vier Verdächtige entlassen, drei neue aber eingezogen, ebenso am 3. Oktober. Am 18. Oktober standen dann fünf Frauen auf dem Scheiterhaufen des ersten Hexenbrandes in Schwäbisch Gmünd.

Mit einer durchaus typischen Konstellation – Verfolgungswünsche aus der Bürgerschaft antworten auf ein Unwetter – setzte somit die Hexenverfolgung in der katholischen Reichsstadt Schwäbisch Gmünd[1] zwischen 1613 und 1617 ein. Berichtet wird dieser Ablauf von der einige Jahrzehnte jüngeren Chronik des Ratsherrn Friedrich Vogt[2]. Bedauerlicherweise ist die Aktenüberlieferung aus dem Archiv der ehemaligen Reichsstadt Schwäbisch Gmünd im Staatsarchiv Ludwigsburg überaus dürftig[3]. Viele Fragen müssen daher offen bleiben.

Immerhin läßt sich die Größenordnung der Schwäbisch Gmünder Verfolgungen im 17. Jahrhundert recht verläßlich angeben. Für die ersten sieben »Brände« vom 18. Oktober 1613 bis zum 22. September 1614 listet das »Verzaichnus der Unholden« in den Ludwigsburger Akten die Opfer namentlich auf[4]. Einschließlich zweier im Gefängnis verstorbener und nachträglich verbrannter Frauen werden darin 31 Personen aufgeführt (1613: 6+6; 1614: 6+4+2+5+2). Vier weitere Brände mit 8 Hingerichteten bis zum 12. Dezember 1616 sind in der Chronik Vogts bezeugt (1615: 2+1; 1616: 3+2). Hinzu kommen drei im Gefängnis verstorbene Frauen. Damit ergibt sich für die Verfolgungswelle von 1613 bis 1617 eine Gesamtzahl von 42 Opfern, die sich noch etwas – auf 47 – erhöht, wenn man die 1616 in ihrem Haus verstorbene und unehrlich – »unter dem Rossengarten [...] wo ander verbrennt worden«[5] – bestattete Kemlerin, eine Frau und ihre Tochter aus Lindach, die in einem Kriminalitätsfall 1617 als »Unholde« verbrannt wurden, die 1617 hingerichtete Kirchnerin[6] und den im gleichen Jahr in Dillingen exekutierten Gmünder Priester Melchisedech Haas hinzunimmt. Da keine Zweifel an der Genauigkeit der Buchführung durch das »Verzaichnus« und die Chronik Vogts bestehen, kann davon ausgegangen werden, daß die Gmünder Verfolgungen zwischen 1613 und 1617 knapp fünfzig Menschen das Leben gekostet haben.

Abb. 37: Flugblatt »Hexensabbat« im Bistum Trier, 1601/1615

Immun gegen weitere Prozesse war die Reichsstadt nach der großen Verfolgungswelle keineswegs. Trotzdem datiert das nächste Verfahren, von dem Akten überliefert sind, erst aus dem Jahr 1645. In diesem Jahr wurde eine Landstreicherin wegen Kirchendiebstahls und Hexerei zum Tode verurteilt[7]. 1650 und 1652 dürften je zwei Personen (drei Männer und eine Frau) wegen Hexerei hingerichtet worden sein. Gut dokumentiert ist dann wieder die kleine Verfolgungswelle 1684, mit der die Gmünder Hexenhinrichtungen ihr Ende fanden. Damals wurden noch einmal vier Todesurteile an drei Frauen und einem Mann vollstreckt.

Unter den Opfern der Welle zwischen 1613 und 1617 waren zwei Männer: Außer einem gewissen Blinzing, der bei dem zweiten Brand 1613 den Scheiterhaufen bestieg, war es der bereits genannte Benefiziat Melchisedech Haas. Sein Fall erregte besonderes Aufsehen. Da er zwischen 1607 und 1616 575 Kinder im Namen des Teufels getauft haben soll, veranstaltete man eine »Rückrufaktion« mit dem Ziel, eine gültige Taufe nachzuholen[8]. Das Haus des Priesters wurde dem Erdboden gleichgemacht, damit die Erinnerung an seine abscheuliche Tat erlöschen möge[9].

Obwohl die Reichsstadt Schwäbisch Gmünd über ein kleines Landgebiet verfügte, scheint sich die Verfolgung zwischen 1613 und 1617 auf die Stadt beschränkt zu haben. Die erwähnte Hinrichtung der beiden Frauen aus Lindach muß dabei aufgrund des kriminellen Kontexts außer acht gelassen werden. Zur Bestimmung der sozialen Herkunft der Opfer wären prosopographische Studien erforderlich, die noch nicht vorliegen. Da die einschlägigen Gmünder Quellen nicht sonderlich ergiebig sind, dürfte die Aussagekraft einer solchen Untersuchung jedoch eher beschränkt sein. In der ersten Phase der Verfolgung haben wahrscheinlich Angehörige der Unterschicht das Gros der Opfer gestellt. Auffällig ist der hohe Anteil an Spitalpfründnerinnen und Insassen des weniger gut angesehenen zweiten Spitals St. Katharina außerhalb der Mauern, das auch als Sammelpunkt für Randgruppenangehörige fungierte. Besonderen Eindruck auf die Verfolger dürfte die Selbstanzeige einer Pfründnerin von St. Katharina, des Stribel-Madele, gemacht haben. Sie kam am 27. Oktober 1613 in die Stadt, »sich selbst angeben, das sie ein Hex und hab vor dem Teufel kein Ruhe, er schlag sie so, das sie soll das Arm Hauß anzünden«[10]. Nach Ausweis des amtlichen Verzeichnisses und der Chronik Vogts lassen sich von den ersten 20 Hingerichteten 13 dem Heiliggeist-Spital oder dem St. Katharina-Spital zuweisen. Von den vier Opfern der Prozesse von 1684 lebten drei in St. Katharina. Eine wichtige Rolle haben wohl auch Verwandtschaftsbeziehungen bei der Selektion der Opfer gespielt.

1616 wurde Magdalena Freyin, »Schultheisin«, verbrannt. Diese Hinrichtung wird wohl zu einer »Vertrauenskrise« innerhalb der Obrigkeit beigetragen haben, nachdem die Verfolgungen bereits seit Ende 1614 deutlich abgeflaut waren. Allerdings fehlen in den Quellen konkrete Hinweise darauf, welche Faktoren zum Ende der Verfolgungen in Schwäbisch Gmünd geführt haben.

Die Aktenüberlieferung läßt den Verfahrensablauf nicht deutlich erkennen. Herr des Verfahrens war ohne Zweifel der Rat, der eine Kommission aus Ratsmitgliedern mit den Untersuchungen beauftragte. Über die Meinungsbildung im Rat und eine denkbare Parteibildung läßt sich nichts aussagen. Klar hervor tritt in den erhaltenen Akten immerhin eine bemerkenswerte Kontroverse zwischen zwei Juristen. Der langjährige Rechtsberater der Reichsstadt, Dr. jur. Leonhard Kager, versuchte in mehreren Denkschriften vergeblich, dem Rat einen gemäßigten Standpunkt nahezulegen. In seinem Gutachten vom 10. Oktober 1613 empfahl er dem Rat zwar die Hinrichtung zweier Frauen, forderte jedoch zugleich die Freilassung anderer Verhafteter ohne Anwendung der Folter. Nur die Aussagen ehrlicher, unparteiischer Leute dürften verwertet werden. Er schlug dem Rat vor, ein Edikt gegen leichtfertige Hexenbeschuldigungen zu erlassen. Der Pöbel denunziere »umb geringer ursachen willen« Leute als Unholde und Hexen. Auch kritisierte Kager die Verwahrung der Beschuldigten in den Türmen. Das Gefängnis dürfe nicht Strafe sein[11]. Noch heute kann eines der Gmünder Hexengefängnisse besichtigt werden: das sogenannte »Verlies« des Königsturms.

Hinsichtlich der Heranziehung des Hexenmals als ein die Folter rechtfertigendes Indiz hatte Kager ebenfalls Bedenken. Unter anderem führte er aus, daß die blutgierigen Nachrichter um ihres eigenen Vorteils willen dabei allerlei betrügerische Praktiken an den Tag legen würden. Überhaupt schien es Kager der sicherste Weg zu sein, lieber einige Schuldige zu entlassen als einen Unschuldigen zu verurteilen.

Ein 121 Seiten starkes Gegengutachten wohl aus dem Jahr 1614 zerpflückte Kagers Argumentation Punkt für Punkt[12]. Für den im Auftrag des Rats gutachtenden Widersacher Kagers war Hexerei ein Ausnahmeverbrechen, bei dem die sonst üblichen Vorsichtsmaßnahmen der Strafprozeßordnung fehl am Platze waren. Unter anderem warf der Jurist seinem Kollegen vor, dieser stütze sich auf die gefährlich milden Gedanken von »unkatholischen Scribenten«. H.C. Erik Midelfort hat hierzu treffend bemerkt, daß dieser Einwand in der gegenreformatorisch überhitzten Atmosphäre der Reichsstadt bei dem strikt katholisch gesonnenen Rat besonderen Eindruck gemacht haben dürfte. Auch in der Anklageschrift gegen Maria Schleicherin, die 1684 der Syndikus und Stadtschreiber Veit Jageisen verfaßte, steht am Anfang die trotzige Beteuerung, er lehne es ab, mit lutherischen Juristen darüber zu streiten, ob es Hexen gebe.

Folge man Kager, meinte sein Opponent, so könne auf ewig keine Hexe gefangengenommen oder hingerichtet werden. Er selbst stellt sich als treibende Kraft der Verfolgung dar: Auf sein Vorbringen sei Barbara Secklerin gefangengenommen und zur Tortur geführt worden. Sie habe alsbald gestanden und sei mit Zustimmung Kagers zum Tode verurteilt worden. Alle von ihm Examinierten hätten, bemerkt er an anderer Stelle, ausnahmslos gestanden und seien ohne Widerruf gestorben. Den Gmünder Verfolgungen lag der elaborierte Hexenbegriff[13] zugrunde, der wohl hauptsächlich von dem in der Hexenliteratur sehr belesenen Widersacher Kagers in das Verfahren eingebracht wurde.

Der Name dieses furchtbaren Juristen kann erschlossen werden: Es war Dr. jur. Leonhard Friz, seit dem 16. September 1613 bestallter Advokat der Reichsstadt Schwäbisch Gmünd. Er ist in der Gmünder Forschung kein Unbekannter, hat er doch im Jahr 1620 eine bemerkenswerte, handschriftlich überlieferte Abhandlung über die Geschichte des Gmünder Wallfahrtsortes St. Salvator verfaßt[14]. Zu einem Zeitpunkt, als sich der Rat über die umlaufenden Hexereigerüchte und Beschuldigungen ein Urteil bilden mußte, trat an die Seite des bewährten Stadtjuristen eine neue Kraft. In einer erneuten Stellungnahme ließ Kager am 4. Mai 1615 seinem Ärger über den anderen Juristen der Reichsstadt freien Lauf[15]. Von seinem Widersacher, dessen Namen er verschweigt, hielt er offensichtlich nicht das geringste. Bei den Hexenprozessen habe der Rat vor allem jenen anderen Consulenten herangezogen, der diese Verfahren »dirigiert« und den Rat verleitet habe, seine, Kagers, wiederholte Warnungen zu ignorieren. Dieser Direktor der Gmünder Hexenprozesse sei nur ungenügend qualifiziert und könne in Zivilsachen überhaupt nicht gutachten – ein deutlicher Hinweis darauf, daß Friz die Hexenverfolgungen fanatisch zu seinem Anliegen gemacht hatte. Kager erwähnt, daß er vergeblich gebeten habe, sein eigenes *Consilium* einer Juristenfakultät oder einem erfahrenen Juristen zu übersenden. Ihn bewegte nicht zuletzt die Angst vor einem Reichskammergerichtsprozeß, in den die Stadt seiner Ansicht nach leicht verwickelt werden könnte.

Die Heranziehung von Juristenfakultäten war in Schwäbisch Gmünd zwischen 1613 und 1617 offensichtlich nicht üblich. Das Fehlen einer externen Kontrolle war sicher ein Faktor, der das Ausmaß der Verfolgungen beeinflußt hat. Nur einmal ist zu erfahren, daß der Stadtschreiber und Dr. Friz auf vielfältiges Anhalten eines Ehemannes nach Dillingen geschickt wurden, um die Akten dort zwei Räten des Bischofs von Augsburg, Dr. Paulus zum Ackher und Dr. Sebastian Hollmayr, vorzulegen. Diese hätten den Maßnahmen des Rats beigepflichtet – was nicht sonderlich erstaunt, wenn man bedenkt, daß Friz in Dillingen studiert hatte und die dortigen Räte gut gekannt haben wird. Dr. Paulus zum Ackher war nämlich der Kopf der Dillinger Verfolgungspartei.

Kaum etwas geben die Quellen über die Stimmung in der Bürgerschaft preis. Von einem betroffenen Ehemann ist aus dem Jahr 1616 eine Urfehde überliefert. Die Obrigkeit hatte ihn wegen seiner trotzigen Reden bestraft: Der Rat habe sein Weib umgebracht, nicht anders, als hätte er sie mit einem Messer erstochen. Viele Frauen dürften Angst gehabt haben, in das Räderwerk der Prozesse zu geraten. 1616 hängte eine Frau in der Leonhardskapelle eine wächserne Zunge auf und machte sich gerade dadurch verdächtig. Sie habe es getan, rechtfertigte sie sich, damit Gott sie vor falschen Zungen behüten möge und ihrer als Hexe eingezogenen Mutter kein Unrecht geschehe, wie sie das in der Leonhardslegende gelesen habe. Sie glaube aber nicht, beteuerte sie, daß ein ehrsamer Rat jemandem Unrecht tue. Im gleichen Jahr wurde eine andere Frau eingezogen, weil sie sieben wächserne Zungen hatte machen lassen. Dinge und Handlungen bekamen neben dem alten magischen Nebensinn offensichtlich eine neue, gefährliche Bedeutung. Waren die Wachszungen fromme Votivgaben oder Abwehrzauber einer schuldigen Hexe?

Angesichts der lückenhaften Überlieferung fällt es in Schwäbisch Gmünd besonders schwer, die möglichen sozialen und politischen Hintergründe der Verfolgungen auszuleuchten und die einzelnen Faktoren zu gewichten. Eine wichtige Rolle hat neben dem Einfluß benachbarter Herrschaften, wobei das ebenfalls katholische Ellwangen an erster Stelle zu nennen wäre, sicher das große Engagement des Dr. Leonhard Friz gespielt. Der Verfolgungsdruck durch die Bürger nach den Unwettern des Sommers 1613 dürfte den Rat bewogen haben, den bisherigen Rechtsberater Dr. Kager in Hexensachen »kaltzustellen« und dem neuen Besen, der das Ausfegen besonders gründlich besorgen wollte, das Feld zu überlassen.

Anmerkungen

1 Über die Stadtgeschichte orientiert der Sammelband: Geschichte der Stadt Schwäbisch Gmünd, hrsg. vom Stadtarchiv Schwäbisch Gmünd, Stuttgart 1984.

2 StadtA Schwäbisch Gmünd, Ch 2, S. 478. Die Notizen zur Strafjustiz zwischen 1613 und 1617 sind ediert bei Klaus GRAF, Eingezogen und verbrannt. Der Chronist Friedrich Vogt über die Gmünder Hexenverfolgungen 1613–1617, in: einhorn-Jahrbuch Schwäbisch Gmünd (1988), S. 124–128, hier: S. 125.

3 StA Ludwigsburg, B 177 S, Bü 1542–1550, 1554, 1556–1560. Dieser Beitrag stützt sich auf einen Aufsatz zum gleichen Thema, der 1995 im lange angekündigten Ergebnisband der Weingartener Tagung von 1986 endlich erschienen ist: Klaus GRAF, Hexenverfolgung in Schwäbisch Gmünd, in: Sönke LORENZ/Dieter R. BAUER (Hrsg.), Hexenverfolgung. Beiträge zur Forschung – unter besonderer Berücksichtigung des südwestdeutschen Raumes (Quellen und Forschungen zur europäischen Ethnologie, Bd. 15), Würzburg 1995, S. 123–139. Die dort gegebenen detaillierten Nachweise und Literaturangaben (zur Lokalliteratur vgl. S. 127, Anm. 20) brauchen hier nicht wiederholt zu werden. Erinnert sei nur an die Ausführungen von H.C. Erik MIDELFORT, Witch Hunting in Southwestern Germany 1562–1684, Stanford 1972, S. 112–120. Hinzugekommen ist inzwischen außer einem Aufsatz von mir (Klaus GRAF, Die Hexenverfolgung in Schwäbisch Gmünd im 17. Jahrhundert, in: einhorn-Jahrbuch Schwäbisch Gmünd [1994], S. 105–114, ohne Einzelnachweise, aber mit dem Versuch einer allgemeinen Einordnung) der unter Anm. 7 angeführte Aufsatz von Oliver Auge und die Studie von Klaus Jürgen HERRMANN, »Er habe auß Ängsten und Forcht geredt und bekennt ... er sey kein Hex«. Ein Hexenprozess gegen den Spitalpfründner Nikolaus Weitlufft aus Schwäbisch Gmünd im Jahr 1650, in: einhorn-Jahrbuch Schwäbisch Gmünd (2001), S. 167–190. Im Katalogband der Karlsruher Ausstellung ist Schwäbisch Gmünd mit zwei Exponaten vertreten: Nr. 137, Verzeichnis der Unholde 1613/14 (mit Abbildung der ersten Seite, vgl. Anm. 4), Nr. 318, Aufstellung über die Täuflinge des »Hexenmeisters« Haas (vgl. Anm. 8).

4 StA Ludwigsburg, B 177 S, Bü 1547.

5 Vogt bei GRAF, Eingezogen und verbrannt (wie Anm. 2), S. 128.

6 Daß es sich hierbei um eine Hexe gehandelt haben soll, sagt nur die wenig verläßliche Chronik des Dominikus Debler (StadtA Schwäbisch Gmünd, Bd. 5, S. 139).

7 Vgl. zum Prozeß der Ursula Schrägin jetzt ausführlich Oliver AUGE, Hexenverfolgung und territorienübergreifende Kooperation. Überlegungen zur Zusammenarbeit der Reichsstadt Schwäbisch Gmünd mit der Grafschaft Rechberg in einem Hexenprozeß des Jahres 1645, in: einhorn-Jahrbuch Schwäbisch Gmünd (1995), S. 157–164. Er stützt sich auf die bei GRAF, Hexenverfolgung (wie Anm. 3), S. 126, Anm. 15, nachgewiesenen

Stellen der Gmünder Chronik des Dominikus Debler und kann darüber hinaus eine kurze Notiz in der Chronik des Göppinger Bürgermeisters Elias Laichinger beibringen. Vgl. auch Oliver AUGE, Rechberger Hexenprozesse im 16. und 17. Jahrhundert, in: einhorn-Jahrbuch Schwäbisch Gmünd (1997), S. 125–140.

8 Zahlenmäßige Aufstellung im Diözesanarchiv Rottenburg, B I 2a, Bü 51, Um 9.

9 Vgl. dazu allgemein Klaus GRAF, Das leckt die Kuh nicht ab. »Zufällige Gedanken« zu Schriftlichkeit und Erinnerungskultur der Strafgerichtsbarkeit, in: Andreas BLAUERT/Gerd SCHWERHOFF (Hrsg.), Kriminalitätsgeschichte. Beiträge zur Sozial- und Kulturgeschichte der Vormoderne (Konflikte und Kultur – Historische Perspektiven, Bd. 1), Konstanz 2000, S. 245–288, hier: S. 270.

10 Vogt bei GRAF, Eingezogen und verbrannt (wie Anm. 2), S. 126.

11 StA Ludwigsburg, B 177 S, Bü 1545. Zur Kontroverse ausführlicher GRAF, Hexenverfolgung (wie Anm. 3), S. 129–135, wo ich auch auf die Interpretationen von MIDELFORT (wie Anm. 3), S. 114–120, und Klaus Jürgen HERRMANN, Consilium in causa maleficarum, lamiarum et veneficarum, in: Gmünder Studien 1 (1976), S. 163–167, eingegangen bin.

12 GRAF, Hexenverfolgung (wie Anm. 3), S. 129–135.

13 Besondere Abweichungen oder auffällige volksmagische Vorstellungen sind nicht zu registrieren. Erwähnenswert erscheint jedoch, daß die wiederholt als Hexentanzplatz genannte Flur »Höfle« bereits 1529 als heimlicher Versammlungsort der Wiedertäufer zu belegen ist.

14 Vgl. Klaus GRAF, Die Geschichtsschreibung der Reichsstadt Schwäbisch Gmünd im 17. und 18. Jahrhundert, in: Klaus Jürgen HERRMANN (Hrsg.), Barock in Schwäbisch Gmünd. Aufsätze zur Geschichte einer Reichsstadt im 18. Jahrhundert, Schwäbisch Gmünd 1981, S. 193–242, hier: S. 196–200.

15 StA Ludwigsburg, B 177 S, Bü 1548.

Elisabeth Schraut

Reichsstadt Schwäbisch Hall

Hall, die am Kocher gelegene Reichsstadt, verdankte ihre Entstehung und ihren wirtschaftlichen Aufschwung dem Salz[1], das bis zum Ende der Reichsstadtzeit 1802/03 wichtigste ökonomische Grundlage blieb[2]. Daneben spielte auch der Weinhandel eine bedeutende Rolle. Nach einem wirtschaftlichen Höhepunkt in den Jahren zwischen 1490 und 1530, der sich in einer umfangreichen Bautätigkeit niedergeschlagen hatte[3], kam es zwischen 1545 und 1560 zu einem Einbruch der städtischen Finanzen, der wesentlich durch die Kontributionszahlungen infolge des Schmalkaldischen Kriegs bedingt war. Dennoch gehörte Hall nicht zu den zahlreichen Reichsstädten, deren »Blütezeit« in der zweiten Hälfte des 16. Jahrhunderts beendet war. Vor allem gelang es der Stadt im 16. Jahrhundert, durch eine zielstrebige Territorialpolitik ihr Landgebiet wesentlich zu vergrößern[4]. Schon 1541 hatte die Stadt Hall die vor den Toren gelegene Burg und die dazugehörige Siedlung Unterlimpurg von den Schenken von Limpurg erwerben können, 1562 übernahm sie das Amt Ilshofen, und 1595 kaufte sie die Herrschaft Vellberg an. Damit erreichte das Territorium der Reichsstadt mit ca. 330 m^2 seine größte Ausdehnung. Nur die Reichsstädte Ulm und Nürnberg besaßen größeren Landbesitz[5]. Zur Verwaltung dieses Territoriums richtete der Magistrat die Ämter Rosengarten, Kocheneck, Schlicht, Bühler, Ilshofen, Vellberg und Honhardt ein.

Dieses umfangreiche Territorium warf bedeutende Einkünfte ab, hinzu kamen die Einnahmen von Siedenanteilen, aus Betrieben und Steuern. Ab 1560 verbesserten sich daher die städtischen Finanzen kontinuierlich, zwischen 1570 und 1590 kam es wieder zu einer erhöhten Bautätigkeit[6], die Handwerker ins Brot setzte und Kaufleuten ein florierendes Geschäft bescherte. Um 1600 bis zum Beginn des Dreißigjährigen Kriegs erlebte die Reichsstadt ihre größte finanzielle Blütezeit. Damals zählte das hällische Landgebiet ca. 13.000 Untertanen, die ebenso wie die Mitglieder der 1.326 Haushalte der Reichsstadt[7] der städtischen Hochgerichtsbarkeit unterstanden, die Hall durch ein Privileg König Sigismunds seit 1429 besaß und die sich der Rat stets vorbehielt. Im 15. Jahrhundert hatte sich das Inquisitionsverfahren durchgesetzt, und seit 1532 war die *Carolina* für die städtische Strafrechtspflege maßgeblich geworden[8].

Bereits im Jahr 1522 hatte der Rat, der seit 1512 nicht mehr von den bis dahin vorherrschenden Adelsfamilien, sondern von Bürgern, Handwerkern und Handelsleuten dominiert wurde[9], als Prediger Johannes Brenz aus Heidelberg in seine Stadt geholt. 1526 teilte Brenz erstmals das Abendmahl in beiderlei Gestalt aus, 1527 wurde die erste reformierte Kirchenordnung erlassen. Hall gehörte damit zu den Städten, die die Reformation sehr früh einführten[10]. Als 1529 Erzherzog Ferdinand erneut auf die Einhaltung des Wormser Edikts pochte, protestierten vor allem zahlreiche Reichsstädte; Hall hielt sich jedoch – ebenso wie 1530 bei der Augsburger Konfession – aus Rücksicht auf den Kaiser zurück. 1547 verfügte Karl V. nach dem Sieg über den Schmalkaldischen Bund das Interim. Brenz war nicht bereit, diese »kaiserliche Notreligion« zu akzeptieren, und mußte fliehen. Damit war sein Wirken in Hall beendet. Nach dem Augsburger Religionsfrieden kehrte die Reichsstadt, freilich erst spät, nach 1560, zu ihrer ursprünglichen Konfession zurück[11]. Die Haller Pastoren der folgenden Zeit standen in der Tradition der Tübinger Theologen.

1. Die Hexenprozesse bis zum Dreißigjährigen Krieg

H.C. Erik Midelfort gelangte in seiner für den deutschen Südwesten grundlegenden Studie *Witch Hunting in Southwestern Germany*, die im wesentlichen das Gebiet des heutigen Bundeslandes Baden-Württemberg behandelt, zu dem Ergebnis, daß auf protestantischer Seite insbesondere Reichsstädte zu denjenigen Herrschaften gehörten, die besonders früh, d.h. vor den 1560er Jahren, Hexenprozesse durchführten, und daß gerade auch in Reichsstädten größere Verfolgungen mit mehr als zehn Todesopfern stattfanden. Für diese Beobachtungen führte er jeweils auch die Reichsstadt Hall an[12]. Wolfgang Behringer hingegen konnte für sein Untersuchungsgebiet, den deutschen Südosten, Midelforts Beobachtungen nicht bestätigen. Weder ließ sich hier ein Unterschied in der Einstellung und Verfolgungsbereitschaft zwischen katholischen und protestantischen Reichstädten noch ein signifikant unterschiedliches Verhalten zwischen schwäbischen und fränkischen Reichsstädten im Gebiet des heutigen Bundeslandes Bayern nachweisen: Nur in fünf der 14 Reichsstädte schlugen um 1590 die Verdächtigungen unter dem Eindruck der Verfolgungen im Umland zu Hexenverfolgungen um[13]. Erst nach 1650 kapitulierten fast alle vor dem »Hexenwahn«. Behringer gelangte daher zu dem Resultat, daß Reichsstädte bei den Hexenverfolgungen insgesamt unterrepräsentiert gewesen seien[14]. Der folgende Beitrag untersucht am Beispiel der protestantischen Reichsstadt Hall, wie sich die im schwäbisch-fränkischen Grenzgebiet und nahe der heutigen Grenze zwischen den Bundesländern Baden-Württemberg und Bayern gelegene Stadt zu den Hexenverfolgungen stellte.

Regelrechte Hexenverfolgungen oder gar Massenprozesse hat es in Hall nicht gegeben. Vor Gericht verhandelt wurden nur wenige Einzelfälle. Sie fanden zwischen 1562 und 1674 statt und umfassen somit den für Hexenprozesse virulenten Zeitraum von der Wiederaufnahme der Hexenverfolgungen in nachreformatorischer Zeit bis zu deren faktischem Ende gegen 1700 in protestantischen Gebieten und insbesondere in Reichsstädten[15]. Um eine genauere Kenntnis über mögliche Ursachen für die Einleitung und Durchführung von Hexenprozessen zu erhalten, erscheint es nötig, auch Städte und Regionen zu untersuchen, die Hexenprozesse nur in geringer Zahl führten, um somit – quasi als Kontrollgruppe – auch diejenigen Bedingungen zu erhellen, die größere Hexenverfolgungen verhinderten. Ein solches Beispiel stellt die Reichsstadt Hall dar.

Hall gehörte – entgegen der Ansicht Midelforts – nicht zu den Städten, die bereits vor 1560 Hexenprozesse durchführten. Bei dem »Fall« von 1539, den er in seiner Tabelle *Witch Trials* unter Berufung auf Willburger und die Brenz'sche Hagelpredigt auflistete, handelte es sich nicht um einen Hexenprozeß, sondern lediglich um Verdächtigungen gegen Hexen, denen man die Verursachung eines schlimmen Gewitters anlastete[16].

In den frühen 1560er Jahren kam es im deutschen Südwesten zu der ersten regelrechten Verfolgungswelle nach der Reformation, während im deutschen Südosten die Hexenverfolgungen erst um 1590 einsetzten. 1562/63 fanden in der Herrschaft Wiesensteig, aber auch in der Reichsstadt Esslingen, in Stuttgart und in weiteren württembergischen Städten die härtesten Verfolgungen in nachmittelalterlicher Zeit statt[17]. Damals wurde auch in Hall der erste Hexenprozeß verhandelt. Die Sulzdorferin Elsa Rössin war »als ein unholdt beschreitt« worden. Konkret wurde ihr die Verursachung eines schlimmen Gewitters, also Wetterzauber vorgeworfen. Da ihr das Gericht diese Vorwürfe aber nicht nachweisen konnte, wurde sie nach zehn Nächten im »Gewölb« am 12. August 1562 wieder freigelassen[18].

Um Schadenzauber ging es auch acht Jahre später, 1570, als wiederum zwei Sulzdorferinnen, Anna Düttler und Barbara Gairer, wegen »Hexen- und Unholdenwercks« vor Gericht standen. Insbesondere wurde Anna Düttler beschuldigt, eine Kuh des Lienhardt Horlacher geschädigt zu haben. Die beiden Frauen wurden daher seit dem 14. April 1570 gefangengehalten. Doch da die

Anklage den Nachweis nicht führen konnte und beide kein Geständnis ablegten, wurden sie am 26. April 1570 mit einem Verweis und nach abgelegter Urfehde wieder entlassen[19].

1574 fand dann der einzige Prozeß wegen Hexerei vor dem Haller Gericht statt, der erwiesenermaßen einen tödlichen Ausgang nahm. Angeklagt war die aus der Haller Katharinenvorstadt stammende Badersfrau Katharina Schloßstein[20]. Der Anklage zugrunde lagen Nachbarschaftskonflikte[21] und Beschuldigungen wegen Schadenzaubers, die der von den Nachbarinnen als Vermittlungsinstanz eingeschaltete Pfarrer von St. Katharina, Christoph Rütinger, nicht hatte lösen können. Er war es dann auch, der die »Schloßsteinin« beim Rat der Stadt anzeigte. Die Anklage warf ihr vor, sie habe sich »nit allein unhulden und hexenwerck, sondern auch und allermeist haderns, zanckens und ubel nachredens, schendens und lestern halben und anderen bösen unnachbarlichen lück, wort und geberden« schuldig gemacht. Katharina Schloßstein wurde daraufhin zusammen mit ihrem Mann Hans Stetter, dem Mitwisserschaft vorgeworfen wurde, gefangengesetzt. Während Hans Stetter nach kurzem Verhör, bei dem er seine Unschuld beteuerte, wieder freigelassen wurde, gab sich das Gericht bei Katharina nicht mit einem ersten »gütlichen« Verhör, bei dem sie ebenfalls alle Vorwürfe bestritt, zufrieden. Im »peinlichen« Verhör legte Katharina Schloßstein ein Geständnis ab. Während der 68 Punkte umfassende Fragenkatalog, nach dem die Angeklagte »gütlich« befragt wurde, nicht auf einem elaborierten Hexenbegriff basierte, sondern vor allem Delikte des Schadenzaubers – die Schädigung von Mensch und Vieh – enthielt, wurde Katharina im »peinlichen« Verhör auch nach den Elementen des elaborierten Hexenbegriffs befragt. Unter der Folter mit der »Waage« gestand Katharina schließlich auch die Teufelsbuhlschaft. Verurteilt wurde sie dennoch nicht wegen Hexerei, sondern wegen ihres unchristlichen und unnachbarlichen Verhaltens sowie wegen Schadenzaubers. Das Urteil lautete auf Prangerstehen und darauffolgende ewige Einmauerung. Anschließend mußte Katharina die Urfehde ablegen. Sie brach jedoch aus ihrem Gefängnis aus und wurde daraufhin wegen Urfehdebruchs zum Tod durch Ertränken verurteilt, einer Todesart, mit der in Hall vor allem Frauen, die ihr uneheliches Kind gleich nach der Geburt getötet hatten, bestraft wurden[22]. Das Urteil wurde am 21. Juni 1574 vollstreckt, der Leichnam unter dem Galgen vergraben. Katharina Schloßstein wurde also – trotz ihres Geständnisses! – nicht wegen Hexerei, sondern wegen Bruchs der Urfehde zum Tode verurteilt und kann daher nicht zu den Todesopfern der Hexenverfolgungen gerechnet werden[23].

Wenige Jahre später, 1576, stand Barbara, genannt die »alt Kenzlerin«, Frau des Gabriel Meurer, eine Diebin, wegen »Unholden und Hexenwercks« vor Gericht. Zur Erhärtung dieses Verdachts hatte geführt, daß sie diesbezügliche Anschuldigungen von Angesicht zu Angesicht nicht zurückgewiesen hatte. Doch das Gericht hielt von diesem Verdacht nichts. Nachdem sich ihr Ehemann und zahlreiche andere Personen intensiv für sie eingesetzt hatten, wurde sie nach 37 Nächten im »Gewölb« bzw. »Stüblin« des Sulferturms, einem Teil der Haller Stadtbefestigung, der als Gefängnis diente, wieder freigelassen, und zwar ohne jede weitere Geld- oder Gefängnisstrafe, wie das Urteil ausdrücklich festhielt[24].

Die Wahrscheinlichkeit, daß größere Verfolgungen in Hall durchgeführt wurden, wäre um 1580, als die südwestdeutschen Verfolgungen einen ersten Höhepunkt erreichten, oder um 1590, als die Verfolgungen im deutschen Südosten kulminierten, aber auch in den der Reichsstadt benachbarten hohenlohischen Gebieten größere Verfolgungen stattfanden, am größten gewesen. Freilich lassen sich gerade für diesen Zeitraum für die Stadt Hall keine mit letzter Sicherheit begründete Feststellungen treffen, da von 1578 bis 1605, diesem für ganz Süddeutschland für die Hexenverfolgungen zentralen Zeitraum, die Urfehdbücher nicht überliefert sind. Dennoch ist es unwahrscheinlich, daß in den 1580/90er Jahren in Hall größere Verfolgungen stattfanden, jedenfalls nicht mit Todesfolge. Derartige größere Verfolgungen wurden nämlich in aller Regel auch in den Chroniken der Städte überliefert[25], wie dies auch für das »Haller Hexenbad« gilt; die Haller Chroniken enthalten jedoch keinen Hinweis auf Hexenverbrennungen.

Nachweisbar ist, daß Hall in diesem Zeitraum nicht völlig von Hexenprozessen frei war. Nach Ausweis der Steuerrechnung von 1595 wurden in diesem Jahr dem Henker von Heilbronn, wohl einem Spezialisten seines Fachs, 10 Gulden für seine Tätigkeit der peinlichen Befragung von zwei der Hexerei verdächtigen Frauen ausgezahlt[26]. Ob es in diesem Fall zu einer Verurteilung kam, ist nicht überliefert[27]. Daß der Haller Rat an der Einleitung und Durchführung von Hexenverfolgungen auch in der ersten Hälfte des 17. Jahrhunderts kein Interesse hatte, zeigen verschiedene Prozesse zwischen 1616 und 1628.

Im Juli 1616 waren zwei Frauen aus Eckartshausen, Apollonia Schumann und ihre Tochter Apollonia, als Hexen beschrieen worden. Sie wurden mit zwei Nächten Gefängnis und einer Zahlung von je 4 Gulden bestraft und am 17. Juli nach Ablegung der Urfehde wieder freigelassen[28]. Ebenso wie bei den Hexenprozessen der Jahre 1562, 1570, 1574 und 1576 stellte das Gericht auch im Fall von 1616 anscheinend nicht die Frage nach Mittäterinnen, die andernorts zu den berüchtigten Kettenprozessen mit einer Vielzahl von Toten führten. Im Interesse des Rates lag es allerdings, sowohl Hexereivorwürfe als auch zauberische bzw. volksmagische Praktiken zu unterbinden. Dies zeigt ein Fall aus dem Jahr 1617. Damals wies der Rat die Beleidigungsklage der Ehefrau des Hans Schloßstein gegen einen gewissen Hans Georg Dier zurück, der sie des Mordes an zwei Kindern unter Anwendung von Kräutern, die ihr der Teufel eingegeben habe, beschuldigt und sie angeblich als »unhuld« beschimpft hatte. Dier gestand, sie des Gebrauchs untauglicher Kräuter und des Siebdrehens beschuldigt zu haben, bestritt aber, sie »unhuld« genannt zu haben. Klägerin und Denunziant wurden zu einem Pfund Strafe verurteilt und Frau Schloßstein außerdem ermahnt, sich von verdächtigen Dingen fernzuhalten[29].

1628 gelangte das Haller Gericht im Fall der »Brunnenbeckin« aus Unterlimpurg zu der Auffassung, daß nicht die als Hexe Beschuldigte, sondern die aus dem katholischen Steinbach stammende Denunziantin Napurga Schweiker wegen Beleidigung bestraft werden müsse. Sie wurde zu einer Nacht Gefängnis verurteilt[30]. Freilich war es keineswegs so, daß der Haller Rat Personen, die im Verdacht der Hexerei standen, untätig gegenübergestanden hätte, wenn er die Vorwürfe für berechtigt hielt. Im selben Jahr 1628 fällte er in einem Hexenprozeß ein sehr viel härteres Urteil: Maria, geb. Feyerabend, Frau des Rotgerbers Hans Romig, die sich selbst als Hexe ausgegeben und zudem weitere Frauen benannt hatte, wurde zunächst ein halbes Jahr im Spital gefangengehalten und schließlich des Landes verwiesen. Auch in diesem Fall zeigte jedoch das Verhalten des Rates, daß er keinerlei Interesse an einer Eskalation hatte[31].

2. Das »Haller Hexenbad«

Ausschlaggebend für die Klassifizierung Halls als eine der protestantischen Reichsstädte, in denen auch größere Verfolgungen mit zehn oder mehr Todesopfern stattfanden, dürfte für Midelfort das sogenannte »Haller Hexenbad« gewesen sein[32], das in der Literatur traurige Berühmtheit erlangt hat. Dabei handelt es sich um den einzigen Vorfall in Hall, bei dem mehrere Frauen den Verdacht auf Hexerei mit dem Leben bezahlen mußten.

Gegen Ende des Dreißigjährigen Krieges, 1644, hatte der bayrische Oberst Hans von Sporck mit seinen Truppen in Hall Quartier bezogen. Jede Frau seiner Truppe, die er der Hexerei verdächtigte, die aber nicht sofort gestand, eine Hexe zu sein, mußte sich der sogenannten »Hexenprobe«, dem »Schwemmen«, unterziehen. Dazu mußten sich die Frauen völlig entkleiden; Arme und Füße kreuzweise zusammengebunden, wurden sie, mit einem langen Strick gefesselt, unter den Blicken zahlreicher Neugieriger in den Kocher geworfen. Gingen die Frauen unter, hielt man sie für unschuldig, konnten sie sich über Wasser halten, galt der Verdacht als bestätigt. Die Prozedur wurde dreimal wiederholt. Anschließend wurden die armen Frauen unter Anwendung der Folter zu einem Geständnis gezwungen, enthauptet und schließlich verbrannt. Von März bis Mai 1644 fielen sechs Frauen diesem grausamen Schicksal zum Opfer; eine weitere gestand ohne vorherige Wasserprobe und wurde ebenfalls hingerichtet[33]. Das »Haller Hexenbad« regte wohl den berühmten Bildhauer Leonhard Kern (1588–1662), der damals in Hall lebte, zu seiner einzigartigen Skulptur *Szene aus dem Dreißigjährigen Krieg* an, bei der ein Offizier eine nackte Frau vor sich hertreibt[34].

Die Vorfälle von 1644 sind den Greueln des Dreißigjährigen Krieges zuzurechnen, die sich mehr oder weniger zufällig in Hall abspielten[35]. Sie geschahen weder in der Verantwortung der Haller Gerichtsbarkeit noch waren Haller bzw. Hallerinnen betroffen. Da diese Ereignisse folglich keine Aufschlüsse über die Einstellung der Reichsstadt Hall zu dem Phänomen Hexerei geben können, macht es keinen Sinn, die während des Haller Hexenbades hingerichteten Frauen kommentarlos den Opfern der Hexenprozesse in Hall zuzurechnen und daraus weitreichende Schlüsse über die Verfolgungsintensität in der Reichsstadt zu ziehen[36].

Abb. 38: Wasserprobe, Holzschnitt 16. Jahrhundert

3. Die letzte in Hall verhandelte Anklage wegen Hexerei 1674

Zahlreiche Reichsstädte, die, wie z.B. Nürnberg, bis zur Mitte des 17. Jahrhunderts Hexenverfolgungen abgelehnt hatten, änderten ihre Haltung nach 1650 und richteten noch Hexen hin. Ganz so weit kam es in Hall nicht, aber auch hier wurde in der zweiten Hälfte des 17. Jahrhunderts noch einmal ein Prozeß wegen Hexerei geführt, bei dem, wie zu dieser Zeit auch andernorts häufig zu beobachten, ein Kind den Auslöser bildete[37].

Angeklagt war Ursula Rüeger aus Sanzenbach, einem kleinen Dorf des Haller Territoriums, das zum Amt Rosengarten gehörte. Von den Zerstörungen des Dreißigjährigen Krieges war Rosengarten besonders betroffen gewesen, der Bevölkerungsrückgang betrug hier 40 bis 50 Prozent. Die Verwaltung oblag, wie in den anderen hällischen Ämtern auch, einem Amtmann, in der Regel einem Haller Ratsherrn, der die Aufgabe zusammen mit einem Amtschreiber wahrnahm. Der Rat der Stadt Hall setzte zwei auf Lebenszeit bestellte Hauptleute ein, die dem Rat verantwortlich waren und auch die Gemeindeversammlung leiteten. Abstimmungsberechtigt waren dabei nur die Gemeinderechtsbesitzer; in Sanzenbach besaßen 23 Einwohner Gemeinderechte, Abstimmungen erfolgten nach dem Mehrheitsprinzip[38].

Auslöserin des Verfahrens war die neunjährige Tochter der Ursula Rüeger, die in der Schule schlimme Dinge über ihre Mutter erzählt hatte, beispielsweise, daß sie Schmalz herstellen könne, obgleich sie kein Vieh habe. Das führte dazu, daß die Mutter im ganzen Ort verschrieen war. Der Rat erfuhr davon durch Amtmann Hezel, der durch den Hauptmann Mejer aus Sanzenbach von den Gerüchten unterrichtet worden war. Daraufhin wurde Ursula Rüeger festgesetzt und verhört, legte aber kein Geständnis ab. Die Tochter hingegen gestand im ersten Verhör, mit ihrer Mutter unter Zuhilfenahme einer Salbe aus dem Dach eines Hauses gefahren zu sein. Der Rat nahm die Angelegenheit ernst und ließ zwei Hausdurchsuchungen durchführen. Die Salbe wurde dabei aber nicht aufgefunden. Eine Woche später widerrief das Mädchen seine Aussage. Ratsherr Dr. Schragmüller äußerte die Auffassung, daß es sich bei den Äußerungen des Mädchens nur um leichtfertiges Kindergerede gehandelt habe, nahm die Beschuldigungen wegen Hexerei also nicht ernst. Wegen »varirens« und seiner Lügerei sollte das Kind von seinem Vater öffentlich versohlt werden. Die schlimmen Reden des Mädchens lastete der Rat der mangelnden Erziehung durch die Eltern an. Er verurteilte die Mutter, ihr Gütlein in Sanzenbach binnen zwei Monaten zu verkaufen und sich außerhalb von Sanzenbach niederzulassen. Die Strafe lautete also auf Ortsverweisung. Aus dem Urteil geht freilich nicht hervor, weswegen Ursula Rüeger zu dieser Strafe verurteilt wurde, denn die Anklage wegen Hexerei wurde, weil die »examination nichts gründtliches, vielmehr so viel ergeben, daß es mehr ein loßes kindergeschwätz alß wahrhaffte geschicht seye«[39], nicht aufrechterhalten.

Mehrmalige Appellationen des Vaters Hans Jos Rüeger, in Sanzenbach bleiben zu dürfen, weil die Familie anderswo keine Bleibe fände, vermochten den Rat nicht umzustimmen. Alles, was er anbot, war die Unterbringung der Tochter im Spital, wofür der Vater freilich die Kosten übernehmen müsse. Zu der unnachgiebigen Haltung des Rates hat sicher beigetragen, daß die Sanzenbacher die Familie nicht mehr im Ort dulden wollten – worüber vermutlich die Gemeindeversammlung (auch Hans Jos Rüeger besaß zusammen mit seinem Vater ein Gemeinderecht![40]) abgestimmt hatte. Aus Gründen, die den überlieferten Quellen im einzelnen nicht zu entnehmen sind, war die Familie im Dorf untragbar geworden. Ein Hinweis ist allenfalls dem Urteil zu entnehmen. Ursula Rüeger mußte nämlich ausdrücklich geloben, sich in Zukunft »frid- und schiedlich, auch in ihrem leben christlich und ohnärgerlich verhalten« zu wollen. Daher ist anzunehmen, daß Ursula Rüeger als Unruhestifterin galt.

Der Fall mündete in eine Katastrophe. Am 17. August 1674 berichtete Amtmann Hezel dem Rat, daß in Sanzenbach vier Gebäude abgebrannt seien, keine zwei Stunden, nachdem Ursula Rüeger gedroht hatte, sie werde den Sanzenbachern noch ein Feuer legen. Der Brand ging vom Haus der Rüegers aus[41]. Die Tochter der Ursula Rüeger hatte wohl ohne Scheu im Dorf umlaufende Gerüchte artikuliert und sich damit wichtig gemacht, der Rat griff diese auf, um ein in Sanzenbach schwelendes Problem zu bereinigen, instrumentalisierte also den Vorwurf der Hexerei für seine Ziele. Doch auch hier zeigt sich die moderate Haltung des Haller Gerichts, das dem Gerede eines Kindes keinen Glauben schenkte. Andernorts führten Hexereibeschuldigungen durch Kinder durchaus zu Todesurteilen.

Hall gehört somit – wie Nürnberg, zu dem es enge Beziehungen unterhielt – zu denjenigen Reichsstädten, in denen weder besonders früh noch überhaupt größere Verfolgungen stattfanden. In den wenigen Prozessen, die alle aus lokalen Klagen entstanden waren, wurden in Hall ausschließlich Frauen angeklagt. In den meisten Fällen kann über die soziale Herkunft aufgrund der Quellenlage nichts ausgesagt werden. In den drei Fällen, die quellenmäßig besser belegt sind, handelt es sich um Frauen aus den unteren sozialen Schichten der Bevölkerung. Festhalten läßt sich, daß keine Frau der Haller Führungsschicht betroffen war.

Das weite Spektrum der verhängten Strafen – von Freispruch über Geldstrafe bis hin zu Landesverweisung und ewiger Einmauerung – zeigt, wie differenziert das Haller Gericht die Hexereivorwürfe beurteilte. Offenbar wurde jeder Einzelfall sorgfältig geprüft und ein individuelles, sorgsam bedachtes Urteil gefällt. Keiner der Fälle wurde zum Anlaß genommen, regelrechte Hexenverfolgungen in Gang zu setzen. Der Rat war vielmehr auf Mäßigung und Ausgleich bedacht. Entscheidend für die Einleitung und Durchführung von Hexenprozessen war letztendlich die städtische Obrigkeit. Die Art der Prozeßführung, insbesondere der Verzicht auf die Frage nach Mittäterinnen, die andernorts zu den berüchtigten Massenprozessen mit einer Vielzahl von Toten führte, zeigt ebenso wie die Tatsache, daß es in der Reichsstadt allem Anschein nach zu keinen Hexenverbrennungen unter der Regie des städtischen Gerichts kam, daß der Haller Rat kein Interesse an Hexenverfolgungen im Sinne des elaborierten Hexenbegriffs hatte.

Zu der gemäßigten Haltung des Haller Rats, der zwar den Hexenglauben nicht grundsätzlich ablehnte, bei der Verfolgung aber äußerste Vorsicht walten ließ, dürfte maßgeblich die Einstellung des Haller Reformators Johannes Brenz beigetragen haben, der hier 1539 seine berühmte *Predigt von dem Hagel und Ungewitter*, die 1557 in lateinischer und 1564 in deutscher Sprache im Druck erschien, verfaßte. Brenz vertrat die Auffassung, daß Menschen nicht in der Lage seien, Unwetter oder anderen Schadenzauber zu bewerkstelligen, da Gott allein die Naturerscheinungen bewirke. Er betrachtete Schadenzauber als Vorspiegelung des Teufels, der als Vollstrecker göttlichen Willens fungiere. Dennoch war er für die Todesstrafe für Hexen, weil der freiwillig geschlossene Teufelspakt (damit der Abfall von Gott) und die bloße Absicht, Mitmenschen zu schaden, für ihn ausreichender Grund für eine harte Bestrafung waren. Bei der Verfolgung freilich mahnte Brenz zu Vorsicht: Besser sei es, Tausende von Schuldigen ungestraft zu lassen, als einen Unschuldigen zu verurteilen[42]. In der Tradition von Brenz bekräftigte 1589 – zur Zeit der Hexenverfolgungen – einer seiner Nachfolger im Amt, der gebürtige Haller Jacob Gräter, in seinen *Hexen oder Unholden Predigten* diese Position.

Die Bestrafung der bloßen Absicht war freilich im Strafrecht nicht vorgesehen. 1565, nach der Wiederaufnahme der Hexenprozesse, kritisierte der Arzt Johann Weyer, ein strikter Verfolgungsgegner, Brenz wegen seiner Auffassung in einem Briefwechsel[43]. Mit der Position Weyers hatte sich auch der Haller Rat auseinandergesetzt, wie ein Exemplar seiner Schrift von 1586, das noch heute in der Haller Ratsbibliothek aufbewahrt wird, belegt[44].

Daß ein vorsichtiger, dem Hexenglauben eher skeptisch gegenüberstehender Geistlicher nicht ausreichte, um Hexenverfolgungen zu verhindern, zeigt das Beispiel Reutlingen. Der dortige Reformator Matthäus Alber stand in der Tradition von Brenz, wie seine *Hagelpredigt* von 1562 belegt. Dennoch fanden in der Reichsstadt drei Verfolgungswellen statt[45]. Auch in Nördlingen versuchte der dortige Superintendent, die Hexenprozesse zu verhindern, freilich ohne Erfolg.

Wolfang Behringer hat eine gesamteuropäische Krise als Ursache für die Hexenverfolgungen benannt, insbesondere aber einen engen Zusammenhang zwischen Hexenprozeßwellen und Agrarkrisen festgestellt, also ökonomische Faktoren als auslösende Momente angeführt. Die Klimaveränderungen im Zuge der seit 1560 einsetzenden »Kleinen Eiszeit« führten verstärkt zu Mißernten und daraus resultierend zu Hungerkrisen.

Daß eine Reichsstadt wie Hall, deren wirtschaftliche Grundlage wesentlich in Salzgewinnung und -handel bestand, von Agrarkrisen weniger betroffen war als ländlich strukturierte Gebiete, liegt auf der Hand. Dennoch kam es auch im Haller Territorium zu Mißernten. Eine ausgeklügelte Vorratswirtschaft des Haller Rates vermochte aber Auswirkungen von schlechten Ernten und Teuerungen zu reduzieren. Er gab in Notzeiten Korn ab und wirkte durch Zukäufe auch preisregulierend, so z.B. in den Jahren 1570/71, 1573/74, 1586/87[46], und vermochte dadurch, die Versorgung der Bevölkerung sicherzustellen. Die Linderung von Hungerkrisen führte wohl auch dazu, daß sich Verfolgungswünsche von seiten der Bevölkerung weniger stark artikulierten und sich jedenfalls nicht organisierten, wie z.B. in Kurköln oder Kurtrier.

Ganz generell darf vermutet werden, daß der zunehmende wirtschaftliche Wohlstand der Stadt in der Periode zwischen 1560 und 1630, dem in Süddeutschland maßgeblichen Zeitraum der Hexenverfolgungen, mögliches Konfliktpotential entschärfte: In Hall gab es jedenfalls in diesem Zeitraum keine ökonomische Krise. Der wirtschaftliche Wohlstand dürfte wesentlich zu der reservierten Haltung des Haller Rats beigetragen haben, die mit Kunstmann durchaus als »gezielte Verweigerung« bezeichnet werden kann.

Die Position des Rates war moderat und auf Ausgleich, nicht aber auf Eskalation gerichtet. Diese Haltung zur Hexerei fügt sich ein in die generelle Linie, die Hall angesichts potentieller Konflikte vertrat. Die gesamte Politik des Haller Rates im 16. und 17. Jahrhundert war, soweit wir wissen, auf Konfliktvermeidung ausgerichtet. Der Haller Rat lavierte zwischen Kaiser und Reformation und vermied es, eindeutig Position zu beziehen. Er versuchte drohende Konflikte zu entschärfen, z.B. die Zerstörung der Stadt im Dreißigjährigen Krieg mittels Geldzahlungen zu verhindern. Doch nicht nur nach außen, auch nach innen war Friede und Ordnung oberstes Ziel seiner Politik. Hungersnöte und daraus drohende Revolten versuchte er mittels einer ausgeklügelten Vorratswirtschaft schon im Keim zu ersticken. Gegen Ruhestörerinnen, wie es Katharina Schloßstein, möglicherweise Maria Romig und Ursula Rüeger waren, ging er vor, immer aber Konflikteskalation vermeidend. Für die Handelsstadt Hall, die zielstrebig ihre Wirtschaftspolitik betrieb, konnten Unruhe und Streit nur schädlich sein.

Anmerkungen

1 Kuno ULSHÖFER/Herta BEUTTER (Hrsg.), Hall und das Salz. Beiträge zur hällischen Stadt- und Salinengeschichte, Sigmaringen 1982.

2 Vgl. Otto WINDMÜLLER, Die wirtschaftliche Entwicklung von Hall im Zeitalter Napoleons, in: Manfred AKERMANN/Harald SIEBENMORGEN (Hrsg.), Hall in der Napoleonzeit. Eine Reichsstadt wird württembergisch, Sigmaringen 1987, S. 23–25, hier: S. 23.

3 Z.B. Bau eines neuen Rathauses 1494, Stadttürme und Befestigungsanlagen (u.a. »Neubau«) von 1504 bis 1527, steinerne Henkersbrücke 1504.

4 Dieter KREIL, Der Stadthaushalt von Schwäbisch Hall im 15./16. Jahrhundert (Forschungen aus Württembergisch Franken, Bd. 1), Schwäbisch Hall 1967, S. 18.

5 Eberhard NAUJOKS, Schwäbisch Hall im Rahmen der reichsstädtischen Sozialgeschichte Südwestdeutschlands im 14. bis 16. Jahrhundert, in: Württembergisch Franken 74 (1990), S. 189–218, hier: S. 195.

6 KREIL (wie Anm. 4), S. 83, 231.

7 Manfred AKERMANN, Die Reichsstadt Hall zur Zeit des Aufenthalts Leonhard Kerns von 1620 bis 1662, in: Harald SIEBENMORGEN (Hrsg.), Leonhard Kern (1588–1662). Meisterwerke der Bildhauerei für die Kunstkammern Europas (Kataloge des Hällisch-Fränkischen Museums, Bd. 2), Sigmaringen 1988, S. 31–34, hier: S. 33.

8 Hildegard NORDHOFF-BEHNE, Gerichtsbarkeit und Strafrechtspflege in der Reichsstadt Schwäbisch Hall seit dem 15. Jahrhundert, Schwäbisch Hall 1971, S. 39.

9 Gerd WUNDER, Die Haller Ratsverstörung von 1509 bis 1512, in: Württembergisch Franken 30 (1955), S. 57–68.

10 Hans-Martin MAURER/Kuno ULSHÖFER, Johannes Brenz und die Reformation in Württemberg, Stuttgart/Aalen 1984.

11 Volker PRESS, Die territoriale Welt Südwestdeutschlands 1450–1650, in: Die Renaissance im deutschen Südwesten zwischen Reformation und Dreißigjährigem Krieg (Ausstellungskatalog Badisches Landesmuseum), Karlsruhe 1986, S. 17–61.
12 H.C. Erik MIDELFORT, Witch Hunting in Southwestern Germany 1562–1684. The social and intellectual foundations, Stanford 1972, S. 78, 81.
13 Wolfgang BEHRINGER, Hexenverfolgung in Bayern. Volksmagie, Glaubenseifer und Staatsräson in der Frühen Neuzeit, München 1987, S. 46.
14 Wolfgang BEHRINGER (Hrsg.), Hexen und Hexenprozesse in Deutschland, München 1988, S. 192.
15 In Schwäbisch Hall sind nur die Akten eines einzigen Hexenprozesses überliefert. Quellengrundlage des vorliegenden Beitrags bilden daher im wesentlichen die im StadtA Schwäbisch Hall verwahrten Urfehdbücher (vgl. BEHRINGER, Hexenverfolgung [wie Anm. 13], S. 43).
16 MIDELFORT (wie Anm. 12), S. 202; August WILLBURGER, Hexenverfolgung in Württemberg, in: Rottenburger Monatsschrift für praktische Theologie 13 (1929/30), S. 135–145, 167–173, schreibt auf S. 137: »1539 schoben die Leute in Hall ein heftiges Gewitter, das Felder und Weinberge verheert hatte, den Hexen zu.« Zugrunde liegt die 1539 von Brenz gehaltene *Hagelpredigt*.
17 MIDELFORT (wie Anm. 12), S. 88ff.
18 StadtA Hall, 4/479, Urfehdbuch 1531–1566, fol. 299r; Hexenwahn und Hexenverfolgung in und um Schwäbisch Hall (Ausstellungskatalog Hällisch-Fränkisches Museum), Schwäbisch Hall 1988, ND 2000, S. 21.
19 StadtA Hall, 4/480, Urfehdbuch 1566–1577, fol. 91r; Hexenwahn und Hexenverfolgung (wie Anm. 18), S. 22.
20 StadtA Hall, 11/13, Prozeßakten gegen Katharina Schloßstein; StadtA Hall, 4/480, Urfehdbuch 1566–1577, fol. 195v/196r; Gerd WUNDER, Die Haller Hexenzeugen. Wie es zum Prozeß gegen Katharina Schloßstein kam, in: Der Haalquell 30 (1978), S. 13–18; Hexenwahn und Hexenverfolgung (wie Anm. 18), S. 14–19.
21 Vgl. Elisabeth SCHRAUT, Von Zank und Streit zur Hexerei. Nachbarschaftskonflikte in der Katharinenvorstadt im 16. Jahrhundert, in: Albrecht BEDAL/Isabella FEHLE (Hrsg.), Haus(ge)schichten, Sigmaringen 1994, S. 351–357.
22 NORDHOFF-BEHNE (wie Anm. 8), S. 130.
23 So bei MIDELFORT (wie Anm. 12), Tabelle S. 203.
24 StadtA Hall, 4/480, Urfehdbuch III, 1566–1577, fol. 303v; Hexenwahn und Hexenverfolgung (wie Anm. 18), S. 22.
25 BEHRINGER, Hexenverfolgung (wie Anm. 13), S. 44.
26 StadtA Hall, 4a/58b, Steuerrechnung 1595; StadtA Hall, 4/221, Ratsprotokoll, Bd. 8, fol. 226r/v, 228r, 230r, 231r; Hexenwahn und Hexenverfolgung (wie Anm. 18), S. 23.
27 NORDHOFF-BEHNE (wie Anm. 8), S. 136.
28 StadtA Hall, 4/481, Urfehdbuch 1605–1622, fol. 184v; Hexenwahn und Hexenverfolgung (wie Anm. 18), S. 24.
29 StadtA Hall, 4/221, Ratsprotokoll, fol. 235r; Hexenwahn und Hexenverfolgung (wie Anm. 18), S. 24.
30 StadtA Hall, 4/482, Urfehdbuch 1622–1663, fol. 48v; Hexenwahn und Hexenverfolgung (wie Anm. 18), S. 24f.
31 Wilhelm GERMAN, Chronik von Schwäb. Hall und Umgebung, Schwäbisch Hall 1900, S. 250; Universitätsarchiv Tübingen, 84/6.
32 MIDELFORT (wie Anm. 12), S. 76ff., Tabelle *Witch trials* S. 220.
33 StadtA Hall, 4/3, Chronik der Reichsstadt Hall, 17. Jahrhundert, fol. 987ff. Auf diese kürzlich wiederaufgefundene Chronik gehen wohl alle späteren Berichte zurück, z.B. Johann MORHARDT, Haller Haus-Chronik, ND Schwäbisch Hall 1962, S. 137; Hexenwahn und Hexenverfolgung (wie Anm. 18), S. 25. Das »Haller Hexenbad« hat die Geschichtsschreibung schon im 19. Jahrhundert stark fasziniert. Bereits der bekannte Germanist Friedrich David Gräter berichtete 1813 über dieses Ereignis in seiner Zeitschrift *Idunna und Hermode* 19 (8. Mai 1813); Friedrich Ernst MEJER, Ein Beitrag über Hexen-Processe, in: Württembergisch Franken 8,2 (1869), S. 314–317.
34 Im Besitz des Kunsthistorischen Museums Wien (vgl. Elisabeth SCHRAUT, Bemerkungen zu Leonhard Kerns Skulptur »Szene aus dem Dreißigjährigen Krieg«, in: Harald SIEBENMORGEN [Hrsg.], Leonhard Kern [1588–1662]. Neue Forschungsbeiträge [Kataloge des Hällisch-Fränkischen Museums, Bd. 2, Supplement], Sigmaringen 1990, S. 30–37).
35 Hexenverfolgungen unter der Regie bayerischer Truppen waren 1643 auch in Durlach beabsichtigt, konnten jedoch durch Befehle aus München verhindert werden (vgl. Artur BECHTOLD, Hexen im bayrischen Lager bei Durlach [1643], in: Alemannia 44 [1917], S. 138–144).
36 MIDELFORT (wie Anm. 12), S. 220, unter der Kategorisierung C-P (Catholic ruler governing a Protestant land), die jedoch bei der Interpretation unberücksichtigt bleibt. Wohl auf Midelfort beruhend BEHRINGER, Hexenverfolgung (wie Anm. 13), in seiner Karte (Umschlagseiten 3, 4).
37 MIDELFORT (wie Anm. 12), S. 140; Wolfgang BEHRINGER, Kinderhexenprozesse. Zur Rolle von Kindern in der Geschichte der Hexenverfolgung, in: Zeitschrift für historische Forschung 16 (1989), S. 31–47; Hartwig WEBER, Kinderhexenprozesse, Frankfurt a.M. 1991.
38 Andreas ZIEGER, Die Geschichte Riedens und Sanzenbachs vom 16. Jahrhundert bis 1802, in: Rieden im Rosengarten 1290–1990, hrsg. von der Gemeinde Rieden-Ortschaft Rosengarten (Veröffentlichungen zur Ortsge-

schichte und Heimatkunde in Württembergisch Franken, Bd. 1), Rosengarten-Ortschaft Rieden 1990, S. 137–161.

39 StadtA Hall, 4/484, Urfehdbuch 1672–1685, fol. 21^{r}.

40 ZIEGER (wie Anm. 38), S. 151.

41 StadtA Hall, 4/281, Ratsprotokoll 1674, fol. 135^{r}, 142^{r}, 155^{v}–156^{r}, 168^{r}, 208^{r}, 287^{r}, 444^{v}, 514^{v}, 533^{v}, 534^{r}, 579^{v}; StadtA Hall, 4/484, Urfehdbuch VI, 1672–1685, fol. 21^{r}; Hexenwahn und Hexenverfolgung (wie Anm. 18), S. 26; Elisabeth SCHRAUT, Ursula Rüeger 1674 – eine »Hexe« aus Sanzenbach? Eine Anklage wegen Hexerei und die Folgen, in: Rieden im Rosengarten (wie Anm. 38), S. 162–170.

42 Gudrun EMBERGER-WANDEL, »Die Zauberinnen sollst Du nicht leben lassen« (Ex 22,17). Vom Streit der Theologen über die Hexenverfolgung, in: Heimatblätter. Jahrbuch für Schorndorf und Umgebung 6 (1988), S. 45–62.

43 BEHRINGER, Hexen und Hexenprozesse (wie Anm. 14), S. 334–337.

44 Ratsbibliothek Schwäbisch Hall, 2° 247.

45 Jörg JUNGMAYR, Matthäus Alber, seine Hagelpredigt von 1562 und das Hexenwesen in der Freien Reichsstadt Reutlingen. Vortrag, gehalten anläßlich der Tagung *Interdisziplinäre Ansätze in der Hexenforschung* 30. April/1. Mai 1993 in Stuttgart-Hohenheim.

46 KREIL (wie Anm. 4), S. 150f.

Bernd Schlaier

Reichsstadt Ulm[1]

Trotz wiederholter und – zeitweise auch hier – vehement vorgetragener Forderungen nach Hexenverfolgungen und -hinrichtungen zählt die Reichsstadt Ulm mit ihrem Herrschaftsgebiet zu den prozeßärmsten Territorien des deutschen Südwestens. Mit Hilfe des vorliegenden Quellenmaterials können zwar Angaben über Zahl und Herkunft der Opfer gemacht werden; Aufklärung über die Hintergründe erlaubt es hingegen nur selten.

1. Stadtgeschichtlicher Überblick

Ulm lag an der Kreuzung wichtiger Handelswege, so z.B. an der Fernstraße von den Niederlanden über Innsbruck nach Oberitalien[2]. Infolge dieser günstigen Lage entwickelte es sich durch Handel und Gewerbe zu einem bedeutenden Handelsplatz, insbesondere zu einem Zentrum der Leinwand- und Barchentproduktion. Frühkapitalistische Handelsgesellschaften, wie sie sich beispielsweise in Augsburg entwickelt hatten, konnten sich in Ulm nicht entfalten. Das Prinzip zünftischer Kontrolle von Produktion und Preisen war stets die allgemein sanktionierte Wirtschaftsweise gewesen.

Durch eine zielstrebige Politik gelang es seit dem 14. Jahrhundert, diese wirtschaftliche Kraft in den Ausbau eines Territoriums umzusetzen. In drei Schüben, 1377 bis 1396, 1482 und dann nachfolgend 1535 und 1571, gelang es den Ulmern, ein Gebiet von ungefähr 15 Quadratmeilen (ca. 830 km^2) zu erwerben, das in seiner Größe nur noch mit dem Gebiet der Reichsstadt Nürnberg vergleichbar ist. Zum Ulmer Gebiet gehörten vier Städte – Geislingen, Leipheim, Albeck und Langenau –, 55 Dörfer sowie 22 Filialen[3]. Die beiden größten Komplexe hatte man aus der helfensteinischen und werdenbergischen Herrschaft herauszulösen verstanden. Sie bildeten fortan den Kern der Ulmer Territorialverwaltung als Untere und Obere Herrschaft.

Seit der Mitte des 16. Jahrhunderts war der Zenit ulmischer Wirtschaftsblüte überschritten. Erst kurz vor dem Dreißigjährigen Krieg wurde die rückläufige wirtschaftliche Entwicklung allgemein spürbar. Dieser Zustand spiegelte sich beispielsweise im Abnehmen der Bevölkerungszahl wider[4]. In der Zeit von 1550 bis 1600 war die Bevölkerung von geschätzten 19.000 auf etwa 21.000 Personen angestiegen, den höchsten Stand, den die Reichsstadt je erreicht hat. Aber schon innerhalb der ersten beiden Jahrzehnte des 17. Jahrhunderts reduzierte sich die Zahl wieder auf etwa 19.000. Während des Krieges ging die Einwohnerzahl weiter durch Kriegseinwirkungen und vor allem durch die Pest von 1634/35 auf etwa 13.500 zurück. Außerdem mußte die Stadt zu manchen Zeiten an die 16.000 Fremde und Flüchtlinge beherbergen. Erst rund 40 Jahre nach Kriegsende erreichte die Einwohnerzahl wieder den Stand von vor 1618 mit etwa 19.000 Einwohnern. Die Bevölkerungszahl des Territoriums dieser Zeit wird bei etwa 25.000 angesetzt.

1530 entschied sich die Ulmer Bürgerschaft mehrheitlich in namentlicher Abstimmung für die Einführung der Reformation[5]. Dadurch wurde es dem Rat möglich, seinen schon im 15. Jahrhundert erheblichen Einfluß auf kirchliche Institutionen gegen die Widerstände der Geistlichkeit auszuweiten. Allerdings war die Protestantisierung der Bevölkerung ein wesentlich langwierigerer Prozeß als die Schaffung reformatorischer Institutionen. Gab es doch neben den verschiedensten protestantischen Strömungen noch Spiritualisten wie Sebastian Franck (1499–1542) und Kaspar Schwenckfeld (1489–1561), die innerhalb der städtischen Führungsschicht Sympathien genossen. Auch die Altgläubigen erfreuten sich gerade innerhalb des Patriziats einiger Beliebtheit, von denen um 1550 noch rund 10% der katholischen Lehre anhingen. Von der zunächst zwinglianisch beeinflußten Lehre in Ulm näherte man sich nach dem Fürstenkrieg (1552) beim Wiederaufbau des Kirchenwesens der lutherischen Lehre an. Äußerlich wird dies in der Übernahme der württembergischen Kirchenordnung 1552 greifbar. Die Versuche zur Rekatholisierung während des Interims blieben nur Episode.

Im Ulmer Territorium gestaltete sich die Einführung der Reformation noch weit schwieriger als in der Stadt selbst. Vor allem in den Landstädten, insbesondere in der im Zentrum der Unteren Herrschaft gelegenen Stadt Geislingen, regte sich Widerstand, weil mit der Verpflichtung auf ein protestantisches Bekenntnis die durch das herrschaftliche Regiment der Ulmer ohnehin schon eingeschränkte Selbstverwaltung weiter beschnitten worden war. Bis in die 1580er Jahre hinein blieb Geislingen eine Hochburg der Altgläubigen. Dennoch gelang es dem Ulmer Rat mit der Einführung der Reformation, die herrschaftliche Durchformung des Landgebiets zu intensivieren.

Als Folge des Schmalkaldischen Krieges schaffte Kaiser Karl V. 1548 die Zunftverfassung von 1397 ab, setzte statt dessen einen patrizisch dominierten Rat ein und verbot die Zünfte vorübergehend. Diese Verfassung blieb bis zum Ende der Reichsstadtzeit bestehen. Der Rat war in dem hier interessierenden Zeitraum Träger der Landeshoheit, oberste Gerichtsinstanz in zivilen wie strafrechtlichen Angelegenheiten sowie Verwaltungszentrale.

Außenpolitisch hatte sich Ulm bereits im 15. Jahrhundert als Führungsmacht unter den südwestdeutschen Reichsstädten etabliert. Vom 15. Jahrhundert an war es Mitglied des Schwäbischen Städtebundes gewesen. Im Schwäbischen Bund (1488–1534) fungierte der Ulmer Bürgermeister regelmäßig als Städtehauptmann, und im Schwäbischen Kreis diente Ulm traditionell als Versammlungsort der Kreisstände. Die Verlegung des Archivs der oberdeutschen Reichsstädte von Augsburg nach Ulm im Jahre 1586 betont noch einmal die Bedeutung Ulms.

2. Die Prozesse und ihre Opfer

In der Zeit zwischen 1507/08 und 1682 (erster und letzter nachweisbarer Prozeß) wurden in Ulm gegen mindestens 30 Personen wenigstens 29 Hexenprozesse geführt[6]. Abgesehen von einem Kettenprozeß 1616, bei dem drei Frauen der Hexerei angeklagt waren, handelt es sich in den übrigen Fällen allem Anschein nach um Einzelverfahren. In zumindest einem weiteren Fall (1563) deutet zwar die zeitliche Nähe der Anklagen sowie die Herkunftsorte der Angeklagten auf einen Zusammenhang hin, der aber anhand der Quellen nicht belegbar ist. Betroffen waren insgesamt 20 Frauen und vier Mädchen, drei Männer und zwei Jungen.

Einzelprozesse finden sich 1508[7], 1538[8] und 1557. Eine erste Verdichtung gibt es in den Jahren zwischen 1562 und 1564 mit vier Prozessen, wobei die beiden Prozesse des Jahres 1563, wie angedeutet, möglicherweise zusammenhängen. Bis 1612 verzeichnen die Ratsprotokolle nur noch einen Hexenprozeß (1595) gegen die Amtmännin von Gingen/Fils[9]. Die Zeit von 1612 bis 1621 bildet mit zwölf Prozessen gegen 15 Personen, von denen drei hingerichtet wurden (1613, 1616, 1621) und eine Frau 1617 in der Haft starb, den Höhepunkt der Ulmer Verfolgung; die Jahre 1614 und 1618 waren anscheinend prozeßfrei. Bis zum Jahr 1682 verteilen sich die Prozesse folgendermaßen: ein Prozeß 1627, drei in den 1630er Jahren (1632, 1636, 1638), einer 1643 und dann jeweils ein weiterer 1672, 1680 (letzte Hinrichtung in Ulm) und 1682.

Die vier wegen Hexerei in Ulm hingerichteten Frauen waren Catharina Rueß aus Großsüßen (1613) im Alter von etwa 43 Jahren, Anna Uebelhör aus Aufhausen (1616), wahrscheinlich einige Jahre älter als Catharina Rueß, Anna Ilg aus Nellingen (1621) als 70jährige und Anna Maria Gaßner (1680), 15 Jahre alt[10]. Eine Frau, Magdalena Claß, ebenfalls 70jährig, starb während der Haft 1617. In mindestens zwölf Fällen wurden die Beklagten gegen Urfehde wieder freigelassen bzw. zwei davon (1612 Barbara Merkler und 1615/16 Columna Eberlin) unter Hausarrest gestellt, bis der Rat sie begnadigen würde. In zwei Fällen (1612 Margreth Saltzmann, 1620 Barbara Rueß, Schwägerin der bereits oben erwähnten Catharina Rueß) wurden den Freigelassenen die Atzungskosten erlassen, weil sie gefoltert worden waren. In einem andern Fall (1612 Margretha Schlumperger) ließ man sie der Frau nach, weil sie arm und kinderreich war. In zwei Fällen wurden die Angeklagten aus der Stadt und dem Territorium Ulms verbannt: 1563 ein nicht namentlich bekannter Mann, das zweite Mal die bereits erwähnte Margreth Salzmann, weil sie die Urfehde von 1612 gebrochen hatte und 1616 erneut wegen Hexereiverdachts verhaftet worden war. In vier Fällen (1508, 1538, 1563 und 1564) sind etwaige Bedingungen der Freilassung nicht überliefert. In dem Fall von 1562/63 gegen Afra Sterubin wurde die Angeklagte wahrscheinlich wegen Schwachsinns ins Spital verlegt. Die Amtmännin zu Gingen (1595) mußte 10 Gulden Strafe zahlen. Ob weitere Schritte gegen sie und ihren Mann wie etwa eine Amtsenthebung unternommen wurden, läßt sich durch die Quellen nicht bestätigen, liegt aber bei den Ulmer Gepflogenheiten nahe. In vier Fällen (1613 die zweite Anklage gegen Barbara Merkler, 1627, 1636 und 1638) läßt der Rat nach einiger Untersuchung die Sache auf sich beruhen, d.h. der Prozeß wurde eingestellt, ohne daß die Beklagten in irgendeiner Form belangt worden wären. In den ersten drei Fällen gingen die Anklagen von Kindern aus, im letzten Fall war ein schwachsinniger Spitalinsasse betroffen.

Abgesehen von den zum Tode Verurteilten, die zuvor alle gefoltert worden waren, wurde in mindestens vier Fällen (1562/63 Afra Sterubin, 1612 Margreth Saltzmann, 1617 Magdalena Claß, 1620 Barbara Rueß) über den ersten Foltergrad, die Bedrohung mit den Folterinstrumenten, hinausgegangen. In vier Fällen (1612 Margretha Schlumperger, 1612 Barbara Merkler, 1616 Margreth Saltzmann zum zweiten Mal, 1643 Anna Seitz) kam es zur »gebundenen Streng«, d.h. zur Anlegung der Folterinstrumente, ohne daß diese tatsächlich zum Einsatz gekommen wären. In weiteren vier Fällen (1615/16 Columna Eberlin, 1616 Dorothea Keller, 1619 Jacob Deinings Ehefrau und 1643 Maria Mayer) wurde nicht gefoltert.

Über die soziale Herkunft und die gesellschaftliche Stellung der Angeklagten können nur wenige Angaben gemacht werden. Für die Prozesse des 16. Jahrhunderts läßt sich nur die Amtmännin zu Gingen daraufhin näher bestimmen, die zumindest in der lokalen Hierarchie ganz oben stand. Im 17. Jahrhundert waren zwei der hingerichteten Frauen (1616 und 1621) Witwen mittleren und hohen Alters, ebenso wie die 1617 während der Haft gestorbene Frau. Die erste Hinrichtung in Ulm wurde 1613 an einer aus Münster bei Donauwörth nach Großsüßen eingeheirateten Frau vollstreckt[11]. Diese war außerdem 1603 des Ehebruchs schuldig geworden, wofür sie 1605 eine mehrwöchige Turmstrafe in Geislingen zu verbüßen hatte. In zwei Fällen (1615/16 und 1632), wurden Hebammen beklagt. Die eine stammte aus Ulm, die andere aus dem gut 30 km nordwestlich von Ulm gelegenen Böhringen. 1638 und 1680 waren es Spitalinsassen, gegen die vorgegangen wurde. 1617 kam es zu Ermittlungen gegen zwei Schuljungen. Einer war der Sohn eines Ulmer Bürgers, der andere ein Halbwaise aus Söflingen, über das Ulm die Schutzvogtei ausübte. Im letzten Ulmer Hexenprozeß 1682 stand der Sohn des Karrermeisters unter Anklage.

Die geographische Herkunft der Angeklagten verteilt sich folgendermaßen auf die Stadt und das Territorium Ulms: Aus der Unteren Herrschaft mit dem Oberamt Geislingen stammten insgesamt 14 Angeklagte, allesamt Frauen oder Mädchen. Neun davon wurden im Verdichtungszeitraum zwischen 1612 und 1621 beklagt. Drei der vier Hinrichtungen sowie der während der Haft erfolgte Todesfall trafen Bewohnerinnen der Unteren Herrschaft. Aus der Oberen Herrschaft mit den Oberämtern Langenau, Albeck und Leipheim kamen drei Angeklagte (1632 einmal und 1643 zweimal). Zwei Verdächtige kamen aus Leipheim oder dessen Umgegend (1557 und 1563), vier von außerhalb des Ulmer Territoriums. In sechs Fällen kamen die Angeklagten aus der Stadt selbst, von denen vier in der Zeit zwischen 1612 und 1617 eingezogen wurden. In einem Fall (1538) ist die Herkunft des Beklagten nicht nachweisbar.

3. Behördenstruktur und Gerichtsverfahren

Um zumindest teilweise erklären zu können, warum es in Ulm verglichen mit anderen Territorien zu keiner Eskalation und zu dieser relativ geringen Zahl an Prozessen und Hinrichtungen kam, wird man zunächst auf die Behördenorganisation und -struktur und, damit zusammenhängend, auf das hiesige Gerichtsverfahren eingehen müssen.

Wie bereits erwähnt, war der Rat die höchste Gewalt in Ulm[12]. Seit der Verfassungsänderung von 1548 (mit einer Modifikation von 1558) waren 24 seiner 41 Mitglieder Patrizier, die übrigen 17 waren Bürger aus den Zünften[13]. Schon seit etwa 1500 läßt sich ein ausgeprägtes obrigkeitliches Selbstverständnis des Rates beobachten. Dabei wurde nicht mehr zwischen Bürgern und Nicht-Bürgern unterschieden, sondern zwischen Obrigkeit und den als Untertanen verstandenen Einwohnern der Stadt und des Territoriums. Die patrizischen Ratsherren rekrutierten sich aus dem begrenzten Kreis von 17 Familien, denen Karl V. 1552 die Erblichkeit ihres Adels garantiert hatte und die vielfach untereinander verwandt und verschwägert waren. Alle männlichen Patrizier waren zudem in der »Oberen Stube« zusammengefaßt, einer Art Standesorganisation. Die verbleibenden bürgerlichen Ratssitze wurden ungleichmäßig unter den Zünften aufgeteilt, wobei die Angehörigen der Kaufleutezunft – auch sie häufig mit dem Patriziat verwandtschaftlich verbunden – ein deutliches Übergewicht besaßen, während andere Zünfte wie die Kürschner- und Schiffsleutezunft abwechselnd einen Ratssitz beanspruchen durften, andere Zünfte wiederum überhaupt nicht vertreten waren.

Die jährliche Ratswahl bestand darin, daß der Rat sich selbst in einem ausgeklügelten und komplizierten Verfahren, stets die Dominanz der Patrizier wahrend, für ein weiteres Jahr bestätigte. Schied ein Ratsherr durch Tod oder wegen eines Vergehens strafweise aus, wurde ein neues Mitglied durch Kooption bestimmt. Nach der Satzung hatten theoretisch alle Ratsmitglieder die gleichen Rechte und Pflichten, jeder verfügte über eine Stimme. Tatsächlich aber existierte eine genau beachtete Rangfolge unter den Ratsmitgliedern, die zum einen durch das Prinzip der Jährlichkeit der Ämter bestimmt war, zum anderen – weit wichtiger – durch die jeweils bekleideten Ämter, die sich im Laufe der Zeit, vor allem im Verwaltungsbereich, herausgebildet hatten. Es existierte ein regelrechter *cursus honorum*, der von jedem Ratsmitglied durchlaufen werden mußte und beim Einungsamt, einer Art Untersuchungsbehörde, begann. An der Spitze dieser Ordnung standen die beiden Ratsälteren, ein Amt, das nur Patriziern zugänglich war und für das sie auf Lebenszeit gewählt wurden. Drei Bürgermeister waren den Ratsälteren nachgeordnet. Jeder von ihnen übernahm in einem dreijährigen Turnus die Aufgabe des Regierenden Bürgermeisters, während die beiden anderen als Alte Bürgermeister pausierten. Der Regierende Bürgermeister leitete die Ratssitzung und bestimmte, welches Gremium über die anstehenden Zivilprozesse entscheiden sollte. Daneben war der Geheime Rat, bestehend aus zwei Ratsälteren, drei Patriziern – von denen zwei Alte Bürgermeister waren – und zwei Mitgliedern aus den Zünften, ein weiteres exponiertes Gremium, das vor allem bei Eilentscheidungen herangezogen wurde und in der Versammlung die ersten Plätze einnahm. Schließlich waren zwölf Oberrichter (acht Patrizier und vier Zunftmitglieder) noch von herausgehobener Stellung, wobei dieses Amt im Laufe der Zeit zum Ehrentitel ohne Funktion verkümmerte. Nur diese prominenten Ratsherren kannten vor Sitzungsbeginn die anstehenden Gegenstände, weil nur ihnen eine vorherige Akteneinsicht ermöglicht wurde. Das Gros der Ratsherren wurde erst während der Sitzung mündlich informiert, konnte sich also erst dann eine Meinung bilden, wenn man es nicht sowieso vorzog, sich der Stimmabgabe der Ranghöheren anzuschließen. Die Entscheidungsfindung im Rat war also auf einen relativ engen Kreis eingeschränkt, in dem die Patrizier das Übergewicht hatten. Überblickt man die gesamte reichsstädtische Politik des Rates, fällt die konservative Grundhaltung auf, die »allem überraschend aufbrechenden Neuen mit revolutionär umgestaltenden Tendenzen abhold war«[14].

Abb. 39: Zeugenaussage, aus: Hermann Löher, »Wemütige Klage der Frommen Unschültigen«, Amsterdam 1676

Die Strafverfolgung eines Täters oder einer Täterin setzte in der Stadt ein, wenn beim Bürgermeisteramt oder bei den Einungern (Strafherren) eine strafbare Handlung angezeigt worden war. Beide Ämter konnten die Untersuchung anordnen, wobei allerdings nur das Bürgermeisteramt die persönliche Haft der Delinquenten veranlassen konnte. Im Territorium oblag die Verbrechensverfolgung den untersten Verwaltungsorganen, Amtleuten und Anwälten, die stets gehalten waren, sogleich an die je höhere Verwaltungsebene, d.h. an das Oberamt oder das Herrschaftspflegamt (bestehend aus zwei Patriziern, zumeist den beiden Alten Bürgermeistern), zu berichten. Nach ersten Sachermittlungen mußten die Amtmänner Festgenommene unverzüglich an das Oberamt überstellen, von wo aus diese – nach weiteren Vernehmungen – nach Ulm zu überführen waren. Dort entschied der Rat über das weitere Procedere. Wurde der Strafprozeß eingeleitet, so wurden zum Beweisverfahren meist sogleich die reichsstädtischen Ratsadvokaten herangezogen. Ulm verfügte in der hier betrachteten Zeit stets über sechs bis acht Ratsadvokaten, deren Zahl gegen Ende des 17. Jahrhunderts noch zunahm. Bis zum Ende des Dreißigjährigen Krieges stammten die Ulmer Rechtsgelehrten zu etwa zwei Dritteln aus dem Patriziat oder waren mit diesem verwandt oder verschwägert. Soweit die Ratskonsulenten aus Ulm kamen, absolvierten sie dort die Lateinschule, später das Gymnasium, zur Vorbereitung auf die Universität. Die meisten der Ulmer Juristen schlossen ihre Studien an deutschen und ausländischen Universitäten mit der Doktorwürde in beiden Rechten, dem römischen und dem kanonischen, ab. Für eine spätere Anstellung in Ulm war es im 16. und 17. Jahrhundert neben der Universitätsausbildung notwendig, Berufspraxis, in der Regel an den höchsten Gerichten des Reiches, nachweisen zu können. Die nun vom Rat in der jeweiligen Sache zu Referenten bestimmten Ratsadvokaten wurden die eigentlichen Leiter des Verfahrens, dessen Vernehmungen vor dem Einungsamt durchgeführt wurden. Über jeden vom Rat bestimmten Verfahrensschritt mußte diesem laufend Bericht erstattet werden, weil nur er über die Art und Anwendung der Folter und anderer Zwangsmittel, die zu einem Geständnis führen sollten, entschied. Beruhte die Einziehung auf einer persönlichen Anzeige, wurden Kläger und Angeklagte in der Regel miteinander konfrontiert. Kam man im Prozeß nicht weiter, mußten entweder ausgewählte Rechtsgelehrte, üblicherweise mindestens drei, oder das gesamte Juristenkollegium Gutachten vorlegen, wie weiter verfahren werden solle. Auch die ausgearbeiteten Fragstücke, mit denen die Delinquentinnen konfrontiert werden sollten, bedurften der Zustimmung durch den Rat. So entschied dieser beispielsweise 1615 im Prozeß gegen die Hebamme Columna Eberlin, daß verschiedene Fragen aus den Fragstücken ausgelassen werden sollten. Um welche Fragen es sich dabei genau handelte, läßt sich nicht mehr ermitteln, weil die Fragstücke ebenso wie die entsprechenden Gutachten nicht mehr erhalten sind. Nur zweimal, 1612/13 (Barbara Merkler) und 1617 (Magdalena Claß), wurde an der Tübinger Juristenfakultät um Rat nachgefragt.

Die Gutachten durften dem Rat nur schriftlich vorgelegt und vom Stadtschreiber verlesen werden. Die Möglichkeit des persönlichen Vortrags eines oder mehrerer Advokaten, wie dies beispielsweise für Esslingen belegt ist, gab es nicht.

Ist auch die Entscheidungsfindung innerhalb des Rates und des Juristenkollegiums und deren gegenseitige Beeinflussung im Einzelnen nicht mehr nachvollziehbar, so garantierte der dargestellte Behördengang den Prozeßablauf in klar geregelten Bahnen. Der Einfluß Außenstehender war damit ausgeschaltet. Die Dauer dieses ständigen – schriftlichen – Austausches verlängerte die Verfahren. Sie dürfte sich auch hemmend auf eine Ausdehnung der Prozesse ausgewirkt haben.

Rechtliche Grundlage für die Hexenprozesse wie überhaupt für die gesamte Strafrechtspflege in Ulm war die *Peinliche Halsgerichtsordnung* Karls V. von 1532. Soweit das vorhandene Quellenmaterial Aussagen darüber zuläßt, wurde dieses Reichsrecht sehr genau beachtet, vom Einholen von Rechtsgutachten über die Verifikation gemachter Aussagen bis zum vorsichtigen Gebrauch der Folter. Nur in einem einzigen Fall (1621) stellte der Rat dem Scharfrichter während des Prozesses kurzfristig die Mittel frei, die er zur »Wahrheitsfindung« gebrauchen wollte. Ansonsten erhielt er genaue Order, wie er vorzugehen hatte. Die Anwendung »unnatürlicher« Mittel, z.B. irgendwelcher Tränke, wurde ihm grundsätzlich strengstens untersagt. Sicherheitshalber stellte ihm der Rat zeitweise den Büttelmeister zur Seite, um einer etwaigen Kompetenzüberschreitung vorzubeugen. Die übrigen der anwesenden Beamten waren ohnehin gehalten, auf die Arbeit des Scharfrichters acht zu geben. Der Rat konnte den Rechtsgelehrten aber durchaus anzeigen, welche Richtung das Verfahren wünschenswerterweise nehmen sollte, im Negativen wie im Positiven für die Angeklagten (1613 gegen Catharina Rueß, 1612 gegen eine weitere Tortur der Margreth Saltzmann).

Dem Hexenmal an sich wurde keine Beweiskraft beigemessen. Nur wenn weitere, schwerwiegendere Indizien den Verdacht erhärteten, wurde es als Ergänzung der Beweislast herangezogen.

Lediglich ein einziges Mal scheint in Ulm eine Besagung direkt zur Verhaftung einer Frau geführt zu haben, als nämlich im Kettenprozeß von 1616 Dorothea Keller, die Schwester von Anna Übelhör, »gefänglich eingezogen« wurde. Mit Aussagen über Besagungen in Ulm muß insgesamt vorsichtig umgegangen werden, da keine Verhörprotokolle erhalten sind und sich deshalb genaue Zusammenhänge zwischen Besagung und Anklage nicht mehr überprüfen lassen. Eingedenk der angeführten Einschränkung scheint sich trotzdem sagen zu lassen, daß Besagungen in den Verhören im allgemeinen ohne Folgen für die betroffenen Personen geblieben sind. Dabei wurden selbstverständlich die Verhörprotokolle archiviert und bei Bedarf auch überprüft, wie es bei Barbara Rueß 1620 der Fall war.

4. Gründe und Auslöser für die Prozesse

In Anbetracht der vielfältigen Kautelen im Prozeßrecht und der zu beobachtenden Skepsis gegenüber einem Hexereivorwurf stellt sich die Frage, warum es in Ulm schließlich doch zu Hinrichtungen gekommen ist.

Bei der Suche nach Ursachen für die Prozesse vor den 1560er Jahren muß offen bleiben, inwieweit wirtschaftliche Hintergründe oder auch klimatische Veränderungen ausschlaggebend waren. Die Prozeßhäufung Anfang der 1560er Jahre und in der Zeit von 1612 bis 1621 erlaubt schon eher, wirtschaftliche und klimatische Zusammenhänge herzustellen, wie weiter unten zu zeigen sein wird.

In allen Fällen scheinen lokale soziale Konflikte, bei denen Schadenszauber im Spiel war, eine Rolle gespielt zu haben. Das »Gemeine Geschrei« gegen die Angeklagte von 1508, d.h. ihr schlechter Ruf, entstand infolge der Hinrichtung ihrer Mutter als Hexe in Blaubeuren im Jahr zuvor.

Bei dem ersten der vier Prozesse zwischen 1562 und 1564 scheint das Unwetter von 1562 im innerschwäbischen Raum mit der großen Verfolgung im benachbarten Wiesensteig zusammengewirkt zu haben. Die aus dem im Nordwesten des Ulmer Territoriums nahe dem helfensteinischen Gebiet gelegenen Nellingen stammende Afra Sterubin hatte sich selbst der Hexerei bezichtigt. Die Ulmer, offensichtlich noch recht unsicher in Hexendingen, baten gleich zu Beginn des Prozesses Graf Ulrich XVII. von Helfenstein, den Initiator der großen Verfolgung in Wiesensteig 1562, um Rat. Außerdem wurde der Nachrichter aus Ehingen hinzugezogen, der ja bereits in Wiesensteig und Esslingen sein Fachwissen hatte anwenden können[15]. Trotzdem gelang es nicht, die Delinquentin der Hexerei zu überführen. Sie wurde später, wohl weil sie nicht für ganz zurechnungsfähig gehalten wurde, ins Spital gelegt. Den in der Folgezeit einkommenden Beschuldigungen aus anderen Teilen der Herrschaft schien der Rat bereitwillig nachzukommen, ohne daß die drei folgenden Prozesse bis zum Letzten, der Hinrichtung, geführt hätten.

Inwieweit Zauberkundige oder Segensprecher Menschen als Hexen identifizierten, ist nicht mehr zu sagen. Jedenfalls sah sich der Rat genötigt, 1567 ein Verbot zu erlassen, mit dem das Aufsuchen von Wahrsagern und Segensprechern unter Strafe gestellt wurde. Man berief sich dabei auf kaiserliches und christliches Recht. Diese Personen, »die allein des bösen feinndts instrumenta« seien, würden durch ihre Diagnosen nur Übel über alle Beteiligten bringen, indem sie einen Schaden oder Verlust vermeintlichen Tätern anlasteten, die »also für vneerlich vnnd vnerbar Ir leben // lang gehallten oder aber das sie deßhalben frey offendtlich an Irn Ern angetascht vnnd geschwecht« werden[16]. Offensichtlich war es nötig, dieses Dekret 1571 nochmals zu bekräftigen. Tatsächlich bestätigen auch andere Quellen, daß sowohl die Segensprecherei als auch die Zauberei bis in die 80er Jahre des 17. Jahrhunderts hinein nicht in den Griff zu bekommen waren. Gerade in der Unteren Herrschaft fällt eine Häufung dieser Delikte auf. Auch die Beschuldigung der Amtmännin zu Gingen und ihre Verhaftung 1595 könnte auf das Wirken eines Segensprechers zurückgehen. Anfang der 1590er Jahre erfreute sich der Zauberer von Selach im ulmischen Gebiet großen Zulaufs[17]. Seit den 1570er Jahren war er mehrfach in Württemberg bestraft und verbannt worden, dort aber nach einiger Zeit immer wieder aufgetaucht. Zusammen mit anderen, nicht ganz so prominenten Zauberkundigen, schien er nun den nördlichen Teil des Ulmer Herrschaftsgebiets mit seinen Ratschlägen zu betreuen.

Der prozeßreichste Zeitabschnitt in Ulm zwischen 1612 und 1621 mit vier Todesopfern fällt sicher nicht zufällig in eine Zeit, in der der wirtschaftliche Niedergang Ulms allgemein durchzuschlagen begann. 1620 war das Jahr, in dem der Dreißigjährige Krieg zum ersten Mal das Ulmer Territorium erreichte und die Stadt einen Großteil der Truppenversorgung für die Union übernehmen mußte. Zudem erschütterte die rapide Geldentwertung der Kipper- und Wipperzeit zwischen 1620 und 1623 besonders die kleinen Handwerker. In den eineinhalb Jahrzehnten um die Wende vom 16. zum 17. Jahrhundert traten in Ulm und seinem Territorium verschiedentlich Seuchen auf, allein die Pest mindestens sechsmal[18].

Mit zehn von insgesamt zwölf Angeklagten in dieser Zeit sind die Bewohnerinnen der Unteren Herrschaft im Vergleich zu den anderen Teilen der Ulmer Herrschaft überrepräsentiert[19]. In mindestens vier Fällen traf die Anklage Witwen. Wie die meisten anderen Angeklagten standen sie im »Gemeinen Geschrei«, das in zwei weiteren Fällen 1616 und 1621 durch verwandtschaftliche Bande (Schwestern bzw. Schwägerin) sicher begünstigt wurde. Die erste Hinrichtung wurde an einer Ehebrecherin vollstreckt, die innerhalb ihres sozialen Umfeldes mit zwei weiteren Makeln behaftet war: Sie war zugereist, und ihre Mutter war um die Zeit ihrer Einheirat nach Großsüßen selbst als Hexe hingerichtet worden. Der Prozeß gegen sie wurde mit der Anklage eröffnet, sie habe einen Hirtenbuben mit einer präparierten Semmel krankgemacht. Ähnlicher Schadenszauber wurde auch den anderen beiden Hingerichteten zur Last gelegt. Inwieweit Segensprecher oder andere Zauberkundige am Aufkommen der Beschuldigungen dieser Zeit beteiligt waren, läßt sich nicht ermitteln. Jedenfalls taucht in den Visitationsakten 1615 die Forderung auf, der Rat solle zur Abschreckung ein Exempel statuieren[20].

Faktoren, vor allem juristischer und administrativer Art, die einer Prozeßhäufung entgegenstanden, wurden bereits vorgestellt. Dagegen lassen sich im Umfeld einiger Ulmer Prozesse klimatische und wirtschaftliche Veränderungen sowie Probleme bei der Konfessionalisierung des Territoriums, die zu einer Deutung des Aufkommens von Hexenprozessen herangezogen werden könnten, durchaus belegen. Inwieweit aber diese Faktoren den Rat dazu bewogen, in gewissen Zeiträumen trotz der strukturell angelegten Hemmschwellen gehäuft Prozesse anzustrengen, muß Spekulation bleiben.

Innerhalb des Rates gab es zweifellos auch Meinungsverschiedenheiten. Nur in einem einzigen Fall aber läßt sich ein Aufbrechen der durch die Ratsprotokolle vermittelten scheinbaren Einmütigkeit des Rates beobachten. Am Freitag, dem 8. Oktober 1613, hatte der Rat die Hinrichtung der Catharina Rueß aus Großsüßen nach einem etwa viermonatigen Prozeß für den darauffolgenden Montag (11. Oktober) beschlossen. Der Regierende Bürgermeister Hans II. Krafft (1570–1634, seit 1613 Bürgermeister) aber wollte das nicht akzeptieren[21]. Über die Prädikanten, die innerhalb ihres Gremiums offenbar ebenfalls unterschiedlicher Ansicht über den Fall waren, versuchte er, die Verurteilte zum Widerruf zu bewegen, weil sie nur noch so, laut *Carolina*, einer Leibstrafe entgehen konnte. Er selbst hielt ihre Geständnisse »für phantasmata v[nd] visiones diaboli«. Am Sonntag widerrief die Verurteilte, gestand aber kurz darauf gegenüber dem Büttelmeister alles erneut. Die Furcht, erneut gefoltert zu werden, war zu groß. Krafft hatte die Ratsmehrheit mit dem Argument umzustimmen versucht, daß die Angeklagte vom Teufel nicht mehr angefochten werden könne. Habe sie doch ihr Unrecht eingesehen, gebeichtet und Besserung gelobt, weshalb sie also bedenkenlos freigelassen werden könne. Besonders heftig war der Widerstand gegen eine Revision des Urteils auf seiten der städtischen Rechtsgelehrten, die sich in ihrer Berufsehre angegriffen fühlten. In ihren Gutachten hätten sie »einhellig vermög göttlichen, gayst: weltt=//lichen rechten, wie auch der peinlichen halßgerichtsordnung«[22] die Angeklagte zu Schwert und Feuer verurteilt und selbst die Zustimmung des Pfarrerkollegiums erhalten. Die Argumentation des Bürgermeisters schien ihnen eine »überwitzige v[nd] gantz vnnötige« zu sein. Diese Ansicht setzte sich durch, und der Rat entschied noch am Sonntag, daß es bei der festgelegten Strafe bleiben sollte. Da Hans II. Krafft bis zu seinem Tode 1634 Bürgermeister blieb, darf man wohl davon ausgehen, daß es innerhalb des Rates weiterhin heftigen Widerstand gegen Hexenprozesse gab. Zeugnisse darüber besitzen wir aber nicht.

Prozesse und Urteile waren in ihren Auswirkungen nicht auf die Gerichtsräume beschränkt. Die Stadtbevölkerung blieb von Hexereibeschuldigungen nicht unberührt. Barbara Mercklerin, genannt Schapffenmillerin, wurde 1612 bei Nacht eingezogen, weil das »Gemeine Geschrei« so groß war, daß der Rat einen tumultartigen Auflauf bei einer Verhaftung während des Tages befürchtet hatte. Gerade auch Kinder scheinen durch die Vorgänge in Ulm in ihrer Phantasie angeregt worden zu sein. Ein achtjähriger Bub klagte die Schapffenmillerin erneut an, nachdem sie kurz zuvor bei ihrem ersten Prozeß mit Hausarrest belegt worden war. Sie selbst hatte in der Zwischenzeit den Rat auch gebeten, den Büttelmeister vor ihr Haus zu schicken, um die dort ständig herumlungernden Buben zu vertreiben. Dieser Bitte kam der Rat nicht nach.

In den Fällen, in denen Kinder in die Prozesse verwickelt waren, sei es, daß sie jemand anderen anklagten (1612/13 und 1636, in letzterem Fall wurde die eigene Mutter bei der Obrigkeit angezeigt) oder auch sich selbst bezichtigten, wie 1672 ein fünfjähriges Mädchen aus Gingen, ließ der Rat größte Vorsicht und Skepsis gegenüber den Aussagen walten. Kinder als Ankläger hatten selbst Rutenschläge zu gewärtigen für den Fall, daß sie mit der Wahrheit, d.h. mit der Offenlegung ihrer Lügen, hinter dem Berg hielten. Die Selbstbezichtigung 1672 rührte nach Ansicht des Rats von der unchristlichen Erziehung des Kindes durch die Großeltern her.

Auch für die Zeit nach der Hinrichtung der 70jährigen Anna Ilg aus Nellingen im Januar 1621 läßt sich eine angespannte Stimmung innerhalb der Bevölkerung in Ulm konstatieren. Bis zum November desselben Jahres erfreute sich der Segensprecher aus Ringingen, Tillman Cappen, auch Michel der Schneider genannt, großen Zulaufs[23]. Zahlreiche kranke Handwerker und ihre Frauen hatten sich an ihn um Hilfe gewandt, nachdem die mehrfach konsultierten verschiedenen Ärzte den Leuten nicht hatten helfen können. Unter den Verdächtigen, die seine Hilfe beansprucht hatten, finden sich auch die Metzgerin Maria Schmaltzigauge und die ehemalige Hebamme Columna Eberlin, die von ersterer 1615 beim Rat der Hexerei wegen angezeigt worden war. Unter der Federführung des seit 1614 in Ulm als Superintendent wirkenden Conrad Dieterich (1575–1639) richtete das *ministerium ecclesiasticum*, der Konvent der Prediger, im November 1621 ein Schreiben an den Rat. Hexen- und Teufelswerk sowie Segensprecherei gehörten danach zusammen. Die betreffenden Personen sollten deshalb auch »gebührendes ernsts angesehen« werden[24]. Dieterich, der zwar die Wirkmächtigkeit der Hexen bestritt[25], hielt den in der Hexerei manifest werdenen Abfall vom Glauben für todeswürdig. Er kommt in einer Predigt 1634 zu dem Schluß: »wann es solte an ein Brennen in Stadt und Land gehen / es durfte uns / ehe am holz denn an hexen mangeln.«[26] Aber die Obrigkeit lasse ja diesem Treiben freien Lauf, anstatt es auszurotten. Die Anstrengungen, die Dieterich darauf verwendet, zauberische Praktiken und Hexerei als gleichwertige Verbrechen anzuprangern, lassen den Schluß zu, daß der Rat die Sachlage anders beurteilte. Es ist dabei überhaupt auffällig, daß gegen keinen der zumeist männlichen Zauberkundigen von der Obrigkeit her je der Vorwurf der Hexerei erhoben wurde. Der elaborierte Hexenbegriff war in Ulm bekannt und wurde bei den Prozessen deutlich. Doch im Zentrum des Hexereivorwurfs stand stets der an Mensch und Vieh verübte Schadenszauber.

Im Rahmen der bereits genannten Predigt suchte Dieterich nach Gründen für die schrecklichen Kriegsereignisse zwei Jahre zuvor: Infolge großer Verwüstungen im Ulmer Territorium 1632 suchten Tausende von Landbewohnern Schutz innerhalb der Mauern Ulms. Doch dort wurden viele durch die Pest von 1634/35 dahingerafft, wobei der schwarze Tod 1630 nicht annähernd so heftig in der Stadt gewütet hatte. Vielleicht steht das Auftauchen Tillmann Cappens in Ulm, wo er 1632 wieder aktenkundig wurde, im Zusammenhang mit dieser krisengeschüttelten Zeit.

Im Zeitraum von 1627 bis 1682, in dem acht Prozesse geführt wurden, waren zwei von Kindern (1627 und 1636) ausgelöst worden; 1672 bezichtigte sich ein Mädchen selbst, und 1638 wurde ein sehr wahrscheinlich schwachsinniger Spitalinsasse beschuldigt. Die Kinderanklagen wurden alle, wie früher schon, auf mangelnde christliche Erziehung zurückgeführt. Entsprechend sollte diese verbessert werden. Für den Spitalinsassen galt ähnliches.

Der Prozeß gegen zwei Frauen 1643 beruhte auf einer Beschuldigung von zwei Knechten, die angaben, mit Käse vergiftet worden zu sein. Eine nähere Überprüfung konnte diese Vorwürfe jedoch nicht erhärten.

Die beiden letzten Hexenprozesse der Jahre 1680 und 1682 sind keine Hexenprozesse im eigentlichen Sinne mehr. Das 15jährige Mädchen[27], das 1680 hingerichtet wurde, hatte in den Jahren zuvor schon mehrfach wegen ihres unsittlichen Lebenswandels im Blockhaus gesessen. Nun, so scheint es, war der Rat nicht länger willens, sich mit dem Mädchen abzugeben. Der von ihr im Laufe der Verhöre gestandene Teufelspakt schien da nicht ungelegen zu kommen. Die Strafe der Enthauptung ohne die eigentlich dem Hexereidelikt entsprechende Verbrennung belegt den untypischen Charakter dieses Prozesses. Wie wenig Interesse der Rat zu diesem Zeitpunkt an Hexenprozessen bereits hatte, verdeutlicht noch einmal der Prozeß gegen Hans Mayer, Sohn des Karrermeisters. Wegen nicht bezahlter Schulden und seines unsteten Lebenswandels kam er ins Blockhaus. Schon beim ersten Verhör gab er an, einen Pakt mit dem Teufel geschlossen zu haben. Der Rat reagierte darauf, indem er diesen »gottvergessenen« Menschen länger als nötig im Blockhaus liegen ließ, selbst als sich bei diesem ein Fieber einstellte, um ihn schließlich doch gegen Urfehde freizulassen. Im Urteil wurde angegeben, daß er wohl eine Leibstrafe verdient gehabt hätte, »man wolle aber seiner Mueter demuethiger für- // bitt ansehen, die milde der scharpfe vorziehen und ihn // ohne fernere straff auf freyen fueß stellen«[28].

Desweiteren finden sich für den gesamten Zeitraum in Ulm und seinem Landgebiet noch verstreute Nachrichten, beispielsweise von Hexentänzen (1665)[29] oder von der Selbstbezichtigung einer Frau (1629)[30], die der Pfarrer von Urspring bittet, ins Spital aufzunehmen, ohne daß sich nachprüfen ließe, was in diesen Fällen weiter passiert wäre.

Für das Beispiel der Reichsstadt Ulm läßt sich folgendes zusammenfassend feststellen: Es gab eine in sich selbst weitgehend homogene Obrigkeit, die mit allen Machtbefugnissen ausgestattet und der Hexerei gegenüber grundsätzlich skeptisch eingestellt war. Aufgrund eines relativ hohen Grades an Verrechtlichung, Bürokratisierung und Zentralisierung war es dem Einzelnen oder Gruppen kaum möglich, auszuscheren und gegen die geltenden Herrschaftsprinzipien zu verstoßen. Als Ursachen für die dennoch stattfindenden Prozesse lassen sich in einigen Fällen soziale Konflikte nachweisen, veränderte Wirtschafts- und Umweltbedingungen können vermutet werden. Inwieweit diese sich jedoch im Urteil der Richter niederschlugen, läßt sich nicht mehr sagen.

Anmerkungen

1 An dieser Stelle sei dem Stadtarchiv Ulm, besonders seinem Direktor Prof. Dr. Hans Eugen Specker, seinem Stellvertreter Dr. Gebhard Weig und Herrn Ulrich Seemüller für die stets freundliche Unterstützung bei der Erstellung dieser Arbeit herzlich gedankt.

2 Die folgenden Anmerkungen beschränken sich auf die wichtigste verwendete Literatur. Für die Stadtgeschichte Ulms seien hier stellvertretend genannt: Hans Eugen Specker, Ulm. Stadtgeschichte, Ulm 1977, S. 168–178; ders. (Hrsg.), Die Ulmer Bürgerschaft auf dem Weg zur Demokratie – Zum 600. Jahrestag des Großen Schwörbriefs. Begleitband zur Ausstellung (Forschungen zur Geschichte der Stadt Ulm. Reihe Dokumentation, Bd. 19), Ulm 1997.

3 Gerold Neusser, Das Territorium der Reichsstadt Ulm im 18. Jahrhundert (Forschungen zur Geschichte der Stadt Ulm, Bd. 4), Ulm 1964, S. 26–34; Helmut Schmolz, Herrschaft und Dorf im Gebiet der Reichsstadt Ulm, in: Ulm und Oberschwaben 36 (1962), S. 179–207, hier: S. 181f.

4 Hermann Grees, Die Bevölkerungsentwicklung in den Städten Oberschwabens (einschließlich Ulms) unter besonderer Berücksichtigung der Wandervorgänge, in: Ulm und Oberschwaben 40/41 (1973), S. 123–198, hier: S. 136–138; siehe auch Specker, Ulm (wie Anm. 2), S. 168.

5 Wilfried Enderle, Ulm und die evangelischen Reichsstädte im Südwesten, in: Anton Schindling/Walter Ziegler, Die Territorien des Reiches im Zeitalter der Reformation und Konfessionalisierung, Bd. 5: Der Südwesten, Münster 1993, S. 194–212.

6 Vgl. zur folgenden Statistik vor allem StadtA Ulm, A 3530, Ratsprotokolle (1557–1690), A 3531, Register zu den Ratsprotokollen (1500–1690). Es ist fraglich, ob die beiden Hinrichtungen von 1590, von denen Friedrich Krick, Ein Hexenprozeß gegen eine Ulmerin, in: Aus dem Ulmer Winkel 2 (1913), S. 5, spricht, tatsächlich Ulm betreffen. Vielleicht handelt es sich bei dem von ihm angegebenen Ellingen um den Besitz des Deutschen Ordens und nicht um das Ellingen (Öllingen) bei Langenau. Eine Bestätigung seiner Aussage fand sich bei den Archivalien nicht.

7 Wilhelm Gottlieb Soldan/Heinrich Heppe, Geschichte der Hexenprozesse, neu bearbeitet von Sabine Ries, ND Essen 1990, Bd. 1, S. 354f.

8 A. Schilling, Drei Hexenverbrennungen zu Ulm, in: Württembergische Vierteljahrshefte für Landesgeschichte 6 (1883), S. 137–141, hier: S. 137.

9 1593 war eine Ulmerin, Maria Holl, Gastwirtin in Nördlingen, in Hexereiverdacht geraten und eingezogen worden. Ihre Ulmer Verwandten baten den Ulmer Rat um Hilfe, der über seine Gesandtschaft auf dem Regensburger Reichstag auf die Nördlinger Gesandtschaft und den Nördlinger Rat einwirkte. So gelang es schließlich, die Frau – sie war mittlerweile schon dutzendfach gefoltert worden – aus dem Gefängnis zu bekommen (vgl. Krick [wie Anm. 6], S. 6).

10 StadtA Ulm, Urgichtbuch A [6589], fol. 227–229, 248^{v}–251, 311–313^{v} (vgl. auch Schilling [wie Anm. 8]).

11 Vgl. dazu Walter Ziegler, Von Siezun bis Süßen. Ein Streifzug durch 900 Jahre, Süßen 1971, S. 84–93.

12 Vgl. zum folgenden, neben den genannten Quellen, vor allem Neusser (wie Anm. 3), S. 50–133; Gerhard Gänsslen, Die Ratsadvokaten und Ratskonsulenten der Reichsstadt Ulm. Insbesondere ihr Wirken in den Bürgerprozessen am Ende des 18. Jahrhunderts (Forschungen zur Geschichte der Stadt Ulm, Bd. 6), Ulm 1966, S. 75–107.

13 Detailliert dazu: Bernd Schlaier, Die reichsstädtische Verfassung und ihre Änderung im Zeitalter der Reformation, 1530–1558, in: Specker, Ulmer Bürgerschaft (wie Anm. 2), S. 151–170.

14 Neusser (wie Anm. 3), S. 54.

15 Vgl. Günter Jerouschek, Die Hexen und ihr Prozeß am Beispiel der Hexenverfolgungen in der Reichsstadt Esslingen (Esslinger Studien. Schriftenreihe, Bd. 11), Esslingen 1992, S. 73ff.

16 StadtA Ulm, A [1533], fol. 3f.

17 StadtA Ulm, A [1533], fol. 6f.

18 Elisabeth Pfau, Die Pest in der Freien Reichsstadt Ulm, Diss. masch. Frankfurt a.M. 1948, S. 25.

19 Es muß offen bleiben, ob dieses Verhältnis auch durch die Überlieferung bedingt ist.

20 Julius Endriss, Die Ulmer Kirchenvisitationen der Jahre 1557 bis 1615, Ulm 1937, S. 67.

21 Zum folgenden und den folgenden Zitaten vgl. Johann Georg Friess, Diarium und Journale, in: StadtA Ulm, G 1 1619, fol. 381f.

22 Ebd.

23 StadtA Ulm, A [1533], fol. 14f.

24 Ebd.

25 Anton Birlinger, Conrad Dieterich von Ulm gegen Aberglauben, o.O. o.J.

26 Conrad Dieterich, Sonderbarer Predigten, so von unterschiedenen Materien [...], 3. Teil, Leipzig 1635, S. 22.

27 Vgl. Wilhelm Burger, Ulmische Merkwürdigkeiten, in: StadtA Ulm, G 1 1821, 1., fol. 546.

28 StadtA Ulm, Ratsprotokoll A 3530 (1682), fol. 29.

29 StadtA Ulm, Ratsprotokoll (Herrschaft) A 3530 (1665), fol. 47.

30 StadtA Ulm, U 5465, fol. 62.

Abb. 40: Henker (aus einer Enthauptung Johannes des Täufers), Süddeutschland 1535/40

Jutta Nowosadtko

Meister zahlreicher Hexenprozesse

Die Scharfrichter Johann Volmar und Christoph Hiert aus Biberach

Durch ihre beruflichen Aktivitäten gegen Ende des 16. Jahrhunderts haben sich Johann Volmar[1] und Christoph Hiert den Ruf erworben, zu den skrupellosesten und brutalsten Experten für Hexenprozesse zu gehören. Die historische Forschung der vergangenen Jahre hat die Blutspur dokumentiert, welche die beiden Biberacher Scharfrichter zwischen 1586 und 1597 durch ein Gebiet zogen, das sich von Vorarlberg über Südwestdeutschland und Bayern bis nach Mittelfranken erstreckte[2]. Von anderen Amtsinhabern, die gleichfalls in Hexereiverfahren tätig wurden, unterschieden sie sich vor allem durch drei Aspekte: Bemerkenswert erscheint zunächst der Grad an professioneller Spezialisierung, den sie innerhalb der ausgedehnten Verfolgungswelle um 1590 erlangen konnten. In dieser Eigenschaft wurden sie als auswärtige Fachleute selbst dann zur Hilfe geholt, wenn vor Ort eigene Scharfrichter vorhanden waren. Ferner zeichneten sich Johann Volmar und Christoph Hiert durch ein gewalttätiges Vorgehen aus, welches in anderen Verfahren oder auch bei späteren Hexenprozessen nicht ohne weiteres toleriert wurde und zu disziplinarischen Maßnahmen Anlaß gegeben hätte[3]. Im Gegensatz zu den mittlerweile für die Anwendung der Folter etablierten Regeln starben in den von den Biberacher Amtsinhabern betreuten Verfahren immer wieder Untersuchungshäftlinge in der Haft an den Folgen einer zu harten Folter oder durch Selbstmord[4]. Darüber hinaus ist bezeichnend, daß sie die Technik ihres brutalen Vorgehens noch zusätzlich dadurch weiterverbreiteten, daß sie andere Scharfrichter regelrecht im Umgang mit Hexereiverdächtigen ausbildeten. Der Einfluß der Biberacher »Schule« reichte weit über die Verfahren hinaus, an denen sie persönlich beteiligt waren. So hatte sich etwa der Meister von Großaitingen von Johann Volmar während dessen Aufenthalt in Schwabmünchen instruieren lassen, bevor er sich zutraute, selbst ein Hexereiverfahren durchzuführen[5]. Besonders verhängnisvoll erwiesen sich die Folgen der Weiterbildung beim Schongauer Scharfrichter: Nach ersten Kontakten mit Christoph Hiert und Johann Volmar avancierte Johann Georg Abriel rasch zum dritten erfolgreichen Spezialisten, der wegen Hexenprozessen über Land reiste[6].

Im Kontrast zu diesem düsteren Szenario bleibt das Bild der daran beteiligten Scharfrichter selbst merkwürdig blaß, obwohl gerade sie dem Spee'schen Idealtypus jener Henker besonders nahe zu kommen schienen, die dann in Aktion traten, wenn ihre Kollegen nicht mehr mitmachen wollten, und sich dann ihrer besonderen Grausamkeit rühmen konnten[7]. Über die Gewalttäter im Dienste der Obrigkeit und ihre Geschichte ist zum jetzigen Zeitpunkt nur wenig bekannt, wozu sicher auch eine insgesamt eher ungünstige Quellenlage beigetragen hat[8]. Um mehr über Johann Volmar und seinen Schwiegersohn in Erfahrung zu bringen, erschien es dennoch unabdingbar, neben den in der Literatur vorhandenen punktuellen Hinweisen und Informationen auch die bislang noch nicht gesichtete Überlieferung in die Analyse mit einzubeziehen[9]. Obwohl auf diesem Wege genauere Einsichten in die Lebensumstände der Biberacher Scharfrichter gewonnen werden konnten, bleiben weitere Fragen unbeantwortet. Ungeklärt ist noch immer, woher Johann Volmar stammte und auf welchem Wege der Ausbilder so vieler weiterer Henker seine zweifelhafte Kompetenz erworben hatte.

Der Name Johann Volmar wird zum ersten Mal im Kontext der Obermarchtaler Verfolgungswelle von 1585/86 erwähnt, in deren Verlauf der Biberacher Scharfrichter insgesamt 57 Frauen als Hexen verbrannte[10]. Dies begründete offensichtlich seinen überregionalen Ruf als anerkannter Spezialist auf diesem Gebiet. Als die Regierung des Fürstbistums Augsburg im Juli 1586 einen Scharfrichter suchte, der sich mit Hexenprozessen auskannte, und sich deshalb zunächst an den Augsburger Amtsinhaber wandte, den sie als auswärtigen Experten bereits im Dillinger Hexenprozeß von 1574/75 hinzugezogen hatte, empfahl Johann Däubler seinen Kollegen aus Biberach. Johann Volmar wurde daraufhin zur Durchführung des Hexenprozesses nach Sonthofen berufen, wo er gemeinsam mit seinem Kollegen von Tettnang in anderthalb Jahren insgesamt etwa 39 Personen examinierte, folterte und schließlich ca. 25 Hinrichtungen durchführte[11]. Bereits ein Jahr später griff auch die bayerische Regierung auf Meister Hans zurück, als es darum ging, in München und Rain gegenüber »etlichen verdechtlichen Weibspersonen« Hexenprozesse einzuleiten[12]. Von Ende August bis Dezember 1588 beteiligte sich der Biberacher Scharfrichter an den Verfolgungen in der Fürstpropstei Ellwangen[13], und im Mai 1589 nahm er erneut seine Tätigkeit im Fürstbistum Augsburg auf, als der Hexenprozeß in Schwabmünchen begann. Mittlerweile war seine Popularität so groß, daß sogar einzelne Gemeinden ihrer Obrigkeit anboten, auf eigene Kosten den Experten anreisen zu lassen, wenn sich dadurch die Hexenverfolgung beschleunigen ließe[14]. Beim Prozeß in Schwabmünchen ist zum ersten Mal die Teilnahme seines Schwiegersohns Christoph Hiert an auswärtigen Verfahren belegt[15]. Offenbar bewährte sich diese Form der Arbeitsteilung, denn sie wurde in sämtlichen weiteren Hexenprozessen beibehalten. Ab Mai 1590 wurde ihre Arbeitsgemeinschaft noch zusätzlich durch Volmars Sohn Jakob ergänzt[16], während sein Vater anscheinend damit begann, sich allmählich aus dem Geschäft zurückzuziehen. Nachdem Johann Volmar von März bis April 1590 an den Hexenprozessen in der Ellingender Landkomturei des Deutschen Ordens teilgenommen hatte, überließ er seinem Sohn Jakob und Christoph Hiert die auswärtigen Dienstreisen offenbar nahezu vollständig. Abgesehen von der Ausnahme, daß er noch einmal im August 1596 in Esslingen eine Frau auf Hexenmale examinierte[17], ist bislang keine weitere Beteiligung an derartigen Verfahren nachzuweisen. Möglicherweise wirkte er aber 1594 an Verfolgungen in der Grafschaft Zollern mit. Welcher Biberacher Scharfrichter bis 1598 an den Hexenprozessen der Grafschaft Fürstenberg teilnahm, ist ebenfalls noch nicht geklärt[18].

Die herausragende Bedeutung der Biberacher Scharfrichter innerhalb der Hexenprozeßwelle der Jahre zwischen 1586 und 1591 erklärt sich weniger aus ihrem exzessiven Umgang mit der Folter, wozu auch andere Amtsinhaber in der Lage gewesen sein dürften, als vielmehr aus der Vertrautheit mit dem Delikt und ihrer Kompetenz bei der Auffindung und Untersuchung der sogenannten »Hexenmale«. Da das Hexereidelikt in wesentlichen Teilen imaginär war, war die Beweislage notorisch dünn, und die Gerichtsherren zweifelten nicht selten, ob durch die vorliegenden Indizien die Anwendung der Tortur überhaupt gerechtfertigt war. Ironischerweise scheint gerade dieser Vorbehalt, der die Gerichte daran hinderte, mit der Radikalität eines Binsfeld zu verfahren, welcher bereits eine Besagung als hinreichenden Grund zur Folter legitimierte[19], in der Praxis dazu geführt zu haben, daß man sich auf zweifelhafte Experten und Indizien stützte. Wenn, wie in der Grafschaft Fürstenberg, ein Oberamtmann aus Gewissensgründen dagegen protestierte, daß eine Frau aufgrund zu geringer Verdachtsmomente gefoltert wurde, konnte daraus leicht resultieren, daß man den Scharfrichter aus Biberach holte, um zu untersuchen, ob sie eine »bestimmte Art von Krätze« hätte[20]. Nur aufgrund solcher Unsicherheiten, kombiniert mit einer großen Entschlossenheit, Hexen zu verfolgen, wird letztlich verständlich, daß im 16. Jahrhundert alte Ordalien wie die Feuer-, die Wasser- oder die Bahrprobe eine Renaissance erlebten[21]. Im Vergleich mit diesen Relikten mittelalterlicher Rechtsfindung scheint die in Süddeutschland bevorzugt angewandte Nadelprobe jüngeren Datums gewesen zu sein, zumindest ist nichts genaueres über die Entstehungshintergründe und ihren Verbreitungsraum bekannt. Das gebräuchliche Verfahren sah vor, daß der Körper der Verdächtigen zunächst nach charakteristischen Hautveränderungen abgesucht wurde, mit denen nach gängiger Vorstellung der Teufel seine Anhängerschaft stigmatisierte. Hatte man solche entdeckt, so wurde eine Nadel hineingestochen. Eine Hexe war angeblich daran zu erkennen, daß die Stelle schmerzunempfindlich reagierte und kein Blut floß. Weniger neu im Kontext von Hexenprozessen war, daß die Suche nach den Hexenmalen durch einen großzügigen Umgang mit Weihwasser und geweihtem Salz unterstützt werden sollte, welche man den Inhaftierten vor der Suche nach den Hexenmalen einflößte, womit man sie während der Folter besprengte und auch sämtliche ihrer Speisen im Gefängnis versetzt wurden[22].

Als gesichert kann gelten, daß sich die süddeutschen Scharfrichter zu Beginn der Verfolgungen mit der neuen Technik der Indizienfindung häufig nicht auskannten und einige von ihnen auch künftig eine deutliche Distanz gegenüber diesem Verfahren bewahrten. In Abensberg wurden 1590 die ersten Nadelproben nicht durch den zuständigen Ingolstädter Scharfrichter, sondern durch seinen Kollegen aus Eichstätt durchgeführt, der auch im Territorium Ansbach die Folterungen in Hexenprozessen vornahm[23]. In Schongau hatte das Gericht 1589 aus demselben Grund den Scharfrichter von Biberach angefordert, bei welcher Gelegenheit Christoph Hiert auch gleich den örtlichen Amtsinhaber geschult hatte. Demgegenüber beschränkte sich der hauptamtliche Scharfrichter von Schwabmünchen während der gesamten Prozeßdauer lediglich auf die Ausübung von Assistenzfunktionen. Wie kritisch Veit Vischer seiner Fähigkeit gegenüberstand, Hexen zweifelsfrei als solche zu erkennen, wird daran deutlich, daß er noch 1590 die zuständige Regierung in Dillingen bat, zu den Nadelproben auch weiterhin den »Meister von Biberach« holen zu lassen[24]. Es spricht jedoch einiges dafür, daß er selbst seinen vorsichtigen Umgang mit Hexereiverfahren eher als persönliche Unfähigkeit denn als fachliche Kritik wertete. Der Schwabmünchener Scharfrichter suchte regelrecht den Kontakt mit seinen Biberacher Kollegen und gab seinen Stiefsohn einem Hexenscharfrichter in die Lehre[25], um diesem offenbar die Kenntnisse zu vermitteln, die er ihm selbst nicht beibringen konnte.

Ebensowenig wie bei ihren Berufskollegen war die Kompetenz der Biberacher Experten bei den Gerichtsherrn umstritten. Diese beschränkte sich aber nicht nur auf die Durchführung der Nadelproben. Welche große Bedeutung Johann Volmar darüber hinaus auf den Prozeßverlauf gewinnen konnte, wird im Detail deutlich. Die Spezialität der Biberacher Scharfrichter bestand darin, bei den Folterverhören den zentralen Hexentanzplatz Südwestdeutschlands abzufragen, auf den sich der gesamte alemannische Sprachraum geeinigt hatte. Ein derartiger überregionaler Versammlungsort spielte in der Hexenvorstellung östlich der Iller sonst keine Rolle. Dennoch gestanden alle von den Biberacher Amtsinhabern gefolterten »Hexen« und »Hexer« im Verlauf der Verhöre auch in Schongau ein, auf den Heuberg geflogen zu sein[26]. Die hexenkundigen Scharfrichter nahmen demzufolge nicht nur Einfluß auf den Ablauf der Folter, sondern wirkten auch auf die Frageschemata ein, die während der Folterverhöre abgeprüft wurden. Allein dieser grobe Verfahrensfehler, daß hier ein »reines Ausführungsorgan« Jurisdiktion ausüben konnte[27], sollte später ausreichen, um die Hexenprozeßwelle juristisch zu stoppen und die Verfahren in kontrollierte Bahnen zu lenken[28]. Aber zu Beginn der Verfolgungen verließen sich die Gerichte sehr auf die Künste der Scharfrichter und begrüßten mindestens ebenso euphorisch wie ein großer Teil der Bevölkerung ihre Ankunft[29]. Johann Volmar, Christoph Hiert und Johann Georg Abriel sahen sich so in die Lage versetzt, regelrechte Inspektionsreisen zu absolvieren, bei denen sie aufgrund von Gesichtsausdruck, Gebärden und Körpermerkmalen intuitiv über Schuld oder Unschuld der Frauen entschieden, was sich dann in der Tortur bestätigte[30]. Auf die Ausbreitung der Verfolgungswelle in den Jahren um 1590 hatte die Zulassung eines solchen Verfahrens natürlich fatale Folgen, da den verantwortlichen Scharfrichtern aufgrund der überdurchschnittlich guten Verdienstmöglichkeiten beruflich kaum an einem baldigen Ende der Hexenprozesse gelegen sein konnte[31]. Gleichwohl kann trotz der überhöhten Lohnforderungen[32] nicht automatisch darauf geschlossen werden, daß sie den zugrundeliegenden Mechanismus durchschauten und sich zynisch und sadistisch am Leid ihrer Opfer bereicherten. Immerhin weigerte sich Johann Volmar im August 1596 in Esslingen, die Folterung der Walburga Hoppenhans fortzusetzen, mit der Begründung, »er hab ouch ein seel, es sei nit kelblins sondern Christen bluott etc. er halt sie für khain ohnholden«[33]. Inwieweit diese Äußerung noch seiner ursprünglichen Haltung zu Hexenprozessen entsprach oder ob sich in ihr mittlerweile eine durch Erfahrung geläuterte Einstellung widerspiegelte, läßt sich aufgrund der Quellenbasis kaum entscheiden. Interessant ist aber in jedem Fall, daß der Scharfrichter mit der Formulierung, daß Menschenblut kein Kälberblut sei, auf einen Topos zurückgriff, der ebenfalls in prozeßkritischen juristischen Gutachten begegnet[34].

Da man auch gegen Ende des 16. Jahrhunderts nicht zufällig zu Hexenprozessen berufen wurde, sondern vielmehr die Gerichtsherrn versuchten, einen kundigen Scharfrichter zu besorgen[35], mußte Johann Volmar zum Zeitpunkt seiner Anwesenheit in Obermarchtal bereits über einschlägige Kenntnisse und Erfahrungen verfügt haben. Wo er diese erworben hatte, ist jedoch ebenso unklar wie seine Herkunft und der Verlauf seiner Ausbildung. Da er zehn Jahre später bereits über erwachsene und verheiratete Kinder verfügte, besteht durchaus die Möglichkeit, daß er schon 1580 in Biberach amtierte, als dort fünf Frauen als Hexen hingerichtet wurden[36]. Vielleicht hatte er aber auch eine Scharfrichterstelle in einer anderen Stadt inne[37]. Bekannt ist lediglich, daß Meister Hans das Amt in Biberach zu einem noch unbestimmten Zeitpunkt von seinem verstorbenen Onkel Jakob Volmar übernommen hatte. Seine Cousine Appollonia hatte 1590 den Nachrichter Jacob Bickel aus Ulm geheiratet und kehrte zwei Jahre später noch einmal in ihre Heimatstadt zurück, um die restlichen ihr zustehenden Gelder abzuholen, die wahrscheinlich im Zusammenhang mit der Abfindung ihrer Ansprüche auf die Scharfrichterstelle in Biberach standen[38]. Eine eindeutige Stellenvakanz ist nur für den Beginn des Jahres 1562 nachzuweisen, weil sich der Magistrat zu diesem Zeitpunkt gezwungen sah, nacheinander die Scharfrichter von Memmingen und Wurzach zum Vollzug von Exekutionen »auszuleihen«[39]. Der Name des designierten Nachfolgers ist bedauerlicherweise ebensowenig überliefert wie der des Amtsvorgängers[40].

Die Scharfrichterstelle der Reichsstadt Biberach entsprach in ihrem Zuschnitt dem regionalen Standard[41]. Der südwestdeutsche Raum war während der Frühen Neuzeit in über 350 Klein- und Kleinststaaten sowie Reichsstädte zersplittert. Mit der territorialen Unabhängigkeit war selbstverständlich die Gerichtshoheit verknüpft, weshalb die meisten dieser Staaten auch eigene Strafvollzugsangestellte beschäftigten und in eigener Regie Hexenprozesse führen konnten[42]. Die Richtstätte bildete ebenso eine notwendige Ergänzung der im Rathaus repräsentierten Stadtherrlichkeit, wie der Scharfrichter gewissermaßen die »negative« Seite des Richteramtes verkörperte[43]. Bei seiner Bestallung spielten daher neben tatsächlichen Bedarfsüberlegungen auch Fragen des Sozialprestiges eine größere Rolle. Entsprechend verfügte gegen Ende des 18. Jahrhunderts allein das Hochstift Augsburg über sieben Scharfrichterstellen in Buchloe, Füssen, Marktoberdorf, Pfaffenhausen, Schönegg, Schwabmünchen und Sonthofen[44], und selbst in der kleinen Herrschaft Wiesensteig fanden sich beim Übergang unter die bayerische Verwaltung drei Scharfrichterstellen in Anglberg, Ettringen und Mindelheim vor[45]. Wie zahlreich die Stellen waren, läßt sich schon daran erkennen, daß ein Flächenstaat wie das Kurfürstentum Bayern im 18. Jahrhundert mit insgesamt acht Scharfrichterstellen auskam, wobei die Exekutionen im Amt Wiesensteig kurzerhand dem Zuständigkeitsbereich der Münchner Amtsinhaber zugeordnet worden waren. Daß die große Scharfrichterdichte dieser Region bereits den Zeitgenossen des 16. Jahrhunderts auffiel, wird in einem Spottvers deutlich, der die Henker neben den Huren und

Landsknechten gleichsam als schwäbischen Exportartikel beschreibt: »Die schwaben überflüssig zehren / von allen landen sie doch geben / buben, henker, gemeine weiber leben.«[46]
Da der Amtsbezirk der südwestdeutschen Scharfrichter bestenfalls den Hoheitsbereich des jeweiligen Dienstherrn umfaßte, sofern dieser nicht in mehrere Stellen aufgeteilt war, reichten die Einnahmen aus dem Strafvollzug, die nach einem festgelegten Tarifsystem als Stücklohn abgerechnet wurden, in der Regel nicht zur Lebensgrundlage aus. Üblicherweise wurde das Einkommen daher durch zusätzliche Einkünfte abgesichert; in den meisten Fällen stammten diese neben einem festen Grundgehalt aus der örtlichen Abdeckerei und einer freien medizinischen Praxis. In Biberach war das Jahresgehalt nach der wohl letztmaligen Erhöhung von 1587 in der ersten Hälfte des 17. Jahrhunderts mit 24 Pfund Heller dotiert[47], was 16 rheinischen Gulden entsprach und damit deutlich unter den damaligen Bezügen des Münchner Scharfrichters von 83 Gulden lag, der allerdings umgekehrt nicht über die Einnahmen aus der Abdeckerei verfügte[48]. Das Abdeckereiprivileg verpflichtete die Untertanen eines präzise definierten Bezirks, seinem Inhaber sämtliche der sogenannten »Wasenfälle« anzuzeigen, damit dieser den Kadaver fortschaffen und verwerten konnte. Innerhalb der Stadt sollte der Transport möglichst diskret, d.h. verdeckt in einem Karren erfolgen[49]. Mit dem Tod eines Haustieres verlor sein Besitzer sämtliche Nutzungsrechte, ohne daß damit automatisch ein Anspruch auf Entschädigung einherging. In Biberach war es allerdings wie in zahlreichen anderen Gemeinden üblich, daß dem Tierbesitzer die Haut gegen Erstattung eines sogenannten »Ausziehlohns« zurückerstattet werden mußte[50]. Letzterer betrug vier Gulden für jedes Roß[51]. Darüber hinaus besaß der Abdecker innerhalb seines Bezirks das Vorkaufsrecht für alte Pferde und war gesetzlich dazu verpflichtet, krankes Vieh zu beschlagnahmen[52]. Die Gelder, die der Biberacher Scharfrichter aus dem Wasendienst bezog, lassen sich in ihrer Gesamthöhe kaum bestimmen. Aktenkundig wurden sie lediglich in Ausnahmefällen, wenn er im Falle einer grassierenden Viehseuche, die jede Weiterverarbeitung und Nutzung des verstorbenen Tieres ausschloß und damit für jeden Abdecker zum reinen Verlustgeschäft wurde, Kadaver auf städtische Kosten beseitigen ließ[53] oder wenn sich Konflikte mit den Besitzern der verstorbenen Haustiere ergaben. Am 17. Februar 1590 schlichtete beispielsweise der Magistrat einen Streit zwischen Jörg Westehauser und Johann Volmar dahingehend, daß der Scharfrichter verpflichtet wurde, die Haut des geschlachteten Pferdes gegen Erstattung des üblichen Lohns herauszugeben[54].

Neben dem Abdeckereiprivileg umfaßte der Scharfrichterdienst in Biberach noch die Straßenreinigung und die Leerung der Abortgruben. Auch dieser Aufgabenbereich stellte im überregionalen Vergleich keine Besonderheit dar, wiewohl die Fülle von unterschiedlichen Regelungen es notwendig macht, die Verhältnisse jeder einzelnen Stadt gesondert zu prüfen, um zu generellen Aussagen zu gelangen[55]. Aus der Perspektive des Biberacher Magistrats war diese Zuständigkeitsverteilung durchaus mit Problemen verbunden, sah er sich doch in seinem Bemühen um Hygiene und Reinlichkeit nicht nur mit pflichtvergessenen Scharfrichtern, sondern auch mit einer ebenso gleichgültigen Bürgerschaft konfrontiert. In einer Reihe von Verordnungen wurde verfügt, daß der Kot aus den »haimblichen Gemachern« nicht auf die gemeine Viehweide verbracht und nur dann in Gärten gekippt werden dürfe, wenn deren Besitzer es ausdrücklich wünschten. Außerdem solle der Scharfrichter auch endlich für eine Reinigung der Stadtmauer sorgen[56]. 1592 wurde die Bestimmung dahingehend erweitert, daß der Scharfrichter jede Person, welche die Stadtmauer verunreinige, anzeigen solle, wobei ihm von jeder verhängten Strafe von fünf Schillingen eine anteilige Belohnung von drei Kreuzern in Aussicht gestellt wurde[57]. Bereits ein Jahr später wurde Johann Volmar angewiesen, einige vom Einsturz bedrohte Kloaken durch seine Leute instandsetzen zu lassen, oder der Magistrat wolle ihm diese Reparaturen in Rechnung stellen. Darüber hinaus wurde allen Bürgern verboten, die Aborte selbst zu reinigen. Außerdem sollten sämtliche dieser Arbeiten grundsätzlich nicht in der warmen Jahreszeit stattfinden[58]. Abgesehen davon, daß sich die städtische Regierung gegen Ende des 16. Jahrhunderts zunehmend für Abfall- und Entsorgungsprobleme verantwortlich fühlte[59] und auf eine Reinhaltung des öffentlichen Raumes drang, fällt zugleich das Desinteresse des Scharfrichters in dieser Frage auf. Zweifellos ließen seine Einkommensverhältnisse nach einer Reihe von Hexenprozessen den Verzicht auf subsidiäre Einkünfte zu, zumal diese im Gegensatz zur Abdeckerei offenbar geringere Gewinnspannen eröffneten[60]. Sobald er nämlich ab 1598 seine diesbezüglichen Aufgaben wieder ernst nahm, sah sich der Magistrat mit Beschwerden konfrontiert, in denen der Nachrichter die Durchführung der Kloakenreinigung als sein Privileg reklamierte[61].

Sämtliche dieser »anrüchigen« Nebenerwerbstätigkeiten waren nicht so beschaffen, daß die Scharfrichter selbst Hand angelegt hätten. Sie beschäftigten zu diesem Zweck Gesinde und beschränkten sich als Dienstherrn in der Regel auf die Aufsicht und die Einnahme der Gelder[62]. Ein Geschäftsbereich, der den Henkersknechten völlig selbst überlassen blieb, war jedoch der Hundefang. Da Scharfrichter und selbst Wasenmeister es, wohl unter dem Eindruck der Zunftauffassungen, zunehmend als ehrenrührig betrachteten, sich mit dieser Aufgabe abzugeben, taten sich die Obrigkeiten generell mit der Durchsetzung einer Dienstherrenhaftung schwer, wenn die Henkerknechte auch Hunde erschlugen, die keineswegs als herrenlos gelten konnten[63]. Dennoch erscheint es für die Gesamtsituation gegen Ende des 16. Jahrhunderts symptomatisch, wie wenig sich Johann Volmar um die Aktivitäten seiner Untergebenen kümmerte. Am 16. Mai 1594 wurde jedenfalls sein Knecht für die Dauer von zwölf Tagen ins Gefängnis »eingelegt«, weil er den Wachhund eines Pfarrers aus dem Haus in ein nahegelegenes Waldstück gelockt, ihn dort getötet und die Haut abgezogen hatte. Beim Versuch, einen weiteren »gueten hundt« zu fangen, hatte er noch an anderer Stelle ein Tier schwer verletzt[64].

Womit Johann Volmar sich zu diesem Zeitpunkt beschäftigte, ist eindeutig. Wie viele andere seiner Berufskollegen war er bestrebt, sein Amt nach einer erfolgreichen Karriere niederzulegen und sich ausschließlich seiner medizinischen Praxis zu widmen. Die Medizin war keine bloße Nebentätigkeit, sondern vielmehr ein originärer und gleichwertiger Bestandteil des Berufsbildes[65]. Entsprechend gehörte es auch zu den Aufgaben Johann Volmars, daß er nach überstandener Tortur seinen Opfern die Glieder wieder einrenkte, sie mit Salben behandelte und verband[66]. In den Jahren ab 1591 entwickelte der Scharfrichter zahlreiche Aktivitäten. Beim Magistrat wurde er im Mai und Dezember wegen einer amtlichen Zulassung als Augenarzt vorstellig, die dieser allerdings mit Blick auf das Handwerksrecht ablehnte[67]. Offenbar überschnitten sich Johann Volmars Berufsvorstellungen zu stark mit dem Aufgabenbereich des privilegierten Gewerbes der Bader und Handwerkschirurgen[68]. Ein Jahr später verkaufte ein Biberacher Henker auf der Messe in Königshofen im Taubertal Salben[69]. Im Januar 1595 erreichte Meister Hans schließlich, daß er aus der Dienstwohnung ausziehen und innerhalb der Stadt ein eigenes Haus erbauen durfte. Seinen damit verknüpften Antrag, den Dienst seinem Schwiegersohn Christoph Hiert zu übergeben, wies der Rat der Stadt Biberach jedoch zurück und bestimmte, daß er auch weiterhin im Amt bleiben solle[70]. Insgesamt gesehen verfolgte Johann Volmar eine ähnliche Strategie wie nur wenig später ein prominenter reichsstädtischer Kollege. In Nürnberg legte Franz Schmidt 1617 sein Amt nieder, um sich ganz auf seine medizinische Praxis zu konzentrieren. Nach dem Erwerb des Bürgerrechts kaufte er für 3.000 Gulden das Haus eines Goldschmieds und zog aus der städtischen Dienstwohnung aus[71]. Daß der Biberacher Scharfrichter sich bei der Durchsetzung seiner Pläne weniger erfolgreich als Franz Schmidt zeigte, lag wohl weder an seiner medizinischen Kompetenz noch am Geld. Johann Volmar war durch die Hexenprozesse so reich geworden, daß er es sich leisten konnte, größere Geldsummen zu verleihen[72]. Der Magistrat hatte sich sogar veranlaßt gesehen, mit der Erteilung einer Baugenehmigung an Volmar die Auflage zu verbinden, der Scharfrichter solle mit seinem Haus jeden übertriebenen Aufwand vermeiden und sich statt dessen in Bescheidenheit üben[73]. Man traute ihm demnach die finanziellen Mittel zu, über das Medium der Luxusausgaben und der Selbstdarstellung für seine Person einen Geltungsanspruch auf soziale Anerkennung zu formulieren, der sich nicht mit den Vorstellungen seines Dienstherren von seiner Rolle vertrug.

Die Gründe, weswegen der Magistrat sich weigerte, Johann Volmar aus dem Amt scheiden zu lassen, lagen vor allem in der ungeklärten Nachfolge begründet. Der Scharfrichter wünschte nämlich zugunsten seines Schwiegersohns zu »resignieren«, während sich der Rat der Stadt Biberach nicht dazu durchringen mochte, Christoph Hiert den Dienst zu übertragen. Grundsätzlich entsprach diese Form der Berufsvererbung nicht nur den Gepflogenheiten von Scharfrichtern, sondern war in der gesamten frühneuzeitlichen Gesellschaft weit verbreitet. Auch hinsichtlich der fachlichen Qualifikationen bestanden keinerlei Zweifel: Der Scharfrichter versah sämtliche Foltern und Exekutionen zur völligen Zufriedenheit der Gerichtsherrn und erfüllte wohl auch die medizinischen Erwartungen. Zu Unstimmigkeiten mit seinem Arbeitgeber führte vor allem die mangelnde Beachtung jener Verhaltensnormen, die im Verlauf des 16. Jahrhunderts für das Berufsbild zunehmend an Bedeutung gewonnen hatten: Ein Scharfrichter mußte sich in seinem Amt als fähig erweisen, war zu Treue, Gehorsam und Verschwiegenheit verpflichtet und hatte im übrigen die Anweisungen der Obrigkeit genau zu befolgen. Außerdem wurde Wert »auf einen einwandfreien Lebenswandel und gute Aufführung gegenüber jedermann gelegt«[74]. Gerade an letzterem mangelte es sowohl Christoph Hiert als auch seiner Ehefrau Appollonia Volmar, und der Magistrat stufte diesen Umstand keineswegs als Lappalie ein.

Am 2. Juli 1589 hatte Meister Stoffel unfreiwillig eine Nacht im »Gestübel« verbracht und wurde anschließend vom Ratsgericht zu einer Geldstrafe von 40 Gulden verurteilt, weil er sich einen Ehebruch mit der Stadtbotin zu Schulden hatte kommen lassen. Schwerwiegender noch als den Verstoß gegen die Sittlichkeit bewerteten die Richter die Tatsache, daß der Scharfrichter sich auf die erfolgte Vorladung durch den Gerichtsdiener nicht sofort gestellt hatte, sondern »truziger hochmuettiger wayss« aus der Stadt geritten war. Diese eklatante Mißachtung der Obrigkeit wurde zum Anlaß genommen, ihm mit einer fristlosen Entlassung »sambt Weib vnd Kinder« zu drohen. Außerdem erhöhte sich die Gesamtstrafe dadurch um weitere 10 Gulden[75]. Ungeachtet dieser Warnung sollte der Lebenswandel des Scharfrichterehepaars noch häufiger zu Sanktionen Anlaß geben. Im Mai 1591 bestrafte der Magistrat eine Anna Bartweillerin, weil sich diese zur Kuppelei habe gebrauchen lassen und deshalb Tag und Nacht im Scharfrichterhaus aus und ein gegangen sei[76]. Das Verfahren bildete den Auftakt zu einem Prozeß, der diesmal der Ehefrau Christoph Hierts galt. Im August wurde Appollonia Volmar »Ihres begangenen Lesterlichen Ehebruchs halber« mit 70 Gulden Strafe belegt. Die Geldstrafe fiel vor allem deshalb so hoch aus, weil auch sie sich, ähnlich wie zwei Jahre zuvor ihr Ehemann, der drohenden Verhaftung und Gefängnisstrafe zunächst durch ein Verlassen der Stadt und einen monatelangen Aufenthalt außerhalb entzogen hatte[77]. Ein Jahr später stand die Tochter Johann Volmars als Wiederholungstäterin erneut vor Gericht, weil ihr »ehebrichige Hurerey« mit drei verschiedenen Männern zur Last gelegt werden konnte. Während zwei ihrer Sexualpartner straffrei ausgingen, wurde der Bruchschneider Peter Seyler zu einer kurzen Haftstrafe und einer Geldbuße von insgesamt 40 Gulden verurteilt, weil auch er verheiratet war. Appollonia Volmar selbst erhielt diesmal eine Strafe von 200 Gulden, außerdem wurde ein zeitlich unbefristeter Stadtverweis gegen sie ausgesprochen. Das Gericht ersparte ihr zwar die ursprünglich im Urteil vorgesehene öffentliche Schande, durch einen der Stadtknechte offiziell durch die Stadt und zum Tor hinausgeführt zu werden; nachdem sowohl ihr Mann als auch ihr Vater mit entsprechenden Bittgesuchen eingekommen waren, ließ sich aber diese besondere Gnade mit weiteren 20 Gulden vergüten[78]. Die folgende Zeit lebte Appollonia Volmar notgedrungen außerhalb von Biberach. Lediglich im März 1593 wurde der Stadtverweis kurzfristig aufgehoben, damit sie am Ostergottesdienst teilnehmen konnte[79]. Bei dieser Gelegenheit hatte es die Scharfrichterfamilie offenbar an der Zeit befunden, ihre Rückkehr in die Stadt in eigener Regie zu organisieren, denn am 2. Mai wurde Appollonia erneut aus der Stadt verwiesen, nachdem ihre Eltern, ihr Ehemann und ein weiterer Beteiligter namens Bomhawer in der Nacht zuvor den Versuch unternommen hatten, die Torwache einzuschüchtern und die Ausgewiesene gewaltsam durch den Einlaß hineinzubringen. Der Magistrat bewertete dies als Frechheit und Ungebühr und belegte das Ehepaar Volmar mit einer Geldstrafe von 40 Gulden. Diesmal wurde Christoph Hierts Ehefrau öffentlich durch die Stadtknechte aus der Stadt geführt[80]. Nach diesem Mißerfolg änderte die Scharfrichterfamilie anscheinend die Strategie. Jedenfalls verwahrte sich der Rat der Stadt Biberach Anfang 1594 ausdrücklich dagegen, mit Supplikationen um einen Nachlaß der Strafe überlaufen zu werden, und verfügte, daß derartige Bittschriften in Zukunft weder angenommen noch verlesen werden sollten[81]. Ungeachtet dieses Bescheides scheint die Scharfrichterfamilie die Begnadigung ihres Mitglieds systematisch weiterbetrieben zu haben. Der Erfolg läßt sich an der Tatsache ablesen, daß Appollonia Volmar spätestens seit dem Januar 1595 wieder offiziell in Biberach wohnte[82].

Vor diesem Hintergrund erscheint die Anwesenheit Appollonia Volmars bei zahlreichen Hexenprozessen in einem originellen Licht, da das Ehepaar zwischen August 1591 und Ende 1594 unfreiwillig getrennt lebte und sich bei anderen Gelegenheiten kaum bequemer treffen konnte. Von seiten der prozeßführenden Obrigkeiten begründete sich die Anwesenheit von Scharfrichterfrauen in den Verfahren natürlich anders, nämlich durch die Bedenken, verdächtige Frauen vor der Folter durch einen Mann untersuchen zu lassen. Die möglichen Vorbehalte gegen ein solches Verfahren faßte Friedrich von Spee bündig zusammen: Die natürliche Schamhaftigkeit der Frauen werde unnötig verletzt, auch gebe man dadurch »lüsternen Wüstlingen« die Gelegenheit, »sich mit unzüchtigen Berührungen zu vergreifen«. Verschiedentlich sei es sogar zu Vergewaltigungen gekommen[83]. Um derartige Mißstände zu vermeiden, schien es bereits gegen Ende des 16. Jahrhunderts angebracht, die Ehefrau des Scharfrichters mit dem Rasieren der Verdächtigen und der Suche nach den Hexenmalen zu beauftragen[84]. In einigen Fällen weisen detaillierte Gerichtsrechnungen aus, daß die zwei Gulden, die üblicherweise für die Examinierung der Teufelszeichen gezahlt wurden, der Scharfrichterin für ihre Dienste übereignet wurden[85]. Inwieweit Johann Volmar und Christoph Hiert dem Spee'schen Idealtypus der »liederlichen Wüstlinge« entsprachen und damit solche Vorsichtsmaßnahmen gerechtfertigt waren, läßt sich im nachhinein kaum entscheiden. Für den jüngeren Scharfrichter hätten die zeitgenössischen Vertreter der Obrigkeit diese Frage aber möglicherweise bejaht. Die Sanktionen wegen Ehebruchs, die der Rat der Stadt Biberach gegen Meister Stoffel und seine Ehefrau verhängte, fielen in eine Phase verstärkten »sittenpoliceylichen« Interesses, von dem auch andere Ehepaare und »Kuppler« betroffen waren, die im gleichen Zeitraum wie Appollonia Volmar bestraft wurden[86]. Nach der von reformatorischen Vorstellungen beeinflußten Sittenlehre galt die Sünde des Ehebruchs als öffentliche Missetat, welche die göttliche Autorität beleidigte und zu Strafaktionen herausforderte. Da letztere möglicherweise die gesamte Stadt betroffen hätten, sah sich der verantwortliche Magistrat genötigt, dem sündhaften Verhalten seiner Untertanen durch eine strenge Sittenzucht entgegenzuwirken[87]. Dies galt besonders für jene Personengruppen, für deren Verhalten der Rat nicht nur als rechtmäßige Obrigkeit, sondern auch als Arbeitgeber verantwortlich war. Aus dieser Perspektive wird verständlich, warum gerade von Scharfrichtern ein normenkonformes, anständiges und bescheidenes Auftreten erwartet wurde. Der Biberacher Magistrat formulierte seine moralischen Vorstellungen explizit in einem Bescheid vom 14. Januar 1595, der das Ehepaar Hiert der hausväterlichen Kontrolle durch Johann Volmar unterstellte[88]:

> »Hannsen Vollmarn dem Nachrichter Ist vf ain Jar vergondt, des er wol mege Inn sein aigne Behausung einziehen. Er soll aber nicht destoweniger den dienst versehen. Sein Tochterman vnd Tochter aber solen In dem gewenlichen Hauß sein, sich fir Knecht vnd Magt geprauchen lassen. Er aber soll In solchen sainen Hauß nichts auß überes den wesen belangendt exergieren noch darein thun.«

Der wirtschaftliche Erfolg versetzte die Hexenscharfrichter durchaus in die Lage, einen Teil der Disziplinierungsmaßnahmen zu unterlaufen. Eine drohende Verhaftung konnte zumindest kurzfristig durch den Aufenthalt bei auswärtigen Gerichten umgangen werden, und die Scharfrichterfamilie brachte aufgrund der hohen Einkünfte vergleichsweise mühelos die Strafsumme von insgesamt 480 Gulden auf, die in sechs Jahren fällig wurde. Vierteljährliche Ratenzahlungen über jährlich insgesamt 18 Gulden waren lediglich für die Buße in Höhe von 200 Gulden vereinbart worden, die der Magistrat gegen Appollonia Volmar verhängt hatte. Die Überbringung der Strafgelder stellte aber auch jedesmal einen Grund dar, daß Christoph Hierts Gattin ausnahmsweise die Stadt betreten durfte[89]. Eine einmalige Zahlung hätte daher kaum im Interesse der Betroffenen gelegen. Alle anderen Strafgelder hatte man demgegenüber sofort in der Gerichtsstube bar entrichten können, während sich der Handwerkschirurg Peter Seyler eine Frist von drei Monaten einräumen ließ, binnen derer er die Buße von 40 Gulden samt den 2 Gulden Verpflegungskosten, die im Gefängnis angefallen waren, aufbringen wollte[90]. Zudem ermöglichte der regelmäßige Aufenthalt bei auswärtigen Hexenprozessen einen aufwendigen Lebensstil, der kaum mit den Vorstellungen eines anständigen Verhaltens zu vereinbaren war, weil die Scharfrichter dort nicht mehr der unmittelbaren Beobachtung durch den Rat der Stadt Biberach unterlagen. Im Idealfall gelang es ihnen sogar, auf Kosten des jeweiligen Gerichtsherrn zu feiern.

Legendär sind etwa die Trinkgelage im Hochstift Augsburg[91], wo das Ehepaar Volmar am 30. Juli 1589 gemeinsam mit dem Scharfrichterehepaar aus Landsberg in einer Nacht immerhin 19 Maß Wein konsumierte. Noch ausgedehnter fiel das Festgelage am 4. September aus, bei welchem die Wirtshausrechnung später einen Gesamtverbrauch von sogar 54 Maß Wein bescheinigte. Außer den Biberacher Scharfrichtern Johann Volmar und Christoph Hiert und dem Schwabmünchener Scharfrichter Veit Vischer waren noch Johann Georg Abriel aus Schongau, der Amtsinhaber von Großaitingen und insgesamt zwei Ehefrauen anwesend[92]. Auch die Freisingische Kanzlei betitelte die 4.000 Gulden, die sie die Hexenprozesse insgesamt gekostet hatten, als »Expensregister, was verfressen und versoffen worden«[93]. Derart astronomische Rechnungssummen wurden aber wohl nur in Ausnahmefällen übernommen. Üblicherweise wurde der Variante der Vorzug gegeben, daß dem Scharfrichter eine Pauschale gezahlt wurde, von der er seine Wirtshausrechnung selbst begleichen mußte. Am 9. Januar 1595 verklagte daher der Wirt Jacob Cramer den Biberacher Scharfrichter auf die Bezahlung von 2 Gulden 30 Schilling, die aus einem kurzfristigen Aufenthalt Johann Volmars in der Grafschaft Zollern resultierten. Man einigte sich schließlich auf einen gerichtlichen Vergleich[94]. Eine andere mögliche Gegenmaßnahme bestand für die von der Kostenexplosion betroffenen Gerichtsherrn darin, die ihrer Meinung nach überhöhten Rechnungen dem Rat der Stadt Biberach zur Überprüfung einzusenden. Da letzterer an gutnachbarlichen Beziehungen zu den anderen Staaten interessiert war und diese nicht durch den eigenen Scharfrichter gestört sehen wollte, wies der Magistrat üblicherweise seinen Angestellten an, seine überzogenen Lohnvorstellungen zu mäßigen, und drohte schließlich im November 1597 damit, die fraglichen Rechnungen für gegenstandslos zu erklären, wenn weitere Beschwerden eingingen[95].

Gänzlich ungehindert konnten Johann Volmar und Christoph Hiert ihre Einnahmen also nicht maximieren, da sie weiterhin einer gewissen Kontrolle durch ihren Dienstherrn unterstanden, der eine allzu freie Preisgestaltung verhinderte. Dennoch trugen sie wahrscheinlich materielle Gewinne von enormen Ausmaßen aus den Hexenprozessen davon[96]. Entgegen einer weitverbreiteten Vorstellung machte der Stücklohn für die einzelnen Torturen und Hinrichtungen aber nicht den Hauptanteil daran aus. Die eigentliche Gewinnspanne der Hexenscharfrichter kann vielmehr bei den Kostenerstattungen für Reise- und Zehrdeputate vermutet werden. Ihnen stand nämlich ein tägliches Wartgeld von 2 Gulden zu, das die Einnahmen aus den einzelnen Folterungen und Hinrichtungen bei weitem überschritten haben dürfte[97]. Dieser Befund findet sich punktuell bestätigt: Meister Christoph Hiert kostete samt Gefolge die Herrschaft Sonnenberg bei einem Aufenthalt von 25 Tagen insgesamt 192 Gulden 48 Kreuzer, davon waren allein 136 Gulden 48 Kreuzer für Wegegeld und Unterhalt ausgegeben worden. Der reine Arbeitslohn fiel demgegenüber mit 56 Gulden deutlich niedriger aus[98]. Die enormen Kosten für die Hexenprozesse leiteten unmittelbar zu den Sparbemühungen und Tarifreformen der Scharfrichtergehälter im 17. und 18. Jahrhundert über[99]. Im Hochstift Augsburg führten die kostspieligen Aktivitäten der Biberacher Scharfrichter bereits 1589 dazu, daß die präsentierten Rechnungen der einheimischen Scharfrichter von Schwabmünchen und Oberdorf besonders streng geprüft und gegebenenfalls als überhöht zusammengestrichen wurden[100]. Tatsächlich waren die überproportional hohen Verdienstmöglichkeiten nur für die auswärtigen Scharfrichter gegeben und direkt an die Länge ihres Aufenthaltes gebunden, während die lokalen Scharfrichter lediglich eine tarifgebundene Einkommenssteigerung auf der Grundlage eines erhöhten Arbeitsaufkommens realisieren konnten.

Dennoch kann kein Zweifel daran bestehen, daß der ausschweifende Lebensstil, der sich zeitweilig im Kontext der Hexenprozesse etablieren konnte, seitens der zuständigen Obrigkeiten auf entschiedene Gegenwehr stieß. In dieser Hinsicht unterschied sich der Standpunkt des Biberacher Magistrats nur wenig von anderen Regierungen, die sich mit vergleichbaren Problemen konfrontiert sahen. Im Juli 1606 ordnete beispielsweise der Rat der Stadt München eine offizielle Untersuchung an, nachdem anläßlich der Neubesetzung der Scharfrichterstelle die zahlreichen Bewerber am hellichten Tag ein gemeinsames Saufgelage im erfolgreichsten illegalen Bordell der Stadt abgehalten hatten. Eine Sanktion entfiel, weil der neue Amtsinhaber durch keine Exzesse aufgefallen war[101]. Im Falle des an Hexenprozessen beteiligten Haller Scharfrichters Michael Fürst, der durch verschiedene Eigenmächtigkeiten im Strafvollzug aufgefallen war, hatte die Regierung in Innsbruck allerdings am 26. September 1605 befohlen, daß er binnen Monatsfrist beichten und kommunizieren und den Beichtzettel der Regierung vorlegen solle[102]. Die Arbeitgeber erwarteten von ihrem Angestellten, der neben dem Richter immerhin die höchste Strafgewalt symbolisierte, ein bescheidenes, rechtschaffenes und christliches Verhalten. Ein großspuriges und selbstbewußtes Auftreten, das dieser bei fremden Gerichtsherren entwickeln mochte, konnte zu Hause nur störend wirken. 1592 verhandelte das Ratsgericht von Biberach wegen zweier Vorfälle gegen Christoph Hiert, nachdem man ihn zunächst gefänglich eingezogen hatte. Der Scharfrichter war gemeinsam mit einem Mittäter namens Nerdlinger durch Biberach gezogen, hatte öffentlich Schmähungen ausgestoßen und mehrere Männer herausgefordert. Außerdem hatte er mit den Stadtknechten eine bewaffnete Prügelei begonnen, um die Festnahme einer Ehefrau Stein zu verhindern. Der Magistrat verhängte eine Geldbuße von 100 Gulden und entließ Hiert aus der Haft[103]. Insgesamt gesehen kosteten derartige Extravaganzen den Scharfrichter letztlich die Stelle. Wenn überhaupt, gelang es Meister Stoffel nur vorübergehend, die Amtsnachfolge seines Schwiegervaters anzutreten. Seit dem Jahr 1604, vermutlich verbunden mit einem Ausscheiden Johann Volmars aus dem aktiven Dienst, war jedenfalls ein Georg Volmar als Scharfrichter in Biberach bestellt[104].

Sofern keine Bedenken hinsichtlich der charakterlichen Eigenschaften des Bewerbers bestanden, blieb die fachliche Kompetenz der Hexenscharfrichter selbst in jenen Fällen anerkannt, in denen man wie in Bayern ihr eigenmächtiges Vorgehen kritisiert und die Nadelprobe von den möglichen Indizien, die eine Tortur begründen konnten, kategorisch ausgeschlossen hatte[105]. Die einzige Voraussetzung bestand in einer prinzipiellen Anpassungsbereitschaft an die Vorstellungen der Dienstherren. Dem Schongauer Scharfrichter Johann Georg Abriel gelang auf diese Weise 1599 der Wechsel auf die besser dotierte Stelle in München[106]. Bei Jakob Volmar, der zu einem noch ungeklärten Zeitpunkt den unfähigen Landshuter Scharfrichter abgelöst hatte[107], handelte es sich vermutlich um den Sohn Johann Volmars, der sich an den Hexenprozessen im

Hochstift Augsburg beteiligt hatte. In Biberach selbst blieb Johann Volmars Position und Verhalten außerhalb jeder Kritik, sofern es nicht seine Tochter und den Schwiegersohn betraf. Die Berufsanforderungen für Scharfrichter sahen nach der Ausnahmesituation der Jahre um 1590 vor, daß diese als neutrale Werkzeuge der Strafgewalt neutral und anweisungsgemäß im Hintergrund wirkten und die erhaltenen Befehle widerspruchslos und kompetent in die Praxis umsetzten. Entsprechend diesem Ideal wirkten in der Folgezeit auch prozeßkritische Scharfrichter funktionsgemäß an Hexenverfolgungen mit, ohne durch Eigenmächtigkeiten hervorzutreten[108].

Abb. 41: Nadelprobe, aus: Hermann Löher: »Wemütige Klage der Frommen Unschültigen«, Amsterdam 1676

Schwieriger fällt demgegenüber der Versuch, die öffentliche Meinung gegenüber den Scharfrichtern einzuschätzen. Hexenverfolgungen waren zweifellos populär, und entsprechend konnten die Scharfrichter zu Beginn einer Prozeßwelle euphorisch empfangen werden[109]. Die allgemeine Stimmung gestaltete sich verständlicherweise weniger günstig, wenn es später nach Abschluß der Verfahren um die Bezahlung der Kosten ging, welche der Auftritt des berühmten Meisters aus Biberach verursacht hatte[110]. Grundsätzlich scheint in der Bevölkerung aber auch weiterhin ein bestimmter Grundbedarf an magischen Praktiken zur Auffindung und Abwehr von Hexen bestanden zu haben, der unter anderem durch die Scharfrichter bedient wurde, obwohl die Obrigkeit sukzessive dazu überging, derartige Aktivitäten unter Strafe zu stellen. Noch 1617 erhielt der Münchner Scharfrichter Besuch von einem Bauern, der seine eigene Ehefrau der Hexerei beschuldigte und deshalb die Durchführung einer Probe verlangte. Hans Stadler gab der Frau Weihwasser zu trinken, welches mit Kräutern versetzt war, und hielt daraufhin dem Bauern eine heftige Strafpredigt, weil dieser sein unschuldiges Weib mißhandelt habe[111].

Daß der häufige Kontakt zu Hexen aber auch für Scharfrichter gewisse Risiken barg, selbst wenn dieser nur im Rahmen von Strafverfahren erfolgt sein sollte, wird aufgrund eines Vorfalls deutlich, der 1598 einen kurzen Eintrag im Biberacher Ratsprotokoll fand. Johann Volmar hatte die Tochter des Häußlers Melcher Beck Spormacher als Magd eingestellt. Letzterer hatte aber den bereits geschlossenen Dienstvertrag mit der Begründung annulliert, »er welle si nit zu solchen unholden leüthen dingen laßen«. Daraus war ein Streit entstanden, in dessen Verlauf Spormachers Ehefrau sämtliche Mitglieder der Scharfrichterfamilie lauthals und in aller Öffentlichkeit als »Unholdenleüth« und »Huren« geschändet und geschmäht hatte[112]. Abgesehen davon, daß der im 17. und 18. Jahrhundert wahrscheinliche Vorwurf einer grundsätzlichen »Unehrlichkeit« der gesamten Berufsgruppe bei dieser Auseinandersetzung keine Rolle spielte[113], ist der Konfliktverlauf noch in weiterer Hinsicht aufschlußreich. Das Schreien war eine rechtlich relevante Verhaltensform, die den Beschimpften im Falle seiner persönlichen Anwesenheit selbst dann zu einer Reaktion zwang, wenn die Beleidigung im Verlauf eines heftigen Streits erfolgte[114]. Allgemein stellte die Beschimpfung als Hure eine Standardbeleidigung für Frauen dar[115], die sich allerdings im Falle Appollonia Volmars durchaus auch auf die öffentlich vollzogene Strafe beziehen konnte. Der Vorwurf der Hexerei erhielt jedoch seine besondere Brisanz aus dem Umstand, daß er sich gegen Experten richtete, die sich in diesem Sektor auskannten. Allgemein war zu diesem Zeitpunkt sowohl bei den Strafverfolgern als auch in der Bevölkerung die Ansicht verbreitet, daß niemand die Hexen erkennen könne, es sei denn, er gehöre selbst zu ihrer Gesellschaft[116]. Hexenproben machten aber geradezu das Spezialgebiet der Biberacher Scharfrichter aus, weshalb das Ehepaar Spormacher seine Vorwürfe nicht gänzlich unbegründet formuliert hatte. Das Bestreben, die Gesellschaft der Scharfrichterfamilie zu meiden, verlieh der Beschuldigung noch zusätzliches Gewicht[117]. Derselbe Mechanismus, der den Hirten Chonrad Stoeckhlin in die Verfolgung geraten ließ, nachdem er sich zunächst als Hexenfinder betätigt und damit die Oberstdorfer Prozesse ausgelöst hatte, bedrohte also tendenziell auch den Spezialisten, der ihm auf der Folter das Geständnis abgezwungen hatte[118]. Im Unterschied zu ihren Opfern wußten die Scharfrichter jedoch nur zu gut, was sie im Rahmen eines Hexenprozesses in der Folterkammer erwarten konnte. Entsprechend gaben Johann Volmars Ehefrau und Tochter mit der Bitte beim Magistrat ein, er möge Äußerungen dieser Art unter Strafe stellen, »damit nit ergres draus ervolgen thüe«[119]. Die Beleidigungsklage vor dem Ratsgericht stellte eine reguläre Möglichkeit dar, auf den Vorwurf zu reagieren, und wurde häufig ergriffen, wenn eine Beschimpfung erfolgt war[120]. Offensichtlich fühlte sich die Scharfrichterfamilie nicht unmittelbar gefährdet, war aber dennoch darum bemüht, entsprechende Gerüchte bereits im Vorfeld gründlich auszuräumen. Langfristig war das intensive Engagement in Hexenprozessen demnach nicht unbedingt geeignet, das soziale Ansehen der damit befaßten Scharfrichter zu steigern. Die Sonderrolle der Biberacher Scharfrichter ist ohnehin nur vor dem Hintergrund der Ausnahmesituation zu erklären, die gegen Ende des 16. Jahrhunderts entstanden war. Spätere Verfolgungswellen brachten diese spezifische Variante des Expertentums nicht mehr hervor.

*

Die nachfolgende Tabelle, welche einen ersten allgemeinen Überblick über die Aktivitäten der Biberacher Scharfrichter bei auswärtigen Hexereiverfahren in der zweiten Hälfte des 16. Jahrhunderts gewährleisten soll, erhebt keinen Anspruch auf Vollständigkeit. Sie beruht weitgehend auf einer Zusammenstellung der in der Literatur erwähnten Belegstellen. Nach einer gezielten Auswertung der Quellen hinsichtlich der an den Prozessen beteiligten Scharfrichter wäre sie vermutlich zu ergänzen.

Datum des Aufenthaltes	Prozeßorte und Territorien	Mitglieder der Biberacher Scharfrichterfamilie	Weitere an den Prozessen beteiligte Scharfrichter	Ausmaß der Verfolgungen	Nachweise
1562/63	Herrschaft Wiesensteig (erste große Hexenverfolgung des 16. Jahrhunderts in Süddeutschland)	keine Beteiligung aus Biberach nachgewiesen		63 Hinrichtungen	Midelfort, 88–90
1580	Biberach, Reichsstadt	Nachrichter unbekannt		5 Hinrichtungen	Behringer 1995, 158
1585/86	Reichsabtei Obermarchtal	Johann Volmar		57 Hinrichtungen	Behringer 1988, 436; Dengler, 139
Juli, November/Dezember 1586, Januar bis November 1587	Oberstdorf, Pfleggericht Rettenberg-Sonthofen (Hochstift Augsburg)	Johann Volmar (auf Empfehlung des Scharfrichters Johann Däubler, Augsburg)	Meister Hans aus der Grafschaft Tettnang	ca. 25 Hinrichtungen	HStA München, Hochstift Augsburg, NA, Akten, Nr. 6737; Behringer 1988, 131f., 191; Behringer 1994, 113–125, 130
1587	München und Rain (Herzogtum Bayern)	Johann Volmar		mindestens 2 Hinrichtungen	HStA München, HZR, Nr. 33 (1587); Behringer 1988, 436
1587	Dillingen (Hochstift Augsburg)	Johann Volmar		7 Hinrichtungen	Behringer 1988, 436; Schmid, 412
Ende August bis Dezember 1588	Stift Ellwangen	Johann Volmar		mindestens 17 Hinrichtungen	Mährle, 328f.

Datum des Aufenthaltes	Prozeßorte und Territorien	Mitglieder der Biberacher Scharfrichterfamilie	Weitere an den Prozessen beteiligte Scharfrichter	Ausmaß der Verfolgungen	Nachweise
Mai bis September 1589	Bobingen und Schwabmünchen (Hochstift Augsburg)	Johann Volmar nebst Ehefrau, seiner Tochter Appollonia und seinem Schwiegersohn Christoph Hiert	Veit Vischer, Schwabmünchen; Johann Georg Abriel, Schongau; Bartholomäus Abriel, Kaufbeuren; das Scharfrichterehepaar aus Landsberg; die Scharfrichter aus Großaitingen, Oberstdorf und Ochsenhausen	27 Hinrichtungen	HStA München, Hochstift Augsburg, NA, Akten, Nr. 2816, 1202; BEHRINGER 1988, 134, 176, 436
1. August bis 27. September 1589	Landgericht Schongau (Herzogtum Bayern)	Christoph Hiert	Johann Georg Abriel, Schongau	Examinierung und Folterung von 5 Frauen (bis 1592 insges. 63 Hinrichtungen)	RIEZLER, 166; VOGEL, 35–37, 47, 83, 85
Februar 1590	Garmisch, Herrschaft Werdenfels (Hochstift Freising)	Christoph Hiert, Jacob Volmar	Johann Georg Abriel, Schongau; Michael Fürst, Hall in Tirol	5 Hinrichtungen (von insges 51)	KUISL, 6, 16–18, 36; MOSER, 148f., 174; RIEZLER, 177
März bis April 1590	Ellingen, Landkomturei des Deutschen Ordens	Johann Volmar	?	ca. 71 Hinrichtungen	SCHMID, 412
22. April bis 31. Mai 1590 [20. Mai]	Garmisch, Werdenfels (Hochstift Freising)	Jacob Volmar, (Christoph Hiert)	Johann Georg Abriel, Schongau	9 Hinrichtungen (von insg. 51)	KUISL, 6, 18, 21f., 23f., 36
16. Juni/12. September 1590	Zusmarshausen (Hochstift Augsburg)	Christoph Hiert		1 Hinrichtung	SCHMID, 412

Datum des Aufenthaltes	Prozeßorte und Territorien	Mitglieder der Biberacher Scharfrichterfamilie	Weitere an den Prozessen beteiligte Scharfrichter	Ausmaß der Verfolgungen	Nachweise
18. Juni, 20. bis 23. Juni, 18. bis 22. November 1590	Untergerichte Mittenwald, Garmisch und Partenkirchen, Werdenfels (Hochstift Freising)	Christoph Hiert, Jacob Volmar	Johann Georg Abriel, Schongau, samt Sohn Jacob, Schwager und Ehefrau; Michael Fürst und ein weiterer Nachrichter aus Hall in Tirol	36 Hinrichtungen (von insges. 51)	KUISL, 24, 28–32; RIEZLER, 177
1591	Biberach, Reichsstadt	Nachrichter wird nicht erwähnt		3 Verdächtigungen	MIDELFORT, 208
1591	Meßkirch, Grafschaft Zimmern	Anfrage in Biberach		?	SCHMID, 413
August 1596	Esslingen, Reichsstadt	Johann Volmar und seine Ehefrau		Untersuchung eines Hexenmals	BECK, 142f.; SCHMID, 413
Sommer 1597	Herrschaft Bludenz-Sonnenberg (Vorderösterreich)	Christoph Hiert	Jakob Volmar, Bregenz, und sein Vetter; Michael Fürst, Hall in Tirol	5 Hinrichtungen	BECK, 138–141; BEHRINGER 1988, 132; MOSER, 145; SCHEFFKNECHT, 71; SCHMID, 415; SEIFRIZ
1597/98	Wolfach, Grafschaft Fürstenberg	einer der Biberacher Scharfrichter		15 Hinrichtungen	StadtA Biberach, Ratsprotokoll, Bd. 16, 1596–1598, fol. 223; MIDELFORT, 208f.

Tab. 1: Die Teilnahme der Biberacher Scharfrichter an Hexenprozessen

Die Angabe der Zahlen der jeweils Hingerichteten erfolgt unabhängig davon, daß die Suche nach den Hexenmalen, die Folterungen und der Vollzug der Todesurteile teilweise von anderen Scharfrichtern als den Biberacher Amtsinhabern durchgeführt wurden. Obwohl sich das genaue Arbeitsaufkommen der einzelnen Scharfrichter nicht immer eindeutig bestimmen läßt, vermitteln diese Zahlen dennoch eine Vorstellung von der Größenordnung der jeweiligen Verfahren. Sofern zweifelsfrei feststeht, daß sich die Aktivitäten der Biberacher Scharfrichter auf die Examinierung der Hexenmale beschränkte, wurde dies ausdrücklich vermerkt.

Anmerkungen

1 Die Schreibweise des Namens schwankt in den Quellen erheblich: Der Biberacher Scharfrichter wurde Johann (abgekürzt: Hans) Volmar, Vol(l)mair, Volmay(e)r oder auch Vol(l)man(n) genannt. Die im weiteren Verlauf beibehaltene Lesart Volmar entspricht dem Sprachgebrauch der Biberacher Überlieferung. In den bayerischen Akten wurde demgegenüber die Schreibweise Volmair bevorzugt (vgl. dazu Wolfgang BEHRINGER, Hexenverfolgung in Bayern. Volksmagie, Glaubenseifer und Staatsräson in der Frühen Neuzeit, München 1988, S. 527; Jutta NOWOSADTKO, Scharfrichter und Abdecker. Der Alltag zweier »unehrlicher Berufe« in der Frühen Neuzeit, Paderborn 1994, S. 101, 408; Martina SCHMID, Die Biberacher Scharfrichter, in: Sönke LORENZ (Hrsg.), Hexen und Hexenverfolgung im deutschen Südwesten. Aufsatzband, Karlsruhe 1994, S. 411–415, hier: S. 411).

2 BEHRINGER, Hexenverfolgung (wie Anm. 1), S. 132, Anm. 32; SCHMID (wie Anm. 1), S. 411f.

3 BEHRINGER, Hexenverfolgung (wie Anm. 1), S. 404f., 411; NOWOSADTKO, Scharfrichter und Abdecker (wie Anm. 1), S. 57–62.

4 BEHRINGER, Hexenverfolgung (wie Anm. 1), S. 198; DERS., Chonrad Stoeckhlin und die Nachtschar. Eine Geschichte aus der frühen Neuzeit, München 1994, S. 110f., 113, 119; Fritz KUISL, Die Hexen von Werdenfels. Hexenwahn im Werdenfelser Land, rekonstruiert an Hand der Prozeßunterlagen von 1589–1596, Garmisch-Partenkirchen ²1988, S. 14.

5 BEHRINGER, Hexenverfolgung (wie Anm. 1), S. 134, 178, 440.

6 Jutta NOWOSADTKO, Der Scharfrichter Johann Georg Abriel und die Hexenprozesse, in: Der Welf. Jahrbuch des Historischen Vereins Schongau – Stadt und Land 1 (1993), S. 18–39, hier: S. 22f.

7 Friedrich VON SPEE, Cautio Criminalis, oder: Rechtliche Bedenken wegen der Hexenprozesse. Aus dem Lateinischen übertragen und eingeleitet von Joachim-Friedrich RITTER, Weimar ³1939, ND München 1985, S. 86f.

8 Das StadtA Biberach verfügt für die zweite Hälfte des 16. Jahrhunderts vor allem über die Ratsprotokolle der Jahre 1555, 1557–1560, 1562, 1563, 1568ff. Die Stadtrechnungen sind seit dem Jahr 1603 erhalten, und ab dem Jahr 1589 liegen auch Protokollbände des Stadtgerichts vor, die zwar in der Mehrzahl keine detaillierten Informationen über die einzelnen Prozesse liefern, aber aufgrund der stichwortartigen Hinweise zu den verhandelten Gegenständen und den am Prozeß beteiligten Parteien und Zeugen dennoch eine Auswertung lohnen könnten. Eine Aktenüberlieferung existiert für den fraglichen Zeitraum nicht. Die bislang verfügbaren Informationen über die Biberacher Scharfrichter stammen in der Regel aus den Hexenakten jener umliegenden Territorien, die ihre Dienste in Anspruch nahmen. Auf die vorhandenen Biberacher Quellen wurde bislang nicht zurückgegriffen.

9 In diesem Zusammenhang gilt mein besonderer Dank der für das Stadtarchiv zuständigen Archivarin, Frau Maerker, deren große Kooperationsbereitschaft es mir ermöglichte, die seriellen Quellen auszuwerten. Für weitere Auskünfte danke ich Herrn Dr. Diemer vom Kreisarchiv Biberach.

10 BEHRINGER, Hexenverfolgung (wie Anm. 1), S. 132, 436; Robert DENGLER, Das Hexenwesen im Stifte Obermarchthal von 1581 bis 1756, Diss. Erlangen 1953, S. 139; H.C. Erik MIDELFORT, Witch Hunting in Southwestern Germany 1562–1684. The Social and Intellectual Foundations, Stanford 1972, S. 96f.

11 BEHRINGER, Chonrad Stoeckhlin (wie Anm. 4), S. 99f., 107–111, 113–125.

12 HStA München, HZR 33 (1587), fol. 477.

13 Vgl. Wolfgang MÄHRLE, Fürstpropstei Ellwangen, in: LORENZ, Hexen und Hexenverfolgung im deutschen Südwesten (wie Anm. 1), S. 327–336, hier: S. 327–329 (vgl. auch denselben Beitrag von Wolfgang Mährle in diesem Band).

14 BEHRINGER, Hexenverfolgung (wie Anm. 1), S. 143f.; HStA München, Hochstift Augsburg, NA, Akten, Nr. 2629.

15 Auch im Biberacher Ratsprotokoll begegnet »Stofel Hiert Nachrichters Tochtermann« nicht vor dem 21. Juli 1589 (StadtA Biberach, Ratsprotokoll, Bd. 10, 1589/90, fol. 88ᵛ). Seine Herkunft und der Zeitpunkt seiner Eheschließung sind nicht geklärt. Auch konnte bislang nicht rekonstruiert werden, seit wann er sich in der Reichsstadt aufhielt.

16 BEHRINGER, Hexenverfolgung (wie Anm. 1), S. 131f., 134 mit Anm. 32; KUISL (wie Anm. 4), S. 18; Konrad SEIFRIZ, Ein Hexenprozeß und der Scharfrichter Meister Christoph Hiert von Biberach, in: Anzeiger vom Oberland 160 (6. Juli 1933); HStA München, Hochstift Augsburg, NA, Akten, Nr. 6737, fol. 71, 101, 114ᵛ.

17 Paul BECK, Ein Hexenprozeß aus Vorarlberg v.J. 1597, in: DERS., Ausgewählte Aufsätze zur Geschichte Oberschwabens, Bad Buchau 1985, S. 135–143; SCHMID (wie Anm. 1), S. 413.

18 StadtA Biberach, Ratsprotokoll, Bd. 16, 1596–1598, fol. 223 (15. November 1597), Stadtgerichtsprotokolle, 1589–1595, fol. 136–137ᵛ (Klage vom 9. Januar 1595, Urteil vom 25. Januar 1595).

19 Wolfgang BEHRINGER (Hrsg.), Hexen und Hexenprozesse in Deutschland, München ³1995, S. 180–182; Sigmund VON RIEZLER, Geschichte der Hexenprozesse in Bayern. Im Lichte der allgemeinen Entwicklung vorgestellt, Stuttgart 1983, S. 170–172.

20 Roland ASCH, Verwaltung und Beamtentum. Die gräflich fürstenbergischen Territorien vom Ausgang des Mittelalters bis zum schwedischen Krieg 1490–1632, Stuttgart 1986, S. 69f. In den Jahren zwischen 1573 und 1588 wurden in der Grafschaft insgesamt sieben Personen wegen Hexerei verurteilt (ebd., S. 124). Im darauffolgen-

den Zeitraum von 1593 bis 1598 betrug die Zahl der Hingerichteten mindestens 17 allein in der Stadt Wolfach (vgl. MIDELFORT [wie Anm. 10], S. 208f.).

21 BEHRINGER, Hexenverfolgung (wie Anm. 1), S. 199f., 220; DERS., Hexen (wie Anm. 19), S. 269f.; Eva LABOUVIE, Zauberei und Hexenwerk. Ländlicher Hexenglaube in der Frühen Neuzeit, Frankfurt a.M. 1991, S. 99; VON RIEZLER (wie Anm. 19), S. 75–81; Wolfgang SCHILD, Alte Gerichtsbarkeit. Vom Gottesurteil bis zum Beginn der modernen Rechtsprechung, München [2]1985, S. 22–24.

22 Hartmut Heinrich KUNSTMANN, Zauberwahn und Hexenprozeß in der Reichsstadt Nürnberg, Diss. Nürnberg 1970, S. 71; BEHRINGER, Hexen (wie Anm. 19), S. 211, Nr. 129; NOWOSADTKO, Scharfrichter und Abdecker (wie Anm. 1), S. 100f.; Helmuth SCHUHMANN, Der Scharfrichter. Seine Gestalt – seine Funktion, Kempten 1964, S. 188f.; Wolfgang WÜST, Inquisitionsprozeß und Hexenverfolgung im Hochstift Augsburg im 17. und 18. Jahrhundert, in: Zeitschrift für bayerische Landesgeschichte 50 (1987), S. 109–126, hier: S. 112.

23 KUNSTMANN (wie Anm. 22), S. 71; BEHRINGER, Hexenverfolgung (wie Anm. 1), S. 216; VON RIEZLER (wie Anm. 19), S. 169. Eine überregionale Bedeutung erlangte während der Verfolgungswelle auch der Landauer Scharfrichter (vgl. dazu Rolf ÜBEL, Wer war Niclas Pfraum? Zum Leben des Landauer »Hexenscharfrichters«, in: Pfälzer Heimat 52 [2001], S. 90–92).

24 NOWOSADTKO, Johann Georg Abriel (wie Anm. 6), S. 21f.; DIES., Scharfrichter und Abdecker (wie Anm. 1), S. 101–103.

25 BEHRINGER, Hexenverfolgung (wie Anm. 1), S. 151; NOWOSADTKO, Johann Georg Abriel (wie Anm. 6), S. 35.

26 BEHRINGER, Hexenverfolgung (wie Anm. 1), S. 132 mit Anm. 34; DERS., Mit dem Feuer vom Leben zum Tod. Hexengesetzgebung in Bayern, München 1988, S. 54f.; DERS., Chonrad Stoeckhlin (wie Anm. 4), S. 108–110.

27 Annemarie HARTMANN, Der Hexenwahn im Herzogtum und Kurfürstentum Bayern im 16. und 17. Jahrhundert, in: Georg SCHWAIGER (Hrsg.), Teufelsglaube und Hexenprozesse, München [3]1991, S. 103–127, hier: S. 110; VON RIEZLER (wie Anm. 19), S. 172.

28 BEHRINGER, Hexenverfolgung (wie Anm. 1), S. 215–222; DERS., Feuer (wie Anm. 26), S. 142–148; NOWOSADTKO, Scharfrichter und Abdecker (wie Anm. 1), S. 107–109.

29 BEHRINGER, Hexenverfolgung (wie Anm. 1), S. 216; NOWOSADTKO, Johann Georg Abriel (wie Anm. 6), S. 25f.

30 BEHRINGER, Hexenverfolgung (wie Anm. 1), S. 172; DERS. , Feuer (wie Anm. 26), S. 142.

31 BEHRINGER, Hexenverfolgung (wie Anm. 1), S. 134f.

32 StadtA Biberach, Ratsprotokoll, Bd. 16, 1596–1598, fol. 223.

33 SCHMID (wie Anm. 1), S. 413.

34 BEHRINGER, Hexenverfolgung (wie Anm. 1), S. 340.

35 BEHRINGER, Feuer (wie Anm. 26), S. 54f.

36 BEHRINGER, Hexen (wie Anm. 19), S. 158; MIDELFORT (wie Anm. 10), S. 205.

37 Der Familienname Volmar läßt sich bei Scharfrichtern im 16. Jahrhundert vor allem im Bereich der Schweiz und im südwestdeutschen Raum nachweisen und war in dieser Region durchaus weit verbreitet (vgl. dazu BEHRINGER, Hexenverfolgung [wie Anm. 1], S. 155; Johann GLENZDORF/Fritz TREICHEL, Henker, Schinder, Arme Sünder, 2 Bde., Bad Münder am Deister 1970, hier: Bd. 2, S. 204, 410; Wolfgang SCHEFFKNECHT, Scharfrichter. Eine Randgruppe im frühneuzeitlichen Vorarlberg, Konstanz 1995, S. 148f., 159f., 164).

38 StadtA Biberach, Ratsprotokoll, Bd. 12, 1592/93, fol. 3, 109; Gerhard SCHWARZ, Die Ulmer Scharfrichter nach den Ratsprotokollen 1501–1693, in: Südwestdeutsche Blätter für Familien- und Wappenkunde 14 (1974), S. 24–28, hier: S. 26.

39 StadtA Biberach, Ratsprotokoll, Bd. 6, 1562, fol. 1, 11.

40 Die frühen Einträge im Ratsprotokoll lauten in der Regel auf »Nachrichter« und nennen weder Vor- noch Familiennamen (StadtA Biberach, Ratsprotokoll, Bd. 5, 1560, fol. 92, Bd. 6, 1562, fol. 8). Aufgrund dieser Praxis darauf schließen zu wollen, daß sein Name mit einem Tabu belegt gewesen sei, erscheint jedoch abwegig (als ein Beispiel von vielen vgl. Bernd ROECK, Außenseiter, Randgruppen, Minderheiten. Fremde im Deutschland der frühen Neuzeit, Göttingen 1993, S. 108). Da es in der Regel nur einen Amtsinhaber gab, bezeichnete der Beruf die Person wohl eindeutiger als es beispielsweise der Nachname Volmar, der in Biberach mehrfach vertreten war, oder der noch geläufigere Vorname Hans vermocht hätten. Im Gegensatz zu späteren Historikern wußten die Zeitgenossen schließlich, wer gemeint war. Bezeichnenderweise begegnen ausführliche Namensnennungen vor allem in jener Phase, als in Biberach zwei Scharfrichter lebten.

41 Zu den Verhältnissen im südwestdeutschen Raum vgl. allgemein SCHEFFKNECHT (wie Anm. 37), S. 30–130; SCHUHMANN (wie Anm. 22), S. 169–205, 215–219. Eine Ausnahme von dieser Regel stellte etwa die Reichsstadt Augsburg dar, die sowohl einen Wasenmeister als auch einen Scharfrichter beschäftigte (vgl. dazu Kathleen Elizabeth STUART, The Boundaries of Honor. »Dishonorable People« in Augsburg 1500–1800, Diss. New Haven 1993, S. 84–156). Die wirtschaftlichen Rahmenbedingungen unterschieden sich teilweise deutlich von den Verhältnissen im Herzog- und Kurfürstentum Bayern und im nordwestdeutschen Raum. Zum Berufsbild insgesamt vgl. NOWOSADTKO, Scharfrichter und Abdecker (wie Anm. 1); Gisela WILBERTZ, Scharfrichter und Abdecker im Hochstift Osnabrück. Untersuchungen zur Sozialgeschichte zweier »unehrlicher« Berufe im nordwestdeutschen Raum vom 16. bis zum 19. Jahrhundert, Osnabrück 1979.

42 Vgl. Sönke LORENZ, Einführung und Forschungsstand. Die Hexenverfolgung in den südwestdeutschen Territorien, in: DERS., Hexen und Hexenverfolgung im deutschen Südwesten (wie Anm. 1), S. 175–186, hier: S. 175 (vgl. auch denselben Beitrag von Sönke Lorenz in diesem Band); BEHRINGER, Hexenverfolgung (wie Anm. 1), S. 417f.; Gerhard SCHORMANN, Hexenprozesse in Deutschland, Göttingen 1981, S. 65.
43 Richard VAN DÜLMEN, Theater des Schreckens. Gerichtspraxis und Strafrituale in der Frühen Neuzeit, München 1985, S. 54.
44 WÜST (wie Anm. 22), S. 120f.
45 HStA München, FA, Fasz. 480/453.
46 Beate SCHUSTER, Die freien Frauen. Dirnen und Frauenhäuser im 15. und 16. Jahrhundert, Frankfurt/New York 1995, S. 197, Anm. 37.
47 StadtA Biberach, Ratsprotokoll, Bd. 9, 1587/88, fol. 13 (31. Januar 1587), Stadtrechnung 1603, fol. 177.
48 NOWOSADTKO, Scharfrichter und Abdecker (wie Anm. 1), S. 65–68, 77f.
49 StadtA Biberach, Ratsprotokoll, Bd. 6, 1562, fol. 8.
50 StadtA Biberach, Ratsprotokoll, Bd. 10, 1589/90, fol. 161.
51 StadtA Biberach, Ratsprotokoll, Bd. 16, 1596–1598, fol. 297.
52 NOWOSADTKO, Scharfrichter und Abdecker (wie Anm. 1), S. 152f.
53 StadtA Biberach, Stadtrechnung 1603, fol. 177. Dem Scharfrichter wurden zusätzlich zum Jahresgehalt ausdrücklich 21 Pfund 3 Schilling »wegen hunden zue schlagen vnd etliche Luuderstosß« ausgehändigt.
54 StadtA Biberach, Ratsprotokoll, Bd. 10, 1589/90, fol. 161.
55 NOWOSADTKO, Scharfrichter und Abdecker (wie Anm. 1), S. 119–121, 124.
56 StadtA Biberach, Ratsprotokoll, Bd. 8, 1568, fol. 14 (27. Februar 1568).
57 StadtA Biberach, Ratsprotokoll, Bd. 11, 1591/92, fol. 157 (3. März 1592).
58 StadtA Biberach, Ratsprotokoll, Bd. 12, 1592/93, fol. 98 (6. April 1593).
59 Vgl. dazu allgemein Ulf DIRLMEIER, Zu den Lebensbedingungen in der mittelalterlichen Stadt. Trinkwasserversorgung und Abfallbeseitigung, in: Bernd HERRMANN (Hrsg.), Mensch und Umwelt im Mittelalter, Stuttgart 1986, S. 150–159, hier: S. 154–158.
60 Generell neigten Scharfrichter dazu, in Jahren guter Verdienstmöglichkeiten im Strafvollzug mit Ausnahme der Medizin die Nebeneinkünfte zu vernachlässigen, während sie umgekehrt verstärkt auf deren Ausweitung drangen, sobald sie im Strafvollzug Einbußen erlitten (vgl. dazu NOWOSADTKO, Scharfrichter und Abdecker [wie Anm. 1], S. 84f.).
61 StadtA Biberach, Ratsprotokoll, Bd. 16, 1596–1598, fol. 297.
62 NOWOSADTKO, Scharfrichter und Abdecker (wie Anm. 1), S. 205f.
63 Ebd., S. 146–148.
64 StadtA Biberach, Ratsprotokoll, Bd. 13, 1593–1595, fol. 113ᵛ (16. Mai 1594), fol. 116 (28. Mai 1594). Nach Meinung Julius Bernhardt von Rohrs konnte der beschriebene Fall, daß »der Schinder die Hunde aus den Häusern an sich lockt, und ihnen die Schleiffe um den Hals schmeißt,« nur selten eintreten, »indem ihm die Hunde nicht gerne zu nahe kommen« (Julius Bernhardt VON ROHR, Vollständiges Hauß-Haltungs-Recht, Leipzig 1716, S. 948).
65 Jutta NOWOSADTKO, Wer Leben nimmt, kann auch Leben geben. Scharfrichter und Wasenmeister als Heilkundige in der Frühen Neuzeit, in: Medizin, Gesellschaft und Geschichte 12 (1993), S. 43–74; STUART (wie Anm. 41), S. 127–156; WILBERTZ (wie Anm. 41), S. 67.
66 BECK (wie Anm. 17), S. 143.
67 StadtA Biberach, Ratsprotokoll, Bd. 11, 1591/92, fol. 42 (7. Mai 1591), 112 (3. Dezember 1591).
68 Vgl. dazu allgemein Sabine SANDER, Handwerkschirurgen. Sozialgeschichte einer verdrängten Berufsgruppe, Göttingen 1989, S. 60.
69 SCHMID (wie Anm. 1), S. 413.
70 StadtA Biberach, Ratsprotokoll, Bd. 13, 1593–1595, fol. 128ᵛ (14. Juni 1594), 246ᵛ (14. Januar 1595).
71 NOWOSADTKO, Scharfrichter und Abdecker (wie Anm. 1), S. 229f.
72 StadtA Biberach, Ratsprotokoll, Bd. 13, 1593–1595, fol. 221ᵛ (26. November 1594).
73 StadtA Biberach, Ratsprotokoll, Bd. 13, 1593–1595, fol. 246ᵛ (14. Januar 1595).
74 WILBERTZ (wie Anm. 41), S. 115f.; vgl. dazu auch NOWOSADTKO, Scharfrichter und Abdecker (wie Anm. 1), S. 195–201, 253–256.
75 StadtA Biberach, Ratsprotokoll, Bd. 10, 1589/90, fol. 88ᵛ.
76 StadtA Biberach, Ratsprotokoll, Bd. 11, 1591/92, fol. 43 (11. Mai 1591).
77 StadtA Biberach, Ratsprotokoll, Bd. 11, 1591/92, fol. 76 (17. August 1591).
78 StadtA Biberach, Ratsprotokoll, Bd. 12, 1592/93, fol. 3–5 (24. Juli und 1. August 1592).
79 StadtA Biberach, Ratsprotokoll, Bd. 12, 1592/93, fol. 97 (30. März 1593).
80 StadtA Biberach, Ratsprotokoll, Bd. 12, 1592/93, fol. 103 (2. Mai 1593), 108 (19. Mai 1593).
81 StadtA Biberach, Ratsprotokoll, Bd. 13, 1593–1595, fol. 34 (7. Februar 1594).
82 StadtA Biberach, Ratsprotokoll, Bd. 13, 1593–1595, fol. 246ᵛ (14. Januar 1595).
83 SPEE (wie Anm. 7), S. 155f., 213–217.
84 SCHUHMANN (wie Anm. 22), S. 188.

85 Beck (wie Anm. 17), S. 143.
86 StadtA Biberach, Ratsprotokoll, Bd. 11, 1591/92, fol. 52v, 63.
87 Vgl. dazu allgemein Lyndal Roper, The Holy Household. Women and Morals in Reformation Augsburg, Oxford 1989, S. 61–70.
88 StadtA Biberach, Ratsprotokoll, Bd. 13, 1593–1595, fol. 246v.
89 StadtA Biberach, Ratsprotokoll, Bd. 13, 1593–1595, fol. 34.
90 StadtA Biberach, Ratsprotokoll, Bd. 12, 1592/93, fol. 5.
91 Behringer, Hexenverfolgung (wie Anm. 1), S. 136.
92 HStA München, Hochstift Augsburg, NA, Akten, Nr. 2816 (1 Maß = ca. 1,1 Liter).
93 Kuisl (wie Anm. 4), S. 40.
94 StadtA Biberach, Stadtgerichtsprotokolle, 1589–1595, fol. 136–137v (Klage vom 9. Januar 1595, Urteil vom 25. Januar 1595).
95 StadtA Biberach, Ratsprotokoll, Bd. 16, 1597, fol. 223.
96 Behringer, Hexenverfolgung (wie Anm. 1), S. 402; Schormann (wie Anm. 42), S. 80–89.
97 von Riezler (wie Anm. 19), S. 180.
98 Seifriz (wie Anm. 16).
99 Nowosadtko, Scharfrichter und Abdecker (wie Anm. 1), S. 71–98.
100 HStA München, Hochstift Augsburg, NA, Akten, Nr. 1202, fol. 325v, 565v, 654.
101 Nowosadtko, Scharfrichter und Abdecker (wie Anm. 1), S. 254f.
102 Heinz Moser, Die Scharfrichter von Tirol. Ein Beitrag zur Geschichte des Strafvollzuges in Tirol von 1497–1787, Innsbruck 1982, S. 149.
103 StadtA Biberach, Ratsprotokoll, Bd. 11, 1591/92, fol. 199 (4. Juli 1592).
104 StadtA Biberach, Stadtrechnungen, 1603, fol. 177, 1604, fol. 177, 1606, fol. 178, 1608, fol. 177; Winfried Assfalg, Strafen und Heilen. Scharfrichter, Bader und Hebammen. Ein Beitrag zur Geschichte der ehemals vorderösterreichischen Donaustadt Riedlingen, Bad Buchau 2001, S. 60f.
105 Behringer, Hexenverfolgung (wie Anm. 1), S. 217–219.
106 Nowosadtko, Scharfrichter und Abdecker (wie Anm. 1), S. 110–112; dies., Johann Georg Abriel (wie Anm. 6), S. 31f.
107 StA München, Ratsitzungsprotokolle, Unterrichterserie, Nr. 221, 1606, fol. 180v; Ivo Striedinger, Der Goldmacher Marco Bragadino. Archivkundliche Studien zur Kulturgeschichte des 16. Jahrhunderts, München 1928, S. 132f.
108 Nowosadtko, Scharfrichter und Abdecker (wie Anm. 1), S. 114f.
109 Behringer, Hexenverfolgung (wie Anm. 1), S. 143f.; ders., Hexen (wie Anm. 19), S. 187f.; HStA München, Hochstift Augsburg, NA, Akten, Nr. 2629.
110 Behringer, Chonrad Stoeckhlin (wie Anm. 4), S. 130.
111 Nowosadtko, Scharfrichter und Abdecker (wie Anm. 1), S. 189f.
112 StadtA Biberach, Ratsprotokoll, Bd. 16, 1597/98, fol. 283v (28. Januar 1598).
113 Zu den Unehrlichkeitskonflikten vgl. allgemein Nowosadtko, Scharfrichter und Abdecker (wie Anm. 1), S. 292–321; Stuart (wie Anm. 41), S. 157–287; Kathy Stuart, Unehrlichkeitskonflikte in Augsburg in der frühen Neuzeit, in: Zeitschrift des historischen Vereins für Schwaben 83 (1990), S. 113–129.
114 Rainer Walz, Hexenglaube und magische Kommunikation im Dorf der Frühen Neuzeit. Die Hexenverfolgungen in der Grafschaft Lippe, Paderborn 1993, S. 320–327.
115 Martin Dinges, »Weiblichkeit« in »Männlichkeitsritualen«? Zu weiblichen Taktiken im Ehrenhandel in Paris im 18. Jahrhundert, in: Francia 18,2 (1991), S. 71–98, hier: S. 89f.; Walz (wie Anm. 114), S. 432.
116 Behringer, Chonrad Stoeckhlin (wie Anm. 4), S. 103, 127.
117 Walz (wie Anm. 114), S. 332–334.
118 Behringer, Chonrad Stoeckhlin (wie Anm. 4), S. 91f., 99f., 126f.
119 StadtA Biberach, Ratsprotokoll, Bd. 16, 1597/98, fol. 283v (28. Januar 1598).
120 Walz (wie Anm. 114), S. 364.

Wolfgang Behringer

Geschichte der Hexenforschung

1. Der Weg ins Zauberland ...[1]

Der Begriff »Hexenforschung« ist nicht präzise, aber prägnant. Er faßt die Bemühungen von Wissenschaftlern in verschiedenen Disziplinen zusammen, welche sich mit dem Umgang mit dem Irrationalen beschäftigen, dem Reich des Aberglaubens oder der Magie, je nachdem, wie man dieses »Zauberland« bezeichnen möchte. In der europäischen Geschichte hat dieser Komplex seinen extremen Ausdruck gefunden in der Figur der Hexe und ihrer Verfolgung. Weil die Trennlinie zwischen Magie und Religion sehr unterschiedlich gesehen wird, muß man sich damit zufriedengeben, daß eine verbindliche Begriffsdefinition nicht möglich ist, sondern nur eine Ausdrucksform des Ethnozentrismus wäre[2]. Dasselbe trifft sogar für den Begriff der »Hexe« zu, der in unterschiedlichen Kulturen sehr verschiedene Dinge meint. Generell kann man sagen, daß der gesamte Bereich der heidnischen Relikte, der magischen Operationen oder auch der ekstatischen Befähigung in der europäischen Geschichte der mächtigen Hexenvorstellung subsumiert wurde[3].

Wenn man den Erfolg eines Forschungszweiges am Grad seiner Institutionalisierung messen wollte, so konnte man bei der Hexenforschung bis vor wenigen Jahren zu dem Ergebnis kommen, es gebe sie überhaupt nicht. Erst mit der Etablierung der gleichnamigen Publikationsreihe 1995 manifestierte sich die Arbeit des *Arbeitskreises Interdisziplinäre Hexenforschung* (AKIH), der damals bereits zehn Jahre existierte[4]. Das Bedürfnis nach einer derartigen Institution war entstanden mit jenem Paradigmenwechsel in den Geisteswissenschaften, den der amerikanische Historiker Erik Midelfort im ersten internationalen Forschungsüberblick *Recent Witch Hunting Research, or Where Do We Go from Here?* und danach in seiner bahnbrechenden Regionalstudie über Südwestdeutschland angedeutet hatte[5]. Daß der Paradigmenwechsel der Hexenforschung auch interdisziplinär auf Resonanz gestoßen ist, zeigt die Reaktion des israelischen Soziologen Nachman Ben-Yehuda, der formulierte: »Einige Sozialwissenschaftler haben bemerkt, daß viele Aspekte der modernen Gesellschaft besser verstanden werden können im Vergleich mit dem europäischen Hexenwahn ...«[6]

Trotz der seit den späten 1970er Jahren in immer kürzeren Abständen erscheinenden *Forschungsberichte*[7] bleibt die Stoffmenge ein Problem, denn um kaum ein Thema in der europäischen Geschichte ist so anhaltend und kontrovers diskutiert worden wie um das Thema »Hexen«. Nach der Entstehung der kumulativen Hexenvorstellung ging es bei solchen Diskussionen, an denen alle größeren Strömungen der europäischen Geistesgeschichte beteiligt waren[8], zunächst nicht selten um Leben und Tod. Doch auch nachdem keine unmittelbare Gefahr mehr bestand, spielte das Thema bei der Definition von Identität weiter eine Rolle[9]. Da ganz verschiedene Disziplinen und nicht zuletzt auch eine interessierte Öffentlichkeit auf Ergebnisse der historischen Hexenforschung rekurrieren[10], erschien es notwendig, deren Geschichte selbst in systematischer Form zum Thema zu machen. Dieser Überblick erschien in seiner ersten Form 1994 im Katalogband zur Karlsruher Hexenausstellung und diente gleichzeitig als Einstimmung für den ersten Kongreß zu diesem Thema während dieser Ausstellung durch den AKIH[11].

Der Forschungsbericht zur Geschichte der Hexenforschung erscheint jetzt in einer zweiten, stark überarbeiteten und erweiterten Form. Damit wurde nicht nur den Ergebnissen der letzten Konferenzen Rechnung getragen, sondern auch versucht, eine neue Quellenbasis für solche Untersuchungen zu schaffen. Um bei der Herausarbeitung der Traditionslinien und Querverbindungen eine sichere Grundlage zu erhalten, wurden zunächst einmal die leicht erkennbaren führenden Werke der jeweiligen Zeit und deren schulmäßiger Zusammenhang untersucht. Dann wurde die Frage nach ihrer Breitenwirkung gestellt. Dazu wurde die Ebene der Enzyklopädien einiger in der Historiographie wichtiger Länder (Deutschland, Frankreich, Italien, England, USA) analysiert, deren Literaturangaben zu einschlägigen Artikeln Indikatorfunktion für die Faktoren Internationalität und Interdisziplinarität der Rezeption besitzen. Speziell für den deutschsprachigen Raum mit seiner gut erschließbaren Publikationslandschaft wurde diesen Fragen anhand einiger Fachlexika der Fächer Volkskunde und Ethnologie intensiver nachgegangen[12].

Zur Erhöhung der Transparenz habe ich ein fächerübergreifendes Korpus von Hochschulschriften (Doktorarbeiten und Habilitationsschriften) der letzten hundert Jahre (1896–1995) für die deutschsprachigen Länder zusammengestellt, wobei Deutschland (in seinen jeweiligen politischen Grenzen), Österreich und die Schweiz inklusive deren Veröffentlichungen in lateinischer, französischer und englischer Sprache berücksichtigt wurden, nicht jedoch deutschsprachige Dissertationen in Nachbarländern. Die Nachteile dieser Vorgehensweise liegen auf der Hand, denn noch so gute Magister- und Diplomarbeiten, gescheiterte Dissertationen oder Abhandlungen außerhalb dieser Prüfungsverfahren werden davon nicht erfaßt, ohnehin werden die Arbeiten unabhängig von ihrer Qualität nebeneinandergestellt. Die Vorteile eines solchen Verfahrens sind ebenfalls einsichtig: Die Arbeiten werden nach thematischen Gesichtspunkten fächerübergreifend erfaßt, womit ein Spektrum sichtbar wird, das den wenigsten Bearbeitern vor Augen gestanden haben dürfte und dennoch gemeinsame Trends erkennen läßt, da Theologen, Juristen, Historiker, Psychologen, Mediziner, Ethnologen und Sprachwissenschaftler etc. Angehörige derselben Gesellschaften waren und sind. Da die Recherche überraschenderweise eine Gesamtmenge von über 250 Hochschulschriften zutage förderte, also eine statistisch relevante Menge selbst dann, wenn einzelne Arbeiten der Suche entgangen sein sollten, halte ich diese Vorgehensweise für einen sinnvollen Beitrag zur Erschließung der Forschungsgeschichte[13].

Als Suchraster wurden fünf Stichworte mit ihren möglichen Ableitungen beachtet, in alphabetischer Reihenfolge »Aberglaube«, »Hexen« (-»glaube«, -»prozeß«, -»verfolgung«, -»wahn« etc.), »Magie«, »Volksglaube« und »Zauberei«. Dies war notwendig, weil hier thematisch weitgehende Überschneidungen vorliegen. So wurde der lateinische Begriff »superstitio«, im 12. Jahrhundert mit »Aberglaube« ins Deutsche übersetzt, wegen seines pejorativen Beigeschmacks seit dem frühen 19. Jahrhundert teilweise durch »Volksglaube« ersetzt. Dieser wurde berücksichtigt, soweit er sich auf den Komplex Aberglaube/Hexerei/Zauberei/Magie bezieht. Überschneidungen dieser Begriffe sind sowohl im Deutschen als auch in anderen Sprachen (z.B. »witchcraft«, »sorcery«, »popular beliefs«, »magic« und »superstition« im Englischen) charakteristisch. Das größte Problem stellt die Überlappung der semantischen Felder »Magie« und »Religion« dar. In der ethnologischen Literatur entscheiden oft Vorlieben des Autors über die Begriffswahl. Hier wurden nur Titel berücksichtigt, bei denen der Komplex »Schamanismus« einen Bezug zu unserem Thema vermuten läßt, und dieser wurde thematisch unter »Volksglaube« rubriziert. Quellenkritische Untersuchungen wurden unter dem Themenbereich der Quelle eingeordnet (*Disquisitiones magicae*: »Magie«), Biographien unter dem naheliegenden Ordnungsbegriff (Friedrich von Spee: »Hexen«). Unter den fünf Stichworten »Aberglaube«, »Hexerei«, »Magie«, »Volksglaube« und »Zauberei« lassen sich die Arbeiten etwa zu gleichen Teilen finden.

Die Problemgeschichte dieses verhexten Teils der allgemeinen Historiographie erfüllt eine doppelte Funktion: Zum einen kann sie als Wegweiser in das Zauberland der Spezialforschung dienen, zum anderen beleuchtet sie die jeweiligen inhaltlichen und methodischen Prämissen und Positionen der Zeit, speziell auch ihrer jeweiligen Fachtraditionen, mit denen sich die Autoren auseinanderzusetzen hatten. In unserem Fall handelt es sich dabei um die Geschichtswissenschaften, die Ethnologie (»social anthropology«, »cultural anthropology«) und die mit den Sprachwissenschaften verknüpfte Volkskunde[14]. Weiter sind zum Verständnis der vertretenen Positionen Ausflüge in den Bereich der Prosopographie notwendig: Die Verfasser, die normalerweise hinter ihrem Werk zurücktreten, sollen hier gezielt ins Rampenlicht der Untersuchung gestellt werden, da gerade bei der Beschäftigung mit dem Hexenthema oft sehr persönliche Motive den Ausschlag gaben[15]. Im Verlauf der Auseinandersetzung zeigte sich, daß in der Geschichte der Hexenforschung zwei Bereiche eine größere Rolle spielten, als ursprünglich erwartet, weil hier die Materie gezielt zur »Invention of Tradition« eingesetzt werden sollte: Zum einen die völkische Bewegung mit ihrem Höhepunkt während der NS-Diktatur in Deutschland[16], zum anderen der esoterische Bereich, der seit dem 18. Jahrhundert in einigen Bereichen die Öffentlichkeit stärker beeinflußt hat als die Ergebnisse der Wissenschaft[17]. Vielleicht war es diese Nachbarschaft, vielleicht aber auch die Beschäftigung mit einem für die europäische Rationalität schwierigen Thema, das der Hexenforschung zu einer interdisziplinären Sonderstellung verholfen hat. So ist es von Reiz zu beobachten, wie ein von der Geschichtswissenschaft zeitweise vernachlässigtes Sujet immer wieder in eine Schlüsselposition rückte, von der aus sich auf magische Weise Türen zu Nachbardisziplinen öffnen lassen[18].

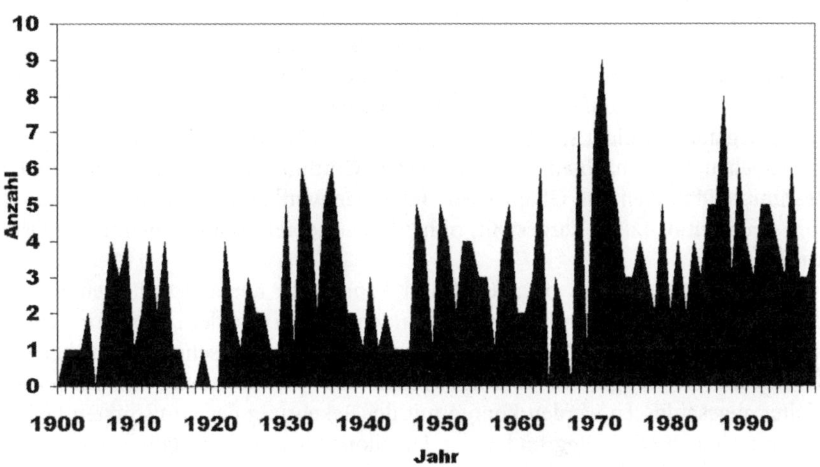

Graphik 1: Dissertationen zum Hexenthema im deutschsprachigen Raum im 20. Jahrhundert

2. Historische Betrachtungen zur Magie im Mittelalter

Da die Historiographie zum magischen Themenkomplex sich aus der europäischen Tradition heraus entwickelt hat, sollen hier kurz deren Voraussetzungen skizziert werden, wobei man sich darüber im klaren sein muß, daß die Grenzziehung zwischen Magie und Religion zu den Grundproblemen der christlichen Kultur gehört. Wie erst jüngst in einer theologischen Habilitationsschrift herausgearbeitet worden ist, war der Religionsstifter für seine Konkurrenten nichts anderes als ein Magier, dessen Taten von seinen Anhängern als göttliche Wunder, bei seinen Konkurrenten als teuflische Zauber bezeichnet wurden[19]. Reflexionen über die Stellung der Magie in der Heilsgeschichte kann man von einer Kultur, deren historischer Erwartungshorizont sich von der Erschaffung der Welt über das Erscheinen des Erlösers bis zum Jüngsten Gericht erstreckte, stets erwarten[20]. Naturgemäß wurde diese Perzeption durch die Offenbarung, also durch das hebräische Alte Testament, strukturiert. Der Sturz des Luzifer spielte hier ebenso eine Rolle wie der Sündenfall der Menschen, der zudem die spezielle Anfälligkeit des weiblichen Geschlechts für die Anfechtungen des Teufels zum Ausdruck brachte. Konkret die Zauberei weist jedoch eine andere Genealogie auf: Laut *Genesis* entstand nach der Sintflut ein Zwist zwischen Noah und Ham, der von seinem Vater verflucht wurde und ein Geschlecht von Zauberern begründete, dessen Nachfahren in Ägypten, Babylonien und Persien siedelten[21]. Über **Augustinus** (354–430) und die fränkische Kirchengeschichte des **Gregor von Tours** (ca. 538–594), der die Genealogie der Magie um den griechischen Philosophen Demokrit erweiterte, **Isidor von Sevilla** (ca. 570–636), **Hrabanus Maurus** (ca. 784–856) und **Hugo von St. Viktor** (1096–1141) als Multiplikatoren wurde diese Entstehungsgeschichte der Magie im europäischen Mittelalter weit verbreitet[22]. Dabei wurde Zauberei mit Heidentum identifiziert und als Überbleibsel des Heidentums definiert, während das christliche Abendland als Ort von Vernunft und Glauben galt[23].

Während die sogenannten Volksrechte des Frühmittelalters schädliche Zauberhandlungen durchaus unter Strafe stellten und damit einer vorchristlichen Auffassung Raum boten, gingen geistliche Autoren von der Unwirksamkeit der Zauberei aus. Bischof **Agobard von Lyon** (769–840) regte sich über die Dummheit von Leuten auf, die in seiner Diözese an Wettermacher, die durch die Lüfte segelten, glaubten[24]. Glaubensvorstellungen, die nicht mit der Lehre der Kirche übereinstimmten, wurden als Einbildungen abgetan und, wie im sogenannten *Canon Episcopi*, einem bischöflichen Edikt der Karolingerzeit, das über den sogenannten »Corrector« des Bischofs **Burchard von Worms** (965–1025) in das kanonische Recht Eingang fand, unter vergleichsweise milde Strafen gestellt: Die Kleriker hielten ekstatische Personen, die an eine Ausfahrt der Seele aus dem Körper glaubten, nicht für gefährlich, sondern für verrückt. Dies war selbst dann der Fall, wenn sie behaupteten, nächtens mit heidnischen Göttinnen (Diana etc.) durch die Lüfte zu ziehen. Bestimmte Praktiken und Glaubensvorstellungen wurden in den pragmatischen Beichtspiegeln quasi als zeitlos falsch dargestellt, ohne daß auf deren weltgeschichtlichen Ort eingegangen wurde[25].

Der Kampf gegen »survivals« paganer Kultur kann nicht nur angesichts eines bis heute fortdauernden Bestands an »Aberglauben« verstanden werden, sondern auch vor dem Hintergrund der Heidenmission, die in Europa keineswegs in der karolingischen Epoche beendet war. Robert Bartlett hat erst jüngst darauf hingewiesen, daß die Bekehrung der Slawen erst im Spätmittelalter abgeschlossen werden konnte mit der Bekehrung des Großfürsten Jagiello (ca. 1351–1434) von Litauen, dem Begründer der Jagiellonendynastie, im Jahr seiner polnischen Thronbesteigung 1386 als König Wladislaw Jagiello II. »Official European paganism came to an end« mit dieser Fürstentaufe, doch macht Bartlett zurecht darauf aufmerksam, daß nur christliche Quellen von solchen Ereignissen berichten und wir wenig darüber wissen, auf welche Weise und mit welchem Erfolg sich die Konversion der Bevölkerung vollzog. Dasselbe gilt für die Konversion des letzten heidnischen Volkes auf dem Gebiet des heutigen Deutschland, der westslavischen Pommern im 12. Jahrhundert, wo die regierende Dynastie ein Interesse am Glaubenswechsel besaß, nicht jedoch die heidnische Priesterkaste, denen Christus als der »deutsche Gott« galt. Die Politik »Taufe oder Tod« und die in den Quellen beschriebene gewaltsame Zerstörung heidnischer Kultstätten (z.B. in Stettin oder Gützkow) beförderte die Christianisierung, doch sagt dies wenig darüber aus, in welcher Form und wie lange Reste des alten Glaubens fortexistierten[26]. Dasselbe Problem stellte sich immer wieder in der Geschichte des Christentums und kann auch anhand jüngerer Beispiele exemplifiziert werden, vor allem anhand der gewaltsamen Christianisierung der altamerikanischen Hochkulturen Mexikos und Perus oder der Mission auf den spanischen Philippinen[27]. Die rezenten synkretistischen Religionen in der Karibik, in Zentralamerika oder den andinen Regionen zeigen, daß autochthone pagane Vorstellungen nicht nur die aufgezwungene Religion umzuprägen, sondern daß sie mit dem Nachlassen des Missionierungsdrucks sogar eigene neue Glaubensvorstellungen hervorzubringen vermögen[28]. Interessante Vergleichsmöglichkeiten bieten auch Kulturen, in denen sich das Christentum nie gegen ältere Religionen durchzusetzen vermochte, wie eine auf Feldforschungen beruhende theologische Dissertation zeigt, welche den traditionellen schamanistischen »Volksglauben« in Korea unter dem taktischen Gesichtspunkt einer aktiven christlichen Missionsarbeit analysiert[29].

3. »Die Neuigkeit des Werks«: Historische Reflexionen am Anfang der Hexenverfolgungen

Seit dem frühen 15. Jahrhundert setzten historische Reflexionen über das Hexereidelikt und seine Verfolgung ein. Sie begleiteten die Entstehung des neuen Delikts unter dem Eindruck einer zeitgenössischen Kritik, vielleicht auch bedingt durch die Öffnung bestimmter neugegründeter Universitäten gegenüber der von Nominalismus und Humanismus geforderten Berücksichtigung von Erfahrungswissen[30]. Der 1425 in Wien zum Theologen promovierte Dominikaner **Johannes Nider** (ca. 1380–1438) aus Isny im Allgäu, während des Konzils Prior des Baseler Klosters sowie Generalvikar der oberdeutschen Ordensprovinz, charakterisierte um 1435 das neue Hexenwesen in seinem Traktat *Formicarius* als Laster, das im Berner Oberland vor etwa sechzig Jahren – also um 1375 – aufgetaucht sei[31]. Niders Bericht bietet einen Indikator für die Entwicklung des Hexereidelikts, denn sein Informant Peter von Greyerz operierte in jener Region als Richter, in der nach heutiger Auffassung die Vorstellung vom neuen »Superverbrechen« der Hexerei entstanden war. Um 1430 finden wir aus dieser Region, mit dem Herzogtum Savoyen des Herzogs Amadeus VIII. (1383–1451, Papst Felix V. 1439–1449) im Zentrum, erste Berichte über größere Hexenverfolgungen[32].

Von diesem Epizentrum aus verbreitete sich die Hexenvorstellung in verschiedene Richtungen, wo sie jeweils neu entdeckt wurde. Der dominikanische Inquisitor **Bernhard von Como** (gest. 1510) traf bei seinen Verhören im lombardischen Val Tellina Anfang der 1480er Jahre auf ein »Spiel der guten Gesellschaft« (»ludum bonae societatis«), die er als Ausformung der neuen Hexensekte interpretierte. Aufgrund seiner Erfahrungen in der Ketzerinquisition widerlegte der Theologe »mit rigoros induktiver Methode«[33] die von zeitgenössischen Kritikern geäußerte Ansicht, es handele sich bei dem »Spiel« nur um jene Wahnvorstellungen, von denen im *Canon Episcopi* die Rede war. Nach Ansicht Bernhards sprach der *Canon Episcopi* »nicht über jene Sekte der Hexen«. Und er argumentierte historisch: Die »Secta strigarum« habe zur Zeit des Konzils von Ancyra noch gar nicht existieren können, weil sie »erst vor ungefähr 150 jahren anfing, um sich zu greifen, wie aus den alten Inquisitionsprozessen hervorgeht, die in unseren Archiven der Inquisition von Como zu finden sind«. Die aus den Akten nachgewiesene Tradition, die zahlreichen Variationen in den Geständnissen, die präzisen und teilweise übereinstimmenden Angaben (»conformitas«) über Orte, Zeiten und Komplizen führte der Inquisitor als unumstößlichen Beweis für die Realität des Sabbats (»realiter ... non phantastice«) an[34].

Der Inquisitor als Historiker: Ziel der Recherchen im Inquisitionsarchiv war die Präzisierung eines historiographischen Arguments. Daß man es bei der Hexerei mit einem neuen, neu entstandenen Verbrechen zu tun habe, auf das der kirchenrechtlich verbindliche *Canon Episcopi* nicht zutreffe. Die einsetzende Hexenverfolgung sollte von der älteren Vorstellung historisch abgesetzt und damit legitimiert werden. Damit gewann eine weitere Frage an Wichtigkeit: Warum sollte dieses Verbrechen, von dem im Wort Gottes oder bei den klassischen Autoren der Antike oder den Kirchenvätern keine Rede war, neu entstanden sein? In der *Apologia* des *Malleus maleficarum* finden wir eine prägnante Lokalisierung der Hexenverfolgung in der Weltgeschichte: »Unter den Trübsalen der einfallenden Welt«, so schrieb 1487 der dominikanische Ordensprovinzial für Oberdeutschland, **Jacob Sprenger** (1436–1495), habe der Teufel »eine ungewohnte ketzerische Bosheit in dem Acker des Herrn aufgehen lassen«. Das Ende der Welt stand seiner Ansicht nach bevor, und gemäß der Offenbarung des Johannes war dies die Zeit, in der der Teufel zu seinem letzten Sturm ansetzte. Nach Ansicht des Inquisitors geschah dies durch »die Ketzerei der Hexen« (»maleficarum«). Ihr Auftreten wurde im Rahmen der Heilsgeschichte interpretiert als Symptom der »Endzeit«, als untrügliches Zeichen der Apokalypse[35].

Konkreter Anlaß für die Abfassung des *Hexenhammers* war das Scheitern einer Hexeninquisition des aus Schlettstadt (Séléstat) im Elsaß[36] stammenden Inquisitors **Heinrich Kramer bzw. Institoris** (1430–1505) in der Tiroler Hauptstadt Innsbruck im Sommer 1485. Die Bürger waren dagegen, der Nachfolger des Cusanus als Bischof von Brixen hielt den Inquisitor für »wegen hohen Alters ganz kindisch geworden«, die Landstände von Tirol übten Druck aus, und schließlich warf der Herzog den Störenfried trotz päpstlicher Verfolgungslizenz aus dem Land. Der 1486 verfaßte *Malleus maleficarum* stellte den großangelegten Versuch dar, die Bedenken über die »Neuigkeit des Werkes« der Hexenprozesse zu zerstreuen. Die Argumentationsstrategie bestand darin, die Existenz der Hexen als weniger neu erscheinen zu lassen, indem die einzelnen Teile des Verbrechens aus den Texten des Alten und Neuen Testaments sowie der Kirchenväter und -lehrer erwiesen wurden. »Derohalben, wann uns jemand wegen der Neuigkeit des Werkes zu Rede stellet, mit demselben lassen wir uns getrost in einen Streit ein. Er soll aber doch wissen, daß dieses Werk zugleich neu und zugleich alt sei ... Alt ist er gewißlich nach dem Inhalt und dem Ansehen. Neu aber in Ansehung der Zusammensammlung der Theile und der Verbindung derselben.«[37]

Wenn man Geschichte unter eschatologischen Gesichtspunkten als Heilsgeschichte interpretierte, bekam die historische Nachforschung einen besonderen Stellenwert: Spielten doch gerade in eschatologischen Entwicklungsmodellen »Zeichen« eine große Rolle. Und das Auftreten der Hexen konnte als Zeichen für das Erscheinen des Antichrist und den beginnenden Endkampf vor dem Anbruch des Tausendjährigen Reiches und/oder des Jüngsten Gerichts gewertet werden[38]. Wie stark die historischen Argumente der Verfolgungsbefürworter wirkten, kann man an einem Beispiel sehen: Die Lektüre des *Formicarius* und des *Malleus maleficarum* löste regelrechte Bekehrungserlebnisse aus, und Theologen, die lustlos der Traumtheorie des *Canon Episcopi* angehangen hatten, übernahmen befreit die neue Hexensabbatvorstellung, die es den Pfarrern erlaubte, sich an die Spitze der bäuerlichen Pogrombewegungen zu setzen[39]. Die Deutung des Auftretens der Hexensekte als Teil einer historischen Stufe im Rahmen der Eschatologie, wie sie in der *Apologia* des *Hexenhammers* vorgeführt wurde, blieb ein charakteristisches Merkmal der dämonologischen Literatur der folgenden zwei Jahrhunderte, die sich damit gut in die in den großen Konfessionen beliebten apokalyptischen Visionen einfügten[40].

4. »Nova Holocausta«: Der Kampf gegen Hexenverfolgungen

Die Argumentation der Verfolgungsgegner änderte sich nach dem Beginn der Verfolgungen und ihrer Legitimation durch den *Malleus maleficarum*. Die scholastischen Spitzfindigkeiten konnten nicht darüber hinwegtäuschen, daß es Hexenverfolgungen – im Unterschied zu den älteren Strafprozessen wegen Schadenzaubers – vor dem Auftreten der Inquisitoren im späten 15.

Jahrhundert nicht gegeben hatte. Dieser Historizität der Hexenverfolgungen blieb man sich stets bewußt, sei es durch die andauernde Auseinandersetzung mit dem *Canon Episcopi*, sei es wegen der bis dato unbekannten Hexenverfolgungen[41]. Der Ernst der Situation – dutzende oder hunderte von Toten bei den Hexenverfolgungen in den Alpentälern – verlangte nach einer neuen Interpretation auf seiten der Verfolgungsgegner. **Desiderius Erasmus von Rotterdam** (1465–1536) lieferte ein Paradigma, indem er sich in seinem *Lob der Torheit* 1509 über die Ketzerrichter ausdrücklich auch im Hinblick auf das Hexereidelikt (Ex 22,18) lustig machte[42]. Der Humanist als Historiker? Das wirksame Argument, das Hexereidelikt sei erst *nach* dem Auftauchen der Hexenrichter entstanden, also von der Inquisition erfunden worden, wurde zwar später Erasmus zugeschrieben, doch muß man in die zitierten Stellen für diese Lesart schon viel hineininterpretieren[43]. Auch der berühmte Mailänder Jurist **Andrea Alciati** (1492–1550), der im Zusammenhang mit einer Ketzerinquisition in einem italienischen Alpental von »Nova Holocausta« sprach, deutete 1515 den Zusammenhang nur an, ohne ihn tatsächlich zu artikulieren[44].

Henricus Cornelius Agrippa von Nettesheim (1486–1535) individualisierte 1526 in seinen Ausführungen über die »Inquisitionskunst« der »blutdürstigen Gesellen« aus dem Predigerorden die Problematik, indem er auf seine eigenen Erfahrungen im Jahr 1518 als Ratssyndikus der Reichsstadt Metz hinwies. Daneben rekurrierte er auf die Ausführungen bei Erasmus und eine Episode aus der Geschichte der Mailänder Hexeninquisition, die er während seines längeren Italienaufenthalts selbst erlebt haben will[45]. Agrippa als der sicher bedeutendste humanistische Kritiker der Hexenprozesse eröffnete eine interessante Perspektive, weil er mit seinem Werk *De occulta philosophia* zu den Magiern der Renaissance gehörte. Die Vertreter der Hohen Magie wie **Girolamo Cardano** (1501–1576) oder **Gianbattista Porta** (1538–1615) fanden es völlig lachhaft, alten Frauen so hohe Kraft zuzubilligen, daß man sie deswegen hinrichten sollte. Andererseits wäre eine Untersuchung über den Zusammenhang des ansteigenden Zauberglaubens in der Oberschicht mit den Lehren des Neuplatonismus, wie sie durch die Florentiner Akademie um **Marsilio Ficino** (1433–1499) propagiert worden waren, nützlich. In der Antikenrezeption der humanistisch gebildeten Naturmagier lag auch eine Ursache für den Topos vom hohen Alter der Magie[46].

Für Agrippas Schüler, den jülich-kleveschen Hofarzt **Johann Weyer** (1515–1588), stellte die Hexenverfolgung ein »Blutbad der Unschuldigen« dar und die Phantasien der Frauen »Illusionen« im Sinne des *Canon Episcopi*[47]. Weyer argumentierte in seiner monumentalen Kampfschrift *De praestigiis daemonum*, die das alte Argument des *Canon Episcopi* von der Ungefährlichkeit der Zauberei erneuern wollte, auf mehreren Ebenen historisch: Weyer war sich der Historizität der Verfolgungen genau bewußt und betrachtete die Zeit der Hexenverfolgungen offenbar als eine relativ kurze Zeitspanne zu Zeiten des *Hexenhammers*. Sie lägen bereits lange zurück, und man habe gedacht, mit der Reformation sei dieser Spuk beendet. Nun aber habe man lernen müssen, daß nach mehr als einer Generation die Verfolgungen erneut begännen, und dies noch dazu in Territorien, die dem wahren Glauben anhingen[48].

5. Normalität der Verfolgung: Vom Verschwinden der Geschichtlichkeit

Das Argument von der Erzeugung der Hexen durch die Inquisition erlebte nicht die Resonanz, die man hätte erwarten können. Weyers Argument der lange zurückliegenden Verfolgungen war vielleicht auch nicht stichhaltig, denn ganz waren Hexenhinrichtungen nie mehr abgerissen. Eher kann man auf protestantischer Seite von einer »Enthistorisierung« sprechen: **Martin Luther** (1483–1546), der wie die Autoren des Hexenhammers das Ende der Welt als unmittelbar bevorstehend begriff[49], befürwortete Hexenverbrennungen mit dem Schriftprinzip (»sola scriptura«).

Und Gottes Offenbarung schrieb vor (Ex 22,18): »Maleficas non patieris vivere«. Historischer Argumente bedurfte Luther daher so wenig wie der Züricher Reformator **Huldrych Zwingli** (1484–1531) oder der Genfer Reformator **Johannes Calvin** (1509–1564). Die religiösen Reformatoren zu Beginn des 16. Jahrhunderts, Begründer der protestantischen Konfessionen, brachen zwar mit der Papstkirche, nicht aber mit der scheinbar in der Bibel gründenden neuen Hexenlehre. Dies immunisierte sie gegen die historische Argumentation der italienischen, niederländischen und deutschen Humanisten. Die Berufung auf »das Wort Gottes« trug zu einer Anthropologisierung der Hexenvorstellung bei: Zauberei hatte es seit dem Sündenfall gegeben und würde es bis zum Ende der Welt geben[50].

Ein Funktionsverlust der historischen Argumentation ist auch auf katholischer Seite zu registrieren. Mit der erfolgreichen Konfessionalisierung im Gefolge des Konzils von Trient erleben wir den Aufstieg eines neuen Topos: Das Auftreten der Hexen wurde – gleichsam nach einem hydraulischen Strafmodell – als Strafe Gottes für Sünden der Menschen aufgefaßt, vermehrtes Auftreten als Reaktion auf gestiegene Sündhaftigkeit. Ein erstes Beispiel dafür bietet der italienische Dominikaner **Bartholomeo Spina** (1479–1547), als päpstlicher Inquisitor mit der »causa Lutheri« betraut und Berater des Papstes auf dem Konzil von Trient[51]. Die Ansichten darüber, ob man Spina als bloßen Schreibtischtäter einordnen kann, gehen auseinander, doch bei **Peter Binsfeld** (1545–1598) ist dies sicher nicht mehr der Fall. Der für eine der größten Hexenverfolgungen im deutschen Sprachraum mitverantwortliche Trierer Weihbischof signalisierte 1589 die »Normalität« solcher Exzesse[52]. In dieselbe Richtung argumentierte auch der Drucker **Adam Berg** (ca. 1540–1610), Herausgeber der Münchner Binsfeld-Übersetzung von 1591, der in einem historischen Rückblick den interessanten Eindruck vermitteln wollte, etwa alle hundert Jahre habe es große Hexenverfolgungen gegeben. Dies zeigt deutlich die Traditionsbildung seit der Zeit des *Hexenhammers* an[53].

Angesichts dieser »Normalität« konnten Befürworter der Hexenverfolgungen auf historische Argumente verzichten. Das gilt bereits für den Schweizer Theologen **Lambert Daneau** (1530–1595), den Nachfolger Calvins in Genf, der mittlerweile »historische«, weil eine Generation zurückliegende Beispiele aus Savoyen als quasi zeitlose Belege für die Existenz und Gefährlichkeit des Delikts anführte[54]. Besonders deutlich wird die Enthistorisierung in der *Daemonomania* des französischen Juristen **Jean Bodin** (1529–1596), einem der Stammväter der modernen Geschichtsschreibung[55]. Obwohl sein Werk explizit der Widerlegung Weyers dienen sollte, spielte die Frage der »Neuigkeit des Werks« bei Bodin überhaupt keine Rolle mehr. Neben theologischen und juristischen Deduktionen dienten »Historien« und Exempel aus der Gerichtspraxis zur Beweisführung: Geschichten, nicht Geschichte[56].

Dieselbe Beobachtung kann man bei den anderen Dämonologen des ausgehenden 16. und beginnenden 17. Jahrhunderts machen, also den zwei Generationen zwischen 1570 und 1630, als die Hexenverfolgungen in Europa ihren Höhepunkt erreichten, und damit auch das Schrifttum, das sich mit den Dämonen und ihren Anhängern unter den Menschen beschäftigte. Ganz ahistorisch argumentierten der lothringischen Rat und Richter **Nicolas Rémy** (ca. 1525–1612)[57] und auch der spanisch-niederländische Jesuit **Martin Delrio** (1551–1608), der unter Bezug auf das Trierer Beispiel als historische Dimension lediglich die Bemerkung einfügte, Hexerei sei immer dort besonders stark, wo zuvor die Reformation eingeführt worden war[58]. Dies war jedoch nur Konfessionspolemik. Ebenso ahistorisch argumentierten der burgundische Hexenrichter **Henry Boguet** (ca. 1550–1619)[59], wenige Jahre später der Mailänder Theologe **Francesco Guazzo**[60] sowie der berüchtigte Hexenrichter des Baskenlandes, **Pierre de Lancre** (1553–1630), der dem Hexensabbat neue theatralische Qualitäten verlieh[61]. Sie alle fußten auf den »Erfahrungen« der Hexenprozesse, wie sie seit Niders *Formicarius* und dem *Malleus maleficarum* beschrieben worden waren. Die Juristen Rémy, Boguet und de Lancre fügten Beispiele aus ihrer eigenen Gerichtspraxis hinzu. Die Theologen Daneau, Binsfeld, Delrio und Guazzo, die alle selbst zu Hexenverfolgungen beigetragen hatten, bereicherten das »Erfahrungswissen« mit Exempeln aus ihrem unmittelbaren Einflußbereich oder ihrer Korrespondenz. Nicht uninteressant zu beobachten ist, in welcher Weise in den Dämonologien konkrete Aussagen in Hexenprozessen, bei denen es meist um recht einfache Formen des Zaubers geht, zu überzeitlichen Beispielen, Exempeln für dämonische Hexerei umgeformt wurden, die jenseits jeglicher Historizität zu stehen scheinen[62].

6. Das Fehlen der historischen Dimension als Dilemma der Verfolgungsgegner

Angesichts der normativen Kraft des Faktischen schien es auch den Gegnern der Hexenverfolgungen auf dem Höhepunkt des Hexenglaubens ratsam, von einer historischen Argumentation abzusehen. Der Verweis auf eine Gesellschaft ohne Hexenverfolgungen drohte sie in den Ruf zu bringen, daß sie die Hexen verteidigen wollten, und führende Dämonologen hatten es verstanden, das Argument zu lancieren, wer die Hexerei abstreite, gehöre vermutlich selbst zu dieser Sekte. Skeptiker wie **Michel de Montaigne** (1533–1592) argumentierten seit den 1580er Jahren nicht mehr historisch. Auch prinzipielle Kritiker wie **Reginald Scot** (1538–1599), **Hermann Witekind alias Augustin Lercheimer** (1524–1603), **Anton Prätorius** (ca. 1555–1625) und andere verzichteten auf eine historische Argumentation und argumentierten teils theologisch, teils physikalisch, in der Hauptsache jedoch juristisch[63].

Nur in Andeutungen blieb die historische Argumentation erhalten. Der Tiroler Jesuit **Adam Tanner** (1572–1632) verglich die zeitgenössischen Hexenverfolgungen mit den Christenverfolgungen unter Kaiser Nero, damit die Unschuld der Prozeßopfer und die historische Schuld zeitgenössischer Institutionen implizierend[64]. **Friedrich Spee** (1591–1635) konstatierte 1631 in seiner *Cautio Criminalis*, daß »jene erwähnten Inquisitoren diese ganze Unzahl von Hexen erst mit ihrem unbesonnenen, doch ich sollte sagen: wirklich sehr ausgeklügelten und weislich verteilten Foltern nach Deutschland hereingebracht haben« – immer klingt das alte Leitmotiv der Kritiker an, die Verfolgung habe das Verbrechen erzeugt. Aber es wird tatsächlich nie klar ausgesprochen[65]. Bereits Johann Weyer hatte seinen Lehrer Agrippa gegen den Vorwurf der Zauberei verteidigt, Adam Tanner den an okkulten Dingen interessierten Abt **Johannes Trithemius**. Eine neue Qualität nahmen solche Apologien 1625 **mit Gabriel Naudés** (1560–1653) geistreicher *Verteidigung aller großen Männer, die der Zauberei beschuldigt worden waren*, an – einem ganzen Buch, das der Widerlegung solcher Behauptungen gewidmet war, wenn auch in zahmem Tonfall[66].

7. Fröhliche Geschichtswissenschaft in der Juristerei des Barock

Von einer anhebenden Konjunktur historischer Betrachtungen kann man interessanterweise zunächst auf dem unvermuteten Gebiet »volkskundlicher« Dissertationen in der Zeit des Barock sprechen[67]. Ausgelöst wurde dieses Interesse für die Vorgeschichte des Aberglaubens offenbar durch die humanistische Rezeption der im 15. Jahrhundert wiederentdeckten *Germania* des Tacitus einerseits, »germanischer« Altertümer im 17. Jahrhundert andererseits, zum Beispiel der einzigen erhaltenen Handschrift der *Edda* in Island oder der Erforschung der Runenschrift in Dänemark im Jahre 1643. Vermittelt wurden die skandinavischen Impulse bei den deutschen Protestanten seit dem Kriegseintritt des schwedischen Königs Gustav Adolf (1594–1632), der als Inhaber der Fürstentümer Bremen, Verden und Vorpommern ohnehin im Reich Fuß gefaßt hatte und führende deutsche Intellektuelle wie Bogislaw Philipp von Chemnitz (1605–1678), Hermann Conring (1606–1681) oder Samuel Pufendorf (1632–1694) in seine Dienste nahm[68]. Diese »skandinavische Renaissance«, die durch die Editionen von Snorri Sturlusons Prosa-*Edda*, der Dänengeschichte des Saxo Grammaticus und der gotischen Bibelübersetzung des Bischofs Wulfila in den 1660er Jahren neue Nahrung erhielt, wirkte unmittelbar auf die protestantischen Universitäten Deutschlands zurück, obwohl die Amalgamierung von »nordischer« und deutscher Urgeschichte erst seit der Romantik zum Abschluß kam[69].

Seit der zweiten Hälfte des 17. Jahrhunderts begannen protestantische Juristenfakultäten in Sachsen (Leipzig, Wittenberg), Thüringen (Jena) und Franken (Altdorf), das trübe Alltagseinerlei der Promotionsverfahren durch die Beförderung extravaganter Themen zu beleben: Disputiert wurde etwa bei **Jacob Thomasius** (1622–1684)[70], dem Vater von Christian Thomasius, in Leipzig 1655 über *Die Alraun-Wurtzel*, 1667 über Tierverwandlungen, 1675 über den sogenannten »St. Johannes-Trunk« und 1676 generell *De fabulis poetarum*, bei anderen Leipziger Professoren 1678 über Wechselbälge und Wassernixen. Natürlich blieb der akademische Wildwuchs nicht auf die Universitäten beschränkt. Zu den Klassikern der volkskundlichen Literatur zählen die Schriften des Altmärker Gastwirtssohnes Hans Schulze alias **Johannes Prätorius** (1630–1680), der Anfang der 1650er Jahre bei Jacob Thomasius in Leipzig studiert hatte und sich in der Messestadt als Schriftsteller niederließ[71]. Sein kompendiöser *Antropodemus Plutonicus* und die Schriften über Aberglauben, Sieblaufen, Handlesen, Wünschelruten und den »Glückstopf« dürften heute nur noch Spezialisten bekannt sein, er schaffte es jedoch, den in Süddeutschland bis dato kaum bekannten Blocksberg und den schlesischen Berggeist Rübezahl bleibend im Bewußtsein der Deutschen zu verankern[72]. Der lutherische Theologe **Paul Christian Hilscher** (1666–1730), ebenfalls Absolvent der Universität Leipzig und später Pastor in Dresden, schrieb 1688 über das »Wütende Heer«, 1690 über das »Tod austreiben«, über abergläubische Bräuche zu Ostern und Weihnachten und über Fälle von angeblichen Gespenstererscheinungen[73]. Vorherrschende Lehre war natürlich wie bei dem Leipziger Professor **Christian August Crusius** (1715–1757), daß es sich bei dieser Art von Aberglauben um »Überbleybsel des Heidenthums« handelte[74].

An der Universität Jena, wo ein Michael Paris Walburger bei **Ernst F. Schröter** 1670 *De lamiis earumque processu criminali* dissertierte – die Abhandlung wurde 1676, 1690 und 1707 nachgedruckt[75] –, beschäftigte sich 1662 eine Abhandlung mit den »Bergmännlein«, außerdem gab es Dissertationen über Aberglauben bei den Professoren Johann Volkmar Bechmann (1624–1689), Johann Wilhelm Baier (1647–1695) und Johann Franz Budde (1667–1729). Bei dem berühmten Polyhistor **Johann Christoph Sturm** (1635–1705) in Altorf ging es 1663 um Bildzauber. An historischen Stoffen wurden bei dem Marburger reformierten Theologen **Samuel Andreae** (1640–1699) die Geschichte des Magiers Simon, der Gnostiker oder der Bogomilen angeboten[76]. Neben den notorischen Zauberern der Perser beschäftigte man sich im Gefolge der Tacitus-Rezeption auch mit den »alten Teutschen«, etwa dem aus dem *Indiculus superstitionum* bekannten »Nodfyr« und seine Beziehung zum Oster- und Johannesfeuer[77]. Besonders nahm sich das gelehrte Wittenberg der »lustigen« Themen an: Hier konnte man bei **Sebastian Kirchmaier** 1654 über den Werwolfglauben und 1663 über die Götterverehrung der alten Germanen dissertieren[78]. Der aus Uffenheim in Franken stammende **Georg Kaspar Kirchmayer** (1635–1700), der 1664 einen Kommentar über die *Germania* des Tacitus publizierte, nahm unter anderem folgende Dissertationen an: 1665 *De draconibus volantibus (Über die fliegenden Drachen)*, 1659 über die Luft, 1660 über das Einhorn und den Vogel Phoenix, 1670 über die Existenz des Basilisken, 1685 über Jason und die Argonauten, 1692 über Geistererscheinungen bei antiken Schriftstellern und 1694 über die apokalyptischen Reiter[79]. Dissertiert wurde in der Lutherstadt 1664 und 1666 bei anderen Professoren erneut über den beliebten Werwolfglauben, 1669 über die Wünschelrute, 1671 über den Rattenfänger von Hameln und 1673 über den Berggeist Rübezahl.

Zurecht ist darauf hingewiesen worden, daß die vielmals Jacob Grimm zugeschriebene Auffassung von einer Kontinuität »germanischer« Mythologeme bereits in diesen Schriften zu finden ist und vermutlich auf die »nationalen Ambitionen« von Humanisten zurückzuführen ist, die in der im 15. Jahrhundert wiederentdeckten *Germania* des Tacitus die eigene Vergangenheit wiederfinden zu können glaubten[80]. Im Gegensatz zu Enea Silvio Piccolomini, der 1457 freundlicherweise die Ebenbürtigkeit der deutschen Kultur mit der italienischen betonte, pochten die deutschen Humanisten – Jacob Wimpfeling, Konrad Celtis, Heinrich Bebel oder Ulrich von Hutten – auf eine Kontinuität der »germanischen« zur deutschen Kultur[81]. Nicht nur die Barockpoeten arbeiteten mit Eifer an dem vom Humanismus etablierten Germanenbild weiter, sondern auch diverse Akademien. Im Medium der Universität, speziell der Juristenfakultäten, konnte ein kräftiger Hauch »fröhlicher Wissenschaft« den Mief der Dämonologie vertreiben – während gleichzeitig noch Todesurteile gegen Hexen abgesegnet wurden. Dies war nicht allein für Skandinavien und Deutschland typisch, parallele Bestrebungen gab es auch in den westeuropäischen Ländern. Der englische Freimaurer **William Stukeley** (1687–1765), ein Mitglied der *Royal Society*, wurde durch phantasievolle Abhandlungen über Stonehenge zum geistigen Vater einer neuen Druidenbewegung[82]. Daß diese akademischen Abhandlungen ihre Rezipienten fanden, kann man etwa daran sehen, daß selbst ein bedeutender Frühaufklärer wie **Pierre Bayle** (1647–1706) in seinem *Response aux Questions d'un Provincial* durchaus auf Schriften von Peucer (*De divinationibus*, cap. *de magia*) und Kirchmayer (*De funeribus romanorum*), den er allerdings »Kirchmannus« nennt, zurückgriff[83].

8. Religiöse Aberglaubenskritik bis zur Frühaufklärung

Im Jahr 1705 erschien in der kursächsischen Provinzstadt Chemnitz ein Werk im Druck mit dem Titel *Die gestriegelte Rocken-Philosophie, Oder Aufrichtige Untersuchung derer Von vielen Super-klugen Weibern hochgehaltenen Aberglauben, Allen denen nützlich zu lesen / die entweder schon ehemals von ein- und andern Aberglauben betrogen worden sind, oder noch betrogen werden können; An das Licht gestellet von dem, der einem jedweden die Wahrheit ins Gesicht Saget.* Darin wurden einhundert abergläubische Denk- und Verhaltensweisen geschildert und kritisiert. Das Werk verkaufte sich so gut, daß noch im selben Jahr »ein zweites Hundert« in Druck ging, im folgenden Jahr »das dritte und vierte Hundert«, je zweihundert Stücke erlebten 1707 und 1709 eine Neuauflage, 1718 wurden alle vierhundert Stücke in dritter Auflage gedruckt, 1722 »das fünfte bis sechste Hundert« dazugegeben, 1729 erschien eine vierte und 1759 eine fünfte Auflage. Das Werk war noch im 19. Jahrhundert gut bekannt, Jacob Grimm benutzte es ausgiebig zur Darlegung des deutschen Volksglaubens, ohne den Autor zu kennen. Tatsächlich war das Werk stets anonym gedruckt, wenn auch mit zahlreichen biographischen Anhaltspunkten, die auf einen Apotheker in Zwickau hinwiesen, der 1722 verstorben war. Auch zitiert wurde das Werk das ganze 18. Jahrhundert hindurch anonym, etwa in der frühaufklärerischen *Moralischen Wochenschrift »Der Patriot«*. Erst der *Allgemeine Literarische Anzeiger* lüftete 1799 das Geheimnis: Autor war der Chemnitzer Apotheker **Johann Georg Schmidt** (1660–1722), Sprößling einer lutherischen Pfarrersfamilie aus Thüringen, der nach Lehrzeiten in Mühlhausen, Leipzig und Dresden 1693 mit Krediten eine Apotheke in Zwickau erwerben konnte und diese bis zu seinem Tod führte. Schmidt äußerte sich kritisch über alle möglichen Formen des Aberglaubens, doch blieb seine Kritik innerhalb jener Grenzen, welche ihm die lutherische Aberglaubenskritik zog. Katholische Heiligenverehrung waren ihm eine »greuliche Abgötterey«, doch über lutherische Hexenverbrennungen, von denen er in Arnstadt, Ilmenau und Schwenda mehrere erlebt hatte (4. Hundert, 33. Kapitel), verlor er keine kritischen Worte. Aberglauben war es, wenn man darauf achtete, daß Hexen vor der Hinrichtung nicht mehr den Erdboden berührten, doch Hexenglaube, Folter und Feuertod vertrugen sich durchaus mit seinem rechten Glauben[84].

Die gestriegelte Rocken-Philosophie steht in einer langen Tradition der theologischen Aberglaubenskritik, von der hier nur der Strang der literarischen Umsetzung betrachtet werden soll, der den Aberglauben dem Spinnrocken zuweist, also dem Arbeitsgerät der Frauen an den langen Winterabenden in den Spinnstuben, wo die lebenserfahrenen alten Frauen das große Wort führten und den jüngeren ihre Weisheiten mitteilten. Schmidt war sich der Tatsache durchaus bewußt, daß er den Aberglauben geschlechtsspezifisch interpretierte, obwohl er natürlich geschlechtsneutral war, und er entschuldigte sich dafür sogar in seinem Vorwort und versichert, daß er »alle Christlich-gesinnte verständige Weibs-Personen / sie seyn jung oder alt / arm oder reich / billich und willig in gebührlichen Ehren halte«. Unter den wenigen Autoritäten, die Schmidt anführte, befinden sich eine Leipziger theologische Disputation *De superstitione* von **Martin Geier** (1614–1680), die während Schmidts Aufenthalt in Leipzig neu gedruckt wurde, und eine Publikation des bereits erwähnten Leipziger Magisters **Johannes Prätorius** mit dem Titel *Philosophia Colus oder Pfy/lose vieh der Weiber darinnen gleich hundert allerhand gewöhnliche Aberglauben des gemeinen Mannes lächerig wahr gemacht werden*[85]. Über Prätorius und Jacob Thomasius, der während Schmidts Aufenthalt in Leipzig verstarb, öffnet sich das Fenster zurück zu jener Gattung der gedruckten Kritik der Rockenphilosophie, die in den Niederlanden bereits zur Zeit des frühen Buchdrucks mit *Les evangiles des quenouilles* – zwölf Jahre vor dem Erstdruck des Hexenhammers – einsetzte. Dem wallonischen Erstdruck folgten bald englische, flämische und deutsche Übersetzungen[86]. Die Ursprünge der Rockenphilosophie lagen also bereits vor der Reformation, doch eignete sich diese Form der Aberglaubenskritik gut zur Ausarbeitung konfessionalisierter Versionen, und die Popularisierung im lutherischen Milieu wurde über die populären Schwänke von Hans Sachs bereits unter dem Titel *Die Rocken-Stuben* vermittelt[87]. Die akademischen Aberglaubenstraktate und die konfessionell inspirierten, vor- und frühaufklärerischen Aberglaubenskritiken sind insgesamt noch wenig auf ihren geistesgeschichtlichen Zusammenhang hin erforscht worden. Nur einzelne Produkte, wie etwa das Aberglaubensbuch von **Georg Christoph Zimmermann** (1664–1744), haben bisher stärkere Beachtung gefunden[88].

9. Europäische Frühaufklärung und Hexenprozesse

Angesichts der Fortdauer von Besessenheitsfällen und Hexenprozessen bis ins 18. Jahrhundert selbst im aufgeklärten Frankreich[89] stellt sich die grundsätzliche Frage nach dem Verhältnis zwischen Rationalismus, Frühaufklärung und der Geschichte der Hexenprozesse. Der rationalistische Kosmos des **René Descartes** (1596–1650), in dem Bewegung durch Zug oder Druck, also mechanische Einwirkungen, entstand, schloß magische oder teuflische Wirkungen a priori aus. Der materialistische **Thomas Hobbes** (1588–1679) hatte in seinem *Leviathan* die Entführung Christi durch den Teufel auf die Spitze des Berges, eine der klassischen Belegstellen für die Macht des Teufels und damit für die Möglichkeit des Hexenflugs, in geradezu provokanter Weise lächerlich gemacht[90]. Descartes und Hobbes sprachen jedoch das Hexereiproblem nicht direkt an, doch zweifellos ging von ihnen ein direkter und starker Einfluß auf jene Philosophen aus, die sich seit der Mitte des 17. Jahrhunderts ausführlich zum Hexenproblem äußerten. Besonders eindeutig bezog der notorische Libertin **Cyrano de Bergerac** (1619–1655) gegen Hexenprozesse Stellung. Für ihn waren es rückständige und dumme Leute, die noch natürliche Erscheinungen für Hexerei hielten[91]. All diesen Autoren ist immer noch gemeinsam, daß sie ganz auf historische Argumente verzichteten. Das gilt auch für die berühmte Abhandlung *Des Sorciers par imagination, et des Loups-Garoux* des Oratorianers **Nicolas de Malebranche** (1638–1715), einem Kapitel in seiner *Recherche de la verité*, wenn man von dem alten Hinweis absieht, daß die Hexerei dort aufgehört habe, wo man keine Prozesse mehr führe. Malebranche machte Krankheit für die Einbildungen der Hexen und vermeintlichen Werwölfe verantwortlich[92].

Mit **Pierre Bayle** (1647–1706) treffen wir im Zusammenhang mit den Hexenprozessen erstmals auf einen der großen Namen der europäischen Aufklärung[93]. Bei dem Mitbegründer der Quellenkritik, dessen *Dictionaire Historique et Critique* gerade der Aufdeckung und Korrektur historischer Irrtümer eines katholischen Lexikographen seinen Ursprung verdankte, könnte man mit gutem Grund eine historische Argumentation erwarten, hatte er doch bereits in seinen *Kometenschriften* in den 1680er Jahren argumentiert, daß sich im Wunderglauben der heidnische Aberglaube im Christentum erhalten habe[94]. Bayle ging in seinen *Response aux Questions d'un Provincial* ausführlich auf die Frage des Übernatürlichen ein, auf die Geschichte der Zaubervorstellungen und auch auf die praktische Frage, ob man Zauberer hinrichten dürfe. Ein Abschnitt beginnt mit den klassischen Worten: »Voilà, Monsieur, bien des chimeres qui produisent de très-grandes realitez.« In diesem Zusammenhang fällt auch der Begriff der »sotise«, den Lucien Febvre aufgreifen sollte[95]. Bayles Zielrichtung, Hexenverfolgungen als unmenschlich herauszustellen, wird völlig klar durch seine Ehrenrettung des Trierer Verfolgungsgegners Cornelius Loos, dem er in Anschluß an **Balthasar Bekker** (1634–1698), den Sohn des 1631 nach Holland emigrierten reformierten Predigers Heinrich Becker aus Bielefeld[96], und in Auseinandersetzung mit Martin Delrio ein ganzes Kapitel widmete[97], und durch sein Kapitel über Martin Delrio selbst, in dessen *Disquisitiones Magicae* Bayle »un ramas de tous les contes les plus grotesques qui aient jamais couru touchant les sorceleries«[98].

Delrios krude Exempel waren Bayle keiner Auseinandersetzung wert, vielmehr beschäftigte er sich in seinem Hexenkapitel mit den Gedanken von Baruch Spinoza, Pierre Gassendi und Nicolas de Malebranche. Bei allen philosophischen Höhenflügen unterschied Bayle allerdings, wie bereits Weyer, Malebranche oder selbst Thomasius, zwischen wirklichen und eingebildeten Zauberern, die beispielsweise ihre »songes sabatiques« träumten, die Hexen nämlich. »Veritables sorciers«, die aus freien Stücken einen Pakt mit dem Teufel schlössen und Böses zu tun beabsichtigten, gehörten nach Ansicht Bayles nach dem Gesetz bestraft[99]. Wie Thomasius handelte Bayle in immer neuen Abschnitten die »loci classici« der dämonologischen Literatur von der Antike bis Thomasius ab, dessen Traktat *De crimine Magiae* er angeblich nur vom Hörensagen kannte. Wenn Bayle auch Beispiele berühmter Hexenprozesse (Arras 1459, Kurtrier 1590, der Gaufridy-Prozeß etc.) heranzog, beanspruchte er jedoch keineswegs, eine systematische Geschichte des Hexenglaubens und der Hexenprozesse geschrieben zu haben[100].

Eine konsequentere Verwendung der Geschichte als befreiendem Argument scheint in den 1680er Jahren begonnen zu haben. Der niederländische Arzt und mennonitische Prediger **Antonius van Dale** (1638–1708) untersuchte in der Abhandlung *De oraculis ethnicorum* 1683 mit großem gelehrten Aufwand die heidnischen Orakel (Delphi etc.) und deren Ende. Die angebliche Wirkung der Orakel führte er auf Priesterbetrug zurück[101]. Eine Rezension dieser Schrift durch Pierre Bayle in den *Nouvelles de la République des Lettres* im März 1684 animierte den langlebigen Popularphilosophen **Bernard de Fontenelle** (1657–1757) zu seiner *Histoire des Oracles*. Der Sekretär der Pariser Akademie der Wissenschaften, Mitglied der *Royal Society* und der Akademien in Berlin, Rom und Nancy wollte zunächst nur van Dales *Orakelschrift* ins Französische übersetzen, entlastete sie jedoch von gelehrtem Ballast, würzte sie mit feiner Ironie und versuchte, so oft wie möglich zu einem größeren Verallgemeinerungsgrad der Aussagen zu gelangen. Fontenelle propagierte die These, daß die heidnischen Orakel nicht mit Einführung des Christentums aufgehört hätten, daß sie überdies auch ohne das Christentum verschwunden wären, weil sie auf Betrug beruhten. Auf den ganzen Komplex Hexerei/Zauberei ging Fontenelle nicht ein[102]. Seine Schrift spielte bei der Durchsetzung der Aufklärung in Frankreich eine gewisse Rolle. **Jean-Francois Baltus SJ** (1667–1743), der zu den Beichtvätern des Königs sowie seiner angetrauten Madame de Maintenons (1635–1719) zählte, veröffentlichte 1707 in Straßburg eine Erwiderung[103], die ihrerseits zu einer Kontroverse führte und sogar in Deutschland Widerhall fand. Selbst **Johann Christoph Gottsched** (1700–1766), der Fontenelle und Auszüge aus van Dale ins Deutsche übersetzte, nahm auf die Einwände des »Straßburger Jesuiten« bezug[104].

Die Erfindung des Hexenverbrechens durch die Inquisition, das latente Argument der Verfolgungsgegner, fand schließlich am Ausgang des 17. Jahrhunderts Ausdruck in drei kirchengeschichtlichen Werken: der *Geschichte der spanischen Inquisition* des arminianischen Theologen **Philipp von Limborch** (1653–1712)[105], der Schrift über die *Ursprünge des Götzendiensts und des Aberglaubens* des bereits erwähnten Antonius van Dale, den Thomasius als entscheidenden Ideengeber für Balthasar Bekker bezeichnete[106], und der bahnbrechenden *Unpartheyischen Kirchen- und Ketzerhistorie* des pietistischen Schriftstellers **Gottfried Arnold** (1666–1714). Bezeichnenderweise gehörte keiner dieser Autoren einer der großen Konfessionen an. Arnold setzte die großen Kirchen auf die Anklagebank und feierte konsequent die verfolgten Ketzer und Schwärmer als die eigentlichen Christen[107]. Der Gießener Kirchenhistoriker wurde aufgrund seiner Ketzergeschichte 1702 zum preußischen Hofhistoriographen ernannt. Seine Ketzerhistorie war eine direkte Frucht des Leipziger Pietistenstreits, in deren Mittelpunkt die Zentralfigur der deutschen Frühaufklärung – Christian Thomasius – gestanden hatte. Der lutherischen Orthodoxie in Sachsen galt Thomasius als geistiger Vater des Werkes[108]. Doch betrachtete dieser Arnolds *Kirchen- und Ketzerhistorie* als das »nützlichste Werk nach der Bibel«, quasi ein Musterbuch für die Aufarbeitung historischer Prozesse[109], und auch Leser des 18. Jahrhunderts rezipierten Arnolds Ketzergeschichte als ganz eigenständiges Werk, als bekanntester von ihnen wohl Goethe[110].

10. »Aus der Historie sonnenclar erörtert ...«: Geschichte als Argument bei Christian Thomasius

Das naturrechtlich-normative Denken der Aufklärung läßt es nicht gerade als naheliegend erscheinen, daß die historische Argumentation gerade jetzt eine größere Rolle spielen sollte[111]. Die Säkularisierung der universalhistorischen Auffassung ermöglichte es jedoch erstmals, Geschichte jenseits der Heilsgeschichte zu betrachten. Und die deutsche Frühaufklärung zeigte eine besondere Affinität zum geschichtlichen Denken, da die Juristen – im Gegensatz etwa zu den Theologen – aufgrund der ständigen Auseinandersetzung mit der komplexen »Reichshistorie« an diesen methodischen Zugang gewöhnt waren[112]. **Christian Thomasius** (1655–1728) gehörte an der Wende zum 18. Jahrhundert nicht nur zu den führenden Vertretern der Rechtswissenschaft in Deutschland, sondern der Sohn des Leipziger Juristen Jacob Thomasius und Schüler des berühmten Samuel Pufendorf (1632–1694) war zu diesem Zeitpunkt bereits mit seinem Eintreten für die Ideen der Aufklärung zu nationaler Bekanntheit aufgestiegen[113]. Im »Leipziger Pietistenstreit« war es 1688 zu einer ersten öffentlichen schweren Konfrontation zwischen der lutherischen Orthodoxie auf der einen, Pietisten und Frühaufklärern auf der anderen Seite gekommen. Die Orthodoxie mit **Johann Benedikt Carpzov** (1639–1699), dem Enkel des berühmt-berüchtigten kursächsischen Juristen Benedikt Carpzov, an der Spitze gewann diese Auseinandersetzung, und Thomasius mußte aus Sachsen flüchten. Pufendorf, mittlerweile Hofhistoriograph in Berlin, vermittelte ihm eine Professur an der neugegründeten Universität in Halle. In diesem Umfeld befolgte Thomasius den guten Rat seines Lehrers, den Gegner »mit Mistgabeln [zu] kitzeln«, weil man es »mit harthäutigen Tieren zu tun« habe[114].

Als Mitglied des Spruchkollegiums der 1696 gegründeten kurbrandenburgischen (ab 1701 preußischen) Reformuniversität in Halle an der Saale war Thomasius wie alle anderen Mitglieder derartiger Kollegien im späten 17. Jahrhundert mit Entscheidungen über Leben und Tod in

Hexenprozessen befaßt. Nach eigenen Angaben hätte Thomasius gleich im ersten Jahr des Bestehens der Universität aufgrund von Indizien und Aussagen in einem eingesandten Prozeßakt die Hinrichtung einer Frau als Hexe routinemäßig nach den Lehren des sächsischen Juristen **Benedikt Carpzov** (1595–1666) befürwortet, wie er es während seines Studiums gelernt hatte. Jedoch wurde er von den anderen Mitgliedern des Kollegiums, darunter **Heinrich Bode** (1652–1720), zu seinem großen Ärger überstimmt. In einem autobiographischen Selbstzeugnis legte Thomasius später dar, daß ihn diese Kränkung zu einer Überprüfung seiner Ansichten brachte. Nach einem Bonmot von Günter Jerouschek hätte wenig gefehlt, »und Thomasius wäre als einer der letzten protestantischen Hexenverfolger in die Annalen der Rechtsgeschichte eingegangen«[115]. Da Thomasius jedoch ein Meister des öffentlichen Diskurses war, sind Zweifel an dieser Legende durchaus erlaubt. Allein schon die Tatsache, daß die Dummheit und Gefährlichkeit der Carpzovs hier noch einmal besonders wirkungsvoll demonstriert wird, während der Held der Aufklärung als lernfähiger Philantrop genau am anderen Ende der Humanitätsskala aufzufinden ist, wirkt fast zu theatralisch, um wahr zu sein. Wenn Thomasius 1701 in einer Dissertation *De crimine magiae* erstmals programmatisch die Grundlosigkeit des Hexenverbrechens darlegen ließ[116], so traf er seine orthodoxen Gegner sowohl im Lager der Theologen als auch der Juristen, denn sie richtete sich direkt gegen »Carpzovius, indem er so zu reden unter den Protestantischen Criminalisten heut zu Tage der Monarche ist ..., wiewohl diejenigen Sachen, die er aus verschiedenen gericht. Acten ... anführet, so augenscheinliche und crasse Fabeln sind, daß man solche gelesen zu haben sich schämen muß«[117].

Thomasius sah sich nach 1701 heftigen Angriffen von seiten der lutherischen Orthodoxie ausgesetzt. Als Beispiel sei nur der Pastor **Peter Goldschmidt** (1662–1713) aus Sterup bei Flensburg genannt, der bereits gegen Balthasar Bekker Stellung bezogen hatte und Thomasius einen »verworffenen Hexen- und Zauber-Advocaten« schalt[118]. Die damit anhebende Debatte, die Thomasius auch durch seine Schüler führen ließ, mündete nach elf Jahren in die Publikation einer eigenen großen Schrift, die *Dissertatio de origine ac progressu processus inquisitorii contra sagas (Abhandlung über den Ursprung und Fortgang des Inquisitionsprozesses gegen die Hexen)*[119]. Da damit international die »Rehistorisierung des Hexenthemas« einsetzte, ist es interessant, die Motivation für diese Form der Auseinandersetzung zu betrachten. Wesentliche Argumente entlehnte Thomasius, wie bereits die Zeitgenossen bemerkten, dem älteren Verfolgungsgegner Johann Weyer, der als einer der letzten Autoren vor der Zeit der großen Verfolgungen noch historisch argumentiert hatte[120]. Eigene historische Studien führten bei Thomasius zu wichtigen Erkenntnissen. Wie er in der Vorrede der von ihm initiierten deutschen Übersetzung des Werkes *The Displaying of Supposed Witchcraft* des Arztes **John Webster** (1610–1682)[121] darlegte, »giengen mir doch bey ... Durchlesung der ... Päbstlichen Briefe ex septimo Decretalium so zu sagen die Augen deutlicher auf«. Er erkannte, daß die Vorstellung vom Teufelspakt nicht älter sei als die entsprechenden päpstlichen Konstitutionen[122]. Mit seiner historischen Abhandlung wollte Thomasius erklärtermaßen eine neue Front eröffnen, um dem praktischen Ziel der Abschaffung der Hexenprozesse näherzukommen. Mit dem Nachweis der Geschichtlichkeit wollte der Jurist diejenigen, die vom hohen Alter des Hexereidelikts überzeugt waren, beschämen: »Denn wie sollte sich einer nicht schämen, wo er nicht gar der Scham den Kopff abgebissen hat; wenn er überzeuget wird, daß derjenige Irrthum, welchen er so gar alt zu seyn geglaubet, so jung sey.«[123]

Der aggressive Hinweis auf die Historizität der Hexenverfolgungen und die Hervorhebung ihrer pädagogischen Funktion war Thomasius' Verdienst. Die von ihm entfesselte öffentliche Kampagne, die systematische Übersetzung von Traktaten vornehmlich englischer Hexenprozeßgegner, schließlich seine historische Abhandlung von 1712 haben das berühmte königliche Edikt in Preußen zur Beendigung der Hexenprozesse aus dem Jahre 1714 mitbewirkt[124]. Unter den auf seine Veranlassung ins Deutsche übersetzten Schriften befand sich eine zweite historische

Abhandlung, der *Historical essay concerning witchcraft* des anglikanischen Geistlichen und späteren Bischofs **Francis Hutchinson** (1660–1739)[125], der 1718 die Hauptschuld für die Hexenverfolgungen im Aberglauben der Bevölkerung sah. Diese Abhandlung bildete eine Reaktion auf die Publikation des Arztes **Richard Boulton**, der 1715 in einer *Compleat History of Magick, Sorcery and Witchcraft* die Existenz der Hexerei mit Exempeln aus alten Autoren untermauern wollte[126]. Hutchinson schätzte die Zahl der Hexenhinrichtungen in England seit der Reformation übrigens auf 140 und kam damit den Ergebnissen der modernen Forschung recht nahe[127]. Es ist sicher richtig, daß die Identifizierung des Hexenglaubens mit bäuerlicher Rückständigkeit ein taktisches Argument war[128], doch war diese Stoßrichtung offenbar für Deutschland zweitrangig: Thomasius kannte den juristischen Betrieb und den Fanatismus gewisser Geistlicher zu gut, als daß er sich Hutchinson hätte anschließen können. Er mußte die Hauptschuld für die Hexenverfolgungen bei Kirche und Justiz sehen, weil von dieser Seite immer noch akute Gefahren drohten. Unter dem Titelkupfer der deutschen Übersetzung war das zukunftsgerichtete historische Entwicklungsprogramm der Aufklärer zu lesen: »Je höher der Verstand in den Wissenschaften steiget, je tiefer sich zum Fall der Aberglauben neiget.«[129] Diese reziproke Verknüpfung von Wissenschaft und Aberglaube war ganz im Sinne einer anderen Zentralfigur der deutschen Aufklärung, dem 1740 nach Halle berufenen Philosophen **Christian Wolff** (1679–1754), der eine ernsthafte Widerlegung abergläubischer Ansichten empfahl[130].

Entgegen manchen Vorurteilen war man im 18. Jahrhundert durchaus zur Benutzung und kritischen Interpretation von Quellentexten in der Lage[131]. Thomasius gab auf dieser Grundlage eine einleuchtende Periodisierung der Geschichte der Hexenprozesse, ausgehend von seinen Anfängen »zu Ende des XVten Seculi« und der Übernahme des inquisitorischen Hexenmusters nach der Mitte des 16. Jahrhunderts[132]. Anhand kurzer Charakteristiken der wichtigsten dämonologischen Schriften umriß er – unter jeweiliger Angabe der Belegstellen – die historische Entwicklung, wobei Verdienste katholischer Autoren gewürdigt wurden, auch wenn Thomasius selbstverständlich den Autor der *Cautio criminalis* zunächst für einen Protestanten hielt. Seine eigentliche Botschaft bestand jedoch darin, daß das Hexenverbrechen in Wirklichkeit nie existiert habe und daß es eine Erfindung der »Tyranney des Pabsts« war. Am Ende seiner historischen Abhandlung gab Thomasius zu verstehen, daß er der »gemeinen persuasion von denen Hexen« den Untergang wünsche, und riet seinen Nachfolgern, Anhängern der Hexenlehre in Zukunft mit dem Mittel der Satire entgegenzutreten[133]. In methodischer Hinsicht war Thomasius bemerkenswert klar: Wenn »aus der Historie sonnenclar erörtert wird«, wo die Ursprünge der abergläubischen Fehlentwicklung in der Religion lägen und wer an dem allgemeinen Teufels- und Hexenglauben Schuld trage, könne man »der Vernunfft ihren gehörigen und rechtmäßigen Gebrauch wiederum vindicieren«[134].

11. »Von dieser Besserung der Zeiten«: Historisierung als aufklärerische Abwehrmagie

Die Kühnheit der Thomasianischen Aufklärung bestand darin, daß sie das Ende der Hexenprozesse antizipierte und aus einer imaginierten besseren Zukunft über eine Vergangenheit schrieb, die die eigene Gegenwart war. Das Experiment glückte und machte Schule. Das eudaimonistische Geschichtsverständnis der Aufklärungsphilosophie konnte die Haltung von Staaten, gesellschaftlicher Gruppen oder auch Einzelpersonen gegenüber der Hexerei fortan als Indikator für den aktuellen Stand der Entwicklung einer Gesellschaft auf einem notwendigen und linearen Weg in eine bessere Zukunft betrachten. Im Zuge der Etablierung der Aufklärung als breiterer Meinungsströmung gewann die historische Argumentation an Beliebtheit, bot sich doch am Beispiel des Hexenthemas die Möglichkeit der Identitätsbildung an. Thomasius hat mit seiner öffentlichen Kampagne weitere Autoren zu historischen Abhandlungen animiert, beispielsweise den Hallenser Kollegen **Jacob Brunnemann** (1674–1735), dessen *Discours von den betrüglichen Kennzeichen der Zauberey* eine *Historische Anleitung von dem Zustande der Hexen und des Hexen-Processes vor und nach der Reformation* enthielt[135].

In diesem Kontext setzten bereits im frühen 18. Jahrhundert Quelleneditionen ein: Sie ermöglichten dem Publikum, sich durch das Studium alter Texte und sogar von Prozeßakten ein eigenes Bild von der Finsternis vergangener Zeiten zu machen und daraus Kraft zu schöpfen für die Stärkung des aufgeklärten Denkens. Den Anfang machte 1703 der Thomasius-Schüler **Johann Reiche**, der zwei Jahre zuvor mit den berühmten *Theses inaugurales de crimine magiae* von Thomasius promoviert worden war. Reiche untergrub mit seinen *Unterschiedlichen Schrifften vom Unfug des Hexen-Processes*, einer Edition der wichtigsten Schriften der älteren Verfolgungsgegner – *Cautio Criminalis*, *Malleus Judicum* etc. – weiter mit historischen Argumenten die Legitimation der Verfolgungsbefürworter[136]. 1711 schloß sich daran der Medizinstudent **Christian Weißbach** (1648–1715) mit seinen Übersetzungen von John Websters *Display of supposed witchcraft* und John Wagstaffs *Gründlich ausgeführter Materie von der Hexerey* an, die in der Einleitung eine ausführliche Würdigung des Mentors enthält, in der Thomasius als der »tapfere Hercules« apostrophiert wird, der der »abscheulichen Bestie der Superstition« des »Aberglaubens von der Hexerey« den Kopf abgeschlagen habe[137].

Wichtigstes Produkt dieser Richtung ist die zwischen 1738 und 1745 publizierte große Edition *Bibliotheca sive acta et scripta magica*[138] des aus einer lutherischer Pfarrerdynastie Württembergs stammenden Theologen **Eberhard David Hauber** (1695–1765). Der Sohn des lutherischen Predigers von Hohenhaslach, späteren Superintendenten von Vaihingen, war bei der Arbeit an der *Bibliotheca* Superintendent der Grafschaft Schaumburg-Lippe und Oberpfarrer in Stadthagen. Hauber, der 1746 Pastor der deutschen Petri-Gemeinde in Kopenhagen wurde, hatte sich bei seinem Studium in Tübingen und Altdorf mit Mathematik und Naturwissenschaften beschäftigt, bevor er 1727 in Helmstedt das Doktorat erwarb. Er stand einem rationalistischen Pietismus nahe, hielt jedoch wenig von konfessionellen Streitigkeiten und wirkte in der Grafschaft Schaumburg-Lippe ausgleichend auf Lutheraner und Reformierte: »So wie er selbst ein freyer Denker und Forscher, ein Mann, der sich durch keine Formel binden und einschränken ließ, war: also führete er auch vernünftige und christliche Freyheit in seiner Gemeine ein.« Hauber engagierte sich auch in der praktischen Volksbildung und gehört zu den Mitbegründern der wissenschaftlichen Geographie[139].

Hauber galt bereits im 18. Jahrhundert als eine Berühmtheit, deren Lebensgeschichte in aller Breite dargestellt zu werden verdiente[140]. In einer frühen Biographie von Anton Friedrich Büsching erfährt man, daß sich Hauber bereits seit seiner Jugend mit dem Hexenthema beschäftigt und quasi »oral history« betrieben habe, indem er bei entsprechenden Nachrichten »sich bey solchen, welche sie erfahren haben sollten, nach ihrer Wahrheit und Beschaffenheit [erkundigte], bemühete sich von einigen neuern Geschichten die gerichtlichen Acten zu erlangen, sammlete die von diesen Materien gedruckten Bücher und Schriften, und las dieselben mit Aufmerksamkeit und Nachdenken. Da entdeckte er die Wahrheit bald. Nun beschloß er, zum Dienst und Nutzen anderer Menschen, Nachrichten von diesen Schriften und Büchern aufzusetzen, ihren Inhalt anzugeben und ihren Wert zu bestimmen, und also eine *Bibliothecam magicam* stückweise herauszugeben.«[141] Möglicherweise wurde Haubers Beschäftigung mit dem Hexenthema durch den »genius loci« inspiriert, die erhaltenen Prozeßakten der Grafschaft Schaumburg, insbesondere der Hexenstadt Lemgo, das er als Druckort der *Bibliotheca magica* wählte[142]. Hauber schuf mit seiner in Dutzenden von Einzellieferungen erschienenen *Bibliotheca* ein zeitschriftenähnliches

Mitteilungsorgan zu Hexenfragen. In der ersten Nummer forderte er zur Mitarbeit, zum Übersenden von Nachrichten und Rezensionen auf[143].

Wie hochwertig Haubers Editionsplan war, geht daraus hervor, daß er Edition und Kommentar streng trennte, jeder Ausgabe einen Kupferstich beigab und zumindest anfangs systematisch vorging. Das 1. Stück (Bd. 1, S. 1–52) der *Bibliotheca*, eingeleitetet mit dem Konterfei Papst Innozenz' VIII., gibt den Text der Bulle *Summis desiderantes affectibus* von 1484 lateinisch und in deutscher Übersetzung wieder und beschäftigt sich mit dem *Hexenhammer*. Das 2. Stück (Bd. 1, 53–139) präsentiert die Bulle Johannes' XXII. *Super illius specula*, beschäftigt sich unter anderem mit Gegnern der Hexenprozesse und enthält einen Kupferstich von Johann Weyer. Das 3. Stück (Bd. 1, 141–212), das das Kupfer einer Wasserprobe zeigt, beginnt mit einem aktuellen Thema, einer ungarischen Hexengeschichte aus dem Jahr 1730, und nimmt erst danach die Edition weiterer päpstlicher Bullen auf. Das 4. Stück (Bd. 1, 213–276) handelt von antiken Zauberei- und Gespenstergeschichten. Im ersten Erscheinungsjahr erschienen insgesamt vier Abteilungen, die jedoch nicht zu einem Jahresband zusammengesetzt werden sollten. Der erste Band ist vielmehr erst mit dem 12. Stück von 1739 abgeschlossen und wird durch ein Register der Autoren und Personen, der Bücher und zitierten Bibelstellen erschlossen.

Bei aller Wissenschaftlichkeit der Edition war Haubers *Bibliotheca* vor allem ein Instrument der Kulturpolitik. Dies wird im Zusammenhang mit dem Spektrum der Dedikationen deutlich, die Konturen einer aufgeklärten Öffentlichkeit in Deutschland und darüber hinaus erkennen lassen. So wird etwa das 7. Stück dem Hamburger Senator **Barthold Hinrich Brockes** (1680–1747) gewidmet, dem Herausgeber der *Moralischen Wochenschrift »Der Patriot«*, jedoch nicht in seiner Eigenschaft als Schriftsteller (*Irdisches Vergnügen in Gott*), sondern als »einem Richter, der allen andern ein Fürbild und ein Muster ist«, der also keine Hexenprozesse mehr führte[144]. Sichtbar wird eine auffällige Verbundenheit mit der preußischen Reformuniversität Halle des Christian Thomasius, der Kaderschmiede für preußische Beamte und Theologen. Die Sonderrolle dieser Bildungseinrichtung in der deutschen Kulturgeschichte[145] kann gerade auch an den Zueignungen in Haubers *Bibliotheca* verdeutlicht werden: Bereits das 1. Stück wird dem – bereits erwähnten – Jacob Brunnemann, »seinem hochschätzbaren Freund und Gönner«, gewidmet, der wie Thomasius kürzlich verstorben war. Weiter werden geehrt (2. Stück) der Hallenser Medizinprofessor **Friedrich Hoffmann** (1660–1742), Anreger mehrerer Schriften zur Frage der Macht des Teufels auf die Körper, der sich insbesondere mit der alten Frage nach der Möglichkeit des Hexenfluges unter theologischen und medizinischen Gesichtspunkten auseinandergesetzt hatte[146], und der lutherische Kirchenjurist **Justus Henning Böhmer** (1674–1749) in Halle, »sein großer Gönner« (3. Stück), der ebenfalls auf der Seite von Thomasius in die großen Debatten eingegriffen hatte[147].

Geehrt werden weiter der pietistische Superintendent von Magdeburg, Johann Adam Steinmetz (4. Stück), der Medizinprofessor und Naturwissenschaftler Georg Erhard Hamberger in Jena (5. Stück), der kurhannoverische Leibmedikus Paul G. Werlhof (6. Stück), der kurhannoverische Bibliothekar Johann Daniel Gruber, der 1710 in Halle bei Johann Peter Ludewig über das postkarolingische ostfränkische Reich promoviert hatte (8. Stück), der preußische Superintendent Goering in Minden (9. Stück), der sachsen-coburgische Hofbibliothekar Ernst Salomon Cyprian, der als Reformationshistoriker und Kommentator von Arnolds *Ketzerhistorie* hervorgetreten war (10. Stück), sowie der braunschweig-lüneburgische Hofarzt Geister (11. Stück). Aus der Reihe fallen lediglich die lutherischen Missionare in Ostindien (12. Stück), bei denen es sich, wie aus einem späteren Artikel hervorgeht, um Pietisten aus Halle handelte, die in Ostindien in »vernünftiger« Weise mit lokalen Zauberkünstlern umgingen[148]. Der Bibliothekar und Reisebuchautor **Johann Georg Keyßler** (1693–1743) wurde offenbar wegen seiner »Jugendarbeiten über nordische und keltische Altertümer und Götterlehre«, wie Friedrich Ratzel dies nannte, aufgenommen, einer Hallenser Dissertation über den Odinskult und die Abhandlung über die keltische Göttin Nehalennia und die prophetischen Weiber des Altertums[149].

Der zweite Band der *Bibliotheca* konnte mit einer Sensation aufwarten: der deutschen Übersetzung jener Parlamentsakte, die wenige Monate zuvor »Witchcraft« aus der Liste strafbarer Verbrechen in England gestrichen hatte. »Es geschiehet mit sehr großer meiner Freude«, schrieb Hauber pathetisch, »daß ich meinen geehrten und geliebten Lesern bey dem Anfang des zweyten Bandes dieser Bibliothec einen so merkwürdigen Beweiß von dieser Besserung unserer Zeiten vorlegen kann.«[150] Wieder präsentierte Haubers *Bibliothek* den Gesetzestext vom 24. Juni 1736 in der englischen Originalsprache und in deutscher Übertragung. Haubers Edition zeichnet sich denn insgesamt weniger durch Geschichtsschreibung im eigentlichen Sinne aus als vielmehr dadurch, daß er auf sehr breiter anthropologischer Ebene – von den ersten Hexenprozessen in Savoyen bis zu den zeitgenössischen Zauberkünsten chinesischer Gaukler und sogar den Riten von Eskimo-Schamanen[151] – Bausteine zu einer solchen Geschichte bereitstellt. Darunter befanden sich die durch Martin Delrio überlieferte Abschwörung des Cornelius Loos und die Verbrennung des Kanzlers Dr. Dietrich Flade während der berüchtigten Kurtrierer Hexenverfolgung in den späten 1580er Jahren[152] oder die Untersuchung der Frage, warum Thomasius' Auftreten 1701 so wirkungsvoll war, während andere Professoren, die den Hexenprozeß abschaffen wollten, kaum auf Resonanz gestoßen sind: weil nämlich Thomasius auf dem Gebiet der Theologie die Existenz des leibhaftigen Teufels bestritten und damit auf juristischem Gebiet das Delikt der Hexerei für prinzipiell unmöglich erklärt habe[153].

Unter den Geehrten befindet sich mit **Johann David Köhler** denn auch nur ein Professor »der Geschichten« an der 1734 gegründeten Universität Göttingen, den das gemeinsame Interesse für die junge Wissenschaft der Geographie mit Hauber verband[154]. Köhler war seit 1714 Professor für Geschichte in Altdorf gewesen, wo Hauber studiert hatte, und begründete 1735 die Geschichtswissenschaft an der kurhannoverischen Reformuniversität Göttingen, Ursprungsort der Bewegung des Neuhumanismus in Deutschland[155]. Hauber hob 1741 im Vorwort zum 25. Stück seiner *Bibliotheca*, das dem französischen Parlamentsadvokaten **Francois Gayot de Pitaval** (1673–1743) gewidmet war, dem Herausgeber der berühmten *Causes célèbres et interessantes*[156], hervor, daß der Absatz des Werkes sehr zur Zufriedenheit des Verlegers verlaufe. Der Bedarf an Aufklärung über diesen heiklen Gegenstand drückte sich auch über den Markt aus. Spätere Rezensenten Haubers hoben hervor, daß er »seine Absicht, den Aberglauben zu schwächen und die Hexenprocesse zu vermindern«, mit seinem Periodikum »glücklich erreichet« habe. Konkrete Auswirkungen soll Haubers Edition auf einige späte Hexenprozesse im Herzogtum Jülich-Berg gehabt haben, bei denen es um 1740 noch zur Verbrennung zweier Frauen gekommen sei. Haubers persönliche Einflußnahme über einen befreundeten Rat habe den Abbruch der Verfolgung bewirkt[157].

Hauber hat auch insofern Schule gemacht, als die Hochaufklärung die Historisierung und Katalogisierung des Aberglaubens fortsetzte. Herausragend waren hier **Paul Henri Thiery d'Holbach** mit seiner *Histoire naturelle de la superstition*, die 1768 in London gedruckt wurde[158], gefolgt von **Ernst Urban Keller** (1730–1812) mit seinem *Grab des Aberglaubens*[159], sowie **Elias Caspar Reichard** (1714–1791), der seine *Vermischten Beyträge zur Beförderung einer nähern Einsicht in das gesamte Geisterreich. Zur Verminderung und Vertilgung des Aberglaubens* direkt *Als eine Fortsetzung von D. David Eberhard Haubers Magischen Bibliothek* begriffen wissen wollte[160].

12. Die Hexerei im Lexikon

Nicht ohne Grund hatten frühe Lexikographen wie Pierre Bayle und sein deutscher Übersetzer **Johann Christoph Gottsched** (1700–1766) das heikle Thema vorsichtig angegangen, die direkte Auseinandersetzung vermieden und im Artikel *Magie* die Hinrichtung von Hexen nicht rundheraus abgelehnt[161], denn die Gesetzgebung gegen Zauberei war in Frankreich wie Deutschland noch in Kraft, wenn auch ihre Anwendung durch administrative Maßregeln eingeschränkt war. Doch nicht frontaler Angriff, sondern abschätzige Kommentare am Rande waren die Methode der Auseinandersetzung mit dem Hexenthema, wie sie auch in den *Moralischen Wochenschriften*, etwa Gottscheds seit 1725 erscheinenden *Vernünftigen Tadlerinnen*, angewandt wurde. Kampf gegen Aberglauben und »Unvernunft« waren Dauerrubriken in diesen Publikationen, doch eine theoretisch fundierte direkte und generelle Kritik an der Hinrichtung von Zauberern sucht man auch hier vergebens[162].

In der Mitte des 18. Jahrhunderts fand das Hexenthema erstmals Eingang in die großen Enzyklopädien der Zeit – für die Meinungsfindung der aufgeklärten Schichten ein bedeutender Vorgang. In zwei äußerst ausführlichen Artikeln, 1735 über *Hexerey* und 1749 über *Zauberey*, ließ der Leipziger Verleger **Johann Heinrich Zedler** (1706–1751), Herausgeber des großen *Universal-Lexicon*, alle bekannten Argumente für und gegen die Existenz des Hexenverbrechens anführen. Doch man konnte in Sachsen offenbar nicht die noch geltende Gesetzgebung für ein Zeichen finsterer Zeiten erklären – dem Informationsbedürfnis des Publikums wurde trotzdem genüge getan, und wer wollte, konnte herauslesen, daß man der historischen Argumentation des Thomasius folgte[163]. Charakteristisch ist der ironische Tonfall des Artikels von 1735: »Von Christian Thomasio hat sonderlich in Teutschland die Zauberey und Hexerey viel leiden müssen.«[164] Die Hochschätzung Thomasius' im *Universal-Lexicon* verwundert auch aus dem Grund nicht, weil Zedler sich der Protektion des damaligen Kanzlers der Universität Halle, **Johann Peter von Ludewig** (1668–1743), erfreute. Dieser ehemalige Kollege in der Juristenfakultät und nunmehrige Nachfolger Thomasius' im Rektorenamt befand sich in den 1730er Jahren auf dem Höhepunkt seiner Macht. Seiner Förderung verdankte das *Universal-Lexicon* letztlich seine Existenz, denn nach anhaltenden Angriffen aus Sachsen sorgte er nicht nur für eine königlich-preußische Privilegierung Zedlers, sondern stellte sogar die ihm unterstehende Universitätsdruckerei für den Druck des Lexikons zur Verfügung. Vielleicht hängt es mit dem Fortfall dieser Protektion zusammen, daß der 1749 verfaßte Artikel *Zauberey* eher vorsichtiger argumentiert als der vierzehn Jahre ältere Artikel über die *Hexerey*[165].

Sehr viel entschiedener war da 1765 die Stellungnahme in der *Encyclopédie ou Dictionnaire raisonnée des sciences, des arts et des métiers*. Die Artikel *sorcellerie* und *sorciers & sorcieres* stützten sich auf Gesetzestexte, Chroniken und Dämonologen wie Bodin und Delrio und grenzten per Induktion das Zeitalter der Hexenverbrennungen wie Thomasius auf den Zeitraum vom späten 15. bis zum späten 17. Jahrhundert ein. In der Interpretation der Hexenverfolgungen folgten sie Malebranche und der großen Autorität der Zeit, **Francois-Marie Arouet Voltaire** (1694–1778). Voltaire hatte 1751 im Rahmen seiner *Geschichte des Zeitalters Ludwigs XIV.*, dem »ersten modernen Geschichtswerk«[166], zur Frage der Hexenprozesse Stellung genommen: Für das Zeitalter Richelieus dienten ihm die Hexenprozesse zur Charakterisierung des »Mangel[s] an Aufklärung«: »Hier will ich nur bemerken, daß die französische Nation in Unwissenheit versenkt lag – sogar die nicht ausgenommen, die nicht zum Volk zu gehören glaubten. Man zog Astrologen zu Rate und glaubte ihre Aussprüche ... Dieselbe Schwachheit, die das widersinnige Wahngebilde der Sterndeuterei zu Ansehen brachte, erzeugte auch den Glauben an Besessenheit und Zauberei. Man machte eine religiöse Angelegenheit aus der Sache: Überall sah man Priester, die Teufel austrieben, und die Gerichtshöfe, die aus Beamten bestanden, die aufgeklärter hätten sein sollen als die Menge, waren ständig beschäftigt, Zauberer zu richten. Immer wird man dem Gedächtnis des Kardinals von Richelieu den Tod jenes berüchtigten Pfarrers von Loudon, Urbain Grandier, zum Vorwurf machen, der von einer Kommission des Staatsrats als Zauberer zum Feuertod verurteilt wurde – man ist entrüstet, daß der Minister und die Richter so schwach waren, an die Teufel von Loudon zu glauben, oder daß sie die Härte besaßen, einen Unschuldigen zum Scheiterhaufen zu schicken. Die späteste Nachwelt wird mit Erstaunen daran denken, daß die Marschallin d'Ancre auf dem Grève-Platz als Hexe verbrannt wurde. Dies dürfte genügen, um im allgemeinen die Sitten und den Charakter des Jahrhunderts zu kennzeichnen, das dem Zeitalter Ludwigs XIV. voranging. Der Mangel an Aufklärung bei allen Ständen des Staates erzeugte bei den ehrenwertesten Personen abergläubische Bräuche, die die Religion entehrten ...«[167]

Umgekehrt interpretierte Voltaire das Edikt Ludwigs XIV. von 1672 an die Gerichtshöfe, Anklagen wegen Zauberei nicht mehr anzunehmen, als sicheres Indiz der »werdenden Vernünftigkeit«, verglichen mit den Zeiten der großen Hexenverfolgungen in Südfrankreich und Lothringen in den Jahren vor 1600. In charakteristischer Weise stehen die Ausführungen in Voltaires Kapitel über die Entwicklung der Wissenschaften, wo sie im Sinne eines binären Codes zur Verdeutlichung der Verdienste des großen Königs dienten: Hier Finsternis und Hexenwahn, dort das Licht des Sonnenkönigs und die modernen Wissenschaften[168]. Der *Encyclopédie* genügten die Ausführungen Voltaires als autoritative Absicherung[169], wenngleich die Polemik Voltaires in einer Anmerkung gegen die Zeitgenossen Augustin Calmet (1672–1757) und Lebrun bzw. ihre Bücher über Geistererscheinungen und »abergläubische Bräuche« erkennen läßt, daß im Frankreich der Hochaufklärung der Glaube an Teufel und Hexen nicht nur bei den ungebildeten Schichten fortlebte[170]. Insofern verfolgte Voltaire eine ähnliche Strategie wie Thomasius und seine Schule: Die Historisierung der Hexenprozesse sollte weitere Hinrichtungen verhindern helfen.

13. Hexendebatten im katholischen Europa

Polemik prägte die Historiographie der Aufklärung, was sich angesichts des Fortdauerns der Hexenprozesse in Teilen Europas leicht erklären läßt. Die rhetorische Frage der Rostocker Disputation von **Ernst Johann Friedrich Mantzel** (1699–1768), *Ob wohl noch Hexen-Processe entstehen möchten?*, konnte man im Süden Deutschlands, in den österreichischen Alpenländern und Teilen der Schweiz nur bejahen[171]. Eine Hexenhinrichtung am 21. Juni 1749 in der Bischofsstadt Würzburg stand keineswegs allein, war aber unter den Würzburger Gelehrten umstritten und wurde durch eine im Druck verbreitete öffentliche Rechtfertigungsrede des Jesuiten **Georg Gaar** besonders spektakulär[172]. Sie fand überregionale Beachtung und wurde als Beleg in einem historisch argumentierenden Traktat des Franziskaners **Benedetto Bonelli** (1704–1783) herangezogen, dem *Compendio storico della Streghería*. Bonelli argumentierte 1751 ganz im Sinne des *Malleus maleficarum*, Hexerei habe es schon immer gegeben, Hexenprozesse werde es daher auch weiterhin geben[173]. Dadurch ausgelöst entwickelte sich um 1750 in Oberitalien eine lebhafte Debatte um die Existenz der Hexerei. Unter Berufung auf die Zentralgestalt der italienischen Frühaufklärung, **Lodovico Antonio Muratori** (1672–1750) aus Modena, und seine Abhandlung über die Kraft der menschlichen Einbildungskraft[174], griff der aufgeklärte Abbate **Girolamo Tartarotti** (1702–1761) aus Rovereto, Mitglied der kaiserlichen Akademie der Wissenschaften, Bonelli scharf an. Er lehnte die Möglichkeit von Hexenflügen und -tänzen ab und deutete das Argument an, daß die Inquisition die Hexen erst geschaffen habe. Wie Voltaire verwies er auf den Rückgang der Hexenprozesse in Frankreich nach dem Edikt Ludwigs XIV. von 1672. Quasi zur Dokumentation übersetzte Tartarotti auch die Rede Gaars ins Italienische und kommentierte sie[175]. Tartarottis Parteinahme ging radikaleren Aufklärern jedoch nicht weit genug. Der Adelige

Scipio Maffei (1675–1755) aus Verona scheute sich nicht, die indizierten Bücher der französischen und deutschen Aufklärer, z.B. von Malebranche oder Thomasius, zu zitieren und deren Urteile – auch über den Katholizismus – zu übernehmen. Maffei bestritt im Unterschied zu Tartarotti, der sich nun seinerseits verteidigen mußte, jegliche Möglichkeit der Magie und legte dies zwischen 1750 und 1754 in drei programmatischen Schriften dar. Darin wurden die »magischen Künste« – gemäß den Titeln dieser Bücher – analysiert, zerstört und vernichtet[176].

Mit ihrem Sieg bildeten die italienischen Aufklärer ein wichtiges Vorbild für das übrige katholische Europa. Dabei nahmen sie eine wichtige Vermittlungsfunktion ein, denn sie stellten quasi ein einheitliches Niveau der Diskussion in ganz Europa her, indem sie sich nicht scheuten, den päpstlichen *Index librorum prohibitorum* zu ignorieren. So verwendeten sie selbstverständlich die Literatur der protestantischen Aufklärung. Maffei empfahl z.B. Eberhard David Haubers *Bibliotheca, acta et scripta magica* als »una grandissima raccolta di scritti, per dimostrar la vanitá, e insuffistenza della Magia«[177]. Ein unmittelbarer Erfolg über die Sprachgrenzen hinweg stellte sich insofern ein, als der Erfurter Kirchenhistoriker **Jordan Simon** (1719–1776) die Argumente Maffeis aufgriff und ins katholische Deutschland übertrug. Simon war auf einer Italienreise durch die Ideen Muratoris und Maffeis so sehr beeinflußt worden[178], daß er bereits 1749 eine öffentliche Stellungnahme gegen eine Hexenhinrichtung in Würzburg drucken ließ, die von einem Jesuiten propagandistisch ausgeschlachtet worden war. Simon blieb auch weiterhin auf dieser Spur und publizierte etwa zwanzig Jahre lang immer wieder in dieser Richtung. In Anlehnung an Maffei war Zauberei für ihn »das große weltbetrügende Nichts«[179].

Während in Italien die Hexendebatte mit der berühmten Reformschrift **Cesare Beccarias** (1738–1794), *Dei delitti e delle pene*, zu einem gewissen Abschluß kam, der jegliche Folter und Todesstrafe aus humanitären Überlegungen ablehnte, sollte die große Debatte im katholischen Deutschland erst beginnen. Die Argumentation im »Bayrischen Hexenkrieg«, einer nationalen Debatte in den Jahren zwischen 1766 und 1770, in der der katholische Reichsteil Anschluß an die Aufklärung fand, verlief im wesentlichen parallel zu denjenigen in Nordwesteuropa und in Italien. **Ferdinand Sterzinger** (1721–1786), ein Münchner Theatinerpater und Historiker, der in seiner historischen Argumentation stärker auf die Rolle diverser Multiplikatoren innerhalb der Kirche einging, konnte sich nicht direkt auf den Lutheraner Thomasius berufen, obwohl er ihn vermutlich kannte, sondern allein auf »gutkatholische Bücher«, womit die Grandseigneurs der italienischen Aufklärung gemeint waren[180]. Während auf seiten der katholischen Orthodoxie noch Theologen wie der Würzburger Abt **Oswald Loschert** (1704–nach 1767) standen, der aktiv an der Würzburger Hexenverbrennung von 1749 beteiligt gewesen war, gingen die Aufklärer nach der Publikation der josefinischen Landesverordnung zur Beendigung der Hexenprozesse in Österreich, die im Januar 1767 bekannt wurde, zum Stilmittel der Satire über. Der bereits erwähnte Jordan Simon sprach in diesem Kontext endlich offen die Schuldfrage an: Es war die katholische Kirche, die die Inquisition hervorgebracht und damit die Hexen geschaffen habe[181].

14. »Die Pedanten schüchtern machen«: Vom »Hexenkrieg« zur Reformpolitik

Wie in Preußen standen auch in Bayern die frühen Publikationen zur Hexenfrage im Kontext großangelegter Reformvorhaben, hier jedoch im Kontext einer gigantischen Aufgabe: der Säkularisation des Kirchenguts und der Verstaatlichung des Bildungswesens. Als Vorsitzender der Historischen Klasse der neugegründeten Bayerischen Akademie der Wissenschaften, einer Gegengründung zu der jesuitisch dominierten Landesuniversität in Ingolstadt, hatte der Theatinerpater Sterzinger die Suprematie des bayrischen Staates über die Kirche im Frühmittelalter nachgewiesen[182]. Und die große Aufklärungsdebatte um die Hexenfrage diente einem Zweck, der über den Anlaß hinausreichte: der Durchsetzung der praktischen Gesellschaftsreform. Ähnlich der Thomasianischen Kampagne war sie eine der großen Erfolgsgeschichten des 18. Jahrhunderts, ein nationales Ereignis, Gemeinsamkeit stiftender Sieg über die »Mächte der Finsternis«. Das Schlußwort der Debatte sprach 1767 der Reformpolitiker **Peter von Osterwald** (1717–1778), der noch einmal deutlich hervorhob, daß die Ansicht, die scholastische Philosophie und die Inquisition hätten die Hexen geschaffen, nunmehr die offizielle Interpretation im aufgeklärten Kurfürstentum war[183]. Es war derselbe Politiker, der für die Klosterdezimation und Aufhebung der geistlichen Immunitäten eintrat und zur Beförderung dieser Absicht 1766 eine große öffentliche Debatte entfacht hatte[184].

Solange die Säkularisierung der Gesellschaft nicht ausgefochten war, ließ sich das emotional stark besetzte Hexenthema dafür als Kapital einsetzen. Diese Transformation der Hexenfrage zum taktischen Geschütz gegen Bastionen der Kirche in der Gesellschaft ist bereits im Verlauf des »Bayrischen Hexenkrieges« zu beobachten, etwa durch den gelehrten Beitrag des kaiserlichen Rates **Konstantin von Kautz** (1735–1797), eines führenden Vertreters des Wiener »Josephinismus«, der in einer Art geistesgeschichtlichen Revue frühere Hexendebatten untersuchte[185]. Die nächste gesamtdeutsche Debatte entbrannte mit dem sogenannten »Gassner-Streit«. Der aus Vorarlberg stammende Charismatiker, der Dorfpfarrer aus Klösterle im Klostertal **Johann Joseph Gassner** (1727–1779), erlangte 1774 über die Grenzen seiner Pfarrei mit aufsehenerregenden Exorzismen Aufsehen. Gassner behauptete, daß alle Krankheiten vom Teufel kämen und daher durch Teufelsaustreibungen zu heilen wären. Seine spektakulären öffentlichen Aufführungen zogen derartige Heilerfolge nach sich, daß Gassner mit seinen Künsten quasi auf Tournee gehen konnte. In der Fürstabtei Kempten ließ er seine Programmschrift *Nützlicher Unterricht, wider den Teufel zu streiten* drucken. Wie ernst man das nehmen mußte, kann man daran sehen, daß der Kemptener Fürstabt Honorius Roth von Schreckenstein am 11. April 1775 die letzte Hexenhinrichtung auf deutschem Boden anordnete[186]. Wie man heute weiß, wurde sie zwar nicht mehr vollstreckt, doch zeigt der Zusammenhang deutlich, daß Gassner im traditionellen Klerus großen Widerhall fand. Er wurde »als der wider die Freygeister geschikte Apostel angepriesen«, wie es in einem zeitgenössischen Briefwechsel heißt[187].

Die Aufklärer nahmen diese Herausforderung an und gingen gegen Gassner mit öffentlichen Kampagnen vor. Von konservativen Klerikern im Reich wurde Gassner dagegen geschützt, etwa von den Bischöfen von Regensburg, Eichstätt und Freising, aber auch durch den theosophisch gestimmten Hof im oberpfälzischen Städtchen Sulzbach. Aber auch Protestanten wie der lutherische Herzog Ludwig Eugen von Württemberg oder der berühmte reformierte Theologe **Johann Kaspar Lavater** (1741–1801) in Zürich sowie mehrere Theologen des 1774 aufgehobenen Jesuitenordens ergriffen Partei für Gassner. Der Streit um Gassners Methoden dürfte mit weit über hundert Schriften in den Jahren zwischen 1774 und 1777 eine der größten Debatten der Aufklärung im deutschen Sprachraum gewesen sein, er fand Widerhall von Hamburg bis Wien und von Berlin bis Bern. Größter Streiter für Gassner waren mit sieben Schriften der bereits erwähnte Oswald Loschert sowie der Leibarzt des Fürsten von Pfalz-Sulzbach, Bernhard Joseph Schleiss von Löwenfeld. Als Wortführer der Aufklärer profilierte sich auf protestantischer Seite **Johann Salomo Semler** (1725–1791) aus Halle, der Begründer der historisch-kritischen Theologie, bekannt durch seine Stellungnahmen zu sächsischen Besessenheitsfällen Anfang der 1760er Jahre, der im »Gassner-Streit« frontal gegen Lavater Partei ergriff und gleichzeitig in Halle eine umfangreiche Edition mit Briefen und Aufsätzen gegen den Geisterglauben publizierte[188].

Auf katholischer Seite führte wieder mit fünf Schriften Ferdinand Sterzinger die Bewegung, gefolgt von dem Passauer Domherrn **J.F. Graf von Auersperg** (1734–1795), Berater Kaiser Josephs II., sowie **Franz Michael von Schaden** (1726–nach 1797), Regierungsrat des Fürsten von Oettingen-Wallerstein. Partei auf seiten der Aufklärer ergriffen auch die Bischöfe von Würzburg und Konstanz, die Erzbischöfe von Prag, Mainz, Salzburg, vor allem der Bischof von Trier und Augsburg (Personalunion), Kurfürst Clemens Wenzeslaus von Sachsen, weiter Kurfürst Max III. Joseph von Bayern, Kaiser Joseph II. und am Ende sogar Papst Clemens XIV. Der »Papst der Aufklärer« in Deutschland, der Berliner Schriftsteller **Friedrich Nicolai** (1733–1811), würdigte wie viele andere Sterzingers Verdienste um den Fortschritt der Menschheit durch einen persönlichen Besuch und eine anschließende Darstellung desselben[189]. Zweifellos war der Hexenstreit ein Erfolg für die Katholische Aufklärung, man sollte darüber jedoch nicht vergessen, daß die Debatte gezielt losgetreten worden war, um – wie ein Insider später schrieb – »die Pedanten schüchtern [zu] machen«[190].

15. Die Gegenwart der Vergangenheit: Der Fall Anna Göldi

Auch wenn im protestantischen Nordeuropa Hexenhinrichtungen zur Jahrhundertmitte aufgehört hatten, bestand doch wenig Anlaß zu aufgeklärter Überheblichkeit. Zur Zeit der Würzburger Hexenhinrichtung strapazierte ausgerechnet in Halle eine Debatte um das Wesen der Gespenster die Nerven der Aufklärer, und derartige Debatten lebten auch in den folgenden Jahrzehnten immer wieder auf. Im Zusammenhang damit stellte **Georg Friedrich Meier** (1718–1777) seine *Theoretische Lehre von den Gemüthsbewegungen* auf, die später um eine psychologische Betrachtung *Von der Macht des Aberglaubens über die menschlichen Gemüther* ergänzt wurde[191]. Gleichzeitig begann der damals schon berühmte schwedische Naturforscher und Philosoph **Emanuel Swedenborg** (Emanuel Swedberg) (1688–1772) nach einer Berufungsvision in den Jahren zwischen 1749 und 1758, in seiner *Arcana coelestia* über seine Erfahrungen mit dem Geisterreich zu berichten[192]. Dies rief im preußischen Königsberg den Philosophen **Immanuel Kant** (1724–1804) auf den Plan. 1766 legte er in seiner Satire *Träume eines Geistersehers, erläutert durch Träume der Metaphysik* nahe, daß weder die Existenz von Geistern noch die Unmöglichkeit ihrer Existenz wissenschaftlich nachweisbar seien. Darin unterschieden sie sich nach Kants Meinung allerdings nicht zu sehr von den Philosophen Wolffscher Prägung, »Luftbaumeister der mancherlei Gedankenwelten, deren jeglicher die seinige mit Ausschließung anderer ruhig bewohnt«. Gegenüber der haltlosen Metaphysik ist wie gegenüber den Phantastereien des »Erzgeistersehers« kritischer Verstand gefordert. Swedenborgs »acht Quartbände voll Unsinn« böten nichts weiter als »eine zusammenhängende Täuschung der Sinne«. Aufgabe der Philosophie sei es, die »Grenzen der menschlichen Vernunft« zu erforschen[193].

Im Jahr 1782 erschütterte die Hinrichtung der Dienstmagd Anna Göldi (1734–1782) wegen Zauberei im reformierten Schweizer Kanton Glarus die Gelehrtenrepublik[194]. Erstmals kam es jetzt zu wirklich heftigen Reaktionen. Für den Göttinger Historiker und Staatswissenschaftler **August Ludwig Schlözer** (1735–1809) besaßen die Greuel der Hexenprozesse exemplarischen Charakter. Mehrfach rückte er in seine *Stats-Anzeigen* historische Dokumente über Hexenverbrennungen ein, zum Beispiel über Hexenverfolgungen in den hennebergischen Ämtern in den Jahren zwischen 1597 und 1676[195]. Anläßlich der Schweizer Hexenhinrichtung druckte Schlözer einen Artikel aus dem *Reichspostreuter* vom 4. Januar 1783 unter dem Titel *Abermaliger JustizMord [sic] in der Schweiz* nach. In einer Fußnote erläuterte Schlözer den Neologismus »Justizmord«: »Ich verstehe unter diesem neuen Worte die Ermordung eines Unschuldigen und sogar mit allem Pompe der heiligen Justiz, verübt von Leuten, die gesetzt sind, daß sie verhüten sollen, daß kein Mord geschehe, oder falls er geschehen, doch gehörig gestraft werde.« Außerdem rief Schlözer dazu auf, »diese ganze HexenGeschichte [sic] von Glarus« genau zu dokumentieren und »in extenso zur Publication« zu bringen[196]. Der Fall Anna Göldi bewirkte europaweit einen Aufschrei des Entsetzens, geschickt lanciert in den damals neuen Medien, den Meinungsblättern[197].

Über die Tagespresse hinaus wurden auch einige historische Abhandlungen verfaßt, die allerdings vom Standpunkt der Forschung aus nicht viel Neues gegenüber Thomasius und Hauber bieten und explizit an diese anknüpfen. Das war beispielsweise bei **Elias Caspar Reichwein** (1714–1791) der Fall, der seine *Vermischten Beyträge zur Beförderung einer nähern Einsicht in das gesamte Geisterreich* als direkte Fortsetzung der *Magischen Bibliothek* Haubers begriff[198]. Wichtiger war **Johann Moritz Schwager** (1738–1804) und sein *Versuch einer Geschichte der Hexenprozesse*. Obwohl Schwager sein Berufsleben als Pfarrer der Gemeinde Jöllenbeck (Grafschaft Ravensberg) verbrachte und sich selbstkritisch als »westfälischen Landpastor« bezeichnete, ging seine Bedeutung doch darüber hinaus. Geboren in Hülsenbusch bei Gummersbach in pietistischem Milieu, verschaffte ihm der Dorfpfarrer die Möglichkeit, in Halle Theologie zu studieren. Begeistert durch Semler glaubte Schwager fest an eine Versöhnung von Vernunft und Theologie. 1763 legte er das Pfarrerexamen ab und spielte mit dem Gedanken der Auswanderung in die USA. Er hatte sogar schon eine Predigerstelle in Charleston/South Carolina zugesichert bekommen, als er durch Zufall 1768 eine Pfarrstelle in der Vikarie Jöllenbeck des adeligen Fräuleinstiftes Schildesche vermittelt bekam, auf der er, verheiratet und mit vielen Kindern, bis zu seinem Tode verharrte[199]. Schwager war eine eindrucksvolle Figur der Volksaufklärung in Westfalen, er kümmerte sich um die Verbesserung der Landwirtschaft (Anbau von Brachfrüchten) ebenso wie um das Gesundheitswesen (Pockenschutzimpfung) und das Schulwesen (Schulhausbau). Als Mitglied der Mindener Freimaurerloge »Witekind zur Westphälischen Pforte« kannte er die regionale Elite und entfaltete mit 24 Büchern, darunter fünf satirischen Romanen, zahlreichen Aufsätzen und der Herausgabe einer Zeitung, dem *Mindischen Intelligenzblatt*, eine reiche publizistische Tätigkeit[200]. Als seine wichtigsten Veröffentlichungen gelten seine Biographie Balthasar Bekkers, die 1780 mit einem Vorwort Semlers erschien, und die gemeinsam mit Semler herausgegebene Übersetzung von Bekkers *Bezauberter Welt*[201].

In seinem *Versuch einer Geschichte der Hexenprozesse*, Kaiser Joseph II. gewidmet, »dem Sieger über Aberglauben und Gewissenstyranney«, und beginnend mit einem seitenfüllenden Kupferstich des Helden Christian Thomasius, setzte er sich mit seinen Standesgenossen auseinander, die am Fortbestand des Aberglaubens die Hauptschuld trügen: »Die wirkliche Aufklärung bleibt nur auf wenige Oerter und sehr einzelne Menschen beschränkt ..., und viele Religionslehrer bleiben um hundert und mehr Jahre zurück.«[202] In weiten Teilen (S. 56–228) ist Schwagers »Versuch« nichts anderes als eine mehr oder minder gelungene Übersetzung und Kommentierung des *Malleus maleficarum*. Da Schwager die Ausführungen des *Hexenhammers* und seine Folgen mit dem Habitus eines protestantischen Predigers moralisch bewertete, muß der Leser auf eine historische Analyse verzichten. Immerhin bemerkte er durchaus selbstkritisch, er lebe das Schicksal eines »in einem abgesonderten Winkel lebenden Landpredigers«, und seine Mittel beschränkten sich auf die eigene Bibliothek: »meine Arbeit geb' ich für weiter nichts aus, als für einzelne Materialien und Bruchstücke, die *künftig einmal ein Geschichtsschreiber*, der mehr Zeit, Bücher und Archive zu seinem Befehl hat, in ein Ganzes verweben mag ...« Schwager betrieb hier sicher etwas »understatement«, denn seine Bibliothek erweist sich, von den alten Dämonologien über Thomasius und Hauber bis zur zeitgenössischen Diskussion reichend als ziemlich gut bestückt. Aber von einer großartigen Synthese, wie sie der Titel seines Buches verspricht, kann keine Rede sein[203]. Unzufrieden mit seinem eigenen Produkt, versprach Schwager zwei weitere Bände zu publizieren, die er gelegentlich auch als »künftige Aktenlieferungen« bezeichnete[204].

16. Die Neun-Millionen-Theorie: Die Geschichte als »Geißel der Toren«

Ähnlich unbefriedigend, jedoch im Sinne einer kruden Volksaufklärung wirkungsvoll waren die Ausführungen des Quedlinburger Stadtsyndikus **Gottfried Christian Voigt** (1741–1791) *Über die Hexenprocesse in Deutschland.* Auf der Grundlage einiger Quedlinburger Akten des 16. Jahrhunderts rechnete er die Gesamtzahl der in der Christenheit verbrannten Hexen nach folgender Logik hoch: »Wenn nun in einem so kleinen Bezirk Deutschlandes, welcher kaum 11 bis 12.000 Menschen fasset, in einem Jahrhundert auf 135 Personen als Hexen hingerichtet sind; so beträgt dieses in der ganzen christlichen Kirche auf jedes Jahrhundert 85.8454, und auf den von mir bezeichneten Zeitraum von elf Jahrhunderten 9 Millionen vierhundert zwei und vierzig tausend neunhundert vier und neunzig Menschen.« Voigt ist der Urheber der berühmten »Neun-Millionen-Theorie«[205], die durch die Vermittlung des Wiener Kirchenhistorikers Gustav Roskoff in die Zeit des Kulturkampfs vermittelt wurde, dort neuen Schwung bekam und schließlich im Kirchenkampf des *Amtes Rosenberg* und seiner Anhänger zu einem breitenwirksamen Argument verarbeitet wurde. Die Langlebigkeit solcher Legenden kann man gut daran sehen, daß in den »kritischen« Zeitgeistmagazinen bis zur Gegenwart neun Millionen Hexen verbrannt werden[206].

Man sollte bei aller Kritik an solchen Klitterungen nicht vergessen, daß diese Publikationen noch direkte Reaktionen auf Hexenhinrichtungen darstellten. Ex post sprechen wir für 1783 von der »letzten legalen Hexenhinrichtung in Europa«. Für die Zeitgenossen war dies jedoch noch keine ausgemachte Sache – die Autoren befanden sich bis zur Novellierung der Strafgesetzgebung zu Beginn des 19. Jahrhunderts im aktiven Kampf um die Beendigung der Hexenprozesse. Schwager etwa betonte, daß die alte Gesetzgebung nach wie vor nicht aufgehoben sei, »folglich auch nicht die den Hexenproceß betreffenden Artikel, noch ist dieser Aberglauben nichts weniger als ausgerottet«[207]. Demzufolge richtete sich das Interesse der Aufklärung einerseits auf den Aberglauben der Bevölkerung, den es durch Erziehung einzudämmen galt, andererseits auf das theologische und juristische Rahmenwerk, das immer noch Hexenprozesse ermöglichte. Für beide Reformansätze mußten die »Hexen«, wie bereits für Johann Weyer oder Friedrich Spee, unschuldige Opfer sein[208]. Auch seriöse Historiker wie **Ludwig Timotheus Spittler** (1752–1810), der in Tübingen Theologie studiert hatte, integrierten das Hexenthema unter propagandistisch-pädagogischen Gesichtspunkten in ihre historiographischen Produkte[209].

In der akademischen Philosophie wurde der leibhaftige Teufel auf ein bloßes moralisches Prinzip reduziert, den »Rechtsanspruch des Bösen auf die Herrschaft über den Menschen«, wie dies der Königsberger Philosoph **Immanuel Kant** (1724–1804) in seiner Abhandlung *Die Religion innerhalb der Grenzen der bloßen Vernunft* darlegte. Nach Jahrzehnten der Aberglaubenskritik wähnte er die Theologie gereinigt »vom Blödsinn des Aberglaubens und dem Wahnsinn der Schwärmerei«[210]. Ein Schüler Kants, der Jakobiner **Johann Benjamin Erhard** (1766–1827), erklärte 1795 den Glauben an den Teufel für »gleichgültig«, da er keinen Einfluß habe auf die moralische Gesinnung der Menschen, und verfaßte folgerichtig eine *Apologie des Teufels*[211]. Für die Aufklärer dieser Generation besaß das Hexenthema primär eine taktische Dimension, wie sich aus der Definition Schwagers absehen läßt: »Die Geschichte ist eine Lehrmeisterin für die Weisen und eine Geißel der Thoren; sie redet laut, so bald Tyranney und Despotismus sie nicht mehr zwingt, zu schweigen, und durch getreue Schilderungen schreckt sie neue Generationen ab, in die Fehler ihrer Vorfahren zu fallen.«[212]

Publikationen zur historischen Hexenforschung bildeten an der Wende zum 19. Jahrhundert die Begleitmusik zu einer neuerlichen innenpolitischen Reformperiode, wie man am Fall des Historikers und königlich-bayrischen Hofbibliothekars **Johann Christoph von Aretin** (1772–1824) beobachten kann. Aretin, der in Heidelberg und Göttingen studiert hatte, stand zunächst dem Illuminatenorden, später dem Kreis um Staatsminister Maximilian Graf von Montgelas nahe, als dessen »Sprachrohr« der Historiker Karl Otmar von Aretin seinen Vorfahren bezeichnet hat. Ab 1803 war von Aretin maßgeblich an der bayrischen Klostersäkularisation beteiligt, einer Maßnahme, die in dem klosterreichen Land einer Kulturrevolution gleichzusetzen war, da sie mit einer generellen Aufhebung der Orden verbunden war, die bis dahin das kulturelle Leben weithin geprägt hatten[213]. Ihr folgte die Mediatisierung der geistlichen Hochstifte Würzburg, Bamberg, Mainz, Eichstätt, Passau, Salzburg und Augsburg, jahrhundertelang selbständiger Reichsterritorien, die jetzt dem bayrischen Zentralstaat einverleibt wurden. In dieser kritischen Zeitspanne erschienen 1805 Aretins Beiträge über die Hexenprozesse, die die Verbrechen der Kirche hervorhoben und damit die Legitimation des Staates zu einschneidenden Reformen wie der Auflösung der Mönchsorden und der Enteignung des Kirchenbesitzes betonten[214].

17. »Der Schlaf der Vernunft gebiert Ungeheuer«: Vom Mesmerismus zur Geschichte der Magie

Der Schlaf der Vernunft gebiert Ungeheuer nannte **Francisco José de Goya y Lucientes** (1746–1828) eines seiner 1799 veröffentlichten Caprichos, und dies war ein Thema, das nicht nur den spanischen Hofmaler, sondern auch die Philosophen beschäftigte. Nachdem krude Aufklärung den Aberglauben ebensowenig beenden konnte wie zuvor die Theologie, wurden zunehmend psychologische Erklärungen herangezogen, etwa bei dem Weimarer Klassiker **Christoph Martin Wieland** (1733–1813), der 1781 in seiner Zeitschrift *Teutscher Merkur Über den Hang der Menschen, an Magie und Geistererscheinungen zu glauben* räsonnierte und dabei die Dialektik der Aufklärung entdeckte: Gerade durch die steigende Verfeinerung der Lebensweise werde es »schelmischen Schlauköpfen« immer leichter möglich, den Hang der Menschen zu »Aberglauben und Schwärmerey« auszunutzen, denn das »Verlangen, in den Mysterien der Natur ohne langwieriges und anstrengendes Studium iniziiert zu werden«, der Wunsch nach Gesundheit und Glück bleibe bestehen und mache die Menschen anfällig »wie die unwissenden Nord- und Südländischen Wilden«[215]. Der Philosoph **Carl Friedrich Pockel** (1757–1814) schrieb 1784: »Unsere Phantasie kann mit uns machen, was sie will, wenn der nötige Führer, die gesunde Vernunft, erst von seinem Posten vertrieben worden ist.« Der später von Sigmund Freud entwickelte Begriff des »Unterbewußten« klingt bereits in den stets wiederholten Warnungen, die »unteren« Affekte und Triebe nicht der »Vernunft« entgleiten zu lassen, an. Ort der Publikation war das *Magazin für Erfahrungsseelenkunde* von **Karl Philipp Moritz** (1756–1793)[216]. Am Ende des Jahrhunderts der Aufklärung erschienen die Errungenschaften keineswegs gesichert, und so beschäftigte sich **Karl Heinrich Heydenreich** (1764–1831) 1798 mit einer *Psychologie des Aberglaubens und der damit verknüpften Schwärmerey*[217]. Es ist durchaus bezeichnend, wenn zu Beginn des 19. Jahrhunderts der Philosoph **Johann Jacob Engel** (1741–1802) eine Abhandlung *Über die Furcht vor der Rückkehr des Aberglaubens* verfaßte[218].

Geradezu paradigmatisch wird der »Untergrund des Abendlandes« deutlich am Beispiel des schwäbischen »Naturforschers« **Franz Anton Mesmer** (1734–1815). Bei Radolfzell am Bodensee geboren, genoß der angehende katholische Priester zunächst eine gediegene Ausbildung an den konservativen Jesuitenuniversitäten Dillingen und Ingolstadt. Vor der Priesterweihe wandte er sich jedoch der Medizin zu und promovierte 1766 in Wien bei Gerard van Swieten (1700–1772), dem berühmten aufgeklärten Leibarzt der österreichischen Kaiserin Maria Theresia, mit einer Dissertation *De planetarum influxu* – über den Einfluß der Planeten auf den menschlichen Körper. Unter dem Eindruck der damals neu entdeckten Elektrizität experimentierte Mesmer seit 1775 mit Magneten, bevor er entdeckte, daß das Berühren der Patienten mit der Hand heilkräftige Wirkung hatte. Auf dieser Entdeckung aufbauend, entwickelte er sein medizinisches System, den sogenannten »Thierischen Magnetismus« (»Mesmerismus«). Dabei gewann Mesmer die Ansicht, Krankheiten und insbesondere nervöse Leiden ohne Arznei oder chirurgische Eingriffe heilen zu können. Als physikalische Grundlage seiner Heilerfolge betrachtete Mesmer die Existenz eines »Fluidums« im menschlichen Körper, das durch »Magnetisieren« oder »Bestreichen« neu geordnet werden könne[219]. Fand sich Mesmer in Deutschland im Lager der Aufklärer, so wurde er in Frankreich, wo er ebenso erfolgreich war, von der Akademie ins Lager der neuen Finsterlinge gestellt. »Ein religiöser Mystizismus«, so faßt Robert Darnton zusammen, »war wie ein unterirdischer Fluß durch das Zeitalter der Vernunft geströmt. Als er nach 1789 an die Oberfläche trat, war er angeschwollen durch den Swedenborgianismus, den Martinismus, das Rosenkreuzertum, die Alchimie, die Physiognomik und viele andere Strömungen des Spiritualismus – die mesmerische Strömung aber war darunter die stärkste.«[220]

Besondere Wirkung zeitigte der Mesmerismus in Preußen, wo Lehrstühle an Universitäten dafür geschaffen wurden. Der Leibarzt des Staatskanzlers Fürst Hardenberg und Liebling der Madame de Stael, **David Ferdinand Koreff** (1783–1851), erhielt 1816 eine Professur in Berlin[221]. Als geheimer Oberregierungsrat und Referent für Kunst und Wissenschaft beim Staatskanzler beschäftigte sich Koreff auch mit der Stellenpolitik der neugegründeten preußischen Universität Bonn, wo er die Berufung **August Wilhelm Schlegels** und des Mesmeristen **Joseph Ennemoser** betrieb. Ennemoser projizierte den Mesmerismus in die Vergangenheit und postulierte ein magnetisches Entwicklungsgesetz der Weltgeschichte. 1844 publizierte Ennemoser seine mesmeristische *Geschichte des thierischen Magnetismus* unter dem Titel *Geschichte der Magie*. Dieses Buch wurde zehn Jahre später ins Englische übersetzt, es wirkt bei esoterischen Geschichtsdilettanten bis heute weiter[222].

18. »In ihrer Zeit war's nicht anders möglich«: Von der Aufklärung zur nationalen Mythenbildung

Entwicklungsgesetze der Geschichte waren seit der idealistischen Geschichtsphilosophie Hegels in Mode, und da spätere Magietheoretiker wie Frazer auf Hegel zurückgriffen, soll hier ein kurzer Blick auf den in der Hexenforschung unbekannten **Georg Friedrich Wilhelm Hegel** (1770–1831) geworfen werden. In seinen Berliner *Vorlesungen über die Philosophie der Weltgeschichte* entwickelte er in den 1820er Jahren die Vorstellung, die Weltgeschichte sei eine stufenweise Verwirklichung des Weltgeistes, wobei als Entwicklungsstufen Zauberei, Religion und Wissenschaft anklangen. Eine dialektische geschichtliche Entwicklung ließ Hegel erst mit der Bewußtseinsstufe der Religion und der Staatlichkeit beginnen. Als Gegenmodell diente Afrika, dem er auf der Grundlage von Reise- und Missionsberichten einen langen Exkurs widmete. In Afrika gebe es weder Religion noch Staat und damit auch keinen »Zweck« der Geschichte. Wegen seiner Andersartigkeit sei es schwer, »die allgemeine Gestalt des afrikanischen Charakters« anzugeben, »weil er so ganz von unserer Bildung abweicht, etwas der Weise unseres Bewußtseins gänzlich Entferntes und Fremdes hat. Alle Kategorien, die für unser geistiges Leben Grundlage sind, und die Subsumtion unter diese Formen müssen wir vergessen.« Hegel zeichnete in der Folge ein radikal ethnozentristisches Bild von Afrika, das der Projektion eines Hexensabbats mit sinnlosen Tanz- und Rauschzuständen, Kannibalismus und Dämonenopfern zu gleichen scheint. Mit einem Satz von Herodot faßte er das religiöse Prinzip zusammen: »Alle Afrikaner sind Zauberer.« Der Mensch stehe in direkter Auseinandersetzung mit der Natur und versuche, auf das Gedeihen der Ernte etc. Einfluß zu nehmen. Der Zauberglaube sei in Afrika universell: »So glauben sie auch, daß der Mensch nie natürlich sterbe, daß nicht die Natur, sondern der Wille eines Feindes ihn durch Zauberei töte, und bedienen sich dagegen wie gegen alle

Naturgewalt wieder der Zauberei.« Einen Parameter für diesen Zustand der Unvernunft fand Hegel aber doch: »Es ist der Wahnglaube der Hexerei, der auch in Europa fürchterlich geherrscht hat.«[223]

Das Erstaunen des amerikanischen Historikers Leland Estes über das Andauern des Interesses am Hexenthema nach dem Ende der Gefahr neuer Hexenhinrichtungen erscheint ganz unbegründet, wenn man die breite esoterische Bewegung zu Beginn des 19. Jahrhunderts in Rechnung stellt, der eine Visions- und Wundergläubigkeit innerhalb der Religionen entsprach – man denke an die Entstehung der Wallfahrt nach Lourdes –, sowie die Fortschreibung der Dämonologie auf seiten konservativer christlicher Kreise. So erscheint es absurd, das anhaltende Interesse mit einem romantischen Interesse am Bizarren und dem wachsenden archivarischen Interesse an altem Aberglauben begründen zu wollen[224]. Genau das Gegenteil war der Fall, denn in Fortsetzung der Volksaufklärung kämpften liberale Geistliche nun an drei Fronten: gegen den bäuerlichen Aberglauben, gegen den religiösen Obskurantismus und gegen den städtischen Okkultismus. Eine der ersten umfassenderen Darstellungen entstand im zweiten Jahrzehnt des 19. Jahrhunderts, Verfasser war der lutherische Pfarrer von Lindheim, **Georg Conrad Horst** (1769–1832). Der hessen-darmstädtische Kirchenrat und Geheimrat des Großherzogs, der in Gießen zum Theologen promoviert worden war, hatte sich entschlossen, an das Werk Haubers anzuschließen. Lindheim in Hessen (Grafschaft Hanau-Münzenberg) hatte wie das lippische Lemgo zu den von Hexenprozessen besonders betroffenen Orten gehört. Die Besitzerin des sogenannten »Hexenturms« von Lindheim hatte Horst am Ende des 18. Jahrhunderts aufgefordert, im Archiv über die Geschichte ihres Turmes nachzuforschen, und ausgehend davon hatte sich Horst immer stärker für die Hexenprozesse zu interessieren begonnen. Nach zwanzigjähriger Sammeltätigkeit veröffentlichte er 1818 seine voluminöse *Daemonomagie oder Geschichte des Glaubens an Zauberei* in welthistorischem Zusammenhang – selten gelesen, weil ohne Register und Inhaltsverzeichnis. Horst reklamierte, »daß dieses Werk als der erste vollständige Versuch einer Geschichte der Zauberei und des Hexenprocesses betrachtet werden muß«[225].

Doch was unterschied Horsts Versuch von den früheren Werken von Bekker, Thomasius, Hauber, Reiche und Schwager? Sie hatten etwas mit den alten Dämonologen – Horst nennt Remigius, Wier und Delrio – gemeinsam: »Alle diese Schriftsteller, selbst den neuesten derselben, Schwager, nicht ausgenommen, schreiben mit Leidenschaft entweder Für oder Wider. In ihrer Zeit war's nicht anders möglich. Wir können, wie ich mich dessen denn durchaus bemüht habe, nun mehr Über und Von der Zauberei und dem Hexenproceß schreiben.« Schwagers konfessionelle Einseitigkeit kritisierte Horst scharf und betonte demgegenüber seine konfesionelle Unparteilichkeit, »wie's die Würde der Geschichte gebietet«[226]. Horsts Urteil über Schwager war vernichtend: »Die älteren protestantischen Schriftsteller schreiben darüber mit solcher Einseitigkeit, ja mit solcher Heftigkeit, daß sie weder Menschen, noch Zeiten mit Gemütsklarheit zu unterscheiden vermögen und daher in unseren Zeiten keine Lektüre mehr für Gebildete darbieten.«[227] Tatsächlich schrieb Horst quasi von einem anthropologischen Standpunkt aus über Tierverwandlungen, Luftfahrten und Wetterzauber etc., die er aus dem jeweiligen »Zeitgeist« heraus erklärte[228].

Horsts eigener Beitrag zur »Menschen- und Culturgeschichte« folgte einem soziologischen Credo, das an Durkheim gemahnt: »Alles, was den Menschen betrifft, muß für den Menschen von Interesse sein.«[229] Das Werk teilt sich in einen weltgeschichtlichen Abriß des Zauberglaubens (Teil 1, S. 1–368) und die Geschichte der Hexenprozesse seit Papst Innozenz VIII. (Teil 2, S. 1–346) sowie einem Anhang über die Hexenprozesse in Lindheim, der auch Aktenmaterial präsentiert (S. 347–486). Horst, der für ein breiteres Publikum, insbesondere auch »gebildete Frauen« lesbar schreiben wollte, »für das gebildete größere Lese-Publikum«, hebt die »wissenschaftliche Gründlichkeit« seiner Arbeitsweise hervor, die nur unmittelbar aus den Quellen schöpfe. Wie die Aufklärer hielt auch Horst am pädagogischen Wert der Aktenpublikationen fest. So veröffentlichte er in den 1820er Jahren eine umfängliche, siebenbändige Materialsammlung, die in Anschluß an Haubers *Acta* einen weiteren Teil der europäischen »Zauberbibliothek« dem modernen Leser vor Augen stellte[230]. Doch mit dem Ende des Ancien Régime und der Säkularisierung der Gesellschaft konnte sich die Identitätssuche in neue Richtungen bewegen. Bereits in Horsts *Daemonomagie* können wir den Aufstieg der nächsten schreckerregenden Ideologie beobachten, derjenigen des Nationalismus. »Deutsche waren es«, so meinte er, die als erste Zauberglauben und Hexenprozesse zu bestreiten wagten – und nannte als Beispiele Cornelius Loos, Johann Weiher [!] und Thomas Erastus[231].

Diese Okkupation niederländischer Landsleute konnte natürlich nicht unbeantwortet bleiben. Der Amsterdamer Stadtarchivar **Jacobus Scheltema** (1767–1830) wollte vor dem Hintergrund der Forschungen Haubers, Schwagers und Horsts mit einer Art nationaler Ahnenreihe – Johann Weyer, Cornelis Loos, Jacob Vallick, Abraham Palingh und Balthasar Bekker – zeigen, daß Niederländer bessere Menschen seien als ihre Nachbarn. Die Niederlande waren seiner Ansicht nach »eine Pflanzstätte der Toleranz und Vernunft«. Schon im Buchtitel signalisierte Scheltema dem holländischen Patrioten, daß hier an Mythen gestrickt wurde: Seine *Geschiedenis der heksenprocessen* sollte nichts anderes sein als *Een bijdrage tot den roem des vaderlands*, ein Beitrag zum Ruhm des Vaterlands[232] – und sie wurde es auch! Die nationale Identitätsstiftung wird in der niederländischen Forschung erst in jüngster Zeit vorsichtig relativiert[233]. Seinen Nachbarländern dichtete Scheltema im Gegensatz dazu jede Menge Hexenhinrichtungen an. In Frankreich soll es zur Zeit König François' I. nach dem Zitat eines Zeitgenossen 100.000 Hexen gegeben haben. Scheltema machte daraus 100.000 Hexenverbrennungen, und es ist kaum anzunehmen, daß diese Fälschung nicht bewußt vorgenommen wurde[234].

In Frankreich läßt die 1818 publizierte *Histoire de la Magie en France* des liberalen Juristen **Jules Garinet** (1797–1867) aus Chalons-sur-Marne erkennen, daß auch hier nationale Motive eine verstärkte Rolle zu spielen begannen. In schöner Selbstgenügsamkeit wurde jetzt Frankreich als Nation in den Mittelpunkt der Untersuchung gerückt[235]. Bei dem Schriftsteller **Baron Etienne-Léon de Lamothe** (1786–1852), der sich später Lamothe-Langon nannte, bekam dieser Nationalstolz eine eigenartige Wendung. Er versuchte 1829 mit folgenreichen Dokumentenfälschungen, den Beginn der großen Hexenverfolgungen auf den Anfang des 14. Jahrhunderts zu verlegen, um die Priorität Frankreichs für den Nachweis eines organisierten Hexenkults zu sichern[236]. Lamothe-Langon, dessen Vater 1794 dem »Terreur« in Paris zum Opfer gefallen war, mußte als verarmter Adeliger seinen Lebensunterhalt als Schriftsteller verdienen[237]. »Publish or perish« – der Fabuleur, der bereits um drei Uhr morgens mit dem Schreiben begann, wurde in quantitativer Hinsicht zum produktivsten aller damaligen Schriftsteller: In fünfzig Jahren verfaßte er nicht weniger als 400 Werke bzw. 1.500 Manuskriptbände – für exakte Quellenforschung blieb da leider wenig Zeit, und die erwünschten Quellen wurden kurzerhand erfunden. Daß die angeblichen Quellen über große Hexenverfolgungen in Toulouse und Carcassonne fingiert waren, wurde von der Geschichtsschreibung lange übersehen und hat bis in die Mitte der 1970er Jahre viel Verwirrung gestiftet[238].

Bei **Sir Walter Scott** (1771–1832) mit seinem in der Tradition der schottischen Aufklärung wurzelnden antiquarischen Interesse könnte dagegen eher noch ein philantropisches Anliegen die Publikation der *Letters on Demonology and Witchcraft* 1830 bewirkt haben[239], nicht zuletzt bedingt durch die Stärke der Tradition der Aufklärungshistorie auf der britischen Insel, die von David Hume (1711–1776) und William Robertson (1721–1793) bis zum Tode Thomas Babington Macaulays (1800–1859) angesetzt worden ist[240]. Man darf nicht vergessen, daß der Kampf um die Abschaffung des Straftatbestandes »Hexerei« überhaupt erst jetzt in allen europäischen Ländern gewonnen worden war und der Weg für eine distanzierte Betrachtung frei wurde. Erst um 1830 sprach man in Lexikonartikeln von den Hexenverfolgungen als von einem »furchtbaren, weltgeschichtlichen Übel, das jetzt durch die Gesetzgebungen aller Länder und durch die Aufklärung ... für immer vernichtet ist«[241]. Aber die glorreichen Tage der Aufklärung gehörten bereits der Vergangenheit an, und neue Konflikte zogen herauf. Und das emotional stark behaftete Hexenthema eignete sich hervorragend als Waffe in zukünftigen ideologischen Kämpfen.

19. Romantische Volkstumsideologie

Bewegte sich die nationale Identitätsstiftung zunächst noch in den von der Aufklärung vorgezeichneten Bahnen, geriet sie doch zunehmend in Kontakt mit der »Volkstumsideologe«, die im Gefolge **Giambattista Vicos** (1668–1744) einsetzte[242]. Insbesondere der Volksbegriff des lutherischen Theologen und späteren Superintendenten von Weimar, **Johann Gottfried Herder** (1744–1803), hat das Denken der europäischen Romantik beeinflußt. Das Volk ist bei Herder Geschichtssubjekt mit organischer Entwicklung, das wie eine Pflanze wächst, blüht und verfällt. Im Zusammenhang mit der Genievorstellung des Sturm und Drang erhält die »Volksseele« geradezu mystische schöpferische Qualitäten zugesprochen, Dichtungen und Lieder entstehen in ihrem Geist, nämlich »Volkslied« (1773 als Lehnübersetzung für »popular song«) und »Volkspoesie« (Synonyma: Nationalpoesie, Urpoesie, Naturpoesie). Wenn auch bei Herder der Begriff »Volk« noch seiner späteren nationalen und sozialen Aufladung entbehrte, wurde durch seine Schriften in den 1770er Jahren doch der Grund zu weitreichenden geistesgeschichtlichen Entwicklungen gelegt. Immerhin erhob bereits Herder den Anspruch, daß jede wirkliche Nation ihre eigene Mythologie haben müsse, und 1796 deutete er in einem Aufsatz an, daß »deutsch« mit »germanisch« gleichgesetzt werden solle und die Defizienz der deutschen Mythologie mit Anleihen in Skandinavien kompensiert werden sollte, das vielleicht als Chiffre für das phantastische Nebelreich der Phantasie betrachtet werden kann[243].

Im Umkreis solcher Gedanken tauchten in den 1770er Jahren die Begriffe »Völkerkunde« und »Ethnographie« auf, nach Justin Stagl zuerst 1772 in Schlözers *Vorstellung seiner Universal-Historie*, 1787 folgte dann der Begriff »Ethnologie«, im selben Jahr der Begriff »Volkskunde«[244]. Im Gefolge der Französischen Revolution und der Befreiungskriege der napoleonischen Ära wurde der Volksbegriff durch die anhebenden nationalen Bewegungen umgeprägt. Josef Görres edierte 1807 *Die teutschen Volksbücher*, Friedrich Ludwig Jahn verwandte 1810 in seinem *Deutschen Volkstum* die Begriffe »Volksgefühl«, »Volkserziehung«, »Volksverfassung«, »Volkssitte«, »Volksfest« und »Volkstracht«. In »volkstümlichen Schriften« waltet jetzt »des Volks ursprünglicher Urgeist«[245]. Mit der Aufwertung der Bevölkerung gegenüber den Institutionen prägte **Wilhelm von Humboldt** (1767–1835) 1815 den Begriff »Völkerpsychologie«, der ein Jahrhundert lang in Gebrauch sein sollte. Und im gleichen Jahr kam es zur Kreation des Begriffes »Volksglaube« im Titel einer Sagensammlung des Bayreuther Appelationsrats **Friedrich Ludwig Ferdinand von Dobeneck** (1770–1819), herausgegeben durch Jean Paul (Friedrich Richter) (1763–1825). Er trat an die Stelle des verurteilenden Begriffs »Aberglaube« und sollte programmatisch eine Umwertung populärer Vorstellungen demonstrieren[246]. Dabei wurde »Volksglaube« nicht nur im Gegensatz zur christlichen Hochreligion gesehen, sondern auch auf antike und nichtchristliche Kulturen angewendet[247]. Vom »Volksglauben« aus kam es offenbar zur weiteren Streuung des Volksbegriffes: Da jeder Glaube überliefert werden muß, kam es zur »Volksüberlieferung«, und soweit es um Rituale ging, zum »Volksbrauch«. Insofern diese Bräuche oft magischen Charakter hatten, lag die Wortbildung »Volksmagie« nahe, die erstmals – soweit bekannt – im Titel eines Aufsatzes des Schweizer Arztes **Otto Stoll** 1909 auftauchte[248].

Eine ganz eigene Entwicklung nahm die Erforschung der »Volksmedizin«, eine analoge Wortbildung zu »Volksglauben«. Sie absorbierte den Aberglauben, der sich auf nichtprofessionelle Heilmethoden bezog und im 18. Jahrhundert in volksaufklärerischen Kompendien zusammengefaßt worden war[249]. Die Volksmedizin wurde weniger zu einem Gegenstand der Volkskunde als vielmehr enthusiastischer Ärzte, die einen volkskundlich interessierten Zweig der Medizingeschichte etablierten. Vor allem in Zürich und München wurden im 20. Jahrhundert eine ganze Reihe medizingeschichtlicher Dissertationen über derartige Themen vergeben. Im 19. Jahrhundert publizierten vornehmlich Landärzte unter diesem Begriff, die vor Ort unorthodoxe Heilmethoden sammelten und in Kompendien mit aufklärerischem oder romantischem Impetus zusammenstellten. Eines der besten Produkte ist *Volksmedizin und medizinischer Aberglaube in Bayern* von **Gottfried Lammert**, der neben eigenen Beobachtungen in großem Stil auch älteres gedrucktes Schrifttum auswertete, beispielsweise das bayrische *Hexenmandat* von 1611, und mit einem Zuckerguß humanistischer Bildung übergoß. Ihm folgte eine Generation später der Tölzer Landarzt **Max Höfler**, der jahrzehntelang zu dieser Thematik publizierte[250].

Zu einer abschließenden Kodifikation kam dieser Forschungszweig im Wien der Jahrhundertwende, wo auf die Publikation von **Moritz Kronfeld**, *Zauberpflanzen und Amulette*, die gewissermaßen den magischen Kontext noch einmal betonte, die von den beiden Ärzten Oskar von Hovorka und Adolf Kronfeld 1908/09 zusammengestellte *Vergleichende Volksmedizin* folgte – bis heute unter dem Namen Hovorka/Kronfeld das Standardwerk dieser volkskundlichen Forschung[251]. Eine Weiterentwicklung ergab sich durch die Arbeiten des Botanikers **Heinrich Marzell** zur »Volksbotanik«, wie er die Volkskunde der Heilpflanzen »im Volksleben« nannte[252]. Eine Serie von Dissertationen zur Volksmedizin setzte in den 1930er Jahren in der Schweiz ein. Namhafte Volkskundler bemächtigten sich erst nach 1945 der volksmedizinischen Forschung. Das unter geistesgeschichtlichen und ikonographischen Gesichtspunkten interessanteste Werk der jüngeren Zeit ist vielleicht die Arbeit des finnischen Folkloristen **Lauri Honko** (1932–2002) über *Krankheitsprojektile*, die auch für die Vorstellung des Hexenschusses einschlägig ist[253]. Unter dem Begriff »Volksmedizin« werden auch heute noch die entsprechenden Untersuchungen angestellt[254].

20. »Weise Frauen« in der »Zeit der Verzweiflung«: Jacob Grimm und das »romantische Paradigma«

In diesem Kontext kam es zur Ausbildung dessen, was das »romantische Paradigma« in der Hexenforschung genannt wird. Wenn auch William Monter und in seinem Gefolge der amerikanische Rechtshistoriker Albert G. Hess den französischen Revolutionshistoriker Jules Michelet als Begründer des »romantischen Paradigmas« sehen möchten[255], wird man doch nicht nur zu Ehren der Chronologie, sondern vor allem gemessen an der geistesgeschichtlichen Sprengkraft zuerst an **Jacob Grimm** (1785–1863) denken müssen[256]. Über die Bedeutung der Hexenprozesse entwickelte der Begründer der »germanischen Altertumswissenschaft« eine fixe Idee: Er glaubte, in den Akten der Hexenprozesse Spuren einer vorchristlichen einheimischen – »germanischen« – Mythologie entdecken zu können, Spuren »ältester Zeit«[257]. Natürlich war Grimm nicht der einzige, der auf diese Idee gekommen war, sie lag gewissermaßen in der Luft. Bereits 1828 hatte ein zum Katholizismus konvertierter Danziger Kaufmannssohn, der junge Berliner Staatsrechtler **Karl Ernst Jarcke** (1801–1852), im Sinne Herders die Behauptung aufgestellt, im Hexenwesen sei die unterdrückte Religion der alten Deutschen zu sehen[258]. Doch gegenüber solchen nationalbegeisterten, aber substanzlosen Spekulationen konnte Grimm die ganze Wucht seiner philologischen Kompetenz setzen. Er arbeitete sich tief in die Materie ein, kannte die spätmittelalterlichen und frühneuzeitlichen Dämonologen ebenso wie die ältere Literatur seit Tartarotti und Kautz (»zwei fleißige Bücher«), die große Zahl älterer Aktenpublikationen von Aretin bis Mone und setzte sich kritisch mit den Darstellungen von Scott (»ungenau und fahrlässig«) sowie Horst (»breit und geschmacklos«) auseinander. Ohne mit einer eigenen Veröffentlichung zum Hexenthema hervorzutreten, hat der Göttinger Gelehrte die gesamte Hexenforschung nachhaltig beeinflußt. Man konnte ihn (wie Soldan) ablehnen oder ihm (wie Michelet) folgen, doch keiner kam an ihm vorbei. Erstmals bestand seit Thomasius eine Alternative zur Interpretation der Hexenverfolgungen[259].

Grimm bewirkte einen Paradigmenwechsel: Die »Hexen« schlüpften aus ihrer Verpuppung als passive Opfer und wurden zu bunten Schmetterlingen indigener Überlieferung. Geprägt durch den Rechtshistoriker **Friedrich Carl von Savigny** (1779–1861) in Marburg und den Kreis der »Heidelberger Romantik« strebte Grimm danach, jenseits von Aufklärung und Christentum nationale Identität zu konstruieren: Diesem Ziel dienten die Sammlungen der *Kinder- und Hausmärchen*, der *Deutschen Sagen*, der *Deutschen Rechts-Alterthümer* und der 1835 publizierten *Deutschen Mythologie*. In Bezug auf das Hexenthema bedeutete dies, daß Grimm gemäß seiner eigenen »regressiven Methode« trachtete, die Sünden der christlichen Mission rückgängig zu machen: die »verwandlung der götter in teufel, der weisen frauen in hexen, der gottesdienste in abergläubische gebräuche«[260]. Die »weisen Frauen« – Hätschelkinder esoterischer und feministischer Identitätssuche: Hier treten sie ans Licht der Geschichte wie Athene aus dem Kopf des Zeus.

Jacob Grimms Paradigma war richtungweisend für jede spätere »Geschichte von unten«, für religionsgeschichtliche und ethnologische Ansätze zur Untersuchung der Thematik. Die Fernwirkung des Heroen zeigt sich sogar in seiner Verteufelung durch heutige Vertreter des Faches der Volkskunde[261], die sich immer noch auf der Flucht vor den Geistern befinden, die der Erfinder des Germanenmythos, der »Germanistik« und der deutschen »Volkskunde«, ins Leben gerufen hatte[262]. Sie zeigt sich aber auch dort, wo Vertreter der »Microstoria« sich bei der Rekonstruktion vergangener Volksglaubensvorstellungen immer wieder in letzter Instanz auf Jacob Grimm berufen[263]. Bei aller »Modernität« sollte man jedoch klar im Auge behalten, daß Grimm wenig an sozialer Wirklichkeit interessiert war und er hauptsächlich mit Texten arbeitete, aus denen er seine Daten über das Volk gewann und in die er seine romantischen Vorstellungen von »deutscher« Vergangenheit hineinprojizierte. So führte »sein Gang« nicht in eine konkrete Vergangenheit, sondern, wie Hermann Bausinger es formuliert hat, »so sauer er sich die Erschließung und Darstellung von Quellen werden läßt, in die ahistorische Landschaft des Ursprungs«[264].

Grimms Paradigma wurde im Grunde auch dort wirksam, wo andere als germanische vorchristliche Kulte im Hexenwesen gesehen wurden. Der Direktor des Badischen Generallandesarchivs, **Franz Josef Mone** (1796–1871), Herausgeber des *Anzeiger für Kunde der teutschen Vorzeit* (*Mones Anzeiger*) und Mitbegründer der *Zeitschrift für die Geschichte des Oberrheins*, bemühte sich durch Quellenpublikationen seit Anfang der 1830er Jahre um die Dokumentierung dessen, was er für den altdeutschen Glauben hielt[265]. Mone, der nach einem Studium der Geschichte und Philologie in Heidelberg 1817 in »Germanischer Philologie« (!) promoviert hatte und 1822 Professor für Geschichte in Heidelberg geworden war, vertrat 1839 die originelle Ansicht, germanische Völker seien während der Völkerwanderung am Schwarzen Meer mit den Kulten der Götter Dionysos und Hekate in Kontakt gekommen, und in den unteren Schichten der Gesellschaft habe dieser Kult fortgelebt und die Christianisierung überdauert. Wie Jarcke blieb jedoch auch Mone jeden Beweis für einen fortexistierenden Kult schuldig. Für die wissenschaftliche Karriere – Mone war Mitglied der Akademien der Wissenschaften in Wien und München und bekleidete bis zur belgischen Revolution von 1830 einige Jahre eine Professur in Löwen – scheint dies kein Hinderungsgrund gewesen zu sein[266].

Jarcke wie Mone waren glühende Katholiken, und beide glaubten an die Existenz einer christenfeindlichen Geheimgesellschaft in der Vergangenheit, die sie verabscheuten. So stand **Josef Görres** (1776–1848), Protagonist des katholischen Konservativismus und »Odysseus der deutschen Romantik« (Arnold Ruge)[267], mit seiner Rückkehr zur alten Dämonologie der Kirche keineswegs allein. Obwohl das katholische Milieu, in dem Görres' *Christliche Mystik* in den 1830er Jahren entstand, über die katholische Erweckungsbewegung durchaus Verbindungslinien zurück zu jenen Kreisen, die die letzten Hexenhinrichtungen in Süddeutschland befürwortet hatten, erkennen lassen[268], zeigt Görres' Biographie doch, daß keine ungebrochene Tradition aus der Zeit des Ancien Régime in das 19. Jahrhundert führte: Erst nach anfänglicher Begeisterung für die französische Revolution geriet Görres zunächst in nationales, später in christlich-katholisches Fahrwasser. Nach seiner Berufung auf den Lehrstuhl für Geschichte in München 1827 blockierte er hier jahrelang die Etablierung einer zeitgemäßen Geschichtswissenschaft: Die Vorlesung während seines ersten Semesters begann mit der Erschaffung der Welt und endete mit der Sintflut! Im Rahmen seiner intuitiven, zunächst an der Romantik, später zunehmend an der christlichen Dogmatik orientierten Geschichtsbetrachtung behandelte er im dritten und vierten Band seines Hauptwerks über *Die christliche Mystik* 1840/42 ausführlich die »dämonische Mystik«, wobei er dem Hexenwesen im Rahmen seiner theologischen Sichtweise Realität zubilligte[269]. In der Wahl seiner Belege war Görres nicht zimperlich: Protestantische Autoren wie Thomasius, Hauber und Horst werden aus konfessionellen Gründen nicht zitiert, doch sonst ist ihm von Agobard von Lyon über Martin Delrio bis Jacob Grimm jeder Hinweis auf dämonische Aktivitäten dienlich. Zahlreiche Details der Hexenfahrt und des Sabbats referierte er als Tatsachenberichte nach dem Dämonologen Pierre de L'Ancre[270]. Überdies verdanken wir Görres die Überlieferung eines akademischen Scherzes von Lamothe-Langonschen Ausmaßen: Er brachte das angebliche Hexengutachten des Bartolo von Sassoferato aus der Zeit um 1350 in die Diskussion ein, ohne zu bemerken, daß es sich um eine Fälschung aus den 1560er Jahren handelte. Bartolos Hexengutachten geisterte seither durch die Literatur, bis es schließlich 1975 von Norman Cohn als Fälschung entlarvt wurde[271].

Bei dem wortgewaltigen französischen Nationalhistoriker **Jules Michelet** (1798–1874)[272] standen mehr noch als bei seinem bereits in der ersten Anmerkung zitierten Freund Jacob Grimm die »weisen Frauen« im Zentrum des Interesses, allerdings in einer charmanteren Funktion. Nicht als verbiesterte Bewahrerinnen germanischer Mythen, sondern als Inkarnation jener Befreiungsgeschichte, die in der Französischen Revolution gipfeln sollte. Michelet, der bereits mit Studien über die Liebe, die Frau[273], das Meer, das Gebirge, den Vogel und das Insekt das Themenspektrum der Historiographie nachhaltig bereichert hatte, lieferte eine Generation nach Grimm und Görres mit *La Sorciere* 1862 im freien Flug der Phantasie den mit Abstand originellsten Beitrag zur Hexenforschung des 19. Jahrhunderts. Der Mythos der Hexe war danach wie bei den Ethnologen eine Funktion der Gesellschaft in einer »Zeit der Verzweiflung«. Die Figur der Hexe spendete solange Licht und Trost, bis sie von den modernen Revolutionären und Ärzten abgelöst wurde. Geschichte inszenierte Michelet als Klassen- und Geschlechterkampf zwischen brutalen Feudalherren und wissenden Leibeigenen. Die These vom uralten Wissen der »weisen Frauen« gipfelt in seinem Satz, »die Hexe« sei tausend Jahre hindurch »der einzige Arzt des Volkes« gewesen[274]. Das in nur zwei Monaten eiligst verfaßte genialische Elaborat wurde zum »Lieblingsbuch« aller Freunde Michelets[275]. Im Geiste romantischer Geschichtsauffassung war der Sohn eines Pariser Druckers, der 1838 auf einen Lehrstuhl für Geschichte am *Collège de France* berufen worden war, gerade darin bemüht, ohne detaillierte Quellenstudien durch Intuition die Vergangenheit heraufzubeschwören. Michelet begründete nach Grimm noch einmal die »Geschichte der Hexen«, die heute als Thematik, wenn auch sozialwissenschaftlich geläutert, zu hohen Ehren gekommen ist. Seine Zeitgenossen diskreditierten seine Geschichtsschreibung allerdings als »Poesie«. Doch »gerade weil Michelet ein diskreditierter Historiker (im szientistischen Sinn) war, hat er zugleich Soziologe, Ethnologe, Psychoanalytiker und Sozialhistoriker sein können«, wie Roland Barthes überschwenglich bemerkte[276].

21. »Nichts als eine häßliche Warze«: Die Reaktion des Historismus

Den Hintergrund für die nicht unverdiente Diskreditierung der Romantiker unterschiedlichster Couleur – des reaktionären Görres, des liberalen Grimm und des revolutionären Michelet, von den Spiritisten und Okkultisten ganz zu schweigen – bildete die Professionalisierung der Geschichtswissenschaften im 19. Jahrhundert. Sie verbindet sich international mit dem Namen des Historikers **Leopold von Ranke** (1795–1886), der von 1825 bis 1871 an der erst 1810 gegründeten Berliner Universität lehrte und als Begründer der modernen europäischen Geschichtswissenschaft gilt[277]. Kennzeichnend für Rankes Methode war das Paradigma des »Verstehens« einer Epoche aus ihren zeitgemäßen Bedingungen heraus, die durch eine genaue und kritische Untersuchung der zeitgenössischen Quellen erforscht werden sollte. Diese Methode schränkte notwendigerweise den Spielraum der Interpretation und damit sowohl abstrakte aufklärerische Deduktionen als auch romantischen Wildwuchs ein[278].

Die Durchsetzung des »Historismus« bewirkte jedoch auch eine Einengung des Themenspektrums der Historiographie: Die Hexen verschwanden vom Lehrplan der Universitäten. Ursache dafür war die Geschichtsmetaphysik des Historismus, in der weder die »Hexen« als Vertreterinnen der einfachen Bevölkerung noch die Greuel der Hexenprozesse einen Platz hatten. Bereits bei den Intellektuellen des deutschen Idealismus, die in den Jahren um 1800 an der Universität Jena versammelt waren – Friedrich Schiller, Gottlieb Fichte, Friedrich Wilhelm J. Schelling und Georg Wilhelm Friedrich Hegel, den »Priestern der neuen idealistischen Philosophie«[279] –, zeigte sich, daß sie mit Hexen wenig anfangen konnten. Der aus einer lutherischen Theologenfamilie aus Sachsen stammende Gründervater Ranke sah wie sein Meisterschüler **Heinrich von Sybel** (1817–1895), Begründer der historischen Seminare in München und Bonn[280], in der Geschichte einen harmonischen Akkord von Ethik und Macht verwirklicht: Staaten erschienen Ranke als »Gedanken Gottes«, als Verwirklichung von Gottes Plan in der Geschichte. Das Schicksal oder gar die Ideen oder Leben von »kleinen« Einzelmenschen erschienen vor solchen universalen Kategorien bedeutungslos. Hexen konnten nicht einmal wie ihr Liebhaber Jacob Grimm posthum zu Wegbereitern des Bismarck-Reiches umgebogen werden, sie waren politisch nicht korrekt[281].

Was bereits für die prinzipiell noch an Kulturgeschichte interessierten Rankeaner galt, traf vermehrt auf die politisch orientierte kleindeutsch-preußische Schule der Geschichtsschreibung zu: Obwohl ihr Begründer **Johann Gustav Droysen** (1808–1884), Sohn eines lutherischen Militärpfarrers, in seiner *Historik* im Zusammenhang mit der Erläuterung der Quellenkritik 1858 sogar ausdrücklich auf »die Zeit der Hexenprozesse« Bezug genommen hat, die Hexen also zunächst sogar wie Goethe als das Signum einer ganzen Epoche zu betrachten schien, konnte er letztlich an dem Thema keinen Gefallen finden. In späteren Ausgaben der *Historik*, vor allem in den einflußreichen Druckfassungen, wurde der Hinweis auf die Hexen und ihre Prozesse getilgt[282]. Bei der ganzen staatsorientierten kleindeutsch-preußischen Geschichtsschreibung ist dieselbe Tendenz zu beobachten, und dies ist leicht erklärlich: Denn die Kritik an den Hexenprozessen war ein Herzensanliegen der Aufklärung gewesen, die Hervorhebung des individuellen Schicksals der Hexen das der Romantik. Und mit diesen beiden ideologisch so unterschiedlich motivierten geistesgeschichtlichen Strömungen wollten die professionellen Historiker des 19. Jahrhunderts, deren Ziel der Nationalstaat war, nichts mehr zu tun haben[283].

Der Nationalstaat war zwar seit 1871 in Deutschland erreicht, aber seine politische und sozialökonomische Struktur ließen die Hexen erneut als »politisch nicht wertvoll« erscheinen. Die Historiker, die das politische System vertraten, lehnten eine Beschäftigung mit der Thematik daher ab. Warum dies so war, wird am Beispiel des Ranke-Nachfolgers in Berlin, **Heinrich von Treitschke** (1834–1896), deutlich. Dieser sächsische Offizierssohn, politisch Antisemit und Befürworter einer militanten imperialistischen Außenpolitik, war erklärter Feind der Kultur- und Sozialgeschichte, die er seit seiner Habilitationsschrift von 1858 über die »Gesellschaftswissenschaft« in zunehmendem Maße mit »Sozialismus« identifiziert hatte. Mit seiner rigiden Sicht vom Primat der Politik, insbesondere der Außenpolitik, der Verherrlichung des (preußischen) Machtstaats, der jegliche Form des Abweichens von dieser Linie für politisch gefährlich hielt, war Treitschke in den zwei Jahrzehnten nach der Reichsgründung einer der einflußreichsten Historiker im Deutschen Reich. Seine Auffassung, daß »Männer der Tat die eigentlichen Helden« der Geschichte seien, deutet indirekt an, welchen Stellenwert deren weibliche Opfer haben konnten. Wer in seinem Hurra-Patriotismus wie Treitschke »einem Negerstamm ... zur Strafe seine Dörfer anzünden« wollte und selbst über die Einwohner osteuropäischer Nachbarvölker rassistische Unterwerfungsphantasien entwickelte, ließ keinen Raum für subtile Analysen sozialer oder psychologischer Vorgänge. Am Fall Treitschke kann exemplarisch gezeigt werden, wie charakterliche Dispositionen, methodische Prämissen und praktische Themenwahl zusammengehörten[284]. Dieser Zusammenhang war bereits für die Zeitgenossen sichtbar: Rodolphe Reuss, der führende Historiker und Hexenforscher des Elsaß, adressierte nach der Bombardierung Straßburgs seinen Protest gegen die Brutalität reichsdeutscher Außenpolitik an Heinrich von Treitschke als einen der geistigen Brandstifter[285].

Der bayrische Historiker Sigmund Riezler mag mehr noch als Ranke die unter dem Begriff »Ranke-Renaissance« zusammengefaßten Historiker seiner Zeit[286] im Blick gehabt haben, wenn er von »den vielen« sprach, die »über ihre historischen Darstellungen einen idealisierenden Hauch breiten« und nicht daran dächten, ihr Geschichtsbild um seine Schattenseiten zu ergänzen: »Gelehrte und umfängliche Werke über das 16. und 17. Jahrhundert, die Blütezeit der Hexenprozesse, ließen sich nennen, Werke, die nicht auf die politische Geschichte beschränkt, in denen aber die Hexenverfolgungen nicht einmal erwähnt sind. Gleich als wären diese nichts als eine häßliche Warze in einem Gesichte, dessen geistigen Ausdruck es allein festzuhalten gilt, als gehörten sie nicht zu diesem Ausdruck.«[287] Interessanterweise differenzierte Riezler nicht zwischen Rankeanern und Borussisten, sondern diagnostizierte in der Einleitung seiner bahnbrechenden *Geschichte der Hexenprozesse in Baiern* ironisch: »Die von Ranke eingeschlagene und noch immer tonangebende Richtung liebt es nicht, von ihren vornehmen politischen Höhe zu kulturgeschichtlichen Niederungen herabzusteigen.«[288]

Wohl nicht zuletzt auch aufgrund der Stellenbesetzungspolitik der Ranke-Schule, als deren zeitgenössische »Oberhäupter« **Max Lenz** (1850–1932) und **Erich Marcks** (1861–1938) betrachtet werden, bewegte sich die Erforschung der Geschichte der Hexenprozesse im wesentlichen abseits der Universitäten[289]. Warum dies so war, verdeutlicht die sogenannte »Schäfer-Gothein-Kontroverse«, in deren Verlauf der kulturhistorisch interessierte Nationalökonom **Eberhard Gothein** (1853–1923) um 1890 von dem damals in Heidelberg lehrenden Historiker **Dietrich Schäfer** (1845–1929), wie Marcks Schüler Heinrich von Treitzschkes in Berlin[290], quasi von Amts wegen bescheinigt bekam, politische Geschichte sei das Arbeitsgebiet der Geschichtsschreibung und werde dies auch bleiben. Interessant ist die Begründung für diese Richtungsentscheidung: Im Hintergrund der Kulturgeschichte und ihrem Interesse für Lebensbedingungen und Handlungen der breiten Bevölkerung witterte Schäfer die demokratische Bewegung seiner Zeit. Bei der Verteidigung der politischen Geschichte ging es nicht zuletzt um eine Verteidigung des Obrigkeitsstaats gegen die liberalen und sozialistischen Kräfte der Reform[291].

22. »Hexenwahn«: Das »rationalistische« oder »Soldan-Paradigma«

Abseits der akademischen Geschichtsschreibung verdichtete sich in der Zeit des Vormärz die Ansicht: »Eine Geschichte der Hexenprocesse gehört unter die längst ausgesprochenen Bedürfnisse.«[292] Seit etwa 1830 ist auf lokaler Ebene an vielen Orten eine Beschäftigung mit den alten Prozeßprotokollen zu beobachten, denen man unverkennbar einen besonderen Wert beimaß: Historische Vereine retteten gerade diese Art der Akten durch Ankauf vor dem Einstampfen[293], Archivare wie der Siegburger Heimatforscher **Philipp Ernst Schwaben** fertigten umfangreiche Exzerpte aus den Protokollen an, die späteren Untersuchungen als wertvolle Hilfsmittel dienten[294]. Am Fall des bayrischen Geheimen Rates **Johann Christian Bernhard Her** (1784–1864), der zwei frühe Aufsätze über die Schongauer Hexenverfolgung publizierte, kann dargestellt werden, daß hinter den Publikationen ein ganzes Geflecht liberaler Beamter stand: ein Regierungsrat Dr. Policzka, der die Akten vor dem Einstampfen gerettet hatte, der Landrichter von Werdenfels, Friedrich Hoheneicher, und der bischöflich-freisingische Archivar Heinrich C. Föringer, die alle seit 1838 im *Historischen Verein von Oberbayern* ihre geschichtlichen Interessen institutionalisierten, in dessen Zeitschrift publizierten und schließlich die angekauften Prozeßakten der Hexenverfolgungen von Schongau und Werdenfels dem Vereinsvermögen vererbten[295].

Zur ansteigenden Kurve lokalgeschichtlicher Abhandlungen gehörten durchaus respektable Produkte wie etwa die 1837 publizierte *Geschichte der Hexenprozesse im Breisgau und Umgebung*[296]. Verfasser war der Freiburger katholische Theologe **Heinrich Schreiber** (1793–1872), der wegen seiner freisinnigen Haltung auf Beschwerde des Erzbischofs 1836 von der theologischen in die philosophische Fakultät der Universität Freiburg versetzt worden war. Mag Schreiber diese »Hexenjagd« zum Anlaß seiner Beschäftigung mit der Thematik genommen haben – es half ihm jedenfalls nichts: 1845 wurde er exkommuniziert und im folgenden Jahr in den Ruhestand versetzt, den er zu weiteren lokalhistorischen Schriften, einer hochangesehenen Geschichte seiner Universität und einer Autobiographie nutzte[297]. Überdies ging der streitbare Gelehrte, der stets das Zölibat kritisiert hatte, bald nach seiner Exkommunizierung eine Ehe ein. Daß er dem weiblichen Geschlecht nicht feindlich gegenüberstand, zeigte seine wohl originellste Schrift: die Geschichte der *Feen in Europa*, die er 1842 noch während seiner Verpflichtungen als Prorektor der Universität Freiburg zu Papier brachte. Diese Schrift dedizierte er der Prinzessin Alexandrine von Baden zu ihrer Vermählung mit dem Erbprinzen Ernst von Sachsen-Coburg-Gotha, wohl wegen der von ihm vermuteten »Achtung des Weibes und dessen vorherrschenden Einflußes in dem öffentlichen Leben« bei den »Urbewohnern Europas«, deren Lebensform er als »Gynäkokratie« bezeichnete[298]. Trotz der scheinbaren Vorwegnahme einiger Thesen des Baseler Privatgelehrten **Johann Jacob Bachofen** (1815–1887) über das »Mutterrecht«[299] ist Schreibers Untersuchung vernünftig gearbeitet und stützte sich vornehmlich auf paläographische und ikonographische Überreste des 2. und 3. Jahrhunderts, wobei die alte Untersuchung Keyßlers über die keltische Dea Nehalennia, eine Göttin mit Füllhorn und Spindel, die sich in bezug zu den Feenvorstellungen setzen ließ, als ein theoretischer Bezugspunkt genommen wurde. Bereits Schreiber bekräftigte die Vermutung, daß spätantiker Feenkult und Hexenvorstellung in Zusammenhang gestanden hätten[300]. Ein anderer bekannter Vormärz-Schriftsteller, der sich Anfang der 1840er Jahre um die Geschichte der Hexenprozesse verdient machte, war der Berliner Jurist und Archivar **Georg Wilhelm von Raumer** (1800–1856), nach seinem Studium in Göttingen Historiker Brandenburgs und Direktor der preußischen Staatsarchive[301].

Anfang der 1840er Jahre schließlich lassen sich Anzeichen für ein Streben nach Systematisierung erkennen. Deutlich wird dies beispielsweise in der Erstellung einer ersten – bis heute immer wieder nachgedruckten – Bibliographie, der *Bibliotheca Magica et Pneumatica* des Dresdner Literaturhistorikers und königlich-sächsischen Bibliothekars **Johann Georg Theodor Gräße**

(1814–1885)[302]. Es fehlte jedoch nach wie vor an einer großen Synthese, einer Zusammenfassung der vielen lokalen Aufsätze, dem Wissen um die Ähnlichkeiten von Zaubervorstellungen und ihrer Verfolgung in den verschiedenen europäischen Ländern, die historischen Wurzeln der Hexenvorstellung in den Zeiten vor der Erfindung des Hexereidelikts durch die päpstliche Inquisition im ausgehenden Mittelalter. Diese große, umfassende Synthese wurde erstmals 1843 gewagt in der *Geschichte der Hexenprocesse. Aus den Quellen dargestellt*[303], mit der die Welle der vormärzlichen Hexenforschung ihren Höhepunkt und Abschluß fand. Übereinstimmend gilt diese Darstellung der internationalen Hexenforschung als Grundlegung[304].

Diese Darstellung von **Wilhelm Gottlieb Soldan** (1803–1869), die bis heute immer wieder – unzulänglich kommentiert oder gar nach undurchsichtigen Kriterien überarbeitet – nachgedruckt wird, wurde für die »ältere Hexenforschung« schulbildend und gilt als das klassische Werk der rationalistischen Interpretation der Thematik. Es begründete nach Ansicht des amerikanischen Historikers William Monter das für die Hexenforschung grundlegende »rationalist paradigm« oder »Soldan-Paradigma«[305]. Der Ansatz Soldans unterschied sich dabei nicht wesentlich von dem des Polyhistors Christian Thomasius. Man könnte *inhaltlich* deshalb auch von einem »Thomasius-Paradigma« sprechen, denn Thomasius hatte wie Soldan im Sinne eines aufgeklärten Rationalismus – mit einem Begriff von Bayle – Hexerei für eine »Schimäre« gehalten und angebliche Hexen für bloße unschuldige Opfer eines Wahnes von Juristen und Theologen. Allerdings eignete der Vorgehensweise des Hallenser Juristen etwas Deduktives: Nachdem er einmal seine Meinung geändert hatte, ging es ihm nur noch darum, seine neue Ansicht aus den Quellen zu beweisen. Neu war bei Soldan also die Methode: Im Wesentlichen entsprach sie dem von Ranke installierten Paradigma der quellenorientierten Geschichtsschreibung[306], wenn auch Soldan in puncto Quellenkritik einige Fehler unterliefen. Verständlich erscheint dies allerdings angesichts seiner umfassenden Auseinandersetzung mit dem Gegenstand, dem Versuch, auf beeindruckend breiter Quellen- und Literaturbasis – von den bis dahin edierten Verhörprotokollen bis zur neuesten Literatur auch in Nachbarwissenschaften, wie etwa der Altorientalistik – eine neue Ebene der Darstellung zu erreichen. Soldans *Geschichte der Hexenprozesse* stiftete damit – obwohl abseits der Universität verfaßt – tatsächlich ein Paradigma in der Hexenforschung. Anders als Garinet oder Scheltema verfolgte er keine nationalen Partikularinteressen. Obwohl Lutheraner, ging es ihm auch nicht darum, andere Konfessionen ins Unrecht zu setzen. Soldan war – wenn auch im Rahmen seiner Weltanschauung – an der Aufdeckung der »historischen Wahrheit« unter Einbeziehung aller nur möglichen Hilfsmittel interessiert, wie Soldan selbst in seinem Vorwort angab[307] – man könnte auch mit einem berühmten Satz Rankes aus dem Jahre 1824 sagen: zu zeigen, »wie es eigentlich gewesen«[308].

Wenn Soldan bei dieser Sachlage mit Fug und Recht als Urheber der älteren historischen Hexenforschung betrachtet werden kann, so ist es doch erstaunlich, daß die Persönlichkeit des Verfassers weitgehend im Dunkeln geblieben ist. Kenntnisse darüber sind jedoch auch hier instruktiv: Wurde schon von der deutschen Geschichtstradition insgesamt behauptet, sie wurzele im protestantischen Pfarrhaus, so kann man dies ganz gewiß von der »älteren Hexenforschung« behaupten. Wie Hauber, Schwager oder Horst war Soldan lutherischer Theologe. Zudem entstammte er einem lutherischen Pfarrhaus im hessischen Alsfeld, das seinerseits auf Generationen von lutherischen Pastoren als Vorfahren zurückblicken konnte. Auch Soldans Töchter sollten später lutherische Theologen heiraten. Nach Theologiestudium und Promotion arbeitete Soldan seit 1831 als Lehrer am großherzoglichen Gymnasium in Gießen (Professur 1853, Pensionierung 1868). Soldan selbst brach jedoch aus der Enge des protestantischen Pfarrhauses aus. Durch die Ehe mit der Tochter des liberalen Darmstädter Schokoladefabrikanten und Zeitungsverlegers Ernst Emil Hoffmann (1785–1847), Abgeordneter der zweiten Kammer des Landtags von Hessen-Darmstadt, verbesserte sich seine gesellschaftliche Position erheblich. Er konnte nunmehr selbst die Position eines Abgeordneten anstreben: Der Autor der berühmten *Geschichte der Hexenprozesse* und Schwiegersohn des Industriellen wurde 1861 selbst als Abgeordneter der Fortschrittspartei für den Wahlkreis Alsfeld gewählt, war zeitweise Präsident der Zweiten Kammer der Stände in Hessen und blieb bis zu seinem Tode Parlamentarier[309].

Für die Zeitgenossen war Soldan kein obskurer Schriftsteller, sondern eine angesehene Persönlichkeit des öffentlichen Lebens in Deutschland. Neben seinen Tätigkeiten als Professor und Abgeordneter verfaßte er beachtete Werke über konfessionelle Fragen in Sachsen und Frankreich sowie eine Reihe heimatgeschichtlicher Schriften seines Geburtsortes und Wahlkreises Alsfeld[310]. Mit diesen Beiträgen zur Heimatgeschichte wurde Soldan kurioserweise sogar im Flaggschiff der Historikerzunft, der *Historischen Zeitschrift* zur Kenntnis genommen: Seine Beiträge zur Geschichte von Alsfeld oder Worms, zu vermeintlich nationalen Ereignissen wie der »Schlacht bei Dresden«, waren willkommen[311]. Als Historiker der europäischen Hexenverfolgung fand er dagegen keinen Rezensenten. Soldans Wirkung wurde jedoch durch diese bornierte Selbstbeschränkung der Historiker an den Universitäten nicht behindert. Sie ging sogar weit über das hinaus, was man selbst auf der Grundlage seines öffentlichen Ansehens hätte erwarten können: Die *Geschichte der Hexenprozesse* wurde nicht nur national, sondern – obwohl nie übersetzt – nationenübergreifend rezipiert. Vergleicht man Nationalenzyklopädien der zweiten Hälfte des 19. Jahrhunderts, so beginnt die angeführte Literatur regelmäßig mit Soldan, hinter dem – wie durch kollektive Amnesie – jede ältere Forschung verschwunden zu sein schien[312].

Soldans makroskopische Gesamtdarstellung – Perspektive »von oben«, Hexerei als imaginäres Delikt – fußte auf den Quellensammlungen der vergangenen Jahrzehnte, ergänzt durch eigene Quellenstudien. Soldan wollte sich zwar auf den Hexenprozeß beschränken, sah jedoch, daß juristische oder geistesgeschichtliche Herleitungen zu seiner Erklärung keineswegs ausreichten. Ein Verständnis des Zauberglaubens erforderte Kenntnisse »der Kirchengeschichte, des Strafrechts, der Medizin und Naturforschung«. Er sah, daß »der Hexenprozeß nicht eine nationale, sondern eine christenheitliche Erscheinung« war. Eine umfassende Darstellung durfte sich daher nicht auf eine Nation beschränken[313]. Die Spuren einzelner »Zauberideen« verfolgte er erstmals quellenmäßig zurück bis zu den altorientalischen Hochkulturen. Damit stellte er sich in diametralen Gegensatz zu Grimms »romantischem Paradigma«, das eine Kontinuität der germanischen Mythologie unterstellte. Jacob Grimm, der Soldans *Geschichte der Hexenprozesse* ansonsten schätzte, erkannte klar diesen Gegensatz und bezog bereits 1844 im Vorwort der zweiten Auflage der *Deutschen Mythologie* Stellung gegen Soldans Ansicht von einem orientalischen Ursprung des Hexenglaubens[314]. Wie recht er damit hatte, zeigte sich in den folgenden Jahren, als Soldans Widerlager internationale Beachtung gewann, etwa bei dem polnischen Philologen **Ryszard W. Berwinsky** (1819–1878). Mit den Argumenten des Alsfelder Theologen leitete Berwinsky 1854 eine Revision zentraler Annahmen Grimms im Bereich der slawischen Volkskunde ein[315]. Soldan erklärte sich explizit unzuständig für Mythologie, Ethnologie und Sozialpsychologie. Vielmehr ging es ihm – »anstatt zu deuten und zu mutmaßen« – zunächst um eine akkurate Darstellung von »Tatsachen« und deren Vergleich. Was dem Schwiegersohn des Schokoladefabrikanten notwendig erschien, war »von Epoche zu Epoche, von Volk zu Volk gleichsam ein Kassensturz des umlaufenden Ideenkapitals«[316].

Obwohl um Mäßigung im Urteil bestrebt, ergriff der lutherische Theologe Soldan klar Partei. Die Schuld für die Entstehung der Hexenprozesse wies er wie Thomasius der Papstkirche des Mittelalters zu. Mit dem *Malleus maleficarum* sei der Formierungsprozeß der Hexenvorstellung abgeschlossen gewesen. Im 16. Jahrhundert verbreiteten sich die Hexenprozesse und erreichten ihren Höhepunkt während des Dreißigjährigen Krieges. Danach nahm der Hexenglaube allmählich ab und mit ihm auch die Hexenprozesse, bis sie im Zeitalter der Aufklärung beendet wurden. Wesentlich für Soldans Anschauung war, daß er – wie Spee, Thomasius und die Historiker der

Aufklärung – die ganze Hexenvorstellung für einen »Wahn« hielt[317]. Hexen gab es nicht wirklich, sondern unschuldige Frauen wurden durch die Folter zu fiktiven Geständnissen gezwungen – eine Ansicht, die sich bei eingehender Lektüre solcher Verhörprotokolle kaum halten läßt. Unschwer kann man daher in Soldans »rationalist paradigm« das ideologische Erbe der Aufklärung und hinter diesem die rationalistische Kritik der lutherischen Orthodoxie erkennen.

Wenn auch die professionellen Historiker zurückhaltend blieben, so reagierten doch die Juristen unmittelbar. **Carl Georg Wächter** (1797–1880) betrachtete Folter und Strafverfahren als Hauptübel des Zeitalters der Hexenprozesse[318]. Der bedeutende Strafrechtslehrer, Zeitgenosse der Strafrechtsreformen des frühen 19. Jahrhunderts, in denen erstmals Hexerei als Delikt abgeschafft wurde, entstammte einer württembergischen lutherischen Beamtenfamilie – und hätte auf Wunsch seines Vaters lutherischer Theologe werden sollen. Wächter studierte jedoch in Tübingen Jura und wurde ebendort 1822 Professor. Als Kanzler der Universität erhielt er 1835 eine Virilstimme in der württembergischen Abgeordnetenkammer, 1839 und 1845 wurde er jeweils für sechs Jahre zum Kammerpräsidenten gewählt. Als Ordinarius in Leipzig und Präsident des deutschen Juristentages genoß von Wächter seit 1860 nationales Ansehen, 1867 wurde er als sächsischer Abgeordneter Mitglied des konstituierenden Reichstages des Norddeutschen Bundes (fraktionslos)[319]. An seiner Bearbeitung des Hexenthemas – und einer weiteren durch seinen Sohn **Oskar von Wächter** – kann man sehen, daß Soldans *Geschichte der Hexenprozesse* sofort beispielgebend wurde[320]. Natürlich konnten hier nicht »Hexen« Gegenstand der Geschichtsschreibung sein, sondern nur »Hexenprozesse«, Untaten einer irregeleiteten Obrigkeit. Als begriffliches Leitfossil des »rationalist paradigm« können seit den Tagen Soldans in unserer Archäologie des Wissens die Begriffe »Hexenwahn«, »witch craze« etc. gelten. Soldans »now-classical rationalist paradigm«[321] erwies sich als langlebig. Bis in die 1970er Jahre hinein wurde die Ansicht vertreten, Hexen seien die unschuldigen Opfer obrigkeitlicher Hexenverfolgungen, Hexerei sei ein imaginäres Delikt, Hexenprozesse »Strafverfahren ohne Straftat«, wie noch Schormann meinte[322].

23. »Ein Gespenst geht um in Europa …«

Um die hemmungslosen Phantasien der Romantiker begreifen zu können, muß man an das »phantastische« Umfeld des Pariser Intellektuellenmilieus zur Jahrhundertmitte erinnern, wo das monatlich erscheinende *Journal du magnétisme* den Mesmerismus institutionalisiert hatte[323]. Die Vielschichtigkeit der Wirkung Mesmers zeigt sich nicht nur am »medizinischen Okkultismus« des Begründers der Homöopathie, **Samuel Hahnemann** (1755–1843), oder der »Makrobiotik« des Christoph Wilhelm Hufeland (1762–1836)[324]. Bei allem okkulten Brimborium gehörten einige Nachfahren Mesmers zu den Wegbereitern einer neuen Wissenschaft, der »Psychologie«, von deren Wurzeln in der Aufklärungsphilosophie bereits die Rede war. Das Herstellen eines Vertrauensverhältnisses zwischen Arzt und Patient, das Ritual des körperlichen Kontakts (Handauflegen), welche Phantasien auch immer seiner Gegner sich daran festhakten, wurden nicht zu Unrecht in Mesmers Therapie betont. Mesmers Versuchsanordnungen leiteten nahtlos über zur Entwicklung der medizinischen Hypnose im 19. Jahrhundert, zur verstärkten Auseinandersetzung mit der Psyche des Menschen und ihren Mechanismen, der »Psychologie«. Sie wurden wichtige Wegbereiter für die Entdeckung einer Instanz, von der man zuvor nichts gewußt hatte und das in der Psychologie des 20. Jahrhunderts die überragende Rolle spielen sollte: dem »Unbewußten«[325].

Einer der Mitherausgeber des *Archiv für den thierischen Magnetismus* (1818–1822), **Christian Friedrich Nasse**, gründete 1818 die *Zeitschrift für psychische Ärzte*. Der Pariser Mesmer-Schüler

Marquis Armand de Puységur entdeckte die Disposition der Mesmerisierten zur Trance, dem sogenannten »Somnambulismus«. Mit der Medikalisierung der Wahnvorstellungen verschwanden Patienten, die ehemals als Besessene klassifiziert worden wären, wie von den Aufklärern gefordert, in Arztpraxen und Kurkliniken. So erhielt 1820 die dreiunddreißigjährige Francoise Millet aus Seytenex in Savoyen, die phantastische Visionen von Monstern, Hexen und Hexentänzen, armen Seelen im Fegfeuer und Prozessionen von zwergenhaften Gestalten mit brennenden Kerzen in den Händen hatte, schlichtweg eine Badekur in Aix-en-Savoie (heute Aix-le-Bains) verordnet, wo der bekannte Mesmerist Charles Despine praktizierte[326]. Mesmeristisch inspiriert waren auch die Experimente von **James Braid** (1795–1860) in Manchester, der die Theorie einer bewußten Beeinflussung des Patienten im Trancezustand entwickelte, der von ihm sogenannten »Hypnose«. Die Geburtsstunde des »Hypnotismus« als Heilverfahren schlug 1843, und natürlich versäumte es auch Braid nicht, die Brücke zu Magie und Hexerei zu schlagen[327].

Der amerikanische Historiker Edward Shorter hat mit einer quantifizierenden Auswertung gezeigt, daß die Mesmer-Literatur in den 1840er Jahren mit 190 Titeln ihren Höhepunkt erreichte und noch im siebten Jahrzehnt des 19. Jahrhunderts mit 77 Titeln weit höher lag als an seinem Beginn[328]. Ausgehend von den USA, wo 1848 der Farmer John D. Knox in Hydesville (New York) unerklärliche Klopfgeräusche in seinem Haus als Botschaften aus dem Jenseits interpretierte, rollte seit 1848 eine Welle des »Spiritismus« über Europa, wo an die Tradition Swedenborgs angeknüpft werden konnte. Da auch Teile des utopischen Sozialismus, beispielsweise **Charles Fourier** (1772–1837), für diese Gedankenwelt offen gewesen waren, liest es sich sehr anspielungsreich, wenn **Karl Marx** (1818–1883) und **Friedrich Engels** (1820–1895) genau in diesem Jahr das *Kommunistische Manifest* mit den Worten beginnen lassen: »Ein Gespenst geht um in Europa ...«

Die spiritistischen Zirkel waren jedoch harmlos im Vergleich zu einer Gruppe von Esoterikern, die neuheidnische Programmschriften verfaßte. **Hippolyte Léon Denizard Rivail** (1804–1869) publizierte 1853 unter dem »druidischen« Pseudonym »Allan Kardec« sein Manifest des Spiritismus, *Le livre des esprits*, in welchem der Spiritismus mit Vorstellungen von Reinkarnation verbunden wurde. Ein Jahr später veröffentlichte **Alphonse Louis Constant** (1810–1875) unter dem Pseudonym Eliphas Levi sein Gegendogma zur katholischen Kirche, das entscheidend zur Vorstellung von der Fortexistenz einer heidnischen Religion in Europa beitragen sollte[329]. Der Sohn eines Schuhmachers sollte eigentlich katholischer Priester werden und brachte es bis zu den niederen Weihen. Da er sich jedoch mehr für den verteufelten Mesmerismus und für Frauen als für den geistlichen Stand interessierte, endete diese Karriere rasch. Constant wurde ein »left-wing political journalist« und mußte von der Schriftstellerei leben. Nachdem er sich durch Lektüre (Boehme, Paracelsus, Knorr von Rosenroth, Swedenborg etc.) kundig gemacht hatte und das wachsende Marktsegment erkannt hatte, begann er mit der Abhaltung okkultistischer Kurse und schrieb eine *Histoire de la Magie*, die selbst spätere Esoteriker für völlig unzulänglich hielten[330]. Während das Wortpaar esoterisch/exoterisch bereits in einer antiken Satire Lukians nachweisbar ist, soll der Begriff »Okkultismus« auf Constant/Levi zurückgehen[331].

Wenn die Astronomie der Renaissance nach einem Diktum Johannes Keplers mit ihrem »närrischen Töchterlein«, der Astrologie, zu kämpfen hatte, so erging es der Psychologie nicht besser. Von dem älteren esoterischen Okkultismus mit seinem Streben nach »altem« Geheimwissen hatte sich mit **Carl du Prel** (1839–1899) ein »empirischer« Okkultismus abgespalten, der geheimnisvolle Phänomene als unbekannte Naturerscheinungen betrachtete und experimentell untersuchen wollte. Es ist kein Zufall, wenn der Berliner Psychologe und Philosoph **Max Dessoir** (1867–1947) nach Arbeiten zur experimentellen Psychologie, der Geschichte des eigenen Faches und des Hypnotismus sich gerade in diesen Jahren der kritischen Erforschung okkulter Phänomene zuwandte. Den Begriff »Parapsychologie« führte Dessoir 1889 ein. Er verstand darunter die Untersuchung »okkulter« bzw. »übersinnlicher« Erscheinungen mit den Methoden der Sozial- und Naturwissenschaften[332].

24. »Vom Aberglauben der Gegenwart«: Volkskunde und Völkerkunde

Die ältere Hexenforschung auf einen romantischen und einen rationalistischen Ansatz reduzieren zu wollen, wäre verfehlt. Nicht nur unterschieden sich die Motive und Methoden von »Romantikern« wie Jacob Grimm, Joseph Görres und Jules Michelet ganz gewaltig. Man staunt ob der Selbstverständlichkeit, mit der einzelne Forscher neben der hermeneutischen Methode der Philologie archäologische, linguistische, psychologische, soziologische und ethnologische Erkenntnisse ihrer Zeit in ihre Interpretation miteinbezogen. Allerdings handelte es sich dabei in keinem Fall um die Auseinandersetzung von Historikern mit einer etablierten Nachbarwissenschaft, denn alle genannten Fächer befanden sich noch in einem vorinstitutionellen Entwicklungsstadium. Besondere Erwähnung verdienen in diesem Zusammenhang die Bemühungen um eine »volkskundliche« Bestandsaufnahme des zeitgenössischen Aberglaubens. Während **Heinrich Bruno Schindler** 1858 noch einmal den »Aberglauben« dem »Mittelalter« zuzuweisen versuchte[333], unternahm **Adolf Wuttke** zwei Jahre später den Versuch, den *Deutschen Volksaberglauben der Gegenwart* zu inventarisieren. Wuttkes Forschungen mündeten in ein volkskundliches Standardwerk, das immer wieder neu aufgelegt wurde, 1900 und 1925 in der Bearbeitung des bekannten Germanisten Elard Hugo Meyer, des Herausgebers der vierten Auflage von Grimms *Deutscher Mythologie* und Verfassers einer *Deutschen Volkskunde*[334]. Wuttke hatte bei volkskundlich Interessierten den historischen mit dem zeitgenössischen Volks- oder Aberglauben dauerhaft verknüpft. Das zeigte sich an nachfolgenden Buchtiteln wie dem des Schweizers **Carl Meyer**, *Aberglauben des Mittelalters und der nächstfolgenden Jahrhunderte* von 1884[335], und dem berühmten Buch des dänischen Forschers **Alfred Lehmann** über *Aberglaube und Zauberei von den ältesten Zeiten bis zur Gegenwart* von 1898, welches die Magietheorie der Durkheim-Schule beschäftigen sollte[336]. Manche regionale Sagensammlungen bezogen programmatisch den Aberglauben mit ein, wie etwa die Bestandsaufnahme *Aberglaube und Sagen aus dem Herzogtum Oldenburg* von **Ludwig Strackerjan** (1825–1881), andere Aberglaubenssammler fühlten wie der Pommeraner **Ulrich Jahn** (1861–1900) die Notwendigkeit, darüber hinaus direkt über das *Hexenwesen* zu schreiben[337].

Wie Justin Stagl bemerkt hat, wurde die seit Rousseau revolutionär gedachte Kategorie »Volk« nach dem Scheitern der 1848er Revolution zu einem konservativen Ordnungskonzept. Die Ethnologie des eigenen Volkes wurde von der Völkerkunde getrennt und im Zuge der Konstruktion nationaler Mythen »eine Art Dependance oder Sekundogenitur der Germanistik«[338]. Während Grimms Schüler **Karl Simrock** (1802–1876), Professor für deutsche Literatur und Sprache in Bonn und durch seine Übersetzungen aus dem Althochdeutschen Anreger Richard Wagners, noch die gesamte Volkssage für »uralt« und heidnisch gehalten und damit in Richtung »germanische Mythologie« gezielt hatte[339], wollte **Wilhelm Schwartz** (1821–1899) 1849 die Kontinuität des zeitgenössischen Volksglaubens mit dem heidnischen Altertum nur noch im Bereich der »niederen Mythologie« – unterhalb der Ebene der Götter – gelten lassen[340]. Grimm-Schüler **Wilhelm Mannhardt** (1831–1880), wegen seines phantasievollen Buches über die *Wald- und Feldkulte* weithin berüchtigt, beschäftigte sich in größerem Rahmen mit »Aberglauben«, unternahm mit Fragebogenaktionen erste Kartierungsversuche des aktuellen Volksglaubens und versuchte unter Heranziehung der Völkerkunde, überregionale oder sogar überkulturelle Bedürfnisse für bestimmte Glaubensvorstellungen, insbesondere im Bereich der »Vegetationskulte«, verantwortlich zu machen[341].

Zu denken ist hier an die Lehre des Berliner Völkerkundlers **Adolf Bastian** (1826–1905) über die »Elementargedanken«, die unabhängig von Kulturtransfer durch Diffusion oder Tradition an unterschiedlichen Orten unter ähnlichen Bedingungen entstehen können. Der Institutionalisierungsschub der in Deutschland oft »Völkerkunde« genannten Ethnologie – Gründung des Museums in Berlin 1868, Gründung der *Gesellschaft für Anthropologie, Ethnologie und Urgeschichte*« und der *Zeitschrift für Ethnologie* 1869 – sowie der gleichzeitige Antritt seiner Professur dürften Bastians Theorien hinlänglich bekannt gemacht haben[342]. Auch wenn die Diffusionstheorien durch die *Anthropogeographie* des Leipziger Geographen **Friedrich Ratzel** (1844–1904) wieder Auftrieb gewann[343], wird man doch generell sagen können, daß bei den großen Synthesen über die »Germanische Mythologie« am Ende des 19. Jahrhunderts die ideologischen Annahmen Grimms in den Hintergrund traten, insgesamt die romantische »Germanistik« des Jahrhundertbeginns durch die dem Imperialismus verpflichtete »Völkerkunde« der zweiten Jahrhunderthälfte relativiert wurde. Die Beschäftigung mit der Mythologie schien in jene »Völkerpsychologie« einzumünden, die 1879 mit der Gründung des weltweit ersten Instituts für Experimentalpsychologie durch **Wilhelm Wundt** (1832–1920) in Leipzig begann und auch für die Entwicklung der Ethnologie wichtig wurde. Leipzig wurde in den 1880er Jahren zum Sammelplatz der »Psychiker«[344]. Der Germanist **Wolfgang Golther** (1863–1945) hielt die vergleichende Mythenforschung nach Art Mannhardts für beendet und bezog sich 1895 in seinem *Handbuch der germanischen Mythologie* außer auf den Sanskritspezialisten **Theodor Benfey** (1809–1881) direkt auf die zeitgenössischen Ethnologen Bastian und Tylor, um den Fortschritt der Mythenforschung nach Grimm zu begründen[345].

Der Begründer der britischen Kulturanthropologie, **Edward B. Tylor** (1832–1917), der seit 1884 in Oxford Ethnologie lehrte, unterschied verschiedene Stufen der Zivilisation, legte aber Wert darauf, daß nur graduelle Unterschiede zwischen diesen Stufen bestünden und jede dieser Kulturen in sich vollständig sei. In seinem Hauptwerk *Primitive Culture* stellte er den Glauben an die Beseeltheit unbelebter Objekte als Ursprung der Religion dar und prägte dafür den Begriff »Animismus«. Im wesentlichen wurden Religion und Magie psychologisch erklärt. Im Traum mache der Mensch das Erlebnis der Immaterialität, reise und überwinde Distanzen, obwohl der Körper an Ort und Stelle bleibe, und erfahre dadurch von der Existenz der Seele (»anima«). Von dieser Seelenerfahrung wurde auf die Beseeltheit der Dinge geschlossen, welche die Grundlage der Magie darstelle. In der Magie, »dieser Anhäufung von Unsinn«, betonte Tylor das rationale, instrumentelle Moment, das sie mit der Wissenschaft verbindet. Tylors mit der Kulturstufenlehre verknüpfte »Magietheorie« galt jahrzehntelang als Erklärung für den Ursprung der Religion. Mit dem Begriff des »survivals« beeinflußte er zudem nachhaltig die Mythenforschung[346]. Evans-Pritchard äußerte die Ansicht, daß der als Quäker erzogene Tylor, der wie alle bedeutenden Anthropologen dieser Zeit Agnostiker oder Atheist war, mit seinem »Evolutionismus« »in den primitiven Religionen eine ihrer Ansicht nach tödliche Waffe gegen das Christentum« suchte[347].

Der andere bedeutende Magietheoretiker des ausgehenden 19. Jahrhunderts war **James George Frazer** (1854–1941). Der als Presbyterianer aufgewachsene und in Cambridge lehrende Ethnologe schrieb in seinem erstmals 1890 publizierten, dann auf 12 Bände erweiterten *The Golden Bough. A Study in Magic and Religion* das Standardwerk zur Magie für die Generation nach Tylor. Frazer, dessen Quelle die Auswertung von Reiseberichten und anderer Literatur, nicht aber der Kontakt mit lebenden Menschen – »Gott möge mich davor bewahren« – war, vertrat im Gefolge von Hegel und Tylor eine Stufentheorie der menschlichen Entwicklung von der Magie über die Religion zur Wissenschaft und versuchte, diese Theorie mit extensiven Materialbeispielen zu stützen. Für die erste Stufe, »ignorant of the secret processes of nature«, erdichtete der »Lehnstuhlethnologe« Frazer die Existenz eines steinzeitlichen indoeuropäischen Fruchtbarkeitskultes, welcher der Göttin Diana gewidmet war. Am Ende seines Buches schreibt er, es bestünde kein

Zweifel, daß mit dem »Goldenen Zweig« die Mistel gemeint sei, welche in Teilen Europas heute noch als Schutzmittel gegen Verhexung betrachtet werde[348].

25. »... in der Schuldfrage ins Unrecht setzen«: Konfessionelle Hexenforschung im »Kulturkampf«

Die wissenschaftlichen Arbeiten über Volks- oder Aberglauben, die nicht zuletzt die weite, überregionale und dauerhafte Verbreitung »magischer« Vorstellungen und Riten bewiesen, hätten im Vergleich mit ähnlichen Sammlungen des 18. Jahrhunderts und solchen der europäischen Nachbarländer und außereuropäischen Kulturen interessante Vergleichsperspektiven eröffnen können, im Zusammenhang mit den mythologischen Studien auch methodische Fragen nach den Spezifika der europäischen oder »deutschen« Aberglaubensvorstellungen aufwerfen können. Der in Preßburg (Bratislava) geborene Wiener Professor für alttestamentliche Exegese **Gustav Roskoff** (1814–1889), der als Protestant in Halle studiert hatte, leistete mit seiner *Geschichte des Teufels* von 1869 kirchenhistorische Pionierarbeit, indem er die steigende Bedeutung des Teufels im Christentum seit dem 13. Jahrhundert und die verhängnisvolle Rolle Luthers herausarbeitete[349]. Sie wurde von den Hexenforschern durchaus zur Kenntnis genommen, doch diente sie stets nur als Beleg in den Fußnoten der Einleitungspassagen größerer Werke[350]. Dagegen entbrannten um die Interpretation der Befunde zu den Hexenverfolgungen selbst erbitterte weltanschauliche Streitigkeiten. Leland Estes hat deshalb die zweite Hälfte des 19. Jahrhunderts »the sectarian phase in witchcraft studies« genannt[351]. Auch andere Forscher haben diesen Aspekt betont. Nach Ansicht des Düsseldorfer Historikers Gerhard Schormann konnte sich keine der Publikationen der älteren Hexenforschung, die zwischen 1871 und dem Ersten Weltkrieg erschien, dem »Kulturkampf« entziehen[352].

Das stimmt in dieser Verallgemeinerung jedoch nicht. Zunächst einmal muß man hervorheben, daß der konfessionelle Streit vor allem ein deutsches Phänomen war. Vergleichbares beobachten wir in Österreich und der deutschsprachigen Schweiz nicht, geschweige denn in den romanischen Ländern oder in den USA. Um dieses Phänomen aus aktuellen Ursachen heraus verstehen zu können, muß man dreierlei berücksichtigen: Erstens wurde zu diesem Zeitpunkt noch ein Großteil der Studien von Theologen verfaßt, die im konfessionell gespaltenen Deutschland an derartiger Polemik interessiert waren. Nahrung erhielt der konfessionelle Streit durch die Verkündigung des päpstlichen Unfehlbarkeitsdogmas durch **Pius IX.** (Giovanni Maria Mastai-Ferretti) (1792–1878, regierte 1846–1878) im Jahre 1869. Zweitens war die bisherige deutsche Geschichtsschreibung tatsächlich einseitig und wurde im überwiegend protestantischen Deutschen Reich nach 1871 politisch instrumentalisiert. Der Streit war deswegen von katholischer Seite nicht nur sektiererisch, sondern es ging um einen notwendigen Prozeß der Emanzipation. Drittens darf man die konfessionelle Polemik nicht mit anderen weltanschaulichen Grundsatzfragen verwechseln, um die ebenfalls gestritten wurde. Liberale Autoren hatten in Amerika, Deutschland und Frankreich vor dem Ersten Weltkrieg Probleme mit konfessionellen Eiferern, ganz unabhängig von deren Konfession. Im Kontext des kleindeutsch-preußischen Machtstaats erschien 1880 in einem völlig gewandelten geistigen Klima erneut Soldans *Geschichte der Hexenprozesse*. Bearbeiter der stark überarbeiteten Neuauflage war Soldans Schwiegersohn **Heinrich Heppe** (1820–1879), wie Soldan aus lutherischem Elternhaus, Pastor und ab 1864 Ordinarius für evangelische Theologie in Marburg mit reichem kirchenhistorischen Oeuvre. Posthum publizierte Soldans Tochter **Henriette Heppe** (1832–1883), die sich als Sachwalterin sowohl ihres Vaters als auch ihres Mannes betrachtete, Heppes umfangreiche Überarbeitung von Soldans *Geschichte der Hexenprozesse*[353], die fortan als »Soldan-Heppe« zitiert wurde. Diese um drei

Kapitel (*Das Volk der Hebräer, Griechenland, Die alte Kirche*) erweiterte und auf die doppelte Seitenzahl aufgeblähte Bearbeitung setzte gegenüber der aufklärerisch-liberalen vormärzlichen Erstausgabe völlig neue Akzente: Sie trieb die einseitige konfessionelle Darstellung auf die Spitze und nahm damit implizit Stellung in dem innerdeutschen Machtkampf zwischen Reichskanzler Bismarck und der katholischen Kirche, Protestantismus und Katholizismus, Preußen und dem katholischen Süden – Themen, die mit dem Anliegen der Erstausgabe Soldans herzlich wenig zu tun hatten[354].

Eine solche Stellungnahme konnte kaum unwidersprochen bleiben. Der junge katholische Publizist und spätere päpstliche Kammerherr **Paul Maria Baumgarten** (1860–1948) bezeichnete 1883 in kräftigen Worten die Hexenthematik als »Lieblingsgegenstand tendenziöser Geschichtsschreibung«, was sicher keine verkehrte Beobachtung war. Allerdings war Baumgartens Polemik fadenscheinig: Zum Gaudium seiner konfessionellen Gegner rechtfertigte er gleichzeitig die Hexenverfolgungen im Prinzip und schrieb »Mißbräuche« bei den Verfolgungen den geistigen Strömungen der Renaissance und der Reformation zu[355]. Auch **Johannes Diefenbach** (1832–1911), katholischer Pfarrer in Braubach und Inspektor der Deutschordenskommende in Frankfurt a.M./Sachsenhausen[356], bemängelte an der bisherigen Historiographie seit Soldan die »unleugbare Tendenz, die katholische Kirche in der Schuldfrage ins Unrecht zu setzen«. Demgegenüber wollte Diefenbach diese »confessionelle Einseitigkeit« korrigieren und »die Kirche vertheidigen«. Zehnjähriges Studium der Akten und vor allem der zeitgenössischen Predigtliteratur brachten ihn bis 1886 zu dem Ergebnis, daß die Hexenprozesse »nicht durch Schuld der Kirche, sondern durch Schuld des Staatsabsolutismus« entstanden seien, dessen Entstehung wesentlich »durch Schuld der sog[enannten] Reformation« befördert worden sei[357]. Insgesamt habe »der Protestantismus viel mehr Anteil an der Verbreitung und Forterhaltung des Hexenwahnes, als der Katholicismus«[358].

Dieser Meinung öffnete 1888 *Wetzer und Welte's Kirchenlexikon* seine Spalten: Diefenbach verfaßte darin den kompetentesten Lexikonartikel, der bis dahin jemals publiziert worden war, allerdings völlig einseitig aus katholischer Perspektive: Schuld waren die Reformatoren, das Volk und der Staat[359]. Diefenbachs Bemühen, »die katholische Kirche reinzuwaschen, dagegen das Odium des Greuels auf den Protestantismus zu wälzen«, der selbst professionelle Historiker des katholischen Deutschland erzürnte[360], rief naturgemäß wieder protestantische Streiter auf den Plan. Der Karlsruher Pastor **Georg Längin** führte methodische Bedenken gegen den Versuch der katholischen Geschichtsklitterung ins Feld, jedoch nur, um ebenso einseitig die Gegenreformation für die Hexenverfolgung verantwortlich zu machen[361]. Daß dies eine neuerliche Stellungnahme Diefenbachs provozierte, lag in der Natur dieser umfangreichen Debatte, die stellenweise wie eine Spiegelung der kontroverstheologischen Literatur des ausgehenden 16. Jahrhunderts wirkt. Sie zeugt jedoch auch von dem großen Interesse, das der Thematik in der Öffentlichkeit entgegengebracht wurde. Diefenbach kommentierte dies mit der überraschenden Feststellung: »Noch immer *stehen die Hexenprozesse im Vordergrunde der deutschen Geschichtsforschung*, wohl aus dem Grunde, weil dieselben nirgends eine solche verderbliche Ausdehnung gefunden haben als im deutschen Vaterlande. Die zahlreichen Publikationen in Büchern und Zeitschriften aus jüngster Zeit lassen es deutlich erkennen, welches Interesse man diesem düstersten und dunkelsten Blatte der neueren Geschichte zuwendet.«[362]

26. Das katholische Konzept: Johannes Janssen und Ludwig Pastor

Baumgarten und Diefenbach, der sich – zu Unrecht – zugute hielt, als erster die reiche Predigtliteratur ausgewertet und den bald verbreiteten Begriff »Hexenwahn« geprägt zu haben[363], waren jedoch nur qua Erscheinungsdatum die ersten katholischen Streiter nach Görres. In Wirklichkeit jedoch waren sie nur Gefolgsleute eines bedeutenderen Kämpfers[364]. **Johannes Janssen** (1829–1891) war die zentrale Figur der katholischen Geschichtsschreibung der Kulturkampfzeit[365]. Aus einfachen Verhältnissen stammend, hatte der Korbmachersohn aus Xanten nach einer abgebrochenen Lehre als Kupferschmied seit 1849 in Münster, Löwen und Bonn zunächst Theologie, dann Geschichte studiert. Nach der Promotion in Bonn 1853 bei Friedrich Christoph Dahlmann (1785–1860) habilitierte er sich 1854 in Münster und wurde im gleichen Jahr Professor für Geschichte am Gymnasium in Frankfurt a.M. Hier wurde er durch Johann Friedrich Böhmer (1795–1863) beeindruckt, zu dessen Biograph sich Janssen berufen fühlte. Nach der Lösung einer Verlobung begann sich Janssen für den Priesterberuf zu interessieren und nahm 1859 an der katholisch-theologischen Fakultät in Tübingen (bei Karl Josef von Hefele u.a.) sein Theologiestudium wieder auf. 1860 wurde er in Limburg zum Priester geweiht[366].

Janssens preußenfreundliche Haltung wurde durch den Ausbruch des Kulturkampfs beendet. Als Mitglied der katholischen Zentrumspartei gehörte Janssen seit 1875 dem Preußischen Abgeordnetenhaus an. Der vorherrschend kleindeutsch-preußisch-protestantischen Geschichtsschreibung stellte Janssen, der mit **Julius Ficker** (1826–1902) in Innsbruck in engem Kontakt stand[367], seit 1876 seine achtbändige *Geschichte des deutschen Volkes* entgegen, die ihn mit ihren 20 Auflagen zum einflußreichsten katholischen Historiker Deutschlands machten. Der letzte Band seiner *Geschichte*, durch Ludwig von Pastor bearbeitet[368] und deswegen oft als »Janssen-Pastor« zitiert, enthielt 1894 einen buchstarken Abschnitt über die Hexenprozesse. Internationale Verbreitung war Janssen gesichert durch die Übersetzung seines Hauptwerks ins Englische[369].

Ludwig von Pastor (1854–1928), gebürtig in Aachen, nach dem Tod seines Vaters 1864 zum Katholizismus konvertiert, war der Meisterschüler Johannes Janssens. Es kennzeichnet das Klima im Bismarck-Deutschland, daß der Katholik Pastor nach Österreich auswandern mußte, um nach Studien in Löwen, Bonn und Berlin als Historiker arbeiten zu können. Habilitation und Professur in Innsbruck boten die Grundlage zur Arbeit an seiner monumentalen *Geschichte der Päpste*, die direkt gegen das entsprechende Werk Rankes gerichtet war und die Forschung – trotz apologetischer Tendenzen – wegen der ausgiebigen Nutzung der Vatikanischen Archive auf einen neuen Standard brachte. Pastors autobiographische Schriften verdeutlichen, wie sehr die entscheidenden Werke der »katholischen« Geschichtsschreibung, Janssens *Geschichte des deutschen Volkes* und Pastors *Geschichte der Päpste* dem Bemühen entsprangen, unter dem Eindruck des Kulturkampfs der vorherrschenden Geschichtsschreibung Rankes und seiner Schule etwas Gleichwertiges entgegenzusetzen[370]. Natürlich traf dies auch auf das heikle Thema der Hexenprozesse zu. Wie schon bei Diefenbach soll es die Rezeption des Römischen Rechts, der Teufelsglaube des Reformators Martin Luther und die »allgemeine sittlich-religiöse Verwilderung« im Zuge der Reformation gewesen sein, die die entscheidenden Antriebe zur Ausbreitung der Hexenverfolgungen gegeben hätten[371].

Bei dieser bewußten Konfrontation verwundert nicht, daß Janssens *Geschichte des deutschen Volkes* einen der größeren Richtungskämpfe unter Historikern in Deutschland auslöste[372]. Die Polemik, mit der die Protagonisten der »Ranke-Renaissance«, etwa der bereits erwähnte kleindeutsch-preußische Lutherbiograph Max Lenz, ein Chefideologe der wilhelminischen Epoche (*Von Luther zu Bismarck*, *Die großen Mächte*)[373], Janssen deswegen überzogen, überdeckte den Umstand, daß Janssen mit seiner Betonung der Kulturgeschichte auch methodisch andere Wege ging als die Historiker des Historismus[374]. Allerdings blieb nicht nur Janssen, sondern auch Pastor durchaus einäugig: In seiner Papstgeschichte behandelte er die Hexenbulle *Summis desiderantes affectibus* von 1484 in rein apologetischer Weise. Abseits der Entwicklung der deutschen katholischen Geschichtsforschung hatte er seine in der Kulturkampfzeit erworbene verhärtete Haltung beibehalten[375]. So verwundert es nicht, daß weiterhin lutherische Kämpen auf den Plan traten, um die Apologeten in ihre Schranken zu weisen. Eine der interessanteren Figuren war dabei sicher **Paul Graf von Hoensbroech** (1852–1923), ein Neffe des katholischen Bischofs von Mainz, Wilhelm Emmanuel von Ketteler (1811–1877), der 1878 dem Jesuitenorden beigetreten und unter die Schriftsteller des Ordens eingereiht worden war. Nach Studienaufenthalten in Brüssel und Berlin, wo er den nationalistischen Propheten Heinrich von Treitschke hörte, verließ er den Orden und trat 1895 zum Protestantismus über. Sein Pamphlet über die Verantwortlichkeit des Papsttums für den »Hexenwahn« war überdeterminiert durch persönliches Konvertitentum und die neue Position als Vorstandsmitglied des *Evangelischen Bundes*, die ihn dezidiert die Positionen des Kulturkampfs übernehmen ließ. Der propagandistische Charakter der Publikation mündete in ein »anti-ultramontanes Volksbuch« mit deutlich verringertem Umfang. Der Verleger reduzierte den Preis »auf nur 1 Mark« und »ermöglichte so gut wie allen, die sich für die wahre Natur des ultramontanen Papsttums interessieren, sich das Buch anzuschaffen«[376].

Von den Niederungen des politischen Tageskampfes abgesehen, hat die konfessionelle Polemik die Hexenforschung stark befördert. Akribische Quellenarbeit kennzeichnete die stets in der Defensive befindlichen Vertreter der »katholischen Geschichtsschreibung« aus, deren Kenntnis heute noch für jede bessere Arbeit unentbehrlich ist, während über ihre polemischen Gegner Vergessenheit zurecht den Mantel gebreitet hat. Der Kölner Jesuit **Bernhard Duhr** (1852–1930) eröffnete mit seiner Studie über die Rolle der Jesuiten in den Hexenprozessen, ergänzt durch umfangreiche, buchstarke Kapitel in seiner *Geschichte der Jesuiten in den Ländern deutscher Zunge*, neue Horizonte der Forschung, indem er erstmals die aufschlußreichen Jahresberichte der Kollegien und Korrespondenzen des Jesuitenordens als Quelle heranzog[377]. Duhrs Bewertungen lösten eine heftige Kontroverse mit Sigmund Riezler über die Rolle des Jesuiten Paul Laymann aus, wobei im Nachhinein in der »Riezler-Duhr-Kontroverse« eher der sonst so präzise Riezler im Unrecht erscheint, denn ein Laymann unterschobener Traktat konnte tatsächlich nicht als Beweis für dessen Förderung von Hexenprozessen dienen[378].

Der katholische Priester **Nikolaus Paulus** (1853–1930) aus Krautergersheim im Elsaß erforschte auf Anregung Johannes Janssens als Autodidakt viele Jahre lang in Münchner Bibliotheken die katholische Kontroverstheologie des 16. Jahrhunderts. In seinen zahlreichen Aufsätzen, die 1910 überarbeitet in dem Sammelband *Hexenwahn und Hexenprozeß vornehmlich im 16. Jahrhundert* zusammengefaßt wurden, beschäftigte er sich wie Janssen und Diefenbach – und in ähnlich apologetischer Tendenz – in der Hauptsache mit der Stellung des Protestantismus zu den Hexenprozessen. Paulus hatte ein Gespür für interessante Themen, erwähnt sei nur sein Beitrag über *Die Rolle der Frau in der Geschichte des Hexenwahns*, einer der ersten Aufsätze mit geschlechtsspezifischer Thematik. Erwähnenswert bleibt bei alledem, daß Duhr wie Paulus nicht am rationalistischen »Soldan-Paradigma« rüttelten[379]. Die konfessionelle Kontroverse wich im ersten Jahrzehnt des 20. Jahrhunderts einer Verwissenschaftlichung des Hexenthemas, zu der wesentlich die großen Studien von Joseph Hansen und Sigmund Riezler beigetragen haben. Mit der Etablierung katholischer Historiker an den Universitäten bildete sich so etwas wie eine »Ökumene der Privatdozenten« heraus, zu der von katholischer Seite **Albert Maria Königer** zählte. Nach Jörg Haustein kam es mit der Reinigung des »Soldan-Heppe« durch den Schriftsteller Max Bauer 1911, also der Edition des »Soldan-Heppe-Bauer«, zum Abschluß und zur Historisierung des Kulturkampfs in der Hexenforschung[380].

27. Immer vorwärts und aufwärts«: Hexenforschung in der liberalen Kulturgeschichte

Den größten Einfluß auf die öffentliche Meinung gewannen in der zweiten Hälfte des 19. Jahrhunderts weder die Mythologen im Gefolge Jacob Grimms noch die Kontroverstheologen der Kulturkampfzeit. Das bürgerliche Lesepublikum begeisterte sich eher weiterhin an den Mythen der Aufklärung, die sich jetzt im neuen Gewande des Liberalismus präsentierten. Man war eher an Erbauung als an Streit interessiert, und diesem Interesse diente nicht die Darstellung verlorener, zeitgenössischer oder bevorstehender, sondern gewonnener Schlachten einer heroischen Zeit. Nicht eine Konfession, sondern religiöser Dogmatismus insgesamt war in dieser konfessionsübergreifenden liberalen Sicht schuld am Drama der Hexenverfolgungen. Entsprechend dem großen Panorama in des Iren **William Hartpole Lecky** (1838–1903) *History of the Rise and Influence of the Spirit of Rationalism in Europe*, das suggestiverweise mit einem umfangreichen Kapitel über *Magic and Witchcraft* beginnt, stellte sich ihnen Geschichte und speziell die Geschichte des Hexenwahns als universaler Kampf zwischen dunkler Religiosität und lichter Wissenschaft dar[381].

Interessant ist nun die Zusammensetzung des Feldes von Autoren, die die Geschichtsschreibung der Aufklärung beerbten. In erster Linie finden sich hier Kulturhistoriker mit der Neigung zu großen Synthesen, aber – wie auch Lecky und Michelet – ohne große eigene Forschungen, dann Nichthistoriker, die durch ihre eigenen Fachinteressen als Religionswissenschaftler, Mediziner oder Psychologen auf dieses traditionell interdisziplinär besetzte Forschungsfeld geraten sind. Erst in dritter Linie, aber mit besonders großem Einfluß, finden sich Fachhistoriker, die dem rationalistischen »Soldan-Paradigma« im Geiste des Liberalismus zu seiner abschließenden Form verhelfen sollten. Auch in soziologischer Hinsicht Unterschied sich das Feld der liberalen Kulturhistoriker von dem früherer Historiker und Hexenforscher: Sie entstammten nicht mehr dem Milieu des lutherischen Pfarrhauses, sondern einer neuen bürgerliche Mittelschicht, wenn sie nicht gar der aussterbenden Gruppe der »gentlemen scholars« angehörten, die es nicht nötig hatten, sich in der Wissenschaft ihr Geld zu verdienen[382].

Die liberale Hexenforschung setzt überraschenderweise mit einem Autor ein, der am anderen Ende der sozialen Skala rangierte und praktisch niemals zitiert wird, wohl deshalb, weil seine Schriften zur populären Literatur gerechnet werden: **Johannes Scherr** (1817–1886), geboren als zehntes Kind eines württembergischen Lehrers. Er lernte in seiner Kindheit den Hunger und später, wegen seines Engagements für die liberale 1848er Revolution, politische Verfolgung selbst kennen und wußte im Gegensatz zu den meisten akademischen Autoren besser, worüber er schrieb. Der Absolvent der Universität Tübingen wurde 1843 in die Württembergische Abgeordnetenkammer gewählt. Nach einer 1850 in Reutlingen von ihm einberufenen »Volksversammlung« konnte er mit knapper Not über den Bodensee in die Schweiz entkommen. 1860 erhielt er den Ruf als Professor der Geschichte und Literatur am Züricher Polytechnikum, wo er durch seine unterhaltsamen Vorlesungen große Beliebtheit erreichte. Frei von Existenzsorgen entfaltete er jetzt erst recht eine reiche schriftstellerische Tätigkeit als Novellist und Literaturhistoriker. Zwei glückliche Ehen trugen dazu bei, daß Scherr nicht nur eine hohe Meinung vom Volk und der Demokratie, sondern auch von Frauen hatte – beides nicht selbstverständlich zu seiner Zeit[383]. In seiner zahlreiche Auflagen zählenden, erstmals 1850 – also nach Soldan, aber vor Lecky und Michelet – erschienenen *Deutschen Kultur- und Sittengeschichte* widmete er unter religionsgeschichtlicher Perspektive dem Thema *Zauberwesen und Hexenprozeß* ein heute noch lesenswertes eigenes Kapitel[384]. Außerdem verfaßte Scherr mit sicherem Blick für interessante Stoffe ein monographisches Essay über den letzten europäischen Hexenprozeß gegen Anna Göldi[385].

Auch andere bedeutende Kulturhistoriker entfalteten abseits der Hexenforschung im engeren Sinn ihre Wirkung: Obwohl selbst einem protestantischen Pfarrhaus entstammend und Seminarteilnehmer bei Ranke in Berlin, schenkte **Jacob Burckhardt** (1818–1897) dem Zauberwesen ausgiebig Beachtung. Allerdings gehören diese Ausführungen, so geistreich sie klingen mögen, nicht zu seinen glücklicheren Produkten. In seiner erstmals 1860 publizierten *Kultur der Renaissance in Italien* versuchte er, dem »Wahn« des Hexenglaubens jede Verbindung zum geliebten Geist der Antike abzusprechen. Wenn er auch die Schattenseiten der Antikenrezeption benannte, sprach er doch von »wesentlich deutschem Hexentum«, das sich in der Bulle *Summis desiderantes affectibus* von 1484 ausdrücke. Mit dieser unsinnigen Reduktion teilte der große Kulturhistoriker im Grunde eine »völkische« Annahme Jacob Grimms, während er Soldan, der mit Grund die gegenteilige Ansicht vertreten hatte, nicht einmal erwähnte[386]. Nur indirekt oder aus privaten Aufzeichnungen können wir sehen, daß Burckhardt die ältere Hexenforschung rezipiert hat. Da diese Thematik seinem Renaissanceverständnis jedoch zuwiderlief, bezog er sich nie darauf und fand mit seinen »eindrucksvollen Seiten« seinerseits in der Hexenforschung kaum Beachtung[387].

Eine populäre Publikation zum Hexenthema brachte 1859 auch **Gustav Freytag** (1816–1895) im mittleren Teil seiner *Bilder aus der deutschen Vergangenheit*, die bald in jeder guten bürgerlichen Bibliothek zu finden war. Selbstverständlich knüpfte auch der Leipziger Germanist an Jacob Grimm an und phantasierte von »Schlachtjungfrauen Wuotans«, die durch die Lüfte gesegelt seien, und »weißen [!] Frauen«, die die Familien als »Schutzgeister des Wohlstandes und häuslichen Behagens« umgeben hätten. Ungeachtet solcher mythologischer Andeutungen situierte Freytag den Teufel doch im Reformationsjahrhundert und maß sogar seinem Helden Luther Mitschuld am Anstieg des Teufelsglaubens bei. Sich selbst stellte er in die Tradition der Aufklärung bzw. des Liberalismus, indem er vom Teufels- und Hexenglauben als »Wahngebilde« sprach, das durch »Vernunft« habe überwunden werden können[388]. Leckys geistesgeschichtliches Panorama stand 1865 sozusagen am Schluß einer Serie umfassender Darstellungen zum Hexenthema. Sein Urteil über die bisherige »antiquarische« Darstellung der Thematik kann man nur dadurch erklären, daß er außer Scott und Garinet die Literatur der vergangenen Jahrzehnte einfach ignoriert hatte. Gerade dadurch aber wird besonders deutlich, welche Kontinuitäten von der bekenntnishaften Aufklärungshistorie zu jenen Autoren bestanden, die in der Mitte des 19. Jahrhunderts das von säkularisiertem Fortschrittsglauben geprägte bürgerliche Selbstverständnis ausformulierten. Bedeuteten Hexenprozesse in der christlichen Eschatologie den Anbruch der Endzeit, so bewies ihr Ende in der liberalen Teleologie den Beginn des bürgerlichen Zeitalters. Beide Male hatten sie großen Symbolwert[389].

Ohne Übertreibung wird man sagen können, daß das Bild von der Epoche der Hexenverfolgungen in der zweiten Hälfte des 19. Jahrhunderts von diesen Kulturhistorikern geprägt worden ist. Soldan bot ihnen allen die Grundlage, aber an Auflagenzahl übertrafen Scherr, Burckhardt und Freytag den Spezialisten bei weitem. Bis 1902 erlebte Scherr elf Auflagen, Burckhardt sieben. Und seit den 1890er Jahren widmeten sich weitere auflagenstarke Kulturhistoriker der Hexenthematik, sicherlich in Reaktion auf den Aufschwung der Hexenforschung zur Zeit des Kulturkampfs: Der Schweizer Kulturhistoriker und Staatsarchivar in St. Gallen, **Otto Henne am Rhyn** (1828–1914), mit seinen präzisen Angaben, der auf Pauschalisierungen verzichtete[390], ist hier ebenso zu nennen wie der Leipziger Bibliothekar und Mitbegründer des *Archiv für Kulturgeschichte*, **Georg Steinhausen** (1866–1933), der den »Hexenwahn« bereits im Anschluß an Joseph Hansen behandelte. Beiden war gemeinsam, daß sie sich jeder Spekulation enthielten und auf dem Wissensstand der aktuellen Forschung schrieben[391]. Auch die blumigen Ausführungen des niederländischen Kulturhistorikers **Johan Huizinga** (1872–1945) über das Hexenwesen könnte man noch in die Reihe dieser Autoren stellen, die ihre Erkenntisse aus zweiter Hand schöpften und daher in der Hexenforschung entsprechend wenig Resonanz fanden[392].

Das öffentliche Interesse an der Hexenthematik führte in den 1880er Jahren nicht nur zu Interdisziplinarität, sondern zu einem neuerlichen Aufschwung an lokal- und regionalgeschichtlichen Untersuchungen, die jenseits konfessioneller Vorgaben immer mehr Quellenmaterial in die Diskussion einbrachten[393]. Die meisten dieser Arbeiten folgten diskussionslos dem »Soldan-Paradigma«, wenn sie nicht, wie der Offenburger Bürgermeister **Franz Volk** (1823–1890), in geradezu frappierender Offenheit ihre Inkompetenz auf dem Feld der Theoriebildung offenbarten. Der standhafte Liberale gesteht freimütig in der Einleitung zu seiner historischen Abhandlung: »Vorhandene Werke über Hexenprozesse habe ich in strenger Zurückhaltung keine gelesen, um bloß unter dem Eindruck des mir vorliegenden Stoffes zu stehen«. Theorielosigkeit bedeutet jedoch bekanntlich nie, daß nicht implizit theoretische Prämissen zugrunde liegen. Gerade aus mangelndem Willen zur Reflexion blieben Untersuchungen wie die Volks in den Bahnen des »Soldan-Paradigmas« stecken, hatte dieses doch die Grundannahme des bürgerlich-liberalen Selbstverständnisses reformuliert. Bei Volk hört sich das »Soldan-Paradigma« so an: »Die Erklärung der Hexenangaben kann man nach dem, was uns vorliegt, nie und nimmer in den Hexen selbst, sondern nur in Anklägern und Richtern suchen.« Immerhin erfüllte die Beschäftigung mit den Hexenprozessen das ganze 19. Jahrhundert hindurch einen guten Zweck: »Die Vorzüge der guten alten Zeit vermag ich nimmer neidisch zu betrachten, mit unsern Tagen fühl' ich mich tief versöhnt«. Biographisch hatte dies durchaus seine Berechtigung. Denn wenn auch der jugendbewegte Revolutionär von 1848 – wie Scherr – für einige Jahre ins Schweizer Exil hatte gehen müssen, so konnte er sich doch nach seiner Rückkehr als Arzt etablieren, 1875 wurde er gar zum Bürgermeister seiner Heimatstadt gewählt. So konnte er schlußfolgern: »Aus der Betrachtung der Hexenverfolgung können wir die beglückende Befriedigung und feste Überzeugung schöpfen, daß die Entwicklung der Menschheit, wenn auch manchmal in Spiralen, doch immer vorwärts und aufwärts gegangen ist und gehen wird.«[394]

28. Wider den »dogmatischen Geist«: Sigmund Riezler

Die ältere Hexenforschung erreichte gegen Ende des 19. Jahrhunderts ihren Höhepunkt, in Europa verbunden mit den Namen Sigmund Riezler und Joseph Hansen. Diese Sonderstellung ist kein Zufall, wenn man bedenkt, daß in diesen beiden Historikern die Entwicklungslinien der Forschung des 19. Jahrhunderts zusammenliefen. Die deutschen Universitäten brachten in dieser »Zeit des ungebrochenen Fortschrittsoptimismus« Wissenschaftler hervor, die ihre Köpfe über den nationalen Dunstkreis erhoben, gar solche von Weltrang, man denke an Rudolf Virchow, Max Weber oder Werner Sombart. In den Geschichtswissenschaften war nach der erfolgten Reichsgründung eine Auflockerung der Strukturen bemerkbar, auf dem Ersten Deutschen Historikertag in München 1893 war der Führungsanspruch der borussischen Ranke-Schule erstmals ernsthaft angefochten worden. Riezler und Hansen waren auf dem liberalen Flügel der Gelehrtenschaft angesiedelt und interessierten sich von daher für die Hexenthematik. Beide hatten eine hervorragende Fachausbildung als Historiker bei Schülern Leopold von Rankes genossen und es verstanden, sich in der Wissenschaftslandschaft zu etablieren. Selbstverständlich war dies keinesfalls, denn beide waren katholischer Herkunft und ließen den »Stallgeruch« des lutherischen Pfarrhauses naturgemäß vermissen. Überdies waren beide nicht nur dem philologischen Schriftgelehrtentum (»sola scriptura«), sondern einem umfassenderen Interesse an Kulturgeschichte zugeneigt. Ihr Forschungsbeitrag war so eindrucksvoll, daß Soldans alte *Geschichte der Hexenprozesse* für eine Neuausgabe 1912 erneut völlig umgearbeitet werden mußte. Der Schriftsteller **Max Bauer** strich die konfessionellen Einseitigkeiten aus der dritten Auflage des fortan als »Soldan-Heppe-Bauer« zitierten Werkes und arbeitete, so gut es ihm möglich war, neue Ergebnisse ein[395].

Der Münchner Kaufmannssohn **Sigmund Riezler** (1843–1927) war Historiker geworden bei jenen Schülern Rankes, die durch Beziehungen zu König Maximilian II. von Bayern[396] in München die moderne Geschichtsforschung begründet hatten: Heinrich von Sybel (1817–1895), Gründer der *Historischen Zeitschrift* und der Historischen Seminare in München und Bonn[397], Carl Adolf Cornelius (1819–1903), dessen Dissertation sich 1850 mit den Wiedertäufern in Münster beschäftigt hatte, und Wilhelm von Giesebrecht (1814–1889). Der komplexen Forscherpersönlichkeit Riezlers kann man kaum gerecht werden, wenn man nicht andere, spezifisch Münchner Einflüsse in Rechnung zieht: München war damals Hauptstadt des Königreichs Bayern, das seine nationale Tradition zwar auf das »Volk« der Bayern gründete, dessen staatliche Strukturen aber wesentlich von den Traditionen der Aufklärung geprägt waren. Eine wesentliche Rolle bei der Durchsetzung der Aufklärung im alten Kurfürstentum hatte – wie erwähnt – in der Mitte des 18. Jahrhunderts der sogenannte »Bayrische Hexenkrieg« gespielt, ein Sieg, an dem sich noch die liberalen Patrioten des 19. Jahrhunderts wärmten: Auch Riezler verhehlte seine Sympathie für den streitbaren Theatinerpater Sterzinger, gewissermaßen seinen Vorgänger in der Bayerischen Akademie der Wissenschaften, nicht[398].

Nicht zuletzt war das Königreich Bayern im frühen 19. Jahrhundert unter Integration aller Säkularisierungs- und Mediatisierungsgewinne durch den Grafen Maximilian von Montgelas (1759–1838), ein ehemaliges Mitglied des Illuminatenordens, nach dem Muster des französischen Zentralstaats geschaffen worden, und die Philosophie der Aufklärung war gewissermaßen staatstragend[399]. Die Affinität zu einem nahezu anarchistischen Aufklärungsdenken findet man etwa bei **Johann Andreas Schmeller** (1785–1852), dem Jacob Grimm Bayerns. Der Sohn eines Korbmachers aus Tirschenreuth in der Oberpfalz, der aus Gram über die »feudale Bedrückung« im Kurfürstentum des Ancien Régime in Jugendjahren in die »republikanische« Schweiz emigriert war, verstand sich selbst dann noch als Anwalt der einfachen Bevölkerung, als er längst Bibliothekar an der *Bibliotheca Regia* (heutige *Staatsbibliothek München*) und Professor für deutsche Sprache an der Universität München war. Sein epochales *Bayerisches Wörterbuch*, das noch vor dem deutschen Wörterbuch der Brüder Grimm in Druck ging, enthält ganz selbstverständlich auch den gebräuchlichen Wortschatz auf den Feldern der Zauberei und des Volksglaubens[400]. Nebeneinander, aber jeweils mit genauer Quellenangabe, findet sich dort eine Auswertung lateinischer und deutscher Handschriften, darunter der spätmittelalterlichen Dekalogliteratur, von Druckwerken seit der Zeit der Wiegendrucke, der älteren Hexenforschung (Scott, Grimm, Mone etc.) und zeitgenössischer Sprachbefunde[401]. Mitunter garnierte der impulsive Schmeller seine Artikel auch mit dezidierten Meinungsäußerungen. So heißt es etwa am Ende des Artikels *Zauberei* in einem Nachtrag von 1844: »Die gottlob letzte in Deutschland, 1749 zu Wirzburg hingerichtete und dann verbrannte Zauberin war eine Münchnerin, Maria Renata von Senger, Nonne zu Zell, 60 Jahre alt ... Im Canton Glarus wurde noch 1782 eine Hexe geköpft ... Wenn es unsern Görres, Ringseis etc. nachgeht, so wird die fromme Übung abermals Mode werden.« Der hier an den Pranger gestellte Görres war immerhin Schmellers Kollege[402].

Zum Görres-Kreis gehörte außer dem erwähnten Mediziner Johann Nepomuk Ringseis (1785–1880) auch **Ignaz von Döllinger** (1799–1890), eine illustre Persönlichkeit des süddeutschen Katholizismus und Gründungsprofessor der Universität München im Jahr 1826 als Professor für Kirchengeschichte. Seine Streitbarkeit machte ihn zum Wortführer der katholischen Rechten in der Frankfurter Paulskirche 1848, seit den 1860er Jahren geriet er jedoch in zunehmenden Konflikt mit seiner Kirche. Nach aufsehenerregendem publizistischen Kampf gegen den Erlaß des Unfehlbarkeitsdogmas traf ihn 1871 die Exkommunikation. Die Nation nahm Anteil am Schicksal Döllingers, der nicht nur die Gründung der Altkatholischen Kirche mitbetrieb, sondern – biographisch motiviert – die Erforschung der Geschichte der Katharer und Waldenser[403]. Zu nennen wäre auch **Wilhelm Heinrich Riehl** (1823–1897), Professor für Staatswissenschaften und Kulturgeschichte (seit 1859), ab 1885 Direktor des *Bayrischen Nationalmuseums*, der empirische Forschungen mit an Michelet gemahnenden Themenstellungen (*Die bürgerliche Gesellschaft*, *Die Familie*, *Land und Leute*, *Die Arbeit*) durchführte, die bei allen romantisierenden Tendenzen doch prinzipiell den Blick auf die Lebenswirklichkeit zu weiten geeignet waren[404]. Wenn Riehl von der heutigen Volkskunde vornehmlich als Propagandist einer konservativen Soziallehre verachtet wird, so darf man diese Sichtweise sicher nicht auf seine Wirkungszeit zurückprojizieren. Der Reichtum seiner Beobachtungen, etwa der fünfbändigen *Landes- und Volkskunde des Königreichs Bayern*[405], ging über das hinaus, was man von der zeitgenössischen akademischen Geschichtsforschung erwarten konnte[406]. Wie weit seine ethnographischen Bemühungen jenseits jeder papiernen Philologie standen, zeigt Riehls an Durkheim gemahnende Formulierung, »daß unter allen Dingen dieser Welt der Mensch des Menschen würdigstes Studium sey«[407]. Dem Liberalismus zuzurechnen ist Riezlers Kollege **Felix Stieve** (1845–1898), der zusammen mit Ignaz von Döllinger, seinem Münchner Lehrer Carl Adolf Cornelius und dessen anderem Habilitanden Moriz Ritter (1840–1923) wegen des Unfehlbarkeitsdogmas zum Altkatholizismus übertrat. Seine Professur für Geschichte an der Technischen Universität (1885–1898) verdankte Stieve einer energischen Intervention Döllingers, hier verfaßte er auch einen Beitrag zur Geschichte der Hexenprozesse, der zu Unrecht in Vergessenheit geraten ist[408].

Riezlers Geschichtsschreibung, insbesondere die seit 1877 erscheinende achtbändige *Geschichte Baierns*, zeichnete sich durch umsichtige Einbeziehung der Kultur- und Wirtschaftsgeschichte in die allgemeine Geschichte aus. Zum Zeitpunkt seiner Arbeit an der *Geschichte der Hexenprozesse in Baiern* war Riezler Oberbibliothekar an der *Bibliotheca Regia* in München[409], zwei Jahre nach dieser Publikation erhielt Riezler 1898 in München einen eigens für ihn neugeschaffenen Lehrstuhl für Bayerische Landesgeschichte, 1901 folgte die Erhebung in den persönlichen Adelsstand, 1904 die Ernennung zum Geheimen Rat des Prinzregenten Luitpold[410]. Obwohl er das von der konfessionell inspirierten Geschichtsschreibung entworfene Panorama als blankes »Zerrbild« betrachtete[411], machte der liberale Katholik Riezler – neben Staat und Justiz – in erster Linie die Kirche für den Anstieg des Hexenwahns und den Beginn der Hexenverfolgungen verantwortlich, was man ihm von katholischer Seite niemals nachsah[412]. Bedeutend ist Riezlers Hinweis, daß nur die lateinische Christenheit, nicht jedoch der Bereich anderer christlicher Kirchen (griechisch-orthodoxe, russisch-orthodoxe, orientalische) von den Hexenprozessen betroffen war. Zukunftsweisend war auch der regionalgeschichtliche Ansatz, der versuchte, unter Heranziehung verschiedenster Quellen das Phänomen der Hexenprozesse in die »allgemeine Entwickelung« einzubetten. Dazu gehörte auch jener Bereich, der später unter dem Begriff »Mentalitätsgeschichte« gefaßt worden ist: Nicht »der Staat« oder »die Kirche« als solche wurden für Verfolgungen verantwortlich gemacht, sondern konkrete Herrscherpersönlichkeiten oder Theologen zu konkreten Zeiten, deren Psychologie es zu ergründen galt[413].

Riezlers Werk mit seinen oft nur angedeuteten Erweiterungsmöglichkeiten bildete den Maßstab für alle späteren regionalgeschichtlichen Versuche, die sich – wie bei dem österreichischen Juristen **Fritz Byloff** noch 1934 – direkt auf Riezler als Vorbild bezogen[414]. Sieben Jahre nach der Publikation der *Geschichte der Hexenprozesse in Baiern* konnte Riezler im sechsten Band seiner *Geschichte Baierns* vor dem Hintergrund einer fortgeschrittenen Forschungssituation (Duhr, Hansen) eine Zusammenfassung und Rezension seiner früheren Ergebnisse geben. Im wesentlichen hatte er daran jedoch keine Abstriche zu machen, auch wenn er sich 1903 noch einmal darum bemühte, das Verhältnis von germanischer Mythologie (»heidnischer Hexenwahn«), die dem »wilder Stämme von heute« geglichen habe, Volksglauben (»populärer Hexenwahn«) und »kirchlichem Hexenwahnsystem« neu zu bestimmen. Der mittlerweile weit über die Landesgrenzen hinaus berühmte Historiker des Königreichs Bayern und Mitherausgeber der *Historischen Zeitschrift* blieb bei seiner Interpretation, der »ungeheuerliche Kulturrückschritt«, der mit den Hexenprozessen verbunden gewesen sei, habe »mit dem dogmatischen Charakter der Periode« zusammengehangen, »denn in ihrem innersten Wesen erscheinen die Hexenprozesse als eine Hypertrophie des herrschenden dogmatischen Geistes.«[415]

29. »Zauberwahn« und »Hexenwahn«: Joseph Hansen

Dezidierter noch als der fast zwanzig Jahre ältere bayrische Liberale Riezler urteilte jener Historiker, in dem das »rationalistische Paradigma« der älteren Hexenforschung seinen Höhepunkt erfahren sollte: »Die Geißel der Hexenprozesse ist von der christlichen Kirche geflochten worden«, schloß der aus streng katholischem Aachener Elternhaus stammende Liberale **Joseph Hansen** (1862–1943). Wie Riezler war Hansen ausgebildeter Historiker. Er hatte in Bonn bei dem schon erwähnten Moriz Ritter studiert, der fast zeitgleich mit Riezler in München in der zweiten Hälfte der 1860er Jahre seine Habilitation angestrebt hatte[416], und in Berlin bei Rankes Lehrstuhlnachfolger Heinrich von Treitschke. Wenn Hansen später sein Interesse der Kulturgeschichte zuwandte, dann nicht etwa unter dem Einfluß der katholischen Kulturkämpfer seiner rheinischen Heimat, sondern aufgrund der Freundschaft zu **Karl Lamprecht** (1856–1915), dem später so umstrittenen Kulturhistoriker[417]. Durch dessen Vermittlung lernte Hansen den befreundeten Kölner Industriellen und liberalen Politiker Gustav von Mevissen (1815–1899) kennen, dessen Biograph Hansen später wurde[418], und erfuhr die Protektion des inzwischen nach Bonn gewechselten Ranke-Schülers Heinrich von Sybel. Dieser empfahl 1890 den bei einem Auslandsaufenthalt des *Preußischen Historischen Instituts* in Rom weilenden Hansen als Nachfolger Konstantin Höhlbaums im Direktorat des wichtigen Kölner Stadtarchivs[419].

Neben der jetzt beginnenden Karriere als Wissenschaftsorganisator[420] vernachlässigte Hansen nie seine Quellenstudien. Den *Nuntiaturberichten aus Deutschland*, 1572–1585 (1892/1894) und den *Rheinischen Akten zur Geschichte des Jesuitenordens* 1542–1582 (1896) folgten seine bahnbrechenden Studien zu *Zauberwahn, Inquisition und Hexenprozeß im Mittelalter und die Entstehung der großen Hexenverfolgung* (1900) mit der zugehörigen Edition *Quellen und Untersuchungen zur Geschichte des Hexenwahns* (1901), das auch einen gewichtigen Beitrag des Bonner Germanisten und Niederlandisten **Johannes Franck** (1854–1914), eines sprachwissenschaftlichen Grundlagenforschers deutsch-jüdischer Herkunft und preußischer Gesinnung, mit dem Hansen befreundet war, zur Geschichte des Wortes »Hexe« enthielt[421]. In diesen beiden Werken zeichnete Hansen das Entstehen der wissenschaftlichen Dämonologie und die Entwicklung ihrer einzelnen Komponenten bis zur Konstruktion des »kumulativen Hexereidelikts« mit einer Gründlichkeit nach, die selbst hartgesottene Zeitgenossen beeindruckte. Während Soldan oder die meisten anderen Autoren mit Ausnahme Riezlers[422] nie in der *Historischen Zeitschrift* rezensiert worden waren, konnte man jetzt an der Thematik nicht mehr vorbeigehen. Möglicherweise war es sogar Max Lenz, der in der *Historischen Zeitschrift* rezensierte: »Wer meint, daß er hier einem bis zum Überdruß abgehandelten Thema begegne, oder gar einer gangbaren Kulturkampfschrift, der irrt gewaltig.« Der Rezensent des Quellenbandes steigerte sich gar zu »aufrichtigem Dank« an den Herausgeber für dessen »Geschenk« an die Wissenschaft[423]. 1905 rundete Hansen seine Beschäftigung mit der Thematik durch die Herausgabe der deutschen Übersetzung von Henry Charles Leas *Geschichte der Inquisition im Mittelalter* ab[424].

Hansens Studien gehören zum Besten, was je über die geistesgeschichtlichen Grundlagen der Hexenvorstellung publiziert worden ist, sie gelten international als das bedeutendste Produkt der älteren Hexenforschung[425]. Hansens Forschungen erfuhren weitestgehende Rezeption über

Länder- und Fachgrenzen hinaus. Eduard Hoffmann-Krayer besprach und kritisierte sie im *Schweizerischen Archiv für Volkskunde*, Marcel Mauss in Émile Durkheims *Annee Sociologique*, der führenden soziologischen Zeitschrift dieser Zeit[426]. Auch in Zukunft wird niemand, der sich mit der Thematik wissenschaftlich beschäftigen will, um die Lektüre der beiden Bücher Hansens herumkommen, weil wichtige Quellentexte der Zeit bis 1500 ediert und sachkundig kommentiert sind. Hansens Forschungsreisen, die anhand seines Nachlasses im Kölner Stadtarchiv genau nachvollzogen werden können[427], seine internationalen Kontakte und die Kenntnis der großen Quelleneditionen (*Patrologia Latina*, *Monumenta Germaniae Historica* etc.) haben die Zahl der notwendigen Ergänzungen bis heute in Grenzen gehalten. Hansen eröffnete seine Zitate selbstverständlich mit einer Reverenz an Lecky und zog aus den europäischen Literaturen alle Titel heran, die ihm dienlich erschienen: Der Oxforder Ethnologe **Edward Burnett Tylor** (1832–1917) mit seiner evolutionistischen Kulturstufentheorie, dem wir auch den Begriff der »survivals« (»Überbleibsel«, »Überlebsel«), älterer Kulturstufen »inmitten einer neueren Kultur«, verdanken, war als geschätzte Autorität natürlich dabei, denn seine Annahmen korrespondierten mit den bürgerlich-liberalen Prämissen Hansens. Michelet war ebenso selbstverständlich nicht unter den Zitierten, denn mit seinem voluntaristischen Romantizismus, der archivalische Quellen durch sozialrevolutionäre Phantasien ersetzte, konnten Historiker aus der Ranke-Schule überhaupt nichts anfangen: Er war nicht einmal der Kritik wert[428].

Die methodischen Limits der älteren Hexenforschung, die sich am Beispiel Hansens aufzeigen lassen, gründen nicht in nationaler oder disziplinärer Borniertheit. Wenn dies auf viele Autoren zutreffen mag, bei dem weltoffenen Hansen mit seinen Forschungsreisen und der internationalen Gelehrtenkorrespondenz, den engen Kontakten zur amerikanischen Inquisitions- und Hexenforschung, sicher noch am wenigsten. Vielmehr waren die Begrenzungen dem »Soldan-Paradigma« inhärent, wie man sehr schön belegen kann: Hansen legte im Vorwort seines *Zauberwahns* dar, um zu einer »wirklichen Erklärung« zu gelangen, sei es notwendig, »einerseits die seither auf diesem Gebiet vielfach üblichen theoretischen Raisonnements zu vermeiden, andererseits selbstverständlich nicht im 16. und 17. Jahrhundert einzusetzen und zu der Flut von Einzelprozessen ... neue Details zu liefern, die nichts weiter bieten können, als eine Bestätigung des allen bekannten Bildes voll grausiger Einförmigkeit«. Der Verzicht auf »theoretisches Raisonnement« mag eine Anspielung auf den zeitgenössischen »Methodenstreit« um die Historiographie des väterlichen Freundes Lamprecht – auch als Lamprechtstreit bekannt – enthalten, der seit 1893 die deutsche Historikerschaft erschütterte. Lamprecht hatte zwar 1891 sein Ordinariat in Leipzig angetreten, doch dürfte Hansen die Verbindung zu seinem Förderer kaum abgebrochen haben[429]. In doppelter Weise wird die Weigerung erkennbar, den Hexenglauben als »fait social« und Hexenprozesse als zeitgenössisches »Bedürfnis« der Gesellschaft anzuerkennen, wie sie eine Lektüre von Durkheims *Regeln der soziologischen Methode* nahegelegt hätte, insbesondere die Grundregel, »Soziales nur durch Soziales zu erklären«[430]. Nicht nur Hansen, sondern die meisten Historiker verweigerten sich diesem Zugang zum Verständnis einer Gesellschaft. Mit dem Rüstzeug des Philologen näherte sich der Kölner Archivar seinen Quellen, ohne sich Rechenschaft darüber abzulegen, in wie hohem Maße seine scheinbar wertfreie Methode durch die zeitgenössische Ideologie des liberalen westeuropäischen Bürgertums geprägt war. Die außergewöhnliche Chance, die gerade um 1900 starke Stellung der Soziologie in Deutschland für einen interdisziplinären Austausch nutzbar zu machen, wurde verspielt[431].

Einen Grund mag man darin sehen, daß die historische Hexenforschung in ihrem eigenen Fach um Anerkennung zu ringen hatte und sich nicht mit weiteren Fronten belasten wollte. Wie problematisch die Situation war, kann exemplarisch am Beispiel Hansens betrachtet werden. Seine Arbeiten waren natürlich anerkannt, dreimal erhielt er Rufe an angesehene Universitäten (1912 Leipzig, 1914 Kiel, 1916 Breslau), die er aus unterschiedlichen Gründen ablehnte. Nicht zuletzt die Bonner Historiker **Aloys Schulte** (1857–1941), Moriz Ritter und Friedrich von Bezold beschworen ihn, in Köln zu bleiben[432]. Und ihre Sympathien erstreckten sich auch auf die Hexenthematik, bei Ritter und Bezold nicht zuletzt aufgrund des Kontakts zu Riezler während ihrer gemeinsamen Zeit in München. Joseph Hansens Doktorvater, **Moriz Ritter** (1840–1923), der in Bonn bei Sybel promoviert und 1867 in München bei Cornelius habilitiert worden war, bot 1895 in seiner *Deutschen Geschichte im Zeitalter der Gegenreformation und des Dreißigjährigen Krieges* erstmals einen so gelungenen Überblick über Verlauf und geographische Verteilung der Hexenprozesse in Deutschland, daß ihn Schormann noch 1981 fast wörtlich übernehmen konnte. Ritter war unter den liberalen Historikern im übrigen einer der ersten, der neben den Verfehlungen der Kirche und des Staates explizit der sozialen Situation und der Mentalität der bäuerlichen Bevölkerung entscheidenden Anteil am Zustandekommen der Hexenverfolgungen beimaß. »Aberglauben« sah Ritter sowohl auf seiten der Kirche als auch bei den Bauern. »Aber neben ihm wirkten noch allgemeinere Motive ... Was dann die Feinde der Hexen angeht, so sehen wir diese sich zu Verfolgungen im großen Stil erheben, wenn elementare Unglücke – jähe Todesfälle, Viehseuchen, Mißernten – und neben denselben vielleicht, als in der Tiefe wirkendes Element, die allgemeine wirtschaftliche Klemme Angst und Grimm zugleich hervorriefen: verzweifelte Stimmungen, die dann schließlich in dem Massenruf, daß die Hexen mit ihren Zaubersprüchen, Tränken, Salben und sonstigen Teufelskünsten das Unglück über die Menschen gebracht haben, ihren Ausbruch fanden. Dies letztere, nämlich der Drang einer erregten Bevölkerung, war es, was vorzugsweise den unmittelbaren Anstoß zu den Massenprozessen gab.« Mit seinem genialen Gespür für das Zusammenwirken sozialer und kultureller Faktoren ist Ritter den Themen der neuen Hexenforschung am nächsten gekommen[433].

Friedrich von Bezold (1848–1928), der wie Riezler von Giesebrecht in München promoviert und habilitiert worden war, schrieb in der *Historischen Zeitschrift* einen interessanten Beitrag über Jean Bodin und seine *Daemonomanie* und ging in einer Studie über das *Fortleben der antiken Götter im mittelalterlichen Humanismus* auch auf den rätselhaften Diana-Kult ein, der im *Canon Episcopi* und seinen Paralleltexten angesprochen wird[434]. Der Bonner Medizinhistoriker und Mitbegründer der modernen Pharmakologie, **Carl Binz** (1832–1913), steuerte wertvolle Studien zu frühen Gegnern der Hexenprozesse wie dem Arzt Johann Weyer, Hermann Witekind alias Augustin Lercheimer, und Anton Prätorius/Scultetus bei, seine Abhandlung *Über den Traum* beeinflußte zudem Sigmund Freuds »Traumdeutung«. Binz' Hauptwerk waren seine *Grundzüge der Arzneimittellehre*, es erlebte dreizehn Auflagen und wurde in sieben Sprachen übersetzt. Vermutlich stieß er über die Medizingeschichte auf Weyer, und es ist ganz unklar, ob er mit den Bonner Historikern und Joseph Hansen Kontakt hatte, doch spricht einiges für diese These[435]. Karl Lamprecht, der Förderer Hansens, behandelte als Ordinarius am Leipziger *Institut für Kultur- und Universalgeschichte* das Zeitalter der Hexenprozesse in seiner *Deutschen Geschichte*, ohne jedoch die Klarheit der Ritterschen Darstellung zu erreichen[436]. Lamprecht wirkte in Leipzig auch bei Promotionen zum magischen Themenkomplex mit, etwa bei der brauchbaren Arbeit von **Carly Seyfahrt** (1890–?) über *Aberglaube und Zauberei in der Volksmedizin Sachsens*[437].

Selbst im Falle des international anerkannten Kollegen Hansen zeigte sich, daß die historistische Schule mit dem Hexenthema wenig anfangen konnte. Ihr führender Vertreter **Friedrich Meinecke** (1862–1954), der einen Teil seiner wissenschaftlichen Sozialisation – die Ausbildung bei Treitschke und Sybel – mit Hansen gemeinsam durchlebt, im sogenannten »Lamprechtstreit« aber gegen die Einführung neuer Themen und Theorien gestimmt hatte[438], meinte in seiner Laudatio auf den siebzigjährigen Joseph Hansen euphemistisch, dieser habe sich »mit aufspürender und besonnenster Kritik in die dunklen Gebiete des mittelalterlichen Wahns« begeben. Solch trübes Tun galt dem Erben Rankes und Droysens aber wenig neben Hansens Verdienst, historiographisch »den Rheinstrom mit den Geschicken Deutschlands und

Preußens verknüpft« zu haben[439]. Die Historiker wünschten sich Hansen, der unter dem Eindruck der französischen Besetzung des Rheinlandes nach dem Ersten Weltkrieg auch hierzu Stellung genommen hatte[440], als »nationalen« Historiographen. Der Liberale Hansen hat sich jedoch nie für den Bismarckschen Machtstaat und seine historistische Apotheose begeistern können. Mit der Machtübernahme der Nationalsozialisten zog sich der im achten Lebensjahrzehnt stehende Gelehrte angesichts der »politischen Verirrung der jungen Generation« aus dem öffentlichen Leben zurück. Zehn Jahre später verlor der Gegner des NS-Regimes in Köln zusammen mit seiner Frau bei einem amerikanischen Bombenangriff auf Köln sein Leben[441].

30. »Wir erkennen daraus sofort den Standpunkt des Verfassers«: Hexenforschung in den Alpenländern

Bereits das Beispiel Österreich zeigt eine sehr viel weniger konfliktreiche Entwicklung als in Deutschland. Eine konfessionelle Frontstellung spielte dort wie in anderen konfessionell homogenen Ländern keine Rolle, die Historiographie war primär von einem wachen Interesse für die eigene Vergangenheit getragen. Dabei wurde der theoretische Rahmen durchaus aus dem nördlichen Nachbarland bezogen, die Forscher folgten entweder Grimm oder Soldan, der später durch Riezler und Hansen ersetzt wurde. 1858 publizierte der Innsbrucker Germanist **Ignaz Vinzenz Zingerle** (1825–1892), ein Märchen- und Sagensammler im Gefolge der Brüder Grimm, eine Studie über zwei spektakuläre Hexenprozesse, in denen bekannte Sagenmotive Südtirols enthalten waren[442]. Die 1874 publizierte Regionalstudie des Südtiroler katholischen Seelsorgers **Ludwig Rapp** (1828–1910) über die *Hexenprozesse und ihre Gegner aus Tirol*[443] oder die Studien über frühe Hexenprozesse des Brixener Chorherren und Hochstiftsarchivars des damals noch zu Österreich gehörenden Brixen, **Hartmann Ammann** (1856–1930)[444], standen der deutschen Forschung an Qualität nicht nach, sondern brachten die spezifischen Eigenheiten der Tiroler Entwicklung – intensiver Volksglaube und dauerhafte Skepsis gegenüber Hexenprozessen – mit großer Konsequenz zur Kenntnis einer breiten Öffentlichkeit.

Im Werk des Grazer Juristen **Fritz Byloff** (1875–1940), dessen reiches Oevre 1902 mit einer juristischen Dissertation über das »crimen magiae« begann[445], einer der international ersten zu diesem Thema vergebenen Dissertationen, gipfelte die ältere österreichische Hexenforschung: Neben mehreren Aufsätzen brachte Byloff zwei weitere Bücher hervor, über volkskundliche Aspekte der Zauberprozesse, und zuletzt über die *Hexenprozesse in den österreichischen Alpenländern*. Byloff bezog sich darin auf das methodisch »bahnbrechende« Werk Sigmund Riezlers, den er als den Lehrmeister zukünftiger Historiker betrachtete. Seine späteren Werke gingen jedoch insofern über Riezler hinaus, als er emotionale Parteinahmen und – im Lichte neuerer volkskundlicher (Hoffmann-Krayer) bzw. völkerkundlicher (Frazer) Erkenntnisse über die Magie – Schuldzuweisungen ablehnte[446].

Am Beispiel der multikulturellen Schweiz kann man deutlich erkennen, daß sich die Forschung in den drei größeren eidgenössischen Sprachgebieten in etwa parallel entwickelte. Trotz konfessioneller Gegensätze spielten auch hier theologische Fragen keine große Rolle. Im besonders verfolgungsintensiven französischen Sprachgebiet nahe dem Zentrum der frühen Hexereivorstellung finden wir eine frühe Artikelserie von **Jean Nicolas Berchtold** (1789–1860) aus Fribourg, einem im bayrischen Landshut promovierten Mediziner und radikalen Politiker, der als Arzt des Bürgerspitals seiner Heimatstadt 1846 Abgeordneter der Stadt im Großen Rat und 1847 kurzzeitig Staatskanzler wurde. 1840 gründete er die *Historische Gesellschaft des Kantons Freiburg* und erforschte die Hexenprozesse in seinem Kanton[447]. Der Neuenburger Historiker **Frédéric Louis Chabloz** (1841–1905), der sich mit den Hexenprozessen in seinem Kanton beschäftigte, war im bürgerlichen Beruf Direktor der Simplonbahn[448]. Insbesondere die Quellenfunde und Publikationen des Lausanner Archivars **Maxime Reymond** (1872–?)[449] über die Hexenverfolgungen im Wallis trugen jenseits von Hansen zu einer Erweiterung der Quellenbasis über die frühen Hexenverfolgungen bei[450]. Im italienischen Landesteil sind zu nennen die Arbeiten des Gründers des *Bollettino storico della Svizzera Italiana*, **Emilio Motta** (1855–1920), über die Hexenprozesse im Val Leventina und dem Valle Mesolcina, die seit dem 15. Jahrhundert, nach einem Diktum des heiligen Carlo Borromeo als besonders hexenverseucht galten[451]. Nach dem »Soldan-Paradigma« gestrickte positivistische Quellenstudien überwogen auch im deutschsprachigen Landesteil, etwa von **Paul Schweizer** über Zürich oder des Schwyzer Staatsarchivars **Alois Dettling** (1865–nach 1924) über den Kanton Schwyz[452].

Doch wie bereits die Akzentsetzung Johannes Scherrs, Jacob Burckhardts und Otto Henne am Rhyns erkennen ließ, widmete man sich in der Schweiz jenseits des »Soldan-Paradigmas« auch einer Kulturgeschichte, die über den blanken Rationalismus hinausführte und etwa in der Mitte zwischen Aufklärung, Romantik und Historismus anzusiedeln ist – gelegentlich allerdings mit einem kräftigen Schuß Romantik Grimmscher Prägung. Der Höhepunkt der älteren deutschsprachigen Schweizer Hexenforschung ist vor allem mit dem Namen **Eduard Hoffmann-Krayers** (1864–1936) verbunden. Der Begründer der Schweizer Volkskunde hatte sich nach einem sprachwissenschaftlichen Studium in Basel, Freiburg, Leipzig und Berlin in Zürich als Germanist habilitiert. Unvermutet über die regionale Sprachforschung auf den alemannischen Volksglauben gestoßen, entwickelte der Baseler Professor für »Deutsche Sprache und Literatur« mit seinen Mitarbeitern einen größeren Sammeltrieb, der in verschiedene Großprojekte einmündete. Hoffmann-Krayer leistete nicht nur durch seine Quelleneditionen von Luzerner Hexenprozessen einen wichtigen Beitrag zur internationalen Hexenforschung[453], sondern bot mit seinem 1897 gegründeten Fachorgan *Schweizerisches Archiv für Volkskunde* der Hexenforschung ein wichtiges Forum. Von der ersten Nummer an finden sich hier unter dem Titel *Volkskunde* – ein Fach, für das damals noch keine einzige Professur existierte – teils von ihm selbst, teils von anderen Autoren kleinere und größere Beiträge zur Erforschung des Hexenglaubens und der Hexenprozesse, die allerdings oft nur in der Präsentation neuer Funde in den Archiven bestanden[454].

Hoffmann-Krayer war ein Gründervater des akademischen Faches »Volkskunde«[455]: 1896 Mitbegründer der *Schweizerischen Gesellschaft für Volkskunde*, 1904 des *Schweizerischen Museums für Volkskunde* in Basel, 1919 Herausgeber der *Volkskundlichen Bibliographie* im Auftrag des *Verbands deutscher Vereine für Volkskunde*, dessen geschäftsführendem Ausschuß er von 1912 bis zu seinem Lebensende angehörte. Wie die Institutionen Archiv und Museum bereits andeuten, war die Gründungsperiode des Faches wie zu Zeiten Jacob Grimms vom Geist der Bestandsaufnahme geprägt. Daß positivistischer Sammeleifer nicht mit Konzeptionslosigkeit verwechselt werden darf, zeigen Hoffmann-Krayers präzise Kritiken der Werke Joseph Hansens, dessen ideologischer Standpunkt klar herausgearbeitet wurde: »Das ganze Hexenwesen ist nach seiner Ansicht ein Wahngebilde, das in den Köpfen der Geistlichkeit ausgebrütet wurde aufgrund ihrer Überzeugung von der Existenz dämonischer Mächte. Wir teilen diese Ansicht nicht; denn einem vorurteilsfreien Auge muß es schon bei oberflächlichem Verfolgen der Zauber- und Hexenprozesse klar werden, daß, beim »maleficium« wenigstens, in sehr vielen Fällen der Angeklagte wirklich Schädigungsversuche mit Hilfe zauberischer Manipulationen angestellt hat und somit den geistlichen bzw. weltlichen Gerichten verfallen mußte. Die Vorstellungen der nachtfahrenden »striga«, der Verwandlung in Tiere, des geschlechtlichen Verkehrs mit Dämonen usw. reichen in transzendentes Gebiet hinüber und entziehen sich so zum großen teil der wissenschaftlichen Forschung; jedenfalls ist es einseitig, diese Erscheinungen rein historisch-rationalistisch erklären zu wollen. Unseres Erachtens darf der Kulturhistoriker überhaupt nicht von vornherein von der ›wahnsinnigen Verirrung‹ der Hexenverfolgungen sprechen, sondern höchstens von den groben Exzessen und vielfachen Justizmorden, die aus den ursprünglich milderen Formen der Strafrechtspflege erwuchsen ...«[456] Die kritische Distanz gegenüber der rationalistischen Interpretation hinderte den Baseler Gelehrten jedoch nicht, dem Kölner Kollegen höchste Anerkennung für die Schaffung eines wissenschaftlichen »Standard-Werkes« auszusprechen[457].

Eine Spezialität der schweizerischen Forschung war und ist die intensive Beschäftigung mit der Volksmedizin, mit der man an den medizinischen Fakultäten promovieren konnte. Bereits 1898 war dies bei **Hans Zahler** in Bern mit einer Arbeit über den medizinischen Volksglauben der Fall, und die Tradition dieser medizinischen Dissertationen hält bis in die Gegenwart an. Das vielleicht originellste Produkt dieser Reihe ist eine 1937 in Bern eingereichte Arbeit des Landarztes **Eduard Renner** (1891–1951), der sich Gedanken *Über das Magische und Animistische im Erleben und Denken der Urner Bergler* machte. Ein erstes Manuskript erschreckte den Doktorvater derart, daß er Renner per Post theoretische Literatur zuschickte, darunter Storchs *Das archaisch-primitive Erleben und Denken der Schizophrenen* und Hovorka/Kronfelds *Vergleichende Volksmedizin*. Renner ließ sich jedoch wenig beeindrucken bei seiner sehr persönlichen Interpretation der bäuerlichen Geschichten von einer »zweiten Realität«. Er überraschte immer wieder durch seine eigenständigen und tiefschürfenden Interpretationen, in denen er Vorstellungen von »magischen Orten« und »magischen Zeiten« glaubhaft herauspräparierte, die wenig mit der modernen Welt oder der christlichen Religion zu tun zu haben schienen. Für die Mythologen im Gefolge der Brüder Grimm hatte Renner nur Spott übrig, germanische Versatzstücke seien allenfalls durch den Sagensammler **Alois Lütolf** (1824–1879) nach Uri gelangt, »Odins Raben nisten nicht im Uri«, und auch der Teufel spielt keine Rolle. Renner selbst schrieb der analysierten Vorstellungswelt jene archaische Fremdheit zu, die man sonst allenfalls in der Vierten Welt finden zu können glaubt. Den goldenen Nasenring des Stiers im Kantonswappen von Uri betrachtete er als Metapher für jenen »Goldenen Ring«, den der abendliche Bergsegen, der Almruf der Berghirten, als akustischen magischen Schutzring um seine Herden legte. Den Mediziner interessierten medizinische Fragen im Grunde wenig, und es spricht für die Liberalität der Berner Fakultät, daß Renner mit dieser im Grunde ethnologischen Arbeit über das Weltbild der Bergbauern promoviert werden konnte[458].

Eine Züricher juristische Dissertation von **Guido Bader** (1913–?), welche 1945 ohne weitere eigene Recherchen die ältere Schweizer Forschung zusammenzufassen versuchte, folgte dem »Soldan-Paradigma« und übernahm ihren theoretischen Rahmen komplett von Joseph Hansen[459]. Die weit methodenbewußter angelegte Freiburger Dissertation bei Vasella (Freiburg im Üchtland/Fribourg) von **Josef Schacher** über *Das Hexenwesen im Kanton Luzern*, eine auch heute noch brauchbare Arbeit mit solider Quellenarbeit, hat Bader nur zwei Jahre später eine sehr schlechte Rezension erteilt, und die Schweizer Forschung – anknüpfend an den Volkskundler Hoffmann-Krayer – für neue Fragen geöffnet[460]. Soweit man dies an Dissertationen ablesen kann, behielt das »Soldan-Paradigma« dennoch bis 1980 seine Geltung. Ihm folgten auch noch die Züricher medizinische Dissertation von **Robert Minder** über den *Hexenglauben bei den Iatrochemikern* und die juristische Abhandlung von **Hans-Peter Kneubühler** (geb. 1938) über den »Hexenwahn« im Spätmittelalter. Erst der Züricher Volkskundler **David Meili** beschritt mit seiner Mikrostudie *Hexen in Wasterkingen* neue Wege[461].

31. Das *Handwörterbuch des deutschen Aberglaubens* als Zwischensumme der deutschsprachigen Forschung

Den Versuch, ein eigenes, spezifisch volkskundliches Standardwerk dem rationalistischen Historiker gegenüberzustellen, überließ Hoffmann-Krayer im wesentlichen seinem Schüler und Freund **Hanns Bächtold-Stäubli** (1886–1941), der bereits 1908 eine Überarbeitung von Wuttkes altem *Volksaberglauben der Gegenwart* beabsichtigt hatte[462]. Der Plan für ein »Aberglaubenslexikon« als Arbeitshilfsmittel konkretisierte sich 1913 während Bächtold-Stäublis Arbeit an seiner Dissertation über Verlobungs- und Hochzeitsbräuche in Hoffmann-Krayers Bibliothek. »Bei einem der vielen gemütlichen Schoppen in der alten Veltlinerhalle in Basel« beschlossen Hoffmann-Krayer und Bächtold-Stäubli, »gemeinsam ein solches Lexikon der gesamten Volkskunde herauszugeben«[463]. Bereits 1914, Bächtold-Stäubli war inzwischen Sekretär des *Schweizerischen Vereins für Volkskunde* und Mitherausgeber seiner beiden Publikationen, wurde ein erster Vertrag mit dem Straßburger Verlag Trübner geschlossen, der eine Fertigstellung des Buches bereits zum Jahresende 1915 vorsah. In der Zwischenzeit wuchsen aber die Ansprüche an ein derartiges Lexikon, vor allem angesichts des von Johannes Hoops von 1911 bis 1919 herausgegebenen vierbändigen *Reallexikon der Germanischen Altertumskunde*[464] und des von Max Ebert von 1924 bis 1932 edierten fünfzehnbändigen *Reallexikon der Vorgeschichte*[465]. Beide Unternehmen erschienen unter der Ägide des Berliner Verlegers Walter de Gruyter, dem auch der Straßburger Trübner-Verlag gehörte, und wurden von dem Germanisten Gerhard Lüdtke betreut. Dieser war es auch, der den Baseler Volkskundlern gegenüber anregte, »für die Volkskunde ein Monumentalwerk« nach diesem Vorbild zu schaffen[466]. War anfangs noch von einem zweibändigen Werk die Rede, so plante man im Februar 1915 bereits fünf oder sechs Bände über den deutschen »Volksaberglauben«, der zudem eine »Geschichte ... der Erforschung des Volksaberglaubens« vorangestellt werden sollte. Über der Auswertung Wuttkes und Grimms sowie der übrigen verfügbaren volkskundlichen Werke schwollen die Zettelkästen in Basel an, zuletzt sollen sie 1,5 Millionen Karteikarten umfaßt haben. 1921 gab Lüdtke, der sich um die Fertigstellung sorgte, den Anstoß dazu, das Arbeitsvolumen auf mehrere Schultern zu verteilen: Bächtold-Stäubli und Hoffmann-Krayer sollten nicht als Autoren, sondern als Herausgeber fungieren[467].

Durch die Einflußnahme des Verlages Walter de Gruyter wurde aus dem privaten Plan der beiden Schweizer Gelehrten plötzlich eine kulturpolitische Angelegenheit des deutschsprachigen Raumes: Das *Handwörterbuch des deutschen Aberglaubens* wurde 1925 in eine Reihe gestellt mit einem geplanten *Handwörterbuch des Märchens* (Johann Bolte und Lutz Mackensen), einem *Handbuch des Volksliedes* (John Meier und Harry Schewe) und einem *Handwörterbuch der Sage* (Friedrich Panzer). Auf einer Tagung der Vertreter volkskundlicher Vereine stellten Hoffmann-Krayer und Bächtold-Stäubli im September 1925 in Stuttgart ihr Projekt vor und warben um Mitarbeiter[468]. In den beiden folgenden Jahren wurden Beiträge wie am Fließband produziert. Das Verzeichnis der Mitarbeiter im 1927 erschienenen ersten Band (Aal – Butzemann) weist 81 Mitarbeiter aus, davon nur noch sechs aus der Schweiz. Wie sehr sich das Schwergewicht des *Handwörterbuchs des deutschen Aberglaubens* von Basel fortbewegt hatte, kann man daran sehen, daß zwei Drittel der Mitarbeiter Deutsche waren. Wien stellte mit ca. 10% der Mitarbeiter den größten Block an Aberglaubensspezialisten, selbst Graz war noch mit mehr Mitarbeitern vertreten als Basel. In Deutschland rangierten Greifswald, Freiburg und Heidelberg vor der Stadt der Urheber des Projekts. Die Sonderstellung Wiens wird noch an einem weiteren Umstand deutlich: Der Anteil der Frauen am Mitarbeiterstamm lag bei für damalige Verhältnisse beachtlichen 8,6%, doch fünf der sieben weiblichen Mitarbeiterinnen kamen aus der Hauptstadt Österreichs, darunter mit der doppelt promovierten Dr. phil. et jur. Marianne Beth und der habilitierten Privatdozentin Dr. Lily Weiser die mit Abstand am besten qualifizierten[469].

Das *Handwörterbuch des deutschen Aberglaubens*, das bis 1942 auf zehn Bände anwuchs, bildet noch heute ein unersetztes Arbeitshilfsmittel. Wegen der andauernden Nachfrage wurde es 1987 vom Verlag Walter de Gruyter nachgedruckt, allerdings um ein äußerst kritisches, ja warnendes Vorwort von dem Regensburger Volkskundler Christoph Daxelmüller vermehrt, das den Lesern drastisch die methodischen Unzulänglichkeiten vor Augen führt[470]. Mehrere Haupteinwände lassen sich dabei unterscheiden: Während zeitgenössische Rezensionen die Präzision und historisierende Vorgehensweise des *Handwörterbuchs des deutschen Aberglaubens* rühmten[471], wird den Autoren heute gerade das Gegenteil angelastet, nämlich unklare Quellenbelege und die Klitterung zeitlich und räumlich weit entfernter Funde zu scheinbar präzisen Befunden. Vor allem das Grimmsche Kontinuitätspostulat sei ungeprüft übernommen worden, generell seien die Ergebnisse des *Handwörterbuchs des deutschen Aberglaubens* durch »die damals angewandten, heute unzulänglichen Erhebungstechniken und Quellenanalysen« entwertet[472]. Bei aller berechtigten Kritik hieße eine solche Pauschalverurteilung jedoch, das Kind mit dem Bade auszuschütten. Gerade Hoffmann-Krayer hat in seinem propädeutischen Artikel *Aberglauben* vorgeführt, welche methodische Sorgfalt in der Begriffsverwendung, Quellenbehandlung und -analyse ihm vorschwebte. Seine Ablehnung des Begriffs »Volksglauben« hat wenigstens in der Schweiz derartige Wirkung gezeigt, daß dieser Begriff niemals in den Jahresverzeichnissen der Hochschulschriften auftaucht[473]. Daß eine derartige Sorgfalt bei einer so großen Zahl an Mitarbeitern und insgesamt dünner Personaldecke kaum durchzuhalten war, leuchtet ein. Auch muß man sehen, daß das politische Spektrum der Mitarbeiter am *Handwörterbuch des deutschen Aberglaubens* weit gespannt war. Es reichte von dem auf der Linken angesiedelten Begründer der Arbeitervolkskunde, **Will-Erich Peuckert** (Artikel *Endschlacht, Jude, Jüdin*), über die liberalen Schweizer Redakteure und den Bonner Altgermanisten **Hans Naumann** bis hin zu dem Jenaer »Nordisten« **Bernhard Kummer** (Artikel *Frau, Jungfrau*) und den Wiener Mitarbeitern des *SS-Ahnenerbes* wie **Lily Weiser** (Artikel *Hexe, Verhexen, Weihnacht*). Es ist ganz klar, daß bei derartigen Vorlieben nicht nur reine Wissenschaft, sondern auch Politik betrieben wurde[474].

32. Hexenforschung in den romanischen Ländern

In Frankreich gehörte das Hexenthema seit Voltaire zum Fundus der Historiographie. Nach den bereits erwähnten ersten »nationalen« Gesamtdarstellungen durch Garinet und Michelet wurden für einige der alten Verfolgungsgebiete Einzeldarstellungen verfaßt, die dem »rationalistischen Paradigma« verpflichtet waren, so z.B. durch den Archivar **Aristide Dey** (1807–1882) für Burgund[475], den Historiker **Joseph Klélé** und den Literaturwissenschaftler und Bibliothekar des elsässischen Mühlhausen, **August Stöber** (1808–1884), für das Elsaß. Stöber war wie sein Vater Daniel Ehrenfried Stöber (1779–1835) eher Schriftsteller als Historiker[476]. Dieser hatte die Zwischenstellung der elsässischen Forscher in die Worte gefaßt: »Meine Leier ist deutsch, sie klingt von deutschen Gesängen, Liebend den gallischen Hahn treu, ist französisch mein Schwert ... Elsaß heißt mein Land! Elsaß, dir pochet mein Herz!« August Stöber war begeisterter Anhänger der Juli-Revolution von 1830, deren Historiker er wurde. Als Schriftsteller setzte er sich für die Bewahrung der deutschen Kultur im Elsaß ein, sammelte Sagen und Märchen, Sprichwörter und Lieder, setzte sich für Museumsgründungen ein und wurde gewissermaßen der Jacob Grimm des Elsaß. Die Universität Straßburg verlieh ihm dafür zu seinem siebzigsten Geburtstag das Ehrendoktorat[477].

Die Historiker des Elsaß und Lothringens, die von 1871 bis 1918 zum Deutschen Reich Bismarcks gehörten, standen methodisch in der Tradition der deutschen Historiographie. Ihr wichtigster Vertreter, der Straßburger protestantische Pfarrerssohn **Rodolphe Reuss** (1841–

1924), hatte bei Ranke, Droysen und dem Althistoriker Theodor Mommsen (1817–1903) in Berlin studiert und bei dem Mediävisten und Ranke-Schüler Georg Waitz (1813–1883) in Göttingen promoviert. Bereits als Professor am protestantischen Gymnasium in Straßburg wurde Reuss seit 1864 Mitarbeiter an der *Historischen Zeitschrift*[478]. Doch Reuss fühlte in erster Linie als Elsässer. Trotz seiner methodischen Schulung in Deutschland betrachtete er die Beschießung Straßburgs am 24. August 1870 durch deutsche Truppen als einen Akt der Barbarei, gegen den er in einem offenen Brief an den Berliner Historiker und Kriegshetzer Heinrich von Treitschke protestierte. Reuss wandte sich vom 1871 gegründeten Deutschen Reich ab und wurde politisch zum überzeugten französischen Patrioten[479]. Einen Lehrstuhl für Geschichte an der neugegründeten deutschen Universität Straßburg lehnte er ab. Statt dessen widmete er sich der Geschichtsforschung. Eine ihrer ersten Früchte war die 1871 auf Französisch publizierte Untersuchung über das *Hexenwesen im Elsaß auf der Grundlage archivalischer Quellen*. Indem Reuss die Hexenverfolgung als soziales Phänomen begriff, wuchs er nicht nur in der Themenwahl, sondern auch methodisch über seine akademischen Lehrer hinaus. 1896 emigrierte Reuss von seiner Position am Straßburger Gymnasium auf eine Stelle nach Versailles, 1903 holten ihn Freunde nach Paris, wo er 1917 Professor an der *École des Hautes Études* wurde[480].

Den Nekrolog für den Wahlfranzosen Reuss schrieb ein anderer Wahlfranzose, der Lothringer **Christian Pfister** (1857–1933)[481]. Pfister war nach der Besetzung Lothringens durch deutsche Truppen aus Protest vom Gymnasium in Colmar nach Besançon gewechselt, dann Professor für Geschichte an der Sorbonne. Auch Pfister interessierte sich für die Hexenverfolgungen in seiner Heimat, insbesondere für den Lothringer Hexenrichter Nicolas Rémy, der auf dem Höhepunkt der Verfolgung einen umfangreichen dämonologischen Traktat verfaßt hatte. Ihm widmete Pfister den Aufsatz *Nicholas Rémy et la Sorcellerie en Lorrain à la fin du XVIe siècle* in der angesehenen *Revue Historique*, deren Herausgeber er 1913 wurde. Damit befinden wir uns im unmittelbaren Vorfeld der *École d'Annales*, als dessen innovative Vorläufer Reuss und Pfister in der französischen Historiographie gelten. Nachdem Frankreich Lothringen zurückgewonnen hatte, kehrte Pfister 1919 an die Universität Straßburg zurück. Hier wurde er Lehrer von Lucien Fébvre, einem der Gründerväter der Zeitschrift *Annales*, der später auf Pfisters Interesse an den Hexen zurückverweisen sollte. Ihr anderer Urheber, der Mediävist Marc Bloch, sollte den Nekrolog auf Christian Pfister schreiben[482].

Die historiographische Tradition jenseits von Michelet, die auch bereits Studien zur dämonischen Besessenheit aus der Schule Charcots enthielt[483], mündete in das oft zitierte Überblickswerk *Les Grands Jours de la sorcellerie* von **Jules Baissac** (1825–1898) ein, das allerdings keinen Vergleich mit den zeitgenössischen Werken »Soldan-Heppes« oder Hansens aushält[484]. Der Eindruck täuscht wohl nicht, daß die Territorien im Osten und Norden des heutigen Frankreichs intensiveres Interesse erfuhren als der Westen und Süden, wenn man einmal von der Inquisitionsforschung absieht. Insbesondere für die für die Entstehung der Hexensabbatvorstellung wichtigen Alpengebiete der Dauphiné und der Haute-Provence, Avignon und die Provence fehlen bis heute gründliche Studien. Die im Jahr 1900 publizierte kommentierte Bibliographie von **Robert Yve-Plessis** beschränkte sich auf Frankreich[485]. Bezeichnend für die Selbsteinschätzung der französischen Geschichtsforschung mag sein, daß die *Grande Encyclopédie* außer Baissac und Walter Scott am Ende des 19. Jahrhunderts ausschließlich deutschsprachige Literatur, von Wilhelm Gottlieb Soldan bis Otto Henne am Rhyn, zitierte[486]. Kurz vor dem Ersten Weltkrieg, als in Paris das Interesse am Okkultismus einen Höhepunkt erreichte, erschien von **Theodore de Cauzon** eine vierbändige *Geschichte der Magie in Frankreich*, die in eine Reihe mit den emphatischen Ausarbeitungen Ennemosers und Constants gestellt werden kann[487].

Ähnlich unbefriedigend war die Forschungslage in Italien. Für die Hexenvorstellung zentrale Territorien wie Savoyen, Piemont oder Mailand harren bis heute der Bearbeitung[488]. Obwohl es an Einzelstudien nicht fehlte, darunter der grundlegenden Studie von **Federico Odorici** über die Inquisition im Veltlin (Val Tellina)[489], konnte in der *Enciclopedia Italiana* noch in den 1930er Jahren außer französischen, englischen und deutschen Werken fast nur volkskundliche Literatur über das italienische Hexenwesen herangezogen werden[490], eine Forschungstradition, die offenbar bis zum Beginn des 21. Jahrhunderts Bestand hat. Denn die zukunftsweisenden Arbeiten des neapolitanischen Religionswissenschaftlers **Ernesto de Martino** (1908–1965) über Magie und »primitive Religion« im Süden Italiens, vor allem *Il mondo magico. Prolegomeni a una storia del magismo*, waren weniger an den historischen Hexenverfolgungen als vielmehr an der Funktionsweise einer archaisch wirkenden Alltagswelt im Europa der Moderne interessiert, die mit den Mitteln der zeitgenössischen Ethnologie untersucht wurden. Seine Feldforschungen brachten Martino zu folgender pragmatischer Definition: »Die Magie in Lukanien ist ein Set von sozialisierten, tradierbaren Techniken, dazu bestimmt, das Individuum vor den Krisen psychischen Elends zu bewahren.« Die noch von Durkheim und Mauss behauptete Antithese von Magie und Religion lehnte er ab: »Jeder Versuch, das Verhältnis Magie – Religion in einer Sakralitätserfahrung zu begründen, die die reale Dialektik dieser Beziehung verneint und eine Religion ohne magische Elemente oder eine reine Magie ohne religiöse Elemente zu begründen, gehört in den Bereich konfessioneller Polemik.«[491]

Das viel zitierte Buch *Caccia alle streghe* von **Giuseppe Bonomo**, Historiker an der Universität Palermo, hat entgegen dem Titel ebenfalls den Hexenglauben zum Gegenstand[492]. Insofern fügt sich ein berühmter Schüler des Pisaner Ketzerhistorikers **Delio Cantimori** (1904–1966)[493] nahtlos in die nationale Tradition ein: **Carlo Ginzburg** (geb. 1939). Ihm allerdings wurde die Folklore Anfang der 1960er Jahre zum methodischen Problem: »Während der Zeit der Abfassung der *Benandanti* hatte ich das Gefühl gehabt, einen Schachtdeckel hochzuheben und bis zum Zentrum der Erde zu sehen. Ich habe den Schachtdeckel wieder geschlossen: ich war von dem Problem völlig überfordert.«[494] Überfordert war auch der Verfasser des Artikels *Streghoneria* im *Grande Dizionario Encyclopedico* von 1972: Die deutschsprachige Literatur war jetzt gestrichen, aber die neue Hexenforschung noch nicht entdeckt: Michelet, Murray, Summers und Bonomo heißen hier die zweifelhaften Gewährsleute, und Millionen von Hexen werden hier hingerichtet, allein zwanzigtausend von Benedict Carpzov[495].

33. Der Kampf gegen christlichen Fundamentalismus: Die ältere Hexenforschung in den USA

Die mächtigste Forschungstradition außerhalb der deutschsprachigen Länder entwickelte sich Ausgang des 19. Jahrhunderts in den USA. Erik Midelfort hat darauf hingewiesen, daß die Hexenprozesse früh »ein wichtiger Teil der nationalen Geschichte« geworden sind, ungeachtet der Tatsache, daß sich die Auseinandersetzung von Anfang an auf die »Salem Witch Trials« von 1692/93 beschränkte, der ersten und letzten Hexenverfolgung in den Neuenglandstaaten. Kleinere Hexenprozesse wurden erst im Zuge der intensiven Recherchen der letzten Jahre wiedergefunden, von den insgesamt ca. 35 Hinrichtungen entfielen 19 auf Salem/Massachusetts. Bereits im 18. Jahrhundert wurde die Salemer Verfolgung Gegenstand von Darstellungen im Rahmen der Landesgeschichte. Während in der aufgeklärten Kolonialzeit der Gouverneur und Historiker **Thomas Hutchinson** (1711–1780) eine psychologische Deutung des Ereignisses versucht hatte, wurde nach der amerikanischen Revolution durch den unitarischen Nationalhistoriker **George Bancroft** (1800–1891) das Paradigma des kirchlichen Hexenwahns übernommen, da sich der Demokrat eine Schuld des Volkes nicht vorstellen konnte oder wollte. Spätere Darstellungen des 19. Jahrhunderts radikalisierten diese Perspektive und erhoben die »Salem Trials« gar zu einer

Art Wendepunkt der amerikanischen Geschichte, da der »Despotismus der Pastoren« danach gebrochen worden sei[496].

Die amerikanische Hexenforschung im engeren Sinn wurde geprägt durch die Persönlichkeit des liberalen Verlagsbuchhändlers und Privatgelehrten **Henry Charles Lea** (1825–1909). Der Unitarier wollte ursprünglich eine vergleichende Religionsgeschichte des Bösen schreiben, ein Vorhaben, das an der Fülle des Materials ebenso scheiterte wie der dann gehegte Plan einer Geschichte der Hexenverfolgung. Resultat war eine Beschränkung auf das katholische Europa des Mittelalters und hier konkret die *Geschichte der Inquisition*. In einem weiteren Werk über die *Spanische Inquisition* entdeckte Lea als erster deren rühmliche Position in Hexenprozeßfragen[497]. Erst im Alter wandte er sich erneut der Geschichte der Hexenverfolgung zu, über die in Englisch seiner Ansicht nach seit Lecky, mit dem er einen Briefwechsel unterhalten hatte, nichts Bemerkenswertes mehr geschrieben worden war[498]. Lea war moderner als alle seine Zeitgenossen, weil er bis zu seinem Lebensende versuchte, die gesamte zeitgenössische Literatur zum Thema Hexerei auszuwerten. Er verstarb vierundachzigjährig bei der Auswertung des dritten Bandes von Haubers *Bibliotheca acta et scripta magica* über die Hexenverfolgungen in Franken[499].

Leas Perfektionismus versetzt uns heute in die Lage, aus der Sicht eines Zeitgenossen um 1900 die Forschungslage zu betrachten: Außer in Deutschland hielt er sie für sehr unbefriedigend, in Frankreich ebenso wie in Skandinavien, England, Schottland, Spanien oder Italien[500]. Die posthume Herausgabe der Schriften Leas als Art eines sekundären Quellenkorpus übernahm mit **Arthur C. Howland** ein Schüler Burrs und Inhaber der »Henry Charles Lea Professur« an der *University of Pennsylvania*. Sie bilden gleichsam ein Monument des »rationalist paradigm« und sind heute noch wegen der kundigen Kommentare Leas zu seinen extensiven Exzerpten lesenswert[501]. Über George **Lincoln Burr** (1857–1938), der eigentlich eine Geschichte der Toleranz hatte schreiben wollen, kam Lea nach 1900 in Kontakt mit Joseph Hansen, mit dem er eine Korrespondenz begann. Lea und Hansen schätzten sich gegenseitig sehr, wie unter anderem aus Hansens bereits erwähnter Herausgabe der deutschen Übersetzung der Leaschen Inquisitionsgeschichte ersichtlich ist, und Leas Materialsammlung zur Hexerei zeigt, wie aufnahmebereit er gegenüber der deutschsprachigen Hexenforschung (Hansen, Riezler, Janssen, Soldan/Heppe, Paulus, Duhr und Byloff) war[502]. Auch Burr, der bereits im Alter von fünfzehn Jahren einen Aufsatz Leas über die Folter gelesen hatte und später in engen Kontakt zu ihm trat, hatte früh sein Interesse Deutschland zugewandt und wichtige Quellen zu den Kurtrierer Hexenprozessen, insbesondere Schriften des Verfolgungsgegners Cornelius Loos und 1882 Prozeßakten über den als Hexer hingerichteten kurtrierischen Rat Dr. Dietrich Flade, entdeckt, dessen Fall Zeitgenossen als Präzedenzfall galt. Erik Midelfort hat darauf hingewiesen, daß Burrs geistige Nähe zu Lea nicht zuletzt religiös bestimmt war. Als Baptist und späterer Unitarier war er ein unbedingter Verfechter religiöser Toleranz, nicht totalitäre weltanschauliche oder religiöse Einheit, sondern die Einhaltung der Menschenrechte war ihm ein starkes Anliegen. Die europäischen Hexenprozesse waren daher für beide nicht Ausdruck von Aberglauben, sondern Folge gelehrten Wahns[503].

Wie eine Generation vor Lea schrieb auch Burr, Professor für Geschichte an der *Cornell University*, deren Bibliothek er eine reiche Sammlung von Schriften und auch Akten zur Geschichte der europäischen Hexenprozesse hinterließ, eine Einschätzung der internationalen Forschungssituation[504]. Und mit Ausnahme von England und Nordamerika, worüber mittlerweile mit den Arbeiten des Literaturwissenschaftlers **George Lyman Kittredge** (Harvard), der auf anthropologischer Grundlage versuchte, die Hexenprozesse aus den zeitgenössischen Denkweisen heraus zu »verstehen«, und des amerikanischen Historikers **Wallace Notestein** (Yale) neue Forschungen auf der Grundlage gedruckter Quellen publiziert worden waren, hatte sich die Situation in seinen Augen nicht wesentlich verbessert. Kittredges Position über die Schuldfrage war für Burr inakzeptabel, und auch Notesteins Untersuchung barg Überraschungen, reduzierte er doch die erwarteten Opferzahlen – wie zuvor Lea für Spanien – für England gewaltig. Vielleicht als erster Historiker veröffentlichte er im Appendix seiner Arbeit eine Prozeßliste mit genauen Quellenangaben, wie dies heute allgemein üblich ist: Erik Midelfort hat sie für seine Regionalstudie 1972 als Modell benutzt, und andere Studien haben sich an ihm orientiert[505]. Als »excellent pioneering study« wurde nach dem großen Paradigmenwechsel vor allem die 1929 publizierte Untersuchung von **Cecil Herbert L'Estrange Ewen** betrachtet, die nicht zuletzt eine kritische Bestandsaufnahme des leichter zugänglichen ungedruckten Quellenmaterials lieferte[506]. Ewens Untersuchungen wurden von Keith Thomas als »the essential starting-point for any analysis of English witchcraft-prosecution« bezeichnet, womit ihm eine Rolle zugewiesen wurde, die für den europäischen Rahmen Soldan spielte[507].

Die internationale Hexenforschung des beginnenden 20. Jahrhunderts war – von deutschen Sonderproblemen abgesehen – insgesamt geprägt vom Geist des Liberalismus. Konfessionelle Streitigkeiten lagen den meisten Forschern fern. Doch war die liberale Forschungsrichtung nicht frei von moralischem Impetus. Eine neue Quelle des Bösen wurde entdeckt, gegen die die Zivilisation verteidigt werden mußte: die dogmatische Religiosität, genauer der christliche Fundamentalismus, katholischer oder protestantischer Provenienz, der bei der größten amerikanischen Hexenverfolgung in Salem/Massachusetts in Gestalt des Reverend Cotton Mathers eine Rolle gespielt hatte und hie und da immer noch die Freiheit von Forschung und Lehre bedrohte. Leas Zeitgenosse **Andrew Dickson White** (1832–1918), zeitweise amerikanischer Botschafter in Berlin, hatte als Präsident der *Cornell University* (Ithaca/New York) den größeren Teil seiner Amtszeit gegen solche Theologen zu kämpfen. Er nahm in seine *History of Warfare of Science with Theology and Christendom* deswegen einen längeren, auch in Deutschland beachteten Abschnitt über »witch craze« auf[508]. Burrs Forschungen über die Hexenprozesse gegen den Trierer Rat Dr. Dietrich Flade und den Bamberger Bürgermeister Johannes Junius, schließlich die Unterdrückung des Verfolgungsgegners Cornelius Loos müssen vor diesem zeitgeschichtlichen amerikanischen Hintergrund gelesen werden[509]. Der Kampf der Vernunft gegen die Religion, so lautete der Titel des Dramas von der Aufklärung bis zur damaligen Gegenwart in den Augen der Rationalisten. Dieser Aktualitätsbezug des Hexenthemas wurde auch von Joseph Hansen betont: »Die Elemente des Wahns, auf denen sie [die Hexenverfolgung] sich aufgebaut hat, werden noch heute fast ausnahmslos in den Lehren der geltenden religiösen Systeme weitergeführt. Insofern wohnt also unsern historischen Darlegungen auch ein besonderes aktuelles Interesse bei.«[510]

34. Die soziologische Magietheorie und ihre Ableger

Die Erklärungen für die Fortdauer des Zauberglaubens in den fortgeschrittenen Industriegesellschaften des ausgehenden 19. Jahrhunderts muß für die Rationalisten höchst irritierend gewesen sein, und die theoretischen Erklärungen für diese »survivals« waren keineswegs befriedigend. Zweihundert Jahre Aufklärung hatten hier wenig bewirkt, und die Erklärungen der Mythologen waren insgesamt nicht überzeugend, denn warum sollten Teile einer Mythologie überleben, wenn diese heidnischen Religionen seit vielen Jahrhunderten von der entwickelten christlichen Hochreligion ersetzt worden waren. Die Antwort der Soziologen im Gefolge des Gründervaters **Émile Durkheim** (1858–1917), der den Kampf mit dem »Mystizismus« der Kirche weniger geräuschvoll führte, mußte natürlich lauten, daß dafür soziale Gründe ausschlaggebend sein mußten, Gründe nicht in ferner Vergangenheit, sondern in der aktuellen Gegenwart: »Der erste Ursprung eines jeden sozialen Vorgangs von einiger Bedeutung muß in der Konstitution des inneren sozialen Milieus gesucht werden.«[511] Nur wenige Monate nach den großen Manifesten des »rationalistischen Paradigmas« veröffentlichte **Marcel Mauss** (1872–1950), Neffe und Mitarbeiter Durkheims, seit 1903 Professor für Religionsgeschichte »nichtzivilisierter Völker« in Paris und »Gründervater der französischen Ethnologie«, zusammen mit dem Historiker **Henri Hubert** in Durkheims *Année sociologique* eine *Theorie der Magie*, die sich ziemlich radikal von allem unterschied, was Historiker wie Hansen, Volkskundler wie Grimm oder Lehmann und Ethnologen wie Tylor oder Frazer über diesen Gegenstand geschrieben hatten[512].

Zwar arbeitete Mauss wie diese am liebsten zu Hause und begab sich nicht zur Feldforschung in ferne Länder, doch war er über die aktuellen Feldforschungen in Melanesien und Australien sowie bei den Indianern Nordamerikas ziemlich gut informiert, berücksichtigte zudem neueste Untersuchungen zur Magie in den alten Hochkulturen, darunter deutschsprachige Untersuchungen über das altjüdische Zauberwesen, altindische Zauberrituale oder Zauberei im alten Mexiko, die man in den Bibliographien deutscher Historiker vergebens sucht[513]. Nicht diese Aktualität, sondern der wertneutrale theoretische Zugriff unterschied diese Abhandlung von allen früheren Texten. Nach einer Begutachtung der ethnologischen Theorien, die alle nur Teilaspekte zu Definitionszwecken heranzogen, rekurrierte Mauss quasi experimentell auf Jacob Grimm, der in der Magie »gewissermaßen eine religion für den ganzen niederen hausbedarf« sah[514], doch nur, um in weiteren logischen Schritten die Differenzierung zu entwickeln, daß der magische Ritus eigentlich »anti-religiös« sei, »irregulär, anormal oder wenigstens kaum achtunggebietend«, um dann zu folgender Definition zu gelangen: »Wir nennen so jeden Ritus, der nicht Teil eines organisierten Kultes, sondern privat, heimlich, geheimnisvoll ist und zum verbotenen Ritus als seinem Extrem tendiert.« Magie wurde damit nicht durch Riten an sich definiert, »sondern durch die Bedingungen, unter denen sie vollzogen wird«[515].

Nach einer Darstellung der Elemente der Magie, des Magiers, der Handlungen und den Vorstellungen schritten Mauss und Hubert zur »Analyse und Erklärung der Magie«, dem Glauben an ihre Wirksamkeit, den »ideologischen Erklärungen« ihrer Wirksamkeit sowie dem »Mana« als Symbol magischer Wirkkraft. Nach Ansicht von Lévi-Strauss ist die Magietheorie von Mauss und Hubert »ganz und gar auf den Begriff des »Mana« bezogen[516]. Die »magische Potentialität« des »Mana« rühre von seiner Stellung im sozialen Leben her, sei als Resultat kollektiver Einstellungen nichts Metaphysisches, sondern etwas Soziales: »Wir sind damit zu der Auffassung gelangt, daß die eigentliche Wurzel der Magie affektive Zustände sind, die Illusionen erzeugen, und daß diese Zustände nicht individuell sind, sondern aus der Mischung von Gefühlen, die dem Individuum eigen sind, mit Gefühlen der gesamten Gesellschaft resultieren.« Es seien die »kollektiven Mentalitäten«, auf welchen die Wahrnehmungstäuschungen gediehen, und: »Die gesamte Gesellschaft ist in einem Zustand von Erwartung und Befangenheit ... Sie sind im Dauerzustand einer Verirrung, in welchem jeder zufällige Zusammenhang ein Gesetz, jede Koinzidenz eine Regel werden kann.«[517] Abschließend hoben Mauss und Hubert – wie schon Tylor und Frazer – die Verwandtschaft der Magie zur Wissenschaft hervor: »So wie die Religion zum Abstrakten, tendiert die Magie zum Konkreten, und sie arbeitet in der Richtung unserer Techniken, unserer Gewerbe, der Medizin, Chemie, Mechanik etc. Die Magie ist wesentlich eine Kunst des Machens.« Daher sei es kein Zufall, daß einige moderne Wissenschaften entwicklungsgeschichtlich mit der Magie zusammenhingen[518].

Wenn Mauss die Magie nicht unter moralischen oder religiösen, sondern unter funktionellen Gesichtspunkten behandelte, so stellte dies eine kleine und folgenreiche Revolution dar, eine vorsichtige Rehabilitierung der historischen Magie, die vielleicht um die Jahrhundertwende in der Luft lag. Ähnliches läßt sich für das Gebiet der »Hohen Magie« beobachten. Der amerikanische Historiker **Lynn Thorndike** (1882–1965) verfolgte nur zwei Jahre später in seiner New Yorker Dissertation über *The Place of Magic in the Intellectual History of Europe* die Absicht, Naturwissenschaft und Magie aus jener anachronistischen Frontstellung zu befreien, in die sie seit dem 19. Jahrhundert geraten seien. Abgesehen von der exzellenten Kenntnis der antiken Quellen basierte die Untersuchung auf dem »rationalistischen Paradigma« (Lecky, Lea, Frazer)[519]. Thorndikes These gemäß gab es nicht nur keinen theoretisch fundierten Unglauben an die Wirksamkeit der Magie in der klassischen Antike, sondern eine positive historische Verbindung zwischen »Magia naturalis« und experimentellen Naturwissenschaften von der Antike über das europäische Mittelalter bis weit in die frühe Neuzeit hinein. Thorndike versuchte in seinem monumentalen Lebenswerk, der achtbändigen *History of Magic and Experimental Science*, diese These aus der Tradition des »rationalistischen Paradigmas« für das gesamte Mittelalter und die frühe Neuzeit zu belegen. Thorndikes 1923 begonnene und 1958 vollendete Vorgeschichte der modernen Naturwissenschaften lieferte nichts weniger als eine neue Sichtweise der sogenannten »Hohen Magie«[520].

Ein solcher geistesgeschichtlicher Ansatz war den französischen Soziologen nicht nur deshalb fremd, weil sie die Bemühungen Thorndikes ignorierten, sondern weil sie an keiner historischen Entwicklung interessiert waren, wiewohl sie sich nicht scheuten, mit geschichtlichen Beispielen zu operieren. Durkheim bemächtigte sich 1912 selbst der religiösen Thematik, die er zuvor gemieden hatte, und stieß dabei unweigerlich auf das Magieproblem. In *Les formes élementaires de la vie religieuse* übernahm Durkheim, wie Lévi-Strauss bemerkt hat, weitgehend die theoretischen Vorgaben seines Schwiegersohns Mauss, widmete sich jedoch eingehender dem Problem einer Differenzierung zwischen Magie und Religion, »zwei Tatbestände, die zwar verwandt sind, aber trotzdem unterschieden werden müssen«. Beide Bereiche der Metaphysik kannten Überzeugungen, Dogmen, Mythen und Riten, Zeremonien, Opfer, Gebete, Gesänge und Tänze. »Die Wesen, die der Magier anruft, die er in Bewegung setzt, sind nicht nur gleicher Natur wie die Kräfte und Wesen, an die sich die Religion wendet, es sind sehr oft genau die gleichen.«[521] Dennoch gebe es gravierende Unterschiede zwischen Religion und Magie, weil diese die Gemeinschaft einbeziehe, jene hingegen privat sei. Selbst wenn sie in einer Gesellschaft mehr Anhänger habe und genauso geachtet werde wie die Religion, so gebe es doch keine »magische Kirche«, allenfalls gebe es Gemeinschaften von Magiern, nie jedoch von Gläubigen. Der Magier ist »in Bezug auf die Magie das, was der Priester in bezug auf die Religion ist«. Aber »der Magier hat eine Kundschaft und keine Kirche, und seine Kunden brauchen untereinander keine Beziehungen zu haben«[522]. In Auseinandersetzung mit Tylor und Frazer bestritt Durkheim deren Stufentheorie und stellte am Beispiel der sympathetischen Magie die geistreiche, aber wenig überzeugende These einer umgekehrten Abhängigkeit auf: »Unter dem Einfluß von religiösen Ideen wurden die Rezepte aufgestellt, auf denen die Kunst der Magier beruht.«[523]

In der Tradition einer Ethnologie, die sich nicht selbst in fremde Länder begibt, sondern quasi nach den Regeln einer cartesianischen Logik operiert, steht auch der Philosoph **Lucien Lévy-Bruhl** (1857–1939), der sich selbst nicht der Durkheim-Schule zurechnete, ihr aber nahestand. Seine Theorie der »primitiven Mentalität«, die durch »prälogisches Denken« gekennzeichnet war, hat zwar einige Verbreitung gefunden, war aber bereits zum Zeitpunkt ihrer Formulierung überholt. Das von Lévy-Bruhl »mystische Partizipation« genannte Phänomen der Teilhabe an der kollektiven Mentalität konnte bei Feldforschern wie Evans-Pritchard nur scharfen Widerspruch hervorrufen. Lévy-Bruhl hat am Ende seine These einer unüberbrückbaren Diskontinuität zwischen »primitivem« und »modernem« Denken zurückgenommen[524]. Von einigen Volkskundlern war sie jedoch bereits rezipiert worden. Der Bonner Germanist **Hans Naumann** (1886–1951) übernahm von Lévy-Bruhl den Begriff der »primitiven Geistigkeit«, die sich von der »logischen« des »Kulturmenschen« unterscheide, und glaubte diese Primitivität in der bäuerlichen Kultur Europas wiederzufinden. Da die »primitive Gemeinschaftskultur« zu eigenen Schöpfungen nicht fähig sei, entwickelte Naumann seine menschenverachtende Unterscheidung zwischen »primitivem Gemeinschaftsgut«, das »psychisch bedingt« und quasi universal und damit auch in Europa vorhanden sei, und »gesunkenem Kulturgut«, das passiv von einer geistig aktiven formbildenden Führungsschicht rezipiert worden sei. Der Weg zum Propagandisten des NS-Staates scheint für diesen Sohn eines ostelbischen Rittergutpächters schon vorgezeichnet[525].

Man kann es als geradezu typisch betrachten, daß Volkskundler wie Naumann solche Theorien aus der Völkerkunde übernahmen, die eine Beibehaltung der Arroganz des bildungsbürgerlichen Spießers erlaubten, und nicht etwa Forschungen der kulturrelativistischen russischen oder amerikanischen Feldforscher übernahmen, die den »Ethnozentrismus« als Grundübel des bornierten Denkens bis hin zum Rassismus betrachteten[526]. Evans-Pritchard, der die Vermutung äußerte, Tylor hätte die britische Unterschicht so wenig gekannt wie die sogenannten »Primitiven«, schrieb 1965 über die Schreibtischgelehrten in seiner Disziplin: »Manchmal möchte man seufzen: wenn doch nur Tylor, Marett, Durkheim und all die übrigen wenigstens ein paar Wochen bei den Völkern verbracht hätten, über die sie so ungehemmt schrieben.« Magietheorien wie diejenige Lévy-Bruhls schienen ihm »eine Mischung aus bloßen Behauptungen, Konjekturen und Verdinglichungen zu sein, für die es keinen zureichenden Beweis gibt«, die zudem auf die Religion genauso zuträfen wie auf die Magie, denn auch diese sei gekennzeichnet durch Aberglauben, prälogische und mystische Mentalität[527]. Mangelnde Wirklichkeitserfahrung wird sogar noch dem großen französischen Anthropologen **Claude Lévi-Strauss** vorgeworfen, der sich ausgiebig mit Mythen bei indianischen Völkern in Südamerika beschäftigte, aber auch mit dem »wilden Denken« und der Stellung des Zauberers in den von ihm beobachteten Kleingruppen der Nambikwara-Indianer Zentralbrasiliens, die er einfühlsam beschrieb. Die Episode des im September 1938 vom Donner entführten Häuptlings und Medizinmanns gehört zu den lesenswertesten Geschichten aus der ethnologischen Literatur. Vom Flug durch die Luft bis zur Tierverwandlung kommen hier auch dem Historiker viele Themen bekannt vor. Obwohl Lévi-Strauss die Feldforschung geradezu mythisierte, ist mittlerweile angemerkt worden, daß der berühmte Strukturalist bestenfalls als »ambulanter Schreibtisch-Ethnologe« bezeichnet werden könne, da er zeit seines Lebens allenfalls einige Kurzaufenthalte von insgesamt fünf Monaten »im Feld« verbracht habe, bei denen er überdies durch mangelnde Sprachkenntnisse gehandicapt war[528].

35. Zur Psychologie des Hexenwahns

Das große Thema des rationalen Verstehens des Irrationalen, praktisch zugespitzt am Problem der Bewertung und Behandlung von Geisteskrankheiten, scheint seit den 1880er Jahren in der Luft gelegen zu haben, erkennbar etwa an der Etablierung Wundts in Leipzig. Die Spuren seines Einflusses lassen sich von der Psychiatrie (Emil Kraepelin) über die Medizin (Adolf Strümpell) bis hin zur Ethnologie (Bronislaw Malinowski) oder Geschichtswissenschaft (Karl Lamprecht) nachweisen. Der Würzburger Arzt **Robert Sommer**, der bei Wundt praktiziert hatte, führte 1894 als terminologische Neuerung den Begriff »psychogene Zustände« ein, um von dem belasteten Terminus »Hysterie« wegzukommen, der in den 1880er Jahren von Paris aus seinen Siegeszug angetreten hatte[529]. Der berühmte Chefarzt des Pariser Spitals der Salpetrière, **Jean Martin Charcot** (1825–1893), der seine Professur für Neuropathologie 1882 erhielt, spielte eine wichtige Rolle bei der Begeisterung der neuen Wissenschaft von der Psyche für die dämonische Besessenheit und damit indirekt für das Hexenwesen der frühen Neuzeit. Speziell der Fall der achtundzwanzigjährigen Geneviève während der spektakulären Fälle von Besessenheit in Loudon diente ihm zur Exemplifikation seiner Theorie von der »Großen Hysterie« (»grande hysterie«, »hysteria major«): Nach Charcots Ansicht bewies er klar den Zusammenhang zwischen Eierstockregion und Hysterie, da die »Patientin« durch Ovarienkompression ihre motorischen Symptome und Wahnvorstellungen beenden konnte. An ihrem Beispiel entwickelte Charcot 1875 in einer Vorlesung auch seine Phasentheorie der hysterischen Erkrankung: Auf das epileptische Stadium folge das Stadium des »Clownismus«, darauf die »période de délire«, in der es zu Halluzinationen komme, Raben und Schlangen gesehen würden, und schließlich das abschließende Stadium, in dem die Patientin wieder zur Normalität zurückfände. Neben diesen periodischen Symptomen sei die Krankheit durch dauerhafte Merkmale wie Kopfschmerzen und Empfindungsverlust gekennzeichnet[530]. Tatsächlich lag die Orientierung Charcots an den spektakulären französischen Besessenheitsdramen der frühen Neuzeit nicht fern, denn er gestaltete selbst seine Krankenvorführungen in der Salpetrière im Stile einer öffentlichen Zirkusveranstaltung, die seine Theorien zur Hysterie beweisen sollten. Insofern stand seine Praxis in einer Traditionslinie mit dem Exorzisten Gassner oder dem Magnetiseur Mesmer: Das Auftreten der Krankheitssymptome war gewissermaßen an seine Theorie, an seine Person gebunden. Nach dem Tod Charcots verschwand – wie der amerikanische Historiker Edward Shorter gezeigt hat – das Krankheitsbild der »hysteria major« aus der medizinischen Theorie, die Kranken hörten auf, die entsprechenden Symptome zu produzieren, und schließlich stellte man europaweit die Untersuchung der Ovarien ein[531].

Sigmund Freud (1856–1939) wurde während seiner Pariser Studienzeit 1885/86 durch seine Kontakte mit Charcot mit dem Problem der Dämonologie konfrontiert. In den von Freud 1892/94 übersetzten *Lecons de Mardi* wurde der hysterische Charakter der »Dämonomanie« diskutiert, und Freud ging auch im Nachruf auf seinen Lehrer auf dieses Interesse ein. Im Briefwechsel mit Wilhelm Fliess thematisierte Freud 1897 die Beziehung zwischen Teufel und Hexe und sprach von der Begeisterung, mit der er im *Malleus maleficarum* lese. Dabei entwickelte der Begründer der Psychoanalyse die berühmte Parallele des Verhältnisses zwischen Inquisitor und Hexe bzw. Exorzist und Besessene zu der zeitgenössischen Figuration Analytiker und Klient[532]. In den Jahren der Etablierung der »Psychoanalyse« beschäftigte sich der radikale Rationalist und Atheist Freud wiederholt mit dem Problem des Irrationalen, wobei ihm Ähnlichkeiten zu bestehen schienen zwischen dem Geisteskranken, dem Primitiven und dem Religiösen, die er auf einen Parallelismus von phylogentischer und ontogentischer Entwicklung zurückführte. Die im Jahr 1900 publizierte *Traumdeutung* bildete einen der markanten Punkte auf dem Weg zur Erforschung des »Unbewußten«, gefolgt von zahlreichen anderen Publikationen, die wie die *Psychopathologie des Alltagslebens* einen ständigen Aberglaubenskommentar als Subtext enthielten. Freud scheute sich nicht, seine Theorien in großbürgerlicher Gelehrsamkeit auf alle möglichen Wissensgebiete anzuwenden, von den Mythen des klassischen Altertums bis hin zur Völkerkunde, deren Probleme er 1913 mit dem Essay *Totem und Tabu* in Psychologie aufzulösen versuchte. Die von der damaligen Ethnologie (Tylor, Frazer, Durkheim) behaupteten Entwicklungsstadien der menschlichen Gesellschaft (Magie, Religion, Wissenschaft) identifizierte Freud mit den libidinösen Entwicklungsphasen (Narzißmus, Objektfindung mit Elternabhängigkeit, Reifezustand): »Das Prinzip, welches die Magie, die Technik der animistischen Denkweise regiert, ist das der Allmacht der Gedanken.« Die nächste Stufe der Illusion, die Religion, entstünde durch verdrängte Schuldgefühle, die aus einem frühgeschichtlichen Ödipuskomplex resultierten, der Phantasie des gemeinschaftlichen Vatermords, der zur Schöpfung des Totems und der Totemmahlzeit führe. »Freud erzählt uns eine Geschichte, die nur ein Genie erfinden konnte, denn keinerlei Beweismaterial läßt sich beibringen, das sie bestätigte«, meinte dazu Evans-Pritchard[533].

Trotz der allgemeinen Ablehnung dieser Theorie hat Freud mit seiner Begrifflichkeit zur Erfassung psychologischer Mechanismen (Unterbewußtsein, Verdrängung, Projektion etc.) die Ethnologie (Malinowski, Mead etc.) ebenso beeinflußt wie viele Historiker und Psychologen. 1922 verfaßte Freud seine mittlerweile zu Berühmtheit aufgestiegene Abhandlung *Eine Teufelsneurose im siebzehnten Jahrhundert* über die Biographie des bayrischen Malers Christian Haitzmann, der sich mit eigener Unterschrift dem Teufel ergeben und, als er den Pakt 1677 hätte einlösen sollen, in dem österreichischen Kloster Mariazell Schutz gesucht hatte. Freud hat Haitzmanns Teufelspakt als Manifestation einer Suche nach einem Vaterersatz interpretiert[534]. Historiker sind mit seiner Interpretation natürlich nicht einverstanden, weil er kulturell und damit historisch bedingte Erscheinungen – die Ikonographie des Teufels mit Mutterbrüsten – individualpsychologisch interpretierte und die Ahistorizität psychischer Mechanismen behauptete[535].

Die Beschäftigung von Psychologen und Psychiatern in der Professionalisierungsphase dieser Wissenschaft mit dem Hexenthema ist noch unerforscht. Da von dem damals bekannten Lüneburger Psychiater **Otto Snell** (1859–nach 1931) ein ganzes Buch über *Hexenprozesse und Geistesstörung* vorliegt, in dem als Hexen angeklagten Personen im wesentlichen als psychisch Erkrankte begriffen werden, sind hier sicher noch weitere Funde zu erwarten[536]. Dazu zählen die Arbeiten des späteren Freud-Biographen Ernest Jones über die Parallelität von Alptraum und »mittelalterlichem Aberglauben«[537] oder die Arbeiten des Züricher reformierten Theologen und Freud-Schülers **Oskar Pfister** (1873–1956), der bereits 1913 das erste Lehrbuch für Psychoanalyse verfaßte (Vorwort von Sigmund Freud). Pfister korrespondierte mit Freud seit 1909 über das Hexenthema, und in seinem Alterswerk schlug er ein Thema an, das gleichzeitig aus ganz anderer Perspektive die Ethnologen und Mentalitätshistoriker beschäftigen sollte: Die Angst. Verständlicherweise waren nicht alle seiner Kollegen über seine Deutung des Christentums (»Die altprotestantische Orthodoxie als kollektive Zwangsneurose«) und seine Verantwortung für die Hexenverfolgungen erfreut[538].

Anknüpfend an Weyer, der mit seiner »Melancholia«-Diagnose die Selbstbezichtigungen angeblicher Hexen hatte entkräften wollen, begründete der amerikanische Medizinhistoriker **Gregory Zilboorg** seit den 1930er Jahren mit einer Vorlesungsreihe *The Medical man and the Witch during the Renaissance* die bereits von Otto Snell – den Zilboorg nicht kannte – vertretene These neu, bei den Hexen habe es sich um Geisteskranke gehandelt. Seine Ansichten bezog Zilboorg aus den Schriften Weyers, den er gründlich mißverstand: Den Begriff »Dämon« übersetzte er mit »Komplex«, worunter er insbesondere den Minderwertigkeitskomplex verstand. Weyer hielt er für einen »enlighted man« und Begründer der modernen Psychiatrie[539]. Mit seiner These, Hexen seien geisteskranke Frauen gewesen (»Witches were mentally sick women«), hat Zilboorg die Psychiatrie- und Medizingeschichte stark beeinflußt und weit in die Irre geführt[540]. Der ungarisch-amerikanische Psychoanalytiker **Thomas S. Szasz** (geb. 1920) hat 1970 sogar formuliert, diese These sei »zum psychiatrischen Dogma« geworden[541]. Medizin- und psychiatriehistorische Interpretationen zeichnen sich bis zur Gegenwart durch notorische Unkenntnis der Forschungsliteratur aus: »There has been a rash of medical pseudo-explanations, invoking syphilis, ergotism and magic mushrooms«, schrieb Briggs[542].

Die theorieorientierte Psychohistorie setzte immer wieder bei Charcot und Freud an. Ausgehend von den Besessenheitsstudien **Traugott Konstantin Oestereichs** versuchte die Schweizer Psychiaterin **Cécile Ernst**, mit Hilfe von Fallstudien über 14 Fälle von Besessenheit aus der Zeit zwischen 1565 und 1613, die fast alle dem französischen Sprachraum entstammten, die mittlerweile bejahrte These von einem Krankheitsbild der »Hysterie«, nicht aber »Melancholie« oder »Schizophrenie«, bei den betroffenen Patientinnen zu belegen[543]. Die genauen Umstände der oft gut dokumentierten Besessenheitsfälle versprachen insbesondere bei mikrohistorischer Aufarbeitung neue Aufschlüsse über psychische Zustände. Wieder einmal waren es die »Salem Witch Trials«, die als Exerzierfeld herhalten mußten. Die kanadischen Medizinhistoriker **Nicholas S. Spanos** und **Jack Gottlieb** kritisierten 1976, es gebe in der modernen Psychologie überhaupt keinen verbindlichen Hysteriebegriff, dieser sei daher zur Analyse ungeeignet. Auch halten sie wenig von der psychoanalytischen Modellen zugrunde liegenden Annahme, daß unterdrückte Kindheitserlebnisse den Schlüssel zum Verständnis solcher Krankheitsbilder liefern könnten. Vielmehr entwickelten sie eine Art sozialer Rollentheorie, die erklären half, warum sich bestimmte Kranke als besessen betrachteten. Auszuschließen sei, daß die Kranken ihre Leiden nur fingierten und bewußt zur Erreichung bestimmter Ziele einsetzten[544]. Auch **Daniel Pickering Walker**, der großteils dieselben Fälle wie Cécile Ernst untersuchte, betonte die Bedeutung der sozialen Umgebung der Betroffenen (Familie, Freunde, Ärzte, Priester) für die Konstruktion des Krankheitsbildes, gab jedoch auch zu bedenken, daß sich Krankheit, Autosuggestion und Simulantentum nicht ausschlössen[545].

36. Die Wiederkehr des Irrationalen: Esoterische Magiegeschichten

Nicht religiöser Fundamentalismus oder die Gesellschaftstheorie der Soziologen, sondern die Irrationalität »romantischer« Provenienz sollte die Grundfesten des Erbes der Aufklärung erschüttern. Jenseits der Kirchen reorganisierte sich auf »neuheidnischer« Grundlage im 19. Jahrhundert nicht nur »die groteske Mythologie des Antisemitismus«[546], sondern eine neue esoterische Bewegung. Eine Untersuchung des englischen Schriftstellers Ellic Howe (1910–1991) und des Göttinger Volkskundlers Helmut Möller (geb. 1926) über die Biographie des »Kleinunternehmers« in Sachen Okkultismus, **Theodor Reuß** (1885–1923), hat interessante biographische Querverbindungen dieser okkulten Aufbruchsbewegung zur frühen kommunistischen Bewegung, zur Lebensreformbewegung inklusive Tierschutz, zu Vegetarismus, Antivivisektions- und Frauenbewegung, aber auch zum fremdenfeindlichen Antisemitismus ergeben. Das Pseudonym »Merlin Peregrinus« kommt dabei der Geistesverfassung recht nahe[547]. Jenseits der etablierten Gesellschaft experimentierten vagabundierende Sinnsucher mit allen nur möglichen Kombinationen. Der Augsburger Gastwirtssohn Reuß verkehrte in London zunächst in kommunistischen Zirkeln und verfaßte unter anderem eine Schrift zur Frauenfrage vom Standpunkt der Anarchisten aus, die sich an **August Bebels** (1840–1913) berühmte Schrift *Die Frau und der Sozialismus* von 1879 und *The Woman Question* der Marx-Tochter Eleanor Aveling (»Tussy Marx«) anlehnte. Nachdem Reuß im Dezember 1888 in der Sozialistenzeitung *Der Sozialdemokrat* als preußischer Polizeispitzel enttarnt worden war, mußte er sich ein neues Betätigungsfeld suchen. Als Journalist kam er unter anderem in Kontakt mit der im russischen Jekaterinoslaw (Dnjepropetrowsk) geborenen Deutschrussin **Helena Hahn von Rotenstein**, bekannter als **Helena Petrowna Blavatsky** (1831–1891), die in New York mit Henry Steele Olcott (1832–1907) einen *Miracle Club* gegründet hatte, aus dem 1875 die erste *Theosophical Society* entstand. Ihre ohne Studium der Primärquellen, angeblich durch Offenbarungen und Schulung tibetanischer Weiser entstandenen »Geheimlehren«, die freilich alle bald auf dem Buchmarkt erhältlich waren, beeinflußten die okkultistische Bewegung in den europäischen Hauptstädten genauso wie die Schriften des Pariser Obermagiers »Eliphas Levi«[548].

Der 1884 als Blavatsky-Ableger gegründeten *Theosophischen Societät Germania* gehörte außer Reuß unter anderem **Karl Kiesewetter** (1854–1895) an, der aus der Sicht des Adepten eine *Geschichte des neueren Occultismus* verfaßte, in der nicht einmal ein Mindestmaß an Quellenkritik angewandt wurde, wie selbst in neueren Publikationen aus dem Esoterikbereich selbstkritisch eingestanden wird[549]. Reuß tat sich als Gründer der esoterischen Zeitschrift *Oriflamme* (seit 1902) und mehrerer esoterischer Geheimorden hervor, dessen erfolgreichster der O.T.O. (*Ordo templi orientis, Orientalischer Templer Orden*) war, der sich in der Nachfolge des Illuminatenordens sah. Diesem »Geheimorden« gehörte unter anderem **Rudolf Steiner** (1861–1925) an, der ebenfalls okkulte Schriften verfaßte. Steiner war seit 1902 Generalsekretär der *Theosophischen Gesellschaft für Deutschland*, ernannt von der Blavatsky-Nachfolgerin **Annie Besant** (1847–1933), bevor er 1913 zur »Anthroposophie« fand[550].

Die bedeutendste Akquisition konnte Reuß jedoch bei einem Londonaufenthalt machen, als er den Bierbrauersohn **Edward Alexander** alias **Aleister Crowley** (1875–1947) als Mitglied werben konnte. Crowley hatte sich bei seiner Sinnsuche Mitte der 1890er Jahre in der Schweiz von Schriften des bayrischen Mystikers Franz Karl von Eckartshausen (1752–1803) beeindrucken lassen[551]. Die Epiphanie des Aleister Crowley gilt Magiegläubigen als das entscheidende Ereignis der letzten Jahrhunderte, eine Zäsur gewissermaßen, nach der eine neue Zeitrechnung einsetzte (»Crowley and After«). Frisch von Cambridge kommend, trat Crowley 1898 dem *Golden Dawn* bei. Experimente mit Drogen, eine freizügig ausgelebte Bisexualität und ihre Legitimation durch orientalische Esoterik (Yoga und Tantra), generell das Interesse für die Schattenseiten des menschlichen Charakters brachten ihm den Ruf des Besonderen ein, zumal er offen den Satansjünger markierte[552]. Die Zeit des Ersten Weltkriegs verbrachte Crowley in den USA, wo er sich durch prodeutsche Propaganda unbeliebt machte. 1920 versuchte er, in Cefalu/Sizilien seine Abtei Thelema zu gründen, wurde aber nach drei Jahren von der britischen Presse aufgestöbert und führte seither ein unstetes Wanderleben mit wenigen Anhängern. Zum Verkaufserfolg wurden seine Bücher erst in den 1960er Jahren, als Crowleys Obsessionen zum Massenphänomen wurden[553].

Es ist sicher kein Zufall, wenn sich in diesem Amalgam von Mysterienreligion und Anarchismus manche Anklänge an die »Archetypenlehre« des Schweizer Psychologen **Carl Gustav Jung** (1875–1961) finden. Wenn Sigmund Freud 1910 in Wien seinen Schweizer Anhänger Jung kurz vor dem Bruch darum ersuchte, in der Wahl seiner Argumente etwas präziser zu werden, dann wird eine der typischen Wegscheiden zwischen Rationalismus und neuem Irrationalismus in der Moderne sichtbar. Auf die Aufforderung Freuds, mit seiner Sexualtheorie ein »unerschütterliches Bollwerk« zu errichten, fragte Jung erstaunt zurück, wogegen dieser Damm denn aufgerichtet werden sollte. Zögernd gab der Rationalist Freud zur Antwort: »Gegen die schwarze Schlammflut des Okkultismus.«[554] Tatsächlich hatte Freud früh die Anfälligkeit Jungs für »okkulte« Zusammenhänge erkannt, was nicht nur bei näherer Bekanntschaft, sondern anhand der Publikationen möglich war, angefangen mit Jungs Züricher Dissertation bei Eugen Bleuler (1857–1939), *Zur Psychologie und Pathologie sogenannter okkulter Phänomene*[555]. Das Buch der Jung-Schülerin **Esther Harding**, *Frauen-Mysterien einst und jetzt*, zu dem der Meister das Vorwort beisteuerte, zeigt mit ihren Phantasien von einer ur- und überzeitlichen »Großen Mutter« deutlich die mystische Rückwärtsorientierung der Jung-Schule[556], oder, um es bissig mit Ernst Bloch (1885–1977) auszudrücken: »Psychosynthese – Gegenwart fliehend, Zukunft hassend, Urzeit suchend wird so dasselbe wie ›Religion‹ im etymologischen Sinn des Worts: nämlich Religio, Rückverbindung. Wobei eben zwischen dem schäumenden Maul des Schamanen und Meister Eckart kein Unterschied erscheint, in wahrer Nacht-Toleranz; ja, der Schamane ist besser. Erst recht rangiert dann noch der wüsteste Aberglaube über der Aufklärung; denn selbstverständlich fließt Jungs Kollektiv-Unbewußtes im Hexenwahn dicker als in der reinen Vernunft.«[557]

37. »A powerful secret organization ...«: Montague Summers und Margaret Murray

Germanen und Kelten, Druiden und Teufelsanbeter hatten nach dem Ersten Weltkrieg Hochkonjunktur. Vor einem solchen Hintergrund wurden Theorien erneuert, die von der Existenz realer Hexensekten auch zur Zeit der Verfolgung ausgingen. Zu nennen ist hier an erster Stelle die obskure Figur des **Alphonseus Joseph Mary August Montague Summers** (ca. 1870–1930), der – wie Gassner oder Görres – in seiner *History of Witchcraft* schlicht an die reale Macht der Dämonen und die Bösartigkeit der Hexen glaubte. Die Hexe, schrieb Summers 1926 allen Ernstes, sei »a social pest and parasite; the devotee of a loathy and obscene creed ... a member of a powerful secret organization inimical to Church and State; a blasphemer in word and deed; swaying villagers by terror and superstition ...«[558] In über dreißigjährigem Studium eignete sich Summers, der sich selbst als katholischen Reverend bezeichnete, vollständig die Gedankenwelt der alten Dämonologen an. Von ihrer Bedeutung überzeugt, übersetzte er den *Malleus maleficarum* und die *Dämonologien* von Henry Boguet, Francesco Maria Guazzo und Nicolas Rémy quasi als ethnographische Tatsachenberichte ins Englische. Aus diesen Quellen stellte er seine *Geography of Witchcraft* zusammen[559]. Liberale Interpretationen wie die von Henry Charles Lea empfand Summers als »bitterly biased«, zur Immunisierung empfahl er die Kritik des bereits erwähnten deutschen Kollegen Paul Maria Baumgarten[560].

Weit einflußreicher – und natürlich von Summers empfohlen – war eine Schülerin des berühmten britischen Ethnologen Frazer. An dessen vermeintlichen indoeuropäischen dianischen Fruchtbarkeitskult schloß **Margaret Alice Murray** (1863–1963) an, eine Ägyptologin an der *University of London*, die noch zu Lebzeiten von Jacob Grimm und Jules Michelet als Tochter einer Missionarin im kolonialen Calcutta das Licht der Welt erblickt hatte und eigentlich in die gleiche Generation wie Joseph Hansen gehörte. Sie stellte in ihrem *The Witch Cult in Western Europe* die Theorie von der Fortexistenz eines solchen archaischen Fruchtbarkeitskultes in Europa auf[561]. Es widerspreche aller Lebenserfahrung, daß eine Religion völlig durch eine nachfolgende ausgelöscht werde, viel wahrscheinlicher sei es, daß sie überlebe: »The mass of the people continued to follow their ancient customs and beliefs with a veneer of Christian rites.« Dieses Heidentum sei weiter an geheimen Plätzen praktiziert worden[562]. Dabei unterschied sie einfache Zauberei von »Ritual Witchcraft«, eine Art »Untergrundreligion«, für deren Bezeichnung sie den Terminus »Dianic Cult« vorschlug. Darin sah Murray »the ancient religion of Western Europe«, ein Überbleibsel der Prähistorie im christlichen Europa[563]. Murray erdichtete aus den Dämonologien und edierten Hexenprozeßakten stufenweise das Bild eines lebendigen Hexenkults (*Continuity of Religion*, *The God*, *Admission Ceremonies*, *The Assembles*, *The Rites*, *The Organization*, *The Familiars and Transformation*), wie ihn ein zeitgenössischer Ethnologe hätte beschreiben können, wenn es ihn gegeben hätte. Murray war jedoch weder Ethnologin noch Historikerin, brachte also die besten Voraussetzungen mit für die Abfassung eines historisch-anthropologischen Buches[564].

Leider gab Murray in der kurz vor ihrem Tod publizierten Autobiographie *My First Hundred Years* wenig Aufschlüsse über die Hintergründe der Entstehung ihrer einflußreichen Publikationen über die angeblich alte Hexenreligion. Ein Grund scheint pure Langeweile gewesen zu sein. Die Ägyptologie habe während den Jahren des Ersten Weltkriegs am Boden gelegen, und deswegen habe sie sich mit dem Hexenthema beschäftigt. Angeblich war auch sie von der Idee ausgegangen, »that the witches were all old women suffering from illusions about the devil und that their persecutors were wickedly prejudiced and perjured«. Ihre »Methode« beschrieb Murray so: »I worked only from contemporary records, and when I suddenly realised that the so-called Devil was simply a disguised man I was startled, almost alarmed, by the way the recorded facts fell into place, and showed that the witches were members of an old and primitive form of religion, and the records had been made by members of a new and persecuting form.« Wodurch die Erleuchtung kam, teilte Murray leider nicht mit, von der Kenntnis aktueller Hexenzirkel zum damaligen Zeitpunkt sprach sie nirgends. Von keinerlei methodischem Zweifel oder Selbstkritik geplagt, schrieb sie die »hostile reception« des Buches »strictly Christian sects and reviewers« zu. Mit Kritikern sei sie stets fertiggeworden, indem sie herrisch gefragt habe: »Have you studied the original documents?«, um dann zu enden: »It's hardly worth while to continue the discussion, is it? For you and I have such different standpoints. I argue from contemporary documentary evidence, and you from hearsay.«[565] Am Ende reklamierte die alte Lady für sich selbst prophetische Kräfte: »In all countries and in all periods old age has been credited with wisdom born of experience, and it has been always been acknowledged that to women have been given certain gifts which are denied to men. Therefore on account of both sex and age I claim that my opinions may be worth consideration.«[566]

Murray zitierte ausschließlich englisch- und französischsprachige Literatur, und hier vornehmlich solche des 16. und 17. Jahrhunderts, vermutlich verstand sie weder Latein noch Deutsch, was beim damaligen Stand der Forschung ein echtes Hindernis war: Ihre Bibliographie ist ein Monument der Ignoranz. Da sie auch die Ausführungen von Henry Charles Lea und George Lincoln Burr ignorierte, kann man aber annehmen, daß mangelnde Sprachkenntnis nicht ihr einziges Problem war[567]. 1931 betonte Murray in einem zweiten Buch, *The God of the Witches*, die Ansicht, es habe sich beim Hexenkult um den Kult eines »gehörnten Gottes« gehandelt, der von der christlichen Kirche zum Teufel gemacht worden sei. Murray konnte sich, wenn schon nicht von der Fachkritik, so doch von einer Welle begeisterter Zustimmung in der Öffentlichkeit bestätigt fühlen: Beide Bücher verkauften sich gut[568].

Murrays krude Thesen fanden 1929 Eingang in den Standardartikel *Witchcraft* der *Encyclopedia Britannica*. Zeit ihres Lebens konnte sich die alte Dame an diesem Triumph erfreuen, denn der Artikel blieb bis 1968 unangetastet[569]. Das Turiner *Grande Dizionario Encyclopedico* von 1972 holte sich – wie erwähnt – dort mit leichter Verspätung seine Anregungen, und *The Encyclopedia Americana* nahm in ihre Ausgabe von 1986 einen Artikel neu auf, der ausschließlich auf Erkenntnissen von Montague Summers und Margaret Murray basierte[570]. Abgesehen von einigen Ausnahmen – des marxistischen Historikers **Christopher Hill** (1912–2003)[571], des großen britischen Byzantinisten **Steven Runciman** (1903–2000), der 1962 seine Reputation zugunsten der zweiten Auflage des *Witch Cult* einsetzte[572], und des kalifornischen Historikers **Jeffrey Burton Russell** – stießen Murrays Thesen in der akademischen Welt auf Ablehnung. Der kanadische Historiker **Eliot E. Rose** kommentierte die Neuauflage von Murrays Thesen durch ein Buch mit dem zynischen Titel *A Razor for a Goat*, das eine gewisse Aufmerksamkeit erzielte, Historiker aber auch nicht erfreute, weil es ebenfalls aus esoterischer Sicht geschrieben war. In der folgenden Auflage der *Encyclopedia Britannica* wurde der Artikel schließlich ersetzt[573].

38. Reinrassige Germanisten auf Mythensuche

Die Studien zum deutschen »Volksglauben« nahmen seit dem Ausgang des 19. Jahrhunderts eine bizarre Wendung. Während liberale Wissenschaftler im 19. Jahrhundert diesen Begriff verwendet hatten, um den unscharfen und diskriminierenden kirchlichen Begriff des »Aberglaubens« zu vermeiden, so mehrten sich im Zuge eines übersteigerten Nationalismus im Deutschen Reich Versuche, in der Nachfolge Jacob Grimms einen »germanischen« Volksglauben zu rekonstruieren, dessen Überreste möglichst bis in die Gegenwart reichen sollten. Hatte bereits der Germanist **Moriz Haupt** (1808–1874) das Treiben der in der Jahrhundertmitte gegründeten Altertumsvereine mit der sarkastischen Bemerkung kritisiert, es werde bald kein roter Hahn und kein stinkender Bock mehr in der Welt sein, der nicht Gefahr laufe, für einen germanischen Gott erklärt zu werden[574], so gewann die Mythensuche im Kontext des Kulturkampfs eine aggressive antirömische Komponente. Fehlende Kenntnisse über die Religion der »alten Deutschen« borgte man sich ohne Rücksicht auf methodische Bedenken im skandinavischen Norden, und die »Nordistik« erblühte als Teil der »germanischen Philologie« an deutschen Universitäten[575]. Der Verleger **Eugen Diederichs** (1867–1930) gründete 1896 jenen Verlag (1897–1904 in Leipzig, 1904–1948 in Jena), der ab 1911 in einer vielbändigen Reihe mit dem Titel *Thule* nordische Sagas in deutscher Übersetzung präsentierte. Die wissenschaftliche Beratung lag bei dem Berliner Germanisten Andreas Heusler, nach 1920 bei dessen Lehrstuhlnachfolger Gustav Neckel, welche den Glauben an eine »urgermanische Kulturhöhe« im Gegensatz zur römisch-christlichen Kultur propagierten[576].

Der Leipziger Germanist und Mythologe **Eugen Mogk** (1854–1939), dessen Festvortrag *Über Los, Zauber und Weissagung bei den Germanen* den Deutschen Historikertag in Leipzig 1894 auflockern sollte, bildete ein weiteres Zentrum zur Verbreitung der Germanenideologie, das auch, nachdem der Mythologe Mogk 1907 die Leitung des gesamtdeutschen *Verbandes der Vereine für Volkskunde* übernommen hatte, auf diese junge Wissenschaft in ihrer Professionalisierungsphase einwirkte[577]. Mogk hatte in der *Sächsischen Volkskunde* 1903 selbst die Abschnitte über *Aberglaube und Volksmythen* verfaßt und das Dogma vorgegeben, »Volksmythus [!] und Aberglaube führen uns in die frühesten Zeiten unseres Volkes zurück«. Er nahm in Leipzig einige Dissertationen zu magischen Themen an, darunter 1910 die von **Friedrich Hälsig** (1886–?), die mit dem Titel *Der Zauberspruch bei den Germanen bis um die Mitte des XVI. [!] Jahrhunderts* bereits einen recht weiten Germanenbegriff verriet[578], vor allem aber 1927 den späteren Jenaer Nordisten **Bernhard Kummer** (1897–1962) mit seiner »phantastischen« Arbeit *Germanischer Kult und Glaube in den letzten heidnischen Jahrhunderten*, die unter ihrem Buchtitel *Midgards Untergang* alsbald den Weg in die zeitgenössische akademische Literatur zum Hexenwesen fand. Kummer zeichnete eine friedvolle Germanenwelt der altisländischen Sagas (»Midgard«), die durch die Walhall- und Odinsreligion der Wikingerzeit und das Christentum zerstört worden sei, gefolgt von Sittenverfall, Individualismus und Intellektualismus. Der Hexenwahn sei in dieser antimodernistischen Vergangenheitsverklärung eine Erfindung der römischen Kirche zur Unterjochung der freien germanischen Kultur gewesen. Dies sei die Theorie, die Rosenberg in seinen *Mythus des 20. Jahrhunderts* übernahm. Der ehemalige Student der evangelischen Theologie Kummer trat bereits 1928 der NSDAP und SA bei, durfte jedoch dennoch (oder deshalb) von 1930 bis 1933 Assistent bei dem »Germanisten« Gustav Neckel in Berlin spielen, bevor er 1934 als Mitarbeiter des *Amtes Rosenberg* beim neuen Kulturkampf der Nazis zum Einsatz kommen konnte[579].

Der Germanenwahn der – zu Recht so genannten – »Germanisten« wurde 1920 durch den Berliner Latinisten **Eduard Norden** angegriffen, der die *Germania* des Tacitus einer quellenkritischen Revision unterzog. Norden zerlegte den Text so weit in seine Bestandteile und führte diese auf Topoi antiker Ethnographie zurück, daß außer einigen Namen praktisch nichts mythologisch oder »volkskundlich« Verwertbares mehr übrigblieb. Die Erregung unter den »Germanisten« wurde übereinstimmend von Norden und seinen Gegnern registriert[580]. Der Heidelberger NS-Volkskundler **Eugen Fehrle** (1880–1957), bekannt durch seine Bücher über *Zauber und Segen* und *Deutsche Feste und Volksbräuche*, verfaßte eine Erwiderung, weil »in weiten Kreisen der Philologen, besonders auch der Schulmänner«, »Verwirrung und Beängstigung« aufgetreten sei[581]. Fehrle war ein Schüler des Wiener Germanenforschers **Rudolf Much** (1882–1936), dessen kommentierte Edition von Tacitus' *Germania* auch nach dem Ende der NS-Diktatur noch nachgedruckt wurde und nach Ansicht heutiger Germanisten wegen ihrer ideologischen Voreingenommenheit »als Werkkommentar meist unbrauchbar und irreführend« ist[582].

Die »Wiener Ritualistenschule«, bestehend aus Muchs Schülern, trieb »den Grimmschen Gedanken einer Kontinuität zwischen dem Germanischen Altertum und den volkstümlichen Kulturäußerungen der Gegenwart auf die Spitze«[583]. Wie bedeutsam dieser Kontext für die Hexenforschung wurde, zeigte sich an den Publikationen der Much-Schülerin **Elisabeth Weiser**, verehelichte **Lily Weiser-Aall** (1898–1987). Von ihr stammen nicht nur mythologisch-ritualistische Untersuchungen zum *Hexenritt auf dem Stabe*, sondern auch der heute noch weithin geschätzte Artikel *Hexe* in Bächtold-Stäublis *Handwörterbuch des deutschen Aberglaubens*[584]. Ihre Wiener Habilitationsschrift hatte 1928 – fußend auf einer Arbeit des Ethnologen Heinrich Schurtz (1863–1903) – das Zentralthema der Ritualistenschule vorgegeben, den »germanischen Männerbund«, der diese Ideologen für die SS so interessant machte. Auch andere Much-Schüler publizierten Artikel, die immer wieder in der Hexenforschung rezipiert werden, ohne daß ihr schulmäßiger Zusammenhang gesehen wird[585]. **Robert Stumpfl** (1904–1937) mit seiner Arbeit über den Ursprung des mittelalterlichen Dramas in den »Kultspielen der Germanen« wurde jüngst von Carlo Ginzburg wieder ausgegraben[586]. **Richard Wolfram** (1901–1993), der 1936 in

Wien mit der Arbeit *Schwerttanz und Männerbund* für »Deutsche Volkskunde und Neuskandinavistik« habilitiert und zwei Jahre später Leiter der Salzburger *Außenstelle Süd-Ost* des *SS-Ahnenerbes* wurde, verfaßte einen Aufsatz über *Weiberbünde* in österreichischen Alpentälern, die natürlich »uralte Bräuche« reflektieren sollten[587]. Wie es mit solchen Forschungsergebnissen stand, kann man an den Erwägungen sehen, zu den eigenen Theorien passende Forschungsergebnisse zu erzeugen. Die promovierte NS-Germanistin **Luise Heß** (geb. 1915), Assistentin Wolframs, machte in einem Briefwechsel den originellen Vorschlag, in Salzburger Tälern gewisse Bräuche einzuüben, die man dann nach zwei Jahren per Feldforschung »aufnehmen« könne[588].

39. »Rächer meiner gemarterten Schwestern«: Das *Amt Rosenberg* und der völkische Feminismus

Antiklerikalismus und Kulturkampfmentalität ließen sich in Deutschland in die Dienste jenes »Neuheidentums« und völkischen Rassismus stellen, auf deren Basis sich die Ideologie des NS-Staates erhob[589]. Diese jüngst von der Volkskundlerin Barbara Schier im Hinblick auf ihren Bezug zur Hexenthematik näher erforschten Geschichte hat spektakuläre Ergebnisse hervorgebracht, nicht zuletzt im Hinblick auf die politische Rollendefinition der Frau im NS-Staat und der deutschvölkischen Frauenbewegung im Umkreis des *Amtes Rosenberg* und der Ludendorff-Gruppe[590]. Im Jahre 1930 veröffentlichte **Alfred Rosenberg** (1893–1946), Chefredakteur des Nazi-Parteiblattes *Völkischer Beobachter*, ein Buch mit dem Titel *Der Mythus des 20. Jahrhunderts*[591]. In dieser antiklerikalen Kampfschrift vertrat der Ideologe unter anderem die Ansicht, der Hexenwahn, dem »Millionen von Frauen« – zumeist in Deutschland und daher »Germaninnen« – zum Opfer gefallen seien, ginge auf das Schuldkonto des »rasselosen, wüsten Rom«, des Papsttums als Nachfolger des etruskischen »Haruspex«. Die »klassisch-nordische Antike« habe keine Hexenverfolgung gekannt, diese Heimsuchung der germanischen Kultur sei ein Ausfluß »syrischen« – das sollte bedeuten: jüdischen – Wesens[592]. Rosenberg übernahm damit wesentliche Positionen des »völkischen Feminismus«, der sich in den 1920er Jahren unter den ideologischen Vorgaben des rassistischen Bachofen-Anhängers Herman Wirth ausgeprägt hatte, dem das Bild eines germanischen Urmatriarchats vor Augen schwebte. Für **Sophie Rogge-Börner** war die Frau Bewahrerin der Rasse und des Erbguts, deutsche Frauen sollten wie ihre germanischen Schwestern der Vorzeit die Reinheit des Blutes bewahren. Schuld an der Unterdrückung der Frau trage das Christentum, das die ursprüngliche Gleichheit von Mann und Frau zerstört habe. Radikaler noch war **Leonore Kühn**, die die Wurzel des Übels im Manne sah, »der Vereinzelte und Zerrissene, der sich vom Urgrund am weitesten gelöst hat«, während die Frau einheitlicher, ganzheitlicher geblieben sei, dem Leben und der Erde als Lebensspenderin näher[593].

Solche Vorstellungen fanden einen Anlaufpunkt bei einer wichtigen Stütze des *Amtes Rosenberg* um den bereits erwähnten Nordisten Kummer[594]. Als ideologische Mehrzweckwaffe sinnierte dieser über *Germanenkunde im Kulturkampf. Beiträge zum Kampf um Wissenschaft, Theologie und Mythus des 20. Jahrhunderts* oder *Reaktion oder deutscher Fortschritt in der Geschichtswissenschaft*. Frauenbewegten Frauen bot er sich mit seiner Publikation *Die weibliche Gottheit der Germanen* an[595]. Die Frage der Hexenverfolgung paßte in das politische Tageskonzept und traf den Nerv der Weltanschauung. Kummers Ansicht nach handelte es sich bei den verfolgten Hexen um rassereine blonde und blauäugige Germaninnen, Hüterinnen der Volkskultur, kräftig, wissend und klug: Grimms »weise Frauen« eben, deren Vernichtung von der katholischen Kirche betrieben worden sei, eine Interpretation, die nicht einmal innerhalb der Nazibewegung unumstritten blieb[596]. Dennoch gab es für die Rosenberg-Positionen eine gewisse Resonanz sogar aus dem akademischen Betrieb. So ist ihm die relativ ordentliche Frankfurter juristische Dissertation von **Edith Kießling** über die

Zauberei in den germanischen Volksrechten in ihren Interpretamenten verpflichtet. **Walter Jaide**, der Verfasser des Traktates *Wesen und Herkunft des mittelalterlichen Hexenwahns im Lichte der Sagaforschung* innerhalb der Publikationsreihe des Nordisten Kummer, wurde 1937 in Berlin mit einer Dissertation über *Das Wesen des Zaubers in den primitiven Kulturen und in den Isländersagas* promoviert[597]. Generell läßt sich eine Zunahme von Hochschulschriften zum Stichwort »Volksglauben« verzeichnen, was in diesem Kontext gleichbedeutend war mit der Suche nach den Resten germanischer Mythen, mit der meist unausgesprochenen Nutzanwendung, daß daraus ein neuer germanischer – nichtchristlicher – Kult gewonnen werden konnte.

Die Mitgründerin einer neuheidnischen »Deutschen Glaubensbewegung«, **Mathilde Ludendorff** (1877–1966), Ehefrau des Weltkriegsgenerals und frühen Hitleranhängers Erich Ludendorff (1865–1937)[598], zielte mit ihren Publikationen auf eine breitere Öffentlichkeit und publizierte 1934 mit Auflagen von über 100.000 Exemplaren den Traktat *Christliche Grausamkeit an Deutschen Frauen*. Christen hätten demnach den »Hexenwahn gelehrt, Hexenverfolgung zur religiösen Pflicht erhoben, und zu diesem Verbrechen an den Frauen« angereizt, den »grauenvollen Folterungen und Verbrennungen der 9 Millionen ›Hexen‹ ..., die die Christen auf dem Gewissen haben«. Wie die »Sowjetgreuel« für den Marxismus sei die Hexenverfolgung »Gradmesser für den Wert der Lehren, auf die sie sich gründen«. Daß diese Angriffe nicht nur gegen die katholische Kirche, sondern gegen alle christlichen Kirchen gerichtet war, wird in Frau Ludendorffs 1938 veröffentlichtem Aufsatz *Hexenmarterung auch durch protestantische Geistliche* deutlich[599].

Das radikalste Beispiel des völkischen Feminismus bietet **Frieda Reimerdes**, die spätere **Friederike Müller-Reimerdes**, mit ihrem Traktat *Der christliche Hexenwahn. Gedanken zum religiösen Freiheitskampf der deutschen Frau*, veröffentlicht 1935 in Kummers *Reden und Aufsätze zum nordischen Gedanken*. Dieser »Kampfruf für jede nordisch-bewußte Frau« ist gewidmet »meinen deutschen Schwestern«, die sich im Sinne der völkischen Monatszeitschrift *Die deutsche Kämpferin* zu einer »Schwesternschaft« zusammenschließen und endlich ihren »Freiheitskampf« aufnehmen müßten. »Jüdische Denkart«, »liberalistische Entwurzelung« und die »art- und rassefremde[n] Seelen- und Geistesgesetze« der »christlichen Priester- und Dogmenkirche« haben nach Müller-Reimerdes »der deutschen Frauenwürde die tiefsten und blutigsten Wunden« geschlagen. Auch habe die »rassewidrige Weltanschauung« des Christentums zur »Entartung deutschen Mannestums« geführt, das sein »artgemäßes Heldentum, das einst nur gleichwertige Frauen ertragen konnte, mit orientalischem Mannestum vertauscht hat«. Tausend Jahre lang hätten deutsche Frauen »unter einer nur vom Manne geformten, unwürdigen Stellung im Volksleben [ge]litten«. Natürlich hatten sich die Walküren nicht freiwillig in ihr Schicksal ergeben: »Blonde Frauen und Mütter, die Trägerinnen nordischen Rasseerbguts«, seien von der Kirche systematisch ausgerottet worden[600]. Folgerichtig überbot Müller-Reimerdes alle früheren Opferrekorde: Bei dem »vier bis fünf Jahrhunderte dauernden organisierten und offiziellen Menschenmord, dem nach den jüngsten Berechnungen nicht Tausende oder Hunderttausende, sondern neun bis zehn Millionen Frauen [!] zum Opfer fielen«, rissen sich christliche Männer »um die Ehre, die eifrigsten Hexenvertilger zu sein«. Daß auch einige Männer hingerichtet wurden, geschah nur, »um der organisierten Frauenausrottung den Mantel ›fachlich-sachlicher‹ Begründung zu leihen und sie dadurch den christlichen Völkern gleichsam ›mundgerecht‹ zu machen«[601]. Gegen die christlichen Kirche, »dieses konsequenteste Männerkollektiv«, soll das feierliche Gelübde gestellt werden: »Ich werde ein Rächer meiner gemarterten Schwestern werden!«[602]

40. Germanenmythos und Hexenwahn

Als »Beauftragter des Führers für die Überwachung der gesamten geistigen und weltanschaulichen Schulung und Erziehung der NSDAP« errichtete Alfred Rosenberg im Januar 1934 in der Reichsleitung der Nazi-Partei eine eigene Dienststelle, das *Amt Rosenberg*, 1936 umbenannt in *Amt Weltanschauliche Information*[603]. Rosenbergs *Mythus* erreichte mit dieser institutionellen Förderung innerhalb von vier Jahren eine Auflage von einer Viertelmillion Exemplaren, insgesamt bis 1945 von über einer Million Exemplaren. Barbara Schier hat darauf hingewiesen, in welchem Maße Art und Massivität des ideologischen Angriffs »das Thema Hexenwahn aktualisiert« hätten. Rosenbergs Ansichten in Hexenfragen wurden Gegenstand von »Schulungsbriefen« für Parteimitglieder. Die Parteipropaganda, die sich trotz des Konkordats vom Juli 1933 frontal gegen den »ultramontanen« Katholizismus wandte, benutzte dazu das Hexenthema. Mit Sinn für Inszenierungen geschah dies beispielsweise in Form von »Thesenanschlägen« an Kirchentüren, die an die Befreiungstat des »Deutschen« Martin Luther erinnern sollten[604].

Die Wahl der Mittel war kein Zufall. Wolfgang Brückner hat am Beispiel des von Rosenberg geförderten NS-Volkskundlers **Mathes Ziegler** (1911–?), seit April 1934 Leiter der *Hauptstelle Weltanschauung* im *Amt Rosenberg* und Schriftleiter der *Nationalsozialistischen Monatshefte*, die These aufgestellt, daß »der nationalsozialistische Versuch der Begründung einer neuen germanischen Religion von ehemaligen protestantischen Theologen getragen wurde«[605]. Der Nürnberger Ziegler hatte tatsächlich in Erlangen drei Semester evangelische Theologie studiert, war aber dann als Schüler des NS-Volkskundlers **Lutz Mackensen** (1901–?) nach Greifswald gegangen und 1933 an das *Herder-Institut* im lettischen Riga gefolgt, außerdem der SS beigetreten[606]. 1936 promovierte er in Berlin, betreut durch den Germanisten/Volkskundler **Karl Kaiser** (1906–1940), der wie Mackensen Mitarbeiter des *Amtes Rosenberg* war, über *Die Frau im Märchen. Eine Untersuchung deutscher und nordischer Märchen*. Laut eigener Funktionsbeschreibung für die SS-Personalakte oblag es Ziegler seit Dezember 1934, im Auftrag Rosenbergs »eine zu schaffende Verbindungsstelle zwischen dem *Geheimen Staatspolizeiamt (Gestapo)* und dem *Reichsüberwachungsamt* der NSDAP in kirchenpolitischen Fragen zu übernehmen. Ich hatte Gelegenheit, dem Reichsführer SS diesen Plan persönlich vorzutragen: der Reichsführer hieß diesen Plan gut und ordnete meine Überstellung in den Sicherheitsdienst zur Bearbeitung dieser Fragen unmittelbar an.« Kurz: Ziegler fungierte als Verbindungsmann zwischen Rosenberg und Himmler in Kirchenfragen[607]. In Opposition zu den »entarteten« Theorien der marxistischen, »liberalen« (Hans Naumann, Lucien Lévy-Bruhl) und katholischen Volkskundlern entwarf Ziegler noch 1934 in seinen *Nationalsozialistischen Monatsheften* die charmante Vorstellung von einer »Volkskunde auf rassischer Grundlage«. Als Ahnherren seiner Fachtheorie betrachtete er Jacob und Wilhelm Grimm, die er mit ihrer »Welt des Mythus und des Glaubens« als Vorläufer Rosenbergs sah[608].

Ziegler und Rosenberg koordinierten seit 1938 die Arbeit an einem *Handbuch der Romfrage*, das ein nationalsozialistisches Gegenstück zum renommierten katholischen *Lexikon für Theologie und Kirche* werden und die Aufgabe erfüllen sollte, »die niemals unterbrochene Linie germanisch-deutscher Frömmigkeit ... in Artikeln wie germanische Religion, Germanenmission, Volksglaube, Aberglaube, Brauchtum, Frau, Hexenwahn, Inquisition und Index deutlich werden zu lassen«. Offen wurde konzediert, daß »ein solches Vorhaben ... Nutzen ziehen [konnte] aus der reichen religionsgeschichtlichen, erfreulich kritischen und undogmatischen Forscherarbeit der sogenannten liberalen Theologie des ausgehenden 19. Jahrhunderts«[609]. Für den ideologischen Hintergrund spielte die sogenannte »Wiener Mythologenschule« um Leopold von Schröder, Georg Hüsing, Wolfgang Schultz, Karl von Spieß, Karl Paganini/Haiding und Edmund Mudrak eine Rolle, denen man kaum konfessionelle Motive bei ihrem Versuch zurechnen wird, in rezenten Erzählstoffen den Niederschlag uralter indogermanischer bzw. »arischer« Mythen zu erkennen.

Schultz wurde zum Leiter der Abteilung *Arische Weltanschauung und Volkskunde* im *Amt Rosenberg* berufen[610]. **Edmund Mudrak** (1894–1965), dessen Ausführungen über die *Grundlagen des Hexenwahns* und die *Wilde Jagd* in das Gebiet der Hexenforschung einschlugen, gehörte zu den österreichischen Wissenschaftlern, die programmatisch eine nationalsozialistische Volkskunde forderten; nach 1938 wurde er Leiter der Wiener *Forschungsstelle Mythenkunde*, 1943 Professor für Volkskunde an der Reichsuniversität Posen[611].

Ein anderer Wiener Mythologe, **Karl Haiding** (1906–1985), war Aktivist in der »nationalsozialistischen Volkstumsarbeit«, für die er – wegen des Verbots der Nazipartei in Österreich – nach Deutschland auswanderte. Dort nahm der Sohn eines Wiener Unternehmers eine neue Identität an: Er trat aus der katholischen Kirche aus und ließ seinen italienischen Familiennamen »Paganini« »germanisieren« in »Haiding« (lateinisch »paganus« = heidnisch, Suffix »-ing« als germanischer Gefolgschaftsname). 1937 wurde Haiding in das Kulturamt der Reichsjugendführung der Hitlerjugend zur Organisation von »Kultspielen« berufen. Anlaß für Paganinis Konversion war das 1934 durchgeführte Thingstättenprogramm »Stedingsehre«, das an das 700jährige Jubiläum des Aufstandes der Stedinger Bauern gegen den Bischof von Bremen – der auch in der Hexenforschung eine Rolle spielt – erinnern sollte und mit großem Brimborium in Anwesenheit von Himmler, Rosenberg und dem »Reichsbauernführer« Darré eingeweiht wurde[612]. 1942 wurde Paganini/Haiding Leiter des *Reichsinstituts für deutsche Volkskunde*, eines Vorläufers einer geplanten Parteihochschule der NSDAP[613].

Der NS-Volkskundler **Heinrich Harmjanz** (geb. 1904), der mit einer Königsberger Dissertation (bei Walter Ziesemer) über den »Feuersegen« in der germanischen Überlieferung debütierte, sollte nach dem Rücktritt **Adolf Spamers** (1883–1953)[614] den *Atlas der deutschen Volkskunde* übernehmen und war als Referent im Berliner Reichserziehungsministerium für Berufungen von Professoren zuständig. Im selben Jahr 1937 übernahm Harmjanz zunächst eine Professur für Volkskunde in Königsberg, im folgenden Jahr in Frankfurt a.M. Zunächst Anhänger des *Amtes Rosenberg*, wechselte er allerdings infolge seiner Rivalität zu Kaiser und Ziegler 1938 das Lager und trat dem SS-*Ahnenerbe* bei, unterstellte sich also Himmler, der ihn für einige Zeit gegen Angriffe aus dem Rosenberg-Lager in Schutz nehmen sollte. Wegen der durch das *Amt Rosenberg* aufgedeckten Fälschung seiner Habilitationsschrift – er ließ sie durch einen jüdischen Wissenschaftler Wilhelm Jerusalem schreiben – wurde er 1943 in einem Ehrengerichtsverfahren der SS degradiert und zur Wehrmacht abkommandiert[615].

41. »Kultische Geheimbünde der Germanen« auf Hexenjagd: Otto Höfler und das SS-*Ahnenerbe*

Die »Phantasten« um das *Amt Rosenberg* fanden erbitterte Gegner in einer anderen Nazi-Organisation, dem *Ahnenerbe* der SS[616]. In der 1935 gegründeten *Studiengesellschaft für Geistesurgeschichte – Deutsches Ahnenerbe* pflegte man trotz vergleichbarer kirchenpolitischer Zielsetzung eine in manchen Punkten den Rosenbergianern diametral entgegengesetzte Sichtweise, insbesondere im Hinblick auf die Hexen, die nicht als Trägerinnen germanischen Rasseerbguts gesehen wurden, sondern ganz im Gegenteil als Volksschädlinge, die von germanischen Männerbünden zur Erhaltung der germanischen Kultur hatten »ausgemerzt« werden müssen. Auch diese Organisation rekrutierte ihre akademischen Hilfstruppen an der so ergiebigen Universität Wien im Umkreis des erwähnten Germanenforschers Much. Mit Abstand wichtigstes Produkt der Ritualistenschule war die Habilitationsschrift *Kultische Geheimbünde der Germanen* des Much-Schülers **Otto Höfler** (1901–1987)[617]. Der Professorensohn aus einem »deutschnationalen, dem Wagner-Kult huldigenden Wiener Elternhaus« arbeitete bereits Anfang der zwanziger Jahre für den Saalschutz (spätere SA) der in Österreich verbotenen NSDAP. Noch vor Österreichs Anschluß an Nazi-Deutschland diente sich Höfler dem *SS-Ahnenerbe* an und trat in enge Beziehung zu Himmlers Hochschulreferenten Walter Wüst, Präsident des *SS-Ahnenerbes* und ab 1941 Rektor der Münchner Universität, und unterhielt sogar selbst eine Korrespondenz mit dem Reichsführer SS Heinrich Himmler. Die SS förderte Höflers Karriere, der 1934 auf einer Professur in Kiel und 1938 in München installiert wurde. Dem Kultusministerium gegenüber argumentierte der Dekan der geisteswissenschaftlichen Fakultät, es sei eine Ehrensache, in der »Hauptstadt der Bewegung« eine Professur für »Germanenkunde« mit einer geeigneten Persönlichkeit zu besetzen. Schließlich forderte Himmler den Reichsminister für Wissenschaft direkt auf, Höfler nach München zu versetzen, mit dem Argument, dieser habe »mit dem größten Erfolg in die vom Ahnenerbe betreute Kulturarbeit der SS« integriert werden können und sei »auf seinem Gebiet völlig unersetzlich«, damit eine Charakterisierung Wüsts übernehmend. Der Minister leitete umgehend die Erfüllung dieses Wunsches ein, und im Januar 1938 berichtete der *Völkische Beobachter* den Vollzug[618]. Diese Position eroberte sich Höfler unter anderem mit einem Referat auf dem Erfurter Historikertag über *Das Germanische Kontinuitätsproblem* im Juli 1937, anschließend unter anderem in der *Historischen Zeitschrift* veröffentlicht wurde[619]. »Germanist« und »Volkskundler« Höfler figurierte auch als Zugpferd des antisemitischen *Reichsinstituts für die Geschichte des neuen Deutschlands* von **Walter Frank** (1905–1945), das seinen in der *Historischen Zeitschrift* publizierten Kontinuitätsaufsatz als offiziösen Sonderdruck verteilen ließ[620].

Worin bestand Höflers Beitrag zur Hexenforschung, der ihn für manche bis heute interessant erscheinen läßt? Zunächst einmal sicher in seinem kulturmorphologischen Ansatz, der im Gefolge Jacob Grimms ähnliche Erscheinungen über weite Räume und Zeitabstände hinweg vergleichbar machen will. Des weiteren in seiner Verknüpfung von Mythos und Ritus, die eine zentrale Frage der Ethnologie aufgriff und auf Bräuche und Glaubensvorstellungen der frühen Neuzeit Mitteleuropas anwandte, ohne allerdings die reichhaltige »ausländische« Literatur zu diesem Problem, etwa die meist in deutscher Sprache publizierte russische über den Schamanismus[621], zu zitieren. Trotz seiner beschränkten methodischen Ausgangsbasis konnte dieser Ansatz den Blick erweitern, denn ethnologische Standardthemen wie Altersklassen, Übergangsriten, Geheimkulte, Verwandlungs- und Maskenbräuche etc., die einen interkulturellen Vergleich ermöglichten, waren sowohl von der Geschichtsschreibung als auch von der Volkskunde bisher ignoriert worden. Höfler benutzte das methodische Arsenal der Ethnologie freilich nur als Rüstkammer für die Reise in die germanische Vergangenheit. Im Anschluß an die Studie Lily Weisers war Höfler zu dem Ergebnis gekommen, daß unter den als Vorfahren der Deutschen betrachteten Germanen geheime »Männerbünde« existierten, deren Zweck es war, Schaden von der Gemeinschaft abzuhalten. »Die eigenste Begabung der nordischen Rasse, die staatenbildende Kraft, fand in den Männerbünden ihre Stätte und hat sie zu reichster Entfaltung getrieben. Sie sind zu Mächten emporgewachsen, die Tragkraft und Stoßkraft besaßen und kämpfend, gestaltend und herrschend in die Weltgeschichte eingegangen sind.«[622]

Feinde des Volkes, böse »kulturzerstörende« Frauen, wurden angeblich durch solche Männerbünde – für deren Existenz Höfler jeglichen Beweis schuldig blieb – aufgespürt und getötet. Später habe die Kirche diese Funktion übernommen, um gleichzeitig das germanische Erbe auszulöschen. Sagenstoffe wie die von der Wilden Jagd und Maskenumzüge in den Alpen wie der Perchtenlauf seien lebendige Reflexe der alten germanischen Männerbünde. Höfler sah in »dem höchst merkwürdigen heroisch-dämonischen Totenkult der Mannschaftsverbände ... einen Mittelpunkt germanischen Lebens, eine Quelle religiöser, ethischer und historisch-politischer Kräfte von ungeheurer Macht«. Es liegt auf der Hand, wie sehr die Thesen Höflers geeignet waren, die Tätigkeit der männerbündischen SS mit ihrem Totenkopfemblem zu legitimieren, ohne daß dies in der wissenschaftlichen Arbeit direkt zum Ausdruck gebracht worden wäre[623].

Höfler strapazierte jedoch mit seinen gewagten Thesen die methodischen Möglichkeiten so weit, daß sich selbst deutschnationale Fachkollegen wie **Friedrich von der Leyen** (1873–1966) zu öffentlichem Widerspruch herausgefordert sahen. Von der Leyen provozierte Höfler mit der Bemerkung, vermutlich seien auch »die Walküren eigentlich ein kultischer Geheimbund germanischer Mädchen und die Vorläuferinnen des B.D.M.«. Mit klarem Blick diagnostizierte er den Stellenwert von Höflers Buch für die NS-Bewegung und sprach ihr jede Wissenschaftlichkeit ab: »Die frischen Erfahrungen weniger Jahre in die Urzeit [zu] versetzen und wieder aus der Urzeit diese Erfahrungen rechtfertigen zu wollen, verträgt die Wissenschaft nicht.«[624] Ebenso traten konservative Historiker wie **Fritz Rörig** und **Hermann Aubin** (1885–1969) offen gegen Höflers Kontinuitätsphantasien auf, was unter den Bedingungen der NS-Diktatur nicht gerade die Regel darstellte[625].

Natürlich gab es auch vehemente Proteste der Rosenbergianer, die Höflers Germanenbild in Frage zu stellen suchten. In großen Rundumschlägen polemisierte Kummer in einer Artikelserie gegen die »artfremden Männerbünde, die immer die Tendenz haben, abseits von Mutter und Kind losgelöste Männlichkeit brunststeigernd zu kollektivieren bis zu Frauenraub und Weibergemeinschaft«. Den »Männerbundgermanisten«, die sich an der »Rassenseelenkunde« vergingen, warf Kummer vor, mittels Theorien aus der Völkerkunde die Germanen primitivisieren zu wollen, außerdem Nähe zur Freudschen Psychoanalyse, zur Homosexualität und – wegen der These germanischer Zauberei – zu katholischen Positionen[626].

Gegen diese Frontalangriffe publizierte Höfler mehrere Aufsätze in der SS-Zeitschrift *Germanien. Monatshefte für Germanenkunde zur Erkenntnis deutschen Wesens*, darunter 1937 unter seinem Pseudonym »Hugin und Munin« – die Namen der beiden Raben Wotans –, einen Aufsatz *Zur Erkenntnis deutschen Wesens. Widersagst du dem Wodan?*, in welchem er sich mit dem »sächsischen Taufgelöbnis« beschäftigte, einem Schriftdokument aus den Sachsenkriegen Karls des Großen mit folgendem Wortlaut: »Widersagst du dem Teufel? Ja, ich widersage allen Teufelswerken und -worten: Donar und Wodan und Saxnot und allen den Unholden, die ihre Genossen sind.« Höfler konstatierte darin, daß durch dieses Gelöbnis »die Kirche den germanischen Widerstandsgeist dadurch im allerinnersten Kerne traf, daß sie den Wodan zum Teufel erklärte und von da aus die gesamte germanische Götterwelt in das Reich des Satanismus und der Finsternis verbannte«. In der SS-Zeitschrift ging es ihm jedoch nicht um eine Auseinandersetzung mit der Kirche, sondern mit seinem nordistischen Widersacher Kummer, der Donar/Thor als eine Art gutmütigen Bauerngott dem wertlosen Vagabunden Wodan gegenübergestellt hatte, dessen Hochschätzung einer Verfallsstufe der germanischen Kultur entspreche. Dagegen ereiferte sich Höfler in entlarvender Deutlichkeit: »Jene Verfallstheorie entzieht unserem Volkstum seine innerste Substanz und leugnet die Kontinuität seines Wesens, wobei alle Volkskunde ihren Sinn verliert. Denn der deutsche Bauer kennt heute noch den Wode und sein Heer und bringt ihm hie und da noch seine Opfer ...« Kummers Geringschätzung der Sagen von der Wilden Jagd, »eine der wichtigsten Überlieferungen unseres Volkstums«, wird als direkter Angriff auf die SS empfunden. Höfler – der wegen seiner Weigerung, aus der katholischen Kirche auszutreten, nie selbst Mitglied der SS wurde – verteidigte den »Wodansgeist«, die »Fähigkeit zu kämpferischer Ekstase«, mit folgenden Worten: »Für diese kämpferische Ekstase, deren Vater Wodan ist, haben wir in der germanischen Dichtung bis heute Beispiele in Hülle und Fülle; und wenn das ein Zeichen innerer Friedlosigkeit und Entartung ist, so sind freilich auch die Stürmer von Langemarck und die Sturmmänner der Bewegung hoffnungslos entartet gewesen.« Höfler, seit 1923 selbst Mitglied einer NS-Sturmabteilung, schrieb: »Die Sturmabteilungen unserer Zeit haben sich, ihrem Namen entsprechend, in den Stürmen der Saalschlachten bewährt, ohne die wir uns heute wohl nicht an Frieden und fetten Ernten erfreuen könnten. Die Fähigkeit zur kämpferischen Ekstase, zur heroischen Selbstvergessenheit, ist ein wesenhafter Grundzug des nordischen Germanen ... Der Sturmgott ist deshalb der oberste Gott der Germanen, weil er ihre aktivste Seite darstellt; jene Seite, die den nordischen Menschen grundsätzlich vom ostischen unterscheidet.«[627]

Die weltanschauliche Bedeutung der Höflerschen Germanen- und Volkskunde ergibt sich aus der politischen Ebene, die der Streit erreichte. Höfler instruierte den Geschäftsführer des SS-*Ahnenerbes*, Wolfram Sievers, schriftlich über geeignete Reaktionen gegen den »Germanenbernhard«, dem er jede Wissenschaftlichkeit absprach: »Es geht um Fragen unserer Geschichtsehre. Der Journalist hat bisher unter der Maske von ›Gelehrsamkeit‹ die Begriffe verwirrt und das schlimmste getan, was einer tun konnte: die deutsche Geschichte verzerrt: ... er hat ... den nordischen Gedanken zur Herabsetzung der deutschen Geschichte mißbraucht ... Ich finde, man muß die Winkelzüge dieses Mythendeuters mit größtem Ernst brandmarken ...« Wissenschaftsminister Rust und SS-Führer Himmler beschäftigten sich mit dem Fall, die Angriffe gegen Höflers Germanenbild wurden zur Staatsaffäre[628]. Kummer verlor diesen Machtkampf und mußte nach einer »Aussprache« mit dem vom Reichsführer SS dazu beauftragten Präsidenten des *Ahnenerbes*, Walter Wüst, 1938 wegen seines Streites mit der Zeitschrift *Germanien*, »deren enge Verbundenheit mit der Schutzstaffel [SS] ihrerseits mir nicht genügend bewußt war«, Abbitte leisten, gleichzeitig die Schriftleitung der *Nordischen Stimmen* aufgeben[629]. In einer Zeit, als sich viele Historiker und Volkskundler auf die Bearbeitung möglichst abgelegener Themen zurückzogen, exponierte sich Höfler mit programmatischen Vorträgen und Aufsätzen, darunter auch solchen mit direkt antisemitischem Charakter[630]. Höfler stellte den NS-Machthabern und speziell der SS bzw. deren Organisation *Ahnenerbe*, aber auch dem *NS-Dozentenbund* in solchem Maße Argumente zur Verfügung, daß man diesen Wotan der Volkskunde, auch wenn die willfährige Dienstbarkeit primär der Karriere gedient haben mag, kaum anders denn als üblen Parteiideologen bezeichnen kann[631].

42. Die Hexenfrage und der Katholische Widerstand

Die existenzbedrohenden politischen Attacken der NS-Ideologen führten dazu, daß sich binnen weniger Monate bestehende Ansichten wie in einem Kraftfeld neu organisierten. Liberale Stimmen verstummten. Die unter den Bedingungen der Diktatur allein handlungsfähig gebliebene katholische Kirche diskutierte unter dem Stichwort »Neuheidentum« die Attacken auf den Bischofskonferenzen. Bereits im März 1934 kam es zur Gründung einer *Abwehrstelle gegen nationalsozialistische, antichristliche Propaganda* unter der Leitung des Kölner Kaplans Josef Teusch (gest. 1976). Eine Bonner Arbeitsgruppe unter der Leitung des Kirchenhistorikers **Wilhelm Neuss** (1880–1965)[632] verfaßte binnen weniger Monate eine Erwiderung auf Rosenberg und publizierte sie anonym unter dem Titel *Studien zum Mythus des XX. Jahrhunderts* als Beilage zu den *Kirchlichen Anzeigern*, die unter dem Schutz des Konkordats erscheinen konnten, und auch dies nur unter konspirativen Umständen, wie Neuss nach dem Ende der NS-Diktatur in seinen Erinnerungen festhielt. Mitarbeiter der Publikation waren die Bonner Theologen Joseph Steinberg, Karl Schäfer, Bernhard Lakebrink (Köln), Joseph Greven, Werner Schöllgen, Anton Antweiler und Hermann Platz, Neuss selbst verfaßte den kirchengeschichtlichen Teil[633]. Wie bereits während des Kulturkampfs der Ära Bismarck waren die katholischen Theologen daran interessiert, die Schuld der Kirche zu minimieren. Hatte man damals die Schuld auf Luther, den Staat und die Juristen geschoben, so stieg man nun auf die völkischen »Germanenthesen« ein. In den *Studien* wurde die Ansicht vertreten, der »Hexenwahn« sei nicht von außen nach Deutschland gekommen, sondern sei »leider altgermanisches Volksgut, das nicht standhaft genug von der Kirche bekämpft worden ist«, was mit Hilfe der frühmittelalterlichen Gesetzgebung belegt wurde. Die *Studien* erschienen zuerst im Oktober 1934, eine zweite, verbesserte Ausgabe im Dezember.

Rosenberg griff die *Studien* 1935 mit einer Schrift *An die Dunkelmänner unserer Zeit* an, auf welche weitere Neuausgaben der *Studien* mit einem Epilog antworteten[634]. Es würde zu weit führen, die Fülle der Streitschriften in dieser Sache anzuführen, am Beispiel des katholischen Theologen **Konrad Algermissen** sei lediglich bemerkt, daß die Strategie, Aberglauben und Hexenwahn als germanische Erbschaft zu bezeichnen, ständiger Bestandteil solcher Schriften war, und ebenso sicher auch der Repliken der Rosenbergianer, die ihre Ansicht eines christlichen Ursprungs des Hexenwahns ausgerechnet auf Hansen stützten[635].

Offenbar zur wissenschaftlichen Absicherung dieser Argumentation entstanden im katholischen Milieu gewichtige akademische Publikationen. Der Bonner Volkskundler **Karl Meisen** (1891–1973), der dem *Amt Rosenberg* neben dem Münsteraner Professor Prälat Georg Schreiber (1882–1963) als führender Vertreter des Katholizismus an den Universitäten galt[636], edierte 1935 außerhalb seiner sonstigen Interessengebiete einen Quellenkorpus zur Vorstellung von dem gefährlichen Totenheer der »Wilden Jagd«, das bis in die griechische und römische Antike zurückreichte und keineswegs nur die »germanischen« Länder betraf. Ohne Höfler oder andere »Germanisten« zu würdigen, zielte Meisens trockene Edition auf die Reputation dieser NS-Wissenschaftler[637]. Die Antwort ließ nicht auf sich warten: Meisen wurde die Lehrbefugnis an der Bonner Universität entzogen. Erst nach dem Ende der NS-Diktatur erhielt er sie zurück, im Dezember 1945 konnte er als unbelastet habilitierter Volkskundler die Bonner Professur übernehmen[638]. Im ersten Band des von ihm mitbegründeten *Rheinischen Jahrbuchs für Volkskunde* äußerte sich Meisen 1954 erleichtert über das Ende der Diktatur, »die Zeit, in der sogenannte ›Volkskundler‹ ihre eigene Arbeit durch Planlosigkeit, durch in nichts gegründete maßlose und phantastische Überschätzung des Alters der einzelnen Lebensäußerungen des Volkes und durch deren meist stereotype Deutungen vom Mythologischen, Meteorologischen oder auch, wie wir es zuletzt noch erleben mußten, vom Rassischen her in Verruf brachten«[639].

Zu nennen sind auch zwei Kölner Dissertationen: die in Paderborn publizierte Arbeit der Juristin **Elisabeth Blum** über fränkische Quellen zum Zauberwesen von 1936 sowie die Abhandlung über den *Kampf des Journals von und für Deutschland gegen den Aberglauben seiner Zeit* von **Carl Wehn**, der die Thesen des Kirchenhistorikers Sebastian Merkle (1862–1945) über den Erfolg der katholischen Aufklärung exemplifizieren konnte[640]. Das schwergewichtige Werk *Erdmutter und Hexe* des Freisinger Theologieprofessors **Anton Mayer** (1891–1982), des Vaters des Schriftstellers Carl Amery, das die Existenz eines vorchristlichen chtonischen Fruchtbarkeitskultes postulierte, wirkte zunächst wie ein Seitenstück der esoterischen Phantasien von James Frazer oder Margaret Murray. Das später von Arne Runeberg und Carlo Ginzburg geschätzte Buch stellte jedoch den Versuch einer Entlastung der katholischen Kirche dar, ohne daß der politische Gegner, Höflers SS-Männerbund und sein *Ahnenerbe*, beim Namen genannt wurde[641]. Spees *Cautio Criminalis* wurde durch **Joachim-Friedrich Ritter** (1905–1985) – den seine nach dem Zweiten Weltkrieg aufgenommene diplomatische Laufbahn zuletzt als deutschen Botschafter nach Canberra und Ottawa führen sollte – ins Deutsche übersetzt, als Bonner juristische Dissertation eingereicht und 1939 publiziert. Diese Edition hat bis heute mehrere Auflagen erlebt und befindet sich noch im Programm des dtv-Verlages, ohne daß der Entstehungszusammenhang noch in Erinnerung wäre, auch nicht, warum sich das Promotionsverfahren bis 1941 hinauszog[642].

43. Der H-*Sonderauftrag* im Reichssicherheitshauptamt

Während man gegen Quelleneditionen (Meisen, Ritter) wenig unternehmen konnte, löste Mayers dicke Abhandlung über die germanischen Wurzeln des Hexenglaubens hysterische Gegenreaktionen aus, in denen von der völkischen Feministin Reimerdes der »germanische Protestantismus« gegen die »jüdisch-römische Kirche« in Schutz genommen wurde[643]. Kummer versuchte, eine konfessionelle Frontstellung gegen die vor allem katholischen Gegner des »Mythus« zu mobilisieren. »Protestantisch-liberale« Positionen wurden immer mehr in den Dienst der NS-Ideologie gestellt, wie an den Arbeiten des Pfarrers **Wilhelm Hartmann** (1902–1966) aus Hildesheim sichtbar wird, der mit seinen Phantasien über germanische Gottheiten dem *Amt Rosenberg* weit entgegenkam[644]. Beispiele wie das des Lemgoer Heimatforschers **Karl Meier** würde man bei genauerem Nachforschen in regionalen Zeitschriften vermutlich viele finden. Gerade weil solche Autoren keine hohen Parteifunktionen bekleideten, konnten sie kontinuierlich von den zwanziger bis in die sechziger Jahre publizieren[645].

Einen anderen Weg als die »Phantasten« vom *Amt Rosenberg* ging das SS-*Ahnenerbe*, das mit der Institutionalisierung der Recherchen über Hexenprozesse Munition für den Kirchenkampf, möglicherweise auch in der Auseinandersetzung mit Rosenberg und Kummer zusammentragen wollte. Ergebnis war die Bildung einer eigenen Arbeitsgruppe mit dem Decknamen *H[exen]-Sonderauftrag*[646]. Diese aus elf Mitarbeitern bestehende Gruppe wurde 1935 auf Veranlassung Heinrich Himmlers gegründet und sollte systematisch Daten über Hexenprozesse im gesamten deutschen Sprachraum sammeln. Zunächst unterstand es dem *Sicherheitsdienst* (SD), mit diesem zusammen ging es 1939 im Reichssicherheitshauptamt (RSHA) auf. Das RSHA untergliederte sich nach einem Befehl Himmlers vom 27. September 1939 folgendermaßen: Amt I Verwaltung und Recht, Amt II Nachwuchs und Erziehung, *Amt III Weltanschauliche Gegner*, Amt IV SD-Inland, Amt V SD-Ausland, Amt VI Gestapo, Amt VII Kriminalpolizei. Die Gegnerforschung zerfiel in sechs Referate: 1. Grundlagenforschung, 2. Freimaurerei, 3. Judentum, 4. Politischer Konfessionalismus, 5. Marxismus, 6. Liberalismus[647].

Im Jahr 1941 wurde das Amt III im Zuge einer Umorganisation zum Amt VII mit dem SS-Mann **Franz Alfred Six** (1909–1975) als Leiter. Die *H-Forschung* oblag der Abteilung *VII C 3 Wissenschaftliche Sonderaufträge*, der 1942 »die Aufgabe der Planung, Leitung und Führung aller Forschungen des Amtes VII« übertragen wurde: »Seine Aufgabenstellung erstreckt sich somit weit über den bisherigen Bereich des *H-Sonderauftrags* des Reichsführers SS hinaus« und sollte die Bereiche »Volksforschung und Gegnerforschung« umfassen, da man erst »um das Wesen und die rassische Substanz des eigenen Volkes Bescheid wissen« müsse, bevor man »den Begriff des Gegners« definieren könne[648]. Six, der die Arbeit seiner Forschungsabteilung in den Kriegsverbrecherprozessen als politisch irrelevant hinstellen wollte, wurde 1948 zu zwanzig Jahren Haft verurteilt. Im September 1942 wurde die Abteilung VII von SS-Mann Dr. Paul Dittel übernommen, 1943 von SS-Mann Ehlers. Der Stellenwert der »Gegnerforschung« kann am besten daran ersehen werden, daß das RSHA – nach Raul Hillberg – »eine herausragende Stellung innerhalb der Vernichtungsmaschinerie« einnahm. Die »wissenschaftliche« Abteilung »VII B 1 B Judentum« sollte nach einer Aufgabenbeschreibung von Anfang 1942 gegenwartsbezogen arbeiten und anderen Dienststellen des RSHA als »wissenschaftlicher Nachrichtendienst« zuarbeiten und die »Endlösung der Judenfrage« unterstützen. Der Leiter des RSHA, Reinhard Heydrich, sollte regelmäßig über die Ergebnisse unterrichtet werden. Das bereitgestellte Material sollte auch zur »Schulung der Schutzstaffel und der Polizei« dienen[649]. Ebenso war eine Rücksprache mit RSHA Amt IV vorgesehen, so daß eine direkte Beziehung der »Forschungsabteilung« mit dem »Judenreferat« (seit März 1941 RSHA Amt IV B 4) von Adolf Eichmann (1906–1962) bestand, der seit 1934 im Rahmen der »Gegnerforschung« mit den Freimaurern befaßt gewesen war und nun Organisator der sogenannten »Endlösung der Judenfrage« geworden war. Sein Name wird in der Aufgabenbeschreibung des RSHA Amt VII von 1941 genannt, denn die Forschungsabteilung sollte direkte Hilfsdienste für die große Mordaktion leisten, die von Eichmanns Schreibtisch im RSHA aus dirigiert wurde[650].

Wenige Monate nach der Wannseekonferenz (20. Januar 1942), auf welcher der schon 1941 geplante Holocaust an den Juden beraten wurde[651], tauchte im Zusammenhang mit der wissenschaftlichen Koordination und Kontrolle der Gegnerforschung im RSHA Amt VII der Name des SS-Mannes **Günther Franz** (1902–1993) auf, der damals an der Universität Jena, ab 1943 an der Reichsuniversität Straßburg Geschichte lehrte[652]. Derselbe Franz, der nur wenige Jahre später die Mär verbreitete, »der Einfluß des Nationalsozialismus auf die Geschichtswissenschaft« sei »verhältnismäßig gering« gewesen, überwachte – den von Jürgen Matthäus (geb. 1959) veröffentlichten Dokumenten zufolge – die »Gegnerforschung« der SS im RSHA und förderte die akademische Etablierung von SS-Männern aus dem RSHA per Promotion oder Habilitation. Protokolle von Arbeitstagungen unter seiner Leitung (z.B. vom 11. April 1942, vom 25./26. Juni 1942, Oktober 1942 im SS-Gästehaus Wannsee [!], 21./22. Januar 1943), bei denen neben der dominierenden »Judenfrage« immer auch der *H-Sonderauftrag* eine gewisse Rolle spielte, zeigen, daß Franz hier das große Wort führte (»Prof. Franz benennt als für unsere Gegnerforschungen in Frage kommende folgende SS-Historiker ...«) und als Gutachter für angefertigte Manuskripte diente, beispielsweise zu historischen Arbeiten über die »Lösung der Judenfrage«[653]. Zur von Günther Franz geleiteten Herbsttagung 1942 im SS-Gästehaus Wannsee sollten alle externen Mitarbeiter des Amtes VII eingeladen werden, darunter die Wissenschaftler Georg Franz, Wache, Birke, Löffler (Straßburg), E. Schmidt, Brügmann, Wagner, Jolles, Zipperer, Buchner, Hilpert, Gengler, Fuchs, Ziegler, Huth, Augsburg, Roßberg, H.J. Beyer, Vorauer und Eckstein[654]. Günther Franz versuchte mit seinen Arbeitstagungen, die Gegnerforschung effizienter zu gestalten: Arbeitsgliederungen mußten Franz vorgelegt und von ihm genehmigt, über die Fortschritte der Arbeit berichtet und die Manuskripte von Franz beurteilt werden. Die auf Weisung des Amtsleiters erstellte Publikation des Sammelbandes *Die historischen Lösungsversuche der Judenfrage* (mit Beiträgen von Heinz Ballensiefen, Dr. Kellner, Dr. Friedrich Murawski, Dr. Rudolf Levin) war für Mitte 1943 geplant, die einzelnen Abschnitte dieses Bandes wurden wie die anderen Publikationen des Amtes VII von Günther Franz korrekturgelesen, kritisiert, zur Überarbeitung zurück- oder zur Publikation freigegeben[655].

Der Leiter des *H-Sonderauftrags*, der Obersturmbannführer der SS Dr. **Rudolf Levin** (1909–1945), der an der Universität Leipzig mit einer geisteswissenschaftlichen Arbeit promoviert worden war[656], hatte mit seinen Mitarbeitern seit 1936 Archivrecherchen für ihre Materialsammlung unternommen. Die mangelhaften Ergebnisse des *H-Sonderauftrags* hatten bereits im August 1937 zu einer ernsthaften Verwarnung durch den SS-Obersturmführer Dr. **Wilhelm Spengler** (geb. 1907) geführt, der darauf drang, »daß sie bei der Ausarbeitung ihrer Arbeit stets die politische Verwendbarkeit und Schlagkraft im Auge haben sollten«. Jeder Mitarbeiter sollte eine landesgeschichtliche Arbeit von bis zu 300 Druckseiten und entsprechende Zeitungsartikel verfassen[657]. Der Output des *H-Sonderauftrags* blieb indes mager: Der Gymnasiallehrer und SS-Mann **Ernst Merkel** (geb. 1907) aus Schlettstadt (Sélestat) im Elsaß fertigte die armselige Gießener Dissertation über den *Teufel in hessischen Hexenprozessen* an, deren Annahme auf Antrag des Referenten Prof. Dr. Alfred Götze kaum der wissenschaftlichen Leistung zugeschrieben werden kann. Merkels abstruser Plan einer Arbeit über *Die germanischen Grundlagen des Hexenwahns*, der die »rassenseelischen« Komponenten berücksichtigen sollte, blieb unausgeführt[658]. Bei einer Arbeitstagung am 12. April 1942 kam es zu einer Art Evaluation der Forschungsabteilung im Amt VII des RSHA mit folgendem Ergebnis: »1. An Hand des Arbeitsmaterials des *H-Sonderauftrags* erläuterte SS-Hauptsturmführer Levin eingehend die Arbeitsmethode des *H-Sonderauftrags*. Prof. Franz überzeugte sich, daß bei sämtlichen Arbeiten des *H-Sonderauftrags* von wissenschaftlich einwandfreien und durch absolut exakte Quellenbearbeitung erworbenen Grundlage ausgegangen wird ...«[659] Levin, der dem Supervisor Franz eine Arbeit mit dem Titel *Der rassische Gedanke als Grundlage der Lösung der Judenfrage* vorlegen wollte, beabsichtigte, sich mit einer Arbeit zur Geschichte der

Hexenprozesse zu habilitieren. In der Korrespondenz mit Franz, der das Manuskript korrekturzulesen versprach, war (Schreiben vom 27. Juli 1942) davon die Rede, daß der Abteilungsleiter Six und dessen Assistent Dr. Hilpert eine Durchführung des Verfahrens bei dem bekannten NS-Historiker Karl Alexander von Müller (1882–1964) in München befürworteten[660].

Im Frühjahr 1944 mußte der *H-Sonderauftrag* wegen des voranschreitenden Krieges seine Arbeit einstellen. Als Mitarbeiter des *H-Sonderauftrags* wurden bisher identifiziert: die erwähnten SS-Männer Dr. Rudolf Levin und Dr. Ernst Merkel (Mer), der SS-Mann Dr. Friedrich Murawski (geb. 1898), SS-Hauptsturmführer Dr. Wilhelm Patin (geb. 1879), SS-Sturmrottenführer Rudolf Richter (Ri), SS-Sturmrottenführer Schmidt und ein Paul Reißmann (Rm) vom Historischen Seminar in Leipzig, dort dem Lehrstuhl Prof. Hermann Heimpels (1901–1988) zugeordnet[661]. Es muß jedoch weitere Mitarbeiter gegeben haben, weil bei Gelegenheit von Regionalstudien immer neue Namen auftauchen, für Schlesien etwa Bauer, Schmidt und einige noch nicht identifizierbare Namenskürzel (Bö/We, Be, Bie, Mk, Rk, Reh, Wy und Wz), insgesamt also über 15 Mitarbeiter[662]. Die Materialsammlung des *H-Sonderauftrags*, die in den 1960er Jahren durch ein Register der polnischen Archivarin Krystyna Gorska-Golaska erschlossen worden ist, wurde mittlerweile – etwa durch den amerikanischen Soziologen **Hans Sebald** (geb. 1929) – bereits für Sekundärauswertungen benutzt. Die Problematik einer solche Vorgehensweise wurde 1988 auf einer Tagung mehrfach dargelegt[663].

44. Zombies: Nachwirkungen der NS-Hexenforschung

Wenigstens bei einigen Repräsentanten der während der NS-Diktatur entstandenen Forschungsrichtung der »Volksgeschichte« kann man konstatieren, daß sie 1945 wie Höfler, Kummer, Franz, Mudrak, Mackensen und Wolfram ihrer Professuren enthoben bzw. wie Haiding aus ihren Ämtern entfernt wurden. Der Leiter des *H-Sonderauftrags* Rudolf Levin war 1945 verschollen, was – wie erst 1995 wieder der Fall Schneider/Schwerte (geb. 1909) gezeigt hat, auch die Annahme einer neuen Identität bedeuten konnte[664]. Die »Volkskunde« erlebte seit den 1960er Jahren bekanntlich ihre große Sinnkrise, die in nicht wenigen Fällen zur bewußten Aufgabe der traditionellen Fachbezeichnung und zur Abwendung von folkloristischen Themen, insbesondere dem Komplex Aberglauben/Volksglauben geführt hat. Mit beeindruckender Konsequenz haben führende Vertreter dieses Faches seit den 1960er Jahren Vergangenheitsbewältigung betrieben[665].

Trotzdem muß man konstatieren, daß alte Nationalsozialisten in einem Ausmaß wieder in den alten Positionen Fuß fassen konnten, das aus heutiger Sicht vollkommen unverständlich erscheint. Günther Franz hatte von 1957 bis 1970 einen Lehrstuhl für Geschichte an der Landwirtschaftlichen Hochschule in Hohenheim inne, der von ihm geförderte SS-Mann Walter Peter Fuchs (1905–1997), dessen Habilitation Franz betreut und den er auch für die »Gegnerforschung« vorgeschlagen hatte, erhielt 1958 einen Lehrstuhl für Neuere Geschichte an der Technischen Hochschule Karlsruhe und lehrte von 1962 bis 1973 an der Universität Erlangen[666]. Österreicher konnten ihre Rehabilitierung offenbar dadurch bewirken, daß sie wieder in ihre alte Heimat zurückkehrten. Nach zwölf Jahren unfreiwilliger Karenz erhielt Otto Höfler in seiner Heimatstadt Wien einen »germanistischen« Lehrstuhl, den er von 1957 bis 1971 innehatte, zehn Jahre lang war er Leiter des *Germanistischen Instituts*. Als Mitglied der Österreichischen Akademie der Wissenschaften und Mitarbeiter so renommierter Lexikonwerke wie *Die Religion in Geschichte und Gegenwart* konnte er bei der Abfassung des Artikels *Geheimbund* nahtlos an seine früheren Interessen anschließen. Auch die Arbeiten über *Germanisches Sakralkönigtum* und den *Runenstein von Rök* lassen Kontinuität erkennen[667]. Höfler setzte sich nicht nur nicht mit seiner Vergangenheit auseinander, sondern hat nach dem Urteil Wolfgang Brückners bei den wesentlichen Thesen »außer Nomenklatur und Abstraktionsebene wenig geändert«[668]. Wie wenig diese Kapitel deutscher (und österreichischer) Wissenschaftsgeschichte ausgestanden sind, zeigen zwei Vorfälle aus dem Jahr 1993, als Höflers *Kleine Schriften* mit einem Zuschuß des österreichischen Wissenschaftsministeriums nachgedruckt wurden und eine kritische Würdigung der *Germanistik* Höflers in einer Kieler Fachzeitschrift wütende Proteste früherer Kollegen und Schüler hervorrief[669].

Die Beiträger zu den Festschriften für Richard Wolfram und Otto Höfler zeugen von einem beeindruckenden Fall von Gruppenkohärenz von den 1920er bis in die 1980er Jahre hinein – das politische System wechselte, die Seilschaften hielten. Wolfram – 1939 Direktor des neugegründeten *Instituts für germanische und deutsche Volkskunde* in Wien – wurde zwar 1945 die *venia legendi* entzogen, jedoch in den 1950er Jahren neu verliehen. Der Gründungsdirektor des »neuen« *Wiener Volkskunde-Instituts* hieß 1961 abermals Richard Wolfram. In dieser Eigenschaft betreute Wolfram das Unternehmen *Österreichischer Volkskundeatlas*. Dort wurde über jene Gegenstände geforscht, denen bereits das Interesse des *SS-Ahnenerbe* gegolten hatte, beispielsweise rituelle »Jahresfeuer«. Wolfram verfaßte die Karte über den Brauch des »Puppenverbrennens«, dem die sogenannten »Funkenhexen« in Teilen Österreichs alljährlich ausgesetzt werden[670]. Alte Nationalsozialisten reichten sich bei diesem Projekt nach dem Krieg die Hand, wenn sie auch vorher verschiedenen Wiener Schulrichtungen angehört hatten. Diese blieben weiterhin erkennbar, denn Wolfram forschte über Riten, die Anhänger der Wiener Mythologenschule wie Haiding über Mythen[671]. Seinen programmatisch germanisierten Namen »Haiding« behielt der geborene »Paganini« bei. In der *Österreichischen Zeitschrift für Volkskunde* konnten sich in den 1960er Jahren die Herren vom *Amt Rosenberg* gegenseitig feiern, selbst so dubiose Personen wie Edmund Mudrak wurden mit einbezogen, auf den Haiding 1965 die Laudatio verfaßte[672]. Bemerkenswert ist auch das Engagement dieses Personenkreises bei Märcheneditionen, die Vorstellungen über Hexen und die Wilde Jagd vermutlich bis in unser Jahrhundert an junge Leser vermitteln[673].

Die Vorgeschichte dieses Atlasprojekts erklärt die Häufung alter Parteigenossen: Der 1934 im vorfaschistischen Österreich wegen Zugehörigkeit zur damals noch verbotenen Nazi-Partei amtsenthobene Vorarlberger Historiker **Adolf Helbok** (1883–1968), der nach Nazi-Deutschland emigrierte und seit 1935 Professor für »Landes- und Volksgeschichte« in Leipzig und Leiter der Zentralstelle des *Atlas der Deutschen Volkskunde* war, konnte 1941 nach dem »Anschluß« Österreichs als Ordinarius nach Innsbruck zurückkehren. Dorthin transferierte er auch die Österreich betreffenden Fragebogen des *Atlas der Deutschen Volkskunde*. Als er 1945 erneut amtsenthoben wurde und – da nicht mehr österreichischer Staatsbürger – ausgebürgert werden sollte, setzte Helbok als Druckmittel dagegen das volkskundliche Erhebungsmaterial, das er nun als *Archiv des Österreichischen Volkskundeatlas* bezeichnete und das zur Schaffung einer neuen Identität für das »Vaterland Österreich« nötig sei. Helbok betrachtete dieses Material als sein persönliches Eigentum, das er nach dem Verzicht auf Ausbürgerung und Sicherung der Pension der Universität Innsbruck überreichen wollte. Der mittels »guter Beziehungen« zum damaligen Unterrichtsminister rehabilitierte NS-Historiker wurde 1953 als Präsident des österreichischen Atlasprojekts eingesetzt bzw. fungierte – wie er selbst formulierte – als »Führer des Atlaswerkes«. 1958 veranstaltete die Universität eine Feier zu Helboks 75., 1963 zu dessen 80. Geburtstag, 1964/67 publizierte Helbok seine zweibändige *Deutsche Volksgeschichte*[674].

Generell kann man sagen, daß die Verfechter der »völkischen« Theorien mit ihrer akademischen und publizistischen Wirksamkeit erstaunlich weit in die Gegenwart hereinragen, im Falle von Höfler und Wolfram – nicht zu verwechseln mit dem Wiener Frühmittelalterhistoriker Herwig Wolfram, seinem Sohn[675] – bis an das Ende der 1980er Jahre. Sinnfällig wird die Kontinuität der »Blut und Boden«-Mythologie in der Gegenwart auch am Beispiel des Nordisten Bernhard Kummer, dem 1963 noch eine Festschrift gewidmet wurde und dessen Tochter Gisela Lienau-

Kummer, die zur Zeit der Ökologiebewegung einen ökologischen Bauernhof in Niedersachsen führte, weiterhin seine Schriften verlegte, ohne in ihrem Vorwort Abstriche an der rassistischen NS-Ideologie zu machen[676]. Wer sich über die Kontinuität der »Deutschen Glaubensbewegung« der Mathilde Ludendorff informieren möchte, wird nach einem Blick in das aktuelle *Verzeichnis Lieferbarer Bücher* überrascht sein, wie wenig diese Vergangenheit vergehen will. Hier hat man es mit echten Zombies zu tun, »untoten Toten«. Schließlich erfüllten die ehemaligen Mitarbeiter des *Amtes Rosenberg*, des SS-*Ahnenerbes* und des Amtes VII im RSHA auch nach dem Krieg weiterhin ihre Pflichten und publizierten munter weiter zu den ihnen einst im Rahmen der Gegnerforschung zugewiesenen Themen[677].

Erwähnenswert ist dies, weil der Entstehungskontext mancher Schriften in Vergessenheit geraten ist und sie teilweise geradezu als Neuentdeckungen rezipiert werden, immer dann, wenn es um die Erforschung von »Volkskultur«, »Volksglauben« oder vermeintlich Uraltem geht. »›Germanisch-heidnische Faschingsbräuche‹ im öffentlichen Rundfunk, Wodans ›Wilde Jagd‹ als Grundlage für einen (nach 1945 im Kopf eines nazistischen Heimatpflegers entstandenen) Salzburger Maskenbrauch (der Burschen), wobei der Urheber nicht als Erfinder gesehen, sondern als Wiederbeleber, Erneuerer gepriesen wird, ›harmlose‹ Nationalisten und Idealisten, die mit den Greueltaten der Nazi-Zeit nichts zu tun hatten«, wie der kritische Wiener Volkskundler Olaf Bockkorn 1994 über diese nativistische Bewegung der Gegenwart formulierte[678]. Die *Ahnenerbe*-Zombies werden jedoch nicht nur weiter zitiert, weil sie dem Publikum erzählten, was es hören wollte, sondern auch, weil sie moderner waren als ihre romantischen, katholischen oder liberalen Gegner. Höfler und seine Parteigenossen kannten wenigstens teilweise die Literatur zu ethnologischen Grundthemen wie Altersklassen, Übergangsriten, Geheimbund, Ritual, Kult etc. und wandten diese auf die geliebten Germanen an, wobei sie den Rassisten nur in homöopathischen Dosen erkennen ließen, woher die Ideen kamen, und selbst das reichte für heftige Angriffe von seiten des *Amtes Rosenberg*. Indem sich die deutsche Nachkriegsvolkskunde – von Peuckert abgesehen – solchen Themen verweigerte, verhalf sie der Much-Schule unfreiwillig zu einem langen Leben[679].

45. Die Nachblüte des »rationalistischen Paradigmas«

Man könnte meinen, der politische Einschnitt des Jahres 1945 hätte zu einer raschen und gründlichen Neuorientierung führen müssen. Das »romantische Paradigma« war nach seinem Mißbrauch durch das *Amt Rosenberg* indiskutabel geworden. Die ältere liberale Hexenforschung war durch den Mißbrauch ihrer Thesen im nationalsozialistischen Kirchenkampf desavouiert. Gebrochen war schließlich der althergebrachte Glaube an die Notwendigkeit des humanitären Fortschritts, der dem »rationalistischen Paradigma« zugrunde gelegen hatte. War sich noch Sigmund Riezler sicher gewesen, daß Greueltaten, wie sie im Namen der christlichen Kirchen begangen worden waren, im zivilisierten Europa nie wieder vorkommen würden[680], so hatte der Völkermord, der mit der tatkräftigen Beihilfe aus der Bevölkerung Deutschlands und anderer europäischer Länder Assoziationen an die Hexenverfolgungen wachrief, einen neuen Tiefstand an Humanität offenbart. Nicht das Mittelalter und auch nicht das konfessionelle Zeitalter hatten die größten Massaker der Geschichte gesehen, sondern die europäische Moderne, das 20. Jahrhundert[681]. So lag es wohl nahe, Hexen- und Judenverfolgungen in Beziehung zu setzen, wie das in größerem Umfang bereits 1943 durch **Joshua Trachtenberg** in seinem Werk *Devil and the Jews* geschah und bis heute immer wieder geschieht. Der Begriff »Hexensabbat« deutet ohnehin auf den genetischen Zusammenhang beider Stereotype hin[682].

Gerade wegen dieser Parallelität erhielt jedoch das »rationalistische Paradigma« eine Gnadenfrist. Die Greuel der NS-Vernichtungsmaschinerie in Europa, die Dissidentenverfolgung in Osteuropa sowie die Kommunistenhatz in den USA während der »Ära McCarthy« konnten unter der liberalen Interpretation des Hexenthemas subsumiert werden. Die amerikanische Anthropologin **Monica Hunter Wilson** (1908–1982) tat dies bereits 1950 in einer Rede vor der *Chicago Anthropological* Society, als Joseph McCarthy (1909–1957) seine Tätigkeit als Vorsitzender des US-Senatsausschusses zur Untersuchung von »unamerican activities« gerade aufgenommen hatte[683]. **Rossel Hope Robbins'** streng rationalistische *Encyclopedia of Witchcraft and Demonology* war 1959 direkter Ausdruck seiner Verachtung gegen das »System McCarthy«, dessen Berufsverboten er zum Opfer gefallen war. Als Anhänger der politischen Linken sah Robbins zudem eine Verknüpfung der Hexenverfolgungen mit dem Aufstieg des politisch-ökonomischen Systems, unter dessen Bedingungen er selbst zu leiden hatte: »As feudalism passed into capitalism, the witchcraft mania reached its height.«[684] Ebenfalls im Kontext eines Lebens unter den Bedingungen der Diktatur standen die Bemühungen des ostdeutschen Rechtshistorikers **Rolf Lieberwirth** (geb. 1925) um die Neuausgabe der Schriften des Christian Thomasius. Am Beispiel von Thomasius' Kampf gegen die Folter und Hexenprozesse konnte man in der ehemaligen DDR auf die Bedeutung rechtsstaatlicher Prinzipien und eines ordentlichen Gerichtswesens hinweisen[685].

Die Komplexität des Fortlebens des »rationalistischen Paradigmas« verdeutlicht exemplarisch das Beispiel von **Siegfried Kurt Baschwitz** (1886–1968). Aus einer assimilierten jüdischen Familie stammend, hatte Baschwitz nach seiner Promotion bei dem Volkswirt und Sozialpolitiker Lujo Brentano (1844–1931) in München[686] als Redakteur und Leitartikler mehrerer Hamburger und Berliner Zeitungen gearbeitet. Während der Zeit der Weimarer Republik hatte der nationalliberale Journalist die antideutsche Kriegspropaganda analysiert und 1923 in einem Werk angeprangert, das in seiner dritten Auflage 1932 den Titel *Der Massenwahn. Ursache und Heilung des Deutschenhasses* trug[687]. Im Juli 1933 mußte Baschwitz jedoch seine deutsche Heimat verlassen. Es gelang ihm, zwei Jahre später an der Universität Amsterdam als Privatdozent für Zeitungswissenschaft Fuß zu fassen. Nun richtete sich sein Interesse – wieder mit aktuellem Bezug – auf den durch die NS-Propaganda geschürten antisemitischen »Massenwahn«, wobei er historische Parallelen (»Hexenwahn«, Französische Revolution) nicht vergaß[688]. Die Zeit der deutschen Okkupation mußte Baschwitz unter harten Bedingungen im Untergrund verbringen. Während dieser Zeit – vermutlich 1942 – veröffentlichte er unter dem Pseudonym **Casimir K. Visser** in holländisch eine Beschreibung der Hexenwaage von Oudewater, die wesentlich zur Mythenbildung um diese Waage beitrug[689]. Nach Kriegsende beschäftigte sich Baschwitz intensiv mit dem Themenkreis der Massenpsychologie in bezug auf die historischen Hexenverfolgungen, wobei ihn auch der Zusammenhang von Angst und Moral beschäftigte[690]. Diese Veröffentlichungen erschienen, als er 1948 bereits zum außerordentlichen Professor für Presse, Propaganda und öffentliche Meinung an der Universität Amsterdam ernannt worden war. Baschwitz wurde hier zum Begründer der niederländischen Zeitungswissenschaft, das Institut trägt heute seinen Namen (*Kurt-Baschwitz-Institut*)[691]. Wie sehr ihn diese Thematik beschäftigte, kann man daran erkennen, daß er sie nach seiner Emeritierung wieder aufgriff. Nun verfaßte er in seiner Muttersprache jenes Werk, das im Nachhinein als sein Hauptwerk begriffen werden kann: *Hexen und Hexenprozesse. Die Geschichte eines Massenwahns und seiner Bekämpfung*. Es wurde ins Niederländische, Französische und Spanische übersetzt und erlangte unübersehbaren Einfluß. Baschwitz betonte, er wolle keine »Vergleiche mit den Massenwahnerscheinungen unserer eigenen Gegenwart« ziehen. Jeder Leser könne jedoch selbst an diesem Beispiel sehen, »wie ein Massenwahn ganz allgemein den Menschen aufgezwungen werden kann«[692]. Jüngere niederländische Kritiker urteilten hart über Baschwitz' Veröffentlichung[693], doch muß man bedenken, daß Baschwitz vor dem Einsetzen der neueren Hexenforschung geschrieben hat. Er lieferte eine respektable Zusammenfassung der älteren Hexenforschung, kannte grundlegende Quellenwerke und schuf eine solide Basis für das in den 1960er Jahren einsetzende neue Interesse.

Ähnlich wie der bereits erwähnte amerikanische Geisteswissenschaftler Lynn Thorndyke dachten einige Forscher im Gefolge des Hamburger jüdischen Bankierssohns **Aby Warburg** (1866–1929), der u.a. in Bonn bei Karl Lamprecht studiert hatte und sich in den Jahren vor dem Ersten Weltkrieg intensiv mit der Kunst und Philosophie der Renaissance auseinandergesetzt hatte. Seine Vorliebe für »magische Themen« im Umkreis der platonischen Akademie im Florenz der Renaissance, aber auch bei den Indianern Nordamerikas[694], wurde von einem ganzen Freundeskreis geteilt und blieb auch erhalten, nachdem das *Warburg-Institute* samt der berühmten Bibliothek 1933 nach London übergesiedelt war. Der Bibliothekar der Hamburger *Warburg-Bibliothek* und spätere Direktor des *Warburg-Institute* in London, **Fritz Saxl** (1890–1948), der über Jahrzehnte astrologische und mythologische illustrierte Handschriften des Mittelalters katalogisierte[695], der Kunsthistoriker **Erwin Panofsky** (1892–1968) und der Philosophiehistoriker **Raymund Klibansky** (geb. 1905) haben in ihrer berühmten Studie über *Saturn und Melancholie* den geistesgeschichtlichen Hintergrund der Melancholievorstellung ausgeleuchtet, der für die Hexenthematik von höchster Bedeutung ist. Rechneten doch die Zauberer zu den »Kindern Saturns« und galt die Hexe als eine der möglichen Personifikationen der »Melancholia« – eine auch im Hinblick auf die zahlreichen Melancholiedarstellungen Dürers, Cranachs und anderer wichtige Untersuchung[696]. Andere Forscher im Umkreis des Londoner *Warburg-Institute* haben ihre Arbeitskraft okkulten Themen gewidmet, etwa **Frances Amelia Yates** (1899–1981), die die signifikante Rolle der okkulten Wissenschaften während der »Scientific Revolution« betonte und von Peter Burke zum Dank dafür – und wegen ihrer Gelehrsamkeit – in einem Nachruf emphatisch als »the last of the magi« bezeichnet wurde[697]. Generell kann auf das andauernde ideengeschichtliche Interesse an der Renaissancemagie am Londoner *Warburg-Institute* hingewiesen werden, wofür die große Arbeit von **Daniel Pickering Walker** über *Spiritual and Demonic Magic from Ficino to Campanella* ebenso als Beispiel stehen kann wie die Aufsätze von **Paola Zambelli** über die Bedeutung der Magie bei Agrippa von Nettesheim oder die Ansichten von Trithemius über das Hexenverbrechen[698].

46. »Die jüngste Vergangenheit hat ohnehin geoffenbart ...«: Juristische Dissertationen als Vergangenheitsbewältigung

Als Bollwerk des traditionellen Rationalismus erwies sich die Rechtsgeschichte. Unverkennbar erlebte in der unmittelbaren Nachkriegszeit jene durch Byloff zu Beginn des Jahrhunderts begonnene Serie juristischer Dissertationen in allen deutschsprachigen Ländern einen neuen Höhepunkt[699]. Die Hintergründe der Themenvergabe bzw. -wahl sind schwer auszumachen, da die Vorworte darüber selten Auskunft geben. In einer Dissertation wurde beispielsweise »eine Anregung aus heimatgeschichtlich interessierten Kreisen« geltend gemacht[700], was bei dieser Thematik (vgl. Hauber, Horst etc.) auf der individuellen Motivationsebene nicht unglaubwürdig sein muß, aber die auffällige Häufung gerade in den beiden Nachkriegsjahrzehnten nicht erklärt. Die quantifizierende Analyse ergab, daß juristische Doktorarbeiten zu dieser Thematik in Mainz und Erlangen[701] vergeben wurden, sich jedoch über einen Zeitraum von dreißig Jahren hinweg (1939–1968) in Bonn konzentrierten[702]. Doktorväter dieser oft recht fleißigen Arbeiten waren die Juristen Hellmuth von Weber und Hans von Hentig. **Hellmuth von Weber** (1893–1970) war nach Professuren in Prag (1927) und Jena (1928–1937) nach Bonn gewechselt und versah dort von 1937 bis 1961 das Ordinariat. Bei ihm war 1939 die Übersetzung von Friedrich Spees *Cautio Criminalis* angefertigt worden. 1944 hielt er einen »Kriegsvortrag« über den sächsischen Kriminalisten Benedikt Carpzov, den Paten des modernen Strafrechts, der in der Geschichte der Hexenprozesse eine unrühmliche Rolle gespielt hat. Die Motivation Webers für sein Interesse an den Hexen wird nicht deutlich, doch die Edition der *Cautio Criminalis* legt einen Zusammenhang mit dem katholischen Milieu nahe[703].

Hans von Hentig (1887–1974), Sohn des letzten dirigierenden Staatsministers von Sachsen-Coburg, hatte 1925 wegen »nationalbolschewistischer Umtriebe« und einer Anklage auf Hochverrat Deutschland verlassen müssen. Mit Hilfe des Kominternfunktionärs Karl Radek siedelte der adelige Revolutionär in die UdSSR über. Nach Rückkehr und Habilitation in Gießen wurde er 1931 Professor in Kiel, 1934 in Bonn, mußte dann jedoch ein zweites Mal aus Deutschland fliehen. In den USA engagierte sich der »fortschrittliche« Kriminologe in sozialdemokratischen Exilgruppen und lehrte an bedeutenden amerikanischen Universitäten (Berkeley, Yale u.a.). Er gilt als einer der Väter der modernen amerikanischen Kriminologie, speziell der »Viktimologie«, und war einige Jahre Berater des US-Justizministeriums[704]. Beim Wiederaufbau des akademischen Lebens in Deutschland hatte er beste Startchancen: General Eisenhower bot ihm die Präsidentschaft der Universität Heidelberg an, doch von Hentig kehrte von 1951 bis 1955 an die Bonner Universität zurück, wo er als Ordinarius für Strafrecht und Rechtsgeschichte fungierte. Über seine breitgestreuten Interessen gibt ein umfangreicher Nachlaß in der Universitätsbibliothek Bonn Aufschluß, welcher noch der Auswertung harrt[705].

Die Serie eher konventioneller juristischer Dissertationen reichte bis in die 1970er Jahre[706]. **Friedrich Merzbacher**, der 1949 mit der rechtshistorischen Arbeit *Hexenprozesse in Franken* promoviert hatte, vergab später in Würzburg selbst Themen aus diesem Bereich[707] und übernahm viele Jahre die Rezension einschlägiger Arbeiten in der *Zeitschrift der Savigny-Stiftung für Rechtsgeschichte*. Ein Selbstzeugnis gibt Auskunft über seine Motivation, die vielleicht auch für andere Juristen typisch war: »Die jüngste Vergangenheit hat ohnehin gesehen und geoffenbart, in welchem krassen Ausmaße sich die Anschauungen von Humanität schließlich verschieben können. Gegen die Schrecknisse des 20. Jahrhunderts verblassen selbst die schlimmsten Ausgeburten des Hexenwahns.«[708] Trotz seiner zahlreichen Rezensionen auch internationaler Literatur verraten Merzbachers eigene Publikationen eine überraschende Unempfindlichkeit gegenüber neuen Ergebnissen und Methoden[709], die als symptomatisch für den damaligen Stand der Forschung in Deutschland gelten kann. Auch eine Reihe philosophischer Dissertationen in Österreich ist von geringer Originalität gekennzeichnet[710]. Erst Anfang der 1970er Jahre machte sich allmählich eine größere Offenheit in deutschsprachigen Dissertationen bemerkbar, wie am Beispiel der geistesgeschichtlichen Hamburger Dissertation **Wolfgang Ziegelers** sichtbar wird, der außer Text- und Überlieferungsanalysen Überlegungen zu sozialen Realitäten anstellte[711].

47. Die Schule der »Annales« und die Hexen

Den Grenzen des alten »rationalistischen Paradigmas« am nächsten kam vor dem großen Paradigmenwechsel vielleicht die französische Historiographie, die ja bereits früh im Gefolge von Durkheims Religionssoziologie Interesse an einer Geschichte der Mentalitäten bekundet hatte. Berühmt geworden ist das Buch von **Marc Bloch** (1886–1944) über die wundertätigen Könige aus dem Jahr 1924, welches zwei Jahre nach Lévy-Bruhls *La Mentalité primitive* die zukünftige Bedeutung der »Mentalitätsgeschichte« erahnen ließ, obwohl Bloch diesen Begriff nicht verwendete[712]. Erkennbar entstanden in Frankreich seither originelle Arbeiten, wie etwa die Untersuchungen des Archivars von Nancy, **Étienne Delcambre**, in den 1940er Jahren über die lothringischen Hexenverfolgungen, die sich mit der Psychologie der Richter und der Opfer vor dem Hintergrund ihres gemeinsamen Zeithorizonts beschäftigten[713].

Eine Publikation des Archivars von Besançon, **Francis Bavoux** (gest. 1963), über das Hexenwesen im Pays de Quingey[714] veranlaßte den zweiten Gründervater der »Annales«, **Lucien Febvre** (1878–1956), für den 1933 am *Collège de France* der Lehrstuhl Michelets für »Allgemeine Geschichte und Methodenlehre« neu eingerichtet worden war[715], zu dem programmatischen Aufsatz *Sorcellerie, sottise ou révolution mentale?*, der ein altes Stichwort des Aufklärers Pierre Bayle mit der neuen Forschungsstrategie verknüpfte. Ohne eigene Forschungen, aber vor dem Hintergrund der alten Arbeiten seines Lehrers und Straßburger Kollegen Charles Pfister sprach Febvre die Bedeutung kollektiver Mentalitäten an, dargelegt am Beispiel der »geistigen Revolutionen«, die zwischen dem Hexenglauben Jean Bodins und der Attitüde heutiger Intellektueller liege[716]. Vielleicht reizte Febvre die Auseinandersetzung mit Altmeistern wie Michelet oder Burckhardt, aber auch mit der zeitgenössischen französischen Soziologie. Zu denken ist außer an Durkheim und Mauss an die Arbeit über das »soziale Gedächtnis« von Febvres Straßburger, dann Pariser Kollegen **Maurice Halbwachs** (1877–1945), der drei Jahre zuvor im Konzentrationslager Buchenwald gestorben war[717], und an Lévy-Bruhl, dessen Thematik der »primitiven Mentalität« in Febvres Arbeiten der 1930er Jahre anklang. Allerdings bewegen wir uns hier im Bereich der Vermutungen, denn Febvre zitierte in seinem Hexenaufsatz auffallenderweise keinen einzigen Soziologen[718].

Der Zugang zu neuen Methoden muß nicht immer trocken sein. Hier ist es, was in der Wissenschaftsgeschichte selten genug vorkommt, notwendig, von der Liebe zu sprechen. Die 1934 emigrierte österreichisch-jüdische Historikerin **Lucie Varga** (1904–1941), geborene **Rosa Stern**, Promovendin des Wiener Historikers **Alphons Dopsch** (1868–1953)[719], hatte in Paris den Kontakt zu Historikern im Umkreis der Zeitschrift *Annales* gesucht und war bei dem mittlerweile nicht mehr ganz jungen Professor Febvre mit ihren Plänen einer Geschichte der Ketzerbewegung der Katharer auf Gegenliebe getroffen. So entstand eine ungewöhnliche Arbeitsbeziehung. Aber Varga, die von Febvre in einem Brief an Marc Bloch Anfang 1934 als seine »entraineuse« bezeichnet wird, verfolgte von Paris aus eigene wissenschaftliche Vorhaben, zu denen sie auch Kontakte ihres getrennt lebenden Ehemanns benutzen konnte. Der marxistische Historiker **Franz Borkenau** (1900–1957), der 1924 bei dem Leipziger Kulturhistoriker und Lamprecht-Nachfolger **Walter Goetz** (1867–1958) promoviert hatte[720], vermittelte seiner Frau vor Annahme einer Soziologieprofessur in Panama aus seinem Londoner Exil die Beziehung zu dem berühmten Ethnologen Bronislaw Malinowski. Mit Malinowski, der Mußestunden am liebsten in seinem Haus im Südtiroler Oberbozen verbrachte, diskutierte Varga ihr Vorhaben einer Betrachtung der zeitgenössischen Bevölkerung der Alpentäler mit dem »Blick von außen«[721]. Ergebnis ihrer volkskundlich-ethnologischen Feldforschungen waren zwei mentalitätsgeschichtliche Aufsätze, darunter einer über die soziale Logik der Hexerei im ladinischen Enneberg-Tal (Val Badia), der 1939 in den *Annales* gedruckt wurde[722]. Ethnologisch-volkskundliche Fragestellungen waren in der französischen Historiographie damals Neuland, und so ist es wahrscheinlich, daß Febvre Anregungen von Varga empfing und verarbeitete – auch noch nach jener Lebenskrise, in die er geriet, nachdem er sich auf Druck seiner Ehefrau Suzanne von seiner Geliebten trennen mußte. In Febvres Dossier *Sorcellerie, occultisme, magie* finden sich handschriftliche Exzerpte Vargas aus Joseph Hansens *Quellen* und Fritz Byloffs *Hexenglaube* mit längeren Kommentaren, die Gedanken von Febvres Aufsatz vorwegnahmen. Natürlich enthält Febvres Aufsatz keinen Hinweis auf diese Vorarbeiten[723].

Allerdings sollte man weder Vargas Einfluß auf Febvre noch Febvres Einfluß auf die Hexenforschung überschätzen[724], zumal selbst die »zweite Generation« der »Annales«-Schule lange auf diesem Gebiet unfruchtbar blieb. Dem steht nicht entgegen, daß sich der Febvre-Schüler **Robert Mandrou**, der 1961 quasi aus dem Nachlaß Febvres eine *Psychologische Geschichte Frankreichs* vorlegen konnte[725], die einige Thesen von **Jean Delumeau** (geb. 1923) über die *Angst im*

Abendland vorwegnahm[726], in seiner Thèse nach beinahe eineinhalb Jahrzehnten der Forschung intensiv mit dem Hexenthema und einem Umschwung der Mentalitäten in der französischen Richterschaft beschäftigte[727]. Mandrous Buch, bei seinem Erscheinen 1968 als Meisterwerk gefeiert, wurde bereits Anfang der 1970er Jahre einer so scharfen methodischen und inhaltlichen Kritik unterzogen, daß man kaum anders als von Demontage sprechen kann: Es sei ein Buch über Magistrate, nicht über Hexen, gebe sowohl den Zeitpunkt als auch die Ursachen des Meinungsumschwungs falsch an, sei nicht nur methodisch veraltet, sondern man könne sogar daran zweifeln, ob Mandrou überhaupt die Schrift seiner Quellen habe lesen können[728]. Mit **Emmanuel LeRoy Ladurie** (geb. 1929), der sich in seinem Buch über die Bauern des Languedoc über die Verwandtschaft zwischen Hexensabbatglauben und Revolte Gedanken machte und dabei fast die poetischen Qualitäten Michelets erreichte, und **Pierre Chaunu** (geb. 1923) könnte man weitere führende Vertreter der »Annales« in die Ahnengalerie der Hexenforschung stellen, doch blieb auch ihr Ansatz konventionellen Paradigmen verhaftet[729]. Wie das einst gefeierte Buch LeRoy Laduries über das Ketzerdorf Montaillou mittlerweile manchen als methodisch indiskutabel gilt[730], hieß es auch über Chaunus *Annales*-Aufsatz, der bessere religiöse Instruktionen für das Verschwinden des Hexenglaubens verantwortlich machte, wenige Jahre später respektlos, so ähnlich hätte man das schon im 17. Jahrhundert lesen können[731]. Eine Ausnahme bilden hier vielleicht die Arbeiten von **Michel de Certeau** (1925–1986), nicht zuletzt aufgrund ihrer epistemologischen Ausrichtung[732]. Wie Roger Chartier in seinem Nachruf auf den Pariser Kollegen, der als Jesuit und Psychoanalytiker in mehrfacher Hinsicht eine Ausnahmeerscheinung unter den Historikern blieb, hervorgehoben hat, ging es Certeau um die Interpretation von Grenzerfahrungen in der frühen Neuzeit, der Umgang mit den »Einbrüchen des Fremden in seiner bedrohlichsten Gestalt« in eine Welt der Tradition und vermeintlichen Vernunft. Neben der Mystik war dies vor allem die dämonische Besessenheit[733].

Auch wenn viele Publikationen die Epiphanie des »Annales-Paradigmas« als das säkulare Ereignis in der Geschichtsschreibung des 20. Jahrhunderts feiern und sogar von »French Historical Revolution« gesprochen worden ist[734] – für den Paradigmenwechsel in der Hexenforschung waren andere Einflüsse entscheidend, wie selbst von dem langjährigen Herausgeber der *Annales*, LeRoy Ladurie, zugestanden worden ist[735]. Auch Bewunderer des »Annales-Paradigmas« wie der dänische Ethnohistoriker Gustav Henningsen, der für die neue Methodenvielfalt in der Inquisitionsforschung – von der »histoire serielle« bis zur »microstoria« – Anregungen aus dem Umfeld der »Annales« geltend gemacht hat, propagierten keine ähnlichen Zuschreibungen in der Hexenforschung[736]. Die Reverenz der skandinavischen Hexenforscher an **Fernand Braudels** (1902–1985) Mittelmeerbuch kann nicht dessen Bemerkungen zur Hexenthematik, seinen Ausführungen über die »Freiheit der Berge« und die dort überlebenden magischen Praktiken, »die fernen Zeitaltern entsprungen« seien, gegolten haben[737]. Soweit war Joseph Hansen auch schon gewesen, der geglaubt hatte, sich mit wenigen Hinweisen auf die Geographie des Hexenwahns der irrationalen Aspekte der Thematik entledigen zu können[738], übrigens mit Rekurs auf Friedrich Ratzels (1844–1927) *Anthropogeographie*, während Braudel sich bei derselben Gelegenheit auf Ratzels Schüler Leo Frobenius (1873–1938) berief[739]. Selbst im jüngsten Forschungsüberblick französischer Provenienz wird die Reverenz an Febvre und Mandrou noch mit dem Hinweis verbunden, daß sie nicht am Anfang einer neuen, sondern am Ende einer alten Epoche standen[740].

48. »Bei einem Besuch in London ...«: Die Schlüsselstellung der »social anthropology«

In der Hexenforschung ereignete sich in den 1960er Jahren ein Paradigmenwechsel, also einer jener grundlegenden Wechsel der Vorannahmen der Forschung im Sinne des Epistemologen Thomas S. Kuhn (geb. 1929), der schließlich zu einem weitgehenden Wechsel der angewandten Forschungsmethode und damit zu veränderten Ergebnissen führt[741]. Die Grundannahmen des »rationalistischen« und des »romantischen Paradigmas« wurden in Frage gestellt, als mit der Aufwertung soziologischer, ethnologischer, im weiteren Sinne also sozialgeschichtlicher oder sozialwissenschaftlicher Faktoren andere, komplexere Interpretationsgrundlagen in das Blickfeld gerieten, nach der Metapher Kuhns eine neue »Denkbrille« aufgesetzt wurde[742]. Natürlich steht dieser Paradigmenwechsel der Hexenforschung nicht isoliert, sondern ist Bestandteil eines generellen Aufstiegs der Sozialwissenschaften und ihres »Eindringens« in die Nachbarwissenschaften in diesem Zeitraum[743]. Die Hexenforschung bietet die Möglichkeit, exemplarisch den Vorgang des Paradigmenwechsels zu beobachten. Der spanische Historiker **Julio Caro Baroja** (1914–1995), der manchen als frühester Vertreter des Paradigmenwechsels in der historischen Hexenforschung gilt[744], gab 1961 im Vorwort zu *Las Brujas y su mundo* autobiographische Einblicke in dessen Zustandekommen: Bereits Anfang der 1930er Jahre habe er im Haus seines Onkels, des berühmten baskischen Schriftstellers Pío Baroja y Nessi (1872–1956), ältere Werke zum Hexenwesen verschlungen und sich seitdem immer wieder mit diesem Thema beschäftigt[745], doch jedesmal rasch die Lust an der Materie verloren. »Bei einem Besuch in London vor einigen Jahren kaufte ich verschiedene neuere Bücher über das Hexenwesen. Ich las sie und das alte Thema fesselte mich wieder.«[746] Diese einflußreichen Autoren lassen sich unschwer finden: Es handelte sich um die schon erwähnten Ethnologen Malinowski und Evans-Pritchard, neben **Alfred R. Radcliffe-Brown** (1881–1955) die Schulhäupter der britischen »social anthropology«[747]. Ihre Ausführungen über die Rolle von Zauberei und Hexerei in sogenannten primitiven Gesellschaften haben den Sinneswandel jenes Autors bewirkt, dessen frühe ethnohistorische Untersuchungen über die »mente popular« mehr als einmal Überraschung ausgelöst haben[748].

Um dem Paradigmenwechsel der Hexenforschung auf die Spur zu kommen, muß man also das Fach Geschichte verlassen und in einer Nachbardisziplin ein Stück weit in die Vergangenheit zurückgehen. Der polnische Ethnologe **Bronislaw Malinowski** (1884–1942), dessen Wiege in der alten Habsburgermonarchie gestanden hatte, der nach seiner Promotion in Krakau in Leipzig bei Karl Bücher und Wilhelm Wundt (1832–1920) 1909 Station gemacht und seit 1910 an der *London School of Economics* bei dem finnisch-englischen Ethnosoziologen Edward Alexander Westermarck (1862–1939) Völkerkunde studiert hatte, der einige Jahre in Papua-Neuguinea lebte und sein Leben in England beschloß, gilt als Revolutionär seiner Disziplin, als Begründer der stationären »Feldforschung«, worunter er »das Erlernen einer fremden Kultur« begriff. Vor Ort und in jahrelanger Kleinarbeit sollten überschaubare Gesellschaften aus der Innenperspektive verstanden werden, allerdings mit dem neuesten theoretischen Rüstzeug im Kopf. Vergleiche zwischen Theorie und Praxis, zwischen Erscheinungen in unterschiedlichen Kulturen waren das Wesen dieser Untersuchungsmethode[749]. Sie prägte das auch für Nachbarwissenschaften einflußreiche Paradigma der »teilnehmenden Beobachtung«[750]. Die Vorteile dieser Methode traten dort hervor, wo Malinowski quasi gegen seinen Willen fündig geworden war. Dies war bei der Magie der Fall. Ratlosigkeit befiel den Feldforscher angesichts von Informanten, die ihn mit Geschichten von mythologischen Wesen und Hexentänzen traktierten: »Heftige Abneigung, ihm zuzuhören; innerlich lehnte ich einfach alle die wunderbaren Dinge ab, die er mir zu sagen hatte. Dies zu überwinden ist die größte ethnographische Schwierigkeit«, heißt es in Malinowskis privatem Tagebuch zum 24. Dezember 1917, dem »wunderbaren christlichen Feiertag«[751].

Vielleicht ist es nicht übertrieben zu sagen, daß Malinowski die Beschäftigung mit dem Magiethema in der westlichen Ethnologie salonfähig gemacht hat, wenngleich er selbst auf eine längere Reihe von Autoritäten verwies: Tylor, Frazer, Seligman und Westermarck in England, van Gennep, Durkheim, Hubert, Mauss und Lévy-Bruhl in Frankreich, Wundt und Thurnwald in Deutschland, Boas in den USA. Malinowskis Nachruf auf den 1941 verstorbenen James Frazer ist allerdings an Schärfe kaum zu überbieten: unlogisch, unanalytisch, untheoretisch, voller unbegründeter Vorurteile, weltfremd, menschenscheu und ohne Ahnung von den konkreten Verhältnissen, doch belesen und begabt mit der visionären Kraft des Künstlers. Gemessen an Malinowskis eigenem Wissenschaftsbegriff war dieses Urteil über die frühere Zentralfigur der westlichen Ethnologie – den Ideengeber Sigmund Freuds, Oswald Spenglers und Margaret Murrays – vernichtend: »Frazer ist der Repräsentant einer anthropologischen Ära, die mit seinem Tod endet.«[752] Die deutschen Anthropologen hielt Malinowski für Epigonen Frazers, die französische Schule Durkheims und insbesondere den Magietheoretiker Mauss für gut, »ihnen ab und zu einen tüchtigen Fußtritt zu verpassen« – auch sie erfüllten nicht Malinowskis Kriterium der Feldforschung, ebensowenig der Engländer Radcliffe-Brown, dem die Fremdsprachenkenntnisse abgingen. Wichtig war die Ablehnung der Theorien Lévy-Bruhls über eine angebliche völlige Andersartigkeit des »primitiven Menschen«, sein angeblich »prälogisches Denken«, das sich in magischen Handlungen, Zauber und Medizinmannwesen niederschlüge, eine Ablehnung, in der sich alle Feldforscher von Rußland bis in die USA einig waren[753]. Hingegen empfand er Respekt vor Franz Boas, dem in Berlin lehrenden Wiener Ethnosoziologen Richard Thurnwald (1869–1954) und seinem Londoner Lehrer Westermarck, der als Orientalist selbstverständlich für seine ausgedehnten Marokkoaufenthalte das Arabische beherrschte[754].

Unabhängig von der Erforschung des Schamanismus durch russische Anthropologen seit dem Ende des 19. Jahrhunderts, die Malinowski offenbar nicht zur Kenntnis nahm, lag in der Thematik des Irrationalen für den nichtgläubigen Katholiken ein Schwerpunkt seiner Arbeit. Bereits in den *Argonauten des westlichen Pazifik*, dem Schlüsselwerk für die Etablierung der modernen Ethnologie, hatte ein wichtiges Kapitel den magischen Vorstellungen gegolten, da sich der Ethnologe bei dem zentralen Kula-Tauschhandel »bei jedem Schritt genötigt [sah], mich mit der Beschreibung magischer Riten und der Analyse von Zaubersprüchen zu beschäftigen ... Zudem erhellen alle magischen Formeln wesentliche Züge des Glaubens und veranschaulichen typische Vorstellungen so genau und wirkungsvoll, daß uns kein anderer Weg so direkt in das Innenleben des Eingeborenen führen könnte. Schließlich besteht ein direktes ethnographisches Interesse daran, die Durchführung der Magie in ihren Einzelheiten zu kennen, da sie einen so großen Einfluß auf das Stammesleben besitzt und so tief in die Struktur der Eingeborenenmentalität eindringt.«[755] Malinowski gab eine ausführliche Klassifikation der Magie, gegliedert nach den Anlässen, den Akteuren, den Riten und den Formen ihrer Tradition (matrilinear, patrilinear, durch Kauf, als Geschenk). 1925 tauchte in *Magic, Science and Religion* der Begriff »Magie« zuerst im Titel eines längeren Aufsatzes, zehn Jahre später sogar im Titel eines Buches auf. In seinem Magieaufsatz vertrat Malinowski die Ansicht, daß Magie, Religion und Wissenschaft auf verschiedenen Bewußtseinsstufen denselben Zwecken dienten, nämlich der Lebensbewältigung. Worin sich Magie und Religion genau unterscheiden sollen, wird bei der Distanz des Ethnologen immer unklarer, und der Definitionsversuch, innerhalb des sakralen Bereichs sei »Magie als eine praktische Kunst definiert, die aus Handlungen besteht, welche nur Mittel für ein bestimmtes Ziel sind; Religion dagegen als eine Gesamtheit in sich abgeschlossener Handlungen, die selbst die Erfüllung ihres Zweckes« seien, wirkte gekünstelt. Magie bestätige die Macht des Menschen, Religion hingegen schaffe »eine zweite übernatürliche Wirklichkeit für den primitiven Menschen«. Während Malinowski wortreich Funktion und Formen der Magie beschreiben konnte, gewinnt man doch den Eindruck, die Definitionsschwierigkeiten resultierten aus der einfachen

Tatsache, daß er seinen europäischen Lesern den Schluß nicht zumuten wollte, Religion sei einfach eine besonders entwickelte Form von Magie[756].

Im Vorwort von *Coral Gardens and Their Magic* unterstrich Malinowski 1935 »die organisierende Funktion der Magie und des Glaubens ist in theoretischer Hinsicht vielleicht der wichtigste Beitrag, den uns die Kenntnis der Agrikultur der Trobriander bei der Erforschung des Menschen liefert«. Obwohl rein ökonomische Rationalität den Trobriandern nicht fremd sei, gebe es keinen anderen Lebensbereich, »der so vollständig und selbstverständlich von der Magie beherrscht werde, wie die Bestellung des Bodens«[757]. Theoretisch vertrat Malinowski einen »Funktionalismus«, der soziokulturelle Erscheinungen, wie etwa die Zauberei in »primitiven Gesellschaften«, unter dem Gesichtspunkt ihrer Funktion innerhalb des Rahmens eines soziokulturellen Systems betrachtete. Sein Funktionalismus interessierte sich als eine dezidiert anti-historistische Theorie nicht für die Herkunft – sei es im Sinne des Evolutionismus oder des Diffusionismus – eines Phänomens als vielmehr für die synchronische Analyse seines aktuellen Zweckes[758]. Bedingt durch die Objektwahl – »geschichtslose« Gesellschaften der Südsee – konnte sich Malinowski auf die Funktion konzentrieren: »Die Funktion der Magie ist, den Optimismus des Menschen zu ritualisieren, seinen Glauben an den Sieg der Hoffnung über die Angst zu stärken« – auf Religion hätte für ihn wohl dieselbe Definition zugetroffen[759]. Magie war in diesen Gesellschaften an sich nichts Schlechtes, dennoch konnte sie Furcht auslösen. Und manchmal traten solche Ängste massiert auf, wie etwa im Süden Afrikas in den 1920er Jahren, als »witch doctors« von Dorf zu Dorf zogen und unter der begeisterten Mitwirkung der Dorfbewohner mit Orakeln nach Hexen suchten, wie dies von Malinowskis Schülerin **Audrey Richards** (1899–1984) beschrieben worden ist[760]. Da diese Bewegungen neu auftraten, wurde der Ethnologe gewissermaßen unfreiwillig zum Historiker, der einen Zusammenhang mit Veränderungen der Gesellschaft herstellen mußte. Malinowski schrieb bereits 1925 über die Relationen von »Konflikt« und »sozialem Wandel«, eines der derzeitigen Grundmuster der Erklärung großer Hexenverfolgungen[761].

Nicht zufällig hatte Malinowski nicht das traditionelle polnische Exil in Paris gesucht, sondern hatte über Leipzig nach London gefunden. Leipzig wies um die Jahrhundertwende eine interessante intellektuelle Szenerie auf, doch die Kolonialwissenschaft Ethnologie war in der Metropole des British Empire eindeutig besser vertreten, besser auch als in Paris oder New York. Die Schlüsselstellung für dieses Fach, die Frazer für die westliche Ethnologie vor dem Ersten Weltkrieg eingenommen hatte, sollte danach für eine Reihe von Jahren auf Malinowski übergehen. Seine Hochschätzung des Irrationalen als Forschungsgegenstand beeinflußte eine ganze Generation von Ethnologen, wenn es auch sicher gute Gründe für jede Kolonialmacht gab, aus Gründen der Herrschaftssicherung Aufschluß über die Denkweisen der Untertanen zu erlangen. Malinowski schuf gewissermaßen das Forschungsfeld der »Magie«. Wegweisend war auch die Art der Behandlung: Während sich die Historiker mit dem Problem der Beziehung von Mythos und Magie, also der Schwierigkeit, die Rolle der Überlieferung zu definieren, plagten, warf der Ethnologe für die Erforschung der schriftlosen Kulturen den »Ballast historischer Spekulation« einfach über Bord: »Im Gegensatz zu seinen Vorgängern betrachtete Malinowski die Wilden nicht als lebende Fossile und nicht als Beweisstücke für irgendeine Theorie, sondern als wirkliche Menschen.«[762] Ihm kam es auf den Gebrauch der Magie im Alltag an, auf ihre Funktion in der Gesellschaft. Mythen wurden daraufhin untersucht, wie sie mit den Riten zusammenpaßten, also hinsichtlich ihrer Funktion[763].

49. »Witchcraft, Oracles and Magic ...«: Edward Evan Evans-Pritchard und die afrikanische Hexerei

Die »British School of Anthropologists« behielt für zwei Generationen die soziologische Akzentsetzung bei der Erforschung der Magie bei[764]. Auffallend ist immerhin, daß entgegen der Sprachregelung Malinowskis weitere Untersuchungen unter dem – später als pejorativ betrachteten – Begriff »sorcery« veröffentlicht wurden[765]. Der im polnischen Lodz geborene – Evans-Pritchard schreibt »aus Österreich stammende« – amerikanische Kulturanthropologe **Paul Radin** (1883–1959) hat mit seinem *Primitive Man as Philosopher* seit 1927 das Denken der religiösen Spezialisten in primitiven Gesellschaften aufzuwerten versucht[766]. Der wichtigste Impuls ging jedoch nach allgemeiner Auffassung von **Edward Evan Evans-Pritchard** (1902–1973) aus, einem »Schüler« und späterem Feind Malinowskis, der in diesem Jahr mit einer ersten Arbeit über die soziale Organisation der Azande in Oxford promovierte. Aufgrund der Berührung mit dieser Gesellschaft, in der Hexerei tägliches Gespräch war, trat »witchcraft« in den Mittelpunkt seines wissenschaftlichen Interesses, nach der Definition Evans-Pritchards eine persönliche, teilweise erbliche Eigenschaft im Gegensatz zu den nur erlernten Fähigkeiten des Zauberers, die gewissermaßen den Kern des magischen Themenfeldes bildete, um das herum sich Techniken zur Entdeckung der Hexerei und der Gegenmagie lagerten. Durch die hier offengelegte Struktur rückte erstmals die Bedeutung der Enthexungsspezialisten, der »witch doctors« (»medicine men«, »shamans« etc.), ins Bewußtsein, welche durch Orakeltechniken die Hexe bzw. den Hexer entdecken und Gegenmittel finden mußten. Die seit Ende der 1920er Jahre in Ostafrika durchgeführten Feldforschungen mündeten 1937 in sein Hauptwerk mit dem programmatischen Titel *Witch-craft, Oracles and Magic among the Azande*, das ohne Umschweife mit dem Satz beginnt: »Die Zande glauben, daß manche Menschen Hexer sind ...«[767]

Die Brillanz des Stils und der Aufbau seiner Geschichten, die – wie Clifford Geertz süffisant bemerkte – wesentliche Konstruktionsprinzipien den Kriegsberichten des britischen Kolonialoffiziers verdankten[768], haben bei der Rezeption eine Rolle gespielt, doch gründet sich die Faszination wesentlich auf einen anderen Umstand: Mit Karl Marx »als einem weniger offen anerkannten Vorfahr im dämmrigen Hintergrund«[769] und in Auseinandersetzung mit Durkheim und Lévy-Bruhl zeigte Evans-Pritchard in detaillierter und differenzierter Form die soziale Funktion der »Hexen«-Vorstellung innerhalb einer Gesellschaft, in deren sozialem Leben sie eine zentrale Rolle spielte. Bei den Azande galt »witchcraft« (»mangu«) nicht als das Verdammenswerte schlechthin, sondern erwies sich im Sinne des anthropologischen Funktionalismus als Chiffre und Katalysator nachbarschaftlicher Beziehungen. Jedes Unglück, jede Krankheit und jeder Todesfall konnten mit Hexerei oder Zauberei erklärt werden, die Verursacher des Unglücks wurden unter den persönlichen Feinden gesucht. Da »mangu« eine körperliche Eigenschaft war, konnte sie auch unabsichtlich durch Fehlverhalten ausgelöst werden, und der Träger der Eigenschaft war nicht unbedingt dafür verantwortlich. Hexen wurden nicht hingerichtet, sondern der Geschädigte fragte sich, womit er die Hexe verärgert haben könnte, und nahm dies zum Anlaß, die gestörten zwischenmenschlichen Beziehungen zu reparieren. Dazu mußte der Geschädigte den Urheber des Schadens sicher feststellen. Dies zu bewerkstelligen, war Aufgabe des »witch doctors« (Medizinmann o.ä.), der über die Kenntnis der entsprechenden Orakeltechniken verfügte. Die Magie wird als »Variable in der rituellen Gesamtheit von Hexerei, Orakel und Magie betrachtet«[770].

Evans-Pritchard übte bald einen nachhaltigen Einfluß auf die Ethnologie aus, wo sich fortan Forschungsberichte zum Themenkreis »witchcraft« häuften und quasi alle verfügbaren Völker daraufhin untersucht wurden. Selbst wenn einige Studien, wie etwa die berühmte Arbeit des amerikanischen Ethnologen **Clyde Kluckhohn** über *Navaho Witchcraft*, zeigten, daß Hexerei doch erlernt werden mußte und dies heute sogar als der Regelfall betrachtet wird[771], so änderte das doch nichts daran, daß der Gelehrte aus Oxford seit dem Ableben Malinowskis das Feld beherrschte. Symptomatisch dafür mag sein, daß Versuche einer Abänderung der Terminologie, wie etwa »wizardry« als Oberbegriff von »witchcraft« und »sorcery«, bereits in den 1950er Jahren einfach scheiterten. Hexerei als personenbezogene Eigenschaft erwies sich als das stärkere Konzept, demgegenüber Abweichungen als Sonderfälle begriffen wurden, etwa die Beobachtung des Malinowski-Schülers **Meyer Fortes** (1906–1983), daß Hexereibeschuldigungen in Westafrika weit seltener gefunden werden könnten als im Osten, da hier übernatürlicher Schaden den Ahnengeistern zugeschrieben werde[772]. Die Universalität der Phänomene »Magie«, »Hexerei«, »Orakel« und »Zauberei« wurde in den Jahren um 1960 in interkulturellen Vergleichen durch den methodistischen Pfarrer und Religionswissenschaftler **Geoffrey Parrinder** (geb. 1910) demonstriert: beispielsweise die verblüffenden Gemeinsamkeiten der europäischen und afrikanischen Hexenvorstellung, die beide Schadenzauber, Tierverwandlung, Flug durch die Luft und Hexenversammlungen mit Tanz und orgiastischen Gelagen kannten[773].

In den 1960er Jahren hatte das »strukturell-funktionale Paradigma« so großes Interesse ausgelöst, daß Darstellungen und Sammelbände das Bedürfnis einer breiteren wissenschaftlichen Öffentlichkeit befriedigen mußten. Die Malinowski-Schülerin **Lucy Mair** (1901–1986) beschwerte sich 1969 in ihrem Buch *Witchcraft* heftig und völlig zutreffend über die Vorgehensweise der Historiker: »They are more interested in the activities of lawyers and churchmen seeking to root out heresy than in what ordinary people did when they thought they were bewitched. Hence the major works are studies of witch-finding rather than of witchcraft. They ask the legitimate question why this should be prusued more activiely at one time than another, but they are concerned rather with the direction of witch-finding from above than with popular demand for the services of witch-finders.«[774] 1970 gab mit der Evans-Pritchard-Schülerin **Mary Douglas** (geb. 1921) eine der namhaftesten Ethnologinnen den Sammelband *Witchcraft, Confessions and Accusations* heraus[775]. Ebenfalls 1970 stellte **Max Marwick** sein erstes Lesebuch *Witchcraft and Sorcery* zusammen, welches das hohe Lied des Meisters Evans-Pritchard verkündete. 1982 wurde es in einer stark erweiterten Fassung neu aufgelegt und erlebte in dieser Form 1986 und 1990 »billige« Taschenbuchausgaben bei Penguin[776].

50. »There could arise a whole new world ...«: Keith Thomas und Alan Macfarlane als Feldforscher

Die Auseinandersetzung zwischen europäischer Geschichte und Ethnologie bot sich insbesondere im Rahmen der institutionellen Möglichkeiten des British Empire mit seinen Kolonien in diversen Kontinenten und entsprechender Verankerung der Ethnologie an den Universitäten in England an. Der Sozialhistoriker **Keith Thomas** (geb. 1933), in Oxford Kollege des berühmten Ethnologen Evans-Pritchard und von manchen als der wahre Protagonist des Paradigmenwechsels betrachtet, gab in einer autobiographischen Fußnote an, er sei durch einen Vortrag Evans-Pritchards über *Anthropology and History* 1961 zur theoretischen Auseinandersetzung mit der Nachbardisziplin veranlaßt worden[777]. In seiner »Antwort« in *Past & Present* erörterte Thomas 1963 Erkenntnisinteresse und Methoden beider Disziplinen von seiten der Historiker, nicht zuletzt am Beispiel des Hexenthemas – allerdings erschien ihm zum Hexenthema kein Werk eines Historikers zitierenswert. Es war programmatisch gemeint, wenn Thomas schrieb: »The basic difference between anthropology and history may therefore be fairly reduced to this, that in most cases the anthropologist did once live in, or at least visit, the society which he is describing, whereas the historian usually has to work exclusively from documents or archeological remains.«

Diesen Unterschied machte Thomas dafür verantwortlich, daß Historiker dazu neigten, Gesellschaften in Einzelaspekte zu zerlegen, die getrennt untersucht würden (»segmented approach«). Basierend auf Marx, Durkheim und Mauss, auch Eliade, Bloch und Febvre, vor allem aber Malinowski und Evans-Pritchard, forderte Thomas einen Paradigmenwechsel der Historiographie. Am Beispiel des Hexenthemas und mit Evans-Pritchards Azande-Studie als Vorbild betrachtete Thomas als »first and most essential lesson that historians should study topics in relation to society as a whole«, um schließlich zu der Vision zu gelangen: »There could arise a whole new world of investigation which might illuminate so much of what is most baffling and most crucial to human existence.«[778]

Exemplifiziert wurde dieser Wechsel der Methode, der Übergang von traditioneller Geistesgeschichte oder technokratischer Sozialgeschichte hin zur Historischen Anthropologie, an einer großangelegten Studie über *Religion and the Decline of Magic*. In dieser quellengesättigten und theoriebewußten ethnologisch-historischen Betrachtung lieferte Thomas 1971 den unumstößlichen Nachweis für die intensive Bedeutung magischer Riten und Vorstellungen für den Alltag und die Funktionsweise der frühneuzeitlichen Gesellschaft. Von Erik Midelfort stammt das Bonmot, eigentlich sollte diese Studie »Magic and the Decline of Religion« heißen, denn Teile dieser intensiven Zauberkultur haben den Säkularisierungsprozeß der Epoche der Aufklärung überdauert, der die Kirchen so schwer in Mitleidenschaft gezogen hat, und während den großen Konfessionen die Mitglieder scharenweise davonliefen, häuften sich die Esoterikmessen, auf denen das Recycling magischen Mülls vergangener Jahrhunderte stattfinde. Methodisch neu an Thomas' Untersuchung war, daß der Historiker wie ein Feldforscher versuchte, die europäische Gesellschaft der frühen Neuzeit quasi »von innen« heraus zu betrachten[779]. Dabei verflüssigten sich rasch die von Durkheim noch behaupteten Unterschiede zwischen Magie und Religion. Thomas, der von vielen als Sozialhistoriker im Gefolge Durkheims betrachtet wird, unterschied sich doch in seinem Magiebegriff grundlegend, denn obgleich er die Begriffe »Religion«, »Zauberei« und »Magie« beibehielt, war er sich doch darüber im klaren, daß die zeitgenössischen Grenzlinien nur durch die Definitionsmacht der Institution Kirche bestimmt seien, während tatsächlich keine praktischen Unterschiede beständen: »The line between magic and religion is one which is impossible to draw in many primitive societies; it is equally difficult to recognize in medieval England.« Deutlich wurde dies vor allem, wenn sich die Grenzlinien zwischen »Volksmagie« und Religion im Lauf weniger Jahrzehnte gravierend verschoben: »The main change was that the Protestants now attacked not only folk magic, but also large parts of the old ecclesiastical magic as well.«[780]

Alan Macfarlane (geb. 1940) legte in seiner vergleichenden Regionalstudie *Witchcraft in Tudor and Stuart England* über das Hexenwesen in Essex ein Muster vor, das in seltener Schlüssigkeit den Paradigmenwechsel verdeutlicht[781], indem er der methodischen Vorgabe seines Lehrers Keith Thomas folgte, die sich wiederum auf den damals noch lebenden Evans-Pritchard bezog: »Anthropologists frequently take one small society and study it as a whole.«[782] Wenn auch Macfarlanes ethnologisches »comparative framework« etwas unvermittelt als Block von Exzerpten am Ende der eigenen Ergebnisse steht, so bereitete er doch den Boden für eine neue Sichtweise auf das Hexereiproblem in den europäischen Gesellschaften der frühen Neuzeit. Macfarlane konnte auch in statistischer Hinsicht zeigen, daß jenseits des gelehrten Hexenwahns der Theologen und Juristen die Zauberei- und Hexereivorstellung im Alltag der ländlichen Bevölkerung von Essex eine enorme Rolle spielte: Auf der Dorfebene waren Hexenglaube und Hexereibeschuldigung »normal part of village life, widespread and regular«[783]. Wie in »primitiven Gesellschaften« resultierten Hexereianklagen aus den Spannungen des alltäglichen Dorflebens, ereigneten sich auch ohne die Ankunft fremder Hexenjäger, ohne Zutun der Obrigkeit[784]. Der von England (Oxford) in die USA (Princeton) ausgewanderte Sozialhistoriker **Lawrence Stone**

(1919–1999)[785] hat die für viele Historiker überraschenden Erkenntnisse 1971 in einer Sammelrezension so zusammengefaßt: »Die Verfolgungen waren nur die Spitze des Eisbergs, aber unter der Oberfläche tobte ein ständiger Krieg zwischen weißer und schwarzer Magie.« Hexereibeschuldigungen waren keineswegs – wie die ältere Hexenforschung gedacht hatte – das Ergebnis kirchlicher oder staatlicher Disziplinierungsmaßnahmen, sondern erwuchsen aus sozialen Konfliktkonstellationen im Dorf: Meistens resultierten sie – wie in afrikanischen Gesellschaften – aus Auseinandersetzungen in der Nachbarschaft, zwischen den später als Kläger und Angeklagten im Hexenprozeß auftretenden Personen. Stone diagnostizierte als einer der ersten den Paradigmenwechsel der Hexenforschung und wies vor einem breiten Publikum auf ihre Ahnen in Soziologie und Ethnologie hin[786].

Macfarlane als Sozialhistoriker suchte jedoch nicht nur nach strukturellen Ursachen, sondern interessierte sich insbesondere für die diachronische Einordnung seiner Ergebnisse: Denn abgesehen von einer Hexenjagd in den 1640er Jahren zeigte seine statistische Auswertung der gerichtlichen Quellen eindeutig einen Anstieg der Hexereibeschuldigungen in der zweiten Hälfte des 16. Jahrhunderts. Gleichzeitig wurde aus anderen Quellen deutlich, daß während dieser Zeit das demographische Gleichgewicht sich veränderte und die Bevölkerung insgesamt und speziell die unterbäuerlichen Gruppen auf dem Land, die für Subsistenzkrisen anfälliger waren, zahlenmäßig anwuchsen. Bei der soziologischen Analyse der Zaubereibeschuldigungen glaubte Macfarlane nun, eine spezifische sozialpsychologische Konstellation hervorheben zu können: Reichere beschuldigten ärmere Nachbarn, denen sie ein Almosen verweigert hatten und vor denen sie sich deswegen fürchten zu müssen glaubten, der Hexerei. Sie schienen gewissermaßen zu erwarten, daß – wie Evans-Pritchard dies bei den ostafrikanischen Azande beobachtet hatte – übervorteilte Gemeindemitglieder per Magie Ausgleich suchten. An dieses projizierte Schuldgefühl knüpfte Macfarlane eine verlockende, aber auch gewagte These: Die sozialen Konflikte von Dorfbewohnern hätten sich durch beschleunigten sozialen Wandel verschärft. Worin dieser soziale Wandel bestanden haben könnte, darüber bestand unter englischen Sozialhistorikern angesichts der sogenannten »Transitions«-Debatte wenig Zweifel: Es mußte sich um den Systemwechsel vom Feudalismus zum Kapitalismus handeln, der für den – von Macfarlane selbst statistisch nachgewiesenen – Anstieg von Hexereibeschuldigungen im 16. Jahrhundert verantwortlich war[787].

Die These der europäischen Hexenverfolgungen als Folge eines Systemwechsels – obwohl so wenig klar ausgesprochen wie die These der Humanisten von der Inquisition als Urheberin der Hexenprozesse – löste doch eine ganze Reihe von Stellungnahmen aus, die beweisen, daß auch überzogene Thesen zu wichtigen Erkenntnissen führen können. So knüpfte etwa der Sozialhistoriker **James Sharpe** an die widersprüchliche Beobachtung, daß die vom Systemwechsel am meisten profitierende »Gentry« von Hexereibeschuldigungen kaum betroffen war, die Frage an, inwiefern die Dorfgesellschaft abseits obrigkeitlicher Gerichte zu einer Selbstregulation ihrer Konflikte fähig war[788]. Die Anthropologin **Eva Gillies** wies in ihrer Einleitung zu einer Neuausgabe von Evans-Pritchards *Witchcraft, Oracles and Magic among the Azande* auf die große Bedeutung kultureller Faktoren hin. Daß nicht jeder soziale Wandel zu einem Hexenfieber führte, zeige sich am besten am Beispiel der »Industriellen Revolution« – zweifellos einer sozialen Umwälzung ersten Ranges[789]. Freilich nahm dieser berechtigte Einwand auch Macfarlanes zentraler These an Dignität. Seine »Kapitalismusthese« kam Macfarlane jedoch bald selbst unwahrscheinlich vor, als er bei der Arbeit an seinem zweiten Buch den Besitzindividualismus im 13. Jahrhundert wiederentdeckte. In einer Fußnote entschuldigte er sich darin gewissermaßen für seine frühere überzogene These, ohne jedoch von seinem Erklärungsmuster im engeren Sinn abzuweichen[790].

Hexereibeschuldigungen als Indikator für den inneren Zustand einer Gesellschaft – das war ein Gedanke, den schon Malinowski geäußert hatte[791]. Mit der Rezeption von Evans-Pritchards

Studien griff diese Vorstellung Raum, und man ging so weit, die Zunahme von Hexereibeschuldigungen als Symptom für eine »kranke« Gesellschaft zu bezeichnen[792]. Keith Thomas erklärte im Anschluß an Evans-Pritchard, der Hexenglaube sei »für den Sozialhistoriker deshalb von Interesse, weil er Hinweise gibt auf die schwachen Stellen in der Gesellschaftsstruktur der damaligen Zeit«[793]. Von einem peripheren Gegenstand, der berühmten »Warze im Gesicht« der Geschichte, wie Sigmund Riezler die Attitüde des Historismus charakterisierte, war die Hexenthematik durch den Aufstieg der Sozialgeschichte wieder, wie schon zu Zeiten Voltaires, zu einem zentralen Untersuchungsgegenstand mit Indikatorfunktion für den Zustand der gesamten Gesellschaft der frühen Neuzeit geworden. Nicht mehr intellektuelle Defizienz, sondern soziale Fehlfunktion hieß nun das Generalthema, beides in einem linearen Entwicklungsmodell gedacht. Bereits 1971 wurde dieser neue Anspruch von den Spezialstudien erstmals in einer allgemeinhistorischen Epochendarstellung durch den Sozialhistoriker **Henry Kamen** übernommen[794].

51. Russische und amerikanische Ethnologie: Die Entdeckung des Schamanismus

Die verbreitete »Translationsthese«, die den Paradigmenwechsel in der Hexenforschung aus einer Übertragung von Ergebnissen Evans-Pritchards durch Keith Thomas und dessen Schüler Macfarlane erklärt und die dann von anderen Historiker übernommen wurde, wirkt in der Retrospektive als eine zu schmale Grundlage für ein Ereignis wie einen Kuhnschen Paradigmenwechsel. Zweifellos hat Evans-Pritchard die Historiker Thomas und Macfarlane beeinflußt, diese wiederum eine Reihe von anderen europäischen Hexenforschern. Dies hat bei dem Evans-Pritchard-Schüler **Ioan M. Lewis** (geb. 1930) bereits milden Spott ausgelöst, weil Evans-Pritchards Hexereidefinition und -theorie nicht besonders repräsentativ für die Forschungsergebnisse der Ethnologie insgesamt waren, sich auch eine bemerkenswert geringe Neigung der Historiker zur Quellenkritik gegenüber dem berühmten Anthropologen erkennen lasse, der seine Kenntnisse – wie jeder Ethnologe im Feld – schließlich von bestimmten Informanten empfangen hatte[795]. Man könnte jedoch noch weiter gehen und fragen, ob es denn überhaupt wahrscheinlich sei, daß eine günstige personelle Konstellation an einer Universität diesen Wandel ausgelöst haben kann. Was wäre passiert, wenn Evans-Pritchard keine Lust gehabt hätte, sein Buch zu schreiben, wenn er wie der berühmte Wer-Ethnologe Frank Hamilton Cushing zu seinen Studienobjekten übergelaufen wäre oder wenn Keith Thomas 1960 nach Australien ausgewandert und Evans-Pritchard nie begegnet wäre?

Ich möchte die These aufstellen, daß die »Translationsthese« kaum mehr war als eine geschickt inszenierte Selbstdarstellung des akademischen Milieus von Oxford, die mangels anderer Erklärungen immer wieder gerne nacherzählt wird. Mit gewachsenem zeitlichen Abstand muß die Geschichte des Paradigmenwechsels neu erzählt werden. Bereits in einer Kontroverse in den 1950er Jahren ist der britischen »social anthropology« durch den amerikanischen Kulturanthropologen George P. Murdoch (1897–1985) vorgeworfen worden, durch ihre regionale und thematische Beschränkung, durch die durch Ignorierung fremder Theorien erkaufte Virtuosität, selbst zu einem »survival« geworden zu sein. Stagl begriff diesen Angriff auf die alte Kolonialethnologie des British Empire quasi als Reflex der Entwicklungen in der politischen Sphäre, der den Führungsanspruch der neuen Großmacht Amerika auch in der Ethnologie erhob. Gleichermaßen traf dies für die UdSSR bzw. Rußland zu, wo die »primitiven« Kulturen nicht exotisch waren, sondern sich im eigenen Land, quasi vor der Haustür, befanden[796].

Tatsächlich hatte in den USA seit den 1920er Jahren die Schule des aus der bornierten Atmosphäre des wilhelminischen Deutschland emigrierten deutsch-jüdischen Ethnologen **Franz Boas**

(1858–1942) die intellektuelle Führung übernommen. Boas hatte sich 1889 bei Adolf Bastian in Berlin habilitiert und dann in den USA an der *Columbia University* seine Schule der »cultural anthropology« begründet, welche fremde Kulturen ohne die für Europa typische Diskriminierung in ihrem Eigenrecht beläßt und in ihren kulturellen, symbolischen und sozialen Bezügen zu verstehen sucht[797]. Ein besonders interessantes Kapitel stellte dabei die russisch-amerikanische Zusammenarbeit bei der »Jesup North Pacific Expedition« zwischen dem freiwilligen Emigranten Boas und den russischen Ethnologen **Vladimir Bogoras** (1865–1936), **Vladimir Jochelson** und dem aus der heutigen Ukraine stammenden **Lev Sternberg** (1861–1927) dar, die als Angehörige der sozialrevolutionären Organisation *Narodnaya Volya* (*Wille des Volkes*) im Zarenreich nach Sibirien verbannt worden waren. Für die ebenfalls aus jüdischen Familien stammenden »Narodniki« bildete das Volk das positive Gegenbild zum verhaßten Staatsapparat, womit sie sich also in die Tradition Rousseaus stellten[798].

In der Verbannung beschäftigten sich die Intellektuellen unter den Auspizien eines revolutionären Volksbegriffs mit der Erforschung der Volkskultur, wobei sie auf das zwar nicht politisch interessante, aber gleichwohl packende Phänomen des Schamanismus stießen. Ihr Umgang damit war durchaus unterschiedlich, Bogoras beispielsweise erklärte die Befähigung zur Ekstase mit einer Art psychischem Defekt, obwohl die berühmte Boas-Schülerin **Ruth Benedict** (1867–1948) in ihrer Studie über Visionen und Schutzgeister Variationen des sibirischen Schamanismus bei den Prärieindianern gezeigt und entsprechend dem Paradigma der »cultural anthropology« als »Kulturmuster« interpretiert und in ihre große Darstellung *Patterns of Culture* integriert hatte[799]. Während sich in den USA nach dem Sieg der Kulturanthropologie um 1920 ein offener Umgang mit diesem Phänomen ergab und in die umfangreichen Handbücher zur Kultur der Indianer einmündete[800], konnte die Erforschung des Schamanismus in Nord- und Osteuropa auf eine relativ große Tradition zurückblicken.

Bereits vor der Mitte des 19. Jahrhunderts wurde in russischer Sprache durch den burjatischen Gelehrten **Dorzi Banzarov** (1822–1855) eine nichteurozentrische Anhandlung über die mongolische Volksreligion mit einer Darstellung des Schamanismus veröffentlicht, die fortan in der russischen Ethnologie präsent war[801]. Auch finnische Gelehrte kamen zunächst als russische Verbannte mit Sibirien in Berührung. Der erste Lehrstuhlinhaber für Finnisch im damals zu Schweden gehörigen Finnland, **Mathias Alexander Castrén** (1811–1853), bereiste im Gefolge der Volkstumsideologie Jacob Grimms Sibirien, um finnisch-ugrische »Sprachdenkmäler« zur Frühgeschichte des finnischen Volkes zu sammeln. Nach seinem frühen Tod an Tuberkulose auf den strapaziösen Reisen wurde er zum finnischen Nationalhelden erhoben, dessen angefangenes Werk jüngere Forscher verpflichtete[802]. Der Berliner Turkologe **Wilhelm Radloff** (1837–1918) ging auf Reisen durch Sibirien aus professionellen sprachwissenschaftlichen Gründen ähnlichen Fragen nach und publizierte seine Sprachproben, darunter liturgische Texte schamanistischer Zeremonien, in großartigen zweisprachigen Ausgaben (z.B. deutsch/kalmückisch)[803]. Veröffentlicht wurden die Ergebnisse meist in Deutsch oder Russisch, allein in der russischen Literatur türmten sich bis 1932 nicht weniger als 700 ethnographische Titel zum Komplex Schamanismus auf[804]. Skandinavische Religionswissenschaftler wie **Ake Hultkrantz** (geb. 1920), der sich mit schamanistischen Phänomenen in Nordamerika sowie bei Eskimos, Lappen und Finnen auseinandersetzte, hatten wenig Mühe, die dort gefundenen spirituellen Muster mit der eddischen Mythologie in Verbindung zu bringen[805].

Von großer Bedeutung waren die Arbeiten des russischen Ethnologen **Sergej Michailowitsch Shirokogoroff** (1887–1939) aus St. Petersburg/Wladiwostok, dessen 1935 in Shanghai gedrucktes Hauptwerk *Psychomental Complex of the Tungus* wegen seiner Systematik genauso viel Interesse beanspruchen hätte können wie Evans-Pritchards zwei Jahre später publiziertes Hexenbuch. Shirokogoroff demonstrierte die Kontingenz des Glaubenssystems der Tungusen, das so vollständig der westlichen Rationalität zu widersprechen scheint, und weigerte sich im Gegensatz zu den meisten seiner Vorgänger, den Ekstatiker als Geisteskranken zu interpretieren. Die Figur des Schamanen, der mit seinen Berufungserlebnissen, seiner Initiation mit rituellem Tod und Wiederauferstehung, seinen durch Riten (Askese, Tanz, Gesang, Rauschmittel) bewirkten Ekstasen und den damit verbundenen Jenseitsreisen, magischen Flügen und Fahrten in die Unterwelt weit imposantere Züge aufwies als der indianische »medicin man« oder der afrikanische »witch doctor«. Das tungusische Wort »Schaman« für diese religiösen Mittler, welches auf das altaische Zeitwort »scha« (wissen) zurückgeführt wird, verlieh dem Glaubenskomplex seinen Namen. Shirokogoroff wies überzeugend nach, daß der Komplex des Schamanismus bei den Tungusen nicht vor dem 11. Jahrhundert entstanden sein kann, auch wenn seine meisten Elemente älter sind. Bedeutsam sind auch seine Betrachtungen über die hochkulturellen Kontakte der Tungusen: Die Entlehnung fremder Kulturgüter erfolgte nicht mechanisch, sondern durch Auswahl des zur eigenen Kultur Passenden, also durch »kulturelle Siebung« in einem aktiven Aneignungsprozeß[806].

52. Die Rezeption des Schamanismusthemas

Mit der Entdeckung des Schamanismus war ein heuristischer Schlüssel gefunden worden, der in viele Schlösser zu passen schien. Er war für die Gesellschaftswissenschaften ähnlich attraktiv wie die Hexenvorstellung, der alle vergleichbaren Phänomene subsumiert werden konnten. Schamanistische Züge wurden zunächst in allen zirkumpolaren Kulturen entdeckt, dann bei diversen indianischen Kulturen Nord- und Südamerikas, in Korea und bei den Ainu in Japan, in diversen chinesischen und indischen Traditionen und zuletzt schließlich in Europa selbst. Anknüpfungspunkte bestanden hier vor allem zur finnischen und ungarischen Volkskunde, bei denen die romantische Mythensuche im Gefolge Jacob Grimms – wie im Falle Castréns – zu ausgedehnten Forschungsreisen nach Nordasien geführt hatte, um die verschiedenen Zweige der finnisch-ugrischen Sprachfamilie zu rekonstruieren. Die dabei entdeckten Parallelen zwischen Elementen des finnischen und ungarischen Volksglaubens und dem Schamanismus wurden in Beziehung gesetzt zu den seit längerem bekannten zauberischen Glaubensvorstellungen an der nordeuropäischen Peripherie (Samen, Lappen, Eskimos), wobei der dänische Ethnologe **Knud Rasmussen** (1879–1933) aufgrund seiner grönländischen Herkunft besonders erwähnt werden muß[807]. Heimisches Erzählgut und Vorstellungen, die man aus den Hexenprozeßakten kannte, wurden mit dem Schamanismuskomplex verbunden, zum Beispiel der ungarische »Táltos«-Glaube, der durch Dämonisierung in den Strudel der Hexenprozesse geraten war[808].

In der Tradition Castréns wurde Finnland, wo das erzählerische Nationalepos *Kalevala* erst in diesem Jahrhundert aufgezeichnet wurde, zu einem weiteren Generator der Schamanismusforschung. Der finnische Philologe **Antti Aarne** (1867–1925), der später den Motivkomplex der »magischen Flucht« auf der Grundlage einer Untersuchung des russischen Ethnologen Jochelson näher untersuchen sollte[809], publizierte bereits 1910 ein *Verzeichnis der Märchentypen*, mit dessen Klassifikation magische Motive leicht zu identifizieren waren. Die von Aarne in Helsinki gegründeten internationalen *Folklore Fellows Communications*, die bis in die 1930er Jahre hauptsächlich in deutsch, danach in englisch erschienen, versammelten nicht nur herausragende Einzelarbeiten zur Erzählforschung, sondern auch zur Volkskunde bzw. Ethnologie, was in Nordeuropa oft einfach dasselbe war[810], beispielsweise die Feldforschung von **Uno Harva/Holmberg** über religiöse Vorstellungen der altaischen Völker[811]. Der russische Folklorist **Vladimir Propp** (1895–1970) aus St. Petersburg/Leningrad hat in Kenntnis der russischen Schamanismusforschung (Bogoras, Jochelson, Popov, Sternberg) bereits in den 1920er Jahren auf die strukturtypologische

Ähnlichkeit zwischen europäischem Erzählgut und schamanistischen Motiven hingewiesen und 1946 in seinem später weit verbreiteten Buch *Die historischen Wurzeln des Zaubermärchens* auf schamanistische Erinnerungsreste im kulturellen Gedächtnis Europas geschlossen[812]. Der amerikanische Erzählforscher **Stith Thompson** (1885–1976) lieferte auf der Grundlage der Aarneschen Märchenklassifikation in den 1950er Jahren ein erweitertes Typenverzeichnis mit einem ziemlich unpraktischen Nummernschema, mit welchem Philologen seither kämpfen, das aber tatsächlich nützlich sein kann, weil damit ein nationen- und sprachenübergreifender Zugriff auf bestimmte Motive möglich ist[813].

Da ein großer Teil der russischen Ethnologen und auch der finnischen Philologen bis zur Selbstzerstörung der deutschen Wissenschaft in der NS-Zeit ihre Ergebnisse in der Wissenschaftssprache deutsch publizierten, war eine Rezeption in Deutschland naheliegend. Sie scheiterte jedoch an der geistigen Beschränktheit der Machthaber und ihrer Handlanger an den Universitäten. Eine geplante Habilitation des von Vladimir Bogoras instruierten Berliner Religionsethnologen **Hans Findeisen** (1903–1968) konnte in den 1930er Jahren nicht zu Ende geführt werden, Teile des Materials wurden seit den 1950er Jahren publiziert[814]. Auch die Beschädigung einer anderen Gelehrtenkarriere führte zu einer verzögerten Rezeption. Der in den 1920er Jahren dem linken Milieu zuzurechnende Begründer der Arbeitervolkskunde **Will-Erich Peuckert** (1895–1969), der es sich selbst während der NS-Zeit nicht nehmen ließ, auf die Verdienste des jüdisch-deutschen Kulturhistorikers Aby Warburg um die Erforschung der Renaissancemagie hinzuweisen[815], hatte sich – vielleicht im Zusammenhang mit seiner Mitarbeit am *Handwörterbuch des deutschen Aberglaubens* – bereits in den 1920er Jahren für magische Themen interessiert, 1927 mit einer Arbeit über die Rosenkreuzer promoviert und begann 1929 mit *Pansophie* die Publikation seiner Trilogie zur Geschichte der weißen und schwarzen Magie. Seine heute noch lesenswerte Aufsatzsammlung *Deutscher Volksglaube des Spätmittelalters* beweist, daß man selbst 1942 ohne Germanenmythologie mit diesem Begriff operieren konnte. In seinem Aufsatz *Der wilde Jäger und das Wuotesheer* zitierte Peuckert den akribischen Katholiken Meisen, Höfler und seine SS-Leute hingegen strafte er mit Mißachtung[816].

Mit 51 Jahren nach dem Ende der Diktatur endlich Professor in Göttingen geworden, arbeitete Peuckert die irrationalen millenaristischen Züge heraus, die sowohl der Hexenverfolgung als auch der mittelalterlichen und »modernen« Judenverfolgung zugrundelagen[817]. In einem Buch über *Geheimkulte*, das – wie der Titel erwarten läßt – auch eine späte Abrechnung mit Höflers Germanenwahn darstellt, setzte Peuckert schließlich das europäische Hexenwesen in bezug zum eurasischen Schamanismuskomplex; Peuckert war es auch, von dem Ginzburg diesen Zusammenhang rezipierte[818]. Peuckert besorgte 1967 einen Nachdruck des »Soldan-Heppe-Bauer« und die deutsche Übersetzung von Caro Barojas *Die Hexen und ihre Welt*. In seiner Einführung und einem *Ergänzenden Kapitel über das deutsche Hexenwesen* wies er auf die Verbindungslinien von Jacob Grimm und Adolf Bastian bis Malinowski hin, hob neben Unterschieden – nämlich Soziologie versus Religionsgeschichte – die Gemeinsamkeiten, sowie seine Trauer, »weil einer mir die Früchte einer dreißigjährigen Tätigkeit vor meinen Augen und vor meiner schreibfaulen Hand wegpflückte«, hervor. Seine eigenen Ausführungen, die auf Wolframs »Weiberbünde« rekurrierten, lassen dies allerdings nicht glaubwürdig erscheinen[819].

Die Vermittlung der Schamanismusvorstellung durch Peuckert ist eine Kuriosität des Rezeptionsverlaufs, denn bei der Qualität des bereitstehenden Materials war es nur eine Frage der Zeit, wann die Schamanismus- mit der Hexenforschung in Berührung kommen würde. In der slawischen Ethnologie, bei den Skandinaviern[820] und Amerikanern war das Thema ohnehin präsent. Rezeptionsprobleme hatten jedoch offenbar nicht nur die Historiker, sondern sogar die Ethnologen. Für Evans-Pritchard ergaben Hexenflug und Schadenzauber keinen Sinn, und er ignorierte alle magischen Vorstellungen, die nicht in sein kohärentes Gedankensystem paßten. Lévi-

Strauss interpretierte seinen Nambikwara-Zauberer auf der Grundlage der Boas-Rezeption bereits in den 1940er Jahren als Schamanen, ohne sich der weiteren Konsequenzen und Möglichkeiten einer solchen Parallelisierung bewußt zu sein. Hier zündete der Funke noch nicht[821].

Doch zehn Jahre später war es soweit. Die umfassende Rezeption und Vermittlung der russischen Ethnologie ist das Verdienst des damals im Pariser Exil lebenden und später in Chicago lehrenden rumänischen Religionswissenschaftlers **Mircea Eliade** (1907–1986). In seinem bahnbrechenden Werk *Le chamanisme et les techniques archaiques de l'extase* leistete er eine vergleichende Übersicht über den herausragenden religiösen Spezialisten der traditonellen Weltkultur, der außer Magier auch noch Priester und Jenseitsreisender war, beginnend mit den Rekrutierungsmethoden, den Initiationskrankheiten und -träumen, den Methoden zur Erlangung der Schamanenkraft in Mythos und Ritus, der Symbolsprache der Kleidung und der Accessoirs, der Flugfähigkeit und Himmelfahrtsvorstellungen, magischen und divinatorischen Fähigkeiten und typischen Merkmalen der schamanistischen Kosmologie. Dieser strukturellen Analyse folgte ein Überblick über schamanistische Vorstellungen in Zentral- und Nordasien, Nord- und Südamerika, Südostasien und Ozeanien, in Tibet, China und bei den Indogermanen. Es war das Verdienst Eliades, im Gefolge von Shirokogoroff darauf hinzuweisen, daß bei allen Besonderheiten der psychischen Verfassung und sozialen Stellung des Schamanen der religiöse Komplex nicht darauf reduzierbar ist, sondern in seiner kulturellen Dimension ernstgenommen werden muß. Bei aller Neigung zur Mythisierung des Objekts war dies eine wirklich großartige Synthese von Untersuchungen in allen europäischen Sprachen, die auch durch die rasche Übersetzung dieses Buches erstmals zu einer umfassenden Rezeption des Schamanismuskomplexes führen konnte[822]. Mircea Eliade würdigte 1975 in seinem Essay *European Witchcraft* die Pionierleistung Peuckerts und freute sich, daß inzwischen noch andere Historiker den Schamanismus entdeckt hatten. Dabei scheute er sich nicht, von Jacob Grimm eine kräftige Verbindungslinie über Höfler zu Ginzburg zu ziehen[823].

53. Die *Benandanti* und ihre Geschwister

Carlo Ginzburg (geb. 1939), Sohn der italienischen Schriftstellerin Natalia Ginzburg (1916–1991) und des berühmten Slawisten Leone Ginzburg, der als Kommunist jüdischer Herkunft im römischen Gefängnis Regina Coeli von der Gestapo ermordet worden ist[824], ging zunächst mit politischen Erwartungen an das Hexenthema heran: »Ich suchte die Hexen als Vorläufer des Klassenkampfes – und habe einen Fruchtbarkeitskult gefunden.« Ausgangspunkt waren für Ginzburg zwei italienische Publikationen der späten 1940er Jahre: der Roman *Cristo si è fermato a Eboli* des mit dem Vater eng befreundeten Schriftstellers Carlo Levi (1902–1975), der aus persönlicher Erfahrung über die archaische Welt Süditaliens während der Zeit seiner Verbannung berichtete, und die ethnographische Untersuchung *Il mondo magico* von Ernesto de Martino[825]. Über Peuckert auf den Schamanismus gestoßen, war sich Ginzburg bei der Abfassung der *Benandanti* 1965 wohl zunächst weder bei Weiser-Aal noch bei Höfler oder Wolfram, aber auch nicht bei Germanenkundlern wie dem niederländischen Skandinavisten Jan de Vries (1890–1964) oder dem französischen Religionswissenschaftler Georges Dumezil (1898–1986) bewußt, welche Nachbarschaft er bei der Suche nach dem europäischen »Ahnenerbe« gefunden hatte[826]. Obwohl er die These, daß die jüdische Verfolgungserfahrung seine Themenwahl (Ketzer, Hexen, Hexensabbat) unbewußt beeinflußt haben dürfte, mit Einschränkungen akzeptiert hatte, hat Ginzburg verdeutlicht, daß nicht die richtige Gesinnung über den Wert wissenschaftlicher Nachweise entscheiden könne, und – fast um seine Kritiker zu provozieren – weitere »Belege« für seine Mythenthesen aus dem Höfler-Umfeld zutage gefördert[827].

Tatsächlich hat im Diskurs der Historiker Ginzburg das Hexenthema durch seine Untersuchung einer Gruppe ländlicher Ekstatiker im Friaul mit dem Schamanismus verknüpft, die im ausgehenden 16. Jahrhundert von der venezianischen Inquisition entdeckt worden waren und sich selbst als »Benandanti« (»bene« = gut, »andare« = gehen) bezeichneten, weil sie glaubten, zu den Quatemberterminen mit den Hexen um die Ernten kämpfen zu müssen. Dazu verlasse ihre Seele den Körper und fahre unter Führung eines Engels zu bestimmten Orten. Der Ausgang des Kampfes entscheide über die Qualität der Ernte[828]. Diese Vorstellung, die von Ginzburg als »Kult« bezeichnet wurde, obwohl keinerlei Anzeichen für rituelle sakrale Handlungen angeführt werden konnten, hat in der Gelehrtenwelt weitgehende Verwirrung und andauernde Auseinandersetzungen hervorgerufen, da manche, wie etwa der kalifornische Historiker **Jeffrey Burton Russell**, glaubten, Ginzburg habe einen Beweis für Margaret Murrays abstruse Hexenreligion gefunden. Davon kann aber gar keine Rede sein, denn der »Kult« ereignete sich nur in der Vorstellung bestimmter Personen, wenn diese auch in ihrer Gemeinde bekannt waren, weil sie durch Zeichen bei der Geburt auserwählt wurden und gewisse magische Funktionen (Divination, Entzaubern, Heilen) übernahmen. Für die Existenz einer Hexenreligion gab es weder im 16. Jahrhundert Anzeichen, zudem wurde die »Benandanti«-Vorstellung im 17. Jahrhundert dem Hexenglauben assimiliert und unterdrückt, so daß sie aus den Quellen verschwand[829].

Auf der internationalen Tagung in Budapest 1988 fand Ginzburg Gelegenheit, sich bei der kroatischen Volkskundlerin **Maja Boskovic-Stulli** zu entschuldigen, die sechs Jahre vor Ginzburgs *Benandanti* einen Aufsatz mit dem Titel *Kresnik – krsnik, ein Wesen aus der kroatischen und slowenischen Volksüberlieferung* veröffentlicht hatte, der Ginzburgs Aufmerksamkeit entgangen war. Der Aufsatz über eine Volksglaubensvorstellung in der geographisch an das Friaul angrenzenden Region ergänzte Ginzburgs Entdeckung auf geradezu erregende Weise. Denn die »Krsniki« erfüllten in Istrien dieselben Funktionen wie die »Benandanti«, aber hier hatte die Vorstellung überlebt, war seit dem 19. Jahrhundert in Sagensammlungen aufgetaucht und ist in den 1950er Jahren von Boskovic-Stulli in eigener Feldforschung wiederentdeckt worden. In vielen Dörfern wurden die Geschichten nicht nur erzählt, sondern die Erzähler »wußten« auch, wer zu den »Krsniki« zählte, und die Ethnographin konnte selbst mit ihnen sprechen[830].

Die ungarische Volkskundlerin **Tekla Dömötör** kritisierte daraufhin, daß Boskovic-Stulli nicht die ungarische Vorstellung von den »Táltos« in ihre Überlegungen einbezogen habe und wies auf die Arbeiten des Ethnologen **Vilmos Diószegi** hin, der den ungarischen »Táltos«-Glauben an die schamanistische Vergangenheit der Ungarn rückgebunden habe[831]. Die Rezeption von Ginzburgs befremdlichem *Benandanti*-Buch hatte zunächst wenig Einfluß auf die Entwicklung der Hexenforschung. Erst die Fusion der Erforschung des Hexensabbats mit der Schamanismusforschung rückte diesen Komplex in das Zentrum des Interesses. Der ungarische Mediävist **Gabor Klaniczay** (geb. 1950) zog Anfang der 1980er Jahre eine Quersumme vergleichbarer Volksglaubensvorstellungen auf dem Balkan, die hinter dem ursprünglich begrenzten Fund jenes weite Panorama aufscheinen ließ, an dem Ginzburg in seinen späteren Publikationen weitermalte[832].

54. »... Where Do We Go From Here?«: Der Aufstieg der Kultur- und Sozialgeschichte

Der dänische Ethnologe **Gustav Henningsen** (geb. 1934) hat Anfang der 1960er Jahre Feldforschungen über zeitgenössischen Zauberglauben in Dänemark betrieben und dabei den Hintergrund der historischen Hexenverfolgungen berücksichtigt[833] und dann das doppelte Interesse 1965 auf das spanische Galizien übertragen, wo er auf die Hexenprozesse der Spanischen Inquisition und Julio Caro Baroja stieß, die fortan seine Aufmerksamkeit fesselten[834]. Henningsen reklamierte den Inquisitor Don Alonso Salazar Frías als Vorläufer der Feldforschung. Diese außergewöhnliche Persönlichkeit hatte während einer Visitationsreise im Baskenland 1611 Daten aus hunderten von Hexereifällen gesammelt und ausgewertet. Sein Memorandum zog eine so vernichtende Bilanz des bisherigen Inquisitionsverfahrens, daß nicht nur die Hexenverfolgung im Baskenland beendet wurde, sondern die »Supremá« der Inquisition fortan danach trachtete, alle Hexereiverfahren an sich zu ziehen, um diese zu beenden. Henningsens aufgrund des außergewöhnlichen Quellenmaterials erstellte exemplarische Studie erschien zwar erst 1980, war jedoch 1967 begonnen und 1973 in Kopenhagen als Dissertation angenommen worden[835]. Vermutlich die erste »nationale« Überblicksstudie nach dem »sozialwissenschaftlichen Paradigmenwechsel« war die schwedische Dissertation von **Bengt Ankarloo** (geb. 1935), *Trolldomsprocesserna i Sverige*, die 1971 den Anspruch erhob, Theorien anhand solide erhobenen historischen Datenmaterials zu testen. Tatsächlich bezog sich Ankarloo dabei auf Macfarlane und nahm wie Henningsen die skandinavische Schamanismusforschung (Rasmussen, Ohlmarks etc.) nicht zur Kenntnis[836].

Ende der 1960er Jahre betraten schließlich in den USA zwei Historiker die Bühne, die in den folgenden Jahrzehnten die Entwicklung des Forschungsfeldes wesentlich mitprägen sollten: Erik Midelfort und **William Monter**, beide völlig unbeeinflußt von den bis dahin noch unpublizierten Forschungen aus Oxford. Bei einer Untersuchung über die Stadt Genf zur Zeit des Reformators Calvin stieß William Monter Mitte der 1960er Jahre auf die Hexenprozesse, denen im Genfer Gottesstaat natürlich besondere Bedeutung zukam. Da sich Sozialhistoriker bis dahin kaum mit der Thematik beschäftigt hatten, edierte er 1969 ein Lesebuch zum Thema *European Witchcraft*, welches die Aufmerksamkeit der Historiker nicht auf die Prozesse, sondern auf das Problem der Hexerei selbst lenkte. Darin publizierte er Auszüge aus einigen Quellen der Verfolgungszeit (*Malleus maleficarum*, Weyer, Bodin, Urgicht der Walpurga Hausmännin, *Bamberger Hinrichtungsliste*, Cyrano de Bergerac, Malebranche) sowie einige Texte von Historikern (Hansen, Trevor-Roper, Monter, Delcambre, Mandrou, Baroja, Ginzburg, LeRoy Ladurie), die mit kurzen Einleitungstexten versehen wurden. Seiner Akzentsetzung blieb Monter auch in nachfolgenden Publikationen, einem Forschungsbericht, einer Feldstudie und mehreren Synthesen treu[837]. Wollte man einen Zeitpunkt angeben, von dem aus man die neuere Hexenforschung datieren könnte, so käme am ehesten das Jahr 1968 infrage, als die erste Sammelrezension mit dem schönen Titel *Recent Witch Hunting Research, or Where Do We Go from Here?* im Druck erschien, mit der **H.C. Erik Midelfort** jenen internationalen Forschungszusammenhang wiederherstellte, der mit dem Aussterben der älteren historischen Hexenforschung (Lea, Burr, Hansen) verlorengegangen war[838]. 1969 erfuhr der neue Forschungszweig in den USA quasi offiziell Anerkennung durch eine lebhaft besuchte Sektion auf der Jahrestagung der *American Historical Association*[839]. Seit 1969 wurden in kurzen Abständen weitere Literaturberichte publiziert, die das Forschungsfeld immer neu absteckten[840].

Der Suhrkamp-Verlag beeinflußte 1977/78 in Deutschland den Seminarbetrieb an den Universitäten ganz wesentlich durch zwei »Reader« bzw. Sammelbände, die eine direkte Antwort auf die Nachfrage der Studenten nach diesem Thema darstellte. Der Herausgeber des ersten Bandes, der Frankfurter Germanist **Helmut Brackert** (geb. 1932), hatte einige Jahre zuvor feststellen müssen, daß sich zu einem Seminar zum Thema »Hexen« vierhundert Teilnehmer einfanden und endlose Diskussionen zwischen politischen Aktivisten, Feministinnen und »Spontis« jede wissenschaftliche Beschäftigung verhinderten. Mit einigen Doktoranden wiederholte er das Experiment im kleineren Kreis, und der Kontakt mit dem Suhrkamp-Lektor Günter Busch führte zunächst zu einem gemeinsamen Buchprojekt mit der Schweizer Soziologin **Claudia Honegger** (geb. 1947). Unterschiedliche Interessen bewirkten dann jedoch eine Spaltung dieses Projektes in zwei optisch ähnlich wirkende gelbe Bändchen[841]. Brackert und seine Studentinnen suchten den romantischen Zugang, während die Soziologin den Weg von Joseph Hansen zur sozialwissenschaftlichen Öffnung der Hexenforschung wies. Beide Publikationen präsentierten jedoch einer Studentengeneration die »richtige« Literatur (Hansen, Baroja, Trevor-Roper, Macfarlane, Keith Thomas, Mandrou, Jeanne Favret) auszugsweise in Übersetzung, ausdrücklich nicht »als Fixierungen endgültiger Ergebnisse, sondern vor allem als Angebote zum Weiterarbeiten«[842]. Etwa zeitgleich warfen Verlage Überblicksdarstellungen auf den Markt, die nicht schlecht geschrieben waren, aber Hansens altem Paradigma vom »Hexenwahn« folgten. Ein Rezensent, der zu diesem Zeitpunkt bereits an einer Dissertation saß, meinte dazu: Wo immer in der Literatur das Stichwort »Hexenwahn« auftaucht, »gilt es zu untersuchen, ob in diesen Publikationen neue Informationen, Dokumentationen und Interpretationen enthalten sind«[843]. Die Herausgeberin des Bandes *Die Hexen der Neuzeit. Studien zur Sozialgeschichte eines kulturellen Deutungsmusters* kommentierte den Vorgang im Januar 1978 wie folgt: »Mir will scheinen, nur in einer gewissen Distanz zum Diskurs von Aufklärung und Romantik zugleich kann dieser allzu lange aus Lehrbuch und Bewußtsein ausgesperrte und heute ein wenig geschwätzig vermarktete Abschnitt abendländischer Geschichte durch die Betroffenen in gegenkulturelle Deutungen überführt werden.«[844]

55. »Uncrowded and understudied«: Rückblicke auf den Paradigmenwechsel

Paradigmenwechsel bringen es mit sich, daß sich die Neuerer deutlich von der älteren Richtung absetzen. In diesem Sinne fiel ein in der weiteren Öffentlichkeit geschätzter Artikel des Historikers **Hugh Redwald Trevor-Roper** (1914–2003)[845] diesem Paradigmenwechsel zum Opfer. Mit einem gutgemeinten Plädoyer für einen sozialgeschichtlichen Ansatz, doch wesentlich befangen in der Manier des »rationalistischen Soldan-Paradigmas«, gab Trevor-Roper 1968 einen Überblick über »witch craze« in Europa, als müsse man nur Ergebnisse zusammenfassen – während die neuen Hexenforscher der Ansicht waren, die Forschung stünde gerade erst am Anfang. Die Abwehrreaktion fiel denn auch durchaus beeindruckend und mit noch stärkeren Worten als im Falle Mandrous aus: »The essay has nothing to say which is helpful«, schrieb Macfarlane, Monter hielt ihn für »both old-fashioned in its approach and wrong or at best overassertive in all its main conclusions«. Der nach Princeton emigrierte englische Sozialhistoriker Lawrence Stone bezeichnete den Essay gar als »egregious error«[846].

Der Paradigmenwechsel der Hexenforschung stieß angesichts des einsetzenden Generationenwechsels und der sich rasch verändernden allgemeinen Forschungslandschaft auf breite Zustimmung. Warnende Stimmen wie die des exzentrischen Ethnologen M.J. Kephart, der vor den Sozialhistorikern als den neuen Romantikern warnte, die einer langandauernden Fehlentwicklung innerhalb der Ethnologie auf den Leim gegangen wären, blieben die absolute Ausnahme[847]. Dagegen trat bereits 1972 mit dem anglomarxistischen Historiker **Edward P. Thompson** (1924–1993) ein gewichtiger Kritiker auf den Plan, der bei Thomas sowohl das Fehlen quantifizierender Methoden als auch »the absence of micro-study« bemängelte, vor allem aber die Unterlassung, »to present an integrated view of popular religious beliefs«. Bei der Rolle, die Thomas heute beim Paradigmenwechsel zugemessen wird, gleicht es geradezu einem guten Scherz, wenn sich Thompson an der »rational patina of his prose« stieß[848].

Am Sieg des neuen Paradigmas war nicht zu zweifeln. Das »rationalistische Soldan-Paradigma« der älteren Hexenforschung war an sein Ende gekommen. Dies bedeutete auch, daß erneut ein Prozeß der »Amnesie« einzusetzen begann. Mit der Übernahme des »funktionalistischen Modells« erschienen große Teile der älteren Hexenforschung mit ihrer der zeitgenössischen dämonologischen Literatur entnommenen Kasuistik als überflüssig. Überdies hatte die Hauptsprache der älteren Hexenforschung mit dem Zweiten Weltkrieg aufgehört, die »lingua franca« zu sein. Während Burr und Malinowski selbstverständlich deutsch verstanden hatten, traf dies für die englischen Sozialanthropologen der Nachkriegsgeneration nicht mehr zu. Zitiert wird fast ausschließlich englischsprachige Literatur, was zur Folge hatte, daß laufend »Entdeckungen« gemacht werden, die man seit hundert Jahren bei Roskoff, Snell oder Hansen nachlesen konnte – wenn man konnte. Der Artikel *Witchcraft* in der *Encyclopaedia Britannica* von 1974 verdeutlicht in besonderem Maße die Folgen des Versuchs, allen überflüssigen Ballast abzuwerfen. Für den Murray-Artikel in früheren Ausgaben der *Encyclopaedia* brachte man eine lahme Entschuldigung auf, doch an seiner Stelle prangt erneut ein Beitrag von radikaler Einseitigkeit: Evans-Pritchard (daneben Malinowski, Clyde Kluckhohn und einige andere Ethnologen), Keith Thomas und Alan Macfarlane lautet die neue Ahnenreihe. Thomasius, Grimm, Soldan und Hansen waren keiner Erwähnung mehr wert[849].

Wie William Monter rückblickend bemerkt hat, erschien das Forschungsfeld »European witchcraft« zur Zeit des Paradigmenwechsels »uncrowded and understudied«[850]. Diese Feststellung entpuppt sich als interessante Sinnestäuschung, denn an alten und neuen Publikationen zum Hexenthema fehlte es keineswegs, sie überschwemmten geradezu den Buchmarkt, oder wie ein wohl wenig begeisterter Rezensent meinte: »Hexenbücher sprießen wie Pilze.«[851] Die steigende Nachfrage kam in den Nachdrucken der wichtigsten Werke der älteren Hexenforschung zum Ausdruck: Bereits 1957 waren in Ney York Leas *Materials Towards a History of Witchcraft* nachgedruckt worden, denen 1963 der erste Reprint von Hansen folgte. Wenig später lagen fast alle Klassiker der älteren Hexenforschung und sogar die alten Dämonologen (*Malleus maleficarum*, Weyer, Bodin, Rémy etc.) in Reprints vor. Doch wie kam es, abgesehen von der Nachfrage, zu diesem überraschenden Boom?

Schon mehrfach ist versucht worden, das neue Interesse am Hexenthema seit den 1960er Jahren zu begründen, wobei eine unverkennbare Tendenz zur Instrumentalisierung dieser Erscheinung zu bemerken ist. Feministinnen wie Silvia Bovenschen tendierten zu der Interpretation, die neuere Frauenbewegung habe das Interesse entzündet, wobei immer wieder auf die programmatischen Slogans im Zusammenhang mit Demonstrationen gegen den italienischen Abtreibungsparagraphen in Rom 1974 verwiesen wurde, wo die Demonstrantinnen skandierten: »Tremate, tremate, le streghe son tornate!«[852] Darin lag sicherlich ein Motiv, doch müssen einige andere Motive danebengestellt werden, etwa die bereits erwähnte Fortsetzung seit langem bestehender Forschungsprojekte (z.B. Thorndike, Peuckert, *Warburg-Institute*), die generelle Beschäftigung mit Justizunrecht nach dem Ende der NS-Diktatur (von Weber, von Hentig), die Vergangenheitsbewältigung in der Volkskunde (Bausinger, Brückner), der allgemeine Paradigmenwechsel in den Gesellschaftswissenschaften, die Bürgerrechts- und Studentenbewegungen mit ihrem geschärften Interesse für Menschenrechtsfragen sowie auch die ansteigende Welle von Esoterik und Okkultismus bei gleichzeitig fortbestehendem alten Aber- und Hexenglauben.

56. Von der Feldforschung zur vergleichenden Regionalstudie

Ähnlich wie die Ethnologie in der Feldforschung ihr Paradigma entwickelt hat, wo in einem räumlich begrenzten Untersuchungsgebiet in »teilnehmender Beobachtung« unter holistischen Gesichtspunkten ein Gegenstandsobjekt exploriert wird[853], ist auch die neuere Hexenforschung zur ganzheitlichen Untersuchung historisch abgegrenzter Untersuchungseinheiten übergegangen. Nach Versuchen in den 1960er Jahren, auf der Basis der älteren Forschung europaweite Überblicke zu vermitteln oder mit neuen Forschungen zu nationalen Perspektiven zu gelangen, zeigte sich, daß man die Untersuchungseinheiten kleiner wählen mußte. Die »Vergleichende Regionalstudie«, vereinzelt schon im vorigen Jahrhundert erprobt (Rapp, Riezler etc.), hat sich in den

1970er Jahren zum entscheidenden Instrument zur Gewinnung grundlegender Einsichten und zur Überprüfung konkreter Theorien entwickelt. Ziel solcher Untersuchungen ist es explizit oder implizit, a) an einer überschaubaren Einheit das ganze Spektrum der vorhandenen Quellen auf unterschiedlichen Ebenen (Dorf, Stadt, Kirche, Staat etc.) zu erproben, und neben b) einer Rekonstruktion der Ereignisse (Ort, Zeit, Dauer und Umfang der Zauber- und Hexenprozesse) c) das Ineinandergreifen diverser Interessen und Motive in ihren unterschiedlichen Dimensionen (Theologie, Volksglaube, Psychologie, Ökonomie, Soziologie etc.) auszuloten, wobei d) die gründliche gesellschaftsgeschichtliche Untersuchung die jeweilige Region quasi zu einem Laboratorium zur Erprobung der Validität der jeweils aktuellen Interpretamente macht, die falsifiziert, modifiziert oder in ihrem Wert bestätigt werden können, und e) der Vergleich mit anderen Studien meist dazu führt, Besonderheiten der untersuchten Region zu ermitteln und prägnant herauszuarbeiten, sowie schließlich f) auf einer Rückbindung zur theoretischen Ebene das bisherige Wissen über Ursachen und Hintergründe der Hexenverfolgungen zu modifizieren. Die vergleichenden Regionalstudien übernahmen in der Hexenforschung quasi die Rolle der Feldforschung in der Ethnologie.

Zu den Marksteinen der neueren Hexenforschung zählt neben der erwähnten Regionalstudie Alan Macfarlanes über Essex die 1972 publizierte Studie von Erik Midelfort über *Witch-Hunting in Southwestern Germany. The Social and Intellectual Foundations* (heutiges Bundesland Baden-Württemberg). In direkter Auseinandersetzung mit dem Funktionalismuspostulat Macfarlanes wies Midelfort die Dysfunktionalität der Hexenverfolgungen im regionalen Rahmen nach – eine gelungene Pointe! Die ideologiegespeisten Verfolgungen im deutschen Südwesten lösten keine Spannungen oder Ängste, sondern verstärkten sie, bestätigten keine Normen, sondern zersetzten sie. Anders als in England, wo sich Methoden der »social anthropology« am ehesten übertragen ließen, stellte in West- und Mitteleuropa die Gefahr großer Hexenverfolgungen ein »brennendes« Problem dar, an dem sich verbissene juristische und theologische Debatten entzündeten. Die konfessionelle Polarisierung führte seit ca. 1590 dazu, daß katholische Fürsten ihre Verfolgungen intensivierten, während lutherische Theologen begannen, Hexenverbrennungen als »papistische« Angelegenheiten zu denunzieren. Midelfort ging erstmals diesen Debatten im regionalen Zusammenhang nach und lieferte damit das Beispiel für eine Methode, die sich vor allem für die Kernländer der Verfolgung als angemessen erwies. Aufgrund der spektakulären Ausmaße der Hexenprozesse trat die polymorphe Zauberkultur etwas in den Hintergrund, obwohl sie auch hier die Grundlage der meisten Anklagen bildete.

Midelfort konnte den autochthonen Charakter der meisten Hexenverfolgungen nachweisen. Sie begannen und endeten aus spezifischen lokalen Konfliktkonstellationen heraus. Eine »Vertrauenskrise« (»crisis of confidence«, statt »crise de la conscience« bei Mandrou) ersetzte den traditionellen »deus ex machina«: Ludwig XIV. oder Christian Thomasius wurden nicht benötigt. Darüber hinaus gab es jedoch regionale und überregionale Diskussionszusammenhänge, aus denen heraus sich die konfessionelle Differenz im Verfolgungseifer seit dem Ende des 16. Jahrhunderts erklären läßt. Der als »the dean of United States witchcraft historians« bezeichnete Erik Midelfort[854], der die deutschsprachige Forschung nachhaltig beeinflußt hat, erinnerte daran, daß viele Fragestellungen der älteren Hexenforschung berechtigt gewesen seien und sich europäische Gesellschaften der frühen Neuzeit in so vielem von »primitive societies« unterschieden, daß man zwar anthropologische Fragestellungen, nicht aber Antworten übernehmen kann. Durch einen Wechsel von Beschreibung und Analyse auf unterschiedlichen gesellschaftlichen Ebenen hat Midelfort ein facettenreiches Bild der Vorgänge in seiner Region erzeugt[855].

Für die neuere Hexenforschung wurde es charakteristisch, daß die besseren Regionalstudien die Ergebnisse ihrer Vorläufer zum Ausgangspunkt der eigenen Fragestellungen machten: **William Monter** verdeutlichte 1976 anhand des schweizerisch-französischen Grenzgebiets (Genf,

Franche-Comté, Bern, Neuchatel, Mömpelgard, Hochstift Basel) die Bedeutung verschiedener Konzepte von Hexerei innerhalb der Volkskultur und deren Wechselwirkung mit den Ideen der Elitenkultur. In Auseinandersetzung mit Thomas und Midelfort gelangte Monter in seiner Studie mit dem irreführenden Titel *Witchcraft in France and Switzerland* zu dem Ergebnis, daß die Hexenprozesse in seiner Region einem dritten Typ folgten: Zwar gab es keine Massenverfolgungen (»large-scale witch-hunts«) wie in Deutschland, aber da in fast jedem Dorf Hexen hingerichtet wurden (»small panic trials«), dürfte die Zahl der Opfer hier letztlich nicht wesentlich niedriger gelegen haben. Auch Monter konnte mit einer Pointe auf Midelfort antworten: Zwar wiesen auch im französisch-schweizerischen Grenzgebiet die Katholiken eine große Verfolgungsbereitschaft auf, tatsächlich waren es jedoch in dieser Region die Protestanten (Lutheraner, Zwinglianer, Calvinisten), die wesentlich mehr Menschen als Hexen verbrannten – eine überzeugende Anwendung eines quantifizierenden Ansatzes! Monters fixe Idee von einer »Milde« des Genfer Gottesstaats wird man angesichts der statistischen Evidenz allerdings kaum teilen können[856].

Gerhard Schormann (geb. 1942), der bereits 1973 mit einer Studie zur *Hexenverfolgung in Schaumburg* debutiert hatte, publizierte 1977 seine Recherchen in nordwestdeutschen Archiven über die Verbreitung von Hexenprozessen, die ohne großen theoretischen Anspruch die Bedeutung des politischen Partikularismus in dieser Region hervorhoben. Durch diese Studie wurde jedermann deutlich, wie viel Arbeit eigentlich in Deutschland noch zu leisten sein würde[857]. Die belgische Historikerin **Marie-Sylvie Dupont Bouchat** hat mit ihrer Dissertation (Universität Löwen) auf die relativ intensiven Hexenverfolgungen in der Grafschaft Luxemburg aufmerksam gemacht, doch wurde ihr von niederländischer Seite eine zu geringe Berücksichtigung sozialwissenschaftlicher Methoden vorgeworfen[858]. Mit dem methodischen Instrumentarium sowohl der englischen »social history« als auch der französischen »Annales«-Schule wurde vornehmlich seit den späten 1970er Jahren operiert. **Robert Muchembled** (geb. 1944), »today's leading French expert«, hat aufgrund seiner Regionalstudie über das Cambrésis die These aufgestellt und wiederholt bekräftigt, die Hexenverfolgungen hätten quasi einen Angriff der Eliten auf die traditionelle Volkskultur dargestellt (»Akkulturationsthese«), wobei lokale Eliten mit der Zentralgewalt kooperierten. Diesen Prozeß sah er im Zusammenhang mit einer Auflösung der traditionellen Dorfgesellschaft[859].

Chronologische und strukturelle Gemeinsamkeiten auch über größere geographische Räume hinweg werden deutlich anhand der in den 1980er Jahren publizierten Untersuchungen von **Christina Larner** (1934–1983), einer Schülerin von Norman Cohns, über Schottland, das auf den sonst verfolgungsarmen britischen Inseln unter einem calvinistischen König am Ende des 16. Jahrhunderts eine ganz erstaunliche Verfolgungsdynamik entwickelte, die nicht so recht zu Max Webers These von der größeren Rationalität der reformierten Kirchen passen möchte. Larner versuchte, auch einen Zusammenhang mit dem Staatsbildungsprozeß unter der Regentschaft James VI. herzustellen[860]. In der Studie von **Wolfgang Behringer** (geb. 1956) über Südostdeutschland (Herzogtum Bayern und kleinere Nachbarterritorien) zeichnet sich ein katholisches Territorium, dem wegen seines rigiden Frühabsolutismus bei gleichzeitiger intensiver Gegenreformation traditionell – etwa bei Trevor-Roper – große Verfolgungsintensität nachgesagt worden ist, durch ganz überraschende Moderation aus. Erkauft war dies durch jahrzehntelange innenpolitische Konflikte, die weniger entlang konfessioneller als vielmehr weltanschaulicher Fronten verliefen. Das von Midelfort entwickelte Modell der »crisis of confidence« bewährte sich auch hier, aufgrund der funktionierenden Zentralverwaltung mußten die Erfahrungen jedoch nicht immer von neuem gemacht werden, sondern es konnte wie bei Somans *Parlement de Paris* oder Henningsens *Witches Advocate* ein langfristiger Trend generiert werden, der zumindest Hexenverfolgungen wie in den nördlich angrenzenden geistlichen Hochstiften verhinderte. Die von Friedrich Spee schließlich nach außen getragene Defensivstrategie erweist sich so als das Ergebnis jahrzehntelanger verbissener Auseinandersetzungen. Im Vergleich mit Larners Schottland lassen dieselben Verfolgungskonjunkturen die Bedeutung sozialhistorischer Determinanten erkennen, die über Konfessionsgrenzen und geographische Räume hinweg wirksam waren[861].

Jenseits der Verfolgungsgebiete trat in den Regionalstudien die Auseinandersetzung mit dem intensiven Zauberglauben in Europa in den Vordergrund. Der niederländische Ethnologe **Willem de Blécourt** (geb. 1951) hat in seiner bei Willem Frijhoff verfaßten Dissertation auf sozialanthropologischer Grundlage die Bedeutung des Zauberglaubens bis ins 20. Jahrhundert anhand einer Regionalstudie über die Nordostniederlande (Provinz Drenthe) erforscht. Seiner Beobachtung nach wurde in der Agrargesellschaft mit zunehmender Spezialisierung der Boden für bestimmte Anklagen wegen Zauberei entzogen, während andere Formen der Hexenfurcht – und insbesondere der ganze Komplex der »magischen Volkskultur« mit dem »cunning man« im Zentrum – erhalten blieben[862]. Der Historiker **Hans de Waardt** (geb. 1952) hat am Beispiel der niederländischen Provinz Holland dagegen die These aufgestellt, daß bestimmte einflußreiche Personenkreise – Fernhändler, Schiffseigner etc. – aufgrund ihrer Segregation vom Agrarbereich bei steigendem Reichtum, insbesondere seit Beginn des wirtschaftlichen Aufschwungs von Amsterdam nach 1585, jegliche Angst vor Zauberei und damit das Interesse an ihrer Verfolgung verloren[863].

Achim R. Baumgarten hat für eine sehr heterogene politische Zone im Westen Deutschlands, die Region um das Flüßchen Nahe (Pfalz-Zweibrücken, Neunkirchen, Vordere und Hintere Grafschaft Sponheim, Wild- und Rheingrafschaft, Hochgericht Raunen, Herrschaften Oberstein, Wartenstein, Martinstein, Merxheim, Ebernburg, Dalberg, Schweppenhausen, Montfort, Waldlaubersheim, Bretzenheim, Pfalz-Simmernsche Ämter Stromberg, Böckelheim, Vicedomamt Bingen) in seiner Mainzer Dissertation (bei Konrad Fuchs) erste Sondierungen vorgenommen und damals gängige Theorien getestet[864]. Zusammengenommen mit der Dissertation von **Walter Rummel** (geb. 1958) scheint sich ein überraschend neues Bild von den Mechanismen der Hexenverfolgung in verfolgungsintensiven Gebieten Westdeutschlands zu ergeben. Rummel hat in einer soziologischen Analyse der Hexenverfolgungen im Moselraum auf der Dorfebene gezeigt, daß Hexenverfolgungen nicht nur nicht Instrument der Obrigkeit sein mußten, sondern ganz im Gegenteil beliebig zum Austrag sozialer Konflikte benutzt werden konnten: Dabei zeigte sich, daß der Ruf nach Hexenverfolgungen – entgegen der Diagnose Muchembleds – zu einer scharfen Waffe in der Hand sich benachteiligt fühlender Schichten des Dorfes werden konnte, die sich damit putschartig gegen die alten Honoratiorenschichten durchsetzen konnten. Die »demokratische« Organisation von Hexenverfolgungen durch Gemeindeausschüsse wirft alte Ideen über einen obrigkeitlichen Vernichtungsfeldzug – wie ihn noch Trevor-Roper skizziert hatte – völlig über den Haufen und gibt zudem Anlaß zu einer Revision unserer Vorstellung von Herrschaft in der frühen Neuzeit: Rummels Analyse der Kurtrierer Verfolgungen zeigt, daß die Obrigkeiten in den kleineren Territorien in den Jahrzehnten um 1600 große Mühe hatten, soziale Bewegungen unter Kontrolle zu bringen, sie schafften es mitunter nur, indem sie sich an ihre Spitze setzten[865]. Das heutige »Saarland«, das verfolgungsintensive Teile des Hochstifts Trier und verfolgungsarme kurpfälzische Gebiete umfaßt, hat **Eva Labouvie** (geb. 1957) untersucht und dabei Muchembleds »Akkulturationstheorem« um eine »Kriminalisierungsthese« ergänzt. Ihre Untersuchungen zeigen für Deutschland bisher am überzeugendsten die Intensität des populären Zauberglaubens in der frühen Neuzeit, mit eindrucksvoller Quellenkenntnis akzentuiert in *Verbotene Künste. Volksmagie und ländlicher Aberglaube in den Dorfgemeinden des Saarraumes*[866]. Räumlich daran anschließend untersuchte in jüngster Zeit die Historikerin **Elisabeth Biesel** in ihrer Trierer Dissertation (bei Franz Irsigler) Hexenprozesse in Lothringen unter besonderer Berücksichtigung der Bischofsstadt Toul[867].

An der östlichen Seite des Reiches hat **Gábor Klaniczay** mit einer sozialwissenschaftlichen Untersuchung für das heutige Ungarn Pionierarbeit geleistet und dabei das Phänomen des zeitlichen West-Ost-Gefälles herausgearbeitet. Wie jeder »Fortschritt« erreichten auch die Hexenprozesse den Osten erst mit Verspätung, ihren Höhepunkt erlangten die Verfolgungen erst seit der zweiten Hälfte des 17. Jahrhunderts[868]. Dem politisch besonders zersplitterten Schlesien widmete **Karen Lambrecht** ihre Stuttgarter Dissertation (bei Norbert Conrads), wobei die konsequente Einbeziehung polnischer und tschechischer Literatur besticht. Mit etwa 600 Hexenhinrichtungen zählte das deutsch-slawische Grenzgebiet zu den verfolgungsintensiveren Regionen, und wie in Ungarn sind auch hier Zusammenhänge mit der religiösen Anspannung durch die Gegenreformation zu erkennen, wobei Impulse zur Verfolgung allerdings weniger von den Zentralen als vielmehr von den mittleren Instanzen ausgingen[869]. Die Bonner Forschungen von **Peter Arnold Heuser** zeigen die Intensität der Hexenverfolgungen im Kurfürstentum Köln und seinen Nachbargebieten, Dutzenden von kleinen Grafschaften, Ritterherrschaften etc. am Niederrhein, die bisher noch gar nicht in der Literatur aufgetaucht waren, weil die Adelsarchive noch nicht benutzt worden waren. Im Umkreis der Stadt Köln finden sich zudem interessante Diskurse um das Verfahren in Hexereifragen, die dem »brennenden Problem« angemessen waren und in deren Kontext die klassischen Texte von Friedrich Spee, Heinrich Schultheis und einiger anderer entstanden sind. **Ronald Füssel** gab in seiner Marburger Dissertation erstmals einen Überblick über die Hexenverfolgungen im politisch zersplitterten Thüringen südlich des Blocksberges, für das er über 1.500 Prozesse zusammentragen hat, in denen 775 Hinrichtungen nachweisbar sind und weitere ca. 100 Todesfälle in den Gefängnissen. Bestandteil dieser Arbeit ist auch eine Neubewertung der Coburger Hexendiskussionen, an denen Johann Matthäus Meyfahrt beteiligt war.[870]

57. Studien über bedeutendere Einzelterritorien

Insbesondere für das Reich werden in Zukunft solide Studien über Einzelterritorien an Bedeutung gewinnen, die Antworten auf jene Fragen geben, die im Medium der vergleichenden Regionalstudien entstanden sind. Betrachtet man die politischen Strukturen des Reiches von der Spitze, so fällt unmittelbar ins Auge, daß eine adäquate Behandlung der zentralen Reichsinstitutionen fehlt. Eine positive Ausnahme stellt in dieser Hinsicht die Arbeit des Rechtshistorikers **Peter Oestmann** dar, dessen quantifizierdende Untersuchung der Reichskammergerichtsprozesse ein neues Bild auf die Konjunkturen der Hexenverfolgungen in Deutschland erlaubt[871]. Über die Einstellung der einzelnen Repräsentanten des Reiches, der kaiserlichen Hofkanzlei oder des Reichshofrats wissen wir ansonsten wenig, obwohl das Interesse der Kaiser Maximilian I. und Rudolf II. am Hexenthema allgemein bekannt ist. Ähnlich sah es bis vor wenigen Jahren für die bedeutenderen Territorien aus, bei denen sich die politische Macht bei den Reichsversammlungen konzentrierte. Von den sieben Kurfürstentümern haben jedoch mittlerweile mehrere Bearbeitungen erfahren. Für die drei verfolgungsintensiven geistlichen Kurfürstentümer Mainz, Köln und Trier liegen mittlerweile Bearbeitungen vor, ohne daß man den Eindruck hätte, hier wäre das letzte Wort bereits gesprochen. Über Kurmainz informieren zwei theologische Dissertationen, welche die Intensität der Verfolgung in den Jahrzehnten um 1600 hervorheben, alle früheren Untersuchungen ersetzen und weitere erwarten lassen. **Herbert Pohl** bestätigte in seiner Osnabrücker Dissertation (bei Friedhelm Jürgensmeier) die von Walter Rummel gemachte Beobachtung, daß der Verfolgungsimpuls »stets« von den »zahlreichen Eingaben der Bevölkerung« ausging und die Zahl der Verfolgungsopfer viele Hundert, jedoch nicht über Tausend, allein in diesem Territorium (Unteres und Oberes Erzstift) umfassen dürfte. Diese Beobachtungen wurden in der Mainzer Dissertation (bei Isnard Frank) von Pfarrer **Horst Gebhard** bestätigt, der seine Untersuchung auf den Höhepunkt der Verfolgung in der ersten Hälfte des 17. Jahrhunderts begrenzte. Gebhard stellte abschließend im Zusammenhang mit den gegenreformatorischen Bestrebungen des Kurstaats fest, es seien »möglicherweise die Prozeßforderungen und Revolten als Protest der magischen Volkskultur gegen den frühmodernen Staat zu sehen«[872]. Für Kurköln existieren bereits die Arbeiten von **Rainer Decker** (geb. 1949) über Westfalen und von Gerhard Schormann über die Politik des Kurfürsten, dem der Düsseldorfer Historiker eine systematische Ausrottungspolitik unterstellte[873]. Man darf es als Zeichen für die große Vitalität des Forschungsfeldes werten, wenn dieser Auffassung sofort und mit großer Quellenkompetenz widersprochen worden ist. Der Bonner Universitätsarchivar **Thomas Becker** konnte aufgrund seiner Auswertung der Kurkölner Hofratsprotokolle zeigen, daß die programmatischen Äußerungen erst auftraten, nachdem die Verfolgung bereits begonnen hatten, und er wie Walter Rummel stimmten darin überein, daß es auch hier der soziale Druck aus den Dörfern war, welchem die Regierung nachgab und eigene politische Intentionen damit verband[874]. Die Hexenverfolgung in Kurtrier wird von einer durch **Gunther Franz**, dem Sohn des Historikers Günther Franz, und **Franz Irsigler** geleiteten Arbeitsgruppe gründlich aufgearbeitet, wie neben den Dissertationen von Walter Rummel und Elisabeth Biesel ein Sammelband zeigt[875]. Eine neuere intensive Aufarbeitung der Vorgänge in Trier stammt von **Rita Voltmer**[876]. Eine große Vergleichsstudie zu Kurtrier und Schwäbisch Österreich hat **Johannes Dillinger** vorgelegt[877].

Erfreulicher sieht mittlerweile auch die Forschungslage bei den weltlichen Kurfürstentümern aus. Zwar kann man der Regionalstudie von Lambrecht entnehmen, daß man im Falle Böhmens immer noch auf unsystematische ältere Arbeiten angewiesen ist. Zu wünschen übrig läßt auch noch die Erforschung der Vorgänge im Kurfürstentum Brandenburg, wenn es auch mittlerweile eine Dissertation über die fränkischen Markgrafschaften der Hohenzollern gibt.[878] Von den vier alten weltlichen Kurstaaten wurden jedoch bereits die Kurpfalz und Kursachsen angemessen untersucht. Hatte schon die Studie von **Bernd Thieser** über die Oberpfalz erkennen lassen, daß die Amberger Regierung aus Heidelberg strikte Befehle empfing, so zeigt die hervorragende Dissertation von **Jürgen Michael Schmidt** über die eigentliche Kurpfalz, daß man trotz erheblicher Quellenlücken aufgrund der französischen Kriege im ausgehenden 17. Jahrhundert stringent nachweisen kann, daß in diesem absolutistischen Territorium Hexenhinrichtungen aus prinzipiellen Gründen aktiv und generell verhindert wurden, obwohl auch hier ein populäres Verfolgungsverlangen 1562 und 1592 erkennbar ist. Der Einfluß der Heidelberger Regierung und ihrer Landesuniversität muß für den calvinistischen Bereich hoch eingeschätzt werden, und angesichts der außenpolitischen Verbindungen des Winterkönigs wäre es natürlich interessant, hier die Erforschung der geistesgeschichtlichen und prosopographischen Bezüge zu intensivieren. Daß die Oberpfalz auch nach ihrem Übergang an Bayern, das 1623 zum achten Kurstaat erhoben wurde, keine intensiven Verfolgungen erlebte, hing mit der intensiven Münchner Diskussion zusammen.[879] Für Kursachsen bietet neuerdings die Habilitationsschrift von **Manfred Wilde** eine systematische Erfassung der Quellen und der älteren Literatur und damit einen willkommenen Ausgangspunkt für zukünftige Forschungen.[880]

58. Österreich, die Schweiz, Italien und Großbritannien

Für Österreich hat **Heide Dienst** einen ersten Überblick gegeben, der eine relativ strikte Kontrolle der Zentralregierung in allen habsburgischen Territorien offenbart. **Helfried Valentinitsch** (1943–2001) hat eine eingehende Analyse der Hexenprozesse in der Steiermark geleistet, die bei über 800 Hexenprozessen einen überraschend hohen Anteil von über 30% an Männern bei den Hingerichteten ergab. In Niederösterreich lagen die Verhältnisse ähnlich, in Oberösterreich und Kärnten sowie dem ehemaligen Hochstift Salzburg wurden mehr Männer als Frauen in Hexenverfolgungen verwickelt[881]. Die Studie von **Manfred Tschaikner** (geb. 1957) über die Hexenverfolgungen im österreichischen Vorarlberg verdeutlicht eindringlich das Wechselspiel von populärem Verfolgungsverlangen und obrigkeitlichem Response: Wie alle österreichischen Regierungen war auch die Vorarlberger in der heiklen Hexenfrage vorsichtig, wie überhaupt der Stil der Strafjustiz hier moderater erscheint als in Norddeutschland. Wie in Bayern oder Württemberg achtete »der Staat« darauf, die Bevölkerung unter Kontrolle zu halten, Ansätze zu einem pogromartigen Vorgehen gegen vermeintliche Hexen wurden im Ansatz erstickt. Erst nachdem sich einige Talschaften Graubündens von der Oberherrschaft der Habsburger befreit hatten, konnten sie in den 1650er Jahren in Eigenverantwortung das durchführen, woran sie jahrzehntelang gehindert worden waren: Im Prättigau begann das, was man mit einem lokalen Schweizer Begriff das »groos Häxatödi« nannte[882].

Wie das Beispiel des Kantons Graubünden zeigt, sind die neuzeitlichen Hexenverfolgungen in der Schweiz ein weithin noch ungeschriebenes Kapitel. Neuere Untersuchungen liegen nur in wenigen Fällen gedruckt vor, beispielsweise über Hexenprozesse in den Kantonen Luzern oder Fribourg[883]. Wichtige Arbeiten, etwa die Abhandlung von **Peter Kamber** über das außerordentlich verfolgungsintensive und zum Kanton Bern gehörende zweisprachige Wallis, sind nur in Auszügen veröffentlicht, andere Dissertationen (über die Kantone St. Gallen, Neuenburg/Neufchatel und die Diözese Lausanne) überhaupt nicht, weil hier wie auch in Frankreich (z.B. eine Arbeit von **Brigitte Rochelandet** über die Franche-Comté 1992), Italien oder Österreich keine Pflicht zum Druck besteht[884]. Für Italien zeigte die Studie von **Oscar Di Simplicio** den immer noch beklagenswerten Forschungsstand an: Anhand der Bestände des Stadtarchivs von Siena zeigte er exemplarisch, daß man mit diesem hervorragenden Quellenmaterial genauso weit oder sogar noch weiter kommen kann als mit der Überlieferung der Römischen Inquisition[885].

Die größten Fortschritte hat die internationale Hexenforschung – von den Studien über den deutschsprachigen Raum abgesehen – für Großbritannien gemacht. **Jim Sharpe** (*University of York*) hat die jüngeren Forschungen, zu denen er in entscheidender Weise selbst beigetragen hat, in mehreren Büchern zusammengefaßt. Dabei revidierte er auch das Klischee seines akademischen Lehreres Keith Thomas, der strikt zwischen englischer und »kontinentaler« Hexerei unterschied. Demgegenüber wies Sharpe nach, daß die dämonologische Interpretation von Magie in England genauso vorhanden war und selbst abseits der großen Hexenjagd des »Witch-Hunter General« Matthew Hopkins während der Wirren des englischen Bürgerkriegs Stereotypen vom Hexensabbat existierten und auch in Prozessen abgefragt wurden[886]. In diese Richtung deutet auch die Forschung über die großen Hexenpaniken von Lancashire, die in den letzten Jahren exemplarisch erforscht worden sind[887]. Für Schottland hat eine Arbeitsgruppe um **Julian Goodare** von der *University of Edinburgh* die älteren Forschungen Larners wichtigen Revisionen unterzogen. Dabei zeigte sich, daß man es auch in Schottland keineswegs mit »national witch hunts« zu tun hatte, sondern daß die Verfolgungen auf klar definierbare Gebiete in den östlichen Küstenregionen beschränkt blieben. Dort können ihre Ursachen stärker mit den ökonomischen, politischen und lokalen Kontexten sowie mit den Glaubensformen und Bräuchen der Bevölkerung verlinkt werden, als dies bisher der Fall war[888]. Einen außerordentlich wichtigen Beitrag leistete **Owen Davis** mit seiner Untersuchung über das Nachleben des Hexenglaubens auf der Insel, inklusive der zahlreichen Fälle von »Mobbing«, »Ducking« und »Lynching« nach der Aufhebung der Hexereigesetzgebung. Auch hier erscheint die Geschichte der Hexenprozesse in einem ganz anderen Licht, insbesondere aufgrund der intensiven Diskussion der Gründe für den Rückgang des Hexenglaubens im 20. Jahrhundert[889].

59. »The ideal way to study them ...«: Mikrostudien

Die vergleichenden Regionalstudien sondierten sozusagen das Terrain und zeigten in quantitativer und qualitativer Hinsicht zuverlässig an, wo es sich lohnte, genauer nachzuforschen. Schwerpunktsetzungen gab es beispielsweise bei der Untersuchung von Kinderhexenprozessen – ein Problem, das über die Zeit der Hexenprozesse hinaus von Bedeutung geblieben ist. Mit der zunehmenden Einschränkung des Folterprozesses häuften sich am Ende der Verfolgungsperiode (z.B. Salzburg, Salem, Mora, Freising, Glarus) Kinderhexenprozesse, da Kinder oft freiwillig und ungefragt von sich aus andere Personen hartnäckig der Hexerei beschuldigten. Wegen der unkontrollierten Aussagebereitschaft, der Suggestibilität und dem schwer überprüfbaren Wahrheitsgehalt je nach Altersstufe stellen minderjährige Zeugen auch in aktuellen Strafprozessen noch immer eine schwer kalkulierbare Risikoquelle dar, und immer wieder stellt sich das Problem, ab welcher Altersstufe man ihnen in schwerwiegenden Fällen (etwa Mißbrauchs- oder Mordprozessen) Glauben schenken kann[890].

Die Erforschung der anthropologischen Grundlagen der Hexenvorstellung – ein interdisziplinärer Zielbereich zwischen Ethnologie, Soziologie, Psychologie, Volkskunde und Alltagsgeschichte, der auch anhaltendes theoretisches Interesse erzeugte[891] – ist eine Spezialität der Hexenforschung geworden: »The ideal way to study them [witchcraft trials] would be through individual village histories«, schrieb William Monter bereits Mitte der 1970er Jahre nach Abschluß seiner Regionalstudie über die französisch-schweizerische Juraregion[892]. Fast zu wortgleichen Schlüssen, doch unabhängig davon, kam mehrere Jahre später die englische Kriminalitätsforschung: Jim Sharpe schrieb 1983, wer Kriminalität in der frühen Neuzeit erforschen wolle, müsse die sozialen Kontexte genau betrachten: »Obviously enough, the ideal way of doing so is through the microscopic village study.«[893]

Die Entstehung von »Mikrostudien« in der Hexenforschung vor der Begriffsfindung »Microstoria«, die erst Mitte der 1980er Jahre anzusetzen ist[894], verdankt sich möglicherweise dem Kuriosum, daß es in den Neuenglandstaaten nur einen größeren Hexenprozeß gegeben hat und sich deshalb zahlreiche Analysen auf die Ereignisse in Salem Village konzentrierten. Bereits die immer noch lesenswerte Studie von **Kai Erikson**, des späteren Präsidenten der *American Sociological Association*, über die *Soziologie abweichenden Verhaltens* wurde anhand der Hexenverfolgung in Salem/Massachusetts durchgeführt, in Auseinandersetzung mit seinem Vater, dem in die USA emigrierten Freud-Schüler und führenden Jugendpsychologen Erik Erikson (1902–1994), sowie dem Kommunikationssoziologen Morris Janowitz (1919–1988)[895]. Ein Meilenstein war 1974 die »re-study« der »Salem Witch Trials« durch **Paul Boyer** und **Stephen Nissenbaum**, die glaubten, in einem Gegensatz von bereits vor der Hexenverfolgung bestehenden Fraktionen, dem Gegensatz zwischen kapitalistischer Salem Town und agrarisch-rückständigem Salem Village, des Rätsels Lösung finden zu können[896]. Salem wurde zu einem Experimentierfeld für Theorien jeglicher Art, und es gibt mittlerweile über ein Dutzend Bücher über dieses eine Verfahren. So hat die feministische Historikerin Carol F. Karlsen mit einer gründlichen Neuanalyse nach den Standardkriterien Alter, Hautfarbe, Geschlecht, Besitzstand etc. die Vorstellung entwickelt, über Besitz verfügende, alleinstehende ältere »Wasp«-Damen hätten sich zu einer psychologischen und sexuellen Bedrohung für das lokale Patriarchat entwickelt und sich wegen ihrer »female rebellion against man and god« Hexereivorwürfe auf den Hals gezogen[897].

In Frankreich hat **Robert Muchembled** wiederholt auf die Komplexität der Verhältnisse auf Dorfebene hingewiesen. Am Beispiel der 1679 durchgeführten Hexenprozesse, denen vier Frauen aus Bouvignies, einem Dorf nördlich von Douai mit 825 Einwohnern, zum Opfer fielen, versuchte er auf der Grundlage einer Maitrise von **Martine Desmons**, die Wurzeln der Verfolgung in Parteiungen innerhalb des nach soziologischen Kriterien analysierten Dorfes (Besitzstruktur,

Verwandtschaft, Literalität etc.) auszumachen. Besonders interessant ist die Analyse der Rolle des Diskurses unter den Frauen, von denen nicht nur viele als Teil ihrer Sozialisation selbst Magie praktizierten, sondern denen bei der Lenkung des Verdachts auf bestimmte Personen eine wichtige Rolle zufiel. Zwischen diesem Diskurs und dem der Richter in Douai hätten die Dorfhonoratioren, quasi als Akkulturationsagenten, vermittelt[898]. **Robin Briggs** hat versucht, aufgrund der Quellen im überaus verfolgungsintensiven Lothringen von einfachen »funktionalistischen Modellen« Abstand zu nehmen und die von Clifford Geertz propagierte Methode der »dichten Beschreibung« anzuwenden[899]. Eines seiner Ergebnisse lag darin, statt der großen Hexenjagd die erstaunliche Moderation der Bauern und Obrigkeiten zu betonen, die selten tatsächlich zu Hexenhinrichtungen griffen und meist rasch wieder davon abkamen, obwohl der Hexenglaube »a fundamental and long-standing feature of peasant mentalités« gewesen sei[900].

Im deutschsprachigen Raum setzten Mikrostudien 1977 mit Untersuchungen von **Dagmar Unverhau** (geb. 1944) über die Rolle von Frauen in der Zauberkultur Schleswig-Holsteins ein, der den überraschenden Begriff der »Kunstfruwen« für zauberkundige Frauen bekannt machte[901]. Mit stärkerer Theorieorientierung folgte 1980 die von Arnold Niederer betreute Züricher Dissertation *Hexen in Wasterkingen* des Volkskundlers **David Meili**, deren Kapitelüberschriften (*Gefühle, Gedanken*) anzeigten, daß hier mit Mentalitätsgeschichte ernst gemacht werden sollte. Das Modell lieferte LeRoy Laduries *Montaillou*, die theoretischen Bezugspunkte die französische Soziologie (Mauss, Lévi-Strauss, Foucault) und die angloamerikanische Hexenforschung (Macfarlane, Midelfort, Demos, Boyer/Nissenbaum, Monter)[902]. Der Essener Sozialhistoriker **Rainer Walz** (geb. 1943), der bereits früher die Bedeutung mißlungener ökonomischer Transaktionen für Hexereiklagen hervorgehoben hatte, hat jüngst aufgrund des hervorragenden Quellenmaterials der Grafschaft Lippe eine Mikrostudie als Habilitationsschrift eingereicht. Walz sieht die wesentliche Funktion des Hexenglaubens in einer »Kontingenzreduktion«, also der Erklärung jeglichen schwer verständlichen Unglücks oder des anthropologisch Bösen durch Zauberei von Mitmenschen. Mit Hilfe soziologischer Modelle versuchte Walz, dörfliche Kommunikationsstrukturen und -strategien zu entschlüsseln, wobei sich herausstellte, welch zentrale Rolle Hexereibeschuldigungen in frühneuzeitlichen Ehrenspielen einnahmen. Erschrekkend erscheint die latent vorhandene Gewaltbereitschaft unter verfeindeten Nachbarn, das »erstaunliche Maß an Grausamkeit«. Seine methodisch sorgfältige Analyse führte zu dem überraschenden Ergebnis, daß Frauen mit stark »abweichendem Verhalten« keineswegs bevorzugt der Hexerei verdächtigt wurden, sondern daß man es überwiegend mit »symmetrischen Konflikten« zu tun hat, was auch in bezug auf Macfarlanes These interessant ist. Nach Walz' Beobachtung zogen »nicht die Krisen die Verfolgung nach sich, sondern das schon bestehende Muster zog die Krisen an«, das heißt, man entdeckte seine Anwendbarkeit auf immer neue Themen, die diachronisch oder regional variieren konnten. Im interkulturellen Vergleich machte Walz auf die enorme Streitbeladenheit der europäischen gegenüber anderen Kulturen aufmerksam, in Kritik an Elias' Zivilisationstheorie jedoch auch darauf, daß dies nicht mit Wildheit verwechselt werden darf, sondern daß sich die Auseinandersetzungen nach präzisen Regeln vollzogen[903].

60. Neue Rahmendaten der Hexenverfolgung

Da es unmöglich ist, die ganze Breite der neueren Hexenforschung darzustellen, sollen hier nur wenige Themenkomplexe herausgegriffen werden, in denen dramatische Entwicklungen stattgefunden haben: Der geistesgeschichtliche Rahmen der Hexenforschung, der seit den Forschungen Hansens im wesentlichen festgeschrieben schien, ist seit den 1960er Jahren auf ganz erstaunliche Weise in Bewegung geraten. Dies ist vorwiegend das Verdienst von **Norman**

Cohn (geb. 1915), der in *Europe's Inner Demons* nachgewiesen hat, daß zwei für die ältere Forschung kanonische Quellen Fälschungen waren: ein angebliches Gutachten des Bartolo von Sassoferrato und eine angebliche Hexenverfolgung in Südfrankreich im frühen 14. Jahrhundert. Sein Meisterwerk philologischer Beweisführung hatte die Konsequenz, daß der Beginn der europäischen Hexenverfolgung plötzlich an den Anfang des 15. Jahrhunderts rückte und viele unverbundene Mosaiksteine besser zusammenpaßten[904]. Unabhängig von Cohn machte der amerikanische Historiker **Richard Kieckhefer** (geb. 1946) aufgrund seiner Quantifizierung früher Hexenprozesse dieselbe Entdeckung, verbunden mit der an Thomas und Macfarlane anknüpfenden Beobachtung, daß in den frühen Hexenprozessen populäre und gelehrte Begrifflichkeit erheblich voneinander abwichen: Während für die Bevölkerung wie in »primitive societies« der Schadensaspekt, die sozialen Beziehungen und die persönliche Qualität der Zauberer im Vordergrund standen, interessierten sich Inquisitoren vornehmlich für den Abfall vom Christentum, der im Teufelspakt kulminierte und den Zentralaspekt der neuen Ketzerei darzustellen schien[905].

Andreas Blauert (geb. 1956) hat in seiner Konstanzer Dissertation, ausgehend von Hansen, Cohn und Kieckhefer, die *Frühen Hexenverfolgungen* in der Schweiz eingehender untersucht und damit weiter zur geographischen, chronologischen und inhaltlichen Präzisierung der Genese der elaborierten Hexenvorstellung beigetragen. Demnach läßt sich relativ genau die Amalgamierung von Waldenser- und Zaubereiprozessen zu Hexenprozessen lokalisieren und zu der überraschenden Feststellung verdichten, daß Johannes Niders eingangs erwähnter *Formicarius* nicht, wie noch von Cohn geglaubt, längst Bekanntes zusammenfaßt, sondern 1435 den sensationellen ersten Lagebericht von dem neu entstandenen Verbrechen lieferte. Zusammen mit einigen anderen in dieser Zeit entstandenen Texten (*Errores Gazariorum*, Johannes Fründs *Luzerner Chronik*, Claude Tholosans Traktat *Ut magorum*, Martin Le Francs *Champion des Dames*) machte das Konzil von Basel (1431–1449) als große Nachrichtenbörse die Welt mit dieser Neuigkeit vertraut[906]. Blauerts Doktorvater **Arno Borst** (geb. 1925), bekannt durch seine Forschungen über die dualistischen Häresien des Spätmittelalters, unternahm schließlich den Versuch, auf der Grundlage von Niders *Formicarius* die *Anfänge des Hexenwahns in den Alpen* zu rekonstruieren. In Revision der »Gebirgstheorie« von Joseph Hansen bis Fernand Braudel oder Trevor-Roper stellte Borst die These auf, nicht Abgeschiedenheit, sondern Zentralität sei das Merkmal dieser Alpenwelt gewesen, die in der geographischen Mitte des entstehenden frühkapitalistischen Kontinents lag[907].

Während Borst auf die rapide Veränderung der Lebensgrundlagen abgehoben hatte, speziell den Übergang von autarker Subsistenzwirtschaft zu marktorientierter Weidewirtschaft, wurde diese Perspektive jüngst von **Robert Muchembled** in Anschluß an Blauert und Larner im Hinblick auf den Staatsbildungsprozeß Savoyens unter Herzog Amadeus VIII. (1383–1451) präzisiert. Unter diesem politischen Führer, der seine dynastischen Ambitionen durch seine Wahl zum Papst (Felix V., 1440–1449) auf dem Konzil von Basel überhöhte, wandelten sich in Savoyen und angrenzenden Gebieten die Waldenser- in Hexenverfolgungen, und es waren Beamte in seinem Umkreis, die die Mär vom neu entstandenen Verbrechen verbreiteten. So konnte der für abgesetzt erklärte Papst Eugen IV. (1431–1447) von Florenz aus polemisieren, im Gebiet des Gegenspielers wimmele es von Verbrechern, »qui vulgari nomine stregule vel stregones seu Waudenses nuncupantur«[908]. Versuche, den Zusammenhang von Staatsbildungsprozeß und Hexenverfolgung zu hypostasieren, wurden jüngst von Briggs in den Bereich des Märchens mit den Worten verwiesen: »Muchembled's crude use of the concept of acculturation (which he appears to have foresworn in his most recent work) has also done much to muddy the waters.«[909] Die Erforschung der Frühneuzeit des kumulativen Hexenbegriffs sind in den letzten Jahren vor allem durch eine Schweizer Arbeitsgruppe um **Agostino Paravicini-Bagliani** vorangetrieben worden, bei dem eine Reihe von Lizentiatsarbeiten und Dissertationen geschrieben wurde.

Zusammen mit **Martine Ostorero** und **Kathrin Utz-Tremp** hat er den wohl wichtigsten Beitrag zu diesem Forschungsbereich verantwortet: eine Edition der fünf frühesten Texte zum kumulativen Hexenbegriff und ihre Kontextualisierung in vorbildlichen Kommentaren[910].

61. Hexen in der neueren Rechts- und Geistesgeschichte

In der Diskussion um den Zeitpunkt der Hexenverfolgungen hat immer auch die Rechtsgeschichte eine Rolle gespielt, in jüngster Zeit mit verfeinerten Argumenten. Hier sind vor allem die detaillierten Forschungen des Rechtshistorikers **Winfried Trusen** (1924–1999) über die Entwicklung des Inquisitionsprozesses aus dem kirchlichen Disziplinarverfahren[911] und des Sozialhistorikers **Edward Peters** über die Geschichte der Folter zu nennen, die beide die überlegene Rationalität des Inquisitionsprozesses gegenüber früheren Rechtsfindungsmethoden (Eideshelfer, Gottesurteil, Zweikampf etc.) betonten[912].

In seiner Cambridger Dissertation hat der Jurist **Eric Wilson** eine nachgerade spannende Analyse der Vorgeschichte des *Malleus maleficarum* geliefert, in welcher anhand der berühmten gescheiterten Innsbrucker Hexenverfolgung von 1485 Personen und Motive der einzelnen Beteiligten herausgeschält wurden. Trotz einiger Mängel bei der Berücksichtigung lokaler Tiroler Umstände konnte der Jurist Johann Merwais als erstrangiger Bekämpfer des inquisitorischen Hexenwahns herausgearbeitet werden. Mit juristischen Argumenten trieb er den päpstlichen Inquisitor so weit in die Enge, daß dieser durch den Bischof von der Prozeßführung suspendiert wurde[913]. Dieser rechtshistorische Ansatz wird auch in Deutschland bereits seit längerem betont. Der Tübinger Historiker **Sönke Lorenz** (geb. 1944) hat seit seiner Dissertation 1982 über *Aktenversendung und Hexenprozeß* in intensiver Form die Konsequenzen des in der *Constitutio Criminalis Carolina* vorgeschriebenen Instituts der Aktenversendung und die Bedeutung des Insistierens verschiedener Verfolgungsgegner auf dem »processus ordinarius« akzentuiert[914].

Von seiten der Rechtsgeschichte hat **Michael Siefener** (geb. 1961) in seiner Frankfurter Dissertation die Entwicklung der Deliktbeschreibung in den führenden Dämonologien von Daneau bis Guazzo gewürdigt und festgestellt, daß sich die Zeit der großen dämonologischen Kompendien auf den relativ kurzen Zeitraum zwischen 1574 und 1608 einschränken läßt und daß innerhalb dieser Jahre aufgrund des Anschwellens der Exempel »eine stark ausufernde Ausschmückung der einzelnen Bestandteile des crimen magiae« zu beobachten sei, insbesondere bei der Sabbatvorstellung, die erst um 1600 bei Delrio und Boguet voll ausformuliert wurde. Wie Jerouschek konstatierte auch Siefener eine gravierende Veränderung bei der Indizienlehre im Sinne einer Verrechtlichung des Verfahrens durch Präzisierung der Bestimmungen[915]. Erst jüngst hat es **Günter Jerouschek** (geb. 1950), wohl der erste Wissenschaftler mit Dissertation und Habilitation aus diesem Themenfeld, zwischenzeitlich Nachfolger auf dem Lehrstuhl des Christian Thomasius in Halle und Neuherausgeber des *Hexenhammers*, unternommen, anhand der Hexenprozesse der südwestdeutschen Reichsstadt Esslingen den Verrechtlichungsprozeß im Strafverfahren zu untersuchen, der auch durch die intensiven verfahrensrechtlichen Diskussionen im Umfeld der Hexenprozesse ausgelöst worden ist: Nicht Rückständigkeit, sondern Modernität zeichnete dieses Strafverfahren aus, auch wenn dies kaum mit unserem Selbstverständnis zusammenpaßt[916].

Unterschiede in den Denkweisen werden auf der Ebene der gelehrten Dämonologie deutlich, die von der neueren Hexenforschung nie vernachlässigt worden ist[917]. **Gerd Schwerhoff** (geb. 1957) hat gegenüber der älteren Forschung darauf hingewiesen, daß diese Dämonologien nicht nur von gelehrten Männern verfaßt worden sind, sondern auch keineswegs periphere Beiprodukte von minderer Rationalität waren[918]. Der bedeutendste neuere Beitrag zur gelehrten

Dämonologie stammt von **Stuart Clark**, der, ausgehend von der Beobachtung von der Ähnlichkeit dämonologischer Grundannahmen bei Verfolgungsbefürwortern und Verfolgungsgegnern, Katholiken und Protestanten, seit Anfang der siebziger Jahre auf die soziale Bedeutung und die anthropologische Dimension dieser Textgattung, in der die physische Welt vom metaphysischen Bereich abgegrenzt wurde, hingewiesen hat[919]. In seinem jüngsten Werk hat Clark, dem »*linguistic turn*« in der Kulturgeschichte folgend, den Akzent auf der Sprachanalyse verstärkt. Obwohl er einleitend eingestand, daß die Ergebnisse der sozialgeschichtlichen Forschung die Bedeutung der gelehrten Dämonologien für die Hexenverfolgungen seit dem Beginn seiner Arbeit stark relativiert hätten, betonte er die Bedeutung einer Analyse des ideengeschichtlichen Systems, in welchem die gelehrten Hexenvorstellungen ihre Wirkung entfalten konnten. In einer sehr breit angelegten Quellenstudie demonstrierte er an den Feldern »Science«, »History«, »Religion« und »Politics« die weitgehende Übereinstimmung der dämonologischen Vorannahmen mit denen der übrigen zeitgenössischen Wissenschaft[920].

Im Grenzbereich zwischen Geistes- und Mentalitätsgeschichte liegt auch die Sensibilitäts- oder Wahrnehmungsgeschichte, sichtbar etwa bei einem Versuch von **Bernd Roeck** (geb. 1952), die Anfälligkeit frühneuzeitlicher Menschen für ungewöhnliche Sinneswahrnehmungen nicht nur mit einer Denkweise, die gewohnt ist, »Zeichen« zu deuten, zu erklären, sondern auch mit der »Langeweile«, dem Fehlen von Licht und Lärm in der frühneuzeitlichen Kleinstadt. Freilich trifft dieser beachtenswerte Umstand auf vormoderne Gesellschaften fast durchweg zu, so daß im Sinne einer diachronischen Analyse Roecks Verknüpfung der Hexenverfolgung mit den frühneuzeitlichen Versuchen der Herstellung eines »christlichen Idealstaats« auf Erden ergiebiger erscheint[921]. Das scheint Ende der 1980er Jahre, vielleicht im Zusammenhang mit dem zeitgleichen Zusammenbruch des osteuropäischen Staatskommunismus, gewissermaßen in der Luft gelegen zu haben, denn im selben Jahr wies der englische Sozialhistoriker **Robert Walinski-Kiehl** auf diesen Zusammenhang hin[922].

Beachtenswert ist schließlich, daß endlich das Ende der Hexenverfolgungen einer Revision unterzogen wird. **Ian Bostridge**, ein Student von Keith Thomas, inzwischen bekannter als Interpret von Schubert-Liedern, hat in seiner Neubewertung der englischen Hexengesetzgebung von 1736 vorgeschlagen, bei der Analyse zwischen drei Bereichen zu unterscheiden: der Hexenverfolgung, dem Diskurs über die Hexerei und dem Hexenglauben. Überzeugend konnte er nachweisen, daß die vereinfachende Sichtweise eines Absterbens des Hexenglaubens »between the restoration and the revolution« nicht der Wirklichkeit entspricht. Vielmehr eröffnete erst der Skandalfall Jane Wenham 1712 die Möglichkeit stärkerer Distanzierung, englische Autoren wie Daniel Defoe änderten daraufhin ihre Meinung, prinzipielle Kritiken wie die historische Abhandlung des Bischofs Hutchinson konnten gedruckt werden. Das Hexereigesetz von 1736 verfolgte dagegen parteitaktische Interessen, was in England zur Desillusionierung über den Gegenstand beitrug, während sich die Verteidigung des Hexenglaubens mit nationalschottischen Anliegen zu vermengen begann. Die Parlamentsdebatte über die Hexerei kann also nur im Kontext anderer öffentlicher Auseinandersetzungen verstanden werden[923]. Durch die Beobachtung, daß es auch danach noch öffentliche Verfechter der alten Dämonologie gab, wirken die späteren Debatten im katholischen Europa, etwa die italienische Hexendebatte der Jahre um 1750[924], weit weniger exotisch. Auch für den sogenannten »Bayrischen Hexenkrieg« von 1766 gilt im übrigen wie in England, daß er zur Entmachtung konservativer Kirchenkreise, also politischen Anliegen, diente, welche das Hexenthema als Symbol von Rückständigkeit instrumentalisierten. Unter solchen Gesichtspunkten wäre es lohnenswert, auch die Hexendebatten in anderen Ländern unter vergleichenden Gesichtspunkten zu untersuchen[925].

62. Neue Anläufe auf der Suche nach dem Volksglauben

Von seiten der deutschen volkskundlichen Forschung hat sich die Schule von **Wolfgang Brückner** (geb. 1931), verdient um die Vergangenheitsbewältigung ihres Faches, die methodische Prämisse zu eigen gemacht, eine Kontinuität nichtchristlicher Glaubensvorstellungen sei nach der Missionierung auszuschließen, und alle Zeugnisse, die in diese Richtung zu deuten scheinen, würden fehlgedeutet. Der Würzburger Volkskundler **Dieter Harmening** (geb. 1937) hat in seiner 1971 eingereichten Habilitationsschrift nachgewiesen, in wie hohem Ausmaß Topoi über heidnische Riten seit der Spätantike wortwörtlich in die katechetische Literatur des Mittelalters gelangten und daraus den Schluß gezogen, über einen »Volksglauben« ließe sich überhaupt nichts aussagen[926]. Auch der Regensburger Volkskundler **Christoph Daxelmüller**, dessen Dissertation sich mit der barocken Aberglaubensliteratur beschäftigte und der jüngst ein Buch zur Ideengeschichte der Magie publiziert hat, schloß sich dieser These an und hielt alle Äußerungen von »Magie« im Grunde für ein Mißverständnis gelehrter Traditionen[927]. Der jüngste Tagungsbericht dieser Forschergruppe zeigt, daß sie jenseits ihrer beeindruckenden Quellenarbeit an dieser These, die sich wie die Neuauflage der Auseinandersetzung um die Interpretation der *Germania* in den 1920er Jahren ausnimmt, festzuhalten bereit ist, ohne die Tatsache zu registrieren, daß es Sozialhistorikern und Ethnologen nicht um einen Nachweis »völkischer« Kontinuität geht, sondern um Funktion und Tradition von Kulturmustern[928]. Brückner hat in einer seiner letzten Publikationen gar den Begriff »magische Volkskultur« als »Wiedergänger« bezeichnet, also jenen Gespenstern zugerechnet, mit deren Einordnung bereits die mittelalterliche Theologie so große Schwierigkeiten hatte[929].

Wie bereits die Ausführungen über den Paradigmenwechsel der Hexenforschung gezeigt haben, spielt dieser »deutsche Sonderweg« einer Forschergruppe international keine Rolle[930], vor allem wohl deshalb, weil er keinen aktiven Beitrag zur Erklärung bestimmter Glaubensformen und Riten leistet, mit denen sich Hexenforscher in ihren Quellen konfrontiert sehen. Die Prämisse, daß von den Betroffenen Aufzeichnungen fehlen und man daher über sie nichts aussagen könne, ist verfehlt. Im Gegenteil kann man gerade über die in Magieprozesse verwickelten Personen oft mehr aussagen als über die meisten anderen Zeitgenossen. Während beispielsweise Tagebuchautoren oder Briefeschreiber in ihren Selbstzeugnissen starke Stilisierungen vornahmen, die für den Historiker selten überprüfbar sind, unterlagen die oft sehr detaillierten Angaben verhörter Personen potentiell der unmittelbaren Kontrolle des Gerichts[931]. Seit Keith Thomas gibt es Dutzende neuerer Studien über die Intensität des Zauberglaubens, der die Kultur der Bevölkerung bestimmte, und es erscheint als zweitrangig, ob dieses Phänomen als »Volksmagie« in deutscher Übersetzung von »popular magic«, als »populäre Magie«, als »magische Volkskultur« oder als was auch immer bezeichnet wird. Die Mechanismen der Hexenfinderei, deren Bedeutung Willem de Blécourt zuletzt für die verfolgungsarmen Niederlande herausgearbeitet hat, haben sämtliche Akkulturationswellen überstanden und sind heute noch lebendig[932]. Die Persistenz nichtchristlicher Elemente (Orakelgebrauch, Wasserprobe, Glaube an »Benandanti«, »Táltos«, »Krsniki«, Werwolf etc.) im christlichen Europa verlangt nach einer Erklärung, und diese kann weder in simplen Kontinuitätslehren noch in problematischen Vorstellungen von einer »primitiven Gemeinschaftskultur« liegen[933].

In der internationalen Forschung hat eine Publikation des russischen Historikers **Aaron J. Gurjewitch** (geb. 1924) eine wichtige Rolle gespielt. Im Anhang seines in viele Sprachen übersetzten *Kategorii srednevekovoj Kultury* beschäftigte er sich mit den *Problemen der Volkskultur und Religiosität im Mittelalter*, wobei »magische Bräuche«, »archaische Glaubensvorstellungen«, Zauberei, Divination und die Furcht vor Verhexungen eine wichtige Rolle spielten. Wie einem Ethnologen ging es Gurjewitsch darum, die »Volksmagie« – im Unterschied zur »Hohen Magie«

der Gelehrten – in einen lebensweltlichen Zusammenhang zu bringen: »Fruchtbringend wird das Studium der Volksmagie gerade in Verbindung mit diesem ›System der Erklärung der Welt‹, das in den Köpfen dieser Menschen existierte und deren Verhalten bestimmte.« Wie Shirokogoroff bei den Tungusen ging Gurjewitsch davon aus, daß die christliche Mission kein einseitiger Vorgang war, sondern ein aktiver Aneignungs- und Filterprozeß, in dem Heilige der Kirche nichts anderes darstellten als besonders qualifizierte Zauberer. Die »Welt der Magie« stellte bei Gurjewitsch keine heidnische Religion dar, sondern ein eigenständiges, primitives, aber aktives Glaubenssystem, das innerhalb verschiedener Religionen überdauern kann und Teil der mittelalterlichen »Volksreligiosität« war[934]. In einem weiteren Werk vertiefte Gurjewitsch ein Jahrzehnt später die Betrachtung speziell der mittelalterlichen Volkskultur, die er als idealtypischen Gegenpol zur christlichen Hochkultur begriff, wenngleich er sich bewußt war, daß dies nur eine arbeitshypothetische Unterscheidung sein kann. Im Nachwort zur deutschen Ausgabe von 1987 reflektierte Gurjewitsch neuere mentalitätsgeschichtliche Untersuchungen und auch die Hexenforschung (Thomas, Macfarlane, Kieckhefer), durch die er sich bestätigt fühlte, und nahm Stellung zur schriftgläubigen Haltung Harmenings, gipfelnd in dem Hinweis: »Bei einer Zuwendung zur Zeit vom 14. bis 17. Jahrhundert hätte er in den verschiedensten Quellen Verweise auf die Unverwüstlichkeit eben der Gewohnheiten und Zauberbräuche gefunden, mit denen wir es in den Quellen des von uns untersuchten Zeitalters [6.–13. Jahrhundert] zu tun haben.«[935]

Die australische Historikerin **Valerie Flint** hat in ihrem Buch *The Rise of Magic in Early Medieval Europe* die fortschreitende Kontamination des frühmittelalterlichen Christentums mit magischen Vorstellungen populärer Provenienz untersucht, allerdings von seiten angelsächsischer Historiker rasch Kritik wegen ihrer These einer Nichtrationalität magischer Handlungen erfahren[936]. Das Verhältnis von Lebenswirklichkeit und Exempelproduktion wird deutlich durch den Vergleich zwischen Dämonologie und Prozeßakten, den die Wiener Mediävistin **Heide Dienst** (geb. 1939) am Beispiel des *Malleus maleficarum* vorgeführt hat[937]. Da sich Wirklichkeit über Sprache konstituiert, hat es sich in einer linguistischen Grundlagenarbeit **Claude Lecouteux** zur Aufgabe gemacht, die Semantik des Übernatürlichen in der früh- und hochmittelalterlichen Literatur zu untersuchen, wobei in mehreren Bereichen seit dem 13. Jahrhundert Umgruppierungen des semantischen Feldes in Richtung auf die spätere kumulative Hexenvorstellung sichtbar werden[938]. Lecouteux hat auch durch seine Untersuchungen zum mittelalterlichen Glauben an Monster, Elfen und Gespenster wesentlich zu unseren Kenntnissen des deutschen Volksglaubens dieser Zeit beigetragen[939].

Der Salzburger Mentalitätshistoriker und Mediävist **Peter Dinzelbacher** (geb. 1948) hat anhand sehr breiten Materials den Zusammenhang zwischen Frauenmystik und Hexereivorstellung herausgearbeitet. Während die weiblichen Heiligen des Frühmittelalters meist Märtyrerinnen, die des Hochmittelalters Äbtissinnen oder Fürstinnen waren, trat seit dem 13. Jahrhundert ein neuer Heiligentypus auf: der der weiblichen Ekstatikerin, die in direkten Kontakt mit dem Jenseits trat, mit Engeln, Maria oder gar Gott in einer seiner Formen. Diese »Privatoffenbarungen«, Ekstasen, Visionen und Auditionen, die oft mit Levitationen und Präkognition einhergingen, waren den Erfahrungen, die in Hexenprozessen zur Sprache kamen, ähnlich. Dinzelbacher konnte zeigen, daß der Kirche solche zunächst willkommenen Erfahrungen zunehmend suspekt wurden, natürlich gerade im Zusammenhang mit Skandalen wie dem Fall »Savonarola« oder der Hexen. Seit dem frühen 16. Jahrhundert war man daher geneigt, solchen Erfahrungen mit Skepsis zu begegnen und die körperlichen Entrückungen, Verwandlungen oder Begegnungen mit überirdischen Liebhabern in den Bereich der Träume, der Krankheit oder eben der Dämonologie zu verweisen. Besonders interessant sind in diesem Zusammenhang Präzedenzfälle, bei denen der Zufall darüber entschied, ob eine Charismatikerin zur Ehre der Altäre oder des Scheiterhaufens kam. Fälle wie der der Jeanne d'Arc zeigen, daß nicht einmal nachträgliche Korrekturen unmöglich waren, weder zum Positiven noch zum Negativen, wie die Verurteilungen der Magdalena vom Kreuz (1487–1560) oder der Marie Benoist de la Bucaille beweisen[940].

Der breitere Kontext solcher Beobachtungen stellt die Erforschung der sogenannten »Volksreligiosität« dar, also jener Äußerungen von Religiosität, die nicht unbedingt mit den offiziellen Normen übereinstimmte und einen fließenden Übergang zum Reich des Aberglaubens bzw. der Magie umfaßte[941]. Der Bayreuther Mediävist **Peter Segl** (geb. 1940) hat auf allgemeinerer Ebene auf die Tatsache aufmerksam gemacht, die jedem Hexenforscher aus seiner Arbeit mit den Akten vertraut ist, nämlich die Reichhaltigkeit von Inquisitionsakten, die jenseits der normativen Ebene Selbstaussagen über heterodoxe Glaubensformen enthalten[942]. Der französische Mediävist **Jean-Claude Schmitt** (geb. 1946), bekannt als Autor der atemberaubenden Studie über den populären Kult eines »heiligen Windhunds« St. Guinefort und über das Wiedergängerproblem, hat in Anlehnung an Fernand Braudels Konzept der »longe durée« in einem theoretischen Rückblick unterschieden zwischen Traditionen unterschiedlicher Dauer, solchen, die über Jahrhunderte Bestand haben, anderen, die verschwinden, und dritten, die sich zu einem feststellbaren Zeitpunkt neu bilden, etwa der Karneval im 12. oder das »Charivari« im 14. Jahrhundert, schließlich das bekannte Beispiel des Hexensabbats im 15. Jahrhundert[943].

Auch am deutschen Quellenmaterial ist die Frage nach Funktionen und Funktionsweisen des magischen oder »sakramentalischen« Denkens gestellt worden. Der australische Sozialhistoriker **Robert W. Scribner** (1942–1998) hat in detaillierten historisch-anthropologischen Untersuchungen gezeigt, in welcher Weise einfache Leute mit kirchlichen Hilfsmitteln umgegangen sind, wenig beeindruckbar durch die in regelmäßigen Abständen wiederkehrenden kirchlichen Reformversuche, unbeeindruckt sogar von der Einführung der Reformation in Württemberg[944]. Eine ganze Gruppe seiner Schüler an der *University of Cambrigde* hat mittlerweile in eigenen Untersuchungen in differenzierter Weise verdeutlicht, wie weit verbreitet »popular magic« auch in protestantischen Gebieten geblieben ist[945]. In der Reichsstadt Rothenburg gab es **Alison Rowlands** zufolge eine Art permanenten Waffenstillstands zwischen Bevölkerung und Obrigkeit. Trotz vielfacher Absichtserklärungen belästigte letztere ihre Untertanen kaum mit Versuchen der Bekämpfung magischer Praktiken; Bevölkerung und Obrigkeit waren sich weitgehend einig in der Vermeidung von Hexenprozessen, einige wenige Denunziationen wurden von der Obrigkeit (Magistrat, Juristen, Superintendenten) sofort im Keim erstickt. Durch die Analyse der Magiefälle läßt sich ein differenziertes Bild der verbreiteten Praktiken und »popular beliefs« zeichnen[946]. Für die Markgrafschaften Brandenburg-Ansbach und Brandenburg-Kulmbach hat **Scott Dixon** auf die Persistenz der »popular magic« für mindestens ein Jahrhundert nach Einführung der Reformation hingewiesen und herausgearbeitet, daß der Prozeß der Akkulturation, den er mit ähnlichen Prozessen in Mesoamerika verglich, sich nicht zuletzt im Medium der Hexenprozesse vollzog, wo den Untertanen die Grenzlinie zwischen Magie und Religion gewaltsam verdeutlicht wurde: »witch trial is the archetype of the process.«[947]

63. Feenglaube und Hexensabbat

Der Zusammenhang von Schamanismus und Hexensabbat ist seit der Mitte der 1970er Jahre verstärkt herausgearbeitet worden. Dabei bereitete vor allem die Einordnung des europäischen Feenglaubens Schwierigkeiten. Bereits Keith Thomas hatte für die britischen Inseln Wahrsager aufgeführt, die behaupteten, ihr Wissen von den Feen zu beziehen oder mit den Toten zu wandeln[948]. In ihrem Buch *La Signoria del gioco* hat die feministische Philosophin **Luisa Muraro** (geb. 1940) die bereits von Cohn herangezogenen Mailänder Inquisitionsprozesse von 1390 gegen

Frauen, die mit den Feen gingen, ediert und interpretiert[949]. Gustav Henningsen fand ähnliche Vorstellungen in den Akten der Spanischen Inquisition in Sizilien im 17. Jahrhundert[950]. Die ungarische Volkskundlerin **Eva Pócs** hat in ihrer grundlegenden Studie *Fairies and Witches at the Boundary of South-Eastern and Central Europe* die weite Verbreitung solcher Vorstellungen in Osteuropa – von Polen bis Griechenland – nachgewiesen, auch dort, wo es nicht zu ausgedehnten Hexenverfolgungen gekommen ist. Sie betonte darin die Ambivalenz der Feenvorstellungen und die Parallelität zwischen Schadenzauber von Hexen und Feen, ebenso der Heilung solcher übernatürlicher Krankheiten (»fairy illness«), für die es religiöser Spezialisten bedurfte, die nicht selten über Ekstasetechniken verfügen mußten[951].

Auf solcher Grundlage (Religionsgeschichte, Ethnologie und Märchenforschung) nahm **Carlo Ginzburg** einen neuen Anlauf, die Geschichte des Hexensabbats zu schreiben, den er nun als Thema von anthropologischer Tiefe dechiffriert – als die volkskulturelle Auseinandersetzung mit dem Tod, die Reise der Lebenden in das Reich der Toten. Volkstümliche Mythen seien demnach seit dem 14. Jahrhundert von der Inquisition entdeckt und zum Hexensabbat umgestaltet worden. Diese Mythen setzten sich aus Fragmenten zusammen, die sich in anderen Kulturen Eurasiens wiederfänden, und ließen daher auf »uralte« Überlieferungen, in Europa möglicherweise auf ein »keltisches Substrat« schließen[952]. Vehemente Kritik an Ginzburgs assoziativer Arbeitsweise in *Storia notturna. Una decifrazione del Saba*, die er selbst als »morphologische Methode« verstand, ist naturgemäß nicht ausgeblieben, und es ist nicht schwer, dem genialischen Künstler Ginzburg im einzelnen gravierende methodische Mängel vorzuwerfen[953]. Trotzdem erscheint sein Ansatz in mehrfacher Hinsicht fruchtbar: Die Auseinandersetzung mit dem Thema Tod führt kulturübergreifend, auch ohne direkten Traditionszusammenhang, zu ähnlichen »schamanistischen« Vorstellungen, etwa in altamerikanischen Kulturen. In jedem Fall transzendiert sie jenen christlichen Kulturkreis, in dem die Hexenverfolgungen im engeren Sinn stattgefunden haben, und erweist sich dadurch als in stärkerem Maß religionsgeschichtlich relevant, als dies Ginzburg vorgeschwebt haben mag. Zweitens ist die Belegreihe für Ekstasen und Feenvorstellungen im Alpenraum erheblich dichter als bisher angenommen oder von Ginzburg gesehen, und die Indizien deuten auf jene Grenzregion im Ostalpenraum, aus dem wir die ersten Nachrichten vom Hexensabbat kennen[954].

Aufgrund der Beobachtung, daß es sich bei der Flugvorstellung um eine interkulturelle Erscheinung handelt, hat **Wolfgang Behringer** versucht, der Flugvorstellung auf breiterer Basis nachzugehen[955] und – rasch an die Grenzen der eigenen Kompetenz stoßend – auf einer Tagung *Fliegen und Schweben. Interdisziplinäre Annäherung an eine menschliche Sensation* die Meinung von Experten dazu eingeholt. Im Ergebnis zeigte sich ein überraschend intensives Bild von visionären und ekstatischen Flugvorstellungen, die durch die Ethnologen Manfred Kremser (Wien) und Iris Gareis (Washington D.C.) für Ostafrika und Peru, durch die Folkloristen Eva Pócs (Budapest) und Gustav Henningsen (Kopenhagen) für Ostmitteleuropa und Sizilien dargelegt wurden. Die Mediävisten Peter Dinzelbacher (Salzburg) und Constance Ott-Koptschalijski (Wien) breiteten Parallelen in der mittelalterlichen Visions- und Exempelliteratur Europas aus und vermochten zu zeigen, daß ekstatische und sogar technische Flugvisionen in der Mystik und Philosophie des Spätmittelalters präsent waren. Der Salzburger Soziologe Justin Stagl berichtete über Flugvorstellungen in der Wissenschaftskonzeption des 16. Jahrhunderts, der Kunsthistoriker Andrew John Martin (München) und der Literaturwissenschaftler Clive Hart (Essex) behandeln Flugdarstellungen im Spätmittelalter und der frühen Neuzeit vor dem jeweiligen geistesgeschichtlichen Hintergrund. Beiträge zu Flugvorstellungen im Alten Ägypten von Hannes Buchberger (Tübingen) und der japanischen Kultur von Richmod Bollinger (Cambridge) runden diesen Band ab, in dem Wolfgang Behringer einleitend zu zeigen versuchte, wie die verschiedenen Flugvorstellungen im Medium der frühneuzeitlichen »Ars-Volandi«-Diskussion verarbeitet wurden. Übrig bleibt die Frage, wie man eine interkulturelle Vorstellung beurteilen will, deren Verbreitung offenbar nicht mit Diffusion erklärt werden kann, es sei denn, man rechnet mit Traditionsvorgängen, die vor die Zeit der Besiedelung des amerikanischen Doppelkontinents zurückreichen. Will man sich nicht der Jungschen Archetypenlehre anschließen, so würde dies bedeuten, daß man es mit einem strukturgenetischen Vorgang zu tun hat: Hexereivorstellungen entstehen aufgrund einer anthropologischen Disposition in verschiedenen Kulturen unabhängig voneinander mit ähnlichen Bildern und Empfindungen[956].

64. Neuigkeiten von der Sozialgeschichte

Die sozialhistorische Verortung hat sich stark durch eine Anwendung serieller Methoden verändert. Im Grunde stellte bereits die im vorigen Jahrhundert einsetzende Publikation von Prozeßlisten eine präzisere Art der Quantifizierung als bloße pauschale Schätzungen dar. Erst die neuere Sozialgeschichte, die hier methodisch von der Wirtschaftsgeschichte und der Soziologie profitierte, ging seit den 1960er Jahren programmatisch zur Erstellung »exakter« retrospektiver Statistiken über[957]. Bereits Macfarlane hatte quantifizierende Abschnitte ganz selbstverständlich in seine Regionalstudie integriert, Bengt Ankarloo, Erik Midelfort und William Monter haben selbstverständlich alle ihre Funde in überprüfbaren (und ergänzbaren) Prozeßlisten dokumentiert. Seit der Mitte der 1970er Jahre entstanden jedoch Untersuchungen, bei denen die Quantifizierung zur zentralen Untersuchungsmethode wurde. Inspiriert durch die Begegnung mit Pierre Chaunu untersuchte der in Paris lebende amerikanische Sozialhistoriker **Alfred Soman**, später Protagonist der historischen Kriminalitätsforschung[958], das Verhalten des *Parlement de Paris*, dem als Obergericht etwa ein Drittel Frankreichs gerichtlich unterstand. Soman gelang damit der Nachweis, daß entgegen der – ohne quantitative Analyse gewonnenen – Ansicht Mandrous die Mitglieder des *Parlements* bereits seit den 1580er Jahren, als die Hexenverfolgungen in Europa ihrem Höhepunkt zustrebten, dem allgemeinen Trend entgegensteuerten, also eine Entkriminalisierung einleiteten, lange bevor einzelne Mitglieder dieser Absicht programmatisch Ausdruck verliehen[959].

Ausgangspunkt für Somans Untersuchungen war neben der Literatur der neueren Hexenforschung (Macfarlane, Monter, Midelfort und Larner) die französische »Kriminalitätsgeschichte« gewesen, die seit der Mitte der 1960er Jahre programmatisch eine sozialhistorische Neuinterpretation auf quantifizierender Grundlage gefordert hatte[960]. Der Zusammenhang zwischen »History of Crime« und Hexenforschung war kein Zufall, da sich die Untersuchungsgegenstände überschnitten. In England hat **Jim Sharpe** 1983 in einer Studie *Crime in Seventeenth Century England* die Ergebnisse Macfarlanes unter kriminalitätsgeschichtlichen Gesichtspunkten einer Revision unterzogen. Man kann jedoch sagen, daß zuerst die Hexenforschung die soziale Verortung von Kriminalität in der frühen Neuzeit zum Forschungsgegenstand gemacht hat, und es ist charakteristisch, daß die Methode der »county study« direkt von hier übernommen wurde, der »supervisor« auch hier Keith Thomas hieß und der Forschungsgegenstand erneut die Grafschaft Essex war. Typischerweise behandelte Sharpe die Hexerei in seinem Kapitel *Crime and the local community*, damit andeutend, daß man gerade dieses Delikt am wenigsten ohne eine Analyse der konkreten Gesellschaft und ihrer Verhaltensformen verstehen kann. Der Zusammenhang zwischen Hexereivorwurf und sozialen Spannungen wird nach Sharpes Ansicht am Beispiel der »Assize-Courts« von Essex besonders deutlich. Zwischen 1620 und 1680 wurde hier hundertundeinmal wegen Hexereivorwürfen verhandelt, davon allein fünfzigmal im Herbst 1645, auf dem Höhepunkt des englischen Bürgerkriegs, als der Hexenfinder Matthew Hopkins solchen Verdächtigungen Geburtshilfe leistete. Insgesamt zwei Drittel aller Beschuldigungen ereigneten sich im Jahrzehnt des Bürgerkriegs. Damals kam es auch zu 19 Hexenhinrichtungen in Essex, während außerhalb dieses Zeitraums nur eine weitere Hinrichtung nachweisbar ist. Sharpes Beobachtung, daß man normalerweise mit Hexereivorwürfen zurückhaltend war und daß sie, wenn sie geäußert wurden, selten in reguläre Strafprozesse wegen Hexerei, also Hexenprozesse, mündeten, kann man jedoch getrost auf ganz Europa übertragen[961].

Die südeuropäische Variante der Historischen Kriminalitätsforschung ist in bezug auf das Hexereidelikt die »Inquisitionsforschung«, die anhand der »Relaciones de causas« die Tätigkeit der Inquisitionsbehörden in Italien und Spanien auf ihre quantitative Entwicklung hin untersucht und herausgearbeitet hat, daß die Bedeutung magischer Delikte vor allem im späten 16. Jahrhundert zu großer Prominenz gelangte[962]. Nach deren Vorbild versuchte man sich auch auf dem Gebiet der Hexenforschung in retrospektiver Statistik. So untersuchte der portugiesische Historiker **Francisco Bethencourt** die Überlieferung der Inquisitionsbehörden von Evora, Lissabon und Coímbra, die den Süden, die Mitte und den Norden des Landes abdeckten. Die Inquisition in Evora verhandelte zwischen 1536 und 1821 insgesamt 11.743 Fälle, davon nur 291 bzw. 2,5% in Verbindung mit Magie. Nur ein einziges Mal, nämlich 1626, kam es in Evora zu einer Hinrichtung. In den beiden anderen Inquisitionsbezirken war der Anteil der Magiefälle geringer, und die Inquisition verhängte keine einzige Hinrichtung. Vor weltlichen Gerichten wurden in Lissabon im Jahre 1559 sechs Personen wegen Hexerei hingerichtet – während einer Periode, in der die Tätigkeit der Inquisitionsbehörde in Frage gestellt worden war. Insgesamt lag damit die Anzahl der Hinrichtungen für Europa exzeptionell niedrig, obwohl sich der Bereich der Magievorstellungen in Portugal nicht sonderlich von dem der übrigen Länder unterschied[963]. Die von der Erforschung der spanischen Inquisition aufgestellte Behauptung, Spanien sei im 17. Jahrhundert im wesentlichen verfolgungsfrei gewesen, hat allerdings durch neuere Untersuchungen **Henry Kamens** einige Korrekturen erfahren. Zwar unterdrückte die allein zuständige Inquisitionsbehörde rigoros Hexenprozesse, doch gerade deswegen versuchten zahlreiche Magistrate, solche Verfahren in eigener Regie durchzuführen, wenn sie sich den drängenden Prozeßwünschen ihrer Bevölkerung gegenübersahen[964]. **Ruth Martin** hat für das kritische Jahrhundert zwischen 1550 und 1650 speziell für die magischen Delikte das großartige Quellenmaterial der venezianischen Inquisition genutzt und damit erstmals eine südeuropäische Großstadt genau untersucht[965].

Auf einer solchen Grundlage verstehen wir heute besser, warum gerade im späten 15. Jahrhundert und im Zeitraum zwischen 1560 und 1660 die Neigung anstieg, Hexenverfolgungen durchzuführen. In sozialhistorischer Hinsicht geriet das gesellschaftliche Gefüge einer noch weitgehend statischen Agrargesellschaft unter Druck[966], weil bei einer zunehmenden Überbevölkerung in den Gebieten, die Schormann »Kernzonen der Verfolgung« genannt hat, eine zunehmende Existenzangst eintrat. Diese war nicht nur subjektiv berechtigt, sondern muß, wie die »Klimageschichte« zeigt, vor dem Hintergrund einer globalen klimatischen Abkühlung, der sogenannten »Kleinen Eiszeit«, gesehen werden[967]. Agrarkrisenzyklen traditioneller Art (Unwetter – Mißernte – Preissteigerung – Unterernährung – Epidemien – rapider Anstieg der Mortalität), auf deren Relevanz für das Hexenthema auch der Berner Klimahistoriker **Christian Pfister** hingewiesen hat[968], waren für die steigende Akzeptanz der Hexereivorstellung in der Bevölkerung von zentraler Bedeutung, denn Hexen konnten sowohl für das Unwetter als auch für Krankheiten von Mensch und Vieh verantwortlich gemacht werden. **Wolfgang Behringer** hat frühneuzeitliche Preisreihen als Indikatoren für derartige Krisenzeiten in den Blickpunkt gerückt und auf den Zusammenhang *jeder* größeren Hexenverfolgungen auf dem Kontinent mit einer der ökonomischen Krisen hingewiesen – was nicht zuletzt auch bedeutet, daß man bei neuen Untersuchungsobjekten gezielt in Krisenjahren mit der Suche beginnen sollte[969]. Andreas Blauert hat in seiner Studie über die frühen Hexenverfolgungen in der Schweiz gezeigt, daß sich diese Regel bereits im 15. Jahrhundert gut anwenden läßt, und diese Ansicht hat sich inzwischen in zahlreichen Regionalstudien bestätigt[970].

65. Feministische Hexenforschung

Es ist folgerichtig, daß nach ersten populären Neuanfängen in den 1970er Jahren eine frauenspezifische Hexenforschung auf der Ebene der Mikrostudien einsetzte. Dadurch wurde endlich Abstand von esoterischen Thesen und der alten Hebammentheorie gewonnen, auf der zuletzt Phantasten aller Art herumgeritten waren[971]. Nach **Susanna Burghartz** stellten auch im deutschsprachigen Raum mehrere Arbeiten den »Gender-Aspekt« in den Mittelpunkt von quellenorientierten Untersuchungen[972], der damit deutlich an Substanz gewann. **Ingrid Ahrendt-Schulte** (geb. 1942) ist sich mit anderen Frauenforscherinnen darin einig, daß Hexereibeschuldigungen eine geschlechtsspezifische Sanktion darstellten, war früher sogar der Meinung, daß alle Frauen, die in Konflikte verwickelt waren, als »potentielle Zaubersche« betrachtet wurden, was jedoch leichter zu behaupten als in den Quellen zu belegen war. In ihrer 1996 fertiggestellten Dissertation analysierte sie den geschlechtsspezifischen Diskurs über Zauberkünste anhand von Hexenprozeßakten[973]. **Ursula Bender-Wittmann** (geb. 1956) untersuchte am Beispiel Lemgos die Frage, warum die erste Prozeßwelle offenbar von den Einwohnern, auch den Frauen, bedingungslos akzeptiert wurde, und kommt zu dem Ergebnis, daß das obrigkeitliche Deutungsangebot konsensfähig war und regulierte Strafprozesse immer noch als das kleinere Übel gegenüber den unkontrollierbaren Beschuldigungsmechanismen der populären Rügerituale und Denunzierungsstrategien erschienen[974].

Lyndal Roper (geb. 1956) stellte mit ihrem ausgeprägten Gespür für anthropologische Fragestellungen aufgrund des erstklassigen Augsburger Quellenmaterials fest, daß Fragen der Mutterschaft bzw. das Bild der bösen Mutter in Hexenprozessen eine größere Rolle spielten als Mann-Frau-Beziehungen, was insbesondere auch im Hinblick auf psychoanalytische Fragestellungen interessant ist[975]. Die Kasseler Historikerin **Heide Wunder** (geb. 1939), bereits vor Jahren mit einer Regionalstudie über Preußen hervorgetreten, in der sie die Bedeutung des weiblichen Arbeits- und Lebensbereiches (Haus und Stall, Kinder, Küche, Krankenpflege etc.) für die Generierung von Schadenzauberbeschuldigungen hervorgehoben hat, lotete die Ergebnisse der Hexenforschung jüngst in ihrer Bedeutung für die Frage der Geschlechterbeziehungen aus[976]. Die amerikanische Frauenhistorikerin **Merry Wiesner** folgte dagegen – ohne von den deutschsprachigen Forscherinnen Notiz zu nehmen – bei ihrer Forschungsübersicht dem Modell einer ausschließlichen Normsetzung durch Männer, mit der Konsequenz, daß sich Hexenprozesse als Frauenverfolgung charakterisieren ließen. Obwohl die »Wahrheit« damit schon gefunden schien, befürwortete Wiesner zu ihrer Überprüfung »intensive local studies«[977]. Nur pauschal hingewiesen sei hier auf zwei wichtige feministische Beiträge literaturwissenschaftlicher Provenienz[978].

66. Neuere ethnologische Hexenforschung

In einer synthetischen Arbeit über unterschiedliche »Völker« Neuguineas legte **Susanne Schröter** (geb. 1957) in einer Frankfurter ethnologischen Dissertation dar, daß in der von Männern dominierten Gesellschaft Frauen als übermächtige Wesen, »als Hexen und schöpferische Kannibalinnen, die die Wesen, die sie gebären, letztendlich wieder fressen«, phantasiert werden. Männer empfänden sich demgegenüber als schwach und kompensierten dies durch Rituale, zu denen auch die Einübung von Frauenhaß, gehöre. Eine Kultur der Gewalt zwinge die Frauen zur Unterordnung, während die Aggressoren gleichzeitig in Furcht vor der den Frauen angeborenen metaphysischen Hexenmacht leben müßten. Die schädigende Hexe werde selten im eigenen Dorf vermutet. Hexereiverdacht führe zu sozialer Ausgrenzung und körperlichen Misshandlungen und somit nicht selten zum Tod. Inwieweit die vorliegende Arbeit, die nicht auf eigenen Untersuchungen vor Ort, sondern auf der Auswertung von Literatur zu beruhen scheint, den methodischen Kriterien des Faches standhält, entzieht sich der Kenntnis des Historikers. Angesichts des herangezogenen nichtethnologischen Schrifttums, das sich aus esoterischer und feministischer Standardliteratur mit Bekenntnischarakter zusammensetzt, für die Geschichte etwa das Elaborat von Heinsohn/Steiger über *Die Vernichtung der weisen Frauen*, wird nicht ganz klar, wo die Projektion endet und die vertretbare Interpretation beginnt[979].

Zweifellos verdienen jedoch viele der in diesem Buch angesprochenen Themen die Aufmerksamkeit auch der Historiker, werden doch ethnologische Erklärungsmuster zum Einsatz gebracht, die sich in den Nachbarwissenschaften immer noch nicht so recht eingebürgert haben. Das Thema »Reinheit und Gefährdung« steht seit den Veröffentlichungen von **Mary Douglas** auf der Tagesordnung[980], das magische Gegenmittel des Rituals, dessen Bedeutung weit über die bekannten »Rites des Passages« hinausgeht, spätestens seit dessen struktureller Analyse in *The Ritual Process. Structure and Anti-Structure* durch den amerikanischen Ethnologen **Victor Turner** (1920–1983) in den 1970er Jahren[981]. Die bereits von Evans-Pritchard beobachtete Körperbezogenheit der Magie wurde vor allem seit den 1970er Jahren auf den »Gender-Aspekt« hin untersucht, wobei den strukturellen und symbolischen Dimensionen biologischer Unterschiede zwischen den Geschlechtern in diversen Kulturen nachgegangen wurde. Menstruation ist häufig mit Vorstellungen von Unreinheit und Zauberkraft verbunden, ebenso unterliegt der Austausch von Körpersäften beim Geschlechtsverkehr erhöhter Aufmerksamkeit[982]. Dem Phänomen des »Bösen Blicks«, der seit langem Thema ethnologischer Publikationen war, ist **Thomas Hauschild** (geb. 1955) in seiner Hamburger Dissertation nachgegangen[983].

Der Umgang mit dem Irrationalen spielt seit langem in den Arbeiten des Bremer Ethnologen **Hans Peter Duerr** (geb. 1943) eine Rolle, der dafür plädiert, die Grenzen der westlichen Rationalität bei der Betrachtung fremder Mythen und Rituale zu erkennen. Als Symbol für äußerste Fremdheit in der kulturellen Wahrnehmung wählte Duerr in seiner programmatischen Studie *Traumzeit. Über die Grenze zwischen Wildnis und Zivilisation* die mythischen Vorstellungen der australischen Aborigines, bei denen in der »Dreamtime« Vergangenheit, Gegenwart und Zukunft parallel bestehen und die Regeln der Alltagsrationalität magisch oder durch Ekstasen außer Kraft gesetzt werden können[984]. In mehreren großen Sammelbänden hat Duerr nach heftigen Angriffen auf seine Ideen Forscher aus den verschiedensten Fächern eingeladen, sich zu dem Problemkreis *Der Wissenschaftler und das Irrationale* zu äußern[985]. Ein Fest für alle Wissenschaftler, die sich wie die Hexenforscher mit dem Irrationalen beschäftigen – so könnte man meinen –, und dennoch ist nur eine zögerliche Rezeption festzustellen. Zu dieser Zurückhaltung besteht jedoch keinerlei Anlaß, denn Duerr kennt nach Ausweis seiner Bibliographie auch die frühneuzeitliche dämonologische Literatur besser als mancher Historiker, der darüber geschrieben hat, und die Sammelbände sind bei aller Eliadeschen »Sehnsucht nach dem Ursprung«, von der sie inspiriert sein mögen, ein bisher ungenutzter Hauptbeitrag (auch) zur Hexenforschung[986].

Als Beispiel herausgegriffen sei nur der Beitrag des russischen Ethnologen **Vladimir N. Basilov** (geb. 1937) über die *Überreste des Schamanismus in Zentralasien*, der zeigt, wie sich das Weltbild und die Rituale des usbekischen Schamanismus unter den Bedingungen der Einführung des islamischen Monotheismus verändert hat, ein Prozeß, der durchaus geeignet ist, Licht auf den Christianisierungsvorgang auch in Europa zu werfen[987]. Das Problem der Tradition gleich in doppelter Hinsicht stellte sich der Ethnohistorikerin **Iris Gareis** (geb. 1952) in ihrer Münchner

Dissertation *Religiöse Spezialisten des zentralen Andengebiets*, weil die meisten Quellen aus der spanischen Kolonialzeit stammten und unter den Idolatrie- bzw. Hexereivorwurf jedoch nicht nur Priester der Inka-Religion, sondern auch lokaler »religiöser Spezialisten« vorinkaischer Kulte fielen, deren Merkmale jedem Hexenforscher bekannt vorkommen dürften, denn die ihnen zugeschriebenen Fähigkeiten reichten vom Heil- und Schadenzauber bis zum magischen Flug und zur Tierverwandlung. Iris Gareis konnte jedoch überzeugend nachweisen, daß es sich dabei nicht um von Missionaren importierte, sondern um autochthone Merkmale handelt[988].

Der Ethnologe **Manfred Kremser** (geb. 1950), der in seiner Wiener Dissertation 1977 die Hexereistudien Evans-Pritchards einer Evaluation unterzogen und sich nach weiteren Feldstudien in Afrika der Erforschung der afrokaribischen Religionen zugewandt hat, sprach in jüngsten Publikationen erneut die Problematik des Umgangs mit dem für uns Irrationalen an: Der berühmte Oxforder Sozialanthropologe hat sicher eine Zeit lang in Zentralafrika gelebt, doch wie die Rationalisten alten Schlages war er der Ansicht, Hexerei sei inexistent, während die Zande nicht nur Schadenzauber, sondern auch Hexenflüge und -konvente für real halten. Wie konnte er also seinem Paradigma der »teilnehmenden Beobachtung« gerecht werden[989]? Beispiele für »Konvertiten« gibt es sowohl unter Ethnologen als auch unter Volkskundlern und sogar Historikern. Seltsam berührt etwa der Bericht der isländischen Historikerin **Kirsten Hastrup** (geb. 1948) über eine übersinnliche Erfahrung auf einem umnebelten Berg[990] oder der »Fall« des evangelischen Theologen **Ebermuth Rudolph** (geb. 1931), der nach seiner volkskundlichen Münchner Dissertation über *Die geheimnisvollen Ärzte* selbst immer mehr von der Welt des Okkulten ergriffen wurde, bis er wie Luther glaubte, direkte Kämpfe mit dem Teufel zu führen, und zum bekämpften Problemfall seiner Fachkollegen in zwei Fakultäten wurde[991]. Anders der Fall der Volkskundlerin **Jeanne Favret-Saada**, die sich ebenfalls vom Übernatürlichen, das sie erforschen wollte, angezogen fühlte, die aufgrund ihrer Forschungen im nordfranzösischen Hainot so lange um Rat gefragt wurde, bis sie selbst zur Enthexungsspezialistin wurde[992]. Schließlich **Johanna Wagner** (1922–1990), die sich in Ostafrika zum »witch doctor« ausbilden ließ, einige Jahre praktizierte und später unbeschadet nach Österreich zurückkehrte, mit ihrem Charisma eine erfolgreiche Privatschule eröffnete und der Wissenschaft das seltsame Buch hinterlassen hat *Die, die so aussehen wie jemand, möglicherweise aber etwas ganz anderes sind. Aus der Praxis afrikanischer Medizinmänner*, in dem sie über ihren Werdegang als Medizinfrau berichtet[993].

Insbesondere das an traditionellen Kulturen reiche Afrika hat in jüngsten Jahren auch die deutsche ethnologische Hexenforschung inspiriert. **Tamara Multhaupt** gab in ihrer Berliner Dissertation *Hexerei und Antihexerei in Afrika* einen so versierten Überblick über den Forschungsstand und die historischen Interpretationen, daß man die Lektüre dieses Buches nur jedem empfehlen kann, nicht zuletzt wegen des Aktualitätsbezuges. Dieser besteht in einem Überblick über aktuelle Einstellungen zu Hexerei, magischen Praktiken und Zauberei sowie deren Bezug zu traditionellen Methoden der Hexereikontrolle. Bereits den Titel des Buches schmückt eine Briefmarke der Volksrepublik Benin von 1977, in welchem die marxistische Militärregierung zur aktiven Bekämpfung der Hexerei unter dem Titel aufruft: »La lutte contre la sorcellerie (forces du mal).«[994] Gewissermaßen auf dieser Arbeit aufbauend und ergänzt durch eigene Feldforschungen versuchte **Michael Schönhuth** (geb. 1958) in einer Freiburger Dissertation einen Vergleich zwischen afrikanischer und europäischer Hexerei, der ungleich differenzierter ausfiel als das impressionistische Unternehmen Parrinders eine Generation zuvor. Schönhuth zeichnete wie Multhaupt ein Bild von der afrikanischen Hexerei, das wenig mit dem sozialromantischen Strukturfunktionalismus Evans-Pritchards zu tun hat. Hexerei meint auch bei ihnen die Inversion der menschlichen Werte, das Bedrohliche, das Böse[995].

Wer sich etwa bei Reisen durch Mittelamerika wundert, daß dort die Evangelisten an Altären und Kirchenfassaden stets ohne ihre klar definierten Symbole dargestellt werden, wird auf das

Phänomen des »Nagualismus« stoßen. Spanische Theologen bemerkten im Verlauf des 16. Jahrhunderts, daß die amerikanischen Völker dazu tendierten, diesen Symbolen (Stier, Adler, Löwe) zu opfern, da sie diese für das »nagual« der Evangelisten hielten, dem mächtigeren »Alter Ego« der sterblichen Menschen. Zur Vermeidung derartiger »Mißverständnisse« wurden christliche Kirchen fortan von allen Tiersymbolen gereinigt, doch hat der Glaube an das zweite »Tier-Ich« bei der indianischen Bevölkerung nicht nur in Erzählungen bis heute überdauert[996]. »Alter Ego«-Vorstellungen sind jedoch keineswegs auf die altamerikanischen Kulturen beschränkt, sondern gehören genauso zum Vorstellungshaushalt vieler afrikanischer Völker, wo sie in Mythos, Ritus und Erzählungen ihren Platz haben[997]. Eine vergleichende Untersuchung zu drei Kulturen in Südamerika (Feuerland), Nordindien (Naga) und Westafrika (Asante) hat die weite Verbreitung derartiger Kulturmuster demonstriert und damit auch erwiesen, daß nicht an einen Traditionszusammenhang in historischer Zeit gedacht werden kann, der deren Ähnlichkeit plausibel machen würde[998]. In einer Züricher Dissertation ist vor einigen Jahren versucht worden, die »Archetypenlehre« Carl Gustav Jungs auf diese Phänomene anzuwenden, was das Problem der Strukturähnlichkeit zumindest scheinbar lösen würde[999], aber Historiker nicht befriedigen kann. Auch bei der volkskundlichen Erzählforschung hat sich sofort heftiger Widerstand geregt. Mittlerweile rekurriert man auch hier auf einen schamanistischen Überlieferungszusammenhang[1000]. Die Tatsache, daß sich »Alter Ego«-Motive in traditionellen Erzählungen weltweit nachweisen lassen, korrespondiert mit den Befunden ethnologischer Untersuchungen – und wirft dieselben Fragen auf. Die These, daß man derartige Glaubensformen pauschal einer bestimmten »Kulturstufe«, etwa der »Geisteswelt des jägerischen Menschen«, zumessen konnte, erscheint doch eher zweifelhaft[1001].

Die internationale Forschung hier zusammenfassen zu wollen, wäre vermessen, daher seien nur zwei Entwicklungen hervorgehoben, die mir besonders wichtig erscheinen und die sich beide vielleicht auf den gemeinsamen Nenner »cultural turn« bringen lassen, wenn auch nicht im Sinne der postmodernen Theorie. Wichtige Sammelbände haben um 1990 sowohl für Südostasien als auch für den amerikanischen Doppelkontinent gezeigt, daß Hexereivorstellungen in traditionellen Gesellschaften in hohem Maße vergleichbar sind, auch bei sehr unterschiedlichen sozialstrukturellen Voraussetzungen. »Hexen« wurden in sehr verschiedenen Kulturen, mit unterschiedlichem religiösen Hintergrund und unter sehr verschiedenen Bezeichnungen verfolgt[1002]. Zweitens hat sich gezeigt, daß Hexenverfolgungen keineswegs der Vergangenheit angehören, sondern in zahlreichen Ländern Afrikas, Asiens und Amerikas auch heute noch fortgeführt werden. In den meisten Ländern ist diese illegal, doch einige afrikanische Länder haben inzwischen die Verfolgung von Hexerei wieder in ihre Rechtsordnung integriert. Anthropologen sahen sich dadurch mit der überraschenden Tatsache konfrontiert, daß Hexenglaube und -verfolgung keineswegs mit der Modernisierung dieser Länder zurückgingen, wie man vor dem Hintergrund der Modernisierungstheorie angenommen hatte, sondern im Gegenteil zunahmen. Dies führte einerseits dazu, daß diese Phänomene zunehmend weniger als »traditionell« denn als »modern« begriffen wurden[1003]. Des weiteren führte es auch dazu, daß Anthropologen ihre Hexengeschichten zunehmend weniger in einem völkerkundlichen Nirwana ansiedeln konnten, sondern gezwungen waren, sich mit jenen Phänomenen auseinanderzusetzen, mit denen Historiker traditionell zu tun haben: hegemonialen Großkirchen, ambitionierten Politikern, mehr oder minder funktionierenden Staats- und Justizverwaltungen, die papierne Quellen produzieren, überlokalen ökonomischen Krisen, wachsenden Gegensätzen von Armut und Reichtum, politischen Kampagnen etc. Auch die Ethnologen haben diese Annäherung bemerkt und tragen ihr zunehmend Rechnung, indem die sie historische Dimension des Hexenglaubens und der Hexenverfolgungen thematisieren und dazu sogar die Veröffentlichungen von Historikern lesen[1004].

67. »... psychologisch noch lange nicht geklärt ...«

Im Jahre 1787 schrieb der Geheime Rat **Johann Wolfgang von Goethe** (1749–1832) an Frau von Stein: »Wir haben die famose Hexen Epoche in der Geschichte, die mir psychologisch noch lange nicht geklärt ist, diese hat mich aufmercksam und mir alles wunderbare verdächtig gemacht.«[1005] Abgesehen von der mentalitätsgeschichtlich interessanten Bemerkung über seine gewandelte Einstellung zu übernatürlichen Ereignissen sprach der Dichter, der bereits erste Szenen des *Faust* verfaßte, eines der grundlegenden Probleme der Hexenforschung an, nämlich die Frage nach der Psychologie der Hexenverfolgungen, und das bedeutet: Psychologie der Täter, der Opfer und der Zuschauer, wie sie von Freudianern auf einer dogmatischen und von Delcambre auf einer untheoretischen pragmatischen Ebene bereits in den 1950er Jahren versucht worden ist.

John P. Demos' »community study« von 1982 wurde als »a model for rescuing psychohistory from much bad practice« angesehen[1006]. Bei der in *Biography, Psychology, Sociology* und *History* geteilten Untersuchung kam heraus, daß nicht nur soziale Spannungen, sondern auch psychische Konflikte im puritanischen Milieu für die Anklagen verantwortlich gewesen seien. Speziell narzißtische Fehlentwicklungen in der Adoleszenzphase wären es demnach gewesen, die zu einer Projektion von Haßgefühlen auf die Mütter geführt hätten, Aggressionen, die im Weltbild der Geistlichkeit nicht mehr natürlich zu erklären waren[1007]. Vielleicht den avanciertesten Versuch, mit individualpsychologischen Modellen zu arbeiten, hat **Lyndal Roper** unternommen: Mit Hilfe des Begriffswerkzeugs der Psychoanalyse versuchte sie, Geständnisse in Hexenprozessen aus der intimen Interaktion zwischen »Inquisitor« und »Hexe« einerseits, aus den psychischen Bedürfnissen der befragten Personen andererseits zu erklären. Geständnisse waren nach dieser Interpretation keine Fertigprodukte, die ein Folterknecht aus Opfern erpreßte, sondern individuelle Phantasien, die die Verhörten den in Verhörsituationen erfahrenen Richtern plausibel machen mußten. Insofern jedes Detail des Geständnisses in den eigenen Biographien verankert werden mußte und die Verhörten immer weiter zurück in der eigenen Biographie gruben, glich bei einigermaßen zivilisierten Richtern, etwa denen der Reichsstadt Augsburg, der Hexenprozeß strukturell einer Psychoanalyse[1008].

Erik Midelfort, der wie die meisten Sozialhistoriker von der Prämisse ausgeht, daß Geisteskrankheiten kein rein medizinisches Problem darstellen, sondern wenigstens teilweise kulturell bedingt sind, versuchte dagegen, sich über zeitgenössische Diskurse über Krankheit dem Problem zu nähern. Hierbei spielt naturgemäß der zeitgenössische Aufstieg des Krankheitsbildes »Melancholie« eine große Rolle, das durch Weyer zu einem Verteidigungsgrund in Strafprozessen umgewandelt wurde, wir würden heute sagen: wegen Unzurechnungsfähigkeit[1009]. Während die Melancholiediagnosen eher auf eine sozial höhergestellte Klientel angewandt wurden, betrafen Besessenheitsdiagnosen alle Schichten der Bevölkerung. Während des konfessionellen Zeitalters popularisierten einflußreiche Theologen dieses Krankheitsbild und prägten in dramatischer Weise die Deutung psychischer Erkrankungen[1010]. Die große Zahl kranker Fürstinnen und Fürsten, symbolhaft zugespitzt in der Geisteskrankheit Kaiser Rudolfs II. (1556–1612, amtierte 1576–1612) und seines Sohnes Don Giulio Cesare d'Austria (1585–1609) – »a melancholy Emperor and his mad son« –, aber auch des letzten Herzogs Johann Wilhelm von Jülich, Kleve und Berg (1562–1609), dessen Kinderlosigkeit den berühmten Jülich-Kleveschen Erbfolgekrieg auslöste, beweisen, daß damit ein grundsätzliches Problem des 16. Jahrhunderts berührt wird, wobei die Krankheit Melancholie natürlich zeitspezifische Ängste widerspiegelt[1011].

Eng verknüpft mit der Frage nach der psychologischen Verarbeitung von Gefühlen, zwischenmenschlichen Konflikten und psychischen Störungen ist die Frage, inwieweit psychischen Prozessen nicht somatische Vorgänge zugrunde liegen. **Rainer Decker** konnte jüngst in seiner hochinteressanten Studie über eine dramatische Häufung von Besessenheitsfällen im

Hochstift Paderborn in den Jahren von 1655 bis 1659, die beinahe wie in benachbarten Gebieten zu umfangreichen Hexenverfolgungen geführt hätten, zeigen, daß mitunter körperliche Krankheitssymptome unter dem Eindruck eines jesuitischen Agitators und Exorzisten als dämonische Besessenheit interpretiert und erst danach in diesem Sinne ausagiert wurden[1012]. Zweifellos ist die Ausleuchtung der psychologischen Dimension noch keineswegs befriedigend, und es mag trösten, daß Ethnologen dasselbe Problem zu haben scheinen[1013]. Oder umgekehrt, wenn sie dieses selbst nicht haben und ihre Befunde im Rahmen enger fachspezifischer Paradigmata interpretieren, fallen sie trotz einfallsreicher Buchtitel leicht aus dem Rahmen des allgemeinen Diskurses heraus[1014].

68. Die optischen Medien als Indikatoren

Das optischen Medien der Ära der Hexenverfolgung, die Malerei und die Druckgraphik, haben seit längerem das Interesse der Kunstgeschichte geweckt, die an das starke Interesse der *Warburg*-Schule am Thema »Magie« und seiner »Ikonologie« anknüpfen kann. Besondere Aufmerksamkeit wurde naturgemäß den Hexen Hans Baldung Griens gewidmet, denen bereits der deutsche Kriminalist, Politiker und Rechtshistoriker **Gustav Radbruch** einen Essay gewidmet hatte. In Deutschland ist **Sigrid Schade** (geb. 1954) in einer Tübinger Dissertation unter anderem der Frage nachgegangen, welche Rolle die Bildpropaganda bei der Durchsetzung der frühneuzeitlichen Hexenvorstellung gespielt hat[1015]. In den Niederlanden hat **Machteld Löwensteyn** (geb. 1957) die Ikonographie der Hexendarstellungen zunächst bei Jacques de Gheyn, dann auf breiterer Grundlage untersucht[1016]. Hier ist für die amerikanische Forschung **Jane P. Davidson** mit ihrer Arbeit über die Hexen in der nordeuropäischen Kunst als Paradebeispiel dafür zu nennen, daß fehlende Kenntnis der Sekundärliteratur tiefere Einsichten verhindern kann[1017]. Einzelstudien gibt es von **Luigi Salerno** zu den Hexenszenen des Salvator Rosa[1018] und von dem tschechisch-australischen Historiker **Charles Zika** zu diversen Produktionen des frühen 16. Jahrhunderts, darunter denen Dürers, die allerdings manchmal zu sehr dem Ideengebäude der gelehrten Dämonologie aufsitzen, denn daß Albrecht Dürer sich vor weiblicher Sexualität gefürchtet haben soll, erscheint doch weit hergeholt[1019].

Seit dem ersten Versuch **Maxime Préauds** an der *Bibliotheque Nationale* in Paris 1974 wurde immer wieder der Versuch unternommen, durch öffentlichkeitswirksame Ausstellungen Forschungsergebnisse einem breiteren Publikum nahezubringen, darunter 1979 (vermutlich erstmals) auch in Deutschland. Die Ausstellung im *Hamburger Völkerkundemuseum* von Thomas Hauschild, Heidi Staschen und Regina Troschke mutierte aufgrund ihres Erfolges zur Wanderausstellung. Es folgten die Eröffnung eines Faust-Museums in Knittlingen 1980 und kleinere Hexenausstellungen in Erlangen und Schwäbisch Hall[1020]. Insbesondere im »Hexenhammer«-Gedenkjahr 1987 fanden zwei große Ausstellungen statt, die sich der Unterstützung der jeweiligen Landesregierungen erfreuen konnten: Die von dem seit langem an der Thematik interessierten Historiker **Richard van Dülmen** (1939–2004) veranstaltete Ausstellung *Hexenwelten. Magie und Imagination vom 16.–20. Jahrhundert* in der Stadtgalerie Saarbrücken, eröffnet in der Walpurgisnacht um Mitternacht mit dem »Hexentanz« einer feministischen Rockgruppe[1021], sowie die große steiermärkische Landesausstellung *Hexen und Zauberer* auf der Riegersburg, deren wissenschaftlicher Teil durch den Grazer Sozialhistoriker **Helfried Valentinitsch** (1943–2001) betreut wurde, eröffnet am Nachmittag des 1. Mai mit einem Gottesdienst des Landesbischofs. Im mittelfristigen Vergleich stellte sich heraus, daß die steiermärkische Hexenausstellung mit über 350.000 Besuchern weit überproportional besucht wurde. Der umfangreiche Katalog, mit über 30 wissenschaftlichen Beiträgen keine leichte Kost, war bei einer Auflage von 20.000 Stück bei Ausstellungsende vergriffen[1022]. Hexenausstellungen erfreuen sich seitdem auch auf regionaler Ebene großer Beliebtheit. Jede europäische Nation scheint ihre eigene zu benötigen. Wie 1989 in Brüssel, 1993 in Paris und London – dort im Zusammenhang mit der Uraufführung des norwegischen Musicals *Which Witch* – und zuletzt 1994 in Pisa vorgeführt, rechtfertigen sich diese Aktivitäten unter anderem durch ihre unterschiedlichen Akzentsetzungen[1023].

Beachtung gefunden hat auch die Verwertung des Hexenthemas in den Medien des 20. Jahrhunderts. **Rolf Giesen** (geb. 1953), Herausgeber eines *Lexikon des phantastischen Films*, hat anläßlich des »Hexenhammer«-Gedenkjahrs 1987 eine »Filmographie« zum Hexenthema zusammengestellt, beginnend mit einem Kurzfilm der *Edison-Company* aus dem Jahr 1909 mit dem Titel *In the Days of Witchcraft*. Bis Mitte der 1960er Jahre versuchten diverse Regisseure mit filmischen Mitteln, den Aberglauben der Bevölkerung und den Fanatismus der Geistlichkeit zu illustrieren, was ihnen regelmäßige Konflikte mit den Kirchen eintrug. Carl Theodor Dreyer (*De Vredens Dag*, 1943) und Ingmar Bergman (*Det Sjunde Inseglet*, 1956) waren die bekanntesten Regisseure, Jean-Paul Sartre mit seinem heute vergessenen Drehbuch (*Les Sorcières de Salem*, 1957, nach dem Stück von Arthur Miller) für eine französisch/ostdeutsche Koproduktion der berühmteste Autor. Unter dem Einfluß des »Italowesterns« entstand 1968 der Film *Witch-Finder General*, der anhand des Matthew-Hopkins-Stoffes ein sadistisch-voyeuristisches Spektakel aufzog. Da sich dies gut verkaufte, entstand seither ein ganzes Genre derartiger Filme (*Hexen bis aufs Blut gequält*, 1969), in denen Horrorfilmdarsteller wie Vincent Price, Boris Karloff oder Christopher Lee die blutrünstigen Hexenverfolger spielen durften. 1970 tauchte in *The Cry of Banshee* (*Der Todesschrei der Hexen*) erstmals eine heidnische Priesterin als Anführerin der Hexen auf: Die Theorien Margaret Murrays hatten damit das Filmgeschäft erreicht. Die Märchenhexen in Walt Disneys Zeichentrickfilmen (*Snow White and the Seven Dwarfs*, 1937) trugen vielleicht zur Ausbildung der Hexe/Zauberfrau in der Komödie bei, beginnend mit *I married a witch* (*Meine Frau, die Hexe*, 1942), einem typenbildenden Film, der fortan zitiert wurde (*Bell, Book and Candle* mit Kim Novak, James Steward und Jack Lemmon, 1958) und mit der Verbreitung des Fernsehens schließlich sogar zur Serienreife gedieh (*Verliebt in eine Hexe*). In Italien versuchten sich 1966 Luchino Visconti, Pier Paolo Pasolini und Vittorio de Sica an einer Gemeinschaftsproduktion *Le Streghe* von Dino de Laurentiis, an der die Schauspieler Silvana Mangano, Clint Eastwood und Totò mitwirkten. Auffallend ist eine deutliche Zunahme derartiger Filme seit der Mitte der 1950er Jahre. Der Höhepunkt des filmischen Interesses lag nach dieser internationalen Filmographie in den 1960er Jahren. Von insgesamt 58 Titeln bis 1985 entfallen nach stetigem Anstieg auf dieses Jahrzehnt allein 21 Filme, mit einem absoluten Höhepunkt im Jahr 1966 mit vier Filmen in Spanien, den USA, Italien und England. In den 1970er Jahren war die Entwicklung mit zwölf Titeln wieder rückläufig[1024].

69. Hintergrundrauschen vom Narrensaum: Die »neuen Hexen«

Die Forschung geht davon aus, daß Murrays detaillierte Phantasien wegweisend für die Bildung von »neuheidnischen Hexengruppen« (»Coven«) waren. Margaret Murray wäre damit zur unfreiwilligen Religionsgründerin geworden, wobei ihre Tradition über Frazer natürlich auf Jacob Grimm zurückverweist. Murray selbst verfaßte das Vorwort für ein Hexenbuch des Okkultisten **Gerald B. Gardner** (1884–1964), Kustos des *Hexenmuseums* in Castletown (Isle of Man), der ihr davon berichtet hatte. Begeistert schwadronierte die alte Dame, daß Gardner »in verschiedenen Teilen Englands Menschengruppen begegnet ist, die noch die gleichen Riten ausüben wie die sogenannten ›Hexen‹ des Mittelalters, und daß diese Riten wirklich lebendige Überlieferungen sind und nicht Wiederbelebungen nach Büchern«[1025]. Sie betrachtete in der ihr eigenen Naivität die Hexengruppen, die Gardner, der Sohn eines reichen Kaufmanns und Adept des »Fin-de-Siècle«-Okkultisten Aleister Crowley, nach ihren Musterbüchern gegründet hatte, als Bestätigung ihrer Theorie[1026]. Nach eigenen Angaben will der in Südostasien als Gummipflanzer gescheiterte Gardner nach seiner Rückkehr nach England 1940 in Hampshire »Murrayite witches« kennengelernt haben. Was den Anlaß für die Gründung einer Hexenreligion bildete, sei hier mit den Worten des Magiehistorikers **Richard Cavendish** (geb. 1930) wiedergegeben: »That so many have been drawn to it is a sign of times. Its great attraction are its anti-Christian and anti-establishment spirit and its elevation of witchcraft into an ancient, pagan and sensuous nature-cult, springing from deep, instinctive folk wisdom alien to modern science and technology.«[1027]

Dieser »Neopaganismus« verbreitete sich in verschiedenen Varianten und mit – für Geheimkulte – reicher Publikationstätigkeit vor allem in Großbritannien und danach in den USA. In Pasadena/California hatte ein Ableger von Crowleys *Thelema* bzw. *O.T.O.* den Krieg überlebt, dem u.a. auch Ron L. Hubbard (1911–ca. 1990), ein mittelmäßiger Autor von Science-Fiction-Romanen und späterer Gründer der Scientology-Sekte, angehörte. Ihr Anführer fiel jedoch 1952 nach vergeblichen Versuchen, eine Inkarnation der weiblichen Gottheit – bei Crowley »Babalon« genannt – zu schaffen, einer Laborexplosion zum Opfer[1028]. Wie in England ist in den USA seit den 1950er Jahren ein Aufschwung des neuen »Hexenkults« zu verzeichnen. Einige der »neuen Hexen« in den USA tragen schöne deutsche Namen (»Margot Adler«, »Louise Huebner«, »Hans Holzer«), und es wäre interessant zu wissen, ob bei ihnen – wie bei ihren »Geschwistern« in Deutschland – Wurzeln zurückreichen zu dem rechtsradikalen »Neopaganismus« in der ersten Hälfte des 20. Jahrhunderts[1029]. Der Gardner-Anhänger **Raymond Buckland** (geb. 1934) eröffnete mit seiner Frau Rosemary einen Hexenzirkel und ein weiteres Hexenmuseum (Bay Shore, Long Island/New York) und nahm für sich in Anspruch, Führer einer Anzahl von »Coven« zu sein[1030]. 1970 wurde gar eine *Witches International Craft Association* mit Sitz in New York gegründet, 1975 in Bogotá/Kolumbien der erste Welthexenkongreß abgehalten. Bekannteste Vertreterin der »neuen Hexen« in den USA wurde durch auflagenstarke Veröffentlichungen die »Psychotherapeutin« **Miriam Simos** (geb. 1951), die sich das phantasievolle Pseudonym »Starhawk« zugelegt hat[1031].

Die feministisch und ökologisch runderneuerte esoterische Bewegung wirkt zunehmend auf Europa zurück. Die sich selbst als »Führerin der Frauenbewegung« bezeichnende **Gerlinde Schilcher** alias **Judith Jannberg** bekannte verkaufsträchtig, »Ich bin eine Hexe«, wobei sich ihr »Hexenbekenntnis« als Plagiat amerikanischer Feministinnen erweist, die versuchten, Frauen als das von Natur aus bessere Wesen neu zu konstruieren[1032]. Während das Interesse der Frauenbewegung für die historische Hexe als Symbolfigur leicht verständlich ist, erscheint die Einladung zur Identifikation nur dann nachvollziehbar, wenn die Methoden und Ergebnisse der neueren Hexenforschung ignoriert und die alten Mißverständnisse – Soldans »unschuldige Opfer« oder Grimms »weise Frauen« – wiederbelebt und am besten noch vermischt werden. Die neue Mythenbastelei hat sich mittlerweile zu einem eigenen Genre verselbständigt und erfreut sich ständiger Kommentierung von seiten der Wissenschaft, die auf die rechtsradikalen Wurzeln der Bewegung in Deutschland hinweist[1033]. Wissenschaftlerinnen verweigern sich aus gutem Grund dem Mythos vom vermeintlichen Matriarchat als verlorenem Paradies, mit dem man sich in der Nachfolge Bachofens nur trefflich lächerlich machen kann[1034].

Jacob Grimms »romantisches Paradigma« von den »weisen Frauen«, das ihn – vermittelt durch Margaret Murray, das *Amt Rosenberg* und die englischen Okkultisten – zum Religionsstifter werden ließ, hat nicht nur Enthusiasten auf den Plan gerufen, sondern auch Trittbrettfahrer, die versuchen, von der Esoterikwelle zu profitieren. Als Beispiel kann hier das berüchtigte Buch *Die Vernichtung der weisen Frauen* der beiden Bremer Professoren Gunnar Heinsohn und Otto Steiger dienen, das dank unablässiger Nachfrage inzwischen eine Auflage von über 100.000 Exemplaren erreicht hat. Anliegen des Betriebswirts und des Soziologen war es, ihre These über den Verlauf der Bevölkerungsentwicklung zu propagieren, derzufolge Kirche, Staat und Ärzte ein gemeinsames Interesse an der Ausrottung von Hebammen – die mit »Hexen« und »weisen Frauen« gleichgesetzt wurden – gehabt hätten, weil diese über »geheimes Wissen« zur Empfängnisverhütung verfügt hätten. Der absolutistische Staat sei an mehr Untertanen, Kirche und Ärzte an der Ausschaltung von Konkurrenz interessiert gewesen[1035]. Wenn man die Geschichte der Hexenforschung kennt, wird unmittelbar deutlich, woher die Anleihen zu dieser absurden Theorie genommen worden sind: von Thomasius und den Rationalisten die Schuld der Kirche, von Grimm und den Romantikern die »weisen Frauen«, von Michelet die Konkurrenz Arzt/Hexe etc. Wie in öffentlichen Diskussionen 1987/88 klargestellt worden ist, bestand zur Zeit der Hexenverfolgung nicht das Problem der Unter-, sondern der Überbevölkerung, und Hexen wurden auch kaum jemals für Abtreibung oder Empfängnisverhütung bei Menschen haftbar gemacht, sondern im Gegenteil für die Unfruchtbarkeit des Bodens und des Viehs, welche die Subsistenz der Population in Frage stellte. Zudem konnte **Larissa Leibrock-Plehn** (geb. 1960) in ihrer pharmaziehistorischen Dissertation nachweisen, daß das Wissen um fruchtaustreibende Mittel zur Zeit der Hexenverfolgungen in frei verkäuflichen gedruckten Büchern zugänglich war[1036].

Die »neuen Hexen« haben sich freilich auf dem neuen Markt der Individualreligionen zumindest in den USA fest etabliert. Sie sind inzwischen selbst zum beliebten Gegenstand der Forschung von Soziologen, Folkloristen und Anthropologen geworden, wobei manche Autoren, wie etwa die englische Anthropologin **Tanya Luhrmann**, das Prinzip der »teilnehmenden Beobachtung« auf die angenehmste Weise mit ihren eigenen Lebensweisen verbanden – manche werden lieber Luhrmann als Luhmann lesen[1037]. Die ungebrochene Anziehungskraft des magischen Milieus auch auf die gebildeten Schichten hat in Amerika zu einer deutlichen Anhebung des Niveaus geführt, auf welchem sich die Beteiligten über ihre Lebensformen verständigen. Wie ein von **James R. Lewis** herausgegebener Sammelband zeigt, sind sich die Intellektuellen unter den Anhängern der neuen Hexenreligion mittlerweile völlig darüber im klaren, daß sie es keinesfalls mit einer »uralten« Religion im historischen Sinn, sondern mit einer erfundenen Glaubensform zu tun haben. Mitunter inspiriert von postmodernem Gedankengut spielt man ganz bewußt mit den verfügbaren religiösen Versatzstücken und baut an Patchworkmodellen, die den individuellen Bedürfnissen näher zu kommen scheinen als das Angebot der Großkirchen[1038]. Ob die verwendeten Riten und Gedanken von Thomas von Aquin, von Margaret Murray, von TV-Dokumentationen über Schamanen am Amazonas oder auch nur aus Fernsehserien wie *Star Trek* stammen, spielt im Zeichen postmoderner Beliebigkeit keine große Rolle mehr, wie **Sabine Magliocco** verdeutlichte[1039]. Die Erforschung des neuen Hexenglaubens ist jedenfalls zu einem ernsthaften und lohnenden Gegenstand auch für Historiker geworden, wie die instruktive Studie von **Ronald Hutton** (*University of Bristol*) vor Augen führte[1040].

70. »Les Sabbats des Sorciers«: Forschungskontexte

Seit Ende der 1970er Jahre sind Versuche zu beobachten, regionale Forschungsleistungen in Sammelbänden zu bündeln. Eine der ersten Initiativen in diese Richtung dürfte ein Sammelband zu den heute über mehrere Staaten verteilten Gebieten der ehemaligen Niederlande (Nordfrankreich, Luxemburg, Belgien) gewesen sein[1041]. Der nächste Schritt bestand darin, durch regionale Fachtagungen einen internationalen Austausch zu ermöglichen. Eines der ersten derartigen Beispiele war eine von **Hartmut Lehmann** (geb. 1936)[1042] und der schon erwähnten **Dagmar Unverhau** 1980 in Kiel im Rahmen des Sonderforschungsbereichs *Skandinavien- und Ostseeraumforschung* veranstaltete Tagung zu den Hexenprozessen dieser Region, die eine eigenartige Zwitterstellung zwischen älterer und neuerer Hexenforschung einnahm: Neben **Friedrich Merzbacher, Ernst Walter Zeeden** und **Karl-Sigismund Kramer**, der 1941 bei dem NS-Germanisten Otto Höfler über »Germanische Dingbeseelung« promoviert hatte, doch später zusammen mit dem Volkskundler Hans Moser von der germani(sti)schen Mythenfabrikation Abstand genommen und das Konzept der »rechtlichen Volkskunde« entwickelt hatte, nahmen an dieser Tagung die an der angelsächsischen »social anthropology« orientierten skandinavischen Forscher teil[1043].

Nicht zuletzt die hier zutage tretende Kluft ermutigte Ankarloo und Henningsen zu der Idee, eine »modernere« Tagung zu veranstalten, ausgestattet mit einer klaren Problemstellung, nämlich der Sammlung der Befunde der europäischen »Peripherie« im Vergleich mit denen der zentralen Regionen Europas. Bei einem Treffen der *International Association for the History of Crime and Criminal Justice* (IAHCCJ) in Paris konkretisierte sich das Vorhaben dahingehend, daß man besondere Schwerpunkte auf die damals neuen Aspekte der »Historischen Anthropologie« und der Geschichte der Mentalitäten legen wollte. Der Tagungsband der Stockholmer Tagung von 1984, die unter der erkenntnisleitenden Prämisse *Centres and Peripheries* des norwegischen Soziologen Johan Galtung (geb. 1930) über die methodische Bedeutung der sozialen Position stand[1044], bietet heute vielleicht den besten Einstieg in die Verhältnisse der europäischen Peripherie: Er versammelt Aufsätze von Gábor Klaniczay zu Ungarn, Maia Madar und Juhan Kahk zu Estland, Antero Heikkinen und Timo Kervinen zu Finnland, Bengt Ankarloo zu Schweden, Hans Eyvind Naess zu Norwegen, Jens Christian Johansen zu Dänemark, Kirsten Hastrup zu Island und Francisco Bethencourt zu Portugal[1045]. Als nicht minder folgenreich erwies sich eine für holländische Hexenforscher unbefriedigend verlaufene Tagung in Brüssel 1982 über *De hekserij in de Nederlanden onder het ancien régime*[1046]. Aufgrund eines ähnlichen Zwiespalts wie bei der Kieler Tagung 1980 bildete sich in Amsterdam eine nationale Arbeitsgruppe unter der Leitung des Historikers **Wilhelm Frijhoff** und der Soziologin **Marijke Gijswijt-Hofstra** (geb. 1940), die binnen weniger Jahre imstande war, einen der anspruchsvollsten »nationalen« Beiträge zur Hexenforschung vorzulegen[1047]. In den Niederlanden hat er sogar einen prominenten Platz in der Geschichtsschreibung des Landes erobert, und mittlerweile wurde sogar seine eigene Geschichte geschrieben[1048].

Auch in anderen europäischen Ländern bildeten sich in den 1980er Jahren nationale Arbeitsgruppen: Die anspruchsvollsten Projekte gibt es bisher in den Ländern der ehemaligen Donaumonarchie. Seit 1984 hat sich am *Ethnographischen Institut* der Ungarischen Akademie der Wissenschaften eine *Interdisziplinäre Arbeitsgruppe* unter Leitung von **Eva Pócs** konstituiert, zu der als ständige Mitarbeiter Gábor Klaniczay, Ildikó Kristóf und Katalin Benedek gehören. Ihr Projekt *Influences, conflicts and changes in the history of mentality of the Early Modern Age* wird seit 1990 vom Ungarischen *National Research Found* unterstützt. Das Projekt erfolgt auf der Grundlage des Aktenmaterials zu ungarischen Hexenprozessen, die für den Zeitraum der Hexenverfolgungen auch Teile des heutigen Rumänien, Kroatien und der Slowakei umfassen. Im Zuge der Arbeiten an diesem Projekt wurden die bisher bekannten etwa 1.200 ungarischen Hexenprozesse sowie weitere 600 unpublizierte Prozesse erfaßt. Mit Hilfe der elektronischen Datenverarbeitung sollen die ökonomischen, sozialen, rechtshistorischen und ideologischen Hintergründe der ungarischen Hexenprozesse sowie ihre zeitliche und geographische Verteilung analysiert werden[1049]. Von der geplanten Publikation aller noch existierenden Hexenakten liegen bereits zwei Bände vor. Die Amtssprachen im ehemaligen Königreich Ungarn waren außer ungarisch auch lateinisch und deutsch, die Prozeßakten spiegeln diese Sprachvielfalt wider[1050]. Eine österreichische Arbeitsgruppe existiert seit 1986 unter der Leitung von **Heide Dienst** in Wien. Nach ungarischem Vorbild hat man sich unter anderem die datenmäßige Erfassung aller österreichischen Hexenakten zum Ziel gesetzt[1051].

In Ländern mit größeren Datenmassen, namentlich Deutschland, Frankreich, der Schweiz oder Italien, ist man weit von der Projektierung solcher Vorhaben entfernt, obwohl gerade hier ein besonderer Bedarf bzw. methodischer Reiz bestünde. Immerhin gibt es Anzeichen organisatorischer Verdichtung. Der bereits an der Schleswiger Tagung beteiligte **Sönke Lorenz**[1052], Professor für Landesgeschichte in Tübingen, wurde zusammen mit **Dieter R. Bauer** (geb. 1951), Referent der Akademie der Diözese Rottenburg-Stuttgart, zum großen Organisator der Hexenforschung in Deutschland. Mit dem 1985 gegründeten *Arbeitskreis Interdisziplinäre Hexenforschung* (AKIH) gelang es Lorenz und Bauer, durch jährliche Arbeitstagungen und in ca. zweijährigem Abstand veranstaltete internationale Konferenzen einen für die Hexenforschung einzigartigen Arbeitskontext zu schaffen, der auch von amerikanischen, englischen, luxemburgischen, französischen, österreichischen, schweizerischen, polnischen, ungarischen, dänischen, niederländischen, koreanischen, japanischen und australischen Forscherinnen und Forschern genutzt wird. Die erste internationale Tagung des AKIH stellte sich bewußt in die Tradition der neueren Hexenforschung: Ihr Thema *Hexenprozesse in Südwestdeutschland* griff 1986 den Titel *Witch Hunting in Southwestern Germany* von Erik Midelfort 1972 auf[1053]. Neben dem AKIH, der mit der Reihe *Hexenforschung* über ein eigenes Publikationsorgan verfügt[1054], haben sich mittlerweile zwei weitere feste Arbeitsgruppen in Deutschland gebildet: in Trier um **Franz Irsigler** und **Gunther Franz**[1055], in Norddeutschland um **Katrin Moeller**, die nach dem Abschluß ihrer Dissertation zu den Hexenverfolgungen in Mecklenburg beträchtliche organisatorische Aktivitäten entfaltet hat[1056]. Erfolgreiche Arbeitsgruppen bestehen, wie bereits erwähnt, auch in Schottland und in der Schweiz.

Wichtige internationale Tagungen waren seit dem »Hexenhammer«-Gedenkjahr 1987 folgenden Themen gewidmet: *Der Hexenhammer. Entstehung und Umfeld des Malleus Maleficarum* (Bayreuth, Mai 1987)[1057], *Gegner der Hexenverfolgungen* (Wolfenbüttel, September 1987)[1058], *Witch Beliefs and Witch-Hunting in Central and Eastern Europe* (Budapest, September 1988)[1059], *Das Ende der Hexenverfolgungen* (Weingarten, Juli 1989)[1060], *Neuere Forschungen zur Geschichte der Hexenverfolgung* (Stuttgart, März 1990), *The Cultural Contexts of the Witch-Hunts in Europe and the New World* (Exeter, September 1991)[1061], *Zentren und Befürworter der Hexenverfolgungen* (Weingarten, Oktober 1992) und *Le Sabbat des Sorciers* (Paris, November 1992)[1062], *Hexenverfolgung und Regionalgeschichte* (Lemgo, Oktober 1993)[1063], *Streghoneria e Streghe nell'Europa Moderna* (Pisa, März 1994) und *Healing, Magic and Belief* (Amsterdam, September 1994), *Fliegen und Schweben* (Weingarten, September 1994), *Hexenforschung* (Karlsruhe, Oktober 1994), *Magie* (Dresden, September 1995, Generalversammlung der *Görres-Gesellschaft*, Sektion Soziologie/Volkskunde)[1064] sowie eine Tagung in Princeton 1995. Wegen der Vielzahl der Tagungen am Ende des zweiten Millenniums ist ein vollständiger Überblick kaum mehr möglich. Die Tendenz zum »Multi-Media-Ereignis« macht sich mittlerweile sogar bei Tagungen bemerkbar, beispielsweise mit einer Konzertaufführung von Musikstücken mit Bezug zum Hexenthema (Berlioz, Wager, Weber etc.) anläßlich einer Hexentagung im thüringischen Gotha im September 1996. Überdies lassen sich gewisse selbstreferentielle Züge der Hexenforschung beobachten, in denen diese ihr eigenes Bestehen feiert: 1991 in Exeter (*Twenty Years ›Religion and the Decline of Magic‹*), 1995 in Weingarten (*Zehn Jahre AKIH*), 1997 in Stuttgart (*25 Jahre ›Witch-Hunting in Southwestern Germany‹*) und 2005 *Zwanzig Jahre AKIH* bei der geplanten Tagung über *Späte Hexenprozesse*.

71. Erntezeit

Man kann es sicher als Ergebnis der regen Hexenforschung der vergangenen drei Jahrzehnte betrachten, wenn mittlerweile bereits an eine enzyklopädische Zusammenfassung des neuen Wissens gedacht wird. In diese Richtung geht bereits das Projekt der von **Bengt Ankarloo** und **Stuart Clark** herausgegebenen *Athlone History of Witchcraft and Magic in Europe*, die in sechs Bänden vorliegt. Hier wird versucht, das neue Wissen über »Europa« vom alten Babylon (!) bis ins 20. Jahrhundert auszubreiten, inklusive »American Feminist Witchcraft«. Die Überdehnung des geographischen Konzepts verdeutlicht bereits die Schwierigkeiten, den verhexten Gegenstand zu fassen[1065]. Die einzelnen Beiträge fallen denn auch sehr unterschiedlich aus, abhängig von den Interessen und dem Kenntnisstand der einzelnen Autoren. Nur als Kuriosität sei vermerkt, daß der Artikel von **Bill Monter** über die frühneuzeitlichen Hexenverfolgungen mit nur fünfzig Seiten zu den kürzesten der ganzen Serie zählt und so sehr von Fehlern behaftet ist, daß man sich fragen muß, ob den Altmeister der Hexenforschung angesichts seiner Pensionierung die Lust am Schreiben verlassen hat. Als Beispiel sei nur die kuriose Übersetzung des Salzburger »Zauberer-Jackl« als »magic coat« vermerkt – wir sehen den Zauberer regelrecht vor uns, wie er auf seinem »Jackl« durch die Lüfte fährt. So werden Mythen geboren. Wir dürfen davon ausgehen, daß der Salzburger Abdeckersohn Jakob Koller wohl tatsächlich eine Jacke besaß, sein Spitzname leitete sich allerdings nur aus dem regionaltypischen Diminutiv von »Jakob« her. Monters Salzburger »magic coat scare« wird sicher zu den bleibenden Anekdoten der Hexenforschung gehören[1066].

Zu denken ist hier auch an das digitale Hexenlexikon des Frühneuzeit-Servers in München, ins Leben gerufen von **Gudrun Gersmann** und einigen jüngeren Historikern, das freilich auf dem hehren Grundsatz der Freiwilligkeit beruht und damit etwas langsam Fahrt aufnimmt. Mit der traditionellen Gründlichkeit eines Verlagsprojekts wartet die von **Richard Golden** herausgegeben *Encyclopedia of Witchcraft* auf, die 2005 in vier Bänden bei ABC-Clio in Austin/Texas erscheinen wird. Alle Artikel in diesem Lexikon wurden von führenden Fachleuten verfaßt und repräsentieren den gegenwärtigen Stand der Forschung (Wolfgang Behringer, Brian P. Levack, Bill Monter, Jim Sharpe, Merry Wiesner)[1067]. Damit wird das gleichnamige, veraltete und immer schon mit zahlreichen Fehlern behaftete Lexikon von Robbins aus dem Jahre 1959 ersetzt. Zahlreiche neue Einträge über Staaten Südost-, Ost- und Ostmitteleuropas, übersetzt aus Sprachen, die üblicherweise von der westeuropäischen und amerikanischen Forschung ignoriert werden, werfen ein neues Licht auf die europäischen Hexenverfolgungen. Überdies weisen einige zusätzliche Artikel auf das Phänomen der Hexerei und der Hexenverfolgungen auf anderen Kontinenten hin. Eine bescheidene zusammenfassende Geschichte des Hexenglaubens und der Hexenverfolgung, auf allen Kontinenten und zu allen Zeiten, wagt **Wolfgang Behringer** in seinem Buch *Witches and Witch Hunts*, dem der Verlag den prätentiösen Untertitel *A Global History* hinzufügte. In diesem Buch wird mit der von Joseph Hansen begründeten Tradition gebrochen, die neuzeitlichen von den mittelalterlichen und die europäischen von den nichteuropäischen Hexenverfolgungen zu unterscheiden. Um Vergleichbarkeit herzustellen, wird von den parochialen (christlichen etc.) Definitionen von Hexerei Abstand genommen und Hexerei mit »böser Magie« gleichgesetzt. Damit wird schlagartig deutlich, daß es auch in Antike und Mittelalter massive Hexenverfolgungen gegeben hat. Darüber hinaus wird sichtbar, daß auch in der Gegenwart in zahlreichen Ländern Afrikas, Amerikas und Asiens Hexen in großem Maße verfolgt werden, teilweise mit Billigung der staatlichen Autoritäten[1068].

72. »... that many aspects of modern society ...«

Peter Burke (geb. 1937) sieht den Paradigmenwechsel in der Hexenforschung mit dem methodischen Versuch verknüpft, »history ›from below‹« zu schreiben[1069]. Darin liegt insofern ein Körnchen Wahrheit, als sich das Hexenthema in besonderer Weise für historisch-anthropologische Untersuchungen eignet. Am ehesten entsprechen sicher die jetzt in verstärktem Maße entstehenden Mikrostudien diesem Anspruch[1070]. Burke beschrieb allerdings die Veränderung im internationalen Maßstab keineswegs adäquat, machte vielmehr den Versuch, die Hexenforschung zu instrumentalisieren, auf jeden Fall, sie zu etikettieren. Da sich weiterhin solide geistes-, rechts- und kunstgeschichtliche Untersuchungen neben solchen finden werden, die eine Anwendung von Modellen der Sozialwissenschaften, der vergleichenden Religionswissenschaften oder der Psychoanalyse versuchen, wäre mit einer Einengung des Horizonts niemandem gedient. Zudem wurden viele Themen überhaupt noch nicht richtig angegangen, etwa Parallelen zwischen Aspekten des Hexenglaubens und Träumen, der kirchlichen Mystik, Besessenheitskulten, Nahtoderlebnissen oder Ufo-Entführungen sowie zwischen den Hexenverfolgungen und millenaristischen Bewegungen, »Cargo«-Kulten, Verschwörungstheorien und Antisemitismus. Die Auseinandersetzung mit dem Irrationalen, wie sie in der Ethnologie oder der Psychologie gepflegt wird, muß von Historikern erst noch entdeckt werden[1071].

Der weite Weg der neueren Hexenforschung wurde nicht zurückgelegt, um wieder neue Schubladenkästchen zu öffnen und zu schließen. So wird man selbst William Monter nicht folgen können, der versucht hat, die Anlehnung an sozialwissenschaftliche Theorien zum entscheidenden Kriterium zu erheben[1072], obwohl dies die verbreitetste Interpretation sein dürfte. Schon gar nicht kann es darum gehen, wie Marijke Gijswijt-Hofstra eine Art von »political correctness« in die Hexenforschung einzuführen und sich selbst und seinen Freunden den perfektesten Paradigmenwechsel zuzubilligen[1073]. Robin Briggs hat auf das Paradoxon aufmerksam gemacht, daß je mehr wir über das Hexenthema wissen und seine Komplexität erkennen, es desto schwieriger wird, einfache Generalisierungen zu treffen. Dies liegt sicher nicht nur daran, daß Historiker vor lauter Bäumen den Wald nicht mehr sehen, sondern ist auch durch die Magie der Thematik bedingt: »One of the reasons for studying witchcraft has been that it illuminates many other subjects, and can help us to reconstruct the distinctive social and intellectual character of a past age.«[1074]

Ironisch könnte man mit Alfred Soman sagen: Was die neuere von der älteren Hexenforschung unterscheidet, ist, daß man erstens endlich die Akten liest. Zweitens, daß man ernst nimmt, was man dort geschrieben findet. Drittens natürlich, daß man das Theorieangebot kennt und reflektiert, viertens aber, daß die Quellenbefunde nicht mit vorhandenen Theorien zugedeckt werden. Als fünften Punkt könnte man die Rückkopplung zu den vorhandenen Theorien jedweder Art benennen, also meistens deren Falsifizierung oder Korrektur. Die Kritik am sozialwissenschaftlichen Theorieoptimismus, die der Jerusalemer Soziologe **Nachman Ben-Yehuda** 1981 anmeldete[1075], wird im Grunde durch alle besseren Regionalstudien geleistet: In jeder einzelnen werden Theorien, soweit sie in den Diskurs eingespeist worden waren, auf den Prüfstand gestellt. Mikrostudien scheinen in bezug auf aktuelle Fragestellungen der Wissenschaft flexibler und – negativ gewendet – theorieanfälliger zu sein als Regionalstudien, und es ist kein Zufall, daß Midelfort und Monter, nicht jedoch Verfasser extravaganter Mikrostudien, für Pluralismus und Wiedereinbeziehung auch der älteren Hexenforschung in den Diskurs plädiert haben.

Die Vielzahl konkurrierender Ansätze mit je eigenen Methoden und Erkenntniszielen macht die neuere historische Hexenforschung interessant: Geschichte »von außen« und »von oben« wird nicht ersetzt, sondern ergänzt durch die Geschichte »von unten« und »von innen«. Was die neuere Hexenforschung in ihren besten Beispielen auszeichnet, ist das Gespür für eine größere Komplexität der historischen Wirklichkeit, das Stellen neuer Fragen, die Bereitschaft zur Diskussion, zu Methodenbewußtsein und methodischer Offenheit[1076]. Ob freilich die Ergebnisse der neueren Hexenforschung, insbesondere der Mikrostudien, überhaupt vermittelbar sind, ist eine andere Frage. Denn große Teile des Publikums möchten zweifellos lieber die alten einfachen Antworten hören: Das Verlangen nach holzschnittähnlichen »Comics« von »weisen Frauen« und bösen Richtern war nicht nur eine Obsession des 19. Jahrhunderts[1077]. Wer hört schon gerne etwas von bösen Nachbarn, zänkischen Weibern, unzuweisbarer Schuld und ratlosen Obrigkeiten?

Könnte sich doch herausstellen, daß uns solche Geschichten viel zu nahe gehen. Die Tendenz, Schuld zu personalisieren, ist auch in Industriestaaten nicht in ferne Vergangenheit entschwunden. Zur Debatte steht in keiner Weise die »primitive society«, sondern unsere eigene Gesellschaft, die immer anfällig bleiben wird für das, was die liberalen Historiker des vorigen Jahrhunderts in der Nachfolge scholastischer Theologen als »Wahn« bezeichnet haben[1078].

Anmerkungen

1 Für Auskünfte danke ich Ingrid Ahrendt-Schulte (Köln), Bengt Ankarloo (Lund), Thomas Becker (Bonn), Elisabeth Biesel (Trier), Helmut Brackert (Frankfurt), Wolfgang Brückner (Würzburg), Stuart Clark (Swansea), Rainer Decker (Paderborn), Heide Dienst (Wien), Peter Dinzelbacher (Salzburg), Ronald Füssel (Marburg), Esther Gajek (Regensburg), Iris Gareis (Frankfurt a.M.), Gudrun Gersmann (Köln), Ernst-Dietrich Güting (Lippstadt), Jörg Haustein (Bonn), Gustav Henningsen (Kopenhagen), Günter Jerouschek (Jena), Gábor Klaniczay (Budapest), Ulrich Knefelkamp (Frankfurt a.d.O.), Manfred Kremser (Wien), Brian P. Levack (Austin/Texas), Gisela und Hannjost Lixfeld (Freiburg), Sönke Lorenz (Tübingen), Bea Lundt (Bochum), H.C. Erik Midelfort (Charlottesville/Virginia), William Monter (Northwestern University Illinois), Anka Oesterle (Tübingen), Eva Pócs (Budapest), Bernd Roeck (Zürich), Lyndal Roper (Oxford), Herbert Schäfer (Bremen), Barbara Schier (München), Inge Schöck (Stuttgart), Gerd Schwerhoff (Dresden), Alfred Soman (Paris), Kathrin Utz Tremp (Lausanne), Hans de Waardt (Amsterdam), Rainer Walz (Bochum), Charles Zika (Melbourne). Gedankt sei auch den Mitarbeitern des Suhrkamp-Verlags, Frankfurt a.M., sowie den Bonner Studenten, die im Sommersemester 1995 an meiner Übung zur Hexenforschung teilgenommen haben, außerdem den Teilnehmern der von Sönke Lorenz und mir geleiteten Karlsruher Konferenz zur Geschichte der Hexenforschung.

2 Frank Robert Vivelo, Cultural Anthropology Handbook. A Basic Introduction, New York 1978; Justin Stagl (Hrsg.), Handbuch der Kulturanthropologie. Eine grundlegende Einführung. Aus dem Amerikanischen von Erika Stagl, Stuttgart 1981, S. 254ff., 260ff.; Leander Petzoldt (Hrsg.), Magie und Religion. Beiträge zu einer Theorie der Magie, Darmstadt 1978; Hans Kippenberg/Brigitte Luchesi (Hrsg.), Magie. Die sozialwissenschaftliche Kontroverse über das Verstehen fremden Denkens, Frankfurt a.M. 1987; Stanley Jeyaraja Tambiah, Magic, Science, Religion and the Scope of Rationality, New York 1990; Wolfgang Behringer, Witches and Witch Hunts. A Global History, Cambridge 2004.

3 Joseph Hansen, Zauberwahn, Inquisition und Hexenprozeß im Mittelalter und die Entstehung der großen Hexenverfolgung, München 1900, ND Aalen ²1983; ders. (Hrsg.), Quellen und Untersuchungen zur Geschichte des Hexenwahns und der Hexenverfolgung im Mittelalter, Bonn 1901, ND Hildesheim 1963; Henry Charles Lea, Notes for a History of Witchcraft [1909], erschienen unter dem Titel: Materials Toward a History of Witch-craft, 3 Bde., hrsg. von Arthur C. Howland, Philadelphia 1939, ND New York/London 1957.

4 Eine Einführung zur Reihe *Hexenforschung*, die von Dieter R. Bauer, Wolfgang Behringer, Heide Dienst, Sönke Lorenz, H.C. Erik Midelfort und Wolfgang Schild in Zusammenarbeit mit dem Institut für Geschichtliche Landeskunde und Historische Hilfswissenschaften der Universität Tübingen herausgegeben wird, findet sich im ersten Band der Reihe (Sönke Lorenz/Dieter R. Bauer [Hrsg.], Das Ende der Hexenverfolgung, Stuttgart 1995, S. IX–XVI). Eine Übersicht über die Veranstaltungen des Arbeitskreises Interdisziplinäre Hexenforschung (AKIH) von 1985 bis 1995 ebd., S. XVII–XXVII.

5 H.C. Erik Midelfort, Recent Witch Hunting Research, or Where Do We Go from Here?, in: The Papers of the Bibliographical Society of America 62 (1968), S. 373–420; ders., Witch-Hunting in South-Western Germany, 1582–1684. The Social and Intellectual Foundations, Stanford 1972.

6 Nachman Ben-Yehuda, Problems Inherent in Socio-Historical Approaches to the European Witch-Craze, in: Journal for the Scientific Study of Religion 20 (1981), S. 326–338, hier: S. 330f.

7 H.C. Erik Midelfort, The Renaissance of Witchcraft Research, in: Journal of the History of Behavioural Sciences 13 (1977), S. 294–297; Ulrich von Hehl, Hexenprozesse und Geschichtswissenschaft, in: Historisches Jahrbuch 107 (1987), S. 349–375; Peter Burke, Det komparativa studiet av Europas häxväsende, in: Bengt Ankarloo/Gustav Henningsen (Hrsg.), Häxornas Europa 1400–1700. Historiska och antropologiska studier, Lund 1987, S. 372–376; Peter Kriedte, Die Hexen und ihre Ankläger. Zu den lokalen Voraussetzungen der Hexenverfolgungen in der frühen Neuzeit – Ein Forschungsbericht, in: Zeitschrift für Historische Forschung 14 (1987), S. 47–71; William Monter, European Witchcraft. A Moment of Synthesis? in: The Historical Journal 31 (1988), S. 183–185; Wolfgang Behringer, Erträge und Perspektiven der Hexenforschung, in: Historische Zeitschrift 249 (1989), S. 619–640; Marijke Gijswijit-Hofstra, Recent witchcraft research in the Low Countries, in: Historical Research in the Low Countries (1992), S. 23–34; Günter Jerouschek, Die Hexenverfolgungen als Problem der Rechtsgeschichte. Anmerkungen zu neueren Veröffentlichungen aus dem Bereich der Hexenforschung, in: Zeitschrift für Neuere Rechtsgeschichte 15 (1993), S. 202–224; Ursula Bender-Wittmann, Frauen und Hexen – feministische Perspektiven der Hexenforschung, in: Regina Pramann (Hrsg.), Hexenverfolgung und Frauengeschichte. Beiträge zur

kommunalen Kulturarbeit, Bielefeld 1993, S. 11–32; Eva LABOUVIE, Hexenforschung als Regionalgeschichte. Probleme, Grenzen und neue Perspektiven, in: Gisela WILBERTZ/Gerd SCHWERHOFF/Jürgen SCHEFFLER (Hrsg.), Hexenverfolgung und Regionalgeschichte. Die Grafschaft Lippe im Vergleich, Bielefeld 1994, S. 45–60; Gerd SCHWERHOFF, Vom Alltagsverdacht zur Massenverfolgung. Forschungen zum Hexenwesen, in: Geschichte in Wissenschaft und Unterricht 46 (1995), S. 359–380; H.C. Erik MIDELFORT, Alte Fragen und neue Methoden in der Geschichte des Hexenwahns, in: Dieter R. BAUER/Sönke LORENZ (Hrsg.), Hexenverfolgung. Beiträge zur Forschung – unter besonderer Berücksichtigung des südwestdeutschen Raumes (Quellen und Forschungen zur europäischen Ethnologie, Bd. 15), Würzburg 1995, S. 13–30.

8 Leland L. ESTES, Incarnations of Evil. Changing Perspectives on the European Witch Craze, in: Clio 13 (1984), S. 133–147.

9 William MONTER, The Historiography of European Witchcraft. Progress and Prospects, in: The Journal of Interdisciplinary History 2 (1972), S. 435–451.

10 Monica HUNTER WILSON, Witch Belief and Social Structure, in: American Journal of Sociology 56 (1951), S. 307–313, zitiert nach: Max MARWICK (Hrsg.), Witchcraft and Sorcery. Selected Readings, London 1982, [2]1990, S. 276–285, hier: S. 284; Edward P. THOMPSON, Anthropology and the Discipline of Historical Context, in: Midland History 1 (1972), S. 41–55; Thomas J. SCHOENEMANN, The Role of Mental Illness in the European Witch Hunts of the 16th and 17th Centuries. An Assessment, in: Journal of the History of the Behavioural Sciences 13 (1977), S. 337–351; Nicholas P. SPANOS, Witchcraft in Histories of Psychiatry. A Critical Analysis and an Alternative Conceptualization, in: Psychological Bulletin 85 (1978), S. 417–439; BEN-YEHUDA (wie Anm. 6), S. 330f.; Merry E. WIESNER, Women and Gender in Early Modern Europe, Cambridge 1993, S. 218–238; JEROUSCHEK, Hexenverfolgungen als Problem der Rechtsgeschichte (wie Anm. 7), S. 202–224; Richard VAN DÜLMEN, Kultur und Alltag in der Frühen Neuzeit, Bd. 3: Religion, Magie, Aufklärung, München 1994, S. 78–96.

11 Wolfgang BEHRINGER, Zur Geschichte der Hexenforschung, in: Sönke LORENZ (Hrsg.), Hexen und Hexenverfolgung im deutschen Südwesten (Volkskundliche Veröffentlichungen des Badischen Landesmuseums Karlsruhe, Bd. 2,2), Ostfildern 1994, S. 93–146.

12 Georg WISSOWA (Hrsg.), Paulys Realenzyklopädie der classischen Altertumswissenschaften, Stuttgart 1878ff.; Konrat ZIEGLER u.a. (Hrsg.), Der kleine Pauly. Lexikon der Antike, 5 Bde., München 1964–1975; Rudolf SIMEK, Lexikon der germanischen Mythologie, Stuttgart 1984; Richard BEITL, Wörterbuch der deutschen Volkskunde, Stuttgart [3]1974; Walter HIRSCHBERG (Hrsg.), Neues Wörterbuch der Völkerkunde, Berlin 1988; Bernhard STRECK (Hrsg.), Wörterbuch der Ethnologie, Köln 1987; Hans BÄCHTOLD-STÄUBLI, Handwörterbuch des deutschen Aberglaubens, 10 Bde., Berlin/Leipzig 1927–1942, ND Berlin/New York 1987.

13 Primäre Hilfsmittel: Jahresverzeichnis der [deutschen] Hochschulschriften, Berlin 1885ff.; Jahresverzeichnis der Schweizerischen Hochschulschriften, Basel 1897ff. Untersucht wurden auch die Literaturverzeichnisse in diesen Hochschulschriften selbst, führende Standardwerke der Forschung sowie der Online-Katalog der Staatsbibliothek München (OPAC). Ausgewertet wurden schließlich die Bibliographien aller Dissertationen.

14 Franz Xaver VON WEGELE, Geschichte der deutschen Historiographie seit dem Auftreten des Humanismus, München/Leipzig 1885; Eduard FUETER, Geschichte der neueren Historiographie, München 1911, [3]1936; George Peabody GOOCH, History and Historians in the Nineteenth Century, 1913, [2]1953; Geschichte und Geschichtsschreibung im 19. Jahrhundert, Frankfurt a.M. 1964; George G. IGGERS, The German Concept of History, Middletown 1968, deutsch: Deutsche Geschichtswissenschaft, aus dem Englischen von Christian M. BARTH, München 1971; DERS./James M. POWELL (Hrsg.), Leopold von Ranke and the Shaping of the Historical Discipline, Syracuse 1990; Peter BURKE, The French Historical Revolution. The Annales School (1929–1989), Cambridge 1990, deutsch: Offene Geschichte. Die Schule der »Annales«, aus dem Englischen von Matthias FIENBORK, Berlin 1991; Horst Walter BLANKE, Typen und Funktionen der Historiographiegeschichtsschreibung. Eine Bilanz und ein Forschungsprogramm, in: Wolfgang KÜTTLER/Jörn RÜSEN/Ernst SCHULIN (Hrsg.), Geschichtsdiskurs, Bd. 1: Grundlagen und Methoden der Historiographiegeschichte, Frankfurt a.M. 1993, S. 191–211; Winfried SCHULZE (Hrsg.), Sozialgeschichte, Alltagsgeschichte, Mikro-Historie, Göttingen 1994; Ingeborg WEBER-KELLERMANN, Deutsche Volkskunde zwischen Germanistik und Sozialwissenschaften, Stuttgart 1969; Hermann BAUSINGER, Volkskunde. Von der Altertumsforschung zur Kulturanalyse, Darmstadt 1971, Stuttgart [2]1987; Justin STAGL, Kulturanthropologie und Gesellschaft. Eine wissenschaftssoziologische Darstellung der Kulturanthropologie und Ethnologie, München 1974, Berlin [2]1981; Wilhelm E. MÜHLMANN, Geschichte der Anthropologie, Wiesbaden [3]1984; Karl-Heinz KOHL, Ethnologie – die Wissenschaft vom kulturell Fremden. Eine Einführung, München 1994.

15 Zur Prosopographie: John CANNON (Hrsg.), The Blackwell Dictionary of Historians, New York 1988; Hans-Ulrich WEHLER (Hrsg.), Deutsche Historiker, 10 Bde., Göttingen 1971ff.; Wolfgang WEBER, Biographisches Lexikon zur Geschichtswissenschaft in Deutschland, Österreich und der Schweiz. Die Lehrstuhlinhaber für Geschichte von den Anfängen des Faches bis 1970, Frankfurt a.M. u.a. [2]1987; Rüdiger VOM BRUCH/Rainer A. MÜLLER (Hrsg.), Historikerlexikon. Von der Antike bis zum 20. Jahrhundert, München 1991; Lothar GALL (Bearb.), Vademekum der Geschichtswissenschaften, 2. Ausgabe: 1996/97, Stuttgart 1996; Wilhelm BERNSDORF/Horst KNOSPE (Hrsg.), Internationales Soziologenlexikon, 2 Bde., Stuttgart [2]1980/84; Clifford GEERTZ, Works and Lives. The Anthropologist as Author, Stanford 1988, deutsch: Die künstlichen Wilden. Anthropolo-

gen als Schriftsteller, aus dem Amerikanischen von Martin Peiffer, München/Wien 1990; Brockhaus Enzyklopädie, 24 Bde., Mannheim [20]1996–1999; Lexikon für Theologie und Kirche, 14 Bde., Sonderausgabe Freiburg/Br. 1986; Kindlers Literatur Lexikon, 14 Bde., Lizenzausgabe München 1986; Allgemeine Deutsche Biographie, 56 Bde., Leipzig 1875–1912; Neue Deutsche Biographie, 21 Bde., Berlin 1953ff.; Kürschners Gelehrten Kalender, München 1925ff.

16 Eric J. Hobsbawm/Terence Ranger (Hrsg.), The Invention of Tradition, Cambridge 1986; Helmut Heiber, Walter Frank und sein Reichsinstitut für Geschichte des neuen Deutschlands, München 1966; Wolfgang Jacobeit/Hannjost Lixfeld/Olaf Bockhorn (Hrsg.), Völkische Wissenschaft. Gestalten und Tendenzen der deutschen und österreichischen Volkskunde in der ersten Hälfte des 20. Jahrhunderts, Wien u.a. 1994; Hans Fischer, Völkerkunde im Nationalsozialismus. Aspekte der Anpassung, Affinität und Behauptung einer wissenschaftlichen Disziplin, Berlin/Hamburg 1990.

17 Udo Becker, Lexikon der Astrologie, Freiburg i.Br. u.a. 1981; Nevill Drury, Dictionary of Mysticism and the Occult, San Francisco 1985; Leonard Eschenbach, Lexikon des esoterischen Wissens. Aus dem Amerikanischen von Erika Ifang, München 1988; Eugen Lennhoff/Oskar Posner, Internationales Freimaurerlexikon, Wien 1932; Hans Gasper/Joachim Müller/Friederike Valentin, Lexikon der Sekten, Sondergruppen und Weltanschauungen, Freiburg u.a [2]1994.

18 Peter Burke, The Comparative Approach to European Witchcraft, in: Bengt Ankarloo/Gustav Henningsen (Hrsg.), Early Modern European Witchcraft. Centres and Peripheries, Oxford 1990, S. 435–441; Günter Jerouschek/Hinrich Rüping, Literaturbericht Strafrechtsgeschichte, in: Zeitschrift für die gesamte Strafrechtswissenschaft 106 (1994), S. 163–183, hier: S. 164.

19 Bernd Kollmann, Jesus und die Christen als Wundertäter. Studie zu Magie, Medizin und Schamanismus in Antike und Christentum, Göttingen 1996; Morton Smith, Jesus the Magician, San Francisco 1978, deutsch: Jesus der Magier, aus dem Amerikanischen von Wilhelm Höck, München 1981.

20 Herbert Grundmann, Geschichtsschreibung im Mittelalter. Gattungen – Epochen – Eigenart, Göttingen [2]1969; Franz-Josef Schmale, Funktion und Formen mittelalterlicher Geschichtsschreibung. Eine Einführung, Darmstadt 1985.

21 Recognitiones IV,27–29, in: Jacques Paul Migne, Patrologia Graeca, Bd. 1, Turnhout 1857, Sp. 1326f., hier – wie das folgende – nach: Jean Claude Bologna, Du Flambeau au Boucher, Paris 1993, deutsch: Von der Fackel zum Scheiterhaufen. Magie und Aberglaube im Mittelalter, aus dem Französischen von Marta Jacober, Solothurn/Düsseldorf 1995, S. 16f.

22 Isidor von Sevilla, De magis (Etymologiae VIII,9); Hrabanus Maurus, De magorum praestigiis, in: Jacques Paul Migne, Patrologia Latina, Bd. 110, Turnhout 1852, Sp. 1087–1110; Hugo von St. Viktor, De magica et partibus eius (Eruditionis Didascalicae libri septem), in: Jacques Paul Migne, Patrologia Latina, Bd. 176, Turnhout 1854, Sp. 810.

23 Bologna (wie Anm. 21), S. 19ff.

24 Agobard von Lyon, Contra insulsam vulgi opinionem de grandine et tonitruis, in: Jacques Paul Migne, Patrologia Latina, Bd. 104, Turnhout 1851, Sp. 147–158.

25 Burchard von Worms, Decretorum libri decem, in: Jacques Paul Migne, Patrologia Latina, Bd. 140, Turnhout 1853, Sp. 537–1090.

26 Robert Bartlett, The Conversion of a Pagan Society in the Middle Ages, in: History. The Journal of The Historical Association 70 (1985), S. 185–201; zum Begriff *Survival*: Margaret T. Hodgen, The Doctrine of Survivals. A Chapter in the History of Scientific Method in the Study of Man, London 1935.

27 John Leddy Phelan, The Hispanization of the Philippines. Spanish Aims and Philippine Responses 1565–1700, Madison 1959.

28 Stellvertretend für die Fülle von Literatur: Julian H. Steward (Hrsg.), Handbook of South American Indians, 7 Bde., Washington [2]1963; Robert Wauchope (Hrsg.), Handbook of Middle American Indians, 16 Bde., Austin/Texas 1964–1970; Georg Zelenka, Glaubensmäßiges Brauchtum der Indianer Perus im Hinblick auf die Verbote von Kirche und Staat (1532–1690), Diss. phil. Wien 1971; Sharon Douglas/Christopher B. Donnan, The Magic Cactus. Ethnoarchaeological Continuity in Peru, in: Archaeology 30 (1977), S. 374–381; Manfred Kremser, Kontinuitäten religiöser Kultur in der afrikanischen Diaspora, in: Mitteilungen der Anthropologischen Gesellschaft in Wien 122 (1992), S. 51–63; Birgit Scharlau/Mark Münzel, Qellqay. Mündliche Kultur und Schrift bei den Indianern Lateinamerikas, Frankfurt a.M. 1986; William Madsen/Claudia Madsen, A Guide to Mexican Witchcraft, Mexico City [2]1994; Manfred Kremser (Hrsg.), Afro-Karibische Religionen. African-Caribbean Religions, Wien 1994.

29 Il-Young Park, Minjung, Schamanismus und Inkulturation. Schamanistische Religiosität und Christliche Orthopraxis in Korea, Diss. theol. Fribourg 1988.

30 Arno Borst, Geschichte an mittelalterlichen Universitäten, in: ders., Barbaren, Ketzer und Artisten, München 1988, S. 174–196, hier: S. 182; Ulrich Muhlack, Geschichtswissenschaft im Humanismus und in der Aufklärung, München 1991.

31 Johannes Nider, Formicarius [1435], Köln ca. 1480, Straßburg 1517, Paris 1519, Faksimile Graz 1971, zitiert nach der Edition in: Hansen, Quellen (wie Anm. 3), S. 88–99, hier: S. 94, Zeile 19f.; Kaspar Erich Schieler, Magister Johann Nider aus dem Orden der Prediger-Brüder, Mainz 1885.

32 Richard KIECKHEFER, Magie et Sorcellerie en Europe au Moyen Age, in: Robert MUCHEMBLED (Hrsg.), Magie et Sorcellerie en Europe du Moyen Age à nos jours, Paris 1994, S. 17–44; William MONTER, Poursuites Précoces. La Sorcellerie en Suisse, in: ebd., S. 47–58; Wolfgang BEHRINGER, »Allemagne, Mère de tant des sorcières«. Au Coer des Persécutions, in: ebd., S. 59–98.

33 Adriano PROSPERI, Credere alle streghe. Inquisitori e confessori davanti alla »superstizione«, in: Giovanni BOSCO (Hrsg.), Bibliotheca Lamiarum. Documenti e immagini della stregoneria dal Medioevo all'Età Moderna, Pisa 1994, S. 17–34, hier: S. 22.

34 BERNARDO DA COMO, Tractatus de strigibus [1508], Rom 1584, Übersetzung nach dem Teilabdruck in: HANSEN, Quellen (wie Anm. 3), S. 279–284, hier: S. 282; DERS., Lucerna inquisitorum haereticae pravitatis, Mailand 1546, fol. 92–94.

35 Günter JEROUSCHEK (Hrsg.), Heinrich Kramer, Malleus Maleficarum – Hexenhammer. Nachdruck des Erstdrucks von 1487 mit Bulle und Approbatio, Hildesheim u.a. 1992; Der Hexenhammer (Malleus maleficarum), übersetzt von Johann W.R. SCHMIDT, Berlin 1906, ND München 1982, Apologia.

36 Die Encyclopédie de l'Alsace, 12 Bde., Straßburg 1982–1986, gedenkt dieses Elsässers (Cramer, Kramer, Institoris, Malleus, sorcellerie) nicht.

37 Malleus maleficarum (wie Anm. 35), Apologia.

38 Will-Erich PEUCKERT, Die große Wende, 2 Bde., Hamburg 1948, S. 119–142; Norman COHN, The Pursuit of the Millenium, London 1961.

39 Walter RUMMEL, Gutenberg, der Teufel und die Muttergottes von Eberhardklausen. Erste Hexenverfolgung im Trierer Land, in: Andreas BLAUERT (Hrsg.), Ketzer, Zauberer, Hexen. Die Anfänge der europäischen Hexenverfolgungen, Frankfurt a.M. 1990, S. 91–117.

40 Zu diesem ganzen Komplex im einzelnen der Abschnitt *History* in: Stuart CLARK, Thinking with Demons. The Idea of Witchcraft in Early Modern Europe, Oxford 1996, S. 313–433.

41 Wolfgang BEHRINGER (Hrsg.), Hexen und Hexenprozesse in Deutschland, München ^{3}1995, S. 92f., 139f., 161.

42 ERASMUS VON ROTTERDAM, Das Lob der Torheit [1509], übersetzt und hrsg. von Anton J. GAIL, Stuttgart 1983, S. 101f. Dem Herausgeber ist das entscheidende Zitat von Ex 22,18 an dieser Stelle entgangen.

43 Christian THOMASIUS, Disputatio Juris Canonici de Origine ac Progressu Processus Inquisitorii contra sagas [1704/12], in: DERS., Vom Laster der Zauberei. Über die Hexenprozesse – De Crimine Magiae. Processus Inquisitorii contra Sagas, hrsg. von Rolf LIEBERWIRTH, Weimar 1967, ND München 1986, S. 108–217, hier: S. 123ff., über einen Brief des Erasmus (Epistolarum Opus, Bd. 91, S. 82ff.) von 1500.

44 Andrea ALCIATI, Parergon Juris [1530], lib. 8, cap. 22, in: DERS., Opera, Bd. 4, Basel 1582, Sp. 498, abgedruckt in: HANSEN, Quellen (wie Anm. 3), S. 310ff.

45 Henricus Cornelius AGRIPPA VON NETTESHEIM, Über die Fragwürdigkeit, ja Nichtigkeit der Wissenschaften, Künste und Gewerbe, hrsg. von Siegfried WOLLGAST, übersetzt von Gerhard GÜPNER, Berlin 1993, S. 236–239.

46 Daniel P. WALKER, Spiritual and Demonic Magic from Ficino to Campanella, London 1958.

47 H.C. Erik MIDELFORT, Johann Weyer in medizinischer, theologischer und rechtsgeschichtlicher Hinsicht, in: LEHMANN/ULBRICHT (wie Anm. 63), S. 53–64.

48 Johann WEYER, De praestigiis daemonum, Basel 1563, Frankfurt 1586, Vorrede (Blutbad), S. 446f. (Alciati).

49 Reinhart KOSELLECK, Vergangene Zukunft der frühen Neuzeit [1968], in: DERS., Vergangene Zukunft. Zur Semantik geschichtlicher Zeiten, Frankfurt a.M. 1979, ^{3}1984, S. 17–37, hier: S. 21.

50 Martin LUTHER, Gesammelte Werke. Kritische Gesamtausgabe, 70 Bde., Weimar 1883ff., Bd. 16, S. 551; Johannes CALVIN, Auslegung der Heiligen Schrift, 13 Bde., hrsg. von Otto WEBER, Neukirchen 1938ff., Bd. 2,1, S. 381; dazu Jörg HAUSTEIN, Luthers Stellung zum Zauber- und Hexenwesen (Münchner Kirchenhistorische Studien, Bd. 2), Stuttgart u.a. 1990, S. 91–95, 123ff. (Luther), 150ff. (Calvin).

51 Bartollomeo SPINA, Quaestio de strigibus [1523], Rom 1576, cap. 20.

52 Peter BINSFELD, De confessionibus maleficorum et sagarum, Trier 1589, Vorrede.

53 Adam BERG, Widmung an Herzog Ferdinand von Bayern, in: Peter BINSFELD, Traktat von Bekantnuß der Zauberer und Hexen, München 1591.

54 Lambert DANEAU, Ein Gespräch von Zauberern [1574], in: Abraham SAUR (Hrsg.), Theatrum de Veneficis, Frankfurt a.M. 1586, S. 14–53.

55 Jean BODIN, Methodus ad facilem historiarum cognitionem, Paris 1566; Julian H. FRANKLIN, Jean Bodin and the Sixteenth-Century Revolution in the Methodology of Law and History, New York/London 1963.

56 Jean BODIN, De la démonomanie des sorciers, Paris 1580.

57 Nicolas RÉMY, Daemonolatria, Lyon 1593, deutsch: Frankfurt 1598, englisch: London 1930.

58 Martin Antoine DELRIO, Disquisitionum magicarum libri sex, Löwen 1599/1600, Proloquium.

59 Henry BOGUET, Discours des Sorciers, Lyon 1602, englisch: London 1929.

60 Francesco GUAZZO, Compendium Maleficarum, Mailand 1608/26, englisch: London 1929.

61 Margaret M. MCGOWAN, Pierre de Lancre's »Tableau de l'inconstance des Mauvais Anges et Demons«. The Sabbat sensationalised, in: ANGLO (wie Anm. 917), S. 182–201.

62 Zu Nider: Arno Borst, Die Anfänge des Hexenwahns in den Alpen, in: ders., Barbaren, Ketzer und Artisten (wie Anm. 30), S. 262–286; zum *Malleus maleficarum*: Heide Dienst, Lebensbewältigung durch Magie. Alltägliche Zauberei in Innsbruck gegen Ende des 15. Jahrhunderts, in: Alfred Kohler/Heinrich Lutz (Hrsg.), Alltag im 16. Jahrhundert. Studien zu Lebensformen in mitteleuropäischen Städten, München 1987, S. 80–116; Edda Fischer, Die »Disquisitionum Magicarum Libri Sex« von Martin Delrio als gegenreformatorische Exempel-Quelle, Diss. phil. Frankfurt a.M. 1975, entging dieser pragmatische Aspekt, da sie nur mit gedruckten Texten arbeitete.

63 Hartmut Lehmann/Otto Ulbricht (Hrsg.), Vom Unfug der Hexenprozesse. Gegner der Hexenverfolgungen von Johann Weyer bis Friedrich Spee, Wiesbaden 1992.

64 Wolfgang Behringer, Zur Haltung Adam Tanners in der Hexenfrage. Die Entstehung einer Argumentationsstrategie in ihrem gesellschaftlichen Kontext, in: Lehmann/Ulbricht (wie Anm. 63), S. 161–185.

65 Friedrich Spee, Cautio Criminalis oder Rechtliches Bedenken wegen der Hexenprozesse [1631]. Aus dem Lateinischen übertragen und eingeleitet von Joachim-Friedrich Ritter, Weimar 1939, ND München 1982, S. 109.

66 Gabriel Naudé, Apologie pour tous les grands personnages, qui ont esté faussement soupconnez de magie [1625], La Haye 1653.

67 Christoph Daxelmüller, Bibliographie barocker Dissertationen zu Aberglaube und Brauch, in: Jahrbuch für Volkskunde NF 3 (1980), S. 194–238, 4 (1981), S. 225–243, 5 (1982), S. 213–244, 6 (1983), S. 230–244, 7 (1984), S. 195–240. Diese Bibliographie ist keinesfalls vollständig, wie Recherchen zeigen (vgl. OPAC Staatsbibliothek München).

68 Michael Stolleis (Hrsg.), Staatsdenker im 17. und 18. Jahrhundert. Reichspublizistik, Politik, Naturrecht, Frankfurt a.M. ^{2}1987.

69 Klaus von See, Deutsche Germanenideologie, Frankfurt a.M. 1970, S. 23–27; ders., Barbar – Germane – Arier. Die Suche nach der Identität der Deutschen, Heidelberg 1994, S. 31–82.

70 Richard Sachse, Jacob Thomasius, in: Allgemeine Deutsche Biographie (wie Anm. 15), Bd. 38, S. 107–112.

71 Friedrich Zarncke, Johannes Praetorius, in: Allgemeine Deutsche Biographie (wie Anm. 15), Bd. 26, S. 520–529; Helmut Waibler, Johann Prätorius. Bio-bibliographische Studie zu einem Kompilator curieuser Materialien im 17. Jahrhundert, Frankfurt a.M. u.a. 1979.

72 Johannes Prätorius, Philosophia Colus oder Pfü/lose vieh der Weiber, darinnen gleich hundert allerhand gewöhnliche Aberglauben des gemeinen Mannes lächerig gemachet werden [...], Leipzig 1662; ders. Daemonologia Rubinzalii Silesii, Leipzig 1662, ND 1665, 1668; ders., Antropodemus Plutonicus, Magdeburg 1666; ders., Blockes-Berges-Verrichtung, Leipzig 1668; ders., Bekannte und unbekannte Historien von Rübezahl, Leipzig o.J., ND 1920, Darmstadt 1990.

73 J. Wagenmann, Paul Christian Hilscher, in: Allgemeine Deutsche Biographie (wie Anm. 15), Bd. 12, S. 431.

74 Christian August Crusius, Abhandlung von den Überbleybseln des Heidenthums in den Meynungen vom Tode [...], Leipzig 1765.

75 Ernst F. Schröter, De lamiis earumque processu crim., Jena 1670.

76 J. Wagenmann, Samuel Andreä, in: Allgemeine Deutsche Biographie (wie Anm. 15), Bd. 1, S. 448; Samuel Andreae (Praes.)/Heinrich Wagner (Resp.), Disquisitio historica de Simone Mago, Marburg 1680; Samuel Andreae (Preas.)/Benjamin Vigilantius (Resp.), Bogomiloi, seu disquisitio historico-theologica de Bogomilis, Marburg 1688.

77 Gustav Peringer/Johannes Arborelius (Resp.), De magis Persarum, Uppsala 1694; Johannes Reiske, Kurtze so wohl historische als vernunfftmäßige Untersuchung des beym alten Teutschen gebräuchlichen Heydnischen Nodfyrs [...], Frankfurt a.M./Leipzig 1696; Indiculus supersitionum et paganiarum, in: MGH Leges II, Capt. Reg. Franc. I, Nr. 108, ed. Alfred Boretius, Hannover/Berlin 1888, S. 222f.; dazu: Holger Homann, Der Indiculus superstitionum et paganiarum und verwandte Denkmäler, Diss. phil. Göttingen 1965.

78 Sebastian Kirchmaier (Praes.)/Johann Christoph Schweigger, De Germanorum antiquorum idolatria, Wittenberg 1663.

79 Georg Caspar Kirchmaier, In C.C. Tacitum de Germania liber Commentarius, Wittenberg 1664; ders., Disputationes zoologicae de Basilisco, Wittenberg 1661, 1669, 1736; ders., De draconibus volantibus, Wittenberg 1665; ders., De basilisci existentia et essentia (Def. August Cademann), Wittenberg 1659; ders., De apparitionibus spectrorum et spirituum (Def. Johann Gottlieb Stolze), Wittenberg 1692; dazu: Heinrich von Zeissberg, Georg Kaspar Kirchmayer, in: Allgemeine Deutsche Biographie (wie Anm. 15), Bd. 16, S. 16f.

80 Bernward Deneke, Zur Tradition der mythologischen Kontinuitätsprämisse, in: Hermann Bausinger/Wolfgang Brückner (Hrsg.), Kontinuität? Geschichtlichkeit und Dauer als volkskundliches Problem, Berlin 1969, S. 47–56.

81 Hans Tiedemann, Tacitus und das Nationalbewußtsein der deutschen Humanisten, Diss. phil. Berlin 1913; von See, Deutsche Germanenideologie (wie Anm. 69), S. 14ff.

82 Richard Cavendish, The Black Arts, London 1967, S. 125.

83 Pierre Bayle, Response aux Questions d'un Provincial, 5 Bde., Rotterdam 1704, Bd. 1, S. 327, cap. XXXVII: *De l'antiquité & des progrès de la magie*, S. 335.

84 [Johann Georg Schmidt], Die gestriegelte Rocken-Philosophie, Oder Aufrichtige Untersuchung derer Von vielen Super-klugen Weibern hochgehaltenen Aberglauben, Allen denen nützlich zu lesen / die entweder schon ehemals von ein- und andern Aberglauben betrogen worden sind, oder noch betrogen werden können; An das Licht gestellet von dem, der einem jedweden die Wahrheit ins Gesicht Saget. Das Erste Hundert. Das zweite Hundert, Chemnitz 1705, Das dritte und vierte Hundert, Chemnitz 1706, Das erste bis vierte Hundert in dritter Auflage, Chemnitz 1718, Das fünfte bis sechste Hundert, Chemnitz 1722 (Faksimile in 2 Bde. [1718/22], hrsg. von Hans Joachim Poeckern, mit einem Nachwort von Roland Busch, Weinheim 1987).

85 Martin Geier, Disquisitio theologica de superstitione, Leipzig 1660, [2]1684; Prätorius, Philosophia Colus (wie Anm. 72).

86 Jean d'Arras/Antoine du Val/Fouquart de Cambrai, Les Evangiles des quenouilles, Brügge 1475, englisch: Gospelles of Dystaues, London 1507, holländisch: Die euangelien van den spinrocke [...], Antwerpen 1520, deutsch: Des Kunckels Oder Spinnrockens Evangelia [...], Köln 1537; dazu: Walter Widmer, Die Kunkel-Evangelien, ein belgisches Volksbuch aus dem fünfzehnten Jahrhundert, Leipzig 1943; Madeleine Jeay, La popularité des »Evangiles des quenouilles«. Un paradoxe révélateur, in: Renaissance and Reformation NF 6 (1982), S. 166–182.

87 Poeckern (wie Anm. 84), S. 16.

88 Georg Christoph Zimmermann, Den in vielen Stücken allzuabergläubigen Christen ... zum besseren Unterricht, Frankfurt a.M./Leipzig 1721; dazu: Adolf Spamer, Zur Aberglaubensbekämpfung des Barock. Ein Handwörtebuch deutschen Aberglaubens von 1721 und sein Verfasser, in: Miscellanea Academica Berolinense 2,1 (1950), S. 133–159.

89 Kay S. Wilkins, Attitudes to witchcraft and demonic possessions in France during the eighteenth century, in: Journal of European Studies 3 (1973), S. 348–362; ders., Some Aspects of the Irrational in 18th Century France, in: Studies on Voltaire 150 (1975), S. 107–201.

90 Thomas Hobbes, Leviathan, hrsg. von Iring Fetscher, Frankfurt a.M. 1984.

91 Cyrano de Bergerac, Lettre contre les sorciers [1654], in: Frederic Lachevre (Hrsg.), Les Oevres Libertines de Cyrano de Bergerac, Bd. 2, Paris 1912, S. 211–218.

92 Nicolas de Malebranche, Des Sorciers par imagination, et des Loups-Garoux, in: ders., De la Recherche de la vérité [...], 3 Bde., Paris 1674–1678, Bd. 2, S. 337ff., Nachdruck in: ders., Oeuvres Complètes, 23 Bde., hrsg. von André Robinet, Paris 1962, Bd. 1, S. 370–376; dazu: Martin Pott, Aufklärung und Aberglaube. Die deutsche Frühaufklärung im Spiegel ihrer Aberglaubenskritik, Diss. phil. Tübingen 1992, S. 217f.

93 Ciro Senofonte, Pierre Bayle. Dal Calvinismo all'Illuminismo, Neapel 1978; Theodor G. Bucher, Zwischen Atheismus und Toleranz. Zur historischen Wirkung von Pierre Bayle, in: Philosophisches Jahrbuch 92 (1985), S. 353–379.

94 Pierre Bayle, Pensées diverses écrites à un docteur de Sorbonne à l'occasion de la Comète qui parut au mois de décembre 1680, Paris 1683, [3]1699; Paul Hazard, La Crise de la Conscience Europénne, 3 Bde., Paris 1935, deutsch: Die Krise des europäischen Geistes, aus dem Französischen von Harriet Wegener, Hamburg 1939, S. 194–199.

95 Pierre Bayle, Response aux Questions d'un Provincial, 5 Bde., Rotterdam 1704, Bd. 1, Chap. XXXV: *Si l'on doit punir ceux qui se servent de ce qu'on apelle enchantements*, S. 300–314, auch das vorhergehende lange Kapitel *Observations sur le procez de sortilege*, S. 272–299.

96 Balthasar Bekker, De betoverde Weereld [...], 4 Bde., Amsterdam 1691–1693, [2]1739, deutsch: Die bezauberte Welt. In die teutsche Sprache übersetzt von Johann Lange, Hamburg [ca. 1698]; Die Bezauberte Welt. Neu übersetzt von Johann Moritz Schwager, 2 Bde., Leipzig 1781–1782; dazu: Wilhelm Reuning, Balthasar Bekker, der Bekämpfer des Teufels- und Hexenglaubens, Diss. masch. Gießen 1925; Bibliographie: J.J. Kalma/M. Zeeman, Bekkeriana. Critical bibliography of the Writings of B. Bekker himself and of his Advocats and Opposants in the Course of the Time, Leuwarden 1982.

97 Bayle, Response aux Questions d'un Provincial (wie Anm. 95), S. 22–27, Chap. III: *De l'auteur qui s'est surnommé Callidius Chrysopolitanus.*

98 Ebd., S. 105–113, Chap. XVI: *De Martin Antoine del-Rio.*

99 Ebd., S. 300–314.

100 Auf Thomasius' Abhandlung *De Crimine Magiae* (Halle 1701) geht Bayle in dem Abschnitt *Observations sur les Procez des sortileges* ein (ebd., S. 383f.).

101 Antonius van Dale, De oraculis ethnicorum, Rotterdam 1683; dazu: Meindert Evers, Die »Orakel« von Antonius van Dale (1638–1708). Eine Streitschrift, in: Lias. Sources and documents relating to the early modern history of ideas 8 (1981), S. 225–267.

102 Bernard le Bovier de Fontenelle, Histoire des oracles [1686], hrsg. von Louis Maigron, Paris 1971, deutsch: Geschichte der Orakel, in: Helga Bergmann (Hrsg.), Fontenelle. Philosophische Neuigkeiten für Leute von Welt und für Gelehrte. Ausgewählte Schriften, Leipzig [2]1989, S. 120–227; dazu: Werner Krauss, Fontenelle und die Aufklärung, München 1969; ders., Die Literatur der französischen Frühaufklärung, Frankfurt a.M. 1971; zum Vermittlungsprozeß: Pott (wie Anm. 92), S. 207.

103 Jean-Francois Baltus, Réponse à l'Histoire des Oracles de Mr. de Fontenelle ..., dans laquelle on réfute le systeme de Mr. Van Dale sur les Auteurs des Oracles du Paganisme [...], Straßburg 1707.

104 Johann Christian Gottsched, Bernhard von Fontenelles Historie der heydnischen Orakel, darinn aus dem lateinischen Werke des von Dalen ein kurzer Auszug enthalten. Aus dem Französischen übersetzet, und mit einem Anhange, darinn auf die Vorwürfe eines Straßburgischen Jesuiten geantwortet wird, Leipzig 1730.
105 Philipp von Limborch, Historia Inquisitionis hispanicae, Amsterdam 1692, zitiert bei: Thomasius, Processus Inquisitorii contra Sagas (wie Anm. 43), S. 228.
106 Antonius van Dale, Dissertationes de origine ac progressu idolatriae de vera ac falsa prophetia et de divinationibus idolatricis Judaeorum, Amsterdam 1696; dazu: Thomasius, De Crimine Magiae (wie Anm. 43), S. 38f.
107 Gottfried Arnold, Unpartheyische Kirchen- und Ketzerhistorie vom Anfang des Neuen Testaments bis 1688, 2 Bde., Frankfurt a.M. 1699/1700.
108 Erich Seeberg, Christian Thomasius und Gottfried Arnold, in: Neue kirchliche Zeitschrift 31 (1920), S. 337–358; Eduard Winter, Frühaufklärung. Der Kampf gegen den Konfessionalismus in Mittel- und Osteuropa und die deutsch-slawische Begegnung, Berlin 1966, S. 74.
109 Winter (wie Anm. 108), S. 73f.; Hammerstein, Jus und Historie (wie Anm. 112), S. 43–148, hier: S. 124.
110 Johann Wolfgang von Goethe, Aus meinem Leben. Dichtung und Wahrheit, 2. Teil, 8. Buch, in: ders., Werke. Hamburger Ausgabe, 14 Bde., hrsg. von Erich Trunz, München [12]1981, Bd. 9, S. 350.
111 Ernst Cassirer, Die Philosophie der Aufklärung, Tübingen [2]1932.
112 Notker Hammerstein, Jus und Historie. Ein Beitrag zur Geschichte des historischen Denkens an deutschen Universitäten im späten 17. und 18. Jahrhundert, Göttingen 1972, S. 90ff., 97ff.
113 Zur ausufernden Thomasius-Literatur: Rolf Lieberwirth, Christian Thomasius. Sein wissenschaftliches Lebenswerk. Eine Bibliographie, Weimar 1955; Frank Grunert, Thomasius-Bibliographie 1945–1987, in: Werner Schneiders (Hrsg.), Christian Thomasius. 300 Jahre Aufklärung in Deutschland, Hamburg 1987.
114 Winter (wie Anm. 108), S. 63–69.
115 Günter Jerouschek, Die Hexen und ihr Prozeß. Die Hexenverfolgung in der Reichsstadt Esslingen (Esslinger Studien. Schriftenreihe, Bd. 11), Sigmaringen 1992, S. 17.
116 Thomasius, De Crimine Magiae (wie Anm. 43), S. 32–107.
117 Ebd., S. 37.
118 Peter Goldschmidt, Höllischer Morpheus [...] wider die vorige und heutige Atheisten, Naturalisten, und namentlich D. Beckerum in der bezauberten Welt, Hamburg 1689, [2]1704; ders., Verworffener Hexen- und Zauberer-Advocat, das ist: Wolgegründete Vernichtung des thörichten Vorhabens Hrn. Christiani Thomasii [...] und aller derer, welche durch ihre super-kluge Phantasie-Grillen dem teufflischen Hexen-geschmeiß das Wort reden wollen [...], Hamburg 1705, 1727, 1729; dazu: Christoph Gottlieb Jöcher, Allgemeines Gelehrten-Lexicon, 4 Bde., Leipzig 1750/51, Bd. 2, S. 1058; Jan Ulbe Terpstra, Petrus Goldschmidt aus Husum. Ein nordfriesischer Gegner Balthasar Bekkers und Thomasius', in: Euphorion 59 (1965), S. 361–383.
119 Thomasius, Processus Inquisitorii contra sagas (wie Anm. 43), S. 209–214.
120 Johann Schack, Disputatio juridica ordinaria de probatione criminis magiae, Greifswald 1706, S. 37
121 John Webster, The Displaying of Supposed Witchcraft, London 1677.
122 Christian Thomasius, Einleitung, in: Johann Webster, Untersuchung der vermeinten und sogenannten Hexereyen, Halle 1719.
123 Thomasius, Processus Inquisitorii contra Sagas (wie Anm. 43), S. 112f.
124 Hermann Adolph Meinders, Unvorgreifliche Gedancken und Monita, wie ohne blinden Eyfer und Übereilung mit denen Hexen-Processen ... in denen königlich preußischen Landen ohnmaßgeblich zu verfahren, Lemgo 1716 (darin werden auch die historischen Hexenverfolgungen am Erscheinungsort reflektiert).
125 Francis Hutchinson, An Historical Essay Concerning Witchcraft, London 1718, [2]1720, deutsch: Francisci Hutchinsons Historischer Versuch von der Hexerey. Nebst [...] einer Vorrede des Herrn Geheimbden Raths Thomasii [...], aus dem Englischen von Theodor Arnold, Leipzig 1726.
126 Richard Boulton, A Compleat History of Magick, Sorcery and Witchcraft, London 1715; Boultons Antwort auf Hutchinson: ders., A Vindication of a Compleat History of Magick, Sorcery and Witchcraft, London 1722.
127 Hutchinson, Historical Essay (wie Anm. 125), Dedication.
128 Estes (wie Anm. 8), S. 134.
129 Hutchinson, Historischer Versuch (wie Anm. 125), Titelkupfer.
130 Christian Wolff, Von den Vorbedeutungen oder Wunderdingen, in: ders., Gesammelte kleine philosophische Schriften, 4 Teile, Halle 1736–1740, ND Hildesheim/New York 1981, hier: S. 142–146.
131 Zu überprüfen daher die Periodisierung bei Hans Schleier, Epochen der deutschen Geschichtsschreibung seit der Mitte des 18. Jahrhunderts, in: Küttler/Rüsen/Schulin (wie Anm. 14), S. 133–156.
132 Thomasius, Processus Inquisitorii contra Sagas (wie Anm. 43), S. 133ff.
133 Ebd., S. 217.
134 Ebd., S. 390.
135 Jacob Brunnemann, Discours von den betrüglichen Kennzeichen der Zauberey. Nebst einer Historischen Anleitung von dem Zustande des Hexen-Processes vor und nach der Reformation, Stargard 1708, Halle [2]1727, Frankfurt/Leipzig [3]1729.

136 Johann REICHE, Unterschiedliche Schrifften vom Unfug des Hexen-Processes / Zu fernerer Untersuchung der Zauberey, Halle 1703.

137 John WAGSTAFF, Gründlich ausgeführter Materie von der Hexerey, Halle 1711; John WEBSTER, Untersuchung der vermeynten und so genannten Hexereyen, Halle 1719; zu Weißbach: JÖCHER (wie Anm. 118), Bd. 4, Sp. 1867; POTT (wie Anm. 92), S. 196; zu Wagstaff: Michael HUNTER, The Witchcraft Controversy and the Nature of Free-Thought in Restoration England. John Wagstaffes »The Question of Witchcraft Debated« (1669), in: DERS., Science and the Shape of Orthodoxy. Intellectual Change in late 17th-Century Britain, Woodbridge 1995, S. 286–307.

138 Eberhard David HAUBER, Bibliotheca sive acta et scripta magica. Gründliche Nachrichten und Urtheile von solchen Büchern und Handlungen, welche die Macht des Teufels in leiblichen Dingen betreffen, 36 Stücke in 3 Bde., Lemgo 1738–1745.

139 Zu Hauber: KELCHNER, Eberhard David Hauber, in: Allgemeine Deutsche Biographie (wie Anm. 15), Bd. 11, S. 36f.; Ruthhard OEHME, Eberhard David Hauber, in: Neue Deutsche Biographie (wie Anm. 15), Bd. 8, S. 69f.; DERS., Eberhard David Hauber. Ein schwäbisches Gelehrtenleben, Stuttgart 1976.

140 Anton Friedrich BÜSCHING, Eberhard David Hauber, in: DERS., Beyträge zu der Lebensgeschichte denkwürdiger Personen, 6 Teile in 3 Bde., Halle 1783–1789, Bd. 2, S. 161–262 (S. 181, das Zitat über die »christliche Freyheit«).

141 Ebd., Bd. 2, S. 249.

142 Jürgen SCHEFFLER, Lemgo, das Hexennest. Folkloristik, NS-Vermarktung und lokale Geschichtsdarstellung, in: Jahrbuch für Volkskunde NF 12 (1989), S. 113–132.

143 HAUBER, Bibliotheca (wie Anm. 138), 1738, 1. Stück, Vorrede.

144 HAUBER, Bibliotheca (wie Anm. 138), 1739, Vorrede zum 7. Stück, vor S. 421; zur Stellung Hamburgs jetzt: Roswitha ROGGE, Hexenverfolgung in Hamburg? Schadenzauber im Alltag und in der Justiz, in: Geschichte in Wissenschaft und Unterricht 46 (1995), S. 381–401.

145 Fritz K. RINGER, The Decline of the German Mandarins. The German Academic Community, 1890–1933, Cambridge/Mass. 1969, deutsch: Die Gelehrten. Der Niedergang der deutschen Mandarine (1890–1933), aus dem Englischen von Klaus LAERMANN, München 1987, S. 25f.

146 Z.B. Friedrich HOFFMANN (Praes.)/Gottfried BÜCKING (Resp.), Disputatio inauguralis medico-philosophica de potentia diaboli in corpora, Halle 1703, [2]1725, deutsch: Philosophische und medizinische Untersuchung von Gewalt und Wirkung des Teuffels in natürlichen Cörpern, Frankfurt a.M./Leipzig 1704; dazu: POTT (wie Anm. 92), S. 369–381, 387–396.

147 Justus Henning BÖHMER, Jus Ecclesiasticum Protestantium, 6 Bde., Halle 1714–1744, Bd. 5, S. 461ff.

148 HAUBER, Bibliotheca (wie Anm. 138), 1740, 16. Stück, II, S. 262–270.

149 HAUBER, Bibliotheca (wie Anm. 138), 1740, 21. Stück, II, vor S. 577; Johann Georg KEYSSLER, Antiquitates selectae septentrionales et celticae, Hannover 1720; DERS., Dissertatio de cultu Solis, Freii et Othini, Halle 1728; zu Keyßler: Gottfried SCHÜTZE, Einleitung, in: Johann Georg KEYSSLER, Neueste Reisen durch Teutschland, Böhmen, Ungarn, die Schweiz, Italien, Lothringen etc., Altona 1752; Friedrich RATZEL, Johann Georg Keyßler, in: Allgemeine Deutsche Biographie (wie Anm. 15), Bd. 15, S. 702f.

150 HAUBER, Bibliotheca (wie Anm. 138), 1739, II, 13. Stück, S. 1.

151 HAUBER, Bibliotheca (wie Anm. 138), 1741, III, 26. Stück, Kupferstich.

152 Nachricht von dem Hexen-Proceß in dem Ertz-Stift Trier und dem traurigen Schicksal eines Churfürstlichen Ministers, in: HAUBER, Bibliotheca (wie Anm. 138), 1740, 21. Stück, II, S. 582–593.

153 Felix Martin BRÄHM, Disputatio inauguralis de fallacibus indiciis Magiae, Praeside D. Henrico Bodino Anno MDCCI Halae Magdeburgensis, in: HAUBER, Bibliotheca (wie Anm. 138), 1740, 23. Stück, II, S. 741–765; Anmerkungen über die vorhergehende Disputation: ebd., S. 765–774.

154 Eberhard David HAUBER, Versuch einer umständlichen Historie der Land-Charten, Ulm 1724.

155 HAUBER, Bibliotheca (wie Anm. 138), 1743, III, 32. Stück, vor S. 493; Johann David KÖHLER, Bequemer Schul- und Reise-Atlas, Nürnberg 1719; HAUBER, Historie der Land-Charten (wie Anm. 154); DERS., Nützlicher Discours von dem gegenwärtigen Zustand der Geographie, Ulm 1727; Johann David KÖHLER, Kurz gefaßte und gründliche Teutsche Reichs-Historie, Göttingen 1736; dazu: Rudolf VIERHAUS, Die Universität Göttingen und die Anfänge der modernen Geschichtswissenschaft im 18. Jahrhundert, in: Hartmut BOOCKMAN/Hermann WELLENREUTHER (Hrsg.), Geschichtswissenschaft in Göttingen, Göttingen 1987, S. 9–29, hier: S. 15; RINGER (wie Anm. 145), deutsche Ausgabe, S. 26f.

156 Francois GAYOT DE PITAVAL, Causes célèbres et interessantes, 20 Bde., Paris 1734–1743.

157 BÜSCHING (wie Anm. 140), Bd. 2, S. 250.

158 Paul Henri Thiry D'HOLBACH, La Contagion sacrée ou Histoire naturelle de la superstition, 2 Bde., London 1768.

159 Ernst Urban KELLER, Das Grab des Aberglaubens, 4 Bde., Frankfurt/Leipzig 1777/78.

160 Elias Caspar REICHARD, Vermischte Beyträge zur Beförderung einer nähern Einsicht in das gesamte Geisterreich. Zur Verminderung und Vertilgung des Aberglaubens. Als eine Fortsetzung von D. David Eberhard Haubers Magischen Bibliothek herausgegeben, 2 Bde., Helmstedt 1781/88.

161 Pierre BAYLE (Hrsg.), Dictionaire Historique et Critique, 4 Bde., Rotterdam 1697, Amsterdam ^{4}1730, Stichworte *Sorcelerie* und *sorcier* in der *Table de matieres* (Bd. 4, S. 795); Johann Christoph GOTTSCHED (Hrsg.), Herrn Peter Baylens ... Historisches und critisches Wörterbuch, nach der neuesten Auflage von 1740 ins Deutsche übersetzt, 4 Bde., Leipzig 1741–1744.

162 Wolfgang MARTENS, Die Botschaft der Tugend. Die Aufklärung im Spiegel der deutschen Moralischen Wochenschriften, Stuttgart 1968.

163 Johann Heinrich ZEDLER (Hrsg.), Großes vollständiges Universal-Lexicon aller Wissenschaften und Künste, 64 Bde. und 4 Ergänzungsbde., Halle/Leipzig 1732–1754, Bd. 12 (1735), Sp. 1978–1995 (*Hexerey*), Bd. 61 (1749), Sp. 38–62 (*Zauberer, Hexenmeister*), Sp. 62–142 (*Zauberey, Lat. Magia*), Sp. 143f. (*Zauberinnen*), Sp. 145–161 (*Zauber-Kranckheiten*), Sp. 164–172 (*Zauber-Schäden*), Bd. 63 (1750), Sp. 1635–1642 (*Zulassung des Bösen*), Historische Argumente des Thomasius: Bd. 12 (1735), Sp. 1980, 1982, 1984ff., Bd. 61 (1749), Sp. 70f.

164 ZEDLER (wie Anm. 163), Bd. 12, Sp. 1986.

165 Gerd QUEDENBAUM, Der Verleger und Buchhändler Johann Heinrich Zedler 1706–1751. Ein Buchunternehmer in den Zwängen seiner Zeit, Hildesheim 1977.

166 FUETER (wie Anm. 14), Ausgabe 1911, S. 349–363, hier: S. 354.

167 Francois-Marie VOLTAIRE, Essai sur le siècle de Louis XIV, 2 Bde., Paris 1751, ND 1957, deutsch: Das Zeitalter Ludwigs XIV., deutsch von Robert HABS, Leipzig 1887, ND München o.J., S. 21, auch: Voltaire. Ein Lesebuch für unsere Zeit, Berlin/Weimar 1989, S. 210f.

168 VOLTAIRE, Das Zeitalter Ludwigs XIV. (wie Anm. 167), S. 378f., auch: Voltaire. Ein Lesebuch (wie Anm. 167), S. 250ff.

169 Denis DIDEROT/Jean LE ROND D'ALEMBERT/Pierre MOUCHON, Encyclopédie ou Dictionnaire raisonnée des sciences, des arts et des métiers, 35 Bde., Paris 1751–1780, Bd. 15, S. 368–372.

170 VOLTAIRE, Das Zeitalter Ludwigs XIV. (wie Anm. 167), S. 378; Augustin CALMET, Dissertations sur les apparitions des Anges, des Démons et des Esprits, Paris 1746.

171 Ernst Johann Friedrich MANTZEL, Ob wohl noch Hexen-Processe entstehen möchten?, Rostock 1738.

172 August MEMMINGER, Das verhexte Kloster. Nach den Akten dargestellt, Würzburg 1904.

173 Benedetto BONELLI, Animavversione Critiche sopra il Notturno Congresso delle Lammie. S'aggiugne il Discorso del P. Gaar sulla Strega d'Erbipoli, la Risposta dello stesso alle Note, il Ragguaglio sulla Strega di Salisburgo, e il Compendio Storico della Stregheria, Venedig 1751.

174 Ludovico Antonio MURATORI, Trattato della forza della fantasia umana, Venedig 1745, S. 302; dazu: Felicita MORANDI, L.A. Muratori e il Tartarotti, Rovereto 1883.

175 Girolamo TARTAROTTI, Del congresso notturno delle Lammie, Rovereto [Venedig!] 1749; DERS., Annotazioni critiche al Ragionamento del P. Giorgio Gaar della Compagnia di Gèsu fatto avanti al rogo di Maria Renata Strega abbruciata in Erbipoli [Würzburg] á 21 di giugno del corrente anno 1749, Verona 1749; zu Tartarotti: Sergio ABBIATI, Girolamo Tartarotti, in: DERS./Attilio AGNOLETTO/Maria Rosario LAZZATI (Hrsg.), La stregoneria. Diavoli, streghe, inquisitori dal Trecento al Settecento, Mailand 1984, S. 298–331, 370f.

176 Scipione MAFFEI, L'arte magica dileguata, Verona 1749; Girolamo TARTAROTTI, L'apologia del congresso notturno delle Lammie, osia Risposta di Girolamo Tartarotti all'arte magica dileguata del Sig. March. Scipione Maffei [...], Venedig 1751; Scipione MAFFEI, L'arte magica distrutta, Trient 1750; DERS., L'arte magica annichilata, Verona 1754; zur ganzen Debatte: Luciano PARINETTO, Magia e Ragione. Una polemica sulle streghe in Italia intorno al 1750, Florenz 1974.

177 BEHRINGER, Bayern (wie Anm. 861), S. 389–392.

178 Stanislaus STRÜBER, Pater Jordan Simon aus dem Orden der Augustiner-Eremiten. Ein Lebensbild aus der Aufklärungszeit, Würzburg 1930, S. 144, 204.

179 [Jordan SIMON], Arduino Ubbidiente del'Osa. Das große weltbetrügende Nichts oder die heutige Hexerei und Zauberkunst, Frankfurt a.M. 1761.

180 Ferdinand STERZINGER, Akademische Rede von dem gemeinen Vorurtheile der wirkenden und thaetigen Hexerey, München 1766; dazu: BEHRINGER, Bayern (wie Anm. 861), S. 371–392.

181 [Jordan SIMON], Anpreisung der allergnädigsten Landesverordnung Ihrer K. K. apostolischen Majestät, wie es mit dem Hexenprocesse zu halten sei [...], München 1767, S. 237f.

182 Joseph FIEGER, Don Ferdinand Sterzinger, München 1907.

183 Peter VON OSTERWALD, Vom Nutzen der logikalischen Regeln, besonders wider die Freygeisterei und den Aberglauben, München 1767.

184 [Peter VON OSTERWALD], Veremund von Lochsteins Gründe sowohl für als wider die geistliche Immunität in weltlichen Dingen, München 1766.

185 Constantin VON KAUZ, De cultibus magicis eorumque perpetuo ad ecclesiam et rempublicam habitu, Wien 1767, ^{2}1771.

186 BEHRINGER, Bayern (wie Anm. 861), S. 363ff.

187 Ebd., S. 394.

188 Johann Salomo SEMLER, Dissertatio theologica hermeneutica de daemoniacis, quorum in evangeliis fit mentio, Halle 1760, ^{2}1769; dazu: POTT (wie Anm. 92), S. 249–252; Johann Salomo SEMLER, Parodie auf Lavaters Empfindungen eines Protestanten in einer katholischen Kirche, in: Berlinische Monatsschrift 8 (1786), S. 457–

469; Hans-Eberhard HESS, Theologie und Religion bei Johann Salomo Semler. Ein Beitrag zur Theologiegeschichte des 18. Jahrhunderts, Diss. theol. Berlin 1974.

189 Joseph HANAUER, Der Exorzist Johann Joseph Gassner (1727–1779). Eine Monographie, Diss. Würzburg 1950; BEHRINGER, Bayern (wie Anm. 861), S. 393–399.

190 Lorenz VON WESTENRIEDER, Beyträge zur vaterländischen Historie [...], Bd. 1, München 1788, S. 342f.

191 Georg Wilhelm WEGENER, Philosophische Abhandlung von Gespenstern [...], Berlin 1747; Georg Friedrich MEIER, Gedancken von Gespenstern, Halle 1747; DERS., Widerlegung der Gedanken von Gespenstern, Halle 1754; DERS., Vertheidigung der Gedanken von Gespenstern, Halle 1755; DERS., Von der Macht des Aberglaubens über die menschlichen Gemüther, in: DERS., Philosophische Betrachtungen über die Christliche Religion, Stück 1, Halle 1761, S. 149–192; dazu: Josef SCHAFFRATH, Die Philosophie des Georg Friedrich Meier. Ein Beitrag zur Geschichte der Aufklärungsphilosophie, Diss. phil. Freiburg i.Br. 1940.

192 Emanuel SWEDENBORG, Arcana Coelestia, quae in Scriptura Sacra, seu Verbo Domini sunt, detecta ... Una cum mirabilibus quae visa sunt in mundo spiritum et in coelo anglorum, 8 Bde., London 1749–1756.

193 Immanuel KANT, Träume eines Geistersehers, erläutert durch Träume der Metaphysik, Königsberg 1766, hier nach: DERS., Träume eines Geistersehers und andere vorkritische Schriften, Köln 1995, S. 309–381; Ernst BENZ, F.C. Oetingers und Immanuel Kants Auseinandersetzung mit der Person und Lehre Emanuel Swedenborgs, Frankfurt a.M. 1947.

194 Kaspar FREULER, Anna Göldi. Die Geschichte der letzten Hexe der Schweiz, Glarus 1972, [3]1987.

195 August Ludwig SCHLÖZER (Hrsg.), Stats-Anzeigen, 18 Bde., Göttingen 1782–1793, Bd. 2, S. 166–168; zu Schlözer: FUETER (wie Anm. 14), Ausgabe 1911, S. 372ff.; Ursula A.J. BECHER, August Ludwig Schlözer, in: WEHLER, Deutsche Historiker (wie Anm. 15), Bd. 7, S. 7–23.

196 Abermaliger Justizmord in der Schweiz, in: SCHLÖZER (wie Anm. 195), Bd. 2, S. 273–277.

197 Jacob WINTELER, Der Anna-Göldi-Prozeß im Urteil der Zeitgenossen, Glarus 1951. Allenthalben plazierte man nun Beiträge zu den Hexenprozessen oder ihre Gegner, so etwa in der Berliner Monatschrift 1/2 (1783), S. 476ff., oder im Journal von und für Deutschland 2 (1785), S. 206f., über Friedrich Spee.

198 Elias Caspar REICHWEIN, Vermischte Beyträge zur Beförderung einer nähern Einsicht in das gesamte Geisterreich. Zur Verminderung und Tilgung des Unglaubens und Aberglaubens. Als eine Fortsetzung von D. David Eberhard Haubers Magischer Bibliothek herausgegeben, 2 Bde., Helmstedt 1781–1788.

199 Zu Schwager: Lebensbeschreibung, in: Allgemeines Magazin für Prediger, Seelsorger und Katecheten 10,4 (1794), S. 85–93, mit einem Kupferstich; Johann Georg MEUSEL, Lexikon der vom Jahr 1750 bis 1800 verstorbenen teutschen Schriftsteller, 15 Bde., Leipzig 1802–1816, ND Hildesheim 1967/68, Bd. 7, S. 399–402; Edouard Marie OETTINGER, Moniteur des Dates, 9 Bde., Dresden 1866–1882, Bd. 5, S. 44; Hugo ROTHERT, Johann Moritz Schwager, eine westfälische Pfarrergestalt der Aufklärungszeit, Berlin 1929.

200 Olaf EIMER, Der Pfarrer und Schriftsteller Johann Moritz Schwager, Nachwort zu: Johann Moritz SCHWAGER, Bemerkungen auf einer Reise durch Westphalen, bis an und über den Rhein, Leipzig/Elberfeld 1804, Faksimiledruck Bielefeld 1987, S. 397–413.

201 Johann Moritz SCHWAGER, Beitrag zur Geschichte der Intoleranz, oder Leben Balthasar Bekkers, Leipzig 1780; D. Balthasar Bekkers bezauberte Welt. Neu übersetzt von Johann Moritz SCHWAGER, durchgesehen und vermehrt von D. Johann Salomo SEMLER, 3 Bde., Leipzig 1781/82.

202 Johann Moritz SCHWAGER, Versuch einer Geschichte der Hexenprozesse, Berlin 1784, S. 12 (der Hinweis auf den aktuellen Bezug findet sich auf S. 266).

203 Ebd., S. 15.

204 Ebd., S. 339.

205 Gottfried Christian VOIGT, Etwas über die Hexenprozesse in Deutschland, in: Berlinische Monatsschrift 3 (1784), S. 297–311, 453–462, hier: S. 308; DERS., Über Hexerey, Hexenprocesse und Folter, in: DERS., Gemeinnützige Abhandlungen, Leipzig 1792, Erste Abhandlung, S. 1–167, hier: S. 164f.

206 Ingrid KOLB, Hexen '82, in: Der Stern (2. September 1982), S. 58–65 (Auflage: 1,87 Millionen); DIES., Hexen. Der alte Mythos und ein neuer Glaube, in: Der Stern (11. September 1986), S. 16–17, 17A-17G (9 Seiten), hier: S. 17G (Auflage: 1,66 Millionen).

207 SCHWAGER, Geschichte der Hexenprozesse (wie Anm. 202), S. 343.

208 Auf diesem kruden Standpunkt steht, gestützt auf Thomasius und Horst, immer noch BOPP, Hexen, Hexenprocesse, in: Carl VON ROTTECK/Carl WELCKER (Hrsg.), Staats-Lexikon. Encyklopaedie der sämmtlichen Staatswissenschaften für alle Stände. Neue und durchaus verbesserte Auflage, 12 Bde., Altona 1845–1848, Bd. 7, S. 1–10.

209 Ludwig Timotheus SPITTLER, Geschichte des Fürstenthums Hannover seit der Zeit der Reformation bis zum Ende des 17. Jahrhunderts, Bd. 1, Hannover 1798, S. 304–307; Peter Hans REILL, Ludwig Timotheus Spittler, in: WEHLER, Deutsche Historiker (wie Anm. 15), Bd. 9, S. 42–60; VIERHAUS, Universität Göttingen (wie Anm. 155), S. 24.

210 Immanuel KANT, Die Religion innerhalb der Grenzen der bloßen Vernunft [1793], in: DERS., Werkausgabe, hrsg. von Wilhelm WEISCHEDEL, 12 Bde., Frankfurt a.M. 1977, Bd. 8, S. 649–879, hier: S. 709ff.

211 Johann Benjamin ERHARD, Apologie des Teufels, in: Philosophisches Journal einer Gesellschaft Teutscher Gelehrter 1,2 (1795), S. 105–140.

212 Schwager, Geschichte der Hexenprozesse (wie Anm. 202), S. 340.
213 Karl Bosl (Hrsg.), Bosls Bayerische Biographie, 2 Bde., Regensburg 1983/88, S. 25.
214 Johann Christoph von Aretin, Umständlicher geistlicher Vortrag über einen Hexenprozeß aus der ersten Hälfte des 18. Jahrhunderts, in: ders., Beyträge zur Geschichte und Literatur vorzüglich aus den Schätzen der pfalzbairischen Centralbibliothek zu München, 9 Bde., München 1803–1808, Bd. 4, S. 273–328.
215 Christoph Martin Wieland, Über den Hang der Menschen, an Magie und Geistererscheinungen zu glauben, in: Teutscher Merkur 2 (1781), S. 225ff.; ders., Sämmtliche Werke, 36 Bde., Leipzig 1839/40, Bd. 30, S. 89–103, ND Hamburg 1984, Bd. 8, S. 71–93, hier: S. 89ff.
216 Carl Friedrich Pockel, Ueber die Neigung der Menschen zum Wunderbaren, in: Gnothi Sauton oder Magazin zur Erfahrungsseelenkunde 3 (1785), S. 81–99, hier: S. 97; dazu: Pott (wie Anm. 92), S. 333f.
217 Karl Heinrich Heydenreich, Psychologie des Aberglaubens und der damit verknüpften Schwärmerey, Leipzig 1798.
218 Johann Jacob Engel, Über die Furcht vor der Rückkehr des Aberglaubens, in: ders. Schriften, 12 Bde., Berlin 1801–1806, Bd. 2,2, Berlin 1801, S. 333–374.
219 Rudolf Tischner/Karl Bittel, Mesmer und sein Problem. Magnetismus, Suggestion, Hypnose, Stuttgart 1941; Walter Artelt, Der Mesmerismus im deutschen Geistesleben, in: Gesnerus. Vierteljahrsschrift für Geschichte der Medizin und der Naturwissenschaften 8 (1951), S. 4–14; Edward Shorter, From Paralysis to Fatigue. A History of Psychosomatic Illness in the Modern Era, New York 1992, deutsch: Moderne Leiden. Zur Geschichte der psychosomatischen Krankheiten, deutsch von Kurt Neff, Reinbek 1994, S. 232f.
220 Robert Darnton, Der Mesmerismus und das Ende der Aufklärung in Frankreich, München/Wien 1983, S. 111.
221 Marietta Martin, Un aventurier intellectuel sous la Restauration et la Monarchie de Juillet. Le docteur Koreff, Paris 1925.
222 Joseph Ennemoser, Geschichte der Magie, Leipzig 1844, ND 1969; ders., History of Magic, London 1854.
223 Georg Friedrich Wilhelm Hegel, Vorlesungen über die Philosophie der Weltgeschichte, Bd. 1: Die Vernunft in der Geschichte, hrsg. von Johannes Hoffmeister, Hamburg [5]1970, S. 213–233; Hinweis auf den Exkurs James Frazers, Hegel on Magic and Religion, bei Ian Charles Jarvie/Joseph Agassi, Das Problem der Rationalität der Magie, in: Kippenberg/Luchesi (wie Anm. 2), S. 120–149 (zuerst in: The British Journal of Anthropology 18 [1967], S. 55–74).
224 Estes (wie Anm. 8), S. 135.
225 Georg Conrad Horst, Daemonomagie oder Geschichte des Glaubens an Zauberei und daemonische Wunder, mit besonderer Berücksichtigung des Hexenprocesses, seit den Zeiten Innocentius des Achten, 2 Teile, Frankfurt a.M. 1818, Teil 1, S. XV.
226 Horst, Daemonomagie (wie Anm. 225), Teil 1, S. XVI.
227 Horst, Daemonomagie (wie Anm. 225), Teil 2, S. 8f.
228 Horst, Daemonomagie (wie Anm. 225), Teil 1, S. 311–322.
229 Horst, Daemonomagie (wie Anm. 225), Teil 1, S. XIII.
230 Herbert Kempf, Einführung, in: Georg Conrad Horst, Zauberbibliothek oder von Zauberei, Theurgie und Mantik, Zauberern, Hexen und Hexenprocessen, Dämonen, Gespenstern und Geistererscheinungen, 7 Bde., Mainz 1821–1826, Faksimiledruck Freiburg i.Br. 1979, S. 5–10. Horst schließt nach eigenen Angaben an das Werk Haubers an (vgl. Bd. 1, Vorrede); Hans Biedermann, Handlexikon der magischen Künste, 2 Bde., Graz [3]1988, Bd. 1, S. 226.
231 Horst, Daemonomagie (wie Anm. 225), Teil 1, S. 193f.
232 Jacobus Scheltema, Geschiedenis der heksenprocessen. Een bijdrage tot den roem des vaderlands, Haarlem 1828; zu Scheltema: Willem de Blécourt, Van heksenprocessen naar toverij, in: ders./Marijke Gijswijt-Hofstra (Hrsg.), Kwade Mensen. Toverij in Nederland (Volkskundig Bulletin, Bd. 12,1) Amsterdam 1986, S. 2–30, hier: S. 2–5.
233 Marijke Gijswijt-Hofstra/Willem Frijhoff (Hrsg.), Nederland betoverd. Toverij en hekserij van de veertiende tot in de twintigste eeuw, Amsterdam 1987, englisch: Witchcraft in the Netherlands from the fourteenth to the twentieth century, translated by Rachel M.J. van der Wilden-Fall, Rotterdam 1991.
234 Scheltema (wie Anm. 232), S. 106; dazu: Roskoff (wie Anm. 349), Bd. 2, S. 297.
235 Jules Garinet, Histoire de la Magie en France depuis le commencement de la monarchie jusqu'à nos jours, Paris 1818; zu Garinet: P. Faure, Garinet, Jules, in: Jules Balteau (Hrsg.), Dictionnaire de Biographie Francaise, 20 Bde., Paris 1933ff., Bd. 15, S. 446f.
236 Etienne Leon LaMothe-Langon, Histoire de l'Inquisition en France, 3 Bde., Paris 1829.
237 Richard Switzer, Etienne-Léon de Lamothe-Langon et le roman populaire francaise de 1800 à 1830, Toulouse 1962.
238 Norman Cohn, Europe's Inner Demons. An Enquiry inspired by the great Witch-Hunt, London 1975, S. 126–138.
239 Walter Scott, Letters on Demonology and Witchcraft. Adressed to J.G. Lockhart, London 1830; Donald Low, Walter Scott, in: The Blackwell Dictionary of Historians (wie Anm. 15), S. 374f.
240 Jürgen Osterhammel, Epochen der britischen Geschichtsschreibung, in: Küttler/ Rüsen/Schulin (wie Anm. 14), S. 157–190.

241 HERZOG, Hexe, in: Allgemeine Encyklopädie der Wissenschaften und Künste, 167 Bde. in 3 Sektionen, Leipzig 1818–1889, Bd. 2,7, S. 342–359.
242 Peter BURKE, Vico. Philosoph, Historiker, Denker einer neuen Wissenschaft, Berlin 1987, S. 109ff.
243 Johann Gottfried HERDER, Sämtliche Werke, 33 Bde., hrsg. von Bernhard SUPHAN, Berlin 1877–1913, ND Hildesheim 1967/68; VON SEE, Deutsche Germanenideologie (wie Anm. 69), S. 34f.
244 STAGL, Handbuch (wie Anm. 2), S. 125; BAUSINGER, Volkskunde (wie Anm. 14), S. 29.
245 Friedrich Ludwig JAHN, Deutsches Volksthum, 2 Bde., Lübeck 1810, zitiert nach: BAUSINGER, Volkskunde (wie Anm. 14), S. 35ff.; Hans Joachim KREUTZER, Der Mythos vom Volksbuch, Stuttgart 1977.
246 Friedrich Ludwig Ferdinand VON DOBENECK, Des deutschen Mittelalters Volksglauben und Heroensagen, 2 Bde., hrsg. von Jean PAUL, Berlin 1815; dazu: Eduard HOFFMANN-KRAYER, Aberglaube, in: Handwörterbuch des deutschen Aberglaubens (wie Anm. 12), Bd. 1, Sp. 64–87, hier: Sp. 65; Leander PETZOLDT, Dämonenfurcht und Gottvertrauen. Zur Geschichte und Erforschung unserer Volkssagen, Darmstadt 1989, S. 15f.; propagiert wurde der Begriff durch den bekannten Germanisten Friedrich Leberecht Wilhelm Schwartz in den Jahren 1862 und 1885 (vgl. Handwörterbuch des deutschen Aberglaubens (wie Anm. 12), Bd. 1, S. LXI).
247 Günther ROEDER, Volksglaube im Pharaonenreich, Stuttgart 1952; Rudolf KRISS/Hubert KRISS-HEINRICH, Volksglaube im Bereich des Islam, Wiesbaden 1960.
248 Otto STOLL, Suggestion und Hypnotismus in der Völkerpsychologie, Leipzig 1904.
249 Kristian Franz PAULLINI, Heilsame Dreck-Apotheke. Nach der Ausgabe von 1714 neugedruckt, Stuttgart 1847; Eberhard GOCKEL, Tractatus Polyhistoricus Magico-Medicus Curiosus, Frankfurt a.M./Leipzig 1717.
250 Gottfried LAMMERT, Volksmedizin und medizinischer Aberglaube in Bayern und den angrenzenden Bezirken, begründet auf die Geschichte der Medizin und Cultur, Würzburg 1869, ND Regensburg 1981; Georg Josef FLÜGEL, Volksmedizin und Aberglaube im Frankenwalde, München 1863; Michael Richard BUCK, Medizinischer Volksglauben und Volksaberglauben aus Schwaben, Ravensburg 1865; Max HÖFLER, Volksmedizin und medizinischer Aberglaube in Oberbayerns Gegenwart und Vergangenheit, München 1888, [2]1893.
251 Moritz KRONFELD, Zauberpflanzen und Amulette, Wien 1898; Oskar VON HOVORKA/Adolf KRONFELD, Vergleichende Volksmedizin, 2 Bde., Stuttgart 1908/09.
252 Titel im einzelnen in: Handwörterbuch des deutschen Aberglaubens (wie Anm. 12), Bd. 1, S. XLVII; später verbreitet: Heinrich MARZELL, Zauberpflanzen, Hexentränke, Stuttgart 1963.
253 Lauri HONKO, Krankheitsprojektile. Untersuchung über eine urtümliche Krankheitserklärung (FF communications, Bd. 178), Helsinki 1962.
254 Elisabeth GRABNER (Hrsg.), Volksmedizin. Probleme und Forschungsgeschichte, Darmstadt 1967.
255 MONTER, Historiography (wie Anm. 9), S. 435f.; Albert G. HESS, Hunting Witches. A Survey of some Recent Literature, in: Criminal Justice History 3 (1982), S. 47–79.
256 Mircea ELIADE, Some Observations on European Witchcraft, in: History of Religions 14 (1975), S. 149–172; zum Verhältnis Grimm-Michelet: Werner KAEGI, Michelet und Deutschland, Basel 1936, S. 50ff.
257 Leopold KRETZENBACHER, Jakob Grimms »Deutsche Mythologie« und ihre geschichtliche Wirkung, Einleitung zu: GRIMM, Deutsche Mythologie (wie Anm. 259), Bd. 1, S. III–XXVII; Ulrich WYSS, Die wilde Philologie. Jacob Grimm und der Historismus, München 1979, S. 208–226.
258 Karl Ernst JARCKE, Ein Hexenprozess aus der Mitte des 17. Jahrhunderts, in: Hitzigs Annalen der deutschen und ausländischen Criminal-Rechts-Pflege 1 (1828), S. 431–456; zu Jarcke: EISENHART, Karl Ernst Jarcke, in: Allgemeine Deutsche Biographie (wie Anm. 15), Bd. 13, S. 711–721.
259 Jacob GRIMM, Deutsche Mythologie, 2 Bde., Göttingen 1835, [2]1844, [3]1854, Berlin [4]1875–1878, ND Frankfurt/Berlin 1981, Wiesbaden 1992, Bd. 2, S. 873–924, hier: S. 894.
260 GRIMM, Deutsche Mythologie (wie Anm. 259), ND Wiesbaden 1992, S. 11 (Einleitung zu [1]1835, dann insbesondere S. 872–960).
261 BAUSINGER, Volkskunde (wie Anm. 14), S. 61–87.
262 Christoph DAXELMÜLLER, Zauberpraktiken. Eine Ideengeschichte der Magie, Zürich 1993, S. 34–39; dazu: Wolfgang BEHRINGER, Wotansaustreibung. Exzentrisch: Christoph Daxelmüllers Ideengeschichte der Magie, in: Frankfurter Allgemeine Zeitung 193 (21. August 1993), S. 26.
263 ELIADE, Schamanismus (wie Anm. 822), S. 73; Carlo GINZBURG, Storia notturna. Una decifrazione del Saba, Turin 1989, deutsch: Hexensabbat. Entzifferung einer nächtlichen Geschichte, aus dem Italienischen von Martina KEMPER, Berlin 1990, S. 16, 22, 89, 118–121, 143ff., 150ff., 177.
264 BAUSINGER, Volkskunde (wie Anm. 14), S. 41.
265 Franz Josef MONE, Einleitung in das Nibelungenlied, Heidelberg 1818; DERS., Vom Aberglauben, in: Anzeiger für Kunde der teutschen Vorzeit 4 (1835) Sp. 448–451; dazu: Ernst-Dieter GÜTING, Michel Beheims Gedicht gegen den Aberglauben und seine lateinische Vorlage. Zur Tradierung des Volksglaubens im Spätmittelalter, in: Forschungen und Berichte zur Volkskunde in Baden-Württemberg 3 (1977) S. 197–220, hier: S. 198.
266 Franz Josef MONE, Über das Hexenwesen, in: Anzeiger für Kunde der teutschen Vorzeit 8 (1839), Sp. 271–275, 444–453; zu Mone: Friedrich VON WEECH, Friedrich Josef, in: Allgemeine Deutsche Biographie (wie Anm. 15), Bd. 22, S. 165f.; Alexander SCHNÜTGEN, Der kirchlich-politische Kreis um Franz Josef Mone, in: Freiburger Diözesanarchiv 22 (1921), S. 68–122; WEBER, Biographisches Lexikon (wie Anm. 15), S. 395f.

267 Heribert Raab (Hrsg.), Joseph Görres (1776–1848). Leben und Werk im Urteil seiner Zeit (1776–1876), Paderborn u.a. 1985, S. 417.
268 Hanauer, Johann Joseph Gassner (wie Anm. 189).
269 Joseph Görres, Die christliche Mystik, 4 Bde., Regensburg/Landshut 1836–1842; zu Görres' Stellung in München: Paul Graf von Hoensbroch, Das Papstthum in seiner sozial-kulturellen Wirksamkeit, Bd. 1: Inquisition, Aberglaube und Hexenwahn, Leipzig 1900, S. 230–240; allgemein: Mary Gonzaga, The Mysticism of Johann Joseph Görres as a Reaction against Rationalism, Diss. Washington 1920.
270 Blankes Staunen ob dieser Leichtgläubigkeit bei Lea, Materials (wie Anm. 3), S. 1489–1518: »His insatiable credulity accepts whatever suits the purpose of the moment and draws from it whatever conclusions may be desired« (S. 1489).
271 Görres, Christliche Mystik (wie Anm. 269), Bd. 3, S. 54f.; Cohn, Europe's Inner Demons (wie Anm. 238), S. 138–146.
272 Gabriel Monod, La Vie et la pensée de Jules Michelet, 2 Bde., Paris 1923; Werner Kaegi, Michelet und Deutschland, Basel 1936; Douglas Johnson, Michelet, Jules, in: The Blackwell Dictionary of Historians (wie Anm. 15), S. 277f.
273 Jeanne Calo, La Création de la femme chez Michelet, Paris 1975.
274 Jules Michelet, Die Hexe [1862]. Mit einem Vorwort von Roland Barthes, hrsg. von Traugott König, Fulda 1988 (erste deutsche Übersetzung von R. Klose, Leipzig 1863), S. 20.
275 Ebd., S. 5.
276 Michelet (wie Anm. 275), S. 15, nach: Roland Barthes, Essais critiques, Paris 1964.
277 Daten zur »sozialen Herkunft« der professionellen Historiker im folgenden nach Weber, Biographisches Lexikon (wie Anm. 15), passim (für Ranke S. 460).
278 Helmut Berding, Leopold von Ranke, in: Wehler, Deutsche Historiker (wie Anm. 15), Bd. 1, S. 7–24; Iggers, Geschichtswissenschaft (wie Anm. 14), S. 86–119; Rudolf Vierhaus, Ranke und die Anfänge der deutschen Geschichtswissenschaft, in: Bernd Faulenbach (Hrsg.), Geschichtswissenschaft in Deutschland. Traditionelle Positionen und gegenwärtige Aufgaben, München 1974, S. 35–53; Agatha Ramm, Leopold von Ranke, in: The Blackwell Dictionary of Historians (wie Anm. 15), S. 349f.; Ringer (wie Anm. 145), deutsche Ausgabe, S. 31f.
279 Ringer (wie Anm. 145), deutsche Ausgabe, S. 28f.
280 Heinrich von Sybel, Über den Stand der neueren deutschen Geschichtsschreibung [1856], in: ders., Kleine Historische Schriften, Bd. 1, Stuttgart [3]1880, S. 349–364; ders., Leopold Ranke, in: ebd., S. 290–308; ders., Vorträge und Abhandlungen. Mit einer biographischen Einleitung von Conrad Varrentrapp, München/Leipzig 1897; Walter Bussmann, Heinrich von Sybel 1817–1895, in: 150 Jahre Rheinische Friedrich-Wilhelms-Universität zu Bonn 1818–1968. Bonner Gelehrte – Beiträge zur Geschichte der Wissenschaften in Bonn (Geschichtswissenschaften), hrsg. von der Universität Bonn, Bonn 1968, S. 93–104; Helmut Seier, Heinrich von Sybel, in: Wehler, Deutsche Historiker (wie Anm. 15), Bd. 2, S. 24–38; vom Bruch/Müller, Historikerlexikon (wie Anm. 15), S. 304f.
281 Wyss (wie Anm. 257), S. 26.
282 Johann Gustav Droysen, Historik. Rekonstruktion der vollständigen Fassung der Vorlesungen (1857). Grundriß der Historik in der ersten handschriftlichen (1857/58) und in der letzten gedruckten Fassung (1882). Textausgabe von Peter Leyh, Stuttgart 1977, S. 402. In der gedruckten Fassung wurde dieser Hinweis gestrichen (S. 428).
283 Iggers, Geschichtswissenschaft (wie Anm. 14), S. 120–162; Günther List, Historische Theorie und nationale Geschichte zwischen Frühliberalismus und Reichsgründung, in: Faulenbach (wie Anm. 278), S. 35–53.
284 Heinrich von Treitschke, Die Gesellschaftswissenschaften, in: ders., Aufsätze, Reden und Briefe, 5 Bde., hrsg. von Karl Martin Schiller, Meersburg 1929, Bd. 2; Georg Iggers, Heinrich von Treitschke, in: Wehler, Deutsche Historiker (wie Anm. 15), Bd. 2, S. 66–80 (dort die Nachweise der Zitate).
285 Rodolphe Reuss, Ein elsässischer Protest, offenes Schreiben an Herrn Professor Heinrich von Treitschke, Genf 1871.
286 Elisabeth Fehrenbach, Rankerenaissance und Imperialismus in der wilhelminischen Zeit, in: Faulenbach (wie Anm. 278), S. 54–65.
287 Sigmund Riezler, Geschichte der Hexenprozesse in Bayern. Im Lichte der allgemeinen Entwickelung dargestellt, Stuttgart 1896, S. 3.
288 Es ist eine Untertreibung, wenn Riezler schreibt, »Berufshistoriker« seien »in unverhältnismäßig geringer Zahl unter den Autoren der Hexenprozeßliteratur vertreten« (ebd., S. 2).
289 Karl Lamprecht, Alte und neue Richtungen in der Geschichtswissenschaft, Berlin 1896, auch in: Hans Schleier (Hrsg.), Karl Lamprecht, Alternative zu Ranke. Schriften zur Geschichtstheorie, Leipzig 1988, S. 143–207; Fehrenbach (wie Anm. 286), S. 54f.; Weber, Biographisches Lexikon (wie Anm. 15), S. 363f.
290 Weber, Biographisches Lexikon (wie Anm. 15), S. 498f.
291 Dietrich Schäfer, Geschichte und Kulturgeschichte. Eine Erwiderung, in: ders., Aufsätze, Vorträge und Reden, Bd. 1, Jena 1913, nach: Hans Schleier, Der Kulturhistoriker Karl Lamprecht, der »Methodenstreit« und die Folgen, in: ders., Lamprecht (wie Anm. 289), S. 7–45, hier: S. 15f.

292 Soldan, Geschichte der Hexenprocesse (wie Anm. 303), S. V.

293 StadtA München, Historischer Verein, Urkunden Nr. 1996–2088; danach der Aufsatz in: StadtA München, Historischer Verein, Manuskripte Nr. 694; [Johann Christian Bernhard] Her, Großer Hexenprozeß zu Schongau von 1589 bis 1592. Aus den Originalacten geschichtlich dargestellt, in: Oberbayrisches Archiv 11 (1850), S. 356–380.

294 Josef Diwo, Die Hexenprozesse in der Stadt Siegburg, Diss. jur. Bonn 1948, S. 12.

295 Her (wie Anm. 293); Heinrich C. Föringer, Erinnerungen an Bernhard Her, k. wirklichen Geheimen Rath, München 1966, S. 158.

296 Joseph Niesert, Merkwürdiger Hexenproceß gegen den Kaufmann G. Köbbing, an dem Stadtgerichte zu Coesfeld im Jahre 1632 geführt, Coesfeld 1827; Georg von Lamberg, Criminalverfahren vorzüglich bei Hexenprozessen im ehemaligen Bisthum Bamberg während der Jahre 1624–1630, Nürnberg [ca. 1780]; Johann Friedrich Weng, Die Hexenprozesse der ehemaligen Reichsstadt Nördlingen in den Jahren 1590–1594, Nördlingen [1838]; Heinrich Schreiber, Die Hexenprozesse zu Freiburg im Breisgau, Offenburg in der Ortenau, und Bräunlingen auf dem Schwarzwalde, Freiburg i.Br. 1837; Ruckgaber, Die Hexenprozesse zu Rottweil am Neckar [...], in: Württembergische Jahrbücher für vaterländische Geschichte, Geographie, Statistik und Topographie (1838), S. 174–196; Karl Antze, Vom Hexenprozesse vor den Gerichten im Umfange des jetzigen Fürstenthums Lippe, in: Lippisches Magazin 40–50 (1839), in Fortsetzungen; Friedrich Fischer, Die Basler Hexenprozesse im 16. und 17. Jahrhundert, Basel 1840; Ignaz Pfaundler, Über die Hexenprozesse des Mittelalters mit specieller Beziehung auf Tirol, Innsbruck 1843.

297 Heinrich Schreiber, Denkblätter aus dem Tagebuche eines Hochschullehrers, Frankfurt a.M. 1849; Friedrich von Weech, Johann Heinrich Schreiber, in: Allgemeine Deutsche Biographie (wie Anm. 15), Bd. 32, S. 473.

298 Heinrich Schreiber, Die Feen in Europa. Eine historisch-archäologische Monographie, Freiburg 1842, ND Allmendingen 1981, S. VIII, 1.

299 Johann Jakob Bachofen, Mutterrecht und Urreligion. Eine Auswahl, Leipzig 1926; dazu: Uwe Wesel, Der Mythos vom Matriarchat. Über Bachofens Mutterrecht und die Stellung von Frauen in frühen Gesellschaften vor der Entstehung staatlicher Herrschaft, Frankfurt a.M. 1980.

300 Schreiber, Feen (wie Anm. 298), S. 65ff. (zu Keyßler: S. 72, zu den Hexen: S. 78).

301 Georg Wilhelm von Raumer, Actenmäßige Nachrichten von Hexenprozessen und Zaubereien in der Mark Brandenburg [...], in: Märkische Forschungen 1 (1841), S. 236–265; dazu: Ernst Friedländer, Georg Wilhelm von Raumer, in: Allgemeine Deutsche Biographie (wie Anm. 15), Bd. 27, S. 414.

302 Johann G.Th. Grässe, Bibliotheca Magica et Pneumatica oder Wissenschaftlich geordnete Bibliographie der wichtigsten in das Gebiet des Zauber-, Wunder-, Geister- und sonstigen Aberglaubens vorzüglich älterer Zeit einschlagenden Werke. Ein Beitrag zur sittengeschichtlichen Literatur, Leipzig 1843, ND zuletzt Hildesheim u.a. 1986; dazu: W. Haan, Graesse, in: Sächsisches Schriftsteller-Lexikon, Leipzig 1875, S. 103–105; Ferdinand Geldner, Johann Georg Theodor Graesse, in: Neue Deutsche Biographie (wie Anm. 15), Bd. 6, S. 716.

303 Wilhelm Gottlieb Soldan, Geschichte der Hexenprocesse. Aus den Quellen dargestellt, Stuttgart/Tübingen 1843. Widmung: »Dem Herrn Dr. Jul. Aug. Ludw. Wegscheider, Professor der Theologie in Halle, dem rastlosen, treuen, unbestechlichen Kämpfer für das Licht, das mit der Wärme sich eint, seinem verehrten Lehrer, in dankbarer Erinnerung an die Studienjahre 1821 und 22, hochachtungsvoll gewidmet vom Verfasser.«

304 Bengt Ankarloo, Trolldomsprocesserna i Sverige, Stockholm 1971, S. 12.

305 Monter, Historiography (wie Anm. 9), S. 435f.

306 Leopold Ranke, Zur Kritik neuerer Geschichtsschreiber, in: ders., Geschichten der romanischen und germanischen Völker von 1494 bis 1514, Leipzig/Berlin 1824, S. 1–180; Gunter Berg, Leopold von Ranke als akademischer Lehrer. Studien zu seinen Vorlesungen und seinem Geschichtsdenken, Göttingen 1968; Iggers/ Powell (wie Anm. 14).

307 Soldan, Geschichte der Hexenprocesse (wie Anm. 303), Vorrede. Soldan nennt als Vorläufer Thomasius, Semler, Jean Paul, Jarcke, Reiche, Hauber, Reichard, Schwager, Horst und Scholtz, Scott, Scheltema und Garinet; mit Scholtz ist gemeint: Johann August Scholtz, Ueber den Glauben an Zauberei in den letztverflossenen Jahrhunderten, Breslau 1830.

308 Konrad Repgen, Über Rankes Diktum von 1824: »Bloss sagen, wie es eigentlich gewesen«, in: Historisches Jahrbuch 102 (1982), S. 439–449.

309 Georg Winter, Wilhelm Gottlieb Soldan, in: Allgemeine Deutsche Biographie (wie Anm. 15), Bd. 34, S. 556–557; Hans Georg Ruppel/Brigit Gross (Hrsg.), Hessische Abgeordnete 1820–1933. Biographische Nachweise für die Landstände des Großherzogtums Hessen (2. Kammer) und den Landtag des Volksstaates Hessen, Darmstadt 1980, S. 138 (Hoffmann), 243 (Soldan).

310 Wilhelm Gottlieb Soldan, Dreißig Jahre des Proselytismus in Sachsen und Braunschweig. Mit einer Einleitung, Leipzig 1845; ders., Geschichte des Protestantismus in Frankreich bis zum Tode Karls IX., 2 Bde., Leipzig 1855.

311 Vgl. R. Arnold, Historische Zeitschrift. Register zu Bd. 1–56, München/Leipzig 1888, ND 1968, S. 400; Paul Wentzke, Historische Zeitschrift. Register zu Bd. 57–96, München/Berlin 1906, ND 1968, S. 310; Friedrich Schneider, Historische Zeitschrift. Register zu Bd. 97–130, München/Berlin 1925, ND 1968, S. 297.

312 Allgemeine deutsche Real-Encyklopädie für die gebildeten Stände. Conversations-Lexikon (Brockhaus), 15 Bde., Leipzig ^{11}1864–1873, Bd. 7, S. 901f.; La Grande Encyclopédie. Inventaire raisonné des sciences, des lettres et des arts, 31 Bde., Paris 1886–1901/02, Bd. 30, S. 288f.; Brockhaus' Konversations-Lexikon, 17 Bde., Leipzig ^{14}1892–1898, Bd. 9, S. 121f.; Enciclopedia Italiana di scienze, lettere ed arti, 53 Bde., Rom 1929–2001, Bd. 15, S. 841ff.

313 Soldan, Geschichte der Hexenprocesse (wie Anm. 303), Vorrede.

314 Grimm, Deutsche Mythologie (wie Anm. 259), S. XXI, Vorrede zu ^{2}1844.

315 Ryszard W. Berwinsky, Studia o literaturze ludowej ze stanowiska historicznej i naukowej krytyki, Posen 1854; dazu: Jirí Horák, Jacob Grimm und die slawische Volkskunde, in: Deutsches Jahrbuch für Volkskunde 9 (1963), S. 11–70, hier: S. 59; Kretzenbacher (wie Anm. 257), S. XXIIf.

316 Soldan, Geschichte der Hexenprocesse (wie Anm. 303), Vorrede.

317 Der Begriff »Wahn« taucht beispielsweise auf bei Heinrich Ludwig Fischer, Das Buch vom Aberglauben, Mißbrauch und falschen Wahn, Frankfurt a.M./Leipzig 1792.

318 Carl Georg Wächter, Die gerichtlichen Verfolgungen der Hexen und Zauberer in Deutschland vom XV. bis zum XVIII. Jahrhundert, in: ders., Beiträge zur deutschen Geschichte, insbesondere zur Geschichte des deutschen Strafrechts, Tübingen 1845, ND Aalen 1970, S. 81–110, 279–331.

319 Eisenhart, Carl Joseph von Wächter, in: Allgemeine Deutsche Biographie (wie Anm. 15), Bd. 40, S. 435–440. Studium bei Schrade in Tübingen und Welcker in Heidelberg.

320 Soldan, Geschichte der Hexenprocesse (wie Anm. 303), vermehrte Ausgaben: ders./Heinrich Heppe, Geschichte der Hexenprozesse, Berlin 1880; dies./Max Bauer, Geschichte der Hexenprozesse, Hanau 1912; von dieser letzten Ausgabe existieren mehrere, leider unkommentierte ND Kettwig 1987 (hrsg. von Sabine Ries); nicht eingesehen werden konnte die 1938 in Lübeck gedruckte bearbeitete Ausgabe.

321 Monter, Historiography (wie Anm. 9), S. 435–437.

322 Gerhard Schormann, Hexenprozesse in Nordwestdeutschland (Quellen und Darstellungen zur Geschichte Niedersachsens, Bd. 87), Hildesheim 1977, S. 22ff.

323 Journal du magnétisme, 20 Bde., Paris 1845–1861.

324 Otto Prokop, Medizinischer Okkultismus, Stuttgart u.a. ^{4}1977, S. 184.

325 Henri F. Ellenberger, The Discovery of the Unconscious. The History of Dynamic Psychiatry, New York 1970, deutsch: Die Entdeckung des Unbewussten, aus dem Amerikanischen von Gudrun Theusner-Stampa, Bern u.a. 1973, S. 70f.

326 Shorter (wie Anm. 219), S. 240f.

327 James Braid, Magic, Witchcraft, Animal Magnetism and Electro-Biology, London 1852.

328 Shorter (wie Anm. 219), S. 581, Anm. 17.

329 [Alphonse Louis Constant] Eliphas Levi, Dogme et Rituel de la Haute Magie, 2 Bde., Paris 1854/56; Christopher McIntosh, Eliphas Levi and the French Occult Revival, London 1972.

330 [Alphonse Louis Constant] Eliphas Levi, Histoire de la Magie, Paris [ca. 1860], englisch: History of Magic, translated by Arthur Edward Waite, New York [1913]; deutsch: Geschichte der Magie, aus dem Französischen von Fritz Werle, 2 Bde., Basel 1978; Cavendish (wie Anm. 82), S. 134f.

331 James Webb, The Flight from Reason, London 1971 (= ders., The Occult Underground, La Salle 1974.

332 Max Dessoir, Geschichte der neueren deutschen Psychologie, 2 Bde., Berlin 1894, ^{2}1897/1902; ders., Vom Jenseits der Seele, Stuttgart 1918; Christian Herrmann, Max Dessoir, Mensch und Werk, Stuttgart 1929.

333 Heinrich Bruno Schindler, Der Aberglaube des Mittelalters. Ein Beitrag zur Culturgeschichte, Breslau 1858, ND 1969.

334 Adolf Wuttke, Der deutsche Volksaberglaube der Gegenwart, Berlin 1860, ^{2}1869 ^{3}1900, hrsg. und bearbeitet von Elard Hugo Meyer, Leipzig ^{4}1925, bearbeitet von dems.; Elard Hugo Meyer, Deutsche Volkskunde, Straßburg 1898.

335 Carl Meyer, Der Aberglaube des Mittelalters und der nächstfolgenden Jahrhunderte, Basel 1884.

336 Alfred Lehmann, Aberglaube und Zauberei von den ältesten Zeiten an bis in die Gegenwart, Stuttgart 1898, ^{3}1925, übersetzt von Dominikus Petersen nach der umgearbeiteten 2. dänischen Ausgabe]; zu Marcel Mauss s.u.

337 Ludwig Strackerjan, Aberglaube und Sagen aus dem Herzogtum Oldenburg, 2 Bde., hrsg. von Karl Willoh, Oldenburg 1909; Ulrich Jahn, Hexenwesen und Zauberei in Pommern, in: Baltische Studien 36 (1886), S. 169–364; zu Jahn: Weber-Kellermann (wie Anm. 14), S. 44; zu Strackerjahn: Walter Scherf, Lexikon der Zaubermärchen, Stuttgart 1982, S. 536.

338 Stagl, Handbuch (wie Anm. 2), S. 45.

339 Karl Simrock, Handbuch der deutschen Mythologie mit Einschluß der nordischen, 2 Teile, Bonn 1853/55, ^{6}1887; ähnlich: Johann Wilhelm Wolf, Beiträge zur deutschen Mythologie, 2 Bde., Göttingen/Leipzig 1852/57.

340 Friedrich Leberecht Wilhelm Schwartz, Der heutige Volksglaube und das alte Heidenthum mit Bezug auf Norddeutschland und besonders die Marken, Berlin 1849, ^{2}1862.

341 Wilhelm Mannhardt, Germanische Mythen, Berlin 1858; ders., Die Korndämonen, Berlin 1868; ders., Wald- und Feldkulte, 2 Bde., Berlin 1875/77, ^{2}1904/05; ders., Die praktischen Folgen des Aberglaubens mit

besonderer Berücksichtigung der Provinz Preußen, Berlin 1878; DERS., Zauberglaube und Geheimwissen, Leipzig [3]1897, Berlin [4]1909.

342 Adolf BASTIAN, Der Völkergedanke im Aufbau einer Wissenschaft vom Menschen, Berlin 1881; DERS., Der Elementargedanke, 2 Bde., Berlin 1885; dazu: KOHL (wie Anm. 14), S. 94.

343 Friedrich RATZEL, Anthropogeographie, 1. Teil: Grundzüge der Anwendung der Erdkunde auf die Geschichte, Leipzig 1882, [2]1899.

344 Wilhelm WUNDT, Völkerpsychologie, 10 Bde., Leipzig 1900–1920; SHORTER (wie Anm. 219), S. 406f.

345 Wolfgang GOLTHER, Handbuch der germanischen Mythologie, Leipzig 1895, [3]1987, S. 25ff.; biographische Daten nach: SCHERF (wie Anm. 337).

346 Edward B. TYLOR, Primitive Culture, London 1871; EVANS-PRITCHARD, Theorien (wie Anm. 347), S. 60f.; Justin STAGL, Tylor, in: HIRSCHBERG (wie Anm. 12), S. 28.

347 Edward Evan EVANS-PRITCHARD, Theories about Primitive Religions, Oxford 1965, deutsch: Theorien über primitive Religionen, übersetzt von Karin MONTE, Frankfurt a.M. 1981, S. 47f.

348 James FRAZER, The Golden Bough. A Study in Magic and Religion, 12 Bde., New York 1900–1915, hier benutzt: The Golden Bough. Abridged Edition, New York 1922 (mit Vorwort von DEMS.) ND 1963; Justin STAGL, Frazer, in: HIRSCHBERG (wie Anm. 12), S. 164.

349 Gustav ROSKOFF, Geschichte des Teufels, 2 Bde., Leipzig 1869, ND Nördlingen 1987.

350 HANSEN, Zauberwahn (wie Anm. 3), S. 11f.

351 ESTES (wie Anm. 8), S. 135.

352 SCHORMANN, Hexenprozesse in Nordwestdeutschland (wie Anm. 322), S. 5f.

353 Ernst BIZER, Heinrich Heppe, in: Lebensbilder aus Kurhessen und Waldeck 6 (1958), S. 112–127; DERS., Heinrich Ludwig Julius Heppe, in: Neue Deutsche Biographie (wie Anm. 15), Bd. 8, S. 570 (dort die Ehefrau fälschlich als Emilie Heppe).

354 SOLDAN/HEPPE (wie Anm. 320), S. VIII–X, Vorwort von Henriette HEPPE, geb. Soldan (vgl. dazu das Vorwort zu SOLDAN/HEPPE/BAUER [wie Anm. 320]).

355 Paul Maria BAUMGARTEN, Die deutschen Hexenprozesse, in: Frankfurter Zeitgemäße Broschüren NF 4 (1883), S. 115–154, hier: S. 115; zu Baumgarten: Karl August FINK, Nachruf, in: Zeitschrift für Kirchengeschichte 63 (1950/51), S. 239–242; LEA, Materials (wie Anm. 3), Bd. 3, S. 1518f.

356 Leo UEDING, Johannes Diefenbach, in: Lexikon für Theologie und Kirche (wie Anm. 15), Bd. 3, Sp. 375f.

357 Johannes DIEFENBACH, Der Hexenwahn vor und nach der Glaubensspaltung in Deutschland, Mainz 1886, Vorwort.

358 Ebd., S. 351.

359 Johannes DIEFENBACH, Hexenprozeß, in: Joseph WETZER/Benedikt WELTE (Hrsg.), Kirchenlexikon oder Enzyklopädie der katholischen Theologie und ihrer Hilfswissenschaften, 12 Bde., Freiburg i.Br. [2]1847–1856, Bd. 5, Sp. 1993–2003.

360 RIEZLER, Hexenprozesse (wie Anm. 287), S. 4f.

361 Hans DELBRÜCK, Die historische Methode des Ultramontanismus, Berlin 1886, zitiert bei: Georg LÄNGIN, Religion und Hexenprozeß. Zur Würdigung des 400jährigen Jubiläums der Hexenbulle und des Hexenhammers sowie der neuesten katholischen Geschichtsschreibung auf diesem Gebiete, Leipzig 1888, S. 369.

362 Johannes DIEFENBACH, Der Zauberglaube des sechzehnten Jahrhunderts nach den Katechismen Dr. Martin Luthers und des P. Canisius. Mit Berücksichtigung der Schriften Pfarrers Längin – Karlsruhe und Professors Riezler – München, Mainz 1900, Vorwort, S. V, darin ausführliche Widerlegungen Längins (S. 76–92) und Riezlers (S. 93–135).

363 Ebd., S. VI. Allerdings ist auch früher schon von »Wahn« die Rede, etwa bei Carl HAAS, Die Hexenprozesse. Ein culturhistorischer Versuch nebst Dokumenten, Tübingen 1865, S. 62–78, der in Anlehnung an den benediktinischen Historiker Augustin Calmet den »Wahn« zum zentralen Erklärungsansatz erhebt; natürlich findet er sich auch bei SOLDAN, Geschichte der Hexenprocesse (wie Anm. 303), S. 3, und geht zurück auf die alte »Traumtheorie«, mit der man im Mittelalter die Imaginationen vom Hexenflug erklärte; unmißverständlich sprach auch der größte Gegner der Hexenverfolgungen im 16. Jahrhundert, Johann Weyer, in seiner Widmung an Kaiser Rudolf II. von einem »alten und von vielen Jahren her eingewurtzelten Wahn«, um dessen willen viel »unschuldiges Blut vergossen« werde (Johann WEYER, De praestigiis daemonum, Frankfurt a.M. 1586, Widmung an Kaiser Rudolf II.).

364 DIEFENBACH, Zauberglaube (wie Anm. 362), S. V; Protestanten galt Diefenbachs Buch als »Elaborat Janssen'scher Tendenz« (vgl. Theologischer Jahresbericht 8 [1886], S. 217f.).

365 Ludwig PASTOR, Johannes Janssen, 1829–1891. Ein Lebensbild vornehmlich nach den ungedruckten Briefen und Tagebüchern desselben, Freiburg i.Br. [2]1894; Heinrich ENGELSKIRCHEN, Johannes Janssen. Persönlichkeit und Lebenswerk, Frankfurt a.M. 1935; Wilhelm BAUM, Der Historiker Johannes Janssen, in: Theologische Quartalsschrift 152 (1972), S. 269–274; DERS., Johannes Janssen und Ignaz von Döllinger, in: Historisches Jahrbuch 95 (1975), S. 408–417; Kaspar ELM, Johannes Janssen. Der Geschichtsschreiber des deutschen Volkes, seiner Kultur und Frömmigkeit (1829–1891), in: Jahres- und Tagungsbericht der Görres-Gesellschaft (1991), S. 88–101.

366 BAUM, Janssen (wie Anm. 365), S. 271f.

367 Ludwig Freiherr VON PASTOR (Hrsg.), Johannes Janssens Briefe, 2 Bde., Freiburg i.Br. 1920; zur Frontstellung Ficker-Sybel: Friedrich SCHNEIDER (Hrsg.), Universalstaat oder Nationalstaat. Die Streitschriften von Heinrich von Sybel und Julius Ficker zur deutschen Kaiserpolitik des Mittelalters, Innsbruck 1941.

368 Ludwig Freiherr VON PASTOR, Tagebücher – Briefe – Erinnerungen, hrsg. von Wilhelm WÜHR, Heidelberg 1950; Gerhard OBERKOFLER, Die geschichtlichen Fächer an der Philosophischen Fakultät der Universität Innsbruck 1850–1945, Bd. 1, Innsbruck 1969, S. 89ff.

369 Johannes JANSSEN, History of the German People, translated by Alice M. CHRISTIE, 3 Bde., London 1900.

370 Ebd., S. 31ff.

371 Johannes JANSSEN, Geschichte des deutschen Volkes seit dem Ausgang des Mittelalters, Bd. 8: Volkswirthschaftliche, gesellschaftliche und religiös-sittliche Zustände. Hexenwesen und Hexenverfolgungen bis zum Beginn des dreißigjährigen Krieges, ergänzt und hrsg. von Ludwig PASTOR, Freiburg i.Br. 1894, S. 494–695.

372 Konrad REPGEN, Methoden- oder Richtungskämpfe in der deutschen Geschichtswissenschaft seit 1945?, in: DERS., Von der Reformation zur Gegenwart. Beiträge zu Grundfragen der neuzeitlichen Geschichte, hrsg. von Klaus GOTTO/Hans Günter HOCKERTS, Paderborn u.a. 1988, S. 299–318, hier: S. 305.

373 Rüdiger VOM BRUCH, Max Lenz, in: DERS./MÜLLER, Historikerlexikon (wie Anm. 15), S. 181.

374 VOM BRUCH/MÜLLER, Historikerlexikon (wie Anm. 15), S. 157.

375 Ludwig VON PASTOR, Geschichte der Päpste seit dem Ausgang des Mittelalters, Bd. 3,1, Freiburg i.Br. 1895, [9]1926, S. 312–314; zu Pastors Methode: Walter GOETZ, Ludwig Pastor, in: Historiker in meiner Zeit. Gesammelte Aufsätze, Köln/Graz 1957, S. 232–245.

376 Paul Graf VON HOENSBROECH, Das Papstthum in seiner sozialkulturellen Wirksamkeit, Bd. 1: Inquisition, Aberglaube, Teufelsspuk und Hexenwahn, Leipzig 1900 (724 Seiten), Volksausgabe Leipzig 1904 (1.–10. Tausend, 180 Seiten); Michael SCHÜLI, Aus der Jesuitenkirche zum Neuprotestantismus, Zürich 1928; Konrad ALGERMISSEN, Paul Graf von Hoensbroech, in: Lexikon für Theologie und Kirche (wie Anm. 15), Bd. 5, S. 413.

377 Bernhard DUHR, Die Stellung der Jesuiten in den deutschen Hexenprozessen, Köln 1900; DERS., Geschichte der Jesuiten in den Ländern deutscher Zunge, 4 Bde., Freiburg i.Br. 1907–1928, Bd. 1, S. 731–754, 2,2, S. 481–533, 4,2, S. 313–778; zu Duhr: Burkhart SCHNEIDER, Bernhard Duhr, in: Lexikon für Theologie und Kirche (wie Anm. 15), Bd. 3, Sp. 597; Nachruf: Wilhelm KRATZ, Bernhard Duhr SJ, in: Historisches Jahrbuch 51 (1931), S. 215–218.

378 Bernhrd DUHR, Paul Laymann und die Hexenprozesse, in: Zeitschrift für katholische Theologie 23 (1899), S. 733–744; Sigmund RIEZLER, Paul Laymann und die Hexenprozesse. Zur Abwehr, in: Historische Zeitschrift 84 (1900), S. 244–256.

379 Nikolaus PAULUS, Hexenwahn und Hexenprozeß, vornehmlich im 16. Jahrhundert, Freiburg i.Br. 1910; Rezensionen: Zeitschrift für Rechtsgeschichte. Kanonistische Abteilung 32 (1911), S. 407–143 (VON RIEZLER), Historische Zeitschrift 109 (1912), S. 548–550 (KAWERAU), Der Katholik 92 (1912), S. 215–219 (LAUCHERT); zu Paulus: Luzian PFLEGER, Nikolaus Paulus (1853–1930), in: Historisches Jahrbuch 50 (1930), S. 205–226 (mit Schriftenverzeichnis); Remigius BÄUMER, Nikolaus Paulus, in: Lexikon für Theologie und Kirche (wie Anm. 15), Bd. 8, Sp. 235; Encyclopédie de l'Alsace (wie Anm. 36), Bd. 8, S. 4568f.

380 Albert Maria KÖNIGER, Zum Kapitel Hexenprozesse, in: Zeitschrift des Historischen Vereins Schwaben und Neuburg 33 (1907), S. 73–83.

381 Willam LECKY, History of the Rise and Influence of the Spirit of Rationalism in Europe, 2 Bde., London 1865, zitiert nach [3]1866, Bd. 1, S. 1–152, bes. S. 89ff., deutsch: Geschichte des Ursprungs und Einflusses der Aufklärung in Europa, 2 Bde., übersetzt von Heinrich JOLOWICZ, Leipzig/Heidelberg 1868.

382 John CANNON, William Edward Hartpole Lecky, in: The Blackwell Dictionary of Historians (wie Anm. 15), S. 237f.

383 Jakob MÄHLY, Johannes Scherr, in: Allgemeine Deutsche Biographie (wie Anm. 15), Bd. 31, S. 125–130; Wilhelm LOTZ, Johannes Scherr, Diss. phil. Frankfurt a.M. 1925; WEBER, Biographisches Lexikon (wie Anm. 15), S. 508.

384 Johannes SCHERR, Deutsche Kultur- und Sittengeschichte, Leipzig [11]1902, 2. Buch, 7. Kapitel, S. 366–395.

385 Johannes SCHERR, Die Hexe von Glarus. Historische Essays, Berlin 1953 (darin Daten zur Biographie von Christfried Coler, S. VI–XII).

386 Jacob BURCKHARDT, Die Cultur der Renaissance in Italien. Ein Versuch, 2 Bde., Leipzig 1860, [7]1899, Bd. 2, S. 234–274.

387 Stellung bezieht lediglich: Julio Caro BAROJA, Las Brujas y su mundo, Madrid 1961, deutsch: Die Hexen und ihre Welt, aus dem Spanischen von Susanne und Benno HÜBNER, mit einer Einführung und einem ergänzenden Kapitel von Will-Erich PEUCKERT, Stuttgart 1967, S. 124f.; daß er Janssens *Geschichte* positiv gegenüberstand, zeigt eine Bemerkung aus dem Jahre 1895, zitiert in: PASTOR, Tagebücher (wie Anm. 368), S. 276f.

388 Gustav FREYTAG, Bilder aus der deutschen Vergangenheit, 2 Bde., Leipzig 1859, 5 Bde., Leipzig 1867; DERS., Gesammelte Werke, 22 Bde., Leipzig [2]1896–1898, Bd. 19, S. 360–396, Neuausgabe in 5 Bde., Leipzig [ca. 1924], Bd. 3,2, S. 465–502 »Der deutsche Teufel« (danach zitiert).

389 LECKY, Aufklärung in Europa (wie Anm. 381), Bd. 1, S. 2.

390 Otto Henne am Rhyn, Der Teufels- und Hexenglaube, Leipzig 1892; ders., Kulturgeschichte des Deutschen Volkes, 2 Bde., Berlin [2]1892, [3]1903, Bd. 2, S. 67–70; zu Henne am Rhyn: Georg Thürer, Otto Henne am Rhyn, in: Neue Deutsche Biographie (wie Anm. 15), Bd. 8, S. 535f.

391 Georg Steinhausen, Zur Geschichte der Hexenprozesse, in: ders., Beiträge zur Kulturgeschichte, Bd. 2, Berlin 1898; ders., Geschichte der Deutschen Kultur, Leipzig 1904, [3]1929, S. 378ff., 415–423.

392 Johan Huizinga, Herbst des Mittelalters, Stuttgart 1975, S. 347–356; ders., Dutch Civilization in the Seventeenth Century, London/Glasgow 1968, S. 59.

393 Z.B. Carl Lempens, Geschichte der Hexen und Hexenprozesse, St. Gallen 1880; Franz Volk, Die Hexen in der Landvogtei Ortenau und der Reichsstadt Offenburg, Lahr 1882; Albert Rhamm, Hexenglaube und Hexenprozesse, vornehmlich in den braunschweigischen Ländern, Wolfenbüttel 1882; Friedrich Leitschuh, Beiträge zur Geschichte des Hexenwesens in Franken, Bamberg 1883; Pius Wittmann, Die Bamberger Hexen-Justiz (1595–1631), in: Archiv für katholisches Kirchenrecht 50 (1883), S. 177–223; Johann Georg Sauter, Die Hexerei mit besonderer Berücksichtigung Oberschwabens, Ulm 1884; Carl Meyer, Der Aberglaube des Mittelalters und der nächstfolgenden Jahrhunderte, Basel 1884; Ulrich Jahn, Hexenwesen und Zauberei in Pommern, Breslau 1886.

394 Volk (wie Anm. 393), Vorrede und S. 153 (dazu auch die Einleitung zum Neudruck, Offenburg 1978, von Reinhard End).

395 Vgl. Bauers Kritik an Soldan und Heppe in: Soldan/Heppe/Bauer (wie Anm. 321), Bd. 1, S. 422.

396 Wolfgang Weber, Priester der Klio. Historisch-sozialwissenschaftliche Studien zur Herkunft und Karriere deutscher Historiker und zur Geschichte der Geschichtswissenschaft 1800–1970, Frankfurt a.M. [2]1987, S. 218ff.

397 Helmut Seier, Heinrich von Sybel, in: Wehler, Deutsche Historiker (wie Anm. 15), Bd. 2, S. 24–38.

398 Walter Goetz, Die bayrische Geschichtsforschung im 19. Jahrhundert. Zur Erinnerung an Sigmund Riezler, in: Historische Zeitschrift 138 (1928), S. 255–314; Karl Ludwig Ay, Sigmund von Riezler, in: Zeitschrift für Bayerische Landesgeschichte 40 (1977), S. 501–514; Katharina Weigand, Der Lehrstuhl für bayerische Landesgeschichte und sein erster Inhaber Sigmund von Riezler, in: Wilhelm Volkert/Walter Ziegler (Hrsg.), Im Dienst der Bayerischen Geschichte, München 1998, S. 307–350.

399 Eberhard Weis, Montgelas 1759–1799. Zwischen Revolution und Reform, München 1977, [2]1988; ders., Die Begründung des modernen bayrischen Staates unter König Max I. (1799–1825), in: Max Spindler (Hrsg.), Handbuch der bayerischen Geschichte, Bd. 4,1, München 1974, S. 3–88 (verbesserte Neuauflagen 1978, 1979).

400 Johann Andreas Schmeller, Bayerisches Wörterbuch, 4 Bde., München 1827–1837, [2]1872–1877, hrsg. von Georg Karl Frommann, ND 1985.

401 Artikel *Bercht*, in: Schmeller, Bayerisches Wörterbuch (wie Anm. 400), Bd. 1,1, Sp. 269–272; Artikel *Hechs*, in: ebd., Bd. 1,2, Sp. 1047f.; Artikel *Unhold*, in: ebd., Bd. 1,2, Sp. 1090f., und zahlreiche weitere Stichworte.

402 Artikel *Zauber*, in: Schmeller, Bayerisches Wörterbuch (wie Anm. 400), Bd. 2,2, Sp. 1072–1074.

403 Ignaz von Döllinger, Beiträge zur Sektengeschichte des Mittelalters, 2 Bde., München 1890; Heinrich von Sybel, Giesebrecht und Döllinger. Vortragsrede zur Eröffnung der Historischen Kommission [1890], in: ders., Vorträge und Abhandlungen. Mit einer biographischen Einleitung von Conrad Varrentrapp, München 1897, S. 321–335; Goetz, Bayrische Geschichtsforschung (wie Anm. 398), S. 300; Albert Schwarz, Johann Joseph Ignaz von Döllinger, in: Lexikon für Theologie und Kirche (wie Anm. 15), Bd. 3, Sp. 475.

404 Wilhelm Heinrich Riehl, Die Volkskunde als Wissenschaft, in: ders., Culturstudien aus drei Jahrhunderten, Stuttgart 1859; ders. (Hrsg.), Bavaria. Landes- und Volkskunde des Königreichs Bayern, 5 Bde., München 1860–1868. Riehl hatte beim Erscheinen von Soldans *Geschichte der Hexenprozesse* gerade in Gießen studiert (vgl. Viktor von Geramb, Wilhelm Heinrich Riehl. Leben und Wirken (1823–1897), Salzburg 1954, S. III).

405 Riehl, Bavaria (wie Anm. 404).

406 Gerhard Oestreich, Die Fachhistorie und die Anfänge der sozialgeschichtlichen Forschung in Deutschland, in: Historische Zeitschrift 208 (1969), S. 320–363; zu Riehl in München: Goetz, Bayrische Geschichtsforschung (wie Anm. 398), S. 286ff.

407 Bausinger, Volkskunde (wie Anm. 14), S. 54.

408 Felix Stieve, Abhandlungen, Vorträge und Reden, Leipzig 1900; Weber, Biographisches Lexikon (wie Anm. 15), S. 582f.

409 Hermann Oncken, Nekrolog, in: Jahrbuch der Bayerischen Akademie der Wissenschaften (1927), S. 18; Goetz, Bayrische Geschichtsforschung (wie Anm. 398), S. 255–314.

410 Ebd., S. 18.

411 Vgl. auch seine Rezension: Hermann Oncken, Rezension zu Johannes Diefenbach, Der Zauberglaube des sechzehnten Jahrhunderts nach den Katechismen Dr. Martin Luthers und des P. Canisius, Mainz 1900, in: Deutsche Literaturzeitung 22 (1901), Sp. 292.

412 Karl Alexander von Müller, Im Wandel der Welt. Erinnerungen 1919–1932, Bd. 3, München 1966, S. 264.

413 Riezler, Hexenprozesse (wie Anm. 287).

414 Rezension von Georg Steinhausen, in: Archiv für Kulturgeschichte 4 (1897), S. 458f.; Emil Pauls, Zauberwesen und Hexenwahn am Niederrhein, in: Beiträge zur Geschichte des Niederrheins 13 (1898), S. 134–242; Leonid Arbusov, Zauber- und Hexenwahn in den baltischen Provinzen, in: Rigaischer Almanach (1911),

S. 101–126; Hartmann AMMANN, Die Hexenprozesse im Fürstentum Brixen, in: Forschungen und Mitteilungen zur Geschichte Tirols und Vorarlbergs 11 (1914), S. 9–18, 75–86, 144–166, 227–248; Richard HEBERLING, Zauberei und Hexenprozesse in Schleswig-Holstein-Lauenburg, in: Zeitschrift der Gesellschaft für Schleswig-Holsteinische Geschichte 45 (1915), S. 116–247; Karl Heinz SPIELMANN, Die Hexenprozesse in Kurhessen. Nach den Quellen dargestellt, Marburg 1932; Fritz BYLOFF, Hexenglaube und Hexenverfolgung in den österreichischen Alpenländern, Berlin/Leipzig 1934.

415 Sigmund RIEZLER, Geschichte Baierns, Bd. 6: 1508–1651, Gotha 1903, S. 116–135, hier: S. 116.

416 Stephan SKALWEIT, Moriz Ritter 1840–1923, in: 150 Jahre Rheinische Friedrich-Wilhelms-Universität zu Bonn (wie Anm. 280), S. 209–225.

417 Ursula LEWALD, Karl Lamprecht 1856–1915, in: WEHLER, Deutsche Historiker (wie Anm. 15), Bd. 1, S. 231–254; Louise SCHORN-SCHÜTTE, Karl Lamprecht, Göttingen 1984.

418 LEWALD (wie Anm. 417), S. 233; Joseph HANSEN, Gustav Mevissen. Ein rheinisches Lebensbild 1815–1899, 2 Bde., Berlin 1906.

419 Erich PELZER, Joseph Hansen (1862–1943) und sein Beitrag zur rheinischen Revolutionsgeschichtsforschung, in: Tel Aviver Jahrbuch für deutsche Geschichte 18 (1989), S. 271–291, hier: S. 273f.

420 Max BRAUBACH, Landeskundliche Bestrebungen und historische Vereine im Rheinland, Düsseldorf 1954, S. 63f.

421 HANSEN, Zauberwahn (wie Anm. 3); DERS., Quellen und Untersuchungen zur Geschichte des Hexenwahns, Bonn 1901, ND Hildesheim 1963; Johannes FRANCK, Geschichte des Wortes Hexe, in: HANSEN, Quellen (wie Anm. 3), S. 614–670; Cola MINIS, Johannes Franck (1854–1914), in: 150 Jahre Rheinische Friedrich-Wilhelms-Universität zu Bonn 1818–1968. Bonner Gelehrte – Beiträge zur Geschichte der Wissenschaften in Bonn (Sprachwissenschaften), Bonn 1970, S. 91–99.

422 Rezension in: Historische Zeitschrift 77 (1896), S. 561, von »R.D.«, der Riezlers Parteinahme gegen Janssen-Pastor positiv vermerkte; Riezler wurde 1897 Mitherausgeber der Historischen Zeitschrift.

423 Rezensionen in: Historische Zeitschrift 86 (1901), S. 297–300 (gekennzeichnet mit »L.«; Lenz war zu diesem Zeitpunkt Mitherausgeber der Historischen Zeitschrift), Historische Zeitschrift 88 (1902), S. 293–297 (Herrmann HAUPT, Gießen).

424 Henry Charles LEA, Geschichte der Inquisition im Mittelalter, aus dem Englischen von Joseph HANSEN, 3 Bde., Bonn 1905; dazu: Paul Maria BAUMGARTEN, Die Werke von Henry Charles Lea und verwandte Bücher nebst einer Auseinandersetzung mit dem Kölner städtischen Archivar Professor Dr. Joseph Hansen, Münster in Westfalen 1908.

425 MONTER, Historiography (wie Anm. 9), S. 436.

426 Marcel MAUSS, Joseph Hansen, Zauberwahn, in: L'Année sociologique 5 (1900/01), S. 228–230.

427 StadtA Köln, Bestand Joseph Hansen.

428 HANSEN, Zauberwahn (wie Anm. 3), S. 5 (William LECKY), S. 27 (Edward TYLOR); Edward TYLOR, Primitive Culture, 2 Bde., London 1871, deutsch: Die Anfänge der Cultur, unter Mitwirkung des Verfassers ins Deutsche übertragen von Johann Wilhelm SPENGLER/Friedrich POSKE, Leipzig 1873.

429 Hans SCHLEIER, Der Kulturhistoriker Karl Lamprecht, der »Methodenstreit« und die Folgen, in: Karl LAMPRECHT, Alternativen zu Ranke, Leipzig 1988, S. 7–45.

430 Émile DURKHEIM, Les règles de la méthode sociologique, Paris 1895, deutsch: Die Regeln der soziologischen Methode, hrsg. und eingeleitet von Rene KÖNIG, Frankfurt a.M. 1984; BERNSDORF/KNOSPE (wie Anm. 15), S. 105f.

431 Talcott PARSONS/Edward SHILS/Paul F. LAZARSFELD, Soziologie autobiographisch. Drei kritische Beiträge zur Entwicklung einer Wissenschaft, München 1975, S. 105.

432 PELZER (wie Anm. 419), S. 278; Walter HUBATSCH, Friedrich von Bezold 1848–1928, in: 150 Jahre Rheinische Friedrich-Wilhelms-Universität zu Bonn (wie Anm. 280), S. 284–292; Max BRAUBACH, Aloys Schulte 1857–1941, in: ebd., S. 299–310.

433 Moriz RITTER, Deutsche Geschichte im Zeitalter der Gegenreformation und des Dreißigjährigen Krieges, Bd. 2, Stuttgart 1895, ND Darmstadt 1962, S. 479ff.; Gerhard SCHORMANN, Hexenprozesse in Deutschland, Göttingen 1981, S. 65f.

434 Friedrich VON BEZOLD, Jean Bodin als Okkultist und seine Demonomanie, in: Historische Zeitschrift 105 (1910), S. 1–64; DERS., Das Fortleben der antiken Götter im mittelalterlichen Humanismus, Bonn 1922, S. 38, 57, 70ff., 96, 100; WEBER, Biographisches Lexikon (wie Anm. 15), S. 47f.

435 Carl BINZ, Über den Traum, Bonn 1878; DERS., Doctor Johann Weyer, ein rheinischer Arzt, der erste Bekämpfer des Hexenwahns, Bonn 1885, Heidelberg [2]1896, ND New York 1976; zu Binz: Renate Maria BERTLING, Der Pharmakologe Carl Binz, Diss. Bonn 1969; Robert DOMENJOZ, Carl Binz (1832–1913), in: 150 Jahre Rheinische Friedrich-Wilhelms-Universität zu Bonn 1818–1968. Bonner Gelehrte – Beiträge zur Geschichte der Wissenschaften in Bonn (Medizin), Bonn 1992, S. 156–162; Sigmund FREUD, Die Traumdeutung, Wien 1900, Frankfurt a.M. 1961, Literaturverzeichnis.

436 Karl LAMPRECHT, Deutsche Geschichte, 12 Bde., Berlin 1907–1922, Bd. 6, S. 87f.

437 Carly SEYFAHRT, Aberglaube und Zauberei in der Volksmedizin Sachsens, Leipzig 1913, ND Hildesheim 1979.

438 Ernst SCHULIN, Friedrich Meinecke, in: WEHLER, Deutsche Historiker (wie Anm. 15), S. 39–57; Hans-Josef STEINBERG, Karl Lamprecht, in: ebd., S. 58–68.
439 Friedrich MEINECKE, Joseph Hansen [1923], in: DERS., Werke, Bd. 7: Zur Geschichte der Geschichtsschreibung, München 1968, 440f.
440 Klaus SCHWABE, Zur politischen Haltung der deutschen Professoren im ersten Weltkrieg, in: Historische Zeitschrift 193 (1961), S. 601–634, hier: S. 603.
441 PELZER (wie Anm. 419), S. 280f.
442 Ignaz Vinzenz ZINGERLE, Barbara Pachlerin und Mathias Perger, Innsbruck 1858; der Gedenkartikel Oswald VON ZINGERLE, Ignaz Vinzenz Zingerle, in: Allgemeine Deutsche Biographie (wie Anm. 15), Bd. 45, S. 316–319, übergeht diese Arbeit.
443 Ludwig RAPP, Die Hexenprozesse und ihre Gegner in Tirol, Innsbruck 1874, Brixen ^{2}1891; zu Rapp: Österreichisches Biographisches Lexikon 1815–1950, 12 Bde., Wien 1957ff., Bd. 8, S. 423f.
444 Österreichisches Biographisches Lexikon (wie Anm. 443), Bd. 1, Sp. 18.
445 Fritz BYLOFF, Das Verbrechen der Zauberei, Graz 1902.
446 Österreichisches Biographisches Lexikon (wie Anm. 443), Bd. 1, Sp. 132; Fritz BYLOFF, Volkskundliches aus Strafprozessen der österreichischen Alpenländer, Berlin 1929; DERS., Hexenglaube und Hexenverfolgung in den österreichischen Alpenländern, Berlin/Leipzig 1934.
447 Artikelserie von Jean-Nicolas BERCHTOLD, Les sorcières dans le canton de Fribourg, in: Emulation 4 (1845), 5 (1846); Historisch-Biographisches Lexikon der Schweiz, 7 Bde., Neuenburg 1921–1934, Bd. 2, S. 106.
448 Fritz CHABLOZ, Les sorcières Neuchateloises, Neuenburg 1868; Historisch-Biographisches Lexikon der Schweiz (wie Anm. 447), Bd. 2, S. 529; F. TRACHSEL, Das Hexenwesen im Kanton Bern, in: Berner Taschenbuch 19 (1870), S. 149–234; Edouard DIRICQ, Maléfices et sortilèges. Proces criminels ed l'ancien Eveche de Bale pour faits de sorcellerie (1549–1670), Lausanne 1910.
449 Historisch-Biographisches Lexikon der Schweiz (wie Anm. 447), Bd. 5, S. 598.
450 Maxime REYMOND, La sorcellerie au pays de Vaud au XVe siècle, in: Schweizerisches Archiv für Volkskunde 12 (1908), S. 1–14; DERS., Cas de sorcellerie en pays fribourgoises au quinzième siècle, in: Schweizerisches Archiv für Volkskunde 13 (1909), S. 81–94.
451 Gian-Gaspare NESSI, Memorie storiche di Locarno, Locarno 1854, S. 181ff.; Artikelserien von Emilio MOTTA, Le streghe nella Riviera con aggiunti processi della Valle Mesolcina, in: Bollettino storico della Svizzera Italiana 1 (1879); DERS., Le Streghe nella Leventina nel secolo XV, in: Bollettino storico della Svizzera Italiana 6 (1884), 7 (1885); zu Motta: Historisch-Biographisches Lexikon der Schweiz (wie Anm. 447), Bd. 5, S. 173; zu Nessi: ebd., Bd. 5, S. 242.
452 Paul SCHWEIZER, Der Hexenprozeß und seine Anwendung in Zürich, in: Zürcher Taschenbuch NF 25 (1902), S. 1–63; Alois DETTLING, Die Hexenprozesse im Kanton Schwyz, Schwyz 1907; zu Dettling: Historisch-Biographisches Lexikon der Schweiz (wie Anm. 447), Bd. 2, S. 700.
453 Eduard HOFFMANN-KRAYER (Hrsg.), Luzerner Akten zum Hexen- und Zauberwesen, in: Schweizerisches Archiv für Volkskunde 3 (1899), S. 22–40, 81–122, 189–224, 291–329.
454 Auswertung Schweizerisches Archiv für Volkskunde, hrsg. von EDUARD HOFFMANN-KRAYER: J. WINTELER, Eine Variation der Tantalussage, in: ebd. 1 (1897), S. 239, eine Nachtvolkgeschichte aus dem Kanton Uri (Hinweis auf dieselbe Sage im Prättigau, in: Alpenpost 7 [1874], S. 203); G. TOBLER, Zum Hexenwesen in Bern, in: ebd. 2 (1898), S. 59–60; Anna ITHEN, Über Hexen und Hexereien, in: ebd. 2 (1898), S. 106–115; Eduard HOFFMAN-KRAYER, Ein Zauberprozeß in Basel 1719, in: ebd. 2 (1898), S. 283–291; G. TOBLER, Zum Hexenwesen in Bern, in: ebd. 3 (1900), S. 236–238; Johannes JEGERLEHNER, Sagen aus dem Val d'Anniviers, in: ebd. 4 (1901), S. 287–303; A. BURCKHARDT, Ein Zauberfall von 1399, in: ebd. 4 (1901), S. 65.
455 Eduard HOFFMANN-KRAYER, Volkskunde als Wissenschaft, Zürich 1902.
456 Eduard HOFFMANN-KRAYER, Rezension Joseph Hansen, Zauberwahn, in: Schweizerisches Archiv für Volkskunde 4 (1901), S. 133–134.
457 Eduard HOFFMANN-KRAYER, Rezension Joseph Hansen, Quellen und Untersuchungen, in: Schweizerisches Archiv für Volkskunde 4 (1901), S. 310–311: »höchst verdienstvoll«, »so kann denn das Buch mit Fug und Recht als ›Standard-Werk‹ genannt werden; denn nirgends finden wir bis jetzt in der Literatur des Hexenwesens ein so überwältigendes Material zusammengestellt, wie hier«.
458 Die Dissertation wurde großteils veröffentlicht und erlebte bisher vier Auflagen: Eduard RENNER, Goldener Ring über Uri. Ein Buch vom Erleben und Denken unserer Bergler, von Magie und Geistern und von den ersten und letzten Dingen, Zürich 1941, ^{2}1954, ^{3}1976, ^{4}1991.
459 Guido BADER, Die Hexenprozesse in der Schweiz, Affoltern 1945.
460 Josef SCHACHER VON INWIL, Das Hexenwesen im Kanton Luzern nach den Prozessen von Luzern und Sursee, 1400–1675, Diss. phil. Freiburg im Üchtland, Luzern 1947.
461 Robert MINDER, Der Hexenglaube bei den Jatrochemikern des 17. Jahrhunderts, Diss. med. Zürich 1963; Hans Peter KNEUBÜHLER, Die Überwindung von Hexenwahn und Hexenprozeß, Diss. jur. Zürich 1977; David MEILI, Hexen in Wasterkingen. Magie und Lebensform in einem Dorf des frühen 18. Jahrhunderts, Basel 1980.

462 Hanns BÄCHTOLD-STÄUBLI, Eduard Hoffmann-Krayer (1864–1936). Erinnerungen an meinen Lehrer und Freund, in: Schweizerisches Archiv für Volkskunde 35 (1936), S. 1–15; Paul GEIGER, Dr. Hanns Bächtold-Stäubli (1886–1941), in: Schweizer Volkskunde 31 (1941), S. 89–92.
463 BÄCHTOLD-STÄUBLI, Hoffmann-Krayer (wie Anm. 462), S. 10.
464 Johannes HOOPS (Hrsg.), Reallexikon der Germanischen Altertumskunde, 4 Bde., Straßburg 1911–1919.
465 Max EBERT (Hrsg.), Reallexikon der Vorgeschichte, 15 Bde., Berlin 1924–1932.
466 Rückblickender Brief Lüdtkes an Bächtold-Stäubli vom 23. September 1929 (Verlagsarchiv Walter de Gruyter, Berlin, zitiert nach: Christoph DAXELMÜLLER, Vorwort, in: Handwörterbuch des deutschen Aberglaubens (wie Anm. 12), Bd. 1, S. V–XL, hier: S. XII).
467 Ebd., S. XV.
468 Ebd., S. XVI.
469 Auswertung des Mitarbeiterverzeichnisses in Handwörterbuch des deutschen Aberglaubens (wie Anm. 12), Bd. 1.
470 DAXELMÜLLER, Vorwort (wie Anm. 466), S. Xf.
471 Otto WEINRICH, Volkskunde, in: Archiv für Religionswissenschaft 29 (1931), S. 244–284 (darin speziell zum Handwörterbuch des deutschen Aberglaubens (wie Anm. 12): S. 255–258, Zitat S. 256).
472 DAXELMÜLLER, Vorwort (wie Anm. 466), S. XXIII–XXV.
473 Eduard HOFFMANN-KRAYER, Aberglaube, in: Handwörterbuch des deutschen Aberglaubens (wie Anm. 12), Bd. 1, Sp. 64–87.
474 Zu Kummer, Weiser und Peuckert s.u.; zu Naumanns Darstellung des Gottessohnes als »völkischem« Führer und seine Lobrede auf die Bücherverbrennung: Klaus SCHREINER, Führertum, Rasse, Reich. Wissenschaft von der Geschichte nach der nationalsozialistischen Machtergreifung, in: Peter LUNDGREN (Hrsg.), Wissenschaft im Dritten Reich, Frankfurt a.M. 1985, S. 183–253.
475 Aristide DEY, Histoire de la sorcellerie au Comté de Bourgogne, Vesoul 1861; zu Dey: Dictionnaire de Biographie Francaise (wie Anm. 235), Bd. 11, Sp. 228.
476 August STÖBER, Zur Geschichte des Volks-Aberglaubens im Anfange des 16. Jahrhunderts, Basel 1856; DERS., Die Hexenprozesse im Elsaß, besonders im 16. und im Anfange des 17. Jahrhunderts, in: Alsatia 6 (1856/57), S. 265–338; Joseph KLÉLÉ, Hexenwahn und Hexenprozesse in der ehemaligen Reichsstadt und Landvogtei Hagenau, Hagenau 1893.
477 Encyclopédie de l'Alsace (wie Anm. 36), Bd. 11, S. 7015f.
478 Vgl. R. ARNOLD, Historische Zeitschrift, Register zu Bd. 1–56, München/Leipzig 1888, ND 1968; Paul WENTZKE, Historische Zeitschrift, Register zu Bd. 57–96, München/Berlin 1906, ND 1968, Friedrich SCHNEIDER, Historische Zeitschrift, Register zu Bd. 97–130, München/Berlin 1925, ND 1968.
479 Rodolphe REUSS, Ein elsässischer Protest (wie Anm. 285).
480 Rodolphe REUSS, La sorcellerie au seizième et au dixseptième siècles, particulièrement en Alsace d'après des documents en partie inédits, Paris 1871, ND Steinbrunn-le-Haut 1987 (biographische Daten im Vorwort des Neudrucks).
481 Christian PFISTER, Rodolphe Reuss, 1841–1924. In memoriam, in: Rodolphe REUSS, Soixante années d'activité scientifique et littéraire, 1864–1924, Paris 1926, S. 85–122; Encyclopédie de l'Alsace (wie Anm. 36), Bd. 10, S. 6366–6388.
482 Christian PFISTER, Nicholas Rémy et la Sorcellerie en Lorrain à la fin du XVIe siècle, in: Revue Historique 93 (1907), S. 28–44; dazu: Lucien FEBVRE, Sorcellerie, sottise ou révolution mentale?, in: Annales 3 (1948), S. 9–15, hier: S. 10; Marc BLOCH, Christian Pfister, in: Revue Historique 172 (1933), S. 458–578; Encyclopédie de l'Alsace (wie Anm. 36), Bd. 10, S. 5975.
483 Gabriel LEGUÉ, Urbain Grandier et les possédées de Loudon, Paris 1880; Alexandre TUETEY, La sorcellerie dans le pays de Montbéliard au XVIIe siècle, Dole 1886; Albert DENIS, La sorcellerie à Toul aux XVIe et XVIIe siècles, Toul 1888; Achille DURIEUX, Sorciers et sorcières à Cambrai, in: Memoires de la Societé d'Émulation de Cambrai 46 (1891), S. 119–142.
484 Jules BAISSAC, Les grands jours de la sorcellerie, Paris 1890; zu Baissac: Dictionnaire de Biographie Francaise (wie Anm. 235), Bd. 4, Sp. 1379.
485 Robert YVE-PLESSIS, Essai d'une bibliographie francaise méthodique et raisonnée de la sorcellerie et de la possession démoniaque, Paris 1900, ND Nieuwkoop 1971.
486 Art. Sorcellerie, in: La Grande Encyclopédie (wie Anm. 312), Bd. 30, S. 288f.
487 Thomas DE CAUZON, La Magie et la Sorcellerie en France, 4 Bde., Paris 1910–1912.
488 Edouard-L. DE KERDANIEL, Sorciers de Savoie, Annecy 1900.
489 Federico ODORICI, Le Streghe di Valtellina e la Santa Inquisizione, con documenti inediti del secolo XVI, [Brescia] 1861.
490 Artikel *Streghe e Stregoneria*, in: Enciclopedia Italiana (wie Anm. 312), Bd. 32, S. 841–843; Ausnahmen: ODORICI (wie Anm. 489); TARDUCCI, Le streghe, l'astrologo e il mago, Mailand 1886.
491 Ernesto DE MARTINO, Il mondo magico. Prolegomeni a una storia del magismo, Turin 1948; DERS., Sud e Magia, Mailand 1959; DERS. Katholizismus, Magie und Aufklärung. Religionswissenschaftliche Studie am Beispiel Süd-Italiens. Aus dem Italienischen von Barbara KLEINER, München 1982, S. 108f., 233.

492 Giuseppe BONOMO, Caccia alle streghe. La credenza nelle streghe dal sec. XIII al XIX con particolare riferimento all'Italia, Palermo 1959, ND 1971.

493 Delio CANTIMORI, Eretici italiani del Cinquecento, 1939, deutsch: Italienische Häretiker der Spätrenaissance, ins Deutsche übersetzt von Werner KAEGI, Basel 1949.

494 Carlo GINZBURG, Geschichte und Geschichten. Über Archive, Marlene Dietrich und die Lust an der Geschichte. Carlo Ginzburg im Gespräch mit Adriano Sofri, in: DERS., Spurensicherungen. Über verborgene Geschichte, Kunst und soziales Gedächtnis, Berlin 1983, ND München 1988, S. 7–28, hier: S. 24; DERS., I Benandanti. Ricerche sulla streghoneria e sui culti agrari tra cinquecento e Seicento, Turin 1966, deutsch: Die Benandanti. Feldkulte und Hexenwesen im 16. und 17. Jahrhundert, aus dem Italienischen von Karl Friedrich HAUBER, Frankfurt a.M. 1980.

495 Sandro STRATTA, Streghoneria, in: Grande Dizionario Encyclopedico, Bd. 17, Rom 1972, S. 853–855.

496 Thomas HUTCHINSON, The History of the Province of Massachusetts-Bay from the Charter of King William and Queen Mary in 1691 until the Year 1750, Boston 1767, S. 15–62; George BANCROFT, History of the United States from the Discovery of the American Continent, Bd. 3, Boston 1840, S. 72–99; Brook ADAMS, The Emancipation of Massachusetts, Boston 1887, S. 216–236. Ich folge hier ganz dem Vortrag von H.C. Erik Midelfort auf der Karlsruher AKIH-Tagung *Hexenforschung. Zur Rezeption eines historischen Phänomens.*

497 Henry Charles LEA, Superstition and Force. Essays on the Wager of Law, the Wager of Battle, the Ordeal, Torture, Philadelphia 1866, ^{3}1878; DERS., A History of the Inquisition of the Middle Ages, 3 Bde., New York 1888, ND 1955; DERS., A History of the Inquisition of Spain, 4 Bde., New York 1906–1907, ND 1966, Bd. 4, S. 206–247; zu Lea: Edward SCULLER BRADLEY, Henry Charles Lea. A Biography, Philadelphia 1931.

498 George Lincoln BURR, Introduction [1938], in: LEA, Materials (wie Anm. 3), Bd. 1, S. XXI–XLIII, hier: S. XXIV (zum Briefwechsel Lecky-Lea: S. XXVI).

499 LEA, Materials (wie Anm. 3), Bd. 3, S. 1188.

500 Arthur C. HOWLAND, Preface [1938], in: LEA, Materials (wie Anm. 3), Bd. 1, S. VII.

501 Gesamtbibliographie Leas in: Edward SCULLER BRADLEY, Henry Charles Lea. A Biography, Philadelphia 1931, S. 374–381.

502 BURR, Introduction (wie Anm. 498), S. XXXVIf.; Rezeption von Lea und Burr bei RIEZLER, Hexenprozesse (wie Anm. 287), S. 43, 46, 51, 54, 61 passim; Henry GUERLAC, George Lincoln Burr, in: Isis 35,100 (Frühjahr 1944), S. 149–152.

503 George Lincoln BURR, The Fate of Dietrich Flade, in: Papers of the American Historical Association 5 (1891), S. 3–57; DERS. (Hrsg.), Translations and Reprints from Original Sources of European History. The Witch Persecutions, Philadelphia 1897; DERS., New Englands Place in the History of Witchcraft, in: American Antiquarian Society Proceedings 21 (1911), S. 185–217; DERS., Narratives of the Witchcraft Cases, 1648–1706, New York 1914; Vortrag H.C. Erik Midelforts auf der Karlsruher AKIH-Tagung *Hexenforschung. Zur Rezeption eines historischen Phänomens.*

504 Roland H. BAINTON/Lois Oliphant GIBBONS (Hrsg.), George Lincoln Burr. His Life and Selections from his Writings, Ithaca/New York 1943; Martha C. CROWE (Hrsg.), Witchcraft. Catalogue of the Witchcraft Collection in Cornell University Library, introduced by Rossell HOPE ROBBINS, Millwood/New York 1977.

505 Wallace NOTESTEIN, A History of Witchcraft in England from 1558 to 1718, New York 1911, ND 1965, S. 383–420; George LYMAN KITTREDGE, Witchcraft in Old and New England, Cambridge/Mass. 1929; dazu: BURR, Introduction (wie Anm. 498), S. XXXVIIff.; zu Kittredge: Clyde Kenneth HYDER, George Lyman Kittredge. Teacher and Scholar, Lawrence/Kansas 1962.

506 Cecil Herbert L'Estrange EWEN, Witch Hunting and Witch Trials, London 1929; DERS., Witchcraft and Demonianism, London 1933; zur späteren Einschätzung Ewens: Keith THOMAS, Religion and the Decline of Magic. Studies on Popular Beliefs in 16th and 17th-century England, London 1971, hier zitiert nach der Ausgabe Harmondsworth 1980, S. 435, 450.

507 Ebd., S. 518.

508 Andrew Dickson WHITE, The Warfare of Science, London/New York 1876; DERS., History of Warfare of Science with Theology and Christandom, 2 Bde., London/New York 1896, deutsch: Geschichte der Fehde zwischen Wissenschaft und Theologie in der Christenheit, aus dem Amerikanischen von Conrad M. VON UNRUH, Leipzig [1911]; PLITT/ZÖCKLER, Hexen und Hexenprozesse, in: Johann Jakob HERZOG/Albert HAUCK (Hrsg.), Realencyklopädie für protestantische Theologie und Kirche, 24 Bde., Leipzig ^{3}1896–1913, Bd. 8, S. 30–36.

509 ESTES (wie Anm. 8), S. 136f.

510 HANSEN, Zauberwahn (wie Anm. 3), S. VII.

511 DURKHEIM, Les règles de la méthode sociologique (wie Anm. 430), S. 194f.

512 Henri HUBERT/Marcel MAUSS, Esquisse d'une théorie générale de la magie, in: L'Année sociologique 7 (1902/03), S. 1–146, deutsch: Entwurf einer allgemeinen Theorie der Magie, aus dem Französischen von Henning RITTER, in: DERS., Soziologie und Anthropologie, 2 Bde., München 1974, Bd. 1, S. 43–179; Justin STAGL, Mauss, Marcel, in: HIRSCHBERG (wie Anm. 12), S. 301.

513 Eduard SELER, Zauberei und Zauberer im alten Mexiko, in: Veröffentlichungen aus dem Königlichen Museum für Völkerkunde 6,2/4 (1889); Ludwig BLAU, Das altjüdische Zauberwesen, Straßburg 1898; Willem CALAND,

Altindisches Zauberritual, Amsterdam 1900; dazu die Arbeiten von HANSEN (wie Anm. 3) über den europäischen »Hexenwahn«.

514 MAUSS, Theorie der Magie (wie Anm. 512), S. 56, nach: GRIMM, Deutsche Mythologie (wie Anm. 259), Bd. 2, S. 926.

515 MAUSS, Theorie der Magie (wie Anm. 512), S. 57f.

516 Claude LÉVI-STRAUSS, Einleitung in das Werk von Marcel Mauss, in: MAUSS, Theorie der Magie (wie Anm. 512), S. 7–41, hier: S. 33.

517 MAUSS, Theorie der Magie (wie Anm. 512), S. 162ff., bezieht sich hier zum Vergleich auf Alfred LEHMANN, Aberglaube und Zauberei, Stuttgart 1898.

518 MAUSS, Theorie der Magie (wie Anm. 512), S. 173F.

519 Lynn THORNDIKE, The Place of Magic in the Intellectual History of Europe, Diss. phil. New York 1905.

520 Lynn THORNDIKE, History of Magic and Experimental Science, 8 Bde., New York 1923–1958.

521 Émile DURKHEIM, Les formes élémentaires de la vie religieuse, Paris 1912, deutsch: Die elementaren Formen des religiösen Lebens, übersetzt von Ludwig SCHMIDTS, Frankfurt a.M. 1981, S. 69.

522 DURKHEIM, Formen des religiösen Lebens (wie Anm. 521), S. 72f.

523 Ebd., S. 487.

524 Lucien LÉVY-BRUHL, Les fonctions mentales dans les sociétés inférieures, Paris 1910, deutsch: Das Denken der Naturvölker, hrsg. und eingeleitet von Heinrich JERUSALEM, Wien/Leipzig 1921; DIES., La mentalité primitive, Paris 1922, deutsch: Die geistige Welt der Primitiven, aus dem Französischen von Margarethe HAMBURGER, Leipzig 1927; Edward E. EVANS-PRITCHARD, Lévy-Bruhl's Theory of Primitive Mentality, in: Bulletin of the Faculty of Arts (Egypt University) 2 (1934), S. 1–36; dazu: BURKE, Offene Geschichte (wie Anm. 14), S. 17f.

525 Hans NAUMANN, Grundzüge der deutschen Volkskunde, Leipzig 1922; dazu: WEBER-KELLERMANN (wie Anm. 14), S. 55f.; Peter ASSION/Reinhard SCHMOCK, Von der Weimarer Republik ins »Dritte Reich«. Befunde zur Volkskunde der 1920er und 1930er Jahre, in: JACOBEIT/LIXFELD/BOCKHORN (wie Anm. 16), S. 33–85, hier: S. 41ff.

526 Zur Begrifflichkeit: STAGL, Handbuch (wie Anm. 2), S. 104f., 113ff.

527 EVANS-PRITCHARD, Theorien (wie Anm. 347), S. 108 (Seufzer), 112 (Behauptungen), 13ff. (Lévy-Bruhl).

528 Claude LÉVI-STRAUSS, Le sorcier et sa magie, in: Les Temps modernes 41 (1949), S. 3–24, deutsch: Der Zauberer und seine Magie, in: DERS., Strukturale Anthropologie, aus dem Französischen von Hans NAUMANN, Frankfurt a.M. 1971, S. 183–203; DERS., La pensée sauvage, Paris 1962, deutsch: Das Wilde Denken, übersetzt von Hans NAUMANN, Frankfurt a.M. 1968; dazu: STAGL, Handbuch (wie Anm. 2), S. 103ff., Anm. 154, nach: Edmund LEACH, Lévi-Strauss, London 1970, S. 18f.

529 SHORTER (wie Anm. 219), S. 407.

530 Jean-Martin CHARCOT, Lecons sur les maladies du système nerveux faites à la Salpetrière, Bd. 1, Paris [4]1880, S. 341f.

531 SHORTER (wie Anm. 219), S. 285–340.

532 Jeffrey M. MASSON (Hrsg.), Sigmund Freud. Briefe an Wilhelm Fliess 1887–1904, deutsche Bearbeitung von Michael SCHRÖTER, Frankfurt a.M. 1986, S. 237, 240 (Briefe vom Januar 1897).

533 Sigmund FREUD, Totem und Tabu, Wien 1913; EVANS-PRITCHARD, Theorien (wie Anm. 347), S. 78f.

534 Sigmund FREUD, Eine Teufelsneurose im siebzehnten Jahrhundert, in: Imago 9 (1923), S. 1–34; Wiederabdrucke: DERS., Gesammelte Schriften, 11 Bde., Leipzig 1924–1928, Bd. 10, S. 409–445; Bibliophile Sonderausgabe (81 Seiten, 7 Abbildungen) Leipzig u.a. 1928; DERS., Gesammelte Werke, 18 Bde., Frankfurt a.M. 1940–1968, Bd. 13, S. 317–353; DERS., Werke. Studienausgabe, 11 Bde., hrsg. von Alexander MITSCHERLICH u.a., Frankfurt a.M. 1969–1979, Bd. 7, S. 283–319; Reprint als Paperback Frankfurt a.M. 1982.

535 Michel DE CERTEAU, Was Freud aus Geschichte macht. »Eine Teufelsneurose im 17. Jahrhundert«, in: DERS., L'Écriture ed l'histoire, Paris 1975 (zuerst in: Annales. Économies, Sociétés, Civilisations 25 [1970], S. 654–667), deutsch: Das Schreiben der Geschichte, aus dem Französischen von Sylvia M. SCHOMBURG-SCHERFF, mit einem Nachwort von Roger CHARTIER, Frankfurt a.M. 1991, S. 217–239.

536 Otto SNELL, Hexenprozesse und Geistesstörungen. Psychiatrische Untersuchungen, München 1891; KÜRSCHNER (wie Anm. 15), Ausgabe 1931, Sp. 2819.

537 Ernest JONES, Der Alptraum in seiner Beziehung zu gewissen Formen des mittelalterlichen Aberglaubens (Schriften zur angewandten Seelenkunde, Bd. 14), Leipzig 1912.

538 Ernst L. FREUD/Heinrich MENG (Hrsg.), Sigmund Freud – Oskar Pfister. Briefe 1909–1939, Frankfurt a.M. 1963; Oskar PFISTER, Das Christentum und die Angst, Zürich 1944, [2]1975, ND 1985, mit einem Vorwort von Thomas BONHOEFFER, S. 402ff.; DERS., Calvins Eingreifen in den Hexer- und die Hexenprozesse von Peney 1545, Zürich 1947; DERS., Pfarrer und Analytiker. Referate der Oskar-Pfister-Tagung im Februar 1973 in Zürich (Wege zum Menschen, Bd. 25), Göttingen 1973.

539 Gregory ZILBOORG, The Medical man and the Witch during the Renaissance, Baltimore 1935, ND New York 1969.

540 George ROSEN, A Study of the Persecution of Witches in Europe as a Contribution to the Understanding of Mass Delusions und Psychic Epidemics, in: Journal of Health and Human Behaviour 1 (1960), S. 200–211; Franz ALEXANDER/Sheldon SELESNICK, The History of Psychiatrie, New York 1966, S. 68; Erwin ACKER-

Knecht, Kurze Geschichte der Psychiatrie, Stuttgart [2]1967, S. 18f.; ders., Kurze Geschichte der Medizin, Stuttgart [2]1975.

541 Thomas S. Szasz, The Manufacture of Madness, New York 1970, deutsch: Die Fabrikation des Wahnsinns, aus dem Amerikanischen von Thomas M. Höpfner, Olten/Freiburg 1974, S. 114–131.

542 Briggs, Multiple Explanation (wie Anm. 909), S. 51; Stanislav Andreski, Syphilis, Puritanism and Witch Hunts. Historical Explanations with a forecast about AIDS, London 1989; Linnda R. Caporeal, Ergotism. The Satan loose in Salem, in: Science 192 (1976), S. 121–126; Michael J. Harner (Hrsg.), Hallucinogens and Shamanism, New York 1973.

543 Traugott Konstantin Oesterreich, Die Besessenheit, Langensalza 1921; Cécile Ernst, Teufelsaustreibungen. Die Praxis der katholischen Kirche im 16. und 17. Jahrhundert, Bern 1972.

544 Nicholas P. Spanos/Jack Gottlieb, Ergotism and the Salem Village Trials, in: Science 194 (1976), S. 1390–1394.

545 Daniel P. Walker, Unclean Spirits. Possession and Exorcism in France and England in the Late Sixteenth and Early Seventeenth Centuries, London 1981.

546 Trevor-Roper, The European Witch-Craze (wie Anm. 845), S. 104.

547 Helmut Möller, Angewandte Aufklärung und magia naturalis, in: Fritz Harkort u.a. (Hrsg.), Volksüberlieferung. Festschrift für Kurt Ranke, Göttingen 1968; Ellic Howe, Astrology and the Third Reich, Wellingborough 1984.

548 Helena Petrowna Blavatsky, Isis unveiled, New York 1875; dies., The secret doctrine. The Synthesis of Science, Religion und Philosophy, New York 1888, deutsch: Die Geheimlehre. Die Vereinigung von Wissenschaft, Religion und Philosophie, aus dem Englischen von Robert Froebe, Berlin 1932, ND Stuttgart 1983; Gasper/Müller/Valentin (wie Anm. 17), S. 1056ff.

549 Carl Kiesewetter, Geschichte des neuern Occultismus. Geheimwissenschaftliche Systeme von Agrippa von Nettesheim bis zu Carl du Prel, Leipzig 1891, [2]1909, ND Hildesheim 1977; Drury (wie Anm. 17), S. 325.

550 Rudolf Steiner, Die Geheimwissenschaften im Umriß, Leipzig 1910, Dornach [30]1989; zum Okkultismus Steiners: Robert Galbreath, Traditional and Modern Elements in the Occultism of Rudolf Steiner, in: Journal of Popular Culture 3 (1969), S. 451–467; Heiner Ullrich, Waldorfpädagogik und okkulte Weltanschauung, Weinheim 1986.

551 Karl von Eckartshausen, Die Wolke über dem Heiligthum oder Etwas, wovon sich die stolze Philosophie unseres Jahrhunderts nichts träumen läßt, München 1802, englisch: The Cloud upon the Sanctuary, translation and notes by Isabel de Steiger, London 1896.

552 John Symonds/Kenneth Grant, The Confessions of Aleister Crowley. An Autohagiographie, London 1969; John Symonds, The Great Beast. The Life and Magick of Aleister Crowley, London 1971; Helmut Möller/Ellic Howe, Merlin Peregrinus. Vom Untergrund des Abendlandes, Würzburg 1986, S. 171–196, 224–236.

553 Cavendish (wie Anm. 82), S. 150; Monter, Historiography (wie Anm. 9), S. 437; Jeffrey Burton Russell, A History of Witchcraft. Sorcerers, Heretics, and Pagans, London 1980, S. 133ff., 148ff.; Janet Oppenheim, The Other World. Spiritualism and Psychical Research in England 1850–1914, Cambridge 1985.

554 Carl Gustav Jung, Erinnerungen, Träume, Gedanken, aufgezeichnet und hrsg. von Aniela Jaffé, Zürich/Stuttgart 1962, S. 154f.

555 Carl Gustav Jung, Psychologie und Okkultismus, ND Olten 1971; ders., Gesammelte Werke, 20 Bde., Olten 1971–1990.

556 Esther Harding, Frauen-Mysterien einst und jetzt. Mit einem Geleitwort von Carl Gustav Jung, Zürich 1949.

557 Ernst Bloch, Das Prinzip Hoffnung, 3 Bde., Frankfurt a.M. 1959, Bd. 1, S. 67.

558 Montague Summers, History of Witchcraft, London/New York 1926, S. XVI.

559 Montague Summers, The Geography of Witchcraft, London/New York 1927; zu Summers: Joseph Jerome, Montague Summers. A Memoir, London 1965, Kapitel 2: *Reverend in what Church?*

560 Paul Maria Baumgarten, Die Werke von Henry Charles Lea und verwandte Bücher, Münster 1908, englisch: H.C. Leas Historical Writings. A critical inquiry into their method and merit, New York 1909; Summers, History of Witchcraft (wie Anm. 558), S. 321.

561 Margaret Murray, Organization of Witches in Great Britain, in: Folk-Lore 28 (1917), S. 228–258; Margaret Murray, The Witch Cult in Western Europe, Oxford 1921, [2]1962, mit einem Vorwort von Steven Runciman.

562 Murray, Witch Cult (wie Anm. 561), S. 19.

563 Ebd., S. 11f.

564 Ebd., S. 71–204; zeitgenössische Kritik: George Lincoln Burr in: American Historical Review 27 (1922), S. 78–83; W. Halliday in: Folk-Lore 33 (1922), S. 224–230.

565 Margaret Murray, My First Hundred Years, London 1963, S. 104f.

566 Ebd., S. 201.

567 Murray, Witch Cult (wie Anm. 561), S. 281–285.

568 Margaret Murray, The God of the Witches, London 1931, [2]1952.

569 Margaret Murray, Witchcraft, in: Encyclopaedia Britannica. A New Survey of Universal Knowledge, 24 Bde., Chicago 1962, Bd. 23, S. 686–688; Estes (wie Anm. 8), S. 139.

570 Elizabeth E. BACON, Witchcraft, in: The Encyclopedia Americana. International Edition, 30 Bde., Danbury/Connecticut 1987, Bd. 29, S. 83f.

571 Christopher HILL, Society and Puritanism in Pre-Revolutionary England, London 1964, S. 187, 486; Ronald HUTTON, Christopher Hill, in: The Blackwell Dictionary of Historians (wie Anm. 15), S. 188f.

572 SCHORMANN, Hexenprozesse in Deutschland (wie Anm. 433), S. 103; Anthony A.M. BRYER, Stephen Runciman, in: The Blackwell Dictionary of Historians (wie Anm. 15), S. 361f.

573 Eliot E. ROSE, A Razor for a Goat, Toronto 1962; dazu: COHN, Europe's Inner Demons (wie Anm. 238), S. 107ff.; M.J. KEPHART, Rationalists versus Romantics among Scholars of Witchcraft, in: MARWICK (wie Anm. 10), S. 326–342.

574 WEBER-KELLERMANN (wie Anm. 14), S. 27.

575 Hans-Jürgen LUTZHÖFT, Der nordische Gedanke in Deutschland 1920–1940, Stuttgart 1971.

576 Gustav BECKEL, Walhall. Studien über germanischen Jenseitsglauben, Dortmund 1913; VON SEE, Barbar – Germane – Arier (wie Anm. 69), S. 187–232.

577 Eugen MOGK, Über Los, Zauber und Weissagung bei den Germanen. Festschrift zum Deutschen Historikertage in Leipzig 1894, Leipzig 1894, S. 81–90; DERS., Germanische Mythologie, Straßburg 1898; zu Mogk: WEBER-KELLERMANN (wie Anm. 14), S. 52f.

578 Eugen MOGK, Aberglaube und Volksmythen, in: Robert WUTTKE (Hrsg.), Sächsische Volkskunde, Leipzig 1903, S. 315–335; Friedrich HÄLSIG, Der Zauberspruch bei den Germanen bis um die Mitte des XVI. Jahrhunderts, Diss. phil. Leipzig 1910; Hermann PLISCHKE, Die Sage vom Wilden Heer im deutschen Volk, Diss. phil. Leipzig 1914; zu Kummer s.u.

579 Bernhard KUMMER, Germanischer Kult und Glaube in den letzten heidnischen Jahrhunderten, Diss. phil. Leipzig 1927, als Buch: Midgards Untergang, Leipzig 1928, [2]1935, [4]1938, Zeven [5]1972; Friedrich LÜERS, Hexen, in: Bayerische Wochenschrift für Pflege von Heimat und Volkstum. Amtliches Nachrichtenblatt der Wörterbuchkommission der Bayerischen Akademie der Wissenschaften in München 10 (1932), S. 17–391, in Fortsetzungen, zitiert nach: KUMMER, Midgards Untergang (wie oben), S. 50; zu Kummer: Armin MOHLER, Die konservative Revolution in Deutschland, 1918–1932, Darmstadt [2]1972, S. 382ff.; VON SEE, Barbar – Germane – Arier (wie Anm. 69), S. 225f.

580 Eduard NORDEN, Die germanische Urgeschichte in Tacitus' Germania, Leipzig 1920, [2]1921, [4]1959; VON SEE, Barbar – Germane – Arier (wie Anm. 69), S. 31ff.

581 Eugen FEHRLE, Die Germania als Quelle für deutsche Volkskunde, in: Schweizerisches Archiv für Volkskunde 26 (1926), S. 229–253; DERS., Zauber und Segen, Jena 1926.

582 Rudolf MUCH, Die Germania des Tacitus, Heidelberg [3]1967; dazu: VON SEE, Deutsche Germanenideologie (wie Anm. 69), S. 12; DERS., Barbar – Germane – Arier (wie Anm. 69), S. 32ff.

583 Harm-Peer ZIMMERMANN, Der Schlaf der Vernunft. Die Deutsche Volkskunde in Kiel 1933 bis 1945, in: Hans-Werner PRAHL (Hrsg.), Uni-Formierung des Geistes. Beiträge zur Geschichte der Kieler Universität 1933–1945, Kiel 1993, S. 171–274; vgl. auch: Olaf BOCKHORN, Der Kampf um die »Ostmark«. Ein Beitrag zur Geschichte der nationalsozialistischen Volkskunde in Österreich, in: Gernot HEISS u.a. (Hrsg.), Willfährige Wissenschaft. Die Universität Wien 1938–1935, Wien 1989, S. 17–38.

584 Lily WEISER-AALL, Der Hexenritt auf dem Stabe, in: Joseph Maria RITZ (Hrsg.), Festschrift für Andree-Eysn, München 1928, S. 64–69; DIES., Hexe, in: Handwörterbuch des deutschen Aberglaubens (wie Anm. 12), Bd. 3, Sp. 1827–1920; dazu: GINZBURG, Benandanti (wie Anm. 494), Vorwort.

585 Lily WEISER, Altgermanische Jünglingsweihen und Männerbünde, Diss. phil. Wien 1927; Heinrich SCHURTZ, Altersklassen und Männerbünde. Eine Darstellung der Grundform der Gesellschaft, Berlin 1902; zu Schurtz: HIRSCHBERG (wie Anm. 12), S. 428f.

586 Robert STUMPFL, Kultspiele der Germanen als Ursprung des mittelalterlichen Dramas, Diss. phil. Wien 1936, Berlin 1936.

587 Richard WOLFRAM, Weiberbünde, in: Zeitschrift für Volkskunde 42 (1933), S. 137–146, zitiert bei: Will-Erich PEUCKERT, Ergänzendes Kapitel über das deutsche Hexenwesen, in: BAROJA, Die Hexen und ihre Welt (wie Anm. 387), S. 285–320, hier: S. 294f., 311f.

588 Diskussionsbeitrag von Anka OESTERLE in: Helge GERNDT (Hrsg.), Volkskunde und Nationalsozialismus. Referate und Diskussionen einer Tagung, München 1987, S. 128 (für weitere Auskünfte danke ich Frau Anka Oesterle).

589 Raimund BAUMGÄRTNER, Weltanschauungskampf im Dritten Reich. Die Auseinandersetzung der Kirchen mit Alfred Rosenberg, Mainz 1977; Friedrich-Wilhelm HAACK, Blut-Mythus und Rasse-Religion. Neugermanische und deutsch-völkische Religiosität, München 1983, S. 43; George L. MOSSE, Towards the Final Solution. A History of European Racism, New York 1978, deutsch: Die Geschichte des Rassismus in Europa, aus dem Amerikanischen von Elfriede BURAU/Hans Günter HOLL, Frankfurt a.M. 1990, S. 120ff.

590 Barbara SCHIER, Hexenwahn und Hexenverfolgung. Rezeption und politische Zurichtung eines kulturwissenschaftlichen Themas im Dritten Reich, in: Bayerisches Jahrbuch für Volkskunde (1990), S. 43–115.

591 Alfred ROSENBERG, Der Mythus des 20. Jahrhunderts, Berlin 1930.

592 SCHIER, Hexenwahn (wie Anm. 590), S. 50–54.

593 Sophie Rogge-Börner, An geweihtem Brunnen. Die deutsche Frauenbewegung im Lichte des Rassegedankens, Weimar 1928; Leonore Kühn, Magna Mater, Jena 1929, zitiert in: Joska Pintschovius, Zur Hölle mit den Hexen. Abschied von den weisen Frauen, Berlin/Frankfurt a.M. 1991, S. 255ff.

594 Max Steinmetz (Hrsg.), Geschichte der Universität Jena 1548/58–1958. Festgabe zum vierhundertjährigen Universitätsjubiläum, Jena 1958, S. 639; Bernard Kummer, Frau/Weib, in: Handwörterbuch des deutschen Aberglaubens (wie Anm. 12), Bd. 2, S. 1737f.

595 Bernhard Kummer, Die weibliche Gottheit der Germanen (Reden und Aufsätze zum nordischen Gedanken, Bd. 4), Leipzig 1933; ders. (Hrsg.), Reaktion oder deutscher Fortschritt in der Geschichtswissenschaft, Leipzig 1935; ders. (Hrsg.), Germanenkunde im Kulturkampf. Beiträge zum Kampf um Wissenschaft, Theologie und Mythus des 20. Jahrhunderts, Leipzig 1935.

596 Bernhard Kummer, Die mittelalterlichen Hexenverbrennungen als germanisches Erbe?, in: Nordische Stimmen 5 (1935), S. 265–270; gegen Kummer: Otto Höfler, Altgermanische Verfallskultur?, in: Schleswig-Holsteinische Hochschulblätter 11,3/4 (1935), S. 12–14; über beide: Mathes Ziegler, Germanische Religionsforschung im Weltanschauungskampf, in: Nationalsozialistische Monatshefte 7 (1936), S. 819ff.; Bernhard Kummer, Irrtümer um »Germanien«, in: Nordische Stimmen 7 (1937), S. 201ff., 249ff.; über den Höfler-Kummer-Streit: Heiber (wie Anm. 16), S. 551ff.; Klaus von See, Das »Nordische« in der Wissenschaft des 20. Jahrhunderts, in: Jahrbuch für internationale Germanistik 15,2 (1983), S. 8–38, hier: S. 27; Hermann Engster, Germanisten und Germanen. Germanenideologie und Theoriebildung in der deutschen Germanistik und Nordistik von den Anfängen bis 1945 in exemplarischer Darstellung, Frankfurt a.M. u.a. 1986, S. 76f.

597 Walter Jaide, Wesen und Herkunft des mittelalterlichen Hexenwahns im Lichte der Sagaforschung (Reden und Aufsätze zum nordischen Gedanken, hrsg. von Bernhard Kummer, Bd. 39), Leipzig 1936; Walter Jaide, Das Wesen des Zaubers in den primitiven Kulturen und in den Isländersagas, Diss. phil. Berlin 1937; Edith Kiessling, Zauberei in den germanischen Volksrechten, Diss. jur. Frankfurt a.M. 1940, Jena 1941; zur Frankfurter Juristenfakultät: Notker Hammerstein, Die Johann Wolfgang Goethe-Universität Frankfurt am Main. Von der Stiftungsuniversität zur staatlichen Hochschule, Bd. 1: 1914–1950, Neuwied 1989, S. 306–315, 334–340, 498–505.

598 Mohler, Konservative Revolution (wie Anm. 579), S. 388.

599 Mathilde Ludendorff/Walter Loehde von der Lammer, Christliche Grausamkeit an Deutschen Frauen, München 1934, [2]1938 (Auflage seit 1934: 108.000!), darin: Mathilde Ludendorff, Hexenmarterung auch durch protestantische Geistliche, S. 9–17, hier: S. 9, 17.

600 Friederike Müller-Reimerdes, Der christliche Hexenwahn. Gedanken zum religiösen Freiheitskampf der deutschen Frau (Reden und Aufsätze zum nordischen Gedanken, hrsg. von Bernhard Kummer, Bd. 26), Leipzig 1935, S. 7f., 17; Schier, Hexenwahn (wie Anm. 590), S. 57–61.

601 Müller-Reimerdes (wie Anm. 600), S. 26, 42.

602 Ebd., S. 59.

603 Reinhard Bollmus, Das Amt Rosenberg und seine Gegner, Stuttgart 1970, S. 54–60; Kater (wie Anm. 616), S. 21.

604 Schier, Hexenwahn (wie Anm. 590), S. 49.

605 Mathes Ziegler, Reich und Kirche im Ringen der jungen Generation, Leipzig 1933; ders., Volkskunde auf rassischer Grundlage, Leipzig 1936 (zuvor in: NS-Monatshefte [1934]); ders., Aberglaube. Eine volkskundliche Wert- und Begriffserklärung, Berlin 1940; dazu: Wolfgang Brückner, Volkskunde als gläubige Wissenschaft. Zum protestantischen Aspekt der ideologischen Wurzeln deutscher Volkskultur-Konzepte, in: Nils-Arvid Bringéus (Hrsg.), Wandel der Volkskultur in Europa. Festschrift für Günter Wiegelmann zum 60. Geburtstag, Bd. 1, Münster 1988, S. 17–42.

606 Auch Mackensen ist Autor heute noch zitierter »magischer« Werke: Lutz Mackensen, Der singende Knochen (FF communications, Bd. 49), Helsinki 1923.

607 Hannjost Lixfeld, Die weltanschauliche Volkskunde des Amtes Rosenberg und ihr Wissenschaftstheoretiker Matthes Ziegler, in: Jacobeit/ders./Bockhorn (wie Anm. 16), S. 192–204, hier: S. 193ff.

608 Mathes Ziegler, Volkskunde auf rassischer Grundlage, in: Nationalsozialistische Monatshefte 5,53 (1934), S. 711–717; Lixfeld, Weltanschauliche Volkskunde (wie Anm. 607), S. 202–204.

609 Mathes Ziegler, Die Aufgaben das Handbuchs, in: Alfred Rosenberg (Hrsg.), Handbuch der Romfrage, Bd. 1: A–K, München 1940, S. VIII–XI, hier: S. IXf.

610 Olaf Bockhorn, Von Ritualen, Mythen und Lebenskreisen. Volkskunde im Umfeld der Universität Wien, in: Jacobeit/Lixfeld/ders. (wie Anm. 16), S. 477–528; Lixfeld, Weltanschauliche Volkskunde (wie Anm. 607), S. 201f.

611 Edmund Mudrak, Grundlagen des Hexenwahns (Reden und Aufsätze zum nordischen Gedanken, hrsg. von Bernhard Kummer, Bd. 37), Leipzig 1936; ders., Das wütende Heer und der Wilde Jäger (Bausteine zur Geschichte, Völkerkunde und Mythenkunde, Bd. 6), Berlin 1937; ders./Karl von Spiess, Deutsche Volkskunde als politische Wissenschaft, Berlin 1938; Hannjost Lixfeld, Aufstieg und Niedergang von Rosenbergs Reichsinstitut für deutsche Volkskunde, in: Jacobeit/ders./Bockhorn (wie Anm. 16), S. 269–333, hier: S. 281f.

612 Wolfgang BRÜCKNER, Bildgebrauch und Kreuzzug gegen die Bauern im 13. Jahrhundert. Oder die Nazis in Stedingen, in: Bayerische Blätter für Volkskunde 15 (1988), S. 91–97, hier: S. 91f.

613 LIXFELD, Aufstieg und Niedergang (wie Anm. 611), S. 289ff.

614 Heinrich HARMJANZ, Die deutschen Feuersegen und ihre Varianten in Nord- und Osteuropa. Ein Beitrag zur vergleichenden Segensforschung (FF communications, Bd. 103), Helsinki 1932; Adolf SPAMER, Romanusbüchlein. Historisch-philologischer Kommentar zu einem deutschen Zauberbuch, aus dem Nachlaß hrsg. von Johanna NICKEL, Berlin 1958.

615 Hannjost LIXFELD, Rosenbergs »braune« und Himmlers »schwarze« Volkskunde im Kampf um die Vorherrschaft, in: JACOBEIT/DERS./BOCKHORN (wie Anm. 16), S. 255–269 (für weitere Angaben danke ich Frau Oesterle, Tübingen).

616 Michael H. KATER, Das »Ahnenerbe« der SS 1935–1945. Ein Beitrag zur Kulturpolitik des Dritten Reiches, Stuttgart 1974, S. 84, 138, 382, 395.

617 Otto HÖFLER, Kultische Geheimbünde der Germanen, Habil. Wien 1931, Frankfurt a.M. 1934; DERS., Rudolf Much, in: Wörter und Sachen 18 (1937), S. 7–15; zur Arbeit jetzt: Stefanie SCHNURBEIN, Geheime kultische Männerbünde bei den Germanen. Eine Theorie im Spannungsfeld zwischen Wissenschaft und Ideologie, in: Gisela VÖLGER u.a. (Hrsg.), Männerbande, Männerbünde, 2 Bde., Köln 1990, Bd. 2, S. 87–102.

618 Helmut BIRKHAN, Nachruf Otto Höfler, in: Almanach der Österreichischen Akademie der Wissenschaften 138 (1988), S. 383–406, hier: S. 399; Briefwechsel und Völkischer Beobachter (Auskunft von Esther Gajek, Regensburg, nach Personalakte Höfler im BDC).

619 Otto HÖFLER, Das germanische Kontinuitätsproblem, in: Historische Zeitschrift 157 (1938), S. 1–26 (auch veröffentlicht als Sonderdruck des Reichsinstituts für die Geschichte des Neuen Deutschlands).

620 Ernst BOTZENHART, Bericht über den 19. Deutschen Historikertag in Erfurt vom 5. bis 7. Juli 1937, in: Historische Zeitschrift 156 (1937), S. 659–667; HEIBER (wie Anm. 16), S. 552, 564, 711f.; Hagen SCHULZE, Walter Frank, in: WEHLER, Deutsche Historiker (wie Anm. 15), Bd. 7, S. 69–81; BIRKHAN (wie Anm. 618), S. 400.

621 Zitiert wurde: Heinrich SCHURTZ, Altersklassen und Männerbünde. Eine Darstellung der Grundformen der Gesellschaft, Berlin 1902; nicht rezipiert wurden: Wilhelm RADLOFF, Das Schamanentum und sein Kultus, St. Petersburg 1885; Sergej M. SHIROKOGOROFF, General Theory of Shamanism among the Tungus, in: Journal of the North China Branch of the Royal Asiatic Society 57 (1923), S. 246–249; Gustav NIORADZE, Der Schamanismus bei den sibirischen Völkern, Stuttgart 1925.

622 Otto HÖFLER, Kultische Geheimbünde der Germanen, Frankfurt a.M. 1934, S. 357.

623 Ebd., S. VIIIf.; Sebastian MEISSL, Wiener Ostmark-Germanistik, in: HEISS, Willfährige Wissenschaft (wie Anm. 583), S. 133–154; Ulrich HUNGER, Die Runenkunde im Dritten Reich. Ein Beitrag zur Wissenschafts- und Ideologiegeschichte des Nationalsozialismus, Frankfurt a.M. 1984, S. 424.

624 Friedrich VON DER LEYEN, Rezension von Otto Höfler, Kultische Geheimbünde der Germanen, in: Anzeiger für deutsches Altertum und deutsche Literatur 54 (1935), S. 153–165, Zitate S. 156, 164f.; darauf die Erwiderungen Otto HÖFLERS in: Oberdeutsche Zeitschrift für Volkskunde 10 (1936), S. 33–49; der Schluß der Debatte in: Oberdeutsche Zeitschrift für Volkskunde 11 (1937), S. 97–102. Ebenso stellte ein Schüler von der Leyens Höflers Methode, Sagen als Quellen für angebliche Ereignisse der Vorzeit zu benutzen, in Frage: Friedrich RANKE, Das Wilde Heer und die Kultbünde der Germanen. Eine Auseinandersetzung mit Otto Höfler, in: Niederdeutsche Zeitschrift für Volkskunde 18 (1940), S. 1–33.

625 Fritz RÖRIG, Volkskunde, Hanse und materialistische Geschichtsschreibung, in: Historische Zeitschrift 163 (1941), S. 490–502; Hermann AUBIN, Zur Frage der historischen Kontinuität im allgemeinen, in: Historische Zeitschrift 168 (1943), S. 229–262, wieder abgedruckt in: Paul Egon HÜBINGER (Hrsg.), Kulturbruch oder Kulturkontinuität im Übergang von der Antike zum Mittelalter, Darmstadt 1968, S. 164–202.

626 Bernhard KUMMER, Kultische Geheimbünde der Germanen?, in: DERS. (Hrsg.), Reaktion oder deutscher Fortschritt in der Geschichtswissenschaft, Leipzig 1935, S. 57–77; DERS., Männerbundgefahren, in: Nordische Stimmen. Zeitschrift für nordisches Wesen und Gewissen 5 (1935), S. 225–233, Zitate S. 230.

627 Otto HÖFLER, Der germanische Totenkult und die Sage vom Wilden Heer, in: Oberdeutsche Zeitschrift für Volkskunde 10 (1936), S. 33–49; [DERS.], »Hugin und Munin«. Zur Erkenntnis deutschen Wesens – »Widersagst Du dem Wodan?«, in: Germanien 9,7 (1937), S. 161–168, hier: S. 166ff.

628 Manuskript Esther GAJEK, Germanenkunde und Nationalsozialismus. Zur Verflechtung von Wissenschaft und Politik am Beispiel Otto Höflers (nach Quellen im Berlin Document Center, Personalakte Otto Höfler, Brief an Wolfram Sievers vom Juli 1937). Sievers ließ daraufhin Strafantrag gegen Bernhard Kummer stellen.

629 Bernhard KUMMER, Erklärung [Berlin, den 1. April 1938], in: Germanien 10,4 (1938), S. 144.

630 HEIBER (wie Anm. 16), S. 552. Ein SS-Beobachter vermißte bei Höflers Rede über *Friedrich Gundolf und das Judentum in der Literaturwissenschaft* allerdings »den politischen Willen, die letzten Konsequenzen zu ziehen« (ebd., S. 623).

631 Otto HÖFLER, Zur Erkenntnis des deutschen Wesens. Ein Bild der gesamtgermanischen Kultur, in: Germanien 9,9 (1937), S. 193–200; DERS., Die politische Leistung der Völkerwanderungszeit (Schriften der Wissenschaftlichen Akademie des NS-Dozentenbundes der Christian-Albrechts-Universität Kiel, Bd. 7), Kiel 1939; DERS., Volkskunde und politische Geschichte, in: Historische Zeitschrift 162 (1940), S. 1–18.

632 Otto WENIG (Hrsg.), Verzeichnis der Professoren und Dozenten der Rheinischen Friedrich-Wilhelms-Universität zu Bonn 1818–1968, Bonn 1968, S. 210; Eduard HEGEL (Hrsg.), Festgabe für Wilhelm Neuss, Köln 1947; DERS., Wilhelm Neuss zum 80. Geburtstag, Düsseldorf 1960.

633 Wilhelm NEUSS, Studien zum Mythus des XX. Jahrhunderts, Köln 1934, ²1935; DERS., Kampf gegen den Mythus des 20. Jahrhunderts. Ein Gedenkblatt an Clemens August Kardinal Graf von Galen, Köln 1947, S. 9; BAUMGÄRTNER (wie Anm. 589), S. 154f.

634 Wilhelm NEUSS, Studien zum Mythus des XX. Jahrhunderts, Münster 1934, S. 11ff.; BAUMGÄRTNER (wie Anm. 589), S. 154–168, dort S. 157 zur Hexenfrage.

635 »Daß der mittelalterliche Hexenglaube ein Wiederaufleben des altgermanischen Dämonenwahns ist, ist unzweifelhaft«: Konrad ALGERMISSEN, Germanentum und Christentum. Ein Beitrag zur Geschichte deutscher Frömmigkeit, Köln 1935, S. 27ff., 102 (Zitat), 227; Eberhard ACHTERBERG, Germanische Religion im Streite der Gegenwart, in: Bernhard KUMMER (Hrsg.), Reaktion oder deutscher Fortschritt in der Geschichtswissenschaft, Leipzig 1935, S. 31–54, hier: S. 46ff.; Bernhard KUMMER, Germanenkunde im Kulturkampf (wie Anm. 595), S. 56f., 63f. (zu Algermissen); DERS., Priester Europas, wahrt Eure heiligsten Güter!, in: Nordische Stimmen 5,2 (1936), S. 33–39.

636 LIXFELD, Weltanschauliche Volkskunde (wie Anm. 607), S. 199.

637 Karl MEISEN, Die Sagen vom Wütenden Heer und vom Wilden Jäger, Münster 1935.

638 Josef RULAND, Begegnungen mit Karl Meisen [Nachruf], in: Rheinisch-Westfälische Zeitschrift für Volkskunde 20 (1973), S. 249–254.

639 Karl MEISEN, Der gegenwärtige Stand der wissenschaftlichen Volkskunde, in: Rheinisch-Westfälische Zeitschrift für Volkskunde 1 (1954), S. 1–19, hier: S. 18.

640 Elisabeth BLUM, Das staatliche und kirchliche Recht des Frankenreiches in seiner Stellung zum Dämonen-, Zauber- und Hexenwesen, Diss. jur. Köln 1936, Paderborn 1936; Carl WEHN, Der Kampf des Journals von und für Deutschland gegen den Aberglauben seiner Zeit. Eine volkskundliche Untersuchung auf geisteswissenschaftlicher Grundlage, Diss. phil. Köln 1937.

641 Anton MAYER, Erdmutter und Hexe. Eine Untersuchung zur Geschichte des Hexenglaubens und zur Vorgeschichte der Hexenprozesse, München/Freising 1936, Besprechung durch Ulrich STUTZ in: Zeitschrift für Rechtsgeschichte. Kanonistische Abteilung 57 (1937), S. 534f.; Arne RUNEBERG, Witches, Demons and Fertility Magic, Helsinki 1947, S. 84; GINZBURG, Benandanti (wie Anm. 494), Vorwort, betrachtet Mayer als seinen unmittelbaren Vorläufer; vgl. auch: GINZBURG (wie Anm. 494), S. 215.

642 Friedrich SPEE, Cautio Criminalis oder Rechtliches Bedenken wegen der Hexenprozesse, aus dem Lateinischen übertragen und eingeleitet von Joachim-Friedrich RITTER, Weimar 1939, ND München 1982.

643 Friederike MÜLLER-REIMERDES, Einwände und Widerlegungen, in: DIES., Christlicher Hexenwahn (wie Anm. 600), S. 36–64, dort weitere polemische Literatur beider Seiten (Zitat S. 52).

644 Wilhelm HARTMANN, Die Hexenprozesse in der Stadt Hildesheim, Hildesheim 1927; DERS., Die germanische Gottheit des Jahres und des Lebens, Halle 1935; DERS., Der Hexenglaube und die Hexenprozesse in neuer Beleuchtung, in: Deutsches Pfarrerblatt 42,3 (1938), S. 40f., 42,4, S. 54f., 42,5, S. 67f.

645 Karl MEIER, Maria Rampendahl und der Hexenbürgermeister von Lemgo, Detmold 1935; DERS., Der Hexenbürgermeister von Lemgo, Rinteln 1951; dazu: SCHEFFLER, Lemgo (wie Anm. 142), S. 113–132.

646 SCHORMANN, Hexenprozesse in Deutschland (wie Anm. 433), S. 7–15; Heinz BOBERACH, Bestand R 58: Reichssicherheitshauptamt (Findbücher zu den Beständen des Bundesarchivs, Bd. 22), Koblenz 1982.

647 Jürgen MATTHÄUS, »Weltanschauliche Forschung und Auswertung«. Aus den Akten des Amtes VII im Reichssicherheitshauptamt, in: Jahrbuch für Antisemitismusforschung 5 (1996), S. 287–330, hier: S. 297ff. (Dokument 1).

648 Ausarbeitung Rudolf Levins für den Leiter des Amtes VII Sixt, in: MATTHÄUS (wie Anm. 647), S. 307–309.

649 Raul HILLBERG, Die Vernichtung der europäischen Juden, Bd. 1, Frankfurt a.M. 1990, S. 292; Lutz HACHMEISTER, Der Gegner-Forscher. Zur Karriere des SS-Brigadeführers Franz Alfred Six, München 1998; vgl. MATTHÄUS (wie Anm. 647), S. 287–296.

650 MATTHÄUS (wie Anm. 647), S. 301–305 (Endlösung, Eichmann); Eberhard JÄCKEL/Peter LONGERICH/Julius H. SCHOEPS (Hrsg.), Enzyklopädie des Holocaust. Die Verfolgung und Ermordung der europäischen Juden, Bd. 1, München/Zürich 1995 (Stichworte Eichmann, Eichmann-Prozeß).

651 Kurt PÄTZOLDT/Erika SCHWARZ, Tagesordnung: Judenmord. Die Wannsee-Konferenz am 20. Januar 1942, Berlin 1992.

652 HEIBER (wie Anm. 16), S. 180–187.

653 MATTHÄUS (wie Anm. 647), S. 287–330; Jörg RUDOLPH, Überlieferung des RSH Amt VII »Weltanschauliche Forschung und Auswertung«. Anmerkungen zur Bestands- und Institutionsgeschichte eines nachrichtendienstlichen Archivs, Diplomarbeit masch. Berlin 1996; WEBER, Biographisches Lexikon (wie Anm. 15), S. 157f.; Günther FRANZ, Das Geschichtsbild des Nationalsozialismus und die deutschen Geschichtswissenschaften, in: Oswald HAUSER (Hrsg.), Geschichte und Geschichtsbewußtsein, Göttingen/Zürich 1981, zitiert nach: SCHREINER (wie Anm. 474), S. 167, dagegen: Günther FRANZ, Geschichte und Rasse, in: Kurt VON RAUMER/Theodor SCHIEDER (Hrsg.), Stufen und Wandlungen der deutschen Einheit. Festschrift für Karl Alexander von Müller, München 1943, S. 75–96; dazu: Wolfgang BEHRINGER, Bauern-

Franz und Rassen-Günther. Die politische Geschichte des Agrarhistorikers Günther Franz (1902–1992), in: Winfried Schulze/Otto Gerhard Oexle (Hrsg.), Deutsche Historiker im Nationalsozialismus, Frankfurt a.M. 2000, S. 114–141.

654 Matthäus (wie Anm. 647), S. 316–320 (Dokument 10), Protokoll der Arbeitstagung vom 25./26. Juni 1942.

655 Matthäus (wie Anm. 647), S. 311, 323f.; einige Publikationen erschienen im »Nordland-Verlag«, z.B. Heinrich Ballensiefen, Die Juden in Frankreich, Berlin 1943.

656 Rudolf Levin, Der Geschichtsbegriff des Positivismus unter besonderer Berücksichtigung Mills und den rechtsphilosophischen Anschauungen John Austins, Diss. phil. Leipzig 1935.

657 Achim Baumgarten, Hexenwahn und Hexenverfolgung im Naheraum. Ein Beitrag zur Sozial- und Kulturgeschichte, Frankfurt a.M. 1987, S. 412f.

658 Ernst Merkel, Der Teufel in hessischen Hexenprozessen, Diss. phil. Gießen 1939 (Doktorvater: Dr. Alfred Götze, Dekan Dr. Christian Rauch).

659 Matthäus (wie Anm. 647), S. 311.

660 Ebd., S. 320f.

661 Bisherige Literatur: Schormann, Hexenprozesse in Deutschland (wie Anm. 433), S. 7–15; Baumgarten, Hexenwahn und Hexenverfolgung im Naheraum (wie Anm. 657), S. 411ff.; Hans Sebald, Nazi Ideology Redefining Deviants. Witches – Himmler's Witch-Trial Survey, and the Case of the Bishopric of Bamberg, in: Deviant Behaviour 10 (1989), S. 253–270, hier: S. 254ff.

662 Lambrecht (wie Anm. 869), S. 21ff.

663 Sebald, Nazi Ideology (wie Anm. 661), S. 253–270; Dieter Harmening, Himmlers Hexenkartei. Ein Lagebericht zu ihrer Erforschung, in: Jahrbuch für Volkskunde NF 12 (1989), S. 99–112; vgl. Sönke Lorenz/Dieter R. Bauer/Wolfgang Behringer/Jürgen Michael Schmidt (Hrsg.), Himmlers Hexenkartothek. Das Interesse des Nationalsozialismus an der Hexenverfolgung (Hexenforschung, Bd. 4), Bielefeld [2]2000.

664 Ulrich Greiner, Mein Name sei Schwerte. Ein deutsches Leben – Der frühere Rektor der TH Aachen, bekannt als Hans Schwerte, war Hauptsturmführer der SS und hieß Hans Ernst Schneider, in: Die Zeit 20 (12. Mai 1995), S. 41; in Bernhard Kummers Nachkriegszeitschrift erschien zu Günther Franz der Artikel: Verdiente Historiker ohne Amt, in: Forschungsfragen unserer Zeit 1 (1954), S. 10.

665 Bausinger/Brückner (wie Anm. 80); Hermann Bausinger/Utz Jeggle/Gottfried Korff/Martin Scharfe, Grundzüge der Volkskunde, Darmstadt 1978, S. 39f.; Gerndt (wie Anm. 588); Jacobeit/Lixfeld/Bockhorn (wie Anm. 16).

666 Matthäus (wie Anm. 647); Weber, Biographisches Lexikon (wie Anm. 15), S. 157f. (Franz), 161 (Fuchs).

667 Otto Höfler, Germanisches Sakralkönigtum, Bd. 1: Der Runenstein von Rök und die germanische Individualweihe, Tübingen 1952; ders., Geheimbünde, in: Kurt Galling (Hrsg.), Die Religion in Geschichte und Gegenwart, 7 Bde., Tübingen [3]1957–1965, Bd. 2, Sp. 1262f.; ders., Volkskunde und Kulturmorphologie, in: Helmut Fielhauer (Hrsg.), Volkskunde und Volkskultur. Festschrift für Richard Wolfram, Wien 1968, S. 107–132. Das Buch *Germanisches Sakralkönigtum* war bereits 1943 gesetzt: Jan Hirschbiegel, Die »germanische Kontinuitätstheorie« Otto Höflers, in: Zeitschrift der Gesellschaft für Schleswig-Holsteinische Geschichte 117 (1992), S. 181–198.

668 Wolfgang Brückner, Kontinuitätsproblem und Kulturbegriff in der Volkskunde, in: Bausinger/ Brückner (wie Anm. 80), S. 31–46, hier: S. 37; von See, Deutsche Germanenideologie (wie Anm. 69), S. 73–78; ders., Kontinuitätstheorie und Sakraltheorie in der Germanenforschung. Antworten an Otto Höfler, Frankfurt a.M. 1972.

669 Otto Höfler, Kleine Schriften. Ausgewählte Arbeiten zur germanischen Altertumskunde und Religionsgeschichte, zur Literatur des Mittelalters, zur germanischen Sprachwissenschaft sowie zur Kulturphilosophie und -morphologie, hrsg. von Helmut Birkhan, Wien 1993; ders., Reaktionen auf Jan Hirschbiegels Aufsatz über die »germanische Kontinuitätstheorie« Otto Höflers (Zeitschrift der Gesellschaft für Schleswig-Holsteinische Geschichte 117) mit abschließender Stellungnahme des Verfassers, in: Zeitschrift der Gesellschaft für Schleswig-Holsteinische Geschichte 118 (1993), S. 299–308; darin nahmen Stellung: Waltraud Hunke (Kiel), Karl-Sigismund Kramer (Dießen), Heinrich Beck (Bonn), Helmut Birkhan (Wien), Klaus Düwel (Göttingen), Edith Marold (Kiel), Kurt Schier (München); Hunke war Beiträgerin der SS-Zeitschrift: Waltraud Hunke, Sie schufen das Schicksal, in: Germanien (1942), S. 409–414.

670 Richard Wolfram, Jahresfeuer-Termine, in: Österreichischer Volkskundeatlas, 3 Bde., Graz u.a. 1959–1979, Karte 74; Richard Wolfram, Jahresfeuer II, in: ebd., Karte 75d (Puppenverbrennen).

671 Karl Haiding, Sagen von Wildleuten, in: Österreichischer Volkskundeatlas (wie Anm. 670), Karte 117.

672 Karl Haiding, Edmund Mudrak, ein Siebziger, in: Österreichische Zeitschrift für Volkskunde 19 (1965), S. 85f.

673 Edmund Mudrak, Deutsche Märchen – Deutsche Welt. Zeugnisse nordischer Weltanschauung in volkstümlicher Überlieferung, Berlin 1939; Karl Haiding, Österreichs Märchenschatz, Wien 1953; ders., Vom steirischen Volksmärchen und seinen Erzählern, in: Viktor Geramb (Hrsg.), Kinder- und Hausmärchen aus der Steiermark, Graz [5]1980, S. 249–258.

674 Adolf Helbok, Zur Geschichte des Österreichischen Volkskundeatlas (1959), zitiert nach: Reinhard Johler, »Tradition und Gemeinschaft«. Der Innsbrucker Weg, in: Jacobeit/ Lixfeld/Bockhorn (wie Anm. 16),

S. 449–462, 541–548, 589–602; zu Helbok auch: Willi Oberkrome, Volksgeschichte. Methodische Innovation und völkische Ideologisierung in der deutschen Geschichtswissenschaft 1918–1945, Göttingen 1993.

675 Herwig Wolfram, Die Geburt Mitteleuropas. Geschichte Österreichs vor seiner Entstehung 378–907, Berlin 1987.

676 Gisela Lienau-Kummer, Vorwort zur fünften Auflage, in: Kummer, Midgards Untergang (wie Anm. 579), Ausgabe [5]1972 (Verlag der Forschungsfragen unserer Zeit, Gisela Lienau, Zeven), S. I–XVIII; Schriftenverzeichnis Bernhard Kummers und seiner Zeitschriften bis 1962 in: Gisela Lienau-Kummer u.a., Bernhard Kummer (1897–1962) zum Gedächtnis, Zeven 1963, S. 85–104.

677 Ernst Merkel, Hexenprozesse in der Herrschaft Dalberg, in: Der Wormsgau 11 (1974/75), S. 79–83.

678 Olaf Bockhorn, Epilog, in: Jacobeit/Lixfeld/ders. (wie Anm. 16), S. 628.

679 Dagegen nahm die Völkerkunde den Dialog mit der internationalen Wissenschaft wieder auf: Erhard Schlesier, Die melanesischen Geheimkulte, Göttingen 1956; Wolfgang Lindig, Geheimbünde und Männerbünde der Prärie- und der Waldlandindianer Nordamerikas, Wiesbaden 1970.

680 Riezler, Hexenprozesse (wie Anm. 287), Vorrede.

681 Raul Hillberg, Die Vernichtung der europäischen Juden. Die Gesamtgeschichte des Holocaust, Berlin 1982.

682 Joshua Trachtenberg, The Devil and the Jews, New Haven 1943.

683 Monica Hunter Wilson, Witch Beliefs and Social Structure, in: American Journal of Sociology 56 (1951), S. 307–313; Marwick (wie Anm. 10), S. 276; Rebecca Cardozo, A Modern American Witch-Craze [1968], in: Marwick (wie Anm. 10), S. 469–476; Thomas C. Reeves, The Life and Time of Joe McCarthy, New York 1982.

684 Rossel Hope Robbins, Encyclopedia of Witchcraft and Demonology, New York 1959, S. 551.

685 Lieberwirth, Thomasius (wie Anm. 113); Heiner Lück (Hrsg.), Recht und Rechtswissenschaft im mitteldeutschen Raum. Symposion für Rolf Lieberwirth anläßlich seines 75. Geburtstags, Köln u.a. 1997.

686 Kurt Baschwitz, Die Organisation der städtischen Haus- und Grundbesitzer in Deutschland, Stuttgart 1909; Emil Dovifat, Kurt Baschwitz 80 Jahre, in: Publizistik 11 (1966), S. 67–69; Nachruf: ders., Kurt Baschwitz, in: Publizistik 13 (1968), S. 372f.

687 Kurt Baschwitz, Der Massenwahn. Ursache und Heilung des Deutschenhasses, München [3]1932, S. 13–34.

688 Kurt Baschwitz, Du und die Masse, Amsterdam 1938, [2]1951.

689 Casimir K. Visser, Van de heksenwaag te Oudewater en andere te weinig bekende zaken, Lochem [ca. 1940]; dazu: Hans de Waardt, Oudewater. Eine Hexenwaage wird gewogen – oder: Die Zerstörung einer historischen Mythe, in: Westfälische Zeitschrift 144 (1994), S. 249–263, hier: S. 253.

690 Kurt Baschwitz, De strijd met den duivel. De heksenprocessen in het Licht der massapsychologie, Amsterdam 1948; ders., Massale angst toegelicht aan een historische voorbeld, in: Johannes Herbe Plokker u.a. (Hrsg.), Angst an crisis der moraal. Vier voordrachten met discussie, Den Haag 1949, S. 61–150.

691 Dieter Anschlag, Wegbereiter im Exil. Kurt Baschwitz: Journalist und Zeitungswissenschaftler, Münster 1990.

692 Kurt Baschwitz, Hexen und Hexenprozesse. Die Geschichte eines Massenwahns und seiner Bekämpfung, München 1963, S. 11, holländisch: Heksen en heksenprocessen. De geschiedenis van een massawaan en zijn bestrijding, übersetzt von Thérèse Cornips, Amsterdam 1964, französisch: Procés de sorcellerie. Histoire d'une psychose collective, übersetzt von Andrée Picard, Paris 1973.

693 de Waardt, Oudewater (wie Anm. 689), S. 260.

694 Aby Warburg, Italienische Kunst und internationale Astrologie im Palazzo Schifanoja zu Ferrara (1912/22), in: ders., Ausgewählte Schriften und Würdigungen, hrsg. von Dieter Wuttke, Baden-Baden [2]1980, S. 173–198; ders., Heidnisch-antike Weissagung in Wort und Bild zu Luthers Zeiten, in: ebd., S. 199–304; ders., A lecture on serpent ritual, in: Journal of the Warburg Institute 2 (1938/39), S. 277–292; Ernst H. Gombrich, Aby Warburg. An Intellectual Biography, London 1970, deutsch: Aby Warburg. Eine intellektuelle Biographie, aus dem Englischen von Matthias Fienbork, Frankfurt a.M. 1984; Bernd Roeck, Der junge Aby Warburg, München 1997.

695 Fritz Saxl, Verzeichnis astrologischer und mythologischer Handschriften des lateinischen Mittelalters, 3 Bde., Heidelberg/London 1915–1953.

696 Raymond Klibansky/Erwin Panofsky/Fritz Saxl, Saturn and Melancholy, London 1964, deutsch: Saturn und Melancholie. Studien zur Geschichte der Naturphilosophie und Medizin, der Religion und der Kunst, übersetzt von Christa Buschendorf, Frankfurt a.M. 1992.

697 Frances Amelia Yates, Giordano Bruno and the Hermetic Tradition, London 1964; dies., The Occult Philosophy in the Elizabethan Age, London 1979; Peter Burke, The last of the magi. Frances Yates and the occult philosophy, in: Bulletin of the Society for Renaissance Studies 2 (1982), S. 29–33.

698 Daniel P. Walker, Spiritual and Demonic Magic from Ficino to Campanella, London 1958, ND 1976; Paola Zambelli, Platone, Ficino e la magia, in: Eginhard Hora/Eckhard Kessler (Hrsg.), Studia Humanitatis. Ernesto Grassi zum 70. Geburtstag, München 1973, S. 121–142; dies., Magic and Radical Reformation in Agrippa von Nettesheim, in: Journal of the Warburg and Courtauld Institutes 39 (1976), S. 68–103; dies., Scholastiker und Humanisten. Agrippa und Trithemius zur Hexerei. Die natürliche Magie und die Entstehung kritischen Denkens, in: Archiv für Kulturgeschichte 67 (1985), S. 41–80.

699 Die erste dieser Serie: Guido BADER, Hexenprozesse in der Schweiz, Diss. jur. Zürich 1945 (bei Prof. Hans Felix Pfenninger).

700 Josef DIWO, Die Hexenprozesse in der Stadt Siegburg, Diss. jur. Bonn 1948 (bei von Weber/Steinbach), S. 12.

701 Werner CROISSANT, Die Berücksichtigung geburts- und berufsständischer und soziologischer Unterschiede im deutschen Hexenprozeß, Diss. jur. Mainz 1953 (bei A. Erler); Gertrud EMRICH, Formen und Grundlagen des gegenwärtigen Hexenglaubens, Diss. phil. Mainz 1953; Robert DENGLER, Das Hexenwesen im Stift Obermarchthal von 1581 bis 1756, Diss. phil. Erlangen 1953; Joseph SCHRITTENLOHER, Aus der Gutachter- und Urteilstätigkeit der Ingolstädter Juristenfakultät im Zeitalter der Hexenverfolgungen, Diss. jur. Erlangen-Nürnberg 1963.

702 SPEE, Cautio Criminalis (wie Anm. 642); DIWO (wie Anm. 701); Johann JOERRES, Die Verordnung Margarethas, gefürsteter Gräfin zu Arenberg, über die Verfolgung und Bestrafung der Zauberei, Hexen, Teufelsfänger, Wahrsager und Wiederherstellung eines religiösen Lebens in der Grafschaft Arenberg vom 30. November 1593, Diss. jur. Bonn 1950; Ulrich Friedrich SCHNEIDER, Das Werk »De praestigiis daemonum« von Weyer und seine Auswirkung auf die Bekämpfung des Hexenwahns, Diss. jur. Bonn 1951; Heribert BREIDEN, Die Hexenprozesse der Grafschaft Blankenheim von 1589 bis 1643. Eine rechtsgeschichtliche und prozeßrechtliche Untersuchung, Diss. jur. Bonn 1954 (Referent: Hellmuth von Weber; Koreferent: Hans von Hentig); Günter KLEINWEGENER, Die Hexenprozesse von Lemgo, Diss. jur. Bonn 1954 (von Weber/Conrad); Herbert SCHÄFER, Der Okkulttäter, Diss. jur. Bonn 1959; Gerhard WESSEL, Das Strafrecht in der Herrschaft Brenken zwischen 1537 und 1802 unter Einschluß der in Fürstenberg im 17. Jahrhundert durchgeführten Hexenprozesse, Diss. jur. Bonn 1959; Friedrich Wilhelm SIEBEL, Die Hexenverfolgung in Köln, Diss. jur. Bonn 1959; Heinz Peter GEILEN, Die Auswirkungen der Cautio Criminalis von Friedrich Spee auf den Hexenprozeß in Deutschland, Diss. jur. Bonn 1963; Heinz-Jürgen STEBEL, Die Osnabrücker Hexenprozesse, Diss. jur. Bonn 1968.

703 Hellmuth VON WEBER, Benedict Carpzov. Ein Bild der deutschen Rechtspflege im Barockzeitalter, Bonn 1944; WENIG (wie Anm. 632), S. 328; Hans WELZEL (Hrsg.), Festschrift Hellmuth von Weber zum 70. Geburtstag, Bonn 1963.

704 Herbert A. STRAUSS/Werner RÖDER (Hrsg.), International Biographical Dictionary of Central European Emigrés 1933–1945. Biographisches Handbuch der deutschsprachigen Emigration nach 1933, 3 Bde., München u.a. 1983, Bd. 2, S. 492f.

705 Hans VON HENTIG, Die Strafe. Ursprung, Zweck, Psychologie, Stuttgart 1932; DERS., Die Strafe. Frühformen und kulturgeschichtliche Zusammenhänge, Berlin u.a. 1954; DERS., Über das Indiz der Tränenlosigkeit in Hexenprozessen, in: DERS., Studien zur Kriminalgeschichte, Bern 1962, S. 92–103; Herbert SCHÄFER (Hrsg.), Kriminologische Wegzeichen. Festschrift für Hans von Hentig zum 80. Geburtstag, Bonn 1967; Nachlaß Hans von Hentig, Universitätsarchiv Bonn.

706 Hartmut Heinrich KUNSTMANN, Zauberwahn und Hexenprozeß in der Reichsstadt Nürnberg, Diss. jur. Mainz 1970 (bei Bärmann); Siegfried LEUTENBAUER, Hexerei- und Zaubereidelikt in der Literatur von 1450 bis 1550. Mit Hinweisen auf die Praxis im Herzogtum Bayern, Diss. Berlin 1972 (bei Sten Gagnér in München).

707 Friedrich MERZBACHER, Die Hexenprozesse in Franken, Diss. jur. Würzburg 1949, München 1957; Hans-Joachim KRETZ, Der Schöppenstuhl zu Coburg, Diss. jur. Würzburg 1972.

708 Friedrich MERZBACHER, Die Hexenprozesse in Franken, München [2]1970, S. 197.

709 Rezensionen von Francis BAVOUX in: Zeitschrift für Rechtsgeschichte. Germanistische Abteilung 74 (1957), S. 387–390; Rezensionen von Heinz-Jürgen STEBEL und Julio Caro BAROJA in: Zeitschrift für Rechtsgeschichte. Germanistische Abteilung 87 (1970), S. 476–480; Friedrich MERZBACHER, Nachwort, in: RIEZLER, Geschichte der Hexenprozesse in Bayern (wie Anm 287), ND Aalen 1968, S. 341–357; DERS., Hexenprozesse in Franken (wie Anm. 708), Vorwort zu [2]1970.

710 Siglinde GOSLER, Hexenwahn und Hexenprozeß in Kärnten [...], Diss. phil. Graz 1955; Herbert KLEIN, Die älteren Hexenprozesse im Lande Salzburg, Diss. phil. Salzburg 1957; Peter OBERMAYER, Der Wiener Hexenprozeß des Jahres 1583, Diss. phil. Wien 1963; Heinz NAGL, Der Zauberer-Jackl-Prozeß oder die Hexenprozesse im Erzstift Salzburg 1675–1690, Diss. phil. Innsbruck 1966; Veronika SCHOISSWOHL, Die Prozesse gegen drei Hexenmeister in Südtirol im 17. Jahrhundert, Diss. phil. Innsbruck 1971.

711 Wolfgang ZIEGELER, Möglichkeiten der Kritik am Hexen- und Zauberwesen im ausgehenden Mittelalter. Zeitgenössische Stimmen und ihre soziale Zugehörigkeit, Diss. phil. Hamburg 1973, ND Köln/Wien 1983.

712 Marc BLOCH, Le rois thaumaturges, Paris 1924; dazu: R. Colbert RHODES, Emile Durkheim and the Historical Thought of Marc Bloch, in: Theory and Society 5 (1978), S. 45–73; zur Begrifflichkeit: BURKE, Offene Geschichte (wie Anm. 14), S. 116f.

713 Etienne DELCAMBRE, Le concept de la sorcellerie dans la duché de Lorraine au XVIe et au XVIIe siècle, 3 Bde., Nancy 1948–1951; DERS., Les devins-guérisseurs dans la Lorraine ducale. Leur activité et leurs méthodes, Nancy 1951; DERS., Les procès de sorcellerie en Lorraine. Psychologie des juges, in: Revue d'histoire du droit. Tijdschrift voor Rechtsgeschiedenis 21 (1953), S. 408–415; DERS., La psychologie des inculpés lorrains de sorcellerie, in: Revue historique de droit francais et étranger 32 (1954), S. 385–526.

714 Francis BAVOUX, La sorcellerie au pays de Quingey, Paris 1947; spätere Publikationen: DERS., La sorcellerie en Franche-Comté, Monaco 1954; DERS., Hantises et diableries dans la terre abbatiale de Luxeuil, Monaco 1956;

Auszüge daraus in: William MONTER, Calvin's Geneva, New York u.a. 1967; DERS. (Hrsg.), European Witchcraft, New York u.a. 1969, S. 88–110.

715 BURKE, Offene Geschichte (wie Anm. 14), S. 17–36.

716 Lucien FEBVRE, Sorcellerie, sottise ou révolution mentale?, in: Annales. Économies, Sociétés, Civilisations 3 (1948), wieder abgedruckt in: DIES., Au coeur religieux du XVIe siècle, Paris 1957, S. 301–309.

717 Maurice HALBWACHS, La Mémoire collective, hrsg. von Jeanne ALEXANDRE, Paris 1950, deutsch: Das kollektive Gedächtnis, aus dem Französischen von Holde LHOEST-OFFERMANN, Frankfurt a.M. 1985; BERNSDORF/KNOSPE (wie Anm. 15), S. 166f.

718 LÉVY-BRUHL, La mentalité primitive (wie Anm. 524); BURKE, Offene Geschichte (wie Anm. 14), S. 17f.

719 Lucie VARGA, Das Schlagwort vom »finsteren Mittelalter«, Baden bei Wien 1932, ND Aalen 1978; Rudolf NECK, Alphons Dopsch und seine Schule, in: Wolf FRÜHAUF (Hrsg.), Wissenschaft und Weltbild. Festschrift für Hertha Firnberg, Wien 1975, S. 369–383; Hanna VOLLRATH, Alphons Dopsch, in: WEHLER, Deutsche Historiker (wie Anm. 15), Bd. 7, S. 39–54; Gernot HEISS, Von Österreichs deutscher Vergangenheit und Aufgabe. Die Wiener Schule der Geschichtswissenschaft und der Nationalsozialismus, in: HEISS, Willfährige Wissenschaft (wie Anm. 583), S. 39–77, hier: S. 43f.

720 Valeria E. RUSSO, Profilo di Franz Borkenau, in: Rivista di filosofia 62 (1981), S. 291–316; Martin JAY, Dialektische Phantasie. Die Geschichte der Frankfurter Schule und des Instituts für Sozialforschung 1923–1950, Frankfurt a.M. 1981, S. 34f.

721 Lucie VARGA, Dans une vallée du Vorarlberg. D'avant-hier à aujourd'hui, in: Annales d'histoire économique et sociale 8 (1936), S. 1–10, Anm. 1; übersetzt in: Peter SCHÖTTLER, (Hrsg.), Lucie Varga, Zeitenwende. Mentalitätshistorische Studien 1936–1939, Frankfurt a.M. 1991, S. 146–169.

722 Lucie VARGA, Sorcellerie d'hier. Enquete dans une vallée ladine, in: Annales d'histoire sociale 1 (1939), S. 121–132.

723 Peter SCHÖTTLER, Lucie Varga – eine österreichische Historikerin im Umkreis der »Annales« (1904–1941), in: DERS. (Hrsg.), Lucie Varga (wie Anm. 721), S. 13–111, hier: S. 58–62, 104, Anm. 221a (dort längere Zitate aus Vargas Notizen, die den Vergleich ermöglichen).

724 Ulrich RAULFF, Der streitbare Prälat. Lucien Febvre (1878–1956), in: DERS. (Hrsg.), Lucien Febvre, Das Gewissen des Historikers, Berlin 1988, S. 235–252, hier: S. 250.

725 Robert MANDROU, Introduction à la France moderne. Essai de psychologie historique (1500–1640), Paris 1961.

726 Jean DELUMEAU, La peur en Occident, Paris 1978, deutsch: Angst im Abendland. Die Geschichte kollektiver Ängste im Europa des 14. bis 18. Jahrhunderts, deutsch von Monika HÜBNER, Reinbek 1985; dazu: Stuart CLARK, French Historians and Early Modern Popular Culture, in: Past & Present 100 (1983), S. 62–99.

727 Robert MANDROU, Magistrats et sorciers en France au XVIIe siècle. Une analyse de psychologie historique, Paris 1968.

728 MONTER, Historiography (wie Anm. 9), S. 442; DERS., Witchcraft in France and Switzerland. The Borderlands during the Reformation, Ithaca/London 1976, S. 68ff.; Alfred SOMAN, Les Procès de Sorcellerie au Parlement de Paris (1565–1640), in: Annales. Économies, Sociétés, Civilisations 32 (1977), S. 790–814.

729 Emmanuel LEROY LADURIE, Les paysans de Languedoc, Paris 1966, S. 407–413, deutsch: Die Bauern des Languedoc, aus dem Französischen von Charlotte ROLAND, Darmstadt 1985, S. 226–235; Pierre CHAUNU, Sur le fin de Sorciers au XVIIe siècle, in: Annales. Économies, Sociétés, Civilisations (1969), S. 895–910; dazu: MONTER, Historiography (wie Anm. 9), S. 442–444; DERS., France and Switzerland (wie Anm. 728), S. 62–99.

730 Emmanuel LEROY LADURIE, Montaillou. Village occitain de 1294 à 1324, Paris 1975, deutsch: Montaillou. Ein Dorf vor dem Inquisitor 1294–1324, aus dem Französischen von Peter HAHLBROCK, Frankfurt a.M. u.a. 1980; dazu die Neustudie: Matthias BENAD, Domus und Religion in Montaillou, Tübingen 1990, S. 184f.; Kathrin UTZ TREMP, Waldenser und Wiedergänger. Das Fegefeuer im Inquisitionsregister des Bischfos Jacques Fournier von Pamiers (1317–1326), in: Peter JEZLER (Hrsg.), Himmel, Hölle, Fegefeuer. Das Jenseits im Mittelalter (Katalog des Schweizer Landesmuseums), Zürich 1994, S. 125–134.

731 MONTER, France and Switzerland (wie Anm. 728), S. 62f.

732 DE CERTEAU, Was Freud aus Geschichte macht (wie Anm. 535); DERS., La possession de Loudon, Paris 1970, [2]1980.

733 Roger CHARTIER, L'histoire ou le savoir de l'autre, in: Luce GIARD (Hrsg.), Michel de Certeau, Paris 1987, deutsch: Historie oder das Wissen vom Anderen, aus dem Französischen von Ulrich RAULFF, in: DE CERTEAU, Was Freud aus Geschichte macht (wie Anm. 535), S. 289–299.

734 Troian STOIANOVITCH, French Historical Method. The Annales Paradigm, Ithaca 1976; BURKE, Offene Geschichte (wie Anm. 14).

735 Emmanuel LEROY LADURIE, La sorcière du Jasmin, Paris 1983, zitiert nach: DERS., Jasmin's Witch. An Investigation into Witchcraft and Magic in South-West France during the Seventeenth Century, translated by Brian PEARCE, Suffolk 1990, S. 13f.

736 Gustav HENNINGSEN/John TEDESCHI (Hrsg.), The Inquisition in Early Modern Europe. Studies on Sources and Methods, Dekalb/Ill. 1986, S. 3–12 (Introduction).

737 ANKARLOO/HENNINGSEN, Early Modern European Witchcraft (wie Anm. 18), S. 1–17 (Introduction); Fernand BRAUDEL, La Méditerranée et le monde méditerranéen à l'époque de Philippe II., Paris 1949, deutsch:

Das Mittelmeer und die mediterrane Welt in der Epoche Philipps II., aus dem Französischen von Grete Osterwald, Frankfurt a.M. [4]1990, S. 48ff.; in der überarbeiteten Version (S. 50, Anm. 58) sind ganze Passagen Le Roy Ladurie, Paysans de Languedoc (wie Anm. 729), S. 407, entnommen worden, insbesondere die romantische Vorstellung vom Sabbat als Revolutionsersatz, die auf Michelet zurückgeht.

738 Hansen, Quellen (wie Anm. 3), S. 400.

739 Friedrich Ratzel, Anthropogeographie, 2 Bde., Stuttgart 1882/91, Bd. 1, S. 204; Leo Frobenius, Kulturgeschichte Afrikas, Frankfurt a.M. 1933, S. 306ff.; Braudel (wie Anm. 737), S. 49.

740 Robert Muchembled, Le Roi et la sorcière. L'Europe des buchers XVe–XVIIIe siècle, Paris 1993, S. 29.

741 Thomas S. Kuhn, The Structure of Scientific Revolutions, Chicago 1962, deutsch: Die Struktur wissenschaftlicher Revolutionen, aus dem Amerikanischen von Kurt Simon, Frankfurt a.M. 1967; dazu: David Hollinger, T.S. Kuhn's Theory of Science and Its Implications for History, in: The American Historical Review 78 (1973), S. 370–393.

742 Thomas S. Kuhn, Die Entstehung des Neuen. Studien zur Wissenschaftsgeschichte, hrsg. von Lorenz Krüger, Frankfurt a.M. 1978, Vorwort S. 35.

743 Hans-Ulrich Wehler, Geschichtswissenschaft heute, in: Jürgen Habermas (Hrsg.), Stichworte zur »Geistigen Situation der Zeit«, Bd. 2: Politik und Kultur, Frankfurt a.M. 1979, S. 709–753; Schleier, Epochen (wie Anm. 131), S. 149.

744 Monter, Historiography (wie Anm. 9), S. 446ff., mit Referierung und Kritik der kritischen Rezension von Daniel P. Walker in: New York Review of Books (15. Juli 1965), S. 15.

745 Julio Caro Baroja, Cuatro relaciones sobre la hechicerá vasca, in: Anuario de Eusco-Folklore 12 (1933), S. 85–145; Ders., Las brujas de Fuenterrabiá (1611), in: Revista de dialectología y traditiones populares 3 (1947), S. 189–204.

746 Baroja, Die Hexen und ihre Welt (wie Anm. 387), S. 20.

747 Über deren Stellung zur amerikanischen *Cultural Anthropology*: Alfred R. Radcliffe-Brown, Historical Note on Social Anthropology, in: American Anthropologist 54 (1952), S. 275–277; Stagl, Handbuch (wie Anm. 2), S. 50–54.

748 Carlos Rincón, Nachwort, zu: Julio Caro Baroja, Der Inquisitor, der Eroberer, der Herr. Drei Berufsbilder aus der spanischen Geschichte, Berlin 1990, S. 105–107.

749 Bronislaw Malinowski, Das Geschlechtsleben der Wilden in Nordwest-Melanesien (Schriften, hrsg. von Fritz Kramer, Bd. 2), Frankfurt a.M. 1979, S. 15f.

750 Justin Stagl, Malinowskis Paradigma, in: Geschichte und Gegenwart 10,2 (1991), S. 91–105.

751 Bronislaw Malinowski, A Diary in the strict Sense of the Term, New York 1967, deutsch: Ein Tagebuch im strikten Sinne des Wortes, übersetzt von Nils Thomas Lindquist, Neuguinea 1914–1918 (Schriften, hrsg. von Fritz Kramer, Bd. 4), Berlin 1985, S. 150.

752 Bronislaw Malinowski, Sir James Frazer. A Biographical Appreciation, in: Ders., A Scientific Theory of Culture, Chapel Hill 1944, S. 179–195, deutsch: James Frazer. Eine biographische Würdigung, in: Ders., Schriften zur Anthropologie, hrsg. von Fritz Kramer, Frankfurt a.M. 1986, S. 35–48, hier: S. 40.

753 Mühlmann (wie Anm. 14), S. 176f.

754 Raymond Firth, Bronislaw Malinowski, in: Sydel Silvermann (Hrsg.), Totems and Teachers. Perspectives on the History of Anthropology, New York 1981, S. 103–137, deutsch: Ders., Bronislaw Malinowski, in: Malinowski, Schriften zur Anthropologie (wie Anm. 752), S. 227–266, hier: S. 237f. (Mauss), 249f. (Westermarck).

755 Bronislaw Malinowski, Argonauts of the Western Pacific. An Account of Native Enterprise and Adventure in the Archipelagos of Melanesian New Guinea, London 1922, deutsch: Argonauten des westlichen Pazifik, übersetzt von Henrich Ludwig Herdt, Frankfurt a.M. 1979, S. 428–467, hier: S. 428.

756 Bronislaw Malinowski, Magic, Science and Religion, in: James A. Needham (Hrsg.), Science, Religion and Reality, London 1925, ND 1948, S. 20–84, deutsch: Magie, Wissenschaft und Religion, in: Ders., Magie, Wissenschaft und Religion. Und andere Schriften, aus dem Englischen von Eva Krafft-Bassermann, Frankfurt a.M. 1983, S. 3–76.

757 Bronislaw Malinowski, Coral Gardens and Their Magic. A Study of the Methods of Tilling the Soil and of Agricultural Rites in the Trobriand Islands, New York 1935, deutsch: Korallengärten und ihre Magie, aus dem Englischen von Gertraud Marx, Frankfurt a.M. 1981, S. 16.

758 Hirschberg (wie Anm. 12), S. 167f., 294 (Malinowski), 520 (Westermarck), 527 (Wundt).

759 Malinowski, Magie, Wissenschaft und Religion (wie Anm. 756), S. 74.

760 Audrey Richards, A Modern Movement of Witch-Finders, in: Africa 8 (1935), S. 448–461, Nachdruck in: Marwick (wie Anm. 10), S. 201–212.

761 Malinowski, Magic, Science and Religion (wie Anm. 756); Ders., Gedanken zum Problem des Zauberwesens, in: Ders., Die Dynamik des Kulturwandels, Wien 1951, S. 185–196, hier: S. 190ff.

762 Stagl, Handbuch (wie Anm. 2), S. 104.

763 Fritz Kramer, Einleitung, in: Malinowski, Schriften zur Anthropologie (wie Anm. 752), S. 7–27, hier: S. 18ff.

764 Adam Kuper, Anthropologists and Anthropology. The British School 1922–1972, London 1973.

765 Reo Franklin FORTUNE, Sorcerers of Dobu. The Social Anthropology of the Dobu Islanders of the Western Pacific, London 1932.
766 Paul RADIN, Primitive Man as Philosopher, New York 1927.
767 Edward Evan EVANS-PRITCHARD, Witchcraft, Oracles and Magic among the Azande, Oxford 1937, deutsch: Hexerei, Orakel und Magie bei den Zande. Von Eva GILLIES gekürzte und eingeleitete Ausgabe [Oxford 1976], übersetzt von Brigitte LUCHESI, Frankfurt a.M. 1978.
768 Clifford GEERTZ, Diaschau. Evans-Pritchards afrikanische Lichtbilder, in: DERS., Die künstlichen Wilden (wie Anm. 15), München 1990, S. 53–74.
769 Das Zitat über Karl Marx in: Eva GILLIES, Einleitung, in: EVANS-PRITCHARD, Hexerei, Orakel und Magie (wie Anm. 767), S. 7–34, hier: S. 24.
770 EVANS-PRITCHARD, Hexerei, Orakel und Magie (wie Anm. 767), S. 246; zur paradigmatischen Bedeutung: Hans G. KIPPENBERG, Einleitung. Zur Kontroverse über das Verstehen fremden Denkens, in: DERS./LUCHESI (wie Anm. 2), S. 9–52, hier: S. 9, 31; Vergleiche die Neustudie: Manfred KREMSER, Hexerei (»Mangu«) bei den Azande. Ein Beitrag zum Verständnis kulturspezifischer Krankheitskonzeptionen eines zentralafrikanischen Volkes, Diss. phil. Wien 1977.
771 Clyde KLUCKHOHN, Navaho Witchcraft, Harvard 1944, ND Boston 1976, S. 195f.
772 Meyer FORTES, The Web of Kinship among the Tallensi, Oosterhout 1949.
773 Geoffrey PARRINDER, Witchcraft. European and African, London 1958, [2]1963.
774 Lucy P. MAIR, Witchcraft, London 1969, S. 222.
775 Mary DOUGLAS (Hrsg.), Witchcraft Confessions and Accusations, London 1970.
776 MARWICK (wie Anm 10).
777 Edward Evan EVANS-PRITCHARD, Anthropology and History, Manchester 1961; zu Thomas: Paul SLACK, Keith Thomas, in: The Blackwell Dictionary of Historians (wie Anm. 15), S. 410f.
778 Keith THOMAS, History and Anthropology, in: Past & Present 24 (1963), S. 3–24.
779 THOMAS, Religion and the Decline of Magic (wie Anm. 506); dazu jetzt: Jonathan BARRY, Introduction. Keith Thomas and the Problem of Witchcraft, in: Jonathan BARRY/Marianne HESTER/Gareth ROBERTS (Hrsg.), Witchcraft in Early Modern Europe, Cambridge/London 1996, S. 1–48.
780 THOMAS, Religion and the Decline of Magic (wie Anm. 506) , S. 57, 305.
781 Alan MACFARLANE, Witchcraft in Tudor and Stuart England. A regional and comparative study, London 1970 (stark veränderte Fassung von: DERS., Witchcraft Prosecutions in Essex 1560–1680. A Sociological Analysis, Diss. phil. Oxford 1967).
782 THOMAS, History and Anthropology (wie Anm. 778), S. 6.
783 MACFARLANE, Witchcraft in England (wie Anm. 781), S. 30.
784 Ebd., S. 95.
785 John CANNON, Lawrence Stone, in: The Blackwell Dictionary of Historians (wie Anm. 15), S. 392f.
786 Lawrence STONE, The Disenchantment of the World, in: New York Review of Books (2. Dezember 1971), S. 17–25, hier: S. 20 (Übersetzung von Wolfgang Behringer).
787 MACFARLANE, Witchcraft in England (wie Anm. 781), S. 205f.; Peter KRIEDTE, Die Hexen und ihre Ankläger. Zu den lokalen Voraussetzungen der Hexenverfolgungen in der frühen Neuzeit – Ein Forschungsbericht, in: Zeitschrift für Historische Forschung 14 (1987), S. 47–71, hier: S. 48ff.
788 SHARPE, Crime in Seventeenth Century England (wie Anm. 961), S. 160.
789 Eva GILLIES, Introduction, in: EVANS-PRITCHARD, Witchcraft, Oracles and Magic (wie Anm. 767), Oxford 1976 (abridged Edition), danach die deutsche Übersetzung (wie Anm. 767).
790 Alan MACFARLANE, The Origins of Individualism, Oxford 1978, S. 1f., 59.
791 MALINOWSKI, Problem des Zauberwesens (wie Anm. 761), S. 190ff.
792 Philip MAYER, Witches, Grahamstown 1954, S. 15; EVANS-PRITCHARD, Witchcraft, Oracles and Magic (wie Anm. 767), S. 24–32.
793 THOMAS, Religion and the Decline of Magic (wie Anm. 506), S. 669.
794 Henry KAMEN, The Iron Century, London 1971; zustimmend auch: STONE (wie Anm. 786).
795 Ioan M. LEWIS, Exotische Glaubensvorstellungen und die Produktionsweise der Feldforschung in der Anthropologie, in: DUERR, Der Wissenschaftler und das Irrationale (wie Anm. 985), Bd. 1, S. 184–212, hier: S. 202f.; vgl. DIES., Ecstatic Religion. An Anthropological Study of Spirit Possession and Shamanism, Harmondsworth 1971.
796 George P. MURDOCH, British Social Anthropology, in: American Anthropologist 53 (1951), S. 465–473; STAGL, Handbuch (wie Anm. 2), S. 52.
797 Franz BOAS, The Central Eskimo, in: Annual Report of the Bureau of Ethnology 6 (1884/85), S. 399–670; Francis BOAS, The Mind of Primitive Man, New York 1911; Melville Jean HERSKOVITS, Francis Boas. The Science of Man in the Making, New York 1953; STAGL, Handbuch (wie Anm. 2), S. 35ff., 85–88.
798 Waldemar G. BOGORAS, The Chukchee, 4 Bde., New York/Leiden 1904–1910; Waldemar I. JOCHELSON, The Koryak, 2 Bde., New York 1905/08; Lew STERNBERG, Die Religion der Giljaken, St. Petersburg 1905; Waldemar G. BOGORAS, The Shamanistic Call and the Period of Initiation in Northern Asia and Northern America,

in: Proceedings of the International Congress of Americanists 23 (1930), S. 441–444; STAGL, Handbuch (wie Anm. 2), S. 84ff.

799 Zur frühen Schamanismus-Rezeption in den USA: Berthold LAUFER, Origin of the Word Shaman, in: American Anthropologist 19 (1917), S. 361–371; Ruth BENEDICT, The Vision in Plains Culture, in: American Anthropologist 24 (1922), S. 1–23; DIES., The Concept of the Guardian Spirit in North America (Memoirs of the Anthropological Association, Bd. 29), Washington 1923; DIES., Patterns of Culture, New York 1934, deutsch: Urformen der Kultur, übersetzt von Richard SALZNER, Hamburg 1955, S. 34ff., 77ff., 163ff.

800 Alfred L. KROEBER, Handbook of the Indians of California, New York 1925; Willard Z. PARK, Shamanism in Western North America. A Study of Cultural Relationship, Evanston/Chicago 1938; William C. STURTEVANT (Hrsg.), Handbook of North American Indians, 20 Bde., Washington 1978ff.

801 Dorzi BANZAROV, Cernaja vera, ili samanstvo u mongolov, Kazan 1846, nach: Sergej J. NEKLJUDOV, Russische Gelehrte in der Mongolei, in: Walter HEISSIG/Claudius C. MÜLLER (Hrsg.), Die Mongolen. Ausstellungskatalog Museum für Völkerkunde München, Innsbruck 1989, S. 89–94.

802 Mathias Alexander CASTRÉN, Nordische Reisen und Forschungen, 12 Bde., hrsg. von Anton SCHIEFNER, St. Petersburg 1853–1861; Pentti AALTO, Skandinavier und Finnen in der Mongolei, in: HEISSIG/MÜLLER (wie Anm. 801), S. 95–100.

803 Wilhelm RADLOFF, Proben der Volks-Litteratur Süd-Sibiriens, 4 Bde., St. Petersburg 1870; DERS., Aus Sibirien, 2 Bde., Leipzig 1884; DERS., Das Schamanentum und sein Kultus, St. Petersburg 1885.

804 Laslo VAJDA, Zur phaseologischen Stellung des Schamanismus, in: Ural-altaische Jahrbücher 31 (1959) S. 456–485.

805 Ake HULTKRANTZ, Les Religions des Indiens primitifs de l'Amerique, Stockkolm 1963; DERS., A Definition of Shamanism, in: Temenos 9 (1973), S. 25–37.

806 Sergej M. SHIROKOGOROFF, Psychomental Complex of the Tungus, Schanghai/London 1935; zum Begriff auch: ELIADE, Chamanisme (wie Anm. 822), S. 18; HULTKRANTZ, A Definition of Shamanism (wie Anm. 805), S. 27. Zum altaischen gehört auch die koreanische Sprache: PARK (wie Anm. 29), S. 17.

807 Knud RASMUSSEN, Die Thulefahrt, Frankfurt a.M. 1926; DERS., Intellectual Culture of the Iglulik Eskimos, Kopenhagen 1929; DERS., The Netsilik Eskimos. Social Life and Spiritual Culture, Kopenhagen 1932; DERS., Intellectual Culture of the Copper Eskimos, Kopenhagen 1932; Evelin HAASE, Der Schamanismus der Eskimos, Diss. phil. Freiburg i.Br. 1987, Aachen 1987.

808 Gábor KLANICZAY, Shamanistic Elements in Central European Witchcraft, in: Mihály HOPPÁL (Hrsg.), Shamanism in Eurasia, Göttingen 1984, S. 404–422; DIES., Schamanistische Elemente im mitteleuropäischen Hexenwesen, in: DIES., Heilige, Hexen, Vampire. Vom Nutzen des Übernatürlichen, Berlin 1991, S. 29–50.

809 Vladimir I. JOCHELSON, Magiceskoe begstvo kak obsterasprostranennyi skazocno-mifologiceskij epizod (Die magische Flucht als weltweit verbreitete märchenhaft-mythologische Episode), in: Festschrift für Dmitrij Nikolajewitsch Anutschin zu seinem 70ten Geburtstage, Moskau 1913, S. 155–166; Antti AARNE, Die magische Flucht (FF communications, Bd. 92), Helsinki 1930.

810 Antti AARNE, Verzeichnis der Märchentypen (FF communications, Bd. 3), Helsinki 1910, ²1927; DERS., Der tiersprachenkundige Mann und seine neugierige Frau (FF communications, Bd. 15), Hamina 1914.

811 Uno HARVA, Die religiösen Vorstellungen der altaischen Völker (FF communications, Bd. 125), Helsinki 1938.

812 Vladimir PROPP, Morfologia skazki, Leningrad 1928, deutsch: Morphologie des Märchens, übersetzt von Karl EIMERMACHER, München 1972; DERS., Die historischen Wurzeln des Zaubermärchens, übersetzt von Martin PFEIFFER, München/Wien 1987, S. 461f. (russische Erstausgabe Leningrad 1946).

813 Stith THOMPSON, Motif-Index of Folk-Literature, 3 Bde., Bloomington 1933, ND Kopenhagen 1955–1958 (6 Bde.); Antti AARNE/DERS., The Types of the Folktale (FF communications, Bd. 184), Helsinki ²1964; auf dieser Grundlage: SCHERF (wie Anm. 337).

814 Hans FINDEISEN, Die Fischerei im Leben der altsibirischen Völkerstämme, Diss. phil. Berlin 1926. In den Jahren 1927/28 führte Findeisen ethnographische Untersuchungen in Sibirien durch, 1934 verlor er seine Stelle am Berliner Museum für Völkerkunde wegen »probolschewistischer Einstellung«, zur Verteidigung seiner bereits in München angenommenen Habilschrift erhielt er 1944 keinen Urlaub von der Wehrmacht; Hans FINDEISEN, Schamamentum, dargestellt am Beispiel der Besessenheitspriester nordeurasiatischer Völker, Stuttgart 1957; DERS., Aus Geschichte und Kultur der Burjaten, o.O. 1958; DERS./Heino GEHRTS, Die Schamanen. Jagdhelfer und Ratgeber, Seelenführer, Künder und Heiler, Köln 1983, darin in der Einleitung S. 7–18 biographische Angaben zu Findeisen.

815 Will-Erich PEUCKERT, Pansophie. Ein Versuch zur Geschichte der weißen und schwarzen Magie, Berlin 1935, ²1956, ³1976, Vorrede; ebenso in Peuckerts Artikeln im Handwörterbuch des deutschen Aberglaubens (wie Anm. 12).

816 Ebd.; Will-Erich PEUKERT, Gabalia. Ein Versuch zur Geschichte der magia naturalis im 16. bis 18. Jahrhundert, Berlin 1967; DERS., Das Rosenkreutz, Berlin 1973; DERS., Deutscher Volksglaube des Spätmittelalters, Stuttgart 1942, S. 86–97.

817 PEUCKERT, Die große Wende (wie Anm. 38), Bd. 1, S. 103–151, bes. S. 119–130.

818 GINZBURG, Benandanti (wie Anm. 494), Vorwort, nach: Will-Erich PEUCKERT, Geheimkulte, Heidelberg 1951, S. 266ff.

819 PEUCKERT, Ergänzendes Kapitel (wie Anm. 587), Zitat S. 286.
820 Ake OHLMARKS, Studien zum Problem des Schamanismus, Lund/Kopenhagen 1939; Toivo Immanuel ITKONEN, Heidnische Religion und späterer Aberglaube bei den finnischen Lappen, Helsinki 1946.
821 LÉVI-STRAUSS, Der Zauberer und seine Magie (wie Anm. 528), S. 183–203; zu Evans-Pritchards Blockade jetzt: Manfred KREMSER, Nächtliche Flüge afrikanischer Hexer und ihre Bewertung bei den Azande, in: BAUER/BEHRINGER (wie Anm. 956).
822 Mircea ELIADE, Le chamanisme et les techniques archaiques de l'extase, Paris 1951, deutsch: Schamanismus und archaische Ekstasetechnik, aus dem Französischen von Inge KÖCK, Frankfurt a.M. 1975; DERS. Histoire des croyances et des idées religieuses, 3 Bde., Paris 1976–1978, deutsch: Geschichte der religiösen Ideen, aus dem Französischen von Elisabeth DARLAP, 3 Bde., Freiburg i.Br. 1978–1991; DERS. (Hrsg.), The Encyclopedia of Religion, 15 Bde., New York 1987.
823 ELIADE, Observations (wie Anm. 256), auch in: DERS., Occultism, Witchcraft and Cultural Fashions. Essays in Comparative Religions, Chicago 1976, S. 69–92.
824 Natalia GINZBURG, Lessico familiare, Turin 1963, deutsch: Mein Familienlexikon, übersetzt von Alice VOLLENWEIDER, Freiburg i.Br. 1965; dazu: Kindlers Literatur Lexikon (wie Anm. 15), Bd. 7, Sp. 5606.
825 GINZBURG, Geschichte und Geschichten (wie Anm. 494), S. 7–29, hier: S. 12 (Zitat), 17f.; Carlo LEVI, Cristo si è fermato a Eboli, Turin 1945, deutsch: Christus kam nur bis Eboli, aus dem Italienischen von Helly HOHENEMSER-STEGLICH, Zürich 1947; Ernesto DE MARTINO, Il mondo magico, Turin 1948.
826 Biographische Daten nach: Rudolf SIMEK (wie Anm. 12).
827 GINZBURG, Hexensabbat (wie Anm. 263), S. 117f., 176–179, 201ff., 277f., 305; neu in der Diskussion: STUMPFL (wie Anm. 586); Stig WIKANDER, Der arische Männerbund, Lund 1938.
828 GINZBURG, Benandanti (wie Anm. 494); die für die Rezeption wichtigen Übersetzungen: Les Batailles nocturnes. Sorcellerie et rituels agraires en Frioul, XVIe–XVIIe siècles, Paris 1980, deutsch (wie Anm. 494), S. 7–16 (Vorworte von 1965 und 1980).
829 Jeffrey Burton RUSSELL, Witchcraft in the Middle Ages, Ithaca/London 1972.
830 Maja BOSKOVIC-STULLI, Kresnik – krsnik, ein Wesen aus der kroatischen und slowenischen Volksüberlieferung, in: Fabula 3 (1959/60), S. 275–298 (kroatisch: 1975, italienisch: 1988).
831 Vilmos DIÓSZEGI, A sámámhit cmlékci a magyar népi müveltségben [Reste von Schamanentum in der ungarischen Volkskultur], Budapest 1958; Tekla DÖMÖTÖR, Ungarischer Volksglauben und ungarische Volksbräuche zwischen Ost und West, in: Gyula ORTUTAY/Tibor BODROGI (Hrsg.), Europa et Hungaria. Congressus Ethnographicus in Hungaria 16.–20. X. 1963, Budapest 1965, S. 311–323; DIES., Hungarian Folk Beliefs, Budapest 1982.
832 KLANICZAY, Shamanistic Elements (wie Anm. 808).
833 Gustav HENNINGSEN, Trolldom og hemmelige kunster, in: Axel STEENSBERG (Hrsg.), Dagliliv i Danmark 1620–1720, Kopenhagen 1969, S. 161–196, 727–731; DERS., Hekseforfolgelser, in: ebd., S. 353–376, 736–738 (Überblicke über die ältere dänische Literatur S. 727f., 736f.).
834 Gustav HENNINGSEN, Informe sobre tres anos de investiganciones etnológicas en Espana, in: Ethnica. Revista de Antropología 1 (1971), S. 61–90; DERS., The Papers of Alonso Salazar Frias. A Spanish Witchcraft Polemic, in: Tenemos 5 (1969), S. 85–106; DERS., The Database of the Spanish Inquisition. The »relaciones de causa« – project revisited, in: Heinz MOHNHAUPT/Dieter SIMON (Hrsg.), Vorträge zur Justizforschung. Geschichte und Theorie, Bd. 2, Frankfurt a.M. 1993, S. 43–85.
835 Gustav HENNINGSEN, The Witches' Advocate. Basque Witchcraft and the Spanish Inquisition (1609–1614), Reno/Nevada 1980, S. XXVII, 11ff.
836 Bengt ANKARLOO, Trolldomsprocesserna i Sverige, Stockholm 1971.
837 MONTER, Calvin's Geneva (wie Anm. 714); DERS., European Witchcraft (wie Anm. 714); DERS., Historiography (wie Anm. 9), S. 435–453; DERS., France and Switzerland (wie Anm. 728); DERS., Ritual, Myth and Magic in Early Modern Europe, Brighton 1983; DERS., A Moment of Synthesis? (wie Anm. 7), S. 183–185.
838 Vgl. Anm. 1.
839 NUGENT (wie Anm. 1026), S. 710.
840 William MONTER, Trois Historiens Actuels de la Sorcellerie, in: Bibliothèque d'humanisme et renaissance 31 (1969), S. 205–213; NUGENT (wie Anm. 1026); STONE (wie Anm. 786); THOMPSON, Anthropology (wie Anm. 10); MONTER, Historiography (wie Anm. 9); Ivo SCHÖFFER, Heksengeloof en heksenverfolging, een historiografisch overzicht, in: Tijdschrift voor geschiedenis 86 (1973), S. 215–235; Thomas J. SCHOENEMANN, The Witch Hunt as a Culture Change Phenomenon, in: Ethos 3 (1975), S. 529–554; MIDELFORT, Renaissance of Witchcraft Research (wie Anm. 7); Hartmut LEHMANN, Hexenverfolgungen und Hexenprozesse im Alten Reich zwischen Reformation und Aufklärung, in: Jahrbuch des Instituts für Deutsche Geschichte (Tel Aviv) 7 (1978), S. 13–70; Richard A. HORSLEY, Who Were the Witches? The Social Role of the Accused in the European Witch Trials, in: The Journal of Interdisciplinary History 9 (1979), S. 689–716; DERS., Further Reflections on Witchcraft and European Folk Religion, in: History of Religions 19 (1979), S. 71–95; BEN-YEHUDA (wie Anm. 6); HESS, Hunting Witches (wie Anm. 256); MARWICK (wie Anm. 10), S. 11–19 (Introduction); ESTES (wie Anm. 8); BUTLER (wie Anm. 1006).
841 Auskünfte des Suhrkamp-Verlags sowie von Helmut Brackert, 20. Dezember 1996.

842 Gabriele BECKER/Silvia BOVENSCHEN/Helmut BRACKERT u.a. (Hrsg.), Aus der Zeit der Verzweiflung. Zur Genese und Aktualität des Hexenbildes, Frankfurt a.M. 1977, S. 8; Claudia HONEGGER (Hrsg.), Die Hexen der Neuzeit. Studien zur Sozialgeschichte eines kulturellen Deutungsmusters, Frankfurt a.M. 1978.
843 Manfred HAMMES, Hexenwahn und Hexenprozesse, Frankfurt a.M. 1977 (Fischer Taschenbuch); Hannsferdinand DÖBLER, Hexenwahn. Die Geschichte einer Verfolgung, München 1977 (Bertelsmann); dazu die Rezension von Heinrich Rudolf VON NAHL in: Rheinisch-Westfälisches Jahrbuch für Volkskunde 25 (1980), S. 388–391.
844 HONEGGER (wie Anm. 842), S. 18.
845 Hugh Redwald TREVOR-ROPER, The European Witch-Craze of the 16th and 17th Centuries, Harmondsworth 1969, deutsch: Der europäische Hexenwahn des 16. und 17. Jahrhunderts, in: DERS., Religion, Reformation und sozialer Umbruch. Die Krisis des 17. Jahrhunderts, aus dem Englischen von Michael ERBE, Frankfurt a.M. 1970, S. 95–179, 287–309.
846 MACFARLANE, Witchcraft in England (wie Anm. 781), S. 9; STONE (wie Anm. 786), S. 21f.; MONTER, Historiography (wie Anm. 9), S. 441f.
847 KEPHART (wie Anm. 573).
848 THOMPSON, Anthropology (wie Anm. 10); über Thompson: Henning RITTER, Reisen ohne Landkarte. Zum Tode des englischen Historikers E.P. Thompson, in: Frankfurter Allgemeine Zeitung 201 (31. August 1993), S. 33.
849 M.G. MA, Witchcraft, in: Philip W. GOETZ (Hrsg.), The New Encyclopaedia Britannica. Knowledge in Depth, 30 Bde., Chicago 1974–1984, Bd. 19, S. 895–900.
850 MONTER, A Moment of Synthesis? (wie Anm. 7), S. 183.
851 Rezension von Heinz SCHEIBLE in: Archiv für Reformationsgeschichte 2 (1973), Beiheft Literaturbericht, S. 109.
852 Silvia BOVENSCHEN, Die aktuelle Hexe, die historische Hexe und der Hexenmythos, in: BECKER/DIES./BRACKERT (wie Anm. 842), S. 259–313, hier: S. 259.
853 KOHL (wie Anm. 14), S. 99–128.
854 MONTER, A Moment of Synthesis? (wie Anm. 7), S. 184.
855 MIDELFORT, Witch-Hunting (wie Anm. 5).
856 MONTER, France and Switzerland (wie Anm. 728).
857 Gerhard SCHORMANN, Hexenverfolgung in Schaumburg, in: Niedersächsisches Jahrbuch 45 (1973), S. 145–169; DERS., Hexenprozesse in Nordwestdeutschland (wie Anm. 322).
858 Marie-Sylvie DUPONT-BOUCHAT, La Répression de la Sorcellerie dans le duché de Luxembourg aux XVIe et XVIIe siècles, in: DIES./Willem FRIJHOFF/Robert MUCHEMBLED (Hrsg.), Prophètes et Sorciers dans les Pays-Bas, XVIe–XVIIIe siècles, Paris 1978, S. 41–154; GIJSWIJT-HOFSTRA, Recent witchcraft research (wie Anm. 7), S. 23.
859 Robert MUCHEMBLED, Sorcellerie, culture populaire et christianisme au XVIe siècle, principalement en Flandre et en Artois, in: Annales. Économies, Sociétés, Civilisations 25 (1970), S. 264–284; DERS., Satan ou les hommes? La chasse aux sorcières et ses causes, in: DUPONT-BOUCHAT u.a. (wie Anm. 858), S. 16–39; DERS., Sorcières du Cambrésis. L'acculturation du monde rural aux XVIe et XVIIe siècles, in: ebd., S. 155–261; DERS., Culture populaire et culture des élites dans la France moderne, XVe–XVIIIe siècles, Paris 1978, deutsch: Kultur des Volks – Kultur der Eliten. Die Geschichte einer erfolgreichen Verdrängung, aus dem Französischen von Ariane FORKEL, Stuttgart 1982; DERS., The Witches of the Cambrésis. The acculturation of the rural world in the sixteenth centuries, in: James OBELKEVICH (Hrsg.), Religion and the People, 800–1700, Chapel Hill 1979, S. 221–276, 315–323; MUCHEMBLED, Le Roi et la sorcière (wie Anm. 740); zu Muchembled: MONTER, A Moment of Synthesis? (wie Anm. 7), S. 184.
860 Christina LARNER, Enemies of God. The Witch-Hunt in Scotland, London 1981; DIES., Witchcraft and Religion. The Politics of Popular Belief, Oxford 1984; über Christina Larner: Alan MACFARLANE, Foreword, in: ebd., S. VII–IX.
861 Wolfgang BEHRINGER, Hexenverfolgung in Bayern. Volksmagie, Glaubenseifer und Staatsräson in der frühen Neuzeit, München 1987.
862 Willem DE BLÉCOURT, Termen van Toverij. De veranderende beteke-nis van toverij in Nordoost-Nederland tussen de 16de en 20ste eeuw, Nijmegen 1990; DERS., On the Continuation of Witchcraft, in: BARRY/HESTER/ROBERTS (wie Anm. 779), S. 335–352.
863 Hans DE WAARDT, Toverij en Samenleving. Holland 1500–1800, Rotterdam 1991.
864 Achim R. BAUMGARTEN, Hexenwahn und Hexenverfolgung im Naheraum. Ein Beitrag zur Sozial- und Kulturgeschichte, Frankfurt a.M. 1987.
865 Walter RUMMEL, Bauern, Herren und Hexen. Studien zur Sozialgeschichte sponheimischer und kurtrierischer Hexenprozesse, 1574–1664, Göttingen 1991.
866 Eva LABOUVIE, Zauberei und Hexenwerk. Ländlicher Aberglaube in der frühen Neuzeit, Frankfurt a.M. 1991; DIES., Verbotene Künste. Volksmagie und ländlicher Aberglaube in den Dorfgemeinden des Saarraumes (16.–19. Jahrhundert), St. Ingbert 1992.

867 Elisabeth BIESEL, Hexenprozesse und Hexenverfolgung in Lothringen unter besonderer Berücksichtigung des lothringischen Amtes Dieuze und der Bischofsstadt Toul, Trier 1997.
868 Gábor KLANICZAY, Hungary. The Accusations and the Universe of Popular Magic, in: ANKARLOO/HENNINGSEN, Early Modern European Witchcraft (wie Anm. 18), S. 219–256.
869 Karen LAMBRECHT, Obrigkeiten und Hexenverfolgungen. Zaubereiprozesse in den schlesischen Territorien, Köln 1995.
870 Ronald FÜSSEL, Die Hexenverfolgungen im Thüringer Raum, Diss. phil. Marburg 2000 (Veröffentlichungen des Arbeitskreises für historische Hexen- und Kriminalitätsforschung in Norddeutschland, Bd. 2), Hamburg 2003 (bei Prof. Dr. Thomas Klein).
871 Peter OESTMANN, Hexenprozesse am Reichskammergericht (Quellen und Forschungen zur höchsten Gerichtsbarkeit im Alten Reich, Bd. 31), Köln/Weimar/Wien 1997; vgl. die Rezension von Wolfgang BEHRINGER in: Vierteljahresschrift für Sozial- und Wirtschaftsgeschichte 86 (1999), S. 532–534.
872 Herbert POHL, Hexenglaube und Hexenverfolgung im Kurfürstentum Mainz. Ein Beitrag zur Hexenfrage im 16. und beginnenden 17. Jahrhundert (Geschichtliche Landeskunde, Bd. 32), Wiesbaden 1988; Horst Heinrich GEBHARDT, Hexenprozesse im Kurfürstentum Mainz des 17. Jahrhunderts, Aschaffenburg 1989.
873 Rainer DECKER, Die Hexenverfolgungen im Hochstift Paderborn, in: Westfälische Zeitschrift 128 (1978), S. 315–356; DERS., Die Hexenverfolgungen im Herzogtum Westfalen, in: Westfälische Zeitschrift 131/132 (1981/82), S. 339–386; Gerhard SCHORMANN, Der Krieg gegen die Hexen. Das Ausrottungsprogramm des Kurfürsten von Köln, Göttingen 1991.
874 Thomas BECKER, Hexenverfolgung in Kurköln. Kritische Anmerkungen zu Gerhard Schormanns »Krieg gegen die Hexen«, in: Annalen des Historischen Vereins für den Niederrhein 195 (1992), S. 202–214; Walter RUMMEL, »Der Krieg gegen die Hexen« – Ein Krieg fanatischer Kirchenfürsten oder ein Angebot zur Realisierung sozialer Chancen? Sozialgeschichtliche Anmerkungen zu zwei neuen Büchern, in: Rheinische Vierteljahresblätter 56 (1992), S. 311–324.
875 Gunther FRANZ/Franz IRSIGLER (Hrsg.), Hexenglaube und Hexenprozesse im Raum Rhein-Mosel-Saar, Trier 1995.
876 Rita VOLTMER, Zwischen Herrschaftskrise, Wirtschaftsdepression und Jesuitenpropaganda. Hexenverfolgungen in der Stadt Trier (15.–17. Jahrhundert), in: Jahrbuch für westdeutsche Landesgeschichte 27 (2001), S. 37–107.
877 Johannes DILLINGER, »Böse Leute«. Hexenverfolgungen in Schwäbisch-Österreich und Kurtrier im Vergleich (Trierer Hexenprozesse, Bd. 5), Trier 1999.
878 Susanne KLEINRÖDER-STROBEL, Die Verfolgung von Zauberei und Hexerei in den fränkischen Markgrafentümern im 16. Jahrhundert, Diss. phil. Koblenz-Landau, Tübingen 2002.
879 Bernd THIESER, Die Oberpfalz im Zusammenhang des Hexenprozeßgeschehens im Süddeutschen Raum während des 16. und 17. Jahrhunderts, Bayreuth 1987; Jürgen Michael SCHMIDT, Die Kurpfalz, in: LORENZ, Hexen und Hexenverfolgung (wie Anm. 11), S. 207–217; DERS. Glaube und Skepsis. Die Kurpfalz und die abendländische Hexenverfolgung 1446–1685 (Hexenforschung, Bd. 5), Bielefeld 2000.
880 Manfred WILDE, Die Zauberei- und Hexenprozesse in Kursachsen, Köln/Weimar 2003.
881 Helfried VALENTINITSCH (Hrsg.), Hexen und Zauberer. Die große Verfolgung – ein europäisches Phänomen in der Steiermark, Graz/Wien 1987; DERS., Die Verfolgung von Hexen und Zauberern im Herzogtum Steiermark – eine Zwischenbilanz, in: DERS., Hexen und Zauberer (wie oben), S. 297–316; Heide DIENST, Hexenprozesse auf dem Gebiet der heutigen Bundesländer Vorarlberg, Tirol (mit Südtirol), Salzburg, Nieder- und Oberösterreich sowie des Burgenlandes, in: ebd., S. 265–290.
882 Manfred TSCHAIKNER, »Damit das Böse ausgerottet werde«. Hexenverfolgungen in Vorarlberg im 16. und 17. Jahrhundert, Bregenz 1992.
883 SCHACHER VON INWIL (wie Anm. 460); Jean-Francois Rouillerm INVOUTA, Sorcières et sorcellerie en pays de Fribourg, Fribourg 1979.
884 Peter KAMBER, La chasse aux sorciers et aux sorcières dans le pays de Vaud. Aspects quantitativ (1581–1620), in: Revue historique vaudoise 90 (1982), S. 21–33; vgl. die Listen unveröffentlichter Examensarbeiten in den Bibliographien von BLAUERT, Frühe Hexenverfolgungen (wie Anm. 906), TSCHAIKNER (wie Anm. 882) und MUCHEMBLED, Magie et sorcellerie en Europe (wie Anm. 32).
885 Oscar DI SIMPLICIO, Inquisizione, stregoneria, medicina. Siena e il suo stato (1580–1721), Monteriggione/Siena 2000.
886 Jim SHARPE, Instruments of Darkness. Witchcraft in England 1550–1750, London 1996; DERS., The Bewitching of Anne Gunther. A horrible and true story of football, witchcraft, murder, and the king of England, London 1999; DERS., Witchcraft in Early Modern England, London 2001.
887 Robert POOLE (Hrsg.), The Lancashire Witches. Histories and Stories, Manchester 2002.
888 Julian GOODARE (Hrsg.), The Scottish Witch-Hunt in Context, Manchester 2002.
889 Owen DAVIES, Witchcraft, Magic and Culture, 1736–1951, Manchester 1999.
890 Wolfgang BEHRINGER, Kinderhexenprozesse. Zur Rolle von Kindern in der Geschichte der Hexenverfolgungen, in: Zeitschrift für historische Forschung 16 (1989), S. 31–47; Hartwig WEBER, Kinderhexenprozesse, Frankfurt a.M. 1991; Martin GARDNER, The False Memory Syndrome, in: Skeptical Inquirer 17 (1993), S. 370–

375; Hans SEBALD, Witch-Children. From Salem Witch-Hunts to Modern Courtrooms, New York 1995, deutsch: Hexenkinder. Das Märchen von der kindlichen Aufrichtigkeit, aus dem Amerikanischen von Elke VOM SCHEIDT, Frankfurt a.M. 1996.

891 THOMPSON, Anthropology (wie Anm. 10); Hildred GEERTZ/Keith THOMAS, An Anthropology of Religion and Magic. Two Views, in: Journal of Interdisciplinary History 6 (1975), S. 71–110.

892 MONTER, France and Switzerland (wie Anm. 728), S. 102.

893 SHARPE, Crime in Seventeenth Century England (wie Anm. 961), S. 154.

894 Carlo GINZBURG/Carlo PONI, Was ist Mikrogeschichte?, in: Geschichtswerkstatt 6 (1985), S. 48–52 (zuerst in: Quaderni storici 37 [1979], S. 181–190).

895 Kai T. ERIKSON, Wayward Puritans. A Study in the Sociologie of Deviance, New York 1966, deutsch: Die widerspenstigen Puritaner. Zur Soziologie abweichenden Verhaltens, aus dem Amerikanischen von Wolfgang KREQE, Stuttgart 1978.

896 Paul BOYER/Stephen NISSENBAUM, Salem Possessed. The Social Origins of Witchcraft, Cambridge/Mass. 1974.

897 Carol F. KARLSEN, The Devil in the Shape of a Woman. Witchcraft in Colonial New England, New York 1987 (Wasp = White, anglo-saxon and protestant).

898 Robert MUCHEMBLED, La sorcière au village, Paris 1979; DERS., Les derniers buchers. Un village de Flandre et ses sorcières sous Louis XIV., Paris 1981; dazu die Analyse und Kritik bei: KRIEDTE (wie Anm. 7), S. 52–59.

899 Robin BRIGGS, Communities of Belief. Cultural and social tension in Early Modern France, Oxford 1989, S. 53; Clifford GEERTZ, Dichte Beschreibung. Beiträge zum Verstehen kultureller Systeme, Frankfurt/M. 1987.

900 BRIGGS, Communities of Belief (wie Anm. 899), S. 64.

901 Dagmar UNVERHAU, Von »Toverschen« und »Kunstfruhwen« in Schleswig, 1548–1557. Quellen und Interpretationsansätze zur Geschichte des Zauber- und Hexenglaubens, in: Beiträge zur Schleswiger Stadtgeschichte 22 (1977), S. 61–110, 23 (1978), S. 25–86.

902 David MEILI, Hexen in Wasterkingen. Magie und Lebensform in einem Dorf des frühen 18. Jahrhunderts, Basel 1980.

903 Rainer WALZ, Der Hexenwahn vor dem Hintergrund dörflicher Kommunikation, in: Zeitschrift für Volkskunde 82 (1986), S. 1–18; DERS., Der Hexenwahn im Alltag. Der Umgang mit verdächtigen Frauen, in: Geschichte in Wissenschaft und Unterricht 43 (1992), S. 157–168; DERS., Hexenglaube und magische Kommunikation im Dorf der frühen Neuzeit. Die Verfolgungen in der Grafschaft Lippe, Paderborn 1993, S. 515.

904 COHN, Europe's Inner Demons (wie Anm. 238); dazu: HENNINGSEN, The Witches' Advocate (wie Anm. 835), S. 445.

905 Richard KIECKHEFER, European Witch-Trials. Their Foundation in Popular and Learned Culture, 1300–1500, London 1976.

906 Andreas BLAUERT, Frühe Hexenverfolgungen. Ketzer-, Zauberei- und Hexenprozesse des 15. Jahrhunderts, Hamburg 1989.

907 BORST, Die Anfänge des Hexenwahns in den Alpen (wie Anm. 62), S. 262–286.

908 MUCHEMBLED, Le Roi et la sorcière (wie Anm. 740), S. 78f., auf der Grundlage von BLAUERT, Frühe Hexenverfolgungen (wie Anm. 906), S. 26f.; dieser nach: HANSEN, Quellen (wie Anm. 3), S. 18.

909 Robin BRIGGS, »Many reasons why«. Witchcraft and the problem of Multiple Explanation, in: BARRY/HESTER/ROBERTS (wie Anm. 779), S. 49–64, hier: S. 52f.

910 Martine OSTORERO/Agostino PARAVICINI BAGLIANI/Kathrin UTZ TREMP/Catherine CHENE (Hrsg.), L'Imaginaire du Sabbat. Edition critique des textes les plus anciens, Lausanne 1999.

911 Winfried TRUSEN, Der Inquisitionsprozeß, in: Zeitschrift für Rechtsgeschichte. Kanonistische Abteilung 74 (1988), S. 168–230.

912 Edward PETERS, The Magician, the Witch and the Law, Philadelphia 1978; DERS., Torture, New York 1985, deutsch: Folter. Geschichte der peinlichen Befragung, aus dem Amerikanischen von Jobst-Christian ROJAHN, mit einem Vorwort von Kurt GROENEVOLD, Hamburg 1991.

913 Eric WILSON, The Text and Context of the Malleus Maleficarum (1487), Diss. phil. Cambridge 1990.

914 Sönke LORENZ, Aktenversendung und Hexenprozeß. Dargestellt am Beispiel der Juristenfakultäten Rostock und Greifswald (1570/82–1630), 2 Bde., Frankfurt a.M. 1982/83.

915 Michael SIEFENER, Hexerei im Spiegel der Rechtstheorie. Das crimen magiae in der Literatur von 1574 bis 1608, Diss. jur. Frankfurt a.M. 1992, S. 226ff.

916 JEROUSCHEK, Die Hexen und ihr Prozeß (wie Anm. 115).

917 Sidney ANGLO (Hrsg.), The Damned Art. Essays in the literature of witchcraft, London 1977; Brian VICKERS (Hrsg.), Occult and Scientific Mentalities in the Renaissance, Cambridge 1984.

918 Gerd SCHWERHOFF, Rationalität im Wahn. Zum gelehrten Diskurs über die Hexen in der frühen Neuzeit, in: Saeculum 37 (1986), S. 45–82.

919 Stuart CLARK, Inversion, Misrule and the Meaning of Witchcraft, in: Past & Present 87 (1980), S. 98–127; DERS., The Scientific status of demonology, in: VICKERS (wie Anm. 917), S. 351–374; Stuart CLARK, Protestant Demonology. Sin, Superstition and Society (c. 1520–c. 1630), in: ANKARLOO/HENNINGSEN, Early Modern European Witchcraft (wie Anm. 18), S. 45–82; Stuart CLARK, The »Gendering« of Witchcraft in French

Demonology. Misogyny or Polarity, in: French Studies 5 (1991), S. 426–437; DERS., Le sabbat comme système symbolique. Significations stables et instables, in: JACQUES-CHAQUIN/PRÉAUD (wie Anm. 1062), S. 63–74.

920 Stuart CLARK, Thinking with Demons (wie Anm. 40).

921 Bernd ROECK, Wahrnehmungsgeschichtliche Aspekte des Hexenwahns – ein Versuch, in: Historisches Jahrbuch 112 (1992), S. 72–103; DERS., Christlicher Idealstaat und Hexenwahn. Zum Ende der europäischen Hexenverfolgungen, in: Historisches Jahrbuch 108 (1988), S. 379–405.

922 Robert WALINSKI-KIEHL, »Godly States«, confessional conflict and witch-hunting in Early Modern Germany, in: Mentalities 5 (1988), S. 13–24.

923 Ian BOSTRIDGE, Debates about Witchcraft in England, 1650–1736, Diss. phil. Oxford 1991; DERS., Witchcraft Repealed, in: BARRY/HESTER/ROBERTS (wie Anm. 779), S. 309–334, Zitat bei: Henry Thomas BUCKLE, The History of Civilisation in England, Bd. 3, London ²1865, S. 363.

924 Luciano PARINETTO, Magia e ragione. Una polemica sulle streghe in Italia intorno al 1750, Florenz 1974.

925 Wolfgang BEHRINGER, Der »Bayerische Hexenkrieg«. Die Debatte am Ende der Hexenprozesse, in: LORENZ/BAUER, Das Ende der Hexenverfolgung (wie Anm. 4), S. 287–313.

926 Dieter HARMENING, Superstitio. Überlieferungs- und theoriegeschichtliche Untersuchungen zur kirchlich-theologischen Aberglaubensliteratur des Mittelalters, Berlin 1979; dazu die Rezension von Heinrich Rudolf VON NAHL in: Rheinisch-Westfälisches Jahrbuch für Volkskunde 25 (1980), S. 386–388; weiter: Dieter HARMENING, Zauberei im Abendland. Vom Anteil der Gelehrten am Wahn der Leute. Skizzen zur Geschichte des Aberglaubens, Würzburg 1991.

927 Christoph DAXELMÜLLER, Barockdissertationen und Polyhistorismus. Die Curiositas der Ethnica und Magica im 17. und 18. Jahrhundert, Diss. phil. Würzburg 1979; DERS., Zauberpraktiken (wie Anm. 263), S. 42ff.

928 Wolfgang BRÜCKNER/Nikolaus GRASS (Hrsg.), Magische Volkskultur (Jahrbuch für Volkskunde, NF Bd. 19), Würzburg u.a. 1996.

929 Wolfgang BRÜCKNER, Magische Volkskultur, ein Wiedergänger, in: Bayerische Blätter für Volkskunde 21 (1994), S. 31–44.

930 KLANICZAY, Shamanistic Elements (wie Anm. 808).

931 Wolfgang BEHRINGER, Gegenreformation als Generationenkonflikt oder: Verhörsprotokolle und andere administrative Quellen zur Mentalitätsgeschichte, in: Winfried SCHULZE (Hrsg.), Ego-Dokumente. Annäherung an den Menschen in der Geschichte (Selbstzeugnisse der Neuzeit. Quellen und Darstellungen zur Sozial- und Erfahrungsgeschichte, Bd. 2), Berlin 1996, S. 275–293.

932 Willem DE BLÉCOURT, Witch-Doctors, Soothsayers and Priests. On Cunning Folk in European Historiography and Tradition, in: Social History 19 (1994), S. 285–303.

933 Eva LABOUVIE, Wissenschaftliche Theorien – rituelle Praxis. Annäherungen an die populäre Magie der frühen Neuzeit im Kontext der Magie- und Aberglaubensforschung, in: Historische Anthropologie 2 (1994), S. 287–307.

934 Aaron J. GURJEWITSCH, Kategorii srednevekovoj Kultury, Moskau 1972, deutsch: Das Weltbild des mittelalterlichen Menschen, aus dem Russischen von Gabriele LOSSACK, Dresden 1978, ND München 1982, S. 386.

935 Aaron J. GURJEWITSCH, Problemy srednevekovoj narodnoj kultury, Moskau 1981, deutsch: Mittelalterliche Volkskultur, aus dem Russischen von Michael SPRINGER, Dresden 1986, ND München 1987, S. 335f.

936 Valerie I.J. FLINT, The Rise of Magic in Early Medieval Europe, Oxford 1991; Alexander MURRAY, Missionaries and Magic in Dark-Age Europe, in: Past & Present 136 (August 1992), S. 186–205; Richard KIECKHEFER, The Specific Rationality of Medieval Magic, in: The American Historical Rewiew 99 (1994), S. 813–836.

937 DIENST (wie Anm. 62), S. 80–116.

938 Claude LECOUTEUX, Lamia – Holzmouwa – Holzfrowe – Lamich, in: Euphorion 75 (1981), S. 360–365; DERS., Zwerge und Verwandte, in: Euphorion 75 (1981), S. 366–378; DERS., Hagazussa – Striga – Hexe, in: Hessische Blätter für Volks- und Kulturforschung 18 (1985), S. 57–70; DERS., Vom Schrat zum Schrättel. Dämonisierungs-, Mythologisierungs- und Euphemisierungsprozeß einer volkstümlichen Vorstellung, in: Euphorion 79 (1985), S. 95–108.

939 Claude LECOUTEUX, Les Monstres dans la Littérature allemande du Moyen Age. Contribution à l'étude du merveilleux médiéval (1150–1350), 3 Bde., Göttingen 1982; DERS., Fantomes et Revenants au Moyen Age, Paris 1986, deutsch: Geschichte der Gespenster und Wiedergänger im Mittelalter, Köln/Wien 1987; DERS., Les Nains et les Elfes au Moyen Age, Paris 1988.

940 Peter DINZELBACHER, Heilige oder Hexen. Schicksale auffälliger Frauen in Mittelalter und Frühneuzeit, Zürich 1995; DERS., Ekstatischer Flug und visionäre Weltschau im Mittelalter, in: BAUER/BEHRINGER (wie Anm. 956), S. 111–145.

941 Peter DINZELBACHER, Zur Erforschung der Geschichte der Volksreligion. Einführung und Bibliographie, in: DERS./Dieter R. BAUER (Hrsg.), Volksreligion im hohen und späten Mittelalter, Paderborn 1990, S. 9–28.

942 Peter SEGL, Spätmittelalterliche Volksfrömmigkeit im Spiegel von Antiketzertraktaten und Inquisitionsakten des 13. und 14. Jahrhunderts, in: DINZELBACHER/BAUER (wie Anm. 941), S. 163–176,

943 Jean-Claude SCHMITT, Le Saint Lévrier, Paris 1979, deutsch: Der heilige Windhund. Die Geschichte eines unheiligen Kults, übersetzt von Adolphe HYRA VON KONSCHEGG/Maria MEIER-HARTMEIER, Stuttgart 1982; DERS., Les revenants dans la société féodale, in: Le temps de la refléxion 3 (1982), S. 285–306; DERS., Der Mediävist und die Volkskultur, in: DINZELBACHER/BAUER (wie Anm. 941), S. 29–40.

944 Robert W. SCRIBNER, Ritual and Popular Religion in Catholic Germany at the Time of the Reformation, in: Journal of Ecclesiastical History 37 (1984), S. 523–554; DERS., Magie und Aberglaube. Zur volkstümlichen sakramentalischen Denkart in Deutschland am Ausgang des Mittelalters, in: DINZELBACHER/BAUER (wie Anm. 941), S. 253–274; DERS., The Reformation, Popular Magic and the »Disenchantment of the World«, in: The Journal of Interdisciplinary History 23 (1992/93), S. 475–494.

945 Bob SCRIBNER/Trevor JOHNSON (Hrsg.), Popular Religion in Germany and Central Europe, 1400–1800, London 1996.

946 Alison ROWLANDS, Witchcraft and Popular Religion in Early Modern Rothenburg ob der Tauber, in: SCRIBNER/JOHNSON (wie Anm. 945), S. 101–118, nach: DIES., Women, Gender and Power in Rothenburg ob der Tauber and its Rural Environs, 1500–ca. 1618, Diss. phil. Cambridge 1994.

947 Scott DIXON, Popular Beliefs and the Reformation in Brandenburg-Ansbach, in: SCRIBNER/JOHNSON (wie Anm. 945), S. 119–139.

948 THOMAS, Religion and the Decline of Magic (wie Anm. 506), S. 726ff.; vgl. auch: Constance REIK, The Nature of the British Fairies of Medieval and Folk Literature, Diss. phil. Western Michigan University 1985.

949 Luisa MURARO, La Signoria del gioco. Episodi della caccia alle streghe, Mailand 1976, ^{2}1977.

950 Gustav HENNINGSEN, Die »Frauen von außerhalb«. Der Zusammenhang von Feenkult, Hexenwahn und Armut im 16. und 17. Jahrhundert auf Sizilien, in: Hans Peter DUERR (Hrsg.), Die Mitte der Welt. Aufsätze zu Mircea Eliade, Frankfurt a.M. 1984, S. 164–183.

951 Eva PÓCS, Fairies and Witches at the Boundary of South-Eastern and Central Europe (FF communications, Bd. 243), Helsinki 1989, S. 47f.

952 GINZBURG, Hexensabbat (wie Anm. 263).

953 Rudolf SCHENDA, Ein Benandante, ein Wolf oder Wer?, in: Zeitschrift für Volkskunde 82 (1986), S. 200–203; Christoph DAXELMÜLLER, Der Werwolf. Ein Paradigma zur Geschichte kultureller Wahrnehmung, in: Zeitschrift für Volkskunde 82 (1986), S. 203–209; Klaus GRAF, Carlo Ginzburgs »Hexensabbat« – Herausforderung an die Methodendiskussion der Geschichtswissenschaft, in: kea 5 (1988), S. 1–17; Willem DE BLÉCOURT, Spuren einer Volkskultur oder Dämonisierung? Kritische Bemerkungen zu Ginzburgs »Benandanti«, in: kea 5 (1988), S. 17–30, hier: S. 24.

954 Wolfgang BEHRINGER, Chonrad Stoeckhlin und die Nachtschar. Eine Geschichte aus der frühen Neuzeit, München 1994.

955 Wolfgang BEHRINGER/Constance OTT-KOPTSCHALIJSKI, Der Traum vom Fliegen. Zwischen Mythos und Technik, Frankfurt a.M. 1991.

956 Dieter R. BAUER/Wolfgang BEHRINGER (Hrsg.), Fliegen und Schweben. Interdisziplinäre Annäherungen an eine menschliche Sensation, München 1997.

957 Pierre CHAUNU, Une histoire religieuse sérielle. A propos du diocèse de la Rochelle (1648–1724) et sur quelques examples normands, in: Revue d'Histoire moderne et contemporaine 12 (1965), S. 5–34.

958 Alfred SOMAN, Deviance and Criminal Justice in Western Europe, 1300–1800. An Essay in Structure, in: Criminal Justice History 1 (1980), S. 3–28.

959 Alfred SOMAN, Les procés de sorcellerie au Parlement de Paris (1565–1640), in: Annales. Économies, Sociétés, Civilisations 32 (1977), S. 790–812; DERS., La Décriminalisation de la sorcellerie en France, in: Histoire, Économie et Société 4 (1985), S. 179–203; DERS., Sorcellerie et Justice Criminelle (16e–18e siècles), Hampshire 1992 (mit Widmung an Pierre Chaunu).

960 François BILLACOIS, Pour une enquete sur la criminalité dans la France d'Ancien Régime, in: Annales. Économies, Sociétés, Civilisations (1967), S. 340–349; DERS., Crimes et criminalité en France, XVIIe–XVIIIe siècle (Cahiers des Annales, Bd. 33), Paris 1971.

961 James A. SHARPE, Crime in Seventeenth Century England. A County Study, Cambridge 1983, S. 159ff.

962 Giovanni GONNET, Bibliographical Index. Recent European Historiography on the Medieval Inquisition, in: HENNINGSEN/TEDESCHI (wie Anm. 736), S. 199–223; William MONTER/John TEDESCHI, Toward a Statistical Profile of the Italian Inquisitions, Sixteenth to Eighteenth Centuries, in: ebd., S. 130–157; Jaime CONTRERAS/Gustav HENNINGSEN, Forty-four Thousand Cases of the Spanish Inquisition (1540–1700). Analysis of a Historical Data Bank, in: ebd., S. 100–129; Stephen HALICZER (Hrsg.), Inquisition and Society in Early Modern Europe, London/Sidney 1987.

963 Francisco BETHENCOURT, O imaginarío da magia. Feiticeiras, saludadores e nigromantes no século 16, Lissabon 1987.

964 Henry KAMEN, The Phenix and the Flame. Catalonia and the Counter Reformation, New Haven/London 1993, S. 236–245.

965 Ruth MARTIN, Witchcraft and the Inquisition in Venice, 1550–1650, Oxford/New York 1989.

966 George M. FOSTER, Peasant Society and the Image of Limited Good, in: American Anthropologist 67 (1965), S. 293–315.

967 Christian PFISTER, The Little Ice Age. Thermal and Wetness Indices for Central Europe, in: Journal of Interdisciplinary History 10 (1980), S. 665–696; Hartmut LEHMANN, Frömmigkeitsgeschichtliche Auswirkungen der »Kleinen Eiszeit«, in: Wolfgang SCHIEDER (Hrsg.), Volksreligiosität in der modernen Sozialgeschichte, Göttingen 1986, S. 31–50.

968 Christian PFISTER, Klimageschichte der Schweiz 1525–1860. Das Klima der Schweiz von 1525–1860 und seine Bedeutung in der Geschichte von Bevölkerung und Landwirtschaft, Bern/Stuttgart 1988.

969 BEHRINGER, Bayern (wie Anm. 861), S. 169ff., 422ff., 426f.; DERS., Weather, Hunger and Fear. The Origins of the European Witch Persecution in Climate, Society and Mentality, in: German History 13 (1995), S. 1–27.

970 Andreas BLAUERT, Frühe Hexenverfolgungen (wie Anm. 906).

971 Barbara EHRENREICH/Deirdre ENGLISH, Witches, Midwives and Nurses. A History of Women Healers, New York 1973; dazu: David HARLEY, Historians as demonologists. The myth of the midwife-witch, in: Social History of Medicine 3 (1990), S. 1–26.

972 Susanna BURGHARTZ, Hexenverfolgung als Frauenverfolgung? Zur Gleichsetzung von Hexen und Frauen am Beispiel Luzerner und Lausanner Hexenprozesse des 15. und 16. Jahrhunderts, in: Lisa BERRISCH u.a. (Hrsg.), 3. Schweizer Historikerinnen-Tagung. Beiträge, Zürich 1986, S. 86–105.

973 Ingrid AHRENDT-SCHULTE, Schadenzauber und Konflikte. Sozialgeschichte von Frauen im Spiegel der Hexenprozesse des 16. Jahrhunderts in der Grafschaft Lippe, in: Heide WUNDER/Christine VANJA (Hrsg.), Vom Wandel der Geschlechterbeziehungen zu Beginn der Neuzeit, Frankfurt a.M. 1991, S. 198–228; DIES., Zauberei – die Kunst der Frauen, Diss. masch. Kassel 1996 (bei Prof. Heide Wunder).

974 Ursula BENDER-WITTMANN, Schadenzauber und Teufelspakt. Hexereikontrolle im städtischen Umfeld (Lemgo 1628–1637), Bielefeld 1991; DIES., Frauen und Hexen – feministische Perspektiven der Hexenforschung, in: Regina PRAMANN (Hrsg.), Hexenverfolgung und Frauengeschichte. Beiträge zur kommunalen Kulturarbeit, Bielefeld 1993, S. 11–32.

975 Lyndal ROPER, Witchcraft and Phantasy in Early Modern Germany, in: History Workshop 32 (1991), S. 19–43.

976 Heide WUNDER, Hexenprozesse im Herzogtum Preußen während des 16. Jahrhunderts, in: Christian DEGN u.a. (Hrsg.), Hexenprozesse. Deutsche und skandinavische Beiträge, Neumünster 1983, S. 197–203; DIES., Frauen in der Gesellschaft Mitteleuropas im späten Mittelalter und in der Frühen Neuzeit (15.–18. Jahrhundert), in: VALENTINITSCH, Hexen und Zauberer (wie Anm. 881), S. 123–154; DIES., Überlegungen zum Wandel der Geschlechterbeziehungen zu Beginn der Neuzeit, in: DIES./VANJA (wie Anm. 973), S. 12–26; DIES., »Er ist die Sonn', sie ist der Mond«. Frauen in der Frühen Neuzeit, München 1992, S. 191–204.

977 WIESNER (wie Anm. 10), S. 218–238, bes. S. 229.

978 Bea LUNDT, Merlin und Melusine im Mittelalter, Frankfurt a.M. 1991; Gerhild SCHOLZ WILLIAMS, Defining Dominion. The Discourses of Magic and Witchcraft in Early Modern France and Germany, Ann Arbor/Mich. 1995.

979 Susanne SCHRÖTER, Hexen, Krieger, Kannibalinnen. Phantasie, Herrschaft und Geschlecht in Neuguinea, Münster/Hamburg 1994, S. 266ff.; im engeren Abschnitt über Hexerei (S. 171–180) zieht Schröter für die europäische Geschichte HEINSOHN/STEIGER (wie Anm. 1035) als Referenz heran (S. 173).

980 Mary DOUGLAS, Purity and Danger, New York 1966, deutsch: Reinheit und Gefährdung. Eine Studie zu Vorstellungen von Verunreinigung und Tabu, aus dem Amerikanischen von Brigitte LUCHESI, Berlin 1985.

981 Victor TURNER, The Ritual Process. Structure and Anti-Structure, Harmondsworth 1969, ND Ithaca 1977, deutsch: Das Ritual. Struktur und Anti-Struktur, aus dem Englischen von Sylvia M. SCHOMBURG-SCHERFF, Frankfurt a.M. 1989.

982 Shirley S. LINDENBAUM, Sorcerer, Ghosts, and polluting women. An analysis of religious belief and population control, in: Ethnology 11 (1972), S. 241–253; Raymond KELLY, Witchcraft and sexual Relations. An Exploration in the social and semantic Implications of the structure of belief, in: Paula BROWN/Georgeda BUCHBINDER (Hrsg.), Man and Woman in the New Guinea Highlands, Washington 1976, S. 36–53; Thomas BUCKLEY/Alma GOTTLIEB (Hrsg.), Blood Magic. The Anthropology of Menstruation, Berkeley 1988.

983 Sigfried SELIGMAN, Der böse Blick und Verwandtes. Ein Beitrag zur Geschichte des Aberglaubens aller Zeiten und Völker, 2 Bde., Berlin 1910; Thomas HAUSCHILD, Der Böse Blick. Ideengeschichtliche und sozialpsychologische Untersuchungen, Diss. phil. Hamburg 1979, Berlin 1982.

984 Hans Peter DUERR, Traumzeit. Über die Grenze zwischen Wildnis und Zivilisation, Frankfurt a.M. 1978, ^{5}1982.

985 Hans Peter DUERR, Der Wissenschaftler und das Irrationale, Bd. 1: Beiträge aus Ethnologie und Anthropologie, Bd. 2: Beiträge aus Philosophie und Psychologie, Frankfurt a.M. 1981.

986 Hans Peter DUERR (Hrsg.), Die Sehnsucht nach dem Ursprung. Zu Mircea Eliade, Frankfurt a.M. 1983; DERS. (Hrsg.), Sedna oder die Liebe zum Leben, Frankfurt a.M. 1984; DERS. (Hrsg.), Authentizität und Betrug in der Ethnologie, Frankfurt a.M. 1987.

987 Vladimir N. BASILOV, Zur Erforschung der Überreste von Schamanismus in Zentralasien, in: DUERR, Sehnsucht nach dem Ursprung (wie Anm. 986), S. 207–225.

988 Iris GAREIS, Religiöse Spezialisten des zentralen Andengebiets zur Zeit der Inka und während der Zeit der spanischen Kolonialherrschaft, Diss. phil. München 1987, Hohenschäftlarn 1987, S. 255–275; jetzt auch: DIES., Schamanen- und Hexenflug im präkolumbianischen und kolonialen Peru, in: BAUER/BEHRINGER (wie Anm. 956).

989 KREMSER, Nächtliche Flüge (wie Anm. 821).

990 Kirsten HASTRUP, The Challenge of the Unreal, in: Culture and History 1 (1986), S. 50–62; DIES., Iceland. Sorcerers and Paganism, in: ANKARLOO/HENNINGSEN, Early Modern European Witchcraft (wie Anm. 18), S. 383–402.

991 Ebermuth RUDOLPH, Die geheimnisvollen Ärzte, Diss. phil. München 1977, Olten/Freiburg i.Br. 1977; zuvor schon die Diskussion: Peter ASSION, Zur Kritik der parapsychologischen Volkskunde, in: Zeitschrift für Volkskunde 71 (1975), S. 161–180; Ebermuth RUDOLPH, Cui bono? Anmerkungen zum Streit um die sogenannte »parapsychologische Volkskunde«, in: Zeitschrift für Volkskunde 72 (1976), S. 74–80.

992 Jeanne FAVRET-SAADA, Les mots, la mort, les sorts. La sorcellerie dans le bocage, Paris 1977, deutsch: Die Wörter, der Zauber, der Tod. Der Hexenglauben im Hainland von Westfrankreich, aus dem Französischen von Eva MOLDENHAUER, Frankfurt a.M. 1981.

993 Johanna WAGNER, Die, die so aussehen wie jemand, möglicherweise aber etwas ganz anderes sind. Aus der Praxis afrikanischer Medizinmänner, [Berlin] 1985.

994 Tamara MULTHAUPT, Hexerei und Antihexerei in Afrika, Diss. phil. Berlin 1989, München 1989.

995 Michael SCHÖNHUTH, Das Einsetzen der Nacht in die Rechte des Tages. Hexerei im symbolischen Kontext afrikanischer und europäischer Weltbilder, Diss. phil. Freiburg 1991, Münster/Hamburg 1992.

996 George M. FOSTER, Nagualism in Mexico and Guatemala, in: Acta Americana 2 (1944), S. 85–102; Katrin GREINFELD, Nagualismus, in: HIRSCHBERG (wie Anm. 12), S. 334.

997 Hermann BAUMANN, Das Tier als Alter Ego in Afrika. Zur Frage des afrikanischen Individualtotemismus, in: Paideuma 4 (1952), S. 167–188.

998 Ute RITZ, Das Bedeutsame in den Erscheinungen. Divinationspraktiken in traditionalen Gesellschaften, Frankfurt a.M. 1988.

999 Gotthilf ISLER, Die Sennenpuppe. Eine Untersuchung über die religiöse Funktion einiger Alpensagen, Diss. phil. Zürich 1971, Basel 1971.

1000 Hannjost LIXFELD, Die Guntramsage. Die Volkserzählung vom Alter Ego in Tiergestalt und ihre schamanistische Herkunft, in: Fabula 13 (1972), S. 60–108.

1001 Christa TUCZAY, Der Unhold ohne Seele. Eine motivgeschichtliche Untersuchung, Diss. phil. Wien 1982, Wien 1982, S. 261.

1002 Deward E. WALKER (Hrsg.), Witchcraft and Sorcery of the American Native Peoples, Moscow/Idaho 1989: C.W. [Bill] WATSON/Roy ELLEN (Hrsg.), Understanding Witchcraft and Sorcery in Southeast Asia, Honolulu 1993.

1003 Jean COMAROFF/John COMAROFF (Hrsg.), Modernity and Its Malcontents. Ritual and Power in Postcolonial Africa, Chicago 1993; Peter GESCHIERE, The Modernity of Witchcraft. Politics and the Occult in Postcolonial Africa, Virginia 1997.

1004 Isak NIEHAUS/Eliazaar MOHLALA/Shokane KALLY, Witchcraft, Power and Politics. Exploring the Occult in the South African Lowveld, London 2001.

1005 BEHRINGER, Wotansaustreibung (wie Anm. 262), S. 457.

1006 Jon BUTLER, Witchcraft, Healing and Historians' Crazes, in: Journal of Social History 18 (1984), S. 111–118, hier: S. 114.

1007 John P. DEMOS, Entertaining Satan. Witchcraft and the Culture of Early New England, New York 1982.

1008 Lyndal ROPER, Oedipus and the Devil, London 1994.

1009 H.C. Erik MIDELFORT, Sin, Melancholy, Obsession. Insanity and Culture in Sixteenth Century Germany, in: Steven L. KAPLAN (Hrsg.), Understanding Popular Culture, Berlin 1984, S. 113–145; DERS., Johann Weyer and the Transformation of the Insanity Defense, in: Ronnie PO-CHIA HSIA (Hrsg.), The German People and the Reformation, Ithaca/London 1988, S. 234–262.

1010 H.C. Erik MIDELFORT, Catholic and Lutheran Reactions to Demonic Possession in the Late Seventeenth Century. Two Case Histories, in: Daphnis 15 (1986), S. 623–648; DERS., The Devil and German People. Reflections on the Popularity of Demon Possession in Sixteenth-Century Germany, in: Steven OZMENT (Hrsg.), Religion and Culture in the Renaissance and Reformation, Kirksville 1989, S. 99–119.

1011 H.C. Erik MIDELFORT, Mad Princes of Renaissance Germany, Charlottesville/London 1994, deutsch: Verrückte Hoheit. Wahn und Kummer in deutschen Herrscherhäusern, aus dem Amerikanischen von Peter E. MAIER, Stuttgart 1996.

1012 Rainer DECKER, Die Hexen und ihre Henker. Ein Fallbericht, Freiburg i.Br. 1994, S. 201–205.

1013 Christopher R. HALLPIKE, The Foundations of Primitive Thought, Oxford 1979, deutsch: Die Grundlagen primitiven Denkens, aus dem Englischen von Luc BERNARD, München 1990, S. 553.

1014 Paul PARIN/Fritz MORGENTHALER/Goldy PARIN-MATTHEY, Fürchte deinen Nächsten wie dich selbst. Psychoanalyse und Gesellschaft am Modell der Agni in Westafrika, Frankfurt a.M. 1971.

1015 Sigrid SCHADE, Schadenzauber und die Magie des Körpers, Worms 1983; zuvor schon: Gustav RADBRUCH, Hans Baldungs Hexenbilder, in: DERS., Elegantiae Juris Criminalis. 14 Studien zur Geschichte des Strafrechts, Basel [2]1950, S. 30–48; auch: Gustav Friedrich HARTLAUB, Hans Baldung Grien. Hexenbilder, Stuttgart 1963; Lynda C. HULTS, Baldung and the Witches of Freiburg, in: Journal of Interdisciplinary History 18 (1987), S. 249–276.

1016 Machteld LÖWENSTEYN, Helse hebzucht en wereldse wellust. Een iconografische interpretatie van enkele heksenvoorstellingen van Jacques de Gheyn II, in: DE BLÉCOURT/GIJSWIJT-HOFSTRA, Kwade Mensen (wie Anm. 232), S. 241–261.
1017 Jane P. DAVIDSON, The Witch in northern European Art, 1470–1750, Freren 1987, deutsch: Hexen in der nordeuropäischen Kunst 1470–1750, aus dem Englischen von Christel WIEMKEN, Freren 1988.
1018 Luigi SALERNO, Four Witchcraft Scenes by Salvator Rosa, in: Cleveland Museum of Art Bulletin 65 (1978), S. 224–231.
1019 Charles ZIKA, Fears of Flying. Representations of Witchcraft and Sexuality in Early Sixteenth-Century Germany, in: Australian Journal of Art 8 (1989/90), S. 19–47; DERS., The Devils Hoodwink. Seeing and Believing in the World of Sixteenth-Century Witchcraft, in: DERS. (Hrsg.), No Gods Except Me. Orthodoxy and Religious Practice in Europe, 1200–1600, Melbourne 1991, S. 153–198.
1020 Maxime PRÉAUD, Les Sorcières, Paris 1974; Thomas HAUSCHILD/Heidi STASCHEN/Regina TROSCHKE, Hexen. Katalog zur Ausstellung, Hamburg 1979; Hildegard GERLACH, Hexen auf Reisen – Hexenausstellungen zwischen Konzeptionsproblemen und Wirkungsgeschichte, in: Dieter HARMENING/Dieter R. BAUER (Hrsg.), Hexen heute. Magische Traditionen und neue Zutaten, Würzburg 1991, S. 19–40.
1021 Richard VAN DÜLMEN (Hrsg.), Hexenwelten. Magie und Imagination vom 16.–20. Jahrhundert, Frankfurt a.M. 1987, [2]1987.
1022 VALENTINITSCH, Hexen und Zauberer (wie Anm. 881); DERS., Die steirische Landesausstellung 1987 »Hexen und Zauberer«, in: Mitteilungen des Instituts für Österreichische Geschichtsforschung 98 (1990), S. 381–393.
1023 Erik AERTS/Maurits WYNANTS, Heksen in de Zuidelijke Nederlanden (16de–17de eeuw), Brüssel 1989; BOSCO (wie Anm. 33).
1024 Rolf GIESEN, Lexikon des phantastischen Films. Horror, Science Fiction, Phantasy, 2 Bde., Frankfurt a.M. u.a. 1984; DERS., Queens of Horror, böse Märchenhexen, zauberhafte Frauen. Hexenfiguren in Film, Trickfilm und Filmkomödie, in: VAN DÜLMEN, Hexenwelten (wie Anm. 1021), S. 253–281.
1025 Gerald B. GARDNER, Witchcraft Today, London 1954; DERS., Ursprung und Wirklichkeit der Hexen. Einführung von Dr. Margaret MURRAY, aus dem Englischen von Ursula VON MANGOLDT, Weilheim/Oberbayern 1965; DERS., The Meaning of Witchcraft, London 1959.
1026 GARDNER, Ursprung und Wirklichkeit (wie Anm. 1025), S. 134f.; Francis KING, Ritual Magic in England, 1887 to the Present Time, London 1970, S. 179; RUSSELL, History of Witchcraft (wie Anm. 553), S. 153ff.; Donald NUGENT, Witchcraft Studies, 1959–1971. A Bibliographical Survey, in: Journal of Popular Culture 5 (1971), S. 710–725, schließt seine Besprechung (S. 722ff.) originellerweise mit Rezensionen der Gardner-Adepten.
1027 CAVENDISH (wie Anm. 82), S. 159; zu Cavendish: DRURY (wie Anm. 17), S. 105.
1028 CAVENDISH (wie Anm. 82), S. 158.
1029 Hans HOLZER, The Truth about Witchcraft, New York 1969; Louise HUEBNER, Power through Witchcraft, Los Angeles 1969.
1030 Raymond BUCKLAND, Witchcraft from the Inside, St. Paul/Minn. 1975.
1031 Miriam SIMOS [STARHAWK], Der Hexenkult als Ur-Religion der Großen Göttin. Magische Übungen, Rituale und Anrufungen, aus dem Amerikanischen von Ulla SCHULER, Freiburg i.Br. 1986, ND München 1991.
1032 Judith JANNBERG, Ich bin eine Hexe. Erfahrungen und Gedanken, Bonn 1983; dazu: Daniela MÜLLER, »Ich bin eine Hexe«. Mythische Frauenbilder oder feministische Kampfmetaphorik, in: HARMENING/BAUER (wie Anm. 1020), S. 153–163, dort die Genealogie des »Hexenbekenntnisses« von Judith Jannberg (S. 149) nach: Mary DALY, Gyn-Ökologie. Eine Meta-Ethik des radikalen Feminismus, München 1981, S. 240, nach: Robin MORGAN (Hrsg.), Sisterhood is Powerful, New York 1970, S. 540; dazu: Wolfgang LIPP, Rassenlehre, Jugendkult und Feminismus. Zur Ideologiekritik biologistischer Orientierungen, in: Horst SEIDLER/Alois SORITSCH (Hrsg.), Die Frau. Zwischen Biologie und Biologismus, Wien 1985; Dagmar UNVERHAU, Frauenbewegung und historische Hexenverfolgung, in: BLAUERT, Ketzer, Zauberer, Hexen (wie Anm. 39), S. 241–283.
1033 Gisela GRAICHEN, Die neuen Hexen, Hamburg 1986; dazu: Hannsferdinand DÖBLER, Beflügelt vom neuen Hexenwahn – Frauen entdecken die Magie. Über die Wiederbelebung eines Mißverständnisses, in: Die Zeit (26. September 1986), S. 98; Karlheinz WEISSMANN, Druiden, Goden, Weise Frauen. Zurück zu den alten Göttern Europas, Freiburg u.a. 1991, [2]1993.
1034 Heide GÖTTNER-ABENDROTH, Die Göttin und ihr Heros. Die matriarchalen Religionen in Mythos, Märchen und Dichtung, München 1980; dazu: Monica BLÖCKER, Die Geschichte der Frauen. Erlebt, erlitten, vergessen?, in: Christa KÖPPEL/Ruth SOMMERAUER (Hrsg.), Die Frau. Realität und Utopie, Zürich 1984, S. 123–147; Brigitte RÖDER/Juliane HUMMEL/Brigitta KUNZ, Göttinnendämmerung. Das Matriarchat aus archäologischer Sicht, München 1996.
1035 Gunnar HEINSOHN/Otto STEIGER, Die Vernichtung der weisen Frauen. Hexenverfolgung – Kinderwelten – Menschenproduktion – Bevölkerungswissenschaft, Herbstein-Schlechtenwegen 1985, München [3]1989.
1036 Larissa LEIBROCK-PLEHN, Hexenkräuter und Arznei. Die Abtreibungsmittel im 16. und 17. Jahrhundert, Diss. rer. nat. Marburg 1990, Stuttgart 1992.
1037 Tanya M. LUHRMANN, Persuasions of the Witch's Craft. Ritual Magic and Witchcraft in Present-day, Oxford 1989.

1038 James R. LEWIS (Hrsg.), Magical Religion and Modern Witchcraft, New York 1996.

1039 Sabina MAGLIOCCO, Ritual is My Chosen Art Form. The Creation of Ritual as Folk Art Among Contemporary Pagans, in: LEWIS (wie Anm. 1038), S. 75–92.

1040 Roland HUTTON, The Triumph of the Moon. A History of Modern Pagan Witchcraft, Oxford 1999.

1041 DUPONT-BOUCHAT/FRIJHOFF/MUCHEMBLED (wie Anm. 858).

1042 Hartmut LEHMANN, Hexenprozesse in Norddeutschland und in Skandinavien im 16., 17. und 18. Jahrhundert. Bemerkungen zum Forschungsstand, in: DEGN u.a. (wie Anm. 976), S. 9–14; DERS., Hexenglaube und Hexenprozesse in Europa um 1600, in: ebd., S. 15–27; DERS., The Persecution of Witches as Restoration of Order. The Case of Germany, 1590s–1650s, in: Central European History 21 (1988), S. 107–121.

1043 Karl-Sigismund KRAMER, Schaden- und Gegenzauber im Alltagsleben des 16.–18. Jahrhunderts nach archivalischen Quellen aus Holstein, in: DEGN u.a. (wie Anm. 976), S. 222–239 (vgl. die Teilnehmerliste).

1044 Johan GALTUNG, Sosial posisjon og sosial adferd. Sentrum-periferi, begreber og teorier, in: Sivert LANGHOLM/Per MAURSETH (Hrsg.), Periferi og sentrum i historien, Oslo 1975.

1045 ANKARLOO/HENNINGSEN, Häxornas Europa (wie Anm. 7); DIES., Early Modern European Witchcraft (wie Anm. 18).

1046 Marie-Sylvie DUPONT-BOUCHAT (Hrsg.), La sorcellerie dans les Pays-Bas sous l'ancien régime. Aspects juridiques, institutionnels et sociaux, Curtrai-Heule 1987.

1047 GIJSWIJIT-HOFSTRA/FRIJHOFF, Witchcraft in the Netherlands (wie Anm. 233).

1048 Marijke GIJSWIJIT-HOFSTRA, The European witchcraft debate and the Dutch variant, in: Social History 15 (1990), S. 181–194; Bibliographie: Fred MATTER u.a. (Hrsg.), Toverij in Nederland, 1795–1985, Bibliografie, Amsterdam 1990; Marijke GIJSWIJIT-HOFSTRA, Recent witchcraft research in the Low Countries (wie Anm. 7).

1049 Gábor KLANICZAY/Eva PÓCS, Introduction, in: DIES., Witch-Beliefs (wie Anm. 1059), S. 7–13, hier: S. 8; Projektpapier von Eva Pócs.

1050 Gábor KLANICZAY/Ildikó KISTÓF/Éva PÓCS (Hrsg.), Magyarországi boszorkányperek. Kisebb forráskiadványok gyüjteménye, 2 Bde., Budapest 1989.

1051 Heide DIENST, Magische Vorstellungen und Hexenverfolgungen in den österreichischen Ländern, in: Erich ZÖLLNER (Hrsg.), Wellen der Verfolgung in der österreichischen Geschichte, Wien 1986, S. 70–94; DIES., Hexenprozesse (wie Anm. 881); DIES./Edith HÖRANDNER, Die Hexen kommen wieder. Zum feministischen Hexenbegriff, unter besonderer Berücksichtigung Österreichs, in: VALENTINITSCH, Hexen und Zauberer (wie Anm. 881), S. 391–395; Heide DIENST, Vom Sinn und Nutzen multidisziplinärer Auswertung von Zaubereiprozeßakten. Zur Entstehung einer diesbezüglichen Datenbank in Österreich, in: Mitteilungen des Instituts für Österreichische Geschichtsforschung 100 (1992), S. 354–375.

1052 Sönke LORENZ, »Die Zauberinnen solt du nit leben lassen«. Rechtsgutachten des Johann Fichard in Sachen Hexenprozeß, in: Demokratie- und Arbeitergeschichte 1 (1980), S. 37–62; DERS., Johann Georg Godelmann. Ein Gegner des Hexenwahns, in: Roderich SCHMIDT (Hrsg.), Beiträge zur Pommerschen und Mecklenburgischen Geschichte, Marburg 1981, S. 61–105; DERS., Aktenversendung und Hexenprozeß (wie Anm. 914); DERS., Das Reichskammergericht, in: Zeitschrift für Württembergische Landesgeschichte 43 (1984), S. 175–203; DERS., Ernst Cothmann (1557–1624) aus Lemgo in Westfalen. Ein Iurisconsultus Rostochiensis in Sachen Hexenprozeß, in: Martin KINTZINGER u.a. (Hrsg.), Das andere Wahrnehmen. Beiträge zur europäischen Geschichte. August Nitschke zum 65. Geburtstag gewidmet, Köln u.a. 1991, S. 437–449.

1053 Sönke LORENZ/Dieter R. BAUER (Hrsg.), Hexenverfolgung. Beiträge zur Forschung – unter besonderer Berücksichtigung des südwestdeutschen Raumes (Quellen und Forschungen zur europäischen Ethnologie, Bd. 15), Würzburg 1995.

1054 Publikationsreihe: Hexenforschung, Bielefeld 1995ff. (bis 2004 neun Bände).

1055 Publikationsreihe: Trierer Hexenprozesse. Quellen und Darstellungen, Trier 1995ff.

1056 Publikationsreihe: Veröffentlichungen des Arbeitskreises für historische Hexen- und Kriminalitätsforschung in Norddeutschland, Hamburg 2003ff.

1057 Peter SEGL (Hrsg.), Der Hexenhammer. Entstehung und Umfeld des Malleus maleficarum von 1487, Köln/Berlin 1988.

1058 LEHMANN/ULBRICHT (wie Anm. 63)

1059 Gábor KLANICZAY/Eva PÓCS (Hrsg.), Witch-Beliefs and Witch-Hunting in Central and Eastern Europe (Acta Etnographica Hungarica. An International Journal of Ethnography, Bd. 37,1–4), Budapest 1994.

1060 LORENZ/BAUER, Das Ende der Hexenverfolgung (wie Anm. 4).

1061 BARRY/HESTER/ROBERTS (wie Anm. 779).

1062 Nicole JACQUES-CHAQUIN/Maxime PRÉAUD (Hrsg.), Le Sabbat des Sorciers, Grenoble 1993.

1063 WILBERTZ/SCHWERHOFF/SCHEFFLER (wie Anm. 7).

1064 BRÜCKNER/GRASS (wie Anm. 928).

1065 Bengt ANKARLOO/Stuart CLARK/William MONTER, (Hrsg.), The Athlone History of Witchcraft and Magic in Europe, 6 Bde., London 1999–2002.

1066 William MONTER, Witch Trials in Continental Europe, 1560–1660, in: ANKARLOO/CLARK/DERS. (wie Anm. 1065), Bd. 4, S. 1–51, hier: S. 50

1067 Richard M. GOLDEN (Hrsg.), Encyclopedia of Witchcraft. The Western Tradition, 4 Bde., Austin/Texas 2005.

1068 Wolfgang BEHRINGER, Witches and Witch Hunts. A Global History, Cambridge 2004.
1069 BURKE, Offene Geschichte (wie Anm. 14), S. 435f.
1070 Giovanni LEVI, On Microhistory, in: Peter BURKE (Hrsg.), New Perspectives on Historical Writing, Oxford 1991, S. 93–113; Hans MEDICK, Mikro-Historie, in: SCHULZE, Sozialgeschichte (wie Anm. 14), S. 40–53.
1071 Carol ZALESKI, Otherworld Journeys. Accounts of Near-Death Experience in Medieval and Modern Times, New York 1987; Ulrich MAGIN, Von Ufos entführt. Unheimliche Begegnungen der vierten Art, München 1991, S. 142ff.
1072 MONTER, Historiography (wie Anm. 9), S. 444ff.
1073 GIJSWIJT-HOFSTRA, Recent witchcraft research (wie Anm. 7), S. 24ff., 28, 33f.
1074 BRIGGS, Multiple Explanation (wie Anm. 909), S. 50.
1075 BEN-YEHUDA (wie Anm. 6), S. 326–338.
1076 MIDELFORT, Witch-Hunting (wie Anm. 5), Introduction.
1077 Anständige Überblicksdarstellungen der letzten Jahre: Joseph KLAITS, Servants of Satan. The Age of the Witch Hunts, Bloomington 1985; Brian P. LEVACK, The Witch-Hunt in Early Modern Europe, London/New York 1987; Hubert MOHR, Hexe/Hexenmuster, in: Hubert CANCIK/Burkhard GLADIGOW/Karl-Heinz KOHL (Hrsg.), Handbuch religionswissenschaftlicher Grundbegriffe, 5 Bde., Stuttgart 1988–2001, Bd. 3, S. 122–138.
1078 Dieter GROH, The Temptation of Conspiracy or: Why do bad things happen to good people?, in: Carl F. GRAUMANN/Serge MOSCOVI (Hrsg.), Changing Conceptions of Conspiracy, New York 1987, S. 1–37, deutsche Kurzfassung in: Merkur 41 (1987), S. 859–878.

Abbildungsverzeichnis
(Die Rechte liegen bei den Bildgebern)